中国矿业年鉴

2005

《中国矿业年鉴》编辑部　编

地震出版社

图书在版编目(CIP)数据

中国矿业年鉴．2005/《中国矿业年鉴》编辑部编．－北京：地震出版社，2006．5

ISBN 7－5028－2880－X

Ⅰ．中...　Ⅱ．中...　Ⅲ．矿业经济—中国—2005—年鉴　Ⅳ．F426．1－54

中国版本图书馆 CIP 数据核字（2006）第 040729 号

地震版　XT200600062

中国矿业年鉴（2005）

《中国矿业年鉴》编辑部　编

责任编辑：张晓梅

责任校对：庞娅萍

出版发行：地震出版社

北京民族学院南路 9 号　　邮编：100081

发行部：68423031　68467993　　传真：88421706

门市部：68467991　　传真：68467991

总编室：68462709　68423029　　传真：68467972

E-mail：seis@ht.rol.cn.net

经销：全国各地新华书店

印刷：北京科信印刷厂

版（印）次：2006 年 5 月第一版　2006 年 5 月第一次印刷

开本：787×1092　1/16

字数：1337 千字　　插页：54

印张：31.75

印数：0001～1500

书号：ISBN 7－5028－2880－X/TD·26（3509）

定价：200.00 元

《中国矿业年鉴》编辑委员会

《中国矿业年鉴》（2005）编辑部工作人员

编辑顾问　张　锋　李宴武
责任主编　陈颂今
责任编审　刘润辉
责任编辑　宋　菲　师　宏
彩页设计　李瑞军

《中国矿业年鉴》（2005）特约编辑

（按姓氏笔划排序）

孔繁茂　王世军　王传才　孙志顺　刘　斌　刘生辉　刘振庄　刘振国　庄春来
闫卫东　吴荣庆　张发旺　张德祯　李兴碧　周　翔　周保铜　杨　坚　杨虎林
谷东玉　林玉华　陈千汉　陈礼纪　陈辉萍　孟巧丽　胡茂焱　赵我为　赵震海
郝祖梁　袁　航　顾安麒　常玉刚　常洪述　梁　活　梁伟超　黄学雄　揭香萍
曾令新　解宏绪

编 辑 说 明

一、2005年版《中国矿业年鉴》（以下简称《年鉴》）是一部全面、系统反映2004年中国矿业基本情况以及当年我国矿业经济发展和运行情况的大型资料性工具书。本期《年鉴》为第4卷，收录资料时限，原则上以2004年为主，根据供稿实际，酌收了一些与2003年和2005年有关的内容。

二、本期《年鉴》根据实际情况设13个栏目。按内容分类编排，设栏目、类目、条目三个层次，表述方式以条目为主，设有方便查阅的目录，另有文章、图、表等多种形式，图文并茂。

三、本期《年鉴》收录了国家领导人、有关部委领导关于人口资源环境、矿业城市转型、油气资源储备及矿山安全生产等方面的重要讲话和论述，政府有关部门提供的矿业统计资料和国家有关部委颁布的与矿业相关法规；较系统的记述了中国矿产资源的勘查、开发利用和矿产品产供销情况；介绍了矿业管理、行业、科技发展情况及各矿业行业协会的工作。

四、本期《年鉴》，增设"矿山安全与环保"栏目，突出了矿山安全生产等内容；在"地方矿业"中，重点选收了19个省（市）、自治区矿产资源开发利用及企业发展变化情况。根据收集和供稿情况，对所选用内容，按年鉴编写要求做了适当的修改。

在附录中，收录了2003/2004年世界矿产资源勘查开发和矿产品供需形势、世界油气资源供需形势和管理状况、国外矿业信息等。可读性强，有较高的参考价值。

五、本期《年鉴》开辟了矿山企事业单位介绍专栏，并以彩页形式展示其风采，重点介绍了一些优秀国有企业和民营企业的经营业绩和科研成果。

六、为读者查阅方便，本期年鉴中的图、表序号，以类目为单位，单独列序。所涉及的统计数字，均以政府相关部门及相关领域权威机构提供为准。书中个别数据为约数，仅供参考。

七、稿件来源，除部分基层企事业单位外，多由政府部门提供，其中部分内容来自中国矿业联合会信息中心。全书内容丰富、资料翔实、全面系统，具有权威性。

本期《年鉴》16开本，精装，120万字左右，在中国矿业年鉴编辑委员会领导下，由中国矿业年鉴编辑部编辑，中国地震出版社出版，国内外公开发行。

八、由于我们编辑水平和资料来源有限，本期年鉴在资料收集和内容编辑整理上，难免有疏漏和错误，欢迎各级领导和读者批评指正。在此对所有关心和支持本书编辑工作的单位、领导、朋友们表示衷心的感谢！

编辑部联系电话：010－88374940　E－mail：yearbook@chinamining．com．cn。

《中国矿业年鉴》编辑部

2006年5月

目　录

特　载

专　文

大事记

概　况

矿业管理

矿业行业

地方矿业

矿山安全与环保

矿业科技

矿业协会

政策法规

统计资料

附　录

特 载

胡锦涛在中央人口资源环境工作座谈会上的讲话

（2004年3月10日）

刚才，几位同志作了很好的发言。这些发言告诉我们，要做好人口资源环境工作，难度不小。但只要我们思想重视，加强领导，依法办事，持之以恒，扎实工作，就一定能收到明显成效。

当前，我国改革发展正处于关键时期。要实现全面建设小康社会的奋斗目标，开创中国特色社会主义事业新局面，必须坚持贯彻"三个代表"重要思想和十六大精神，牢固树立和认真落实以人为本，全面、协调、可持续的发展观，切实抓好发展这个党执政兴国的第一要务。新形势、新任务对做好人口资源环境工作提出了新的要求。下面，我讲三点意见。

一、深刻认识科学发展观对做好人口资源环境工作的重要指导意义

经验表明，一个国家坚持什么样的发展观，对这个国家的发展会产生重大影响，不同的发展观往往会导致不同的发展结果。坚持以人为本，全面、协调、可持续的发展观，是我们以邓小平理论和"三个代表"重要思想为指导，从新世纪、新阶段党和国家事业发展全局出发提出的重大战略思想。科学发展观总结了20多年来我国改革开放和现代化建设的成功经验，吸取了世界上其他国家在发展进程中的经验教训，概括了战胜非典疫情给我们的重要启示，揭示了经济社会发展的客观规律，反映了我们党对发展问题的新认识。全党同志都要从贯彻"三个代表"重要思想和十六大精神的战略高度，从确保实现全面建设小康社会宏伟目标的战略高度，深刻认识树立和落实科学发展观的重大意义，坚定不移地树立和落实科学发展观，更好地完成新世纪、新阶段我们肩负的历史任务。

要树立和落实科学发展观，首先必须全面准确地把握科学发展观的深刻内涵和基本要求。坚持以人为本，就是要以实现人的全面发展为目标，从人民群众的根本利益出发谋发展、促发展，不断满足人民群众日益增长的物质文化需要，切实保障人民群众的经济、政治和文化权益，让发展的成果惠及全体人民。全面发展，就是要以经济建设为中心，全面推进经济、政治、文化建设，实现经济发展和社会全面进步。协调发展，就是要统筹城乡发展、统筹区域发展、统筹经济社会发展、统筹人与自然和谐发展、统筹国内发展和对外开放，推进生产力和生产关系、经济基础和上层建筑相协调，推进经济、政治、文化建设的各个环节、各个方面相协调。可持续发展，就是要促进人与自然的和谐，实现经济发展和人口、资源、环境相协调，坚持走生产发展、生活富裕、生态良好的文明发展道路，保证一代接一代地永续发展。树立和落实科学发展观，要注意把握好以下几个问题。

第一，树立和落实科学发展观，必须始终坚持以经济建设为中心，聚精会神搞建设，一心一意谋发展。科学发展观，是用来指导发展的，不能离开发展这个主题，离开了发展这个主题就没有意义了。发展首先要抓好经济发展。我国正处于并将长期处于社会主义初级阶段，在国际综合国力竞争日益激烈的形势下，坚持以经济建设为中心，紧紧抓住和切实用好重要战略机遇期，大力解放和发展社会生产力，对我们这样一个发展中大国加快实现现代化具有重大战略意义。只有坚持以经济建设为中心，不断增强综合国力，才能为抓好发展这个党执政兴国的第一要务、为全面协调发展打下坚实的物质基础。只有坚持以经济建设为中心，不断增强综合国力，才能更好地解决前进道路上的矛盾和问题，胜利实现全面建设小康社会和社会主义现代化的宏伟目标。因此，全党全国都要增强促进发展的紧迫感，在任何时候、任何情况下都紧紧抓住经济建设

这个中心不放松，充分调动和切实保护广大干部群众加快发展的积极性，坚定不移地推动经济持续快速协调健康发展。

第二，树立和落实科学发展观，必须在经济发展的基础上，推动社会全面进步和人的全面发展，促进社会主义物质文明、政治文明、精神文明协调发展。经济发展、政治发展、文化发展和人的全面发展是相互联系、相互影响的，没有政治发展、文化发展和人的全面发展的不断推进，单纯追求经济发展，不仅经济发展难以持续，而且最终经济发展也难以搞上去。要坚持抓好经济建设这个中心，同时又要切实防止片面性和单打一，全面推进社会主义物质文明、政治文明、精神文明建设，防止出现因发展不平衡而制约发展的局面。

第三，树立和落实科学发展观，必须着力提高经济增长的质量和效益，努力实现速度和结构、质量、效益相统一，经济发展和人口、资源、环境相协调，不断保护和增强发展的可持续性。经济发展需要数量的增长，但不能把经济发展简单地等同于数量的增长。要充分运用我国的体制资源、人力资源、自然资源、资本资源、技术资源以及国外资源等方面的有利条件和有利因素，推动经济发展不断迈上新台阶。同时，发展又必须是可持续的，这样我们才能保证实现我国发展的长期奋斗目标。这就要求我们在推进发展中充分考虑资源和环境的承受力，统筹考虑当前发展和未来发展的需要，既积极实现当前发展的目标，又为未来的发展创造有利条件，积极发展循环经济，实现自然生态系统和社会经济系统的良性循环，为子孙后代留下充足的发展条件和发展空间。

第四，树立和落实科学发展观，必须坚持理论和实际相结合，因地制宜、因时制宜地把科学发展观的要求贯穿于各方面的工作。科学发展观揭示的是发展的普遍规律，对全国都有重要的指导意义，各地区各部门都要认真贯彻落实。同时，又要充分考虑地区之间、部门之间的发展差异和不同情况，坚持一切从实际出发，根据实际条件和发展需要有重点、有步骤地采取措施，不能强求一律，搞齐步走、一刀切。关键是要结合自己的实际情况来落实科学发展观，注重解决自身发展中存在的突出矛盾和问题，更快更好地推动各项事业发展。

各级党委、政府和领导干部都要自觉地树立和落实科学发展观和正确的政绩观，坚持按照科学规律来谋划发展大计。凡是符合科学发展观的事情就全力以赴地去做，不符合的就毫不迟疑地去改，真正使促进发展的各项工作都经得起历史和人民的检验。

坚持用科学发展观来指导人口资源环境工作，要注意把握好以下几点。一是要牢固树立以人为本的观念。人口资源环境工作，都是涉及人民群众切身利益的工作，一定要把最广大人民的根本利益作为出发点和落脚点。要着眼于充分调动人民群众的积极性、主动性和创造性，着眼于满足人民群众的需要和促进人的全面发展，着眼于提高人民群众的生活质量和健康素质，切实为人民群众创造良好的生产生活环境，为中华民族的长远发展创造良好的条件。二是要牢固树立节约资源的观念。自然资源只有节约才能持久利用。要在全社会树立节约资源的观念，培育人人节约资源的社会风尚。要在资源开采、加工、运输、消费等环节建立全过程和全面节约的管理制度，建立资源节约型国民经济体系和资源节约型社会，逐步形成有利于节约资源和保护环境的产业结构和消费方式，依靠科技进步推进资源利用方式的根本转变，不断提高资源利用的经济、社会和生态效益，坚决遏制浪费资源、破坏资源的现象，实现资源的永续利用。三是要牢固树立保护环境的观念。良好的生态环境是社会生产力持续发展和人们生存质量不断提高的重要基础。要彻底改变以牺牲环境、破坏资源为代价的粗放型增长方式，不能以牺牲环境为代价去换取一时的经济增长，不能以眼前发展损害长远利益，不能用局部发展损害全局利益。要在全社会营造爱护环境、保护环境、建设环境的良好风气，增强全民族的环境保护意识。四是要牢固树立人与自然相和谐的观念。自然界是包括人类在内的一切生物的摇篮，是人类赖以生存和发展的基本条件。保护自然就是保护人类，建设自然就是造福人类。要倍加爱护和保护自然，尊重自然规律。对自然界不能只讲索取不讲投入、只讲利用不讲建设。发展经济要充分考虑自然的承载能力和承受能力，坚决禁止过度性放牧、掠夺性采矿、毁灭性砍伐等掠夺自然、破坏自然的做法。要研究绿色国民经济核算方法，探索将发展过程中的资源消耗、环境损失和环境效益纳入经济发展水平的评价体系，建立和维护人与自然相对平衡的关系。

二、按照科学发展观的要求，进一步做好人口资源环境工作

做好人口资源环境工作，是树立和落实科学发展观的必然要求和重要内容。经过多年的不懈努力，我国人口资源环境工作取得了很大成就。人口过快增长的势头得到有效控制，2003 年自然增长率下降到 6.01‰，妇女总和生育率稳定在更替水平以下，建立计划生育利益导向机制和实行奖励扶持政策的工作取得新进展。资源保护和开发管理得到加强，破坏资源、乱占滥采滥用资源的现象得到初步遏制，耕地保护、矿产资源调查评价、国土资源市场建设和整治等取得进展。环境保护和生态建设得到加强，重点流域、区域环境治

理不断推进，污染物排放总量得到一定控制，退耕还林还草、天然林保护等生态环境保护和建设工程逐步展开，循环经济和生态省建设开始起步，人民群众环境保护意识明显增强。重点水利工程建设进展顺利，大江大河大湖治理等重点水利工程建设和水资源调控能力得到加强。这些重要成就，为进一步做好人口资源环境工作打下了良好基础。

同时，我国人口资源环境工作仍面临着诸多问题和挑战。尽管人口出生率保持在较低水平，但由于基数大，未来几十年人口总量仍将持续增加，劳动就业的压力越来越大。提高人口素质的任务十分艰巨，人口老龄化问题日益突出。资源紧缺的矛盾日益突出，一些关系国计民生的矿产资源特别是石油严重短缺。一些地方乱批滥占滥用耕地和乱采滥挖矿产资源的现象依然存在。生态环境总体恶化的趋势尚未根本扭转，环境治理的任务依然相当艰巨。大江大河防洪体系尚不完善，农村水利基础设施比较薄弱。水资源供需矛盾十分尖锐，已成为影响经济社会发展和人民生活的一个突出制约因素。必须清醒地看到，我国人口多、资源人均占有量少的国情不会改变，非再生性资源储量和可用量不断减少的趋势不会改变，资源环境对经济增长制约作用越来越大，人民群众对生态环境质量的要求也必然越来越高。从长远看，经济发展和人口资源环境的矛盾会越来越突出，可持续发展的压力会越来越大。对这些突出矛盾和问题，我们务必高度重视，按照树立和落实科学发展观的要求，始终把控制人口、节约资源、保护环境放在重要战略位置，把工作抓得紧而又紧、做得实而又实。

当前和今后一个时期，人口资源环境工作的任务依然艰巨繁重。我们要坚持以邓小平理论和“三个代表”重要思想为指导，把握全局，突出重点，全面推进，着眼于加快解决关系人民群众切身利益的人口资源环境问题，力求每年都有新的进展。

人口和计划生育工作要集中力量抓好三件大事。一是要加强人口发展战略研究，制定人口中长期发展规划。要在稳定低生育水平的基础上，认真研究解决人口发展的突出矛盾和问题，研究人口和经济发展、社会进步、资源利用、环境保护之间的关系，提出科学的预测和应对方案。建立适应科学发展观要求的指标体系，建立国家人口和发展综合决策支持系统。各地区也要制定区域性人口发展规划。二是要创新计划生育工作的思路和机制，建立健全对农村部分计划生育家庭奖励扶助制度。由于目前农村生产力水平还比较低，社会保障能力脆弱，部分群众想生男孩、多生孩子的愿望还比较强烈。做好这些群众的工作，除了要靠宣传、教育和引导外，还必须创新计划生育工作的思路和机制，把开展深入细致的思想工作同解决群众的实际困难有机结合起来，对农村计划生育家庭提供奖励扶助。要积极探索建立同经济发展水平相适应、有利于计划生育的农村社会保障体系，重点对农村独生子女和双女家庭进行奖励，对因独生子女伤残、死亡和计划生育手术并发症造成的困难家庭进行扶助。继续组织好西部地区“少生快富”工程试点工作，加大支持力度，不断扩大试点范围。三是要高度重视出生人口性别比升高的问题，开展必要的专项治理活动。第五次全国人口普查的数据表明，我国出生人口性别比持续升高。人口性别比是有其内在规律的，长期失调将会造成社会问题。要加大宣传力度，深入开展“关爱女孩行动”，倡导男女平等、少生优生的社会新风。完善政策体系，解除生育女孩家庭的后顾之忧。加强责任制，把人口数量指标和性别比的指标统一起来考核，力争经过三至五年的努力，使出生人口性别比升高的势头得到遏制。

国土资源工作要突出以下几个重点。一是要落实最严格的耕地保护制度，坚决遏制乱占耕地现象。要认真组织实施全国基本农田保护大检查。继续治理整顿土地市场秩序，坚决纠正违规擅自设立开发区和盲目扩大开发区的现象。深入推进省以下国土资源管理体制改革和征地制度改革。搞好新一轮土地利用规划的修编工作，充分发挥土地利用规划和供应政策在宏观调控中的作用。二是要加强国土资源调查评价工作。要调动中央和地方两个积极性，切实加强公益性地质调查工作，不断提高成果质量和服务水平。继续开展矿产资源管理秩序专项治理整顿，对我国优势矿产资源实行更加严格的保护措施，坚决制止乱采滥挖、竞相压价出口初级产品，尽快建立综合协调机制，实施有效管理。加大重要矿产资源勘探开发力度，增加接续资源。开发海洋是推动我国经济社会发展的一项战略任务。要加强海洋调查评价和规划，全面推进海域使用管理，加强海洋环境保护，促进海洋开发和经济发展。要加大测绘统一监管力度，加强基础测绘工作，全面提升我国测绘保障服务能力。三是要进一步加强地质灾害防治工作。我国是一个地质环境脆弱、地质灾害多发的国家。地质灾害防治事关人民群众的生命财产安全，事关重大建设项目的成败。要在全面防治的基础上，重点组织实施三峡库区地质灾害防治三期规划，全面落实汛期地质灾害防治的各项制度和措施，进一步提高监测预报和应急反应能力，最大限度地减少人员伤亡和财产损失。

环境保护工作要抓好以下几个重点。一是要加强环境监管工作。制定重要的规划、开发计划等，都要考虑对环境的影响，切实做到环境和发展综合决策。要限期清理污染严重的企业和项目，同时严格防范新建项目对环境的破坏。继续开展“打击不法排污企业，保障群众健康”环保行动，尽快解决群众反映强烈的环境问题。确定专项执法行动查处重点，杜绝严重污染环境、破坏生态的违法行为。二是要加快重点流域、重点区域的环境治理。从目前的治理进度看，时间已经过半，但任务完成还没有过半，一些地区离国家确定的治理目标的差距还很大。要严格按照国家“十五”计划对环境保护的要求，分解治理任务，落实治理资金，加快治理进度，按期完成国家确定的重点地区环境治理任务。各地要根据实际情况，确定重点治理地区和重点任务，加大工作力度，尽快见到实效。三是要加强农村环境保护和生态环境保护。开展农产品和“菜篮子”基地环境状况调查，制定相应的环境标准，确保食品安全。加强畜禽养殖污染防治，合理施用化肥、农药，发展生态农业，整治农村环境，切实解决农业和农村面源污染问题。开展全国生态区划和规划工作，增强各类生态系统对经济社会发展的服务功能。加大对重要的生态功能区、自然保护区的保护力度。

水利工作要切实抓好以下几项工作。一是要加强供水工程建设，提高对水资源在时间和空间上的调控能力。南水北调是缓解我国北方水资源短缺和生态环境恶化状况、促进全国水资源整体优化配置的重要战略举措。现在东线、中线已经开工，要按照规划，精心设计、精心施工、严格管理，高水平、高质量地完成各项建设任务。在合理开发地表水和地下水的同时，要重视开发利用处理后的污水以及雨水、海水和微咸水等水资源。加强流域和区域的水资源统一调度，协调好生活、生产和生态用水，切实解决好群众的生活用水问题。二是要积极建设节水型社会。要把节水作为一项必须长期坚持的战略方针，把节水工作贯穿于国民经济发展和群众生产生活的全过程。制定水资源规划，明确各地区、各行业、各部门乃至各单位的用水指标，确定产品生产或服务的科学用水定额。健全水权转让的政策法规，促进水资源的高效利用和优化配置。要推广先进实用的节水灌溉技术，大力开发和推广节水器具和节水的工业生产技术。三是要切实做好防汛抗旱工作。要立足于防大汛、抗大旱，继续加快堤防建设和控制性工程建设，搞好重要河段的河道整治及蓄滞洪区建设，抓好病险水库除险加固，确保大江大河、大型水库、大中城市和重要设施的防洪安全。把淮河作为近期全国大江大河治理的重点，抓紧灾后重建，加快治理步伐。要进一步加强节水灌溉、人畜饮水、农村水电、水土保持、牧区水利和预防传染病项目等农村水利基础设施建设，保护和提高农业特别是粮食生产能力，促进农民增收。

三、加强领导、完善机制，促进经济发展和人口资源环境协调发展

树立和落实科学发展观，实现经济发展和人口、资源、环境协调发展，必须加强领导、完善机制，进一步提高人口资源环境工作的水平。

第一，坚持党政一把手亲自抓、负总责，全面落实目标管理责任制。做好人口资源环境工作，领导是关键。各级党委和政府要高度重视人口资源环境工作，抓战略研究，抓工作部署，抓督促检查。进一步完善目标管理责任制，确保责任到位、措施到位、投入到位。各级领导干部都要按照科学发展观和正确的政绩观的要求来谋划和领导发展工作，不仅要重视经济增长指标，而且要重视人文指标、资源指标、环境指标和社会发展指标，坚持把经济增长指标同人文、资源、环境和社会发展指标有机地结合起来。要关心人口资源环境工作队伍建设，选拔政治坚定、业务精通、作风正派的优秀干部充实人口资源环境部门。组织部门要会同有关部门抓紧研究考核标准，尽快把人口资源环境指标纳入干部考核体系。严格执行党纪国法，对违反人口和计划生育政策、乱批乱征耕地、纵容破坏资源和污染环境行为的干部，不仅不能提拔，还要依照纪律和法律追究责任。

第二，坚持发挥市场机制的作用，促进资源的高效利用。通过深化市场取向的改革，充分发挥市场对资源配置和资源价格形成的基础性作用，使资源性产品和最终产品之间形成合理的比价关系，促进企业降低成本，不断改进技术，减少资源消耗，增强竞争力。经营性用地、农村小型水利设施经营权的出让，要通过发挥市场机制的作用，规范程序，增强透明度，促进资源的合理使用。要广泛吸引社会各方面参与环境的建设和保护，积极推动环保产业的发展。逐步开放环境治理设施建设及运营市场。资源性行业尤其是具有自然垄断性质的行业，不同于一般的竞争性领域，其市场开放程度要根据行业特点和市场供求状况来确定，坚持公平、透明、规范和法制的原则。充分利用国际国内两种资源、两个市场，增加国内短缺资源的进口，缓解国内环境和资源压力。拓展同国际组织和发达国家在人口资源环境方面的合作，引进国外资金以及先进的技术和管理。

第三，坚持发挥政策杠杆的作用，加强对重要资源供求的宏观调控。人口资源环境工作具有很强的公益性，各级政府都要增加投入，完善投入机制。要推进人口和计划生育投入体制改革，确保法律规定的计划生育奖励优惠政策、免费计划生育技术服务项目以及基层工作人员报酬的落实。确保重要生态功能区、自然保护区和环境基础设施建设以及环境管理能力建设等

公共领域的投入到位。进一步调整财政支出结构，增加对农村人口资源环境事业的投入。要切实加强对土地和重要矿产资源的管理，运用财政、税收、信贷等政策手段和必要的行政手段，调控土地、矿产等重要资源的供求。通过项目审批、财政支持、税收优惠和信贷供应等政策杠杆，鼓励低消耗、轻污染、科技含量高而又符合国家产业政策的行业的发展，控制高消耗、高污染、低水平重复建设严重的行业。通过实行环境影响评估制度、污染物排放许可证制度以及水资源消耗评价制度等，对企业准入和新建工程进行全面评价，加速淘汰落后生产工艺和设备，促进产业结构优化升级。

第四，坚持依法办事，把人口资源环境工作纳入法制轨道。继续加强人口资源环境方面的立法以及有关法律法规的修改工作，真正做到有法可依。严格执行已经颁布的有关法律法规。研究解决违法成本低、守法成本高的问题，依法严肃查处破坏资源和环境的行为。各级人大要加强对人口资源环境工作的执法监督检查，司法部门要加大对人口资源环境犯罪案件的查处力度。要深入贯彻实施《行政许可法》，规范行政权力，严格行政责任，全面推进行政管理部门依法行政。要增强服务意识，规范民主决策程序，为社会公众参与人口资源环境事业创造条件。

做好人口资源环境工作意义重大，任务艰巨。各级党委和政府要坚定不移地贯彻落实中央关于人口资源环境工作的各项决策和部署，努力开创人口资源环境工作的新局面。

黄菊在全国安全生产工作会议上的讲话

（2004 年 1 月 17 日）

同志们：

这次全国安全生产工作会议，十分重要。会议的主要任务是，认真学习贯彻党的十六大、十六届三中全会和中央经济工作会议精神，贯彻落实《国务院关于进一步加强安全生产工作的决定》，分析当前安全生产形势，总结经验，明确任务，部署工作，努力推动全国安全生产状况的进一步好转。

刚才，尤权同志就《国务院关于进一步加强安全生产工作的决定》作了说明。下面，我讲几点意见。

一、以求真务实的精神认真总结安全生产工作的经验

安全生产关系人民群众生命和财产安全，关系改革发展稳定大局。党中央、国务院一贯高度重视安全生产问题，近年来采取一系列重大措施，不断加强安全生产工作。新的中央领导集体和新一届政府把安全生产工作摆在十分重要的位置。党的十六大、十六届三中全会和中央经济工作会议，对安全生产工作提出了新的要求。胡锦涛总书记强调：各级党委和政府要牢牢树立“责任重于泰山”的观点，坚持把人民群众的生命安全放在第一位，进一步完善和落实安全生产的各项政策措施，努力提高安全生产水平。温家宝总理多次做出重要指示，要求进一步做好安全生产工作。新一届国务院组成后，在不到一年的时间里，先后在 5 次常务会议上研究安全生产问题；去年 4 月 8 日和 12 月 15 日，两次召开全国安全生产电视电话会议，部署安全生产工作；国务院办公厅发出了 4 个关于加强安全生产工作的通知和 7 个关于研究安全生产工作的会议纪要，相继采取了一系列重要措施。最近，国务院又作出了《关于进一步加强安全生产工作的决定》，进一步明确了安全生产工作的指导思想、目标任务、工作重点和政策措施，对做好新时期的安全生产工作具有十分重要的指导意义。

去年以来，安全生产工作得到进一步加强，各方面做了大量工作。一是加强了对安全生产工作的组织领导。改革和完善国家安全生产监管体制，将国家安全生产监管局调整为国务院直属机构，强化了国家安全生产综合监管机构的职责。国务院成立了安全生产委员会，加大了统筹协调力度。各地区、各有关部门也建立了相应的机构，普遍加强了对这项工作的领导。二是加快了安全生产法制建设步伐。认真贯彻实施《安全生产法》，加快配套法规规章的制定，有关部门先后出台了 16 个部门规章，各地也制定出台了一些地方性法规规章。《道路交通安全法》已经全国人大颁布，将于今年 5 月 1 日起施行。这些法规的颁布实施，将安全生产工作逐步纳入法制化和规范化的轨道。三是继续开展了安全生产专项整治。紧紧抓住关系人民群众生命财产安全的重点行业和领域，如事故多发的矿山、道路和水上交通、危险化学品、民用爆破器材和烟花爆竹、人员密集场所消防安全等，进行了专项整治。四是强化了安全生产检查和专项督察。在全国先后组织开展了安全生产大检查和煤矿安全、危险化学品安全等专项督察，及时发现和消除了一些安全隐患，促进了各级安全生产责任制的落实。五是增加了安全投入。

国家近两年安排40亿元国债资金，支持国有重点煤矿用于瓦斯治理和监控等安全技术改造，安全生产条件得到明显改善。建设了一批安全生产基地、安全培训基地，积极筹建一批矿山应急救援基地，安全生产支撑体系正在逐步形成。六是加强了安全生产宣传教育和培训。组织开展了第二个全国“安全生产月”和“安全生产万里行”活动。采取多种形式开展安全生产教育培训。并通过国际交流与合作，学习先进管理经验。七是加大了安全监管、监察行政执法力度。认真查处重特大事故，依法追究事故责任，严肃处理事故责任人，起到了警示作用。

由于各地区、各部门认真贯彻党中央、国务院的部署，2003年生产经营秩序和安全生产条件有所改善，全国安全生产状况总体上趋于稳定好转。2003年全年事故总起数比上年减少11万多起，下降10.4%；死亡人数减少3291人，下降2.4%。特别是煤矿、道路交通、火灾等几个过去事故多发的领域，事故起数和死亡人数都有明显下降。其中，煤炭行业在增产较多的情况下，死亡人数减少293人，下降4.2%；道路交通在车辆大量增加的情况下，死亡人数减少4853人，下降4.4%；火灾死亡人数减少112人，下降4.7%。铁路、民航、电力、电信、军工运行平稳，没有发生重特大事故。在抗击非典时期，以及元旦、春节、“两会”和“五一”、国庆节黄金周期间，全国安全生产形势基本稳定。这些成绩是在党中央、国务院正确领导下，在各地区、各部门以及广大干部职工的共同努力下取得的，确实来之不易。在安全生产工作中，各地也创造了一些新鲜经验。这次会上，黑龙江、山东、河南、广东4省将作大会发言，还印发了9个单位的书面材料，交流了他们的经验和做法。如厦门市重视政策导向，促进安全生产；深圳市大力加强安全文化建设，强化全社会安全意识；南阳市和张家港市注重加强安全监管机构和队伍建设等。这些单位的经验和做法各有特点，值得学习借鉴，要认真总结推广。

经过一个时期以来的安全生产工作实践，我们对社会主义市场经济条件下安全生产规律和特点，有了比较深刻的认识，社会各方面对安全生产工作的地位、意义、目标和任务等逐步取得了共识。集中表现在：

第一，必须自觉以“三个代表”重要思想为指导，坚持以人为本，树立安全生产“责任重于泰山”的思想观念。

第二，必须树立科学的发展观，坚持统筹兼顾、协调发展，把安全生产纳入经济、社会发展的总体布局，做到同步规划、同步实施、同步发展。

第三，必须强化法制观念，坚持依法规范、依法监管，把安全生产和监管工作纳入法制化轨道。

第四，必须充分发挥各方面的积极性，坚持齐抓共管，努力构建“政府统一领导、部门依法监管、企业全面负责、群众参与监督、全社会广泛支持”的安全生产工作格局。

第五，必须重视做好基层和基础工作，坚持标本兼治，促使各类企业建立自我约束、不断完善的安全生产长效机制。

第六，必须实施“科技兴安”战略，坚持技术、装备和培训并重，把安全生产状况的根本好转，建立在依靠科技进步、加强科学管理、提高劳动者素质的基础之上。

安全生产工作取得的成绩应倍加珍惜，存在的问题绝不能忽视，我们在实践中获得的经验和认识更是弥足珍贵。在今后的安全生产工作中，以上这些重要指导思想和原则应该长期坚持下去，并不断加以完善。

二、进一步提高对安全生产工作重要意义的认识

在认真总结经验，肯定取得成绩的同时，我们也要清醒地看到存在的问题，正确认识当前我国安全生产面临的形势，进一步提高对安全生产极端重要性的认识，把思想统一到中央的决策和部署上来。

（一）充分认识目前我国安全生产问题的严重性，增强做好这项工作的紧迫感和责任感

目前，全国安全生产形势依然严峻，不容乐观。安全生产事故数量仍然很大，全国每年因安全事故死亡13万多人，伤残70多万人，造成的直接经济损失超过2500亿元，相当于国内生产总值的2.5%左右；煤矿、道路交通、建筑等领域伤亡事故多发状况尚未根本扭转，非煤矿山、非矿山企业等生产安全事故呈上升势头；重特大事故时有发生，特别是去年12月23日中石油四川管理局重庆钻探公司西北气矿发生特大井喷事故，12月30日辽宁铁岭市昌图县发生烟花爆竹爆炸事件，伤亡惨重，损失巨大；事故隐患在一些地方和企业还大量存在，如果监控、整改不力，随时可能发生事故甚至重特大事故；职业危害严重，全国每年约70多万人患职业病，严重影响职工身心健康。与一些国家相比，我国安全生产状况还存在着较大差距。如煤矿安全，据国际劳工组织公布的数据，美国煤矿百万吨死亡率为0.039人，南非为0.13人，波兰为0.26人，印度为0.42人，而我国高达4.17人。这种状况应当尽快改变。我们必须认识到，搞好安全生产，保障人民群众的生命和财产安全，是“三个代表”重要思想的具体体现，是坚持以人为本，全面建设小康社会的内在要求，是维护改革发展稳定大局的重要保证。我们一定要以对党和人民高度负责的精神，充分认识做好安全生产工作的重要性和紧迫性，认真实践“三个代表”重要思想，努力改善安全生产状况，切实维护好人民群众的根本利益。

(二)充分认识新形势下安全生产工作的长期性、艰巨性和复杂性,牢固树立常抓不懈的思想

应当看到,我国尚处于社会主义初级阶段,生产力水平还比较低,发展很不平衡,安全生产基础薄弱,劳动保护能力低下,做好安全生产工作,是一项长期而艰巨的任务。许多行业、企业从业人员素质较低,安全生产意识淡薄,自我保护能力差,是直接影响安全生产的重要因素,目前进城务工农民已成为事故高发的主要群体。改革开放以来,个体、私营等非公有制经济迅速发展,中小企业大量增加,在给我国经济发展带来活力的同时,也给安全生产提出了新的课题,增加了安全生产监管工作的难度。

在体制转轨和经济快速增长时期,安全生产监管体系还不够适应,法律法规也有待进一步完善。在这种情况下,安全生产事故容易频发高发,加大了安全生产工作的压力。全面建设小康社会,坚持以人为本、树立全面、协调、可持续的科学发展观,以及加入世界贸易组织,不断扩大对外开放,都对安全生产工作提出了新的更高的要求。所有这一切,都决定了新形势下安全生产工作的长期性、艰巨性和复杂性,要求我们必须牢固树立安全生产常抓不懈的思想,任何时候、任何情况下都要绷紧安全生产这根弦,绝不能有一丝一毫的放松。

(三)充分认识安全生产的特点和规律,增强做好这项工作的决心和信心

科学认识和正确把握安全生产的特点和规律,是做好安全生产工作的重要前提。从世界工业化进程看,发达国家一般经历了事故多发、趋于稳定、根本好转这样一个发展过程。安全生产事故的大幅度下降,取决于多种因素。总体上看,我国现在尚处于工业化中期阶段,处在安全事故多发期,做好安全生产工作面临着很大的困难。同时也要看到,做好安全生产工作,我们具有许多有利条件。我们可以借鉴发达国家的成功经验和做法,吸取他们的教训,采取先进的安全生产技术和有针对性的政策措施,充分发挥后发优势,尽可能缩短这个周期。我国是社会主义国家,这是做好安全生产工作的制度保证;党中央、国务院和各级领导高度重视,是做好这项工作的政治保证;科技进步,经济发展,综合国力不断增强,是做好这项工作的物质技术保证;全社会安全意识不断提高,各地区、各部门和企业安全生产工作逐步加强,是搞好安全生产的思想和工作保证。我们要坚定信心,坚持按客观规律办事,充分发挥社会主义制度的优越性,扎实做好各项工作,努力减少安全生产事故的发生,加快实现安全生产形势的根本好转。

适应新形势的要求,做好新时期的安全生产工作,尽快实现我国安全生产状况的稳定好转,必须加快推进"五个转变":一要推进安全生产工作从人治向法治转变,依法规范,依法监管,建立和完善安全生产法制秩序。二要推进安全生产工作从被动防范向源头管理转变,建立安全生产行政许可制度,严格市场准入,管住源头,防止不具备安全生产条件的单位进入生产领域。三要推进安全生产工作从集中开展安全生产专项整治向规范化、经常化、制度化管理转变,建立安全生产长效管理机制。四要推进安全生产工作从事后查处向强化基础转变,在各类企业普遍开展安全质量标准化活动,夯实安全生产工作基础。五要推进安全生产工作从以控制伤亡事故为主向全面做好职业安全健康工作转变,把职工安全健康放在第一位。通过政府、企业和广大从业人员等各个方面的共同努力,把安全生产工作推向一个新的发展阶段。

三、扎扎实实做好2004年的安全生产工作

根据党中央、国务院的部署,今年全国安全生产工作的总体要求是:认真贯彻"三个代表"重要思想,全面落实《国务院关于进一步加强安全生产工作的决定》,适应全面建设小康社会的要求和完善社会主义市场经济体制的新形势,坚持"安全第一,预防为主"的基本方针,进一步强化政府对安全工作的领导,大力推进安全生产各项工作,落实安全生产主体责任,加强安全生产监督管理,大力推进安全生产监管体制、安全生产法制和执法队伍"三项建设",建立安全生产长效机制,实施"科技兴安"战略,积极采用先进的安全生产管理方法和安全生产技术,努力实现全国安全生产状况的进一步好转。全国安全生产的目标是,各类事故死亡人数比去年降低2.5%;重点行业和领域安全状况继续好转,煤炭百万吨死亡率、道路交通万车死亡率等指标有较大幅度下降;重特大事故有所减少。

做好2004年的安全生产工作,实现预定目标,重点要抓好以下几个方面:

(一)加快建立健全安全生产控制指标体系,进一步强化地方政府责任

《国务院关于进一步加强安全生产工作的决定》中明确,要建立健全安全生产控制指标体系,对安全生产工作进度进行量化评价。这样做有助于强化地方政府的责任,调动各级干部抓好安全生产工作的积极性。这也是先进工业化国家比较成熟的做法。美国、澳大利亚、英国等都在职业安全5年计划或10年计划中规定了具体的控制指标,对本国的安全生产起到了促进作用。这次会议之后,将把2004年的安全生产控制指标分解落实到各省区市政府,对安全生产情况实行定量控制和考核。地方各级政府要将安全生产纳入经济

发展和社会进步总体规划，纳入干部政绩考核内容，统一部署，同步推进，同时考核。要建立严格的安全生产责任制，一级抓一级，逐级抓落实；加强监督检查，及时发现和解决工作中出现的问题；建立安全生产奖惩制度，形成强有力的激励约束机制。

（二）继续深化安全生产专项整治，着力解决事故多发行业和领域的突出问题

坚持把矿山、道路和水上交通、危险化学品、民用爆破器材和烟花爆竹、人员密集场所消防安全等专项整治，持续不懈地抓下去。要努力做到“三个结合”：一是把专项整治与落实安全生产保障制度结合起来，督促企业建立预防为主、持续改进的安全生产自我约束机制。二是把专项整治与日常监督管理结合起来，不断完善安全生产监管机制。三是把专项整治与全面做好安全生产工作结合起来，致力于建立安全生产的长效机制。煤矿要切实加强“一通三防”工作，提高整体素质和综合防范能力；继续关闭、取缔非法和不具备安全生产条件的小矿小厂与经营网点，遏制低水平重复建设。非煤矿山的安全生产整治要突出油气田这个重点，认真吸取“12·23”特大井喷事故的教训，加强对硫化氢等有害气体的监测监控，制定完善油气生产事故抢险救灾预案。认真宣传贯彻《道路交通安全法》，增强全社会道路交通安全意识。加大道路交通违章查纠力度，依法取缔非法运输。开展公路货车超限超载治理，做好对危险路段、事故多发点段交通安全隐患的排查整治。以渤海湾、舟山水域、琼州海峡、西南山区和长江干线航运安全为重点，做好水上交通安全工作。认真执行《危险化学品安全管理条例》，严格市场准入，规范生产经营和运输秩序，强化从业单位、从业人员的安全防范意识，落实安全管理责任制，严防发生危险化学品泄露、污染和伤害事故。建筑施工、民航、铁路、旅游、军工、冶金、机械、森工、纺织、农机、渔业、教育等行业和领域，也要从各自实际出发，针对前一阶段整治工作中存在的薄弱环节和危及安全的突出问题，采取切实有效措施，继续深入开展安全生产整治。

（三）全面开展安全质量标准化活动，强化企业安全生产基础工作

企业是安全生产的主体，必须落实和强化企业在安全生产工作中的责任。在企业整个生产流程中，每个环节、每个岗位都要高度重视做好安全生产工作。要从生产环节和岗位的标准化抓起，在做好企业安全状况评估工作的基础上，在全国各类企业普遍开展安全质量标准化活动。推广煤矿开展安全质量标准化建设的经验，制定颁布各行业的安全质量标准规定，引导各类企业建立健全各环节、各岗位的安全质量工作标准，规范安全生产行为，推动企业安全质量管理上等级、创水平。小企业是安全生产管理的薄弱环节。在鼓励、支持和引导非公有制经济发展的同时，必须切实加强对个体、私营企业安全生产的监督管理，逐步探索出一套行之有效的监管办法。

（四）大力实施“科技兴安”战略，依靠科技进步提升安全生产水平

做好安全生产工作，必须充分发挥科学技术的重要作用。要全面启动“科技兴安”战略。针对重点行业和领域亟待解决的共性、关键性技术难题，组织开展安全科研攻关。及时淘汰危及安全的落后技术、工艺和产品，引导企业采用新技术、新设备、新工艺和新材料，提高安全装备水平。在全国煤矿普遍推广瓦斯监控网络系统。加强安全技术培训，提高企业主要负责人、管理人员和从业人员的安全科技素质。加强安全生产领域的国际交流与合作。

（五）加强安全生产法制建设，加大监管监察行政执法力度

依法加强对安全生产的监督管理，是做好安全生产工作的根本保障。一要继续加大对《安全生产法》等法律法规的学习、宣传和贯彻力度，普及安全生产法律知识，提高全民安全生产的法律素质。二要加快规范伤亡事故的应急救援和调查处理、加强小企业安全生产监管等方面的配套法规建设，继续推动地方加快立法步伐，尽快形成完善的安全生产法规体系。《安全生产许可证条例》已经国务院常务会议原则通过，即将颁布实施，要认真贯彻落实。三要依法加强安全生产的行政执法工作。严格依照法律法规的各项规定，指导督促各类生产经营单位建立健全责任制，保障安全投入，落实各项安全措施。按照“四不放过”的原则，认真查处各类事故。

（六）加快全国生产安全应急救援体系建设，建立预警救援机制

应急救援是提高政府应对重特大事故能力，减少事故损失的有效手段。要尽快建立国家生产安全应急救援指挥中心，充分利用现有的应急救援资源，建设具有快速反应能力的专业化救援队伍，提高救援装备水平，增强特大生产安全事故的抢险救援能力，把事故损失控制在最低程度。加强区域性生产安全应急救援基地建设。切实加强对重大危险源的监控，进行普查登记，制定应急救援预案，提高政府对重大危险源的管理效率和应急反应能力。

四、切实加强安全生产工作的组织领导

安全生产，事关全局，意义重大。各地区、各部门一定要高度重视，认真履行职责，加大工作力度，真正

把中央关于安全生产的部署和要求落到实处。

(一)加强领导,落实责任

各地区、各有关部门要把安全生产工作真正摆上重要议事日程。政府一把手作为本地区安全生产工作的第一责任人,要亲自抓这项工作。分管领导要集中精力抓,切实负起责任。要认真落实各级领导干部特别是县乡两级领导干部安全生产责任制。要认真查处安全生产事故,对存在失职、渎职行为,或对事故发生负有领导责任的地方政府、有关部门和企业领导人,要依照有关法律法规严格追究责任。

(二)密切配合,齐抓共管

安全生产涉及面广,工作复杂,需要各方面通力合作,形成齐抓共管的工作格局。各级安全生产委员会及其办公室要积极发挥综合协调作用。安全生产综合监管及其他负有安全生产监督管理职责的部门,要各负其责,密切配合,切实履行安全监管职能。各级工会、共青团组织要围绕安全生产,发挥各自优势,开展群众性安全生产活动。有关协会、学会、中心等中介机构和社团组织,也要在做好安全生产工作中积极发挥作用。

(三)求真务实,转变作风

各级领导要弘扬求真务实精神,大兴求真务实之风,深入基层,深入实际,加强调查研究,切实转变作风,察实情,讲真话,办实事,求实效。要狠抓安全生产各项措施的落实,加强检查督促,从严管理,严格要求,切实做到安全生产工作层层落实,责任到人。要注意发现安全生产工作中出现的新情况、新问题,及时采取有针对性的政策措施。

(四)搞好宣传,加强引导

继续深入开展"安全生产月"、"安全生产万里行"以及城市安全社区建设等活动,进一步完善形式,丰富内容,增强实效。充分发挥电视、网络、报刊等大众媒介的作用,坚持正确的舆论导向,大力宣传党和国家安全生产的方针、政策、法律法规和加强安全生产的重大举措,宣传推广先进典型和经验,对严重忽视安全生产、导致重特大事故发生的典型案例,要予以曝光。加强安全文化建设,强化全民安全意识。认真总结群众性安全文化建设和发展经验,引导和启发全社会重视人的生命价值,营造"关爱生命、关注安全"的舆论氛围。

(五)强化培训,提高素质

要努力建设一支适应市场经济发展要求,政治坚定、业务精通、作风过硬的安全监察和监管队伍。要加强对各级领导干部的安全知识培训和安全生产监管人员的执法业务培训,全面提高行政能力和执法水平,做到依法行政、严格执法、秉公执法。坚持与时俱进,不断推进安全生产理论、监管体制和机制、监管方式和手段、安全科技、安全文化等方面的创新。

中华民族的传统节日春节即将来临。各地区、各部门、各单位要按照国务院安全生产委员会关于做好"两节"期间安全工作的通知要求,切实做好春节期间的安全生产工作。要进一步精心组织安排好春运工作,确保公路、铁路、水路、航空运输的安全畅通,确保广大人民群众的出行安全。要加强旅游场所、娱乐场所、大型商场、机场、车站、码头、油库等公共场所和要害部门的安全防范工作,落实各项防范措施,制定应急预案,加强安全保卫和节日值班工作,保证广大人民群众过一个安全、祥和、欢乐的新春佳节。

同志们,做好今年的安全生产工作,任务艰巨,责任重大。我们要在以胡锦涛同志为总书记的党中央领导下,以更大的决心,更有力的措施,更扎实的工作,努力实现安全生产形势的进一步好转,为改革发展稳定创造良好环境,为国民经济和社会发展做出积极贡献!

建设大型煤炭基地,培育大型煤炭企业集团是加强煤炭工业宏观调控的重大举措(节选)

基于煤炭建设和发展条件,针对存在的突出问题,中央提出的加快建设大型煤炭基地和培育大型煤炭企业集团,是新形势下加强煤炭工业宏观调控的重大举措。

2004年8月27日,国务院在包头召开的大型煤炭基地建设工作座谈会上,曾培炎副总理的讲话,明确了大型煤炭基地建设的方向和目标。他强调指出,在新形势下建设大型煤炭基地,不是只建设传统的单一煤炭基地,而是要建成煤炭生产和调出基地、电力供应基地、煤化工基地和煤炭综合利用基地。在整个区域内综合开发利用煤炭资源,实现上下游联营和集聚。

为了确定大型煤炭基地建设步骤和政策措施,国家发展改革委重点围绕大型煤炭基地功能定位和开发规模、煤炭资源勘探和建设顺序、煤矿建设与环境保护、煤炭外运与就地转化、区域经济社会发展和政策措施等重大问题，制订了深化研究大型煤炭基地规划的提纲，安排中煤国际工程设计研究、中国煤炭工业发展研究中心、中国煤炭地质总局、以及北京、南京、西安、沈阳、太原、武汉、重庆、济南、邯郸等9个甲级煤矿设计研究院，全面深化研究编制13个大型煤炭基地分项规划。经过近一年时间的深化研究，已形成13个大型煤炭基地规划征求意见稿，现正在征求有关省(区)意见。预计在今年底或明年初完成大型煤炭基地分项规划的审定工作。国家制定的能源中长期发展规划纲要、煤炭工业中长期发展规划、大型煤炭基地规划和大型煤炭基地内的矿区总体规划，将在不同层次上指导和规范各大型煤炭基地合理有序开发和利用煤炭资源。

这次加强煤炭工业宏观调控的主要形式，就是要加快建设大型、特大型现代化煤矿，这也是大型煤炭基地建设和煤炭工业发展的内在要求。当前，大型煤炭基地内一批大中型煤矿正在加快建设。2003年、2004年，13个大型煤炭基地内煤矿开工建设规模各为0.8亿吨，2004年煤炭建设总规模达到2.6亿吨、占全国的75%。预计全年投产规模0.85亿吨，占全国的73%。2003~2004年，国家共安排国债资金24亿元，支持大型煤炭基地煤矿项目补充勘探和建设。从建设规模看，2003~2004年，大型煤炭基地开工建设规模1.6亿吨，大大超过以往全国五年的开工建设规模。从建设井型看，大型煤炭基地内单个煤矿建设规模接近300万吨，比前几年提高了100万吨。从建设进度看，由于施工技术、管理、装备水平提高，加上建设资金到位情况好，建井工期由过去的5~8年，缩短到现在的2~4年。

培育大型煤炭企业集团，保障能源及煤炭安全稳定供应是国家加强煤炭工业宏观调控的又一重点。制约我国煤炭行业健康发展的最根本问题是企业组织结构分散。1997年~2000年煤炭市场供大于求时，几万家大大小小的煤炭企业过度竞争乃至恶性竞争，使煤炭行业陷入前所未有的困境，人们还记忆犹新。而近两年来，煤炭供应紧张后，又是这大大小小几万家企业，争抢煤炭资源的矿业权，在一些地区形成盲目无序勘探建设，极容易引发新一轮的煤炭过剩。培育和发展大型煤炭企业集团，最大限度地减少参与市场竞争的个体，扩大单一企业的生产规模和市场占有率，是优化煤炭工业结构的治本之策，已成为行业内外的共识。令人可喜的是，在中央和地方政府及有关部门的大力推动下，经过多年来特别是近两年来的发展，我国形成了数家大型煤炭企业或企业集团，有的已是国际著名企业。较前组建或发展形成的神华集团、中煤能源集团、兖矿集团和近两年来先后组建的山西焦煤集团、宁夏煤业集团、大同煤矿集团、陕西煤业集团和重庆煤业集团等已经也必将在今后的企业发展和在市场竞争中展现优势。据了解，目前河南、山东、黑龙江等省大型煤炭企业集团组建工作也正在研究或组建之中，培育和发展大型煤炭企业集团已风起云涌。但从总体上讲，目前我国已有和新组建的大型煤炭企业集团，仍存在数量少、规模小的问题，煤炭产业还摆脱不了过度竞争、无序竞争的阴影。因此，国家将重点推进煤炭企业的战略性重组，以市场为导向，以产权为纽带，通过兼并、重组、联合、参股等形式，组建一批跨地区、跨行业、跨所有制的特大型煤炭企业集团。同时，以大型煤炭基地建设为契机，促进大型煤炭企业集团的发展；以大型煤炭企业集团为主体，更好地发挥大型煤炭基地的功能，把大型煤炭基地建设成为商品煤供应基地、煤炭深加工基地、煤炭出口基地，通过大型煤炭基地的建设，把大型煤炭企业集团培育成为优化煤炭工业结构的主体、平衡国内煤炭市场供需关系的主体、参与国际市场竞争的主体。充分发挥大型煤炭企业的管理、技术、融资等优势，重组、兼并、改造中小型煤矿，带动整个煤炭工业产业升级。 (文章来源：商务部网站)

专 文

认真学习贯彻五中全会精神，提高资源对经济社会发展的保障能力

国土资源部部长 孙文盛

（2005年11月4日）

当前，全国上下都在认真学习贯彻党的十六届五中全会精神。根据中央党校的安排，我主要就国土资源保护和合理利用工作，汇报学习贯彻五中全会精神的初步认识和思考。汇报分三个部分：一是对中央关于国土资源形势判断的初步认识；二是对中央关于国土资源任务要求的初步理解；三是对今后国土资源管理工作基本走势的初步思考。

一、对中央关于国土资源形势判断的认识

五中全会全面分析了当前我国面临的国际国内形势，总结了"十五"期间我国经济社会发展的巨大成就。概括起来就是，以邓小平理论和"三个代表"重要思想为指导，明确提出并认真落实科学发展观和构建社会主义和谐社会的重大战略思想，牢牢抓住发展这个党执政兴国的第一要务，聚精会神搞建设、一心一意谋发展，不断推进改革开放，我国经济实力、综合国力和国际地位显著提高。面向未来，我们站在一个新的历史起点上。五中全会同时指出：我国经济社会发展还面临不少困难和问题。我国正处于并将长期处于社会主义初级阶段，生产力还不发达，城乡区域发展不平衡；粗放型经济增长方式没有根本转变，经济结构不合理，自主创新能力不强，经济社会发展与资源环境的矛盾日益突出。我国土地、淡水、能源、矿产资源和环境状况对经济发展已构成严重制约。世界经济发展不平衡状况加剧，围绕资源、市场、技术、人才的竞争更加激烈。

这是党中央准确把握国内外形势，深刻分析我国经济社会发展与资源保护利用现状作出的判断。这一判断，既充分肯定了国土资源在经济社会发展中的地位和作用，也指出了存在的突出矛盾和问题，完全符合实际情况，是完全正确的。把握好形势，对做好国土资源工作具有重要意义。

（一）国土资源在促进经济社会发展中发挥了重要作用

*1. 土地是财富之母、民生之本，是人类活动最基本的空间。*其中，耕地是粮食生产最重要的物质基础，是农民最基本的生产资料和最基本的生活保障。我国耕地约占全国土地面积12.88%，这些耕地提供了85%的食物，为农民提供了40%～60%的经济收入和60%～80%的生活必需品。严格保护耕地，对保障国家粮食安全和维护社会稳定发挥了重要作用。此外，我们的各项建设都离不开土地的支撑。"十五"期间，平均每年新增建设用地在530万亩左右，平均每年政府土资产收益3886.54亿元，有力支持了城乡建设，保证了国家经济发展的需要。近年来，国家把土地作为宏观调控的重要手段，严格用途管制，取得了明显成效，促进了经济平衡较快发展。2003年下半年至2004年，国务院部署开展了一次以清理开发区为重点的土地市场秩序治理整顿。整顿前，全国有各类开发区6866个，规划面积达到3.86万平方公里，已经超过我国现有城镇建设用地3.25万平方公里的总规模。整顿后开发区数量核减到2037个，规划面积1.17万平方公里。

*2. 矿产资源是工业的"血液"和"粮食"，是经济发展重要的物质基础。*目前，我国90%左右的能源、80%以上的工业原材料、70%以上的农业生产资源和30%

以上的生活用水来自矿产资源。对于国民经济具有重要作用的主要矿产有45种。其中,能源矿产4种:煤、石油、天然气、铀。金属矿产19种:铁、锰、铬、钛、铜、铅、锌、铝土矿、镍、钴、钨、锡、钼、锑、铂族金属、金、银、稀土、锶。非金属矿产22种:金刚石、石墨、硫铁矿、重晶石、芒硝、菱镁矿、水泥灰岩、硅藻土、高岭土、膨润土、耐火黏土、硼矿、磷矿、稀土、硫、钾、石棉、石膏、滑石、石材、硅灰石、玻璃硅质原料。

近年来,我国矿产资源勘查开发不断取得新的进展。2004年新发现大中型矿产地205处,石油、煤、锰、铜、铝、铅、锌、锡、钾盐等矿产新增了一批资源量。国内矿产资源开采总量继续增长,2003年和2004年固体矿产产量都超过了50亿吨。与此同时,利用国外资源迈出新步伐。矿产品进口总额从1991年的127亿美元,提高到2004年的1518亿美元,增长了11倍,扩大了能源和矿物原材料供应,有力地支持了国民经济和社会发展。

*3. 海洋是蓝色国土,日益成为人类社会发展的重要空间和资源宝库。*国务院批准了《全国海洋经济发展规划纲要》和《全国海洋功能区划》,海洋资源开发秩序进一步好转,海洋权益得到有效维护,海洋生态环境保护取得了重要进展。2004年主要海洋产业增加值5268亿元,占国内生产总值的3.9%,海洋经济成为我国新的经济增长点。

(二)国土资源成为经济社会发展的重要制约因素

*1. 从基本国情看,土地、矿产资源与经济社会发展的矛盾突出。*从土地的情况看,我国人口多、人均耕地少;质量不高,耕地后备资源不足。到2004年年底,我国耕地面积已经下降到1.22亿公顷(18.37亿亩),人均耕地只有0.094公顷(1.41亩),不到世界平均水平的40%,约相当于加拿大的1/18、俄罗斯的1/10、美国的1/8、印度的1/20。全国有666个市(县)的人均耕地已经不足联合国粮农组织确定的0.8亩警戒线。全国现有耕地总体质量不高,高产田仅占28%,中产田为40%,低产田为32%。东部优质耕地占用过快,基本农田占优补劣现象突出,耕地污染退化严重。目前,有9000万亩耕地受工业“三废”污染,大量耕地受酸雨危害和长期施用化肥等影响,地力下降。全国每年因水土流失、土壤盐碱化和沙化损失的耕地仍在增加。耕地后备资源不足。据调查测算,全国耕地后备资源总潜力为2.01亿亩。其中,60%分布在水源不足和水土流失、沙化、盐碱化严重的地区,通过开发耕地后备资源,补充耕地的潜力十分有限。真正可以开发的不到1亿亩。发展必然要用地,也必然要占用一部分耕地,但是我国耕地少,能够为建设提供的空间有限,对发展构成了制约,并且这种制约将是长期的。

从矿产资源情况看,我国资源总量丰富,矿种比较齐全,但人均资源量少,资源“禀赋”较差,利用难度大。我国矿产资源总量约占世界的12%,居世界第3位。截至目前,我国已发现171种矿产,有探明储量的158种,主要矿产45种。但人均资源量少,仅为世界水平的58%,居世界第53位。主要矿产探明人均储量不到世界平均水平的1/4。我国矿物能源结构不良,优质能源少。铁、锰、铝、铜、磷等大宗支柱性矿产中,大型矿床和容易选冶的矿产地少,中小矿和共生伴生矿多。探明矿产中,1/3在现有经济技术条件难以利用。发展要消耗大量矿产资源,而矿产资源是可耗竭的,并且我国人均占有量少,对经济社会发展构成了先天性的制约。

*2. 从利用现状看,土地、矿产资源与经济社会发展的矛盾加剧。*长期以来,由于经济增长方式粗放,经济快速增长在很大程度上是靠大量消耗国土资源来实现的,使得资源约束矛盾更加突出。

土地方面,近年来,生态退耕、农业结构调整、建设占用、灾害损毁等造成耕地大量减少,其中,建设占用导致耕地的永久损失。耕地从1996年年底我国第一次土地详查结束时的19.51亿亩,减少到2004年年底的18.37亿亩。8年之内,全国就净减少了1.14亿亩耕地,约占全国耕地总量的6%。在减少的耕地中,生态退耕占62%,农业结构调整占18%,建设占用14%,灾害损毁占6%。其中,有相当一部分是有灌溉设备的优质良田。而这几年新补充的耕地中,一半以上是耕作条件不理想的旱地。

在建设用地总量中,大部分是依照规划按照计划批准的,也有相当一部分属于违法违规占用,并且粗放利用的现象相当普遍。根据我部年初的调查,目前全国城镇共有闲置土地、空闲地、批而未供地近400万亩,相当于现有城镇建设用地总量的7.8%。工业用地利用粗放,不少大型交通设施、城市基础设施占地偏大。农村土地闲置浪费问题同样十分突出。全国农村人均居民点用地目前高达185平方米,远超过国家规定的人均150平方米高限。

一些地方违法违规圈占耕地问题时有发生。根据对部分城市土地利用情况的动态遥感监测,违法用地宗数和面积仍居高不下。有地地方经营性土地招标拍卖挂牌和协议出让不规范,市场在土地资源合理配置中的作用没得到应有发挥。

一边是土地资源紧张,一边是使用浪费、粗放、很不协调。大量征占耕地影响国家粮食安全,威胁农民生计和社会稳定。耕地面积连年减少,对粮食生产能力造成很大影响。尽管粮食产量主要受价格、自然灾害等多种因素影响,但建设占用大量耕地对粮食生产能力的影响，将是不可弥补的。

对耕地减少过多的状况，中央非常关注，因为耕地不仅是农民最基本的生产资料，而且是最基本的社会保障。由于违规占用、过多征用耕地，征地补偿安置措施又不及时或不到位，出现了“种田无地、上班无岗、低保无份”的“三无农民”，纠纷、群体性事件不断，成为影响社会稳定和社会关注的热点问题。

从矿产资源情况看，由于矿产资源利用粗放，随着经济快速增长，矿产资源需求量也快速增长，而勘查开发跟不上需要，主力矿山产能逐渐衰减，主要矿产国内资源保障能力不够，供需缺口不断增大，对外依存度进一步提高，矛盾日益突出。许多重要矿产品价格快速增长并保持高位运行。1991年至2004年，全国石油、钢和铜消费量年均增长6.7%、13.3%和11.9%，而产量年均增长1.6%、9.8%和9.6%，消费增长速度远远超过了生产能力。在近千个国有骨干矿山中，有2/3进入中晚期，400多座矿山因资源枯竭而难以为继。近年来，我国地质勘查虽然取得新的进展，但一直没有重大突破、重要矿产资源储量增长远远低于矿产产量增长。我国石油、铁矿等重要矿产资源进口大幅增长，对外依存度进一步提高，在世界消费总量和新增消费量中比重进一步增大。

从20世纪90年代开始，我国石油生产时入稳产滞长期。1997年至2004年，我国石油产量已连继8年在1.6亿吨至1.75吨之间小幅度增长，就已探明的储量看，进一步增加产量难度很大。大庆、辽河、胜利等东部主要油田均进入中老期。自1993年我国成为石油净进口国以来，对外依存度不断攀升，2004年达到45%。这两年石油价格一路走高；今年8月份石油期货价格曾一度突破每桶70美元大关。上述情况说明，矿产资源供求矛盾突出，竞争激烈。

矿产资源开发利用粗放和破坏浪费严重，首先表现在矿产资源消费环节。大宗矿产品消费增长速度大于经济发展速度，2004年我国GDP增长9.5%，而石油、原煤的消费量分别增长19.1%和14.8%。同年我国GDP约占世界GDP的4%左右，但消耗的原油、原煤、铁矿石、钢材、氧化铝、水泥分别占世界消费量的8%、38%、30%、30%、15%、46%。其次，表现在矿产资源开采环节。我国矿山的特点是“小、散、多”。大部分矿山建设得早，开采技术相对落后，矿产资源总回收率为30%左右，比国外先进水平低20个百分点。全国煤矿回采率平均只有35%，一些煤矿回采率仅为15%，有些甚至低至10%。共伴生矿的利用率不高。只有部分大中型矿山开展综合利用，而大量非国有小型矿山根本不进行综合回收。有色金属矿山综合回收率为35%，比国外水平低10%。通过多年持续治理整顿，矿产开发秩序出现了明显好转，但近几年，由于煤、石油及许多矿产资源供求紧张，价格上涨，一些地方矿产资源开发秩序问题突出，乱采滥挖，破坏浪费资源、破坏环境的现象相当严重。

3. *从发展趋势看，土地、矿产资源与经济社会发展的矛盾将长期存在。*从世界发达国家的历程看，当一个国家处于人均GDP1000美元至3000美元之间的发展时期，对资源的需求会迅速增加。当前我国正处于这样一个时期。“十一五”期间和今后15年，既是我国经济社会发展的重要“战略机遇期”，也是资源供求矛盾的凸显期。工业化、城镇化进程加快；固定资产投资规模依然将维持较高水平，实施西部大开发、振兴东北等老工业基地战略、中部地区崛起、东部率先实现现代化，建设用地仍将进一步增加，对矿产资源的需求也将进一步增长。

从土地情况看，“十一五”期间，建设用地特别是占用耕地数量将继续增长。即使采取严而又严的控制措施，如规划管理、用途管制、计划用地、省长负责制等，预计建设用地总量还将达到2700万亩，占用耕地1550万亩。其他各类用地也将继续增加。生态退耕需要3500万亩左右，农业结构调整需用耕地500万亩，灾毁耕地约500万亩。到2020年全面实现小康社会，各项建设还将会不可避免占用一定数量的耕地。根据国家统计局提出的我国粮食消费标准和有关方面的综合研究预测。2030年左右，人口高峰接近16亿，按人均粮食需求量880斤计算，全国粮食需求总量约14000亿斤（7亿吨）。从国际市场看，全球粮食贸易量每年约4000亿斤（约2亿吨），因此，解决十几亿中国人的吃饭问题，主要只能靠自己。虽然我们可以通过贸易进口一定数量的粮食，但我国是一个人口大国，过度依赖国外将对我国安全构成巨大威胁。充分利用好国内土地资源，特别是保护好作为粮食生产基础的耕地，才是维护我国粮食安全的根本保证。按照《中国的粮食问题》白皮书提出的实现95%或90%的粮食自给率目标，现有耕地再也不能过多减少了。

从矿产资源情况看，根据重要矿产资源可供性论证，如果国内找矿理论、技术和资源利用技术、寻找代用品没有重大突破，预计到2020年，我国矿产资源供需矛盾将更为突出。前面谈到的45种重要矿产中，将有10种短缺，有9种严重短缺。其中，石油对外依存度将逐年上升。预测到2020年，我国石油需求量为4.25亿吨。原油生产能力可保持在1.95亿吨至2.00亿吨，石油缺口约为2.3亿吨，对外依存度将上升到54%，矛盾的确突出。

虽然矿产资源是可全球配置的资源，不少矿产品可以通过国际贸易买到，但受政治、经济、外交等因素的影响越来越大。一些国家对我国利用国外资源设置障碍,使我国利用国外资源面临许多不确定因素。

海洋资源是国土资源的重要组成部分。我国海洋资源种类繁多。其中,海洋石油资源量约240亿吨,天然气资源量14万亿立方米;滨海砂矿资源储量31亿吨;海洋可再生能源理论蕴藏量6.3亿千瓦;水深0至15米的浅海面积12.4万平方公里。但是,目前我国海洋资源开发利用程度还不高,海洋调查勘探程度低,可开发的重要资源底数不清。海洋资源开发过度与不足并存,近岸海域污染和海洋灾害损失依然严重,围绕海洋权益和岛屿主权的国际斗争十分激烈。

综上所述。国土资源已经并将继续在经济社会发展当中发挥极其重要的支撑作用。缓解国土资源与经济社会发展日益突出的矛盾,是一项长期艰巨的任务。对此,我们有清醒的认识,还将采取更加有力的措施。

二、对中央关于国土资源工作任务和要求的初步理解

五中全会审议通过的《中共中央关于制定国民经济和社会发展第十一个五年规划的建议》,站在历史的新高度,从战略全局出发,描绘了我国在新世纪第二个五年经济社会发展的宏伟蓝图,明确了我国下一个五年经济社会发展的指导方针、奋斗目标、主要任务和重要举措。《建议》充分体现了党的十六大和十六届三中、四中全会关于树立和落实科学发展观、构建社会主义和谐社会的精神;充分体现了改革开放、与时俱进的精神;充分体现了决策民主化、科学化的精神;充分体现了全党的意志和全国人民的心愿,是指导规划编制、动员全党和全国各族人民全面建设小康社会、加快推进社会主义现代化的纲领性文件。

学习领会五中全会精神,就国土资源管理工作,我们体会最深的有三点:

(一)目标更加明确

《建议》明确了"十一五"时期经济社会发展七个方面的主要目标。其中与国土资源密切相关的目标主要有:在优化结构、提高效益和降低消耗的基础上,实现2010年人均国内生产总值比2000年翻一番;资源利用效率显著提高,单位国内生产总值能源消耗比"十五"期末降低20%左右,耕地减少过多状况得到有效控制,等等。中央第一次把耕地过多减少的状况得到有效控制、资源利用效率明显提高,纳入经济社会发展的总目标加以突出强调,为我们进一步指明了努力的方向。

(二)任务更加繁重

《建议》对做好国土资源管理工作提出了多方面的具体任务和需求。在土地方面,《建议》指出:要坚持最严格的耕地保护制度,搞好土地整理。搞好乡村建设规划,节约和集约使用土地。按照循序渐进、节约土地、集约发展、合理布局的原则,积极稳妥地推进城镇化。继续发展土地等要素市场,完善要素价格形成机制。规范土地出让收入管理办法。建立健全与城镇化健康发展相适应的征地等制度。加快征地制度改革,健全对被征地农民的合理补偿机制。统筹做好区域规划、城市规划和土地利用规划。

在矿产资源方面,《建议》指出:能源产业,要坚持节约优先、立足国内、煤为基础、多元发展,构筑稳定、经济、清洁的能源供应体系。建设大型煤炭基地,调整改造中小煤矿,开发利用煤层气。加强国内石油天然气勘探开发,扩大境外合作开发。积极发展核电。矿产开发,要加强重要矿产资源的地质勘查,增加资源地质储量,规范开发秩序,实行合理开采和综合利用,健全资源有偿使用制度,推进资源开发和利用技术的国际合作,从我国经济社会发展的战略需要出发,把能源、资源等关键领域的重大技术开发放在优先位置,启动一批重大项目,力争取得重要突破。

在海洋资源方面,《建议》指出:要加强海洋资源保护和合理利用,大力发展海洋经济。

中央提出的上述重点任务,既有当前紧迫的任务,又有长远的部署。不但工作量大,解决问题的难度也大,任务相当繁重。

(三)信心更加坚定

党中央、国务院对国土资源工作高度重视。《建议》10部分46条,有20多处提到国土资源工作。在充分肯定"十五"国土资源工作的同时,明确提出把节约资源作为我国的基本国策。中央领导同志十分关心国土资源工作。仅今年1月至10月,对国土资源管理工作的重要批示有476条,其中,需要具体研究落实的182条。中央领导同志多次主持会议研究国土资源重大问题。地方各级党委、政府及有部门对国土资源工作给予大力支持。全社会科学发展观进一步树立和落实,资源国情意识、资源法律意识、资源保护和合理利用意识不断增强。同时,我们自身也有比较好的工作基础,主要是国土资源法律制度基本建立,国土资源体制机制逐步完善,各项基础工作比较扎实,干部队伍素质不断提高。只要我们深入学习,提高认识,进一步增强使命感、责任感和紧迫感,齐心协力、狠抓落实,就一定能全面完成五中全会对国土资源工作提出的任务。

三、对今后国土资源管理工作基本走势的初步思考

我们在认真学习基础上,进一步理清了"十一五"期间国土资源管理工作的思路。就是:以邓小平理论和"三个代表"重要思想为指导,认真贯彻党的十六届

五中全会精神,以科学发展观统领国土资源管理工作全局,坚持清正廉洁、依法行政、深化改革、狠抓落实,努力做到保护资源、保障发展、维护权益、服务社会,不断提高资源对经济社会发展的保障能力。

我们认为:"十一五"国土资源管理工作将呈现以下基本走势:

(一)保护资源更加规范有序

一是中央有明确要求,国家法律法规有明确规定。五中全会的《建议》提出:耕地减少过多状况得到有效控制;坚持最严格的耕地保护制度。国务院作出了《关于深化改革严格土地管理的决定》,下发了《关于全面整顿和规范矿产资源开发秩序的通知》。最近,中央领导同志作出重要批示:"整顿土地市场秩序,保护土地资源(特别是耕地),维护农民的合法权益,是一项长期而艰巨的任务。要有这个思想准备,毫不松懈地依法做好土地管理工作。"无论是当前还是今后,土地管理必须坚持从紧从严。建设用地必须符合法律规定、国家政策、土地利用规划和计划、用途管制,严格审查报批。坚决制止非农建设违法占用基本农田。进一步规范土地招标、拍卖、挂牌出让市场。对开发区设立以及用地审批将实行更加严格的政策。

二是管理体制和监督机制日益完善。按照国务院要求,基本完成了省以下国土资源管理体制的改革,强化了省级政府规划调控和土地执法的职能和责任。国务院印发了《省级政府耕地保护责任目标考核办法》,地方各级人民政府对规划确定的本行政区域内的耕地保有量和基本农田面积负责,政府主要领导是第一责任人,要纳入领导干部考核内容进行考核。目前,国家土地督察制度也取得了明显进展,将逐步向各省(区、市)和计划单列市派驻土地督察专员,土地执法力度会进一步加大。

三是土地节约集约利用被广泛接受。节约集约用地是贯彻落实节约资源基本国策,加快转变经济增长方式,严格保护耕地,缓解土地供求矛盾的客观要求。节约集约用地的含义主要有三层:节约用地,就是各项建设都要尽量节省用地,千方百计地不占或少占耕地。集约用地,每宗建设用地必须提高投入产出的强度,提高土地利用的集约化程度。通过整合置换,合理安排土地投放的数量和节奏,改善建设用地结构、布局,挖掘用地潜力,提高土地配置和利用效率。最近我们组织出版了《谁给我们土地——节约集约用地一百例》。总结了全国各地近年来在节约集约用地方面创造的成功经验。其中比较有代表性的例子主要有,河北唐山挖掘城区潜力,解决城区老住户用地难问题;山东临沂稳步推进旧城旧村改造,不断开辟存量土地挖潜新途径;江苏无锡坚持规划指导,向集中要土地,企业园区提高集约度,建设农民新社区;浙江义乌提高工业、商业用地门槛,有效控制土地供应量,提高土地效益;福建福州"飞地工业"模式,企业所在地与财税归属地分离;四川成都关闭所有黏土砖场;安徽淮北坚持20年土地复垦之路,使因采煤形成的塌陷地"再生"。最近中央主要媒体对上述7个典型进行了集中宣传报道。各地的经验充分说明,节约集约用地潜力巨大,大有可为。

(二)保障发展更加持续有力

提高资源对经济社会发展的保障能力是国土资源管理工作的重要任务。

在土地供应方面:认真研究和运用土地供应政策,优化经济结构,有效调控房地产市场,促进经济增长方式的转变。对符合国家产业政策和法律法规,符合土地利用总体规划和年度计划的建设项目,千方百计保证用地供应。保障国家重点建设项目用地需求,支持有利于结构调整的项目建设用地。支持西部大开发、东北地区等老工业基地振兴和中部崛起重点项目建设用地。对工期紧的国家重大基础设施的控制性工程,及时研究,按规定办理先行用地手续。进一步改进审批管理,缩短审批周期,提供优质高效的服务。试行城镇建设用地增加与农村建设用地减少相挂钩的政策,支持城镇和新农村建设。

在矿产资源方面,我们将按照五中全会的要求和国家法律法规,重点加强重要矿产资源的地质勘查,增加资源地质储量等工作,切实做到找得出、管得住、用得好,努力提高国内矿产资源保障能力。

1. 找得出,就是加强国内矿产资源勘查,努力实现地质找矿新的重大突破。前不久,我们根据国务院领导同志的指示,对我国重要矿产资源的潜力组织了论证。全面分析了矿产勘查面临的形势,概括起来就是四句话:勘查程度低,资源有潜力,工作有基础,找矿难度大。我国主要矿产资源还有比较大的资源潜力,无论是能源矿产还是其他重要金属矿产,大约还有2/3的资源有待探明。石油探明程度为33%,天然气探明程度为12.5%,煤炭资源查明程度为37%,重要固体矿产平均查明程度为35%。在已调查的500多座大中型矿山中,有192座具备资源潜力。我们提出,矿产勘查要突出加强16个重点矿种。其中,能源矿产包括石油、天然气、煤层气、煤等,其他矿产11种:铁、铜、铝、铅、锌、镍、锰、钨、锡、钾盐、金。油气勘查将主攻渤海湾、松辽、塔里木、鄂尔多斯、准噶尔、柴达木、珠江口、四川、东海、莺歌海和琼东南等11个重点含油气盆地。煤炭勘查的重点是神东、陕北、晋北、晋东、晋中、鲁西、两淮、冀中、河南、蒙东(东北)、黄陇、云贵和宁东等13个大型煤炭基地。金属矿产勘查重点是西南三江、雅鲁藏布江、天山、南岭、大兴安岭、阿尔泰、西昆仑—阿尔金、北山、秦岭、川滇黔相邻区、晋冀、豫西、湘西—鄂西、辽东—吉南、长江中下游和武夷等16个成矿区(带)。实现找矿突破必须做到：一是突出重点，把重点矿种和重点成矿区带作为矿产勘查的重中之重。二是完善体制机制，建立适应社会主义市场经济发展要求的矿产勘查开发和资金投入的良性循环机制。三是依靠科技创新，加强成矿理论、找矿方法和勘查技术攻关，提高矿产勘查效率和水平。四是加强领导，在组织管理、资金投入和政策上给予强有力的保障。加强矿产勘查的主要措施有：一是加强公益性地质调查，降低商业性矿产勘查风险；二是全面推进矿业权有偿取得，进一步发挥市场作用；三是建立地质勘查基金，支持重点勘查，拉动社会投入，形成良性机制；四是允许矿业企业勘查支出进入成本；五是建立知识、技术、管理等要素按贡献参与收益分配制度。我们相信，通过这些措施的实施，一定能够实现地质找矿新的重大突破。

2. *管得住，就是要整顿和规范矿产资源勘查开采秩序*。今后两年，我们将重点落实好国务院《关于全国整顿和规范矿产资源开发秩序的通知》。这次整顿和规范工作以煤炭为重点，由各省(区、市)政府具体组织实施，时间为两年(到2007年年度结束)，主要实现五大目标：一是无证勘查和开采，乱采滥挖、浪费破坏矿产资源、严重污染环境等违法行为得到全面遏制；二是越界开采、非法转让探矿权和采矿权的行为得到全面清理。违法案件得到及时查处；三是矿山安全事故及破坏生态环境现象明显减少；四是矿山布局不合理的状况得到明显改善，矿产资源开发利用规模化、集约化程度明显提高；五是基层监管到位，投资环境改善，矿产资源管理加强，基本建立规范的矿产资源开发秩序。要实现以上目标还要付出巨大的努力。

3. *用得好，就是努力提高矿产资源合理开采和综合利用水平*。要通过制定标准、完善政策、严格管理、提高自主创新能力，提高重点矿产资源回采率，提高共伴生矿产综合利用水平，大力推进循环利用。“十一五”期间，主要矿产资源采选综合回收率将从目前的30%左右提高到35%。

通过采取以上措施，逐步缓解矿产资源对经济发展的严重制约，进一步增强对经济社会发展的保障能力。

(三)海洋资源管理不断加强

海洋在我国经济社会发展中的地位日益重要。党中央、国务院对做好海洋工作提出了新的更高要求。目前正在研究编制“十一五”规划。海洋工作的总体考虑是：加强海洋资源保护和合理利用；加强海洋环境保护和灾害防治；维护国家海洋权益；加强海洋能力建设，强化海洋综合管理，提高海洋公益服务能力；促进海洋经济可持续发展。

(四)维护权益和服务社会水平不断提高

重点是做好被征地农民的安置补偿。党中央、国务院对于坚持以人为本、完善征地制度，切实维护人民群众的利益历来高度重视，把研究解决征地补偿和农民的长远生计问题作为工作的重点，取得了明显进展。在已有工作基础上，按新政策制定和落实征地安置补偿标准；妥善处理因征地引起的损害农民利益的突出问题；积极探索多种安置途径，建立失地农民社会保障制度；加快征地制度改革，健全对被征地农民的合理补偿的长效机制。

近年来，地质灾害频发，对人民群众生命财产造成严重威胁和损害。按照国务院的要求，我们已经做了大量工作，取得了比较好的效果。下一步，我们将继续加强汛期和三峡库区以及重点地区地质灾害防治工作。加强地质灾害调查评价，完善全国地质灾害监测、预警预报体系，建立国家级地质灾害监测和防治调度指挥系统。明年汛期到来前，组织完成三峡库区地质灾害应急治理项目。三峡库区总库容是393亿立方米，截止到2003年底统计，全库区共有崩塌滑坡4664处，危害十分严重。如果不及时治理，将影响移民搬迁，影响航运，危及三峡工程安全。

此外，我们还将大力推进各级国土资源管理部门政务公开，推进各类公益性国土资源信息的社会化服务，推进“金土工程”，加快国土资源信息化建设步伐，以信息化推动国土资源管理现代化，提高社会化服务水平。“金土工程”将建成耕地保护国家监管系统、矿产资源国家安全保障系统、地质灾害预警预报及应急指挥系统，实现“地上查、天上看、网上管”，为提高国土资源管理水平提供强有力支撑。不断加大土地开发整理投入力度。进一步加强西部地区水资源调查评价，逐步缓解缺水地区人民群众的用水困难。

认真学习五中全会精神，我们对形势的认识更加清醒，对下一步工作的思路和任务更加明确。制约是现实的，矛盾是长期的。缓解制约、解决矛盾的关键是要全面落实科学发展观。只要我们在党中央、国务院的正确领导下，通过各级党委、政府和社会各界的共同努力，以科学发展观为统领，振奋精神，扎实工作，锐意进取，开拓创新，就一定能提高资源对经济社会全面协调可持续发展的保障能力。

加强合作 繁荣矿业

——在“中国矿业2004”国际研讨会上的主题报告

国土资源部副部长 汪 民

（2004年11月16日）

很高兴与来自各国矿业界的新老朋友相聚北京，共同关注中国乃至全球矿业的发展，探讨我们共同感兴趣的话题——加强合作，繁荣矿业。借此机会，我谨向大家介绍中国矿业发展的状况和相关政策。

一、中国矿业有力地支持了国民经济建设和社会发展，促进了全球矿业的发展

（一）中国矿业为经济社会发展提供了重要能源和原材料资源保障，促进了中国的工业化发展

矿业在国民经济中占居重要地位。2003年，中国矿产采选业和相关能源原材料加工业工业总产值41622亿元，占全国工业总产值的29.26%。2004年1～8月，中国矿业投资1086.46亿元，比2003年同期增长35.6%。伴随中国经济快速发展，采矿量和矿业产值均保持快速上升的势头。2003年全国采掘矿石总量57亿吨。原油1.7亿吨，天然气341.3亿立方米，原煤16.67亿吨，铁矿石2.6亿吨，钢材2.2亿吨，10种常用有色金属1228万吨，黄金201.6吨，银4305.9吨，磷矿石标矿2447万吨，硫铁矿标矿871.5万吨，水泥8.6亿吨。原煤、钢、10种有色金属和水泥产量居世界第一位，磷矿石和硫铁矿产量居第二位和第三位，原油产量居世界第六位，钨、锑、稀土等产量居世界前列。

（二）中国矿业促进了区域经济的快速发展，推进了中国的城市化进程

以矿业为支柱产业，以矿山企业为龙头企业，中国先后建起了300多座矿业城市（镇）。矿业作为重要的经济增长点，在带动基础设施建设、扩大社会就业、增加财政收入、推进科技创新、改变边远地区贫困面貌方面，均发挥了重要的作用，作出了历史性贡献。目前，全国共有各类矿山企业14.5万个，其中大型矿山527座，中型矿山1354座，小型矿山和砂石粘土采场14万多处，从业人员930万人。其中，2003年新开业矿山企业8344个，从业人员19.51万人。通过持续进行治理整顿，全国采矿权数由1993年27万多个下降到目前的14.5万个，矿山数量下降一半，但同期矿业产值增长了一倍，大规模、群发性的非法开采得到有效遏止，矿业结构得到调整，规模效益明显提高。

（三）中国矿业对世界矿业和矿产品市场的繁荣发展发挥着日益重要的作用，顺应了经济和矿业全球化的趋势

我国不仅是世界上重要的矿产生产国，而且是重要的消费市场和贸易大国。2003年，矿产品及相关能源原材料进出口贸易总额为1617.13亿美元，占全国进出口贸易总额的19%。其中，矿产品及相关能源原材料出口额为596.28亿美元，同比增长29.2%。煤炭资源储量丰富、品种齐全、质量较好、出口量大，对保障国际市场供应发挥了重要作用。菱镁矿、水泥、磷灰石、萤石、耐火粘土、滑石、重晶石、蛭石、珍珠岩、花岗石、大理石板材及制品等非金属矿产，在满足国内需要的同时，不断扩大对国际市场的供应。钨、锡、钼、锑、稀土等中国优势金属矿产有力地支持了世界经济特别是高科技产业的发展。在我国经济快速发展并不断扩大对世界的加工制造情况下，我国的矿产品需求有了相应的增长，是拉动全球矿业逐渐走出持续低迷、显现周期性复苏的一支不可缺少的力量，为全球矿产品提供了广阔的市场。2003年，矿产品进口贸易总额1020.85亿美元，涉及200多个国家和地区。我国矿业企业发挥自身比较优势，在平等互利的基础上，在世界许多国家和地区开展多层次、多领域、多途径、多方式的国际矿业合作开发，为世界矿业发展注入了新的活力。

二、坚持以矿产资源的可持续开发利用，为经济社会可持续发展提供保障

我们正在致力于全面建设小康社会，到2020年经济再翻两番，工业化、城市化和现代化进程不断加快，在今后一个时期内，经济发展对矿产品的需求仍将保持较高水平，为矿业发展带来重大机遇。我国政府大力倡导全面、协调、可持续的科学发展观，强调必须以矿产资源的可持续开发利用，促进和保障经济社会的可持续发展。不断加强对资源的调查评价、规划、管理、保护和合理利用，这是国土资源部门的神圣职责。在矿业发展上，我们将坚持国内国外两种资源并举，首先立足于国内；坚持开源和节流并重，把节约放在首位；坚持市场调节和政府引导相结合，充分发挥市场配置资源的基础性作用；坚持资源开发利用与环境保护

协调,大力发展绿色矿业。

中国的矿产资源需求总量较大,但人均资源消费水平远低于世界平均水平。石油等矿产一定程度地需要通过进出口调剂余缺。但我国的能源结构仍将是以煤炭为主体的,中国能源的整体对外依存度将不会超过5%。随着煤开发利用技术的不断发展,随着天然气资源的扩大利用,随着油页岩等的逐步开发,随着我国在海上和西部新区油气找矿的突破,我国矿物能源开发利用前景广阔。我们正在按照加强国内勘查、集约利用资源的工作思路,继续大力发展国内矿业。同时,我们会认真吸取许多国家的经验教训,探索新型工业化道路,大力发展循环经济,努力建设资源节约型社会。

我国有着相当有利的成矿地质条件和丰富的矿产资源基础。已发现矿产171种,有查明资源储量的158种,资源总量居世界第二位,一批矿产的储量居世界第一位。全国已发现20多万处矿点、矿化点,目前仅对其中2万多处作了勘查评价。从1999年开始的新一轮国土资源大调查已经取得重要成效,完成了全国21个主要成矿远景区的矿产资源调查评价,进一步摸清了资源潜力,新发现矿产地421处。

中国西部地区,矿产勘查开发前景广阔。目前有探明储量的矿产123种,天然气、铜、锌、磷、钾等20多种矿产的储量占全国的50%以上。分布有塔里木、陕甘宁、柴达木、阿尔泰、东天山、西南三江中段、滇西南、陕甘川渝、黔中与黔西等一大批矿产资源集中区。矿产勘查程度低甚至空白的地区占全国国土面积的将近一半,大批物化探异常尚未查证,找矿潜力巨大。近年发现的具有较大资源量的铜、铅、锌、铁、钾盐等重要矿产地,大多在东天山、雅鲁藏布江、西南三江等重要成矿区带。

在中国东部,深部隐伏矿产勘查潜力巨大。尽管地质工作程度相对较高,但勘查深度仍主要限制在300~500米以内。近年来,在老矿山外围、深部开展的找矿工作,取得了一批新成果。安徽铜陵冬瓜山大型铜矿床的产出深度在1000米左右。广东凡口铅锌矿在500米以下找到了100万吨以上的可采金属储量。山东胶东金矿近年新增储量大部分是在500米以下的第二找矿空间获得的。

中国地质勘查在多年工作基础上继续发展。2003年地质勘查总投资达到260亿元,其中,包括外资在内的各类社会资金投入,已占93.8%,商业性矿产勘查投资日趋活跃。勘查投入集中于油气、煤、金等重点矿种和部分资源潜力大的地区。2003年,全国油气地勘投入量227.5亿元,同比增长20.55%。其中,国内企业、外商投资和中央财政拨款分别占93.4%、5.9%和0.6%。全国非油气地勘投入32.2亿元,政府预算拨款和社会投入分别占47.5%和52.5%。煤、煤层气、铁和水泥用灰岩的地勘投入大幅度增长,黄金地质工作保持了一定规模。新疆、云南、山东、浙江、河北、黑龙江、陕西、安徽和天津等地,成为矿产勘查投资的热点。

近年来,不少国际矿业机构来华投资矿业。2003年有效的涉外勘查许可证108件,采矿许可证332件,外商地勘投入14.5亿元,以海域石油、煤层气、金矿和铅矿、膨润土的勘查为主。油气勘查对外合作成效显著。加拿大TVI太平洋有限公司在湖南省常宁市成立首家外商独立勘查公司。云南博卡、贵州烂泥沟金矿等一些外商投资勘查项目,也取得较好的找矿成果。港澳台商地质勘查投资也有新的进展,主要投资于非金属建材矿产。

我们在鼓励外商踊跃参与中国矿产资源勘查开发的同时,也积极支持中国矿业企业走出去,加强国际矿业合作。自20世纪90年代以来,围绕促进境外油气、铜、铝、铁等资源的勘查开发,组织协调了一批境外矿产资源投资项目,建立了境外石油投资管理协调机制,与许多国家建立了矿业合作机制,中国的矿山企业正在逐步融入世界经济。

在完善市场经济体制、不断扩大开放、加快科技发展的新形势下,适应经济和矿业全球化大趋势,适应矿产资源全球性配置的特点,将会合理地利用国内国外两种资源、两个市场。过去,我们主要依靠国内资源,建立了中国自己的工业体系,实现了经济社会持续、快速、健康的发展。今后,也必定能够主要立足国内资源,依靠改革开放和科技创新,不断振兴矿业,以矿产资源的可持续开发利用,促进和保障经济社会的可持续发展。

三、努力完善矿业政策措施,鼓励和引导矿业健康发展

近年来,我们不断转变政府职能,完善矿业发展战略和政策,依靠法律规划、经济杠杆和政策手段,加强对矿业发展的宏观调控。我国政府已批准实施了《全国矿产资源规划》和地方、专项矿产资源规划。发布了《中国的矿产资源政策》白皮书。国土资源部等六部委《关于进一步鼓励外商投资勘查开采非油气矿产资源的若干意见》,国家发展改革委和商务部制定的《中西部地区外商投资优势产业目录》、《外商投资产业指导目录》等,都在鼓励矿产勘查开发方面,作出了具体规定。

我们将根据这些规定,支持矿产资源的商业性勘查开发,鼓励外商投资勘查开采矿产资源。国家鼓励以合作的形式,进行石油、天然气的风险勘探与开发。鼓励煤炭、伴生资源和煤层气的勘探与开发。鼓励铁矿、锰矿的勘探、开采及选矿。鼓励以合资、合作的形

式,对铜、铅、锌矿和铝矿进行勘探、开采,在西部地区外商可独资。鼓励对硫、磷、钾等化学矿的开采及选矿。鼓励以合作的形式,进行低渗透油气藏(田)的开发,进行提高原油采收率的新技术的开发与应用,进行物探、钻井、测井、井下作业等石油勘探开发新技术的开发与应用。鼓励以合资、合作的形式,对低品位、难选冶金矿进行开采和选矿,在西部地区外商可独资。国家鼓励对贫矿、伴生矿的综合开发利用,发展矿产品深加工。鼓励以西部地区矿产资源集中区为重点,开展矿产资源的商业性勘查。国务院《关于进一步推进西部大开发的若干意见》明确,对在西部地区从事矿产资源勘探开发并符合相关条件的的企业,实行减免税费的鼓励政策。列入《中西部地区外商投资优势产业目录》中优势产业目录的矿产勘探、开发、加工类项目,享受有关规定的优惠政策。积极实施振兴东北老工业基地战略,在中东部地区,重点促进矿产资源综合利用,拓展加工产业链,加强优势矿产勘查,加强深部找矿工作。鼓励引进利用新技术、新方法开展地质找矿和矿产开发,不断提高勘查成效和资源利用水平。

我们将加快落实《关于进一步鼓励外商投资勘查开采非油气矿产资源的若干意见》中明确的政策措施。会同有关部门更加积极、主动地做好工作,重点是明确外商设立勘查开发企业、投资、申请矿业权的路线图,明确办事程序、要求和办结时限。认真总结在云南、四川进行探矿权采矿权审批改革的试点经验,会同有关部门和地方政府深化矿业改革开放的探索,进一步明确鼓励外商投资勘查开采非油气矿产资源的切实可行的办法。

我们将充分发挥公益性地质工作和战略性矿产调查评价对商业性勘查的拉动作用,努力减少商业性矿产勘查开发的投资风险。大力推进国土资源大调查,落实基础地质调查计划和矿产资源调查评价等专项工程。继续加大投入,提高公益性地质工作和战略性矿产调查评价的工作程度。加强西部矿产集中区和东部隐伏矿产前期调查评价,促进商业性矿产勘查的发展。认真组织实施《全国危机矿山接替资源找矿规划纲要》,鼓励包括外资在内的各类投资参与危机矿山深部和外围的商业性矿产勘查。

我们将进一步加强地质资料管理,不断提高公益性地质信息社会共享水平。凡不属于国家保密范围内的公益性地质资料,将一律向全社会公开并提供使用。对部分涉密但可以提供利用的地质资料,也将明确需办理的手续和具体的程序。为使社会各界能及时了解最新的地质调查信息,我们已经将馆藏地质资料目录在互联网上进行发布,并正在逐步完善和增加发布的内容,建立全国地质资料目录网络中心,提供社会查询。将成果服务作为衡量公益性地质工作好坏的重要标准,将开展地质资料社会化服务作为今后一个时期的重点工作。从明年起,地质资料服务将会出现新的明显变化。

我们将积极完善和落实矿山环境保护各项制度,大力促进矿产勘查开发与环境保护相协调。我们正在开展矿山环境状况调查和治理示范工作。抓紧研究煤炭矿区生态环境治理指导意见,编制全国矿山环境保护与治理规划,起草《矿山环境保护条例》。按照世界各国矿业开发的通行做法,新建矿产资源开发项目将严格执行矿山环境影响评价报告书、矿山开发利用方案、土地复垦等制度。坚持矿山建设与矿山环境保护设施的设计、施工与投产使用的三同时制度,最大限度地减轻采矿对环境的损害。支持和鼓励引进、使用先进的复垦和地下坑、洞的回填技术,先进的采、选技术和加工利用技术,禁止采用资源浪费严重、破坏环境的落后开采技术和生产方式。积极推行矿山环境恢复保证金制度。

四、切实依法规范管理,维护矿业权人合法权益

改善矿业投资法律环境,吸引包括外资在内的各类社会资金投资勘查开发矿产资源,对于中国矿业的持续、健康发展,极为关键。我们一直为此不懈地进行努力。改革开放以来,我国颁布了矿产资源法、石油对外合作条例、区块登记管理、开采登记管理、探矿权采矿权转让管理、地质资料管理等一系列法律法规,形成了比较完善的法律法规体系。确立了探矿权、采矿权的有偿取得和依法转让制度。积极推进审批制度改革,探索探矿权采矿权有偿取得的新方式,市场在资源配置中的作用得到进一步发挥。通过深入开展矿产资源勘查开发秩序治理整顿,加强对重要优势矿产资源的保护和管理,矿业秩序明显好转,矿业权人的合法权益得到有效维护。

我们充分注意到,改善矿业投资法律环境,仍然有许多工作要做,外商在固体矿产领域投资的潜力和作用,还远没有发挥出来。我们将认真借鉴国际矿业资本市场的经验,建立商业性矿产勘查开发的新机制,支持和引导社会资本进入矿业。进一步完善矿产资源管理。继续认真履行加入 WTO 作出的相关承诺,保障外商矿业投资的国民待遇。

当前,我们将按照明晰产权、依法行政、规范审批、促进流转的原则,进一步规范矿业权的管理。

(一)严格依照法定权限审批矿业权

严禁各级国土资源管理部门以各种名义擅自增设审批环节或将内部信息沟通演变成行政许可行为。除

云南和四川省外，其他地区除部分授权可以在省国土资源部门办理采矿许可证外，外商投资勘查开发矿产资源，均由国土资源部审批矿业权。石油、天然气探矿权采矿权，由国土资源部直接审批。

（二）规范矿业权取得方式

矿产勘查比照国际通行的做法，实行申请在先的原则取得探矿权，鼓励社会资本进入。但是，对于国家投资形成的、工作程度较高的矿产地，资源状况基本清楚、勘查风险不大的矿产地，则主要以市场竞争方式取得矿业权；不具备竞争条件的，实行审批授予。对于砂石、粘土等无需勘查即可开采的矿产地，以市场竞争方式取得采矿权。我们将进一步完善不同类型矿业权的授予方式、管理权限与操作程序。

（三）依法保证探矿权人取得采矿权

保障探矿权人发现矿产能依法享有优先开采的权利。在履行法定手续、符合规划、环保和安全生产要求、具备相应资质能力等法定要求的前提下，依法授予探矿权人采矿权；不能达到法定要求的，可以在法定探矿权保留期内通过转让、合资、合作等多种方式实现其投资权益。

（四）培育和规范矿业权转让市场

规范矿业权转让程序，允许矿业权人依法转让探矿权或采矿权，转让价款归投资人所有。大力培育独立公正、规范运作的矿业中介组织并发挥好其应有的作用。依法打击非法转让矿权、规避转让审批和侵害矿业权人合法权益的行为，维护矿业权市场秩序。

（五）依法维护良好的矿业秩序

加强监督管理，依法查处各种矿产资源勘查开发的违法行为。强化对矿山采掘、资源利用、安全生产、环境保护的监督管理，督促矿业权人履行各项法定义务，维护矿业权人的合法权益，打击侵犯矿业权人合法权益的行为，依法调处纠纷，化解矛盾，加大对各类违法行为的查处力度。为了促进矿山与所在区域和谐发展，我们将继续依法维护矿业秩序，要求各地严格执行法律法规，保护矿业权人的合法权益。地方政府部门不得参与合资、合作经营办矿，不得对外商强制提出不合理的要求，不得乱检查、乱摊派，不得在法律法规规定之外增加收费项目。同时，也要求矿业权人必须严格依法进行勘查开发活动，集约利用资源，切实保护环境，维护公共利益，为地方经济和社会发展多作贡献。

我们将在平等互利基础上，进一步引进来、走出去，加强同世界各国、地区组织、国际企业和团体的联系，开展多层次、多领域、多途径、多方式的矿业合作。我们相信，中国矿业和全球矿业都将走向新的繁荣。我们期待着与各国矿业界同仁一道，共同推动中国和世界矿业的可持续发展！

中国矿业城市转型与可持续发展研究

中国工业经济联合会主席团主席
中国矿业联合会会长 朱训

（2004年11月）

1997年以来，中国矿业联合会对矿业城市可持续发展问题进行了不懈的研究，并与中国市长协会、地矿部、建设部、中国城市发展研究会、全国政协人口资源环境委员会、河南省人民政府、陕西省人民政府、安徽省人民政府和辽宁省人民政府等单位，先后在平顶山、铜川、郑州、淮南、盘锦、阜新召开了6次中国矿业城市可持续发展论坛，对矿业城市如何避免“矿竭城衰”与实现发展可持续问题进行了深入探讨。

党的十六大提出支持以资源开采为主的城市和地区发展接续产业之后，我和中矿联的同志又先后到云南个旧、东川，河南焦作，黑龙江大庆，吉林白山，辽宁抚顺、鞍山、葫芦岛、盘锦、阜新等矿业城市进行了调研。

现将初步调研成果报告如下：

一、矿业城市(镇)的基本概况

矿业城市(镇)是指因开发当地矿产资源而兴起或发展起来的城市(镇)。

新中国成立以来，由于地质工作者和矿业工作者的辛勤劳动，在那些原本荒无人烟或人烟稀少的地区，通过一大批大型矿产地的发现和勘查开发的成功，有一大批矿业城市(镇)拔地而起。

据初步统计，县级和县属区镇以上的矿业城镇有426座，其中属于国家建制市的有178座，非建制市的矿业县城有212座，县属矿业镇有36座。

（一）矿业城市的历史贡献

新中国成立55年来，矿业城市为国家经济建设、社会发展和人民生活水平的提高作出了重大贡献。主要表现在以下几个方面。

1. 矿业城市是我国矿物能源和矿物原材料的主要供应基地。目前矿业城市为国家提供了93%以上的煤炭、90%以上的石油、80%以上的铁矿石、70%的天然气。没有矿业城市提供的矿物能源和矿物原材料,国民经济建设就不可能正常运行,社会就不可能健康发展。

2. 矿业城市为国家增强了经济实力。据不完全统计,2000年矿业城市GDP达2万亿元,约占全国国内生产总值8.9万亿元的23%。如果矿业城市衰退了,不能获得持续发展,将对国民经济全局带来重大影响。

3. 矿业城市的兴起加速了我国城市化进程。据2002年资料,在426个矿业城镇中,属于国家建制市的矿业城市有178个,占全国660个城市的29.96%。

4. 矿业城市的兴起促进了人民生活水平的提高。全国矿业城市拥有3.1亿人口,约占全国人口的25%。矿业城市中提供了大量就业机会,就业的矿工就有827万人,此外为矿业服务以及与矿业相关的产业中还提供了大量就业机会,这对改善人民生活水平促进社会稳定发挥了积极作用。

5. 矿业城市促进了区域经济的发展。在178个建制矿业城市中有93座在中西部地区,占52.24%。在东北三省老工业基地中,90个县级及县级以上的城市中就有矿业城市33座。由于矿业城市多是在荒无人烟或人烟稀少的地区发展起来的,如黑龙江大庆、四川攀枝花、新疆克拉玛依、内蒙古白云鄂博、青海格尔木、甘肃金昌等,在很大程度上改善了区域经济格局,对于区域经济协调发展发挥了积极作用。

(二)矿业城市面临的主要困难和问题

我国矿业城市在作出重大贡献的同时,也出现了不少困难和问题,有的还比较突出。这些问题不仅关系到矿业城市自身兴衰,也关系到国家经济建设全局。

1. 矿业城市探明可采资源不足,严重影响矿业的持续发展。由于地质工作投入不足,用于查明储量的工作量大幅度下降。据国土资源部资料,用于勘探能源的钻探工作量已由1985年的374.61万米下降到2002年的175.88万米。煤、石油等许多重要矿产探明储量呈负增长状态。矿业生产入不敷出。全国已有54座矿业城镇矿业生产进入衰退期,处于中年期的一些矿业城市,如大庆剩余可采储量不到6亿吨,近几年每年新增探明储量只有3000万吨左右,入不敷出,也不得不降低产量。

2. 经济结构单一。矿业城市都是因国家扶持开发矿业而兴起的,所以国有经济比重很大,民营经济等非国有经济很不发达。据调查,大庆、本溪等矿业城市国有经济均在80%以上,盘锦为79.8%。矿业城市产业结构也很单一,一、二、三产之比是两头小中间大,第二产业一般在50%以上(大庆85.7%、克拉玛依83.6%、攀枝花70.7%、盘锦69.8%、白银65.6%、平顶山60.8%、本溪55.8%、个旧55.8%、淮南53.8%)。而第二产业中又以矿业为主。而要形成矿业以外的一个和几个支柱产业,由于受人才、技术和资金的限制,还需要一个过程。

3. 矿业企业负担重。1994年税制改革后,矿山税费负担增加一倍以上,离退休人员多,一般在岗人员和离退休人员达1比1以上;企业办社会开支大,一般都占销售收入的10%~15%左右,有的更多一些。

4. 职工生活和再就业困难多。这是矿业城市特别是资源衰竭型城市,下岗人员多,困难人群数量大。阜新市目前非农业人口中享受月收入最低生活保障线标准156元的困难居民就有17.8万人。

5. 环境问题仍很突出。环境问题虽受到重视,但历史欠账太多,财政又无力大量投入,所以矿业开发带来的环境问题仍很突出。地质灾害的防治也是一大难题。大庆市森林覆盖率仅9%,比全国低8个百分点。阜新市因采矿破坏土地23251公顷,13个采煤沉陷区面积10138公顷,大小煤矸石山23座,粉煤灰堆放场占地6000亩。

6. 城市财政困难。由于产业结构单一,矿业城市对矿业依赖度高,而矿业本身又困难,上交地方税收又很有限,所以城市经济困难。据对东北三省15个矿业城市统计,2002年财政收入113.66亿元,人均929.98元,相当于全国人均水平1472.44元的61.8%,其中吉林珲春市人均仅262.2元,黑龙江双鸭山市人均也只有275元。

7. 城矿职能不顺。我国矿业城市大多是在解放后计划经济年代兴建起来的,在城市行政体制上表现出城市职能的二元结构和管理体制的二元结构。

在城市功能上,矿业城市既是城市,又是矿业工业的基地,既承担一般城市经济社会的综合服务职能,又承担发展工业的产业支柱职能。就矿业企业而言,既要生产经营,又要办社会,履行生产和社会服务的双重职能。从而派生出两个履行城市功能的主体。

在管理职能上,矿业城市仍存在条块分割的二元管理体制。矿业城市归地方统一领导和管理,而不少大型国有矿山企业又归中央领导和管理。于是出现政企关系不顺,事权不清,扯皮推诿现象常常发生。

二、矿业城市转型进展情况

(一)矿业城市转型得到国家和社会的重视

矿业城镇都是因矿而生或因矿而兴的城市,产业结构十分单一,没有或很少其他支柱产业,城市主要靠矿业开发来支撑其生存发展。由于矿产资源是不可再生的资源,采出一点就少一点,所以矿业生产也难以长期维持在高水平上运行;而处于老年期的矿业城镇探明可采资源逐渐减少或探明可采资源行将枯竭,再加上产业结构单一,就都面临"矿竭城衰"的威胁。

如何避免"矿竭城衰"、实现矿业城市的可持续发展?将单一矿业经济型城市转变为包括矿业经济在内的、矿业与非矿业共同发展的多元经济型城市是唯一正确的途径。于是矿业城市转型问题就自然成为矿业城市共同面临和关心的一个关系矿业城市生死存亡的重大问题。

20世纪90年代初期,中国矿业联合会受地质矿产部和国家计委委托,曾派出调研组到东北阜新等矿业城市,就老矿业城市的发展问题进行调研。但矿业城市可持续发展问题当时没有引起各方面应有的重视。

1997年10月在党的十五大提出的可持续发展战略的指引下,中国矿业联合会会同中国市长协会、建设部、地矿部在河南平顶山召开了第一届矿业城市可持续发展研讨会。会议对矿业城市发展的特殊规律、目前存在的问题以及如何避免"矿竭城衰"实现可持续发展进行了深入探讨,第一次向全国矿业城市发出了矿业城市面临"矿竭城衰"威胁的警钟。会议还就大力发展非矿产业,优化产业结构,转变城市功能,实行多元发展等可持续发展问题取得一致共识,并得到当时中央国务院领导的肯定。之后又陆续召开了六届中国矿业城市发展论坛,对矿业城市转型与可持续发展问题进行了深入探讨。

2001年12月国务院将阜新列为矿业城市经济转型的试点城市。

2002年全国政协九届五次大会向全国发出了"要像重视'三农'问题那样重视四矿(矿业、矿山、矿城、矿工)问题"的呼声。

党的十六大把支持以资源开采为主的城市和地区发展接续产业作为一项重要的决策向全党提出来的。

从六次论坛和实地调研所了解的情况来看,矿城转型已全面启动,除云南东川因探明可采资源枯竭而导致城衰撤市之外,其他矿业城市在转型方面都作了大量工作,并不同程度地取得了进展。

(二)矿业城市转型取得初步成就

矿业城市除具有一般城市的功能与特征外,还具有与矿业开发相关的一些功能与特征。矿业城市"因矿而生""因矿而兴",因此矿业城市的发生、发展与演变还受一些与矿业开发有关的特殊规律的影响与制约。如资源耗竭规律,矿区效益递减规律,矿城转型规律,城市属性与功能演变规律。对矿业城市特殊发展规律的认识如何,对于矿业城市的转型与可持续发展至关重要。

根据我们调研,大体有三种情况,一是转型取得成功的城市,如河南焦作市;二是处于正在转型之中,还有不少问题的城市,如阜新等一大批矿业城市;三是因矿竭城衰的矿业城市,如云南东川。

这里介绍三个典型,云南东川市、河南焦作市和辽宁阜新市。

*1. 云南东川市因未推进转型而导致矿竭城衰。*云南东川是形成世界铜矿类型中"东川式"铜矿这一特殊类型的代表产地,也是新中国成立之后我国最早开发铜矿资源的产地之一,1958年设立地级东川市,铜业产值在全市工业总产值中和财政收入中都占2/3以上,历史上曾出现过一派繁荣景象。到上个世纪90年代,随着探明可采资源的逐步枯竭,再加上体制经营与管理方面的种种原因,东川矿务局所属四个铜矿全部破产。由于对矿业城市发展特殊规律认识不足,没有及早发展非矿产业作为新的支柱产业和替代产业,建设布局与城市规划尚好,城市骨架尚在,但已失去昔日的繁荣,呈现一派萧条景象,经济十分困难。1999年原地级东川市降格为昆明市的一个县级区,成为新中国历史上第一个"矿竭城衰"的城市。去年我们去东川调研时了解到,东川的同志们一方面汲取教训,大力推进改革,发展非矿产业;一方面引进加拿大矿业公司在东川外围合作勘查金矿,已取得了很好的效果。如果这个可能达大型规模的金矿勘查开发成功,很可能使这个衰败的城市重新获得新生。

*2. 阜新市转型取得阶段性成果。*辽宁省阜新市是一个具有百年采煤历史、因煤而生的典型煤炭矿业城市。现有人口170万,面积1万多平方公里。新中国成立初期,156项重点工程中的海州露天矿和阜新火电厂就建在这里。海州露天矿是当时亚洲最大的矿,1960年产煤量就达1961.3万吨。火电厂也是当时亚洲最大的火电厂。几十年来,阜新生产了5.6亿吨煤,发电1600亿千瓦时,为国家建设作出了重要贡献。

但是经过几十年的开采之后,自上个世纪80年代以来,由于经济结构、产业结构都非常单一,历史包袱沉重,加上连年旱灾,在探明可采资源逐渐枯竭,年产400多万吨煤的海州露天矿和另几个矿山先后闭坑而又没有其他支柱产业接替的情况下,阜新经济陷入困境,"矿竭城衰"直接威胁着城市的生存与发展。到2000年底,阜新生产总值仅增长0.2%,总量仅62亿元,仅占全省的1.4%,全市下岗人员达15.6万人,其中职工12.9万人,占市区职工总数36.7%,农村贫困人口和返贫人口达60万人,超过农村人口的50%。

阜新作为一个典型的资源衰竭型城市所面临的严重问题,引起了中央和国务院的高度重视。2001年12

月被列为国家资源衰竭型城市转型试点城市,辽宁省将其列为社保工程之后的二号工程。李岚清副总理、温家宝总理以及中央其他领导同志先后到阜新市进行视察与具体指导。

三年来,阜新人民在党和政府的关怀与支持下,在新一届领导班子的带领下,经过坚持不懈的艰苦努力,利用阜新土地资源和非金属资源矿比较丰富的优势,从发展现代农牧业、农牧产品加工业和非金属矿加工业入手,引进了上海大江、河南双汇、内蒙伊利等企业来阜新建成龙头企业,加上其他一系列措施,在城市转型方面取得阶段性成果。全市经济发展进入了快车道。三年生产总值平均递增16.2%,“十五”前三年全市GDP净增39亿元,是“九五”时期净增长的5.3倍。实现就业和再就业12.2万人,劳务输出31万人次,17.8万城市贫困人口得到最低生活保障,城镇离退休职工养老金全部发放。城市绿化,土地复垦,矿山环境治理都取得了显著进展。

3. 河南焦作市成功实现转型。河南焦作市也是一个具有百年采煤历史的典型的矿业城市,总面积4071平方公里,总人口340.2万人,1957年煤炭工业生产总值占全部工业产值的44.7%。20世纪90年代初,全市拥有资源开采及配套企业1200多家,增加值占全市工业增加值90%以上。1987年原煤产量达1019万吨,创历史最高水平。随着可采资源的减少,开采难度的加大,原煤产量逐年递减,2002年减至500万吨,一批矿井闭坑,与之配套的企业开工不足,严重亏损。“九五”全市经济增长率仅3.5%,职工下岗失业,城市破旧不堪,城市经济困难,各种社会矛盾和问题大量暴露。面对“矿竭城衰”的严峻形势,焦作市领导班子带领全市人民因地制宜,发挥优势,实施项目带动,拉长产业链条,形成了电力工业、铝工业、机械工业、高新技术产业和旅游产业等多元发展的经济格局,实现了由煤炭工业城市向综合经济城市和山水园旅游林城市的转变。2003年全市地区生产总值和财政收入341.4亿元和16.9亿元,分别为2000年228亿元和11.1亿元的1.49倍和15.2倍,年均增长率分别为14.3%和15%。煤炭工业在全市工业中的比重也下降到3.6%,在城市转型方面实现了根本的突破。

当然,我们对矿城转型的成就不能估计过高,像焦作这样基本完成经济转型任务的矿业城市还很少。大多数都处于推进转型还有不少困难的状态。目前大多数矿业城市存在的问题还很突出。

三、矿业城市转型的几点经验启示

自1997年10月在河南平顶山市召开的第一次矿业城市可持续发展论坛以来,通过六次论坛的研讨和交流,全国几十个矿业城市都介绍了他们各自的做法。根据我们与会时所了解的情况和近几年在各地调研时所获,在各矿业城市的做法中,有一些共同的做法和成功的经验。

2001年在安徽淮南市召开的第四届矿业城市发展论坛上,我们根据大家的做法和经验将矿业城市可持续发展战略归纳为八个方面,即:多元发展战略、适度开发战略、集约经营战略、绿色矿城战略、科技兴城战略、筑巢引凤战略、城矿互利战略、矿城扶持战略。

淮南会议以来的三年中,全国矿业城市在推进城市转型方面取得明显进展,涌现出一些成功典型,也积累了一些新的经验。

其中主要有以下八个方面。

(一) 遵循矿城发展特殊规律,推进城市转型

矿业城市以开采利用矿产资源为重要特征。矿产资源是不可再生的自然资源,一个地区矿业的发展就存在着由兴起到鼎盛再到衰竭的客观规律,所以矿业城市自然也要受这个规律的制约。因此处于不同发展阶段的矿业城市就应从各自所处阶段的特点来制订与实施自己的发展战略。

处于幼年成长期的矿业城市,要未雨绸缪,从长远发展着眼,制定可持续发展战略,等到可采资源衰竭时再考虑就为时已晚。辽宁调兵山市是处于幼年成长期的矿业城市,建市仅有10多年历史,年产煤1500万吨,他们抛弃主要依靠依托矿产资源发展地方经济的发展模式,采取主要依托科学技术和人力资源发展地方经济的发展模式,大力发展非煤产业,推进地区经济由单一矿业经济型向多元经济型转变。

处于中年鼎盛期发展阶段的矿业城市,利用经济实力比较雄厚的时机,积极发展非矿产业,实现多元发展。目前我国多数矿业城市处于这个阶段,他们都在继续抓好矿业生产的同时,实施多元发展战略,拉长矿业产业链,发展非矿产业,产业结构经济水平和城市环境都在发生不同程度的变化。

处于老年衰竭期的矿业城市都在积极制订与实施矿城转型战略。河南焦作市在转型方面已取得成功。阜新市在转型上也取得可喜进展,其他面临资源衰竭威胁的城市也在作出自己的努力来推进转型。

(二) 创新观念带动转型

以观念创新带动体制创新、机制创新和科技创新,推进六个转变,促进城市转型与可持续发展。许多城市从思想观念到实际行动上在推进六个转变以促进矿业城市转型与可持续发展。一是从主要依靠矿产资源发展单一矿业经济向充分运用城市资源发展多元经济转变;二是从主要依靠国有经济、集体经济向国有经济、集体经济、民营经济、混合经济共同发展转变;三是破除“肥水怕流外人田”的思想、从封闭向“不怕肥水流入外人田”扩大对内对外开放转变；四是从主要抓物质文明建设向物质文明、精神文明和政治文明三大文明并举转变；五是从重开发轻保护向开发保护并重转变；六是从习惯于政企职责不分，向理顺政府与企业关系、政企分开、各司其职转变。

阜新市以观念创新带动体制创新，机制创新和科技创新，有力地推动了城市经济转型。经济结构明显改善，经济状况明显好转，城市面貌发生明显变化。

焦作市通过干部群众的思想解放，不等不靠，自力更生，团结奋斗，成功地实现了由单一煤矿向综合经济城市和山水园林旅游城市的转变。

马鞍山市提出经济转型主要转变思想，把矿业城市向综合型城市转变，加速发展新兴产业和替代产业，并把经济转型与环境治理很好地结合起来，提出要“金山”更要“青山”。

（三）实行延年益寿战略，为转型创造条件

所谓延年益寿，就是通过加强勘探，适度开发，延长矿业服务年限，为矿业持续发展和发展接续产业赢得时间与创造条件。这里要解决一个认识问题，即矿业城市转型是将单一矿业经济型城市转化为包括矿业在内的多元经济型城市，而不是不要矿业。因为从现实来看，对于大多数矿业城市来说，在相当一段时间内，矿业仍将是支柱产业之一。这一方面大庆做得比较好。在上世纪五六十年代，通过大庆会战提交了25亿吨左右的石油储量，在几十年开发过程中他们继续进行勘探工作，探边摸底又探获近30亿吨储量，从而为大庆油田稳产高产几十年提供了资源条件。近几年来他们又把产量压了下来，进行适度开发，这对延长大庆油田服务年限并为大庆市转型发展接续产业赢得了时间。

（四）从实际出发，因地制宜发展接续产业

阜新市作为国务院唯一的矿业城市转型试点城市，利用丰富的土地资源优势发展现代农业和农牧业加工，利用硅矿、玛瑙矿、膨润土矿等非金属矿的丰富资源发展玻璃工业和玛瑙加工业，目前市场初具规模，可望成为新的支柱产业。吉林白山市利用丰富的矿泉水资源，创建中国矿泉水城和国际矿泉水城，大力发展矿泉水产业和旅游产业，2003年矿泉水产业已成为一个支柱产业。产值已占工业总产值的13%。淮南利用丰富的煤炭资源发展电力工业和化学工业，使这三个产业产值2000年分别达工业总产值的28.3%、32.1%和7.8%。

（五）积极引进民资外资，为转型增添活力

通过转变观念，不怕肥水流入外人田，筑巢引凤，积极引进民营企业和外国公司来促进城市的发展，如吉林白山市引进国内娃哈哈和农夫山泉等著名企业来发展矿泉水生产。辽宁阜新引进上海大江、河南双汇和内蒙古伊利等著名企业来发展玻璃工业肉品加工和乳制品加工企业。云南地勘队伍引进加拿大矿业公司在东川附近合作勘探金矿已取得显著成效，很有可能通过大型金矿的开发使东川市获得新生。

淮南市在发展民营企业调整经济结构取得明显进展，与1978年相比，2000年国有经济成分比重由79.2%下降到26.9%，集体经济由20.7%下降到6.7%，民营经济等其他经济成分由0.2%上升到66.7%。

（六）利用衍生资源，发展循环经济

在矿业开发过程中产生大量的废石、废渣、废水和废气，如煤矿开发过程中产生的煤矸石、粉煤灰、瓦斯等，金属矿开发过程中产生的尾矿、废渣等。据不完全统计，全国金属矿尾矿积存有50亿吨，煤矸石有38亿吨。按线型经济传统观念，这些都是废物，而且给生态环境带来破坏。如果我们换一个角度看，即从循环经济的角度看，这些所谓的废物，我们称之为矿业开发过程中产生的可以再利用的“衍生资源”，如煤矸石可以垫路、制造水泥、制砖、发电，还可以利用高科技使之转化为附加值很高的产品。这是一笔很大的财富。当然开发利用衍生资源，发展循环经济，需要从思想观念上来一个大的转变，需要先进技术、资金和相应政策规范的支持。实际上，开发利用煤矸石、开发利用金属尾矿等衍生资源早已开始，在很多矿业城市都取得一定成效，需要总结经验加以提倡和推广。

淮南市以循环经济为模式，大力兴建多家煤矸石发电厂，年燃烧煤矸石150万吨；各大矿区都建立瓦斯储备站，可供6万户居民用气，复垦土地316公顷，造林135公顷，开发精鱼塘203公顷，建设养殖基地46公顷，大力处理生活垃圾，对垃圾从水源头进行分装，用垃圾发电。

铜陵市对三废进行治理和再利用，2002年全市“三废”综合利用产值为10多亿元。目前已被安徽省确定为清洁生产试点城市和环保产业发展基地。

（七）推进产学研结合，促进矿城转型

许多矿业城市针对人才、技术、项目缺乏的情况，积极开展与高等院校研究单位合作，引进人才、技术、项目促进城市转型。甘肃白银市与国内外172家科研院校企业集团建立了经济合作关系，其中与中科院合作的中科院白银高新技术园区两年内已发展项目41个，投资额24.25亿元，有32个正在建成或建成投产。

焦作市与清华大学、甘肃工业大学、河南大学等高校合作，生产丙烯酰胺，高分子原膜，集成电路，钛白粉，单晶铜，纳米氧化铝等高新技术产品，2003年高新技术比重达13%。

(八)理顺城企关系,促进城矿互赢

针对政府办企业,企业办社会的政企不分情况,许多矿业城市都在进行探索政企分开、各司其职的路子。这方面云南个旧市取得了明显进展。通过转变观念,个旧市政府树立了“云锡兴、个旧兴”和“一荣俱荣,一损俱损”的全局观念,与云锡公司一道推进改革,并于2002年8月27日正式签署了互助协议。个旧市将市属6个国有矿山和冶炼厂、矿山机械厂划拨给云锡公司,云锡公司将所办的医院、学校公安等社会服务单位移交给个旧市政府,这样不仅理顺了关系,实现了政企分开,而且对于优化资源结合,做强做大云锡发挥积极的促进作用。

四、矿业城市转型的对策建议

在党中央国务院的关心支持下,我国矿业城市转型取得了明显成效,也积累了一些初步经验。矿业城市的转型与实现可持续发展,当然主要依靠矿业城市自身的努力,实际上他们也已这样做了。鉴于目前还存在的不少困难和问题,确实需要国家给予关注和支持。

根据六次论坛上矿业城市反映的意见和我们实地调研所了解的情况,提出以下几点建议。供国家决策参考。

(一)国家要加强对矿业城市转型的指导与管理

党的十大提出“支持东北等老工业基地加快调整和改造,支持以资源开采为主的城市和地区发展接续产业”之后,国务院已成立了振兴东北老工业基地领导小组,及其办事机构国务院东北办,但未有相应的组织来指导矿业城市转型工作,原有的国务院阜新经济转型试点工作领导小组尚未开展工作。而全国50多座资源衰竭的矿业城镇转型任务又很繁重,影响也很大,迫切需要国家加强领导。为此建议有两个办法,一是调整充实原有阜新经济转型试点工作领导小组,负责全国矿城转型的规划与指导,二是由国务院东北办兼指导矿业城市转型工作。

此外,建议国务院或国家发改委主持召开全国矿业城市工作会议,系统研究与推动矿业城市转型与可持续发展。

(二)选择不同地区和不同类型的矿业城市扩大进行试点

矿业城市转型是一个长期的渐进的过程,不同类型的矿业城市情况有相同之处,也有不同之处。建议选择不同类型的矿业城市扩大试点,并进行分类指导。在产业转型、社会保障和就业、生态环境恢复与保护方面进行探索与实践,为不同类型矿业城市实现可持续发展积累经验。

(三)对资源衰竭型矿业城市实行优惠的产业政策、土地政策和财税政策

矿业城市特别是资源衰竭型城市在历史上为国家都作出了重大贡献,城市自身的积累很少,再加上过去的一些政策制度所限,又缺乏区位优势,缺少人才、技术和项目,所以完全靠自己努力是不够的,国家应在相关政策方面给予照顾和支持。加大资源税地方留成比例,资源补偿费适量返还资源性城市,减轻矿业企业的税费负担,加快拆旧,放开对利用外资的限制。

(四)建立矿业城市转型基金和矿业反哺基金

建议从矿产品销售收入中提取一定比例或按矿产品产量每吨提取1~2元作为矿业反哺基金,或从上交国家的利税中返还一部分作为矿业城市转型基金,用作寻找接替资源,闭坑矿井下岗工人转产安置和支持发展接续产业之用。

(五)建议国家成立矿业能源部实施对矿业的统一领导与管理

矿业肩负向国家建设提供93%的能源、80%的原材料、70%以上的农业生产资料和30%的城乡人民生产生活用水的重要任务,矿业的基础地位和重要性是不言而喻的。但是矿业的长远发展无人统一规划,矿业的很多困难和问题无人去研究解决。目前矿产资源特别是矿物能源供应不足已成为制约经济发展的瓶颈,石油、铁矿石、铜精矿等十几种重要矿产品进口量大幅度增加。建议国家成立矿业能源部统一负责全国研究制定矿业长远规划和发展战略,把矿业作为一个独立产业列入第一产业,制订相应的政策加以扶持、管理与指导。

关于建设石油战略储备的思考

朱 训

石油战略储备是能源战略的重要组成部分。世界众多发达国家都把石油储备作为一项重要战略来加以部署实施。

近几年来,随着国内石油供需矛盾日益突出和国际形势的变化,建设石油战略储备问题已引起政府有关部门和社会各界越来越多人士的关注。今年6月国务院常务会议在审议通过的《能源中长期发展规划(2004～2020)(草案)》中明确提出要建设石油战略储备。这是一个正确而又及时的重要决策,对于我国社会主义现代化建设具有现实而又深远的重大意义。

本文拟就为什么要建设石油战略储备,建设什么样的石油战略储备体系,如何建设科学而又实用的石油战略储备体系等三个问题发表一点个人看法。

一、石油战略储备要履行三项任务

为什么要建设石油战略储备?这个道理显而易见,也是人所共知的。从国际经验和我国的实际需要出发,建设石油战略储备体系应履行三项主要任务。

第一,为国民经济持续发展提供石油资源保障。石油不仅是工业的血液,也是整个国民经济的血液,任何一个国家要从事现代化建设都在不同程度上利用石油资源。在当今时代,离开石油资源要进行现代化建设是不可想象的。我国也是一样,随着经济建设的发展,生产建设规模的扩大和人民生活质量的提高,消耗石油量也随之迅速增加。1990年我国人均消费石油为100公斤,而2003年人均消费石油200公斤多一点,预计到2020年人均消费将达300公斤以上。为了实现全面建设小康社会的宏伟目标和在本世纪中叶达到世界中等发达国家水平,保证石油的持续供应是至关重要的一个因素,而建设石油战略储备则可以提供保障。

第二,为维护国防安全提供资源保障。当今世界尽管和平与发展仍是时代潮流和主流,但国际局势也存在着不可忽视的复杂因素。为了防患于未然,在突发事件发生时立于不败之地,加强国防建设,对于国家安全,对于保障现代化建设的顺利进行,都具有重要的现实意义和深远的历史意义。而在加强国防建设的过程中,保持石油资源的持续供应是极为重要的一环,而要做到这一点,建设石油战略储备就显得十分必要。

第三,为平抑油价稳定市场提供资源保障。自20世纪80年代以来,经济全球化进程大大加快,国际石油市场的状况的变化对各国经济都会带来或多或少的影响。为了减少因油价上扬或供应不足给国家经济带来负面影响,通过建设石油战略储备可以在这方面发挥作用。前几年美国曾因石油供应紧张动用了战略储备。今年国际石油价格在波动中大幅度上扬,美国又动用了战略储备的石油以图在平抑油价与稳定油市方面发挥作用。

二、石油战略储备要满足三个要求

建设什么样的石油战略储备体系是必须认真研究与解决的问题。我认为,建设石油战略储备必须满足以下这样三个要求。

第一,供应的持续性。为了保障国民经济持续健康地运行,在出现突发情况时期,石油战略储备必须要做到石油的持续供应。为此,对储备的量要进行科学的设计。2003年我国消费石油2.61亿吨,平均每个月约需2100万吨。若干年后,石油消费量还将进一步增加。据估计,2020年可能增加到每月消耗量3500万吨以上。目前美国、日本、德国等石油战略储备约为4～5个月的用油量。国际能源规划署建议成员国石油储备标准为90天的用油量。如果我国储备石油量也参照这个标准,储备三个月的用油,则近期需要储备6300万吨,2020年则应储备1.05亿吨。储存这样多的石油,按目前油价可能要花费200亿到350亿美元。从我国目前外汇支付能力来看是可以承受的,从国际石油市场供需状况也还是可以的。

第二,使用的便捷性。储备石油是为了应对突发事件,所以当出现突发事件时,能迅速及时地把战略储备的石油输送到需要石油的地方,这一点非常重要。如果不能迅速及时地使需要石油的地方获得足够的石油,那就可能造成不良的甚至可能是严重的后果。所以战略石油储备一定要考虑使用的便捷性,既要方便,又要及时。

第三,储备的安全性。建立石油战略储备的主要目的和任务是为了保证国家安全和经济建设持续运行,所以储备本身是否安全至关重要。这里一是储备地点的选择,二是储备方式的选择,三是对储备石油的安全管理。这三点需要加以统筹考虑,做到万无一失,确保储备安全。

三、建设石油战略储备要实现三个结合

石油战略储备为了能履行三项任务,满足三个要求,在建设上必须实行三个结合。

第一,实行实物储备与资源产地储备相结合。石油战略储备有两种储备方式,一是实物储备,即以原油或成品油的实物形态加以储备,这是目前众多国家所采取的储备方式。另一种形式是资源产地储备,即将探明的可以开发利用的石油资源暂不开采出来而保存在地下加以储备,这种方式在美国已在采用。美国阿拉斯加地区一些油田已经探明,但没有开发,放在地下作为战略储备之用。

在我国资源产地储备可以考虑采用两种方式,一是将某个已经探明的油田或某几个油田的几个区块已探明的石油资源暂不开发利用,而保存在地下作为战略储备之用。另一种资源产地储备方式就是对已探明的油田进行适度开发,不要强化开采,趁目前国际石油

市场石油供应比较充沛，而我国又有相当的外汇储备可以多购买一些国外石油资源，而把国内油田的油气资源省下来作为战略储备。这既利于油田企业的可持续发展，也为子孙后代留下更多资源，为后代人的发展创造有利条件，这也正是当年提出可持续发展这一概念的初衷。

第二，实行官民结合。官民结合是指动员国家和企业两方面的力量来建设石油战略储备。实行官民结合是有效动员社会资金，在较短时间内能完成石油战略储备建设任务的一条行之有效的方法与途径。建设石油战略储备，保证国家经济社会整体正常运行以及国防安全，国家当然要负主要责任，这是责无旁贷的事。但是有很多企业需要消耗大量的石油，为了在出现突发事件时用油量大的企业各自能及时有油供应，而不致停产，一些耗油量大的大企业自身进行一些适当储备是十分必要的，这既有利于企业自身，也可以为国家分忧，减轻国家的压力。

第三，东中西地区合理布局，沿海和内地相结合。最近新闻媒体透露，国家发改委初步选定浙江镇海、浙江岱山、山东青岛、辽宁大连等地建设第一批石油战略储备基地。沿海地区经济发达，油的进出运输比较方便，在沿海地区适当建设石油储备仓库是对的，但是内地也耗用石油，而且从安全角度讲，石油储备点都设置在沿海地区是不可取的，建议在石油战略储备地区布局上实行东部、中部、西部地区兼顾，沿海和内地相结合。

关于2005年6起煤矿特别重大事故调查处理情况的通报

2005年以来，党和政府采取一系列重大举措，有力地推动了安全生产工作。截至12月18日，全国共发生各类事故691057起，死亡119827人，分别下降9.6%和7.4%。预计全年事故死亡可控制在12.8万人以内。除煤矿、渔业船舶事故死亡人数同比上升外，其他行业和领域事故死亡人数都有明显下降。全国32个省级统计单位，有30个单位事故死亡人数在控制指标以内。

在总体发展趋势较好、事故总量有明显下降的同时，全国安全生产形势依然严峻，重特大事故时有发生，特别是煤矿事故多发。据统计，2005年以来煤矿发生一次死亡30人以上特别重大事故11起，尤其是发生了4起一次死亡百人以上的事故，伤亡惨重，损失巨大，影响恶劣。党中央、国务院领导对每起特别重大事故，都及时做出批示，要求迅速抢救遇难人员，并责成安监总局牵头，会同监察部、全国总工会等部门和地方政府组成国务院事故调查组，严肃查处。

目前，2005年发生的煤矿11起特别重大事故，已调查结案6起，其中2月14日发生在辽宁阜新孙家湾煤矿的特别重大瓦斯爆炸事故处理结果已在5月份公布。另外的5起事故分别是：3月19日山西朔州细水煤矿瓦斯爆炸，死亡72人；5月19日河北承德暖儿河矿业公司煤矿瓦斯爆炸，死亡50人；7月2日山西忻州宁武县贾家堡煤矿瓦斯爆炸，死亡36人，并蓄意瞒报事故；7月11日新疆阜康市神龙煤矿瓦斯爆炸，死亡83人；8月7日广东梅州兴宁市大兴煤矿透水，死亡121人。此外，2004年11月28日陕西铜川陈家山煤矿发生瓦斯爆炸，死亡166人。以上6起事故共造成528人死亡，直接经济损失2亿多元，经调查认定，都属重大责任事故。

加大事故查处的力度，要按照"四不放过"的原则，查清原因、追究责任、吸取教训、认真整改。已公布的6起特别重大事故，充分暴露出一些煤矿贯彻执行安全生产方针政策、法律法规不认真、不负责；一些地方对整顿关闭不具备安全生产条件和非法煤矿态度不坚决、工作不得力；一些安全监管监察机构和行业管理部门工作不落实、不到位。具体反映在以下几方面：

一是抗拒执法，非法生产。发生事故的煤矿负责人、矿主安全意识淡漠，思想麻痹。有的无视法律，无视监管，无视矿工生命，甚至抗拒执法，违法生产。广东梅州兴宁市大兴煤矿在证照不全的情况下，一直违法组织生产，盗采防水保安煤柱，组织工人冒险作业。山西朔州细水煤矿、河北承德暖儿河煤矿拒不执行安全监管监察部门下达的停产整顿指令，违法生产，酿成事故。

二是超能力、超强度、超定员组织生产。受利益驱使，发生事故煤矿不顾矿井生产能力、通风能力和设备负荷，超强度开采；不按矿井实际核定入井人数，超定员生产。新疆阜康市神龙煤矿设计能力3万吨，正在进行9万吨改造，但是该矿在改扩建工程尚未验收的情况下，擅自打开密闭，冒险生产，2004年产煤29万吨，2005年上半年产煤18万吨。陕西铜川陈家山煤矿长期超能力生产，造成采掘比例严重失调，为事故埋下严重隐患。

三是管理混乱，规章制度形同虚设。发生6起事故的煤矿中，国有大矿管理滑坡，“三违”现象严重；小煤矿管理混乱，安全隐患大量存在。这些矿劳动组织混乱，井下作业以包代管，滥用人力，培训缺失，甚至不培训，无证上岗。陕西铜川陈家山煤矿是国有重点煤矿，属于高瓦斯矿井，但该矿在瓦斯、通风管理上，系统不完善，设施缺失，并违反规程布置排瓦斯巷。河北承德暖儿河煤矿在事故前1小时24分瓦斯浓度超限报警，但仍继续冒险作业不撤离，造成重大伤亡。

四是有关部门监管不力。从这6起事故来看，都存在地方有关部门监管不力的问题。山西朔州细水煤矿是被责令停产整顿矿井，但对其违法生产行为，多个检查组到该矿检查均未发现，驻矿安监员失职渎职。管理部门未能制止其违法生产、越界开采，对该矿私自购买炸药的违法行为也失察。广东梅州大兴煤矿长期存在重大水患，但是安全监管部门违规向该矿发放安全生产许可证。

五是事故背后的腐败充当了保护伞。特别是2005年7月2日山西省宁武县贾家堡煤矿发生的特别重大瓦斯煤尘爆炸事故，死亡36人。宁武县煤炭工业局局长与矿山救护队负责人共同策划，并得到宁武县委副书记和副县长的纵容，谎报事故死亡19人，瞒报17人，并将这17具尸体转移到内蒙古。广东兴宁市大兴煤矿8月7日透水事故，该公司董事长、副董事长身份竟是国家公职人员，一些执法部门、管理部门为其非法行为大开绿灯，官商勾结，权钱交易，腐败问题十分严重。

对以上6起特别重大事故的相关责任人，依据有关法律法规和“四不放过”原则，进行了处理，构成犯罪的，已移交司法机关处理。对具有矿长资质的，吊销资质。并对事故煤矿依法进行经济处罚，并建议由地方政府予以关闭。事故教训刻骨铭心，希望各地、各部门和企业，大家都能够从中吸取教训，把安全生产的各项措施抓紧抓实。

党的十六届五中全会提出了“安全发展”的指导原则，明确了安全生产的方针、重点任务和政策措施。中央经济工作会议上，胡锦涛总书记、温家宝总理对安全生产提出了严格的要求。12月21日国务院116次常务会议又专题研究了当前的安全生产。要采取更加有力、更加严厉的措施，强化责任，严格管理，迅速扭转煤矿等重特大事故多发势头，促进全国安全生产形势的稳定好转。

（资料来源：新华网）

大 事 记

2004 年中国矿业大事记

1月

11 日 中国矿业联合会三届五次会长会议暨第十一届全国矿业协会(联合会)会长、秘书长联席会议在北京召开。

2月

4 日 国务院召开了严格控制部分行业过度投资电视电话会议。国务院副总理曾培炎在会上亲自作了部署。他指出:“制止钢铁、电解铝、水泥行业过度投资,是党中央、国务院加强和改善宏观调控,保持国民经济平稳较快发展的重要举措。”

同日 中共中央组织部原部长、全国党的建设研究会会长张全景到中国矿业联合会考察指导党建工作。

10 日 推广使用乙醇汽油。这是中国实施节能型社会的一项战略举措。国家发改委等 8 部委决定在黑龙江、吉林、辽宁、河南、安徽 5 省及湖北、山东、河北、江苏部分地市范围内,逐步扩大车用乙醇汽油试点工作。

23 日 全国矿产资源管理工作会议在北京召开。国土资源部部长孙文盛,副部长李元、鹿心社,部党组成员、中纪委驻部纪检组组长王寿祥,部党组成员孟宪来、王世元出席会议,副部长寿嘉华主持会议,副部长叶冬松作工作报告。

25 日 国土资源部向社会发布中国地质大调查五年来的重大成果。中国地质大调查自 1999 年以来历时 5 年,国家累计投入资金 44 亿元,有 129 个单位的 15000 多人参战,取得了一系列重大的阶段性成果,十方面成果具有划时代意义。其中,矿产地质调查:油气资源战略调查获重大突破;首次发现天然气水合物的地球物理显示;固体矿产资源勘查长期徘徊的局面一举打破;地下水调查获重大效益。

3月

13 日 国家安全监督生产管理局在海口市召开“非金属矿山安全规程论证会”。

18 日 国务院副总理吴仪、老挝人民民主共和国副总理波松等出席在老挝总理府隆重举行的中老两国关于加快万象平原钾盐矿开发签字仪式,标志着利用中国赴老挝探明的钾盐资源建设百万吨级大型优质氯化钾企业的工程正式拉开帷幕,这将对缓解中国钾资源紧缺状况发挥重要作用。

25 日 国家发展和改革委员会在青岛召开全国黄金工作会议。会议研究了新形势下如何加强和改善黄金行业宏观管理,促进黄金行业持续健康发展。这是国家发展和改革委员会自承担黄金行业管理工作以来召开的规模最大、级别最高、范围最广的一次会议。

29 日 中国矿业联合会在京召开“关于规范和发展行业协会若干意见座谈会”。会议讨论了由工业经济联合会起草公布的“关于规范和发展行业协会若干意见”(代拟稿)。

31 日 根据中国矿业联合会会长朱训的建议,中国矿业联合会召开主要矿产品供需形势分析及对策座谈会。会议对我国主要矿产品供需形势进行了深刻分析,并提出了相应对策和建议。

4月

23 日 国家发改委在沈阳市召开“矿产资源领域对俄远东投资专题会议”。

29 日 国务院办公厅发出通知,要求各地区、各部门和各有关单位对所有在建、拟建固定资产投资项目进行一次全面清理。据中国联合钢铁网报道,自 4 月初开始,国务院开始派出专项检查组查处铁本公司违规问题,29 日,国家公布了对铁本负责人的处理意见。

30 日 国家安全生产监督管理局决定,对全国 6000 余家地处城区的化工企业实施搬迁。

5月

10 日 英国 BP 集团分别与中国石油、中国石化和中国富华集团签署4项协议，总投资超过10亿美元。

同日 国务院批准组建中国化工集团公司。经国务院批准，在中国蓝星(集团)总公司和中国昊华化工(集团)总公司等原化工部所属企业的基础上，重组新设立国有大型企业。

9～11日 中国非金属矿工业协会在北京国际展览中心主办了“第四届国际非金属矿物材料科学技术装备及产品深加工应用展”及组织“2004非金属矿年活动”。100余家企业参展。会议还特邀中外专家举办了8场专题技术讲座，为展会增加了亮点，并正式启动“2004非金属矿年”活动。

21日 中国建筑材料工业协会在北京召开“中国建材百强企业信息发布会”。

28日 中国表示2004年向欧盟出口的焦炭将不低于上一年度水平，双方就中国焦炭出口许可证发放的问题达成一致。

6月

4日 世界黄金协会、北京黄金经济发展研究中心、新加坡南洋理工大学经济成长中心联手启动“中国黄金投资高级人才培训项目”，合作协议签约仪式在北京黄金大厦举行。这个项目的启动将为中国黄金投资市场的开放提前做好人才准备。

13～16日 中国有色金属加工工业协会和中国重型机械工业协会，受国家发展和改革委员会的委托，在常州市召开了《中国铜铝加工装备研讨会》，236名企业代表出席了会议，会议收到论文35篇，并编辑了《中国铜铝加工装备研讨会文集》。

16日 第一届中国探矿者年会在北京国际会议中心开幕，参会代表1850余人。国土资源部部长孙文盛在致辞中说，第一届中国探矿者年会是一次地质勘查成果和信息展示交流会，是一次地质勘查政策的大型研讨会，是在中国地质工作发展进入新阶段召开的一次重要会议。这次大会对推动中国新时期地质事业的发展必将产生十分重要的影响。

30日 煤化工列入中国中长期能源发展战略的发展重点。国务院常务会议通过《能源中长期发展规划纲要(2004～2020)》，《纲要》提出：大力调整和优化能源结构，坚持以煤为主体、电力为中心、油气和新能源全面发展的战略。《纲要》强调，中国缺油、少气、富煤，发展煤化工能减轻对环境的污染和对石油的依赖；用煤作原料来生产合成汽油将是解决液体燃料不足的主流方向。

7月

12日 煤炭工业经济运行座谈会在北京召开。

22日 中国矿业联合会在阜新市召开“阜新矿业研讨会”。

23日 在实施宏观调控的大背景下，国家又批准建设一批特大型石油化工项目。国家有关部门批复，投资100亿元，3年内建成青岛1000万吨级炼油工程。

25日 2004年(第二届)《2004年《中国化工500强》发布会，在北京人民大会堂隆重举行，中国石化镇海炼油化工股份有限公司、中国石化上海石油化工股份有限公司以及扬子石油化工股份有限公司占据了《中国化工500强》榜单前三名。同时发布的2004年《世界化工500强》中，有48家中国化工企业入选。

28日 国务院批准，投资160亿元建设大亚湾年产1200万吨炼油项目。青岛、大亚湾两大石化项目，已形成完整的产业链，大化工产业结构布局的特大工程，进入实施阶段。同时，跨国公司资金大量涌入中国，中国化工可持续健康发展。

8月

11日 国务院总理温家宝主持召开国务院常务会议，分析全国煤炭供需形势，研究部署煤炭工作。会议认为，煤炭是中国的基础能源和重要原料，在国民经济中具有重要的战略地位。从中国能源资源的结构看，煤炭将长期是中国的主要能源。要坚持以煤炭为基础的能源发展战略，高度重视煤炭的生产、建设和有效利用。

18～19日 《中国有色金属加工工业协会第四届理事会第四次会议暨名牌论坛》，在北京召开。有83个有色金属加工企业及相关单位的120余名理事与代表参加了会议。会议邀请了中国工业经济联合会副会长、中国名自选战略推进委员会副主任、中国名牌培育委员会主任、《经济日报》原主编、著名经济学家艾丰，作了实行名牌战略和名牌产品培育的报告。

18～20日 在吉林白山市举办，由中国矿业联合会会长朱训为“中国白山国际矿泉城”揭牌。

25日 神华集团神华煤直接液化项目开工典礼在内蒙古鄂尔多斯市举行。神华煤直接液化项目是世界上首次采用先进工艺技术，将煤炭直接液化为石油产品的工业化生产装置，标志着中国煤炭液化进入试点阶段。

25～26日 中国非金属矿工业协会在北京召开“温石棉安全使用国际研讨会”。200余名代表参加会议，其中，外宾40余人。会议的主题是交流安全使用蛇纹石纤维的经验，宣传国际上的最新研究成果，15名中外专家在会上作了专题报告。近10个相关部委和主管单位出席会议。

9月

1日 印中矿产资源峰会在北京举行。

6日 国务院常务会议审议正式通过由国土资源部会同国家发展和改革委员会、财政部编制的《全国危机矿山接替资源找矿规划纲要(2004~2010年)》。《规划纲要》的主要内容包括:中国危机矿山面临的形势,开展危机矿山找矿工作的指导思想、基本原则、目标、主要任务、实施阶段、经费概算及来源、运行机制和保障措施。

全国现有47个矿业城市和400多个危机矿山(油气矿山除外)的探明储量面临枯竭,直接涉及300多万矿工和1000余万家属的工作和生活。在25种主要金属的415个大中型矿山中,危机矿山约占总数的50%。规划危机矿山接替资源找矿勘查工作,是保证中国经济社会可持续发展以及矿业可持续发展的重大战略举措。

6~7日 伦敦金银市场协会年会在上海市召开,这是全球贵金属界最重要的国际会议之一。与会代表着重探讨了全球贵金属市场的现状和未来发展趋势及中国贵金属市场作为全球贵金属市场日益重要的一员将给世界带来的影响。

26~28日 《中国有色金属加工工业协会粉末冶金分会成立大会暨首届学术年会》,在宁夏石嘴山市宁夏东方有色金属集团有限公司召开。来自全国粉末冶金行业的56位代表参加了会议,选举了粉末冶金分会第一届理事会的理事长单位、7个副理事长单位、15个常务理事单位及10个理事单位。

10月

1日 横贯中国东西部的西气东输工程全线投入运营,来自新疆塔里木盆地的天然气源源东进,成为上海等东中部省市经济发展和社会发展的新动力。

3~6日 国际钢协在土耳其伊斯坦布尔召开第38届年会。在这届年会上,中国大陆有5家钢铁企业首次成为该组织的正式会员,这5家企业是:宝钢、鞍钢、首钢、武钢和邯钢,同时中国钢铁工业协会也成为友好会员成员之一。

19日 粘土矿物专委会在成都召开"中国高岭土国家标准修订会暨五届二次代表会"。会议交流了行业情况,研讨了高岭土行业发展问题。

20日 河南省郑州煤炭工业集团大平矿发生瓦斯爆炸事故,造成148名矿工遇难。

11月

1日 辽宁率先在全省范围内强制推广使用乙醇汽油。到2005年底,中国还将把乙醇汽油试点范围扩大到9个省市。

1~3日 由中国矿业联合会、中国城市发展研究会、全国政协人口资源环境委员会、辽宁省人民政府联合举办的第六届矿业城市发展论坛在辽宁省阜新市举行。

11日 全国煤矿安全工作座谈会在北京召开,学习贯彻党中央、国务院关于加强安全生产工作的一系列重要指示,深入探索新形势下煤矿安全工作的规律特点,推动煤矿和全国安全生产状况的稳定好转。

11~12日 有色金属加工行业协会常务副理事长兼秘书长萧今声教授和王碧文教授赴山东召开《上引铜管技术及装备》项目鉴定会。该项目经过移植、开发、创新,其装备和技术已经达到现代化、大规模、正常化生产的阶段,是世界上独一无二的,具有自主的知识产权,是多年来在有色金属加工行业唯一被审定为国际领先水平的项目。

16日 由国土资源部主办,国家发改委、财政部、商务部协办的中国矿业2004国际研讨会在北京隆重召开。来自加拿大、澳大利亚、美国等25个国家的近千名矿业界、金融界、科技界人士出席会议。

25日 国家发展改革委发布了改革开放以来中国制定的第一个《节能中长期专项规划》;总投资达1400亿元的西气东输工程输气运行实现全线贯通;神华集团公司煤炭直接液化项目开工;首台世界先进的大功率燃气轮机发运,将为中国电力工业节约能源、提高效率做出贡献。

28日 陕西铜川矿务局陈家山煤矿发生特大瓦斯爆炸事故,166名矿工遇难,这是44年来中国煤炭行业最大的一起安全事故。

12月

9~11日 中国矿业联合会、中国煤炭工业协会、中国非金属矿工业协会等矿业行业协会组团参加了由民政部、国资委、国家发改委主办,其他29委、部、局协办的新中国成立以来首次举办的全国行业协会展览盛会——"全国行业协会成就汇报展览会"。

13~17日 中国有色金属加工工业协会和日本轻金属制品协会,共同在日本东京市召开了《第二届中日铝材表面处理研讨会》。中国铝加工相关的9个单位的18位代表参加了研讨会,并于会后12月17~24日参观访问了日本铝加工、表面处理等相关的8个单位。

15日 国家发展和改革委员会印发了《关于建立煤电联动机制的意见的通知》,对煤电联动计算方法、首次联动的计算基准、电价调整周期、销售电价与上网电价联动等重要问题,予以明确。

16日 世界上规模最大的煤炭直接液化试验装置,在上海第一次投煤获成功。正在建设的神华集团第一套百万吨级煤直接液化工业示范装置，采用了中国自主知识产权的神华直接液化工艺技术和催化剂，先期工程计划于2007年建成一条年产100万吨油品的生产线。

24日 中国矿业联合会在京召开“矿产资源工作会议”。

2004年中国矿业十大新闻

1. 国务院通过《全国危机矿山接替资源找矿规划纲要》，确定开展危机矿山找矿的指导思想和保障措施；

2. 中国西气东输工程全线投产并开始商业运营，年内正式向上海及周边地区供气；

3. 中国规划组建13个大型煤炭基地，加强国家对煤炭生产的宏观调控能力；

4. 首届中国探矿者年会在京隆重召开，推进了商业化矿产勘查与探矿权市场建设；

5. 2004年中国煤炭总产量达19.56亿吨，同比增长13.2%；

6. 2004年中国铁矿石进口量突破2亿吨，同比增长四成以上；

7. 完全采用中国自行开发、研制的钻探技术，大陆科学钻探工程钻深突破5000米；

8. 中国生物提金技术在辽宁省首先实现工业化生产，金资源回收率达到90%以上；

9. 2004年全国各地成功预报各类地质灾害700多起，避免46000多人因灾伤亡；

10. 陕西省铜川矿务局陈家山煤矿发生特大瓦斯爆炸，166名矿工遇难。

2004年煤炭行业十大新闻

1. 全国煤炭产量连续3年大幅度上涨。据国家煤矿安全监察局统计（调度数），2004年全国煤炭产量达到19.56亿吨，创历史新水平。其中，国有重点煤矿生产原煤9.22亿吨，国有地方煤矿生产原煤3.15亿吨，乡镇煤矿生产原煤7.19亿吨。

2. 煤矿雇主责任险在产煤大省进行试点。作为商业保险的煤矿雇主责任险，在经营中长期亏损，影响了保险公司的积极性，有些公司甚至对煤矿雇主责任险下了禁令。经过有关部门积极协调，2004年上半年，煤矿雇主责任险开始在山西、河北、安徽等产煤大省进行试点。

3. 国家重视煤炭基地规划工作。2004年2月开始，国家发改委开始进行规划大型煤炭基地的运作。8月下旬，全国大型煤炭基地建设座谈会在包头召开，13个大型煤炭基地的规划草案出台，初步规划建设13个大型煤炭基地。

4. 国务院总理温家宝8月11日主持召开国务院常务会议，分析全国煤炭供需形势，研究部署煤炭工作。会议认为，煤炭是中国的基础能源和重要原料，在国民经济中具有重要的战略地位。从中国能源资源的结构看，煤炭将长期是中国的主要能源。要坚持以煤炭为基础的能源发展战略，高度重视煤炭的生产、建设和有效利用。

5. 中国煤炭液化进入试点阶段。8月25日，神华集团神华煤直接液化项目开工典礼在内蒙古鄂尔多斯市举行。神华煤直接液化项目是世界上首次采用先进工艺技术，将煤炭直接液化为石油产品的工业化生产装置，标志着中国煤炭液化进入试点阶段。

6. 煤矿安全生产状况稳步好转，形势依然严峻。2004年，在煤炭产量大幅度增长的情况下，全国煤矿百万吨死亡率比2003年减少0.72，下降到3.100，但需求强劲和煤矿超能力生产依然使煤矿安全生产形势严峻。10月20日，河南省郑州煤炭工业集团大平矿发生瓦斯爆炸事故，造成148名矿工遇难；11月28日，陕西铜川矿务局陈家山矿发生瓦斯爆炸事故，166名矿工遇难。

7. 召开两次大型会议，研究煤矿经济和安全生产工作。为分析经济发展态势，把握行业发展方向，7月12日，煤炭工业经济运行座谈会在北京召开；11月11日，全国煤矿安全工作座谈会在北京召开，学习贯彻党中央、国务院关于加强安全生产工作的一系列重要指示，深入探索新形势下煤矿安全工作的规律特点，推动煤矿和全国安全生产状况的稳定好转。

8. 煤电价格联动方案破壳而出。2004年，基础能源供应趋紧，上涨幅度较大的煤炭价格一时间成为众矢之的，有关专家提出“全口径成本”概念，并指出如果按照煤炭“全口径成本”核算，煤炭价格并不高。12月15日，备受争议、关注的煤电价格联动方案破壳而出，国家发展和改革委员会印发了《关于建立煤电联动机制的意见的通知》，对煤电联动计算方法、首次联动的计算基准、电价调整周期、销售电价与上网电价联动等重要问题,予以明确。

9.《焦炭行业准入条件》出台。国际、国内焦炭市场持续火暴,价格一路攀升。2004年4月,国际市场焦炭成交价突破了400美元/吨,国内市场焦炭价格也飞涨到1300多元/吨。这种状况引发了焦炭项目投资过热,引起了各界对焦炭市场的忧虑。2004年12月,国家发改委出台了《焦炭行业准入条件》。

10.运力短缺和价格矛盾困扰电煤供求。2004年上半年电煤供应形势紧张,国家有关部门落实国务院精神,从7月19日开始,在全国范围内进行了一场大规模的电煤抢运。备受关注的全国煤炭订货交易会,首次更名为全国重点煤炭产运需衔接会议,12月下旬在秦皇岛召开。此次会议透露出不少煤炭订货方式的改革内容,但电煤价格之争依然是焦点问题,尚没有从根本上解决。

2004年煤炭科技十大新闻

由中国煤炭学会和中国煤炭报社共同组织评选的"2004年煤炭科技十大新闻",经过数十位院士、专家投票,评比结果:

1."煤制油"迈出关键一步,神华煤直接液化工艺流程打通。世界上规模最大的煤炭直接液化试验装置于12月16日在上海第一次投煤获成功。正在建设的神华集团第一套百万吨级煤直接液化工业示范装置,采用了中国自主知识产权的神华直接液化工艺技术和催化剂,先期工程计划于2007年建成一条年产100万吨油品的生产线。

2.兖矿集团与英美资源公司签订放顶煤技术输出协议。这是中国煤炭企业向跨国煤炭公司输出先进技术的第一个协议。

3.神华神东煤炭公司在矿井高产高效建设中取得重大突破。上湾煤矿和补连塔煤矿综采工作面,双双实现了井工煤矿单一综采队年产原煤突破千万吨,达到国际领先水平;大柳塔煤矿成为中国第一个"双井双千万吨"矿井。

4.位于山西太原的《中国煤炭博物馆》被批准为全国科普教育基地。该博物馆占地6公顷,建筑面积59500平方米,建有"煤的生成"、"煤炭与人类"、"煤炭艺术"等地面展厅和地下模拟矿井。

5.中国第一个大型煤层气减排购买协议签署。这是世界银行第一笔碳化基金业务。该项目的开发商晋城无烟煤矿业集团,将回收煤层气并用于寺河煤矿发电,该项目产生的温室气体减排量将由碳化基金收购。

6.淮南矿业集团两项瓦斯治理成果。《远距离下保护层开采瓦斯综合治理技术研究》、《松软低透气性突出煤层顺层钻孔瓦斯抽放技术研究》通过安徽省科技厅组织的鉴定。

7.2004年度中国煤炭工业协会科学技术奖评选。共评出特等奖3项(潞安煤用于高炉喷吹技术开发与应用、济北矿区快速高效建设新技术、急倾斜厚煤层长壁综放开采技术研究),一等奖12项,二等奖37项,三等奖55项。

中国煤炭工业协会和煤炭科学研究总院组织的"中国煤炭科技万里行"活动走进山东、山西、内蒙古、河南、甘肃等产煤大省(自治区),取得显著效果。

8.煤炭系统优秀科技工作者评选。淮南矿业集团袁亮、中国矿业大学葛世荣被评为第3届"全国优秀科技工作者";中国矿业大学朱真才、胡振骐、陈昊,煤科总院抚顺分院罗海珠获第8届"中国青年科技奖";彭苏萍、袁士义获"孙越崎科技教育基金能源大奖";王恩元等20人(煤炭、石油各10人)获"孙越崎科技教育基金青年科技奖";伊茂森等10人获"全国煤炭青年科技奖"。

9.大采高综采技术获重大突破:大同煤矿集团与中国矿业大学(北京)、煤炭科学研究总院太原分院联合攻关,系统开发"两硬"条件下5米厚煤层机械化开采的成套装备和综合技术,研制成功了新型四柱支撑掩护式大采高液压支架,这在国内外尚属首次。

10.由民营企业山西三佳煤化公司开发的SJ-96清洁型热电联产焦炉技术向美国转让,这是中国拥有自主知识产权的炼焦煤技术首次向国外转让。

2004年化工十大新闻

2004年是中国加强和改善宏观调控的重要一年。化工行业坚持以科学发展观为指导,化学工业保持健康持续发展。回顾一年来的发展历程,盘点出2004年化工十大新闻:

1.为确保农业生产和农民增收,国家对化肥市场实行有效调控。 2月8日,《中共中央、国务院关于农民增加收入若干政策的意见》(1号文件)发布,重申继续执行化肥用电及运输价格不涨价的优惠政策。由于生产化肥的原料、燃料、电力、运输价格上涨的局面未能得到缓解,化肥市场价格突破政府限价。为了调控农资价格并保护农民利益,从3月16日起,国家发改委连续5次发文,出台干预措施,规定化肥价格一律以4月20日实际价格为准,不得提高;为确保化肥冬储,年底又批准再次提高尿素中准价。化肥企业为执行国家限价政策,减轻农民负担,作出了应有的贡献。

2. 推广使用乙醇汽油。 这是中国实施节能型社会的一项战略举措。2月10日,国家发改委等8部委决定在黑龙江、吉林、辽宁、河南、安徽5省及湖北、山东、河北、江苏部分地市范围内,逐步扩大车用乙醇汽油试点工作,乙醇汽油将成为中国汽车的新动力。11月1日,辽宁率先在全省范围内强制推广使用乙醇汽油。到2005年底,中国还将把乙醇汽油试点范围扩大到9个省市。

3. 化工企业发生污染、安全事故,引起政府高度重视。 3月上旬,川化股份公司化肥厂违规技改并试生产,设备出现故障,氨氮含量超标数十倍的废水倾泻而下,导致长江上游沱江流域严重污染,造成简阳市、资阳市等地近百万群众饮用水暂停供应,沱江鱼类大量死亡的严重后果。事故发生后,四川省纪委、省监察厅等部门对沱江特大水污染事故进行了深入调查,并报经四川省委、省政府同意,对事故有关责任人提出了处理意见。4月15、16日,重庆天原氯气泄漏并发生爆炸。这次事故造成9人死亡,周围15万群众紧急疏散。为此,4月30日国家安全生产监督管理局决定,对全国6000余家地处城区的化工企业实施搬迁。

4. 煤化工列入中国中长期能源发展战略的发展重点。 6月30日,国务院常务会议通过《能源中长期发展规划纲要(2004~2020)》,《纲要》提出:大力调整和优化能源结构,坚持以煤为主体、电力为中心、油气和新能源全面发展的战略。《纲要》强调,中国缺油、少气、富煤,发展煤化工能减轻对环境的污染和对石油的依赖;用煤作原料来生产合成汽油将是解决液体燃料不足的主流方向。

5. 国家清理规范焦炭行业,中国与欧盟焦炭贸易达成协议。 5月24日,国家财政部、税务总局发出紧急通知,为尽快抑制焦炭行业盲目投资,对出口焦炭一律停止增值税和出口退税,并对焦炭出口实行限制。对此欧盟向中国政府发出警告。5月28日,中国表示2004年向欧盟出口的焦炭将不低于上一年度水平,双方就中国焦炭出口许可证发放的问题达成一致。

6. 在实施宏观调控的大背景下,国家又批准建设一批特大型石油化工项目。 7月23日,国家有关部门批复,投资100亿元,3年内建成青岛1000万吨级炼油工程。7月28日,国务院批准,投资160亿元建设大亚湾年产1200万吨炼油项目。青岛、大亚湾两大石化项目,已形成完整的产业链,大化工产业结构布局的特大工程,进入实施阶段。同时,跨国公司资金大量涌入中国,中国化工可持续健康发展。3月29日,上海异氰酸酯一体化装置动工,该项目由德国巴斯夫等共同投资10亿美元。5月10日,英国BP集团分别与中国石油、中国石化和中国富华集团签署4项协议,总投资超过10亿美元。6月12日,三菱化学与中信集团公司合资建设精对苯二甲酸(PTA)项目协议,总投资为10亿美元。

7. 2004年《中国化工500强》在京发布 48家中国企业同时入选《世界化工500强》。 2004年(第二届)《2004年《中国化工500强》发布会于7月25日在北京人民大会堂隆重举行,中国石化镇海炼油化工股份有限公司、中国石化上海石油化工股份有限公司以及扬子石油化工股份有限公司占据了《中国化工500强》榜单前三名。同时发布的2004年《世界化工500强》中,有48家中国化工企业入选。

8. 西气东输全线投运,中国天然气化工步入快速发展时期。 10月1日,横贯中国东西部的西气东输工程全线投入运营,来自新疆塔里木盆地的天然气,成为上海等东中部省市经济发展和社会发展的新动力。

9. 中国涉案企业从容合力,化学品反倾销获胜率提高。 12月1日,国家商务部发布公告:原产于欧盟、韩国、美国、印度的进口三氯甲烷存在倾销,中国巨化、鸿化等三氯甲烷企业遭受了实质损害,且倾销和实质损害之间存在因果关系。即日起,进口经营者在进口被调查产品时应按终裁确定的税率(32%~96%不等)缴纳反倾销税,期限为5年。一年来,碳酸钾、氯丁胶、乙醇胺等化学品反倾销案应诉先后获胜。

10. 国务院批准组建中国化工集团公司。 5月10日,经国务院批准,在中国蓝星(集团)总公司和中国昊华化工(集团)总公司等原化工部所属企业的基础上,重组新设立国有大型企业。

2004有色金属行业十大新闻

1. 中央宏观调控成效明显,电解铝投资热基本得到遏制。2004年,中央宏观调控力度不断加大并初见成效。作为调控重点行业之一的电解铝投资热大幅降温,2004年电解铝投资规模明显下降,一批拟建项目停建或缓建,部分中小铝厂停产。同时,在宏观调控和市场因素共同作用下,电解铝企业生产经营困难,亏损面日趋扩大。

2. 有色金属行业实现利润大幅攀升。2004年,有色金属工业在国内需求强劲和国内外基本金属价格上涨的支持下,行业经营状况明显改善,产量继续攀高,效益显著增长,整体保持了良好的态势。据初步预计,全年10种有色金属产量可望达到1380万吨,保持世界第一位,全年实现利润可望达到300亿元,预计实现利税500亿元。

3. 有色金属工业产业结构调整取得突破性进展。2004年,有色金属工业产业结构调整明显加快。例如铝电解生产淘汰落后的自焙槽进展迅速,自焙槽产能只余有32万吨,仅约占总产能的3.5%,实现了产业升级,使整体技术装备水平居世界前列。

4. 有色金属行业品牌首次获得“2004中国名牌产品”称号。2004年,有色金属行业的铝合金建筑型材、硬质合金、阴极铜三大类产品13个品牌首次获得“中国名牌产品”称号,这是有色金属工业产品第一次被评为中国名牌。

5. 中央宣传部、国务院国有资产监督管理委员会在全国范围内确定了10家国有企业先进典型进行重点宣传报道。有色金属行业中中国铝业公司、江西铜业集团公司两家单位列入其中,成为中国国企的亮点。

6. 中国铝业公司实施资产重组动作频频。2004年,中国铝业公司继续打造“铝业航母”,并积极向有色行业其他领域扩展,分别与甘肃、陕西、湖北、福建和重庆市签署合作协议,完成了控股兰州铝业股份有限公司和陕西有色金属控股集团有限责任公司,将大冶有色金属公司净资产整体划转,与福建合资成立中铝瑞闽铝板带有限公司等国有资产重组工作。

7. 有色金属行业实施“走出去”战略步伐加快。2004年,有色金属工业实施“走出去”战略取得了丰硕成果。中国五矿集团收购美国舍温氧化铝厂,参与凯撒铝业及诺兰达公司的股权转让竞标,在全球金属矿业界引起强烈反响;中铝公司与巴西淡水河古公司合资建设氧化铝厂;中色矿业建设集团与世界各洲多个国家开展合作,成为开发海外有色金属资源最多的企业;金川集团公司和江西铜业集团公司等也纷纷与海外跨国公司签订战略协议。

8. 中国有色金属工业协会影响力不断扩大。中国有色金属工业协会成立以来,贯彻执行党和政府的方针政策,坚持为政府、企业和行业服务,协助政府有关部门制定产业政策,在行业咨询、协调、信息、科技和国际交流合作等方面做了大量工作,受到业内广大企业信任,获得国家有关部委的表彰。同时,协会在国际同行中的影响力也日趋扩大。

9. 危机矿山新一轮找矿开始启动。为解决有色金属矿产资源严重短缺问题,中国有色金属工业协会积极向国家有关部门反映,得到国务院领导的重要批示。2004年5月,国务院常务会议通过了“危机矿山接续资源勘查规划”,从此,由有色地调中心具体规划的有色金属危机矿山新一轮找矿工作正式启动。

10. 有色金属行业科技成果令人瞩目。2004年申报国家科技奖励的有色行业项目有12项通过国家专家组的评审,其中获国家技术发明一等奖1项、二等奖1项,国家科技进步一等奖1项、二等奖9项。中南大学黄伯云院士等发明的“高性能炭/炭航空制动材料的制备技术”成果获国家技术发明唯一的一等奖,并且填补了该奖项连续6年的空缺,成为中国科技界的最大亮点;山东丛林集团有限公司和西安重型机械研究所、上海重型机器厂、中南大学等单位合作完成的“100MN油压双动铝挤压技术与装备研制”成果获国家科技进步一等奖。

2004年中国黄金矿业十大新闻

1. 黄金产量首次突破200吨大关。2月4日从中国黄金协会发布的黄金生产月报获悉,2003年全国黄金产量突破200吨大关,累计完成产量200.598吨。继1995年全国黄金产量跃升100吨台阶后,仅用8年时间再上一个百吨台阶。这标志着我国黄金工业的市场化进程加快,与国际黄金业竞争力增强。

2. 黄金行业喜获两项国家级殊荣。2月20日,中共中央、国务院在北京隆重举行国家科学技术奖励大会,共有254个项目获得国家科技奖励,其中黄金行业有两个项目获得国家科学技术进步奖二等奖。

3. 2004年全国黄金工作会议召开。3月25日,国家发展和改革委员会在青岛召开全国黄金工作会议。会议研究了新形势下如何加强和改善黄金行业宏观管理,促进黄金工业持续健康发展。这是国家发改委自承担黄金行业管理工作以来召开的规模最大、级别最高、范围最广的一次会议。

4. 黄金一代锻造计划成功启动。世界黄金协会、北京黄金经济发展研究中心、新加坡南洋理工大学经济成长中心联手启动"中国黄金投资高级人才培训项目",合作协议签约仪式6月4日在北京中国黄金大厦举行。

这个项目的启动将为中国黄金投资市场的开放提前做好人才准备。

5. 金交所推出两大交易品种。2月18日,上海黄金交易所增加了Au T+5交易品种,这表明上海黄金交易所在继续拓展现货交易品种的同时,向启动黄金期货交易的方向发展。目前,T+5交易品种适用于成色标准为99.95%以上的金锭;交易时间比另外两个交易品种Au 99.95及Au 99.99少半个小时;该品种的涨跌停板为上一交易日收盘价的±5%。

上海黄金交易所于6月28日进行50克金条的试交易,金条实行T+1交易方式。金条成色为99.99%以上,上市交易的金条由在交易所注册认定的可提供标准金条企业生产铸造,最小交易单位为50克,最小交割单位为50克。金条交易实行现货全额交易方式,"择库存入、定库取货"。交易所统一调运,运保费由卖方承担,运保费率暂定为180元/千克。

6. 天利生物提金技术通过鉴定。8月16日,在中国黄金协会的主持下,辽宁天利生物氧化提金技术成果在北京通过鉴定。鉴定委员会认为,该项技术已达到国际先进水平。其中,生产使用菌种的氧化活性、温度适应范围已具有国际领先水平。

7. LBMA2004年年会隆重召开。周小川指出中国黄金市场要实现三个转变。9月6~7日,全球贵金属界最重要的国际会议之一——伦敦金银市场协会2004年年会在上海召开。与会代表们着重探讨了全球贵金属市场的现状和未来发展趋势及中国贵金属市场作为全球贵金属市场日益重要的一员将给世界带来的巨大影响。

8. 中国矿业2004国际研讨会在京召开。11月16日,由国土资源部、国家发展和改革委员会、财政部、商务部共同主办的中国矿业2004国际研讨会在北京开幕。

9. 潼关大联合成功实施。11月26日,潼关中金黄金矿业有限责任公司在陕西省潼关县隆重举行挂牌仪式。潼关大联合的成功实施,开创了中央企业与地方联合的先例,实现了矿山资源的优化配置,为从根本上解决小秦岭地区无序开采的问题探索出了一条新路,也做出了示范。

10. 国际金价创16年来新高。2004年12月1日,国际现货黄金价格创下每盎司456.80美元的16年来最高价。12月2日,上海黄金交易所主力交易品种Au 9995也创下了121.55元/克的交易所开业以来最高价。2004年下半年,国际金价一直处于上升走势。随着10月中旬美元的下跌,黄金走出了快速上攻行情。尤其是进入11月以后,金价更是一路走高,连续多个交易日打破16年以来的最高纪录。

在国际金价上涨的影响下,国内黄金市场也连续走高。上海黄金交易所现货黄金交易品种全部创出历史最高价位。其中Au 9995最高价为121.55元/克,Au 9999最高价为121.70元/克。

据市场人士分析,美元走弱是推动国际金价走高的一个重要因素,尤其是欧元兑美元走势强劲,连续创下历史新高。未来美元的走势,仍将对金价产生重要影响。由于美国政府存在巨额债务,未来几年里美元贬值和通货膨胀似乎不可避免。另外,去年国际原油价格的上涨以及地缘政局不稳等因素均对黄金走势有利。虽然在去年年底时出现回调,但从中长期看,金价仍处于上升趋势。

(中国矿业年鉴编辑部)

概 况

矿产资源形势分析

【综述】 2004年中国主要矿产资源查明储量多数下降,储量消耗强度大,煤炭供应紧张,天然气供需缺口加大,石油对外依存度已达45.2%。能源、金属矿产品价格持续走高,矿产品进口创历史新高,进口成本大幅攀升。令人欣慰的是,中国石油天然气勘探开发取得重要进展,西部一批大型有色金属矿山开工建设或顺利投产。探矿权、采矿权市场管理日益规范,外商投资日趋活跃。国有矿业企业产值和利润同步增长,民营矿业企业不断发展壮大。截至2004年底,中国已发现矿产171种,已查明资源储量的158种。与2003年同期相比,中国石油、天然气、煤、铁、锰、铝土矿、铅和金等矿产资源储量增加,而铬、铜、锌、硫铁矿、磷和钾等矿产资源储量有所下降。

2004年全国用于矿产地质勘查的投资为312.91亿元,较2003年的259.76亿元增长了20.46%。能源矿产勘查费用增长21.94%,其中煤增长91.06%,油气增长19.27%。金属矿产勘查费用增长41.91%,其中黑色金属增长135.86%;有色金属增长47.93;贵金属增长22.41%。非金属矿产勘查费用增长8.58%,其中冶金辅助原料增长51.84%,化工原料增长48.51%。水气矿产勘查费用减少62.83%。矿产勘查人员总计22.50万人,比2003年增加1.56万人,增幅7.44%。地质勘查钻探工作量大幅增长了26.56%,主要是黑色金属矿产(136.70%)、冶金辅助原料矿产(96.23%),煤(89.88%),化工(58.26%)、贵金属(32.25%)的增加。

2004年新发现或新证实有工业价值的重要矿产地254处,比2003年多增25处。其中,能源矿产地47处,比2003年多增6处;金属矿产地82处,比2003年减少6处;非金属矿产地121处,多增33处;其他水气矿产地4处,减少9处。

据不完全统计,2004年约有70家外商投资企业在中国进行矿产资源勘查。至少有10家多伦多股票交易所上市公司和37家多伦多风险交易所上市公司在中国有业务活动。云南、甘肃、贵州、新疆维吾尔自治区、内蒙古自治区、青海、黑龙江等成为吸引外商矿业勘查投资较多的省份。加拿大西南资源公司在云南勘查项目的成功,以及艾芬豪公司在中蒙边界巨型铜矿的发现,刺激了国内外矿业公司在云南和内蒙古自治区的勘查投资,使云南、内蒙古自治区成为2004年全国地质勘查的热点地区,两省颁发勘查许可证约占全国的1/3。

2004年全国共批准登记发放地质矿产勘查项目16673项(包括石油、天然气和放射性矿产勘查,下同),其中能源矿产1915项(煤炭1141项、油气324项、煤层气42项、地热324项),黑色金属矿产3064项,有色金属矿产4501项,贵金属矿产5096项,稀有、稀散和稀土矿产107项,非金属矿产1782项(化工矿产404项),水气矿产208项。共批准登记面积146万平方公里,探矿权使用费53686.64万元。

中国石油天然气勘查取得重要进展。大庆油田发现高产油气流,并在海拉尔盆地获石油控制地质储量6514万吨,为实现建设百年油田的目标奠定了基础。长庆西峰油田探明石油地质储量1.08亿吨,控制地质储量2.03亿吨,预测地质储量1.24亿吨,三级储量合计达4.35亿吨,成为中国近10年找到的最大的油田。中国石油在渤海湾滩海、鄂尔多斯、吉林扶新等地区新发现6个亿吨级油气田区,新增探明石油储量5.2亿吨,天然气储量2436亿立方米。中国石化在新疆塔河发现油气储量达12.1亿吨的大油田,在四川盆地东北部发现特大天然气田——普光气田,已探明的天然气储量为1143.63亿立方米,可采储量878.32亿立方米。

石油、天然气、铀等能源矿产调查评价稳步推进,铜矿资源调查评价取得一系列重大成果,铅锌多金属和钨锡等优势矿产资源调查评价取得重要进展。在石油、天然气、铀等能源矿产方面,确定了北黄海海域油气资源勘探目标,提出了首批预选井位建议,在鄂尔多斯盆地和二连盆地获得铀矿资源重大发现。新发现西藏朱诺、吉如等斑岩铜矿床。在新疆哈密地区发现新的铜矿化带,钻探验证存在203米厚的铜金矿体。云南普朗斑岩铜矿勘查中继续见到厚而富的斑岩铜矿体。四川攀西会理—会东地区发现品位高、厚度大的火山－沉积改造型铜矿床。新发现西南"三江"北段东莫扎抓，青海沱沱河和武当-神农架地区等大型铅锌矿带。新疆阿尔金地区发现大型-超大型钨锡矿成矿远景带。赣南地区新发现3处具有大型以上远景规模的钨矿产地。

2004年矿业产值大幅度增长，矿业就业人数增加。西部油气和有色金属矿产资源开发取得重要进展，中国最大的整装天然气田，作为西气东输源头主力气田的新疆克拉2气田建成投产；青海德尔尼大型铜矿开工建设；新疆阿舍勒铜矿顺利投产。

2004年，全国共批准登记发放采矿许可证114749件，批准登记面积61959.44平方公里，采矿权使用费22190.49万元。从矿类上看，以非金属矿产为主；从经济类型上看，以内资企业为主；发放的港、澳、台投资，中外合作合资，外商投资企业的采矿许可证274个。

2004年矿权交易较2003年大幅增加，共发生采矿权转让1487宗，其中出售的963宗，作价入股的99宗，转让交易额406292万元。矿山监督工作收效显著，围绕与整顿矿业秩序相结合，全年共立案查处违法开采案件14890件，处理案件13721件，其中吊销许可证441件。

中国主要矿产品生产快速增长，消费需求旺盛。钢铁、电解铝和水泥等行业甚至出现局部过热现象。为此，国家下发了关于制止钢铁、电解铝、水泥行业盲目投资的若干意见，取得了很好的成效。

2004年全国一次能源生产总量18.46亿吨标准煤，同比增长15.2%；消费总量19.7亿吨标准煤，同比增长13.2%；供需缺口为1.24亿吨标准煤。原煤产量19.92亿吨；原油产量1.76亿吨；天然气产量407.7亿立方米；铁矿石产量3.10亿吨；粗钢产量2.83亿吨；10种有色金属1430万吨；磷矿石2617万吨；原盐产量3710万吨；水泥产量9.67亿吨。

中国矿产品进出口总额、出口额及进口额在2003年大幅增长的基础上，2004年分别达到2411.2亿美元、893.6亿美元、1517.6亿美元，同比分别增长49.6%、50.0%、49.4%。矿产品进出口额占全国进出口总额的比重为20.9%；出口额占全国出口总额的比重为15.1%；进口额占全国进口总额的比重为27.0%。原油进口量12272万吨，铁矿石进口20799万吨，锰矿石进口464万吨，铬铁矿进口217万吨，铜矿石进口288万吨，钾肥进口718万吨。

2004年中国重要短缺矿产品消费对进口的依赖程度继续提高，其中，石油达到45.2%、铁矿石55%、铜金属70%、氧化铝45%，钾盐由于国内产量的增长其依赖程度呈下降趋势，但仍然高达77%。近年来，中国石油、铁矿石、铜金属等对进口的依赖程度呈逐年增加的趋势，尤其是石油和铁矿石对进口的依赖程度增加更快。

2004年中国大多数矿产品价格在2003年较快上涨的基础上，继续保持上涨态势，特别是一些能源和金属矿产品价格均已进入高位区间。2004年大庆原油现货平均价格为36.58美元/桶，同比上涨24%；秦皇岛煤炭交易市场优混煤平仓价，平均价格为346元/吨，同比增长34%；北京等9大城市现货市场铜价格，2004年平均为27797.57元/吨，同比增长48%；铝价格，平均为16370元/吨，同比增长11%；上海黄金交易所现货价格，2004年平均为109.14元/克，同比增长13%；国产氯化钾价格（一级、袋装），2003年平均为1348元/吨，2004年为1446元/吨，同比增长7%。2004年国内水泥价格平均为276元/吨，比2003年增长4%。

注：文中数字，依据国家统计局2004年度经济普查数据。

（国土资源部信息中心　闫卫东）

矿产资源开发利用

【概况】 2004年底，全国共有各类矿山企业124982个，其中内资矿山企业124512个，港澳台商投资矿山企业199个，外商投资矿山企业271个。

2004年全国矿山企业开采的矿种（按《中华人民共和国矿产资源法实施细则》附件《矿产资源分类细目》和新公布3个矿种的230种矿产分类）180种及未命名的其他矿产。

2004年全年采掘业开采矿石总量（原矿量）73.47亿吨（不包括天然气、煤层气和二氧化碳气），其中，石油1.75亿吨（不包括海域石油0.25亿吨），煤炭17.62亿吨，铁矿石3.11亿吨。年开采天然气产量399.98亿立方米，二氧化碳气1.00亿立方米。

2004年全国各类矿山企业现价工业总产值8171.41亿元，其中煤炭工业总产值2704.78亿元，油气开采工业总产值3781.97亿元，黑色金属矿产开发工业总产值404.13亿元（其中，铁矿工业总产值374.40亿元），有色金属矿产开发工业总产值300.88亿元，贵金属矿产开发工业总产值147.77亿元，稀有、稀土和分散元素矿产开发工业总产值6.38亿元，冶金辅助原料矿产开发工业总产值37.90亿元，化工原料矿产开发工业总产值129.90亿元，建材及其他非金属矿产开发工业总产值613.61亿元，矿泉水、地下水和二氧化碳气开发工业总产值37.30亿元。

2004年度全国矿山企业从业人员为811.06万人，其中，能源矿产开采从业人员459.91万人（其中煤矿409.76万人，石油天然气开采从业人员47.67万人），黑色金属矿产开采从业人员37.26万人，有色金属矿产开采从业人员37.00万人，贵金属矿产开采从业人员19.32万人，稀有、稀土和分散元素矿产开采从业人员1.16万人，冶金辅助原料矿产开采从业人员9.44万人，化工原料矿产开采从业人员16.48万人，建材及其他非金属矿产开采从业人员227.09万人，矿泉水、地下水和二氧化碳气开采从业人员3.40万人。

2004年度全国矿山数比上年减少20424个，煤炭矿山增加102个（其中大中型矿山增加133个，小型及以下矿山减少31个）。年采掘矿石总量（原矿量）比上年度增加16.35亿吨，其中煤矿产量增加3.38亿吨，石油产量增加0.06亿吨。天然气产量比上年度增加73.45亿立方米。工业总产值比上年增加2203.87亿元（按当年价），其中煤矿增加923.53亿元，油气增加880.18亿元。2004年全国矿山企业从业人员比上年减少118.61万人，其中煤矿减少18.31万人，油气减少28.68万人。人均实现工业总产值10.07万元/人。

（国土资源部矿产资源开发管理司）

矿产品产供消统计

【概况】 受国民经济发展对矿产资源需求快速增长和国内外矿产品市场价格持续上扬的合力推动，2004年中国矿产采选业持续增长；相关能源与原材料加工制造（制品）业因为矿产品原材料的大量进口而增加了原料供应，也呈现大幅增长势头。绝大部分矿产品产量虽有不同程度的增长，但主要矿产品供需缺口较大。中国矿产品进出口总额有大幅增长，但进口增长快于出口，贸易逆差增长幅度虽有所下降，但增幅仍近45%。

【矿业产值】 2004年中国国有及500万元以上非国有矿产采选业和相关能源与原材料加工（制品）业工业总产值61808亿元，比2003年41622亿元增长48.5%，占全国同口径统计的工业总产值（201722亿元）的30.6%，比2003年增加1.3个百分点，工业增加值（指工业企业在报告期内以货币表现的工业生产活动的最终成果）20364亿元，比2003年增长17.9%。其中：矿产采选业总产值10788.6亿元，比2003年7356.8亿元增长46.6%，占同口径统计的矿产品相关工业总产值的17.5%，工业增加值6312亿元，比2003年减少14.2%；能源与原材料加工（制品）业总产值25151亿元，比2003年增长11.4%，占同口径统计的矿产品相关工业总产值的82.5%，工业增加值14052亿元，比2003年增长40.8%。

【主要矿产品产量】 据国土资源部矿产开发管理司对全国12.5万个矿山的统计，2004年中国采掘业开采矿石总量73.47亿吨，比2003年增长28.6%。各主要矿产品产量都有较大幅度提高，其中原油产量1.75亿吨，比2003年增长3.55%；天然气产量407.7亿m^3，增长19.5%；煤炭产量19.56亿吨，增长13.19%；十种有色金属产量1430.62万吨，增长15.6%；钢产量27280万吨，增长23.7%；铁矿石产量31010万吨，增长22.5%；水泥产量9.7亿吨，比2003年增产12.5%。

【矿产品进出口贸易】 2004年中国矿产品进出口保持高速增长，进出口贸易总额2311.15亿美元，比2003年增长48.72%，这其中包含国际市场大部分矿产品价格继续上涨的因素；矿产品进出口贸易总额占全部商品的贸易总额的20.02%，其所占比重比2003年高出1.75个百分点，见图1。其中：矿产品出口额814.46亿美元，比2003年增长50.44%；进口额1496.69亿美元，比2003年增长47.76%；贸易逆差682.23亿美元，与2003年相比，逆差持续扩大，但增幅有所下降，为44.68%。

1. 金属矿砂类产品的进口远大于出口。金属矿砂出口为5.68亿美元，而进口高达172.93亿美元，比2003年增141%。各类金属矿砂的进口无论从数量上还是从金额来说都有大幅度增加，如铁矿砂进口量为20809万吨，进口金额为127.12亿美元，分别比2003年增长40.5%和161.8%；锰矿砂进口465万吨，金额5.86亿美元，分别比2003年增长63.1%和186.9%；铬矿砂进口217万吨，金额3.81亿美元，分别比2003年增长21.8%和152.8%；铜矿砂进口288万吨，金额22.38亿美元，分别比2003年增长8.0%和73.3%；氧化铝进口587万吨，金额20.44亿美元，分别比2003年

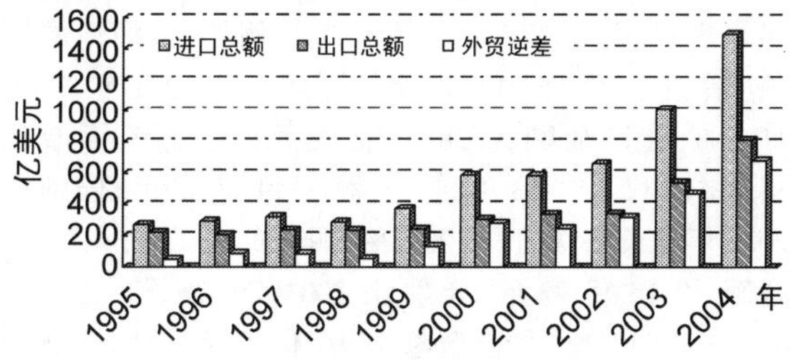

图1　1995～2004年矿产品进、出口贸易情况

增长4.8%和48.5%。

2. *能源矿产品进口也远大于出口*。出口总额144.76亿美元，进口总额480.02亿美元，分别比2003年增长30.3%和64.1%；贸易逆差达335.26亿美元。其中，原油进口12272万吨，金额339.12亿美元，分别比2003年增长34.8%和71.4%；出口549万吨，金额13.25亿美元，分别比2003年减少32.5%和20.3%；成品油进口3788万吨，金额92.48亿美元，分别比2003年增长34.1%和57.7%；出口1146万吨，比2003年减少17.1%，金额为39.6亿美元，比2003年增长6.3%；液化气及其他烃类气进口641万吨，金额24.16亿美元，分别比2003年增长0.4%和21.6%；煤炭进口1861万吨，金额8.87亿美元，分别比2003年增长73.0%和144.0%；出口8666万吨，比2003年减少7.7%，出口金额为38.11亿美元，比2003年增长38.6%；焦炭出口1501万吨，出口金额为39.49亿美元，分别比2003年增长2.0%和136.1%。

3. *肥料出口增速快于进口，但仍然是进口大于出口*。全年出口肥料13.09亿美元，比2003年增长63.7%；进口肥料22.88亿美元，比2003年增长29.8%；其中，氮磷钾复合肥进口量为205万吨，比2003年减少8.8%；进口金额4.11亿美元，比2003年增长8.1%；磷酸氢二铵进口229万吨，比2003年减少12.4%，金额5.76亿美元，比2003年增长14.2%；钾肥进口735万吨，金额11.89亿美元，分别比2003年增长11.53%和45.16%。

4. *钢铁出口有较大增长，但仍然是进口大于出口*。全年出口钢铁114.69亿美元，比2003年增长235.6%；进口钢铁236.92亿美元，比2003年增长6.6%；出口钢铁制品137.48亿美元，比2003年增长45.5%；进口钢铁制品46.95亿美元，比2003年增长39.2%；其中，钢材进口2930万吨，比2003年减少21.2%；进口金额207.87亿美元，比2003年增长4.4%；出口1423万吨，金额83.36亿美元，分别比2003年增长104.6%和168.5%；废钢进口1023万吨，金额22.32亿美元，分别比2003年增长10.0%和58.8%。

5. *有色金属总的来说进口远大于出口，但未锻造铝出现净出口，而且出口量过大*。例如，未锻造的铜(包括铜合金)进口138.11万吨，比2003年减少11.6%，进口金额为38.13亿美元，比2003年增长35.3%；出口12.63万吨，金额3.49亿美元，分别比2003年增长88.2%和190.7%；铜材进口119.54万吨，金额39.15亿美元，分别比2003年增长13.2%和40.7%；出口39万吨，金额14.97亿美元，分别比2003年增长67.5%和116.9%；废铜进口395.76万吨，金额24.55亿美元，分别比2003年增长25.2%和84.1%；未锻造铝(包括铝合金)进口103.34万吨，金额15.71亿美元，分别比2003年增长17.3%和28.0%；出口168.44万吨，金额28.01亿美元，分别比2003年增长35.4%和56.9%；进出口相抵，出现了65.1万吨的顺差，说明电解铝的生产已经过量；铝材进口61.06万吨，金额19.44亿美元，分别比2003年增长14.9%和30.4%；出口43.1万吨，金额11.2亿美元，分别比2003年增长57.4%和67.5%；废铝进口120万吨，金额10.75亿美元，分别比2003年增长83.6%和143.0%；

6. *非金属矿及制品贸易顺差有所增长*。全年进口金额77.11亿美元，比2003年增长29.47%；出口金额153.2亿美元，比2003年增长59.3%；顺差超过76亿美元。

7. *有机化学品成为净进口大户*。全年进口金额238.47亿美元，比2003年增长49.0%；出口金额90.93亿美元，比2003年增长27.5%；逆差高达147亿美元。

8. *无机化学品净进口仍维持在9亿美元，与2003年持平*。全年进口金额39.62亿美元，比2003年增长41.15%；出口金额48.45亿美元，比2003年增长30%。

【主要矿产品供需关系分析及市场价格走势】

1. *石油*：原油产量1.75亿吨，比2003年增产3.55%；原油净进口11723万吨，比2003年增长32.78%；成品油净进口2642万吨，比2003年增长131.55%；国内石油表观消费量达到3.18亿吨，比2003年增长18.2%。原油进口平均价格为276美元/吨，或37.85美元/桶，比2003年提高27.2%。国际油价较长时期居于50美元/桶以上，是该年的一大特色。油价大幅上扬，为三大石油公司赢得了前所未有的暴利，见图2。

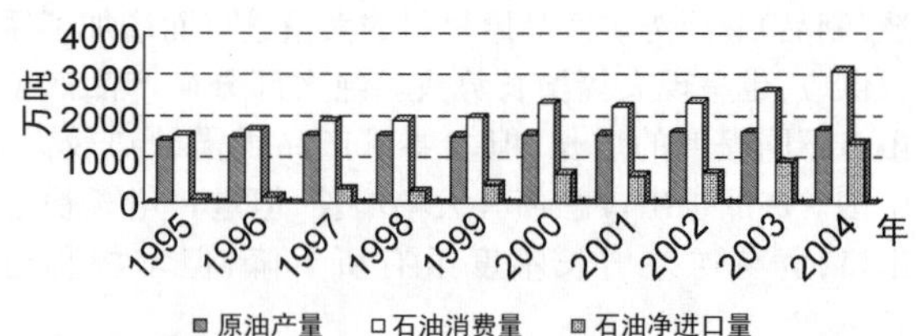

图2 1995~2004年中国石油产量、消费、净进口量

2. *天然气*：产量407.69亿立方米，比2003年增产19.45%；液化气及其他烃类气进口量为641万吨，减

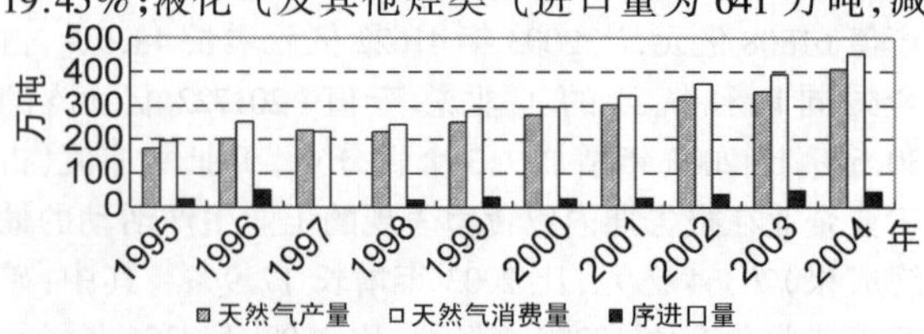

图3 1995~2004年中国天然气产、消、净进口量

去出口,净进口量460.83万吨(折合46.1亿立方米),国内天然气表观消费量达到453.79亿立方米,比2003年增长16%,见图3。

3. 煤炭:原煤产量19.56亿吨,比2003年增长13.19%;出口8666万吨,进口1861万吨,表观消费量约18.88亿吨,比2003年增加14.8%,受油价上扬的牵引,煤价也呈现上升趋势,6月中旬山西优混秦皇岛火车车板价280~320元/吨,比2003年同期上涨36~68元/吨,涨幅15%~27%。煤炭价格高涨是国内市场的一大特色,见图4。

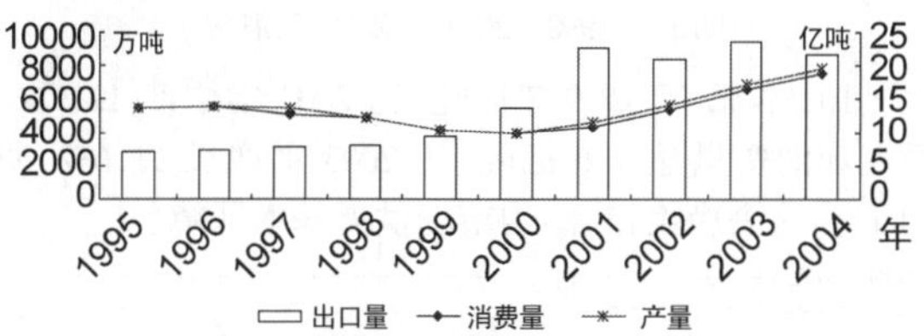

图4 1995~2004年中国煤炭产、消及出口量

4. 铁矿石:原矿产量3.1亿吨,比2003年增加22.5%;表观消费量7.26亿吨,比2003年增加30%,按2吨国产原矿折合1吨国外富矿计算,国产矿可满足消费需求的43%,其余一大半依靠进口;全年进口富铁矿石2.08亿吨,比2003年增长40%;平均吨价61.12美元,折合人民币507元,比2003年上涨86%;远洋运费也因中国对铁矿石的大量进口而再度上扬。国外富矿生产商虽开足马力满负荷生产,但仍不能满足中国进口商的巨大订单,进口的混乱造成一些出口市场上有价无货,出现了典型的卖方市场。在国内市场上,铁矿石精矿(品位67%)价格一度涨到1200元/吨,后有所下跌,最后较长期保持在800~900元/吨。铁精矿国内价格明显超过国际市场价格,是历史上从未见过的,见图5。

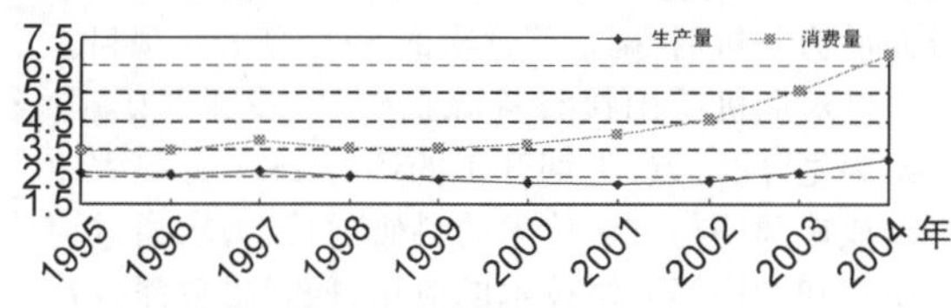

注:消费量=产量+进口量×2

图5 1995~2004年铁矿石生产与消费量曲线图

钢材:产量29723万吨,比2003年增长23.3%;净进口钢材1507万吨,比2003年减少42.8%;国内市场对钢材的需求明显增加,表观消费量3.123亿吨,比2003年增长27%;各品种钢材价格呈现普涨局面。

5. 铜:矿山铜产量74.22万吨,比2003年增产22.8%;精炼铜产量219.87万吨,比2003年增长19.7%;加上净进口精炼铜125.48万吨,精炼铜的表观消费量将超过345万吨,比2003年增长10.6%;如果考虑到国内还有62万吨废杂铜用于冶炼,则国产原料可满足需求的39.4%,其余大部分只能依赖进口。除精炼铜及铜合金外,2004年净进口铜矿砂288万吨,废杂铜395.76万吨,均创历史最高纪录。实际上,中国每年还进口大量铜材。2004年铜材生产量471.61万吨,加上净进口铜材80.54吨,铜材的表观消费量将超过552万吨,比2003年增长38%,见图6。

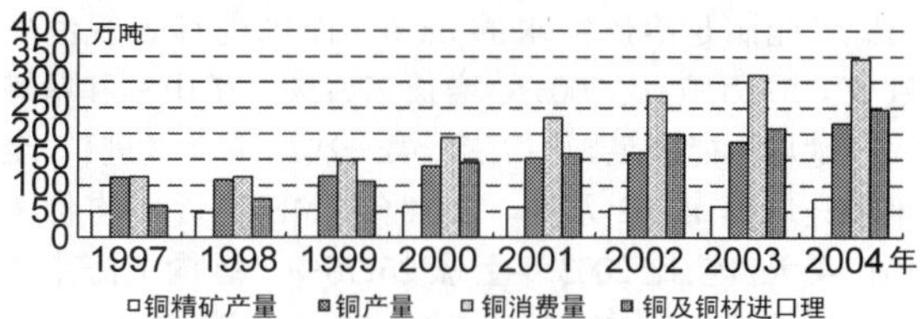

图6 1997~2004年铜产、消及进口量

6. 铝:产量668.88万吨,比2003年增长20.6%;进口103.34万吨,比2003年增长28%;出口168.44万吨,比2003年增长56.9%;铝的表观消费量达到603.78万吨,2003年增长7.84%(图7)。国内市场SHME三个月期铝年平均价16195元/吨,合1951美元/吨;而2004年铝的出口平均价只有1663美元/吨,比国内价低288美元/吨。铝材产量543.52万吨,加上净进口铝材17.96万吨,铝材的表观消费量达到561.48万吨,2003年增长42.2%。为加强对铝行业的宏观调控,2005年国家相继取消了电解铝的出口退税政策和加工贸易优惠政策,并将出口关税从0提高到5%。

炼铝原料氧化铝产量698万吨,比2003年增长14.2%;进口587万吨,比2003年增长4.8%;表观消费量达1285万吨,比2003年增长10%;国产氧化铝只能满足冶炼需求的54.4%。

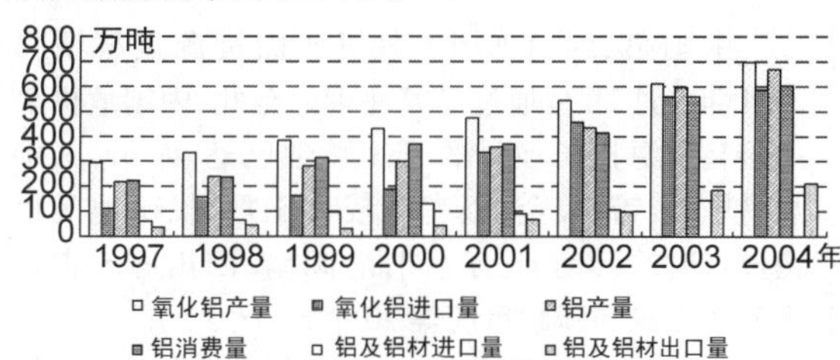

图7 1997~2004年铝产、消及进、出口量

7. 铅:矿山铅产量99.72万吨,比2003年增产4.46%;精炼铅产量193.45万吨,比2003年增产23.7%;国内矿山铅只能满足冶炼生产的51.5%,而国

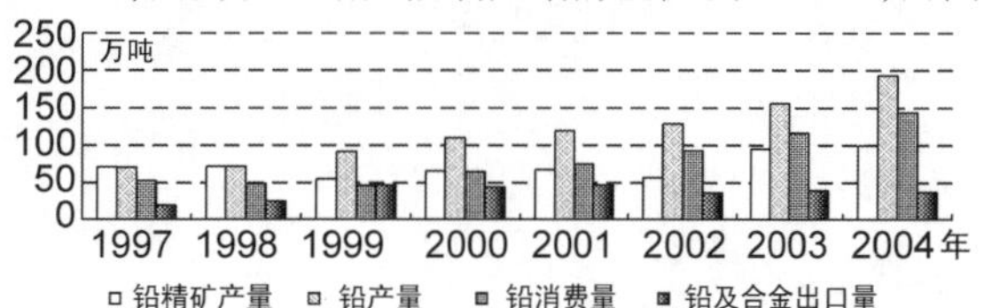

图8 1997~2004年铅产、消及出口量

内精炼铅表观消费量155.74万吨，比2003年增长33.2%，其余大部分都出口。全年净出口铅37.71万吨。2004年LME铅价886美元/吨，比2003年上涨73.58%。国内铅年均价为8968元/吨，比2003年上涨了64.56%，且比国际铅价高22.95%，见图8。

8．锌：矿山锌产量239.12万吨，比2003年增产17.85%；精炼锌产量271.95万吨，增产17.3%，国内矿山锌只能满足冶炼需求的88%。而国内锌表观消费量291.57万吨，比2003年增长27.7%。矿山锌和精炼锌产量均不能满足国内需求，第一次出现大量进口，全年净进口锌19.62万吨。2004年LME现货平均价为1047美元/吨，比2003年上涨26.76%。国内上海市场锌全年平均价为10816/吨，比2003年上涨25.72%，比国际锌价高24.46%，见图9。

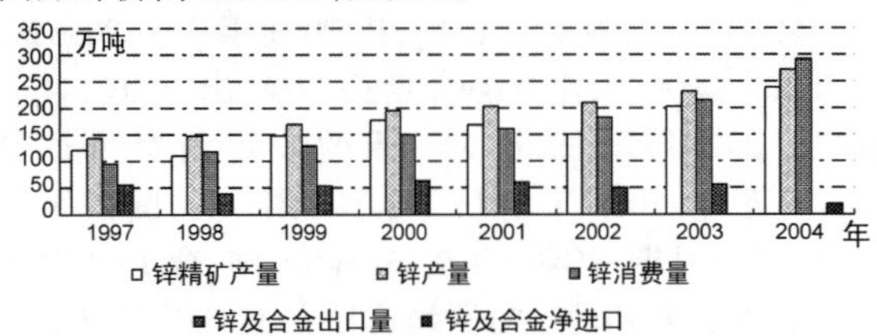

图9　1997～2004年锌产、消及进、出口量

9．黄金：产量265.04吨，比2003年增产32.12%。消费量112.48吨，比2003年的213.2吨减少47.2%，见图10。2004年国际金价继续振荡攀升，LME年平均价409美元/金盎司，比2003年上涨11.96%。中国黄金价格定价机制已完全与国际接轨，因此，国内金价基本上与国际金价同频调整。

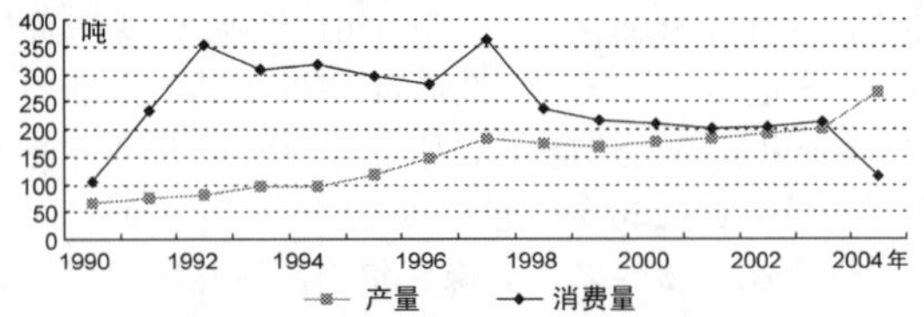

图10　1990～2004年黄金产、消量

10．水泥：产量9.7亿吨，比2003年增产12.5%，而表观消费量达9.6亿吨，比2003年增长11.6%，见图11。除去净出口，国内市场供需基本平衡。

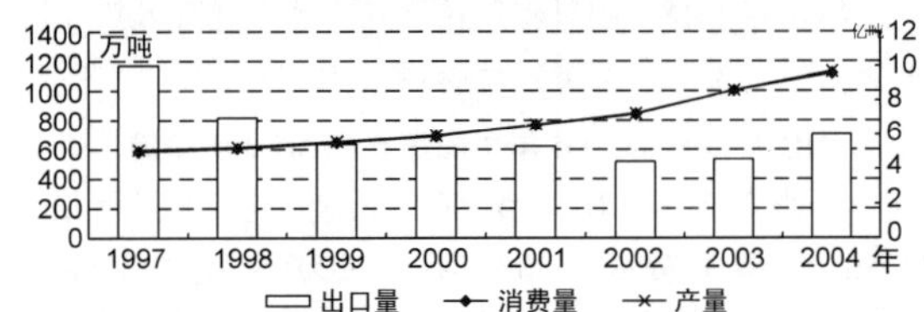

图11　1997～2004年水泥产、消及出口量

（中国国土资源经济研究院　吴荣庆）

第二批危机矿山资源接替项目启动

中国第二批（39个）危机矿山资源接替项目2004年3月28日通过专家评审。至此，中国危机矿山接替资源找矿项目的开工总数已达48个，其中煤、铁、铜、铅锌、金、银占有较大比重，找矿地区也由试点时的云南、辽宁、湖北、湖南、四川等5省扩大到了山东、新疆、重庆等20个省（区、市）。

据了解，自全国危机矿山接替资源找矿专项设立以来，项目管理办公室依据《全国危机矿山接替资源找矿规划纲要》，于2004年正式启动了云南等省的9个危机矿山接替资源找矿试点项目，为全面启动全国危机矿山接替资源找矿专项积累经验。随后，项目管理办公室在完成全国565座危机矿山资源潜力分析后，确定了这次的39个新开工项目。

针对危机矿山接替资源找矿"以找深部矿、隐伏矿为主"的特点，近期开工的还有25个有关大比例尺成矿预测与方法技术的科研项目，力求通过综合研究和物探等方法技术的应用，探索出攻深找盲的有效方法技术组合，在为危机矿山接替资源提高找矿效率的同时，为中国今后寻找隐伏矿、深部矿提供有效的技术支撑。　（国土资源报　于德福）

矿 业 管 理

矿产资源开发管理

【概况】 2004年，努力提高矿产资源开发利用水平，深化治理整顿，规范采矿权管理，做好矿产资源补偿费、使用费、价款征收管理。工作重点是：通过治理整顿，加强对采矿权出让和转让的管理。围绕国土资源部工作部署和国务院关注的重大事项，面对矿产资源开发管理的新形势、新问题，全司克服困难、团结努力，采取一系列措施，取得了预期成果。

矿产开发管理工作以努力提高资源利用水平、保障可持续发展为目标。一是对于新办矿山，矿权审批由以前的被动受理到以合理利用和合理布局为原则，按规划严格审批，力求不再出现新的矿权布局不合理和浪费资源的问题。2004年，针对包钢开采白云鄂博铁矿的申请，组织有关专家对其伴生的贵稀元素是否能够合理利用进行了现场调研，充分论证后颁发采矿许可证；对内蒙古自治区的塞蒙特尔煤矿采矿权申请召开由多方出席的调查会，听取意见，但是积极探索探矿权人按矿产资源开发规划申请采矿权的问题。二是对于历史遗留的矿权布局不合理问题，要求各省在治理整顿中通过促进资源整合、规模开采，鼓励企业走联合经营的道路。

2004年初召开的全国矿产资源工作会议中，为深入沟通，加深了解，国土资源部首次邀请有关矿业行业协会参会，其后在矿山开发利用方案审查、重要矿种调查、资源利用重大问题研究、煤炭治理整顿调研、信息通报等方面，与相关行业协会加强配合，尽量发挥其作用，取得了可喜成效。还特别委托冶金协会对全国铁矿矿区进行规划试点，请石材协会对全国石材矿山开采状况进行调查，均取得了一定进展。

同时为搞好国务院要求的矿产开发经济形势分析工作，积极联系有关矿业协会，深入分析当前和近期矿产资源供求关系，报送有关煤炭、有色、化工等矿产的资源和发展情况，客观分析形势和存在的问题，提出意见和建议。

【非法勘查开采治理整顿】 安排部署了2004年的整顿工作，确定要点，提出要求，在继续打击非法勘查开采的基础上，开展维护重点矿区秩序、实施优势矿种开采总量控制、查处非法转让和以采代探等四项专项整治。各地均结合实际，提出了具体安排和部署。通过各方努力，一批历史遗留的重大纠纷基本得到解决。大规模、群发性非法开采、无证开采得到有效遏制。开采矿产资源破坏、污染环境的问题正在引起各级国土资源管理部门的高度重视。

为进一步了解治理整顿进展情况，下半年，治理整顿工作领导小组办公室组织了4个调查组对12个重点产煤省的大中型煤炭矿产地进行现场调研，制定了验收标准。山东等6省煤炭矿产地的清理整顿工作通过验收，可以颁发新的煤炭勘查许可证和采矿许可证。

通过16份《简报》和6期《国土资源报》专版宣传、报道各地整顿的有效措施、管理办法和取得的成果，引导全国的整顿工作不断深入。

矿产资源开发利用的遥感监测试点逐步扩大。矿产督察员作用得到进一步发挥。

【采矿权管理】 矿权管理以矿权合理布局、资源合理利用为目标，通过制定完善严格的规章制度，明确权限，分清职责，维护国家和矿权人的权益。2004年重点抓了制度的建设和完善。坚持会审制和采矿开发利用方案的专家审查制度。针对出现的新情况和新问题，为规范采矿权审批权限，向国务院上报了《关于进一步加强和规范重要矿产资源管理的通知》，拟重申重要矿种、重要矿产地的发证和规划权限。近日再次代国务院起草《关于严格依法审批采矿权的通知》，拟以国务院发文扭转85号文件在采矿权审批权限上带来的问题。上报了《关于探矿权采矿权市场情况的报告》，报告全国矿业权市场发展情况和国土资源部做的相关工作。

针对部分矿种矿山规模划分不合理的情况，重新调整和划分了开采规模并予以公布；研究起草采矿权申请人资质条件；制定采矿权专项规划编制和审批管理办法；配合矿产资源法的修改，提出矿权分类管理、合理开发利用等方面的研究意见。

针对发改委发布的开采黄金矿产要办理批准证书的规定，为坚持依法审批黄金矿权，避免引起全国性管理混乱，积极与法规司向中编办、国务院法制办和国务院行政审批办公室联系、沟通，通过上门汇报和正式行文等多种方式反映国土资源部意见。

各地的采矿权市场建设得到各地政府的高度重视和大力支持，得到进一步发展，如四川省通过省委省政府、省厅及有关部门的配合，在解决了长期存在的凉山州甘洛县矿产资源开采中的黑恶势力、腐败、非法开采等问题的基础上，依法成功拍卖探矿权采矿权5.35亿元，产生强烈反响，对进一步推进采矿权市场建设产生积极影响。同时，国务院领导、发改委、各行业协会也对以市场方式配置资源的方向予以了肯定。

截至10月底，部受理采矿权申请共177个，新证8个、划定矿区范围87个，其中大型煤炭企业接续矿区58个，转让13个、变更和延续48个。

【采矿权评估】 截至11月10日，共确认采矿权评估报告共450个，采矿权价款共计120.4亿元；会审通过32个项目采矿权价款转增国家资本金，计52.5亿元。为神华集团等国有大型矿山企业上市做了大量工作(神华集团共提出29个采矿权评估申请，开发管理司有关人员加班工作，在一个月内完成审批，转增国家资本金49.2亿元)。

与勘查司共同组织评估人员培训、修改评估指南、筹备组建评估协会、研究采矿权评估确认制度改革。

【煤炭资源管理】 煤炭问题引起国务院和社会高度关注，国务院召开包头会议，布置大型煤炭基地建设工作。一方面按照国务院关于加强大型煤炭基地建设的要求，积极与发改委、有关协会研究管理措施，另一方面认真分析资源和开采形势，防止在供给短缺后出现过热的现象。2004年开发司在煤炭管理中加大力度：

1. 经过反复研究论证，与发改委共同公告了第一批煤炭国家规划矿区(含19个煤炭矿区)，并同时出台国家规划矿区内采矿权管理办法。积极为大型煤炭基地内的大型企业办理接续矿区的矿权申请(已办理58个)。

2. 组织实施对大中型煤炭矿区勘查开采秩序的整顿和煤炭探矿权采矿权的清理、暂停审批发证、关闭5种不合要求的矿山，加大对大中型煤炭矿产地的管理的措施(颁发了部34号文件)。

3. 草拟国家规划矿区煤炭开采专项规划的编制审批管理办法和煤炭企业资质管理办法。通过行文与面谈，向国务院秘书局多次反映我部对发改委起草的《关于煤炭工业发展的若干意见》的意见，坚持了我部的管理职能，实现了我部对国家规划矿区的划定和管理权限。组织编制煤炭国家规划矿区内19个矿区的采矿权分布及地质工作程度图。

4. 研究分析当前煤炭产品紧张与资源短缺的关系，通过会议、报刊、媒体积极宣传，引导舆论导向，阐述我部对我国煤炭资源形势的观点，取得了成效。

5. 派员积极配合发改委对晋陕蒙地区的煤炭生产建设情况进行现场调研。

【矿山开采事故查处】 截至11月5日，开发司共收到和办理国务院领导有关矿产资源开采的批示45件，除有关煤炭管理的批示9件正在办理落实中外，其余均有了办理结果。对吉林三叉钼矿、中越界河污染、河北和湖北铁矿开采、江西赣州钨矿开采、海南钛矿开采、河南铝土矿开采、葫芦岛钼矿开采、甘肃两当县非法采金进行了查处；对甘肃青海交界金矿、贵州兴仁铊中毒、河北金矿水资源枯竭、台商开采海南石材等与开采有关的纠纷，开发司基本上都派员赴现场与地方共同调查处理，以部名义向国务院报告专题报告7件。按照温家宝总理的批示精神，组织有关协会和单位，认真研究四川攀西钒钛磁铁矿共伴生矿产的开发利用和资源保护问题，提出意见。参与煤田火灾、矿区灾害和生态情况及治理措施研究，国土资源部的意见得到国务院有关领导重视。

【优势矿产专项整治和总量控制】 连续第3年对钨矿实施总量控制，取得了明显成效。2004年钨品市场继续走强，形势喜人。着手对稀土、锡、锑等优势矿产开始实施总量控制措施，2004年已认定并公告了第一批具有开采资格的企业202家，正在进行第2批企业的资质审查工作和三矿种总量测算工作，拟在明年初进行公告。

【矿产资源补偿费征收管理】 进行了全国矿产资源补偿费征管工作先进单位、先进个人表彰活动，加强补偿费的征收入库管理，下发了《关于进一步加强大中型矿山企业、重点地区和主要矿种矿产资源补偿费征管工作的通知》，对今后补偿费征收入库重点工作进行了部署。截至9月底，全国矿产资源补偿费征收入库18.03亿元，提前三个月超额完成矿产资源补偿费全年入库指标(2004年入库任务为16.2亿元)。提出国土资源部与财政部关于减免油气资源补偿费有关问题的意见。

【矿产资源节约调研与宣传】 继续开展矿山尾矿及环境调查，总结推广好经验。参加全国人大固体废弃物治理的调研；与中央电视台联合拍摄并播出《2003资源环境记忆》得到社会好评及热烈反响。贯彻国务院建立资源节约型社会的通知精神,与国土资源经济研究院研究,向国土资源部提出设立矿山循环经济的设立课题及下一步工作建议。

【矿山环保专项整治和现场调研】 与矿产资源开采有关的行政复议和行政诉讼3起,均以部胜诉基本解决。认真承办或协办人大代表、政协委员建议、提案30件,一些代表反馈表示满意。

协助财政部、商务部制定黄磷、萤石出口政策,应对有关反倾销问题。派员配合安监、环保部门开展矿山安全、矿山环境保护的专项整治和现场调研工作。

【矿产资源开发利用统计】 在完成年报基础上,配合部完成了每季度经济形势分析工作中矿产资源开发部分的报告。2004年的矿山年报与储量通报将实现两表合一,新的矿产资源统计年报系统已开发,组织了全国的系统培训。

【矿产开发管理存在的问题】 *1.经费不足,直接影响工作的开展。*国土资源部成立后,较原地矿部,矿产资源管理工作的任务和责任都大有增加,开发司每年积极争取"两权"项目经费,但近年所得工作经费远不及原地矿部时期。2000~2004年申请预算分别为5000多万元、6000多万元、3900万元、7561万元和3962万元,实际批准下达经费分别是1184万元、2927万元、0万元、150万元和380万元。矿业秩序治理整顿工作多年来一直是司牵头的部工作重点,但连续三年未给任何经费;卫星遥感手段监测矿区得到国务院领导的高度肯定,部领导也多次做出批示要求进行推广,因两年未给任何经费而难以进行。近三年矿产开发管理经费逐年锐减,已严重影响矿产开发管理工作的正常开展。

*2.在授权外商勘查开采权限的云南、四川省出现外资企业超国民待遇现象。*无论矿山储量规模多大,只要是外商企业,都可在省内办证(而内资大型矿山须到部办证),为了不到国土资源部办证,许多企业"变成"外商企业,如云南,所有大型矿山企业都是"外资",却享受了超国民待遇。

*3.部分省违反241号令的规定,越权审批发证。*省厅无视部文件要求,在全国进行煤炭专项治理整顿,停发煤炭采矿许可证期间,仍继续发证。对为中央大型企业接续矿区办理采矿登记手续抵触情绪大,反映了利益之争在矿权上的尖锐化。

*4.按照法规规定采矿权评估项目只由部一级确认。*随着采矿权有偿取得及市场化管理工作的不断推进,采矿权评估项目越来越多,需确认的采矿权评估项目数量大增,出现地方违规自行确认的问题。法规规定部一级进行确认的制度,已不适应采矿权市场发展对采矿权评估确认管理的要求,需要进行改革。

(国土资源部矿产资源开发管理司 常玉刚)

矿产资源储量管理

【概况】 为便于各级领导和有关部门更好地了解中国矿产资源的总体态势,在分析研究矿产资源储量统计结果的基础上,组织编制了《中国矿情通报》(2004)。《中国矿情通报》(2004)分总体形势、储量变化、矿产勘查、矿产开发、矿产品生产和消费、矿产品进出口和矿产品价格等7部分,阐述了近年来特别是2003、2004年中国矿产资源的形势。编制了2004年度的《全国油气矿产储量通报》、《中国矿产资源年报》、《全国矿产品产供销综合统计通报》。2004年度,全国石油和天然气剩余可采储量、钨矿保有基础储量有所上升;煤炭、铁、铜、铅、锌、铝土矿、镍、钴、钾盐的保有基础储量有不同程度下降。

1.*石油。*2004年底,全国累计探明地质储量248.44亿吨;剩余可采储量24.91亿吨,当年增幅2.40%,占世界的1.42%,居世界第12位。2004年全国新增探明地质储量13.26亿吨(其中可采储量2.31亿吨),明显超出1997~2003年平均每年7亿~8亿吨的新增幅度;产量1.75亿吨,同比增长2.90%,居世界第5位。

2.*天然气。*2004年底,全国累计探明地质储量56024.91亿立方米(其中可采储量31564.57亿立方米);剩余可采储量25292.55亿立方米,当年增幅13.50%,占世界的1.47%,居世界第12位。2004年全国新增探明地质储量5747.26亿立方米;产量407.70亿立方米,同比增长16.40%,居世界第16位。

3.*煤炭。*2004年底全国保有基础储量3325.57亿吨,当年净减17.76亿吨,降幅0.53%。同年国内生产原煤19.56亿吨,同比增长17.30%。

4.*铁矿。*2004年底全国保有基础储量209.59亿吨,当年净减2.79亿吨,降幅1.31%。同年国内生产铁矿石3.10亿吨,同比增长22.50%。

5.*铜矿。*2004年底全国保有基础储量2920.22万吨,当年净减82.76万吨,降幅2.76%。同年国内产铜217.00万吨,同比增长18.00%。

6.*铅矿。*2004年底全国保有基础储量1225.60万吨,当年净减22.37万吨,降幅1.79%。同年国内产铅181.20万吨,同比增长16.00%。

7. 锌矿。2004年底全国保有基础储量3676.47万吨，当年净减85.99万吨，降幅2.29%。同年国内产锌251.90万吨，同比增长9.60%。

8. 铝土矿。2004年底全国保有基础储量69021.86万吨，当年净减431.84万吨，降幅0.62%。同年国内生产氧化铝699.00万吨，同比增长14.70%。

9. 镍矿。2004年底全国保有基础储量290.48万吨，当年净减3.18万吨，降幅1.08%。同年国内生产电解镍7.50万吨，同比增长17.00%。

10. 钴矿。2004年底全国保有基础储量7.47万吨，当年净减0.36万吨，降幅4.57%。同年国内生产精炼钴1万吨，同比增长84.80%。

11. 钨矿。2004年底全国保有基础储量287.86万吨，当年净增1.23万吨，增幅0.43%。同年国内生产钨精矿8.50万吨，同比增长25.90%。

12. 钾盐。2004年底全国保有基础储量27229.17万吨，当年净减94.03万吨，降幅0.34%。同年国内生产钾肥（折含 K_2O 100%）206.30万吨，同比增长52.20%。

（**注**：以上统计数据，均未包括香港特别行政区、澳门特别行政区和台湾省）

【《石油天然气资源/储量分类》国家标准实施】 2004年4月30日，中国正式颁布新的《石油天然气资源/储量分类》(GB/T19492—2004，以下简称《分类》)国家标准，这是中国石油天然气资源储量分类的一次重要改革。新分类标准从2004年10月1日起实施。

新《分类》标准是在1988年《石油储量规范》、《天然气储量规范》(原国家标准)的基础上，总结了中国14年来的实践经验和教训，调研了国外政府、行业协会、中介组织及石油企业有关储量规范的普遍做法，并组织了多次不同范围内的专家研讨论证，广泛征求有关方面的意见，不断研究、修改，并就一些原则问题达成了共识的情况下完成的。既考虑与国际通行做法接轨，又考虑了中国多年来储量评价及管理的实际情况，适应了中国社会主义市场经济发展的需要。

新《分类》国家标准保留了地质储量/资源量分类、地质储量分级等与勘探开发阶段联系紧密的中国传统，对原标准进行了重大修改，将探明地质储量合并为一类，并吸收了国际上资源/储量经济分类的科学合理部分，划分出技术可采储量和经济可采储量，强调了经济可采储量的内涵，与国际通行的证实储量作了衔接对比。

新分类标准的实施是中国石油天然气行业走向国际舞台的重要一步，对提高中国石油天然气资源储量管理、资源评价、保护及合理利用都将具有重要的现实意义。

为了全面实施新分类标准，推进中国油气勘查、开发及储量管理工作，部于2004年7月26日下发了《关于贯彻实施新的《石油天然气资源/储量分类》国家标准的通知》(国土资发[2004]162号)。通知要求：一是开展新分类标准培训工作；二是清理、修订或制订与新分类标准配套的技术标准；三是开展全国油气储量套改工作；四是按照新分类标准进行油气储量报告编写和评审备案工作。

【石油天然气储量套改工作】 2004年7月26日，部下发《关于开展全国石油天然气储量套改工作的通知》(国土资发[2004]161号)，通知明确了套改工作的基本思路、主要工作内容、套改分工、技术路线、进度安排及预期成果。

2004年9月，全国油气储量套改领导小组和项目工作组成立，11月召开全国油气套改领导小组第一次会议，启动了油气储量套改工作。在各石油公司的支持配合下，12月举办了第一期全国石油天然气储量套改工作及新分类标准培训班，进行了专题研究和套改试点等工作。

2004年11月26日下发《关于印发《全国石油天然气储量套改工作方案(试行)》和《全国石油天然气储量套改技术方案(试行)的通知》(国土资发[2004]262号)。工作方案重申了油气储量套改的意义，明确了套改工作的原则与基本思路、目标任务及主要工作内容、技术路线、预期成果、组织与分工，套改相关研究专题的分工、套改工作试点、套改结果的审查及备案登记；经费预算与落实。技术方案明确了油气储量套改的技术标准和套改重点、套改步骤与方法、套改数据库系统和套改成果。

随即部公布了油气储量套改组织机构人员名单，各石油公司也相继成立了本公司的套改领导小组及相应的组织机构，落实了组织机构的人员和职责，保障了油气储量套改工作的顺利推进。目前各石油公司正在按照部的要求稳步推进套改工作，整个油气储量套改工作计划在2006年12月底前完成。

（国土资源部储量司　刘　斌　孟巧丽）

【储量评审备案和规范标准制订实施】 2004年度，部共完成矿产资源储量评审备案366份，比2003年增加100多份，同比增长39%。

2004年部组织力量研究修订《矿产工业要求一般指标》、《矿产工业指标管理办法》和开展固体矿产勘查规范培训工作。部储量评审中心和中矿联咨询中心根据部储量司的要求举办了多次培训班。各省、自治区、直辖市国土资源行政主管部门也根据部的要求，结合本地的实际情况，组织开展了培训工作。培训对象主要有矿山企业、地勘单位、矿山设计部门、地质类科研院所以及其他单位的相关人员、地矿行政主管部门工作人员及矿产储量评估师等。培训主要内容为《固体矿产资源/储量分类》国家标准、《固体矿产地质勘查规范总则》及有关的矿种勘查规范等。

【矿产资源储量评估师考核注册】 国土资源部于2003年12月下发了《关于开展首批矿产储量评估师考核注册工作的通知》(国土厅发[2003]126号)，部署了2004年在全国开展首批评估师的考核注册工作。到2004年底，各省(区、市)已完成了本行政区的矿产储量评估师考核和注册，完成考核注册人数为395名。全国的注册工作于2005年3月完成。

(国土资源部储量司　刘　斌)

【新一轮全国油气资源评价工作】 新一轮全国油气资源评价工作由国土资源部和国家发改委、财政部联合组织发起，于2003年12月正式启动，集中了全国相关的优势力量，以石油公司为评价主体，采取了产学研相结合的方式。14个单位的726位科技工作者参与，44位油气权威专家把关，从中国陆地和海域417个盆地中筛选了129个主要盆地进行评价。

2004年全国油气资源评价集中开展了以下几个方面的工作：加强组织、协调。项目的具体单位由原来的4个单位调整为国土资源部矿产资源储量司、国家发展和改革委员会能源局、财政部经济建设司、国土资源部地质勘查司、国土资源部财务司等5个单位，并相应调整了领导小组、项目工作组、项目办公室的组成成员。

组织中石油、中石化、中联煤、吉林大学和石油大学(北京)等单位在国内外油气资源评价工作基础上，编写完成并经领导小组审议通过《新一轮全国油气资源评价项目总体设计》及《新一轮全国油气资源评价项目组织机构和管理制度》、《新一轮全国油气资源评价项目管理办法》、《新一轮全国油气资源评价项目经费管理办法》等三项管理规章制度。

审查《新一轮全国油气资源评价工作方案》及《常规油气资源评价实施方案》、《油砂资源评价实施方案》、《油页岩资源评价实施方案》、《煤层气资源评价实施方案》、《油气资源管理信息系统开发方案》等5个资源评价实施方案和14项工作设计，下发了资源评价工作任务书。

开展常规油气可采系数研究工作，对渤海湾盆地和塔里木盆地进行了专项研究。开发并应用了油气资源评价系统。

2004年12月1～9日，常规油气资源评价阶段成果通过了技术专家组的审查验收，其中评价报告优秀成果占20%，较优秀成果占40%，良好成果占40%。

通过新一轮全国油气资源评价工作，系统分析油气资源评价成果，对指导油气资源勘探开发，编制国民经济“十一五”发展规划和油气工业中长期发展规划，调整能源产业政策，适应WTO规则，实现油气资源可持续供给，保障国家安全，提高油气资源对经济社会可持续发展的保障能力，具有重要的战略意义，也必将对中国今后一个时期石油工业的健康发展和经济社会的可持续发展产生重大而深远的影响。整项工作计划在2006年6月全部结束。

【《中国重要矿产资源保障程度与开发利用》报告】 2004年3月，中央财经领导小组办公室组织开展“关于能源原材料供求趋势和发展战略研究”工作，国土资源部承担了其中的第三专题“中国重要矿产资源保障程度与开发利用”研究。储量司组织地勘司、开发司、信息中心、地调局发展中心、地科院全球战略中心、经研院等单位成立研究工作小组。同时，组织中国煤炭工业协会、中国冶金工业规划研究院、中国有色金属矿产地质调查中心、中国化工矿山地质总局、中国五矿集团、国土资源部油气中心等单位，共同采集了截止2003年底以及2004年上半年中国主要矿产资源及其开发利用的最新信息。

2004年8月储量司向中央财经领导小组办公室提交了《中国重要矿产资源保障程度与开发利用》专题研究报告。专题研究报告正文分为三大部分，共约1.8万字。

第一部分为对矿产资源与经济社会发展关系的规律性认识，包括工业化国家经济发展与矿产资源消费、中国矿产资源勘查开发的基本特点、近年来中国矿产资源开发利用的新变化、几点启示等四方面内容。

第二部分为重要矿产资源供需形势与保障程度，包括对重要矿产资源的需求预测、可供性、保证程度等三方面的分析。

第三部分为战略取向与对策建议，提出了中国矿产资源可持续利用的三个战略取向和六方面的对策建议。

本专题报告加附了中国重要矿产资源的基本概况，分述了煤、石油、天然气、铁、锰、铬、铜、铅、锌、铝、金、钨、稀土、硫、磷、钾盐等16种重要矿产的资源储量、开发利用现状、矿产品产量、消费量、进出口贸易等五方面的情况。

【石油天然气尾矿资源储量调查分析及利用政策研究】 2004年3月31日，储量司会同发改委能源局向中石油、中石化、中海油发出《关于开展石油天然气尾矿资源储量调查及利用政策研究的函》。

研究背景:当前中国能源供需矛盾突出,相当部分油气田进入开发中后期,尾矿资源储量数量多,利用难度大、成本高。为提高中国老油气田的采收率和资源利用效率、延长油气田的稳产期,更好地保障经济社会可持续发展对石油、天然气尾矿资源的需求。

研究目的:通过调研,系统了解中国石油天然气尾矿及难动用资源储量及其开发利用现状。在调研、了解和借鉴国外有关开发利用政策经验的基础上,提出《中国石油天然气尾矿资源储量利用政策建议报告》。其中包括资源、财税、科技等方面的政策建议,正确引导和鼓励石油公司合理开发利用石油天然气尾矿资源,并为研究提出石油天然气难动用资源储量利用政策提供分析、借鉴的基础。

2004年9月14日,储量司向黑龙江、山东等省国土资源厅发出《关于开展油气资源储量利用与地区经济社会发展研究的函》。研究的目的和任务是正确认识油气资源储量开发利用与地区经济发展的关系,在尾矿利用等政策研究当中科学合理地兼顾中央、企业和地方的利益,促进油气资源产业和地方经济社会的全面、协调和可持续发展。石油天然气尾矿调研项目计划在2005年年底完成。

【《矿产资源储量登记统计管理办法》发布】 2004年1月9日,部发布《矿产资源登记统计管理办法》(国土资源部令第23号)(以下简称《办法》)。2004年3月1日起施行。《办法》依法合并原矿产资源储量登记统计管理制度和矿产资源开发利用情况统计年报制度,对原矿产资源储量登记管理制度进行了一系列改革,建立了新的矿产资源登记统计管理制度。不仅减轻了探矿权人、采矿权人的矿产资源登记统计填报工作负担,同时通过综合执法,减轻了国土资源行政主管部门尤其是基层管理部门的工作负担,大大提高了工作效率,体现了国土资源行政管理系统便民高效的宗旨。

新的《办法》就矿产资源储量登记统计管理工作的目标、地位、作用、内容、职责分工、工作程序、质量要求、管理工作人员、法律责任等做出了规定,强化了矿产资源登记及矿产资源统计,对矿产资源登记统计资料管理、数据库开发、信息发布与信息服务提出了原则要求。 (国土资源部储量司 孟巧丽)

【矿产资源储量空间信息系统建设】 矿产资源储量空间信息系统能直观地反映矿产产地的分布、已开发利用的小矿山与矿区的归属关系、建设项目的压覆情况,可以为矿产资源规划、探矿权与采矿权的设置等提供最基础的信息。因此,建设结构完整、功能齐全的矿产资源储量空间信息系统,既是国土资源信息化建设的需要,也是矿产资源储量管理工作的需要。

2003年10月,部下发了《关于建立矿产资源储量空间数据库的通知》(国土资厅发[2003]324号,以下简称《通知》)。各省(区、市)国土资源厅(局)按照《通知》要求,认真组织实施,采集本地区范围内截至2002年底已上表固体矿区的有关信息,运用统一的系统软件,建立了省(区、市)级矿产资源储量空间数据库(以下简称空间数据库)。部于2005年6月对各省(区、市)的空间数据库进行了检查验收。已完成的空间数据库中共有矿区16796个,其中大中型矿区6611个,分别占2002年底上表矿区数的83.6%和89.1%,共采集了各类图件31971件,同时完成798个新上表及未上表矿区的建库工作(完成情况见附表)。除贵州省、吉林省、浙江省外,其他各省(区、市)空间数据库建设均达到了《通知》的要求。

近两年来空间数据库在矿政管理中的应用,实践证明效果良好。目前,空间数据库还只是阶段性成果,为实现对空间数据库的动态管理,各省(区、市)国土资源厅(局)要在已建空间数据库的基础上,不断补充、维护、完善,以便在矿政管理中发挥更大作用。

附表

各省(区、市)矿产资源储量空间数据库完成情况表

省级行政区	2002年底上表矿区数	完成矿区数	完成率(%)	完成新(未)上表矿区数
广东省	1038	1038	100.00	0
青海省	322	322	100.00	0
西藏自治区	88	88	100.00	0
天津市	30	30	100.00	0
上海市	1	1	100.00	0
内蒙古自治区	1004	1000	99.60	729
宁夏回族自治区	113	112	99.12	1

续表

省级行政区	2002年底上表矿区数	完成矿区数	完成率(%)	完成新(未)上表矿区数
山东省	767	758	98.83	14
湖北省	956	943	98.64	0
甘肃省	584	576	98.63	0
安徽省	636	623	97.96	31
北京市	294	287	97.62	1
江苏省	445	432	97.08	9
云南省	1081	1043	96.48	0
广西壮族自治区	913	876	95.95	0
福建省	633	607	95.89	3
河北省	833	796	95.56	0
江西省	734	698	95.10	0
陕西省	633	589	93.05	0
山西省	1068	993	92.98	0
重庆市	339	313	92.33	0
河南省	740	676	91.35	5
湖南省	1207	1081	89.56	0
新疆维吾尔自治区	777	682	87.77	0
四川省	1056	898	85.04	4
辽宁省	587	482	82.11	0
黑龙江	672	545	81.10	1
海南省	157	115	73.25	0
浙江省	523	145	27.72	0
吉林省	745	47	6.31	0
贵州省	1109	0	0.00	0

(国土资源部储量司　孟巧丽　黄学雄)

地质资料管理

【地质资料汇交与服务】 2004年部下发了《关于做好石油、天然气、煤层气、放射性矿产地质资料和海洋地质资料管理有关工作的通知》(国土资发[2004]53号),对石油、天然气等地质资料的汇交、保管、利用等作出具体规定。油气地质资料汇交情况取得突破性进展,三大石油公司共补交、汇交300多个矿权、2000多种、30000余件油气成果地质资料。目前各省(区、市)地质资料清理补交工作已基本结束。2004年全国共汇交成果地质资料10658种,比2003年增加了18%。

2004年全国地质资料馆和各省(区、市)馆藏机构的馆藏地质资料数量显著增加、种类显著增多,馆藏内容进一步丰富。全国馆藏总量196107种,全国地质资料馆成果地质资料93654种。

全国地质资料馆已将地质资料数据库上网为社会提供查询服务,一半以上的省实现了馆藏目录网上查询。各省(区、市)国土资源管理部门积极改善馆内各项软、硬件条件,提高地质资料查询、借阅、复制等服务质量。2004年,部、省两级地质资料馆藏机构共为35000多人次提供地质资料服务,复制地质资料近44343份,分别是2003年的1.5倍和3.5倍。到全国地质资料馆查阅利用资料的人数和份数是去年的两倍,馆藏资料的利用率大幅度提高。

表 1　2004 年度全国成果地质资料汇交情况汇总表

	成果地质资料汇交情况									
	区调地质	矿产地质	油气地质	海洋地质	水文工程	环境地质	物化遥	地质科研	其他	合计
北京	4	46	1	0	12	11	3	5	37	119
天津	4	1	0	0	4	0	0	17	2	28
河北	71	275	0	0	25	2	23	16	8	420
山西	0	313	0	0	8	127	0	0	9	457
内蒙古	5	169	0	0	4	27	8	1	327	541
辽宁	8	78	0	0	1	0	15	8	116	226
吉林	5	208	0	0	8	8	7	10	11	257
黑龙江	5	72	0	0	9	8	20	16	722	852
上海	0	0	0	0	14	43	0	23	0	80
江苏	4	54	υ	0	27	16	0	10	0	111
浙江	6	183	0	0	2	153	240	41	6	631
安徽	2	287	0	0	4	11	2	22	0	328
福建	6	290	0	0	0	7	7	4	1	315
江西	0	21	0	0	0	9	0	2	0	32
山东	0	169	0	0	36	8	3	6	0	222
河南	11	89	0	0	11	116	4	12	6	249
湖北	0	65	0	0	2	13	0	3	0	83
湖南	2	742	0	0	6	4	11	17	1	783
广东	2	116	0	0	0	39	36	2	1	196
广西	0	136	0	0	0	11	11	1	0	159
海南	2	22	0	0	0	23	1	4	2	54
四川	9	415	0	0	16	10	0	38	32	520
重庆	8	752	0	0	6	1065	0	0	78	1909
贵州	47	252	0	0	0	0	0	0	82	381
云南	3	160	0	0	4	78	10	16	0	271
西藏	4	67	0	0	2	11	2	6	1	93
陕西	0	86	0	0	8	88	0	3	0	196
甘肃	38	107	0	0	10	8	1	23	0	187
青海	8	40	0	0	2	6	4	3	1	64
宁夏	0	29	0	0	7	0	0	0	0	36
新疆	7	108	0	0	2	2	2	3	16	140
国土资源部	0	0	532	28	0	2	56	100	0	718
总　计	261	5352	533	28	230	1906	466	412	1459	10658

注:未包括港、台、澳的资料。

表 2　2004 年度部、省(区、市)两级地质资料馆馆藏及利用情况汇总表

	成果馆藏地质资料情况				成果地质资料利用情况			
	总数	其中			人次	份次	件次	复制资料份数
		公益性	保护	保密				
北京	3969	284	903		246	569	2890	11
天津	3578	122	1130	616	185	399	5783	26
河北	7424	1600	840	3784	1100	2700	73000	900
山西	7886		18		255	1308	13000	800
内蒙古	7938	545	285		3184	9834	254826	1785
辽宁	7212	243	47		3854	16330	415808	113
吉林	5669	569	116		2920	3812	10818	
黑龙江	8725	422	13		640	3200	32000	688
上海	6760	109	29	16	689	4204	13210	8
江苏	4992	145	134		858	3625	27764	580
浙江	6172	195	181	3	2042	7080	45049	308
安徽	7480	136	124	111	1062	2272	39496	4953
福建	9935	410	430	440	3365	7945	79586	68
江西	8636	1058	20	169	1188	2496	22476	126
山东	5491	850			1125	4350	6560	
河南	8228	393	1223	155	110	310	6000	
湖北	5728	308		142	166	387	1693	86
湖南	8522	240	87	676	3861	4946	89352	27500
广东	7470	170	143	223	614	2039	24315	4116
广西	6369	146	15	104	270	228	1774	36
海南	1340	42		14	52	172	3861	2
四川	14040	720	823	345	946	2116	190440	216
重庆	4405	1225	1		136		2486	
云南	7361	281	145	165	872	3076	48361	211
西藏	3539	325	98	31	280	673	9531	355
陕西	6558	836	374		721	1194	23312	107
甘肃	6480	494	141		1069	3186	27274	344
青海	4875	354			992	3278	59444	216
宁夏	2502	392			248	521	16766	
新疆	6823	898	56	5	543	1990	15920	788
各省(区、市)合计	196107	13512	7376	6999	33593	94240	1562795	44343
全国馆	93654	5717	4220		1570	8059		
总　计	289761				35163	102299	1562795	44343

注:贵州省由于馆藏机构尚未建立,因此本表中的数据暂无法统计。

《条例》宣传培训工作的重点已由单纯宣传逐渐转到提高馆藏机构和基层单位的工作水平上来。部于2004年11月底在湖南长沙举办了培训班,各有关单位负责同志和相关人员共122人参加,明确了“以社会化服务为中心,进一步提高地质资料管理和服务水平”的方向。全国地质资料馆举办了两期地质资料现代化管理培训班。辽宁、云南、陕西、宁夏、新疆国土资源厅也针对不同内容、不同群体在省(区)内举办了培训班,都取得了良好效果。

【地质资料数字化建设】 2004年地质资料图文数字化工作稳步推进。全国地质资料馆在补充、完善“全国地质资料目录数据库”的基础上,着手开展公益性地质资料英文版目录数据库建设。《图文地质资料数据库》项目2004年完成了2500种地质资料的数字化工作,累计共完成13253种,占整个馆藏量的14%左右。

各省积极加强图文地质资料数据库建设,有力地促进了全国地质资料的数字化工作,为进一步开展地质资料网络化服务打下了坚实的基础。黑龙江省2004年完成纸质综合类地质资料的图文数字化911种,累计完成3152种,占省馆藏量的60%,预计2006年底将全部完成;上海市地质资料馆现已完成馆藏全部A类成果地质资料和B类成果地质资料中全部地质科研报告的图文数字化工作;截至2004年底,江苏省累计完成1120种成果地质资料图文数字化工作,占馆藏A类成果地质资料的54%;福建省2004年制作完成了400份地质资料光盘,截至年底累计完成2400份;2004年天津市规划和国土资源局加大投入开发“数字城建档案馆”项目,重点抓好修订和完善服务规章制度和实现地质资料服务网络化,大力促进地质资料服务工作。

(国土资源部储量司 潘薪如 周保铜)

武钢矿业有限责任公司

【生产经营】 2004年,面对不断变化的市场形势和更加繁重的生产经营任务,武钢矿业有限责任公司严格管理,努力挖潜,提前一年完成“十五”规划目标。全年实现销售收入达到26.07亿元,利润9000万元,分别超过计划值4.07亿元、7000万元;全年输出铁成品346万吨,熔剂矿148万吨,输出产品品种结构优化,铁精矿、优石、普石和白云石等初级产品减少。球团矿、活性灰、颗粒灰、轻烧白云石等深加工产品增加,占到矿山全部产品半成以上,全年就增加销售收入达4.92亿元。鄂州500万吨球团厂如期奠基开工,金山店铁矿300万吨扩产及选矿厂改造、程潮铁矿选矿厂填平补齐、机制总厂青山分厂等重点工程建设按计划全面推进。

【企业管理】 武钢矿业有限责任公司把2004年定为“企业管理年”,突出抓薄弱环节,提升管理水平:一是建立健全管理制度,推进依法治企。修订完善了企业合同管理办法,制订实施《公司物资采购供应管理暂行办法》和《公司设备备件采购供应管理暂行办法》,规范了企业经营管理行为;二是实施工程一级管理。严格基建程序,实行工程闭口招标,将工程施工安全、质量、进度、费用纳入受控状态。据统计,通过招标降低费用达3500多万元;三是稳步推进信息化工作。开发应用了办公自动化系统,进行了企业网络视频监视系统的试点工作和网络电话系统前期准备工作,为该公司进一步加强管理现代化、信息化奠定了基础;四是完善质量保证体系,将管理延伸到市场。对程潮铁矿和大冶铁矿球团矿,乌龙泉矿活性灰、轻烧、颗粒灰,金山店铁矿硫酸等产品建立健全了质量保证体系,并按要求进行了内审和管理评审。至年底乌龙泉矿已通过中质协质量保证体系认证,该公司所有新投产产品按国际惯例和标准化、市场化管理的程度和水平正在稳步提升。2004年,大冶铁矿、程潮铁矿被武钢评为“质量月”活动先进单位;五是在调阅国内外有关矿产资源和钢铁行业发展的大量资讯前提下,如期完成了《武钢矿业有限责任公司2006~2020年战略发展规划》的编制工作。

【企业改革】 2004年,武钢矿业有限责任公司进一步深化改革。

①按照武钢改制工作指导意见,落实国资委“859”号文件通知精神,推进企业辅业改制工作。明确把鄂州球团厂、大冶铁矿、程潮铁矿、金山店铁矿、灵乡铁矿和乌龙泉矿做为该公司的主业,其它为辅业,并按计划完成了设计研究所的改制。

②继续推进减员增效举措,实现“十五”减员目标不动摇。为实现“十五”规划确定的矿业主体人员控制在1万人以内的工作目标,该公司一是采取措施减少了管理层次,除大冶铁矿、程潮铁矿、金山店铁矿的井

下车间暂时保留部分工段外,其他单位的工段编制全部撤销;二是恢复居家休息和离岗歇工政策,实行离岗歇工人员和居家休息人员同等待遇。

③创新分配机制,提高各单位创效积极性。全年,该公司进一步创新实行了自行选择利润、分档推进的分配模式,依据在岗人均利润 + 人均净资产利润率 + 难度系数,测算出各单位应上交的利润指标,将利润与对应收入选择权交给各单位,体现了新分配方式的科学性、先进性、合理性、客观性,进一步调动了各单位增收创效的积极性。

【科研工作】 2004 年,本着解决矿山生产和管理中的实际问题,武钢矿业有限责任公司制定了年度科研和技术攻关计划,并认真组织实施。

1. 开展对标挖潜活动。对"两厂两线"的重要技术经济指标按原设计值设定了对标挖潜目标值,以其主体设备的作业率、利用系数、燃煤的单耗、电力单耗、劳动生产率和最终产出成本等指标对相关单位进行考核;加快技术改造步伐,优化采选工序,选矿金属回收率达到 86.78%,在全国同类矿山中位居前列;

2. 开展科研和技术攻关活动,全年完成科研项目 10 项,技术攻关项目 18 项,其中有 2 项成果分获湖北省科技进步一、二等奖;3 项成果获矿山行业协会科技进步二等奖,4 项获三等奖;5 项成果获武钢科技进步二等奖,4 项获三等奖。全年投入科研费 526.5 万元,实现经济效益 4500 万元。

3. 在职工中广泛开展了小改小革、合理化建议活动,并参加有关方面组织的学术活动,发表各种学术论文 56 篇,有 2 项先进操作法通过武钢组织的鉴定。

【"两厂两线"达产攻关】 2004 年,武钢矿业有限责任公司将程潮铁矿和大冶铁矿两座球团厂、乌龙泉矿活性灰和轻烧白云石两条生产线(简称"两厂两线")的达产作为一项重点工作。为此,该公司及矿山相关单位专门成立了达产领导小组,每月召开达产工作例会,从生产状况、技术质量、设备运行、安全环保等方面入手,分析问题、总结经验,落实考核,不断优化经济技术指标,提高产品质量。在力促达产过程中,大冶铁矿从严管理,建立 6 项制度,做到从矿长书记到岗位操作人员"人人身上有指标任务",并且推行日产、周产、月产达标兑现考核;程潮铁矿明确球团达产的 3 个主攻方向,即机关职能人员实行靠前指挥,走动式管理,确保日达产;操作人员紧盯生产环节,确保相互联动;检修人员建立快速反应机制,提高检修质量,确保准、快、好。乌龙泉矿组织编制"两线"达产计划书,细化量化达产措施 42 条,通过开展全方位、宽领域、多层次的科技攻关活动,活性灰实现了月月达产。2004 年,矿业有限责任公司输出球团矿 168.8 万吨、活性灰 14.3 万吨、颗粒灰 6.5 万吨、轻烧 8 万吨和消灰 21.7 万吨,分别比 2003 年增加 92.56 万吨、8.23 万吨、1.02 万吨、3.91 万吨和 1.94 万吨。

【"人才强矿"战略】 2004 年,武钢矿业有限责任公司加大人才管理和建设力度,积极实施"人才强矿"战略。一是制定下发《武钢矿业有限责任公司关于加强和改进人才队伍建设的决定》,对矿山人才队伍建设、人才的激励、人才工作的领导等做出明确的规定,为当前及以后的人才队伍建设提出具体指导意见;二是落实人才队伍建设决定,营造留住人才的环境。组织评选矿山科技"三种人"58 名,落实 27 名武钢科技"三种人"的津贴发放,调动了矿山专业技术人员的积极性、创造性。鼓励人才安心矿山,落实 265 名在矿山工作 10 年以上的全日制大学毕业生的荣誉金的发放。组织评选优秀大学毕业生,有 11 名矿山大学毕业生被评为武钢优秀大学毕业生,评选出第二届矿山优秀大学毕业生 20 名。适应矿山发展新的需要,选拔 24 名专业技术人员进行英语能力培训,并从中选拔 10 人赴美国学习培训;三是加大矿山人才引进、安置的工作力度。从全国各有关院校引进素质好,热爱矿山的采、选、机、电等专业大学毕业生 31 名,其中武汉大学等重点院校毕业生的引进工作取得突破。在安置工作中,注重跟踪服务,从生活、工作、学习等方面全方位关心,共走访慰问困难大学毕业生 39 人,该公司被评为武钢大学毕业生工作先进单位;四是组织完成 2004 年专业技术职称的申报、评审和聘任工作。全年共考核高级技术职称申报人员 124 名,组织 244 人的中、高级技术职称申报工作,完成了该公司机关 82 名专业技术人员的职称聘任工作。

(武钢矿业公司宣传部　刘雨帆)

矿 业 行 业

煤 炭

【概况】 2004年，国内经济较快增长，持续的煤电油运紧张局势引起全社会关注。煤炭行业克服困难顾全大局，努力增产缓解煤电油运的瓶颈制约，煤炭产量刷新纪录，煤炭运销一再提速，煤炭供应基本保证了主要消费行业、重点企业的生产运行需要，有力地支持了国民经济的不断增长，煤炭行业经济运行质量也保持了良好的发展势头。

2004年底统计的规模以上煤炭生产企业共3623个，其中大型煤炭企业91个。统计指标显示，生产效率提高，煤炭价格上升，煤炭企业经济效益好转，但国有重点煤炭企业历史欠账多，获利能力仍然低于全行业，也低于全国规模以上工业平均水平，一些企业补贴前仍然亏损。各地煤炭工业盈利水平差异较大，有六个省(区)同比盈利下降。超能力生产负面效应显现，安全生产形势依然严峻，资源采出率低、矿区环境治理问题突出，行业收益分配的不合理状态尚待加快改革。

【煤炭工业经济主要指标完成情况】 1. 煤炭产量。全国原煤产量完成19.56亿吨，再创历史新高，同比增加2.28亿吨，增长13.2%。其中：国有重点煤矿9.19亿吨，同比增加1.05亿吨，增长12.91%；国有地方煤矿2.95亿吨，同比增加0.15亿吨，增长5.21%；乡镇煤矿7.42亿吨，同比增加1.08亿吨，增长17.1%。国有重点、国有地方和乡镇三大类煤矿产量比例为47%、15%、38%。国有重点矿精煤产量1.17亿吨。

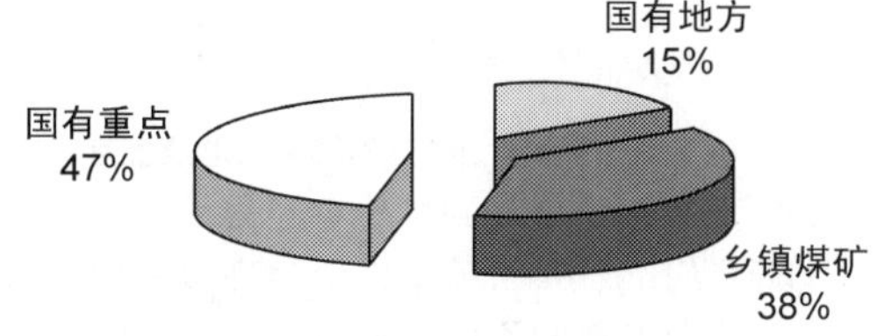

图1 2004年全国原煤产量构成

全国27个产煤省区中，24个省区增产。内蒙、河南、广西、广东、贵州、湖北、四川、重庆、贵州、云南、陕西、吉林、辽宁、黑龙江、新疆、宁夏、青海17个省区产量增幅高于全国平均增长率。

原煤产量在亿吨以上并按序排列的前五个省区是：山西产量4.93亿吨，内蒙2.02亿吨，河南1.54亿吨，山东1.40亿吨，陕西1.32亿吨。

在全国原煤产量中，规模以上煤炭企业原煤产量15.17亿吨，占全国总产量的77%。

2. 煤炭运销。全国煤炭销量完成18.91亿吨，同比增加2.31亿吨，增长13.9%，其中：国有重点煤矿8.88亿吨，同比增加1.20亿吨，增长15.7%。全国煤炭铁路运量完成9.92亿吨，同比增长12%。

3. 煤炭库存。2004年末煤炭社会库存10351万吨，比2003年末减少581万吨，下降5.4%，其中：煤矿库存2864万吨，比2003年末增加18万吨，上升0.6%。全国六大地区中，华东、中南、西北地区分别比2003年末下降19.2%，10.3%，33.1%；华北、东北、西南地区库存比2003年末上升13.8%，25.2%，14.4%。国有重点煤矿库存1700万吨，同比增加202万吨，上升13.5%；地方国有煤矿库存500万吨，同比减少148万吨，下降22.8%；乡镇煤矿库存800万吨，同比增加100万吨，上升14.3%。

4. 煤炭出口。全国煤炭出口8592万吨，同比减少717万吨，下降7.7%。中煤集团、山西地方、神华集团、五矿集团煤炭出口均不同幅度比2003年下降。

5. 规模以上煤炭企业利润总额和利润率。规模以上煤炭企业补贴后实现利润309亿元，同比增长116%。全年累计，行业成本费用利润率8.92%。其中，原中央财政煤炭企业补贴后盈利79.57亿元，同比增盈45亿元。按新的91户大型企业统计，2004年大型煤炭企业的成本费用利润率为5.88%。

6. 商品煤平均售价。2004年原中央财政煤炭企业商品煤平均售价206.43元/吨，比2003年上升30.77元/吨，上升17.5%，其中供发电用煤平均售价162.51元/吨，同比上升21.6元/吨，上升15.3%，比商品煤平均售价低43.92元/吨。

7. 原选煤单位成本。原中央财政煤炭企业原选煤单位成本168.87元/吨,同比增加40.83元/吨,上升34.9%,高于价格升幅。

8. 年末应收煤款。原中央财政煤炭企业应收煤款157.03亿元,同比减少22.83亿元,下降12.7%。

9. 劳动工资。2004年规模以上煤炭企业全部从业人员平均人数390万人,其中国有重点煤矿企业年末在岗职工257.4万人,比2003年末减少2.35万人,下岗职工人数13.42万人,比2003年末减少8.85万人。在岗职工平均工资1401元/月,比2003年增加287元/月,上升25.8%。

10. 固定资产投资。2004年1~11月,全国完成固定资产投资49274亿元,同比增长28.9%,比1~10月回落0.6个百分点;煤炭行业实际完成的固定资产投资额达514.65亿元,同比增长62.8%,占整个采矿业投资总额的30%,占全国固定资产投资总额的1%;采矿业中,黑色金属矿采选业增幅最高,同比增幅达到216.7%,1~11月完成固定资产投资120.98亿元,占整个采矿业投资总额的7.1%。

【煤炭工业经济运行主要特点】 2004年,国内经济快速增长,冶金、建材和化工等高耗能产业迅速扩张,在持续旺盛的需求拉动下,国内能源生产总量达到15.86亿吨标准煤,同比增长13.2%,增幅比2003年略微降低0.4个百分点。能源需求的持续扩大使煤炭供需紧张的趋势更加明显,煤炭企业在保证供应和市场竞争中不断努力。

1. 用煤行业不断拉动,煤炭产销一再提速。2004年,全国规模以上工业增加值比2003年增长16.7%,主要产品产量大多增长。其中:发电量达到2.13万亿千瓦时,相当于1990年的3.4倍,增速比1978~2002年的平均速度高6.8个百分点;火电发电量1.77万亿千瓦时,比2003年增长14.4%,占全部发电量的83%。粗钢产量达2.72亿吨,比2003年增长23.2%。建材、化工等行业增幅也较大。

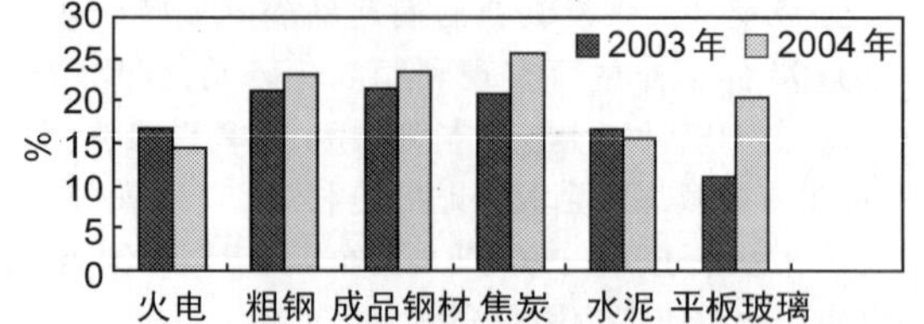

图2 2004年主要用煤行业增速

总体看,2004年煤炭产销运量不断增加,煤炭销售一直以超过生产的速度增长。全国规模以上煤炭企业共实现工业销售值3705亿元,同比增长49%,增幅快于工业总产值增速1.41个百分点,反映旺盛的需求态势。

2. 煤炭价格升幅不同,两种矛盾制约明显。由于煤炭企业分布极不平衡,西部煤炭资源比较丰富,但地区发展比较滞后,运输也不便利;东部煤炭资源较少,但市场需求大,运输条件比较好;北部煤炭资源集中;南部煤炭资源分散且较少,而需求较大。在长期煤电分离的体制下形成了西煤东运,北煤南调的格局。目前中国煤炭运量占铁路货运总量的45%左右。

进入2004年,煤炭价格继续在回归价值的竞争中攀升,但是受铁路运输制约,华东、中南地区煤炭出矿价升幅较大,西北、东北、内蒙部分地区煤炭售价处于较低水平,各地增幅不同。其中内蒙一些企业的原煤售价2004年平均不足100元,只相当于华东地区出矿价的40%左右。

煤炭和电力企业在生产上的紧密依存关系受到价格扭曲的严重困扰。长期以来,电煤供给一直采用计划价格,煤炭企业承担了计划价格低于市场价格部分的差价亏损。但是,随着能源需求的增长,煤炭市场价格普遍上扬,合同电煤价格与煤炭的市场价差呈逐年拉大趋势,煤炭企业的很大一部分收益送给了电力。2004年,电煤价格与平均售价差距高达44元/吨,且电煤价格始终位于低位徘徊,电煤价格"放"而不"开",最高价格差已经接近150元/吨。不合理的价格机制严重制约了国民经济的发展,也直接影响了国有大型煤炭企业提高效益,补还历史欠账,更新改造和扩大生产能力,加强基础设施建设、改变煤矿职工的低收入。

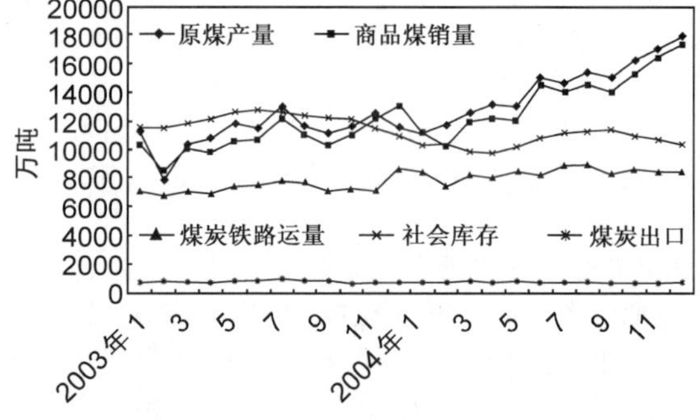

图3 全国煤炭产销运库存出口分月趋势

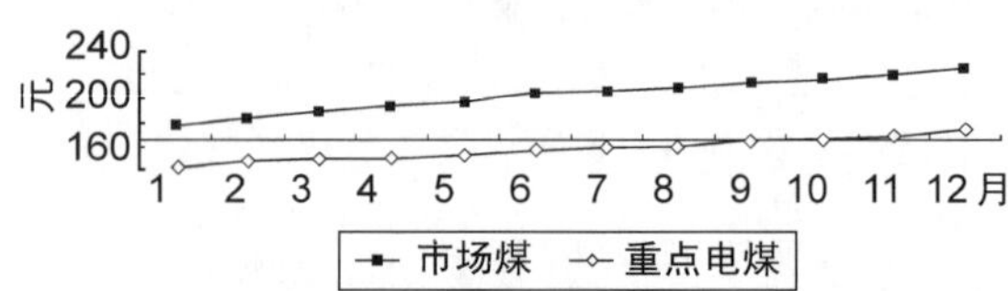

图4 原中央财政煤炭企业市场煤、重点电煤各月均价

2004年,煤炭售价与到厂价存在很大差距。煤炭销售中间环节比较多,目前销售中间环节费用上涨幅度大,煤矿实际获得的价格上涨收益仍然很少。

3. 市场配置规律强劲,宏观调控平稳有力。高速增长的市场需求下,市场化的煤炭增产、煤价上升,供需的市场规律发挥出强势作用。但是运输瓶颈、电煤价格等矛盾,又直接影响煤炭生产和消费企业的运营。2004年,煤炭供应引起党中央、国务院的一再关注,宏观调控平稳有力。继2004年全国煤炭订货会上国家发改委协调重点电煤的价格和供应之后,2004年,国家发改委又组织了多次调研和会议,并不断下发文件对国内煤炭市场的供求关系进行调控,特别对电煤供求问题给予了极大关注,协调的力度和次数为历年之最。其间,国家发改委、铁道部和交通部等相关部门组织电煤抢运;国家发改委发出《关于停止执行出口粮食、煤炭运价优惠政策的通知》;国家发改委、铁道部和交通部联合发出《关于严格执行国家电煤重点订货合同的紧急通知》;国家财政部和国家税务总局下发文件,取消出口焦炭和炼焦煤的增值税退税政策;实行煤炭出口配额;国务院办公厅下发47号文件《关于做好电力迎峰度夏工作的通知》;国家发改委印发《关于建立煤电价格联动机制的意见》,国家发改委《关于做好2005年重点煤炭产运需衔接工作通知》;召开全国重点煤炭产运需衔接会,等等。这些调控措施,对煤炭经济运行产生了积极影响。

4. 生产挖潜高速运转,劳动效率刷新纪录。需求拉动煤矿增产快销,绝大多数矿井持续高速运转。面对供求压力,国有大中型煤矿把发展机械化、提高单产作为增产的主要手段,朝着一井一面高度集约化高产高效生产方向发展,增长方式转变明显,改变了过去增产主要依靠增面、增人的粗放型生产方式。国有重点煤矿回采工作面单产达到41351吨,同比增加3298吨,增量是过去十年平均增加水平的3倍多。全国工作面单产最高达到近50万吨。

2004年,国有重点煤矿原煤生产人员效率3.739吨/工,同比增加0.343吨,提高10.10%。原煤生产人员效率(井工)前五名的单位是:神东105.446吨/工,潞安16.436吨/工,兖州14.886吨/工,晋城10.814吨/工,黄陵9.886吨/工。

据对38家原中央财政煤炭企业的抽样调查显示,2004年前三季度国有大型煤炭企业机械化程度达到86.65%,较2003年提高2.49个百分点。

5. 财务效益继续转好,各类主体获利不同。总体看,行业扭亏较快,但仍未完全脱困。

一是区域差别较大。规模以上煤炭企业中,按省市区排名,盈利水平较高的前五位依次是山东、河南、福建、北京、山西。东北三省补贴后成本费用利润率只有2%~4.7%,广东、广西、青海、宁夏等地仍然很低,其中浙江、陕西、青海、宁夏、新疆六个省(市、区)的成本费用利润率低于2003年,青海省煤炭成本费用利润率还是-6.69%。

二是各类煤炭企业获利能力差别较大。其中939户国有及国有控股煤炭企业补贴后成本费用利润率7.29%,人均创利6231元。乡镇煤矿成本费用利润率12.38%,人均创利12037元,大大高于国有及国有控股煤炭企业。

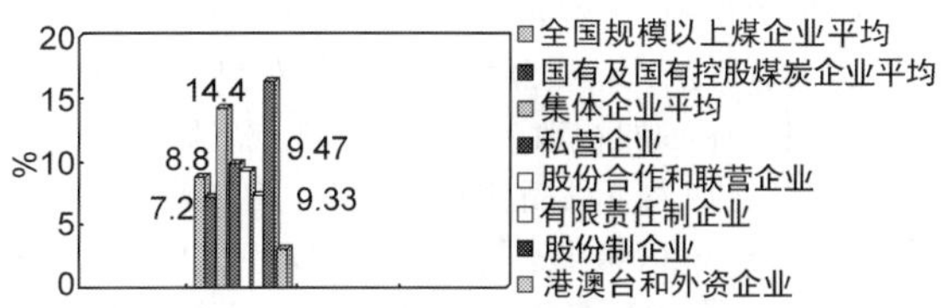

图5 2004年各类煤炭企业成本费用利润率比较

三是增值税税负居高不下,大型企业税负高出全行业。2004年全国规模以上煤炭企业上交增值税296.23亿元,占全国规模以上工业上交增值税的4.6%,实际税负达到8.12%,比1993年增值税改革前增加了4.8个百分点。91户大型煤炭企业增值税实际税负8.24%,高于全行业平均值,比1993年增值税改革前增加了4.9个百分点。仅大型企业多交的增值税、产品销售税金及附加税达135亿元。

四是在职工平均收入仍然很低的情况下,国有重点煤矿成本的上升幅度持续高于价格上升幅度。按目前低估实际耗费的煤炭成本核算办法,2004年原中央财政煤炭企业累计原选煤单位成本168.87/吨,同比增加40.83元/吨,上升31.9%,成本升幅高于价格升幅14个百分点,升幅差不断扩大。各项费用均不同程度上升,但成本构成中工资含量仍然很低。统计显示,在岗职工月平均工资1401元,月平均工资达千元以上的企业仅66家,占国有重点煤炭企业总户数的73%。年底,国有重点煤矿仍然拖欠在岗职工工资总额24.45亿元,拖欠下岗职工生活费0.12亿元。湖南白沙煤业集团仍拖欠1998年以前离退休职工养老金2408万元。

6. 改制重组不断加快,集团运营更显优势。2004年,国有煤炭企业资产重组、并购整合、改革改制不断推进,调整结构、保护资源、开发新区、做大做强、努力实现可持续发展已成为共识。

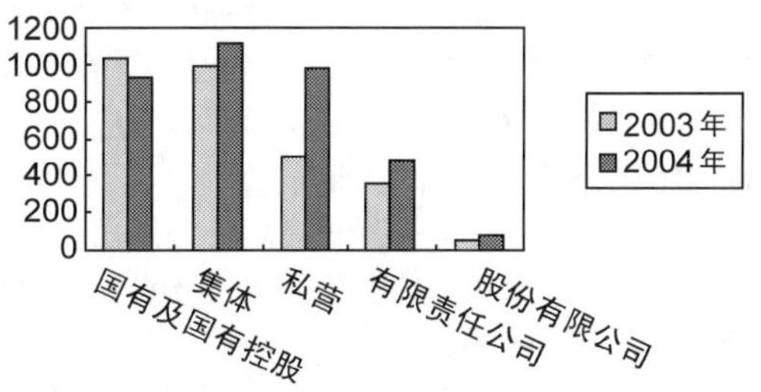

图6 2003~2004年煤炭企业类型变化(个数)

近年来各地国有煤炭企业运用国家的关闭破产和

资产重组、改革改制的政策,努力推进现代企业制度,煤炭企业经营状况得到较为有效的改善。如东北地区各煤炭企业充分运用国家的关闭破产政策,补还历史欠账,分离企业办社会职能,减轻企业负担,精干、突出主业,企业经营状况不断转好。山西焦煤集团实行并购战略做大做强,先后收购了十多对矿井进行改造和扩建,提高产能,大幅度新增利税和就业岗位。西北地区的煤炭企业在加快改制重组集团化经营进程的同时,煤炭企业加大了后备资源的储备,增加产能,规划煤-电、煤-化联营、煤-路联营,延深煤炭产业链。继神华、中煤、大同、山西焦煤、宁夏煤业、江西等之后,2004年陕西、重庆、黑龙江三个大型煤业集团宣告结盟。

集团运营优势显现。据统计快报,2004年神华集团原煤产量达到11994万吨,生产经营总值达到125亿元,其中工业总产值122.17亿元,资产总额达到298.44亿元,人均创利达到2.08万元。中煤集团工业总产值达144.65亿元。

改革改制带来全行业的所有制结构变化。据统计,2004年,国有及国有控股企业比2003年减少107户,股份有限公司比2003年增加19户。所有制结构的变化为行业发展发挥了重要作用。

【煤炭经济运行存在问题】 2004年全行业盈利总额、资本规模继续扩大,企业竞争实力普遍增强。统计调查反映出的问题主要有:

1. *持续超能力生产,资源采出率低*。据调查,中国现在有安全保障的生产能力仅为12亿吨,在103个国有重点煤矿中,全年超能力生产原煤18494.51万吨,超能力生产的单位高达75%,四季度安全事故接连发生,就是超能力生产带来的负面效应。超能力生产造成矿井接替紧张,产能萎缩,全国1/3左右的国有煤矿存在供给能力接续问题。此外目前的产量中,仍然包含了国有煤矿关闭破产矿井、大矿管理的小矿和其他无能力矿井产量,乡镇煤矿产量占全国总产量的38%。持续超能力、无能力生产,对后期的影响十分严峻。

另据调查,不少地区对资源采出率梳于监管,资源回收率低。部分企业在煤炭开采过程中"吃肥丢瘦",资源丰富、开采条件较好的地区更加突出。全国煤矿平均资源综合回收率约35%,小型矿井不足15%,从而加剧了煤炭资源紧张的状况。

超能力生产无安全保障和提高资源采出率,是关系行业长期可持续发展的重要问题,各级煤炭管理部门和煤矿企业应高度重视。

2. *矿区环境治理问题突出*。煤炭资源持续多年的大规模开发,矿区环境治理任务十分艰巨。据调查,全国煤矿累计采空塌陷面积超过70万公顷,每年排放煤矸石约1.5亿吨,新增占地3000亩,现以累计堆存30多亿吨,占地超过15万亩。不少矿区地表沉陷、植被破坏、地下水位下降、煤田自燃、矸石山自燃,瓦斯排放和粉尘污染,水土流失土地荒漠化,对生态环境的影响日趋严峻。矿井开采每年排出约22亿吨矿井水,重复利用率不足40%。各级煤炭管理机构、企业应做好统筹规划,建立和完善有偿使用自然资源和恢复生态环境的补偿机制,促进煤炭工业的健康发展。

3. *行业收益仍然偏低*。2004年煤炭行业的成本费用利润仅为8.89%(含补贴收入)。其中大型煤炭企业只有5.88%,低于全国规模以上工业平均值(6.52%),扣除所得税及其他后的净值报酬率更低于成本费用利润率。指标表明,持续市场旺销,行业收益仍然偏低。

一是煤炭价格不合理。煤炭价格形成机制存在较大缺陷,占煤炭消费总量50%以上的电煤价格与市场价格差距进一步拉大,不合理的价格机制严重制约了大型煤炭企业的发展。在大多数产品已经由市场决定价格的情况下,电煤价格的变化没有充分反映供求关系的变化。这种价格扭曲人为地降低了重化工业的投资和生产成本,在某种程度上鼓励了高耗能产业的投资扩张。煤炭的进一步市场化改革和其他基础行业的改革与价格放开,已是迫切任务。要尽快完善煤电价格联动机制,鼓励煤电联营。通过煤电资本的相互持股、参股或控股,利用不同资本的融合、兼并与重组,实现混合经营,从而稳定煤价。

二是煤炭产品成本计算办法不合理,未能反映煤炭产品的全部耗费。长期以来,中国煤矿沿用计划经济时期的成本理念,一些与煤炭开采加工相关的成本费用,如资源价值、环境治理、矿井关闭退出等费用没有或很少列入现行成本,煤矿自身长远发展缺乏资金积累,煤矿消耗和预期支出长期不能得到补偿,严重影响煤矿发展后劲。

三是职工收入仍然很低,生活质量没有明显提高。2004年,国有重点煤矿的职工平均工资仍然很低,尚未达到相关行业的50%。目前,国有煤矿职工人均住房面积仍只有8平方米左右,仅相当于2002年全国城镇人均居住面积22.8平方米的35%。受多重因素影响,煤矿退休人员、内退下岗职工、伤病亡遗属等困难群体增多,生活非常困难。矿区职工子女就业压力依然十分沉重。改善劳动条件,提高煤矿职工生活质量,是能否坚持以人为本,建设小康社会的重大问题。各方面应引起关注,要着力研究井下职工最低生活保障线,大力改善井下劳动条件。

四是增值税实际税负偏重,要加快煤炭增值税转型改革。

4. 大型煤炭企业新产品开发处于停滞状态。2003年大型煤炭企业新产品产值0.63亿元,比2002年下降71.34%。2004年91家大型煤炭企业中,仅有淄博矿业集团、焦作煤业、四川广旺和广能集团4家拥有新产品产值,共计0.89亿元。新品开发仍处于停滞不前,反映出绝大多数煤炭企业在煤炭市场转好的情况下,没有重视资源的综合利用。为了增强盈利和抗风险能力,充分利用企业拥有的各项资源,增加就业机会,大中型国有煤炭企业应抓住效益转好、融资渠道增加的有利时机,适时开发新产品,改变单一煤炭生产状况,优化企业产品结构,努力延伸煤炭产业价值链,增强抗风险能力。

表1　　2004年煤炭工业规模以上企业工业总产值及增加值　　单位:万元

地区	工业总产值(当年价格)			工业增加值(当年价格)		
	本年累计	上年同期	增减(%)	本年累计	上年同期	增减(%)
全国合计	37543438.8	25404336.4	47.78	18445156.7	12442806.2	48.24
北京市	878273.9	658267.7	33.42	161590.6	251016.9	-35.63
天津市	188668.0	26359.0	615.76	3908.5	1258.1	210.67
河北省	2068222.6	1374925.6	50.42	999175.1	685827.4	43.07
山西省	8009179.5	5394668.0	48.46	3765365.0	2565259.6	47.34
内蒙古自治区	1958109.4	1318959.5	48.46	1314581.6	658075.7	64.19
辽宁省	1277500.8	965234.1	32.35	476694.9	357708.9	33.26
吉林省	378934.2	274607.7	37.99	182347.9	108824.8	67.56
黑龙江省	1370125.6	1004972.9	36.33	611931.2	439680.5	39.18
江苏省	993203.2	708536.7	40.18	589450.7	393078.9	48.80
浙江省	86711.5	68025.5	27.47	32397.0	31649.3	2.36
安徽省	2046347.5	1414324.4	44.69	990955.9	680674.7	45.58
福建省	274239.3	181603.6	51.01	153415.6	101674.9	50.89
江西省	481449.8	329857.4	45.96	194385.6	129720.8	49.85
山东省	7188408.1	4811308.0	49.41	3833028.2	2570587.3	52.71
河南省	4878459.7	3052963.7	59.79	2525605.5	1595547.7	61.06
湖北省	86022.0	71492.1	20.32	35722.4	30770.1	16.09
湖南省	948574.1	669557.0	41.67	412223.6	272817.3	51.10
广东省	53451.6	31923.7	67.44	22964.7	25.3	90669.57
广西壮族自治区	100796.1	67002.0	50.44	48796.6	31665.9	54.10
重庆市	417289.1	283601.4	47.14	192725.6	123505.7	55.67
四川省	919378.4	577847.3	59.10	449282.1	262503.1	70.42
贵州省	617003.4	360775.9	71.02	283984.9	161292.4	76.07
云南省	274189.0	188910.9	45.14	131936.6	95391.5	38.31
西藏自治区	633.4	690.4	-8.26	-434.0	-335.9	29.21
陕西省	916311.2	679499.8	34.85	384386.4	372069.7	3.31
甘肃省	374112.8	292519.1	27.89	237327.9	187531.8	26.55
青海省	47944.9	36846.1	30.12	19141.6	16271.5	17.64
宁夏回族自治区	464086.1	364677.3	27.26	246833.0	205638.7	20.03
新疆维吾尔自治区	245813.6	194379.6	26.46	145432.0	113073.6	28.62

表2　　2004年煤炭工业规模以上企业工业销售产值及出口交货值　　单位:万元

地　区	工业销售产值(当年价格)			出口交货值(当年价格)		
	本年累计	上年同期	增减(%)	本年累计	上年同期	增减(%)
全国合计	37054114.8	24836100.9	49.19	1771141.1	1260364.8	40.53
北京市	904873.4	660154.6	37.07	64508.6	44804.3	43.98
天津市	213020.0	26386.0	707.32	7541.0	0.0	0.00
河北省	2054413.8	1365507.2	50.45	20890.1	14404.0	45.03
山西省	7817609.3	5271694.4	48.29	991186.1	641951.1	54.40
内蒙古自治区	1990102.5	1300122.3	53.07	19649.5	8269.5	137.61
辽宁省	1215920.2	924034.8	31.59	0.0	0.0	0.00
吉林省	380317.6	261568.0	45.40	0.0	0.0	0.00
黑龙江省	1298619.6	936788.4	38.62	14216.7	445.5	3091.18
江苏省	974580.6	704667.6	38.30	12434.0	9201.0	35.14
浙江省	86773.7	67925.0	27.75	0.0	0.0	0.00
安徽省	2090802.7	1412262.9	48.05	2159.4	5857.8	-63.14
福建省	274599.1	177877.5	54.38	0.0	0.0	0.00
江西省	471259.5	300486.0	56.83	0.0	0.0	0.00
山东省	6995343.5	4596827.1	52.18	460290.9	388427.8	18.50
河南省	4842478.1	3040015.6	59.29	121137.8	111183.7	8.95
湖北省	85973.3	71806.6	19.73	0.0	0.0	0.00
湖南省	958744.7	666590.2	43.83	400.0	200.0	100.00
广东省	53112.9	33029.4	60.80	0.0	0.0	0.00
广西壮族自治区	100439.0	66347.9	51.38	0.0	0.0	0.00
重庆市	408204.7	274255.5	48.84	12.2	9.8	24.49
四川省	918570.4	579461.2	58.52	21870.6	4991.4	338.17
贵州省	617916.2	355199.3	73.96	14001.0	11803.0	18.62
云南省	271512.6	190921.7	42.21	0.0	0.0	0.00
西藏自治区	1149.1	770.1	49.21	0.0	0.0	0.00
陕西省	901205.2	686790.8	31.22	0.0	0.0	0.00
甘肃省	364482.6	288157.7	26.49	0.0	0.0	0.00
青海省	57173.8	35218.7	62.34	0.0	0.0	0.00
宁夏回族自治区	462868.1	349757.3	32.34	13313.2	15878.9	-16.16
新疆维吾尔自治区	242048.6	191477.1	26.41	7530.0	2937.0	156.38

表3　　2004年煤炭工业规模以上企业主要经济指标　　汇总户数:3623户

指　标　名　称	单位	2004年	2003年	增长率(%)
一、主要产品产量				
原煤合计	万吨	151685.11	132688.96	14.32
洗煤合计	万吨	31128.34	25842.06	20.46

续表 3　　2004 年煤炭工业规模以上企业主要经济指标　　汇总户数:3623 户

指　标　名　称	单位	2004 年	2003 年	增长率(%)
二、生产销售总值				
工业总产值(当年价格)	亿元	3754.34	2540.43	47.78
其中:新产品产值	亿元	3.80	1.38	175.36
工业销售产值(当年价格)	亿元	3705.41	2483.61	49.19
其中:出口交货值	亿元	177.11	126.04	40.52
产品销售率	%	98.58	97.69	0.89
工业增加值(当年价格)	亿元	1844.52	1244.28	48.24
全部从业人员平均人数	万人	390.04	381.91	2.13
工业增加值全员劳动生产率	元/人	46671.11	32550.86	43.38
三、主要财务指标				
亏损企业个数	个	363.00	448.00	-18.97
亏损面(补贴后)	%	10.02	12.36	-2.35
应收账款净额	亿元	390.40	379.36	2.91
产成品	亿元	142.97	102.16	39.95
流动资产平均余额	亿元	2429.33	1849.50	31.35
固定资产净值平均余额	亿元	2878.27	2629.78	9.45
资产合计	亿元	6743.74	5416.48	24.50
上交增值税	亿元	296.23	187.56	57.94
负债合计	亿元	4051.32	3079.91	31.54
所有者权益	亿元	2692.41	2336.57	15.23
产品销售收入	亿元	3877.20	2508.88	54.54
产品销售成本	亿元	2618.09	1724.29	51.84
产品销售费用	亿元	216.15	173.40	24.65
产品销售税金及附加	亿元	60.36	36.36	66.01
管理费用	亿元	562.16	368.67	52.48
财务费用	亿元	70.06	56.78	23.39
其中:利息支出	亿元	65.71	52.22	25.83
利润总额(补贴后)	亿元	309.04	142.97	116.16
其中:盈利总额	亿元	318.42	150.81	111.14
其中:亏损总额	亿元	9.38	7.84	19.64
资产负债率	%	60.08	56.86	3.21
成本费用利润率	%	8.92	6.15	2.76
流动资产周转率	次	1.60	1.36	0.24

说明:成本费用利润率按补贴后利润总额计算。

表 4　　2004 年煤炭工业大型企业主要经济指标

指　标　名　称	单位	本月止累计	去年同期	增长率(%)
一、主要产品产量				
原煤合计	万吨	95404.90	85347.20	11.78
洗煤合计	万吨	24225.86	20633.77	17.41
二、生产销售总值				
工业总产值(当年价格)	亿元	2329.52	1614.74	44.27
其中:新产品产值	亿元	0.89	0.92	-3.26
工业销售产值(当年价格)	亿元	2287.35	1564.36	46.22
其中:出口交货值	亿元	168.13	122.37	37.39
产品销售率	%	97.96	96.79	1.18
工业增加值(当年价格)	亿元	1155.08	811.62	42.32
全部从业人员平均人数	万人	240.53	240.28	0.10
工业增加值全员劳动生产率	元/人	48022.52	33777.56	42.17

续表 4

2004 年煤炭工业大型企业主要经济指标

指 标 名 称	单位	本月止累计	去年同期	增长率(%)
三、主要财务指标				
亏损企业个数	个	4	5	-20.00
亏损面(补贴后)	%	4.35	5.43	-1.08
应收账款净额	亿元	249.99	262.96	-4.93
产成品	亿元	84.32	60.23	40.00
流动资产平均余额	亿元	1764.97	1366.56	29.15
固定资产净值平均余额	亿元	2259.97	2111.61	7.03
资产合计	亿元	5133.75	4223.76	21.54
应交增值税	亿元	191.90	123.08	55.91
负债合计	亿元	3053.45	2334.79	30.78
所有者权益	亿元	2080.30	1888.97	10.13
产品销售收入	亿元	2455.60	1640.07	49.73
产品销售成本	亿元	1633.02	1108.70	47.29
产品销售费用	亿元	137.71	118.42	16.29
产品销售税金及附加	亿元	36.65	20.68	77.22
管理费用	亿元	432.03	280.01	54.29
财务费用	亿元	49.37	39.75	24.20
其中:利息支出	亿元	48.21	37.61	28.18
利润总额(补贴后)	亿元	132.44	64.52	105.27
其中:盈利总额	亿元	135.47	65.17	107.87
其中:亏损总额	亿元	3.03	0.65	366.15
资产负债率	%	59.48	55.28	4.20
成本费用利润率	%	5.88	4.17	1.71
销售利润率	%	5.39	3.93	1.46
流动资产周转率	次	1.39	1.20	0.19

表 5

2004 年煤炭工业大型企业原煤及洗煤产量

单位:万吨

企 业 名 称	原煤合计			洗煤合计		
	本年累计	上年同期	增减(%)	本年累计	上年同期	增减(%)
全国合计	95404.9	85347.2	11.78	24225.9	20633.8	17.41
北京市	**540.3**	**578.8**	**-6.65**	**0.0**	**0.0**	**0.00**
京煤集团有限责任公司	0.0	0.0	0.00	0.0	0.0	0.00
昊华能源股份有限公司	540.3	578.8	-6.65	0.0	0.0	0.00
河北省	**5244.6**	**4787.1**	**9.56**	**2414.3**	**2179.9**	**10.75**
开滦集团公司	2612.4	2549.7	2.46	1294.0	1225.7	5.57
峰峰集团有限公司	1202.2	1180.0	1.88	555.4	522.9	6.22
邢台矿业集团公司	729.6	597.7	22.07	302.2	212.7	42.08
邯郸矿业集团公司	620.2	383.5	61.72	185.8	164.3	13.09
井陉矿务局	80.2	76.2	5.25	76.8	54.4	41.18
山西省	**18250.1**	**15907.1**	**14.73**	**5671.1**	**4604.2**	**23.17**
大同煤矿集团公司	4686.8	4591.2	2.08	435.3	455.0	-4.33
西山煤矿总公司	3010.3	2708.9	11.13	1508.3	949.5	58.85
晋城无烟煤集团公司	2443.1	1884.9	29.61	870.2	717.6	21.27
阳泉煤业集团公司	2826.9	2269.0	24.59	764.0	675.8	13.05
潞安矿业集团公司	1875.0	1683.9	11.35	561.6	487.4	15.22
汾西矿业集团公司	1158.0	918.5	26.08	721.0	601.0	19.97
霍州煤电集团公司	790.7	607.3	30.20	581.5	484.9	19.92
兰花煤炭集团公司	512.1	437.3	17.10	137.1	119.5	14.73

续表 5-1 **2004年煤炭工业大型企业原煤及洗煤产量** 单位:万吨

企业名称	原煤合计			洗煤合计		
	本年累计	上年同期	增减(%)	本年累计	上年同期	增减(%)
晋城市沁和能源公司	242.5	225.8	7.40	0.0	0.0	0.00
汾河焦煤股份有限公司	368.4	295.5	24.67	92.1	113.5	-18.85
轩岗矿务局	336.3	284.8	18.08	0.0	0.0	0.00
内蒙古自治区	**3149.1**	**2425.8**	**29.82**	**72.2**	**77.1**	**-6.36**
霍林河煤业集团公司	1236.2	846.2	46.09	0.0	0.0	0.00
平庄煤业集团公司	1101.0	928.2	18.61	72.2	77.1	-6.36
扎赉诺尔煤业有限公司	452.6	358.1	26.39	0.0	0.0	0.00
大雁煤业有限责任公司	359.3	293.3	22.50	0.0	0.0	0.00
辽宁省	**5019.1**	**4357.2**	**15.19**	**1294.4**	**1302.2**	**-0.60**
铁法煤业集团公司	2162.0	1939.0	11.50	0.0	0.0	0.00
阜新矿务局	1115.0	1063.4	4.85	385.8	467.8	-17.53
抚顺矿业集团公司	605.3	568.7	6.44	528.5	476.2	10.98
沈阳煤业集团公司	910.0	604.8	50.46	270.8	210.1	28.89
南票矿务局	226.8	181.3	25.10	109.4	148.1	-26.13
吉林省	**630.1**	**508.2**	**23.99**	**0.0**	**0.0**	**0.00**
辽源矿务局	630.1	508.2	23.99	0.0	0.0	0.00
黑龙江省	**5285.7**	**4900.3**	**7.86**	**2053.5**	**1717.9**	**19.54**
双鸭山矿业集团公司	1100.2	1041.2	5.67	175.6	123.9	41.73
鹤岗矿业集团公司	1672.2	1486.7	12.48	460.7	378.5	21.72
七台河矿业精煤集团	1463.2	1407.1	3.99	1040.6	945.1	10.10
鸡西矿业集团公司	1050.1	965.4	8.77	376.7	270.5	39.26
江苏省	**1809.2**	**1846.5**	**-2.02**	**252.6**	**227.6**	**10.98**
徐州矿务集团有限公司	1566.1	1634.5	-4.18	252.6	227.6	10.98
天能集团	243.1	212.0	14.67	0.0	0.0	0.00
浙江省	**43.3**	**59.2**	**-26.86**	**0.0**	**0.0**	**0.00**
长广集团公司	43.3	59.2	-26.86	0.0	0.0	0.00
安徽省	**6692.7**	**6311.2**	**6.04**	**603.7**	**508.2**	**18.79**
淮南矿业集团公司	2840.7	2677.9	6.08	137.0	121.5	12.76
淮北矿业集团公司	2150.9	2019.4	6.51	466.7	386.7	20.69
皖北煤电集团公司	1018.7	936.4	8.79	0.0	0.0	0.00
国投新集能源股份公司	682.5	677.5	0.74	0.0	0.0	0.00
福建省	**173.2**	**183.4**	**-5.56**	**0.0**	**0.0**	**0.00**
福建煤电股份公司	173.2	183.4	-5.56	0.0	0.0	0.00
江西省	**478.3**	**420.6**	**13.72**	**155.0**	**122.3**	**26.74**
萍乡矿业集团公司	228.3	220.6	3.49	53.0	51.3	3.31
丰城矿务局	250.0	200.0	25.00	102.0	71.0	43.66
山东省	**11170.6**	**11280.7**	**-0.98**	**3565.3**	**3397.5**	**4.94**
兖矿集团有限公司	4143.0	4560.2	-9.15	1947.8	1926.6	1.10
新汶矿业集团公司	1164.1	1308.1	-11.01	623.1	607.3	2.60
枣庄矿业集团公司	1777.0	1592.6	11.58	810.1	772.7	4.84
淄博矿业集团公司	1257.6	1259.3	-0.13	15.8	23.5	-32.77
肥城矿业集团公司	711.4	700.5	1.56	168.6	67.4	150.15
济宁矿业集团公司	540.1	574.7	-6.02	0.0	0.0	0.00
临沂矿务局	507.4	291.6	74.01	0.0	0.0	0.00
龙口矿业集团	648.6	550.6	17.80	0.0	0.0	0.00
丰源煤电股份公司	157.4	168.1	-6.37	0.0	0.0	0.00
宏河矿业集团公司	103.1	112.2	-8.11	0.0	0.0	0.00

续表 5-2　　**2004年煤炭工业大型企业原煤及洗煤产量**　　单位:万吨

企业名称	原煤合计			洗煤合计		
	本年累计	上年同期	增减(%)	本年累计	上年同期	增减(%)
裕隆矿业集团公司	160.9	162.8	-1.17	0.0	0.0	0.00
河南省	**8062.9**	**7039.9**	**14.53**	**2047.2**	**1395.9**	**46.66**
平顶山煤业集团公司	3069.7	2686.7	14.26	922.5	763.3	20.86
永城煤电集团公司	978.3	756.4	29.34	428.5	161.4	165.49
河南神火集团公司	335.4	323.4	3.71	245.5	97.8	151.02
义马煤业集团公司	1374.0	1101.3	24.76	0.0	0.4	-100.00
郑州煤炭工业集团公司	982.0	1011.3	-2.90	0.0	0.0	0.00
鹤壁煤业集团公司	756.2	718.1	5.31	75.9	104.3	-27.23
焦作煤业集团公司	517.3	393.0	31.63	374.8	268.7	39.49
辉县市吴村煤矿	50.0	49.7	0.60	0.0	0.0	0.00
湖南省	**599.1**	**578.5**	**3.56**	**15.6**	**15.8**	**-1.27**
白沙煤电集团公司	196.1	186.0	5.43	0.0	0.0	0.00
涟邵矿业集团公司	158.9	150.2	5.79	15.6	15.8	-1.27
资兴矿业集团公司	147.3	154.3	-4.54	0.0	0.0	0.00
煤炭坝能源有限公司	96.8	88.0	10.00	0.0	0.0	0.00
重庆市	**677.2**	**625.3**	**8.30**	**245.8**	**208.6**	**17.83**
松藻煤电公司	378.7	357.4	5.96	69.0	63.2	9.18
南桐矿业有限公司	200.0	170.7	17.16	81.0	64.8	25.00
永荣矿业有限公司	98.5	97.2	1.34	95.8	80.6	18.86
四川省	**635.8**	**591.4**	**7.51**	**226.6**	**192.1**	**17.96**
攀枝花煤业集团公司	330.8	327.3	1.07	198.6	168.5	17.86
广旺能源发展集团公司	121.8	101.1	20.47	28.0	23.6	18.64
华蓥山广能集团公司	183.2	163.0	12.39	0.0	0.0	0.00
贵州省	**1543.4**	**1369.4**	**12.71**	**714.4**	**671.9**	**6.33**
盘江煤电集团公司	708.2	633.9	11.72	521.0	458.0	13.76
水城矿业集团公司	631.4	563.8	11.99	193.4	213.9	-9.58
六枝工矿(集团)公司	203.8	171.8	18.63	0.0	0.0	0.00
云南省	**671.2**	**596.4**	**12.54**	**0.0**	**0.0**	**0.00**
小龙潭矿务局	671.2	596.4	12.54	0.0	0.0	0.00
陕西省	**2091.0**	**1826.3**	**14.49**	**83.6**	**88.2**	**-5.22**
铜川矿务局	1058.4	888.1	19.18	0.0	0.0	0.00
黄陵矿业有限公司	377.8	363.8	3.85	0.0	0.0	0.00
韩城矿务局	424.2	386.4	9.78	83.6	88.2	-5.22
蒲白矿务局	230.6	188.0	22.66	0.0	0.0	0.00
甘肃省	**2459.7**	**2091.5**	**17.60**	**45.3**	**36.0**	**25.83**
华亭煤业集团公司	1376.1	1192.7	15.38	45.3	36.0	25.83
窑街矿务局	351.7	336.0	4.67	0.0	0.0	0.00
靖远煤业公司	731.9	562.8	30.05	0.0	0.0	0.00
宁夏回族自治区	**2070.1**	**1810.5**	**14.34**	**549.5**	**482.4**	**13.91**
宁夏煤业集团	2070.1	1810.5	14.34	549.5	482.4	13.91
新疆维吾尔自治区	**927.2**	**802.9**	**15.48**	**0.0**	**0.0**	**0.00**
乌鲁木齐矿业集团公司	506.4	420.1	20.54	0.0	0.0	0.00
哈密煤业集团公司	420.8	382.8	9.93	0.0	0.0	0.00
神华集团	11994.0	10017.0	19.74	682.9	467.4	46.11
其中:神府东胜煤炭公司	8501.0	7183.0	18.35			
准格尔能源公司	1661.5	1296.3	28.17			
乌达矿业公司	420.6	407.6	3.19	259.3	158.9	63.18

续表 5-3　　2004年煤炭工业大型企业原煤及洗煤产量　　单位:万吨

企业名称	原煤合计			洗煤合计		
	本年累计	上年同期	增减(%)	本年累计	上年同期	增减(%)
海勃湾矿业公司	428.0	351.0	21.94	423.6	308.5	37.31
中煤集团	5187.0	4432.0	17.04	3533.0	2938.6	20.23
其中:平朔煤炭工业公司	3269.1	2651.3	23.30	3269.1	2651.3	23.30
大屯煤电集团有限公司	718.6	726.4	-1.07	263.9	287.3	-8.14

表6　　2004年煤炭工业大型企业工业总产值及增加值　　单位:万元

企业名称	工业总产值(当年价格)			工业增加值(当年价格)		
	本年累计	上年同期	增减(%)	本年累计	上年同期	增减(%)
全国合计	23295186.2	16147381.7	44.27	11550842.5	8116155.5	42.32
北京市	**158721.8**	**125150.4**	**26.82**	**101112.7**	**77916.6**	**29.77**
京煤集团有限责任公司	18520.8	14711.2	25.90	3373.3	2163.2	55.94
昊华能源股份有限公司	140201.0	110439.2	26.95	97739.4	75753.4	29.02
河北省	**1553146.3**	**1069466.2**	**45.23**	**745481.6**	**538705.6**	**38.38**
开滦集团公司	551535.0	432609.0	27.49	282950.9	232451.0	21.72
峰峰集团有限公司	406856.0	313803.0	29.65	205496.0	165359.0	24.27
邢台矿业集团公司	304781.7	170338.6	78.93	186772.7	106537.6	75.31
邯郸矿业集团公司	201276.0	91109.0	120.92	54502.0	21103.0	158.27
井陉矿务局	88697.6	61606.6	43.97	15760.0	13255.0	18.90
山西省	**4758775.9**	**3200637.1**	**48.68**	**2150362.1**	**1455970.8**	**47.69**
大同煤矿集团公司	1136503.5	877555.0	29.51	586331.6	375418.8	56.18
西山煤矿总公司	639986.1	480478.0	33.20	258605.0	174000.0	48.62
晋城无烟煤集团公司	671485.0	337158.0	99.16	217658.0	133278.0	63.31
阳泉煤业集团公司	540732.0	351548.7	53.81	255075.0	203681.7	25.23
平朔煤炭工业公司	598163.4	370114.0	61.62	209357.4	149161.3	40.36
潞安矿业集团公司	402910.3	302201.5	33.33	245187.9	153568.0	59.66
汾西矿业集团公司	296746.2	175096.1	69.48	109796.0	78578.0	39.73
霍州煤电集团公司	160190.4	94627.4	69.29	83412.8	47313.7	76.30
兰花煤炭集团公司	156272.3	96612.9	61.75	96214.7	56914.4	69.05
晋城市沁和能源公司	61953.8	45726.4	35.49	52300.8	38189.0	36.95
汾河焦煤股份有限公司	54058.6	40074.8	34.89	21048.8	25384.8	-17.08
轩岗矿务局	39774.3	29444.3	35.08	15374.1	20483.1	-24.94
内蒙古自治区	**291326.8**	**203953.3**	**42.84**	**97585.6**	**59395.1**	**64.30**
霍林河煤业集团公司	95562.0	76560.8	24.82	447.0	7943.5	-94.37
平庄煤业集团公司	122383.2	69782.1	75.38	56763.0	22956.1	147.27
扎赉诺尔煤业有限公司	41757.1	33135.1	26.02	24725.1	19938.0	24.01
大雁煤业有限责任公司	31624.5	24475.3	29.21	15650.5	8557.5	82.89
辽宁省	**1122935.5**	**872733.1**	**28.67**	**423936.2**	**327513.8**	**29.44**
铁法煤业集团公司	407761.0	315305.9	29.32	161966.0	126404.9	28.13
阜新矿务局	260000.2	230577.7	12.76	78000.0	69173.3	12.76
抚顺矿业集团公司	215366.0	183287.9	17.50	130974.8	110284.9	18.76
沈阳煤业集团公司	216148.3	124532.6	73.57	48995.4	18837.8	160.09
南票矿务局	23660.0	19029.0	24.34	4000.0	2812.9	42.20
吉林省	**76814.5**	**64100.6**	**19.83**	**45893.3**	**31377.7**	**46.26**
辽源矿务局	76814.5	64100.6	19.83	45893.3	31377.7	46.26
黑龙江省	**980484.7**	**736867.0**	**33.06**	**457580.7**	**332245.4**	**37.72**
双鸭山矿业集团公司	185403.0	146406.0	26.64	75213.0	53275.0	41.18
鹤岗矿业集团公司	318658.7	226741.0	40.54	186282.7	119920.4	55.34

续表 6－1　　**2004年煤炭工业大型企业工业总产值及增加值**　　单位:万元

企业名称	工业总产值(当年价格)			工业增加值(当年价格)		
	本年累计	上年同期	增减(%)	本年累计	上年同期	增减(%)
七台河矿业精煤集团	303908.0	220689.0	37.71	125000.0	100000.0	25.00
鸡西矿业集团公司	172515.0	143031.0	20.61	71085.0	59050.0	20.38
江苏省	**895273.0**	**654656.0**	**36.75**	**544330.0**	**373531.0**	**45.73**
徐州矿务集团有限公司	585474.0	415425.0	40.93	417793.0	280468.0	48.96
大屯煤电集团有限公司	221465.0	180591.0	22.63	86485.0	71791.0	20.47
天能集团	88334.0	58640.0	50.64	40052.0	21272.0	88.29
浙江省	**84940.3**	**66468.2**	**27.79**	**31622.7**	**30923.4**	**2.26**
长广集团公司	84940.3	66468.2	27.79	31622.7	30923.4	2.26
安徽省	**1741564.4**	**1194379.3**	**45.81**	**857538.9**	**577572.4**	**48.47**
淮南矿业集团公司	737282.0	510278.0	44.49	381948.0	234083.0	63.17
淮北矿业集团公司	574040.0	394063.6	45.67	297280.0	216734.8	37.16
皖北煤电集团公司	265546.3	160206.4	65.75	96848.3	58445.5	65.71
国投新集能源股份公司	164696.1	129831.3	26.85	81462.6	68309.1	19.26
福建省	**38931.4**	**33076.7**	**17.70**	**22427.1**	**20556.9**	**9.10**
福建煤电股份公司	38931.4	33076.7	17.70	22427.1	20556.9	9.10
江西省	**284029.0**	**207206.2**	**37.08**	**109029.4**	**75542.5**	**44.33**
萍乡矿业集团公司	181872.6	155406.2	17.03	77866.3	59887.9	30.02
丰城矿务局	102156.4	51800.0	97.21	31163.1	15654.6	99.07
山东省	**5086289.9**	**3420943.7**	**48.68**	**2724206.1**	**1839705.2**	**48.08**
兖矿集团有限公司	1693991.0	1255079.0	34.97	955246.4	622692.3	53.41
新汶矿业集团公司	846919.2	580354.3	45.93	402386.0	276664.3	45.44
枣庄矿业集团公司	1002482.0	646944.0	54.96	491216.0	432450.9	13.59
淄博矿业集团公司	511101.1	312940.1	63.32	289980.4	168004.9	72.60
肥城矿业集团公司	324860.1	215494.6	50.75	154308.5	102578.6	50.43
济宁矿业集团公司	194205.6	119783.7	62.13	152653.1	70989.3	115.04
临沂矿务局	180784.6	91054.2	98.55	106588.1	62910.8	69.43
龙口矿业集团	168533.9	100746.3	67.29	69546.8	34389.1	102.24
丰源煤电股份公司	58994.1	35682.9	65.33	37170.5	28373.6	31.00
宏河矿业集团公司	47651.7	27786.4	71.49	25388.6	20717.3	22.55
裕隆矿业集团公司	56766.6	35078.2	61.83	39721.7	19934.1	99.27
河南省	**2923883.3**	**1896613.1**	**54.16**	**1588090.5**	**1069388.8**	**48.50**
平顶山煤业集团公司	1077886.6	693175.2	55.50	609649.6	410531.0	48.50
永城煤电集团公司	412783.1	211231.5	95.42	236293.4	119557.0	97.64
河南神火集团公司	253804.8	169628.6	49.62	114811.0	87377.6	31.40
义马煤业集团公司	284894.0	182372.0	56.22	184174.0	117038.0	57.36
郑州煤炭工业集团公司	298673.6	226563.1	31.83	179204.2	135937.9	31.83
鹤壁煤业集团公司	246700.0	192359.4	28.25	129418.9	108518.1	19.26
焦作煤业集团公司	270282.5	163926.3	64.88	109864.5	70590.4	55.64
辉县市吴村煤矿	78858.7	57357.0	37.49	24674.9	19838.8	24.38
湖南省	**218353.3**	**146715.6**	**48.83**	**103189.9**	**60592.2**	**70.30**
白沙煤电集团公司	57495.7	48699.0	18.06	40293.8	23804.7	69.27
涟邵矿业集团公司	39573.2	34111.9	16.01	15218.2	14838.7	2.56
资兴矿业集团公司	78284.4	41941.8	86.65	29797.9	16691.8	78.52
煤炭坝能源有限公司	43000.0	21962.9	95.78	17880.0	5257.0	240.12
重庆市	**169440.6**	**114514.2**	**47.96**	**78575.1**	**46668.8**	**68.37**
松藻煤电公司	58748.3	50616.8	16.06	34074.0	21017.2	62.12
南桐矿业有限公司	59831.0	34997.4	70.96	19091.0	11102.3	71.96

续表 6－2　　**2004年煤炭工业大型企业工业总产值及增加值**　　单位:万元

企业名称	工业总产值(当年价格)			工业增加值(当年价格)		
	本年累计	上年同期	增减(%)	本年累计	上年同期	增减(%)
永荣矿业有限公司	50861.3	28900.0	75.99	25410.1	14549.3	74.65
四川省	**174945.9**	**127399.4**	**37.32**	**71102.1**	**55552.5**	**27.99**
攀枝花煤业集团公司	98084.6	65080.4	50.71	37762.6	30177.3	25.14
广旺能源发展集团公司	38095.2	30136.1	26.41	17446.3	14311.7	21.90
华蓥山广能集团公司	38766.1	32182.9	20.46	15893.2	11063.5	43.65
贵州省	**354045.5**	**223659.1**	**58.30**	**171924.6**	**99293.8**	**73.15**
盘江煤电集团公司	185533.1	109479.2	69.47	121729.8	50032.1	143.30
水城矿业集团公司	111017.2	70809.1	56.78	36984.8	36088.1	2.48
六枝工矿(集团)公司	57495.2	43370.8	32.57	13210.0	13173.6	0.28
云南省	**54944.6**	**45944.7**	**19.59**	**43406.2**	**39797.1**	**9.07**
小龙潭矿务局	54944.6	45944.7	19.59	43406.2	39797.1	9.07
陕西省	**333055.4**	**224942.4**	**48.06**	**110106.7**	**164789.3**	**－33.18**
铜川矿务局	149835.6	102834.3	45.71	46824.2	113029.0	－58.57
黄陵矿业有限公司	62220.4	36382.3	71.02	27094.0	16034.1	68.98
韩城矿务局	75323.8	55636.6	35.39	19227.6	19907.9	－3.42
蒲白矿务局	45675.6	30089.2	51.80	16960.9	15818.3	7.22
甘肃省	**296680.4**	**226970.6**	**30.71**	**192152.2**	**148649.3**	**29.27**
华亭煤业集团公司	139287.2	108832.0	27.98	110524.3	63171.0	74.96
窑街矿务局	54343.0	46088.0	17.91	24272.0	40830.5	－40.55
靖远煤业公司	103050.2	72050.6	43.02	57355.9	44647.8	28.46
宁夏回族自治区	**377539.4**	**311578.0**	**21.17**	**196320.5**	**175242.0**	**12.03**
宁夏煤业集团	377539.4	311578.0	21.17	196320.5	175242.0	12.03
新疆维吾尔自治区	**97400.3**	**89202.8**	**9.19**	**61071.3**	**58976.3**	**3.55**
乌鲁木齐矿业集团公司	49030.3	43596.0	12.47	28547.8	26668.1	7.05
哈密煤业集团公司	48370.0	45606.8	6.06	32523.5	32308.2	0.67
神华集团	1221664.0	890204.0	37.23	623797.0	456249.0	36.72
其中:神府东胜煤炭公司	633415.0	502479.0	26.06	304039.0	287987.0	5.57
准格尔能源公司	256593.0	183905.0	39.52	140750.0	90225.0	56.00
乌达矿业公司	99043.0	63753.0	55.35	69134.0	42298.0	63.45
海勃湾矿业公司	95509.0	56518.0	68.99	67388.0	15460.0	335.89

表 7　　**2004年煤炭工业大型企业工业销售产值及产品销售收入**　　单位:万元

企业名称	工业销售产值(当年价格)			产品销售收入		
	本年累计	上年同期	增减(%)	本年累计	上年同期	增减(%)
全国合计	22873542.4	15643623.6	46.22	24556036.8	16400696.2	49.73
北京市	**159975.3**	**125957.4**	**27.01**	**179841.0**	**137133.2**	**31.14**
京煤集团有限责任公司	18396.5	14983.9	22.78	19841.0	16398.8	20.99
昊华能源股份有限公司	141578.8	110973.5	27.58	160000.0	120734.4	32.52
河北省	**1542719.0**	**1061540.4**	**45.33**	**1793473.4**	**1096138.0**	**63.62**
开滦集团公司	545825.0	433124.0	26.02	836634.4	505088.0	65.64
峰峰集团有限公司	413529.0	312848.0	32.18	380000.0	282778.0	34.38
邢台矿业集团公司	301910.1	164777.1	83.22	303360.0	177682.0	70.73
邯郸矿业集团公司	194429.0	91637.0	112.17	196089.0	75436.0	159.94
井陉矿务局	87025.9	59154.3	47.12	77390.0	55154.0	40.32
山西省	**4611308.2**	**3094938.2**	**49.00**	**5130433.5**	**3388310.8**	**51.42**
大同煤矿集团公司	1107299.3	838718.6	32.02	1180032.0	872906.0	35.18

续表 7－1　　**2004 年煤炭工业大型企业工业销售产值及产品销售收入**　　单位:万元

企业名称	工业销售产值(当年价格)			产品销售收入		
	本年累计	上年同期	增减(%)	本年累计	上年同期	增减(%)
西山煤矿总公司	600586.1	442280.9	35.79	705200.0	521345.0	35.27
晋城无烟煤集团公司	653997.0	337213.0	93.94	682959.0	421255.0	62.12
阳泉煤业集团公司	536094.6	350077.6	53.14	618000.0	391931.0	57.68
平朔煤炭工业公司	603122.3	367365.0	64.18	654760.0	370501.4	76.72
潞安矿业集团公司	400595.3	301322.7	32.95	414523.0	294178.0	40.91
汾西矿业集团公司	257796.2	155111.9	66.20	315249.0	195486.0	61.26
霍州煤电集团公司	160620.5	95029.0	69.02	231944.6	95924.1	141.80
兰花煤炭集团公司	156422.8	96588.4	61.95	166868.6	111831.5	49.21
晋城市沁和能源公司	62207.7	44732.3	39.07	62207.6	44742.9	39.03
汾河焦煤股份有限公司	39484.9	36424.1	8.40	60331.4	40551.8	48.78
轩岗矿务局	33081.5	30074.7	10.00	38358.3	27658.1	38.69
内蒙古自治区	**297068.2**	**200984.1**	**47.81**	**361841.0**	**247271.6**	**46.33**
霍林河煤业集团公司	94289.4	77168.9	22.19	161216.0	116800.6	38.03
平庄煤业集团公司	127726.8	67518.4	89.17	126856.0	66299.0	91.34
扎赉诺尔煤业有限公司	42629.0	33135.1	28.65	42629.0	33171.0	28.51
大雁煤业有限责任公司	32423.0	23161.7	39.99	31140.0	31001.0	0.45
辽宁省	**1066701.0**	**831345.1**	**28.31**	**1094785.0**	**801510.6**	**36.59**
铁法煤业集团公司	370225.0	288610.9	28.28	407413.0	309422.0	31.67
阜新矿务局	250342.9	222841.7	12.34	211941.4	161242.4	31.44
抚顺矿业集团公司	206314.1	177890.6	15.98	228463.6	182947.5	24.88
沈阳煤业集团公司	216115.0	124447.9	73.66	220291.9	130918.5	68.27
南票矿务局	23704.0	17554.0	35.03	26675.1	16980.2	57.10
吉林省	**78286.1**	**61894.1**	**26.48**	**61541.3**	**58675.7**	**4.88**
辽源矿务局	78286.1	61894.1	26.48	61541.3	58675.7	4.88
黑龙江省	**918126.3**	**673059.8**	**36.41**	**922978.0**	**659717.0**	**39.91**
双鸭山矿业集团公司	177319.0	144413.0	22.79	184908.0	140787.0	31.34
鹤岗矿业集团公司	267774.3	192729.8	38.94	272268.0	177825.0	53.11
七台河矿业精煤集团	302423.0	213551.0	41.62	295802.0	208559.0	41.83
鸡西矿业集团公司	170610.0	122366.0	39.43	170000.0	132546.0	28.26
江苏省	**878939.0**	**650919.0**	**35.03**	**910824.0**	**653317.0**	**39.42**
徐州矿务集团有限公司	575813.0	412807.0	39.49	590000.0	434525.0	35.78
大屯煤电集团有限公司	221663.0	180353.0	22.91	259720.0	180554.0	43.85
天能集团	81463.0	57759.0	41.04	61104.0	38238.0	59.80
浙江省	**85067.2**	**66379.6**	**28.15**	**112406.8**	**90787.2**	**23.81**
长广集团公司	85067.2	66379.6	28.15	112406.8	90787.2	23.81
安徽省	**1789513.8**	**1188018.8**	**50.63**	**2050961.7**	**1304838.4**	**57.18**
淮南矿业集团公司	731836.0	505846.0	44.68	870000.0	584307.0	48.89
淮北矿业集团公司	609976.9	395401.6	54.27	664590.0	415571.0	59.92
皖北煤电集团公司	282861.1	156852.1	80.34	338607.0	175248.0	93.22
国投新集能源股份公司	164839.8	129919.1	26.88	177764.7	129712.4	37.05
福建省	**39373.8**	**28660.7**	**37.38**	**45371.4**	**37200.0**	**21.97**
福建煤电股份公司	39373.8	28660.7	37.38	45371.4	37200.0	21.97
江西省	**274294.7**	**176976.2**	**54.99**	**271249.6**	**192339.5**	**41.03**
萍乡矿业集团公司	174734.5	130356.2	34.04	207000.0	153413.3	34.93
丰城矿务局	99560.2	46620.0	113.56	64249.6	38926.2	65.05
山东省	**4907031.2**	**3212861.5**	**52.73**	**5333522.2**	**3554962.5**	**50.03**
兖矿集团有限公司	1547197.0	1115129.0	38.75	1839508.7	1345267.6	36.74

续表 7－2　　**2004年煤炭工业大型企业工业销售产值及产品销售收入**　　单位：万元

企业名称	工业销售产值(当年价格)			产品销售收入		
	本年累计	上年同期	增减(%)	本年累计	上年同期	增减(%)
新汶矿业集团公司	822580.9	560239.2	46.83	1069592.0	771025.0	38.72
枣庄矿业集团公司	979864.0	610858.3	60.41	797438.0	521600.0	52.88
淄博矿业集团公司	487240.1	306914.1	58.75	507618.0	312160.0	62.61
肥城矿业集团公司	308617.0	212493.0	45.24	286059.6	211411.6	35.31
济宁矿业集团公司	193823.1	122635.8	58.05	192911.6	123865.2	55.74
临沂矿务局	227053.2	79869.9	184.28	216764.9	80994.3	167.63
龙口矿业集团	164982.4	99047.6	66.57	243118.0	81604.8	197.92
丰源煤电股份公司	58994.1	35682.9	65.33	60276.9	37780.8	59.54
宏河矿业集团公司	61155.4	34921.2	75.12	61728.1	31870.5	93.68
裕隆矿业集团公司	55524.0	35070.5	58.32	58506.4	37382.7	56.51
河南省	**2909679.2**	**1893275.5**	**53.68**	**2891395.5**	**1786485.4**	**61.85**
平顶山煤业集团公司	1072609.6	698986.8	53.45	1082826.6	696017.0	55.57
永城煤电集团公司	411071.4	213169.8	92.84	408590.6	201249.6	103.03
河南神火集团公司	248476.1	174588.0	42.32	241328.1	181262.3	33.14
义马煤业集团公司	289361.0	183432.3	57.75	281500.0	172301.0	63.38
郑州煤炭工业集团公司	290949.6	221132.8	31.57	275278.0	192706.0	42.85
鹤壁煤业集团公司	244119.0	179299.9	36.15	243123.0	180704.0	34.54
焦作煤业集团公司	271704.4	165763.9	63.91	289800.0	111367.0	160.22
辉县市吴村煤矿	81388.1	56902.0	43.03	68949.2	50878.5	35.52
湖南省	**216126.4**	**145738.8**	**48.30**	**228290.4**	**164427.5**	**38.84**
白沙煤电集团公司	58108.8	48318.7	20.26	53629.0	45626.0	17.54
涟邵矿业集团公司	39854.9	34604.6	15.17	50195.0	37132.0	35.18
资兴矿业集团公司	75342.7	40159.0	87.61	68466.4	46295.5	47.89
煤炭坝能源有限公司	42820.0	22656.5	89.00	56000.0	35374.0	58.31
重庆市	**156653.4**	**108800.5**	**43.98**	**161236.1**	**114814.1**	**40.43**
松藻煤电公司	55460.9	48239.0	14.97	57109.0	38665.0	47.70
南桐矿业有限公司	53786.0	31770.4	69.30	53786.0	34460.5	56.08
永荣矿业有限公司	47406.5	28791.1	64.66	50341.1	41688.6	20.76
四川省	**175028.9**	**131802.4**	**32.80**	**179783.4**	**121885.1**	**47.50**
攀枝花煤业集团公司	97982.9	65515.2	49.56	90400.0	55648.8	62.45
广旺能源发展集团公司	37565.5	33396.0	12.49	43387.0	31134.0	39.36
华蓥山广能集团公司	39480.5	32891.2	20.03	45996.4	35102.3	31.04
贵州省	**353149.7**	**218871.7**	**61.35**	**367568.0**	**245908.0**	**49.47**
盘江煤电集团公司	188874.9	112939.3	67.24	186030.0	121003.0	53.74
水城矿业集团公司	108518.4	66140.9	64.07	112990.0	73111.0	54.55
六枝工矿(集团)公司	55756.4	39791.5	40.12	68548.0	51794.0	32.35
云南省	**54944.6**	**45944.7**	**19.59**	**54968.2**	**45412.0**	**21.04**
小龙潭矿务局	54944.6	45944.7	19.59	54968.2	45412.0	21.04
陕西省	**320210.5**	**229657.5**	**39.43**	**391020.8**	**217293.4**	**79.95**
铜川矿务局	142609.9	106017.1	34.52	198744.1	106866.6	85.97
黄陵矿业有限公司	60040.5	35357.0	69.81	60040.5	35348.1	69.85
韩城矿务局	73739.0	55602.3	32.62	86560.6	53861.9	60.71
蒲白矿务局	43821.1	32681.1	34.09	45675.6	21216.8	115.28
甘肃省	**291684.9**	**229807.0**	**26.93**	**296956.0**	**212118.2**	**40.00**
华亭煤业集团公司	136468.5	101225.0	34.82	145021.0	101225.0	43.27
窑街矿务局	54088.0	50013.0	8.15	60519.0	40424.2	49.71
靖远煤业公司	101128.4	78569.0	28.71	91416.0	70469.0	29.73

续表 7-3　　2004年煤炭工业大型企业工业销售产值及产品销售收入　　单位:万元

企业名称	工业销售产值(当年价格)			产品销售收入		
	本年累计	上年同期	增减(%)	本年累计	上年同期	增减(%)
宁夏回族自治区	**379997.6**	**299114.9**	**27.04**	**330001.0**	**277496.0**	**18.92**
宁夏煤业集团	379997.6	299114.9	27.04	330001.0	277496.0	18.92
新疆维吾尔自治区	**94319.4**	**88131.7**	**7.02**	**92981.5**	**91282.0**	**1.86**
乌鲁木齐矿业集团公司	46237.0	42571.2	8.61	41960.5	45398.0	-7.57
哈密煤业集团公司	48082.4	45560.5	5.54	51021.0	45884.0	11.20
神华集团	1273344.0	878944.0	44.87	1292607.0	901373.0	43.40
其中:神府东胜煤炭公司	633415.0	502479.0	26.06	630504.0	488433.0	29.09
准格尔能源公司	300899.0	184985.0	62.66	329383.0	234454.0	40.49
乌达矿业公司	98217.0	59041.0	66.35	86100.0	45459.0	89.40
海勃湾矿业公司	98428.0	57031.0	72.59	99765.0	57031.0	74.93

(中国煤炭工业协会　解宏绪)

石油天然气

【油气勘探开发】 1. 中石油:2004年新发现6个亿吨级油气储量区,新增探明石油地质储量5.2亿吨,新增探明天然气地质储量2436亿立方米。取得主要成果:渤海湾盆地勘探获得新突破,冀东滩海南堡凹陷连续3口井获高产油气流;鄂尔多斯盆地油气勘探继续呈现强劲发展势头;松辽盆地南部扶新隆起带展现了亿吨级储量规模的勘探前景;四川盆地天然气勘探新增三级储量总和超过2000亿立方米;松辽盆地北部徐家围子断陷深层天然气勘探进入加快发展阶段。

2. 中石化:2004年新增探明石油储量3.28亿吨、控制储量4.21亿吨;新增探明天然气地质储量1780亿立方米、控制储量1612亿立方米。2004年勘探取得战略性突破的有:

①川东北海相天然气勘探取得重大突破,普光千亿立方米规模大型气藏基本落实,天然气勘探大场面已经形成;

②阳深层勘探取得重要突破,尤其是王46井的钻探,明确了东营凹陷膏岩层之下以孔店组烃源岩生油为主的油气成藏组合的存在,将会开辟东营凹陷盐下成藏系统勘探新领域,具有重大的地质意义;

③塔河南部盐下奥陶系油藏勘探取得重大突破,位于塔河油田登记区最南部的沙112井在奥陶系上统良里塔格组获得日产油239立方米、气35000立方米的高产工业油气流;

④噶尔盆地腹部油气勘探取得新突破,车莫古凸起南翼勘探获得重要发现,其中永1井钻遇白垩系高压油气藏,证实了车莫古凸起南翼是一个重要的勘探领域。

3. 中海油:2004年中海油的勘探开发主要集中在渤海湾和南海海域。

①渤海湾:2004年7月,曹妃甸11-1/11-2油田成功投产。曹妃甸油田储量超过1亿吨;渤海渤中25-1油田一期工程2004年10月12日顺利投产,这是渤海海域的第三个上亿吨级整装大油田,含油面积85平方公里,可采储量2亿桶,生产期20年,日产约16000桶;渤南项目在11月份顺利投产,渤中28-1和渤中26-2油气田日产原油4200桶、天然气3.97万立方米;预探井锦州21-1南-1和评价井锦州25-1南-4D井获成功。

②南海海域:在南海的评价井番禺34-1-2、涠洲11-1北-2井和惠州26-3构造上的一口预探井获成功。惠州19-3/2/1项目建成投产,新项目涠洲12-1北顺利投产。

【油气勘探开发成果】 继"九五"油气勘探开发取得长足进展以来,"十五"前4年呈现快速发展势头,油气勘查开发登记面积达到447万平方公里,是"九五"末的2.5倍,勘探累计投资1000亿元,开展二维地震35万公里,三维地震8万平方公里,施工探井7211口。相继探明塔河、陆梁、西峰、志靖-安塞、渤中25、曹妃甸11-1、蓬莱19-3、大情字井8个地质储量大于1亿吨的油田。探明苏里格、普光和大牛地3个地质储量大于1000亿立方米的气田。同时,发现沁水盆地煤层气田,获探明储量754亿立方米。

"十五"前4年累计探明石油地质储量40亿吨,探明天然气地质储量20658亿立方米,年均增长4%、14%。原油产量由2000年的1.63亿吨增加到2004年的1.75亿吨,天然气产量由2000年的272亿立方米增加到2004年的408亿立方米,年均增长1.1%、12.5%。与"九五"相比,石油储量、产量稳步增长,天然气储量、产量快速增长,2004年中国石油产量列世界第5位,天然气列第16位。

【油气探矿权、采矿有效情况】 截至2004年12月31日,全国石油天然气(含煤层气)探矿权、采矿权有效矿权情况:

1. *油气探矿权有效矿权*:自营1098个,面积4269471平方公里:涉外25个,面积74147.9平方公里。

2. *油气采矿权有效矿权*:自营602个,面积73412.69平方公里;涉外19个,面积3764.25平方公里。以上全国油气有效探矿权、采矿权总数为1744个,总面积为4420795.94平方公里。

【油气及成品油产量】 2004年共生产原油17500万吨,同比增长2.9%,天然气408亿立方米,同比增长18.5%。

2004年加工原油27306万吨,同比增加13.7%。成品油方面,柴油产量为10162.1万吨,比2003年增长19.5%,汽油产量为5249.8万吨,比2003年增长10.2%。润滑油产品生产总量达到464.29万吨,同比增长13.6%。

【油气勘查开采区块登记颁证】 2004年,经会审批准申请448项。其中探矿权366项(包括新立70项、延续变更296项),采矿权38项(包括新立15项、延续变更23项),试采13项,注销28项,不予登记3项。

2004年,新批准设立的石油天然气探矿权70项。这些项目主要分布在海域(37项,面积244154.582平方公里,占新增面积的72.91%)、西部地区(20项,面积60680.467平方公里,占新增面积的18.12%)和中、东部地区(13项,面积30035.235平方公里,占新增面积的8.97%(见表2)。

表1 中国各主要石油公司有效探矿权采矿情况表(截至2004年12月31日)

类别		探矿权		采矿权		矿权合计	
公司		项目数	面积(平方公里)	项目数	面积(平方公里)	总数	总面积(平方公里)
中国石油	自营	403	1761212.26	379	61908.75	788	1824856.67
	对外合作	1	26.57	5	1708.92		
	小计	404	1761239	384	63617.67		
中国石化	自营	365	1032407.53	199	9242.47	564	1041650.47
	对外合作						
	小计	365	1032408	199	9242.47		
中国海油	自营	241	1333083.89	15	1389.27	286	1395701.60
	对外合作	16	59173.17	14	2055.33		
	小计	257	1392257	29	3444.60		
中联煤	自营	29	23904.67			37	38852.83
	对外合作	8	14948.16				
	小计	37	38852.83				
延长油矿	自营	33	101493.94	5	443.97	38	101937.87
	对外合作						
	小计	33	101493.90	5	443.97		
其他		27	17368.47	4	428.23	31	17796.70
合计		1123	4343619	621	77176.94	1744	4420795.94

2004年,新批准设立石油天然气采矿权15项。面积1825.044平方公里。这些项目主要分布在西部地区(8项,面积1343.879平方公里,占新增面积的73.64%)、海域(5项,面积445.262平方公里,占新增面积的24.40%)和江苏(2项,面积35.903平方公里,占新增面积的1.96%(见表3)。

【新增石油天然气生产设计规模】 2004年,新增石油生产设计规模1008.8万吨(其中,西部地区新增178.3万吨,占新增生产设计规模的17.67%;海域新增826.5万吨,占新增生产设计规模的81.93%;江苏新增4万吨,占新增生产设计规模的0.40%)。2004年,天然气新增生产设计规模108.4亿立方米(其中,西部地区新增107.9亿立方米,占新增生产设计规模的99.54%;江苏新增0.5亿立方米,占新增生产设计规模的0.46%)(见表4)。

表2　　2004年新增探矿权分布

序号	地区	项目数(项)	面积(平方公里)
1	内蒙	4	1756.835
2	新疆	6	17180.659
3	青海	2	8041.432
4	西藏	3	16718.628
5	四川	1	7468.513
6	贵州	1	6006.19
7	广西	3	3508.201
8	湖南	2	8325.315
9	湖北	1	27.649
10	河南	2	8066.441
11	山西	2	1 865.791
12	黑龙江	2	7231.991
13	吉林	1	1 003.086
14	海南	1	3514.962
15	南海	37	244154.582
合计		70	334870.284

表3　　2004年新增采矿权分布

序号	地区	项目数(项)	面积(平方公里)
1	新疆	2	140.915
2	内蒙	4	172.553
3	甘肃	1	83.108
4	陕西	1	947.303
5	江苏	2	35.9033
6	珠江口	1	106.37
7	渤海	4	338.892
合计		15	1825.044

【油气勘查、开采区块登记特点】 1.勘查区块登记的重点仍然是海域、西部地区,登记面积总量超过2003年。油气勘查面积,在2003年增长33.86个百分点的基础上,2004年比2003年又增长5.17个百分点。其增长速度比2003年低。2004年海域区块登记面积超过西部地区的增长。海域全部是南海,新增244154.582平方公里。

表4　　2004年新增油气生产设计规模

序号	地区	新增石油(万吨/年)	新增天然气(亿立方米/年)	新增煤层气(亿立方米/年)
1	新疆	22	107.6	0
2	内蒙	31.3	0	0
3	甘肃	80	0	0
4	陕西	45	0.3	0
5	江苏	4	0.5	0
6	珠江口	151	0	0
7	渤海	675.5	0	0
合计		1008.8	108.4	0

全国油气勘查面积比2003年有所增长,但增长幅度比2003年偏低的一个主要原因是,各油气公司贯彻落实国土资源部2003年石油天然气(含煤层气)勘查开采年检情况通报》(国土资通[2004]5号)的精神,对一些勘查最低投入不足的项目进行了有效调整,注销和变更减少面积的结果。2004年扣除新增面积后,老勘查区总面积比2003年净减少118952.786平方公里。

2.采矿区块登记的重点是海域和西部地区,登记面积总量高于2003年。2004年新增采矿权15项,与2003年(15项)持平。面积为2003年的60%。它们主要分布在海域和西部地区。2004年采矿权总数比2003年有所减少(减少55项),而面积则有所增加,其原因是油气公司为了便于管理,变更合并一些相毗邻的采矿权所致。

3.油气新增生产设计规模均高于2003年。2004年,油气开采新增生产设计规模与2003年相比,均有上升。石油为2003年的2.2倍;天然气为2003年的3.15倍。

4.“两权”使用费减免政策被充分利用,国家宏观调控继续发挥作用。2004年,油气勘查开采区块登记继续向地质调查程度低的陆地新区和海域扩张,体现了中国近几年来高度重视西部地区和海域的油气探矿权采矿权审批工作,认真执行对西部地区和海域的矿权使用费减免政策,落实国家西部大开发战略和加强海域油气勘探等宏观指导和调控的成效。

2004年,中央财政共收缴油气矿权使用费71520万元(海域5546万元),对西部地区和海域减免使用费

46893万元(海域减免24778万元),减免数额占应收额的39.6%(海域减免占应收额的20.9%)。2004年4月,国土资源部根据国务院的指示精神和国家发改委的意见,首次批准许可中石油进入海域勘探的探矿权。继中海油、中石化之后,又有一支强大的油气勘探开发力量进入了海域,使海域勘查面积有较大的增长。同时,也是各大油气公司奋力拓展油气资源接替区块,为缓解中国油气资源紧缺局面的战略选择。

【油气勘查开采问题与建议】 一是国际原油价格的持续攀升,在利益驱使下,个别地区无证非法采油的势头有所蔓延,擅自引入不具备油气勘查开采资格的民营企业非法钻采石油;二是采矿权人的合法权益受到侵害,非法盗油、占压输油气管线的事件频繁发生;三是探矿权人对某些登记区块的勘探投入达不到最低要求的现象仍然存在。

上述问题,已经引起中央和国土资源部的高度重视及社会的关注,并正在逐步解决之中。一是要进一步发挥油气督察员的作用,实行对全国油气勘查开采登记区块的实施情况进行全方位监督和及时报告制度;二是省地方各级政府应高度重视油气矿业秩序的整顿并纳入整体矿业管理范畴;三是进一步加强国土资源部对油气勘查开采登记区块的年度检查力度,及时注销甚至吊销非法操作的油气矿权。四是尽快研究制定有关非公有制资本进入油气领域的具体规定,依法规范油气勘查开采秩序。

【油气消费量】 2004年中国原油需求量达到89.18万吨/天,较2003年增加11.9万吨/天,增幅占全球的1/3。2004年1至11月份中国原油表观消费达到2.66亿吨,比2003年同期增长15.6%,比2003年同期增幅提高6.5个百分点;成品油表观消费达到1.96亿吨,同比增长20.5%,同比增幅提高7.8个百分点。预计2004年石油消费将增加到2.9亿吨,增长率在14%左右。

【石油公司经营】 1. *中石油*:2004年中石油实现销售收入5600亿元,同比增长17.8%,实现利润总额1100多亿元,同比增长50%,实现税费1050亿元,同比增长29.3%。国际业务经营收入比2003年增加67亿元,占总收入的比重比2000年提高5个百分点。国际工程技术服务实现营业收入、新签合同额分别比2003年增长41.5%和29%。未上市企业2004年实现主营业务收入比2003年增加61亿元,增长4.1%,其中外部市场收入比2003年增加46亿元,同比增长5.8%。

国内油气生产总当量达到13460万吨,同比增长4%,2004年生产原油10446万吨,同比增长0,5%,生产天然气285亿立方米,比2003年增长15.2%:化工商品产量1259万吨,总销量超过1300万吨,比2003年分别增长3.4%和10.6%:中石油2004年共加工原油11078万吨,同比增长12.8%,首次实现了原油加工量大于原油商品量,成品油产量增长14.8%;炼油装备平均负荷率达到95%以上,汽、煤、柴油总销售达6681万吨,同比增长10.4%。

国外油气生产快速发展。2004年海外原油作业产量达到3011万吨,天然气作业产量达到35.5亿立方米,分别比2003年增长20%和84.6%,原油和天然气权益产量分别比2003年增长27.4%和86.4%,国外加工原油295万吨,国际油气贸易量、贸易额增长幅度分别达到34%和6.3%。

2004年中石油共完成投资1266亿元,同比增长7.8%。西气东输工程正式投入商业运营、忠武输气管道提前建成试运行,陕京一线、西部原油和成品油管道建设试验段已开工建设。大连、兰州1000万吨炼油基地等重大项目已在加快建设。

表5　　2004年中石油油气生产情况　　(单位:万吨)

类型	原油	天然气(亿立方米)	原油加工量	汽油	煤油	柴油	润滑油	燃料油
全年累计	10446	285	11078	2386.23	306.15	4363.39	146.98	602.4
同比增长(%)	0.5	15.2	12.8	12.2	3.4	17.1	23.3	-7.74

2. *中石化*:2004年中石化实现销售收入约6000亿元,比2003年增长28.6%,实现利润425亿元,比2003年增加197亿元。全年生产原油3860.93万吨,同比增长1.17%;生产天然气58.63亿立方米,同比增长10.29%。全年累计加工原油14140.8万吨,同比增长13.88%,汽煤柴润累计完成8745.94万吨,同比增长16,93%,其中:生产汽油2576.78万吨,煤油636.67万吨,柴油5395.02万吨,润滑油137.47万吨,同比分别增长7.96%、19.79%、21.06%和31.39%。全年国内销售成品油9460万吨,同比增长24.6%,零售量增长了37%,市场占有率超过60%。在化工上,全年累计生产乙烯425.49万吨,合成橡胶78.09万吨,尿素263万吨,同比分别增长2.6%、2.9%和29.45%。新建原油产能576万吨、天然气产能12.4亿立方米。齐鲁乙烯

等一批炼化改造和甬沪宁原油管线如期投产，金陵等炼化改造和若干原油、成品油管线建设进展顺利。

表 6　　2004 年中石化油气生产完成情况　　(单位:万吨)

类型	原油	天然气(亿立方米)	原油加工量	汽油	煤油	柴油	润滑油	燃料油
全年累计	3860.93	58.63	14140.8	2576.78	636.67	5395.02	137.47	861.48
同比增长(%)	1.17	10.29	13.88	7.96	19.79	21.06	31.39	-2.4

3. *中海油*:2004 年完成油气总产量 3000 多万吨油当量，累计完成原油产量 2471.96 万吨，天然气 55 亿立方米，同比分别增长 11%和 46%。

2004 年中海油注重发展下游产业。作为下游的重要战略项目的东方化工城的两个化肥基地尿素年产量 140 万吨，出口量占到全国尿素出口总量的 20%。惠州 I 炼油项目建设工作已全面展开。按照规划，南海石化炼油项目将每年加工渤海重质原油 1200 万吨，总投资 160 多亿元，成为国内单系列组合的最大炼油项目。

表 7　　2004 年中海油油气生产完成情况 (单位:万吨)

类型	原油(万吨)	同比增长(%)	天然气(亿立方米)	同比增长(%)
全年累计	2471.96	11	55	46

【石油进口情况】 1. *进口量持续增长*。2004 年累计进口原油 12272 万吨，进口成品油 3788 万吨，较 2003 年同期分别增长了 34.8%和 34.1%，累计进口燃料油 3059 万吨，同比增长 27.7%，累计进口柴油 275 万吨，同比增长 224%。(2004 年出口原油 549 万吨，成品油 1146 万吨，同比分别下降 32.5%和 17.1%。)

2. *进口成本大幅增加*。2004 年原油进口占当年中国进口总值的 6%，比 2003 年提高 1.2 个百分点。进口额达到 339.1 亿美元，同比增长 71.4%。进口原油每吨单价比 2003 年同期上涨 58.9 美元，至 276.3 美元，上涨幅度为 17.3%，比 2003 年多支付外汇 70.68 亿美元。石油贸易逆差全年预计超过 300 亿美元，石油产品因而成为中国进口用汇第一大户。2004 年原油的对外依存度为 41%，和 2003 年相比，增加了 4 个百分点。

3. *进口多元化程度提高*。2004 年中国原油进口来源仍主要集中在中东、非洲、亚太、俄罗斯等国家和地区。其中从沙特、阿曼、安哥拉、伊朗和俄罗斯 5 个国家进口的原油量合计 7372 万吨，占当年中国原油进口总量的 60%。从苏丹等 16 个国家进口量合计 4252 万吨，占 34.7%，其中自越南、刚果进口增长较快，分别进口 535.1 万吨和 477.3 万吨，分别比 2003 年增长 52.6%和 40.8%。

【油气管线建设】 西气东输、陕京二线、忠武线、涩宁兰、海上东方-海南、兰成渝等主干油气管网相继建成投产，部分地区城市间输气管网建设逐步展开，使中国油气管道总里程达到 4.5 万公里，初步形成了连接东西、纵贯南北的管输网络，提高了资源配置能力，社会效益显著。中-哈石油管线的开工建设，开辟了新的油气安全进口渠道。

【境外油气资源合作】 石油公司参与境外油气勘探开发和技术服务，合作领域和范围不断扩大。相继在苏丹、印度尼西亚、哈萨克斯坦、伊朗等 30 多个国家开展了有效的投资合作，2004 年累计获取 2328 万吨权益油，并带动了技术、装备和材料的出口及劳务输出。中国石油境外地球物理勘探工作量已占居全球市场的 30%。

【油气地质理论和勘探开发技术】 叠合盆地、岩性油气藏、前陆盆地等油气成藏理论的发展和认识的提高，扩大了勘探领域。地球物理勘探、钻井完井等勘探技术的进步，使过去常规技术无法识别的资源得到了勘探发现。酸化压裂、热采、三次采油等开发技术的进步，使低渗透、重油和老油田采收率显著提高。

从“十五”前 4 年看，中国油气勘探开发进入快速发展时期，将会超额完成油气储量、产量规划目标，各项经济技术指标均创历史新高。同时，国土资源部开展了油气资源可持续供给战略研究、新一轮全国油气资源评价和全国油气资源战略选区工作，实施了南沙海域、黄海和天然气水合物专项调查评价，油气勘探开发管理工作得到进一步加强。由于国民经济持续较快发展，能源需求大幅增加，石油供需矛盾日益突出，如果不采取严格的节约措施，“十一五”期间供需缺口还会进一步加大。

【勘探开发工程】 青藏高原羌塘盆地、南方海相地层科探井工程；南黄海古生界、南海南部海域风险钻探工程；岩性油气藏勘探开发技术工程；低渗透、重油和高含水老油田提高采收率工程；深水钻井平台、深水油气田开发工程、高原高寒勘探开发设备研制工程。

【油气管网建设和 LNG 引进工程】 加紧建设以区域性主干管网、城市间管网、跨国管网构成的油气管网系统，重点完善西北和西南输气管网，建设东北输气管网，抓紧推进俄油、俄气、哈油、哈气管线建设，稳步推进东南沿海城市 LNG 引进工程中的码头和管网建设，尽快组建中国油气运输船队。

【油气勘探开发面临主要问题】 1. 基础地质调查投入不足。新区、新领域基础性石油地质调查评价力度不够，缺少地球物理、科探井等前期勘查投入；跨学科、跨部门的重大油气基础理论联合攻关少；尚没有建立完善的基础性石油地质调查和风险勘探投入机制，难以促进新区、新领域商业性勘探的良性循环。

2. 勘探开发难度逐渐加大。中国油气资源主要赋存于陆相盆地，地质条件相对复杂。其中，东部待发现油气田规模逐渐变小、隐蔽性增强；中西部地表条件复杂、资源埋藏深、技术要求高；海域受高温、高压地质条件影响大，缺乏深水勘探技术装备，施工难度大、风险高。低品位难动用石油资源比例增大，老油田综合含水高，普遍进入产量递减阶段，开发成本增加，开发难度加大。

3. 科技创新能力不足。海相地层油气地质理论不成熟，难以指导油气勘探；主要高新技术和设备属模仿跟踪式，具有自主知识产权的科技成果少；关键技术和装备研发能力弱，国际竞争能力不足。

4. 天然气上中下游发展不协调。国家对天然气主干管网和基础设施缺乏投资，管输能力有限；城市间天然气管网建设不足；井口气价偏低，城市用气垄断，市场监管乏力。煤层气产业发展滞后。

5. 境外油气资源投资合作难度大。境外主要油气资源被西方跨国石油公司垄断，中国境外投资合作空间受限；石油公司境外投资协调配合不够，不能形成合力；国家缺乏境外风险勘探投资机制，权益油气总量偏小；境外投资结构不合理，周边油气资源国投入少，权益油气资源难以运回国内。

6. 油田治安秩序和管输安全问题严峻。油气开发利益分配机制不合理，地方受益偏小，导致开采秩序问题突出。大多数油田治安形势严峻，盗抢原油、占压破坏输油气管线、破坏油田基础设施等违法犯罪活动频繁发生；违法在他人矿权区钻采石油问题时有发生；部分地区勘探开发征地困难。

【油气勘探开发建议与措施】 1. 加强基础地质工作，完善投资机制。设立专项基金，完善基础地质工作投入机制，整合一支精干的油气基础调查队伍。提供公益性服务；加大前期地质调查评价，增加科探井等实物工作量投入，对新区、新领域进行调查评价，获取油气基础地质资料，为吸引国内外石油公司投资，进行商业性勘查创造条件。

2. 实施重大科技攻关，提高科技水平。以青藏地区、南方碳酸盐岩等新区和海相地层、东部深层等新领域为目标，开展跨学科、跨部门的全盆地或大区域油气勘探开发攻关；对深水钻井平台、高原高寒勘探开发设备关键技术进行攻关；对低品位油气资源提高采收率技术进行攻关；对煤层气、油砂、油页岩、天然气水合物等非常规资源的开发利用技术进行攻关。

3. 稳步推进竞争机制，完善油气资源管理。严格执行勘查投入规定，明确实物工作量投入要求；加强监管，鼓励勘探投入；试行油气探矿权招标；完善石油标准合同，提高开放水平，推进对外合作；完善上游市场，探索以融资、参股等方式有序引入非公有资本参与油气勘探开发；加强石油公司间勘探信息交流和共享。

4. 鼓励海域深水油气勘探开发，促进低品位资源利用。鼓励海域深水等高风险领域油气勘探开发，加快争议海域油气勘探；调整油气资源税费制度，按资源优劣、开发阶段及不同水深制定税费标准，鼓励低渗透、重油、高合水、深水等低品位油气资源开发利用。

5. 加快天然气勘探开发利用，扶持煤层气产业发展。加强天然气勘探，增加优质储量；加速天然气干线管网建设，尽快形成地区和城市间管网体系，实现天然气管网独立运营，推进西气东输、海气上岸和 LNG 进口；完善天然气（含煤层气）定价机制，培育市场，加强市场监管。采取税费鼓励措施，扶持和促进煤层气产业发展，现有老井煤层气应回收利用；新建矿井的煤层气（瓦斯）含量达到国家规定标准的，必须先采气、后采煤。

6. 建立境外风险勘探机制，加强周边资源国的合作。加强综合协调，改善投融资机制，设立境外石油风险勘探基金，加大境外风险投入；促进与周边油气资源国的合作，加紧论证实施跨国油气管线建设；以构建多元化石油运输体系为目标，加快建设中国远洋油气运输船队，多渠道、多方式获取境外油气资源。

7. 重视石油节约和替代，引导合理消费。建立有效的激励和约束机制，大力促进交通、电力、石化、冶金等重点行业的节油，鼓励提高油气田采收率、炼油成油率；优化产业结构，转变经济增长方式，综合运用经济、行政、法律等手段引导合理消费，抑制需求的过快增长；实施“气代油、煤代油”，开征燃油税，综合提高石油利用效率。

8. 理顺利益分配关系，维护油田生产秩序。合理划分油气资源开发的中央与地方的利益分配，完善中央转移支付机制，协调好各级政府与石油企业间的利益矛盾；查处无证、侵权勘查开采油气资源，严厉打击盗抢原油、破坏油田基础设施等违法犯罪活动，保护油田和输油气管道安全，解决征地困难等实际问题，维护油田生产秩序。

（国土资源部地质勘查司　油气资源战略研究中心）

煤层气

【概况】 2004年10月20日河南大平煤矿发生的重特大瓦斯事故造成147人死亡和2004年11月28日陕西陈家山煤矿发生的重特大瓦斯事故造成166人死亡，给2004年煤矿安全生产形势逐步好转的局面蒙上了阴影，那么，2005年2月14日辽宁孙家湾煤矿发生的重特大瓦斯爆炸造成214人死亡的事故，更引起了全社会的强烈反响。国务院总理温家宝2月23日主持召开国务院常务会议，专题研究部署进一步加强煤矿安全生产工作，并特别强调各级政府和煤炭企业一定要加强领导，落实责任，痛下决心，标本兼治，坚决防范煤矿重特大事故的发生。会议提出，采取7项措施开展对瓦斯的集中整治，提出要成立国家煤层气工程研究中心，推进对煤层气的综合开发利用，变害为利。

根据调查，中国46%的煤矿属于高瓦斯矿，瓦斯含量大，地质构造复杂、断层多、地应力大，采掘时极易发生瓦斯突出现象。据统计，中国瓦斯事故已占到煤矿事故的80%以上，造成的伤亡占到特大事故伤亡人数的九成。

瓦斯，是贮存于煤层及其邻近岩层中的一种天然气，因此也称煤层气，煤层气对于煤矿生产是祸害，但若能加以有效利用，其实是一种非常洁净的能源。最早开展煤层气构排的是欧洲，早在19世纪后期，英国威尔士煤矿就开始利用井下穿层钻孔从未开采的煤层中抽出煤层气，以保证煤炭开采过程的安全。20世纪40年代，德国煤矿也开始大规模进行抽放利用煤层气。

【煤层气综合开发利用】 要解决中国现代化建设所面临的能源问题，必须改善其能源结构，并要特别注重节能和对环境的保护。而在煤炭开采中排放的大量煤层气作为一种新型能源，也已引起了各国政府和专家的高度重视。

煤层气除了能引起爆炸威胁采煤人员的安全外，还对大气环境造成严重破坏，据国际能源机构（1EA）估计，全世界煤层气资源量达260万亿立方米，而目前全世界每年因采煤直接向大气排放的煤层气就高达315亿～543亿立方米，这些逸散在空气中的煤层气，可加剧温室效应，破坏大气的臭氧层。当然，煤层气也并非一无是处，它是一种高效清洁的能源，由于煤层气的热值可根据需要进行调整，不像煤炭那样烧完后有剩余煤渣，所以它不需拥有庞大的净化装置来进行处理，而且它不腐蚀、不堵塞输气设备和管道，可以说是极好的民用燃料气，高浓度的煤层气可用来生产一系列的化工产品，也可用来做汽车燃料，还可用来发电。

基于开发煤层气具有改善煤矿安全、保护全球环境和增加新能源的重大意义，许多国家的政府都支持和鼓励本国的煤矿开发利用煤层气。特别是美国，在80年代地面钻井开发煤层气技术就已取得了重大突破，加上政府给予优惠政策，使煤层气工业得到了迅速发展，煤层气产量从1983年的8.07亿立方米，增加到2003年的450亿多立方米，是世界上率先取得煤层气商业化开发最成功的国家，也是迄今为止煤层气产量最高的国家。澳大利亚、英国、德国、波兰、俄罗斯和乌克兰也十分重视煤层气资源的开发，都制定了相应的开发计划，并致力于开采技术的研究和应用。

中国是世界第一大产煤国，从“七五”开始，国家各有关研究部门和生产单位就开始对煤层气进行研究勘探工作，并对中国陆上埋深2000米以浅的煤层气资源量作了不同的估计。据最新一轮资源评价结果表明，中国陆上埋深300～2000米的煤层气资源量为31.46万亿立方米，相当于450亿吨标煤，与陆上天然气资源量相当，超过美国位列世界前三位，在世界前12个国家的煤层气资源中占13%。由此可见，煤层气的发展前景还是很乐观的。

【中联煤层气有限责任公司】 近几年，中国已把煤层气作为新能源进行开发，并把它列为煤炭工业“九五”计划四大战略性起步工程之一。1996年3月，中联煤层气有限责任公司（简称中联公司）成立，它是国家煤层气产业的骨干企业，是专门从事煤层气的勘探、开发、生产、运输、销售和利用的国家专业公司，是中国最大的煤层气企业。江泽民和李鹏曾分别为中联公司题词：“依靠科技进步，发展煤层气产业，造福人民”，和“突破煤层气，开发新能源”。原国务院副总理邹家华在莅临公司的成立大会时也做了重要讲话。中联公司的成立，标志着中国煤层气产业进入一个新的发展阶段。

中联公司在山西沁水盆地取得勘探突破，在550平方公里的范围内获得了近402亿立方米的储量，从而建立起中国第一个大型煤层气田。

2002年底，中联公司在山西沁水县建设的枣园煤层气压缩站已将煤层气运往100公里之外的长治市销售，这是中国陆采煤层气产业首次实现商品化。

经过近三年的努力，中联煤层气有限责任公司的科技人员摸索出了一套适应中国煤层气勘探开发的系统工程技术，并制定一套相应的工程技术堆积规程和质量标准，为煤层气开发实现产业化奠定了基础。

按照中国煤层气产业的发展目标，到2005年，煤层气产量要达到30亿～40亿立方米，2020年将达到200亿立方米。为实现这一目标，必须要加大对煤层气勘探开发的投入，大力推广煤层气开发、利用新技术，加强基础设施建设，合理配置煤气管道，充分利用现有天然气管道，以创造更多吸引外商投资的有利环境。

中联公司提出了中国煤层气产量的开发目标——建设3～4个煤层气生产基地，2010年产气量将超过100亿立方米，使煤层气产量可达到常规天然气产量的1/3～1/2。

【煤层气开发作用】 *1. 合理开发利用煤层气，首先可以改善和提高煤矿的安全生产，提高企业的经济效益。*中国每年因瓦斯灾害造成的死亡人数达2000人以上。仅根据最近15年的统计，因瓦斯事故而死亡的人数约占煤炭行业工伤事故死亡人数的30%～40%，占重大事故的70%～80%，直接经济损失超过500亿元。瓦斯事故造成的人员伤亡和巨大经济损失，在社会上形成很大的负面影响。

所以，在采煤之前若先采出煤层气，不仅可以从根本上防止煤矿瓦斯事故的发生改善煤矿的安全生产条件，同时能减少对矿井的建设费用(巷道建设和通风费用减少1/4左右)，从而提高煤矿的生产效率和经济效益，还可以改善煤矿的社会形象。

*2. 开发利用煤层气，可以在一定程度上改善中国的能源结构，增加洁净的气体能源。*能源作为人类经济社会发展的三大支柱之一，在世界经济可持续发展的战略中是具有举足轻重的作用的。随着中国国民经济的快速发展，必然对能源的需求也越来越大，因此，国内油、气的供需缺口也会急剧增加。据国家发改委能源研究所的预测，中国天然气的供需缺口将越来越大。因此，开发和利用煤层气，可有效弥补中国常规天然气在地域分布和供给量上的不足。有些资深专家早就提出：21世纪是煤层气大发展的时代，煤层气是中国常规天然气最现实可靠的替代能源。

*3. 开发利用煤层气，可有效减排温室气体，改善大气环境。*煤层气作为一种温室气体，其温室效应是CO_2的20～24倍。甲烷的温室效应在全球气候变暖中的份额为15%，仅次于CO_2。中国是煤炭生产大国，只要采煤就会向大气中排放煤层气。1994年，据联合国统计：中国每年因采煤向大气排放的甲烷气体可达到190亿立方米，居世界第一，约占中国工业生产中甲烷排放的三分之一，占世界采煤排放甲烷总量的三分之一，已引起国际社会的普遍关注。特别由于近年来中国煤炭产量的剧增，这一问题也就愈加突显，因此，科学合理地开发和利用煤层气，不仅可以避免因采煤造成的煤层气这种不可再生资源的浪费，同时对减少温室气体排放、改善大气环境具有非常重要的意义。

*4. 开发利用煤层气拉动相关产业的发展。*因为煤层气产业是一项庞大的系统工程，所以建设一个煤层气生产基地，将会带动运输、钢铁、水泥、化工、电力、生活服务等相关产业的发展，增加就业机会，带动当地经济。

因此，煤层气的开发和利用不仅可以进一步缓解中国优质能源供需的矛盾，一定程度上改善中国能源结构的需求，也可从根本上保障中国煤矿的安全生产，改善全球大气环境，并还将成为中国国民经济一个新的增长点。总之，开发利用煤层气有百利而无一害，是一项功在当代、利在千秋的伟大事业。

【煤层气开发现行政策】 美国煤层气的开发之所以能够迅速取得成功，除其具有良好的煤层气地质资源条件和完善的基础设施(如发达的天然气管网)以外，在美国煤层气开发初期和其政府的宏观调控政策特别是卓有成效的财政支持和政策鼓励是分不开的。如1980年美国政府颁布的《原油意外获利法》中的第29条税收补贴政策，就使美国率先取得了煤层气商业性开发的成功。

美国还实施了天然气管道的市场开放政策。因为煤层气的销售主要是要通过管道输送到各类用户的，因此天然气的管道政策直接影响着煤层气产业的形成与发展。1992年5月，美国能源管理委员会颁布了第636号法令，取消了管道公司对天然气购销市场的控制，实行了天然气管道的市场开放政策，这为煤层气生产商带来了机会，并可获得较高的井口价。

为加快中国煤层气及相关行业的发展，国家也从不同的层面和角度制订了很多政策，如在《中华人民共和国煤炭法》第35条中规定："国家鼓励煤矿企业开发利用煤层气"；在2001年3月15日全国人大通过的《国民经济和社会发展第十个五年计划纲要》还提出要"开发煤层气资源"；在《中华人民共和国对外合作开采陆上石油资源条例》中的第30条规定，"对外合作开采煤层气资源由中联公司实行专营，参照本条例执行"；从引导投资方向、改善投资结构等目标入手，原国家计委和国家科技部也是一直把煤层气的勘探开发纳入《当前国家重点鼓励发展的产业、产品和技术目录》。

在财税政策方面，国家财政部、国家税务总局制定了增值税优惠政策(国办通[1997]8号),具体规定为:中外合作开采陆上煤层气按实物征收5%的增值税,不抵扣进项税额;自营开采陆上煤层气增值税实行先征后返的政策,即按13%的税率征收,返还8个百分点;同时制定了企业所得税方面的减免政策,如根据财政部规定(财税宇[1996]62号),从事合作开采石油资源的企业所得税问题的规定,均适用于开采中国陆上煤层气资源的企业;对中外合作开采煤层气的企业所得税实行二免三减半政策,即从开始获利年度起;第一年和第二年免征企业所得税,第三年至第五年减半征收企业所得税;在关税方面中国也有相关酌减免政策出台,如根据《国务院关于调整进口设备税收政策的通知》(国发[1997]37号)规定:"为进一步扩大利用外资,引进国外的先进技术和设备,促进产业结构的调整和技术进步,保持国民经济持续、快速、健康发展,国务院决定,自1998年1月1日起,对国家鼓励发展的国内投资项目和外商投资项目进口设备,在规定的范围内,免征关税和进口环节增值税。"而在煤层气价格方面,国务院1997年国办通[1997]18号文件规定,煤层气的价格按市场经济原则由供需双方协商决定,政府不限价。

【煤层气开发成果】 中联公司自1996年3月30日经国务院批准成立以来,在政府和有关部门的支持、指导下,在自营勘探、对外合作和科技方面取得了很大的进展。

1998年开始,公司先后与10家外国公司签订了24个煤层气勘探开发产品分成合同,合同总面积约3.38万平方公里。对外合作区块内已施工各类煤层气井262口,吸引外资近12亿元人民币;经过几年的勘探,2001年率先在山西沁水南部地区获得煤层气探明储量402.18亿立方米,并得到了国家的认定;建立了沁南潘河煤层气开发试验区,形成100口井的试验井组,所产煤层气除供应一座自备电站(3个机组、2100千瓦)满足生产用电外,还建立一座压缩能力为8万立方米/日的压缩气站,用于罐装汽运煤层气,向河南林州、山西长治供气,日供气量可达5万立方米。初步实现了商业性试生产;国家级山西沁水南部煤层气高技术产业化示范工程也正式批准立项;承担和完成了11项国家级科研项目;初步掌握了一套适合中国煤层气井常规工程施工技术及工艺流程,制订和完善了行业技术标准和国标以规范工程质量。

中国新一届政府成立以来,国家和政府愈加关注和支持煤层气的开发利用。在最近不到一年的时间里,国家领导人对中国煤层气开发利用多次进行批示和具体指导,政府相关部门也积极促进和协调煤层气产业的发展。温家宝总理就明确提出:"开发和利用煤层气既可治理瓦斯,又可利用能源,一举两得,应该加大科研、勘探、开发的力度。请发改委研究、制定规划和措施。"黄菊副总理对此也曾批示:"有关扶持煤层气商业化开采的政策事宜,请发改委统筹研究。""煤矿利用瓦斯发电,对提高能源利用率、促进安全生产都有益处。可通过调研,总结经验,并在具备条件的地方加以推广。"曾培炎副总理也批示:"抓好商业性示范工程,在总结经验的基础上,再进一步推广利用。"国务院华建敏秘书长批示:"瓦斯是煤矿矿难主要原因,又是重要能源。建议研究技术、经济政策,使之变害为利,变废为宝。"国家发改委、能源局领导也多次具体对中国煤层气开发利用进行批示、指导。有关司局领导还亲自到煤层气开发现场进行考察。

【煤层气产业化发展规划】 国家已将开发利用煤层气资源列入"十一五"计划。为把国家领导的指示落到实处,中联公司在深入研究和分析了资源、市场、投资和社会经济发展战略等因素后,制订了公司煤层气产业化发展规划指导思想和目标以及区域规划,具体如下:

1. *产业化发展规划指导思想*。公司将以党的十六届三中全会精神为指导,依托煤层气资源、市场和政策优势,以先进的工艺技术为手段,以获取煤层气规模产量为规划的最终目标,要实施内联外引,选定靶区,集中力量重点突破,实现煤层气的探采协调、滚动发展,力争在三年内初步实现煤层气的商业性开发。

2. *区域规划*。公司将以华北为重点,以山西沁水盆地南部和陕西韩城项目为切入点,开展系统的可行性评价研究,优选1~2个具备商业性开发条件的有利区域,作为煤层气商业性开发的示范项目,集中煤炭、石油和外国合作者的力量实施产量的突破,争取在三年内形成煤层气商业性开发基地,并实现规模化生产。为保证煤层气勘探开发的连续性,公司在重点开展示范工程的同时,还将继续对云南、黑龙江、辽宁、内蒙古、安徽、江西等地区的煤层气资源进行普查工作,按计划提交煤层气的探明储量。

3. *地面开采煤层气规划目标*。规划目标是:2004~2006年公司将建成1~2个煤层气生产基地,以确保实现煤层气年产能超过1亿立方米;3~5年完成煤层气示范工程目标,形成产能10亿立方米以上;到2015年公司将建成2~3个煤层气生产基地,年产量可达到100亿立方米以上,基本能够达到煤层气产业化规模。

4. *加强研究解决煤矿瓦斯有效技术*。国外经验表明,使用多分支羽状水平井技术进行煤层气开采,可使煤层气的采收率提高到85%以上;开采期短(3~8年,平均4年);井位占地少;控制面积大。而且这种技术与井下的抽放、采空区的抽放相结合,可以有效解决煤矿瓦斯灾害问题。

在有关经济政策的扶持下，中国的煤层气产业一定会有非常好的发展前景，中联公司的煤层气产业也一定能够为中国的能源和经济发展做出更大的贡献。

（中联煤层气有限责任公司　杨　坚）

冶　金

【概况】　近年来，持续快速发展的国内经济，特别是固定资产投资的高速增长，刺激国内钢材消费的大幅增长，同时推动了中国钢铁工业的发展。

2004年，中国钢、铁、材、矿的产量又创历史新高。全国产钢27470.70万吨，比2003年同期增加5237.10万吨，增长23.55%，产生铁25673.76万吨，比2003年同期增加4307.08万吨，增长20.16%；成品钢材产量为30430.09万吨，比2003年同期增加6322.08万吨，增加26.22%。

钢铁工业的持续快速增长，进一步带动冶金矿山企业生产的大幅提高。2004年，全国规模以上的铁矿企业生产铁矿石原矿31130.65万吨，同比增加4858.72万吨，增长18.49%；生产铁精矿14031.54万吨，同比增加3154.25万吨，增长28.99%。国内铁矿石产量和增幅均创历史新高。

2004年重点矿山企业生产原矿14032.39万吨，中小企业生产17098.26万吨，分别比2003年同期增长3.68%和34.23%。其中中国铁矿资源最为丰富的华北地区、东北地区的产量最大，华北地区规模以上企业生产铁矿石15727.95万吨，占全国总产量的50.52%；东北地区规模以上企业生产铁矿石6567.06万吨，占全国总产量的21.10%。产量在1000万吨以上的省市有北京、河北、山西、内蒙古、辽宁、山东、四川等。河北省是产量最高的省份，规模以上企业生产铁矿石10315.24万吨，占全国总产量的33.14%，同比增长30.21%；其次是辽宁省，规模以上企业生产铁矿石6096.79万吨，占全国总产量的19.59%，同比增长2.38%。

从全国来看，大型矿山企业的产量增幅不大，中小矿山企业的产量占了全国总产量的54.92%。

【主要技术经济指标】　1.劳动效率显著提高。2004年，重点露天矿全员劳动生产率累计达到11962吨/人，工人劳动生产率累计达到19294吨/人，同比分别提高14.23%和55.40%；重点地下矿全员劳动生产率累计达到1494吨/人，工人劳动生产率累计达到1838吨/人，同比分别提高22.26%和5.39%；重点选矿厂全员劳动生产率累计达到4761吨/人，工人劳动生产率累计达到5985吨/人，同比分别提高19.83%和18.47%。劳动生产率的大幅提高，说明重点矿山企业采选技术和装备水平有了很大提高，企业深化改革加强管理，加快技术改造取得显著成效。

2.能源物料消耗有所下降。2004年，重点露天矿平均电力消耗1.43度/吨，重点地下矿平均电力消耗15.03度/吨，重点选矿厂平均电力消耗29.06度/吨，同比分别下降2.72%、2.06%和7.83%；重点地下矿炸药、雷管、导火线消耗同比分别下降1.09%、19.60%和1.09%；重点选矿厂钢球、衬板、水的消耗同比分别下降1.0%、12.5%和4.97%。磨矿机利用系数和作业率也有不同程度的提高。

【铁矿石进口情况】　2004年中国进口铁矿石20809万吨，同比增加5997万吨，增长40.49%，其中从澳大利亚进口7816万吨，占进口总量的37.56%，同比增长34.48%；从印度进口5014万吨，占进口总量的24.10%，同比增长55.35%；从巴西进口4603万吨，占进口总量的22.12%，同比增长18.88%；从南非进口1110万吨，占进口总量的5.33%，同比增长16.14%。以上四国合计进口18543万吨，占进口总量的89.11%。其他来自秘鲁、加拿大、委内瑞拉、俄罗斯、智利、越南、美国、伊朗、哈萨克斯坦等国，占进口总量的10.89%。2004年从印度进口铁矿石的比重较2003年上升2.31个百分点，并取代巴西成为中国进口铁矿石的第二大贸易国。

从进口矿数量来看，平均月进口1734万吨，但随着国内需求形势的变化，在国内铁矿石价格最高的2月份，反映在3月份的进口铁矿石达到1912万吨，随着价格的回落进口量逐步递减，在5月份降到最低1321万吨，然后随着价格的回升，进口数量也开始反弹到12月份的2075万吨，相当于年进口量24900万吨的能力。自2001年进口铁矿石9230万吨到现在，4年间铁矿石年进口量增加了11579万吨，翻了一番还多。

从各地区的进口情况来看，全国有28个省区（市）进口铁矿石，其中华东地区进口量最大，达到9433万吨，占全国进口量的45.33%，同比增长35.68%；其次是华北地区，进口量达到5970万吨，占全国进口量的28.69%，同比增长39.48%；中南地区进口2995万吨，占全国进口量的14.39%，同比增长67.0%；东北地区进口1244万吨，占全国进口量的5.98%，同比增长35.81%。西南和西北地区分别进口9345万吨和232万吨。从单个省区（市）来看，进口量超过1000万吨的有上海、山东、北京、河北、江苏、湖北，分别为3732万吨、2915万吨、2755万吨、1926万吨、1107万吨和1095

万吨。

从进口矿的价格变化来看,全年进口矿平均到岸价61.1美元/吨,同比上涨28.31美元/吨,增长86.34%。其中澳大利亚矿平均到岸价42.85美元/吨,同比上涨14.80美元/吨,增长52.76%;印度矿平均到岸价80.78美元/吨,同比上涨43.05美元/吨,增长114.10%;巴西矿平均到岸价62.35美元/吨,同比上涨27.25美元/吨,增长77.64%;南非矿平均到岸价61.01美元/吨,同比上涨31.02美元/吨,增长103.43%。2004年进口矿平均到岸价总体呈梯形走势,1月份进口矿平均到岸价52.96美元/吨,一季度累计上涨20美元/吨,二季度稳定在70美元/吨以上,三季度跌回到55美元/吨,四季度平均为57.68美元/吨。

从各地区进口矿平均到岸价来看,上海最低,为46.17美元/吨,其他省区(市)都在50美元/吨以上,其中50~60美元/吨的有11个,60~70美元/吨的有4个,70~80美元/吨的有6个,80美元/吨以上的有6个。

【冶金矿山改革与发展面临形势】 *1.冶金矿山经济形势好转是阶段性的,行业发展的基础仍然十分薄弱,经济运行中的矛盾和问题仍十分突出。*近年来,冶金矿山以发展为中心,以结构调整为主线,通过科技进步、技术改造、科学管理和深化改革等一系列措施,实现了矿石产量、价格、企业经济效益、职工收入等同步增长,经济运行质量进一步提高,呈现出前所未有的良好发展态势。但是,必须清醒地看到,冶金矿山经济形势好转,主要得益于钢铁工业的高速增长,是市场需求的拉动,并不完全是行业自身经济增长方式转变的结果。产量增加,主要是地方矿产量的快速增长和国有大中型矿山加大开采强度、超能力组织生产的结果;企业效益增加,主要还是依靠提高产量和价格的强劲上升。总体上看,冶金矿山多年来所积累的一些深层次矛盾还没有从根本上解决,影响冶金矿山可持续发展的体制性、机制性、结构性障碍依然存在。同时,在完善市场经济体制的新形势下,经济运行又出现了一些新情况、新问题,如发展后劲明显不足,结构性矛盾比较突出,生产力发展水平低等。这些问题,严重阻碍了冶金矿山的改革与发展,必须引起高度重视,居安思危,未雨绸缪。

*2.中国钢材需求将由投资拉动下的超常增长逐步转入平缓增长阶段,产能大于需求的格局已经基本形成,钢材价格呈小幅走低趋势。*进入21世纪,中国钢材需求超常增长。2002年,中国钢材需求增长达到4000万吨,2003年更高达5000万吨,今年预计在3600万吨。出现这种超高速增长是多种因素促成的,但最主要是固定资产投资超常增长的拉动。随着宏观调控措施的落实和科学发展观的深入贯彻,各地过度依靠投资拉动经济增长的局面正在逐步改变,随着时间的推移,其对钢材消费的影响会日趋明显,钢材消费强度会出现逐步下降趋势,今明两年成为重要过渡期,预计今年的实际消费增长在13%左右,明年的实际消费增长在10%左右。

据调查统计显示,到2003年底,全国钢的生产能力达到3.1亿吨,在建能力达1.5亿吨,拟建能力为5000万吨。国家对钢铁投资实施宏观调控,抑制了一部分违规项目的建设投产,并使盲目投资热得以降温,一定程度上推迟了钢材供大于求局面的产生。原料不足、煤电油运紧张也在一定程度上制约了钢铁生产能力的充分发挥。但是,巨大的投资已经形成了巨大的生产能力,产能大于需求的格局基本形成,钢材价格也因供求关系的变化而出现小幅走低趋势。

*3.资源需求继续增长,但增幅有所下降,资源供应紧张的状况逐步缓解,供求趋向平衡,市场竞争更加激烈。*从全球资源供需关系来看,随着世界经济的逐步回暖,全球钢铁市场需求强劲,加上前几年矿山开发投资相对不足,从2003年开始全球铁矿石市场出现供应紧张的局面,争夺资源的竞争加剧,导致全球铁矿石价格快速上升,海运价格屡创新高。从长远来看,全球粗钢产量2004年突破10亿吨以后,除中国以外,其他主要产钢国没有新的大型设备投入生产,钢铁产量增加有限,决定了对资源需求的增加有限。而且世界铁矿资源丰富,主要铁矿石供应商特别是CVRD、RIO.TINTO、BHP三大铁矿供应商产能扩张计划相继实施,全球铁矿石产量和供应能力将有较大幅度的提高,国内铁矿石产能也在增长,预计2005年铁矿石供应紧张的局面有所缓解,2006年后铁矿石供需将基本趋向平衡,市场竞争更加激烈。

【冶金矿山改革与发展总体思路和目标】 今后冶金矿山总体发展思路可以概括为:以邓小平理论和"三个代表"重要思想为指导,全面贯彻落实党的十六大和十六届三中、四中全会精神,确立全面、协调、可持续的发展观,坚持走新型工业化道路。加强宏观调控,推进产权制度改革,建立和完善现代企业制度;坚持科教兴矿,人才强矿,推进信息化建设;促进资源合理利用和环境保护,实现经济与环境、人与自然和谐发展;坚持对外开放,积极参与国际竞争;不断改善生产和生活条件,提高职工生活质量和水平。发展目标:

*1.资源开发体系更加合理。*形成与社会主义市场经济体制相适应,与冶金矿产资源特点相符合,更加科学,更加高效,更加开放的冶金矿产资源开发体系。

*2.行业综合实力显著增强。*矿石产量适度有序

增长，产品质量有较大提高，铁矿石产量稳定在3亿吨左右，磁铁矿精矿品位大于68%，氧化矿精矿品位大于66%，复合氧化矿精矿品位大于65%。工业增加值2020年比2000年翻两番，经济效益明显提高。非矿产业比重达到50%以上。科技创新能力明显增强，大中型矿山企业技术装备水平达到世界先进水平。

3. 经济结构得到优化完善。矿产品深加工和综合利用实现产业化，发展一批特大型企业和企业集团，职工队伍结构改善，素质明显提高，劳动力资源优势得到充分发挥。

4. 冶金矿山可持续发展能力显著增强。全国冶金矿产资源勘探保证程度提高，铁矿资源采选综合回收率达到75%以上，磁铁矿选矿回收率大于95%，氧化矿选矿回收率大于80%，复合氧化矿选矿回收率大于75%。矿区生态环境明显改善。

5. 职工生活质量明显提高。工作和生活环境改善，收入大幅度提高，家庭财产普遍增加，过上更加富足的生活。

表1　　冶金矿山企业2004年工业产值

企业名称	工业总产值(万元)			
	工业总产值(同期价)	工业总产值(现价)	工业增加值(生产法)	销售产值(现价)
重点企业				
首钢矿业公司		119233.00	161323.42	119233.00
宣钢龙烟矿山公司	不变价:9229.40	24755.27		
宣钢石灰石矿	不变价:3743.61	13482.36		
唐钢矿业有限公司				
邯邢冶金矿山管理局	113406.00	230878.00	139928.00	231745.00
太钢矿业分公司		147581.87		
包钢白云鄂博铁矿		59024.29	27782.34	60004.62
包钢选矿厂		183178.96		183069.60
本钢矿业有限责任公司	222198.00	228970.00		
南　芬露天铁矿	50590.00	60708.00		
歪头山铁矿	50590.01	70103.00		
南芬选矿厂	128041.00	135801.00		
石灰石矿	20793.00	23066.00		
鞍钢矿业公司		530251.00	227072.00	534497.00
鞍钢弓长岭矿业公司		260088.00	113868.00	253026.00
鞍钢齐大山铁矿		198591.64	186920.79	
鲁中冶金矿山公司		84524.56	56607.95	83149.80
上海梅山矿业有限公司	80403.00	120832.60	69047.51	118982.30
马钢矿业管理委员会	88705.58	99950.72	68721.68	98906.11
南　山铁矿	57967.13	66174.56	41035.00	66094.85
姑　山铁矿	18145.20	20102.96	19025.23	19485.11
桃　冲铁矿	12593.25	13673.20	8661.45	13326.15
武钢矿业有限责任公司	95987.92	156330.00		
攀钢矿业公司	112177.31	137244.85	18047.00	133980.02
兰尖铁矿	16052.73	16111.66	3321.85	15913.66
朱家包包铁矿	12430.66	12194.96		12194.96
海南钢铁公司	71579.06	92459.27	76205.57	100221.76
酒钢镜铁山矿		17857.00		17857.00
酒钢选矿厂	不变价:21485.54	45525.73		
浙江漓铁集团公司	36515.00	72437.00	24601.00	72580.00
其他企业				
北京　首钢铁矿	26829.00	26278.00	8428.00	25329.00
北京　密云冯家峪铁矿	9803.00	18567.00	13232.00	18759.00
北京　密云威克	15956.00	28706.00	14189.00	29305.00
辽宁　凌钢保国铁矿	不变价:8553.40	35604.00	18422.90	34747.90

续表1

企业名称	工业总产值(万元)			
	工业总产值(同期价)	工业总产值(现价)	工业增加值(生产法)	销售产值(现价)
吉林　通钢板石矿业	24463.00	41382.10	32213.90	40533.00
吉林　通钢桦甸矿业	5131.00	8346.00	6970.00	8962.00
江苏　徐州铁矿	33632.00		15974.00	33027.00
江苏　韦岗铁矿		30000.00	4100.00	30119.90
江苏　南钢冶山铁矿		21751.00	5438.00	21751.00
福建　潘洛铁矿	8605.00	21078.00	18835.00	
福建　阳山铁矿		11392.40	6499.30	9893.00
江西　铁坑铁矿	2182.24	12061.00	-1021.40	11762.00
江西　新钢良山矿业	16016.43	33291.27	10485.70	32863.33
江西　乌石山铁矿	1655.00	2510.00	966.20	2447.00
山东　莱钢鲁南矿业		33942.11	20860.81	32154.38
山东　金岭铁矿	34121.97	69913.65	25670.00	68178.14
河南　安钢舞阳矿业	33786.30	33782.33	15439.38	32243.40
四川　泸沽铁矿	3744.50	5585.80	3468.70	5500.30
云南　昆钢大红山矿业				6219.22
陕西　汉中嘉陵矿业	7376.50	7376.50	2347.70	6999.62
新疆　雅满苏铁矿	不变价:17662.30	33974.80	6494.50	36421.60
湖南　桃江锰矿	不变价:2099.70	5192.30	1271.70	5190.80
广西　天等锰矿	3075.40	6076.60	5566.50	5750.70
云南　斗南锰矿		197645.00	81149.00	159424.00
云南　建水锰矿		11225.03	4050.63	9492.04
云南　鹤庆锰矿		16831.00	2735.00	12669.00
北京　首钢鲁家山石灰石		9200.00	3576.00	9200.00
江苏　船山石灰石矿	24702.00	23661.00	10132.00	23718.00
贵州　水钢石灰石矿		726.80		
湘钢　湘乡白云石矿		2178.77		

表2　2004年全国铁矿采剥掘总量

省　市	采剥掘总量(万吨)	掌子出矿量(万吨)			剥离量(万吨)	掘进量(万吨)	其他采剥掘量(万吨)
		合　计	露　天	地　下			
全　国	77031.99	26530.66	18562.05	7968.61	48109.42	2175.55	216.36
北　京	6472.04	1249.73	1249.73	0.00	5222.31		
河　北	21628.40	10281.44	5376.43	4905.00	10094.76	1252.21	
山　西	5419.91	1642.98	1519.65	123.32	3747.97	28.96	
内蒙古	4736.91	1835.82	1835.82	0.00	2901.09		
辽　宁	19642.50	4412.36	4213.53	198.82	15206.50	23.65	
吉　林	491.91	228.77	58.79	169.98	213.85	43.17	6.12
黑龙江	33.01	25.03	1.52	23.50	0.00	3.03	4.95
江　苏	602.17	521.71	0.00	521.71	0.00	80.46	
浙　江	151.94	124.06	0.00	124.06	0.00	27.87	
安　徽	2300.09	914.21	859.46	54.75	1373.49	7.42	4.97
江　西	96.64	93.91	0.00	93.91	0.00	2.74	
福　建	84.12	62.40	62.40	0.00	21.72		
山　东	2898.76	1161.87	761.90	399.97	1565.88	164.76	6.26
河　南	2717.55	293.49	243.58	49.92	2407.24	16.82	
湖　北	1357.35	730.05	0.00	730.05	0.00	448.76	178.54
湖　南	0.00	0.00	0.00	0.00	0.00		

续表 2

省　市	采剥掘总量（万吨）	掌子出矿量(万吨)			剥离量（万吨）	掘进量（万吨）	其他采剥掘量（万吨）
		合　计	露　天	地　下			
广　东	1773.19	641.82	641.82	0.00	1131.37		
广　西	44.98	25.51	25.51	0.00	19.47		
海　南	1853.42	473.60	473.60	0.00	1378.89		0.93
重　庆	160.18	86.60	86.60	0.00	73.58		
四　川	3363.67	938.12	918.01	20.11	2420.84	4.72	
贵　州	31028.00	10.71	0.00	10.71	0.00	5.96	14.60
云　南	0.00	0.00	0.00	0.00	0.00		
陕　西	230.18	186.29	39.63	146.66	25.00	18.90	
甘　肃	804.83	495.03	98.91	396.12	263.68	46.12	
新　疆	136.96	95.17	95.17	0.00	41.79		

表 3　**2004 年锰矿进口量(分国别统计)**

国　别	2004 年		2003 年		与去年同期比	
	进口量(万吨)	进口金额(万美元)	进口量(万吨)	进口金额(万美元)	数量(%)	金额(%)
合　计	464.67	58564.63	284.95	20415.11	63.07	186.87
澳大利亚	157.36	22652.04	118.92	10381.55	32.33	118.20
加蓬	57.53	9036.86	39.02	3172.11	47.43	184.89
加纳	55.63	5030.73	35.43	1800.72	57.01	179.37
南非	51.14	7854.50	10.98	917.19	365.66	756.36
巴西	33.85	4560.76	25.67	2021.06	31.88	125.66
印度	27.94	2412.79	14.56	803.79	91.93	200.18
缅甸	19.82	581.51	28.05	636.31	－29.33	－8.61
美国	19.44	3244.45	0.50	47.26	3752.06	6765.16
越南	10.24	408.10	6.55	266.47	56.43	53.15
科特迪瓦	7.44	714.81	0.00	0.00	* * *	* * *
埃及	6.12	626.57	0.00	0.00	* * *	* * *
哈萨克斯坦	5.52	291.31	0.00	0.00	* * *	* * *
日本	4.72	361.24	0.46	10.11	928.44	3474.70
欧盟	3.23	366.63	3.00	247.79	7.79	47.96
印尼	3.20	272.27	1.78	106.41	79.16	155.87
希腊	3.06	316.38	3.00	247.79	2.20	27.68
马来西亚	1.02	85.10	0.00	0.00	* * *	* * *
泰国	0.26	31.57	0.00	0.00	* * *	* * *
荷兰	0.15	29.63	0.00	0.00	* * *	* * *
菲律宾	0.13	23.13	0.00	0.00	* * *	* * *

表 4　**2004 年铬矿进口量(分国别统计)**

国　别	2004 年		2003 年		与去年同期比	
	进口量(万吨)	进口金额(万美元)	进口量(万吨)	进口金额(万美元)	数量%	金额%
合　计	216.62	38130.97	177.91	15083.05	21.76	152.81
印度	76.15	16572.81	108.65	9121.49	－29.92	81.69
土耳其	27.56	5018.87	2.60	302.59	959.77	1558.66
越南	19.55	1567.02	14.36	863.77	36.17	81.42

续表 4

国别	2004年		2003年		与去年同期比	
	进口量(万吨)	进口金额(万美元)	进口量(万吨)	进口金额(万美元)	数量(%)	金额(%)
伊朗	18.29	2836.70	11.39	886.00	60.58	220.17
澳大利亚	18.14	2505.89	12.77	1166.25	42.09	114.87
巴基斯坦	12.21	2230.77	9.59	925.80	27.25	140.95
南非	10.88	2414.78	4.25	613.40	156.07	293.67
美国	9.05	1445.35	0.00	0.00	* * *	* * *
菲律宾	7.00	829.69	4.11	402.28	70.18	106.25
哈萨克斯坦	4.59	652.15	7.57	584.13	-39.43	11.64
阿尔巴尼亚	3.87	579.85	0.00	0.00	* * *	* * *
马达加斯加	3.63	646.60	0.00	0.00	* * *	* * *
阿曼	2.67	349.69	2.06	194.30	29.26	79.98
苏丹	1.50	229.68	0.00	0.00	* * *	* * *
阿联酋	0.71	80.36	0.00	0.00	* * *	* * *
不详国别	0.55	105.81	0.00	0.00	* * *	* * *
印尼	0.27	56.96	0.00	0.00	* * *	* * *
欧盟	0.02	6.87	0.00	0.29	2614.38	2250.77
荷兰	0.02	6.47	0.00	0.00	* * *	* * *
马来西亚	0.00	0.72	0.00	0.00	* * *	* * *

表 5　　2004 年全国锰矿、铬矿进口量(分月统计)

月份	锰矿			铬矿		
	数量(万吨)	金额(万美元)	均价(吨/美元)	数量(万吨)	金额(万美元)	均价(吨/美元)
合　计	464.67	58564.63	126.03	216.62	38130.97	176.03
一　月	37.09	2804.93	75.62	20.51	3086.82	150.50
二　月	59.88	4683.75	78.22	40.71	6412.10	157.51
三　月	93.03	7924.38	85.18	55.04	8632.23	156.84
四　月	135.18	12791.18	94.62	135.18	12791.18	94.62
五　月	176.65	17318.58	98.04	91.65	15486.82	168.98
六　月	217.56	23258.36	106.91	105.67	18241.65	172.63
七　月	260.85	29653.45	113.68	122.44	21325.73	174.17
八　月	292.32	33269.57	113.81	132.89	23093.46	173.78
九　月	331.93	38935.87	117.30	150.77	26196.42	173.75
十　月	369.64	44476.79	120.32	168.17	29012.19	172.52
十一月	416.22	51682.99	124.17	189.22	33024.21	174.53
十二月	464.67	58564.63	126.03	216.62	38130.97	176.03

(中国冶金矿山企业协会　揭香萍)

有色金属

【概况】 2004年,中国有色金属工业在中央的宏观调控政策和市场的共同作用下,继续保持持续、稳定、健康发展的良好态势,产品产量持续增长,经济效益再创历史新高,进出口总额大幅度攀升,固定资产投资质量和效益明显提高,科技创新取得重大进步,产业结构进一步优化,企业文化建设开创新的局面。

1. 产品产量持续增长。2004年,10种有色金属总产量达到1430.62万吨,比2003年净增202.62万吨,增幅达16.50%,10种有色金属产量连续三年位列世界第一。其中,铜产量219.87万吨,同比增长19.74%;原铝产量668.88万吨,同比增长20.59%;铅产量193.45万吨,同比增长23.68%;锌产量271.95万吨,同比增长17.30%;镍产量7.58万吨,同比增长17.16%;锡产量11.53万吨,同比增长17.53%;锑产量12.53万吨,同比增长39.38%;镁产量44.24万吨,同比增长29.43%;海绵钛产量4809吨,同比增长

16.78%;汞产量1140吨,同比增长86.27%。

按地区统计,10种有色金属产量居前10位的省区是:河南、湖南、云南、甘肃、山东、山西、广西、四川、青海和贵州。其中,河南、湖南、云南、甘肃、山东5省的产量合计656.35万吨,占全国总产量的46.00%。

2004年铜、铅、锌、镍、锡、锑六种有色金属精矿总产量445万吨(金属量),同比增长15.55%(统计范围比2003年扩大,包括规模以下企业的产量)。全年生产钨精矿折合量11.63万吨,同比增长65.67%;钼精矿折合量8.54万吨,同比增长19.27%;氧化铝产量698.00万吨,同比增长14.20%。氧化铝的增长速度低于电解铝的增长速度,氧化铝供需矛盾进一步扩大。

2004年铜、铝材产量双双突破400万吨,其中:铜材产量达到471.61万吨,同比增长47.92%;铝材产量达到543.52万吨,同比增长35.97%。铜材产量最大的三个省是浙江、江苏和广东,产量合计为314.00万吨,占全国总产量的69.00%;铝材产量最大的三个省是广东、江苏和河南,产量合计为280万吨,占全国总产量的51.57%。

2. *经济效益创历史新高*。2004年,规模以上有色金属工业企业实现销售收入5578.32亿元,同比增长48.26%;实现利税530.22亿元,同比增长71.57%;实现利润323.84亿元,同比增长91.53%。

2004年实现销售收入过百亿元的企业有6户,分别是:中国铝业公司、五矿有色金属股份公司、江西铜业公司、铜陵有色金属(集团)公司、金川集团公司和山东南山集团。

2004年利润超过10亿元的企业有6户,分别是:中国铝业公司、山东南山集团、金堆城钼业公司、金川集团公司、江西铜业公司和五矿有色金属股份公司。

3. *固定资产投资质量和效益明显提高*。2004年,全国有色金属工业基本建设投资规模进一步扩大,投资结构更趋合理,2004年共完成投资总额633.68亿元,比2003年增长32.15%,但增幅比2003年有较大幅度回落。在国家宏观调控政策和可持续发展战略影响下,投资结构进一步优化,电解铝投资热的现象得到基本遏制,投资方向逐步向地质矿山和金属加工转移,工程质量持续稳定提高。2004年在建工程平均合格率99.5%,优良率76.5%;竣工工程合格率100%,优良率61.4%。近几年来,有色金属行业先后创国家优质工程10项,部优工程106项,一批国家重点工程进展顺利。如:平果铝业公司二期氧化铝工程、云南铜业公司艾萨炉铜冶炼工程、云南锡业公司奥斯麦特锡冶炼工程、长城铝业公司第二管道化溶出工程、中州铝业公司5#、6#烧成窑系统工程、青铜峡铝厂三期电解铝工程、江西铜业公司20万吨/年铜电解工程等均达到一次试车投产成功,并很快达产达标。

4. *进出口贸易额大幅度攀升*。2004年,有色金属进出口贸易总额达到362亿美元,同比增长55.47%,是2001年进出口贸易总额的2.6倍。其中,进口230.47亿美元,同比增长51.42%;出口131.53亿美元,同比增长63.1%,进出口贸易逆差为98.94亿美元。

【产业结构调整】 自2003年下半年起,在中央宏观调控政策指导下,全行业的产业结构发生了明显变化,电解铝投资过热现象得到遏制,中央宏观调控已经取得明显成效。

1. *电解铝投资热迅速降温*。2004年电解铝投资额比2003年减少42.34亿元,下降幅度达18.13%。据不完全统计,全国共停建电解铝产能147万吨、缓建产能90万吨,电解铝投资过热现象得到有效遏制。

2. *淘汰落后生产能力速度加快*。2004年淘汰落后自焙槽产能72万吨,至2004年底全国落后自焙槽生产能力只剩32万吨,约占全国总产能的3.5%,基本实现淘汰落后自焙槽生产工艺的目标。

3. *产业结构调整加快*。2004年在中央宏观调控政策影响下,先后有33家电解铝企业停产。与此同时,中国铝业公司控股兰州铝业公司、大冶有色金属公司,收购陕西有色金属集团、福建瑞闽公司。天津中迈集团收购黄河铝电集团公司,商丘铝电集团与林州铝业合并等,优势资源逐步向优势企业集中。在市场化日趋完善的大环境下,有色金属行业多种所有制经济成分迅速壮大。2004年按销售收入计算,非国有的多种所有制经济成分比例已达到60.58%,资产总额2344.83亿元,占规模以上有色金属的企业44.1%,同比增长29.7%,增长率高于国有及国有控股企业15个百分点。

4. *企业关闭破产工作继续推进*。2004年在过去几年债转股、关闭资源枯竭矿山和企业破产、安置职工的基础上,又有6户企业经批准实施关闭破产,共安置职工2.7万人,核销贷款18亿元,为企业的结构调整和资产重组创造了条件。

【科技创新】 2004年,有色金属工业科技创新又取得重大新进展。经过"十五"科技攻关和开发,研究成功了一批新的科技成果,一批重大成果实现了产业化,有力地推动和促进了行业技术进步和生产发展。

1. *矿山冶炼技术取得较大突破*。铜陵有色金属(集团)公司冬瓜山矿千米深井采矿技术有了重要突破;紫金山矿业公司1300吨电积铜生物堆浸技术已产业化生产;中国铝业公司中州分公司30万吨选矿拜耳法示范工程已投产一年,各项技术经济指标已达到或超过了设计要求;中国铝业公司砂状氧化铝技术取得重大突破，并在中铝各分公司全面投入生产；青铜峡铝业集团公司和神火铝业集团分别建设的世界上最大的350KA铝电解槽生产系列均已建成并投产；四川启明星铝业公司率先实现电解槽集中大修；金川集团公司镍钴精炼流程和自主开发的500吨/年羰基镍已投产；江西铜业公司铜闪速炉2003年完成了从5万吨到40万吨的自主技术三期改造并投产；云南铜业公司经过自主创新的艾萨炉在能耗和炉龄等指标上已超过国际同类炼铜炉的水平；中国自主研究开发的高效环保型“氧气底吹——鼓风炉炼铅新工艺”已得到快速推广，已建和在建的8个企业约60万吨能力；具有世界先进水平的云南冶金集团公司的“顶吹沉没氧化熔炼——富铅渣鼓风炉还原”炼铅新工艺已建成并即将投产。云南冶金集团公司还在世界上首次研究成功并投产了金属回收率高、可生产元素硫的高效、节能、清洁的铁闪锌矿氧压浸出新工艺；皮江法炼镁工艺改造料镁比降低17%、还原周期缩短了20%，近60种用于汽车、摩托、列车和3C业的镁合金零部件已研制成功并产业化；遵义钛厂5000吨级海绵钛现代技术及装备产业化项目已完成建设并即将投产。

2. *加工技术和新材料研究取得新进展*。宝鸡有色金属加工厂已建成能大大提高其生产技术水平的优质大型钛铸锭熔炼和优质锻棒生产系统；“多线上引铜管技术”已在青岛宏业集团实现了产业化；0.035毫米汽车超薄水箱带已在菏泽广源铜带有限责任公司建成生产基地；洛阳铜加工集团公司引线框架高精铜带材产量已经达到8000吨，缓解了进口压力；天津大无缝铜材有限公司引进的15万吨铜线连铸连轧生产线已达产，其产品质量达到国际先进水平；铝加工已研究成功了铝板坯连铸连轧、铝带坯电磁铸轧等一批具有独创性的加工技术和装备，开发出了航空、装甲车和运煤车用的预拉伸板等高附加值产品，代表当前国际先进水平的铝板带热连轧生产线即将建成。此外，由钟掘院士领导的“提高铝材质量基础研究”973项目已全面完成并被国家科技部评为材料组优秀，由黄伯云院士领导研究的“高性能炭/炭航空制动材料的制备技术”获得了全国多年没有被授予的国家发明一等奖。

【企业改革管理创新】 2004年，有色金属行业新上市企业3家，退市1家，其中三门峡天元铝业成功在香港上市。至此全国有色金属上市企业已有32家，其中境外上市4家。

2004年，有色金属工业企业围绕降低成本、提高效益、规避风险、增强竞争能力，在加强管理和管理创新方面做了大量工作。中铝股份确立了“集中管理、统一经营”的管理体制，成功实现了主辅分离、集中采购、统一配置。在生产管理中高度重视职业健康安全、环境和质量管理三大体系认证工作，所属河南分公司率先成为全国4A级“标准化良好行为企业”；中铝广西分公司借鉴世界一流企业管理理念，创立了PBS管理体系，把原处于分散运行状态的生产组织管理、设备管理、成本管理、安全管理有机联系在一起。推行的生产精益化管理在节能降耗、消除浪费中取得良好效果。四川启明星铝业公司借助ERP平台，实现了全公司的现代化管理。金川集团公司围绕“成本、质量、管理、技改、效率”，通过加强管理，达到降低成本、质量创优、效率提高、制度落实、技改升级的目的，实现了“靠制度管人、以法治企”的新目标。云南冶金集团把“提产、提质、提效”和“降耗、降本、降费”作为加强和改进管理的重点，逐步建立了以成本、财务管理为核心的科学管理体系。

【企业信息化建设】 在企业信息化建设中，铜陵有色金属集团公司投资2000多万元建设了“铜陵有色集团信息及生产指挥信息网络”；金川集团公司建成了千兆主干网，通过光纤连接公司总部所在地的28个厂矿和机关部室局域网，通过国际互联网实现总部与北京、兰州办事处局域网的连接；白银有色金属公司建成以光纤为主，电话网和双向卫星地面站为辅的高速信息化系统；铜陵有色金属（集团）公司金隆铜业将10多套控制各生产工序的子系统全部与工厂计算机网络互联；江西铜业公司贵溪冶炼厂实现了上与集团公司相通、下和各主要工序控制系统互联的上下连通网络。

在电子商务方面，浙江海亮集团有限公司从2003年起80%的对外贸易业务是通过网上联系确认的，2004年出口创汇超过6000万美元；江苏高新张铜股份有限公司所有海外订单中，通过网站自行找来的新增订单约占外贸订单的三分之一；自贡硬质合金有限公司初步实现电子采购和成本控制。

【“走出去”战略实施】 2004年，有色金属工业企业实施“走出去”战略，进行海外资源开发起步较好，初见成效。中国有色矿业集团公司把工程承包与有色金属资源开发结合起来，把所在国资源优势同中国的技术、设备、资金优势结合起来，在澳大利亚、巴布亚新几内亚、刚果（金）、马来西亚、印尼、朝鲜、菲律宾等国的地质勘查和生产经营取得较大进展；在赞比亚的湿法铜厂已开工建设；承建的伊朗哈通阿巴德铜冶炼厂项目已在2004年12月21日竣工投产；在蒙古图木尔廷敖包建设的锌矿正在努力建成中蒙合作的典范工程。金川集团为确保铜镍资源的有效供给，先后与澳大利亚西部矿业公司、赛利马来公司、FOX资源有限公司、瑞士嘉能可国际公司签署原料长期贸易协议；与瑞士马格瑞士公司合作开发智利和西班牙铜矿；与中国北方公司合作开发刚果(金)铜钴矿。中国铝业公司与巴西淡水河谷公司签约合作建设ABC氧化铝厂；四川启明星铝业公司计划在印度建厂；中国五矿集团成功控股美国舍温160万吨/年氧化铝厂等。

中国已经实现氧化铝技术出口伊朗；电解铝技术出口印度、伊朗和哈萨克斯坦；铜冶炼技术出口伊朗；铝再生回收技术延伸至泰国；矿山采选技术应用到赞比亚、越南、蒙古等国。

【资源勘查和矿业开发】 由于原料长期供应紧张，价格上涨，矿山企业效益明显改善；资源勘查和矿业开发逐渐受到重视，社会资金开始向矿业流动。内蒙、河北、甘肃、福建、云南等地一些中小矿山正加紧建设；一些老矿山通过重组改制重新获得生机；锡铁山矿务局、栖霞山矿、会泽沿锌矿、澜沧铅锌矿等一批骨干矿山通过挖潜和改造，增加了生产能力。

企业对现有资源和潜在资源的竞争加强，矿权市场在竞争中已初步形成，投资购买矿权的现象不断出现，一批有实力的企业纷纷通过公开招标、参股、收购等形式加强了对矿产资源的控制。同时，一部分矿业集团开始向冶炼业进军，有色金属采选业与冶炼业之间的相互融合和渗透进一步加强。

有色金属地质矿山工作取得新的进展。2004年共安排地质项目605项，比2003年增加69项，其中新上项目444项。2004年新发现或新证实为工业矿床的矿产地23处；新发现物探异常215处，化探异常620处，提交地质报告244份。

2004年完成钻探工作量16万米，坑探3.5万米，槽探63万立方米，井探1.4万米。新增固体矿产储量铜32万吨、金38吨、铅锌446万吨、铝土矿5034万吨、银180吨、钨3.25万吨、铁1480万吨。截止2004年底，全国有色金属地勘单位共取得探矿权1394个，采矿权120个。

2004年全国有色地质部门经济总收入达43.46亿元，实现利润首次超过1亿元，分别比2003年增长了20.1%和47.8%。

【企业文化建设】 加强企业文化建设，构建和谐社会是党中央国务院提出的最新要求，有色金属工业企业高度重视。中国长城铝业公司在二次创业中把企业文化建设作为增强企业凝聚力，提高核心竞争力的重要手段，使其与公司的发展战略、生产经营、企业管理相结合，与精神文明建设和党的建设、思想政治工作相结合，在弘扬企业精神、塑造企业形象、提高职工素质等方面进行积极探索，取得优异成绩，2004年被授予“中国企业文化建设先进单位”称号。

铜陵有色金属(集团)公司始终把企业文化建设作为实现企业目标、提高企业竞争力的一项重要工作来抓。先后投入了大量资金完善了企业文化设施，创办了全国公开发行的《铜陵有色报》，建设铜陵有色电视台、体育馆、文化宫、展览馆、局域网等。在生产经营中培育职工“爱国爱厂、创新求实、奋发进取、光我有色”的铜陵精神，使公司涌现了一批全国、全省、全市的劳动模范，所属安庆铜矿成为有色矿山新模式的一面旗帜，一批全国叫得响的高新技术产品和科技成果被开发出来。浙江海亮集团公司努力营造独特的海亮企业文化，开展“党建名企”和企业文化建设活动，开辟党员活动室、宣传栏，健全学习制度，开展丰富多彩的文化活动，企业现拥有《海亮报》、展示厅、企业文化传播中心、图书馆、网站、广播站等设施，公司参与各项社会公益活动和慈善事业，累计捐款2000多万元。在有色金属行业企业文化建设中，中国铝业公司创造“励精图治、创新求强”的公司精神；金川集团公司铸就“发扬艰苦奋斗光荣传统，依靠科技进步，立足全球发展，实施国际化经营”的企业文化精神；新疆有色金属集团阜康冶炼厂打造了“团结拼搏、开拓创新、无私奉献、求真务实、争创一流”的企业精神；山西阳泉铝业坚持“以诚信为本、以发展为本、以人才为本”的企业理念；云南冶金集团信守感情也是生产力，在企业改制改革中不搞简单的减员增效，下岗分流，用加快发展的办法解决前进中的各种困难和问题，创造了“战略、品牌、文化”为一体的企业文化架构。

【行业协调与自律】 近几年，有色金属工业在快速发展过程中，出现一些不健康的无序竞争的市场状况。譬如：盲目扩大生产能力、增加产量，出现产能过剩；片面追求眼前利益，为争夺资源、造成浪费；有的竞相压价，低价出口；有的相互抬价，炒作市场等等。无序竞争的结果，不仅损害行业整体利益，而且最终损害企业的自身利益。保持有色金属工业持续健康发展，除了政府制定产业政策，实施宏观调控措施外，各企业要牢固树立自律意识，自觉遵守市场“游戏”规则，加强行业协调，维护公平有序的市场秩序。

中国钨业协会针对钨低价倾销、恶性竞争的状况，多次召开“全国钨品行业价格自律会议”，分析市场、统一思想、协调一致、形成共识，共同维护行业利益。他们本着一要依法，二要自愿，三要坚持“民主协商、互相监督、自我约束”的原则，建立自律的“游戏规则”。2004年1月31日，温家宝总理对“中国钨业又出现无序开采和盲目建设”的情况作出重要批示：“抓紧整治，不可重蹈覆辙”。中国钨业协会及时召开了有国家有关部委和重点企业参加的座谈会，落实批示精神。

中国铜冶炼企业对国际铜精矿贸易商控制铜加工价格的被动局面，自2003年9月份以来，通过主要铜企业原料联合谈判组统一协调运作后，有效遏制加工费持续下滑。运行一年多来，成效显著，加工费成倍提高。2004年2月又在昆明召开由中国、日本、韩国、印度四国18家铜冶炼企业参加的第一届亚洲铜俱乐部会员会议，对加强亚洲铜冶炼企业的交流与合作将产生重要影响。

中国铅锌行业由株洲炼集团有限责任公司、葫芦岛有色金属集团有限公司、深圳中金岭南有色金属股份有限公司和白银有色金属公司4家企业组织的铅锌峰会，在原料统一运作，协调原料采购区域，统一产品报价，定期沟通信息等方面取得明显成效，为铅锌行业自律起到示范作用。2003年以来，上述4家企业及河南豫光金铅集团有限责任公司、云南冶金集团公司等6家企业在协会的统一组织下，对全国12个省铅锌冶炼企业进行行业调研，建立数据库，为政府部门和企业决策提供了科学依据。

表1　　有色金属工业概况

	单位	1990年	1995年	2000年	2002年	2003年	2004年
一、主要产品产量							
1. 十种有色金属合计	万吨	239.32	496.62	783.81	1012.00	1228.00	1430.62
①精炼铜	万吨	56.16	107.97	137.11	163.25	183.63	219.87
②原铝(电解铝)	万吨	84.71	167.71	279.41	423.13	554.69	668.88
③铅	万吨	29.65	60.79	109.99	132.47	156.41	193.45
④锌	万吨	55.18	107.67	195.70	215.51	231.85	271.95
⑤镍	万吨	2.75	3.89	5.09	5.24	6.47	7.58
⑥锡	万吨	3.58	6.77	11.24	8.18	9.81	11.53
⑦锑	万吨	6.00	12.95	11.33	12.32	8.99	12.53
⑧汞	吨	930	779	203	495	612	1140.00
⑨镁	万吨	0.54	9.36	14.21	23.50	34.18	44.24
⑩钛	吨	1913	1723	1905	3648	4118	4809.00
2. 有色金属矿产品							
①铜精矿含铜量	万吨	29.59	44.52	59.26	56.81	60.44	74.22
②铅精矿含铅量	万吨	36.39	51.98	65.95	64.07	95.46	99.72
③锌精矿含锌量	万吨	76.31	101.07	178.03	162.41	202.91	239.12
④镍精矿含镍量	万吨	3.32	4.18	5.03	5.37	6.11	7.56
⑤锡精矿含锡量	万吨	4.22	6.19	9.94	6.17	10.18	11.82
⑥锑精矿含锑量	万吨	5.48	12.50	9.93	6.02	10.00	12.54
⑦钨精矿(折三氧化钨65%)	万吨	6.28	5.33	4.55	6.97	7.02	11.63
⑧钼精矿(折纯钼45%)	万吨	3.29	7.33	6.39	6.74	7.16	8.54
⑨钴精矿含钴量	吨	249	981	91	1004	707	1253.00
⑩铋精矿含铋量	吨	1055	739	1122	944	1036	1857.00
3. 中国产品							
①精铜(矿产)	万吨	35.85	53.80	101.39	117.99	137.92	150.29
②精铅(矿产)	万吨	26.42	35.99	82.96	91.58	128.63	145.78
③氧化铝	万吨	146.40	219.94	432.81	544.96	611.21	
④高冰镍(含量)	万吨	3.34	4.26	5.70	5.92	6.93	7.40
4. 有色金属加工材							
①铜材	万吨	45.18	157.19	159.66	251.16	319.60	471.61

续表 1

	单位	1990 年	1995 年	2000 年	2002 年	2003 年	2004 年
②铝材	万吨	39.38	174.23	217.15	298.79	399.74	543.52
③铅材	万吨	0.70	3.70	0.31	0.22	0.28	2.56
④锌材	万吨	4.34	12.54	0.59	0.87	1.86	5.79
⑤镍材	吨	912	1008	403	584	204	5857.00
⑥锡材	吨	556	5502	458	1552	1997	10953.00
⑦镁材	吨	28	11773	9	115	98	1207.00
⑧双金属材	吨	11237	98385	2578	6782	1829	882.00
⑨铜盘条	万吨	15.06	29.26	36.47	56.05	61.81	97.95
⑩铝盘条	万吨	2.26	4.10	9.36	19.36	12.80	18.53
5. 其他常用有色金属							
①镉	吨	1129	1471	2368	2441	2705	4528.00
②铋	吨	1058	803	768	698	1042	11747.00
③钴	吨	325	238	411	972	992	5660.00
④硅	万吨	6.12	6.74	4.17	15.56	16.42	30.96
6. 辅助材料及其他							
①碳素糊类(有色企业)	万吨	42.80	65.46	83.80	119.60	181.04	212.30
②氟化盐	万吨	6.05	9.38	9.93	17.06	14.96	13.52
③选矿药剂	万吨	2.34	2.84	2.92	2.98	3.01	3.29
④硫精矿	万吨	347.70	406.73	290.81	269.53	336.74	427.31
⑤硫酸(有色企业)	万吨	189.20	240.35	557.79	631.45	684.48	752.83
⑥商品硫酸铜	万吨	1.07	1.07	1.31	2.63	3.83	3.28
⑦商品硫酸锌	万吨	2.45	2.77	2.54	4.09	3.30	3.28
⑧商品硫酸镍	万吨	0.17	0.49	0.16	2.02	2.17	2.26
⑨发电量(有色企业)	亿度	11.54	17.72	26.27	42.19	91.86	103.46
⑩水泥(有色企业)	万吨	169.00	199.91	265.19	237.57	278.23	300.26
二、能源消耗							
电	亿度	254.60	426.62	595.57	864.03	1051.66	1223.40
煤	万吨	736.00	1032.85	1210.12	1433.76	1764.56	1908.59
焦炭	万吨	100.80	147.49	155.18	170.44	158.83	158.59
燃料油	万吨	53.40	58.26	48.90	53.55	80.18	56.95
三、固定资产投资	亿元		142.10	175	304.8	479.7	633.68
四、实现利税	亿元		95.53	169.66	187.12	301.89	530.22
其中利润	亿元		43.14	66.3	80.46	162.06	323.84

注:2004 年十种有色金属产量中未包括再生铝。

表 2 **10 种有色金属产量总表** **单位:吨**

地区名称	10 种产量	矿产	再生	精炼铜(铜)产量	矿产	再生	原铝(电解铝)产量	铅产量	矿产	再生
全国合计	**14306202**	**13216160**	**1090043**	**2198693**	**1578675**	**620018**	**6688846**	**1934465**	**1509528**	**424937**
天津	38632	7267	31365	31832	7267	24565				

续表 2－1

地区名称	十种产量			精炼铜(铜)产量			原铝(电解铝)产量	铅产量		
		矿产	再生		矿产	再生			矿产	再生
河北	107366	42936	64430	605		605	37479	60128		60128
山西	714391	712115	2276	27722	25896	1826	341555	8722	8272	450
内蒙	477278	477278		41320	41320		373249	9928	9928	
辽宁	528286	519424	8862	52510	47219	5291	189314	3057	3057	
吉林	77332	75765	1567	383	383		71422	1853	286	1567
黑龙江	11374	11374		904	904		10470			
上海	150340	82442	67898	143971	92442	61529		6114		6114
江苏	269391	129557	139834	139834	115655	53739	13902	84926		84926
浙江	272294	121410	150884	165849	24641	141208	74814	6700	403	6297
安徽	431979	299621	132358	301607	266010	35597	4444	125230	28469	96761
福建	53701	52811	890	1888	998	890	47433	2169	2169	
江西	476344	316311	160033	435527	277456	158071	6671	24026	22064	1962
山东	821217	773708	47509	102654	58194	44461	714735	2467		2467
河南	2333563	2264477	69086	29745	20984	8761	1619303	610801	550785	60016
湖北	435717	393572	42145	178901	177953	948	214042	42002	1467	40535
湖南	1206092	1161191	44901	3400		3400	112885	373285	352554	20731
广东	339837	270525	69312	75823	18493	57330		83180	75093	8087
广西	668795	668795		1036	1036		219074	130975	130975	
重庆	76500	65902	10598	365		365	58105	14219	3986	10233
四川	643675	636404	7271	587		587	395485	7651	967	6684
贵州	597713	590743	6970	258	258		431690	9080	2110	6970

续表 2－2

地区名称	锌产量			镍产量			锡产量			锑产量		
		矿产	再生		矿产	再生		矿产	再生		矿产	再生
全国合计	**2719483**	**2674650**	**44833**	**75828**	**75828**		**115320**	**115065**	**255**	**125256**	**125256**	
天津	6800		6800									
河北	6787	3090	3697									
山西	29841	29841										
内蒙	49406	49406					136	136				
辽宁	281989	278418	3571									
吉林	542	542										
黑龙江												
上海							255		255			
江苏	1169		1169									
浙江	24931	21552	3379									
安徽	698	698										
福建	2211	2211										
江西							3528	3528		6054	6054	
山东	581		581									
河南	28445	28136	309									
湖北	662		662									
湖南	618991	598221	20770				14123	14123		83200	83200	
广东	179510	175615	3895							1324	1324	
广西	253453	253453					28829	28829		35428	35428	
重庆				1745	1745					2061	2061	
四川	239952	239952										
贵州	149288	149288								3450	3450	

续表 2-3

地区名称	汞产量			镁产量			钛产量		
		矿产	再生		矿产	再生		矿产	再生
全国合计	**1140**	**1140**		**442362**	**442362**		**4809**	**4809**	
天津									
河北				2367	2367				
山西				306551	306551				
内蒙				3239	3239				
辽宁							1416	1416	
吉林				3132	3132				
黑龙江									
上海									
江苏									
浙江									
安徽									
福建									
江西				538	538				
山东				780	780				
河南				45269	45269				
湖北				110	110				
湖南	208	208							
广东									
广西									
重庆	5	5							
四川									
贵州	544	544					3393	3393	

表 3　　规模以上有色金属工业企业产值　　单位:千元

地区名称	工业总产值（当年价格）	工业销售产值（当年价格）	工业增加值
全国合计	565748317	557619857	140027223
北京	2679495	2688080	364321
天津	8801740	9127040	1560174
河北	12111163	11789505	1994231
山西	18193534	17250035	7089128
内蒙	12650598	12382080	4386460
辽宁	23041603	22577960	4340499
吉林	3508335	2362998	533196
黑龙江	2021862	2049949	353005
上海	19671431	19729996	2874233
江苏	56815258	55648929	11352193
浙江	49131486	48404396	7729819
安徽	17885447	18471132	3099006
福建	7813207	7675369	1830287
江西	28509676	27792235	6147212
山东	38174340	38012171	10504387

续表 3

地区名称	工业总产值（当年价格）	工业销售产值（当年价格）	工业增加值
河南	47953283	47504052	14401486
湖北	12729170	12529389	3774951
湖南	28221874	28258935	8335356
广东	41589968	40721653	9862320
广西	15250708	14853037	5641874
海南	390746	376631	300098
重庆	8728467	8540490	1570763
四川	16563812	16267747	5050753
贵州	11830095	11537227	3998908
云南	28673678	28042490	6362325
西藏	20923	21583	15938
陕西	11058408	10455705	4261986
甘肃	27441305	27293979	7565792
青海	7474162	7617516	2865335
宁夏	6306707	6053153	1402511
新疆	1605836	1584395	457786

表 4　　分地区规模以上有色金属工业企业主要财务指标　　单位:千元

地区名称	企业个数	主营业务收入	主营业务成本	利税总额	资产总计	负债合计
全国合计	4462	557831675	4848889123	53022015	531665665	343094789
北京	44	2705707	2457467	185976	3441609	1491018
天津	84	8407720	7885095	357435	4850009	3515585
河北	119	11453602	10657113	290862	7677133	5755899
山西	124	16620869	13134280	3091134	28260299	19641806
内蒙	109	12543514	10727767	1184181	14512331	8571067
辽宁	203	22707724	20090998	1534877	32035649	20999097
吉林	32	2045363	1808893	57228	2616747	2151789
黑龙江	14	2087901	1564617	382099	3658159	2185414
上海	191	20328645	18916800	969593	12852525	8146138
江苏	502	55016296	51544468	2559435	23344235	16301114
浙江	472	48483742	45413413	3433385	22183070	14068468
安徽	93	23277147	21662664	1371310	19037056	13300830
福建	83	7616514	6627234	605876	7990847	3782740
江西	173	27065364	23531910	2953489	25034039	14638573
山东	139	37298282	31096478	5163363	42350834	22688640
河南	280	47021487	37896720	7649263	45913934	32409956
湖北	108	12191886	10926580	819324	11742135	7787158
湖南	357	27498158	23065374	2266930	22279047	13551277
广东	363	41012055	36948163	1788417	29974633	19719241
广西	149	14429934	11032007	2847336	17226053	12676279
海南	16	70543	60092	842	98566	101952
重庆	59	8396229	7739257	423825	8095767	5579938
四川	171	15986595	13925309	1470802	19459241	12055298
贵州	133	10973392	9040921	1752683	14279041	9035587
云南	158	27341495	23080384	2638549	35489367	22003643
西藏	4	27457	12387	－1107	123947	78084
陕西	105	9971022	6940624	2218543	14423507	8051152
甘肃	111	29036408	23264015	3074463	37497206	24943454
青海	29	8252482	6632801	1280433	13225746	10272132
宁夏	17	6360279	5953055	350406	10545931	6695710
新疆	20	1603863	1252237	290063	1447002	895750

表 5　　有色金属分地区固定资产投资　　单位:万元

地区名称	项目个数	2004 年计划投资	2004 年完成投资
全国合计	1996	8074382	6336830
北京	3	39236	16982
天津	8	22225	19597
河北	45	131525	73888
山西	53	725994	636794
内蒙	155	545779	495281
辽宁	84	181720	141786
吉林	19	110624	89289
黑龙江	16	62037	17070
上海	1	105	105
江苏	67	134424	114363
浙江	36	101372	77079
安徽	69	184422	158659
福建	35	59393	63561
江西	102	330114	248183
山东	89	591970	413854

续表 5

地区名称	项目个数	2004 年计划投资	2004 年完成投资
河南	127	1483098	1146197
湖北	57	266250	215515
湖南	209	449593	287099
广东	72	302099	259230
广西	96	306283	135479
海南	12	23558	14909
重庆	52	210384	190153
四川	114	294198	189395
贵州	82	250932	195654
云南	177	516378	394887
西藏	4	2699	2699
陕西	63	173892	156791
甘肃	76	275576	262885
青海	37	217094	210257
宁夏	10	39237	63659
新疆	26	52171	45530

表 6　　有色金属进、出口情况

出　　口	出口数量(吨)	出口创汇额(万美元)	进出数量(吨)	进口用汇额(万美元)
合计		1315339		2304660
1. 铜		185456		1241576
未锻轧铜	124354	33938	1266092	348257
其中:精炼铜	123847	33834	1200117	335142
铜合金	507	104	65975	13114
铜材	390023	149683	1195365	391472
其中:铜粉	4360	1362	5379	2885
铜条杆型材	13870	3376	124321	28260
铜丝	22353	6794	452351	113952
铜板带	42819	14748	273328	81482
铜箔	155588	65256	304675	145872
铜管	98088	35347	32923	15568
铜制管子附件	52945	22801	2389	3452
粗铜	1305	219	114440	32509
铜矿	14431	44	2880963	223842
铜废碎料	8735	1573	3957604	245497
* 铜金属制品	60811	28431	27123	29449
2. 铝		396951		664645
未锻轧铝	1684386	280079	1033422	157088
其中:非合金铝	1405882	233949	698039	106910
铝合金	278504	46129	335383	50178
铝材	430988	112009	610636	194416
其中:铝粉	1108	406	4440	1253
铝条杆型材	244326	55427	77166	19525

续表 6－1

出　　口	出口数量(吨)	出口创汇额(万美元)	进出数量(吨)	进口用汇额(万美元)
铝丝	6809	1734	7818	2843
铝板带	81591	20656	441021	116774
铝箔	74952	26287	64402	46510
铝管	19318	6208	15184	6399
铝制管子附件	2885	1292	605	1111
铝废碎料	3781	408	1200008	107477
氧化铝	22588	1101	5874885	204356
氢氧化铝	101410	3354	18712	1308
＊铝金属制品	416102	125222	33515	34100
3. 铅		46076		52143
未锻轧铅	464769	41838	87621	6806
其中:精铅	446681	39615	42834	3808
铅合金	18088	2223	44787	2999
铅材	4178	556	7440	1531
铅废碎料	32	1	6	1
铅矿	20	1	830560	54705
氧化铅/铅丹/铅橙	36639	3680	586	100
＊铅金属制品	2865	434	3411	856
＊铅酸蓄电池	131234575	59037	23228087	11031
4. 锌		38962		83252
未锻轧锌	263149	26911	459327	48744
其中:非合金锌	224.165	22519	239451	24051
锌合金	38984	4392	219876	24693
氧化锌	67063	6028	20614	2621
锌钡白(立德粉)	85489	2754	35	19
锌材	21083	3237	75789	9999
锌矿			616074	17113
锌废碎料	350	32	73780	4755
＊锌金属制品	42640	10902	5987	1835
＊原电池		95569		37021
5. 锡		32642		27815
未锻轧锡	38915	32106	18342	12103
其中:非合金锡	32032	27712	9655	6533
锡合金	6883	4393	8687	5570
锡材	817	536	20006	12877
锡矿			8912	2835
＊锡金属制品	2072	1242	1394	1404
6. 镍		22016		128412
未锻轧镍	15422	20015	65747	89839
其中:非合金镍	15420	20011	65460	89503
镍合金	2	4	287	336
镍材	1071	1759	16451	25757
镍矿			42590	3524
镍废碎料	455	218	9	3
＊镍金属制品	1333	4145	7561	7450
7. 锑		17389		1.973
未锻轧锑	21488	4895	373	72
粉末	2	1	13	9
废碎料				

续表 6－2

出　　口	出口数量(吨)	出口创汇额(万美元)	进出数量(吨)	进口用汇额(万美元)
氧化锑	53793	12251	1496	425
硫化锑	1550	216	31	3
锑矿			18006	1433
8. 镁		73157		1567
未锻轧镁	308.846	58787	4034	921
其中:含镁 > 99.8	228,350	42083	27	4
含镁 < 99.8	80497	16703	4007	917
镁粒、粉	69383	13251	751	302
镁材及金属制品	2137	568	229	188
镁废碎料	3372	551	1468	156
9. 钨		28316		5334
钨材及金属制品	3551	6783	761	4530
其中:钨粉	1574	1867	87	104
未锻轧钨及条杆型材	977	1231	232	1503
钨丝	689	2589	86	2165
钨矿			2877	572
钨酸盐	7097	4733	9	13
其中:仲钨酸铵	5909	3853	0	1
氧化钨及氢氧化钨	10031	7761	21	11
其中:三氧化钨	4718	3727	1	2
钨铁	6701	4725	71	41
碳化钨	3460	4313	25	167
硬质合金	290179	45428	139869	77520
10. 钼		155825		13920
钼材及金属制品	2217	7071	197	1406
其中:钼粉	397	1364	30	145
未锻轧钼及钼材	667	2121	16	169
钼丝	201	1001	45	275
钼矿	29464	54449	20541	11704
氧化钼及氢氧化钼	629	1151	626	533
钼酸盐	3142	3609	94	93
其中:钼酸铵	1360	1802	83	87
钼铁	42402	89545	109	184
11. 银		91812		11482
未锻造银	3520848	72273	278188	4153
银粉			158582	2394
半制成银	58343	1132	241041	3991
银手饰及零件	446637	17893	28429	727
银器皿及零件	21753	513	1425	25
12. 金		152201		5449
金首饰及零件	158844	152201	6275	5449
13. 钛		4413		14315
钛材及金属制品	1310	3513	4197	7998
钛矿	26648	263	593276	4174
* 钛白粉	94390	10540	250989	43514
14. 钴		9709		29147
钴及其制品	1981	8748	1682	4915
钴矿			143594	24188
氧化钴				

续表 6-3

出　　口	出口数量(吨)	出口创汇额(万美元)	进出数量(吨)	进口用汇额(万美元)
硝酸钴	67	23	25	18
碳酸钴	527	938	32	25
15. 锆		294		13597
锆及其制品	410	161	393	1292
锆矿	1577	133	270161	12305
16. 钽铌		6743		1908
钽及其制品	319	6743	111	1908
17. 铋及其制品		4560		86
18. 镉及其制品		37		1087
19. 锗及其制品		1204		242
20. 汞				285
21. 稀土		47577		6426
稀土金属	5534	5266	46	67
其中:钕	2381	1832	11	37
镝	121	431	1	2
稀土合金	6707	3065	2	11
其中:电池储氢合金	1271	861	1	1
稀土氧化物	42847	17235	2087	2397
其中:氧化(氢氧化)铈	10286	1752	634	1166
氧化钇	1969	1652	76	77
氧化镧	6402	1432	1	10
氧化钕	535	304	417	93
氧化铕	54	1470	0	1
氯化稀土	4898	386	1	
氟化稀土	987	209	9	29
稀土永磁体	7709	21417	2627	3922

（有色金属工业协会　李宴武）

建　材

【概况】 在国民经济快速发展和固定资产投资规模继续增长的强劲拉动下，2004年建材工业呈现出生产快速增长，产销衔接良好，效益大幅度提高，结构进一步优化，进出口贸易继续扩大的良好发展态势。

2004年完成工业增加值2041亿元，同比增长23.6%；完成产品销售收入5935亿元，同比增长30.5%；实现利润总额352.66亿元，同比增长33.9%，创历史最好水平。这是在2003年建材工业高位增长的基础上实现的。主要建材产品产量都大幅增长，其中，水泥产量9.34亿吨，增长15.7%；水泥预制管桩产量5200万米，增长63.3%；水泥设备产量44万吨，增长62.3%；平板玻璃产量3亿重量箱，增长20.5%，达1995年以来最高年增长速度。石英玻璃产量2502吨，增长37.7%；卫生陶瓷产量10.9亿件，增长30.8%；釉面砖产量10.9亿平方米，增长22%；墙地砖产量18.7亿平方米，增长28.3%；玻璃纤维纱产量66万吨，增长30.9%；建筑涂料产量113.3万吨，增长26.1%；耐火材料制品1868万吨，增长24.8%；石膏板产量3.2万平方米，增长46.5%；花岗石板材产量1.02亿平方米，增长54%。

建材工业实现利润的增长率高于全国工业的增长率。其中，平板玻璃行业实现利润增长幅度最大，2004年平板玻璃制造业实现利润总额31.17亿元，是2003年的2.5倍，比平板玻璃制造业经济效益最好的2000年还高84.4%，平板玻璃制造业各项经济效益指标均达到历史最好水平。成本费用利润率达到11.86%，比2003年升高5.5个百分点，比2000年高0.96个百分点。

水泥行业仍是利润大户，实现利润136亿元，比2003年增长21.5%，完成利润总额是历史最高水平。完成产品销售收入2290亿元，增长25.5%。2004年水泥制造业成本费用利润率为6.27%，比2003年下降0.24个百分点。水泥企业盈利水平下降是由于生产成本的上升,特别是2004年下半年燃料和动力价格的上涨,使得2004年水泥制造业产品成本上升28.7%,超过产品销售收入和利润总额的增长幅度。在水泥生产成本中,燃料和动力支出占80%以上。

2004年建筑陶瓷制造业完成产品销售收入492亿元,比2003年增长35.6%,实现利润总额22.44亿元,比2003年增长34.3%。卫生陶瓷制造业完成产品销售收入228亿元,比2003年增长36.6%,实现利润总额17.32亿元,比2003年增长34.8%。2004年建筑和卫生陶瓷制造业实现利润总额达历史最好水平。

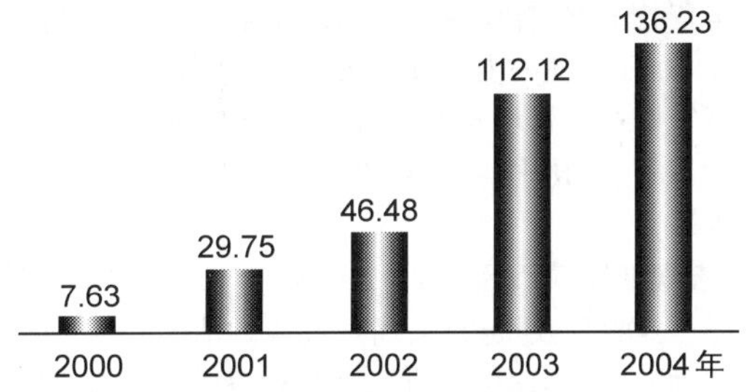

图1 水泥制造业历年利润总额(亿元)

2003年玻璃纤维及制品业利润总额是2002年的3倍,2004年又在2003年高增长的基础上实现利润总额10.4亿元,增长49.9%,玻璃纤维企业经济效益不断攀升。2003年玻璃纤维及制品业成本费用利润率比2002年增加3.47个百分点,2004年又比2003年增加1.51个百分点,达到8.38%。2004年玻璃纤维及制品业各项经济效益指标均创历史最好水平。

水泥制品行业完成产品销售收入554.13亿元,比2003年增长30.6%,实现利润总额20.09亿元,比2003年增长15.5%,实现利润总额创历史最好水平。

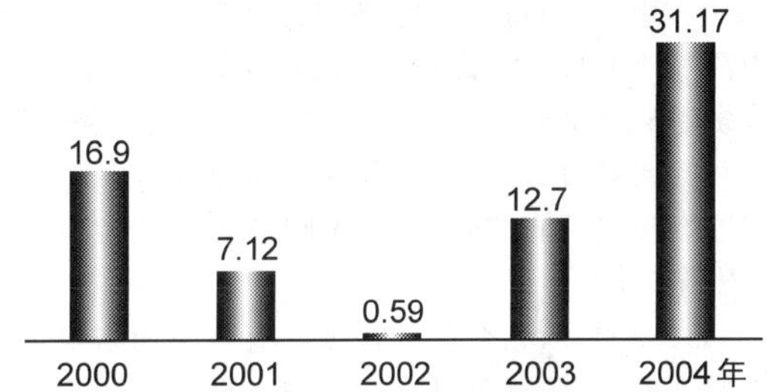

图2 平板玻璃制造业历年利润总额(亿元)

【固定资产投资情况】 2004年完成固定资产投资817亿元,同比增长51.1%。投资主要集中在水泥、平板玻璃等行业,绝大部分资金投向新型干法水泥、浮法玻璃等先进生产力项目。据不完全统计,水泥在建项目中,80%是新型干法项目,单线平均规模3000吨/日以上,全年新建投产新型干法水泥生产线104条,新增生产能力1亿吨,新型干法水泥产量将为水泥总量的三分之一。新建投产浮法玻璃生产线23条,新增生产能力6500多万重量箱,浮法玻璃产量比重达85%以上。新建投产万吨以上池窑玻璃纤维生产线6条,新增生产能力17.5万吨,池窑玻璃纤维产量比重达70%,玻纤前三名企业的生产集中度可达60%。日产万吨新型干法水泥、日产900吨浮法玻璃、日产6万吨池窑玻璃纤维等一批先进工艺生产线的相继投产,以及电子工业用超薄浮法玻璃、在线低辐射玻璃等新产品的开发成功,标志着建材行业的科技进步迈上了新台阶。

从各地区完成固定资产投资的情况来看,中部省份中河南省增长255.7%,湖南省增长210.8%,湖北省增长202.6%;西部一些省份虽然固定资产投资完成量不算很大,但增长率也较高,如广西区增长195.5%,内蒙古区增长172.7%,重庆市增长147.9%,四川省增长65.4%。这说明建材工业的增长点已经向中西部转移,中部崛起和西部大开发对建材工业发展的拉动开始显现,建材工业的产业布局正在逐步优化。

【大型建材企业资产重组】 2004年许多大型企业集团从自身发展和形势变化的需要出发,以市场需求为导向,探索开展跨地区的资产重组活动,通过兼并、收购等方式,实施产业升级和低成本扩张,加快企业做大做强。建材大型企业(集团)在行业中的主导地位日益显现,其工业增加值增长34.6%,实现利润增长68.9%,均比小型企业高出5.9个百分点。大型建材企业的累计产品销售率同比增长0.58个百分点,而小型企业同比降低0.62个百分点;大型建材企业的成本费用利润率为8.4%,比小型企业高3.8个百分点。中国建材、中国材料科工、海螺、金隅、上海建材、山水、福耀、华尔润、三狮、华新、浙东以及惠达、泰山、巨石等行业大型骨干企业在推进产业结构调整和优化升级上发挥了积极作用。

【建材及非金属矿商品出口】 在全社会固定资产投资增速下降的情况下,建材市场需求仍然十分旺盛。2004年全国销售水泥9.2亿吨,水泥产销率98.74%,比2003年同期增加0.47个百分点。平板玻璃曾连续4个月产销率超过100%。建材产品价格同比上涨5.06%,其中水泥上涨5%,平板玻璃上涨15%。

出口继续扩大。建材及非金属矿商品出口总额达71.18亿美元,同比增长34.35%,高于建材工业销售收入总额的增长,已占到建材工业销售收入总额的10%,成为推动建材工业较快发展的重要因素。在主要建材出口产品中,水泥出口601万吨,创汇金额2.02亿美元,增长26.55%;平板玻璃出口1.33亿平方米,创汇金额3.28亿美元,增长21.17%;石棉制品出口2.99万吨,创汇金额8465万美元,增长15.55%;花岗石板材出口469.4万吨，创汇金额10.71亿美元，增长17.24%。此外，卫生陶瓷、墙地砖、釉面砖、玻璃纤维织物、玻璃纤维纱、车辆用夹层玻璃、导电玻璃等产品出口金额增长幅度都在40%以上。

【建材工业制约发展因素】 建材工业在取得快速发展的同时，一些制约发展的因素不可忽视，特别是煤电油运持续紧张且价格上涨，既给建材企业的正常生产带来一定影响，又造成企业成本上升。

1. *电力方面*：2004年全国有24个省级电网（涉及25个省市区）出现拉限电现象，其中浙江、江苏、福建、山西等地区的电力供需矛盾尤为突出。由于拉闸限电，许多建材企业不得不"开五停二"，甚至"开三停四"。

2. *运输方面*：有的企业由于运输紧张，曾一度出现原燃材料不能按时进厂，影响了企业正常生产和设备安全运转。

3. *价格方面*：全国各省级以上电网销售电价有较大幅度提高，继2004年初每度电上涨0.8分之后，2004下半年全国电价每度又平均上涨2.2分。煤炭、重油价格累计涨幅超过10%。公路运输价格平均上涨20%左右，企业原燃材料到厂价格普遍上涨。据测算，全年水泥行业需要消化煤电运价格上涨因素约100亿元。玻璃企业除重油到厂价格上涨10%以上外，纯碱价格已由2004年初的每吨约1200元，涨到目前的1800元左右。建筑陶瓷企业综合成本平均上涨也在10%以上。

上述因素，导致全年建材工业高速增长的同时，发展速度呈平稳回落态势。主要表现为：

①增势趋缓。一季度建材工业完成增加值增长率高达47.8%，2004上半年回落至39.7%，前三季度又回落到31.5%。水泥产量2004年2月份同比增长达到33.5%，此后水泥产量月同比增速逐月下跌，8月份增长率降到今年以来最低点9.4%，9月、10月略有回升，11月、12月分别为16.2%和16.3%。2004年上半年平板玻璃产量月同比增长率在波动中呈上升趋势，6月份增长率达到全年最高点29.2%，此后呈回调趋势。

②价格下滑。全国水泥平均价格从2004年1月份的每吨239.8元，持续下跌至9月份的最低点每吨226.6元，10月份略有回升到228.0元；全国平板玻璃平均价格在二季度出现下滑，三季度后随着进入销售旺季，逐月上升，10月份达到最高点每重量箱63.8元。但是，随着冬季的到来，水泥、平板玻璃等建材产品已进入销售淡季，这些产品的销售价格又呈现下降趋势。

③利润增速回落。一季度全行业实现利润同比增长率高达347.9%，2004年上半年同比增长率回落至144.8%，前三季度下降到80.8%，尤其是三季度全行业实现利润83.04亿元，比二季度的102.39亿元明显减少。

④应收账款增加。2004年3月末全行业应收账款净额为647亿元，同比增长11.7%；6月末增加到717亿元，同比增长13.9%；10月末进一步增加到777亿元，同比增长13.5%。另外，全行业产成品占用资金及其增长率也在提高，3月末全行业产成品占用资金为372亿元，同比增长11.7%；6月末增加到415亿元，同比增长12.7%；10月末进一步增加到441亿元，同比增长14.9%。

⑤投资增速下降。全行业2004年3月末累计完成固定资产投资增长率高达129.2%，6月末下降到64.2%，10月末进一步下降到53.9%，尤其是水泥行业完成固定资产投资增长率由3月末的90.5%下降到6月末的58.5%、10月末的51.1%。

【国家宏观调控政策贯彻】 2004年年初，中国部分地区水泥行业出现投资过热，增速过快的情况，中国建材协会主动配合国家政府部门，就贯彻落实好中央对水泥等行业实施的宏观调控政策，如何在宏观调控中加快新型干法窑外分解水泥发展等问题深入企业和地方开展调查，组织召开各类座谈会，听取行业、企业及专家对水泥结构调整的意见。在摸清全国各地水泥项目建设的详细情况之后，向国家发改委等有关部门提出，对水泥项目要区别对待、有疏有堵，防止一刀切和大起大落，促进水泥工业结构调整的政策建议，得到了政府部门的重视和采纳。在国家发改委[2004]1791号文《关于钢铁电解铝水泥项目清理有关意见的通知》中，对水泥行业明确提出了与钢铁、有色金属行业不同的调控政策。在国务院《关于投资体制改革的决定》中规定，对日产4000吨级以上的新型干法生产线项目概由省区市投资主管部门审批，日产2000吨级以下项目报由国家发改委核准，这十分有利于加快水泥工业的结构调整和优化升级。

进入2004年，玻璃行业出现新线建设过快的势头。为避免投资过热，制止盲目建设，中国建材协会到企业调研，了解各地浮法线建设情况，加强对玻璃市场近期和远期供求情况的分析，向企业提供相关信息，提出玻璃行业发展的对策、建议。

为了协助政府制定政策，引导行业健康发展，中国建材协会组织企业领导、专家，对国家发改委制订的《水泥工业产业发展政策》、《水泥工业发展专项规划》提出修改补充意见，上述文件是指导中国水泥工业快速健康发展的重要产业政策。协会还配合政府有关部门组织开展了《产业结构调整方向暂行规定》、《产业结构调整指导目录》、《当前部分行业制止低水平重复建设目录》等文件的论证工作；会同有关单位对《淘汰落后生产能力、工艺和产品的目录》进行讨论，提出进一步整治的工作意见建议；完成《建材节能中长期规划》、《建材工业矿产资源开发利用与保护规划》、《2003、2004建材工业环境状况及分析》以及《中国建材行业信息化"十一五"重点任务及发展思路》等多个规划的编制工作。

【建材行业科技工作】 2004年重点组织开展了《国家中长期科学和技术发展规划战略研究——建筑材料制造业发展科技问题研究》，从建材发展现状出发，分析了中国建材制造业的地位作用、差距及制约发展的主要因素，提出了中国建材制造业科技发展的战略目标、重点和需要国家支持的重大科研课题和政策建议。还完成《绿色和节能型建材制造技术发展战略研究》、《水泥工业清洁生产技术规范》和《建筑加工玻璃(中空、钢化、夹层和镀膜)生产、设计、使用和维护技术法规》等的起草工作。

为规范建材科研开发、科技成果鉴定工作，制定有关建材行业科研开发、成果鉴定及科技奖评审的《暂行规定》、《建材科技奖奖励办法》及实施细则，建立科技评审专家库。

【首届建材科技奖评选活动】 2004年举办了首届建材科技奖评选活动，有37项科技成果获奖，其中一等奖6个、二等奖19个、三等奖12个。通过科技成果鉴定工作，推动新技术在行业的应用和发展。先后为洛玻集团《电子工业用超薄浮法玻璃生产工艺及产品开发》等18家单位的12个项目进行了科技成果和新产品鉴定工作；对《大规格超薄建筑陶瓷砖制造工艺及装备技术的研究与开发》等多个项目组织了专家评估。

【标准制修订和行业质量分析工作】 2004年在标准制修订和行业质量分析工作方面，按国标委的清理整顿要求和进度安排，对建材行业近700项国家标准和计划项目进行了清理。全年共向国家发改委上报建材行业标准项目112项、批准下达94项，完成标准报批100项，其中制修订国家标准75项，行业标准25项。开展水泥企业化验室评审考核培训工作，公布一批化验室考核合格的水泥企业名单；组织有关检测机构，对水泥、平板玻璃行业进行了行业年检，向国家质检总局提交了水泥、平板玻璃等产品质量分析报告。表彰了全国建材优秀质量管理小组等先进集体和先进个人。

【许可证审查工作】 2004年在许可证审查工作方面，举办多期建筑防水卷材换(发)证实施细则宣贯会，对近100家防水卷材生产企业进行现场审查；对重点地区水泥产品换发证情况进行了抽查，对个别地区出现的违反国家产业政策等问题，给予及时纠正和制止。

【循环经济研究和实践】 建材工业是重要原材料工业，发展循环经济是建材工业实现可持续发展的必然选择，也是建材工业落实科学发展观、走新型工业化道路的具体体现，在建材行业发展循环经济更具紧迫性。中国建材协会系统各单位开展政府部门下达的多个建材工业发展循环经济课题研究。走访水利、铁道、建设、环保等政府部门和相关工业协会，收集相关行业资料；考察了国内实施循环经济的企业案例；到日本、欧洲等国考察，邀请国外有关公司的专家讲课，学习借鉴发达国家开展循环经济的成功经验和做法。多次召开专家座谈会，听取意见。同时通过报纸、杂志、网络等新闻媒体及各种会议，在全行业宣传循环经济理念，使其深入人心。现已完成《循环经济与中国建材产业发展》、《发展循环经济对推动中国工业走新型工业化道路作用的研究》、《循环经济研究》等多项课题。这些研究报告有针对性地提出建材行业实施循环经济的目标、模式、方向、技术路线等内容，初步确定水泥、墙体材料等行业的生态工业设计方案。建材工业已被国家列入实施循环经济的重点行业之一，北京水泥厂、浙江三狮集团、乌兰水泥有限责任公司等成为循环经济试点单位。

为使绿色建材评定工作更具科学性、专业性和规范化，引导绿色消费，组织专家学者完成《绿色建材定义和评价、认证体系》研究报告，已正式向社会公布。再次推荐一批"绿色建材产品"。

【建材行业多种形式交流活动】 协会系统各专业协会、直属单位结合各自行业和工作领域，举办了建材行业形势分析、建筑板材发展应用、碱性耐火材料应用、非金属矿物材料——环保、生态建材与健康、玻纤增强改性塑料高性能化、国际摩擦与密封材料技术、建陶产业集群发展以及绿色建材发展等几十项技术研讨活动，达到分析形势、交流信息、研讨技术、推广建材新技术、新装备的目的。

为了推动中国建材市场的健康发展，提高建材市场规范化管理水平，促进建材市场的业态创新，开展了创建"全国星级建材市场"活动，北京居然之家金源店已荣获首家五星级建材市场称号。

继建筑卫生陶瓷产品获2004年中国名牌产品之后，汽车玻璃又被列入中国名牌产品评价目录，福耀玻璃获中国名牌产品称号。

2004年协会系统主办国际绿色建材展、国际玻璃技术展、国际石材展、国际陶瓷展、国际建筑建材展等展会,在国内展览业竞争激烈的环境下,坚持办展为企业的宗旨,克服各种困难,取得较好成绩,展览面积、参展商、参观人数均取得了突破。

按劳动部要求,建材行业 2004~2006 年技能人才培养计划已编制完成;出版发行《玻璃钢制品工》、《玻璃配料工》等国家职业标准。全年共完成职业鉴定 3600 多人。（中国建材工业协会　谷东玉）

【2004 中国石材行业高层论坛】 在山东华兴机械公司召开。9月7~8日,在山东华兴机械公司支持下,中国石材工业协会组织召开了首次论坛——“2004 中国石材行业高层论坛”。会议向全国石材行业发出了“团结、创新、发展”号召,旨在为解决石材行业深层次问题探求思路。部分大型石材企业与部分省石材协会领导应邀参加了论坛。

中国建材工业协会副会长、中国石材工业协会代会长邹传胜在论坛开幕式致辞中指出,希望这次高层论坛开成石材行业贯彻落实科学发展观的研讨会;开成石材工业同行之间团结、创新、发展的经验交流会;开成中国石材工业协会换届的思想准备会。

在论坛会上,中国石材工业协会秘书处向与会代表通报 2004 年以来全国石材工业的整体情况及石材协会为推动行业发展的工作思路。

会议围绕着石材行业的可持续发展;石材协会作用与市场创新;石材机械企业如何适应中国市场不断推出新产品;锯片基体企业的多品种与做大做强;中国石材进出口走势;矿山资源的保护与科学开采;石材的价格协调与检测;企业与石材协会的更紧密联系与依存关系;石材行业人才与企业可持续发展等问题,进行各抒己见的发言与讨论(有关专题发言经整理将在石材杂志上陆续发表)。

论坛最后由中国建材工业协会副会长,中国石材协会代会长邹传胜做总结发言,他将本次论坛的收效归纳为达到三个目的:即本次论坛研讨了中国石材工业未来发展与趋势;是中国石材工业协会会员单位工作经验的一次交流;是为了统一思想与认识为第五届全国石材代表大会正式换届的思想准备。

在论坛总结讲话中,邹传胜代会长对各级石材协会在过去几年中为推动中国石材工业的快速发展所作的工作给予肯定,对与会代表为高层论坛所作的充分准备及在论坛上发表的真知灼见表示感谢。邹传胜代会长表示,根据与会代表的意见,今后中国石材工业协会的工作要扬长补短,适时组织代表石材行业发展方向的大型骨干企业及中小型明星企业就石材业的创新、发展进行专题研讨,集中行业的智慧,研究解决行业发展的重大问题。从本次论坛的研讨中可以看出,石材工业有以下一些问题需重点突破。首先是落实科学发展观,加强矿山资源的科学合理开发,尤其是中国的优势名贵资源在保护中开发、在开发中得到保护,使石材工业协调、可持续发展,全行业要配合国家有关部门做好石材矿山的调查与政策研究工作;第二是进一步规范与开拓市场,石材行业应团结起来,防止在国内、国际两个市场上的恶性竞争,维护行业的整体利益;第三是全行业共同做好行业、企业信息的收集、分析、发布,中国石材协会在此基础上更准确全面地为会员企业及政府有关部门做好服务;第四是进一步提高石材工业的装备水平,使中国石材的加工、防护水平跻身世界前列,使中国真正成为世界石材强国。对华兴集团给予本次论坛的支持代表全体与会代表表示诚挚的谢意!

有关石材大型企业代表与石材协会领导:山东省石材协会秘书长周克继、四川省石材协会顾问杨学东、浙江省石材协会会长陈汉新、湖北省石材协会秘书长刘筱文、上海石材行业协会秘书长范林根、山东华兴机械公司董事长孙宪华、环球石材集团总经理朱新胜、康利石材集团总经理王翠云、东成石材集团副总经理黄汉志、高时石材集团副总经理吴志伟、福建省溪石集团总经理韩孝松、福建省玄武石材集团董事长朱小同,福建盛达机器公司总经理苏永定,山东冠鲁建材集团副总经理李成、河北星烁锯业公司总经理刘庆芬、湖北黑旋风锯片公司副总经理况跃进、新疆广汇实业公司副总经理孙全东、成都美乐实业公司总经理姚启乐、上海恒东石材公司董事长刘国能、杭州之江有机硅化工有限公司副总监贾国江、山东莱州市柞村镇镇长孙悦伟,以及博兴县委书记李维成,中国石材工业协会代秘书长刘建华、副秘书长邓惠青、谭金华、行业部主任林玉华、媒体记者和华兴公司高层领导参加了论坛。

论坛后,全体代表参观了具有现代化一流厂区的华兴公司,对在短短两年内华兴公司惊人变化交口称赞,为中国石材行业有如此之大的装备企业感到振奋。会后全体代表赴莱州参观第二届中国(莱州)国际石材展览会。（侯建华）

【水泥行业经济运行状况】 1. 水泥产量持续增长,增速放缓。2004 年全国累计生产水泥 93369 万吨,比 2003 年增长 15.7%。全国水泥产量月同比增长呈现马鞍形,第一季度水泥产量比 2003 年同期增长 23.8%,其中 2 月份同比增长率为 33.5%,是 2000 年以来最高月同比增长率。随着国家宏观调控措施作用的逐渐显现,从 3 月份开始,水泥产量增长速度迅速回落,4 月份与 2 月份比,增速落差达 17 个百分点,到 8 月份全国水泥月同比增长率跌至 9.4% 的最低点。9

月份后，增长速度开始回升，第四季度，各月水泥产量都超过8500万吨。

全国水泥产量变化特征可以概括为：总量继续扩大，但发展速度逐步趋缓。

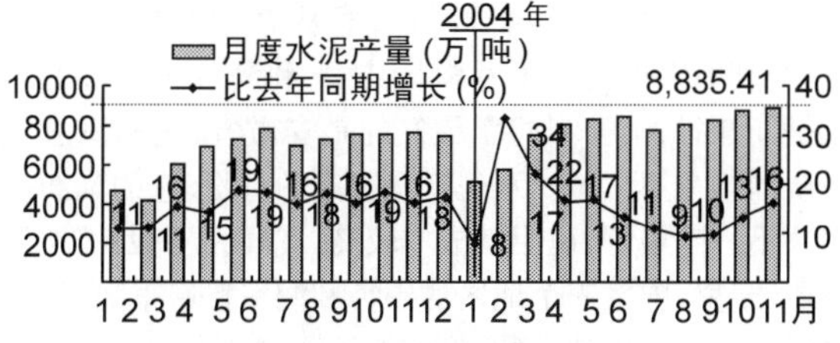

图3　水泥产量

从各省来看，各地水泥行业的发展非常不均衡。

水泥产量最高的地区是山东省。自1994年以来山东省连续11年位居产量榜首。到目前为止，2004年山东水泥产量突破1亿吨，达1.13亿吨，高出第2位浙江省近4000万吨。排名第2～5位的浙江、江苏、河北、广东四省的产量相对比较接近，产量在7000万吨左右，前五省的水泥合计产量39816.28万吨，占全国水泥产量的47.01%，其中山东省为13.31%。全国各省平均产量为2732.83万吨，三分之二的地区达不到该水平。

2. *水泥价格总体下滑，各地差异明显。*进入2004年，全国水泥平均价格呈缓慢下滑趋势。区域间的价格落差日趋明显，其中，受宏观调控的影响，华东地区水泥价格下跌幅度最大；浙江地区价格下降了100多元；中南地区水泥价格普遍走低；华北、东北地区价格波动不大，基本持平；西南、西北部分地区水泥价格有所上扬；广州、海口、哈尔滨基本维持在高位。

3. *行业经济效益继续攀升。*①销售收入总量大幅增长，增速持续走低。全国累计水泥销售收入为2289.88亿元，增长25.5%。

总产值增幅超过30%的省份是：内蒙古59.12%、吉林52.53%、江西47.50%、山东46.58%、安徽33.54%、江苏32.88%和浙江30.71%，第3～7位均集中在华东地区。

②利润创历史新高。2004年全国水泥行业累计实现利润136.23亿元，创历史新高，较2003年增长21.5%，净增加24.11亿元。从下图中可以看出，受能源材料上涨因素，利润空间明显受到挤压，今年净增加利润空间的走势呈先扬后抑态势，利润摊薄。

通过对全国30个省的调查，有28个省盈利，3个省亏损。其中，盈利水平较高的地区分别是浙江、山东、安徽、江苏和广东，占全国利润总值的64.84%。水泥产量最大的山东省利润排在了第2位，销售利润率为6.60%，排在第11位；而水泥产量排在第10位的安徽省的利润总额排在了第3位，销售利润率排在第2位。水泥工业不发达的西部地区西藏、宁夏、内蒙古等地区销售利润率普遍较高，分别为20.84%、17.83%、10.72%。

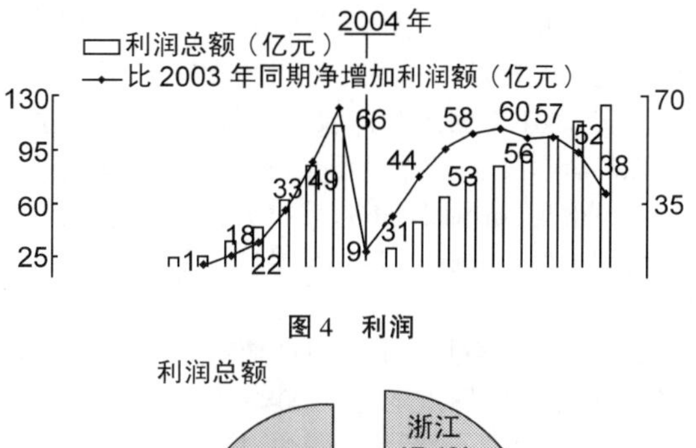

图4　利润

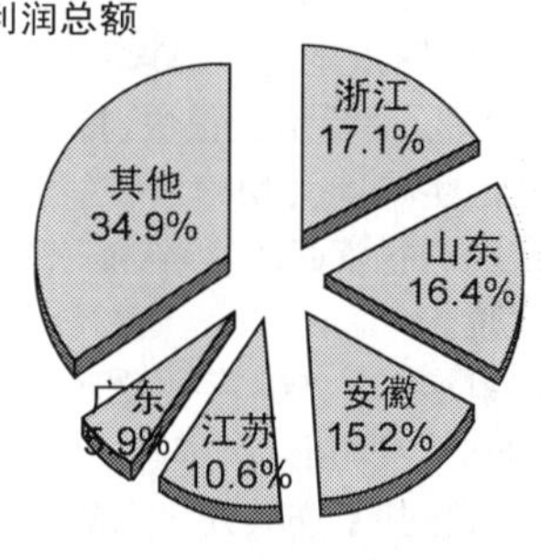

图5　利润总额比例图

水泥利润总额前5位

省市名称	利润总额（亿元）	比去年同期增加（%）	销售利润率（%）	销售利润率排名
浙江	21.43	9.99	9.68	6
山东	20.61	64.36	6.60	11
安徽	19.17	38.03	18.80	2
江苏	13.31	30.27	6.62	10
广东	7.41	468.64	4.22	18

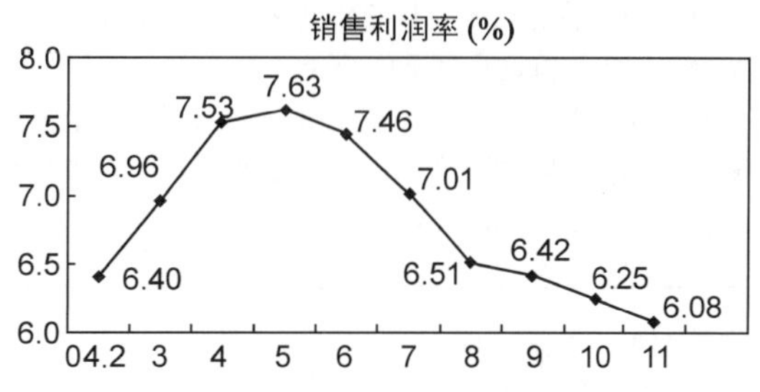

图6　销售利润率趋势图

水泥销售利润率前5位

省市名称	销售利润率（%）	去年同期	比去年同期增加
全国	6.08	5.30	0.78
西藏区	20.84	1.12	19.72
安徽省	18.80	17.75	1.05
宁夏区	17.83	11.26	6.57
内蒙古	10.72	9.78	0.95
吉林省	10.63	9.83	0.80

【水泥行业经济运行分析】 1. 固定资产投资分析。2004年水泥行业累计完成固定资产投资434.55亿元，比2003年增长43.3%，占建材工业完成投资额的45.9%。自4月份以来，投资增速呈加快回落态势，表明国家宏观调控已见成效。但以海螺为首的大型水泥集团在这轮宏观调控中，由于建设程序完备，重视建设条件落实，2004年固定资产投资大幅增长，受国家宏观调控的影响很小；但手续不全，资源、能源、运输及市场条件不落实，随风跟进的许多投资者，在这轮宏观调控中受到了很大影响，出现不少半拉子工程，投资损失惨重。

2. 供求市场分析。①水泥产量高速增长，增速明显趋缓，总量过剩逐步显现。2004年水泥产量比2003年同期增加1.1亿，总量增长很快，特别是华东等水泥投资"热点"地区生产能力快速增长。同时，受国家宏观调控和固定资产投资回落影响，需求量逐步减少，供需矛盾日趋尖锐。

②水泥出口增加。2004年水泥出口601.68万吨，同比增加21.49%，水泥出口金额为2.02亿美元，比上年增长26.55%，止住了连续几年来的下跌走势。海螺牌水泥成功出口美国，标志着中国非合资企业产品质量标准能够达到发达国家水平，为中国打进发达国家市场树立了榜样。

3. 经济效益分析。经济效益总量上升，增长幅度持续回落。从效益上看，水泥企业效益呈先升后跌态势，原因是由于固定资产投资的惯性作用，2004年上半年水泥需求旺盛，水泥行业整体经济运行质量良好，水泥工业总产值(当年价格)完成1123.82亿元，同比增长37.49%；产品销售收入达到1040.04亿元，同比增长38.75%；累计实现利润77.56亿元，同比增长298.01%，创历史新高，特别是大企业集团效益远远高于中小企业。

2004年下半年随着宏观调控的不断深入，固定资产投资大幅回落，需求量减小，截止11月，下半年水泥行业工业总产值完成1059.45亿元，同比增长28.82%；产品销售收入1019.4亿元，同比增长28.71%；累计实现利润125.10亿元，同比增长44.17%，从增长速度看明显低于上半年水平，水泥工业总产值和产品销售收入均降低了10个百分点左右，利润下降幅度更大。

各地区水泥行业的经济效益从总体上看，普遍较好，个别地区也出现了亏损。其中，利润总额最好的地区是浙江省，销售利润率最好的是安徽省，其利润总额在全国排在第二位。水泥产量很高的省份，它的利润空间并不一定很好，说明其成本较高。前面提到西部地区西藏、宁夏、内蒙三个地区的销售利润率普遍很高，但其水泥行业并不发达，说明这些地区区域垄断性较强。大型企业靠规模优势好于小型企业，部分地区由于生产能力落后处于亏损状态，纷纷停产。

4. 价格分析。水泥价格与水泥成本反向发展。自1997年以来，水泥价格呈一路下滑趋势。2004年水泥价格达到1999年以来的最高水平，到1月份达到最高点239.8元/吨。这是由于固定资产投资的迅速升温，造成了部分地区水泥需求的紧缺，首先在长三角地区水泥价格迅速飚升，而后波及珠三角和其他一些地区。由于国家进行了及时的宏观调控，2004年水泥行业固定资产投资增速日趋平缓，水泥市场需求也随之趋于疲软，到9月份水泥平均出厂价格跌至全年最低点226.62元，10月份和11月份略有反弹，到12月份最终达到226.77元/吨。但是从2003年5月份起，由于能源供应日益紧缺，价格大幅攀升，尤其是煤炭价格上升的幅度大大高于水泥价格上升的幅度。由于水泥是一种高度的能源依赖型工业品，能源成本占生产成本的50%～60%左右，因此当能源价格的上涨幅度超过水泥企业所能承受的弹性空间，必然拉动水泥价格上扬，这是一种典型的成本推动效应。此次水泥价格上扬的主要驱动因素源于成本推动，而非需求拉动，价格上升表象的背后是日益突出的能源问题。

5. 企业运营分析。①不同规模企业。不同规模水泥企业完成各项主要经济指标如下表所示：

企业规模	企业		资产总额		产品销售收入		利润总额	
	企业数(个)	占全国(%)	数值(亿元)	占全国(%)	数值(亿元)	占全国(%)	数值(亿元)	占全国(%)
全部	5027		3648.28		2059.44		125.20	
大中型	775	15.42	2394.37	65.63	1143.52	55.53	91.96	73.45
小型	4252	84.58	1253.91	34.37	915.92	44.47	33.24	26.55

小型企业：企业数量占全国水泥企业总数的85%，分布广泛，占居较高的市场份额，市场占有率达45%，但企业获取的利润较低，仅为全国利润总额的27%。

大中型企业：企业数量占全国总数的15%，资产总额占全国资产总额的66%，市场占有率为56%，主打市场是大中城市和重点项目，利润总额占全国利润总额的73%。还有很大的市场开发空间。

由上述可以得出以下结论：

第一，中国水泥企业集中度相当低，在水泥行业未来发展中，由于市场竞争的加剧，众多小企业将被淘汰出局；第二，行业的利润主要源于大中型企业，而市场份额则略高于小企业。大中型企业通过对小企业的并购重组，仍然可以占领较大的市场空间。

②不同经济类型企业。不同经济类企业完成各项主要经济指标如下表所示：

企业经济类型	企业			资产总额		产品销售收入		利润总额	
	企业数（个）	亏损企业数（个）	亏损面（%）	数值（亿元）	占全国（%）	数值（亿元）	占全国（%）	数值（亿元）	占全国（%）
全部	5027	1495	29.74	3648.28		2059.44		125.20	
国有企业	569	235	41.30	638.41	17.50	273.44	13.28	13.58	10.85
集体企业	907	242	26.68	289.20	7.93	246.43	11.97	11.61	9.27
股份合作企业	229	69	30.13	91.14	2.50	64.09	3.11	3.49	2.79
股份制企业	276	73	26.45	634.57	17.39	291.61	14.16	26.55	21.21
私营企业	1805	492	27.26	625.99	17.16	513.64	24.94	27.95	22.32
外商和港澳台投资企业	195	53	27.18	442.86	12.14	176.14	8.55	15.96	12.75
有限责任公司	1046	331	31.64	926.12	25.39	494.10	23.99	26.05	20.81

国有企业：资产总额占全国资产总额的17.50%，但在销售收入和利润上并没有达到同样的水平，国有企业的差异性很大，而且正在企业改制的转化过程之中。

私营企业：数量占全国总数的36%，已经成为中国水泥行业的主力军，并正加速向规模集约方向发展，积极扩大市场的份额，在同样的资产下，销售收入和利润均列前茅，获取了市场较大的利润。

股份制企业：从企业数量上讲，它所占的份额很小，但由于经营机制的优势获取了市场上利润的丰厚回报。

外商和港澳台投资企业：在进入中国市场后，逐步推进，在市场占有率和利润空间上都有所收获。

6.结构调整。新型干法水泥熟料产能继续快速增长。据中国水泥协会统计，2004年投产新型干法水泥熟料生产线104条，新增熟料产能1亿吨。4000吨/日以上规模生产线29条，占新增产能的51.24%，大大高于2003年。其中海螺集团的4条10000吨/日“巨无霸”生产线格外引人瞩目。2000吨/日以下规模生产线从数量和产能上迅速下降3倍，新线干法生产线在规模建设上得到有效控制。

生产线规模（吨/日）	2003年			2004年		
	生产线（条）	熟料产能（万吨/年）	比重（%）	生产线（条）	熟料产能（万吨/年）	比重（%）
4000以上	12	1922.00	24.73	29	5130.50	51.24
2000～4000	46	3605.30	46.39	53	4113.7	41.08
2000以下	66	2244.40	28.88	22	768.8	7.68
合计	124	7771.70	100.00	104	10013.00	100.00

2004年新建投产的新型干法水泥仍然主要集中在华东地区，占比重的61.89%，生产线的平均规模大大高于2003年，达到3100吨/日，华东地区的平均规模接近4000吨/日，中南地区的建设速度大大加快，新建产能是2003年的3倍。华北、东北地区比2003年有较大幅度的下降。浙江、安徽、山东2004年形成的熟料产能为：2455.20万吨、1317.50万吨和1310.70万吨，三省占全国的50%。

地区	2003年				2004年			
	生产线（条）	熟料产能（万吨/年）	比重（%）	平均规模（吨/日）	生产线（条）	熟料产能（万吨/年）	比重（%）	平均规模（吨/日）
华北	17	1057.10	13.60	2006	7	573.50	5.73	2643
东北	7	468.10	6.02	2157	4	341.00	3.41	2750
华东	72	4845.30	62.35	2171	51	6196.90	61.89	3920
中南	10	579.70	7.46	1870	20	1748.40	17.46	2820
西南	10	341.00	4.39	1100	12	610.70	6.10	1642

续表

地区	2003年				2004年			
	生产线(条)	熟料产能(万吨/年)	比重(%)	平均规模(吨/日)	生产线(条)	熟料产能(万吨/年)	比重(%)	平均规模(吨/日)
西北	8	480.50	6.18	1938	10	542.50	5.42	1750
合计	124	7771.70	100.00	2022	104	10013.00	100.00	3106

【水泥行业经济运行中存在问题】 1. 电力短缺严重制约水泥发展。进入2004年以来,“电荒”警报红灯频闪,不仅经济发达的苏浙沪发生“电荒”,全国大部分城市先后出现了拉闸限电现象,电力短缺使水泥生产不能正常运行,频繁停电,对设备损害及运转率影响很大,严重制约水泥产能的发挥。

2. 煤炭涨价,交通运输紧张使水泥成本上升。电力、钢铁、水泥等高耗煤行业的高速发展,给煤炭供应造成极大压力,再加上铁路运输紧张,严格治理公路运输超载使煤炭供应紧张状况雪上加霜,水泥成本因煤、电、运涨价上升了50~80元/吨,煤炭、运输已成为制约水泥发展的瓶颈。

3. 总量增速过猛,影响水泥产业结构调整。目前,水泥产业结构调整面临的最大困难就是总量增长过猛,有利于产业结构调整的新型干法水泥高速增长,对抑制落后生产能力的增长,挤压小水泥市场起到了巨大作用,但同时,由于消费市场的拉动,落后生产能力退出通道不畅,使水泥在数量上产生叠加效应,落后生产能力与新型干法水泥争资源、争能源,加剧了能源供应、交通运输的紧张局面,影响水泥产业结构取得突破性进展。

4. 水泥行业需要持续发展。据中国水泥协会对水泥投资项目调研结果显示,国家宏观调控对新型干法水泥投资产生了消极影响。水泥企业、设计院、机械制造业反映有的地区在建项目停下来了,有的地区对结构调整有利的新项目也不批了。设计院4月份业务高潮就结束了,5月份没有新签项目。以前签的已收了订金的合同80%延期或停止了,已开工的20%处于停滞状态。水泥机械制造行业4月份以来很少接到新的订单,并有退货情况,项目建设处于休克状态。业内人士担心水泥行业将出现大起大落,如果真是这样,对水泥工业结构调整和可持续发展将产生不可估量的损失。

5. 部分地区市场出现混乱。供需平衡被打乱,部分地区出现恶性竞争,价格战、赊款战频频发生,市场秩序出现混乱,严重损害企业利益和生产发展。

(中国水泥协会 庄春来、刘作毅)

非金属

【概况】 1. 非金属资源现状:中国是世界上矿产种类较齐全,资源较丰富的少数国家之一。目前,世界上业已发现的近200种矿产,在中国已发现171种,其中,非金属矿产95种,占55.56%,非金属矿产中储量居世界首位的矿产有:石膏、石灰石、菱镁矿、石墨、膨润土和重晶石等;居世界第二位的矿产有:珍珠岩、氟石、硼石等;其次,高岭土、石棉、铝土矿、天青石等也名列前茅;另外,凹凸棒石、海泡石、硅藻土、蓝晶石、伊利石、叶蜡石等潜在储量也很大,大理石、花岗石的资源也十分丰富,且质地优良、花色美观,其开发利用前景广阔(详见表1)。

表1　中国探明储量位居世界前列的矿产

矿产名称	世界名称	代表性矿产地	矿产名称	世界名称	代表性矿产地
钨矿	1	江西西华山	铍矿	2	内蒙古白云鄂博
锑矿	1	湖南新化锡矿山	滑石	2	辽宁海城范家堡
锡矿	1	云南个旧	汞矿	3	贵州务川
稀土矿	1	内蒙古白云鄂博	磷矿	3	云南昆明
钽矿	1	福建北部	硫矿	3	广东云浮
钛矿	1	四川西昌攀枝花	萤石	3	贵州大厂
菱镁矿	1	辽宁营口大石桥	石棉	3	青海芒崖
石膏	1	内蒙古鄂托克旗	锌矿	4	湖南水口山
石墨	1	黑龙江鸡西	珍珠岩	4	河南信阳
重晶石	1	四川秦巴山区	天然碱	4	河南桐柏
芒硝	1	内蒙古达拉特旗	铁矿	5	辽宁鞍山-本溪
膨润土	1	浙江临安平山	铅矿	5	云南会泽金顶
煤矿	2	山西大同	金矿	5	山东莱州焦家
钒矿	2	四川西昌攀枝花	银矿	5	广东仁化凡口
钼矿	2	陕西金堆城	高岭土	5	江西景德镇
铌矿	2	内蒙古白云鄂博	耐火粘土	5	内蒙古大青山
锂矿	2	内蒙古白云鄂博			

2. 开发现状：中国非金属矿工业改革开放20多年来，发展很快，已成为中国第一大矿业。根据国土资源部统计资料，截止2003年底，全国共有各类非金属矿山企业10万个左右，占全国矿业企业总数70.91%；从业人员301万人，占全国矿业32.46%；采选总产值达619.38亿元，占全国矿业采选矿产值的10%，仅次于煤炭和石油天然气，位居全国第三大矿业。

在中国已探明储量88种非金属矿产中，大部分已开发利用并形成了一定的生产能力，其中：菱镁矿、萤石、重晶石、石墨、滑石、硅灰石、高铝粘土产量居世界首位，其产品不仅从数量和品种上能满足中国生产建设的需要，而且大量出口，这充分说明中国已建成了基本自给，比较完善的非矿业体系；并跃居世界非金属矿业大国的地位(详见表2)。

表2　　中国主要非金属矿产品产量占世界产量比重　　单位：万吨

产品	1998			1999			2000		
	世界	中国	比例(%)	世界	中国	比例(%)	世界	中国	比例(%)
重晶石	592	294	49.66	620	300	48.39	620	302	48.71
滑石*	1010	220	21.78	1000	230	23	964	230	23.86
石墨		162			150			165	
晶质	64.6	28	43.34	60.0	20.13	33.55	60.2	28	46.51
高岭土	4010	260	6.48	4150	300	7.23	4170	325	7.79
硅灰石	55	22.5	40.91	60	24	40.0	63	27	42.86
膨润土	900	170	18.89	1000	180	18.0	986	198	20.08
硅藻土	215	40		196	35		189	38	
石膏	10700	2200	20.56	10700	2100	19.63	11000	2200	20.0
萤石	430	290		451	310		448	300	
菱镁矿	1809.10	850	46.98	1865.3	950	52.34	1900	1000	52.63
石棉	181	29.7	16.41	183.0	32.9	17.98	190	31.46	16.56
金刚石(万克拉)	12999	113		11742	115		11829	115	
产品	2001			2002			2003		
	世界	中国	比例(%)	世界	中国	比例(%)	世界	中国	比例(%)
重晶石	660	398	60.30	596	410	68.79		420	
滑石*	964	227	23.55	859	250	28.18		260	
石墨		170			132			140	
晶质	62	30	48.39	81.3	32	39.36		35	
高岭土	4200	350	8.33	2488.5	360	14.47		370	
硅灰石	65	32	52.46	60	34	56.67		38	
膨润土	1000	200	20.0	1030	218	21.17		220	
硅藻土	195	40	20.51	192	42	21.88		45	
石膏	12000	2350	19.58	11070	2550	23.04		2750	
萤石	450	260	57.78	420.2	265	63.07		240	
菱镁矿	2038.6	1000	49.05	1981.6	720	36.33		1000	
石棉	190	31		213.0	27	12.68		35	
金刚石(万克拉)	11900	12.0		13200	12.20			12.5	

*世界产量中含叶蜡石180万吨。

资料来源：国土资源部信息中心

3. 市场前景广阔。从国际市场上看，随着科学技术和经济的发展，各国对非金属矿产的需求将会长期稳步的增长。鉴于世界非金属矿产资源分布不均，目前一些国家的矿产资源已渐面临枯竭，而中国非金属矿产资源丰富，其矿产品质优价廉，在国际市场上具有竞争力。

从国内市场上看，中国是发展中国家，随着经济的发展和人民生活水平的提高，对非金属矿的需求量必将日益扩大。据预测，今后中国非金属矿产开发速度必将会高于先进国家和世界的平均速度。

【生产运行情况分析】 根据各专业协会和企业上报材料来看，2004年主要非金属矿产品产销持续走好，市场价格普遍上涨。1～12月份，10种非金属矿重点企业产品产量比2003年都有不同程度的增长。其中，增长幅度较大的有：石膏板增长45.7%、硅灰石增长19.4%、硅藻土助滤剂增长18.9%、石膏增长10%(见表4)。产品销售收入和利润都有较大的提高(见表5)。

表4　　**2004年1～12月主要非金属矿产品产量**　　单位：万吨

产品名称	2004年1～12月产量	同比增长%	本年累计企业数(个)	全年行业完成情况，万吨	
				2004年	2003年实际
石棉	34	5.8		40	35.04
鳞片石墨	21	5	重点企业	38	36
土状石墨	90	持平	重点企业	110	114
石膏	2750	10		2952	2750
石膏板(平方米)	25388	45.7		35000	30000
硅灰石	37	19.40		38	35
萤石	215	持平		250	240
滑石	220	4.76		270	260
高岭土	280	7.70		315	310
硅藻土助滤剂	3.68	18.9		44.50	3.88

表5　　**2004年1～12月非金属矿采选和非金属矿制品业主要经济指标**

	企业单位数(个)			亏损企业数(个)			工业增加值			产品销售收入			利润总额		
	本期	同期	增长率	本期	同期	增长率	本期	同期	增长率	本期	同期	增长率	本期	同期	增长率
石灰石、石膏开采	288	286	0.7	34	27	25.93	23.29	16.43	36.63	63.96	44.61	43.38	3.72	2.27	63.88
粘土及其他土砂石开采	474	445	6.52	41	46	-10.8	726.4	20.38	18.11	78.78	61.08	28.98	4.17	3.18	31.13
石棉、云母矿采选	38	37	2.7	3	4	-25	3.08	2.4	34.66	5.37	4.82	11.41	0.53	0.29	82.76
石墨、滑石开采	83	81	2.47	3	12	-75	9.29	8.12	6.76	23.47	20.42	14.94	2.06	1.47	40.14
宝石、玉石开采	8	8	0	2	2	0	0.54	0.44	24.75	1.08	0.9	20	0.09	0.04	125
其他非金属矿采选	221	200	10.5	45	38	18.42	13.53	10.15	18.26	38.42	28.13	36.58	2.29	1.61	42.24
石灰和石膏制造	194	175	10.86	28	25	12	11.97	8.62	30.78	37.78	28.08	34.54	1.35	0.95	42.11
石棉制品制造	99	94	5.32	19	18	5.56	5.1	3.46	38.86	18.86	12.85	46.77	0.67	0.39	71.79
云母制品制造	38	36	5.56	3	2	50	2.21	1.6	23.37	6.47	4.58	41.27	0.55	0.37	48.65
其他非金属矿物制品制造	808	763	5.9	171	159	7.55	63.94	46.25	38.25	208.72	152.19	37.14	9.59	6.33	51.5

资料来源：中国建筑材料工业协会信息部；注：工业增加值以现行价格计算，增长率按可比价格计算。

石膏由于水泥等建材产品需求增长的拉动，市场出现供不应求的现象，平均产销率达95%以上。山东、山西、湖南、湖北和江苏等省一些企业石膏产销率甚至达到110%，将历年库存积压的石膏也销售一空。

每吨石膏价格平均涨幅为10%～20%，特级石膏每吨约150元、一级石膏每吨40～50元；石墨从2003年下半年开始，走出在低谷中徘徊了10多年的状态，2004年市场呈现少有的供不应求，价格上扬的好局面。与去年相比，平均每吨石墨价格上涨幅度15%～20%。

石墨市场利税主要有四个方面原因：一是受钢铁市场的拉动，加上一些新型耐火材料的需求增长；二是在美国经济复苏的影响下，全球经济复苏，国际市场对石墨需求量加大，使中国石墨出口量增大，石墨出口价格平均增长20%以上；三是环保政策实施力度加大和产业结构调整步伐加快，一些地方乱采滥挖的行为得到遏制，一些不符合环保要求的小矿山企业纷纷被迫关闭；四是石墨用途不断扩大，一些新的应用领域不断开拓出来。

【主要非金属进出口情况】 2004年进出口贸易形势很好，出口继续增长，出口加工产品比重进一步扩大。2004年1～12月，中国主要非金属矿产品进出口总额达69.49亿美元，同比增长10.69%，其中：出口额达38.51亿美元，同比增长10.69%；进口额达30.98亿美元，同比增长33.08%(见表6)。

中国非金属矿产品进出口贸易的主要特点是：第一，非金属矿产品出口贸易额继续上升。全国45种主要非金属矿产品中，有34种产品与2003年都有不同程度增长。其中，增长幅度较大的有：鳞片石墨、高岭土、耐火粘土、石英及石英岩、白垩、硅质化石土、浮石、石膏、石灰石助熔剂、生石灰、硅藻土、云母、萤石、长石、霞石正长岩等产品。

表6　　2004年1～12月主要非金属矿产品进出口情况　　单位：亿美元

	总金额		出口额					进口额				
	2004年	2003年	2004年		2003年		同比增长(%)	2004年		2003年		同比增长(%)
			出口额	比重(%)	出口额	比重(%)		进口额	比重(%)	进口额	比重(%)	
合计	69.49	58.07	38.51	100	34.79	100	19.69	30.98	100	23.28	100	33.08
非矿采选产品	31.46	26.81	10.93	28.38	10.97	31.53	-3.60	20.53	66.27	15.84	68.04	29.61
非矿加工产品	38.03	31.26	27.58	71.62	23.82	68.47	15.79	10.45	33.73	7.44	31.96	40.46

资料来源：中国五矿进出口总公司信息中心。

第二，非金属矿产品进口贸易额有较大增长。其中，进口额增长较大的产品有：土状石墨、硅质原料、石棉、云母、高岭土、硅线石类矿物、白云石、重晶石、浮石、菱镁制品、硅藻土、蛭石珍珠岩、霞石正长岩、大理石荒料、花岗石荒料、石膏制品、石棉制品、耐火制品、碳化硅和宝石、钻石等。

第三，非金属矿进出口产品结构更趋合理。2004年1～12月，出口额中，加工产品所占比重由去年71.67%，上升为73.12%；进口额中，矿产品原料比重，由2003年53.36%，上升为68.86%(见表7)。

表7　　2004年1～12月非金属矿产品进出口情况　　单位：万吨，万美元

商品名称	出口				进口			
	数量	同比增长(%)	金额	同比增长(%)	数量	同比增长(%)	金额	同比增长(%)
合计			385100.00	10.69			309770.92	31.14
一、采选产品			88891.84	4.59			205285.3	53.36
鳞片石墨	13.68	2.80	3974.45	25.28	120T	-61.51	133.23	-62.67
土状石墨	31.49	36.75	2729.69	10.22	4490T	223.57	501.66	149.72
硅砂、石英砂	59.61	6.61	864.89	14.56	6.50	-0.32	1114.24	50.35
天然砂	2180.14	435.56	4825.57	10.67	7583T	-15.10	87.95	-41.09
石英及石英岩	5.69	72.83	292.93	121.48	1.50	-61.16	514.23	173.10
高岭土	95.70	15.04	3399.06	23.02	33.73	27.99	6916.01	23.56
膨润土	18.79	19.27	1344.75	-18.77	2.30	63.25	602.94	2.26
耐火粘土	123.25	-0.25	12553.92	25.85	0.61	-19.70	481.09	16.49

续表 7－1

商品名称	出口				进口			
	数量	同比增长（%）	金额	同比增长（%）	数量	同比增长（%）	金额	同比增长（%）
硅线石类矿物	1474T	－56.74	28.71	－41.61	2870 T	17.92	144.59	25.10
富铝红柱石	7.13	－20.33	782.53	－14.98	5450 T	36.04	178.81	11.35
白垩	4198 T	442.83	7.48	122.76	259 T	20.65	8.22	4.35
白云石	102.20	－9.37	1371.59	8.62	3.13	177.22	600.48	342.93
磷灰石	311.19	215.26	12047.08	－2.47				
重晶石	239.44	158.04	7781.78	13.68	1021 T	23.38	45.24	45.60
硅质化石土	3.17	42.93	340.12	94.97	2076T		247.78	
浮石	2.77	41.67	445.40	53.41	32.87	3.13	2480.72	22.22
刚玉、石榴石	1.56	－8.27	303.07	5.44	2649 T	73.82	361.67	－2.12
菱镁产品	193.97	18.25	22657.66	11.90	1.91	158.62	967.07	378.89
石膏	26.85	73.24	938.31	49.98	5.18	－3.33	568.55	2.94
石灰石助熔剂	25.26	118.55	479.03	219.52	840T		24.44	－78.97
生石灰	10.05	61.09	396.88	57.61	1306 T	101.54	21.86	1.18
熟石灰	5.83	－3.37	185.86	8.40	1044 T	－14.34	26.66	－33.79
硅藻土	2.95	－2.11	446.89	35.83	1878 T	13.82	125.70	17.54
石棉	3575T	－6.14	63.63	－78.82	18.98	35.31	3526.63	41.48
云母	1.44	－34.06	204.48	56.42	2.11	37.21	513.85	113.21
云母粉	7.76	37.79	983.31	33.80	3876 T	－5.19	340.89	23.54
滑石	64.30	－8.30	6595.35	－2.68	2.07	49.59	992.90	48.82
长石	92.86	68.61	104.80	26.15	4845 T	20.34	162.07	3.51
天然硼砂粉矿	2117T	－29.87	49.47	－21.60	2.67	24.87	1120.26	31.45
蛭石、珍珠岩	18.23	－76.58	1386.45	－61.11	8050 T	87.53	207.53	87.89
萤石	83.42	－7.90	11916.36	13.98	5154 T	－79.37	48.55	－61.0
霞石正长岩	4345T	1297.31	36.58	705.71	428 T	41.23	20.20	34.32
未加工宝石(吨)	10.02	20.64	1811.74	79.70	41529	3386.51	3386.51	1431.59
未加工工业钻石(万克)	42.85	－34.69	4223.83	－44.0	632.64	5.30	10728.52	28.35
大理厂荒料	5.59	－48.36	643.34	200.29	181.05	29.19	34944.23	27.04
花岗石荒料	119.51	－54.20	2682.21	－13.45	193.28	22.49	36580.09	31.29
二、加工制品			275762.82	12.47			104485.62	18.60
石膏制品	13.62	6.91	2258.07	－1.28	3128 T	45.87	205.61	177.89
石棉制品	2.99	32.25	8465	19.26	11680T	28.90	21778.32	32.38
云母制品	4096 T	24.89	908.38	27.34	981 T	－15.76	466.36	3.27
大理石板材								
花岗石板材	469.42	10.66	107167	17.24				
耐火制品	88.15	38.08	46172.39	41.64	9.97	67.25	14340.28	53.02

续表 7-2

商品名称	出口				进口			
	数量	同比增长（%）	金额	同比增长（%）	数量	同比增长（%）	金额	同比增长（%）
碳酸钙	8.19	40.12	795.79	52.42	4.10	-33.33	1756.69	18.27
碳化硅	23.14	-5.09	1570.68	23.49	2222 T	55.05	626.92	38.25
钻石(万克)	240.89	-38.10	117077.73	42.20	894.13	-23.53	58947.79	39.64
宝石(吨)	5394.29	495.66	1417.78	32.05	231.66	-12.92	6363.65	67.92

第四，一些非金属矿产品进出口贸易额逆差较大。根据2004年1~12月统计资料来看，在45种非金属矿产品中就有17种进出口贸易出现逆差。其中，逆差较大的产品有：高岭土(217.47%)、石棉(6634.62%)、硅线石类矿物(555.72%)、云母(254.31%)、天然硼砂精矿(2626.84%)、未加工宝石(1936.86%)、大理石荒料(4494.48%)、花岗石荒料(1098.23%)。石棉制品(264.41%)、碳酸钙(222.66%)、宝石(663.94%)。

【非金属矿行业存在问题】 *1. 原材燃料涨价，生产成本大幅度提高。*近年来，非金属矿行业由于受生产原材燃料价格及运输费用上涨等因素的影响，矿山企业生产成本不断提高。虽然一些非矿产品价格比2003年同期上涨了不少，但还不能与原燃材料价格上涨相匹配，使一些企业仍陷入微利和负利境地。据建材协会信息部统计资料，2004年1~12月份非矿亏损企业比2003年增加4.8%。

*2. 矿山环保意识淡薄，安全隐患较多。*近年来，由于一些地方和企业对矿山环境保护淡薄、重资源开发、轻环境保护；重效益、轻治理，矿山废石、尾矿、废渣随意堆放，占用大量耕地；一些选矿厂未经处理的废液对水系和土壤造成严重污染；开矿使用的炸药形成的有害气体、灰尘等造成了一定程度对大气污染。此外，超常的地下采空、边坡开挖、废水排放等，造成矿山不少安全隐患，严重危害矿山周边人民生命财产安全。

*3. 中国石棉市场遭遇运输瓶颈。*中国石棉行业自2003年以来，市场很好，产销两旺，在这一大好形势面前，中国西部石棉产区的一些企业，却因铁路运输紧张，而陷入外销产品运不出去，眼睁睁看着市场被进口石棉吞噬的尴尬境地。

*4. 在进出口贸易中，低出高进的问题仍较突出。*如：高岭土出口平均价格每吨为34.07美元、进口平均价格为204.91美元，相差6倍；膨润土出口平均价格每吨为70.28美元，进口平均价格为268.59美元，相差3.8倍；耐火粘土出口平均价格每吨为101.96美元，进口平均价格为655.58美元，相差6.4倍；石英及石英岩出口平均价格每吨50.51美元，进口平均价格每吨为344.63美元，相差6.8倍；天然砂出口平均价格每吨2.18美元，进口平均价格每吨219.4美元，相差100倍；硅藻土出口平均价格每吨为193美元，进口平均价格为690.5美元，相差3.57倍；长石出口平均价格每吨11.39美元，进口平均价格每吨为338美元，相差29倍(详见表8)。

表8　**2004年1~12月主要非金属矿产品进出口平均价格**　单位：美元/吨

商品	出口	进口	价差倍数	商品	出口	进口	价差倍数
鳞片石墨	290.53	11102	38	生石灰	39.49	168.15	4.3
土状石墨	86.68	1114.8	13	熟石灰	31.88	256.35	8
硅砂、石英砂	14.51	171.2	11	硅藻土	151.49	668.62	4.4
天然砂	2.21	115.72	52	云　母	142	243.53	1.71
石英及石英岩	51.48	342.8	6.6	云母粉	126.72	874.08	6.9
高岭土	35.52	205	5.7	滑　石	102.57	479.66	4.7
膨润土	71.57	262.15	3.7	长　石	11.29	337.65	29.84
耐火粘土	101.86	788.67	7.8	蛭石、珍珠岩	46.05	259.41	3.4
硅线石类矿物	191.4	498.59	2.6	霞石正长岩	83.14	469.76	5.6

续表 8

商品	出口	进口	价差倍数	商品	出口	进口	价差倍数
富铝红柱石	109.75	325.11	2.98	未加工宝石	181.17	816.02	4.5
白　垩	17.81	273.3	15	未加工钻石※	98.57	169.58	1.72
白云石	13.42	191.85	14	花岗石荒料	22.44	189.26	8.40
重晶石	32.50	443.53	13.6	石膏制品	165.79	663.26	4.0
硅质化石土	107.29	1191.30	11	石棉制品	2831	18613	6.57
浮　石	160.79			云母制品	2215	4758	2.1
刚玉、石榴石	194.28	1391	7.5	耐火制品	523.79	1438	2.7
菱镁产品	116.81	506.32	4.37	碳酸钙	97.17	428.46	4.4
石　膏	34.95	109.76	3.1	碳化硅	67.85	2725.74	4.7
石灰石助熔剂	18.96	290.95	15	宝　石	2625	276680	105
石　棉	176.75	185.81		萤　石	142.85	93.37	

※:单位为克。

【建议与对策】 1. 加强矿山环保治理、消除隐患。由于矿山资源开发造成的生态破坏和环境恶化具有点多、面广、量大的特点。而且发展势头不减、解决起来难度相当大,所以必须进行综合治理,需要有新的思路,要区别不同行业、地区、企业、实行不同的扶持政策。对历史“积淀”的环保问题,应建立多元化、多渠道的环保投资体制,共同推进矿山环境的治理。从政策上讲,要求“谁破坏、谁治理、谁受益”。同时,还应注意完善矿山环保法制建设,加强监督管理。

2. 加强企业管理、降低生产成本。在当前矿山企业产销两旺的大好形势下,要特别注意加强企业管理,提高产品质量,千方百计节约能源和原材料消耗,降低生产成本,提高经济效益。

3. 提高西部铁路运力。中国西部地区的石棉产量占全国总产量的80%以上,要从这里运往东部及全国各地,由于铁路运力不足,影响矿山的生产和地区经济的发展。因此,应加快发展西部铁路建设,特别是敦煌货运量较大的火车站应进行改选、升级,以便适应经济发展的需要。

4. 进一步调整进出口产品结构。为了尽快扭转一些矿产品长期存在低出高进的问题,应进一步调整进出口产品结构,注意研究开发替代高附加值进口产品。

(中国非金属矿工业协会)

淄博矿业集团有限责任公司

淄博矿业集团有限责任公司是一个以煤为主、多业并举的跨地区、跨行业、跨所有制的大型现代企业集团。目前，集团公司在册职工29000人。具有各类专业技术职称人员4200余人。

主要生产经营单位分布在山东、陕西、贵州三省和淄博、济南、济宁、咸阳、兴义五市。现有6个分公司、3个控股子公司、9个参股公司、1个全资企业、6个文教卫生单位和2个矿井基建处。

主要经营范围为煤炭、电力、水泥建材、火工；兼营化工、机械加工制造、电子元器件、建筑安装、地质勘探、铁路运输等。

董事长：马厚亮

淄矿集团在济宁地区建设的济北现代化新矿区已形成年产800万吨的生产规模。图为即将投产的年设计生产能力300万吨的唐口煤矿外景

近年来，淄矿集团公司认真贯彻落实科学发展观，以科技进步为先导，大力发展循环经济，着力构建煤电材、煤电化两大煤基产业链，加快产业、产品结构的调整和优化升级，全面推进以建设“优而特、富而强”为目标的第三次创业。2004年共生产商品煤1258万吨。企业实现总收入62亿元，利润10806万元。上缴税费70177万元。企业资产总额95亿元。

淄矿集团连续三年进入全国企业500强之列。先后荣获全国五一劳动奖状；被授予全国企业信息化百强企业和全国煤炭行业优秀企业；首批荣获山东省“AAA”级信誉企业称号；2004年煤炭产品被评为“全国用户满意产品”。

在陕西咸阳建设的年产300万吨的亭南煤矿成为陕西省的样板矿井

淄矿集团天晟公司自行设计制造的综合放顶煤转移支架，产品得到全国各大煤炭生产企业的认可，为矿井安全生产筑起了钢铁长城

淄矿集团东泰公司软磁铁氧体生产车间

淄矿集团宇峰公司晶体谐振器生产车间

沙漠勘探

油洲加绿洲

河 50 丛式井组

胜利油田

胜利二号钻井平台

7000 米科学探井——胜利 1 井

胜利油田是全国第二大油田。现在的胜利油田是指中国石化集团胜利石油管理局和中国石化胜利油田有限公司的统称。中国石化集团胜利石油管理局是隶属中国石油化工集团公司的国有特大型企业，拥有固定资产原值 208.01 亿元，净值 131.10 亿元，职工 101629 人。中国石化胜利油田有限公司是中国石油化工股份有限公司下属的全资子公司，拥有固定资产和油气资产总量 1115.82 亿元，其中固定资产原值 158.59 亿元，净值 96.14 亿元，油气资产原值 957.23 亿元，净值 360.21 亿元，职工 75801 人。

胜利油田的工作区域主要分布在山东省的东营、滨州、德州等 8 个市的 28 个县（区），主体位于东营境内黄河入海口两侧。胜利山东探区已取得探矿权面积约 4.9 万平方公里。 “十五”期间，油田积极实施“走出去”战略，先后在新疆、安徽、浙江、宁夏、辽东湾等地区及国外新增探矿面积 10 多万平方公里。截至 2004 年，胜利油田登记探矿权总面积达 15 万平方公里，油气资源总量已达 170 亿吨，比“八五”末增加了一倍多；自 1964 年勘探开发以来，共发现 72 个油气田，累计探明石油地质储量 45.2 亿吨，天然气地质储量 2137.4 亿立方米。从 1983 年开始已连续 21 年年均新增探明石油地质储量保持在 1 亿吨以上；累计生产原油 8.26 亿吨。2004 年，全油田实现总收入 727.1 亿元，其中有限公司 516.7 亿元，管理局 210.4 亿元。共实现企业增加值 483.9 亿元，其中有限公司 420.1 亿元，管理局 63.8 亿元。共实现利润 206.2 亿元，上交税金 143.5 亿元。自 1986 年起，胜利油田连续保持了“山东省思想政治工作优秀企业”和“全国思想政治工作优秀企业”的称号。

胜利油田正在围绕实现油田整体发展目标这个第一要务，奋力推动“油气当量重上 3000 万”目标的实现。油田提出了“从创业走向创新，从胜利走向胜利”为主要内容的新时期胜利精神，以及以“创业、创新、竞争、发展”为主要内容的新时期胜利文化的核心内涵。胜利文化获 2003 年度中国企业文化大奖。胜利的明天会更辉煌。

胜利油田基地新貌

西部油气资源勘探开发劲旅

——中石化西北分公司

1996 年时任国务院副总理的温家宝同志视察西北石油局探区

2004 年8 月，王乐泉与陈同海携就中石化和新疆油气勘探开发工作进行了友好探讨

中石化西北石油局、西北分公司是中石化上游油田企业之一，主要从事油气田勘探、开发业务，其前身是原地矿部的石油勘探队伍，1978 年从青海转战新疆，2000 年重组到中石化。现有正式职工2956 人，2004 年底资产总额105 亿元。

根据国家“西部大开发”的战略方针和温家宝总理关于油气资源战略的指示精神，中石化积极响应中央号召，加大了新疆油气勘探开发力度，加大了对塔河油田的投入力度，实现了储量、产量的快速增长，塔河油区已经成为中石化西部增储上产的主要地区。按照“集团化决策、项目化管理、市场化运行、社会化服务”的组织运行机制，在塔里木盆地油气勘探取得了一批重要成果，在2004 年发现了中国第一个12 亿吨级古生界海相碳酸盐岩特大型油气田，原油年生产能力达到了420 万吨。

西北分公司按照现代石油公司进行管理，针对具有世界级难题的碳酸盐岩油藏勘探开发，运用市场机制，对所有工程技术队伍、社会化服务队伍均采用招投标方式优选作业队伍，完全实行甲乙方合同管理。目前在塔河油田施工作业的队伍中石化有190 支、中石油有98 支、中海油有6 支、地方队伍86 支及相关国外工程队伍，各类供应商310 个，在塔河油区形成了新时期石油会战的大场面。

西北分公司主要生产经营成果：

1984 年9 月22 日沙参2 井在海相古生界取得重大油气突破，日产原油1000 吨，天然气200 万立方米。

到2004 年底，西北分公司在塔里木盆地拥有矿权面积1.2 万平方公里，矿区总资源量68.645 亿吨（石油39.34 亿吨，天然气29305 亿立方米）。沙46 井、沙48 井于1997 年获得高产工业油气流，发现了塔河油田，按照“整体评价、立体勘探”的思路，西北分公司展开了对沙雅隆起的整体勘探，发现了碎屑岩、碳酸盐岩两大含油领域、8 个含油层系。

成功开发了具有世界级难题的碳酸盐岩缝洞型油田，实现了快速上产，原油产量由2000 年的194 万吨上升到2004 年的358 万吨。

油田勘探开发取得显著的经济效益。2004 年实现销售收入43 亿元，利润17.84 亿元，人均产量1396 吨，人均利润69.5 万元，创同行业较好水平。

油田联合集输施工场景

在塔河油田的勘探开发实践中，形成了针对超深层碳酸盐岩缝洞型油藏的六大勘探开发配套技术。建立了以三维地震为主的碳酸盐岩缝洞型储层的预测、识别技术；发展配套了以地震、钻井、测井、油藏工程为基础的碳酸盐岩缝洞型油藏描述技术；发展配套了塔河油田超深井钻井技术、短半径侧钻水平井技术、超深分支水平井钻井技术、欠平衡钻井技术；发展配套了超深层碳酸盐岩缝洞型油藏酸压改造技术系列；形成了以掺稀、抽稠电潜泵、螺杆泵、水力喷射泵等为主的高粘重质油采油工艺技术；发展配套了塔河油田稠油集输处理技术。

按照中石化加快西部发展的要求，西北分公司确定了“52821”的“十一五”发展目标，即实现新增探明石油储量5 亿吨，天然气储量2500 亿立方米；期末原油产量800 万吨，天然气产量20 亿立方米，建成年产1000 万吨油气当量的大油田。

中国石化股份有限公司

南方勘探开发分公司

团结协作的坚强领导班子。经理兼党委副书记杨方之（左三）、党委书记兼副经理周世良（右三）、副经理麻建明（左二）、党委副书记、纪委书记兼工会主席张旭（右二）、总地质师马永生（左一）、总工程师朱铉（右一）

奖状

奖给：南方勘探开发分公司

普光构造天然气勘探

特等奖

普光气田天然气勘探获中国石化股份公司油气发现特等奖

普光构造天然气勘探实现重大突破

新办公楼

整洁的油气集输站

肩负着中国石化“发展南方”油气资源战略、代表中国石化组织实施南方海相油气勘探的中国石化南方勘探开发分公司成立于2002年4月，总部设在昆明。持证勘探区块112个，总面积近30万平方公里，分布于秦岭—大别山—胶南以南中国海相领域，3年攻关加3年苦战，至2005年底，南方勘探开发分公司已基本形成海相油气勘探思路、勘探理论和勘探技术等系列理论和技术方法，在四川盆地北部发现了天然气储量规模达2000亿立方米的普光特大天然气整装田，以及另一个预计储量规模超千亿立方米的含油气构造通南巴构造带。普光气田的发现刷新了四川盆地和中国海相领域最大整装气田新纪录。南方勘探开发分公司川东北勘探已形成火热的大场面，并已被中国石化列为“十一五”头号工程。与此同时，南方勘探开发分公司川东北南江区块、川东南、南方海相下组合、鄂西—渝东、中下扬子、南盘江、十万山、松潘—阿坝、百色盆地和云南第三系盆地等地区的勘探也获得了重要发现和进展。

丰富多彩的职工文化生活

南方勘探开发分公司还负责滇黔桂地区百色油田、赤水气田、陆良气田、保山气田和曲靖气田开发工作，目前年产油气10万吨油当量。

面对新的能源需求形势，南方勘探开发分公司确定，“十一五”将按“战略展开、战略突破、战略准备、战略侦察”四个层次组织南方油气勘探，以油气资源战略为核心，以勘探突破为重点，以发现大中型油气田为目标，立足川东北，着眼大南方，确保中国石化川渝鄂天然气生产基地建设的资源目标实现，推进南方油气勘探开发更大发展。

油气勘探处女地松潘—阿坝高原首口探井红参1井顺利钻进

川东北探区防硫化氢一级应急预案演练

川东北探区勘探现场

中国石化

西部新区勘探指挥部

永2 井现场点火测试成功

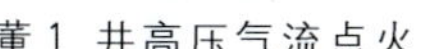

董1 井高压气流点火

沙海中的营地

中1H 井放喷

中国石化西部新区勘探指挥部（以下简称西指）成立于2001年12月21日，目前机关共设置11个职能处室，即党政办公室、党群工作部、项目管理处、生产管理处、安全环保处、地质处、工程技术处、监理中心、计划财务处、合同处、试采处。作为中石化股份公司的派出机构，其主要职责是：按照总部发展西部的勘探部署原则，集中统一管理西部新区的勘探工作，负责西部勘探部署的决策、投资计划的审定、优化勘探投入方向；组织西部勘探项目管理、生产运行及协调各参战油气田企业的关系；统一协调处理与地方的关系。西指驻地位于乌鲁木齐市昆明路2号。

目前，中国石化西部新区在准噶尔、塔里木和外围盆地共取得探矿权区块69个，面积29.80万平方公里。矿权区横跨新疆、青海、甘肃、宁夏等四个省区。参与西部新区勘探的有胜利油田、中原油田、河南油田、江汉油田、江苏油田、西北石油局、华北石油局、西南石油局、华东石油局、中南石油局、勘探开发研究院等11个集团公司直属单位，施工队伍150多个，参战人员逾万名。

联合研究，综合会诊

三年多来，在集团公司暨股份公司的正确领导下，在各参战单位的共同努力下，通过不断推进科技进步，强化科学部署，严格科学管理，有效推动了西部新区勘探进程，相继在准噶尔盆地腹部、塔中地区等多个点上取得了重大突破，实现了良好开局，为进一步展开勘探奠定了坚实基础。

2004年7月，为进一步贯彻集团公司党组“加快西部”的资源战略方针的新要求，新一届领导班子经过反复酝酿，提出了“1334”工作思路，即：围绕一个工作目标，实施“三步走”战略，做到“三个依靠”，强化“四项措施”。一个工作目标：就是实现集团公司资源战略接替。实施“三步走”战略：即第一步，2006年实现“大突破”，标志就是拿到亿吨级储量规模的高产大油气田；第二步，2010年实现“大发展”，标志就是拿到相当规模的高效优质的储量，并且有一定的产能；第三步，2020年实现“大接替”，标志就是中石化在西部建成一个中等规模的原油生产基地。做到“三个依靠”：就是一要依靠科技进步，实施科技兴油；二要依靠各参战单位的支撑；三要依靠地方政府的支持。强化“四项措施”：就是强化理论创新、强化技术创新、强化科学管理和强化人才培养与人才队伍建设。

不畏严寒，坚持工作的米泉1 井钻探井队

面对肩负的艰巨历史重任，“西部新区人”将坚定不移地大力贯彻“1334”勘探思路，以资源潜力为基础，以经济效益为中心，以科技创新为动力，加快准噶尔、塔里木和外围盆地油气勘探步伐，立足寻找大油田，为早日实现中石化资源接替战略作出新贡献。

中国石油天然气股
PetroChina Comp

股票代码　　香港：0857

公司简介 INTRODUCTION

■ 中国石油天然气股份有限公司（简称“中国石油”）是在中国石油天然气集团公司（简称“中油集团”）重组改制的基础上，于1999年11月5日成立的股份有限公司。中国石油是上下游、内外贸、产销一体化的大型石油公司，广泛从事与石油、天然气有关的各项业务，主要包括：

- 原油和天然气的勘探、开发和生产销售；
- 原油和石油产品的炼制、运输、储存和营销（包括进出口业务）；
- 基本石油化工产品、衍生化工产品及其他化工产品的生产和销售；
- 天然气和原油的输送及天然气的销售。

■ 中国石油将上述业务划分为勘探与生产、炼油与销售、化工与销售、天然气与管道四个专业板块进行经营管理。

■ 中国石油发行的美国存托股份及香港H股，分别于2000年4月6日和7日在纽约和香港上市。

■ 中国石油的财务业绩优良，2003年实现净利润696亿元人民币，2004年实现净利润1029亿元人民币，创上市以来同期最好水平。

具有国际先进水平的催化裂化装置

高效现代的丛式采油井组

CHALCO

中国铝业

ALUMINUM CORPO

董事长 CEO：肖亚庆

中国铝业股份有限公司(简称“中国铝业”，英文全称：Aluminum Corporation of China Limited．英文缩写：CHALCO)是中国最大的氧化铝生产商，是全球第二大氧化铝生产商，同时也是中国最大的原铝生产商。公司于2001年9月10日成立，同年12月11日、12日，公司股票分别在纽约证券交易所和香港联合交易所有限公司挂牌上市(股票代码：香港2600，纽约ACH)，被列入香港恒生综合指数成份股和富时指数成份股及美国股市中国指数成份股。中国铝业公司是中国铝业股份有限公司的控投股东，拥有42%的股权。

中国铝业主要经营铝土矿，石灰石矿的勘探、开采；铝镁矿产品、冶炼产品、加工产品、碳素制品及相关有色金属产品的生产、销售；从事勘察设计、建筑安装；机械设备制造；相关技术开发、技术服务。

中国铝业注册资本110.49亿元，下设8个分公司和1个研究院，并拥有6个主要子公司(控股公司)。企业信用等级被标准普尔评为BBB+级。已通过ISO9000、ISO14000、OHSAS18001贯标认证。

董事长肖亚庆（中）、
执行董事、总裁熊维平（右3）、
执行董事、高级副总裁罗建川（左3）、
执行董事、副总裁兼财务总监陈基华（右2）、
副总裁张程忠（左2）、
副总裁刘祥民（右1）、
副总裁孙兆学（左1）

份有限公司
TION OF CHINA LIMITED

Aluminum Corporation of China Limited ("Chalco" or the "Company")is the PRC' S largest and the world' S second largest producer of alumina, as well as the largest producer of primary aluminum in the PRC. The Company was incorporated in the PRC on September 10. 2001. The Company' s shares which were listed on the New York Stock Exchange. inc. andthe Stock Exchange of Hong Kong Limited respectively on December 11 and 12.2001(stockcodes: HK 2600, NY ACH)were included in Hang Seng CompositeIndex, FTSE Index and USX China Index. Aluminum Corporation of China, being the controlling shareholder. holds 42% interest in the Company.

Chalco is mainly engaged in prospecting and mining of bauxite and limestonemine; production and sale of aluminum magnesium mining products, smelting processed products, carbon products and relevant non-ferrous products; exploration investigation and design. construction and installation; manufacture of machinery equipment; relevant technology development and services.

With a registered capital of RMB 11. 049 billion. Chalco has 8 branches and 1 researah institute as well as 6 major subsidiaries controlling companies.The Company is rated BBB+by Standard & Poor' S and has passed ISO9000. ISO14000 and OHSAS18001 certification.

地址：中国北京复兴路乙 12 号
邮编：100814
电话：010—63971767
传真：010—63963806
网址：www. chalco.com.cn

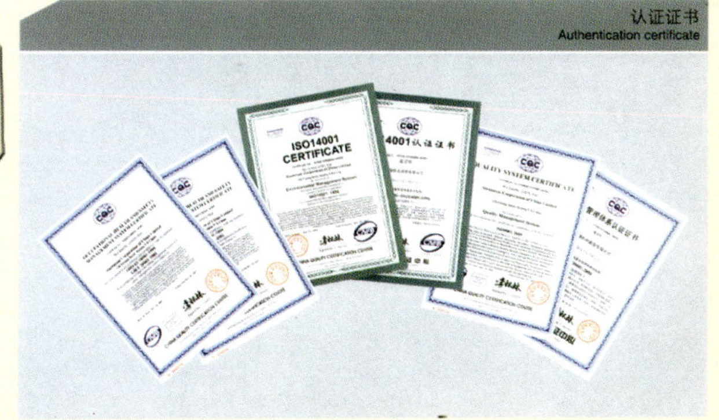

中国铝业股份有限

副总经理：姜小凯

领导班子

成立挂牌仪式

中国铝业矿业分公司是中国铝业股份有限公司的分公司，是中国铝业氧化铝生产的矿石原料重要供应基地。矿业分公司于2005年3月成立，现有小关铝矿、洛阳铝矿、渑池铝矿、焦作铝矿、张青岗矿、豫中铝矿、雷沟铝矿等7座矿山，所辖矿区分布于河南省郑州、洛阳、三门峡、焦作、许昌、平顶山和济源等七市（地区），属大型铝土矿山生产企业。公司现有员工2655人，资产总值4.4亿元，生产设备1829台套，目前已形成年矿山采剥总量800万吨、供矿800万吨以上的能力。

自成立以来，矿业分公司认真贯彻科学发展观，在中国铝业整体发展战略思想指导下，以崭新的姿态、创新的精神、求实的态度，进一步开拓进取，加快矿产资源勘探和开发力度，加速老矿山扩建和新矿山建设，实施管理创新、科技创新，逐步形成“自采为主、联办为辅、贫富兼采、配套选矿、综合利用”的生产格局，积极创建资源节约型矿业企业，为中国铝工业的可持续发展提供资源保障。

电　话：0371-68923555

传　真：0371-68922289

邮　编：450041

地　址：河南省郑州市上街区登封路38号

公司矿业分公司

复垦造田

矿业分公司成立文艺晚会

绿色采场

分层作业现场

采矿场之夜

蓝天下的矿石堆场

主任：王俊杰

政委：高均起

中国人民

GOLD HEADQUARTE

2004年武警黄金部队在武警总部和国家发改委的正确领导下，坚持西进，优化布局，加强人才队伍建设，集中优势兵力，主攻重点成矿区带、提升找矿装备水平，改进找矿手段，强化质量管理和标准化建设，依靠科技进步，提升地质勘查工作能力，引进吸收新技术、新方法、新工艺、新装备，圆满完成了各项任务。开展地质项目86项，其中：黄金地质专项费用项目78项，国土资源大调查项目1项（含子项目4项）、矿产资源补偿费项目7项。完成主要实物工作量：岩钻41143米，取样钻402米，坑探6252米，浅井1961米，槽探247917立方米，物化探等面积性工作8990平方公里。地质找矿成绩显著，全年新探获推断的内蕴经济金资源量82911千克，预测金资源量114600千克。

甘肃省文县阳山金矿床累计探获各级别资源量突破184吨，达超大型规模。黑龙江省东宁县金厂金矿区累计探获（333）以上级别金资源量超过50吨，达到特大型金矿床规模。山东省龙口市大磨曲家金矿区累计探获（333）金资源量超过39吨，甘肃省岷县寨上金矿区累计探获（333）金资源量突破25吨，达到大型规模。另有16个金矿普查矿区找矿有新进展，此外，在新疆、内蒙古、湖南等省区地质找矿取得了较好成绩，新发现可供进一步工作的找矿靶区和成矿预测区95处。

"新五件"及其在野外地质工作中应用

地址：北京市朝阳区花家地金兴路（100102） 电话：010-58685588

装警察部队黄金指挥部

OF THE CHINESE PEOPLE ARMED POLICE FORCE

CS1000型钻机

注重新技术、新方法的引进和推广工作。
力推进野外数字化地质工作进程，召开了阳山"三新"应用现场会；龙口深部钻探学术研讨会，揭示我部金矿勘查深度开始向千米迈进。
重视科研和仪器设备的研发工作。由研究所自主开发了数显离子化学金传感器。提高了野外快速分析能力。

装备建设得到进一步加强。从加拿大引进了CS1000型钻机，有效地解决了复杂地层深孔、小倾角钻孔的施工难题；从日本引进了一批日立Z-5000型原子吸收分光光度计，进一步加强了基层实验室硬件建设。

充分发挥科研先导作用，注重将现代成矿理论与勘查手段相结合，注重物、化、遥等技术方法的综合运用，对寻找深部隐伏矿体、难识别矿体起到了降低成本、缩短周期的功效。

扩大了国际交流。组织国际学术考察、技术交流3批，共10人次，拓宽了思路，开阔了视野。黄金生产取得了较好成绩。此外，圆满完成了河南小秦岭、甘肃阳山两矿区的护矿执勤任务。

护矿执勤

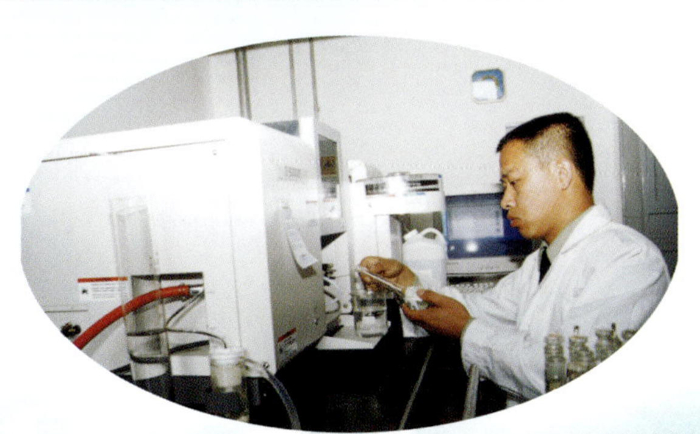
Z5000型原子吸收仪

型金矿区

传真：010-64734600

首钢矿业公司

选矿厂

首钢矿业公司隶属于首钢（集团）总公司，位于河北省迁安市境内，始建于1959年，厂区占地7.6万亩。拥有自己的铁路专用线，可与京山、通坨、京秦铁路干线相连，通过秦皇岛港、京唐港、天津港连通海运，交通十分便利。经过40多年的建设发展，成为从事采矿、选矿、球团、烧结和矿车制造、机械制造、电力修造、建筑安装等多行业的国有大型矿山企业。2004年，实现销售收入60.5亿元，年末固定资产原值55亿元、净值30亿元，在册职工16500人。

首钢矿业公司所在的冀东地区，资源优势得天独厚。采矿、选矿、烧结、球团的主体工艺设备先进。选矿系统原矿处理能力2700万吨，氧化球年生产能力达300万吨，烧结矿年生产能力700万吨。通过健全质量保证体系，铁精粉品位始终保持68%以上，获国家金质奖章；烧结矿和氧化球品位达到57%和65%以上。由于具备良好的产品开发能力和质量保证、售后服务体系，矿产品市场占有率不断扩大，销售网络以河北、京津为中心，辐射到黑龙江、山西、河南、四川等全国20多个省市和地区。

首钢矿业公司实施产业结构调整，非矿产业初具规模。重点发展的矿用汽车制造、矿山机械制造、矿山建筑安装等三大产业年产值超亿元，并形成了橡胶制品、电子电器、化工、服务业等一批千万元产值项目。2004年实现非矿产值12亿元。

浮雕

首钢矿业公司坚持“科技兴厂”之路，采用先进实用技术和信息技术改造提升传统产业。以优化工艺、节能降耗、提高产品质量和工艺自动化水平为重点，大力开展科技进步和技术创新，产生了一批科技成果。其中，复合闪烁磁场精选机和流态给料机2项科技成果申请国家专利，链篦机－回转窑－环冷机球团生产新工艺、SGA3722矿用自卸汽车研制、烧结机用乳化及再辐射聚焦点火技术等9项通过市级以上鉴定，13项获得首钢总公司以上奖励，124项优秀科技项目得到表彰。大型深凹露天矿高效运输及强化开采技术研究项目取得阶段性成果，通过了国家“十五”科技攻关项目组验收。成功开发了固定资产管理、生产现场数据综合监视查询、电力监控与网络一体化管理、生产经营信息管理、生产分析指挥决策、物资秤重及网络信息管理、医院收费管理等应用软件，科技效益在增收节支中的贡献率达到40%。

优美的环境

首钢矿业公司大力实施跨地区、跨行业、跨国界、跨所有制矿业开发，取得积极进展。以托管、合资等方式启动实施了保定涞源铁矿、丹东凤城硼铁矿、蒙古图木尔泰铁矿、承德铁马沟铁矿等项目。

首钢矿业公司是环境优美的花园式工厂。始终注重矿区生态环境保护，大力实施以水土保持、土地复垦、防风固沙、污染治理、绿化美化为主要内容的清洁环保工程。尾矿库不覆土植被使沙滩变成了绿洲；烧结电除尘和灰制粒技术的应用、球团除尘灰闭路回收工程的实施，有效减少了大气污染；利用废石生产道碴，利用尾矿砂生产彩色地砖，实施烧结余热和尾矿库渗水回收，取得了明显的社会、经济和环境效益。

采场一角

首钢矿业公司实现了“两个文明”互促进、共发展，创建了具有自身特色的先进企业文化。“守制、诚信、创新、执行”成为广大干部职工共同的行为准则，“品质卓越”的理念深入人心，好学上进蔚然成风，文化生活丰富多彩，社区建设日新月异，形成了教育人、鼓舞人、塑造人的文化氛围，为经营生产提供了强有力的思想保证、精神动力和智力支持。

首钢矿业公司

SGA3550矿用汽车

整洁的现场

程潮铁矿采矿车间

武钢矿业公司

武钢矿业公司位于武汉市青山区，是武钢重要的原料战略基地，下属 8 个二级单位，分布在全国的两省五市，现有在岗职工 1.3 万人，矿区占地面积 34 平方公里。

武钢矿山有着 100 多年的矿石开采历史，为武钢生产建设乃至国家民族钢铁工业的振兴做出了不可磨灭的贡献，书写了辉煌灿烂的篇章。截止 2005 年，共向国家提供成品矿 1.9 亿吨，其中铁精矿 1.04 亿多吨、白云石矿 1800 万吨、石灰石矿 4800 万吨，被海内外誉为华中“宝地”和武钢“粮仓”。

近年来，武钢矿业公司以科学发展观为指导，解放思想，大力弘扬艰苦奋斗、开拓创新、与时俱进的时代精神，充分发挥现有人才、技术、装备和资源等优势，坚持走矿石产品深加工发展道路，倾力打造全国最大的球团矿生产基地和冶金熔剂矿生产基地，先后建成了大冶铁矿 80 万吨球团厂、程潮铁矿 120 万吨球团厂、乌龙泉矿 18 万吨活性灰、金山店铁矿 6 万吨硫酸厂、鄂州 500 万吨球团厂（规模世界最大）等效益显著的工程项目，球团矿、活性灰等高技术含量、高附加值产品比重占到 60%。2005 年，公司预计实现销售收入 30 亿元，利润 4.3 亿元，实现历史的新跨越。

经理：匡忠祥

党委书记：王春华

武钢矿业公司

大冶铁矿球团厂

世界最大球团厂——鄂州500万吨球团厂工程开工

●经理：匡忠祥　　党委书记：王春华
●电话：027-86802603
●网址：http：//172.16.143.17/
●地址：湖北省武汉市青山区建设六路
●邮编：430080

金山店铁矿小白山公园

西部矿业股份有限公司

在伦敦国际金属交易市场注册的"汉江牌"电解铅

西部矿业股份有限公司设立于2000年12月28日，注册地址在中国青海西宁市五四大街52号。公司注册资本金人民币32050万元，法定代表人毛小兵。截止2005年9月份公司资产总额达62.7亿元，实现利润4.5亿元。公司主要经营铜铅锌等有色金属和铁锰等黑色金属的探矿、采矿、选矿、冶炼、加工及其产品销售；金银等稀贵金属及其附产品的开发、冶炼、加工和贸易；地质勘查、国内外融资等业务。目前下辖6家分公司、2个事业部、18家控股公司、6家参股公司及1个工业园区。

公司是国内大型矿业投资控股公司，具有大型矿山开发、管理、技术、人才等方面的优势，是青藏高原上最大的有色金属采、选、冶联合企业。公司生产的铅精矿一级品率达98%，产品远销日本、韩国、新加坡、香港等国家和地区。公司拥有铅锌金属资源储量在600万吨以上，下辖的锡铁山铅锌矿有年采选铅锌矿石150万吨、生产铅锌金属16万吨以上的生产能力，是国内最大的铅锌矿生产基地。同时，公司也是国内铜资源占有量最大的矿业公司，拥有铜金属资源储量在800万吨以上，其中西藏玉龙铜矿是亚洲发现的第一大铜矿，储量为625万吨金属铜。公司拥有中国最大的可开采盐湖资源，拥有金属锂资源储量在280万吨以上。

西部矿业股份有限公司锡铁山铅锌矿选矿厂

以西部矿业公司为依托发展起来的青海甘河工业区，是青海省重点建设的四大园区之一。园区已初步形成了冶金、化工、建材为支柱的三大产业体系，并拥有配套的辅助生产设施和基础设施。目前该园区内已形成12万吨的电解铝、9万吨的电解锌、10万吨的铅冶炼、20万吨的水泥、13万吨的化肥生产能力。为创建"科技型园区、环保型园区"，公司投资2亿多元引进瑞典的目前国内最先进的一步炼铅法——卡尔多粗铅冶炼技术，被评为国家"二高一优"项目。投资6.8亿元并已正式投产的10万吨电解铝扩建工程，采用了氧化铝超浓相和浓相输送系统、烟气干法净化系统，含氟气体回收率达到98%，为目前国内最先进的生产工艺。

赛什塘尾矿库一角

公司信息化建设突飞猛进。开发建成了西部矿业办公自动化和物流信息管理系统，多功能、多媒体视频会议系统也已在公司总部及其他分支机构建成并投入使用。公司人才培养和人才引进工作进展顺利。设立有青海省首家博士后科研工作站，并与国内著名高校、科研院所以“校企合作”、“院企合作”的形式广泛开展技术合作与交流，以推动公司科技进步。目前，已吸引了一批博士、硕士等高学历人员加盟，并聘请了多名工程院士、资深教授为公司的独立董事和特聘顾问。

公司以资源开发为基础，以利润最大化为目标，以市场需求为导向，以技术进步为动力，以发展民族经济为已任，建设勘、采、选、冶、加、科、工、贸、投、融资于一体，横跨有色金属、黑色金属、盐湖化工和电力能源等多行业的跨国经营的大型矿业投资控股公司。

内蒙获各乞铜矿

锡铁山铅锌矿主平硐

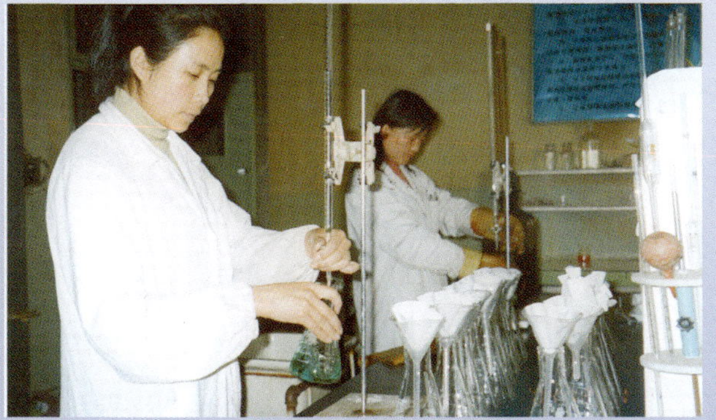

锌事业部化验室

公司地址：青海省西宁市五四大街52号

邮　　编：810001

联系电话：0971-6123888转8024(行政管理部)

-6123888转8104(营销管理部)

-6123888转8055(人力资源部)

网址：www.westmining.com

神华集团有限责任公司

黄菊副总理视察神东矿区

曾培炎副总理视察煤液化基地

曾培炎副总理视察神东矿区（井下）

神华集团有限责任公司（简称神华集团）是于1995年10月经国务院批准，按《公司法》组建的国有独资公司，是中央直管的53户国有重要骨干企业之一。在国家计划和中央财政实行单列，享有对外融资权、外贸经营权、煤炭出口权。神华集团以能源为主业，集煤矿、电厂、铁路、港口、航运为一体，实施跨地区、跨行业、多元化经营，是我国最大的煤炭企业，在国民经济中占有重要地位。

神华集团负责统一规划和开发经营神府东胜煤田的煤炭资源和与之配套的铁路、电厂、港口、航运船队等项目，实行矿、路、电、港、航一体化开发，产运销一条龙经营，并开展与上述产业相关的国内外投融资、贸易等业务；开发和经营房地产、物业管理以及科技开发等相关实业。

神府东胜煤田位于中国陕西省榆林地区和内蒙古伊克昭盟境内。属世界八大煤田之一，已探明煤田含煤面积3.12万平方公里，地质储量达2236亿吨。目前正在开发建设的矿区规划面积3481平方公里，地质储量354亿吨。该煤田赋存条件好，煤质属低灰、特低硫、特低磷、中高发热量，为优质动力、冶金和化工用煤，也是国家有关部门推荐的城市环保洁净煤。

矿区环境

煤制油规划图

目前，神华集团拥有全资及控股子公司30家，职工约9万人。截止2002年底，总资产1026亿元。

2001年底，黄骅港基本建成投产，标志着拥有4000万吨煤炭生产能力、810公里铁路、3000万吨港口吞吐能力的神华一期工程已基本建成，建设工期提前3年、投资节约10%。

煤炭，共有28个矿，35对矿井，2002年生产原煤7733万吨。神华集团所属神东煤炭公司，建设速度快，煤炭生产技术装备先进，劳动生产率高，煤炭产量大幅度递增，连续三年实现千万吨级跨越，创造了煤炭企业发展的奇迹，技术经济指标在国内乃至世界居于领先地位。2002年，神东煤炭公司生产原煤4643万吨，全员原煤生产率达到71.49/工，其大柳塔矿和榆家梁矿，是世界上最先达到单井单面年产原煤超过1000万吨的矿井，全员原煤生产率分别达到117.82/工和122.74/工。

电力，已经运营的全资及控股电厂装机容量为476万千瓦。在建电厂规模360万千瓦，国务院已批准立项360万千瓦。自有电厂的建设，为神华煤销售提供了稳定的市场。

铁路，建成并投入运营4条铁路，共计1292公里。其中，包（头）神（木）线170公里，年运输能力1000万吨；神（木）朔（州）线270公里，年运输能力6000万吨，2004年6月年运输能力将达到8000万吨；朔（州）黄（骅港）线588公里，年运输能力为6885万吨，远期年运输能力将达到1亿吨以上；大（同）准（格尔）线264公里，年运输能力1500万吨，远期年运输能力将达到4000万吨。

港口，黄骅港一期年吞吐能力为3000万吨，2004年底二期建成后年吞吐能力将达到8000万吨。

2002年，神华集团商品煤销售7773万吨，主营业务收入258亿元，还本付息56.02亿元，利润总额23.19亿元。集团综合实力大幅度提高。神华集团已连续两年在国务院五部委对全国169家中央企业进行综合效绩考评中，位居全国煤炭行业第一。

井下

朔黄铁路

堆料机

兖矿集团有限公司

兖矿集团地处孔孟之乡——山东省济宁市，是国家重点投资建设的大型煤炭生产、加工和出口基地。多年来，公司坚持“以煤为主，煤与非煤并重”的发展战略，依靠科技进步和技术创新，不断推动自身发展，逐步形成了以煤炭、煤化工、煤电铝产业为主，融电力、建筑、建材、安装、机械制造、商贸为一体的综合发展格局。拥有全资子公司、控股公司、参股公司50余家，2004年企业总资产328亿元，总销售收入228亿元，实现利税49.45亿元，进出口贸易总额7.75亿美元，出口创汇6.62亿美元。

科技进步特等奖奖杯

在不断发展的历程中，兖矿集团逐步建立完善了科技创新体系。拥有国家级技术中心，工程研究中心和博士后科研工作站。先后承担“863计划”项目、“九五、十五国家科技攻关”项目、“国家技术创新计划”项目等国家重点研究课题十余项。多次获得“国家科技进步特等奖、一等奖”等重大科技奖项。其中“厚煤层综放开采技术”、“深井冻结施工技术”、“煤炭气化、液化技术”居国际领先水平。

经过长期不懈的努力，兖矿集团取得了辉煌的成就。连续九年被国家煤炭工业技术委员会评为“科技进步十佳企业”；先后荣获“全国优秀企业（金马奖）”、“全国质量效益型先进企业特别奖”、“中国建筑工程鲁班（金像）奖”、“中国煤炭建筑工程质量奖（太阳杯）”、相继被评为“全国质量、服务、信誉AAA级企业”、“中国企业形象AAA级单位”、“重合同守信用先进企业”、“全国质量管理先进单位”；企业资信被大公国际评定为“AAA”级。

集团总部

煤炭产业

兖州煤业是兖矿集团控股的上市公司，承担着兖矿集团煤炭产业的开发。1998年分别在香港、纽约、上海三地上市，是迄今为止唯一一家同时在境内外上市的中国煤炭企业。拥有自主知识产权的综放开采技术居国际领先水平，实现了厚煤层开采技术质的飞跃。先后荣获“全国质量管理奖”、“中国质量鼎”，2004年10月，成功收购澳大利亚南田煤矿，迈出了跨国经营的第一步。

现代化矿井

现代化综放工作面

煤化工产业

兖矿集团积极进行产业结构调整，进军煤化工产业，以兖矿鲁南化肥厂为基础，逐步建立起集科研、生产、销售于一体的煤化工产业基地。“20万吨醋酸”项目、“50万吨甲醇”项目和“200万吨焦炭”项目总投资近60亿元。其中煤炭气化技术拥有多项自主知识产权，分别被列入国家863计划、高新技术产业化计划和重大技术装备国产化创新研制项目计划。

鲁南化工基地

国泰在建项目

煤电铝产业

为延长产业链，兖矿集团依托煤电综合优势，快速发展电解铝产业，与澳大利亚合营建立起国内第一家大型煤电铝联产企业——兖矿科澳铝业有限公司，目前主要产品铝锭的纯度已达99.7%以上。

科澳电解铝厂

大同煤矿集团公司

董事长、党委书记：彭建勋

副董事长、总经理：刘随生

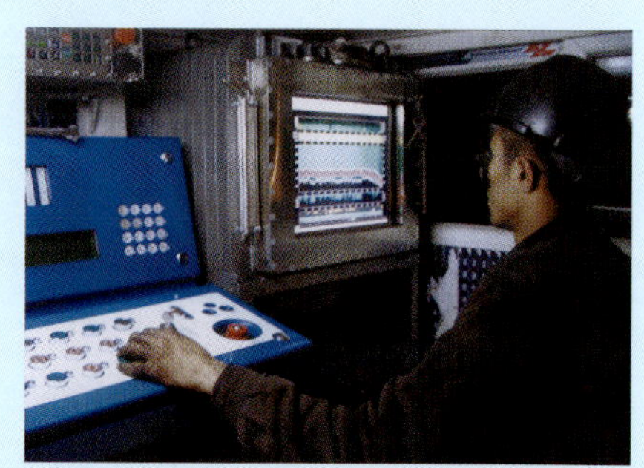

薄煤层综采刨煤机集控室

薄煤层综采刨煤机工作面

大同煤矿集团公司一次5米采全高综采

大同煤矿集团公司的前身大同矿务局成立于1949年8月30日。2000年7月改制为有限责任公司。2003年12月联合重组晋北三地市部分煤炭生产和销售企业成立新的大同煤矿集团有限责任公司。企业成立55年来，共生产煤炭近13亿吨，上缴利税150多亿元，为国民经济的发展做出了巨大的贡献。荣获过 “金马奖”、“中国煤炭采选大王”和全国“五一”劳动奖状等，连续13年荣获全国思想政治工作优秀企业称号。

同煤集团是国家规划十三大煤炭基地之一，晋北大基地的特大型企业集团。以大同煤田、宁武煤田、河东煤田（北部）为资源基地，有49个矿井，20万从业员工，70万员工家属，总资产272亿元，年产销能力近1亿吨。

近年来，集团公司以邓小平理论和“三个代表”重要思想为指导，全面贯彻党的十六大和十六届三中全会精神，按照调整产业结构，加快区域经济发展的要求，加快了特大型高产高效矿井的建设；坚持以人为本，全面、协调、可持续的发展观，统筹资源整合，调整产业结构，再造产业链，推广洁净生产，形成循环经济；坚持解放思想，深化改革，抢抓机遇，快速发展；坚持走现代化、集团化、多元化、国际化道路，最终建成商品煤基地、出口煤基地、煤炭深加工基地和市场投资主体；实现“绿色同煤、科技同煤、诚信同煤、小康同煤”。

2004年大同煤矿集团公司经济运行良好，发展势头强劲，实现了四个飞跃性的变化：

大同煤矿集团公司

大同煤矿集团公司办公楼广场

（1）煤炭产销创历史新高。2004年煤炭产销量完成8154万吨，居全国第二位。

（2）经营状况持续好转。2004年实现销售收入188亿元，上缴税费17亿元。

（3）安全实现了低控。2004年企业百万吨死亡率为0.188。

（4）员工收入大幅度提高。

2005年8月21日，在天津市发布的中国企业500强排名，大同煤矿集团公司从上一年的第193位提高到第140位，上升了53位。企业还投资1.1亿元从德国DBT公司引进了自动化刨煤机设备，最高日产达到了6185吨，超过日产5300吨的设计能力，创造了从试产到达产的全国最快纪录，开创了高产高效、高资源回收率的新局面。

大同煤矿集团公司的发展目标：到2010年，煤炭产销量达到1.5亿吨，力争全部入洗；投产和在建电厂装机容量300万千瓦；建设120万吨氧化铝、60万吨甲醇、高岭土等几个大型化工项目；销售总收入达到400亿元以上，其中，煤与非煤的比例力争达到6:4；职工人均年收入再有大幅度提高；成为具有国际竞争力的特大型煤、电、化能源集团。

集团公司晋华宫矿一角

大同煤矿集团公司洗精煤

大同煤矿集团公司

燕子山矿

矿长：徐成

大同煤矿集团公司燕子山矿，是一座由我国自行设计建造的特大型现代化矿井，设计能力为400万吨／年，矿井井田走向长9.3公里，倾斜宽8.4公里，面积55.29平方公里，矿井始建于1980年，1988年12月20日正式投产。

矿井采用立、斜井并列双水平联合集中开拓布置、多井口独立通风，综合机械化采煤，强力皮带集中运输，原煤全部入洗，计算机安全监测，程控通讯，集中供热，机车牵引，定量装车等先进技术。现有在册员工6540人，其中采掘一线1437人，井下辅助1828人，地面单位3275人，全矿实行矿队两级管理，现有4个综采队、6个机掘队、5个普掘队，矿井采煤机械化程度为100%，现开采侏罗纪煤系，可采煤层10层，现主采14－2#、14－3#层煤，建矿以来共生产原煤4000多万吨。

广场

祥园一角

怡园景观

办公楼

大同煤矿集团公司

燕子山矿

文化广场

近年来，我矿始终以落实科学发展观、打造新型矿山为战略目标，以改善生活环境、提高生活质量作为践行“三个代表”重要思想的重要内容，坚定不移地走“依法治矿、科技兴企、人才强矿、管理致胜”之路，在实现安全生产的同时，实现了企业跨越式发展。2001～2004年的四年中，先后经历了打好翻身仗、追求新突破、奋力展宏图、跨越新高度，在采煤队组没有增加的情况下，年产量由250万吨上升到450万吨，累计超产226万吨，进尺由1.6万米／年提高到3.4万米／年，安全百万吨死亡率2001年为0.56、2002～2003年为零、2004年为0.22，员工工资增长两倍多。生活环境与生活质量显著改善，初步实现了环境园林化、管理人性化、矿山城镇化。矿井先后荣获“山西省优秀企业”、“省管国有企业文明单位”，全煤“高产高效矿井”、“双十佳矿井”、并跻身全国文明煤矿行列。

山西晋城无烟煤矿业

董事长、党委书记：袁宗本

总经理：朱晓明

山西晋城无烟煤矿业集团有限责任公司是2000年8月28日按照《公司法》在原晋城矿务局基础上组建的国有独资公司，是山西省人民政府授权经营的企业，是全国520家重点企业之一，山西省工业企业30强和10家重点骨干企业之一，所在晋城矿区是国家规划的13个大型煤炭基地之一，是19个首批煤炭国家矿区之一，所产无烟煤属国家保护性开采的稀缺煤种。企业信用度AAA级，已于1999年整体通过ISO9002质量体系认证，2001年获得环境管理体系和职业安全健康管理体系认证证书。截止2004年底，公司总资产177.33亿元，从业人员43562人。

公司主营煤炭开采、洗选加工、煤层气开发利用、煤化工、坑口电厂等。现有古书院矿、王台铺矿、凤凰山矿、成庄矿、寺河矿、长平矿六对生产矿井，核定年生产能力3060万吨；一对在建矿井赵庄矿，年设计生产能力600万吨。我公司有16个控股子公司和12个分公司。

公司所产煤炭为中等变质程度无烟煤，主要产品有洗中块、洗小块、洗末煤和优末煤等7个品种。产品除具有一般无烟煤低灰、低硫、高发热量的优点之外，特别具有机械强度高，因而块率高，入炉率高；热稳定性好，高温下不爆裂，透气性好，产气率高；灰熔点高，不结焦，易于排渣等独特的优点，广泛用于化工、冶炼、电力、建材等行业，畅销全国各地，部分产品远销国外。被中国质量万里行名牌推广中心推荐入选为“全国产品质量过硬、服务满意放心品牌”。十级洗中块、洗小块获山西省人民政府颁发的“山西标志性名牌产品证书”。

1999～2001年，企业连续三年被山西省委、省政府命名为“优秀企业”。2004年，企业位列中国企业联合会发布的“2004中国企业500强”第328名、中国煤炭工业协会发布的“全国煤炭工业企业100强”第15名、山西省工业经济联合会发布的“山西省工业企业30强”第10名。

跨入21世纪，公司确立了“煤、气、电、化”综合发展，建设环保型绿色矿山的中长期发展战略规划。经过几年来的不懈努力，企业逐步形成了以煤－气、煤－电、煤－化为三大主导产业，煤气电化、矿路港航、煤机制造和其他非煤产业“四大板块”多元化发展的产业格局。

2004年，集团公司实现生产经营总额92.05亿元，完成原选煤产量2443万吨，商品煤销量1939万吨，实现利润58109万元。随着产业结构调整的进一步深化和各重点规划项目的陆续投产见效。2005年，预计集团公司将完成生产经营总额157亿元，原煤产量3000万吨，商品煤销量2400万吨，实现利润10亿元以上。

当前，晋城煤业集团正朝着新型工业化的方向加速推进“建设煤、气、电、化综合发展的环保型绿色矿山”的中长期发展战略，努力把企业建设成为跨地区、跨行业、跨所有制和跨国的组织集团化、经营多元化、产品洁净化、管理现代化的特大型能源集团。

集团有限责任公司

采用先进适用技术，实现十五号"三高劣质煤"的洁净化开发利用

优质无烟煤

港口建设蓄势待发

煤泥煤矸石资源综合利用电厂

煤层气产业清洁光明

阳煤集团公司总部

阳泉煤业(集团)有限责任公司

董事长、总经理：王体轩

党委书记、副董事长：石盛奎

阳泉煤业(集团)有限责任公司，由始建于1950年的阳泉矿务局改制而成，是国家首批确认的特大型国有煤炭企业，长期位居中国企业500强之列。阳煤集团以卓尔不群的斐然业绩，荣膺全国五一劳动奖状、中国煤炭工业优秀企业奖、煤炭工业管理金石奖，被评为重合同守信用企业、质量标准化企业、AAA级信用度企业、山西省精神文明建设先进企业、山西省经济结构调整先进企业。

阳煤集团麾下拥有4个全资子公司，18个控股子公司，9个分公司。阳煤集团控股的国阳新能股份有限公司，成功上市后，业绩良好。集团拥有160亿元的优质存量资产，具有得天独厚的巨量赋存资源，交通畅达便利，人文环境优越，装备设施精良，科技实力雄厚。在55年的奉献历程中，阳煤集团培育了门类齐全的济济人才和忠诚智勇的高素质队伍，锻造了严实精细的管理基础和深湛厚实的企业文化，蕴育了诚信的品牌美誉和卓越的企业形象。这些都是持续强盛的优势动力，为阳煤集团超常发展打开了广阔的成长空间。

阳煤集团实施“煤与非煤并重、做大与做优并举”的战略方针，“144”产业结构基本形成。煤炭产业如日中天，品

蒙古国敖包锌矿剥离工程

现代化选煤厂

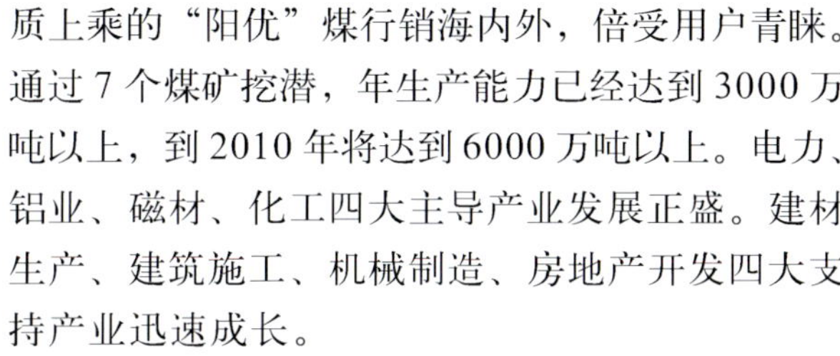

质上乘的“阳优”煤行销海内外，倍受用户青睐。通过7个煤矿挖潜，年生产能力已经达到3000万吨以上，到2010年将达到6000万吨以上。电力、铝业、磁材、化工四大主导产业发展正盛。建材生产、建筑施工、机械制造、房地产开发四大支持产业迅速成长。

阳煤集团以旺盛的生机活力跨越发展，销售收入4年接近翻两番，2004年达到91亿元，正以方兴未艾的超越态势，搏击“以大搏强、十年三百亿”的战略目标，憧憬“打造中国鲁尔”的共同愿景，把阳煤集团建成全国最大的无烟煤基地、最具优势的煤电铝基地和磁材加工基地。

腾飞的阳煤集团，以国有特大型企业的卓越丰姿、骄人业绩和优质的产品服务，与投资者、客户和供应商共享资源、共赢市场，为优秀人才和每个员工提供成长成才的坚实舞台。

阳煤集团竭诚欢迎国内外朋友携手合作，共创辉煌。

●地址：中国山西阳泉北大街

●电话：0353—7073112　7071412

●传真：0353—7071144

●邮编：045000

●网址：www.ymjt.com.cn

●电子信箱：ymjt@ymjt.com.cn

庆典仪式

磁材工业园区

阳煤热电

综合采煤工作面

兆丰铝冶

建设中（年产800万吨）的屯留矿井

潞安矿业集团

董事长任润厚（左）与党委书记王安民（右）手拿“华尔街牛”研究潞安资本运作

领导班子在一起研究工作

潞安矿业集团是2000年8月由原潞安矿务局改制而成的，是一个以煤炭生产经营为基础，煤电化、煤焦化等多元产业综合发展的大型国有重点企业，属山西省五大煤炭集团和首批12户国有资产授权经营单位之一。现有9对生产矿井、3处在建矿井、5座洗煤厂，6个分公司、12个全资及控股子公司、11个参股公司和8个地面辅助生产单位，煤炭年产规模2500万吨，员工总人数4.5万名；资产总量110亿元。2004年，实现销售总收入67.69亿元，实现利税8.54亿元，实现利润2.59亿元。2004年，在全国500家大型工业企业中排名第240位，在全国煤炭行业中排名第12位，在全省大企业中排名第7位。

潞安集团是第一个“中国煤炭工业现代化矿区”；曾两次获全国“五一”劳动奖状和国家级企业技术进步奖，三次获全国企业管理优秀奖“金马奖”，连续6年荣膺“全国安康杯竞赛优胜企业”称号，连续8年名列全煤“科技进步十佳企业”，被中国企业联合会和中国企业家协会评为“全国十大最具影响力企业”之一。

潞安矿业集团煤炭资源丰富，品种齐全，品质优良，开采技术先进，生产装备优良，交通运输便捷，企业优势比较突出，具备大发展的各种基础。

煤焦化产业链在迅速拉长加粗，目前已形成300万吨焦碳规模，正在延伸开发甲醇、焦油等产品

年产300万吨煤炭的司马煤矿正在高速建设中

图为高能载的22万千瓦变电站

住宅区一瞥

矿区全景

潞安环保能源开发股份有限公司

王 庄 煤 矿

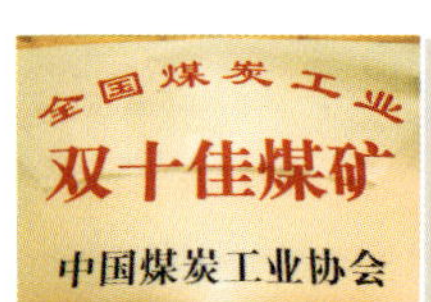

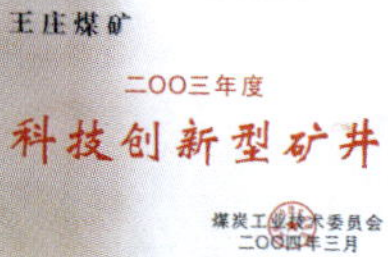

全国煤炭工业
特级高产高效矿井
中国煤炭工业协会
二零零五年六月

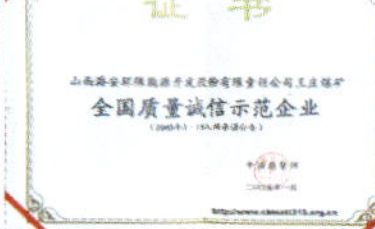

主要荣誉

矿长：郭金刚

潞安环保能源开发股份有限公司王庄煤矿是一座闻名遐迩、享誉全国的特级高产高效现代化矿井。多年来，一直被誉为“中国煤炭战线上的一盏明灯”、“矿井现代化建设的排头兵”和“中国煤矿全面发展的典范”，曾受到朱镕基、宋平等党和国家领导人，以及山西省委书记张宝顺、全国能源化学工会主席赵永金等上级领导的高度评价。

矿井建成投产于1966年12月，实际生产能力达700万吨以上，企业现有职工7000余人，拥有两支单产能力达500万吨以上的高效综采队、两支单进能力达12000米的高效综掘队、一支岩巷开拓能力达1000米以上的高效开拓队和一座配套的“全国十佳优质高效选煤厂”，先后通过质量、环境和职业安全健康体系认证，目前的主导采煤工艺——综采放顶煤一次采全高技术，在国际上趋于领先水平。主导产品14级混和Ⅱ级洗精块，属低灰、低磷、高热值的优质动力煤，均为“全国质量信得过产品”、“全国质量服务信誉双保障产品”、“山西省优质产品”，其中，14级混煤被首批认定为“山西省标志性名牌产品”，产品远销湖南、湖北、福建、上海等十余个省市，并出口日本、韩国等十余个国家和地区，受到国内外用户的高度赞誉。

近年来，该矿按照建设“中国潞安”能化大集团的战略部署，坚持以科学发展观统领企业的改革发展，先后制定实施了“三五六跨世纪腾飞纲要”和建设“更高、更大、更强、更富、更美的新型工业化王庄煤矿发展战略”，矿井的核心竞争力明显增强，经济效益大幅度提高，特别是2004年矿井实现了八个历史性突破：矿井年产量实际达到680.6689万吨、同比增加75余万吨，综采单产达到553.3967万吨、综掘单进达到10018米，折合进尺达到14025米，全员工效率达到25.5吨／工、同比增长9.8吨／工，煤炭主业实现销售收入12.08亿元，煤炭主业利润实际达到2.47亿元，多种经营销售收入达到4.5亿元、同比增长2.09亿元，主业职工人均收入达到3.48万元、同比增长9800元，多经系统职工人均收入突破1.5万元、同比增长3000元，9项科技成果荣获煤炭行业和山西省科技进步奖。

团结奋进的矿领导班子

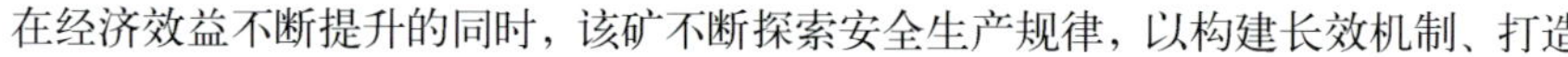

在经济效益不断提升的同时，该矿不断探索安全生产规律，以构建长效机制、打造

本质安全型矿井，实现“管理无漏洞、现场无隐患、行为无三违、安全无事故”为目标，先后创立了“金字塔安全系统管理法”、“五环安全系统管理法”，形成了全员、全方位、全过程、全时段“四全”安全管理模式，安全生产保持了健康、持续、稳定的发展态势，1998～2004年，百万吨死亡率始终控制在了0.2人以下，其中1998、2000、2002、2003年四年实现了事故为“零”的目标。

企业先后荣获全国企业管理最高奖——“金马奖”、“全国五一劳动奖状”、“中国煤炭工业知名出口企业”、煤炭工业科技创新型矿井、全国双十佳煤矿、全国安康杯竞赛优胜企业、全国质量服务消费者满意企业、中国能源化学工会功勋矿井、山西省文明单位、山西省模范集体等荣誉称号，两次被山西省劳动竞赛委员会荣记集体一等功。

面对新的形势和新的任务，该矿科学确立了“14635”的工作思路，具体来讲：“1”就是搞好一个战略调适，即根据矿井发展实际，适时调整“五更”发展战略，使其既能同“中国潞安”能化大集团的战略保持一致性，又独具王庄发展特色。“4”就是构筑四大支柱产业发展格局，即构筑煤炭产业、煤焦化产业、煤化工产业、煤炭深加工产业“四足鼎立”的产业发展格局，全面提升企业的核心竞争能力，不断确立企业未来的发展优势，实现企业的可持续发展。“6”就是落实六项保证措施，即落实科技保证、安全保证、管理保证、人力资源保证、后勤保证和企业文化保证六项措施，实现企业的和谐、健康发展。“3”就是走出三条新路子，即走出一条依托科技进步、挖潜改造、高产高效、内涵型发展的新型工业化矿井建设新路子；走出一条资源合理利用、吃干榨尽、主导产业优势突出、产业结构优化升级的煤基多联产循环经济新路子；走出一条系统管理、权责明确、考核严细、资源优化配置、业务流程简捷高效、各项生产经营要素充分发挥效能的创新管理和谐发展的新路子。“5”就是提升五更目标，即按照“更高、更大、更强、更富、更美”的目标定位，不断提高企业的产量、销售收入、企业利润、职工收入等各项经济指标，提升企业的综合实力。“1”就是要打造一个新品牌，即全面推进“大而强、富而美、集约高效、安全文明新型工业化王庄煤矿”建设步伐，打造“中国潞安”能化大集团品牌矿。

盘点历史，王庄人豪情满怀；展望未来，王庄人志在千里。在未来的征程中，敢闯、敢干、敢为人先的王庄人，将以更加饱满的热情、豪迈的气概，向创建具有世界一流水平的新型工业化矿井阔步前进，继续为中国煤炭工业的发展谱写出更加绚丽多彩的新篇章。

现代化的调度指挥系统

6S 岗前仪式

单产能力达500万吨以上的高效综采工作面

英姿勃发的矿山军乐队

矿山游乐园一角

“明灯璀璨”雕塑

“安全生产月”活动现场

潞安矿业集团公司 漳村煤矿

矿长：王志清

党委书记：张丛林

漳村煤矿是潞安矿业集团公司下属的一座集采矿、洗选、煤化工为一体的特大型矿井，全国首批现代化矿井、国家环保先进企业、部特级质量标准化矿井、行业特级高产高效矿井、科技进步十佳矿井、双十佳煤矿、全国文明煤矿和山西省爱国卫生标兵单位。

矿井始建于1958年，经过不断挖潜改造，现核定能力为360万吨／年。附设一座现代化的模块选煤厂和一座现代化的煤气化厂。

近年来，漳村煤矿以实现全面、协调、可持续发展为目标，以“增强矿井发展后劲和提高职工生活质量”为标准，实施内涵式可持续发展，努力建设更高更新更美更具特色的现代化矿井，经济效益持续增长。2004年全矿一队共生产原煤350.2万吨，同比增产32.1万吨，增幅10.1%，煤炭产能相当于“十五”初期的1.7倍；实现利润10029万元，同比增加2080万元，增幅26.2%，是“十五”初的3.8倍。其他各项指标也均实现历史性跨越。

矿井主采煤种为贫瘦煤，低硫，低灰，高热，是工业企业理想的动力用煤。主要产品有精煤、优质动力煤、高炉喷吹煤、焦炭、洗块煤、化工产品等。其中，14级混煤和28号洗动煤分别被山西省评为省优产品；高炉喷吹煤由于流动性好，转换比高，硫分低，深受大型钢铁企业用户青睐，同时还远销国外。

矿区夜景

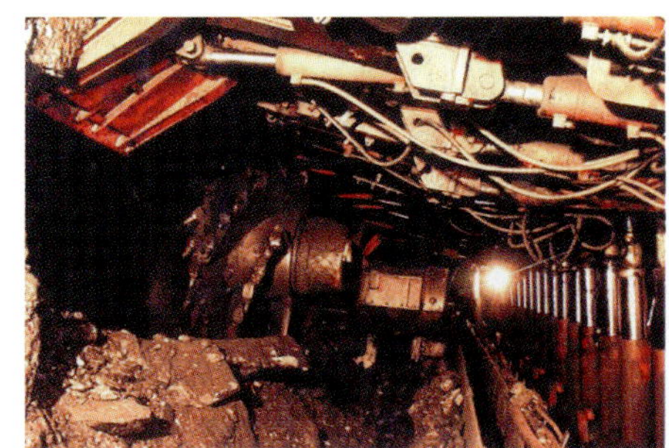

综采工作面

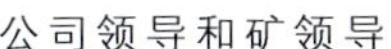

公司领导和矿领导

矿领导深入井下指导工作

山西省文明示范社区

漳村矿的发展思路是：贯彻落实科学发展观和潞安能化大集团发展战略，以“增强企业发展后劲”和“提高职工生活质量”为目标，弘扬“创思创业、超常超越”的团队精神，坚定不移地走内涵式可持续发展之路，追求资源效益最大化、市场价值最大化、管理绩效最大化，工业流程自动化，加快实施以“煤－焦－化－电”、煤矸石综合利用为主导产业链的循环经济和绿色经济开发，促进人与自然的和谐发展，建设更高更新更美更具特色的现代化矿井！

矿　工

漳村煤矿

绿化、美化的矿山

石圪节矿业总公司

总经理：孙玉福

山西潞安集团石圪节矿业总公司成立于2005年1月，下设石圪节煤业有限责任公司和司马煤矿，其前身是久负盛名的石圪节煤矿。从1945年康克清大姐点燃革命火种到武装解放矿山，再到周总理的亲切接见，再到江泽民、李鹏等党和国家领导人的亲笔题词，光荣的石圪节人在新中国的革命和建设史上留下了光辉灿烂的一笔。其“艰苦奋斗、勤俭办矿”的企业精神，在煤炭行业乃至全国都产生过巨大的影响，被誉为中国煤炭行业的一枝花。

现场办公

进入21世纪，面对煤炭资源枯竭的现实，石圪节人内研外调、努力探索，以实现企业的可持续发展为目标，坚持走新型工业化道路，极具前瞻性地提出了全面进行第三次创业的发展战略。中心任务是“建设新型绿色石圪节”。“新型”就是指不同于传统煤炭生产的高新技术产业。“绿色”是指发展绿色环保产业，在司马新井实施绿色开采。战略目标是“3＋1”，即用三年时间建成洁净能源生产基地（司马煤矿）、苗木花卉生态农业基地（水库林场）、高新技术健康产业基地（石圪节老矿区）和建塑特色企业文化。目前，三大基地建设均已取得长足进展，企业文化建设也已基本形成体系。

荣誉证书

授予潞安矿业集团石圪节矿

2001年度全国煤炭行业高产高效矿井

采掘一线

几十年来，石圪节人坚持发扬艰苦奋斗精神，建成了全国首批现代化样板矿，被评为煤炭工业一级企业、现代化矿井、全国五一劳动奖状、特级质量标准化矿井、山西省先进企业、获得全国管理最高奖——金马奖等100多项省部级以上荣誉。1999年被中央精神文明建设指导委员会授予“全国精神文明建设先进单位”荣誉称号，2000年被评为全国煤炭工业系统“文明煤矿”，2003年又荣获山西省精神文明建设“文明单位标兵”称号。

山西省阳泉荫营煤矿

党委书记、矿长：张怀柱

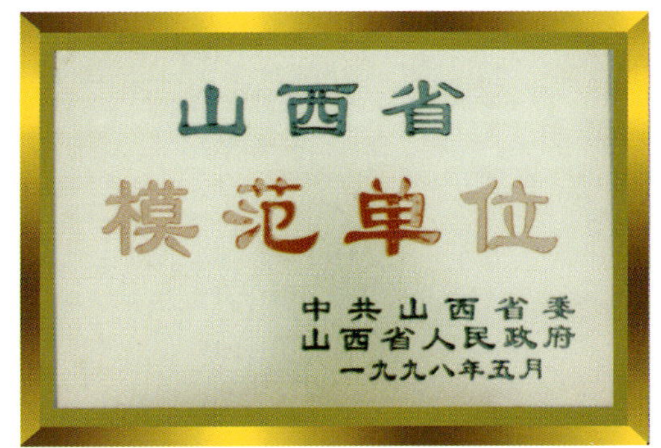

主要荣誉

山西省阳泉荫营煤矿始建于1952年6月，50年来，荫营煤矿从无到有，从小到大，从一个年产原煤不达10万吨的小煤矿，发展成了“中国行业100强”、“部级质量标准化矿井”、“山西省文明单位”、“山西省模范单位”，是全国监狱系统井工生产中最大的一座煤矿。

建矿50年来，荫营煤矿始终坚持科学管理兴业的发展战略，矿山建设、煤炭经济和干部职工的文化生活取得了有目共睹的巨大成就。特别是1985年，经国家计委批准，投资6亿元，对生产矿井和地面配套系统进行了大规模的改扩建，该工程被列为国家“七五”、“八五”期间重点工程之一。经过十年励精图治，主干工程于1996年10月竣工投产，后续工程也先后于20世纪末投入使用，全矿煤炭生产的技术品位、科技含量、矿井质量档次得到根本性提高，采掘工作实现了以综采、综掘为代表的机械化，运输方式实现了以皮带网、机车线为代表的现代化，支护方式实现了以液压支柱、综采支架为主体的金属化，机电、通风、地测、调度、矿山救护等煤矿生产要素，实现了现代化装备、现代化管理为主要特点的标准化，年生产设计能力和销售、洗选能力达到了240万吨，煤炭生产走上了集约化的轨道。同时煤矿的生活条件和工作环境得到进一步改善，全矿绿地面积达到50平方公里，人均占有绿地近13平方米，实现了交通路面硬化，文化场所美化，空闲场地绿化，活动区域净化，为职工创建了一个干净、整洁、文明、卫生的生活工作、生活场所。

在50年的光辉历程中，荫营煤矿生产了近8000万吨优质煤炭，上缴了10亿多元的利税，形成了8亿多元的固定资产和数千万元的流动资产，为国家经济建设做出了应有的贡献。更为重要的是，经过50年的奋力拼搏，锻炼造就了一支热爱矿山，热爱岗位，热爱煤炭事业的干部职工队伍，形成了团结实干、开拓奉献的企业精神；艰苦奋斗、励精图治的创业精神；与时俱进、勇于探索的拼搏精神；爱岗敬业、任劳任怨的奉献精神和自强不息、奋发图强的进取精神，从而成为荫营煤矿最可宝贵的精神财富和继续前进的伟大动力。

黑龙江龙煤矿业集团有限责任公司

黑龙江龙煤矿业集团有限责任公司（简称龙煤矿业集团）是经黑龙江省委、省政府批准，在重组鸡西、鹤岗、双鸭山、七台河四个重点煤矿优良资产的基础上，引入世界500强企业和国内大型钢、电、运、销等上下游产业资本，组建的具有国有控股、产权多元特征的大型煤炭企业集团。

龙煤矿业集团拥有煤田地质储量171亿吨，占全省煤田地质储量的76%。煤种齐全，以焦煤、三分之一焦煤、长焰煤、气煤、肥煤、褐煤为主，是国内优质动力煤生产基地和三大焦煤生产基地之一。煤质优良，煤质以特低硫、低磷、低灰、高挥发分、高热值的优良特征，在煤炭市场享有“绿色能源”的美誉。销路宽广，煤炭产品通过铁路、高速公路销往全国各地，通过辽宁四个港口及绥芬河口岸联通俄罗斯东方港销往国内沿海地区和出口国外。

龙煤集团以“做大做强做精做优企业，建成国家特大型煤炭基地”为目标，通过配套改革、资产重组和技术改造，逐步建成以集团公司为核心层、存续企业为紧密层、联合销售地方煤炭为松散层，年煤炭总产量1亿吨，年销售收入200亿元，年利税40亿元；以煤为主，煤电、煤焦、煤化工、煤建材等多元产业共同发展，跨地区、跨行业、跨所有制，资源保障能力、煤炭生产和供应能力、煤炭转化能力、市场调控能力、投融资能力逐步增强，位列国内前排的煤炭企业集团，将为繁荣黑龙江区域经济，振兴东北老工业基地做出新贡献。

董事长　党委书记：李忠勤

总经理：侯仁

龙煤外景

双矿东荣三矿煤仓外景

四个分公司简介

鹤岗分公司简介：鹤岗分公司前身是鹤岗矿务局，1917年开发，1945年建企，2002年改制为国有独资公司，2004年全国煤炭工业百强企业中排名第22位。现有煤炭地质储量19亿吨，其中生产矿井地质储量15.86亿吨，可采储量8.96亿吨，是优质动力煤，年生产能力1700万吨；5个选煤厂，年入洗能力780万吨。在发展煤炭主业同时，配套形成了机械修造、热电联产、火工生产、建筑建材、地质勘探、铁路运输、水电通讯、农林牧业等多元发展的产业格局。

鸡西分公司简介：鸡西煤田于1906年开采，1948年7月建局，2001年8月改制为鸡西矿业(集团)有限责任公司，2004年12月由集团公司部分优良资产重组为龙煤矿业集团鸡西分公司。矿区煤田面积3078平方公里，尚有地质储量66.5亿吨，可采储量26.4亿吨，服务年限在150年以上。公司现有12个直属煤矿，年设计生产能力1281万吨，核定生产能力1203万吨。煤炭主导产品以主焦煤、1/3焦煤和肥煤为主，煤质以低硫、低磷为主。煤炭产品主要供应东北三省，并有部分出口。

双鸭山分公司简介：双鸭山分公司是黑龙江省人民政府批准，由1947年始建的双鸭山矿务局改制注册的国有独资公司，是全国大型工业企业，520家国家重点企业之一，全国煤炭企业百强排名38位。经过50多年的不懈努力，已发展成为以煤为本，集煤炭生产、洗选加工、机械制造、建筑安装、发电供电、铁路运输、医疗教育、地质火工、林业商服等多行业、多产品、多种经营综合发展的特大型企业。

七台河分公司简介：七台河分公司前身为七台河矿务局，始建于1958年。1991年在我国薄煤层中率先登上千万吨局台阶，1998年改制为七台河矿业精煤（集团）有限责任公司。公司现有10个生产煤矿、6座洗煤厂，年核定生产能力1295万吨，2004年实际生产原煤1463万吨、洗选加工精煤460万吨。建局47年来累计生产原煤2.4亿吨，实现利税总额15亿元。2003年在全国煤炭企业100强中列29位，被列入“中国企业500强”之一。

城子河矿145综采队

鹤岗分公司井下注氮机

七台河分公司龙湖矿井下变电所

鹤岗矿业集团有限公司

现代化生产指挥中心

井下综采工作面

鹤岗矿业集团有限公司前身为鹤岗矿务局，1917年开发，1945年建企，2002年改制为国有独资公司，在全国煤炭工业百强企业中排名第22位。现有煤炭地质储量19亿吨，其中生产矿井地质储量15.86亿吨，可采储量8.96亿吨。煤种以1/3焦煤和气煤为主，兼有部分主焦煤，煤质低硫（0.09%～0.22%）、（0.003%～0.012%）、中灰（20%）左右、高发热量（4430～6590千卡／千克），是优质动力煤。目前有9个生产矿井，年生产能力1700万吨左右；5个选煤厂，年入洗能力780万吨；有22个辅助厂、处、公司和生活后勤单位。企业总资产70.6亿元，净资产10.3亿元，年销售收入近40亿元。现有全民职工8.8万人，集体职工1.6万人，离退休职工4.3万人。建企60年来，累计生产原煤5.87亿吨，上缴税金近30亿元。

本集团在发展煤炭主业同时，配套形成了机械修造、热电联产、火工生产、建筑建材、地质勘探、铁路运输、水电通讯、农林牧业等多元发展的产业格局。热电厂总装机容量15万千瓦，年发电能力9.75亿千瓦时，供热能力400万平方米；斯达机电公司年产值1.1亿元；火药厂年产工业炸药1.8万吨、雷管6500万发；水泥厂年生产能力40万吨；煤层气储量347亿立方米，建有供气能力4万立方米／日的民用燃气供应系统，已供燃气3.4万户；有7.8万亩可耕地，22万亩宜林地。

兴安矿外景

下一步，鹤矿集团将全力推进“两个转变”，即由数量速度型向质量效益型转变；由生产销售初级产品向深加工和综合开发利用转变。拉长“两条产业链”，即煤－电产业链；煤－化工产业链。构建“三大支柱产业”：①以煤炭生产和洗选加工为主的煤炭产业；②以煤炭发电、电能转化、水泥、矸石空芯砖等为主的煤电、建材产业；③以甲醇燃料及甲醇深加工为主的煤化工业。到2010年，通过产业调整和资源整合，年煤炭产量力争达到2000万吨，煤炭产值力争达到40亿元，非煤产值力争达到40亿元，职工年人均收入达到2万元，企业技术创新能力、抵御市场风险能力和核心竞争能力得到明显增强。争取10年时间把企业建设成为多元产权、多元产业、多种经营形式并存，管理科学、结构合理、效益提高、职工富裕的现代化煤炭企业集团。

标准化的井下峒室

地址：黑龙江省鹤岗市向阳区红军路188号
邮编：154100

井塔

鹤岗矿工

跨越式发展中

淮北矿业（集团）公司坐落在安徽省淮北市，是以煤炭生产经营为主，集电力、化工、建筑
医药、机械制造、农林养殖、商贸旅游为一体，多种经营、综合发展的大型企业集团，现拥有资
亿元，年生产能力2150万吨。2004年，集团公司实现销售收入93.78亿元，利税10.56亿元。

面对新形势，为进一步加快矿区发展，集团公司按照“大投入、大开发、大跨越”的思路，
施“做精做强做大煤炭主业，调整巩固发展非煤产业”的发展战略，成批勘探、成批准备、成批
在今后7年内建成8对矿井，使煤炭主业在2010年达到3000万吨以上的规模。同时，发挥煤种优
伸煤炭主业链条，大力发展煤炭洗选深加工、煤化工，建设焦化厂、煤矸石、煤泥综合利用电厂，
粉煤灰利用项目等，形成煤－焦－化－电产业链，同时利用省内丰富的盐矿资源，实施煤化盐化
工程，促进资源转化增值，提高综合利用水平，实现“绿色开采”，把集团公司建设成为年销
300亿元、全国一流的煤焦化电基地和煤化盐化基地。

地址：安徽省淮北市孟山路
电话：（0561）4951956
网址://www.hbcoal.com

安徽省省长王金山来集团公司检查、指导工作

董事长、

经理：许崇信

办公大楼

矿区广场

河南神火煤电股份有限公司

河南省委书记徐光春（前左）到神火集团调研

神火集团董事长李崇（右一）深入井下一线调研

神火集团党委书记赵奇（右一）到刘河矿筹建处调研

神火集团总经理兼煤电公司董事长李孟臻（右）与外商签约

河南神火煤电股份有限公司地处河南省永城市，为河南神火集团控股的上市公司，公司“神火股份”股票于1999年8月31日在深圳挂牌上市。公司主要从事煤炭采选、加工、经营及电力、铸造型焦生产，2004年底实有员工8155人，总资产19.69亿元。公司系国家大型企业，国家重点扶植企业，河南省100家建立现代企业制度试点企业，银行“AAA”信誉企业，全国500家文明创建先进单位。做到了ISO9001质量管理体系、ISO14001环境管理体系、OHSMS18001职业健康安全管理体系、ISO10012计量确认体系及政工管理体系的规范运行，为煤炭产品走向世界提供了“绿色通道”。2001年开发研制的铸造型焦，填补了国内空白。已注册的“永成”牌煤炭产品在苏、鲁、豫、皖、浙、闽、沪有广阔市场，并远销日本、韩国、西班牙等国家。2001年被中国市场研究中心评为“名牌企业、质量、服务、信誉AAA级品牌”。

1999年以来，销售收入、利润、资产总额等经济指标逐年稳步增长（见表1），经济效益在河南省内名列前茅，在全国一千多家上市公司中名列十佳。质量标准化工作扎实，连年被评为质量标准化集团公司。安全管理富有成效，百万吨死亡率0.03。

公司现有生产矿井3对、基建矿井三对。2004年核定生产能力420万吨，其中，新庄矿240万吨/年，葛店矿90万吨/年，神火集团控股的梁北矿设计生产能力90万吨/年，2004年底投产。自备矸石电厂年发电8000万千瓦时，铸造型焦生产能力5万吨/年。

2004年，公司领导审时度势，贯彻落实科学发展观，抓住难得的煤炭市场机遇，紧紧依靠科技进步，适时调整产品结构，延长产品线。强力推进采掘机械化，提高单产单进水平，新庄矿薄煤层综采上马一次成功。实际生产原煤365万吨。经济效益突飞猛进，实现主营业务收入12.30亿元，利润总额5.17亿元，净利润3.43亿元。

表 1 河南神火煤电公司 1999～2004 年主要财务指标表

序号	指标	1999	2000	2001	2002	2003	2004
1	主营收入（亿元）	4.62	5.39	6.39	7.17	8.06	12.30
2	净利润（亿元）	0.77	0.79	0.99	1.12	1.63	3.43
3	总资产（亿元）	10.32	10.90	10.15	13.70	15.52	19.69
4	净资产收益率（%）	10.06	9.96	12.90	10.52	14.03	23.94
5	每股收益	0.339	0.418	0.433	0.449	0.652	1.374
6	分红送配	不分配	10 派 4	10 派 5.8	10 派 4	10 派 5.8	不分配

备注：2005 年中期 10 股派 15 元（含税）转增 10 股。

在生产经营方面取得累累硕果的同时，2004 年公司基本建设工作全面展开。设计能力 90 万吨／年的梁北煤矿于 2004 年 12 月 19 日竣工投产，为河南省当年投产的唯一一对国有矿井；设计能力 120 万吨／年的薛湖煤矿通过国家发改委立项，主副井于 12 月份开挖；设计能力 60 万吨／年的刘河煤矿主、副井筒施工进展顺利；设计能力 120 万吨／年的泉店矿年底具备开工条件；公司参股建设的设计能力 300 万吨／年的赵家寨煤矿 2004 年 12 月举行了开工奠基仪式；合资开发的李岗等井田也相继揭开了矿井建设的序幕。“十一五”末，公司煤炭生产能力将超过 1000 万吨／年，在“十二五”争取达到 2000～3000 万吨／年的煤炭生产规模。

神火集团常务副总经理兼煤电公司党委书记张光建（中）当选中国煤炭工业杰出科技工作者

公司总经理程乐团（左）深入井下一线调研

刘河煤矿主井开挖仪式

梁北矿竣工投产剪彩仪式

薛湖煤矿主副井筒开挖仪式

江苏天能集团公司

2001 2002
江苏省文明单位
Civilized Unit in Jiangsu Province
江苏省精神文明建设指导委员会
JIANGSU PROVINCIAL STEERING COMMITTEE FOR IDEOLOGICAL AND ETHICAL ADVANCEMENT

总经理、党委书记：李乃钊

江苏天能集团公司是以煤炭、电力为主业的国家大型企业，国家煤矿安全监察局首批核准的安全质量标准化公司，资产总额15亿元，列“2005中国煤炭工业企业100强”第57位，2004年被授予“江苏省‘五一’劳动奖状”。

江苏天能集团现年产优质煤炭近300万吨，3～5年内年产量可达500万吨。在抓好煤炭主业的同时，大力实施煤电联营，现控股、参股热电厂4座，在建热电厂1座。另有机械制造、建材化工、商贸餐饮、服装加工等生产经营项目。

江苏天能集团坚持科学发展，所属企业均被评为省级或市级文明单位。

江苏天能集团公司所属企业分布于徐州市区及近郊。徐州作为江苏省建设的四个特大城市和三大都市圈中心城市之一，区位优越，交通便捷，资源富集，是投资的热土。第九届全国煤炭工业优秀企业家，江苏天能集团公司党委书记、总经理李乃钊竭诚欢迎各界朋友光临指导，洽谈业务，共谋发展，共铸辉煌。

国家煤矿安全监察局局长赵铁锤到天能集团视察

- 地址：江苏省徐州市淮海西路 182 号
- 邮编：221002
- 电话：0516-85735500
- 电传：0516-85738067

江苏天能集团公司

机械化采煤工作面

百年开滦　基于长青

开滦集团公司

集团公司总经理钟亚平与德国鲁尔公司专家进行技术文化交流

集团公司董事长杨中与印度煤炭总公司负责人握手交谈

开滦精煤股份有限公司成立于2001年6月，于2004年6月在上海证券交易所成功上市

开滦是我国最早使用综合机械化开采技术的煤矿，图为电液控自动化综采工作面

逐步向数字化矿井迈进的开滦钱家营矿业分公司

开滦集团公司于1878年建矿，至今已127年，其声名远扬中外，有“中国煤炭工业源头”之称。

开滦煤炭富庶广袤，煤田总面积890平方公里，已探明储量约71亿吨，其煤种精良，是冶炼、焦化、动力首选用煤。2004年产煤2612多万吨，主供国家冶金、焦化、发电等大型骨干企业，并出口日本、韩国、印度、巴西等国家。建国后至2004年，开滦共生产优质煤炭8.9亿吨，精煤2亿多吨，上缴利税50多亿元，为国民经济发展做出了重要贡献。除煤炭主产品外，机械制造、建筑安装、建材、电力、化工、运输、商贸等多经产业也具有相当规模。

开滦地理位置优越，交通便利，处于环渤海经济区腹地，与京、津相毗邻。京山、京秦铁路纵横其中，秦皇岛港、塘沽港与之相接，新崛起的唐山港京唐港区建有开滦业主码头，煤炭可直抵华东、华南市场，远销海外。

改革开放使历经世纪沧桑的开滦焕发了勃勃生机，被中共中央宣传部、国家经贸委推荐为“深化改革、扭亏为盈”先进典型，并荣获全国“五一”劳动奖状、全国优秀企业“金马奖”、全国煤炭工业优秀企业等称号。近年来，开滦加快结构调整，促进经济增长；实施专业化重组，完善现代企业制度；推进技术创新、管理创新和企业文化建设，为企业发展提供新动力，企业经济实力进一步增强。2004年营业收入90多亿元，是河北省百强企业和全国500强企业。进入新世纪，开滦集团公司决心以“全力打造现代化新型企业，让百年开滦基业常青”为奋斗目标，以科学发展观为指导，建设大基地、培育大集团，努力把开滦建设成结构合理、技术先进、管理科学、国内国际具有较强市场竞争力的“四跨”型企业集团。

黑龙江龙兴国际资源开发集团有限公司

CHINA HEILONGJIANGLONGXING INTERNATIONAL RESOURCES DEVELOPMENT GROUP CO.,LTD.

董事长：林澍德

总经理 ：曹 虹

董事长林澍德参加中共黑龙江省委书记宋法棠与俄罗斯赤塔州州长根尼亚杜林会谈

黑龙江龙兴国际资源开发集团有限公司是经黑龙江省人民政府批准，省工商行政管理局登记注册的特大型国际资源开发企业，承担黑龙江省人民政府与国家开发银行开发性金融合作之唯一境内外资源开发融资平台职能。公司主要经营范围：①项目投资及投资管理；②国内外矿产、土地、农业、水、森林等资源开发和经营；③货物及技术进出口；④产权转让的咨询服务；⑤经济技术合作。

集团董事长、法人代表林澍德，注册资本11140万元。省政府决定龙兴集团资产性经营资本要达到200亿元人民币，用于境外资源开发项目的融资抵押和直接投资。

公司下设的部门有：综合管理部、资本运营部、资源开发部、经贸合作部、发展规划部、科学决策部、法律事务部、财务管理部、专家咨询论证委员会、资产管理委员会、信息研究中心。已注册的子公司有：俄罗斯金石有限责任公司、俄罗斯新西伯利亚国际投资有限公司、俄罗斯龙兴矿业开发有限责任公司、黑龙江龙润国际贸易有限责任公司。

龙兴集团现已建立黑龙江省第一个较为全面系统的境内外资源开发投资合作项目库，全省入库项目160余个，预计总投资约1200亿元人民币，这些项目分布在俄罗斯、乌克兰、蒙古、朝鲜、越南等8个国家，其中俄罗斯项目占81%。经过考察和筛选，将对其中优质项目予以投融资支持和服务。

目前，龙兴集团正在与俄罗斯的新西伯利亚、阿穆尔、赤塔、哈巴、滨海等州区联邦政府及中国香港、内地多个特大型企业集团洽商合作开发油气、煤矿、金属矿、森林采伐、土地资源等项目，并已经和正在签署合作投资开发框架协议。与此同时，公司自身正在运作境外矿业投资合作项目10余个，能源、原材料进口贸易项目10余个，预计总投资70多亿元。

龙兴集团紧紧依靠省委、省政府的领导，与中国开发银行密切合作，坚定奉行“兴省报国”的理念，立志实现“一年起步、二年做实、三年做大、五年做强，把企业建成境外资源开发融资平台和资源贮备平台，成为龙江经济新的增长点”的大目标，在开发两种资源，开拓两个市场，实现政治、经济、社会三大效益上大展宏图。热切欢迎国内外各界朋友、有识之士加盟合作，共谋大计，互利双赢，为祖国强盛、民族复兴做出更大贡献！

林澍德访问俄滨海边疆区时与该区副行政长官维 科尔切科夫就龙兴集团高效合作开发该区资源进行洽谈后合影

董事长林澍德（左二）随同黑龙江省委副书记、常务副省长栗战书（左三）、省委常委、哈尔滨市委书记杜宇新（右一）参加俄远东国际经济大会

董事长林澍德与公司聘任俄籍员工副经理A.B.斯米尔诺夫交谈

中國地質大學（北京）

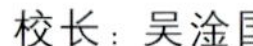

校长：吴淦国

书记：王鸿斌

中国地质大学（北京）是教育部直属的以地质、资源、环境、地学工程技术为主要特色，理、工、文、管、经、法相结合的多科性全国重点大学，是我国最早正式建有研究生院的33所高校之一，是首批进入国家“211工程”建设的大学。其前身是1952年由北大、清华、天大、唐山铁道学院的地质系(科)合并组成的北京地质学院。“文革”期间迁往武汉，1978年经邓小平同志批准在北京恢复办学，1987年经国家教委批准改为现名，分北京、武汉两个独立办学实体，分别称中国地质大学(北京)、中国地质大学(武汉)，均具有独立法人资格。2000年由国土资源部整体划转教育部管理。2005年3月教育部撤销大学总部，使京汉两学区成为实质上的两个独立办学机构。

中国地质大学（北京）名师荟萃，桃李芬芳，拥有一大批地学大师，为我国的社会主义建设事业培养了大批道德高尚、业务精湛的优秀人才，成为我国培养地学人才的摇篮和进行地学研究的重要基地，是国际地质学界知名学府。中国地质大学在50多年的办学实践中形成了“艰苦奋斗，严格谦逊，团结活泼，求实进取”的优良校风，成为中国地质教育的排头兵。50年来，从地大走出的4万余名毕业生中，有22人成为中国科学院、中国工程院院士，其中获得国家级荣誉称号的11人。200余人成为省部级以上劳动模范。1960年，学校跻身全国64所重点高等学校行列。2003年3月，我校校友温家宝出任共和国第六任总理。

中国地质大学（北京）位于海淀区学院路。学校在中外驰名的“北京猿人之家”周口店和避暑胜地北戴河建有条件良好的教学实习基地。

中国地大图书馆

高质量的人才源自于雄厚的师资，中国地质大学（北京）在成长建设中汇集了一大批学贯中西、蜚声海内外的知名学者，拥有不少国内外著名专家，如王鸿祯教授、杨遵仪教授、杨起教授、赵鹏大教授、殷鸿福教授、於崇文教授、翟裕生教授、张本仁教授等8位中国科学院院士（其中有4位获得何梁何利科学奖）、3位外籍科学院院士在内的雄厚的师资的队伍和优秀人才。

中国地质大学（北京）现有教职工1242人，其中专任教师705人，其中高级职称教师357名，博士生导师135名，中国科学院院士8名，俄罗斯外籍院士4名，国家杰出青年基金获得者3名，入选国家百千万人才工程第一、第二层次2名，入选中科院百人计划2名，教育部跨世纪人才计划7名。近年来，我校专任教师中3人获霍英东基金会“青年教师奖”，4人获“何梁何利科技进步奖”，12人获“中国地质学会青年地质科技奖”（其中金锤奖3人，银锤奖9人），1人获“黄汲清青年地质科学技术奖”，2人获“侯德封奖”，有中组部直接掌握的高级自然科学专家10人，入选教育部高等学校骨干教师资助计划6人，全国高等学校优秀骨干教师1人；有北京市青年学科带头人5人，北京市优秀教师11人，北京市优秀青年教师6人，北京市青年骨干教师32人，“北京市高等教育教学名师奖”获得者1人。此外，学校先后聘请60多位国内外著名学者作为兼职教授 。40多名教师获曾宪梓高级教师奖、霍英东青年教师教学奖和科研奖。我校有20位毕业生以其科学上的卓越成就和巨大贡献而获得科技界最高荣誉 ，许多的优秀毕业生成为科技骨干、教育专家或管理专家，有的还担任着党和国家的重要领导职务。地大人在辽阔的祖国大地上书写着他们的业绩，他们的足迹遍及五大洲、祖国的天涯海角、边疆大漠，留在了南北极、珠穆朗玛峰，艰苦与欢乐伴随着他们，奉献与光荣激励着他们。

地 方 矿 业

河 北 省

【矿产资源概况】 自1998年以来，为适应市场经济发展与国际接轨，国家开始采用新的固体矿产资源/储量分类，对储量登记表中所有矿产地主矿区进行了新标准储量的套改。

截至2004年初，河北省已发现各类矿产151种(燃料矿产7种，金属矿产36种，非金属矿产106种，水汽矿产2种)，其中已探明储量的矿产144种，已探明储量矿产地985处，其中大型产地139处，占14%；中型产地294处，占30%；小型产地554处，占56%。规模未定产地3处，占0.3%。

河北省矿产资源的主要特点：矿产种类多，资源量较丰富；产地分布广泛，储量较集中；资源配套性好，便于开发利用；勘查程度较高；矿石质量一般的多，优质的少；产地规模小型的多，大中型的少；区位条件好，但部分矿种如煤、铁、金等开发利用强度较大。

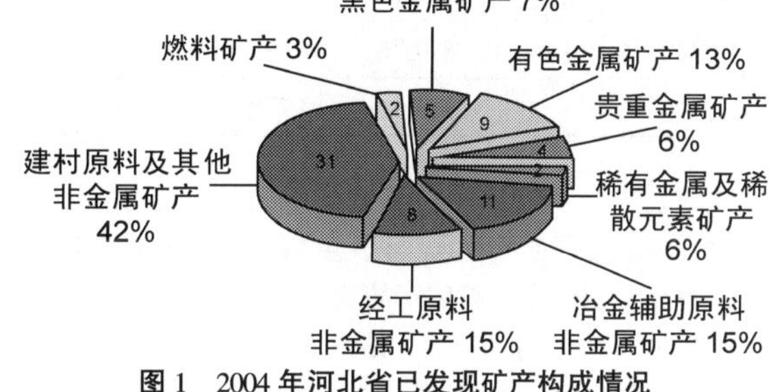

图1 2004年河北省已发现矿产构成情况

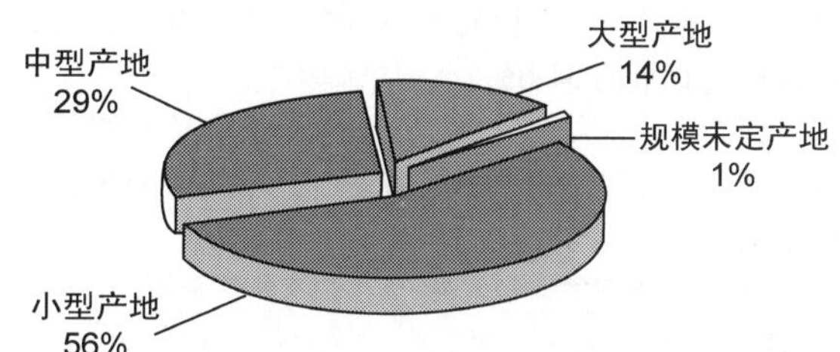

图2 2004年河北省大中小型产地情况

表1 2004年初河北省主要矿产资源储量情况

矿产种类＼年度	1999			2000年	2001年	2002年	2004年初
	河北省	全国	占全国比例(%)	河北省	河北省	河北省	河北省
煤炭(亿吨)	145.25	10070.68	1.44	144.28	153.43	152.57	151.38
铁矿(亿吨)	60.89	458.99	13.27	60.34	66.78	66.33	65.87
锰矿(万吨)	14.20	53700.00	0.03	13.90	17.00	17.00	17.00
铬矿(万吨)	21.10	10269.67	0.21	21.10	26.10	26.10	26.10
铜矿(万吨)	33.60	6307.31	0.53	33.36	38.87	38.09	37.39
铅矿(万吨)	36.60	3510.93	1.04	36.36	41.36	42.40	45.70
锌矿(万吨)	379.00	9245.40	4.10	378.19	404.92	403.53	410.68
铝矿(万吨)	0.26	22.66	1.15	0.26	0.30	0.30	0.30
金矿(吨)	135.30	4134.13	3.27	154.00	156.40	148.76	127.72
银矿(万吨)	0.36	11.77	3.06	0.35	0.34	0.33	0.33
硫铁矿(万吨)	3961.40	441400	0.90	3948.10	5047.00	4971.0	4975.4
磷矿(亿吨)	5.10	132.72	3.84	5.10	7.33	7.32	7.32

表 2　　河北省主要矿产保有资源储量

矿产名称	1978 年	1980 年	1985 年	1990 年	1995 年	2000 年	2001 年	2002 年	2004 年初
煤(千吨)	14103853	14170792	14756251	15498923	14788814	14427766	15342989	15256250	15138543
金(千克)	86256	77028	64671	108785	187478	154031	156374	148764	127724
铁(千克)	5508761	6122310	6357258	6599459	6288672	6034092	6678188	6633794	6586779
铅(吨)	214521	209628	120315	227195	383382	363588	413557	424043	457022
熔剂灰岩(千吨)	563786	714726	831075	841370	850703	924469	1134564	4131214	1130685
电石灰岩(千吨)	119684	119684	119259	118815	219327	218823	218768	218768	218768
制碱灰岩(千吨)	75554	71716	219719	206768	199787	185660	182934	136529	191928
水泥灰岩(千吨)	88701.8	98126.3	1382514	24873	275760	317489	320629	326470	397898
石膏(千吨)	153915	153914	195099	94158	940158	930433	928165	925177	902107

河北省已探明矿产资源量居全国前十位的矿产有49种，一些大宗矿产如煤、铁、金、各种石灰岩等在全国占有优势；但河北省矿产资源的人均占有量与全国相比却处于中下水平。特别是一些金属矿产差距较大，大宗矿产除铁矿、水泥灰岩外人均占有量均低于全国水平。据统计，河北省人均矿产资源占有量仅占世界人均占有量的 34.6%。

到 2004 年初，全省 38.46%的矿种矿产保有储量有所减少，30.77%的矿种有所增加，30.76%的矿种变化不大。

矿产名称	保有储量变化趋势	矿产名称	保有储量变化趋势
锰	=	铅	↑
硫铁矿	↑	锌	↑
煤	↓	金	↓
铁	↓	磷	=
铬	=	银	=
制碱灰岩	↓	↑	增加
水泥灰岩	↑	↓	减少
铜	↓	=	相等

图 3　河北省主要矿产保有资源储量增减变化(2004 年初)

全省多年平均地下水天然补给资源总量为 170.26 亿立方米，多年平均地下天然淡水补给资源量为 131.60 亿立方米，微咸水补给资源量 31.98 亿立方米；多年平均地下淡水可开采资源量为 99.54 亿立方米，微咸水可开采资源量为 20.32 亿立方米。

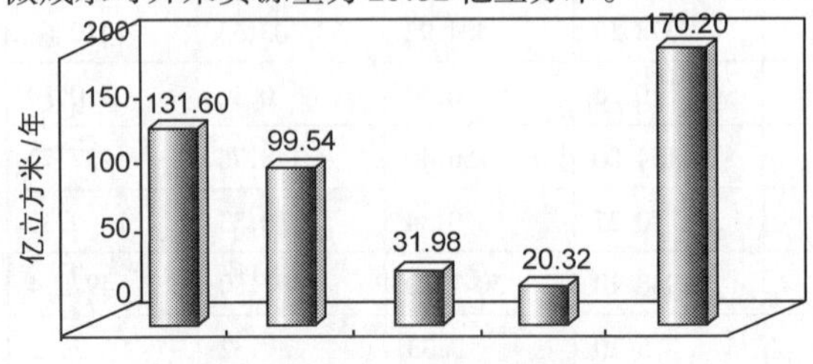

图 4　河北省年均地下水资源构成

【矿产工业总产值】　2004 年全省矿产工业总产值 274.8 亿元，比 2003 年增加 2.23%。全省固体矿石产量 35087.36 万吨，比 2003 年增加 1988.36 万吨。

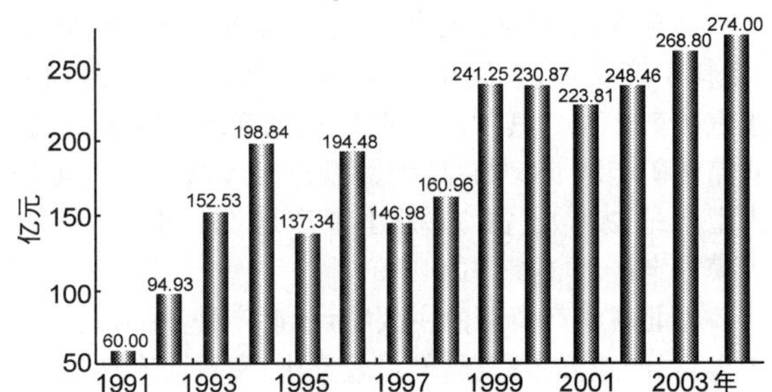

图 5　河北省矿产品产值变化趋势

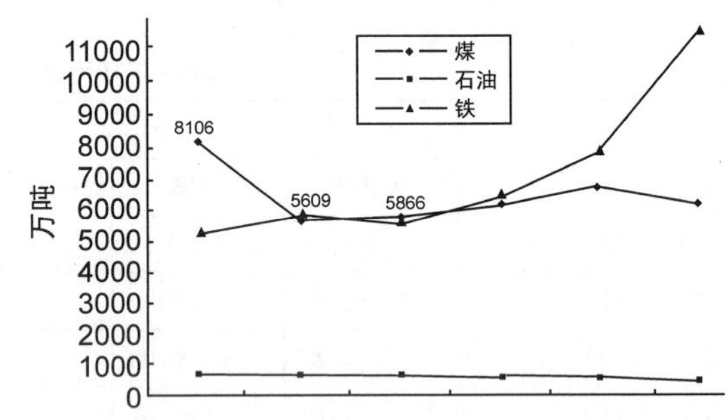

图 6　2004 年河北省三种重要矿产产量变化情况

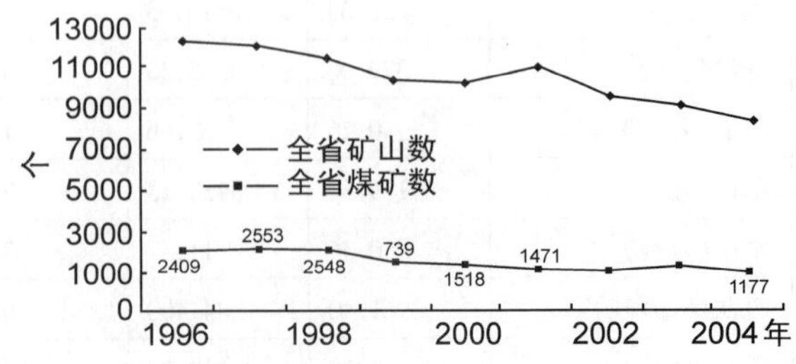

图 7　近年河北省矿山数量变化趋势

2004年河北省矿山数进一步下降,生产结构趋于合理。

表3　　　　河北省主要矿产品供需状况

供需状况类型	矿　产　品
资源储量可保证矿产	煤矿、钒矿、钛矿、锌矿、白云岩、耐火粘土、菱镁矿、灰岩、硅质原料矿产、水泥配料矿产、石膏、氟石、石材
基本自给	萤石、膨润土、氟石
供应短缺及供应严重不足	富铁矿、锰矿石、铬矿、石油、天然气、铜、铝、钼、稀土、硫铁矿、磷、钾盐、钛白粉、金刚石

【矿政管理】　在矿产资源管理上,抓住矿产资源管理中的重点问题,整顿和规范矿产资源勘查开发秩序,强化矿权管理,推进地质环境保护。开展了重点矿区、非法转让、以采代探、小铁矿4项专项整治和大中型煤矿产地矿权清理工作,并探索矿产资源管理秩序的治本之策和长效机制。在全省开展管理工作紧急会议和矿产资源管理秩序集中治理整顿电视电话会两个重要会议。下发《集中治理整顿矿产资源管理秩序工作方案》、《关于暂停受理探矿权采矿权申请的通知》和《关于制定重点矿区整合资源调整布局综合治理专项规划的通知》等文件。以"一矿一卡"为基础,彻底摸清矿山底数,坚决制止非法采矿;以重点矿区合理整合资源为目标,依法规范矿权授予,切实强化监督管理。

2004年全省地质勘查(属地化)投入8200.56万元。

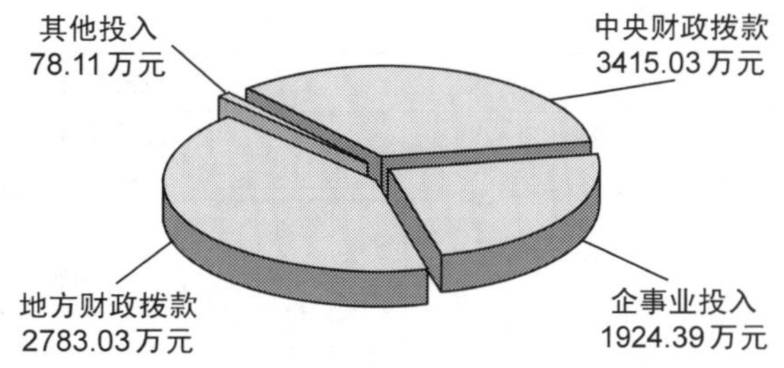

图8　2004年河北省地质勘查投资构成(属地化单位)

【地质与环境保护】　河北省的地质环境工作得到加强。全社会科学合理开发利用国土资源、保护地质环境的意识进一步增强;地质灾害基础工作和系列防治措施进一步完善和深化,防治水平得到提升,强化源头预防,全程监督,全年无重大人员伤亡和财产损失;大力推进"绿色矿山"建设和矿山环境恢复治理,矿山生态环境初步得到治理和改观;地质遗迹保护能力和水平得到了提高,地质公园建设绩效明显;地下水监测网络得到了优化调整,受客观条件限制和经济发展影响,地下水总体呈下降趋势,但地下水质比较稳定;矿泉水、地热资源开发实行了注册登记制度,资源保护和综合利用工作得到加强;开拓了农业地质、城市地质、海岸带地质、旅游地质、石生物化石调查等地质环境新领域,为经济社会发展服务的能力不断增强。地质环境保护工作成效显著,地质环境质量基本上保持稳定,部分区域得到改善。

表4　　　　矿产资源勘查许可证及采矿许可证发证情况(按地区分)

	批准登记发证数(件)																批准登记面积(平方公里)	探矿权采矿权使用费(万元)
	合计	能源矿产					黑色金属矿产		有色金属矿产	贵金属矿产		稀有稀散稀土矿产	非金属矿产			水气矿产		
			煤	煤层气	石油天然气	地热		铁矿			金矿			水泥灰岩	化工矿产			
总计	8915	1331	1157	0	0	174	1627	1605	97	309	263	0	5536	881	185	15	5461.4817	2761.16
采矿许可证	8601	1296	1136	0	0	160	1474	1459	70	244	207	0	5503	874	181	14	3644.9317	2696.36
保定市	673	0	0	0	0	0	0	0	0	0	0	0	673	0	2	0	48.1503	34.95
沧州市	505	0	0	0	0	0	0	0	0	0	0	0	504	0	0	1	96.5802	28.65
承德市	120	0	0	0	0	0	0	0	0	0	0	0	120	16	1	0	26.2271	12.12
邯郸市	45	0	0	0	0	0	0	0	0	0	0	0	45	45	0	0	2.25	2.25
衡水市	144	0	0	0	0	0	0	0	0	0	0	0	144	0	0	0	9.4428	7.8
廊坊市	360	0	0	0	0	0	0	0	0	0	0	0	360	0	0	0	22.3	36
秦皇岛市	53	0	0	0	0	0	0	0	0	0	0	0	53	5	0	0	8.017	10.09

续表 4

	批准登记发证数(件)																批准登记面积(平方公里)	探矿权采矿权使用费(万元)
	合计	能源矿产	煤	煤层气	石油天然气	地热	黑色金属矿产	铁矿	有色金属矿产	贵金属矿产	金矿	稀有稀散稀土矿产	非金属矿产	水泥灰岩	化工矿产	水气矿产		
石家庄市	519	0	0	0	0	0	0	0	0	0	0	0	519	63	0	0	920.6109	27.8
唐山市	331	0	0	0	0	0	0	0	0	0	0	0	331	34	152	0	15.04	42
刑台市									0	0	0	0	331	34	152	0	15.04	42
张家口市	609	0	0	0	0	0	0	0	0	0	0	0	603	17	8	6	261.645	72.35
勘查许可证	314	35	21	0	0	14	153	146	27	65	56	0	33	7	4	1	1816.55	64.8

表 5　　**矿产资源勘查许可证及采矿许可证发证情况(按经济类型分列)**

	批准登记发证数(件)																批准登记面积(平方公里)	探矿权采矿权使用费(万元)
	合计	能源矿产	煤	煤层气	石油天然气	地热	黑色金属矿产	铁矿	有色金属矿产	贵金属矿产	金矿	稀有稀散稀土矿产	非金属矿产	水泥灰岩	化工矿产	水气矿产		
总计	8915	1331	1157	0	0	174	1627	1605	97	309	263	0	5536	881	185	15	5461.4817	2761.16
采矿许可证	8601	1296	1136	0	0	160	1474	1459	70	244	207	0	5503	874	181	14	3644.9317	2696.36
国有企业	545	170	140	0	0	30	130	120	0	35	28	0	205	71	2	5	734.5072	616.05
集体企业	2823	348	328	0	0	20	320	320	22	69	43	0	2060	214	52	4	905.4536	551.05
股份合作企业	16	0	0	0	0	0	0	0	0	0	0	0	16	0	0	0	0.62	0.9
联营企业	23	0	0	0	0	0	0	0	0	0	0	0	23	0	4	0	4.6367	2.2
有限责任公司	104	0	0	0	0	0	0	0	0	0	0	0	100	15	12	4	93.7405	33.01
股份有限公司	132	0	0	0	0	0	0	0	0	0	0	0	141	7	0	1	34.8137	6.2
私营企业	4903	778	668	0	0	110	1024	1019	48	140	136	0	2913	531	110	0	1843.4514	1488.4
其他企业	55	0	0	0	0	0	0	0	0	0	0	0	55	36	1	0	27.7086	8.55
勘查许可证	314	35	21	0	0	14	153	146	27	65	56	0	33	7	4	1	1816.55	64.8
国有企业	220	31	21	0	0	10	97	91	19	53	45	0	20	2	3	0	1100.61	55
集体企业	9	0	0	0	0	0	6	6	0	2	2	0	0	0	0	1	47.68	0.57
股份合作企业	5	0	0	0	0	0	4	4	0	0	0	0	1	0	0	0	39.01	0.77
有限责任公司	32	4	0	0	0	4	23	23	1	3	3	0	1	0	0	0	492.33	4.91
私营企业	45	0	0	0	0	0	22	22	6	6	5	0	11	5	1	0	120	3.42
其他企业	2	0	0	0	0	0	1	0	0	1	1	0	0	0	0	0	4.36	0.12

表 6　　探矿权、采矿权转让情况(按地区分列)

	探矿权								采矿权							
	小计		出售		作价出资		其他		小计		出售		作价出资		其他	
	宗数	价款	宗数	价款	宗数	价款	宗数	价款	宗数	价款	宗数	价款	宗数	价款	宗数	价款
总计	26	2633.5	26	2633.5	0	0	0	0	35	1803.1	34	1699.1	1	104	0	0
河北省	26	2633.5	26	2633.5	0	0	0	0	35	1803.1	34	1699.1	1	104	0	0

(河北省矿业协会)

吉　林　省

【矿产资源开发利用】 吉林省的有色金属矿山,大部分都是建国初期建设并投产的,经过五六十年的开采现已到了晚期,绝大多数矿山已闭坑或接近尾声,若无接续资源,势必影响矿山职工的正常生活,也对经济建设造成一定的影响。截止 2004 年末,全省开发利用矿种 86 种,开发利用率 62.32%。各类矿山 3596 户。从业人员 174605 人。固体矿石产量 8337.44 万吨,液体(含石油、地热、矿泉水)产量 29.53 万吨;气体(含天然气、二氧化碳气)产量 4023.8 万立方米。全省矿山实现矿业产值 163.70 亿元,综合利用产值 1.07 亿元,利润总额 39.02 亿元,矿产品销售收入 153.13 亿元。

【矿业开发特点】 1. 从矿产类别分析:全省以能源矿产和非金属矿产的从业人员为主体,分别占全省从业人员总数的40.11%和45.06%(图1);非金属矿产和

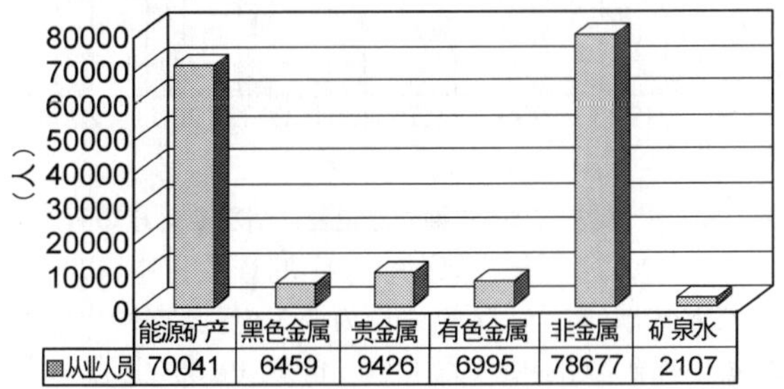

图 1　吉林省各类矿山从业人员对比图

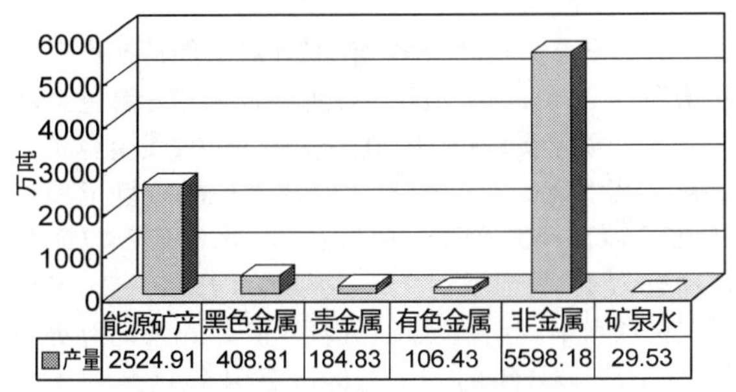

图 2　吉林省各类矿产产量对比图

能源矿产的产量也较大,分别占全省矿山总产量 63.27%和 28.54%(图 2)。

2. 从各地区矿产资源开发利用情况分析:各市(州)矿业经济发展不平衡,差距较大,吉林市矿山总数、产量均居全省首位,分别占全省 26.45%和 18.33%(图 3、4)。

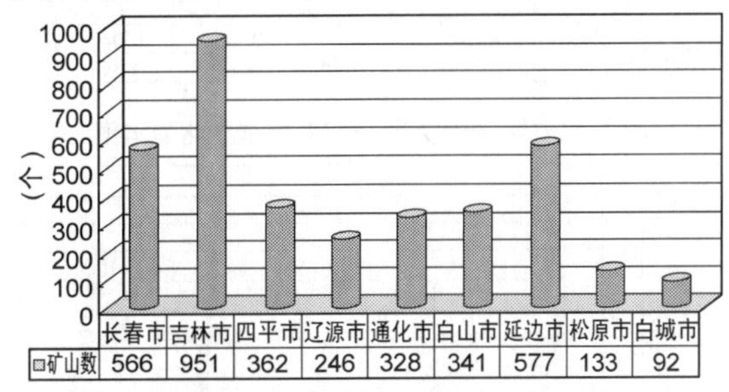

图 3　吉林省各地区矿山数对比图

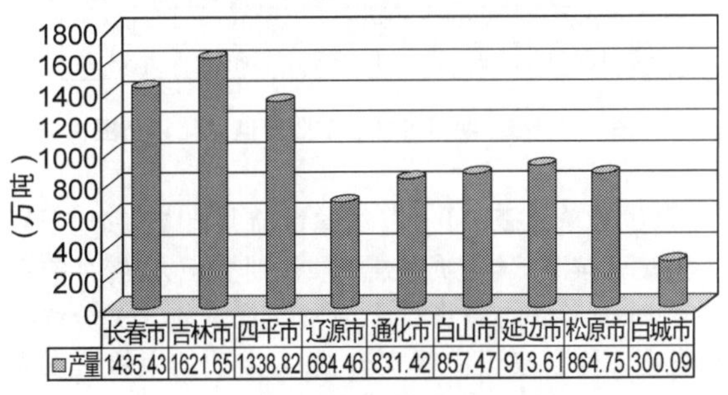

图 4　吉林省各地区矿业产量对比图

【矿业经济指标变化情况】 2000 年以来,吉林省矿山总数和从业人员均呈递减趋势,递减率分别为 5.16%和 10.09%(图 5、6);矿业产量和矿业产值呈递增趋

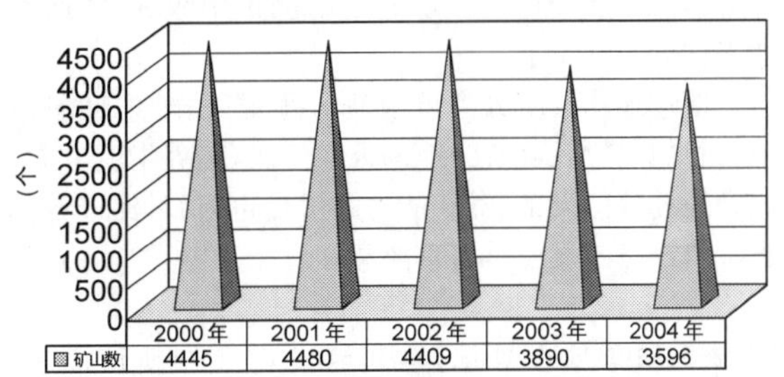

图 5　"十五"期间吉林省矿山数变化趋势图

势，递增率分别为0.21%和11.88%(图7、8)。

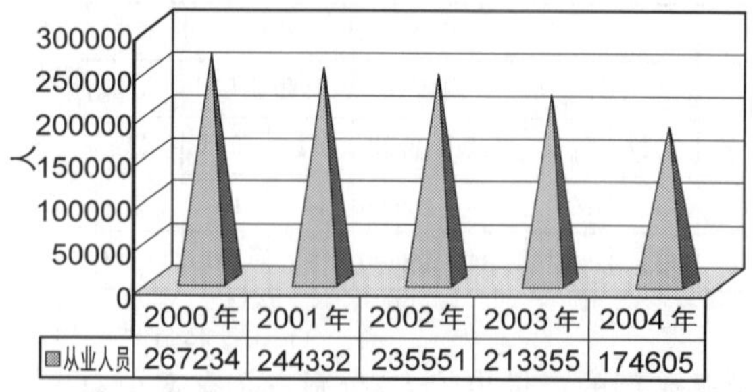

图6 “十五”期间吉林省矿业从业人员变化趋势图

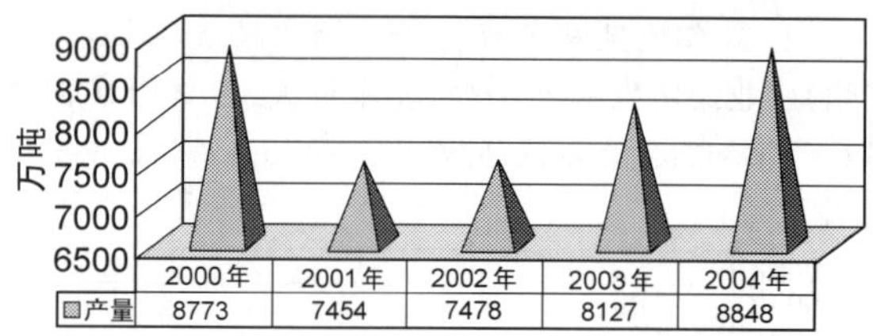

图7 “十五”期间吉林省矿业产量变化趋势图

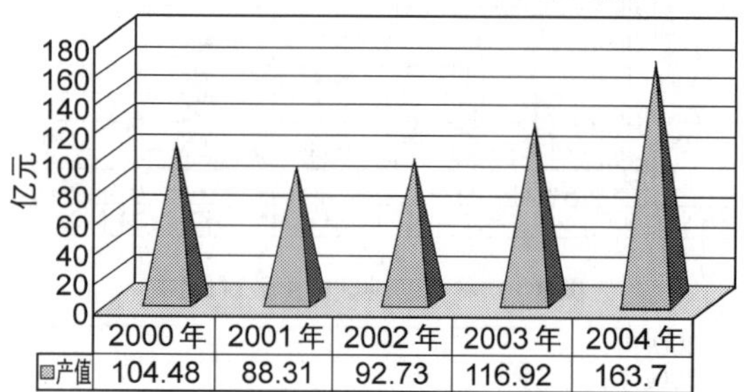

图8 “十五”期间吉林省矿业产值变化趋势图

【地质勘查单位概况】 吉林省目前共有70家地质勘查单位。按照部《地质勘查资质注册登记办法》的有关要求，2004年吉林省进行了地质勘查资质分类分级注册登记工作。按资质级别分：≥1类项的甲级资质单位28个，≥1类项的乙级资质单位17个，≥1类项的丙级资质单位25个；按专业类别分：区域地质调查甲级3个，水工环调查甲级6个，固体矿产勘查甲级18个，液体矿产勘查甲级1个，气体矿产勘查甲级1个，地球物理勘查甲级4个，地球化学勘查甲级1个，勘查工程施工甲级10个，岩矿鉴定与测试甲级3个，选冶加工试验甲级1个。

通过地勘资质分类分级注册登记工作，地勘单位统一思想，提高认识，为地勘人才使用、培养指明方向，促进地勘单位设备、资产能力的优化重组，对促进吉林省矿业经济的发展具有重要意义。

【地质勘质查项目登记】 1.颁发勘查许可证情况：2004年度共颁发勘查许可证406个，其中新立项目185个，变更项目46个，延续项目152个，保留项目23个(图9)。按项目的工作阶段分普查项目315个，详查项目86个，勘探项目5个。此外发放地质调查证1个，注销项目56个。探矿权人按经济类型分国有企业291个，集体企业17个，股份、私营等经济类型98个。

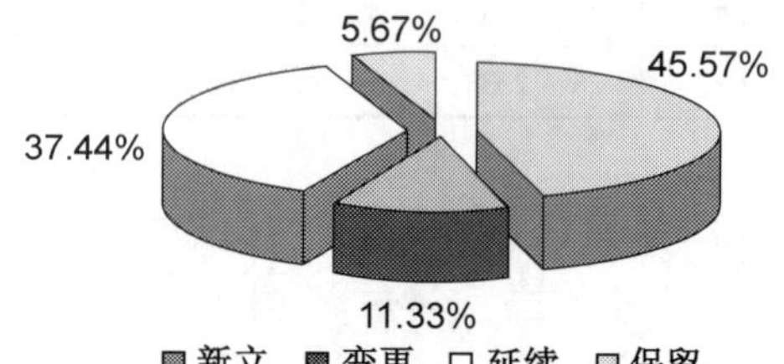

图9 2003年度吉林省探矿权授予情况分布图

吉林省从1987年开始进行地质勘查项目的勘查登记工作，到2004年底共颁发勘查许可证3676个(图10)，年平均217个。其中1987～1997年颁发许可证2058个；1998年《矿产资源勘查区块登记管理办法》实施后，至1999年颁发勘查许可证387个；2000年省国土资源厅成立后，至2004年，颁发勘查许可证1251个。从2000年以来，全省一是勘查项目数量大幅度增加，2000年省国土资源厅成立时，登记的勘查项目177个(新立项目83个)，2004年翻了一倍，达到406个(新立项目185个)。

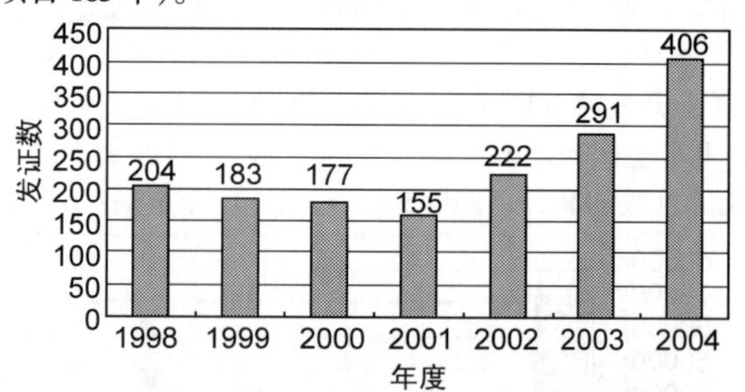

图10 1998～2004年勘查登记发证情况变化趋势图

在2004年登记发证的406个勘查项目中，以申请批准方式取得探矿权的项目为393个；以有偿出让方式获得探矿权的项目为13个，价款19.06万元，以转让方式取得探矿权的项目为14个，转让成交金额3767.42万元。

2.勘查登记矿种：2004年，按矿种分能源矿产勘查登记项目76个，其中煤矿38，油页岩37个；黑色金属矿产勘查登记项目46个，其中铁矿45个，贵金属矿产146个，其中金矿135个；有色金属矿产勘查登记项目54；非金属矿产勘查登记项目66个；水气矿产以矿泉水勘查为主，登记项目7个。从2000开始，吉林省勘查登记项目中，金、铁、煤油页岩等矿种的登记形势趋热，分别从2000年的113、3、6个，2004年增至到146、46、38个；铜、铅、锌、镍等有色金属项目也大幅增加，

2000 年为 16 个,2004 年为 54 个(表 1)。

表 1　　2000 ~ 2004 年按矿种分勘查登记发证情况表

证数 / 年度	受理数(个)	登记发证数(个)	能源矿产		贵金属(个)		黑色金属(个)	有色金属(个)	非金属矿产(个)	水气矿产(个)	其他(个)
			小计	其中:煤	金	银					
2000	183	177	6	4	113	4	3	16	23	12	
2001	163	155	14	12	67	3	1	14	34	22	
2002	258	222	16	13	84	3	8	30	52	27	2
2003	305	291	43	其中煤:20 个,油页岩 22 个	107	4	24	47	56	10	
2004	442	406	76	其中煤:38 个,油页岩 37 个	146	11	46	54	66	7	
合计	1762	1638	186	其中煤:118 个,油页岩 59 个	746	33	92	189	292	94	6

3. *勘查登记面积*:2004 年勘查登记面积 14489.05 平方公里,主要分布在吉林省的延边、吉林、白山、通化、长春等地区(图 11),其中计划项目登记 12836.09 平方公里;市场项目登记 1652.96 平方公里。重点矿种的勘查登记面积:煤 764.59 平方公里,油页岩 8381.67 平方公里,铁 415.222 平方公里,金 2924.57 平方公里,铜 111.93 平方公里,铅锌矿 480.50 平方公里,钨 102.09 平方公里,钼 31.13 平方公里,矿泉水 4.38 平方公里。

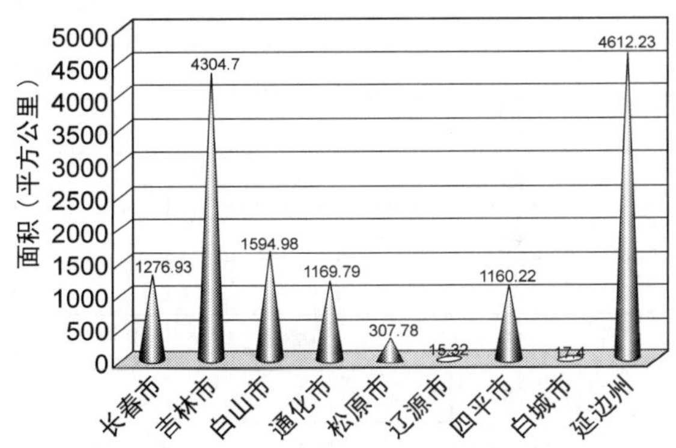

图 11　2004 年按地区分勘查登记面积分布图

吉林省地质勘查项目的勘查登记面积逐年增加(图12)。若加上石油天然气的登记面积8.5万平方公里,勘查登记面积约占整个国土面积的 60% ~ 70%。

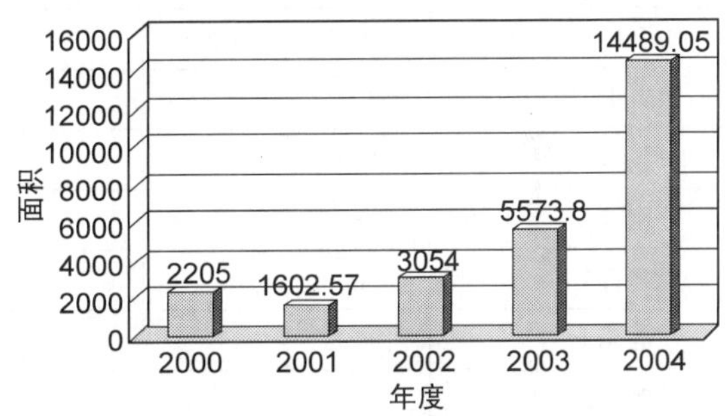

图 12　2000 ~ 2004 年吉林省勘查登记面积趋势图

(**注**:2001 年项目未包括年检项目面积)

【地质勘查项目工作情况】　1. *实际勘查投入情况*:2004 年吉林省对能源矿产(不包括石油、天然气)、贵金属矿产、有色金属矿产、非金属矿产等 34 种矿产资源进行了勘查,在吉林省从事勘查的探矿权人 102 个,有 345 个项目开展了野外地质工作,实际投入勘查资金总额为 10576.06 万元(表 2 ~ 3)。

从 2000 年开始,吉林省的地质勘查实际投入不断增加,这其中除国家、省财政投入外,社会企业、个人投资也逐年增加,勘查投资主体的多元化格局正在形成(图 13)。

表 2　　按承提项目的勘查单位部分分吉林省实际地质勘查投入表

承担项目的勘查单位部门(按矿种分)	地质勘查经费(万元)					
	合计	中央财政拨款		地方财政拨款		其他
			其中:国家资源补偿费		其中:省资源补偿费	国内企事业
吉林省总计	10576.06	6605.43	1560	898.6	406	3072.03
地勘局	3107.86	1436.5	350	405.5	220	1265.86
煤矿	39.72			10		29.72
油页岩	579.2	579.2				

续表 2－1

承担项目的勘查单位部门（按矿种分）	地质勘查经费（万元）					
	合计	中央财政拨款		地方财政拨款		其他
			其中：国家资源补偿费		其中：省资源补偿费	国内企事业
铁矿	272.69					272.69
锰矿	11.2	11.2				
铜矿	221.19			20	20	201.19
钼矿	55	10		15	15	30
铅锌矿	88.47					88.47
钨矿	132.4	132.4				
锑矿	37.8	37.8				
金矿	1004.25	639.5	350	96.5	55	268.25
银矿	100			100	40	
氟石	19.94			10		9.94
刚玉	8			8		
硅石	13					13
硅藻土	311.2			15	15	296.2
明矾石	15			15	15	
硼矿	37.4					37.4
水泥用灰岩	10			10		
松花石	25			25	25	
陶粒页岩	46.4	26.4		20		
玉石	8			8		
地下水	25			25	15	
矿泉水	47			28	20	19
有色局	2623.62	1840	840	312.1	130	471.52
铁矿	302.37			39.1		263.27
铜矿	120	120	120			
钼矿	83					83
镍矿	13.7					13.7
铅锌矿	35.07			20	20	15.07
钨矿	432.45	392.45	280	40	30	
金矿	1613.67	1327.55	440	213	80	73.12
硅石	7.6					7.6
泥炭	11.8					11.8
膨润土	3.96					3.96

续表 2－2

承担项目的勘查单位部门(按矿种分)	地质勘查经费(万元)					
	合计	中央财政拨款		地方财政拨款		其他
			其中:国家资源补偿费		其中:省资源补偿费	国内企事业
煤田(煤炭)局	3048.15	2628.6	280	125		294.55
煤矿	3028.15	2618.6	280	115		294.55
方解石	20	10		10		
建材	315.7	170.7	90	36	36	109
白云岩	10	10				
大理岩	5	5				
方解石	8.1	8.1				
硅藻土	120	90	90	30	30	
花岗岩	6			6	6	
水泥配料用板岩	80					80
水泥用大理岩	20					20
水泥用炭岩	8.6	8.6				
陶粒页岩	40	31				9
透辉石	18	18				
化工	37.6	22				15.6
氟石	3					3
硅藻土	12.6					12.6
膨润土	22	22				
武警黄金部队	507.63	507.63				
金矿	507.63	507.63				
其他地勘单位	935.5			20	20	915.5
煤矿	256.47					256.5
铁矿	119.54					119.54
镍矿	6.26					6.26
金矿	442.31					442.31
银矿	12					12
白云岩	20			20	20	
方解石	17.34					17.34
硅藻土	35.7					35.7
泥炭	2.2					2.2
硼矿	7.2					7.2
溶剂白云岩	16.48					16.48

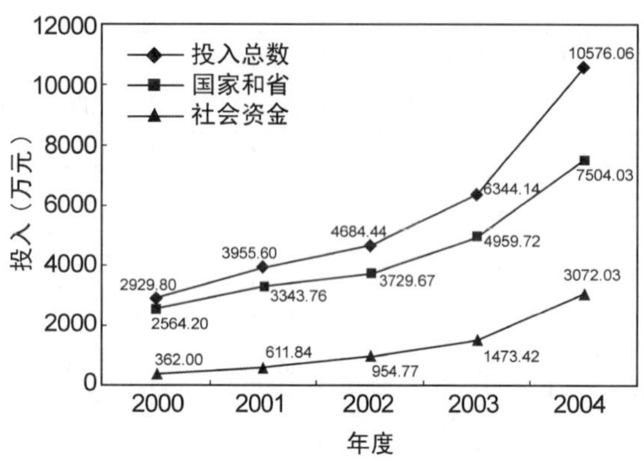

图13　2002～2004年吉林省地质勘查实际投入情况图

矿产地质勘查从业人员、完成工作量　2004年全省直接从事矿产地质勘查的从业人员（主要为勘查从业技术人员）为2152人，主要工作量机械岩心钻探62699.65米，比2003年增加51.31%；坑探13846.10米，比2003年增加11.31%（表3、4）。

【地质勘查及找矿工作】　吉林省新发现煤、金、铜、钴、白云岩等矿产地13处（表5）。长春市龙家堡煤矿产地经物探、钻探施工，前景较好，目前已探明控制储量9000万吨，进一步工作有望成为吉林省大型煤矿矿产地，可有效缓解吉林省煤炭资源供应紧张局面；白山市小青沟铜钴矿经勘查控制铜金属量122b+333级别8万吨以上，钴金属量122b+333级别3万吨以上；吉林省伊通县二道沟金矿，通过地质勘查该矿床为微细粒浸染型金矿，矿体具低品位、大矿量特点，预测资源量可达32吨。此外还发现有进一步工作价值的勘查区48处。

表3　按矿种分全省地质勘查从业人员、实际完成工作量一览表

矿种分类	机械岩芯钻探工作量(米)	坑探工作量(米)	槽探工作量(立方米)	浅井工作量(米)	从业人员
总计	62699.65	13846.10	510469.37	4953.15	2152
能源矿产	29901.10		469.00		788
黑色金属	5157.55	3058.20	49324.09	358.40	182
有色金属	7979.00	270.00	96074.01		213
贵金属	15397.58	3061.80	322707.97	3157.95	693
非金属	4264.42	7456.00	41984.30	1076.80	257
水气矿产					19

表4　按承担项目的勘查单位部门分勘查从业人员、实际工作量一览表

承担项目的勘查单位部门	机械岩苡钻探工作量(米)	坑探工作量(米)	槽探工作量(立方米)	浅井工作量(米)	从业人员
总计	62699.65	13846.10	510469.37	4593.15	2152
地勘局	9242.80	7733.00	206953.84	1692.20	606
有色局	17330.78	2406.30	234220.99	2235.65	417
煤田(煤炭)	27756.60			46.00	664
建材	1185.43		12673.85	50.00	80
化工	464.55		905.72	60.30	12
武警黄金部队	3214.28	220.30	29292.99	292.90	130
其他地勘单位	3505.21	3486.50	26375.98	262.10	243

表5　吉林省新发现矿产地一览表

矿种	矿产地名称	勘查单位	计量单位	资源储量	地质勘查成果
煤矿	吉林省长春市龙家堡煤矿产地	吉林省煤田地质203勘探公司、煤田地质物探公司	千吨	9000	本勘探区经物探、钻探施工，前景较好，目前已探明控制储量9000万吨，进一步工作有望成为吉林省中大型煤矿矿产地，可有效缓解吉林省煤炭资源供应紧张局面
	吉林省九台市芒卡煤矿产地	吉林省煤田地质203勘探公司、煤田地质物探公司			通过地震普查揭示了该区煤系地层分布范围

续表 5

矿种	矿产地名称	勘查单位	计量单位	资源储量	地质勘查成果
铜矿	吉林省白山市小青沟铜钴矿	吉林省地质调查院	金属吨	80000	控制铜金属量 122b + 333 级别 8 万吨以上
钴矿	吉林省白山市小青沟铜钴矿	吉林省地质调查院	金属吨	30000	控制钴金属量 122b + 333 级别 3 万吨以上
金矿	吉林省集安市古马岭金矿	吉林省有色金属地质勘查局 606 队	金属千克	8000	新发现矿化体 1 条,矿化体控制长度为 80 米,厚度为 0.87 米,金品位 1.47 克/吨。同时发现矿化转石多处,金品位为 3 克/吨左右
	吉林省通化县沿江金矿	吉林省有色金属地质勘查局 606 队	金属千克	3500	新发现金矿体 3 条,次生晕异常 5 处,平均金品位 7.41 克/吨
	吉林省珲春市前山金矿	吉林省有色金属地质勘查局 603 队	金属千克	5000	333 + 334 金属金资源量 746 千克,金矿体平均垂直厚度 0.89 米,平均金品位 8.83 克/吨
	吉林省白山市金英金矿	吉林省有色金属地质勘查局 602 队	金属千克	5000	发现矿化蚀变带 1 条,长 500 米,宽 400 米,矿化带内发现 4 条金矿体,其中 1-1 矿体长 200 米,宽 2.00 米,金平均品位 5.89 克/吨,其他矿体单工程控制
	吉林省江源县西川金矿	吉林省有色金属地质勘查局 602 队	金属千克	3600	新发现金矿体 2 条,矿化体 1 条,其中 2-1 号矿体控制延长 200 米,平均品位 6.33 克/吨,最高品位 16.94 克/吨,平均厚度 2.08 米,最大厚度 3.80 米
	吉林省伊通县二道沟金矿	吉林省第三地质调查所			矿体属微细粒浸染型金矿,矿体具低品位、大矿量特点,其预测资源量为 32 吨
银矿	吉林省桦甸市大朝阳沟银金矿	吉林省有色金属地质勘查局 604 队	金属千克	200000	发现 3 条含矿石英脉,平均金品位 10.5 克/吨
	吉林省汪清县红太平银矿	吉林省地质科学研究所			查清了区内控矿构造及容矿构造、矿体赋存规律和品位变化情况,银平均品位 236 克/吨。激电扫面发现两个异常
建筑用白云岩	吉林省白山市八道江区黑沟九队白云岩矿产地	建材吉林总队	万立方米	1000	预获白云岩资源量 8000 万吨以上,为国内少见的大型优质白云岩矿

【矿产资源勘查规划完成情况】 截至 2004 年底,吉林省"十五"期间矿产资源勘查规划完成情况良好,通过省厅组织的规划评估。按照"十五"矿产资源勘查规划,吉林省不断加大了地质勘查投入,主要对油页岩、煤、金、银、铜、铅、锌、钨、硅藻土、陶粒页岩等 50 多种省内急需矿种进行了勘查,勘查资金投入达 15072 万元,年平均增长 30%。在地质勘查找矿成果上,新发现矿产地 78 处,有进一步工作的矿产地 152 处。在老岭成矿带,提高了成矿区带资源评价程度和研究程度,发现多处化探异常、规模较大的矿化蚀变带及高品位的 Cu、Pb、Zn 多金属矿体;在夹皮沟成矿带,桦甸市六批叶沟金矿的勘查,提交金矿资源量 8 吨,已交付夹皮沟金矿利用,远景储量可达 50 吨;珲春市杨金沟钨矿发现 10 多条规模较大的白钨矿体,初步获得钨矿资源量已达 5 万吨,属中型钨矿床,继续勘查工作,有望成为东北地区大型钨矿生产基地;通过物探、钻探等勘查工作手段,揭示长白煤田南北二区成煤盆地的存在,在长春羊草沟外围龙家堡地区的勘探找煤,已提交一大型煤矿产地,有望成为吉林省新的煤炭资源接续基地。

在矿业权管理上,依据"十五"规划,进一步完善矿业权市场,探矿权出让取得可喜成绩。制定出台《吉林省探矿权出让管理暂行办法》,截止 2004 年底,全省共有偿出让探矿权 54 宗,转让探矿权 24 宗,交易额达 19820 万元。

"十五"规划在执行过程中也存在一些不足,主要是地质勘查投入远不能满足矿业发展的需求,地质勘查体制不能适应规划发展的需要,矿产资源勘查开发中缺乏有效的宏观调控。

随着地质工作程度的不断加强,新的地质成矿理论体系的建立和和完善,"十一五"期间,地质勘查找矿重点应对全省八大成矿条带、十大优势矿种、十五处重点区域进行工作。八大成矿条带分别为:夹皮沟-海沟黄金成矿带,白山市老岭“S”型成矿带,珲春断陷盆地钨、金成矿带,鸭绿江断陷铜、铁、铅锌成矿带,九台-长春断陷盆地、浑江凹陷、长白盆地煤成矿带;十大优势矿种分别为:油页岩、硅灰石、硅藻土、煤、金、铜、钴、镍、钨、钼;十五处重点区域分别为:夹皮沟、海沟、荒沟山、小西南岔、南岔、大横路、桦甸、敦化、梨树大顶子、磐石硅灰石、临江、长白(硅藻土)、长白煤田、龙家堡煤田、磐石镍矿。

(吉林省矿业协会)

黑龙江省

【矿产资源概况】 黑龙江省是矿产资源大省,矿产种类较全。截至2004年底,全省共发现各类矿产132种,占全国已发现234种矿产的56.4%。已查明储量的矿产有78种,占全国已查明215种矿产资源储量的36.3%。已查明的78种矿产中有能源矿产5种;黑色金属矿产2种;有色金属矿产11种;贵金属矿产6种;稀有、稀散元素矿产8种;冶金辅助原料非金属矿产7种;化工原料非金属矿产7种;建材和其他非金属矿产30种;水气矿产2种。

全省已查明有矿产资源储量的78种矿产中,除石油、天然气、铀矿、地热、地下水、矿泉水外,其他已上储量表72种矿产,矿区数为741处,矿区中有煤炭232处、黑色金属矿产48处、有色金属矿产96处、贵金属矿产133处、稀有、稀散元素矿产26处、建材非金属矿产206处。其中开采矿区数为527处。在806处矿产地中,保有储量按矿区规模统计,大型82处,中型184处,小型396处,小型以下9处,规模不清20处。石油、天然气矿产主要集中在松辽盆地的大庆一带;煤炭矿产则分布在东部的鹤岗、双鸭山、七台河和鸡西等地;有色、黑色金属矿产主要分布在嫩江、伊春和哈尔滨一带;金矿则产于大、小兴安岭及伊春、佳木斯、牡丹江等地;非金属矿产主要分布在该省的东部和中部地区。

在全国统计的45种主要矿产中,黑龙江省具有基础储量的有27种,占60%;其中石油、天然气、铀、煤、铁、铜、铅、锌、金、水泥大理岩、玻璃硅质原料、硫、磷、钾盐等15种国民经济支柱性矿产中,黑龙江省具有储量并开发利用的矿种有10种(即石油、天然气、煤、铁、铜、铅、锌、金、水泥大理岩、玻璃硅质原料),占67%。

【矿产地质勘查】 2004年黑龙江省开展地质矿产勘查工作的单位有:省地质勘查局、省煤田地质局、省有色地勘局、省黄金公司、中国建筑材料工业地质勘查中心黑龙江总队、武警部队黄金第一总队、化工部黑龙江地勘院以及大庆石油天然气总公司等8个部门的地勘单位,具有勘查资格的地勘单位63家。

2004年全省以收取价款方式出让探矿权38个,收取探矿权价款及使用费3450万元,吸引社会资金共计6768万元,全省经审批颁证的地质勘查项目113项,颁证项目中有新立59项,变更8项,延续40项,保留6项。勘查矿种包括煤炭、贵金属、黑色金属、有色金属、非金属、矿泉水、地下水、地热等多种矿产。地质勘查项目中有市场项目46个,计划项目30个,勘查基金项目28个,其他项目9个。按勘查阶段有详查项目26个,普查项目78个,勘探项目2个,预查项目7个。

2004年地质勘查工作在阿城市白岭地区发现了较具前景的富铅锌矿床;在铁力市鹿鸣-平安地区发现了有望达到中-大型的钼矿床;黑河市争光岩金矿和三道湾子岩金矿有望达到中型以上矿产地。

【矿产资源开发利用】 2004年黑龙江省共有矿山企业(不包括油气矿产)3896个,其中有大型矿山61个,中型矿山155个,小型矿山2301个,小矿1373个,从业人员355672人,年产矿量10644.64万吨,工业总产值132.14亿元。矿山企业按矿种划分有煤矿1242个、铁矿12个、铜矿8个、铅锌矿6个、钼矿1个、金矿32个、建材及非金属1445个、砖瓦用粘土、砂1042个、地下热水1个、矿泉水107个。矿山企业按行政区划分哈尔滨市有789个、齐齐哈尔市有184个、牡丹江市有364个、佳木斯市有224个、大庆市有78个、鸡西市有446个、鹤岗市有174个、七台河市有466个、伊春市有138个、黑河市有158个、绥化市有212个、大兴安岭地区有175个。矿山企业按经济类型划分国有企业362个、集体企业1380个、股份合作企业114个、联营企业20个、有限责任公司6个、股份有限公司112个、私营企业1895个、港、澳、台商投资企业4个、外商投资企业3个。

2004年全省新设置采矿权1155个,其中省级挂牌出让21宗。全省甲类矿产矿山企业已经实行有偿使用的已有1618个,其中国有矿山企业76个,非国有矿山企业1542个,占应有偿使用总数的95%,矿产资源有偿使用收入共完成2.87亿元,其中以招标、拍卖、挂牌的形式出让采矿权实现价款收益0.67亿元,已建矿山收缴价款0.7亿元,均比2003年有较大幅度的增长。

矿产资源监督管理工作成效显著,加大日常监督管理和宏观管理工作力度,在对国有大中型重点矿山实施跟踪督察的同时，按照2004年督察工作计划组织国家级矿产督察员对省内重点矿区的一些难点、热点、焦点问题实行现场督察，开展了对六个矿种58个大中型矿山的矿山督察和日常督察任务，使得矿产开发管理工作得以依法有序进行。根据国土资源部的要求，从2004年3月开始对全省矿产资源勘查开发秩序，特别是大中型煤炭矿产地进行了全面清理整顿，共清理无证采矿65起，越界开采16起，涉及金额980万元，没收矿产品3258吨；清理采金船150条、水枪60条，清理非法作业人员2500多人；吊销采矿许可证2个、注销采矿许可证174个；追究刑事责任242人。通过清理整顿查清了全省大中型煤炭矿产地的基本情况，整治工作取得了阶段性成果，并通过了国土资源部的检查验收。

矿产资源补偿费征收管理工作取得了新成绩，全省共收缴入库矿产资源补偿费7.59亿元，比2003年增加了1.37亿元，增幅达22%。省级直收入库6.8亿元，比2003年增加了1.07亿元，市县的征收额也有了大幅度提高，2004年市县共征收矿产资源补偿费近8000万元，比2003年多征收3000万元，增幅为61%。大庆市矿产资源补偿费在全省首先突破千万元大关，达到了1930万元，双鸭山市等6个地市矿产资源补偿费征收额均超过了500万元，占全省一半以上的地市实现了矿产资源补偿费征收的新突破。由于黑龙江省矿产资源补偿费征收额连续多年位居全国第一位，受到了国土资源部的表彰。

表1　　2004年度黑龙江省矿产资源开发利用情况分按行政区汇总表

行政区名称	矿山企业数(个)					从业人员(个)	年产矿量(万吨)	工业总产值(万元)	综合利用产值(万元)	矿产品销售收入(万元)	利润总额(万元)
	合计	大型	中型	小型	小矿						
总计	3890	61	155	2301	1373	355672	10644.64	1321379.24	40186.6	1245188.86	-11384.39
哈尔滨市	789	19	98	607	65	36141	1803.33	59808.04	16956.75	54828.9	3854.55
齐齐哈尔市	184	0	8	159	17	11706	378.46	11874.89	1087	10931.64	1118.16
牡丹江市	364	7	4	228	125	13821	459.35	32545.92	5978.8	34316.11	3208.65
佳木斯市	224	1	3	128	92	9153	255.96	24870.29	7021.78	7790.28	2208.05
大庆市	78	0	1	75	2	6376	166.79	11545.9	0	4166.18	376.51
鸡西市	446	7	11	221	207	67152	1335.37	161417.23	57	145127.58	-7419.47
鹤岗市	174	6	4	82	82	65371	1962.16	170743.32	962.9	216105.75	-15945.17
双鸭山市	482	11	13	177	281	43746	1543.67	355134.32	5538	353974.34	-6918.53
七台河市	466	5	4	186	271	68102	1788.77	287676.47	0	212897.73	2391.57
伊春市	138	1	1	38	98	5625	218.8	161646.17	245.37	161597.72	2648.25
黑河市	158	1	7	112	38	8380	328.46	26744.14	2220	26295.25	2816.6
绥化市	212	1	1	157	53	15527	212.94	7899.03	64	7872.73	516.15
大兴安岭地区	175	2	0	131	42	4572	190.58	9473.52	55	9284.64	-239.72

表2　　2004年度黑龙江省矿产资源开发利用情况分矿种汇总表

矿　种	矿山企业数(个)					从业人员(个)	年产矿量(万吨)	工业总产值(万元)	综合利用产值(万元)	矿产品销售收入(万元)	利润总额(万元)
	合计	大型	中型	小型	小矿						
总计	3896	61	155	2301	1373	355672	10644.64	1321379.24	40186.6	1245188.86	-11384.39
煤炭	1242	17	17	450	758	252818	6895.39	1013193.22	12501.5	966622.27	-31683.65
地下热水	1	1	0	0	0	10	25	30	0	30	3
铁矿	12	1	0	5	6	1739	53.25	16795.25	0.25	16343.25	5026.15

续表 2-1

矿种	矿山企业数(个)					从业人员(个)	年产矿量(万吨)	工业总产值(万元)	综合利用产值(万元)	矿产品销售收入(万元)	利润总额(万元)
	合计	大型	中型	小型	小矿						
铜矿	8	0	2	3	3	3747	45.59	8885	3006	8844	1535
铅矿	5	0	0	1	4	161	0.35	49.34	18.34	48.34	1
锌矿	1	0	0	0	1	2	0	0	0	0	0
钼矿	1	0	0	1	0	938	63.7	4767	3803	3803	1447
金矿	32	0	5	10	17	4433	72.34	163740.32	4642.02	163739.32	2540.63
矽线石	1	0	0	1	0	53	1	110	0	110	11
熔剂用灰岩	1	0	0	1	0	241	17.45	523.5	0	523.5	30
冶金用白云岩	3	0	0	0	3	33	0.19	8.24	0	7.24	0.52
冶金用石英岩	4	0	0	2	2	21	0.42	24.2	10	23.2	4
冶金用脉石英	4	0	0	1	3	29	0.5	17.5	13.5	17.5	5.2
耐火粘土	4	0	0	1	3	62	0.17	13.5	3.5	13.5	-5.5
化工用白云岩	1	0	0	1	0	2	0	0	0	0	0
泥炭	6	0	0	0	5	101	0.79	190.7	160	190.7	12.23
石墨	13	6	6	1	0	951	42.8	2211.3	0	2229.3	16.3
熔炼水晶	1	0	0	0	0	10	0.1	10.5	0	10.5	0
硅灰石	4	0	0	1	3	13	0.03	1.25	0	1.25	0.15
叶蜡石	1	0	0	1	0	10	0.2	10	10	10	5.5
氟石	7	0	0	0	7	58	3.11	17.32	0	17.32	1.71
水泥用灰岩	32	0	0	4	28	265	41.17	362.2	0	361.78	19.2
建筑石料用灰岩	1	0	0	0	1	6	0.23	13.8	0	13.2	0.5
饰面用灰岩	2	0	0	0	2	9	0.1	2.5	2.5	2.5	0.3
制灰用石灰岩	14	0	0	1	13	112	0.62	44.2	0	34.6	0
玻璃用白云岩	3	0	0	0	3	24	1.86	18.6	0	18.6	0
建筑用白云岩	25	0	0	0	25	584	7.72	325.76	31	333.74	24.58
玻璃用石英岩	4	0	0	1	3	4	0	0	0	0	0
水泥配料用砂岩	1	0	0	1	0	50	3	30	0	30	1
砖瓦用砂岩	1	0	0	0	1	1	0	0	0	0	0
建筑用砂岩	5	0	0	2	3	86	4.87	157.04	3	157.04	23.09
建筑用砂	145	3	14	88	40	1801	183.55	1323.32	295	1339.69	101.51
砖瓦用砂	48	0	0	13	35	636	16.54	9851.62	232.4	235.9	23.58
玻璃用脉石英	8	0	0	5	3	104	3.27	254.53	0	128.93	31.7
水泥配料用脉石英	2	0	0	0	2	22	0	0	0	0	0

续表 2－2

矿　种	矿山企业数(个)					从业人员(个)	年产矿量(万吨)	工业总产值(万元)	综合利用产值(万元)	矿产品销售收入(万元)	利润总额(万元)
	合计	大型	中型	小型	小矿						
陶粒页岩	5	1	1	1	2	70	1.26	21.24	2.5	21.24	1.46
建筑用页岩	1	0	0	1	0	30	2.1	40	0	40	10
高岭土	1	0	1	0	0	150	4.3	474	0	100	12
膨润土	24	0	0	19	5	714	47.88	381.78	0	422.28	37.1
砖瓦用粘土	993	2	10	816	165	65112	1147.82	51796.93	4323.08	32594.47	3622.44
陶粒用粘土	19	0	0	15	4	751	10.82	690.25	0	679.65	136.9
水泥配料用粘土	7	0	0	4	3	186	5.88	216	0	216	11.7
水泥配料用红土	1	0	0	0	1	7	0.1	3.2	0	3.2	0.8
水泥配料用泥岩	1	0	1	0	0	50	3	30	0	30	1
饰面用蛇纹岩	4	0	0	4	0	72	4.9	46.25	0	46.25	5.5
建筑用辉石岩	1	0	0	1	0	1	0	0	0	0	0
饰面用玄武岩	3	0	0	1	2	69	0.52	9.04	0	9.06	1.43
建筑用玄武岩	164	1	3	130	30	1115	123.3	2784.2	0	1662.17	303.25
建筑用辉绿岩	8	0	0	4	4	187	5.33	128.33	0.96	128.33	19.2
建筑用辉长岩	12	0	0	8	4	134	8.62	104.25	0	104.25	16.9
建筑用安山岩	190	6	60	100	24	3599	582.82	12116.23	4060.06	4607.78	1223.79
建筑用闪长岩	44	0	3	33	8	726	44.62	510.2	178	517.7	80.02
建筑用花岗岩	420	8	20	310	82	5063	481.64	4404.02	2011.74	4148.86	995.6
饰面用花岗岩	38	0	0	15	23	2418	12.85	4722.57	524.5	4458.27	640
麦饭石	3	0	0	0	3	32	0	0	0	0	0
珍珠岩	3	0	0	2	1	45	1.05	57.5	0	57.5	3.75
建筑用流纹岩	1	0	0	1	0	23	0	0	0	0	0
水泥用凝灰岩	2	0	0	2	0	10	1.2	16.8	0	67.2	0
建筑用凝灰岩	14	0	0	12	2	275	14.34	150.4	2	267.4	32.6
火山灰	4	0	0	2	2	34	0	100	0	0	0
饰面用大理岩	3	0	0	0	3	10	0.3	3.96	0	3.96	0
建筑用大理岩	5	0	0	3	2	38	1.73	15.27	0	15.27	1.7
水泥用大理岩	168	14	12	116	26	3547	563	16050	4351.75	15222.75	2543.13
饰面用板岩	7	0	0	6	1	11	0.5	2.5	0	2.5	0.3
矿泉水	107	1	0	100	2	2057	89.47	3522.62	0	3522.62	－260.67

表3　2004年度黑龙江省矿产资源开发利用情况分矿山企业规模汇总表

企业规模	矿山企业数(个)	从业人员(个)	年产矿量(万吨)	工业总产值(万吨)	人均产值(万元)
总计	3890	355646	10644.44	1321345.74	3.72
大型	61	110037	3947.31	572534.39	5.2
中型	155	63264	2055.11	328711.46	5.2
小型	2301	135200	3902.09	273708.65	2.02
小矿	1373	47145	739.92	146391.24	3.11

表4　2004年黑龙江矿山企业基本情况分经济类型汇总表

	矿山企业(个)	从业人员(人)	工业总产值(万元)	人均产值(万元/人·年)
总计	3896	355672	1321379	3.72
国有企业	362	202619	969957	4.79
集体企业	1380	69070	96459	1.4
股份合作企业	114	5598	13552	2.42
联营企业	20	1118	1623	1.45
有限责任公司	6	6210	8598	1.38
股份有限公司	112	7727	25749	3.33
私营企业	1895	63162	204787	3.24
港、澳、台商投资企业	4	88	188	2.14
外商投资企业	3	80	466	5.83

【矿山地质环境】　2004年黑龙江省启动绿色矿山建设计划并初见成效，通过加强管理提高了矿山环境保护工作水平，提出了矿山生态环境准入制、矿山地质环境保证金制、环境影响评价和危险性评估管理制三项制度。2004年内开展了鸡西、鹤岗、双鸭山、七台河、301国道沿线等矿山的治理示范工程，并获新批国家级矿山治理项目6项，资金1760万元。省级矿产资源补偿费矿山地质环境项目6项，批复资金1597万元。开展了黑河市、伊春市、海林市3个市县地质灾害调查区划工作，启动全省十三个市(地)的市级地质灾害防治规划编制工作，地质灾害知识进一步得到普及，防治管理工作全面加强。建设项目地质灾害危险性评估工作取得实效，进行过评估的工程无遭受地质灾害发生破坏的问题。

【矿产资源专项整治】　黑龙江省在矿产资源专项整治工作检查中受到国土资源部整顿和规范矿产资源勘查开发秩序检查组的高度评价。检查组认为，黑龙江省这项工作管理到位，措施有力，成效显著，处于全国领先地位。

黑龙江省深化整顿和规范矿产资源勘查开发秩序，治理整顿工作上升为政府行为，形成全社会齐抓共管、综合治理的工作格局，取得成效。矿产资源监督管理得到强化，制发2004年国家级矿产督察员工作计划，重组省级矿产督察员队伍方案获国土资源厅党组通过，基本保证省级矿产督察员的工作条件和业务支出；在全省开展矿产资源管理秩序综合治理整顿和煤炭矿山专项整顿工作；建立矿产资源管理秩序简报制度，指导了各地整顿工作的开展；全面参与省整顿遗留小煤矿的专项整顿工作；基本完成中、小型矿产地煤炭资源开采专项规划的编制工作。

矿产资源有偿使用取得新的进展。全省全面停止采矿权无偿授予，规定非协议出让采矿权全部通过招标、拍卖、挂牌方式公开竞价取得；落实国土资源主管部门与采矿权人、采矿权人与承包人之间的合同管理，解决了长期以来法律法规对采矿权人约束不到位的问题；明确采矿权人主体地位，保证采矿权权属明晰，权责明确；制定了评估确认规则，加强采矿权评估管理，解决了煤炭资源出让时评估价格差异较大的问题，避免资源性资产流失。在总结非国有矿山有偿使用工作经验的基础上，推进了国有矿山矿产资源有偿使用工作。在深入开展小煤矿和砂石土矿产资源有偿使用工作的同时，将有偿使用工作重点转向国有大中型矿山企业，四大煤城国有矿山的储量检测等前期基础工作已经结束，正在制定采矿权评估、资源配置方案。2004年上半年全省共设置采矿权222个，其中挂牌出让159个，收缴矿产资源有偿使用费1748.83万元。全省甲类矿种矿山企业实行有偿使用的已有1618个，已占应有偿使用总数的95%。

专项整治工作取得阶段性成果，为切实维护国家所有权益和矿业权人的合法权益，各地加大行政执法力度，各有关部门联合行动，把对重点矿区、优势矿产、非法转让及以探代采等违法行为的专项整治作为清理整顿工作中的重中之重。全省共查封违法矿山138处；关停取缔非法采砂石矿点128处；对2起带有黑社会性质的无证采矿进行了处理；异地查封采砂船5条。通过对发现的各类非法采矿行为进行坚决查处和严厉打击，有力地震慑了各类违法行为。

【对俄蒙矿产资源勘查开发】　2004年黑龙江省进一步加大力度落实国家利用“两种资源”，开拓“两个市场”的战略，充分利用地缘优势，加快对俄罗斯、蒙古国等周边国家的矿产资源勘查开发，取得了新进展，以独资或合资方式获得矿权项目8个。黑龙江省是矿产资源大省，石油和煤炭等能源矿产占有量位居全国前列，但是铜、铁、铅锌等矿产的保有储量不足，且品位低、伴生元素多，地质构造复杂，开发利用难度大。而相邻的俄罗斯、蒙古国此类矿产资源丰富，为黑龙江省开展境外矿产资源开发合作提供了有利条件。为保证省内及国内经济社会健康发展，省政府支持和鼓励企业"走出去"，通过开发境外矿产资源，建立国外资源生产基地和供应基地，满足国内、省内经济发展对矿产品的需求。近年来省内有关企业和地勘单位先后完成了蒙古国图木尔套力盖和巴彦格勒铁矿矿权的收购与勘查，俄罗斯犹太自治州十月区砂金矿矿权竞拍与勘查，哈巴罗夫斯克边疆区兰塔尔斯克铜镍矿、库顿岩金矿和拉杜日内拉长岩石材矿合资开发等项目。

黑龙江省以国内及省内短缺的富铁、铜、铅锌、优质锰等矿种为重点在俄罗斯注册合资公司2个，在蒙古国注册独资公司1个，已取得矿权项目8个，申请和拟申请矿权项目5个，研究中的项目5个。省地勘局地质科研所与俄"东方淘金人"企业签订了哈巴罗夫州铜(镍铂钯)、金、拉长岩石材矿合作勘查开发项目合同，包括哈巴罗夫州北部兰塔尔斯克铜(镍铂钯)矿勘查、库顿金矿勘查和拉杜日内拉长岩石材矿开采。前两个勘查区均已圈出物化探异常，并已发现明显的矿化及矿体，有望找到大型矿床。后者已完成勘探，可进行开发，矿体为大型，石材品种优秀，可用作高档饰面石材及工艺品原料。黑龙江省企业还获得犹太自治州别廖佐瓦亚和曼祖尔卡河砂金矿床采矿权，地质勘查已经开始。伊春市西林钢铁公司会同省第六地质勘查院同犹太自治州达成基姆坎铁矿合作开发意向。俄赤塔州别列佐夫铁矿、滨海边疆区铅锌矿勘查区的矿权购置工作也在进行之中。省国土资源厅和省矿业集团有限公司应邀对马加丹州进行了访问和矿业考察，初步选出了奥莫龙铁矿、奥罗要克铜矿、哈兰奇坎铜－金矿、比奥涅尔岩金－砂金矿等项目，与马加丹州政府有关部门及矿山企业达成了合作勘查开发意向。

【矿产资源开发和"融资"平台搭建】 为进一步贯彻落实国务院振兴东北老工业基地战略决策，加快黑龙江省老工业基地调整改造步伐，省政府与国家开发银行合作，搭建资源开发和"走出去"融资平台。目前"黑龙江省龙兴资源开发集团总公司"成立，该公司全面履行有关资源开发和"走出去"的职能。省国土资源厅在矿产方面选择了13个煤炭资源矿区和包括嫩江县多宝山铜钼矿在内的3个大型金属矿区、以6万公顷国有复垦的新增耕地和土地整理项目用地土地资产作为资产总值达162亿人民币的资源性资产做抵押，向国家开发银行申请50亿人民币软贷款，用于省内及境外的资源勘查开发。利用黑龙江省与俄罗斯接壤的地缘优势，与俄罗斯企业联合开发中国急需的铁、铜、铅锌、金、煤炭等矿产资源，以增强中国的资源战略储备。

【黑河市砂金禁采】 近几年来广西、湖南等地的非法采金者云集黑龙江省大兴安岭地区、黑河市等砂金主采区，在未办理任何采矿手续的情况下乱采滥挖，严重破坏了当地的生态环境，扰乱了社会治安。省国土资源厅对此极为重视，多次组织人员进行深入的调查研究，根据实际情况制定了切实可行的政策措施，对全省砂金主采区限定时间逐步停采。2004年黑河市政府对砂金禁采进行了全面部署，成立由市长郝会龙任组长的黑河市砂金禁采领导小组，制定了实施方案，要求非法采金者在规定时限内关闭辖区内所有砂金开采企业，对开采设备"拆船毁枪"，坚决杜绝任何形式的砂金开采行为。并将砂金禁采工作划分为四个阶段进行，一是政策宣传、调查摸底阶段。通过广播、电视、报纸等媒体，在全市范围内进行砂金禁采工作宣传，使砂金开采者了解政府全面禁止砂金开采的决心，形成全社会支持砂金禁采的舆论氛围。并组成黑河市砂金禁采工作组，对辖区内现有的采金船、水枪等采金设备逐户进行调查登记，摸清采金设备数量、存放地点、持有人等情况，为实施砂金禁采工作奠定基础。二是自行拆除、集中保管阶段。要求存放于居民点和矿区的采金设备的所有人务于2004年底前，将设备自行拆除或运离；在规定时间内未完成的，采金设备所有人必须将设备运到指定地点保存。三是强制保存、就地拆除阶段。对拒不拆除也不运到指定地点的，采取强制性措施，将采金设备运到指定地点集中保存或就地拆除。四是集中清理、动态巡查阶段。对全市采金矿区进行全面检查，对进入矿区进行非法开采的采金设备一律没收，对相关责任人进行严肃查处；触犯法律的，移交司法机关。该市加大了动态巡查力度，发现一起，查处一起，法办一起。并要求各有关单位明确职责，落实任务，通力合作。公安部门要为砂金禁采工作提供安全保障；监察部门要对滥发证照、以权谋私、炒卖矿体或参与砂金开采的公职人员进行严肃查处；坚持依法办事，妥善处理好砂金禁采工作中出现的矛盾和问题，稳步推进砂金禁采工作。

【伊春市整治矿产开发秩序】 伊春市国土资源局会同市公安局联合对全市矿产资源开发秩序进行专项检查，加强对矿山企业爆炸物品管理，从源头上遏制非法采矿，取得显著成效。为切实加强矿产资源管理，规范矿产资源开发行为，实现矿产资源管理秩序由治标向治本转变，2003年伊春市国土资源局与市公安局联合下发了《关于进一步加强矿山企业爆炸物品管理的通知》。通知规定矿山企业必须凭有效的《采矿许可证》到当地公安部门申领《爆炸物品使用证》。公安部门对无《采矿许可证》或《采矿许可证》已过期的矿山企业不予办理《爆炸物品使用证》,不予供应爆炸物品。《爆炸物品使用证》有效期限与《采矿许可证》有效期一致,对无《采矿许可证》或《采矿许可证》已经过期的矿山企业获取的爆炸物品要追查来源,凡违反政策规定供应的,予以严厉查处。为进一步掌握《通知》的贯彻落实情况,从源头遏制非法采矿行为发生,伊春市国土资源局与市公安局联合开展了以涉用爆炸物品矿山企业为主要对象的矿产资源开发秩序专项检查。从检查结果来看,全市104家涉用爆炸物品的矿山企业中88.5%的企业领取了《采矿许可证》和《爆炸物品使用证》,制度健全,做到依法开采矿产资源。针对检查中发现的问题,伊春市国土资源局与市公安局决定进一步加强协调配合,努力构建相互支持、密切配合、运转协调的长效机制;认真执行《关于进一步加强矿山企业爆炸物品管理的通知》的要求,严格依法行政,严禁以权谋私,对矿产资源日常监督管理和爆炸物品管理中出现的监管不力、玩忽职守、渎职犯罪的行为予以严厉查处,确保全市矿产资源管理秩序实现全面好转。

【大中型危机矿山潜力调查】 为贯彻落实党中央、国务院关于振兴东北老工业基地的指示精神,充分挖掘国有老矿山及其外围地区的资源潜力,延长矿山服务年限,促进矿业经济可持续发展,黑龙江省开展了主要固体矿产大中型矿山矿产资源潜力调查工作。黑龙江省作为全国重要的矿产资源大省,多年来为国家的经济快速发展提供坚实的资源支撑和保障,同时一些老矿山接替资源不足的问题逐渐显现出来,影响了经济可持续发展,诱发社会不稳定问题。地质专家经过调查研究发现,许多矿山矿产资源并不是真正的枯竭,而是因为受到体制、技术、资金等因素影响,造成了资源枯竭的假象。省国土资源厅用半年的时间,组织人员对全省40个大中型矿山的资源潜力进行调查,编制报告13份,确定重度危机矿山12个,资源潜力预测总面积1943.81平方公里。省国土资源厅聘请国土资源部及省内的专家组成审查验收组,根据矿山危机程度、资源潜力预测、接替资源勘查以及报告文字、图件、附表、电子文档、数据采集软件、附件质量等4个方面对参加调查的矿山企业以打分的形式进行了审查验收。结果显示参加此次全国主要固体矿产大中型矿山矿产资源潜力调查的40个矿山企业,呈现出贵金属岩金矿山、有色金属铜矿山和四大煤矿集团部分矿山危机程度重的特点。12个重度危机矿山以乌拉嘎金矿、老柞山金矿、多宝山铜矿、哈尔滨铜业股份有限公司铜矿最为严重;其次为四大煤矿集团的部分矿山;依兰煤矿、大兴安岭古莲河露天煤矿分别属于中度和轻度危机矿山。这些矿山都是老矿山企业,开采时间早,服务年限长,矿山稳定问题突出,急需接替资源维持矿山生产。在调查中各矿山企业和协作地勘单位收集了各种地质资料,采用地质、物探、化探、勘查工程、综合研究等对矿山深部、周边、外围资源潜力进行了预测。黑龙江省这次主要固体矿产大中型矿山资源潜力调查结果得到了国土资源部及省内专家的一致好评,调查结果已上报国土资源部地质勘查司。国家将根据矿山危机程度、资源潜力情况安排危机矿山接替资源的找矿工作。

【鹤岗市矿山地质环境治理】 昔日的采矿塌陷坑,如今已成为满目翠绿的风景。鹤岗市通过申报地质环境立项、引入市场机制、启动绿色矿山行动等有力措施,开展地质环境治理,取得明显成效。鹤岗市是以煤炭开发为主的资源型城市,多年的大规模开采在为国民经济做出巨大贡献的同时,也带来了严重的地质环境问题。截至2003年末,全市地下采空区面积达42.53平方公里,地面塌陷区面积达66.96平方公里,对人民生命财产安全构成巨大威胁,也影响了地方经济的健康发展。鹤岗市政府高度重视矿山地质环境问题,采取有效措施,因地制宜地开展大规模的治理工作,投入巨额资金对塌陷区居民进行有计划的搬迁,对建筑设施进行维护和加固;利用矸石对塌陷区进行回填,利用人工恢复植被;出台优惠政策,鼓励社会各界开展塌陷区土地复垦利用,已治理恢复利用塌陷区10平方公里。鹤岗市责成市国土资源局对全市塌陷区的数量、分布、形成原因及前期治理效果等进行全面调查和统计,掌握翔实的基础资料,开展新一轮的治理工作。鹤岗市在充分调研的基础上,探索引入市场机制治理矿山地质环境的道路。在省国土资源厅的支持下,出台了《引入市场机制治理矿山地质环境试行办法》,制定了《矿山地质环境治理工作方案》,通过制度、规划规范矿山地质环境治理行为。2003年首次通过向社会公开招标对矿山地质环境进行治理取得成功,吸引资金284万元,治理塌陷区面积13公顷。2004年又通过挂牌方式引入资金270万元,治理面积4.63公顷。鹤岗市组织申报矿山地质环境治理项目,争取国家投入开展矿山地质环境治理。在有关科研单位协助下,先后申报立项了新一中部区矿山地质环境治理项目、南山煤矿塌陷区地裂隙地质环境治理项目、兴安矿北部露天地质环境治理项目,3个项目总投资1138万元,治理总面积25公顷。按照省国土资源厅的部署,鹤岗市结合"生态市建设"全面启动了绿色矿山行动计划,召开了开展绿色矿山行动动员大会，出台了《鹤岗市开展绿色矿山行动工作方案》，全市已投入资金400万元，回填、平整塌陷区面积10公顷，植树2.2万株。同时鹤岗市申报在治理的塌陷区建立省级地质公园，建设煤炭文化地质公园工作也在抓紧进行。

【牡丹江市"百矿披绿"工程】 旨在建设绿色矿山、保护生态环境的牡丹江市"百矿披绿"工程取得阶段性成果，累计绿化矿山10.92公顷，复垦土地505.97公顷，新增耕地213.33公顷。牡丹江市矿产资源丰富，矿业开发历史较早，矿产资源的开发利用在推动了地域经济快速发展的同时，也造成了矿山地质环境的破坏，使之成为地质灾害的多发区，不仅毁坏了耕地，破坏了生态环境，也给人民群众生命财产安全造成威胁。据统计全市因矿业开发破坏土地面积达3404公顷，引发地面塌陷320公顷，诱发地质灾害4处，造成经济损失700多万元。为从根本上治理矿山地质环境，促进地方经济的可持续发展，牡丹江市国土资源局配合省国土资源厅制订了"绿色矿山"建设计划，2004年全面启动了"百矿披绿"工程，计划在5年内完成468座矿山的地质环境治理，当年完成100座矿山的治理。重点是对国家政策性关闭的"三线两区"范围内的矿山治理、破坏严重的砖瓦厂和砂金过采区的土地复垦、污染地表水、大气环境的露天采选矿场、城镇周边的采石场、因采煤形成的矸石山和塌陷区。按照"谁破坏、谁治理、谁复垦、谁受益"和"宜林则林、宜渔则渔、宜农则农"的原则，开展了矿山地质环境保护与土地开发复垦攻坚战。为调动社会各界参与矿山地质环境治理的积极性，牡丹江市出台了一系列优惠政策，包括矿山地质环境治理与复垦验收合格，免收矿山闭坑抵押金；复垦土地使用权归原使用单位；无偿为治理单位提供技术和政策咨询服务；积极协助吸引资金、贷款等。牡丹江军马砖厂斥资近100万元，利用城市建筑垃圾和工程残土在废弃坑进行客土造田，复垦土地50亩，建起"温棚"、"冷棚"7个，现代化猪舍3座，栽种7400株油桃、1400棵葡萄、养猪3000多头。砖厂已成为集工、农、畜、储于一体的现代化多功能生态矿区，在取得可观经济效益的同时，也获得了显著的社会效益和环境效益。"百矿披绿"工程实施以来，牡丹江市矿山地质环境治理工作已初见成效，301国道两侧10公顷裸露的荒山重披绿色，复垦毁坏的土地505公顷。

【五大连池被纳入世界生物圈保护区】 2004年9月5日联合国科教文组织五大连池生物圈保护区颁证仪式在五大连池世界地质公园举行。五大连池成为中国第23个被纳入世界生物圈保护区的自然保护区。五大连池火山喷发从史前203万年到近代280年前，素有"火山地质博物馆"、"天然火山公园"之称，具有重要的科学研究价值和生态保护价值。1982年五大连池被国务院确定为全国首批重点风景名胜区，此后又被批准为国家级自然保护区、中国国家地质公园；2003年经联合国科教文组织人与生物圈计划国际协调理事会执行局批准，成为中国第23个世界生物圈保护区网络成员；2004年被批准为首批世界地质公园。五大连池独特的火山地貌铸就了其完整的火山自然生态系统。保护区内有植物143科、428属、1044种，其中珍稀濒危物种47种；野生动物有61科、144种，一级保护动物有秋沙鸭、丹顶鹤等。丰富的动植物资源为研究、探索火山自然生态系统物种演变提供了重要依据。中国人与生物圈国家委员会主席、北京大学校长、中科院院士许智宏出席颁证仪式并讲话。五大连池成为世界生物圈保护区不仅是一项荣誉，更是一项责任和目标，它担负着提供地球保护与人类可持续发展示范地的重要使命。五大连池世界生物圈保护区的人民和政府为实现这一目标积极探索，勇于实践，丰富保护与发展的成功经验，推动生物圈保护区在全球的发展。

【首批省级地质公园评选】 经黑龙江省地质公园评审委员会专家为期两天的评审，黑龙江省9处地质遗迹入选首批省级地质公园。黑龙江省地质遗迹资源丰富，目前已查明的重要地质遗迹区(点)达200余处，这些地质遗迹类型多样，地学价值突出，同时观赏性较强，具有重要的旅游价值。省国土资源厅对地质遗迹保护和地质环境建设工作非常重视，先后组织完成全省地质遗迹调查及总体规划编制，投入地质公园建设。黑龙江省相继成功申报了五大连池世界地质公园、嘉荫恐龙国家地质公园和小兴安岭石林国家地质公园，并从2003年起着手规划省级地质公园建设方案，确立创建世界、国家、省三级地质公园平台的发展思路。在省内各有关部门的支持下，2004年完成申报书、综合考察报告提纲、总体规划指南的编制，制定黑龙江省地质公园调查技术要求，起草完成黑龙江省地质公园评审委员会组织和工作制度，确定地质公园评审标准及申报审批办法，为地质公园的建设及规范运作提供技术标准和制度保证。省内各级政府对这次地质公园申报评审给予极大的关注，各地都投入力量开展了地质公园的基础建设，并将这些遗迹列入地方旅游发展规划，把地质公园建设作为促进当地生态环境保护和旅游业发展的宝贵机遇，作为推进当地经济振兴的一个新的增长点来参与支持。

被评选出的首批省级地质公园有：宁安市火山口地质公园、铁力市朗乡花岗岩石林地质公园、嘉荫县茅兰沟地质公园、海林市莲花湖地质公园、饶河县喀尔喀玄武岩石林地质公园、宾县二龙山-长寿山地质公园、萝北县兴安大峡谷地质公园、东宁县黑龙江洞庭峡谷地质公园、双鸭山市七星峰地质公园。据悉这批地质公园经批准后在两年内揭碑开园。

【绥化市矿产资源补偿费征收】 2004年绥化市矿产资源补偿费实现入库额841.4万元,超额完成省厅下达的指标,其中市本级征收入库额19万元,超额完成17万元的入库指标。比上年增长10.07%,矿产资源补偿费入库额已连续3年平均超过10%的增长幅度上缴中央金库和地方财政。全市各级国土资源部门为维护矿产资源国家权益,为促进地方财政增长做出了积极的贡献。为了做好矿产资源补偿费征收工作,各级国土资源部门采取了有效措施,不断强化《矿法》宣传力度,增强矿山企业征费的自觉性;强化监督管理,加强征费稽查,做到应征不漏,应缴不留;强化工作领导,落实责任制度,兑现目标奖惩。

【矿产资源储量空间数据库建成】 矿产资源储量管理贯穿于矿产资源调查、规划、管理、保护和合理利用的全过程,是做好矿政管理工作的重要基础。加快矿产资源储量信息服务系统建设,是深化矿产资源管理改革,强化社会服务的客观要求。建立矿产资源储量空间数据库的工作,旨在通过建立统一规范的矿产资源储量空间数据库,利用计算机检索和输出各矿产地的资源储量范围及有关信息,实现与其他矿政管理数据库互连互通,为国家、省、市、县四级矿政管理和社会化信息服务提供有效的技术支撑,对于加强和改进矿产资源储量管理工作,推进矿产资源管理方式和利用方式的根本转变具有重要作用。2004年黑龙江省矿产资源数据库建设及储量统计数据已顺利通过国土资源部检查验收,并得到很好评价。

(黑龙江省矿业协会　赵我为)

江　苏　省

【矿产资源开发利用】 2004年度江苏省各类矿山企业开发利用矿产58种,形成了以建材、能源、冶金辅助材料、化工原料及其他非金属为主的矿产资源特色和优势。截止2004年底,全省共有矿山2954个,较2003年减少801个,减少了21.33%。按照经济类型划分:国有矿山企业134个,集体矿山企业821个,私营矿山企业1485个,外资矿山企业15个,其他矿山企业499个。

表1　**2004年度江苏省矿产资源开发利用情况汇总表**

序号	矿产种类	矿山总数(个)	从业人数(人)	年产矿量(万吨)	工业总产值(万元)	销售收入(万元)	利润总额(万元)	税金总额(万元)
	总计	2954	298303	20261.78	1808532	1744292.76	230904.02	138949.22
1	煤炭	35	80464	2433.43	696094.05	683185.25	75974.95	27785.07
2	石油	2	16788	172.01	364229.00	361306.00	102345.00	38900.00
3	地下热水	14	1304	56.10	2531.05	2425.05	54.80	75.87
4	铁矿	7	10371	524.93	169245.66	136729.23	17512.1	20061.50
5	锌矿	2	1284	39.82	14319.00	14157.00	602.00	1861.00
6	金矿	2	479	7.07	1305.86	861.25	-86.00	46.00
7	锶矿	1	200	3.30	774.00	774.00	2.50	58.5
8	蓝晶石	1	18	0.00	0.00	0.00	0.00	0.00
9	熔剂用灰岩	5	1830	701.00	23598.00	29102.00	177.00	2691.00
10	冶金用白云岩	5	1227	150.00	3350.00	3350.00	62.00	177.00
11	冶金用白云岩	2	40	1.25	35.00	35.00	8.00	16.50
12	铸型用砂岩	3	17	1.10	23.10	23.10	3.00	2.12
13	耐火粘土	3	23	0.70	22.20	22.20	0.80	5.40
14	熔剂用蛇纹岩	1	350	22.90	922.80	816.70	93.00	59.00
15	硫铁矿	1	598	9.82	310.00	310.61	-75.00	27.00
16	芒硝	4	595	135.86	32883.04	26313.29	8858.38	7082.24
17	含钾砂页岩	1	4	0.00	0.00	0.00	0.00	0.00
18	盐矿	18	1677	355.41	38775.53	40823.34	4132.80	6666.98

续表 1

序号	矿产种类	矿山总数(个)	从业人数(人)	年产矿量(万吨)	工业总产值(万元)	销售收入(万元)	利润总额(万元)	税金总额(万元)
19	磷矿	2	2820	19.70	5847.40	1471.35	-1032.00	374.00
20	氟石	3	143	1.15	34.50	34.50	3.00	9.80
21	石膏	12	4488	301.55	11630.89	11980.72	397.62	2154.5
22	方解石	1	50	8.00	120.00	120.00	2.00	12.00
23	玉石	1	11	0.00	0.00	0.00	0.00	0.00
24	水泥用灰岩	96	5346	2533.17	39769.13	39599.25	2815.4	4245.21
25	建筑石料用灰岩	353	12767	3674.84	42209.66	41011.13	3196.33	4235.5
26	饰面用灰岩	1	70	12.00	102.00	102.00	23.34	23.46
27	制灰用石灰岩	3	158	134.10	1608.10	1609.20	134.00	41.72
28	泥灰岩	1	10	10.00	100.00	100.00	4.00	2.00
29	建筑用白云岩	6	215	26.83	391.62	391.62	22.5	16.1
30	玻璃用石英岩	1	15	1.00	10.00	10.00	2.00	1.00
31	水泥配料用砂岩	5	157	84.91	999.24	999.24	93.68	56.48
32	建筑用砂岩	31	1011	376.10	5999.00	4659.00	483.28	308.73
33	玻璃用砂	3	168	7.70	305.00	305.00	97.50	38.11
34	建筑用砂	68	1993	707.23	6646.84	6569.24	831.38	1075.71
35	玻璃用脉石英	1	60	0.00	0.00	0.00	0.00	0.00
36	水泥配料用脉石英	1	2	0.00	0.00	0.00	0.00	0.00
37	陶粒页岩	1	10	16.00	168.00	168.00	12.00	13.50
38	高岭土	3	995	28.96	1806.96	1806.96	101.00	80.00
39	陶瓷土	11	518	38.48	740.00	660.22	54.40	71.34
40	凹凸棒石粘土	4	83	4.37	183.01	176.30	20.50	14.08
41	膨润土	6	254	4.20	186.80	186.80	16.72	33.77
42	砖瓦用粘土	1914	136337	5490.37	305601.93	299726.99	13117.65	17131.11
43	陶粒用粘土	1	550	1.00	1900.00	1900.00	100.00	250.00
44	水泥配料用粘土	8	648	27.10	986.00	986.00	115.00	72.70
45	建筑用玄武岩	132	4416	387.96	6496.30	6212.51	672.80	725.29
46	建筑用辉绿岩	2	63	10.00	140.00	140.00	4.00	3.00
47	建筑用安山岩	17	882	51.25	799.06	669.63	-636.5	50.57
48	建筑用闪长岩	7	187	45.90	512.50	488.50	31.00	20.12
49	建筑用花岗岩	78	3320	1250.19	10574.00	8908.60	336.10	389.93
50	建筑用流纹岩	6	93	37.50	249.00	249.00	21.40	24.90
51	建筑用凝灰岩	32	721	215.30	1400.80	1385.80	-351.20	132.08
52	饰面用大理岩	2	185	35.97	706.00	656.00	2.00	17.00
53	建筑用大理岩	2	48	5.00	50.00	50.00	1.50	0.80
54	矿泉水	31	2040	79.20	7454.08	6439.19	238.28	994.53
55	二氧化碳气	1	200	20.08	4286.00	4286.00	308.00	815.00

表 2 江苏省矿业结构一览表(按行业类型分)

行业类型	矿山总数(个)	从业人数(人)	年产矿量(万吨)	工业总产值(万元)	销售收入(万元)	利润总额(万元)	税金总额(万元)
总计	2954	298303	20261.78	1808532.00	1744292.76	230904.02	138949.22
能源矿产	51	98556	2661.54	1062854.10	1046916.30	178374.75	66760.94
金属矿产	12	12334	575.12	185644.52	152521.48	18030.60	22027.00
冶金辅料非金属	20	3505	876.95	27951.10	33349.00	343.80	2951.02
化工原料非金属	26	5694	520.79	77915.97	68918.59	11884.18	14150.22
建材及其他非金属	2813	175974	15528.13	442426.24	431862.21	21724.40	31250.51
水气矿产	32	2240	99.28	11740.08	10725.19	546.28	1809.53

表 3 江苏省矿业结构一览表(按经济类型分)

经济类型	矿山总数(个)	从业人数(人)	年产矿量(万吨)	工业总产值(万元)	销售收入(万元)	利润总额(万元)	税金总额(万元)
合计	2954	298303	20261.78	1808532	1744292.76	230904.02	138949.22
国有企业	134	122301	5889.51	1326901.02	1281574.47	199690.01	98648.99
集体企业	821	58008	5380.7	148536.13	145216.21	9985.36	11363.34
私营企业	1485	77501	5151.94	172453.66	169087.5	8437.87	9820.26
外资企业	15	1510	489.82	12645.19	11841.36	717.74	940.19
其他企业	499	38983	3339.82	147996	136573.23	12073.04	18176.44

表 4 2004 年度主要矿种"三率"指标完成情况表

矿产名称	开采回采率(%)		采矿贫化率(%)		选矿回收率(%)	
	核定	实际	核定	实际	核定	实际
煤	76.71	84.58	6.01	6.33	80.65	67.29
铁矿	73.91	70.97	18.6	12.68	76.35	79.25
锌矿	80.00	79.8	8.00	6.16	90.00	89.99
金矿	89.00	94.44	14.00	11.84	86.00	88.58
磷铁矿	83.00	50.23	15.00	37.69	94.00	94.77
高岭土	77.00	88.33	3.00	2.30	65.00	59.09
熔剂用石灰岩	89.00	98.12	5.00	1.57		

表 5 2004 年度江苏省露采矿山开发利用情况表(粘土除外)

序号	矿产名称	矿山总数(个)	从业人数(人)	年产矿量(万吨)	工业总产值(万元)	销售收入(万元)	利润总额(万元)
	合计	876	35670	10512.72	147502.56	147941.32	8165.01
1	蓝晶石	1	18	0.00	0.00	0.00	0.00
2	熔剂用灰岩	5	1830	701.00	23598.00	29102.00	177.00
3	冶金用白云岩	5	1227	150.00	3350.00	3350.00	62.00
4	冶金用白英岩	2	40	1.25	35.00	35.00	8.00

续表 5

序号	矿产名称	矿山总数（个）	从业人数（人）	年产矿量（万吨）	工业总产值（万元）	销售收入（万元）	利润总额（万元）
5	铸型用砂岩	3	17	1.10	23.10	23.10	3.00
6	熔剂用蛇纹岩	1	350	22.90	922.80	816.70	93.00
7	含钾砂页岩	1	4	0.00	0.00	0.00	0.00
8	氟石	3	143	1.15	34.50	34.50	3.00
9	方解石	1	50	8.00	120.00	120.00	2.00
10	玉石	1	11	0.00	0.00	0.00	0.00
11	水泥用灰岩	96	5346	2533.17	39769.13	39599.25	2815.4
12	建筑石料用灰岩	353	12767	3674.84	42209.66	41011.13	3196.33
13	饰面用灰岩	1	70	12.00	102.00	102.00	23.34
14	制灰用石灰岩	3	158	134.10	1608.00	1609.20	134.00
15	泥灰岩	1	10	10.00	100.00	100.00	4.00
16	建筑用白岩	6	215	26.83	391.62	391.62	22.50
17	玻璃用石英岩	1	15	1.00	10.00	10.00	2.00
18	水泥配料用砂岩	5	157	84.91	999.24	999.24	93.68
19	建筑用砂岩	31	1011	376.10	5999.00	4659.00	483.28
20	玻璃用砂	3	168	7.70	305.00	305.00	97.50
21	建筑用砂	68	1993	707.23	6646.84	6569.24	831.38
22	玻璃用脉石英	1	60	0.00	0.00	0.00	0.00
23	水泥配料用脉石英	1	2	0.00	0.00	0.00	0.00
24	陶粒页岩	1	10	16.00	168.00	168.00	12.00
25	凹凸棒石粘土	4	83	4.37	183.01	176.30	20.50
26	建筑用玄武岩	132	4416	387.96	6496.30	6212.51	672.80
27	建筑用辉绿岩	2	63	10.00	140.00	140.00	4.00
28	建筑用安山岩	17	882	51.25	799.06	669.63	-636.50
29	建筑用闪长岩	7	187	45.90	512.50	488.50	31.00
30	建筑用花岗岩	78	3320	1250.19	10574.00	8909.60	336.10
31	建筑用流纹岩	6	93	37.50	249.00	249.00	21.40
32	建筑用凝灰岩	32	721	215.30	1400.80	1385.80	-351.20
33	饰面用大理岩	2	185	35.97	706.00	656.00	2.00
34	建筑用大理岩	2	48	5.00	50.00	50.00	1.50

（江苏省矿业协会）

全省矿业从业人员总数 29.83 万人，较 2003 年减少 5.01 万人，减少了 14.38%。2004 年度，全省各类矿山企业开采矿石总量 2.03 亿吨，比 2003 年减少 0.63 亿吨，减少了 23.68%。年产量前 5 位的矿种分别是砖瓦用粘土（5490 万吨）、建筑石料用灰岩（3675 万吨）、水泥用灰岩（2533 万吨）、煤（2433 万吨）和建筑用花岗岩（1250 万吨）。

2004 年度，全省各类矿山企业工业总产值 180.85 亿元，比 2003 年增加 44.95 亿元，增长了 33.08%；矿产品销售收入 174.43 亿元，比 2003 年增长了 38.37%。矿产品销售收入居前 5 位的分别为煤炭（68.32 亿元）、石油（36.13 亿元）、砖瓦用粘土（29.97 亿元）、铁矿（13.67 亿元）和建筑石料用灰岩（4.10 亿元）。

2000 年以来，江苏省矿山企业数和从业人员呈逐年下降趋势，2004年矿山企业数仅为2000年的58.69%，从业人员为2000年的59.79%，主要原因是江苏省人大关于限制开山采石的决定得到了贯彻，取得了显著的成绩。2004年矿石总产量也明显减少，矿山规模化、集约化及采矿技术有所提高。矿产品销售收入自2001年起一直呈上升趋势，主要原因是矿产品价格上升造成的。

【露采矿山治理整顿】 江苏省人大常委会《关于限制开山采石的决定》自2001年10月1日起实施以来，着重解决矿产资源管理秩序方面存在的突出问题。2004年省国土资源厅颁布了《江苏省露采矿产资源保护与合理开发利用规划》，全省共划定禁采区79处、禁采带26条、总面积9838平方公里，占全省国土面积近1/10。截至2004年底，全省禁采区内应关闭的898家开山采石企业已经按计划全部关闭。

露采矿山平均开采规模由2000年的6.5万吨/年提高到2004年的12万吨/年，矿山平均产值由2000年的81万元提高到2004年的168.38万元，人均产值由2000年的2.07万元/人上升到2004年的4.13万元/人，人均产量由1549.92吨/人上升到2946.56吨/人，表明露采矿山的规模化、集约化程度有了显著提高。

【硅质原料矿产资源督察】 国务院办公厅秘书一局2003年11月25日《专报信息》，刊登了《江苏建议关注中国硅资源的保护和开发利用》一文，谈到江苏东海县硅材料工业获得较大发展，形成一定规模优势，但从硅材料工业发展情况看，仍存在一些突出的问题。其中有关硅资源开发利用管理方面的问题主要是：

1.东海县分布在各乡镇的个体私营石英采矿场有上百家，乱开滥挖，多头出口，竞相压价；

2.每年流失到国外的优质硅资源石英砂达30多万吨，日、韩、欧美等国和地区大量收购中国优质硅资源，并作为战略资源进行贮备，仅日本贮备的东海高品位硅资源足够使用20至30年；

3.东海县与硅资源有关的各类企业有2000多家，硅资源加工企业500多家，技术研究力量薄弱，资源浪费严重等。

国务院和国土资源部有关领导对此作了重要批示，省国土资源厅于2004年2月2日向部开发司报告了东海县硅资源开发利用和保护情况，并确定对硅资源开采、生产、加工的重点地区东海县派出专职的国家矿产督察员，加强日常监督检查。厅矿产督察员办公室制定的2004年矿产督察工作打算，将东海地区硅质矿产资源合理开发利用和保护作为2004年矿产督察工作的重点之一。

受江苏省国土资源厅矿产督察员办公室委派，以原省国土资源厅巡视员明晓寰为首的矿产督察小组于2004年3月31日、6月1日两次赴连云港东海县，在市国土资源局领导的配合下，对东海县硅质原料矿产资源的开发利用情况进行督察，通过市县国土资源管理部门的通力合作下，基本完成矿产督察任务。

【硅质原料矿产资源概况】 东海县硅质原料矿产资源分为水晶、脉石英两大类。生成于23亿年前元古时代的大规模强烈地壳变动时期，有原生矿和次生矿两种赋存类型。原生水晶矿主要是含水晶石英脉，属中温热液型矿床，含晶伟晶岩脉和含晶长石石英脉，具有工业价值的为含晶石英脉，产于胶东群侏边组上段。黑云斜长片麻岩、混合岩化黑云斜长片麻岩与榴辉岩接触带或上述岩石的裂隙中呈脉状、透镜状、串珠状等。含水晶石英脉一般为单晶洞石英脉，晶洞常见于脉的尖灭端，或脉的膨胀处、多脉交叉处、脉下盘；脉石英次生碎（砾）石型水晶砂矿是与原生矿密切相关的坡冲积矿，赋存于第四系残坡-坡冲积泥砂堆积物的底部，基岩侵蚀面之上，呈层状分布。碎（砾）石成分以脉石英为主，少量为石英岩、伟晶岩、硅质岩等。

由于水晶、石英矿产资源异常零星分散、不具规模，开展地质勘查难度较大。目前掌握的矿床类型、地质构造、分布特征及储量测算等资料均来源于50年代地质部门所作的一般地质调查资料，并未形成较详细的地质勘查成果，原地质工作部门曾作过估算，各类水晶资源总量为6.0833万吨，脉石英资源总量约2.6亿吨，资源量（E+F）7400万吨，可采总量3100万吨。（据省地质六队1987年地质资料）。也有资料根据东海地区成矿地质条件分析和地方以往常年收购天然水晶矿产品数量，预测天然水晶矿资源量约7.5万吨，其中98.5%以上为熔炼水晶。脉石英预测资源量约7700万吨。

【硅质原料矿产开发利用】 东海县开发利用硅质原料矿产资源历史悠久，50年代初期成立的东海县一〇五矿是最早专业从事硅质原料开发利用的国有企业。20世纪60~70年代部分乡镇相继兴建石粉加工企业，至80年代全县石英加工企业已发展到60多家。随着硅质原料矿产资源开发利用行业的发展，水晶石英开采规模也随之扩大，并相继采出一些大的单晶体，1958年房山公社拓塘采单晶重3.5吨的“水晶王”、1982年驼峰乡南榴采单晶重2.1吨、1995年牛山乡曹林采单晶重1.8吨、2004年3月房山镇房北采得重0.5吨以上水晶5块。

由于东海县水晶原生矿或次生砂矿分布面广而

散，规模小，埋藏浅，不适合大规模地质勘查工作和开采，长期以来以民采为主，集中收购加工生产。

全县初具规模的硅资源加工企业已有200多家，分布在全县19个乡镇，主要包括：生产石英砂企业83家，总产量22.49万吨；生产硅微粉企业11家，总产量45100吨；生产高纯石英粉企业11家，总产量14400吨；生产石英玻璃管企业23家，总产量12576吨；生产石英灯具企业28家，总产量13987万只(支)；生产石英晶体切片企业8家，总产量6900万片；生产石英晶体谐振器企业1家，总产量5000万只；生产熔融石英企业29家，总产量64550吨；生产碳化硅企业10家，总产量60060吨；生产玻璃企业1家，总产量400万块；生产加热管企业1家，总产量120万只；生产泡花碱企业1家，总产量5000吨。每年消耗的水晶、石英原料超过30万吨，2002年全县硅工业实现产值61亿元，占全县工业产值40%以上。如今东海县已经成为中国最大的水晶石英矿产集散地。

1992年东海县供销合作总社筹备建设东海水晶市场，前后通过三期工程建设，总投资达4000万元，占地面积18000m^2，建筑面积34000m^2，该市场现已成为国际范围水晶及其制品的交易集散中心。国外有产自巴西、缅甸、赞比亚、马达加斯加等国的水晶原矿，国内有产自广东、海南、西藏、贵州、青海、新疆、浙江等地水晶及其制品。水晶、石英硅质原料原矿及初加工产品在国际市场上主要销往日本、韩国等国。东海水晶市场的年交易额已超过5亿元，上交各种税费近千万元。

【硅质原料矿产资源管理】 在1970年成立的江苏省东海县水晶管理收购站即开始对硅质原料矿产资源的正规管理，原国家计委1982年颁发的《天然水晶管理办法》作为管理工作的依据，对水晶矿产实行统一收购调拨和管理。直至1996年随着市场经济的发展，省水晶管理站基本失去了存在的基础。

1971年县政府设立矿产管理站，对全县石英砂的生产、销售实行统一开票、统一结算、统一计划、统一销售的“四统一”管理。直至2001年政府机构改革，该站撤消，由县国土资源局履行对矿产资源的管理职能。

随着科技发展，水晶、石英开发利用的水平不断提高，经济价值上升，在经济利益的驱动下对水晶、石英资源的乱采滥挖现象比较严重，引起县政府高度重视，每年多次组织县有关部门共同行动，进行治理整顿，对无证开挖的竖井、塘口采取切断电源、推倒井架、填平井筒、没收工具等强制措施。各乡镇国土资源管理所每月动态巡查8次，县国土资源局执法大队每月组织各中队联动执法互查次数不少于4次，有效打击和遏制乱采滥挖现象。

为了加强对全县水晶、石英资源加工业的管理，维护市场秩序，合理开发资源，促进经济可持续发展，2003年10月成立了“东海县硅工业行业协会”，县经贸局为其主管部门，按照协会章程和会员条件，自愿结合的行业性组织，是政府与硅材料生产制造企业联系的中介机构，其主要职责是：协调和规范行业内部企业的竞争行为，打击非法竞争，保护企业共同利益；加强行业内部及行业之间的交流、合作，促进企业优化生产要素的结合；加强产业发展调查研究，为政府提供决策依据；组织企业开拓国际、国内两个市场，自主控制生产量，实行“限产保价”等。协会组建以来已经开通了晶硅网站，对东海县硅资源的开发和硅材料工业发展情况进行了调查摸底。

【硅质原料矿产开发利用中存在问题】 1.水晶、石英优质硅原料矿产赋存零星分散，地质勘查工作难以开展，至今对资源的状况不掌握，盲目性大，严重制约硅资源的开发利用。

2.大部分水晶、石英的开采是村民利用冬季农闲时间，以深翻土地为由在田间地头捡拾石英、水晶。开采工序简易，开采工具简便。但是由于石英脉分布得分散，无法组织大规模内开采，部分人员以打井为名挖采掘竖井，地点多数都在自留地或自家院内，查处难度大，使管理工作难以到位。

按法律规定，开采矿产资源要办理申请登记手续，同时也规定要有资源储量的资料，作为申请采矿许可证的基础。所以以往经批准颁发的水晶、石英资源采矿许可证少而又少。2001年底全县共颁发水晶、石英采矿许可证7个，后经清理整顿注销了6个，2004年3月有3个水晶、石英资源采矿许可证，现仅有一张有效的水晶石英矿采矿许可证，矿区面积1100平方米，为露天开采，目前也已经停采。

3.对水晶矿产的流通管理已经转化为以市场为主导，矿产资源管理部门基本上没有介入，因此对市场上水晶矿产、脉石英的来源情况、交易数量、有关加工企业年消耗量、收购量的情况不掌握。特别要指出的是，有关部门对各乡镇石粉加工厂的原料来源及数量情况不了解，都认为是收购零星分散的拾拣矿石，难以理解。

4.众多加工企业中，固定资产低于千万元的企业占95%以上，生产设备陈旧，技术落后，产品结构单一。各乡镇的石粉加工厂资源的浪费现象严重。

【水晶、石英等硅质原料矿产资源开发管理措施】

1.建立组织，加强领导。县政府成立了由县硅工业协会、国土资源局、安全生产监督公里局、工商行政管理局、公安局、供电局、物价局、税务局及有关乡镇人民政府等单位组成的整顿和规范水晶、石英矿产资源管理秩序工作领导小组，积极配合，共同做好管理工作。

2. 抓好源头管理，杜绝非法开采。由于资源零星分散，开采工序简易，开采工具简单，开采环境隐蔽难以发现，因此违法开采现象时有发生，必须强化巡查监督，抓源头管理，做到有法必依、执法必严、违法必究。

3. 加强运销环节的管理。水晶、石英资源在运销环节中严重存在诱发破坏、浪费矿产资源的行为，如无证开采的矿产品进入市场；加工企业在收购中收富弃贫刺激了采富弃贫；加工单位优材劣用，把水晶、石英资源原矿或粗加工产品水晶粉、石英粉直接外销等。不仅浪费了资源，在经济上也受到巨大损失。拟采取措施加强管理。

4. 开展脉石英、水晶资源的地质勘查工作。弄清楚资源状况，只有在基本可靠的资源的基础上，才能规划对资源的开发利用和保护。

5. 加强对“硅材料工业园区”的政策支持。从人才、技术、资金多方面给以支持。改变低水平重复、无序竞争、粗放经营的格局，提高标准化、规模化、集约化水平，形成硅材料工业企业集群和产品群。

（国家级矿产督察员　明晓寰　顾安麒）

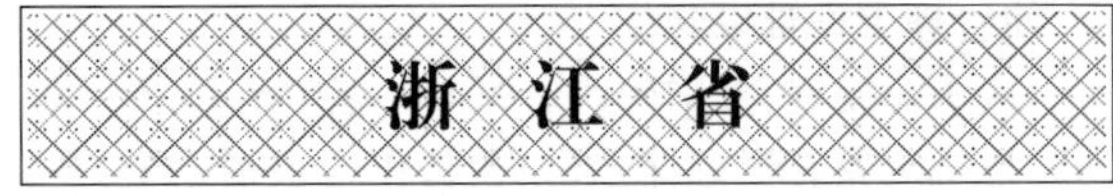

【矿产资源概况】　截至2004年底，浙江省已发现固体矿产113种，已探明储量的有67种（油气未列入），矿产地735处。叶蜡石、明矾石探明资源储量居全国之冠，分别占全国的53%、52%；萤石、伊利石居第二位，分别占20%、39%；硅藻土名列第三，占11%。氟石第四，占10%。；排列第五到第十位的有硅灰石、高岭土、珍珠岩、大理石、花岗石、膨润土等。可以满足省内需求的矿产有叶蜡石、硅藻土、水泥灰岩、熔剂灰岩、萤石、硅灰石、明矾石、氟石、电石灰岩和建筑石料等矿产；主要依托省外供应的有煤炭、天然气、磷、硫、铅、锌、稀土等矿产；主要依赖国外供应的有石油、铁、钾盐、铜、铝等矿产。出口产品主要有萤石、叶蜡石、地开石和膨润土的加工产品有机膨润土、宠物垫圈等，主要销往日本、韩国、印度、美国、欧洲等国家和地区。

【矿产资源开发利用】　浙江省经过多年持之以恒的整顿和规范，矿山数量和从业人员逐年减少。通过矿产资源规划的编制和实施，矿山布局和矿业结构得到进一步的优化；通过建立和完善采矿权市场，加强矿产资源开发利用方案的监督管理，节约和珍惜资源的观念得到加强，合理开采、规范开采矿产资源的水平有了新的提高。矿石采掘量和矿业总产值却逐年上升。2004年，全省共有持证矿山4606家，比2003年减少了11.76%；从业人员134704人，同比减少了3%；矿石年采掘量39294.11万吨，同比增长了6.26%；实现矿业总产值724980.52万元，同比增长了13.21%；利润总额55380.22万元，同比减少了15.82%；税金总额74728.25万元，同比增长66.38%（见表1）。

表1　2001～2004年期间浙江矿业各项指标变化情况表

年份	矿山数(个)	从业人员(人)	矿石采掘量(万吨)	矿业总产值(万元)	利润(万元)	税金(万元)
2001	6506	152645	30625.00	439464.00	27554.00	26023.00
2002	5627	138272	28816.35	495777.56	35045.49	31710.45
2003	5220	138865	36979.03	640374.80	65790.57	44914.03
2004	4606	134704	39294.11	724980.52	55380.22	74728.25

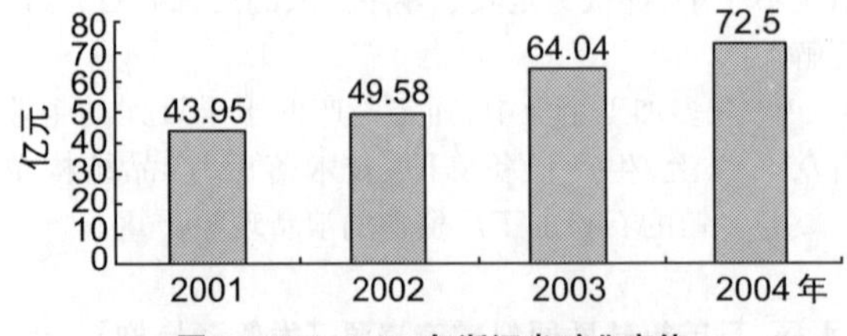

图1　2001～2004年浙江省矿业产值

与此同时，劳动生产率得也到大幅度提高，人均生产矿石采掘量、人均矿业产值和人均销售产值逐年升高（见表2）。

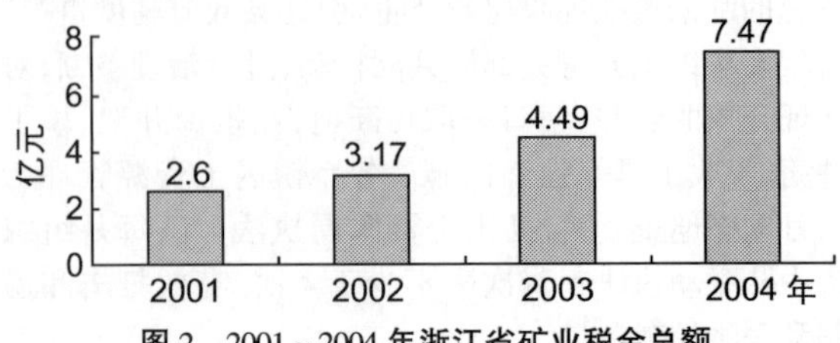

图2　2001～2004年浙江省矿业税金总额

表2 2001～2004期间浙江矿业人均生产指标变化情况表

年份	人均矿石采掘量（万吨/人）	人均矿业产值（万元/人）	人均销售产值（万元/人）
2001	0.20	2.88	2.74
2002	0.21	3.59	2.80
2003	0.27	4.61	4.14
2004	0.29	5.38	5.18

【矿产开发基本情况】 1.矿产品结构。2004年，浙江省开发利用矿产71种。其中能源矿产3种，金属矿产10种，非金属矿产39种，普通建筑用石、砂、砖瓦粘土矿产17种，水气矿产1种，其他矿产1种。非金属矿产年矿石采掘量是金属矿产的28倍，而普通建筑用石料和砖瓦粘土的年矿石采掘量是金属矿产的132倍。

2004年浙江矿业结构（见表3）具有以下特点：

①普通建筑材料矿产在浙江省矿产开发中占主导地位。普通建筑材料矿产，即石、砂、砖瓦粘土矿产，无论矿山数量、从业人员、矿石采掘量、矿业总产值和税金都超过了其他矿产品，矿业总产值占全省矿业的75.49%，较前几年所占的比例增大。普通建筑材料矿产与浙江省、上海市及苏南地区公共基础设施和城市化进程发展密切相关，反映了经济发展和社会进步的实际需求。浙江省生产的普通建筑材料不仅为浙江省的经济建设作出了贡献，而且还为长三角地区的经济发展也做出了贡献。

表3 浙江省2004年矿业构成统计表

矿产分类	矿山个数（个）	从业人员（人）	年矿石采掘量（万吨）	矿业总产值（万元）	年利润（万元）	年税金（万元）
能源矿产	73	1529	646.65	6019.83	324.96	266.68
金属矿产	75	6427	236.01	53479.76	4250.98	5376.57
非金属矿产	894	20652	6522.70	115152.20	8190.40	13783.37
普通建筑用石料及砖瓦粘土	3510	104829	31062.42	547258.90	42595.23	54844.79
水气矿产	52	1257	820.33	3030.33	0.65	456.04
其他矿产	2	10	6.00	39.50	18.00	0.800
总计	4606	134704	39294.11	724980.52	55380.22	74728.25

②非金属矿产具有发展优势。非金属矿产是指冶金辅助原料、化工原料、建材原料及其他非金属矿产等三大类固体矿产。它们在浙江的矿业构成中占有重要地位，矿业产值占全省矿业总产值的15.88%，仅次于普通建筑材料矿产。

浙江经济发达，对于有市场又有资源条件的非金属矿产多已开发利用，按矿业总产值排序，前十位的依次是水泥用灰岩、萤石、玻璃用石英岩、叶蜡石、明矾石、制石灰用灰岩、高岭土、方解石、膨润土、水泥配料用砂岩，其矿业总产值占非金属矿产总产值的90.86%。从近几年生产情况看，水泥用灰岩、萤石、叶蜡石等的产量保持稳定或基本稳定。受矿业政策和资源条件的制约，制石灰用灰岩、膨润土等的产量有所下降，但玻璃用石英岩呈上升趋势。

浙江非金属矿产开发利用以萤石、叶蜡石、膨润土、硅藻土、石灰岩等著称，但多数矿山企业规模小、装备水平低、多以原矿或初级产品投放市场，经济效益低。近年来，巨州化工集团利用金华地区的萤石资源引进俄罗斯技术生产氟化工产品取得了成效；膨润土深加工有了显著的发展，安吉、杭州生产的高档膨润土制品——有机膨润土，产量占中国的70%，出口量占全国的90%。浙江省非金属矿的精细加工产品具有很大的市场前景，其发展必将带动浙江非金属矿业经济的前进步伐。

③金属矿产保持基本稳定。浙江省金属矿产资源不足，开采矿产10种，矿业产值仅占全省矿业总产值的7.38%，按矿业总产值排序，依次是铜、铁、钼、金、锌、铅、银、钨、锑、锡等矿产，前五种矿产占金属矿产总产值的94.74%。金属矿产矿山开采时间都较长，大多数已步入中后期阶段，矿山的后备资源不足。近几年全省金属矿产产量虽尚能保持基本稳定（见表4），但接替资源不足，终将影响到浙江金属矿产业的持续发展。

表4 2001～2004年间浙江省金属矿产矿石采掘量、产值变化情况表

年份	矿山个数（个）	从业人员（人）	年矿石采掘量（万吨）	矿业总产值（万元）	人均产值（万元/人）
2001	87	7159	320.43	48430.28	6.76
2002	79	6705	320.92	50483.53	7.53
2003	69	6082	267.819	67010.85	11.02
2004	75	6427	236.01	53479.76	8.32

综上所述,浙江省2004年矿业构成以普通建筑用砂、石、砖瓦粘土等乙类矿产为主,甲类矿产中的非金属矿产次之,金属矿产再次之,能源矿产最低。见图3~6。

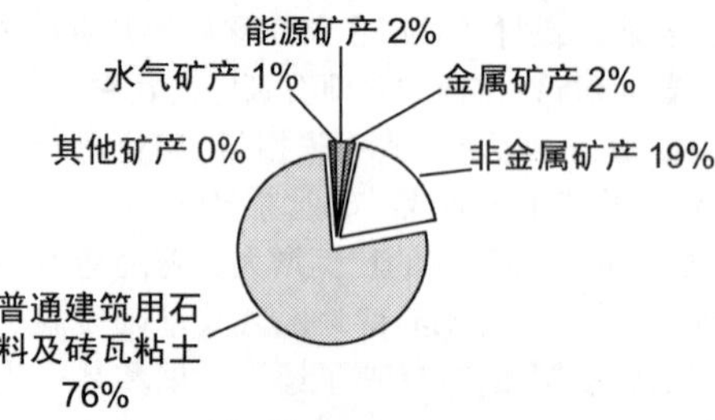

图3 各类矿产矿山数构成图

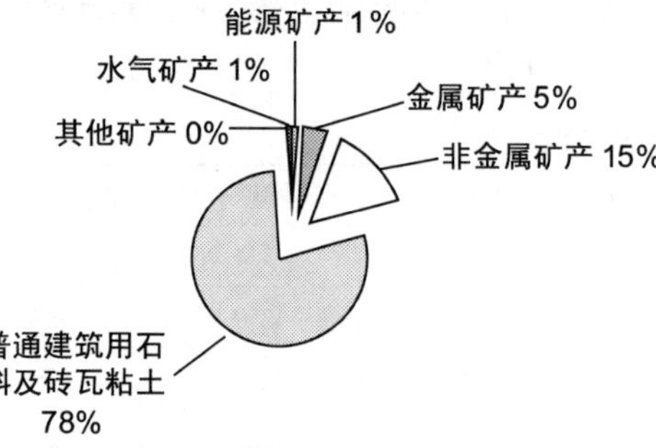

图4 各类矿山从业人员构成图

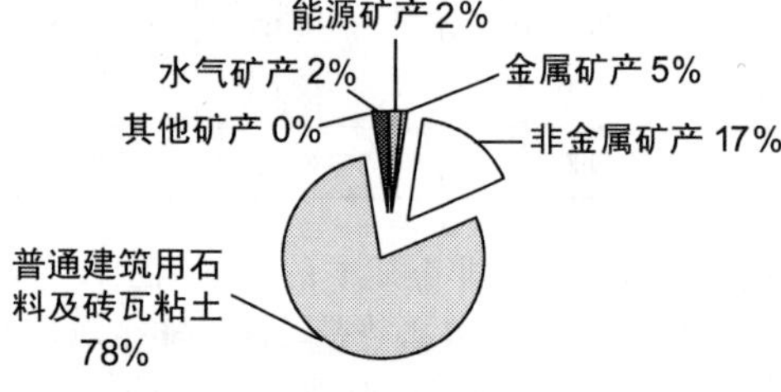

图5 各类矿产矿石产量构成图

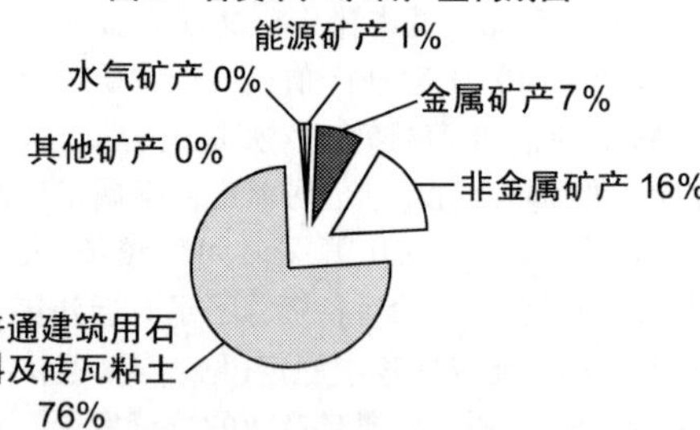

图6 各类矿产工业总产值构成图

2. 地区分布。从各市矿产开发利用情况(见表5)可知,湖州市、杭州市、嘉兴市的矿业总产值位居全省前列,分别占27.49%、13.58%、10.60%,三个市的总产值超过全省的50%。

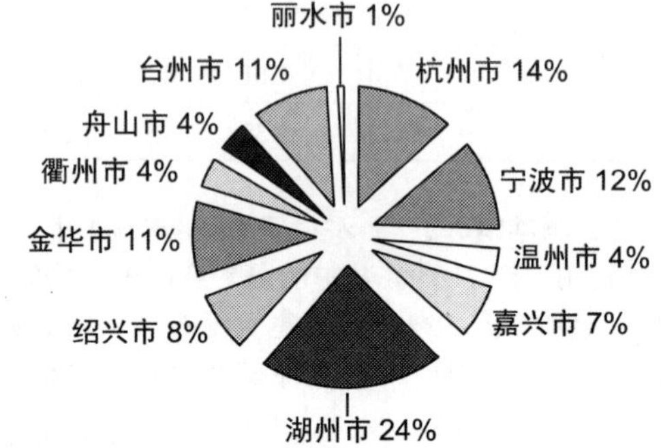

图7 各市矿石产量占浙江省百分比

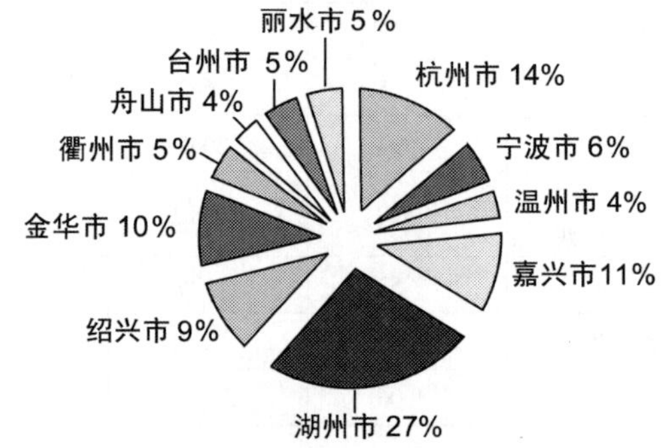

图8 各市矿业总产值占浙江省百分比

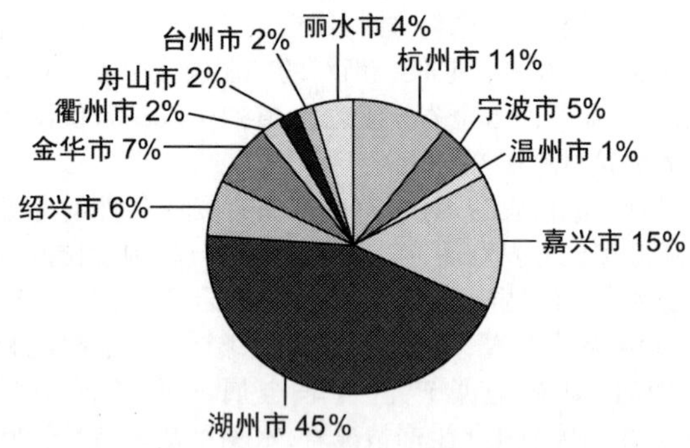

图9 各市税金总额占浙江省百分比

表5 各市2004年度矿产资源开发利用情况汇总表

地　区	矿山数(个)	从业人员(人)	年矿石采掘量(万吨)	矿业总产值(万元)	销售收入(万元)	利润总额(万元)	税金总额(万元)
总　计	4606	134704	39294.11	724980.52	697906.75	55380.22	74728.25
杭州市	719	16502	5393.19	98438.36	89223.16	8546.77	8012.24
宁波市	630	9074	4736.57	42661.25	42263.80	7165.04	3842.53
温州市	269	9039	1560.86	27511.05	26005.92	3091.39	989.02

续表5

地　区	矿山数(个)	从业人员(人)	年矿石采掘量(万吨)	矿业总产值(万元)	销售收入(万元)	利润总额(万元)	税金总额(万元)
嘉兴市	205	15779	2842.34	76812.31	75466.41	8171.33	11010.81
湖州市	515	25896	9513.8	199304.89	198886.84	4961.14	32792.06
绍兴市	462	11070	3114.16	68265.25	66738.93	3867.23	4843.86
金华市	694	21763	4140.42	75259.09	74240.28	7403.73	5144.99
衢州市	406	8348	1627.43	36777.13	35915.63	3620.78	1828.35
舟山市	143	3536	1765.64	27040.63	24205.63	2949.85	1585.87
台州市	270P	5734	4230.42	37472.92	29654.46	3006.68	1397.50
丽水市	293	7963	369.28	35437.64	35305.69	2596.28	3281.01

3. *矿山经济类型*。以集体和私营企业为主,国有矿山企业数仅占全省的2.06%、从业人员占7.45%、矿石采掘量占6.28%。国有矿山企业主要开采萤石、煤炭、铁、铜、建筑用凝灰岩等矿产,总体利润较好,见表6。

表6　　不同经济类型矿山企业矿产开发利用情况表

经济类型	矿山个数(个)	从业人员(人)	年矿石采掘量(万吨)	矿业总产值(万元)	年利润(万元)	年税金(万元)
国有企业	95	10044	2465.76	58219.42	1913.76	5544.30
集体企业	1132	32340	9178.09	156279.47	13305.83	19698.52
股份制企业	468	21216	5744.51	127411.12	10198.23	13963.52
私营企业	2557	55727	15044.84	267291.73	23961.60	20983.57
外资企业	17	619	530.57	8320.10	-7.05	1146.53
其他企业	337	14758	6330.34	107458.68	6000.80	13391.81
总计	4606	134704	39294.11	724980.52	55380.22	74728.25

4. *矿山企业规模*。浙江省矿山企业规模以小型矿山企业为主,共有小型矿山2973个,占总数的64.55%,大、中型矿山企业为1633个,占总数的35.45%。虽然小矿在数量上占大部分,但小型矿山的人均产量、人均产值、人均利润和人均税金都比大、中型矿山低。原因是因为小型矿山不论在技术还是在装备、人员上都比大、中型矿山要弱(见表7)。

表7　　不同规模企业收益情况表

矿山规模	矿山个数(个)	从业人员(人)	年矿石采掘量(万吨)	矿业总产值(万元)	年利润(万元)	年税金(万元)
大型	1097	31421	24236.89	309060.69	22262.82	34072.44
中型	536	15415	4164.35	74366.14	4725.83	7624.92
小型	2973	87868	10892.87	341553.69	28391.57	33030.89
总计	4606	134704	39294.11	724980.52	55380.22	74728.25

表8　　不同规模企业人均收益情况表

矿山规模	人均产量(万吨/人)	人均产值(万元/人)	人均利润(万元/人)	人均税金(万元/人)
大型	0.77	9.84	0.71	1.08
中型	0.27	4.82	0.31	0.49
小型	0.12	3.89	0.32	0.38

【非金属矿产开发利用】　浙江省开采的非金属矿产主要有普通萤石、叶蜡石、石灰石、硫铁矿、明矾石、膨润土、氟石、高岭土、珍珠岩、陶瓷土等,除建筑用石料、砂、砖瓦粘土三类矿产另行统计外,非金属矿山数894个,占全省矿山数的19.41%;从业人员20652人,占全省矿山从业人员的15.33%;年矿石采掘量6522.7万吨,占全省矿量的16.60%;矿业总产值为115152.2万

元，占全省矿业总产值的15.88%。

1. *石灰石*：浙江省石灰石资源丰富，主要分布在江山—绍兴断裂带西北侧的衢州、金华、杭州、湖州地区，经济价值大的优质资源集中分布在奥陶系上统三衢山组、石炭系中统黄龙组和上统船山组、三叠系青龙群四个层位，自西南往东北时代逐渐变新，寒武系灰岩及下奥陶统印渚埠组与荆山组灰岩部分可用于烧制石灰；江山—绍兴断裂带东南侧仅丽水地区个别火山岩盆地中所夹灰岩透镜体用作建筑石料，故资源在地区分布上极不平衡。

2004年全省有水泥用灰岩矿山286个，较2000年减少了192个，下降了40.58%；从业人员由13364人减为6213人，减少了7151人，下降了53.51%；产量由2644.6万吨增至5220.93万吨，增加了2576.33万吨，增长97.42%；矿业总产值增加了71.06%。全省现有大、中型矿山10个，主要分布在湖州、金华和杭州地区，绍兴有一个中型矿山，而2000年全省仅有一个中型矿山。随着矿山规模的扩大，生产效率和矿业总产值均有较大幅度的提高。根据省经贸委统计，2004年全省水泥产量为8219万吨，按现在的一般生产水泥工艺计算，1.2吨水泥用石灰岩可生产出1吨水泥，这与我们统计的水泥用灰岩相差了2998.07万吨。通过调查分析原因有如下四种情况。

表9　各地区水泥用灰岩矿山开发利用情况表

地区	矿山数（个）	从业人员（人）	矿石采掘量（万吨）	矿业总产值（万元）
金华市	25	748	758.17	7696.50
杭州市	71	1515	1383.87	13754.36
丽水市	0	0	0	0
绍兴市	64	925	886	10191.00
台州市	0	0	0	0
衢州市	68	844	577.20	5988.70
宁波市	0	0	0	0
湖州市	58	2181	1615.69	32231.77
温州市	0	0	0	0
嘉兴市	0	0	0	0
合计	286	6213	5220.93	69862.33

①有的采矿权人将开采的建筑用石灰岩运到水泥厂生产水泥；

②有的采矿权人将水泥用石灰岩当作建筑用石灰岩甚至建筑用凝灰岩来填报；

③在填报年报的时候，处于某些利益因素的考虑，存在着一些少报的情况；

④也有一部分水泥用石灰岩从邻近省购入。

浙江省共有建筑石料用石灰岩矿山144个，其中大型矿山1个、中型矿山2个，均分布在湖州。除丽水有3个小矿山外，其余小矿山均分布在杭州、湖州、衢州、金华地区。从业人员3233人，年矿石采掘量1748.74万吨，矿业总产值23191.72万元，销售收入23000.11万元，利润1592.19万元（见表10）。把优质的石灰岩用做建筑石料是很大的浪费行为，应该严格控制，并大力推广优质有用。

表10　各地区建筑石料用石灰岩矿山开发利用情况表

地区	矿山数（个）	从业人员（人）	矿石采掘量（万吨）	矿业总产值（万元）
金华市	6	90	58.00	636.00
杭州市	70	1117	641.56	7997.39
丽水市	3	20	0.88	13.60
绍兴市	0	0	0	0
台州市	0	0	0	0
衢州市	21	206	119.00	1348.20
宁波市	0	0	0	0
湖州市	44	1800	929.30	13196.53
温州市	0	0	0	0
嘉兴市	0	0	0	0
合计	144	3233	1748.74	23191.72

杭州、衢州共有烧石灰的灰岩矿山78个（其他地区未见统计资料），从业人员856人，石灰岩产量330.48万吨，矿业总产值3592.04万元，销售收入3543.00万元，利润644.29万元（见表11）。据2003年统计资料，浙江省用于生产石灰的石灰岩矿山139个，年产生石灰250万吨，消耗石灰岩约500万吨左右，年产值约2亿元。全省凡有石灰岩分布的地区，几乎都有石灰窑，开发最盛的是江山、常山、富阳等地。各县（市）生产的生石灰以自用为主，形成规模外销的生产基地主要有常山辉埠、富阳万市、衢江上方、江山市须江与大陈等地。石灰加工企业普遍设备简陋、生产规模小，产品质量差，效益低，加工工艺的落后，导致产品质量无法满足燃油、燃煤脱硫和炼钢用活性石灰的质量要求。在今后的发展中，要培育先进的石灰生产企业，满足燃油、燃煤脱硫和炼钢用活性石灰的需求。

轻、重碳酸钙加工业是浙江省乡镇、村工业经济中不可忽视的产业，是山区、半山区农村人口致富的重要途径之一。它是利用当地的溶洞型与充填型方解石、

表 11　各地区制石灰用石灰岩矿山开发利用情况表

地区	矿山数（个）	从业人员（人）	矿石采掘量（万吨）	矿业总产值（万元）
金华市	0	0	0	0
杭州市	50	576	157.68	1609.54
丽水市	0	0	0	0
绍兴市	0	0	0	0
台州市	0	0	0	0
衢州市	28	280	172.80	1982.50
宁波市	0	0	0	0
湖州市	0	0	0	0
温州市	0	0	0	0
嘉兴市	0	0	0	0
合计	78	856	330.48	3592.04

侵入岩外接触带或变质岩中的纯白大理岩或优质石灰岩等碳酸盐矿物或岩石资源就地发展起来的矿产品加工业，具有明显的地方经济特点。地区的资源分布特点决定了碳酸钙加工业的布局和产品品种：优质石灰岩分布区的常山县、江山市和衢江区以产轻钙粉为主，特别是常山辉埠一带，开发利用历史较久，生产设备、工艺等从上海引进；有优质石灰岩、纯白大理岩与方解石矿分布的建德市，则重钙与轻钙齐头并进；富阳市与临安市，则以生产重钙粉为主。全省轻、重碳酸钙加工企业达 150 余家，年产量约 160 万吨，轻、重钙产量之比约为 1:4。碳酸钙加工产业由于起步于山区农村，受经济、技术、人才和经营理念等诸多因素的制约，普遍带有小作坊的特点。随着科学技术的进步与发展，从 2000 年开始，碳酸钙产业和产品结构步入全面调整阶段，浙江菱化集团、杭州先进碳酸钙化工有限公司、建德天石有限公司等有实力的企业，开始生产轻质碳酸钙的多晶型、超微细、活性专用和多用途的高科技产品，并向纳米级产品迈进；浙江地矿开发有限公司、浙江科地矿产开发有限公司、临安碳酸钙矿粉总厂等重钙粉加工企业生产的狭粒区超细活性专用重钙粉，在国内具有一流水平。

浙江省石灰岩用于生产饰面大理石的有长兴的“青龙灰岩”和杭州西湖区石龙山的“黄龙灰岩”。青龙灰岩由于市场原因，目前产量较小；由黄龙灰岩加工的板材称杭灰大理石，是中国的大理石名优产品之一，国家石材统一编号为 M3301，主要有杭州石龙山、桐庐瑶琳和大山顶等产地，年产矿料约 2 万立方米、薄板 10 万平方米左右，产值不足 500 万元。杭灰大理石的产量随着国内外市场需求的变化波动很大，今后可作为石灰岩开发系列产品之一。

2. *萤石*：浙江萤石资源丰富，开采历史悠久，近代开采长盛不衰。2004 年开采萤石的矿山企业有 145 个，较 2003 年增加了 3 个；从业人员 2982 人；萤石年产量 81.37 万吨，较上年减少了 24.63 万吨，下降了 23.24%，为 2001 年来的最低产量；矿业总产值为 10264.89 万元，减少了 874.06 万元，下降了 7.85%，占非金属矿产矿业总产值的 8.9%；上缴税金 1219.575 万元。萤石开采矿山分布于浙江省 8 个市，其中金华最多，为 61 个，矿石采掘量 27.89 万吨，占萤石总产量的 34.28%（见表 12）。

表 12　各地区萤石矿山开发利用情况表

地区	矿山数（个）	从业人员（人）	矿石采掘量（万吨）	矿业总产值（万元）
金华市	61	1060	27.89	4238.17
杭州市	21	351	10.98	741.00
丽水市	20	630	17.26	2111.38
绍兴市	15	196	6.08	518.50
台州市	13	320	3.55	496.30
衢州市	6	122	3.42	1197.80
宁波市	5	53	2.15	150.90
湖州市	4	250	10.04	810.84
合计	145	2982	81.37	10264.89

萤石矿山经济类型：据对 145 个萤石矿山进行统计，国有矿山企业的矿石采掘量占所有萤石矿石采掘量的 2.95%，矿业总产值占 3.46%；集体企业占矿山总数的 23.45%，产量占总产量的 37.07%，矿业总产值占 32.31%；私营矿山数占萤石总数的 62.76%，产量占 42.79%，矿业总产值占 32.88%。人均产量与总产值以有限责任公司为最高，股份合作制企业最低（见表 13）。

表 13　不同经济类型萤石矿山企业开发利用情况表

经济类型	矿山数（个）	从业人员（人）	矿石采掘量（万吨）	矿业总产值（万元）	人均年产量（吨/人）	人均总产值（万元/人）
国有企业	7	345	2.40	355.00	70	1.03
集体企业	34	995	30.16	3316.84	303	3.33

续表 13

经济类型	矿山数(个)	从业人员(人)	矿石采掘量(万吨)	矿业总产值(万元)	人均年产量(吨/人)	人均总产值(万元/人)
股份合作	5	97	0.67	98.00	69	1.01
有限责任公司	6	127	5.92	1804.92	466	14.21
股份有限公司	2	191	7.40	1315.00	387	6.88
私营企业	91	1227	34.82	3375.13	284	2.75
合计	145	2982	81.37	10264.89		

浙江省萤石矿山以小矿为主。据对2004年145个矿山统计,年产量小于1万吨的矿山数占84.14%,矿石采掘量仅占34.89%。但看人均产值这一项,生产规模大的矿山人均产值较大,效益好,但矿山生产规模小的矿山人均产值低,效益少。见表14。

2004年萤石矿产量在2万吨以上的10个主要矿区的情况见表15。目前开采规模相对较大的矿山有德清县对河口氟石矿、龙泉市氟矿有限责任公司、遂昌县湖山萤石矿、缙云县大源镇岭后骨洞坑萤石矿、武义中汇矿业有限公司余山头矿等,这10个矿山萤石产量占萤石矿山总产量的29.95%。浙江省还没有一个矿山年产量超过10万吨,多数在2~3万吨之间。德清县对河口氟石矿与嵊州市氟石矿三溪矿区因原矿平均品位较低,开采成本较高,故产值偏低。而龙泉市八都、仙居对山等矿区原矿平均品位较高而产值较高。

表14　　萤石矿山生产规模统计表

矿山规模(万吨)	矿山数(个)	从业人员(人)	矿石采掘量(万吨)	矿业总产值(万元)	人均产值(万元/人)
<1.0	122	1857	28.39	3767.67	2.03
1.0~2.0	13	546	16.33	3423.12	6.27
2.0~5.0	8	324	19.65	1279.10	3.95
5.0~7.5	1	146	7.40	1315.0	9.01
7.5~10	1	109	9.60	480.00	4.40
合　计	145	2982	81.37	10264.89	

表15　　浙江省主要萤石矿山企业开采其矿一览表

企业名称	从业人员(人)	矿石采掘量(万吨)	矿业总产值(万元)	平均产值(元/吨)
德清县对河口氟石矿	109	9.6	480.00	50.00
龙泉市氟矿有限责任公司	146	7.4	1315.00	177.70
遂昌县湖山萤石矿	125	3.85	293.10	76.12
缙云县大源镇岭后骨洞坑萤石矿	12	2.9	29.00	100.00
武义中汇矿业有限公司余山头矿	60	2.9	347.00	119.66
仙居县大战乡对山萤石矿	30	2.0	240.00	120.00
嵊州市氟石矿三溪矿区	25	2.0	70.00	35.00
临安市仁里氟石矿	25	2.0	100.00	50.00
临安市河桥镇上卜氟石矿	12	2.0	100.00	50.00
临安市新桥刘余萤石矿业有限公司	35	2.0	100.00	50.00

2001~2004年期间,浙江省萤石矿石的产量、矿山数和从业人员逐年下降,表明国家限制萤石开采的矿业政策已初见成效。2004年萤石产量比2002年下降了48.65%,而矿业总产值仅下降了3%,表明萤石价格上涨幅度较大。各年度萤石生产主要指标变化情况见表16。

2004年8~9月,国土资源厅储量处组织有关人员对浙江省萤石资源开发利用情况进行了调查,在145个矿山中有37个经过正规地质勘查工作,有正式资源储量报告,占开采矿山的26%,其余多为做了简易地质调查的矿山。

采矿方法除德清对河口氟石矿为露天开采外,其

表 16　2001～2004 年间萤石生产主要指标变化情况表

年　份	矿山数(个)	从业人员(人)	矿石采掘量(万吨)	矿业总产值(万元)
2001	271	4173	90.52	11783.08
2002	205	3690	158.46	10637.26
2003	180	3350	105.85	11138.95
2004	145	2982	81.37	10264.89

余全为地下开采，井巷开拓。萤石选矿厂约 15 座，规模一般为年产萤石精矿粉 1～2 万吨上下。

坑采矿山回采率一般在 75%以上，损失率 20%左右，采矿贫化率一般 10%～15%。露采矿山回采率 94%以上，贫化率 30%左右。采出矿石一般在坑口进行手选，将 CaF_2 含量大于 85%以上的挑出，其余按矿山具体情况送选矿厂或直供省内外客户。一般选矿厂矿石入选品位为 50%～60%，选矿回收率 80%以上，尾矿品位一般 10%～15%，尾矿除部分被利用外，大多存于尾矿库中。

萤石矿山地理位置大部分位于各市、县矿产资源规划分区的限采区内，少数矿山还在禁采区。现有矿山都处在低山，丘陵地带，多为地下开采，井场占地面积小，矿山周围植被发育，对自然生态环境的破坏与影响较少。但地面塌陷问题在多处地方存在。

近两年，萤石矿产品市场活跃，需求增加，给矿山企业带来了机遇。随着中国钢产量的飚升，水泥产量的提高，氟化工的发展，为萤石矿的开发提供了大市场。目前矿山采出的富块矿一般直接销向钢铁企业，易选贫矿一般进浮选厂，精矿粉（一般 $CaF_2$97%以上）销往当地氟化工企业或出口，而一些难选矿与品位在 40%以下的贫矿则由省内外的水泥企业买走，矿山的废石和尾矿由当地建设单位买去做建筑砂石料之用。在武义，许多农民已将几十年开采留下的废矿渣都卖给浮选厂。开采矿山竭尽全力将有限矿量采出，严格分选，贫富矿各走其道，改变了几年前产品销路不畅、价格低只采那些品位高、埋藏浅，开采条件好的矿区（点），以致出现采富弃贫、采厚弃薄的资源浪费现象。随着冶金、水泥行业宏观调控的加强、科技的进步，对萤石需求量将有所减少，但氟化工的需求进一步增加，预计萤石的产销情况将基本稳定在目前水平。

依托萤石资源优势，在衢州已建成衢化集团公司所属的全国最大的氟化工生产基地，金华地区已建成东阳萤光、永康鹰鹏、武义三美化工集团公司等企业，在中国氟化工行业中占有重要地位。两个国家级氟化工工程技术中心均在浙江，浙江省氟化学工业的总量约占全国的 50%，产值和销售收入均以 15%～20%的速度递增。这对长三角地区的经济发展也将发挥一定的积极作用。

3. *叶蜡石*：2004 年浙江省叶蜡石矿山 42 个，从业人员 958 人，矿石采掘量 62.08 万吨，矿业总产值 4225.88 万元，占非金属矿产矿业总产值的 3.67%，上缴税金 298.284 万元。其中泰顺县浙江龟湖矿业有限公司、青田叶蜡石有限公司——白洋矿区、青田县北山镇北山叶蜡石矿区等矿山生产规模较大，详细情况见表 16。

据对浙江省 2004 年 42 家叶蜡石矿山进行统计，年生产规模 15 万吨的 1 家，人均产值 5.81 万元；年生产规模 2.5～6.0 万吨的有 8 家，人均产值 5.19 万元；小于 2.5 万吨的有 33 家，人均产值 2.998 万元。可见，矿山规模较大的，经济效益比较明显。龟湖矿业有限公司和青田叶蜡石有限公司——白洋矿区每吨矿石的价值均在其他矿区的一倍以上，其原因之一就是开发了深加工产品——玻纤原料均化叶蜡石粉。

表 17　浙江省主要叶蜡石矿山企业开采情况一览表

企业名称	从业人员(人)	矿石采掘量(万吨)	矿业总产值(万元)	平均产值(元/吨)
泰顺县浙江龟湖矿业有限公司	240	15.0	1395.00	93.00
青田叶蜡石有限公司——白洋矿区	62	5.38	639.63	118.89
青田县北山镇北山叶蜡石矿区	32	4.28	140.00	32.71
常山县复兴叶蜡石矿	16	4.00	180.00	45.00
青田叶蜡石有限公司——旦洪丰门工区	38	3.31	137.41	41.57
常山县金源乡青丽蜡石矿	18	3.0	135.00	45.00
常山县桥坑叶蜡石矿	20	3.0	135.00	45.00

2004 年从业人员较 2001 年减少了 48.72%，产量增加了 10.94%，生产总值增加了 23.97%，表明生产效率和产值均有所提高，产品价格经两年回落后，又有较大幅度的提高。

表 18　2001～2004 年间叶蜡石生产主要指标变化情况表

年　份	矿山数（个）	从业人员（人）	矿石采掘量（万吨）	矿业总产值（万元）	平均产值（元/吨）
2001	52	1868	55.96	3408.92	60.92
2002	52	1672	83.5	4378.20	52.42
2003	43	1518	85.21	4659.91	54.69
2004	42	958	62.08	4225.88	68.07

叶蜡石是浙江省的优势矿产资源，其在耐火材料、陶瓷、玻璃纤维、药剂、模料、涂料、固体密封、建筑材料、传压介质和工艺雕刻等十大领域得到了广泛应用，但目前消费结构不合理，有 70% 的矿石用于陶瓷生产，10% 用于水泥，而用于玻纤工业的仅占 7%～10%。

龟湖所产叶蜡石以中铝、低铁、低钾钠为特征，是玻纤用叶蜡石的理想原料基地，所产叶蜡石除供应国内市场外，年出口日本等国原矿约 5 万吨，玻纤用均化叶蜡石粉 6000～7000 吨；青田也有一套生产供玻纤用均化叶蜡石粉的生产设备，青田岭头叶蜡石是生产玻纤用叶蜡石粉的重要原料基地。

中国目前已成为世界上玻纤产品的第二大生产国，2003 年的产量达 47.3 万吨，约占世界玻纤产量的 1/5，超过了“十五”计划所制定的指标，出口量已达玻纤总产量的 59.10%，中国玻纤产业已经完全与国际玻纤市场接轨，参与国际市场的竞争能力大大增强。巨石集团计划于 2010 年前在浙江桐乡完成建设 30 万吨玻纤工业生产基地，为此浙江必须在资源后备基地勘查、矿业开采和矿粉加工等方面积极做好准备。

4. 膨润土：2004 年矿山 13 个，从业人员 359 人，年产矿石量 32.94 万吨，矿业总产值 1626.22 万元，占全省非金属矿产总产值的 1.41%，上缴税金 184.62 万元。其中杭州仇山漂土有限公司、安吉天子湖矿业有限公司红庙山膨润土矿、常山县龙绕乡正军膨润土矿等矿山年产量较高，但人均产值最高的却是安吉天子湖矿业有限公司红庙山膨润土矿，比其他矿高出了很多倍，通过调查得出其原因是因为该矿山在开采及选矿技术上比其他矿山占有优势。详细情况见表 19。

表 19　浙江省主要膨润土矿山企业开采情况一览表

企业名称	从业人员（人）	矿石采掘量（万吨）	矿业总产值（万元）	人均产值（万元/人）
杭州仇山漂土有限公司	114	13.19	171.52	1.50
安吉天子湖矿业有限公司红庙山膨润土矿	10	10.00	560.0	56
常山县龙绕乡正军膨润土矿	12	2.00	60.00	5
安吉县长龙膨润土矿	4	1.20	50.00	12.5
长兴县长安精制膨润厂钓鱼台矿	5	1.05	31.50	6.3

2001～2004 年间，膨润土矿山数、从业人员均逐年减少，矿石年采掘量在 2001～2003 年间变化较小，而 2004 年增加近 10 万吨。2004 年从业人员较 2001 年减少了 45.11%，而产量却增加了 22.41%，生产总值降低了 54.08%，每吨矿业总产值降低了 71.69%，这与仇山膨润土矿等因开采深度不断加大，生产成本提高，采矿效率相应降低等因素有关。

浙江拥有膨润土资源量最大的两个矿区——临安平山和余杭仇山，前者因主矿体之上建成开发区，后者已开采至杭宣铁路以下，故此两矿区已停采和即将停采。浙江膨润土加工企业所需原矿，已转向从安徽、辽宁输入。

浙江省膨润土开发历史较长，研究程度高。目前不仅在蒙脱石矿物学基础研究方面取得较好的进展，而且在加工产品与研发新产品方面也取得了一批可喜的成果，是转化产品较多的矿种。目前部分新产品已投放市场，形成了一定规模。

根据浙江省技术优势和国内外市场需要，可以进一步开发或将科研成果转化为生产力的项目，有无碳复写纸显色剂、系列复合活性白土、颗粒活性白土、人工合成锂皂石应用开发，系列工程泥浆等。

表 20　2001～2004 年膨润土矿生产主要指标变化情况

年份	矿山数（个）	从业人员（人）	矿石采掘量（万吨）	矿业总产值（万元）	平均产值（元/吨）
2001	30	654	26.91	3541.64	131.61
2002	28	568	24.98	4004.03	160.29
2003	21	540	23.70	4132.39	174.36
2004	13	359	32.94	1626.22	49.37

浙江省膨润土企业具有很强的新产品开发能力，如安吉丰虹公司在克服蒙脱石提纯技术、有机高分子与层电荷匹配的插层技术和高分散剥片技术三大难关之后，开发出纳米级蒙脱石，处于国内领先地位。有机

膨润土制品不仅在国内市场占有很大份额，而且有系列产品出口外销至日本、韩国、印度、欧洲等国家和地区。其业绩已引起国内外同行关注。由此可见，浙江省在膨润土资源的开发利用方面有着广阔前景。

5. *硫铁矿*：浙江省硫铁矿矿山3个，从业人员1132人，矿石采掘量7.2万吨，矿业总产值324.8万元，上缴税金189.08万元。由于矿山体制的变化，2004年较2003年从业人员增加了330%，产量下降了64.4%，矿业总产值下降了9.3%，每吨矿石产值下降了13.21%，全省最大的黄铁矿企业龙游黄铁矿已成为一个亏损企业。

表21　2001～2004年硫铁矿生产主要指标变化情况

年份	矿山数（个）	从业人员（人）	矿石采掘量（万吨）	矿业总产值（万元）	平均产值（元/吨）
2001	15	537	17.96	633.38	35.27
2002	14	279	20.79	983.50	47.31
2003	8	263	20.20	1050.00	51.98
2004	3	1132	7.20	324.80	45.11

6. *明矾石*：2004年浙江省明矾石矿山2个，从业人员3507人，年矿石采掘量18万吨，矿业总产值3875.0万元，上缴税金511.0万元。经连续两年低产后，2004年产量较上年增长了103%，并超过了2001年的水平，为2001～2004年期间产量最高的年份。矿业总产值较2003年增加了3285万元，增长了557%。原因是明矾石的价格从2003年的66.72元/吨涨到现在的886.50元/吨，故矿业总产值大幅度增加。

表22　2001～2004年明矾石生产主要指标变化情况

年份	矿山数（个）	从业人员（人）	矿石采掘量（万吨）	矿业总产值（万元）
2001	2	3389	17.5	2620.00
2002	2	3389	7.00	350.00
2003	2	3389	8.84	590.00
2004	2	3507	18.00	3875.00

7. *氟石*：2004年矿山9个，从业人员62人，年产矿石量16.9万吨，矿业总产值438.2万元，上缴税金25.49万元。从业人员较上年减少了110人，产量减少了12.2万吨，下降了41.92%；矿业总产值减少了446.30万元，下降了50.46%。浙江虽是中国氟石矿最早发现的省，但由于随后的开发应用研究未能跟上，故资源利用不如其他省。

表23　2001～2004氟石生产主要指标变化情况

年份	矿山数（个）	从业人员（人）	矿石采掘量（万吨）	矿业总产值（万元）
2001	14	147	38.13	793.55
2002	10	101	12.12	310.20
2003	11	172	29.10	884.50
2004	9	62	16.90	438.20

8. *高岭土*：2004年浙江省高岭土矿山38个，从业人员454个，年产矿石量51.62万吨，矿业总产值2247.27万元，上缴税金118.16万元。其中诸暨市大梧高岭土矿、泰山村瓷土矿、杭州萧山浦阳十三房瓷石矿等矿山规模较大。年产量在2.5万吨以上的矿山有11个，人均产值13.11万元；年产量在1.0～2.5万吨的矿山有7个，人均产值3.08万元；年产量在1.0万吨以下的矿山有20个，人均产值1.23万元。充分体现了规模效应，说明年产量越高的矿山人均产值就越高。诸暨市大梧、泰山村部分矿石为地开石型高岭土，是生产玻璃纤维的重要原料。2004年从业人员减少了69人，较上年下降了13.19%；产量增加了10.71%万吨，增长了26.18%；产值增加了1107.85万元，增长了97.23%。产量与矿业总产值均为2001年以来的最高值。

表24　浙江省主要高岭土矿山企业开采情况一览表

企业名称	从业人员（人）	矿石采掘量（万吨）	矿业总产值（万元）
诸暨市大梧高岭土矿	20	6.00	300.00
泰山村瓷土矿	10	4.00	200.00
杭州萧山浦阳十三房瓷石矿	12	4.00	50.00
里坞高岭土矿	10	3.50	175.00
柴塘坞高岭土矿	10	3.00	170.00

表25　2001～2004高岭土生产主要指标变化情况

年份	矿山数（个）	从业人员（人）	矿石采掘量（万吨）	矿业总产值（万元）
2001	41	689	36.3315	1678.24
2002	47	527	33.834	1361.27
2003	38	523	40.906	1139.42
2004	38	454	51.62	2247.27

【乙类矿产资源开发利用】　普通建筑原料——石料、砂、砖瓦粘土矿产，包括建筑石料矿产12种、建筑用砂

1种、砖瓦用砂1种、砖瓦用砂页岩2种和砖瓦用粘土1种等17种矿产，是浙江省2004年矿业结构的重要组成部分。其矿山数3510个，占全省矿山数的76.24%；从业人员104829人，占全省从业人员的77.82%；矿石采掘量31062.42万吨，占全省的79.05%；矿业总产值547258.9万元，占全省的75.48%。其中以建筑用石料和砖瓦用粘土最高，而平均总产值以砖瓦用砂页岩为最高，次为砖瓦用粘土，以建筑用石料为最低，具体见表26。

表26　乙类矿产资源开发利用情况

矿　种	矿山数(个)	从业人员(人)	矿石采掘量(万吨)	矿业总产值(万元)	平均总产值(元/吨)
建筑用石料	2158	45002	26735.77	355887.12	13.31
砖瓦用粘土	1178	55957	3085.72	164607.62	53.35
建筑用砂	111	1960	1120.41	19938.31	17.80
砖瓦用砂页岩	63	1910	120.52	6825.81	56.64
合　计	3510	104829	31062.42	547258.9	

现就普通建筑石料矿山的分布、企业经济类型、矿山规模、主要矿山等资料归纳如下：

1.*矿山分布*。普通建筑材料矿山遍及浙江省11个市(表)，其中湖州市的从业人员、矿石采掘量和矿业总产值均居首位。按矿均利润统计来看，排在前面的是嘉兴市、舟山市、温州市、宁波市和湖州市。据调查，嘉兴、宁波、舟山、湖州的石料主要销往上海，由于其地理位置好，离上海近，运输成本低等因素影响，这几个地方利润较大。

2.*矿山企业经济类型*。人均产量和人均产值以外资企业为最高，国有企业次之，人均利润以国有企业为最高，可能是国有企业经营管理水平较高而获得较好的经济效益。外资企业的人均产量和人均产值均列首位，但却成为了亏损企业，原因有待调查落实。

表27　各地区建筑石料矿产开发利用情况表

地　区	矿山数(个)	从业人员(人)	年矿石采掘量(万吨)	矿业总产值(万元)	利润总额(万元)	税金总额(万元)	矿均利润(万元/矿)
杭州市	308	6867	3289.4	54946.23	3967.60	3790.99	12.88
宁波市	380	4670	4220.43	36959.80	5603.15	3047.19	14.75
台州市	228	4620	4202.53	34514.02	2778.32	1227.27	12.19
湖州市	253	9558	6987.7	109613.28	3596.26	20947.07	14.21
嘉兴市	58	4886	2029.36	43126.16	4975.39	4799.20	85.78
绍兴市	217	2998	1796.6	25439.91	752.53	1703.89	3.47
温州市	209	4333	1506.76	19972.83	3112.78	299.76	14.89
舟山市	143	3438	1765.64	26842.63	2562.95	1585.87	17.92
金华市	282	3394	1574.06	17260.71	2514.34	677.69	8.92
衢州市	74	900	315.95	4036.95	561.95	129.60	7.59
丽水市	117	1298	167.91	3112.91	357.56	114.53	3.06
总　计	2269	46962	27856.34	375825.4	30782.83	38323.06	

表28　不同经济类型建筑石料矿山开发利用情况表

经济类型	矿山数(个)	从业人员(人)	矿石采掘量(万吨)	矿业总产值(万元)	利润总额(万元)	税金总额(万元)	人均产量(万吨/人)	人均产值(万元/人)	人均利润(万元/人)
国有企业	45	1798	1692.96	20202.12	1948.60	1331.47	0.94	11.24	1.08
集体企业	432	9696	5922.35	70456.31	5563.95	11850.78	0.61	7.27	0.57

续表 28

经济类型	矿山数（个）	从业人员（人）	矿石采掘量（万吨）	矿业总产值（万元）	利润总额（万元）	税金总额（万元）	人均产量（万吨/人）	人均产值（万元/人）	人均利润（万元/人）
股份合作	220	6799	3945.37	59062.34	5203.63	4364.71	0.58	8.69	0.77
私营企业	1423	22027	11239.49	151778.93	13482.57	12207.29	0.51	6.89	0.61
有限责任公司	140	6202	4399.65	68909.12	4584.08	8087.31	0.71	11.11	0.74
外资企业	9	440	656.34	5416.60	-667.89	481.50	1.49	12.31	-1.52
总　计	2269	46962	27856.16	375825.4	30782.83	38323.06			

3. *矿山生产规模*。在矿山生产规模上以年产 50～100 万吨的矿山平均矿业总产值较高，而大于 100 万吨的矿山平均矿业总产值最低，其原因值得研究。

表 29　普通建筑石料矿山生产规模统计表

矿山规模(万吨)	矿山数(个)	从业人员(人)	年矿石采掘量(万吨)	矿业总产值(万元)	平均矿业总产值(元/吨)
<10	1482	18842	4481.97	61727.31	13.77
10～25	462	10418	6932.63	85449.02	12.33
25～50	238	10047	8209.03	111482.43	13.58
50～75	46	3413	2637.63	40571.16	15.38
75～100	21	2025	1851.14	33154.63	17.91
>100	20	2217	3743.77	43440.88	11.60
总　计	2269	46962	27856.17	375825.4	

表 30　主要普通建筑石料矿山开发利用情况

企业名称	从业人员（人）	矿石采掘量（万吨）	矿业总产值（万元）	利润（万元）	人均产量（万吨/人）	人均产值（元/吨）
湖州新开元碎石有限公司	150	379.5	7583.30	981.40	2.53	50.56
温岭市中华北路开掘工程 C+G 石料矿	100	350.0	1750.0	0	3.50	17.50
浙江渝江置业有限公司玉环坎门镇坎门面前山建筑石料矿	18	325.0	260.0	0	18.06	14.44
温岭市中华北路开掘工程 B+E 石料矿	60	322.0	1610.0	0	5.37	26.83
三门县工业园区大屿山移山工程	100	225.0	2700.0	405.0	2.25	27.00

4. *主要石料矿山*：2001～2004 年期间，普通建筑石料矿山数逐年下降，2004 年比 2001 年减少 1273 个，下降 35.94%；从业人员减少 12863 人，下降 21.50%；产量增加 180746.90 万吨，增长 184.79%，表明生产效率大为提高；矿业总产值增加 176897.40 万元，增长 88.93%，总的来看是逐年提高；利润增加 10564.18 万元，增长 52.25%，但较 2003 年减少 4813.94 万元，下降 13.52%。人均矿业总产值以湖州新开元碎石有限公司为最高。

表 31　2001～2004 年普通建筑石料生产主要指标变化情况

年份	矿山数（个）	从业人员（人）	矿石采掘量（万吨）	矿业总产值（万元）	利润（万元）
2001	3542	59825	9781.472	198928	20218.65
2002	2974	51499	9704.95	214621.80	23296.09
2003	2703	51982	12160.72	322017.50	35596.77
2004	2269	46962	27856.16	375825.40	30782.83

金华市生产砖瓦已基本不占用农田开挖粘土，而主要在黄土丘陵区开采黄土和泥岩、粉砂质页岩等为原料，这不仅加强了对耕地的保护，对保持良好的生态环境具有积极意义，还可变坡地、山地为平地，配合土地整理，扩大耕地。近年来，有些砖瓦厂利用修建公路、城建工程平地基所产生的废土作为原料，这样既解决了工程倾倒废土难的问题，也解决了这些厂的原料问题，并降低了生产成本，提高了经济效益。这些经验，值得推广。

【能源矿产开发利用】 2004年浙江省开采利用的能源矿产有煤炭、石煤和地热3种，矿山73个，生产矿山53个。从业人员1529人，年矿石采掘量646.65万吨。矿业总产值6019.83万元，占全省矿业总产值的0.83%，上缴税金总额266.68万元，矿山总体赢利。

1. 煤炭:2004年浙江省煤炭矿山13个，其中国有矿山4个。生产原煤12.55万吨，从业人员669人，矿业总产值1801.83万元，占能源矿产总产值的29.93%。上缴税金总额96.33万元，企业亏损280.2万元。由于省内煤炭资源贫乏，所需煤炭几乎全部由外省调运。

表32　2001～2004年间煤炭生产主要指标变化情况

年份	矿山个数（个）	从业人员（人）	年矿石采掘量（万吨）	矿业总产值（万元）
2001	16	1710	9.85	938.00
2002	15	1637	12.81	1171.83
2003	14	1383	21.94	4170.70
2004	13	669	12.55	1801.83

2. 石煤。2004年浙江省有石煤矿山59个，石煤产量274.1万吨，从业人员740人，矿业总产值4118万元，占能源矿产矿业总产值的68.41%。石煤规模一般很小，据统计全省59个矿山，年产量在1万吨以下的有11个，人均产值为0.70万元；年产量在1～5万吨的矿山有19个，人均产值为3.12万元；年产量在5～15万吨的矿山有29个，人均产值为8.77万元。反映了生产规模越大，效率越高。

表33　浙江省石煤矿山生产规模统计表

矿山规模	矿山数（个）	从业人员（人）	矿石采掘量（万吨）	矿业总产值（万元）
<1.0万吨	11	98	3.36	68.50
1.0～5.0万吨	19	280	46.73	874.50
5.0～15.0万吨	29	362	224.00	3175.00
合　计	59	740	274.10	4118.00

主要石煤企业如下表，其中以十二都村石煤矿、十二都村石煤矿、建德安仁石煤矿业有限公司产量较高。

表34　浙江省主要石煤矿山企业情况表

矿山企业名称	从业人员（人）	矿石采掘量（万吨）	矿业总产值（万元）
十二都村石煤矿	10	15.00	300.00
常山县伍兴石煤矿	18	12.00	120.00
建德安仁石煤矿业有限公司	48	12.00	252.00
常山县芳村镇项延庭石煤矿	10	11.00	132.00
开化县桐村镇清玉石煤矿	3	10.00	100.00

2001～2004年期间，石煤生产主要指标变化较大，由于石煤对环境影响很大，2004年较2001年矿山数减少94个，减少61.44%；从业人员减少2093人，减少73.88%；矿业总产值增加1695.61万元，表明价格较2001年有大幅度上扬，但较2003年总产值下降469.82万元，下降10.24%。

表35　2001～2004年间石煤生产主要指标变化情况

年份	矿山个数（个）	从业人员（人）	年矿石采掘量（万吨）	矿业总产值（万元）
2001	153	2833	1829.158	2422.39
2002	103	1215	1905.00	2573.24
2003	84	1050	296.54	4587.82
2004	59	740	274.10	4118.00

【金属矿产开发利用】 浙江省开发的金属矿产资源有铁、铜、钼等10种，矿山75个，占全省矿山数的1.6%；从业人员6427人，占全省从业人员的4.8%；年产量236.01万吨，占全省的0.6%；矿业总产值53479.76万元，占全省矿业总产值的7.4%。

1. 铜矿。浙江省2004年铜矿矿山7个，从业人员1144人，矿石采掘量38.74万吨，矿业总产值16317.08万元，占全省矿业总产值的2.25%。矿山企业主要是平水铜矿和杭州建铜集团有限公司，其他矿山规模较小。

表36　浙江省主要铜矿企业情况表

企业名称	从业人员（人）	矿石采掘量（万吨）	矿业总产值（万元）
绍兴平水铜矿	541	21.53	5701.48
杭州建铜集团有限公司	469	15.24	10314.80
松阳县金山矿业有限公司	52	1.50	212.00

2001～2004年期间，矿山数和从业人员变化不大，2004年矿石采掘量较2001年增加了9.42万吨，增长了32.13%，矿业总产值增加了6769.54万元，增长了70.90%，表明矿石价格有较大幅度的提升。

表37　2001～2004年期间铜矿生产主要指标变化情况

年份	矿山个数（个）	从业人员（人）	年矿石采掘量（万吨）	矿业总产值（万元）
2001	8	1277	29.32	9547.54
2002	8	1089	32.88	9803.00
2003	7	1017	34.128	10545.85
2004	7	1144	38.74	16317.08

2．钼矿。浙江省2004年钼矿矿山11个，从业人员2048人，矿石采掘量13.75万吨，矿业总产值10997.0万元，占全省矿业总产值的1.5%。矿山企业主要是松阳县天工钼业有限公司、吴山头钼矿、松阳县象溪钼业有限公司及三枝树钼矿。

表38　浙江省主要钼矿企业情况表

企业名称	从业人员（人）	矿石采掘量（万吨）	矿业总产值（万元）
松阳县天工钼业有限公司	122	3.90	3050.00
吴山头钼矿	120	3.30	515.00
松阳县象溪钼业有限公司	72	2.50	1630.00
三枝树钼矿	70	2.50	1300.00

2001～2004年期间，矿山数基本不变，2004年从业人员较2001年减少了574人，下降了21.89%；矿石采掘量减少了74.24万吨，下降84.37%；矿业总产值减少6395.40万元，下降了36.77%，其下降幅度不足矿石采掘量下降的1/2，表明矿石价格大幅度上升。青田钼矿因企业改制，暂行停产，故缺少有关统计资料。

3．金矿。浙江省2004年金矿矿山6个，从业人员893人，矿石采掘量5.69万吨，矿业总产值6290.25万元，占全省矿业总产值的0.87%。矿山企业主要是浙江省遂昌金矿有限公司、璜山金矿和庙下畈金矿等。

表39　2001～2004年期间钼矿生产主要指标变化情况

年份	矿山数（个）	从业人员（人）	年矿石采掘量（万吨）	矿业总产值（万元）
2001	12	2622	87.99	17392.40
2002	10	1770	78.85	15884.00
2003	10	1740	36.14	28531.00
2004	11	2048	13.75	10997.00

表40　浙江省主要金矿企业情况表

企业名称	从业人员（人）	矿石采掘量（万吨）	矿业总产值（万元）
遂昌金矿有限公司	714	3.59	4619.25
璜山金矿	110	1.00	1305.00
庙下畈金矿	30	0.60	225.00

2001～2004年期间矿山数较2001年减少1/3，从业人员增加154人，增长20.84%，矿石采掘量增加0.57万吨，提高11.13%；矿业总产值增加1024.72万元，增加19.46%。

表41　2001～2004年期间金矿生产主要指标变化情况

年份	矿山数（个）	从业人员（人）	年矿石采掘量（万吨）	矿业总产值（万元）
2001	9	739	5.12	5265.53
2002	8	1037	3.95	6651.13
2003	6	950	5.46	6035.55
2004	6	893	5.69	6290.25

【矿产开发特点】　1．矿山数持续减少，平均生产规模逐年提高。2004年，浙江省继续按照有关要求加大矿山企业关、停、并、转力度，与2003年比，在矿山总数减少了614个的情况下，年矿石采掘量增加了2315.08万吨，矿业总产值增加了8.46亿元，矿山平均产量从7.08万吨/矿增至8.53万吨，同比增长了20.48%；平均矿业总产值从122.68万元/矿增至157.40万元/矿，同比增长28.30%；同时，年人均产量从0.27万吨增至0.29万吨，同比增长7.41%；年人均产值从4.61万元增至5.38万元，同比增长了16.70%。

2．民间投资居主导，但投资力度明显回落。2004年，浙江省累计矿业投资额达23.27亿元，新办矿山114个，资金来源以民间为主，其中，私营企业投资额11.92亿元，集体经济投资额3.98亿元，以上两种经济类型投资额占全省的68.33%，投资方向主要集中在建筑用凝灰岩（10.09亿元）、砖瓦用粘土（2.79亿元）和水泥用灰岩(1.93亿元)上，三项占全省总投资额的63.64%。但受国家产业政策及矿产品市场供求关系的影响，投资力度明显回落，与2003年59.42亿元相比，减少60.84%。

表42　　全省2001～2004年间矿业生产规模表

年份	矿山数(个)	平均矿石采掘量(万吨/矿)	平均矿业总产值(万元/矿)	人均矿石采掘量(万吨/人)	人均产值(万元/人)
2001	6506	4.75	67.55	0.20	2.88
2002	5627	5.12	88.11	0.21	3.59
2003	5220	7.08	122.68	0.27	4.61
2004	4606	8.53	157.40	0.29	5.38

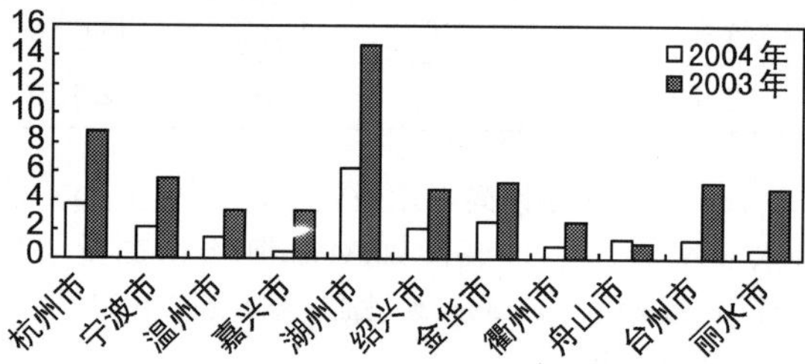

各市2004年度投资额

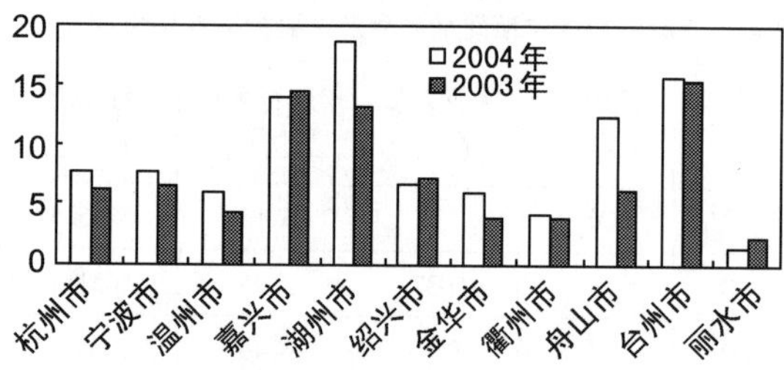

各市2004年度平均单矿产量

3. 多重因素导致矿山企业(建筑材料类)效益下降。2004年，浙江省矿业实现利润总额55380.22万元，与2003年相比减少10410.35万元，减少15.82%；单矿利润从2003年的12.60万元/矿下降至12.02万元/矿，减少4.6%。2004年有123家矿山企业出现亏损，430家矿山停产，导致全省产品增产不增收的主要原因有以下三个。

①受国家宏观调控影响，全省建设规模有所缩减，建筑用土、砂、石料出现局部供过于求，矿产品销路不畅，产生滞销。

②水泥价格的下跌直接影响到占浙江省矿石采掘量13.29%的水泥用灰岩的销售价格。2004年，浙江省水泥价格从2003年最高时的每吨500元左右下跌至每吨250元左右，水泥用灰岩价格也随之从最高的23元/吨下跌至目前11元/吨，对相关矿山企业的效益影响显而易见。

③对基础工程建设中剩余土石方外销管理不严。浙江省相当一部分工程为了平整场地需要开山挖石，一些建设单位擅自违法销售剩余石料，扰乱了采矿权市场，对刚刚建立起来的以有偿出让为基础的采矿权市场形成一定冲击。

同期，金属和优势特色非金属矿山效益却有大幅提高。

4. 规模与规划要求仍有差距，地区间规模化发展不平衡。经过几年来矿产资源规划的实施，矿山平均规模已从2001年的4.75万吨/矿增至8.53万吨/矿，扩大近一倍，但与规划要求的关闭所有年产量5万吨以下的乙类矿山的要求还有很大的距离，据年报统计，2004年全省共有年产量10万吨以上的矿山1015个，占矿山总数的22.04%。其中100万吨以上的矿山29个，50～100万吨的矿山82个，而年产量5万吨以下的生产矿山仍有2215个(含甲类矿山)。占矿山总数的48.09%。

另外，各市之间矿业规模化发展也不平衡，规模化程度最高的湖州市(18.47万吨/矿)是规模化程度最低的丽水市(1.26万吨/矿)的15倍。

【存在主要问题】 (1)通过多年来对持证矿山的调整、整顿，矿山布局日趋合理，矿山规模逐渐扩大，但由于开采方式粗放、落后，生产设备陈旧及开采场地、交通条件等限制，仍然存在矿山规模偏小、资源利用率较低等问题。

(2)矿山企业普遍存在重产出、轻投入、只追求短期资源效益，甲类矿山地质扩边找矿和开发研究经费投入不足，生产中未能有效利用低品位资源，生产成本上升。

(3)非金属矿产仍以出售原矿为主，对氟石、叶蜡石、明矾石、硅藻土等优势非金属矿产的开发应用研究进展不大。

(4)部分工程建设项目对在平整场地过程中所剩余的土石方外销管理不严，擅自违法销售剩余的土石料,对刚建立起来的以有偿出让为基础的采矿权市场造成一定冲击。

(5)浪费资源现象时有发生。石灰岩资源是浙江省保护性开采资源,但少数矿山企业把优质石灰岩轧成普通建筑用石料,优质劣用造成资源的极大浪费。

(6)各市提交的矿产资源开发利用分析报告多数比较简单,有的只有统计数据而缺乏必要的分析,特别是对本地区的主要矿种、重要矿山缺乏必要阐述,对外资投入的矿山没有基本情况的说明。

(7)矿业从业人员统计标准不一,有的企业将与矿业无关的所有人员(如第三产业人员)均计入从业人员,有的企业矿产品生产和成品生产人员不易区分(如砖瓦生产企业),造成从业人员与矿石采掘量、产值的严重不协调,而不同企业处理这类问题的方法不一致,导致统计口径不一。停产矿山的报表数据要进一步核实,存在多年停产矿山从业人员数量未变等情况。

【对策与建议】 1. *进一步调整矿山布局和矿业结构*。在按照矿产资源规划所确定的"禁采区关闭、限采区收缩、开采区集聚"的原则的基础上,还要严格准入制度和退出制度,对那些规模小、开采技术落后、资源浪费严重、对环境影响较大的小矿山,在准入的时候要严格,而且要通过建立退出制度,对不符合规定的矿山要马上令其关闭,把好矿山开发的首尾关。准入条件应主要从限定规模、限定投资、采选方法、采选指标、环境污染几个方面进行调控;而退出条件主要是如果矿山企业存在工艺落后或着污染严重等问题,应马上责令关闭。

通过矿山开发利用方案的编制和审查,提高矿山开发技术水平,消除资源浪费现象,引导市场前景好的小矿山通过联合、兼并、技术改造等途径,壮大企业规模,提高劳动生产率,规范采矿作业行为。

2. *进一步深化和完善采矿权市场建设*。全面落实采矿权的有偿使用,规范采矿权的行政授予和协议出让行为,严格按规定程序出让采矿权、严把地质资料关、储量评审关、价款评估关、出让会审关、公告关与合同签订关。新办矿山必须在相关部门统一定点后按程序报省厅审批,一律采用招标、拍卖、挂牌方式出让,老矿山协议出让必须按照省厅有关规定执行,不断完善采矿权市场制度建设。

3. *加大行政执法力度,提高依法行政水平*。对违反矿产资源法律、法规和矿产资源开发总体规划,非法开采和销售矿产,破坏矿产资源和生态环境的行为,必须依法坚决查处,对构成犯罪的,依法追究刑事责任。对环境造成严重污染的矿种要进一步规范,在准入的时候应注意矿山可能对环境造成的污染,加大对矿山开发利用方案的监督管理。

4. *加强地质勘查工作,规范探矿权市场*。浙江省大部分矿产资源,包括原有的萤石、膨润土等优势矿产都存在后备资源紧缺的问题,必须用新思路和新方法加强地质勘查工作,吸引社会资金和外资投入地质勘查工作,并制定鼓励地质勘查工作的相关政策,以解决后备资源不足和矿山企业的资源接替问题。首先要加强矿区周边的探边摸底工作,以期有所发现,从而延长矿山服务年限,有成功的经验应及时推广。对已供不应求或即将供不应求的膨润土、萤石等矿种应结合全省工业发展规划,优先安排地质勘查项目。

5. *加强对优势非金属矿产的深加工和开发应用研究*。浙江省有许多优势非金属矿产,应加强对浙江省优势非金属矿产的开发应用研究,加大科技成果的转化力度,延长产品链和产业链,提高矿产品档次和附加值。如加强氟石在环保领域的应用及粉体材料的超细、改性等方面的开发应用研究;根据市场需求,扩大叶蜡石均化产品的市场;扩大珍珠岩、优质石灰岩等矿种的应用领域,对开采建筑石料用的石灰岩矿山必须避开优质石灰岩的分布地段,防止将优质石灰岩用作建筑石料。应通过政策影响,技术推广等措施,使矿产资源达到优质优用,物尽其用,对暂难利用的低品位矿进行合理保护,避免乱采滥挖而造成资源浪费。从发展战略高度对萤石矿产资源实行强制性保护,实行总量控制,限制原矿和初级加工产品出口,确保浙江省氟化工产业发展的需要。2004年适合于生产高档加工产品的膨润土主要为安吉红庙矿区,为发挥浙江省在膨润土开发方面的技术优势,需在省内外加速寻找原料基地。将环保类、新型建材类和复合聚合物类作为开发新材料的重点,以进一步扩大膨润土、叶蜡石、硅藻土、氟石等矿产的应用领域,使其在经济建设中发挥更大的作用。

6. *加强矿产资源统计工作人员的培训*。各县(市、区)国土资源局应挑选懂业务、肯钻研、勇于调查研究、工作责任心强的同志担任此项工作,人员要相对固定。对年报编审人员及时进行培训,把好基础报表填报关,对年报不仅要有数据,而且要有分析,并且对市(县、区)内的主要矿种和主要矿山情况进行综合分析,对外资企业情况也要单独加以说明,对萤石、叶蜡石等出口产品应有出口情况的资料,对开发、应用、管理等方面好的经验,也应进行总结、以便推广。2004年是"十五"计划的最后一年,2005年的年报应反映各市、县五年来的发展变化情况,请各市、县从2004年开始就收集、积累有关资料,对重点矿种,矿山等进行必要的调查研究,确保矿产资源统计数据及时、准确、完整。

表 43　浙江省 2004 年度矿产资源开发利用统计汇总表

序号	矿产名称	矿山总数（个）	从业人员（人）	年矿石采掘量（万吨）	矿业总产值（万元）	销售收入（万元）	利润总额（万元）	税金总额（万元）
	总　计	4606	134704	39294.11	724980.52	697906.75	55380.22	74728.25
1	煤炭	13	669	12.55	1801.83	1781.48	-280.2	96.33
2	石煤	59	740	274.1	4118	3988	585.16	161.35
3	地下热水	1	120	360	100	10	20	9.00
4	铁矿	5	895	130.35	11074.89	11406.71	431.84	1170.95
5	铜矿	7	1144	38.74	16317.08	8611.96	1429.88	1355.33
6	铅矿	15	298	15.41	1959	1962	247.5	187.65
7	锌矿	22	893	23.62	5988.94	6353.66	389.6	583.24
8	钨矿	4	73	4.75	255	255	31	11.00
9	锡矿	2	15	0	0	0	0	0
10	钼矿	11	2048	13.75	10997	10327	981	1487.1
11	锑矿	1	16	0.3	10	10	0	0.90
12	金矿	6	893	5.69	6290.25	6079.25	739.16	539.4
13	银矿	2	152	3.4	587.6	527.6	1	41.00
14	普通萤石	145	2982	81.37	10264.89	10057	826.96	1219.58
15	冶金用白云岩	10	295	66.56	1469.5	1469.5	131.8	126.54
16	冶金用石英岩	7	81	33.51	386.28	386.28	48	36.3
17	铸型用砂岩	3	55	11	368	333	40	27.00
18	冶金用脉石英	3	21	0.28	29.4	29.4	6	0.29
19	耐火粘土	6	29	7.76	137.47	137.47	19.92	6.34
20	硫铁矿	3	1132	7.2	324.8	302.8	-590.17	189.08
21	明矾石	2	3507	18	3875	3191	-1159	511.00
22	重晶石	1	10	0.2	20	20	3	2.00
23	硅灰石	3	134	4.46	828.6	633.29	13	99.7
24	云母	1	7	0.1	9.5	9.5	0	1.00
25	长石	4	53	2.25	140	140	23	2.55
26	叶蜡石	42	958	62.08	4225.88	4242.25	1174.06	298.28
27	透辉石	1	8	0.3	21	21	0	1.10
28	氟石	9	62	16.9	438.2	438.2	57.42	25.49
29	方解石	85	787	57.38	1977.62	1905.67	335.77	159.22
30	水泥用灰岩	286	6213	5220.93	69862.33	68324.48	5309.53	9289.52
31	建筑石料用灰岩	144	3233	1748.74	23191.72	23000.11	1592.19	2442.00
32	制灰用石灰岩	78	856	330.48	3592.04	3428.54	644.29	212.57
33	白垩	2	16	1.7	69	63	9	4.50
34	玻璃用白云岩	1	16	1.2	15	15	2	1.60

续表 43－1

序号	矿产名称	矿山总数（个）	从业人员（人）	年矿石采掘量（万吨）	矿业总产值（万元）	销售收入（万元）	利润总额（万元）	税金总额（万元）
35	建筑用白云岩	32	2262	789.59	15939.74	15939.99	2227.55	1919.71
36	玻璃用石英岩	10	680	126	5467	5347	－55.09	761.39
37	水泥配料用砂岩	26	380	124.52	1485.87	1427.05	140.48	139.28
38	砖瓦用砂岩	14	256	2.35	254.22	254.22	15.66	10.45
39	建筑用砂岩	152	3202	2124.77	29029.33	28011.48	918.98	9120.08
40	建筑用砂	111	1960	1120.41	19938.31	19781.31	1755.01	1087.52
41	砖瓦用砂	2	12	0	0	0	0	0
42	硅藻土	5	58	0.71	35.5	35.5	2.7	1.50
43	砖瓦用页岩	47	1642	118.17	6571.59	6349.59	523.4	406.05
44	水泥配料用页岩	25	253	170.92	1229.58	1223.78	125.82	107.97
45	建筑用页岩	2	13	2.25	19.5	2.5	0	1.25
46	高岭土	38	454	51.62	2247.27	2060.62	241.86	118.16
47	陶瓷土	11	98	7.77	191.8	186.8	30.1	9.77
48	伊利石粘土	3	64	0.4	40	40	10	3.70
49	膨润土	13	359	32.94	1626.22	1626.22	171.5	184.62
50	砖瓦用粘土	1178	55957	3085.72	164607.62	161308.38	11941.23	16105.24
51	水泥配料用粘土	4	21	14.22	63.87	63.87	7	4.00
52	水泥配料用黄土	1	4	8	32	32	7	2.00
53	水泥配料用泥岩	3	29	35.6	464.1	464.1	56	86.07
54	建筑用橄榄岩	1	10	0	0	0	0	0
55	建筑用玄武岩	15	274	41.28	1079.8	1046.9	－219.7	72.00
56	饰面用辉绿岩	16	201	3.39	684.2	684.2	122.05	23.06
57	建筑用辉绿岩	47	579	26.67	1877.98	1652.69	657.82	60.62
58	建筑用安山岩	25	2281	1635.33	35041.12	37328.22	1607.24	3866.53
59	建筑用闪长岩	4	48	6.25	77.5	77.5	0	2.20
60	饰面用闪长岩	1	1	0	0	0	0	0
61	建筑用花岗岩	100	1856	636.37	10129.96	9672.3	1244.29	958.29
62	饰面用花岗岩	19	297	4.97	513.3	513.3	54.4	8.20
63	珍珠岩	6	75	4.67	215.47	215.47	45.56	10.38
64	建筑用凝灰岩	1623	31009	19664.02	238195.47	225687.11	20180.06	18704.50
65	饰面用大理岩	1	18	1.35	500	500	100	3.60
66	建筑用大理岩	13	235	60.5	1305	1295	151.5	88.36
67	水泥用大理岩	1	120	3	900	1680	2.7	57.00
68	玻璃用大理岩	7	48	3.33	110	110	27.74	5.26
69	饰面用板岩	12	270	5.63	1291.5	1291.5	206	43.76
70	矿泉水	52	1257	820.33	3030.38	2488.5	0.65	456.03
71	其他矿产	2	10	6	39.5	39.5	18	0.80

（浙江省国土资源厅矿产开发管理处）

安徽省

【矿产资源开发利用】 截至2004年底，安徽省矿产资源勘查开发取得巨大成就，已发现矿产138种(如不含亚种为118种)，列入矿产资源储量统计的矿种有76种，保有矿产资源储量总价值约2万亿元，居中国第十位。在查明的资源储量中，煤、铁、铜、硫铁矿、石灰岩、石膏矿等6种矿产资源比重占资源储量的85%，构成安徽省矿产资源主体，居全国各省(市、自治区)的前10位。凹凸棒粘土、膨润土、方解石、明矾石等为安徽省特色矿种。2004年已上资源储量表矿产地663处(单一和主要矿产)，另有伴共生矿产182处。

2004年安徽省已开发利用的矿产有88种(含亚矿种)，各种经济类型矿山6384个，矿业从业人员44.4万人，年产矿石量28257万吨，与2003年相比，矿山数量和矿石产量有所幅度减少，主要是各地加大生态环境保护力度、推进禁止使用实心粘土砖等，从而开采普通建筑石料和砖瓦窑厂类矿山数量有较大幅度减少。全省矿产资源开发利用情况按能源矿产、黑色金属、有色金属、贵金属、冶金辅助原料非金属、化工原料非金属、建材及其他非金属和水气矿产等八大类矿种划分情况详见表1。

表1 2004年矿产资源开发利用情况(八大类矿产)

矿类	矿山数(个)	从业人员数(人)	年产矿石量(万吨)	年工业总产值(万元)	综合利用产值(万元)	销售收入(万元)	利润总额(万元)
总计	6384	444206	28257.45	3076814.2	244318.42	2741023.1	370853.1
能源矿产	355	207272	7445.17	1722010.37	75776.97	1526751.96	177401.02
黑色金属	196	19012	1070.08	129806.92	827.86	120670.61	9467.96
有色金属	183	17186	433.7	118186.43	14405.91	119394.5	29499.38
贵金属	36	3757	95.52	16178.5	1724.84	14217.91	1338.28
冶金辅助原料非金属	194	4861	512.1	13554.53	1038.95	13434.2	470.33
化工原料非金属	57	8121	294.49	59049.06	1859.79	34565.39	2365.88
建材及其他非金属	5346	183810	18367.14	1017873.35	148684.1	911821.05	150325.36
矿泉水	17	187	39.25	155.04	0	167.48	-15.11

2004年淮南市矿业工业总产值达91.54亿元、淮北市为58.8亿元，宿州、铜陵、巢湖、宣城、芜湖、安庆、滁州、池州等市均在10亿元以上。全省矿产资源开发利用情况分行政区汇总情况详见表2。

表2 2004年度安徽省矿产资源开发利用情况分行政区汇总表

项目名称	矿山数(个)	从业人数(人)	年产矿石量(万吨)	工业总产值(万元)	综合利用产值(万元)	销售收入(万元)	利润总额(万元)
总计	6384	444206	28257.46	3076814.21	244318.45	2741023.11	370853.1
合肥市	357	19978	1014.95	38002.32	91	31635.6	841.36
芜湖市	394	16577	2467.4	136957.85	19336.5	101507.16	36571.62
蚌埠市	191	11062	386.49	15195.76	0	15000.2	1679.38
淮南市	156	79689	4091.03	915400.37	870.3	876787.81	115206.16
马鞍山市	123	14672	1221.72	92737.89	548.7	93237.32	7596.84
淮北市	77	81460	2527.58	588108.27	74504.49	532313.76	50613.15
铜陵市	238	25247	1191.63	196497.65	10197.71	197979.78	58380.94
安庆市	687	22550	2225.8	160742.26	75981.7	155449.11	24118.17
黄山市	231	2845	449.74	10853.17	1138.36	10252.09	525.67

续表 2

项目名称	矿山数（个）	从业人数（人）	年产矿石量（万吨）	工业总产值（万元）	综合利用产值（万元）	销售收入（万元）	利润总额（万元）
滁州市	484	26626	1630.51	116643.65	5980.59	112940.27	8808.56
阜阳市	542	12473	506.11	24542.15	18919.37	24499.3	326.27
宿州市	570	47048	2266.75	228741.26	3	127279.39	12638.71
亳州市	145	9463	230.88	13699.4	0	13646.9	–3053.4
巢湖市	700	21839	2601.6	181192.97	31493.41	175027.04	9870.63
六安市	540	21267	2015.43	71710.77	960.94	64826.23	7410.98
宣城市	528	20606	1829.19	176047.94	1526.2	44478.18	7790.36
池州市	421	10804	1600.65	109740.53	2766.18	164162.97	31527.7

按国土资源部新的《矿产资源基础统计数据管理系统》，安徽省部分开采方解石、建筑用砂、建筑用玄武岩、建筑用安山岩、建筑用花岗岩、建筑用凝灰岩、建筑用大理石等矿种依据现有的生产规模列入大中型矿山，使得全省大中型矿山数量激增，反映出上述矿种存在优质劣用的问题。

安徽省小型及小型以下的矿山占矿山总数的94.5%，建筑用砂石粘土矿山数量占矿山总数的75%。集体和私营经济类型的矿山企业在矿山数量上占绝对多数，达84%。但大中型矿山企业在安徽省的矿业经济中仍占主导地位，大中型矿山数量仅占全省矿山总数的5.48%，其工业总产值、综合利用产值、销售收入和利润总额分别占相应总量的73.16%、78.83%、72.26%、和85.10%（详见表3和图1、图2）。

表 3　　2004 年度安徽省矿产资源开发利用情况分经济类型汇总表

项目名称	矿山数(个)	从业人数(人)	年产矿石量(万吨)	工业总产值(万元)	销售收入(万元)	利润总额(万元)
总计	6384	444206	28257.44	3060656.45	2724865.35	369428.84
国有企业	188	184735	8914.58	1816969.1	1658014.42	197148
集体企业	2159	112577	5781.61	246245.84	234200.5	19746.87
股份制企业	446	55335	5410.31	722971.95	586555.09	134958.97
私营企业	3216	83384	7419.86	241038.18	213337.89	15380
合资、外资企业	25	2216	93.13	19412.22	19498.2	1268.58
其他企业	350	5959	637.95	14019.16	13259.25	926.42

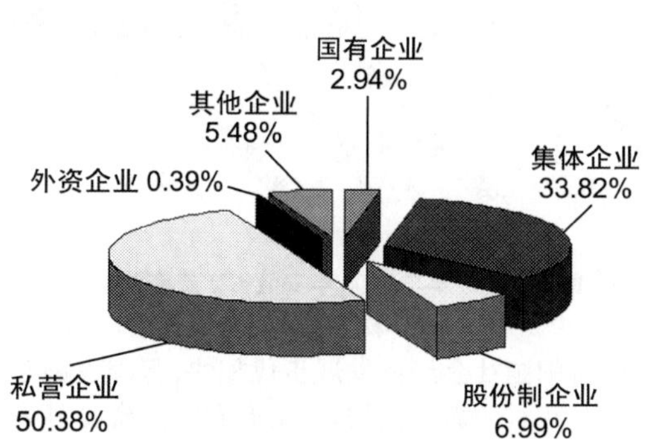

图 1　2004 年矿山企业类型比例图

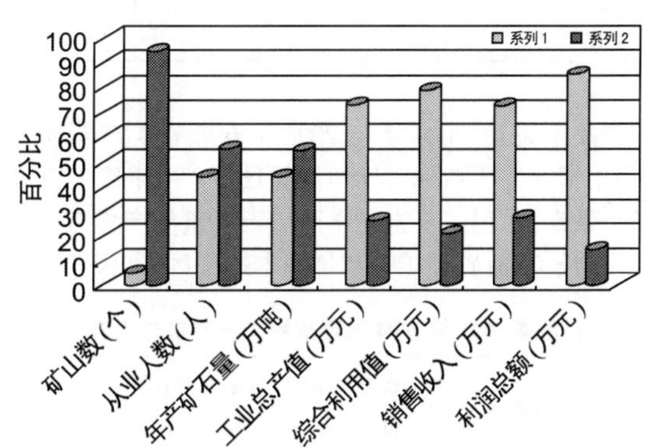

图 2　2004 年度大中型矿山与小型矿山经济指标占总量百分比对照图

【矿山生产能力】 2004年安徽省矿业生产状况较为平稳，除煤炭企业外大多数矿山企业的实际生产能力普遍略低于设计生产能力。安徽省各类矿山主要矿种的生产能力情况详见表4。

表4　2004年安徽省矿山生产能力统计表

矿产类别	设计生产能力		实际生产能力	
	采矿	选矿	采矿	选矿
能源	8039.55	3625.6	8643.828	3348.69
煤矿	7958.35	3590.4	8598.778	3331.34
黑色金属	3488.25	2778.3	2387.77	1725.44
铁矿	3483.9	2778.3	2386.89	1725.44
有色金属	1214.17	1041.73	666.985	389.24
铜矿	1148.38	1006.98	599.095	347.53
贵金属	108.49	78.39	116.88	72.81
金矿	105.64	78.39	112.88	72.81
冶金辅助原料	1266.7	7	856.33	5.2
萤石	61.4	2	48.1	2
熔剂用石灰岩	424	3	263	1
冶金用白云岩	744.9	0	518.55	0
化工原料	393.9	134.2	337.011	145.8
硫铁矿	167.2	71.5	149.051	70.8
岩盐	30	30	45	45
磷矿	34.8	2.7	21.41	0
建材及其他非金属	29250.3325	3361.27375	23757.72206	2663.6772
石膏	80	10	88	20
方解石	530.4	2	295.39	0
水泥用灰岩	6166.84	58.2	6011.241	35.2
玻璃用石英岩	512.1	12	413.8	8
高岭土	60.4	4.5	49.08	4.5
凹凸棒石粘土	63	24	58.3	21
膨润土	100.8	38	40.74	11

【矿产品产量】 2004年与2003年安徽省矿产资源开发利用情况主要指标对比情况见图3。当年度安徽省煤炭、铁矿、水泥用灰岩等矿产矿石产量年产量有较大幅度增长，其他矿种矿石产量基本持平（详见表5）。

表5　安徽省2003与2004主要矿种矿石产量对比表

序号	矿种名称	2003年产矿石量（万吨）	2004年产矿石量（万吨）	增（+）减（-）量
1	煤	6908.236	7359.37	451.134
2	铁矿	943.203	1069.65	126.447
3	锰矿	0.35	0.43	0.08
4	铜矿	385.758	394.84	9.082
5	铅矿	17.965	18.59	0.625
6	锌矿	12.89	16.15	3.26
7	锑矿	0.26	1.01	0.75
8	砂金	0	0	0
9	金矿	69.2	95.52	26.32
10	银矿	0.15	0	-0.15
11	萤石（普通）	16.5	32.37	15.87
12	硫铁矿	160.72	175.73	15.01
13	岩盐	45.23	52.75	7.52
14	磷矿（主矿、共生矿）	6.07	6.45	0.38
15	石膏	42.01	71.56	29.55
16	方解石	81.86	138.56	56.70
17	水泥用灰岩	3855.516	5315.94	1460.4249
18	玻璃用石英岩	284.16	367.8	83.64
19	建筑用砂	1491.067	676.36	-814.707
20	高岭土	15.336	13.45	-1.886
21	凹凸棒石粘土	2.98	12.38	9.4
22	膨润土	19.53	17.04	-2.49

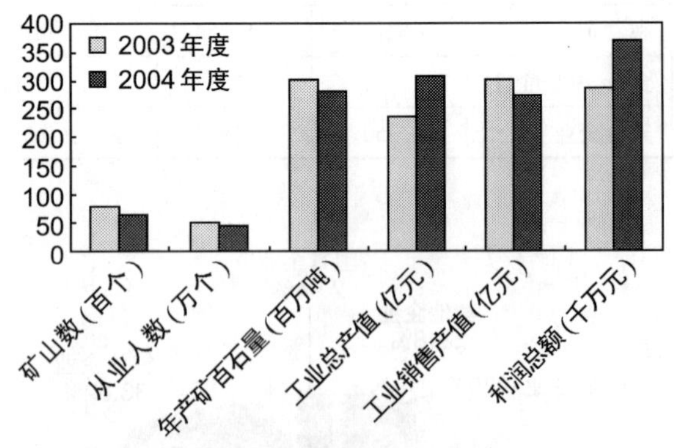

图3　2003年与2004年安徽省矿产资源开发利用情况主要指标对比图

随着中国社会经济发展步伐加快，基础设施建设对能源与建材的需求量增长，安徽省矿产资源开发利用步入新的发展时期。自2000年以来，矿山企业数量和矿山从业人数总体呈现相对稳定，矿产品市场供需两旺，矿石产量、矿业产值和矿业利润总额趋于稳定增长(见图4)。煤炭行业在全省矿业经济中仍占主导地位,2004年安徽省煤炭工业总产值和利润总额分别占全省相应总额55.37%和47.65%。同时,水泥等建材行业保持较大增长趋势。

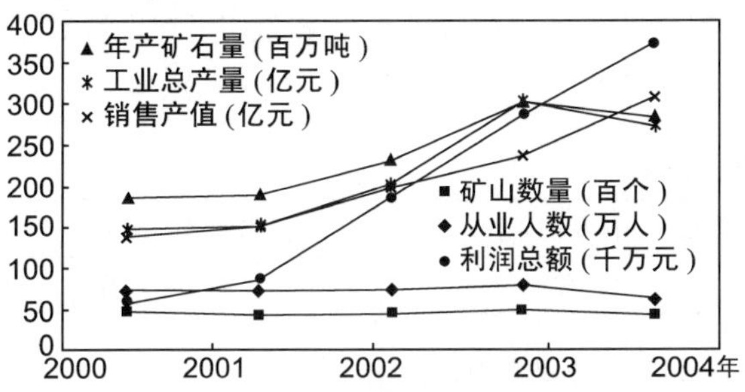

图4 2000～2004年安徽省矿产资源开发利用情况主要经济指标趋势图

【矿产地质勘查】 2004年,安徽省地勘行业各部门有地质勘查单位49个,其中,省地勘局20个,冶金地勘局8个,煤田地质局6个,其他部门15个;地质勘查单位中,国有性质45个,集体性质1个,民营性质3个。

2004年完成地质勘查总投资37564.722万元,其中:中央财政投入1472.582万元,地方财政投入2149.34万元,企事业单位投入31015.64万元,个人投资2927.16万元。完成机械岩芯钻探工作量51.2万米,坑探工作量8950.2米,槽探工作量12.3万立方米,浅井工作量3376.8米。

截至2004年底,安徽省共保有有效探矿权612个(不含油气及煤层气项目),比2003年增加57%,勘查面积共计6013平方公里。其中2004年批准设立探矿权446个(含新立244个,变更130个、延续63个,保留9个),比上年度增加81%,新批准登记面积3894平方公里。

安徽省矿产资源勘查活动主要集中在池州、六安、铜陵、芜湖、安庆、滁州、巢湖、宣城等地区。2004年度全省新发现大中型矿产地24处,新增探明资源储量的矿种5个,有新进展的矿产地12个。在繁昌县浮城墩发现矽卡岩型铜锌矿,有6钻孔见矿,控制矿带长达800米,可望找到一个中小型矿床。南陵县姚家岭铅锌矿普查,施工4孔见矿,其中一孔见矿10层,累计厚25米,其中较厚一层为5.27米的铅锌矿体,含铅1.21%、含锌11.66%、含金4.28克/吨、含铜0.53%,具有较好的找矿前景,可望达到中型规模。绩溪县榧树坑金矿普查、庐江县沙溪铜矿铜矿外围,青阳县百丈崖钨钼矿外转、池州黄山岭钨钼矿、和县香泉铊矿等勘查项目有重大进展,预测均可望获得中型规模以上矿床,并填补安徽省铊矿床的空白。

(安徽省矿业协会 孔繁茂 陈礼纪)

【煤炭资源勘采秩序整顿】 安徽省国土资源厅,2004年部署全面清理煤炭资源探矿权、采矿权工作,对违规开采煤矿予以关闭,并暂停办理新的煤炭勘查开采许可证。安徽省国土资源厅要求各市严格整顿煤炭资源勘查开采秩序,对煤炭探矿权、采矿权的设立和分布情况进行一次全面清理,并将重点放在清理检查大中型矿区矿产地(资源储量规模5000万吨以上)范围内的探矿权、采矿权的分布、开采情况。在清理整顿中,若发现以下5种情况,将坚决予以关闭:采矿许可证、煤炭生产许可证、营业执照、矿长资质证四证不全的;开采高硫、高灰煤炭的;各类大中型煤矿内办的小矿山;资源已经枯竭和不具备基本生产条件,不符合资源和环境保护要求的;不按照批准的开发利用方案开采或越层越界开采行为又拒不改正等。

2002年以来新设立的煤炭探矿权采矿权,安徽省此次都会进行清理。对越权、违规审批行为,按相关规定查处;凡许可证到期仍进行勘查开采活动的,一律按无证勘查开采查处。除已依法受理申请外,安徽省暂停办理新的煤炭资源勘查开采许可证。

(中国矿业信息中心)

山 东 省

【矿产资源概况】 山东省矿产资源比较丰富,查明储量的矿种较多,矿产储量总量较大,在全国占有较重要的位置。截至2004年底,已发现各类矿产150种,约占全国发现矿种的87.7%;查明有资源储量的矿产81种,占全国已查明有资源储量矿产的51.2%。查明有资源储量的矿产中:能源矿产7种,金属矿产24种,非金属矿产47种,水气矿产3种。已发现但尚未查明有资源储量或仅有简测地质资料的矿产72种。发现及探明矿产情况见表1。

查明资源储量的矿产地1412处(不含伴生、共生矿产地)。按矿床规模划分,大、中型矿床422处,占全省矿区总数的28.46%;按矿产大类划分,能源矿产380处,占全省矿区总数的25.22%,金属矿产420处,占28.32%;非金属矿产339处,占22.86%;水气矿产350处,占23.60%。具有良好找矿潜力的矿种有:金、铁、煤、石油、天然气、煤层气、金刚石、水泥灰岩、玻璃用砂岩、石膏、石墨、滑石、地热、饰面用花岗石等。

按保有储量统计,有58种矿产名列全国前10位,前5位的32种,其中:自然硫、石膏、饰面用花岗岩、饰面用辉长岩、玻璃用砂岩、陶粒用粘土、水泥配料用红土、陶瓷土、铪矿等9种矿产居第1位;金矿、金刚石、透辉石、菱镁矿、制碱用灰岩、建筑用大理岩、水泥用灰岩、二氧化碳气等8种矿产居第2位；石油、钴矿、晶质石墨、铸型用砂、水泥配料用黄土等5种矿产居第3位；钼矿、滑石、明矾石、熔剂灰岩、溴等5种矿产居第4位；钾盐、水泥凝灰岩、珍珠岩、水泥配料泥岩、饰面辉绿岩等5种矿产居第5位。见表2、图2。在沿黄海经济带和环渤海经济区的12个省(区、市)中，山东省有50种矿产居前3位，其中石油、金、铪、菱镁矿、自然硫、明矾石、磷、晶质石墨、石膏、玻璃用砂岩、陶瓷土、陶粒粘土、饰面用辉长岩、饰面用花岗岩、蓝宝石、水泥配料用泥岩、水泥配料用红土、建筑用大理岩等18种矿产居第1位。

表1　山东省矿产种类一览表

矿产大类	探明储量的矿种		已发现尚无探明储量的矿种		尚未发现的矿种	
	矿种数	名　称	矿种数	名　称	矿种数	名　称
能源矿产	7	煤、石油、天然气、油页岩、铀、钍、地热	4	石煤、煤层气、油砂、天然沥青		
金属矿产	24	铁、钛、铜、铅、锌、铝土矿、镍、钴、钨、钼、金、银、铌、钽、锆、铈、镧、镨、钕、镓、铪、镉、硒、碲	21	锰、钒、铬、镁、铋、铂、钯、铍、锂、钐、铕、铟、铼、钇、钆、铽、镝、铒、镱、汞、锶	14	锡、锑、铱、铑、锇、钌、钬、铥、镥、铯、镥、铊、锗、钪
非金属矿产	47	金刚石、石墨、自然硫、硫铁矿、红柱石、滑石、石棉、云母、长石、石榴子石、透辉石、蓝晶石、氟石、明矾石、石膏、重晶石、菱镁矿、萤石、白云岩、石灰岩、泥灰岩、石英岩、砂岩、天然石英砂、脉石英、页岩、硅藻土、高岭土、陶瓷土、耐火粘土、膨润土、其他粘土、玄武岩、蛇纹岩、花岗岩、大理岩、矿盐(岩盐、天然卤水)、溴、钾盐、磷、蓝宝石、辉绿岩、辉长岩、凝灰岩、珍珠岩、火山灰、电气石	43	水晶、刚玉、夕线石、硅灰石、钠硝石、叶蜡石、蛭石、透闪石、芒硝、方解石、冰洲石、玉石、玛瑙、颜料矿物、天然油石、白垩、粉石英、含钾岩石、铁矾土、橄榄岩、辉石岩、安山岩、闪长岩、角闪岩、正长岩、浮石、粗面岩、片麻岩、镁盐、碘、霞石正长岩、泥炭、松脂岩、黑曜岩、火山渣、球石、贝壳砂、伊利石粘土、海泡石粘土、板岩、麦饭石、含钾砂页岩、彩石	8	蓝石棉、毒重石、天然碱、凹凸棒石粘土、累托石粘土、砷、硼、黄玉
水气矿产	3	地下水、矿泉水、二氧化碳气	1	硫化氢气	2	氦气、氡气
合计	81		69		24	

注：贝壳砂、球石、彩石不包括在中国已发现的171种矿产内。

表2　居中国前十位矿产种类一览表

居全国位次	第一位	第二位	第三位	第四位	第五位	第六位至第十位
矿产数	9	8	5	5	5	26
矿产名称	自然硫、石膏、花岗岩、辉长岩、玻璃砂岩、陶粒粘土、水泥配料红土、陶瓷土、铪矿	金刚石、金矿、透辉石、菱镁矿、碱用灰岩、建筑用大理岩、水泥用灰岩、二氧化碳气	石油、钴矿、石墨、铸型砂、水泥配料黄土	钼矿、滑石、明矾石、熔剂灰岩、溴	钾岩、水泥凝灰岩、珍珠岩、水泥配料泥岩、饰面辉绿岩	煤、天然气、油页岩、铝土矿、红柱石、镓、耐火粘土、石榴子石、化肥用蛇纹岩、石棉、硫铁矿、重晶石、磷矿、云母、氟石、泥灰岩、玻璃用石英岩、玻璃用脉石英、硅藻土、水泥用大理岩、铁矿、玻璃用砂岩、膨润土、盐岩、锆石、宝石

山东省保有储量占中国比例较高的矿产有：石油(12.45%)、金矿(12.93%)、金刚石(46.59%)、菱镁矿

(17.81%)、石膏(64.29%)、晶质石墨(7.40%)、饰面石材(20.12%)、玻璃用砂岩(23.64%)、陶瓷土(11.46%)。此外,煤、铁和滑石探明储量也较丰富,保有储量分别占全国的3.18%、4.87%和11.31%。

【矿产勘查】 2004年,山东省共颁发探矿许可证1651项,地质勘查投入资金共20933.40万元,其中:地方财政拨款2267.84万元,社会资金投入18921万元,企事业资金18665.56万元。新发现矿产地6处(煤、铁、铜、石膏、地下水各1处),查明资源量:煤控制资源量3082.9万吨,推断资源量3.95亿吨;铁矿推断资源量2060万吨;铜推断资源量(金属量)50000吨,石膏预测资源量1亿吨,地下水30000立方米/日。

【矿产资源开发利用】 根据矿产资源开发利用情况统计年报资料,2004年山东省开发利用的矿产共89种(含亚矿种),其中:能源矿产4种,黑色矿产1种,有色金属3种,贵金属2种,冶金辅助原料非金属矿产8种,化工原料非金属矿产10种,水气矿产2种,建材及其他非金属矿产59种。其中,上矿产储量表的矿产49种,占全省上表矿产总数的59.04%;未上表的矿产40种,除石油、天然气、地下热水、矿泉水、地下卤水等矿产外,其均为建材非金属矿产(表3)。银多为金矿矿山综合回收利用矿产,铁矿、金矿中共(伴)生的铅、锌、钴、硫等矿产,矿山开采中多数已综合回收利用矿产,在统计中未予统计。但有些矿产,如镓、锗、铬、硒、碲等已随主矿种开采,但由于技术条件所限,未能综合回收利用。

表3　2004年开发利用矿产种类一览表

矿产种类	亚矿种数	上表矿种	未上表矿种
合计	89	49	40
能源矿产	4	煤炭	石油(天然气)、地热水
黑色金属	1	铁矿	
有色金属	3	铜矿、铝土矿、钼矿	
贵重金属	2	金矿(银矿)	
冶金辅助原料非金属矿产	8	普通萤石、溶剂灰岩、冶金用白云岩、耐火粘土、菱镁矿、铸型用砂、冶金用石英岩	溶剂蛇纹岩
化工原料非金属矿产	10	明矾石、重晶石、电石用灰岩、制碱用灰岩、岩盐、溴、天然卤水	含钾岩石、化肥用蛇纹岩、泥炭
水气矿产	2		矿泉水、地下水
建材及其他非金属矿产	59	金刚石、石墨、滑石、石棉、长石、透辉石、氟石、石膏、宝石、高岭土、陶瓷土、膨润土、陶粒用粘土、玻璃用石英岩、玻璃用砂岩、玻璃用砂、玻璃用脉石英、饰面用辉绿石、饰面用花岗岩、饰面用大理岩、建筑用大理岩、水泥用灰岩、水泥用页岩、水泥用粘土、水泥用红土、水泥用凝灰岩、水泥用大理岩、泥灰岩	蛭石、方解石、贝壳、玻璃用白云岩、建筑用灰岩、建筑用白云岩、建筑用砂、建筑用玄武岩、建筑用砂岩、建筑用安山岩、建筑用闪长岩、建筑用花岗岩、建筑用凝灰岩、制灰用灰岩、陶瓷用砂岩、砖瓦用粘土、砖瓦用页岩、火山灰、光学用萤石、饰面用灰岩、水泥用砂岩、砖瓦用砂岩、硅藻土、建筑用页岩、水泥用泥岩、饰面用玄武岩、建筑用角闪岩、建筑用辉绿岩、建筑用二长岩、水泥用板岩、片麻岩

"十五"期间,国土资源部门认真贯彻执行国务院、省政府关于整顿矿业秩序的有关规定和《山东省矿产资源总体规划》,在关闭违法开采和不具备生产条件矿山的同时,严格矿山准入条件,对达不到最低开采规模、破坏自然景环境的小型矿山实施了关闭。矿业秩序明显好转,矿山企业规模的调整也取得成效。全省矿山企业数量比2000年减少7.76%,但矿产资源开发利用程度和经济效益却显著提高,固体矿产产量比2000年增长到67.82%,矿业产值增长47.85%(表4)。

表4　　山东省2000～2004年各年度矿产开发情况表

年度	开采矿种数(个)	矿山企业数(个)	从业人数(万人)	矿产产量				矿业产值(万元)
				固体矿产(万吨)	石油(万吨)	地下热水矿泉水(万立方米)	气体矿产(亿立方米)	
2000	82	9729	88.44	26053.88	2675.70	146.77	6.88	6577792.63
2001	83	9550	89.50	27378.72	2668.00	166.17	8.50	6564000.00
2002	89	9632	87.47	29877.08	2671.00	243.91	7.50	6547738.87
2003	88	10074	88.01	33236.46	2665.00	236.00	8.10	7991188.12
2004	89	8974	78.71	43861.91	2674.30	310.41	9.21	9725073.99

注:表中开采矿种数不含地下水,产量、产值中不含中原油田。

截至2004年底共发放采矿许可证10208个,其中:国有企业232个,集体企业3884个,股份合作企业50个,有限责任公司323个,股份有限公司54个,私营企业4432个,其他企业659个,中外合资(含港、澳、台资)企业21个,港、澳、台商独资企业5个。全省共有生产矿山企业8974个,矿山企业矿区总面积9492.69平方公里,从业人数78.71万人,设计总生产规模:固体矿产51000万吨/年。矿产品产量:固体矿产43861.91万吨,石油2674.30万吨,天然气9.00亿立方米,地下热水、矿泉水310.41万立方米。山东省矿业总产值972.51亿元。各种矿产开发情况见表5。

表5　　山东省矿产资源开发利用情况表

矿产名称		矿山数(个)	从业人员(人)	产量单位	产量	产值(万元)
原煤		381	394510	万吨	13889.71	3671899.39
石油		1	80000	万吨	2674.30	5058533.00
天然气				亿立方米	9.21	
地下热水		41	1235	万立方米	204.37	4110.00
铁矿		116	24492	矿石万吨	1001.47	339544.92
铜矿		3	736	矿石万吨	1.00	4.01
铝土矿		6	180	矿石万吨	0.00	0.00
钼矿		2	868	矿石万吨	10.40	3953.00
金矿(岩金)		218	43861	矿石万吨	1039.83	345647.32
菱镁矿		3	1043	矿石万吨	14.90	5804.00
普通萤石		7	642	矿石万吨	15.69	1525.00
滑石		13	1348	矿石万吨	16.80	3654.00
金刚石		1	363	万克拉	11.90	1026.00
石膏		54	12566	矿石万吨	541.53	18931.48
耐火粘土		78	4160	矿石万吨	103.48	8701.39
石墨		5	2474	矿石万吨	51.30	7699.00
重晶石		3	60	矿石万吨	0.50	62.00
矿盐	岩盐	7	947	盐万吨	36.75	5663.40
	天然卤水	246	17176	盐万吨	614.36	133495.96
溴		12	841	元素万吨	1.67	21642.00

续表 5 - 1

矿产名称		矿山数(个)	从业人员(人)	产量单位	产量	产值(万元)
明矾石		3	68	矿石万吨	2.60	39.00
含钾岩石		1	20	矿石万吨	0.80	60.00
石灰岩	制碱用灰岩	4	90	矿石万吨	4.00	42.50
	电石用灰岩	1	100	矿石万吨	28.90	743.00
	熔剂用灰岩	4	631	矿石万吨	86.41	2589.00
	水泥用灰岩	233	6794	矿石万吨	2284.96	112601.03
	建筑用灰岩	2138	38720	矿石万立方米	5562.06	52359.12
	饰面用灰岩	1	30	矿石万立方米	1.00	30.00
	制灰用灰岩	101	2501	矿石万吨	121.27	1805.26
玻璃用石英岩		18	291	矿石万吨	17.66	643.10
玻璃用脉石英		1	10	矿石万吨	0.30	18.00
白云岩	冶金用白云岩	3	148	矿石万吨	28.40	323.80
	玻璃用白云岩	5	279	矿石万吨	7.30	555.00
	建筑用白云岩	21	262	矿石万立方米	21.61	466.95
砂岩	玻璃用砂岩	27	724	矿石万吨	133.28	9167.90
	陶瓷用砂岩	1	18	矿石万吨	6.00	200.00
	水泥用砂岩	4	89	矿石万吨	3.32	74.50
	建筑用砂岩	17	317	矿石万立方米	14.03	221.85
	砖瓦用砂岩	3	75	矿石万吨	9.80	136.00
石英岩	铸型用砂	2	20	矿石万立方米	4.67	29.50
	玻璃用砂	1	453	矿石万立方米	50.00	2800.00
	建筑用砂	202	1900	矿石万立方米	512.74	4300.16
其他粘土	砖瓦用粘土	2322	106282	矿石万立方米	2266.57	107170.65
	陶粒用粘土	10	133	矿石万吨	11.30	335.00
	水泥用粘土	14	325	矿石万吨	44.85	618.72
	水泥用红土	3	37	矿石万吨	13.40	67.00
	水泥用泥岩	1	10	矿石万吨	1.00	20.00
页岩	砖瓦用页岩	32	989	矿石万吨	38.85	1330.03
	水泥用页岩	8	179	矿石万吨	20.58	2038.40
	建筑用页岩	1	2	矿石万吨	0.00	0.00
水泥用板岩		1	6	矿石万吨	1.00	20.00
高岭土		13	382	矿石万吨	37.20	960.53
陶瓷土		22	484	矿石万吨	11.06	258.30
泥灰岩		1	32	矿石万吨	0.50	10.00
膨润土		17	219	矿石万吨	14.22	349.00
氟石		3	50	矿石万吨	1.92	35.00

续表 5－2

矿产名称		矿山数(个)	从业人员(人)	产量单位	产量	产值(万元)
透辉石		9	284	矿石万吨	40.40	1006.00
蛇纹岩	熔剂用蛇纹岩	2	196	矿石万吨	27.00	400.10
	化肥用蛇纹岩	1	20	矿石万吨		0.10
辉绿岩	饰面用辉绿岩	1	9	矿石万立方米	0.26	48.90
	建筑用辉绿岩	1	10	矿石万立方米	0.00	0.00
花岗岩	饰面花岗岩	710	11252	矿石万立方米	225.23	30410.40
	建筑花岗岩	1226	16458	矿石万立方米	2273.95	32332.26
大理岩	饰面用大理岩	14	79	矿石万立方米	0.98	84.00
	水泥用大理岩	9	77	矿石万吨	4.90	57.50
	建筑用大理岩	187	2072	矿石万立方米	464.12	4467.70
玄武岩	饰面用玄武岩	1	30	矿石万立方米	4.50	98.00
	建筑用玄武岩	60	920	矿石万立方米	160.31	1872.60
	建筑用安山岩	72	660	矿石万立方米	109.23	819.00
建筑用闪长岩		9	92	矿石万立方米	9.74	283.19
建筑用二长岩		1	25	矿石万立方米	0.86	100.00
建筑用角闪岩		2	15	矿石万立方米	1.90	15.00
石棉		1	20	矿石万吨	0.00	0.10
长石		37	577	矿石万吨	15.64	634.04
凝灰岩	水泥用凝灰岩	1	2	矿石万吨	2.00	20.00
	建筑用凝灰岩	69	840	矿石万立方米	40.58	427.80
水泥用火山灰		3	27	矿石万吨	31.00	182.00
蛭石		1	10	矿石万吨	0.20	12.00
方解石		3	64	矿石万吨	0.88	96.00
光学萤石		1	30	矿石万吨	4.50	316.62
宝石		6	105	矿物千克	0.00	95.80
硅藻土		1	30	矿石万吨	0.00	81.00
泥炭		1	10	矿石万吨	0.80	80.00
片麻岩		18	156	矿石万吨	15.34	98.20
贝壳砂		3	65	矿石万吨	0.50	25.00
矿泉水		81	2666	万立方米	106.04	20444.94
二氧化碳气		1	27	亿立方米	0.019	160.00

【矿业在山东省国民经济中地位】 根据2004年《山东省统计年鉴》统计资料，全省规模以上采掘业和矿产品加工业产值达8558.31亿元，占全省工业总产值26295.24亿元的32.55%，其中，矿业产值1755.14亿元(因统计口径不同，与矿产开发利用情况统计年报数据有差异)，占全省工业总产值的6.67%、占全省工业增加值的27.01%。此外，矿业还为山东省石油化工、煤炭化工、钢铁工业、水泥产业、建材工业、玻璃工业、盐化工、陶瓷工业等重要产业发展提供了原料支撑。2004年水泥12363.84万吨、大理石板材89.34万平方米、花岗石板材2997.60万平方米、石膏板22481.71万平方米、平板玻璃3535.97万重量箱。

矿业在引进外资、进出口贸易方面也占有重要位置，2004年，山东省与外商投资的合作、合资、独资矿山企业有26个，主要开采水泥用灰岩、玻璃用砂岩、花岗石材、石墨、地热、矿泉水、砖瓦粘土等矿产；勘查项目12个，主要勘查金、铁、金刚石、饰面花岗岩、水泥用灰岩及地下水等矿产。注册资金8.98亿元，矿业产值达8902万元。根据《山东省统计年鉴》资料，全省矿产品、矿物燃料及相关制品出口贸易额48.34亿美元，占全省出口贸易总额的13.47%。其中原矿产品出口贸易总额11.37亿美元，为山东省出口贸易总额的3.17%。

【山东省主要矿产资源形势】 1. *石油*。山东省是全国重要石油产地。主要集中在东营、菏泽、聊城三市。胜利油田累计查明石油地质储量居全国第三位，保有储量占全国的12.45%，居全国第三位；年产原油占全国产量的15.28%，居全国第二位。根据目前保有储量情况，预计2006年产量2600万吨，2010年产量2550万吨，现保有储量不能满足至2010年生产需求。据预测，“十一五”末期，山东省对石油及其制品的消费量将达到3100万吨，即使生产的石油全部供应山东省，也不能保证需求。

2. *煤炭*。山东省煤炭资源比较丰富，保有基础储量占全国的3.18%，居第9位。主要集中在烟台、潍坊、淄博、济南、泰安、枣庄、临沂、济宁、德州9市。全省探明地质储量虽然较多，但由于水文地质条件复杂及地面建筑物压矿等原因，保有的经济可采储量仅占保有地质储量的18.17%。山东是煤炭生产大省，煤炭产量占全国的7.49%，居第三位。现保有可采储量可保证矿山生产15年的需求。预计2005～2010年总计产煤约9亿吨，但仍不能满足经济社会发展对煤炭的需求。

3. *金矿*。山东省金矿资源总储量居全国第二位，黄金产量居全国第一位。主要集中在烟台、威海、青岛、临沂、日照5市。预计2005年黄金年产量达60吨，2010年达70吨，需消耗金矿储量650吨。现有黄金储量无法满足到2010年的需求。全省所探明的金矿区几乎都已建矿，后备资源基地缺乏。

4. *铁矿*。山东的铁矿主要集中在淄博、济南、泰安、临沂、济宁、莱芜、枣庄、潍坊、烟台9市。探明的铁矿资源储量较多，但由于品位低，可供利用的储量较少，贫铁矿占铁矿总储量的60%以上。2004年全省共消耗铁矿石（标矿）2700万吨，而省内铁矿石产量仅600万吨，只占需求量的22%。

【矿业权管理】 山东省矿业权管理进一步规范、完善，制定了有关矿产资源勘查、开采登记、矿业权招标、拍卖、转让等具体实施办法，形成了较完备的矿产资源法律、法规体系。矿业权市场基本形成。2004年，依法出让探矿权9宗，价款6063万元，其中：招标出让1宗，价款158万元；挂牌出让8宗，价款5905万元。依法批准转让探矿权103宗，价款35257万元，其中：出售93宗，价款34188万元；作价出资9宗，价款1054万元；其他1宗，价款15万元。依法出让采矿权4236宗，价款246830万元；其中：申请审批2405宗，价款172577万元；招标出让35宗，价款256万元；拍卖出让167宗，价款53897万元；挂牌出让1629宗，价款20100万元。依法批准转让51宗，价款165267万元，其中：出售25宗，价款5626万元，作价出资26宗，价款159641万元。矿业权的授予做到了公平、公正、公开。

【矿业城市情况】 山东省矿业比较发达，依托矿业建立起的地级市有淄博、枣庄、东营、烟台、济宁、泰安、莱芜等7个市矿业城市，其矿产资源开发利用情况见表6。

表6　山东省各市2004年度矿产开发情况表

市	开采矿种数(个)	矿山企业数(个)		从业人数(万人)	矿产产量				矿业产值(万元)
		2000年	2004年		固体矿产(万吨)	石油(万吨)	地下热水矿泉水(万立方米)	气体矿产(亿立方米)	
淄博	20	619	563	5.31	2390.48		3.04		319436.13
枣庄	16	331	302	8.35	3618.50				604215.74
东营	5	89	65	8.33	83.00	2674.30	0.50	9.21	4757032.55
烟台	38	1007	974	5.78	4691.76		5.40		433895.53
济宁	14	583	720	14.65	11994.22				2080279.12
泰安	13	620	569	12.44	4404.59		3.32		692380.10
莱芜	19	313	234	2.88	1769.12		1.00		210995.40

（山东省国土资源厅矿管处）

【煤矿整顿关闭】 2004年山东省进一步提高煤矿企业的准入门槛，对于7类煤矿一律实行关闭。

这7类煤矿均是针对年生产能力在9万吨以下的小煤矿，7种情况分别是：经核实储量，批准开采范围内的煤炭资源已经枯竭的；超层越界，擅自开采各类保安煤柱或采用危及相邻煤矿生产安全的泄水、通风等方法的；受自然灾害威胁严重，存有长期性、难以治理的重大事故隐患，不能保证安全生产的；复采煤炭资源为资料不清、情况不明的老矿残留煤和边角煤的；专业技术人员配备不足，总工程师任职资格达不到煤矿专业中级以上技术职称，在规定期限内仍达不到配置要求的；发生一次死亡10人以上特大责任事故的；达不到《煤矿安全生产基本条件规定》的。

对于这些确定关闭的煤矿，山东省要求有关部门要注销或吊销其有关证照，并由当地政府负责撤除设施、炸毁井筒、填平场地，严防死灰复燃。

山东省还规定，今后新开办煤矿企业，设计生产能力不能小于30万吨，且必须具备法定办矿条件，严禁安全设施未经验收合格的矿井开工生产。

【山东省33种矿产资源面临枯竭】 2004年召开的山东省矿产资源管理工作会议指出，未来5～10年，是山东省矿产资源需求的高峰期，矿产资源形势不容乐观。

山东省属人均占有矿产资源较少省份。而综合矿、贫矿和难采、难选、难冶矿较多。50%以上的铁矿、大多数的铜矿、铅锌矿、铝土矿等都属于贫矿。

据预测，到2010年，山东省45种主要矿产将有33种不能满足经济发展的需要。石油可采保有储量不能满足年产2300万吨的生产需求；煤炭资源现有可采储量只能保证矿山生产30年左右，届时将有108对矿井因资源枯竭而报废；金矿现有储量可供开采10年以上的矿山仅24处，而77%的矿山保有储量不到5年即将采完，后备资源匮乏。

（中国矿业信息中心）

河 南 省

【矿产资源概况】 矿产地数及规模。河南省成矿条件较好，矿产资源丰富，是中国重要的矿产资源省份。矿产主要分布在京广线以西和豫南丘陵山区，豫北、豫东平原除中原油田和永城煤田外，金属和非金属矿床极为少见。截止2004年底，全省已发现各类矿产126种（含亚矿种为157种），有探明资源储量的为73种（含亚矿种为81种）；已开发利用的为85种（含亚矿种为117种）。截止2004年底，载入河南省矿产资源储量登记统计库的固体矿产共75种，矿区数为759处，矿产地共967处，其中，主要矿产地（含单一矿产地）759处，伴共生矿产地238处。按矿床规模划分，在759个矿区中：大型的169个（含特大型），中型的225个，小型的362个，暂无规模指标的3个。探明储量的矿产按矿类统计，非金属占58%，金属占33%，能源占7%，水气占2%。

1. 主要矿种资源储量及消耗情况。截止2003年底，河南省矿产保有资源储量在各省（市、自治区）居首位的有钼、蓝晶石、红柱石、天然碱、伊利石粘土、珍珠岩、水泥配料用粘土、霞石正长岩8种，居前3位的有19种，居前5位的有27种，居前10位的多达44种（见表1）。

表1 河南省保有查明资源储量居全国前十位矿产种类一览表

居全国位次	第一位	第二位	第三位	第四位	第五位	第六位至第十位
矿产数	8	5	6	2	6	17
矿产名称	钼、蓝晶石、红柱石、天然碱、伊利石粘土、珍珠岩、水泥配料用粘土、霞石正长岩	铸石用砂岩、耐火粘土、蓝石棉、天然油石、玻璃用凝灰岩	镁、钨、铼、镓、铁矾土、水泥用大理岩	铝土矿、石墨（晶质）	含钾砂页岩、水泥配料用黄土、水泥用灰岩、电石用灰岩、玉石、岩棉用玄武岩	铯、饰面用大理岩、冶金用石英岩、玻璃用石英岩、钛、金、铷、锂、熔剂用灰岩、玻璃用脉石英、氟石、水泥配料用砂岩、石油、铟、硫铁矿、煤、铁

2004年河南省矿产开采资源储量消耗大的矿种有普通萤石、金、铅、玻璃用石英岩、银、铜、玉石等，开采消耗的资源储量均占累计查明总量的25%以上。特别是普通萤石和金，资源储量消耗的比例分别高达71.39%和66.39%，属于强力开发，后备资源严重不足。煤和铝土矿的资源储量消耗比例尚较低，分别为13.79%和13.09%，煤矿的储采比（保有储量/年开采量）由6.13升至6.25，但仍低于全国平均水平，属于强力开发。铝土矿的保有资源储量总量虽大，但富矿石所剩不多（见表2）。

表 2　　河南省主要矿种资源储量消耗情况

矿种	查明资源储量					保有储量全国位次(2003)
	单位	累计查明	历年开采消耗	消耗占累查百分率	2004 年底保有	
煤	千吨	29571187	4068374	13.79	25442813	10
铁	矿石千吨	1204509	76240	6.33	1128269	10
铜	铜吨	295037	84605	28.68	210432	24
铅	铅吨	1427935	663423	46.46	764512	14
锌	锌吨	1574711	245759	15.61	1328952	17
铝土矿	矿石千吨	482566	63177	13.09	419389	4
钼	钼吨	3094670	109917	3.55	2984753	1
金	金千吨	767421	51786	66.39	255635	7
银	银吨	6458	2488	38.53	3907	11
普通萤石	CaF_2 千吨	6135	4380	71.39	1755	11
熔剂用灰岩	矿石千吨	680372	70717	10.31	610201	7
耐火粘土	矿石千吨	323714	43355	13.39	280359	2
硫铁矿	矿石千吨	187826	7480	3.98	180346	9
天然碱	矿石千吨	88104	4255	4.83	83849	1
电石用灰岩	矿石千吨	191219	10307	5.39	180912	5
化肥用蛇纹岩	千吨	6951587	4547	6.54	64968	13
岩盐	NaCl 千吨	2635395	20144	0.76	2615251	11
玉石	矿石吨	19578	4977	25.42	14601	5
水泥用灰岩	矿石千吨	4001995	212905	5.32	3789090	5
玻璃用石英岩	矿石千吨	79931	33587	42.02	46344	6
膨润土	矿石千吨	52344	342	0.65	52002	15
珍珠岩	矿石千吨	122330	16540	13.52	105790	1
饰面用大理岩	矿石千立方米方米	48050	3210	6.68	48840	6
水泥用大理岩	矿石千吨	269450	29380	10.90	240070	3

2. 资源储量潜在价值。河南省矿产资源比较丰富，探明的资源储量总量较大，人均拥有量较少。截止 2000 年底，载入河南省矿产资源储量表的固体矿产和石油、天然气的累计探明储量的潜在经济价值为 20826 亿元(1990 年不变价，下同)，保有资源储量的潜在价值为 17177 亿元，其中 45 种主要矿产累计探明资源储量的潜在价值为 19826 亿元，保有资源储量的潜在价值为 10775 亿元。累积探明和保有资源储量的潜在价值分别占全国总值的 1.54% 和 1.35%。保有资源储量的潜在价值在全国居第 11 位，人均拥有资源量的潜在价值为 1.83 万元，仅为全国平均水平的 1/4。

3. 储量与开采量较大的优势矿产。优势矿产主要为：煤、石油、天然气、铝土矿、钼、金、银、耐火粘土、萤石、水泥用灰岩、玻璃用石英岩、玉石、天然碱等，其中煤、石油及天然气、铝土矿、耐火粘土、钼、金等几种矿产的采选在中国占有重要地位，对河南省相关工业的发展有重大的影响；有些矿产虽然资源储量较丰富，开采规模不大，如岩盐、含钾砂页岩、熔剂用灰岩、电石用灰岩、石墨、珍珠岩、膨润土、伊利石粘土、金红石、蓝晶石、红柱石、铸石用砂岩等，其中不少矿种的资源储量居全国前列，今后若扩大开采规模有可能转化为优势矿产；还有一些矿产，当前虽然尚无查明资源储量，但资源并不缺乏且开采规模也较大，如砖瓦用粘土、建筑用砂、建筑用石料等；资源储量较缺乏的矿产有锰、钒、铜、铅、锌、铀、稀有、稀土、稀散元素矿产、磷、菱镁矿、砷、水晶、地下水等，特别是铬、镍、汞、铂族金属、金刚石、硼、钾盐等矿产更为匮乏,有些甚至是河南省缺门矿产。

【矿产地质勘查】 1. 勘查队伍。1998年,国家对地勘队伍的管理体制实行改革,从事固体矿产地质的勘查队伍多实行属地化管理,石油天然气地质队伍划归全国性行业集团公司。目前在河南省境内从事矿产勘查的地质队伍有地矿、石油、煤炭、有色、化工、建材、核工业、武警黄金系统等。2003年末从事矿产地质勘查人员1607人。

2. 勘查权授予情况。2004年度河南省勘查许可证发证数目由531个增加到926个,按勘查矿产种类分,能源矿产勘查项目73个,黑色金属矿产勘查项目277个,有色金属矿产勘查项目255个,贵金属矿产勘查项目201个,非金属矿产勘查项目105个,水气矿产勘查项目15个。黑色金属矿产勘查项目增加幅度最大,由44个增到277个,占勘查项目总数的29.8%;有色金属矿产项目勘查项目由176个增至255个,占勘查项目总数的27.5%;非金属矿产勘查项目依然偏少,只占勘查项目总数的11.3%;2004年新增加的勘查项目:稀有、稀散稀土矿产勘查项目有2个,占总数的0.2%。

3. 地质勘查投入情况。近年来,地质勘查已由单一的中央财政出资,形成了多元化投资格局。2004年地质勘查主要投向为能源矿产勘查、金属矿产勘查以及物化探综合勘查。勘查资金投入较2003年有大幅度增长,为30560万元,其中:中央财政拨款2060万元,地方财政拨款488万元,中方企事业资金22502万元,外资企业资金5.7万元,个人资金1731万元,其他资金3773万元。各项出资比例为:中央财政6.74%,地方财政1.60%,中方企事业资金73.63%,外资企业资金0.0019%,个人资金5.66%,其他12.34%。

与2003年相比,2004年地质矿产勘查投入增加21394.59万元,增幅高达233.43%,是十年来勘查投入最多的一年。地勘直接从业人数减少669人,减幅为23.31%。完成机械岩芯钻探261732米,坑探60658米,槽探249294立方米,浅井8474米。资金投入、机械岩心钻探数量大幅度增加,坑探、浅井工程量明显下降,以采代探受到了遏制,煤、铝土矿等使用钻探手段在增加。

4. 地质勘查成果。2004年,全省地质勘查及找矿工作取得了新进展,新发现矿产地3处,分别为:西峡县木家垭金矿,预测资源量3000金属千克;方城县桃园金矿,预测资源量12925金属千克;内乡县土木崖－周庄银矿,预测资源量425590金属千克。新查明5个矿种资源量(见表3)。

表3　　河南省2004年新查明资源量的矿产

矿　种	矿产地名称	计量单位	资源量
铝土矿	河南省新密市赵沟铝土矿	矿万吨	302.10
金　矿	河南省嵩县庙岭矿区外围金矿	金属千克	11.69
	河南省嵩县萑香洼外围金矿		
镓　矿	河南省新密市赵沟铝土矿	金属吨	60
耐火粘土矿	河南省新密市赵沟铝土矿	矿石万吨	895
硫铁矿	河南省新密市赵沟铝土矿	矿石万吨	52

【煤炭铝土矿资源整合】 按照河南省政府资源整合的要求,出台了《河南省煤炭铝土矿资源整合探矿权采矿权处置意见》、《河南省煤炭铝土矿资源整合重组企业矿产资源开发利用方案审查办法》,编制了全省煤矿铝土矿勘查开采专项规划。已减少小铝土矿采矿企业51家,已整合地方国有煤炭企业14家,小煤矿259家。

【矿产资源开发利用】 1. 矿山企业数。2004年度全省共有5238个各类经济性质的独立核算采矿单位从事矿业生产活动,全省矿产资源已开发利用矿种75种,主要是煤、石油、金、钼、铝土矿、天然碱、铁、硫铁矿、银矿、锌矿、铅矿、铜矿等。国有矿山数236个,其他经济类型矿山(点)为5002个;生产矿山(点)为4013个,筹建矿山255个,停产矿山936个,关闭矿山7个,其他矿山27个。

2. 固、液体矿石产量。2004年,全省固、液体矿石产量为2.08亿吨,比2004年减少了0.19亿吨。其中国有矿山企业年产量为6527.52万吨,比2003年减少了181.75万吨;其他经济类型矿山(点)年产量为14291.5万吨,比2003年减少了1737.9万吨。全省原油产量为523.41万吨,比2003年产量减少了38.68万吨。天然气年产量为18.5亿立方米,比2003年增加了12.44亿立方米。

3. 矿山企业总工业产值。2004年全省矿山企业直接采掘业工业总产值555.23亿元,比2003年度增加了234.23亿元。矿山企业工业总产值中,国有矿山企业为293.7亿元,占全省矿业总产值的52.90%。其他经济类型矿山(点)为261.53亿元,占47.10%。石油、天然气开采业现价工业总产值为164.18亿元,占全省矿山企业现价工业总产值的29.57%(表4)。国有及规模以上矿产采选及加工企业单位数、工业增加值,见表5。

表 4　　河南省大中型矿山和小型(含小型以下)矿山从业人员及工业总产值

矿山规模类型	矿山数(个)		从业人员(万人)		工业总产值(亿元)		利润总额(亿元)	
大中型	数量	225	数量	29.15	数量	436.74	数量	49.52
	所占比例	4.30%	所占比例	46.80%	所占比例	78.66%	所占比例	74.03%
小型以下	数量	5013	数量	33.14	数量	118.49	数量	17.34
	所占比例	95.70%	所占比例	53.20%	所占比例	21.34%	所占比例	25.97%
总计	5238		62.29		555.23		66.76	

表 5　　河南省国有及规模以上矿产采选及加工企业单位数、工业增加值

行　业	单位数(个)	工业增加值(亿元)	工业增加值指数(2003 年 = 100)
煤炭开采洗选业	380	153.48	118.1
石油和天然气开采业	6	81.76	107.3
黑色金属矿采选业	36	1.64	126.6
有色金属矿采选业	220	30.11	106.0
非金属矿采选业	93	6.99	127.1
其他矿采选业	2	0.04	202.8
小计	737	274.02	787.9
石油加工、炼焦业及核燃料加工业	56	63.24	104.7
化学原料及化学制品制造业	629	89.69	117.5
非金属矿物制品业	1269	147.25	126.8
黑色金属冶炼及压延加工业	151	98.11	138.8
有色金属冶炼及压延加工业	194	76.25	121.90
金属制品业	211	15.58	118.0
煤气生产和供应业	18	3.04	159.7
小计	1328	493.16	727.7
合计	2065	767.18	

4. *矿业从业人数*。2004 年度,河南省从事矿业生产人数 62.29 万人,比 2003 年减少了 9.81 万人。其中,石油、天然气开采业 5.91 万人,占 9.5%,从事其他矿业生产活动的人数为 56.38 万,占 88%;国有及国矿山企业为 19.97 万人,占 32.06%;其中其他经济类型矿山(点)为 42.32 万人,占 67.94%。

各类矿山总数居全国第 11 位,从事矿业人数居第 3 位,年矿石总量居 12 位,矿业工业总产值居第 4 位,矿产品销售收入居第 5 位,矿业利润总额居第 8 位。

5. *矿山地质环境*。《河南省矿山地质环境调查与评价》通过验收,为制定矿山地质环境保护规划提供了科学依据。实施了"洛阳栾川钼矿三道庄露天采矿场地下空区治理"、"永城陈四楼煤矿陈集-城厢塌陷区综合治理"、"三门峡北露天矿矿山地质环境治理"等三项矿山地质环境治理项目。矿山综合治理力度不断加大,全省矿山地质环境逐步得到改善。

(河南省矿业协会)

【煤炭行业重组大集团战略实施】 2004 年河南省抓住煤炭形势继续好转和国家建设大型煤炭基地的有利时机,推进全省煤炭企业的重组整合步伐,实施大集团战略。

国家有关部门提出,近年内要以大型煤炭基地建设为契机,努力促进大型煤炭集团形成,在国内建 8~10 个生产规模 5000 万吨以上的大型煤炭企业,构建 4~5个跨地区、跨行业、跨所有制、跨国经营的亿吨级大型企业集团。山东、山西、陕西和内蒙古等省区已酝酿组建大型企业集团。其中,已经建成的神华集团的煤炭产量已突破 1 亿吨。

国家拟在全国建立 13 个大型煤炭基地,其中涉及河南省的有 2 个,包括平顶山、义马、焦作、鹤壁、郑州和登封在内的豫西煤炭基地和包括永城在内的两淮煤炭基地。作为煤炭生产大省,河南必须进一步推进省内煤炭企业的重组整合,引导组建亿吨级的河南煤业集团,以提高河南煤炭工业的市场竞争力,进一步做大做强煤炭工业。

【煤铝综采矿井在河南陕县开工】 中国第一个煤铝综合开采矿井——陕县支建煤矿杨庄井项目,2004 年开工建设。它的开工填补了中国煤铝主采矿综合开采的空白。

该项目位于河南省陕县柴洼乡柏树山村,矿区面积 4.12 平方公里,原煤储量 2600 万吨,可采储量 1050 万吨;铝矿石储量 5000 万吨,可采储量 4000 万吨,服务

年限20年，设计4个采区，建设期13个月，总投资1.5亿元，年生产能力50万吨，建成后可实现年产值7500万元，利税2000万元。

煤铝综合开采是国家产业政策重点扶持的产业项目之一，其技术含量高，综合效益好，能充分利用矿产资源，避免重复建设的投资费用。据测算，杨庄井项目的煤铝综采，可减少基础设施建设投资的40%、降低生产成本30%以上，经济效益和社会效益良好。

【煤炭工业可持续发展目标】 河南是中国第二大产煤省，煤炭工业是全省的基础产业和支柱产业之一，已形成了较为完善的煤炭工业体系。河南省煤炭工业今后一个时期的主要目标和举措：

第一，加快现代化矿井建设步伐，关闭淘汰资源枯竭、扭亏无望的国有煤矿及生产力水平落后的小煤矿。按照《河南省全面建设小康社会规划纲要》的要求，在本世纪头二十年内，全省原煤产量要长期保持在1亿吨之上。为确保这个目标的实现，初步规划，2010年前，全省计划新开工矿井35处，新增年生产能力3630万吨；2011～2020年，计划新开工矿井12处，增加能力1335万吨，原煤产量保持在1.20亿吨左右。从现在起到2020年，全省要报废关闭资源枯竭、扭亏无望的国有煤矿35处（年产能力1500万吨以上），淘汰落后小煤矿生产能力3000万吨左右。

第二，加快实施"科技兴煤"战略，依靠科技进步加快提升煤炭产业。通过搞好科技攻关，解决煤矿安全生产、瓦斯防治和综合开发利用、高产高效矿井建设等方面存在的难题；不断提高科技对煤炭经济发展的贡献率，使之始终保持在年增长1.5%的水平上。

第三，推进矿区资源综合利用。推动煤矸石等劣质燃料资源化、无害化利用产业的发展，全省每年利用煤矸石要在2000万吨之上；探索建立煤层气开发、矿井水利用等示范工程，推动与煤共伴生资源的综合开发与利用。

第四，加强矿区环境综合治理。加大矿区"三废"综合治理力度，对煤炭开发中产生的矸石和地表沉陷，实行同步治理，逐步使矿区环境治理步入良性循环，逐步建设生态矿区。

【武陟县建设年产60万吨海绵铁项目】 河南省武陟县2004年投资2.4亿元建设年产60万吨海绵铁项目。

该项目由郑州太阳冶金科技开发公司投资，占地500余亩。项目建设期为2年，建成投产后，每年可实现销售收入12亿元，利税1.2亿元。

海绵铁主要原料为含铁50%以上的铁矿石和无烟煤，采用双容室生产工艺及系统（下容室为还原气发生室，通过燃煤产生900摄氏度高温气体，上容室为脱氧合成室），使铁矿石直接还原，是新开发出的一种用煤炭作为燃料和还原剂的竖炉冶炼技术，此项技术于1996年获国家专利。海绵铁是冶炼特种钢的主要原料，产品主要销往上海、江苏、鞍山等地的大型炼钢企业。

【碱化工基地在桐柏县兴建】 河南省桐柏县计划投资11.25亿元兴建全省最大的碱化工基地。目前已完成投资7.05亿元，计划2005年再投资4.2亿元。

1. *纯碱生产*。在完成投资5.9亿元，全县纯碱生产能力达到57万吨/年的基础上，2004年投资2亿元完成安棚碱矿二期40万吨/年扩建项目，形成97万吨/年生产能力，占全国年总产量的90%，实现产值8.75亿元，利税2.7亿元。

2. *天然碱母液和液碱开发*。已与内蒙伊化集团合作引进投资1000万元，建成了4万吨/年小苏打厂1个，年产值4000万元，利税1200万元；引进浙江安维塑业公司投资1500万元，正在建设3.5万吨/年粗碱加工项目，2004年上半年建成投产后，年可实现产值2000万元，利税200万元；2005年，引进投资1.2亿元，新建年产5万吨亚硝酸钠，年产3万吨五钠、年产5万吨硅酸钠和年产1万吨氟化钠厂各1个，实现产值1.6亿元，利税2000万元。

3. *芒硝开发*。引进四川眉山进出口有限公司投资9000万元，2003年12月开工，建设周期15个月，建成后年产元明粉40万吨，年产值2.5亿元，出口创汇2000万元，利税3200万元；与浙江纳爱斯集团合作拟引资1亿元，新建20万吨/年洗衣粉厂1个，年可实现产值1.8亿元，利税3000万元。2005年，力争使碱化工系列产值超过15亿元，实现利税3.5亿元以上，形成全省最大的碱化工基地。

【河南省境内新探明黄金储量】 截至2004年9月底，河南省新探明境内黄金储量22吨，确保新增储量不小于当年消耗量1.8倍的目标。金产量增长了12.77%，实现利润增长23.95%。

河南省多年来一直稳居全国第二产金大省的地位，但经过30多年的强化开采，黄金业面临着资源接续困难、开采工艺落后等问题。为加大探矿力度，增加后备资源。河南省通过联营、参股等多种形式，引进探矿资金，加大科技投入，吸引拔尖人才。省黄金局已与柬埔寨王国签订了联合探矿协议，在新疆、甘肃等地，通过收购、合作和联营等形式，拓展了资源区域，其远景储量达数百吨以上。河南豫光金铅集团采用具有国际领先水平的技术，大大提高了黄金生产能力。中原黄金冶炼厂与北京有色金属设计总院合作，立足现有设备的挖潜、改造和升级，年增效益700多万元。

（中国矿业信息中心）

湖北省

【矿产资源概况】 湖北省矿产资源丰富，已发现各类矿种136种，其中已有探明储量的矿种79种。已发现的矿种中有能源矿种4种，黑色金属矿产5种，有色金属和贵金属矿产13种，稀有金属矿产16种，建材原料非金属矿种29种，化工用原料非金属矿种13种，冶金原料非金属矿种7种。在已查明的79种矿产中，就已查明的资源储量规模而言，有5种矿产的资源储量居全国同类矿产资源储量之首，有17种矿产的资源储量，居全国同类矿产资源储量的2~3位，有35种矿产资源储量居全国同类矿产资源储量的2~10位。

【地质矿产勘查】 1. *地质勘查单位*。湖北省地质矿产勘查技术力量雄厚，省地勘局所属18个地质勘探大队(所、院)及实验室，冶金中南地勘局所属7个地质勘探大队，省煤田地质局所属3个地质勘探大队，有色、建材、化工、冶金、石油、核工业、科技等7个系统各1个地质队(所)，中国地调局所属1个综合研究所，这些队伍构成了湖北省基础地质研究、成矿理论研究和找矿勘探的骨干力量。近几年，随着地质勘查单位体制改革，相应成立了从事地质工作的小型地质勘查单位，全省持证勘查单位63个。

2. *区域地质调查*。2004年完成1:25万神农架幅区域地质调查面积2803平方公里；1:25万建始县幅、宜昌市幅区域地质调查(修测)面积15000平方公里；1:25万十堰市幅、襄樊市幅区域地质调查(修测)面积10000平方公里；1:100万湖北省江汉流域经济农业地质调查180000平方公里；1:125万湖北省江汉流域经济区农业地质调查20000平方公里；汉江中下游1:5万环境地质调查面积100平方公里、汉江中下游1:10万环境地质图修编14000平方公里。

3. *矿产勘查*。矿产勘查工作取得了新的成果，2004年新发现矿产地10处，其中：煤矿1处、铅锌矿1处，硫铁矿1处、砂页岩1处、石榴石矿1处、水泥用灰岩3处；圈定英山县南汤河—杨柳地区热田总面积为3259394平方米，在鄂西南贫困山区石灰岩岩溶发育时缺水地区查明了4条地下水系统，成井1口，涌水量280立方米/天，缓解了当地居民生活用水。同时开展咸宁市温泉地热田详查的地热地质测绘、地球物理勘探等工作。

4. *油气勘探开发研究*。2004年共完成二维地震664公里，三维地震304公里；完成钻探井23口，钻探进尺5.96万米。全年共探明含油区块7个，新增探明含油面积5.6平方公里。

【矿产资源开发利用】 湖北省已开发利用矿产65种，开发规模较大的有：粘土、水泥用石灰岩、铁矿、石油、岩盐、煤、磷矿、铜矿、金矿、银矿等。

1. *矿山企业及结构*。2004年湖北省各类矿山企业4677家，较2003年5318家减少了641家，从业人员238283人；矿山企业规模：大型企业19家，占全省矿山总数0.41%，中型企业44家，占全省矿山总数的0.94%，小型企业4614家，占98.65%；矿山所有制结构：国有企业298家，其他所有制企业4365家，外资企业14家，分别占全省矿山企业总数的6.37%、93.33%、0.3%。

2. *矿业经济*。2004年全省矿业采选业总产值131.36亿元；矿业及相关原材料加工制品业产值1681.01亿元，占全省工业总产值的33.89%；矿产品进出口贸易主要是盐、磷矿石、重晶石、白云石、石膏、花岗岩、粘土、黄砂、石英岩及非金属矿制品、精细磷化工产品。

【矿产资源开发利用管理】 1. *全面开展整顿和规范矿产资源开发秩序工作*。一是开展了对重点矿区的专项整治；二是开展了优势矿产的专项整治。对磷、石膏、煤炭、水泥石灰石和玄武岩等优势矿产实行限量开采、强化监管，深化加工。着力于现有矿山改组改造，规模开采，关闭不具备条件的小矿，严格控制新办矿山；三是加大了执法力度。加强动态巡查和清理排查，发现问题，及时处理。通过矿产督查员进行督查和从群众来信来访中发现线索，及时督办检查，特别加大对非法转让采矿权的查处力度；四是加强监督管理，加大矿产督查力度，按照“定点、定人、定责”的原则，对重点矿区和重点矿山企业分工督查。对督查反映的问题，及时反馈给当地国土资源部门并督促其整改，树立督查员的威信，确保督查效果。同时加强对督查员及其工作的考核，召开专门会议听取意见，通报情况，有针对性地督办工作；五是加强运销环节管理，从源头上把关。通过省政府批准设立的矿产品运销管理站，利用矿产品准运单有效地控制了无证采矿和乱采滥挖的死灰复燃；六是加强采矿许可证管理，完成了全省矿山企业年度检查工作。通过年检，纠正了企业不规范行为，促使其依法开采。

2. *采矿许可证的登记发证工作进一步加强*。一是严格按照厅采矿权会审办法的要求，加强采矿许可证的登记发证工作。2004年以来,划定矿区范围20家,新建矿山31家,全部进行了会审或会签;二是做好采矿权变更、延续采矿权819家,调整矿区范围186家,为采矿权规范管理,有偿化使用打下了基础;三是对过期采矿权、关闭的矿山企业进行了清理,及时办理注销登记手续,并分别不同情况在我厅网上公告注销了175个采矿权;四是指导督促各地做好采矿权信息系统的应用管理及办证资料的整理、建档工作,并进行抽查。

3. *采矿权有偿授予取得重大进展*。经过2003年的准备和试点取得经验后,2004年全面启动采矿权有偿使用,新建矿山全部实行了有偿授予,原有矿山办理延续时,全部实行有偿授予,实现采矿权出让1804宗,出让金额14646.47万元;转让16宗,转让交易额10115.59万元。

4. *探矿权有偿授予取得重大突破*。2004年全省登记的矿产勘查项目有216项(其中有6个跨2005年度),其中新上项目137项、延续项目30项、保留项目10项、变更项目39项;按勘查工作程度分:普查191项、详查20项、勘探5项;按矿种划分为:燃料矿产煤11个、黑色金属矿产94个、有色金属矿产31个、贵金属矿产19个、稀有—稀土金属矿产1个、非金属矿产60个。

空白地商业性地质勘查项目探矿权的授予方式,按照成矿地质条件和矿种区别对待,成矿方式为火山岩、火成岩热液型金属类矿产,按照无偿取得的方式申请;非金属类矿产及沉积型矿产按有偿取得的方式授予,2004年新设立探矿权216宗,其中有偿授予54宗,出让价款11430.62万元。

5. *矿产资源储量核查工作取得成效*。以矿区为核查单元全面启动资源储量核查工作,将核查矿区指标作为目标任务下达到市、县国土资源局,列为年度考核工作。2004年完成核查矿区183个,涉及557个矿山企业。

矿区矿产资源储量核查检测不仅为当前矿业权处置中的价款评估提供了依据,而且对进一步摸清矿产资源家底,加底和改善矿产资源的宏观调控,有着十分明显的基础作用。一是查明了一些重要矿区和矿产资源储量严重不实的原因,较为全面的对全省各地、各矿区累计查明、历年消耗、保有的资源储量变动情况进行了核实,较为准确地摸清了矿产资源家底;二是查清了采矿权人与矿区的归属关系,为在同一矿区中对已设置的采矿权的调整和合理设置采矿权提供了较为详尽的地质资料;三是为加快和落实依法对采矿权人合理开发利用矿产资源情况进行监督管理奠定了基础。

6. *矿产资源专项规划逐步推开*。在完成全省矿产资源开发利用总体规划的基础上,全面启动县级矿产资源开发利用规划和专项规划,2004年全面完成县级规划;启动全省矿产勘查专项规划,已完成规划研究和规划初稿;启动市级煤炭开采专项规划,全省8个产煤市(州)按照统一布置,编制了煤炭开采专项规划,已完成初稿。

7. *矿产资源储量报告的评审*。2004年湖北省评审备案(认定)矿产资源储量报告34份,其中:煤2份、有色金属矿产12份、贵金属矿产2份、化工原料矿产10份,建材矿产6份、矿泉水及地热各1份;经核查检测的地质报告评审132份,其中:煤矿66份、黑色金属矿产21份、有色金属矿产11份、贵金属矿产1份、化工原料矿产24份、建材矿产9份。

8. *地质资料汇交*。按照国务院《地质资料管理条例》的有关规定,全省有11个部门59个单位和个人共汇交了各类地质资料83份。按汇交部门分:政府部门7份,地矿部门28份,中南地调局资料馆中南分馆4份,煤炭部门2份,化工部门2份,其他部门40份;按工作内容分:矿产勘查65份,水文工程环境地质调查15份,综合性科研报告3份;按工作程度分:勘探报告33份,详查报告6份,普查报告26份,水工环勘查15份,科研报告3份。

【矿山环境和地质灾害治理】 湖北省是中国地质灾害多发省份之一,以崩塌、滑坡、泥石流、地面塌陷为主,特别是三峡库区,独特的地质地理环境,更是地质防治的重点。

1. *地质灾害防治步入规范化*。2004年《湖北省地质灾害防治规划(2003~2015)》开始执行;40个地质灾害多发市、县编制了地质灾害防治方案;确定37个省级重点监督监测点;新建竹山县布袋营滑坡、武汉市青菱乡烽火村地面塌陷等2处地质灾害专业监测点;新安排地质灾害勘查和治理项目11个,投入项目经费840万元。

2004年全省成功预报地质灾害47起,避免直接经济损失8616.5万元,避免人员伤亡3654人。

2. *三峡库区二期地质灾害治理工程顺利完成*。三峡库区二期地质灾害治理工程的25个项目、库区巴东县黄土坡滑坡与塌岸防治工程等项目,通过了国家三峡库区地质灾害防治工作领导小组办公室组织的竣工初步验收。

3. *矿山地质环境恢复治理取得进展*。2004年共启动12个矿山环境恢复治理工程,矿山土地复垦和植被恢复已取得初步成效。

4. *地下水环境监测*。2004年全省有6个市开展地下水环境动态监测,监测面积达5841.94平方公里;设立地下水水位监测孔186个,其中国家级13个、省级77个,市(州)级96个。2004年共完成地下水水位、水温动态监测11217次;设立水质监测点180个。

5. *农业地质环境领域研究工作启动*。湖北省存在的农业地质环境问题主要分为四类,一是地质环境变化导致农业土壤肥力下降、水土流失、盐碱化等;二是工业废水对农业土壤的污染,致使农产品品质下降以及通过食物链给人畜带来的危害;三是大气降尘对农业土壤的污染;四是因地下水水位过高,导致土壤中有机质含量低,形成侵蚀较严重的冷浸田。

2004年,国土资源部和湖北省人民政府合作开展的《湖北省江汉流域经济区农业地质调查》项目,调查工作正式启动,调查工作面积43582平方公里,范围包括了整个江汉平原地区。工作内容包含多目标地球化学调查、区域生态地球化学评价、局部生态地球化学评价、总体综合评价等四个方面。

湖北省农业地质调查项目的全面实施,可以大大提升平原区农业总体用地水平,为构建现代大农业,加速湖北省由农业经济大省向农业经济强省的转变发挥重要的作用。也为地方政府进行农业区域规划和结构调整提供了科学依据,促进当地发展优质、高效、生态和安全的现代农业。

6. *地质遗迹保持与地质公园建设*。湖北省地质遗迹资源丰富,具有较高的科考、科普和旅游观赏价值。全省分布有地层剖面、地貌景观、岩溶洞穴、古生物化石等类型地质遗迹,为了保护和合理利用地质遗迹资源,全省建立了各级地质遗迹保护区6处,保护区总面积14705.3公顷。

2004年2月国土资源部批准了"长江三峡国家地质公园",它涵盖长江三峡主干流两侧,西至重庆市奉节县白帝城,东抵湖北省宜昌市南津关,面积约25000平方公里,沿江两岸可以欣赏到举世罕见的峡谷地貌、溶洞景观、名山水景、原始森林及距今4000多年的历史文化和200万年前古人类活动遗迹,具有完整丰富的地层生物资料和极为珍贵的人文历史内函的特点。

【重大矿业政策和矿业活动】 1. *湖北省出台矿业权有偿授予政策*。2003年在全面调研和试点的基础上,湖北省办公厅以鄂政办文[2003]41号文下发《关于全面实行探矿权采矿权有偿出让的通知》,通知说省政府决定在全省范围内全面实行探矿权采矿权有偿出让;湖北省国土资源厅以鄂土资文[2003]100号文发布《湖北省国土资源厅关于规范探矿权采矿权市场的暂行规定》;经过2003年的进一步摸索,2004年全面启动全省两权市场的有偿化处置工作。为配合矿业权市场规范化建设,由副厅长胡远群主持,组织厅矿管处、地勘处、资源处编写《矿业权市场实用知识手册》,全书约13万字,是一部集矿业权理论、操作规程、相关政策的工具书。

2.*《湖北省磷矿资源开发利用研究》取得重要科研成果*。2004年根据省委、省政府的要求和指示精神,由国土资源厅领导,湖北省矿业联合会承担的《湖北省磷矿资源开发利用研究》科研项目,经过10个月的努力圆满完成,省内政府管理部门,大型磷化工企业、大中型磷矿山企业参加了研究工作;该研究报告是全国第一部集自然科学与社会科学特色的关于磷矿资源开发利用的专门研究报告,湖北省常务副省长周坚卫、全国政协环资委副主任陈洲其为研究报告出版作序,国土资源厅厅长杜云生作寄语;该研究报告广泛收集国内外磷化发展的技术资料,研究了国际、国内磷化发展趋势,对中国未来10年、15年磷肥和精细磷化工需求进行定量预测;在认真研究湖北省磷矿特征的基础上,根据世界磷资源开发利用的总趋,结合国情省情,提出湖北磷资源未来的开发利用,坚持走"四二二"科学有序、综合开发、集约经营的道路,即:在整体开发上,推行采选结合、矿肥结合、矿化结合、肥化结合"四个结合"的模式;在产品发展方向上,开发高浓度磷肥和精细化工"两大类"磷化工产品;在磷矿开采利用方法上,实行"分类开采"和"优矿优用"的"两种"科学方法。

3. *中共中央政治局委员、湖北省委书记俞正声就湖北省磷矿资源开发利用作出重要批示*。2003年、2004年俞正声书记在国土资源厅副厅长胡立山的陪同下,深入磷化工企业、磷矿山企业、磷矿山现场考察和调查研究,召集磷产区市、县负责人研究磷矿资源开发利用的有关政策,提出湖北省磷矿开发利用:一是要坚决制止乱采滥挖;二是要改变磷产业布局和产品结构不合理的问题;三是要采取坚决措施,下决心解决采富弃贫问题。提出了湖北省磷矿开发的总方针。

在湖北省委、省政府的高度重视下,磷矿资源的开发利用已列为省政府直接抓的工作任务之一,成立以省政府领导为首的领导小组,全面布署组织编制《湖北省磷矿资源规划》、《湖北省磷化工发展规划》和制定相关政策。

(湖北省矿业联合会　陈千汉)

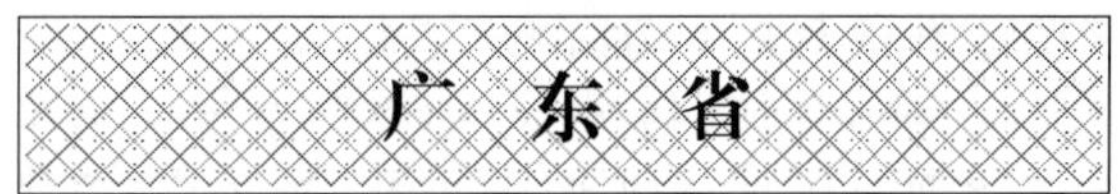

广东省

【矿业秩序整顿】 截至2004年底,广东省查处无证采矿717起,查处以采代探6起,查处越界开采31起,责令停产整顿矿山231家,关闭整改不合格矿山141家,责令停产整顿选矿厂22家,关闭整改不合格矿山141家,吊销采矿许可证38个,注销采矿许可证334个,罚没款153.72万元,没收矿产品131.6万吨,立案查处矿产违法案件258宗，结案244宗，追究刑事责任25人。

根据2004年整顿和规范矿产资源勘查开发秩序工作的要求，广东省对煤炭资源勘查开采管理工作进行了治理整顿。一是暂停办理新的煤炭勘查许可证和采矿许可证，对辖区内2002年以来颁发的煤炭勘查许可证、采矿许可证进行了一次全面清理。二是完成了广东省剩余煤炭资源的开发利用专项规划。三是加大了对无证和非法开采煤矿的整治监控和查处力度，炸封"死灰复燃"及无证非法煤矿796处(次)，查处越界开采16起，发出整改通知16份，依法挽留非法矿主3人。四是对全省改扩建或联合改造的矿井，抓紧进行资源储量核实、评审、备案及矿业权价款评估工作。

截至2004年底，全省共筹措采石场复绿资金7.74亿元，关闭采石场909个，复绿采石场844个，复绿面积1960万平方米，有219个采石场的整治复绿通过检查验收。珠江临江石场的关闭工作取得突破性进展，53个珠江临江石场已全部关闭，采石场关闭和复绿工作取得初步成效。

【采矿权发证清理】 根据国土资源部国土资发(2004)33号文要求，广东省对采矿权登记机关受理申请行政审批和以竞争方式出让采矿权的情况进行了全面检查。全省各级国土资源管理部门按照发证权限，对探(采)矿权人的资质条件、发证程序、矿区范围、储量报告、矿山设计或开采利用方案、换(发)证资料等内容进行了全面检查清理，共检查清理采矿许可证4149个，其中部、省两级颁发的881个采矿许可证由省国土资源厅进行检查清理，未发现违反法定程序和越权发证情况；市、县两级颁发的采矿许可证3210个，由地级市国土资源管理部门负责清理，省厅组织检查，共发现越权发证2个、不按法定程序发证25个，全部进行了查处。另有资料不齐、证照有效期不符合规定等问题的采矿许可证492个，全部进行了整改。

【大宝山矿区周边民采整治】 按照2004年整顿和规范矿产资源开发秩序工作部署，广东省将韶关大宝山矿区周边民采列为专项整治的重点矿区。韶关市成立了张志才副市长为组长，市国土资源局、环保局、安监局、公安局、监察局、工商局为成员单位的专项整治领导小组，制定《大宝山矿区周边民采专项整治方案》和《关于全面加大非法采矿行为打击力度的通知》，对证照不全、越界开采、非法进入大宝山矿区范围内在矿窿，一律停产关闭并组织炸封，没收矿产品；对破坏生态环境、存在安全隐患的，一律实施取缔及限期整改。整治工作组连续40天深入矿区，炸封21条非法矿窿，清拆工棚1200平方米，遣散民工150人，收缴了一批开采设备，没收矿产品800吨，刑事拘留2人。对矿区范围内的选矿厂、洗矿点进行排查，取缔了非法选矿厂、洗矿点。大宝山矿区周边民采问题得到了初步解决。

【优势矿产专项整治】 根据2004年整顿和规范矿产资源开发秩序工作的要求，广东省韶关、河源、梅州、茂名、云浮、阳江市开展了钨、锑、锡、稀土、高岭土等优势矿产的专项整治工作。①严格执行国土资源部2005年底前暂停颁发稀土矿产、钨矿产勘查许可证和采矿许可证的规定，对发证情况进行了全面检查，未发现违规发证情况。②加强了钨矿生产的监督管理，对全省5个钨矿开采企业2003年总量控制指标的执行情况进行了检查，均未突破省厅下达的指标，产品销售方均有资质。③对广东省13家稀土、锡、锑矿开采企业实施严格监控，核定矿山实际产量，审查企业的资质条件。执照国土资源部有关文件精神，广东省对列入限期整改的10个稀土、锡、锑矿山企业进行了整改。④结合整治行动加大了执法查处力度，关闭新丰县回龙镇及兴宁市大坪、宁塘、永和等地无证开采的稀土矿点。⑤开展了钢铁、水泥、电解铝调控政策执行情况的检查，从严审批铝土、铁、水泥灰岩的采矿许可证，对东源县深坑铁矿无证勘查开采行为进行了查处。

【矿产资源储量管理】 2004年认真贯彻国土资源部《关于加强矿产资源储量评审监督管理的通知》精神，进一步深化矿产储量评审制度改革。截至2004年底，广东省完成了截至2003年底广东省固体矿产资源储量数据的维护更新；完成了截至2003年底广东省矿产资源储量简表的出版；完成矿产资源储量报告评审备案100份；完成广东省矿产资源储量窖数据库建库工作，其中大中型矿产建库工作已通过国土资源部验收，良好率达到99.68%。根据国土资源部《关于认真学习贯彻审理非法采矿、破坏性采矿刑事案件具体应用法律若干问题解释的通知》的精神，出具鉴定结论16份。全省各地勘主管部门和有关单位共汇交各类地质资料135种，完成147种地质报告的图文资料数字化工作。地质资料馆接待578人次，借阅利用各类地质资料1771种、共23779件次。完成101项建设项目是否压覆矿产资源储量的审查工作。

【矿权市场建设】 2004年广东省探矿权出让、转让项目5宗，涉及金额1616万元。2004年1月11日，受广东省国土资源厅委托，河源市国土资源局举办的"广东省紫金县义容镇(原青溪镇)下告矿区铁矿普查"探矿权挂牌出让取得成功，广州天高有限公司以810万元竞得该探矿权。这是广东省第一次以挂牌方式成功出让探矿权。

2004年,共受理探矿权申请268个,依法批准矿产资源勘查许可证232个。2004年经国土资源部审查批准,中央分成所得的补偿费安排广东省勘查项目共3个,项目资金223万元;续作项目1个,项目资金120万元。

2004年广东省勘查项目管理成效显著,发现一批具有开发前景的矿区(点),提交了一系列地质矿产勘查成果报告。据统计,控制大型矿产地3处,中型矿产地3处,小型矿产地6处;预测大型矿产地6处,中型矿产地5处,小型矿产地16处。

截至2004年底,广东省有17个地级以上市、39个县(市、区)开展了采矿权有偿出让工作,出让采矿权1299宗,价款5.06亿元,其中招标出让12宗,价款0.26亿元;拍卖出让35宗,价款1.79亿元;挂牌出让138宗,价款1.15亿元;按评估款有偿出让1114宗,价款1.86亿元。2004年1~12月份出让采矿权907宗,价款2.03亿元。

【地质灾害防治】 据统计,2004年全省共发生较大地质灾害55宗,造成死亡29人,受伤14人,直接经济损失5590万元。与2003年相比,死亡人数、受伤人数和直接经济损失分别下降了19.4%、22.2%和48.3%。

经省政府同意,省国土资源厅于2004年5月28日向各地级以上市人民政府、各县(市、区)人民政府和省政府有关部门发布了《广东省2004年度地质灾害防治方案》。《方案》将全省划分为6个区域性地质灾害防治区,预测了2004年广东省重要地质灾害隐患点(段)40处、地质灾害主要危险地区(段)27个。为了有效处置广东省境内发生的突发性地质灾害,提高应急工作水平,减轻地质灾害造成的损失,省政府办公厅于2004年7月19日印发了《广东省突发性地质灾害应急预案》,要求各市、县政府,省政府各部门和各直属机构认真贯彻执行。

2004年,广东省共完成地质灾害危险性评估报告核准、备案登记242份。省国土资源厅于2004年10月10日制定并印发了《广东省地质灾害危险性评估实施细则》(试行),自2004年12月1日起实施。

(广东省矿业协会)

【液化天然气项目全面启动】 广东液化天然气项目(LNG项目)商务合同签字仪式,2004年在北京举行。这一项目的全面启动,标志着中国能源结构调整迈出了新步伐。中国东南沿海地区经济发达,能源消费量大,长期以煤为主的能源结构,给环境和运输带来很大压力。国家决定以广东为试点,在东南沿海地区适量引进液化天然气。经过招标,中方选择BP公司为外商合作伙伴,澳大利亚为资源供应方,中国海洋石油总公司参股海外气田开发。广东LNG项目一期工程总投资约295亿元,预计2006年投产运行。主要包括:规模为370万吨/年的LNG接收站和输气干线、LNG运输项目、新建四座燃气电厂项目、一座油改气电厂项目、珠江三角洲四城市供气项目和香港两家用户。随着广东LNG项目的启动,将有力带动中国发电、航运、造船、化工、金融、保险等相关产业的发展。

【天然气利用项目在深圳开工建设】 深圳第一条天然气管线将于2004年10月开工建设,铺设首期18.4公里管线。2006年,深圳市民可以用上LNG项目提供的天然气,国内最大的天然气利用项目进入实质建设阶段。

广东LNG试点项目是中国第一个进口LNG项目,1999年12月,国家批准广东LNG(液化天然气)试点工程立项。产自澳大利亚的气态天然气,经澳大利亚处理成液态天然气,接着通过海上运输船运送至深圳大鹏秤头角的码头及接收站,然后进行装卸、储存、气化。气化后的天然气通过200余公里输气干线(一期),运至深圳、东莞、广州、佛山、香港5座城市和惠州、前湾、珠江、美视、东部五座电厂。在整个广东省的液化天然气布局中,深圳处于枢纽地位。在一期工程建成后,广东每年将向澳大利亚买进370万吨液化天然气,并经由深圳转供到广东各地和香港,深圳从而一跃成为全国最大的液化天然气中转基地。

深圳市燃气消费价格为每立方米11.70元左右。启用天然气以后,预计其价格将比现在的液化石油气低15%~25%。

【原油储罐在茂名投产】 总投资逾亿元、直径90米的两座12.5万立方米原油储罐,2004年已在茂名石化港口公司建成投产,这是中国目前最大的原油储罐。这两座原油储罐落户茂名石化北山岭原油库。这项工程的投产,使茂名石化原油仓储能力达到160多万吨,成为华南地区最大的原油中转基地。

(中国矿业信息中心)

广西壮族自治区

【矿产资源概况】 广西矿产资源丰富,现已发现矿产145种(含亚矿种)、截止2003年底,已探明有资源保有量的矿产97种,有保有资源储量的矿产87种,矿产地1200处。

广西是矿产资源比较丰富的地区，有多种重要矿产资源储量排在中国前列，属第一位的有锰、锑、铌钽等，第二位的有锑、铟等，第三位的有钛铁矿、重晶石、水泥用灰岩、饰面用大理石。

有色金属、锰矿、建材和其他非金属矿产具有明显优势，资源潜力巨大。铁煤、石油、铜、磷等国民经济支柱性大宗矿产已查明的资源储量少，且多为贫矿。水资源丰富，宴溶地下水天然补给量达484亿立方米。

2004年共发现矿产地4处，新查明资源储量17处。

2004年底，全区共实施矿产资源勘查项目901个，其中新立256项，完成勘查投入17003.63万元。

2004年度，广西共有有效采矿许可证5498件，其中新设840件。

【矿业权出让】 探矿权的出让总数为10宗，合同金额为1446.66万元，其中：申请审批的宗数为1宗，合同金额为1360.00万元。挂牌总数为9宗，合同金额为86.66万元。

采矿权的出让总数为3041宗，合同金额为6477.55万元。其中申请审批、招标、拍卖、挂牌等出让方式在价款方面所占的比例分别为63.6%，6.56%，1.9%，27.94%。2004年度，广西共有有效采矿许可证5498件，其中新设840件。

【矿山开发利用】 2004年底，全区共有矿山企业5040座，其中大型41座，中型75座，小型3170座，小矿1747座，从业人员127354人，年产固体矿石12207.5万吨，工业总产值（采选业）538117.92万元，利润总额58591.56万元。

【矿产资源规划编制】 全区矿产资源规划编制报批工作基本完成；积极开展相关专题研究，为自治区的经济发展提供决策依据。

【矿产资源勘查】 围绕自治区党委、自治区人民政府关于桂西氧化铝建成亚洲最大铝业基地的战略思路，加大勘探投资力度。完成了靖西、德保等矿区铝土矿普查及合浦优质高岭土详查，预计提交铝土矿勘探储量5500万吨，优质高岭土详查储量1.4亿吨。

【矿产资源秩序治理整顿】 抓矿产资源秩序整顿，加大了矿产权市场建设步伐。织织开展了重点矿区、优势矿产、非法转让探、采矿权、圈而不探、砂石开采、小煤矿、小金矿及钨、锡、锑等7个专项整治工作，收到明显效果。

【地质灾害防治】 编制完成《广西壮族自治区2004年地质灾害防治方案和突发性地质灾害应急预案》，公布地质灾害易发区和17处重大地质灾害危险点基本情况，并提出预防措施，部署做好地质灾害的预防工作；及时组织对南宁等9个地市和20多个县（区、市）进行汛前检查，督促地方政府开展群策群防工作；加强了地质灾害基础调查工作和区划信息系统建设。目前，已完成28个县的调查区划任务，新安排的10个县调查计划已完成设计书的编写工作；建立和完善了地质灾害报告制度。

【执法监察】 按照国务院文件精神和自治区的具体要求，进一步加大矿产资源市场秩序的治理整顿工作力度。2004年，广西共查处矿产违法案件568件，其中探矿35件，采矿489件。在查处违法采矿案件中，无证开采占了绝大多数，达389件（79.55%）。年内共结案541件，结案率为94.4%。

【国土资源基础管理】 《广西壮族自治区地质环境管理条例》已正在进行对草案的修改完善；做好矿产储量管理。认真落实矿产资源储量评审管理制度改革，加强了矿产资源储量评审备案的监督管理，逐步实现规范化，推进了市（地）、县矿产储量管理职能到位。加强了矿产资源储量统计管理工作，认真贯彻实施新的《矿产资源登记统计管理办法》，对新查明的矿产资源储量和新办矿山、采矿权延续或变更登记按新规定进行重新登记申报。

（广西矿业协会）

【中越泰煤电合作项目在崇左市启动】 中国、越南和泰国的三家公司最近在广西崇左市签署了三方合作开发越南煤矿资源并在中国建设火电厂的协议。

根据协议，泰国万浦煤业有限公司、越南国家煤炭总公司将和广西崇州市工业园投资有限公司或其授权的中国公司，共同在越南成立合资公司，投资开发越南北方地区的煤田，出产的煤炭优先供应广西崇左市火电厂使用，合资公司将由泰方控股；同时，广西崇州市工业园投资有限公司或其授权的中国公司，将与泰国万浦煤业有限公司共同在崇左市成立合资公司，投资建设总装机规模120万千瓦以上的崇左市火电厂，合资公司由中方控股。

协议规定，中越双方将在煤矿资源开发、市场开放、铁路干线改造等方面提供便利条件。

崇左位于广西南部，紧邻越南，随着中国－东盟自由贸易区建设进程的推进，崇左市正成为新的投资热点，未来几年将对电力产生较大的需求；而越南北部地区煤炭资源丰富，最近越南北部又发现大煤田，开发潜力巨大；泰国万浦煤业是一家跨国公司，此前已在中国山西投资煤矿，并在越南有发电厂，在印尼也有多家煤矿，在煤矿国际合作上有丰富的经验。

【大型氧化铝一期工程启动】 百色市是中国重要的铝土资源蕴藏区，有关部门已在这个市的德保、田阳、靖西等县勘明铝土矿储量达3.35亿吨。广西华银氧化铝一期工程将主要开发这里的铝土资源，项目总投资约89亿元，建设年产160万吨氧化铝厂和年产400万吨铝精矿的矿山配套工程，计划在2006年底建成投产。预计投产后，每年实现销售收入36亿元以上。

（中国矿业信息中心）

重庆市

【矿产资源概况】 重庆市已发现矿产68种，有查明资源储量的54种，已发现的矿产地1137处。查明资源储量位居全国前十位的有毒重石（矿石总量660万吨，其中储量36万吨、基础储量330万吨、资源量330万吨）、陶瓷用砂岩（矿石量1586万吨，其中储量471万吨、基础储量495万吨、资源量1091万吨）、铸型用砂岩（矿石1126万吨，全部为资源量）、锰（矿石4421万吨，其中储量1407万吨、基础储量2165万吨、资源量2256万吨）、锶（矿石499万吨，其中储量124万吨、基础储量149万吨、资源量350万吨）、汞（矿石436万吨，其中储量50万吨、基础储量77万吨、资源量359万吨）、铝土矿（矿石5457万吨，其中储量2732万吨、基础储量3639万吨、资源量1818万吨）、天然气（剩余可采储量1043.32亿立方米）、玻璃用砂岩（矿石370万吨，其中储量152万吨、基础储量160万吨、资源量210万吨）、滑石（矿石250万吨，其中储量45万吨、基础储量70万吨、资源量180万吨）、重晶石（矿石581万吨，其中储量0万吨、基础储量205万吨、资源量376万吨）、水泥配料用泥岩（1.2亿吨）等14个矿种。

全市保有查明资源储量潜在价值3586亿元，人均1万元，单位国土面积平均368万元，分别居全国第25、第25、第21位。潜在价值在1亿元以上的矿种主要有：煤（1106亿）、铝（18亿）、天然气（162亿）、锶（14亿）、水泥用灰岩（381亿）、盐矿（709亿）、石膏（442亿）、毒重石（3亿）、硫铁矿（3亿）。

【矿产资源主要特点】 大宗矿产资源分布集中，利于工业规模开发，但后备资源不足；小型矿床多，大中型矿床少（全市415个矿床中，大、中、中型矿床分别是29个、100个、286个，各占7%、26%、73%）；共伴生矿、贫矿多，富矿少；地质工作程度较低，人均占有资源较少；固体燃料矿产配置不合理，市场竞争潜力小。

【矿产资源管理秩序治理整顿】 重庆市矿产资源主管部门先后下发和转发了近10份相关文件，各级相关部门在党委政府的领导下，加强领导，组建班子，全面部署整顿和规范矿产资源勘查和开发管理秩序工作，加强了打击非法采矿活动的领导，加大了打击力度，据不完全统计，2004年，全市共计查处无证开采1961起，其中奉节719起、开县191起，处以罚款153万元，其中奉节100万元、开县29.5万元，查处越界开采53起，查处越层开采8起，查处非法转让18起，责令停产整顿矿山127起，没收矿产品60万吨，组织对非法开采涉嫌犯罪鉴定19起，其中将构成犯罪的16起已移送司法机关进行查处，并对两名在逃的非法采矿者进行上网追逃，追究刑事责任33人，处理有关责任人14人，有力打击了非法开采行为，非法开采和个别领导参与和暗中支持势头得到一定的抑制。

【矿业权市场建设】 完成了向市政府上报《重庆市建立和规范矿业权市场建设意见》，前期审查修改工作已经完成；制定并下发了《关于贯彻国土资源部探矿权采矿权指标拍卖挂牌出让管理办法实施意见》，并确定从2004年6月1日起全面停止行政无偿审批采矿权。部分区县根据统一部署，也制定了相应的实施方案，并由市主管部门批准实施；为规范国有矿山转让行为，支持国有矿山的改制工作，制定并下发了《关闭破产的国有煤矿采矿权处置意见》，为支持鼓励矿山企业用矿权融资加大投入，提高开采水平，并规范矿权抵押行为，还制定了《重庆市矿权抵押备案管理暂行办法》。

为保证采矿权出让价款收取公开、公正、合理，在收集整理和分析重庆市煤炭资源状况、质量、销售价格以及评估价款等情况的基础上，初步完成了“重庆市煤矿采矿权出让价款基准价测算”工作，并在具体工作中施行，取得较好效果，为煤矿采矿权有偿出让工作顺利开展奠定了基础。

为保证出让价款征收工作的公开、透明，防止出现违纪违法行为的出现，制定并实施《采矿权出让价格集体确定暂行管理办法》。

其次，全面开展矿业权一级市场的有偿出让，针对已建矿山等实际情况，采取了以协议出让为主，挂牌、招标出让为辅的多种形式的有偿出让，2004年上半年，共协议出让探矿权4件、2004年共协议出让采矿权484件，收取采矿权出让价款3028.5万元，比2003年同期增收 265.37%。

推进采矿权招拍挂工作，在充分调查研究的基础上，结合重庆市实际，先后在江津、涪陵、奉节、巫山等地开展调研和宣传，按照招拍挂的有关规定，研究制定具体办法，以确保工作的顺利推进，到 2004 年底，作为重庆市首次以挂牌出让形式出让的煤矿采矿权，江津两宗采矿权挂牌和定价工作已顺利完成，涪陵、奉节、巫山等挂牌出让工作前期工作已基本就绪。规范矿业权二级市场转让行为，在打击非法转让行为的同时加强了矿业权二级市场的监管，共审批矿业权转让金额达 2000 余万元，备案抵押贷款 2300 余万元，矿业权二级市场正在逐步规范。

推进采矿权招拍挂工作的同时，指导江津、永川、梁平、彭水、忠县等区县探索开展小型建材矿山、市局在江津煤矿采矿权挂牌出让采矿权的招、拍、挂出让试点工作，共计出让 22 余宗，收取采矿权价款 1170.1 万元，比 2003 年同期增加 100%，2004 年 3 月结合忠县三煤矿破产拍卖，其采矿权采取“捆绑”式拍卖，拍卖价款达 206 万元，该矿的成功拍卖为国有矿山企业破产关闭工作与剩余矿产资源的处置积累了经验。

【地质勘查】 2004 年上半年，围绕重庆市矿业经济发展思路和铝产业链、锰产业链、锶化工产业以及煤电联营发展的需求，以及老矿山接替资源问题，将铝土矿、锰矿、锶矿、煤矿的勘查作为重点，开展优势矿种的勘查工作，确保了南川铝土矿勘查、合川沥鼻峡煤田等大型勘查项目 2004 年上半年的启动和顺利实施，为南川、武隆、秀山、城口、合川等区县(市)矿业经济发展提出了有力支持。通过 2004 年的工作，共争取国土资源部、财政部、市财政项目资金 1790 余万元。全市在地质勘查项目管理工作上取得较好成果。同时还与贵州省国土资源厅签定了联合勘查开发重庆市急需的煤、铝土矿等资源的意向性协议。

【地质灾害防治】 重庆市是全国地质灾害最严重、受威胁人口最多的地区之一。特别是三峡大坝的建设，增加了重庆市地质灾害防治工作的难度。在市政府的领导下，近年来，全市的地质灾害防治工作坚持做到“五个到位”，地质灾害防治工作取得了一定成绩，努力保障了人民生命财产的安全，维护了人民的利益，为全市经济社会的发展创造良好的环境。这五个到位是：一是群测群防到位。落实了 1200 万元经费，培训了 10 多万名从事该项工作的工作人员，编制《群测群防体系建设实施意见》，建立区县、乡、村三级地质灾害群测群防体系和乡(镇、街道)长、村长(居委会主任)负责的乡、村两级群测群防预警组织。2004 年汛期，各级群测群防组织落实了责任人和监测人，发放明白卡 3 万余份、避险明白卡 10 万余份，并成功预报了万州区铁峰乡滑坡和南川市甑子岩崩塌等 461 起地质灾害，避免了大的人员伤亡，减少经济损失 3.5 亿元。二是应急机制到位。编制了年度防灾方案和应急预案，开展汛期地质灾害气象等级预报，完善地质灾害应急处置方案和快速反映机制，各级均建立应急抢险队伍，同时，各地勘单位提供技术支撑，为行政决策提供科学依据。三是防治资金到位。2004 年，全市在土地出让金可支配收入中拿出 10%做为市级地质灾害防治专项资金，列入财政预算，各区县也相应建立了专项资金，为地质灾害防治工作提供稳定的资金保障。四是制度规范到位。建立地质灾害防治首长负责制，层层签订目标责任书，工作中，做到脑勤、口勤、腿勤；建立完善的工作制度；强化地质灾害危险性评估制度；建立健全地质灾害防治法治体系，出台了《市级地质灾害防治资金管理办法》、《重庆市群测群防体系建设工作方案》、《重庆市地质灾害防治条例》等；完善技术规范，编制了《地质灾害防治工程勘察规范》(DB50/143—2003)、《地质灾害危险性评估规程》(DB50/139—2003)、《地质灾害防治工程设计规范》(DB50/5029—2004)等地方标准。五是重点保障到位。坚持“看住四大区域、保障四个重点”的工作思路，对可能发生边坡失稳及工程诱发地灾的三峡库区，利用三峡地灾防治监测系统，辅以群防手段，全面有效地监测预警；对人口密集、工程活动强烈的都市经济圈，重点加强工程建设地灾危险性评估；对地形复杂、山地斜坡地带多的渝东南地区，突出降雨期间及雨后小型山地滑坡和坡面泥石流的防治，加强巡查排查；对小规模崩塌多发及大规模建设、采矿易诱发地灾的渝西南地区，将防汛任务落实到村、社，防止小规模崩塌造成死伤事故。在防治工作中，突出了重要城镇、矿区、交通干线和自然人文景观等四个重点保障对象。同时，以三峡库区二期地质灾害治理项目为重点，加强工程管理，加快施工进度，完成了三峡库区二期地质灾害防治工作任务，通过了国家验收组的初步验收，初步经受住了三峡水库二期蓄水的考验。

【矿产资源补偿费征收】 2004 年全市征收工作创造历年来的最好水平。全年各项征收工作仍保持较好势头。征收矿产资源补偿费 2040.2225 万元，采矿权以招拍挂方式出让征收采矿权价款 1170.1 万元，采矿权出让价款 2862.6 万元(包括招拍挂费用)，使用费 243.23 万元，采矿权登记费 4.8 万元。目前完成各项收费 6486.9 万元，比 2003 年同期增长 78.76%。

【巴南区开展温泉城建设】 重庆市地热资源非常丰

富,温泉储藏面积大约1万平方公里,储量在1亿立方米以上,目前,已发现温泉40多处,已被开发利用20余处。主城南面的巴南区更是地热资源得天独厚,区内有南温泉、东温泉和桥口坝三大温泉资源区,都已开发成型。其中以南温泉最具魅力,这里离主城核心区仅十余公里,10多分钟车程,温泉建设历史悠久。2004年,巴南区区政府已与美国豪森国际酒店集团、台湾李国鼎科技发展基金、重庆聚富房地产开发公司等三家投资联合体正式签订了合作协议,3家企业将联合投资17亿元人民币打造南温泉国际温泉城。最近,巴南区政府做出规划,在未来15年内,巴南区将投资493亿元,将南温泉建设成为以休闲产业为先导,聚旅游、工业、生态居住和新市镇为一体、面积达114.27公顷的复合式新社区。建成后,社区人口将达15万人,提供12.12万个就业岗位。目前,巴南区正以南温泉为基础,加大东温泉和桥口坝温泉的进一步开发,准备资料,向国家申报"中国温泉之乡(地热城)"的称号。

【秀山县锰业发展情况】 秀山县是中国锰矿资源大县,已探明可采储量2000多万吨,远景储量5000万吨。长期以来,由于管理不到位,乱采滥挖现象十分突出。自2001年始,该县引进资金8000多万元,对县内锰矿开采和加工业进行整合,开建三个工业园区,引进了多家锰加工企业,其中,乌江电力集团有限公司在年产1万吨金属锰的基础上,2003年再次投资1亿元,新建年产3万吨的电解金属锰厂,该厂厂房的规范性、工艺流程和环境保护的先进性均达国际同行业的先进水平。在优势企业带动下,秀山工业走上良性循环的路子,该县工业万元增加值能耗已降到3.16吨标准煤,经济效益综合指数达178%。全县2004年工业总产值达21.25亿元,比2001年增长3倍多,其中规模以上工业企业总产值15.48亿元,比2001年增长5.2倍,地方预算内财政收入达1.10亿元,比2001年增长了1.1倍。

(重庆市地质矿业协会　郝祖梁)

四 川 省

【矿产资源概况】 1. 查明矿产资源情况。截至2004年底的统计资料,全国已发现的矿种为171种(亚矿种234种),查明资源储量的矿种共158种(亚矿种215种)。至2004年底,四川省根据已进行登记、并进入省储量表的、已查明资源储量的矿种有81种(亚矿种90种),这些矿种是:

①能源矿产4种(亚矿种4种):煤、石油、天然气、铀矿。

② 金属矿产33种(亚矿种34种):铁矿、锰矿、铬铁矿、钒矿、钛矿、铜矿、铅矿、锌矿、铝土矿、镁矿、镍矿、钴矿、钨矿、锡矿、钼矿、汞矿、锑矿、金矿、银矿、铂族金属、铌矿、钽矿、铍矿、锂矿、锆矿、铷矿、铯矿、稀土元素(重稀土矿、轻稀土矿)锗矿、镓矿、铟矿、镉矿、硒矿。

③非金属矿产42种(亚矿种50种):石墨、硫铁矿、水晶(压电水晶、熔炼水晶)、滑石、石棉、蓝石棉、云母、长石、石榴子石、芒硝、石膏、重晶石、毒重石、菱镁矿、萤石(普通萤石、光学萤石)、石灰岩(熔剂用灰岩、水泥用灰岩)、白垩、白云岩(冶金用白云岩、玻璃用白云岩)、石英岩(冶金用石英岩)、砂岩(铸型用砂岩、玻璃用砂岩、砖瓦用砂岩、水泥配料用砂岩)、天然石英砂(铸型用砂)、脉石英(玻璃用脉石英)、含钾砂页岩、硅藻土、页岩(水泥配料用页岩)、高岭土、陶瓷土、耐火粘土、海泡石粘土、其他粘土(水泥配料用粘土、水泥配料用泥岩)、膨润土、蛇纹岩(化肥用蛇纹岩)、花岗岩(饰面用花岗岩)、霞石正长岩、大理岩(饰面用大理岩)、盐矿、钾盐、碘、溴、砷、硼矿、磷矿。

④水气矿产2种(亚矿种2种):地下水、矿泉水。

四川省已查明矿产资源储量的矿种按以上4大类划分,各类矿种数量占查明矿产资源矿种总数的百分比见图1。

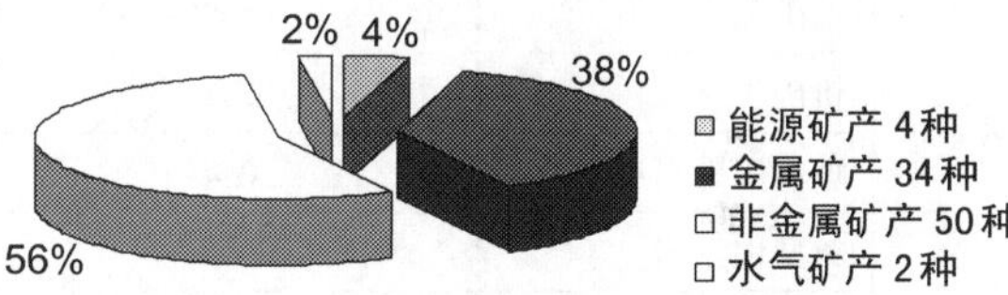

图1　四川省查明矿产资源储量矿种矿类百分比图

国土资源部公布的排位资料表明,四川省查明资源储量的矿产中,有35种矿产的矿产资源储量位居全国前5位,这些矿种是:

第1位:钛矿、钒矿、硫铁矿、光学萤石、玻璃用脉石英、铸型用砂岩,熔炼水晶、白垩,共计8种。

第2位:铁矿、锂、芒硝、石棉、钴矿、石榴子石、砖瓦用砂岩,共计7种。

第3位:稀土(折合氧化物)、铂族金属、镉矿、熔剂用灰岩、毒重石、碘,共计6种。

第4位:天然气、盐矿(折合NaCl)、云母、镍矿、铷矿、锗矿、霞石正长岩、玻璃用白云石、海泡石粘土、蓝石棉,共计10种。

第5位:镁矿(炼镁用白云岩)、磷矿、铍矿(折合BeO)、铯矿,计4种。

这些矿产分别占全省查明资源储量矿产数总量的比例如图2。其查明矿产资源储量占全国同类矿产查明资源储量的比例见图3和表1。

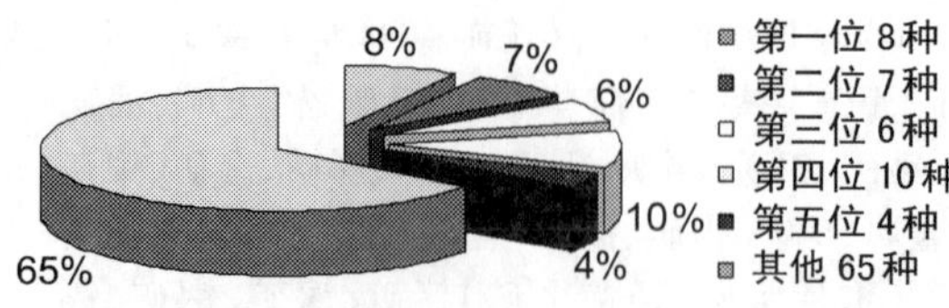

图2 查明在全国排前五位矿产分别占省内矿产的比例

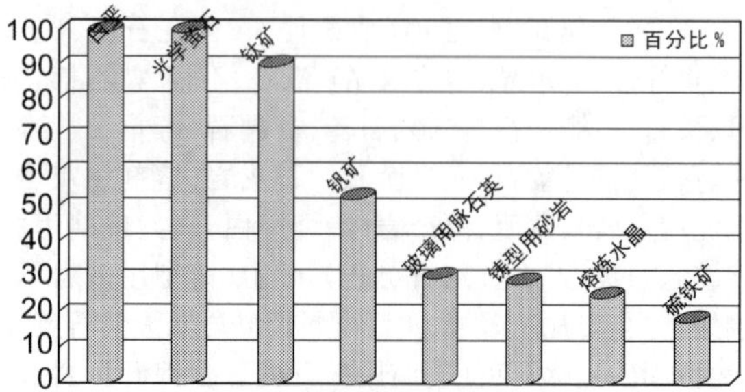

图3 四川省在全国排第一位的8个矿种矿产资源储量占全国查明资源储量百分比

表1 四川省在全国排前五位的矿种查明资源储量占全国同类矿种已查明资源储量的比例

排位	矿种	资源储量占全国比例(%)
第一位	白垩	100
	光学萤石	100
	钛矿	89.47
	钒矿	52.1
	玻璃用脉石英	30.4
	铸型用砂岩	28.8
	熔炼水晶	24.7
	硫铁矿	17.8
第二位	芒硝	30.9
	铁矿	17.2
	钴矿	16.8
	石棉	16.3
	石墨	9.6
	砖瓦用砂岩	7.1
	石榴子石	4.9
第三位	铂族金属	12.3
	碘矿	9.3
	熔剂用灰岩	6.2
	硒矿	4.6
	镉矿	6.1
	毒重石	6.1

续表1

排位	矿种	资源储量占全国比例%
第四位	天然气	9.1
	云母(片云母)	9.0
	镍矿	7.1
	铷矿	6.2
	锗矿	6.2
	玻璃用白云岩	6.2
	霞石正长岩	3.2
	海泡石粘土	2.7
	蓝石棉	1.9
	盐矿(折合 NaCl)	1.1
第五位	铍矿(折合 BeO)	15
	镁矿(菱镁岩)	9.4
	磷矿	8.5
	铯矿	1.2

根据矿产品供需和矿产资源现状,四川省重要矿产大致可分为以下三类情况:

第一类:已查明资源储量能满足全省生产消费需求,资源储量有保证的矿产有:无烟煤、铁矿(钒钛磁铁矿)、钛矿、钒矿、冶金用石英岩、硬质耐火粘土、锂辉石、熔剂用白云岩、钙芒硝、石棉、石墨、磷矿、硫铁矿(包括伴生硫)、盐矿、石膏等15种。

第二类:查明资源储量不能满足省内需要,但经前期研究、普查找矿和专家预测有较大资源潜力的矿产有:天然气、金矿、银矿、铅矿、锌矿、(轻)稀土矿、熔剂用灰岩、水泥用灰岩、水泥用粘土原料、水泥用硅质原料、玻璃用砂岩、石材(包括大理岩、花岗岩)等12种。

第三类:查明资源储量尚不能满足全省需求的矿产有:石油、炼焦用煤、普通铁矿、锰矿、铬矿、铜矿、铝矿、镍矿、钴矿、钨矿、锡矿、钼矿、锑矿、铂族金属、菱镁矿、萤石、钾盐、云母等18种。

排全国五位以外,十位以内其他矿种查明资源储量的排位见表2。

表2 四川省查明矿资源储量排全国六至十位矿种及占全国同类矿种查明资源储量比例

排位	矿种	资源储量占全国比例%
第六位	水泥配料用泥岩	8.8
	水泥配料用粘土	6.1
	金矿	5.9
	硅藻土	3.3

续表 2

排位	矿种	资源储量占全国比例%
第七位	玻璃用脉石英	6.7
	铅矿	5.4
	锌矿	5.3
	硒矿	4.5
	压电水晶	4.4
	锰矿	3.8
	铌钽矿	0.5
	菱镁矿	0.21
第八位	饰面用花岗石	3.3
	锡矿	0.4
第九位	水泥配料用砂岩	5.5
	银矿	4.2
	富铜矿	4.5
	饰面用大理岩	3.1
	冶金用石英岩	2.9
	耐火粘土	2.3
	锑矿	1.1
	含钾砂页岩	0.3
第十位	伴生硫	3.7
	冶金用白云岩	3.1

截至 2004 年,四川省查明资源储量的矿区(不包括保有查明资源储量为零的矿区)有 1277 处。其中:煤矿区 305 处,金属、贵金属、稀有及稀土金属矿区 536 处,非金属矿区 436 处,在该表以外,尚有地下水 12 处,矿泉水 87 处(图 4)。除石油、天然气和铀矿产以外全省查明矿产资源的矿产共有各类矿区 1368 处。以矿床规模划分:大型矿区 186 处(单一和主要矿产地 145 处、共伴生矿产地 41 处),中型矿区 378 处(单一和主要矿产地 317 处、共伴生矿产地 61 处)。大中型矿区共计 564 处,占全省查明储量矿区总数的 41.2%(图 5)。

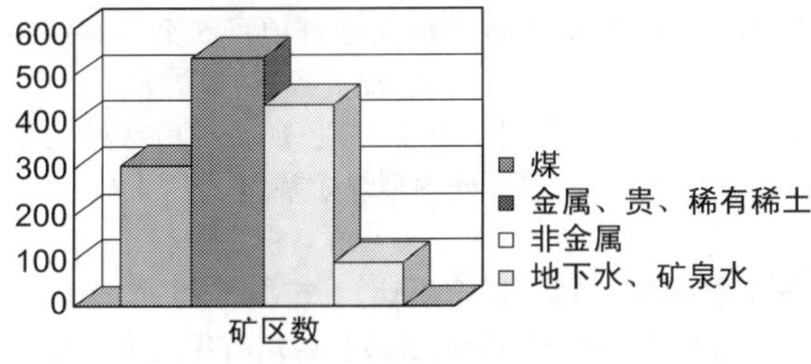

图 4　四川各类矿种矿区数比较

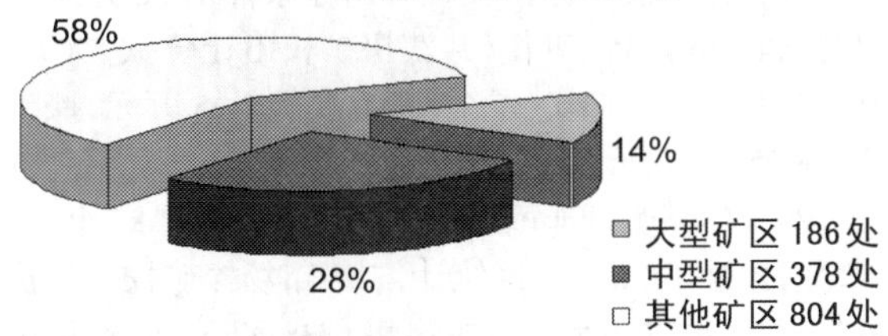

图 5　四川省查明矿产资源矿区数按规模划分比例

【矿产资源地理分布及特点】 地理分布:四川省查明矿产资源在地理分布上可分为盆地和盆周、攀西、川西高原三大片区。

1. 盆地和盆周:盆地地区以能源、非金属矿产为主。有:煤矿、天然气、石油、岩盐、钙芒硝、石膏、玻璃用砂岩、水泥用灰岩及配料、膨润土等;盆周地区以化工、有色金属矿产为主。有磷矿、硫铁矿、砂金、岩金、锰矿、铝矿、铅锌矿、铜矿及非金属矿产萤石、石棉、钾长石、花岗岩、大理岩等矿产。

2. 攀西地区:以黑色、有色金属矿产为主。有:钒钛磁铁矿、铅锌矿、铜矿、锡矿、岩盐、石墨、冶金辅助原料、稀有金属、稀土等矿产。

3. 川西高原地区:以贵金属、稀有金属矿产为主,有:金矿、银矿、铂族金属、镍矿、锂矿、铌矿、钽矿、铀矿、铅锌矿、铜矿、锡矿、汞矿,还有褐煤、泥炭及非金属矿产水晶、云母、石棉、石膏等。

【矿产资源特点】 1. 矿种较齐全。矿产资源总量丰富,但人均资源占有量仍然低于全国平均水平。

四川能源、黑色、有色、稀有、贵金属、化工、建材矿产均有分布,范围遍及省内多数地区。其中天然气、钛矿、钒矿、硫铁矿、芒硝、盐矿等矿产资源储量巨大,但一些主要矿产人均资源占有量低于全国平均水平。如:四川人均占有煤资源量仅为全国人均占有量的 10.69%;铜、铅、锌、镍、汞 6 种主要有色金属为 66.01%;贵金属为 92.47%。重要矿产如石油、铝、铜、钾等探明的资源储量不足。

2. 大型或特大型矿床分布集中。有利于形成综合性的矿物原料基地。省内矿产资源分布相对集中,多分布在盆地及盆周交通方便地区,资源配套程度较高,有利于开发建设。如攀西的铁、钒、钛、轻稀土、铜、铅、锌;川南的岩盐、无烟煤、磷矿;成都的芒硝、磷矿、石材;川西高原的有色、稀有金属;四川盆地的天然气等,为建立各具特色的区域经济和建设矿产开发基地提供了资源条件。

3. 矿床的共、伴生矿产多。具有重要的综合利用价值,但增加了采矿和选冶工艺难度。四川的黑色、有色、稀有、贵金属矿床 60% 以上伴生有多种有益元素或共生矿产,如攀西地区的钒钛磁铁矿、川西高原的银多金属矿,川南的煤、硫、高岭土、粘土矿共生等,如综合开发利用共、伴生矿产将大大提高矿产开发利用的经济价值,但也将增加采矿和选冶工艺难度。

4. 部分重要矿产以贫矿和低品质矿石为主。富矿不足,矿产资源具有良好的找矿前景。富矿占查明资源储量的比例分别是:富铁矿 1%;富硫铁不到 1%;富磷矿 12%;低硫煤及炼焦用煤仅占煤查明资源储量的四分之一。然而,四川省成矿地质条件优越,据省内各地勘单位和原工业主管部门对四川省煤、天然气、铁、铜、铅锌、金等20种重要矿产的资源远景进行研究预测表明,这些矿产具有良好的资源潜力。

除以上矿产资源以外,四川省的铀矿资源产地12处,其中中型矿产地4处,小型矿产地8处。

【矿产储量变化情况】 截至2004年底,四川省煤炭、铁、锰、钒、铜、铅、锌、铝土矿、镍、锡、金(岩金)、银、硫铁矿、芒硝、磷、水泥用灰岩等16种矿产资源储量比2003年有所增加。钛、镉、冶金用白云岩、盐矿、水泥配料粘土、水泥配料泥岩、霞石正长岩等8种矿产资源储量比2003年有所减少。铬、镁、钴、钨、钼、汞、锑、铂族金属、铌、钽、铍、锂、锆、铷、铯、重稀土、轻稀土、锗、镓、铟、硒、菱镁矿、普通萤石、熔剂用灰岩、冶金用石英岩、铸型用砂岩、耐火粘土、重晶石、毒重石、含钾页岩、化肥用蛇纹岩、碘、砷、石墨、压电水晶、熔炼水晶、滑石、石棉、蓝石棉、云母、长石、石榴子石、光学萤石、白垩、玻璃用白云岩、玻璃用砂岩、水泥配料用砂岩、砖瓦用砂岩、玻璃用脉石英、硅藻土、水泥配料用页岩、高岭土、陶瓷土、海泡石粘土、膨润土、饰面用花岗岩、饰面用大理岩等58种矿产保有资源储量没有增减。

【地质勘查单位及工作情况】 四川从事固体矿产和水气矿产勘查的单位有四川省地质矿产开发局、四川省煤田地质局、四川省冶金地质勘查局、四川省核工业地质局、武警黄金十二支队、四川省化工地质勘查院、四川盐业地质钻井大队、中国建筑材料工业地质勘查中心四川总队等八个单位。从事石油、天然气开采和勘探的有中国石油化工股份有限公司西南分公司(西南石油局)和中国石油天然气股份有限公司西南油气田分公司两个单位。此外,成都理工大学和中国地质调查局和中国地质科学院在成都的成都地质矿产研究所、成都矿产综合利用研究所和成都探矿工艺研究所等单位,在开展教育、科研的同时也承担部分地质勘查项目。

【探矿权受理及审批】 2004年,四川省共受理探矿权申请880个,比2003年增加40%;经审批颁发探矿许可证702个(含续作项目)。从近两年的综合统计分析,随着中央实施西部大开发,省内外投资者的大量涌入,四川省颁发勘查许可证数量逐年增多(表3),其中2002年为415个,2003年461个,2004年为702个。

表3　地质勘查项目申请数量近年变化情况

年　度	2000	2001	2002	2003	2004
申请数	189	468	622	546	880
发证数	172	254	415	461	702

【石油天然气勘查】 1. 四川油气勘查共钻井90口,进尺22万米,新增兢探明储量约600亿立方米,主要在宣汉、邛崃、洛带及龙门山气田等取得了较大的突破。

2. 中石化南方公司已成功在四川省油气新区川西高原若尔盖地区开始了油气勘采第一钻。

3. 四川省煤田地质勘察工程设计研究院在川南煤田施工的煤层气勘查,进一步查明了该区煤层气的赋存状况和有关技术参数。

4. 现场督查四川盆地宣汉-巫溪地区、达县-宣汉地区石油天然气勘查等。目前四川省油气勘查开采秩序良好,油气矿业权人的权益得到合法保护。

【矿产资源勘查】 2004年地质勘查工作所取得的主要成果:

1. 在寻找沉积改造型层状铅锌矿方面有重大突破,进一步探明了一批大中型矿床,资源补偿费安排的项目给予有力的支持。如宁南县跑马铅锌矿(333)+(334)资源量107.88万吨,甘洛县则板沟铅锌矿(332)+(333)+(334)铅锌矿资源量90.89万吨(银资源量355.5吨),为两处大型铅锌矿产地。洪雅县海子河富锌矿(333)+(334)资源量为16.71万吨,为一处中型矿产地。以上勘查的矿体主要赋存于前震旦系灯影组和前寒武系麦地坪组接触带的白云质灰岩地层中。

2. 在三江成矿带的义敦岛弧区,发现了巴塘县兴普勒银铅锌矿,其中资源量银(334)372.41吨、铅7.95万吨,为中型矿产普查基地1处。

3. 在川南煤田古叙矿区、筠连矿区,按普查、详查、勘探不同阶段安排了地质勘查项目5个。其中国家资源补偿费项目有3个,省资源补偿费项目2个。经过工作进一步查明了石宝矿段、观文矿段2处大型煤矿基地,篙坝矿段1处中型煤矿基地。

【探矿权招标、拍卖、挂牌出让】 按照部和省“探矿权招标拍卖挂牌出让”的有关规定,四川省年内成功地组织了符合探矿权招标拍卖挂牌出让条件的36处探矿权的拍卖挂牌出让工作,共获探矿权出让价款8909.2万元。其中探矿拍卖31个,获价款8841.5万元,探矿权挂牌5个,获价款67.7万元。

2004年共受理非政府探矿转让申请事项84个,主管部门批准了58个。经统计,二级市场探矿权转让价款共有7638.57万元。其中出售6338.47万元,作价出资1250.1万元。

【地质报告的评审、备案和登记】 2004年,四川省新评审地质勘查报告并备案登记的矿山有79个,为2003年38个的208%。新评审的79个报告中,有不同工作性质的地质报告。其中:矿区勘探或延深勘探的有8个,完成详查工作的有20个,完成普查工作的有37个,进行矿山矿产资源储量核查工作的有13个,还有一个是矿山闭坑后对矿山剩余矿产资源储量的核报告。79个报告中,大型规模的矿山3个,中型规模的矿山11个,小型的65个;其中煤16个、有色金属20个、黑色金属10个,金矿15个、非金属矿13个、矿泉水4个,还有一个是属富钾卤水的液体矿产。

【地质资料汇交】 2004年,四川省国土资源厅加大了《地质资料管理条例》的执法力度,特别是把依法汇交地质资源作为矿产资源储量登记的前置条件,使矿山企业法人增强了汇交地质资料的法律意识。四川省国土资源资料馆2004年共接收种类地质资料520种,比2003年度增加了344种。在520种地质资料中,A类76种,B类444种。2004年,四川省向全国地质资料馆转送了A类地质资料3种。

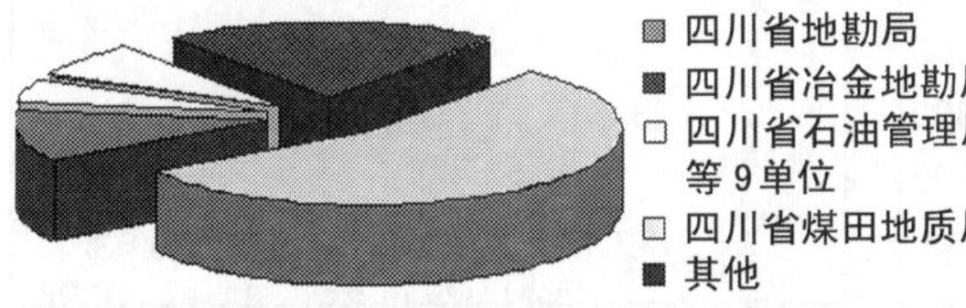

图6 四川省2004年度地质资料汇交数量比较图

2004年的成果地质资料利用数量是近几年中最多的一年。据统计,资料馆2004年接待到省地质资料馆查阅、利用地质资料的共946人次、2116份次及190440件次。同时,为矿业权市场提供地质资料复制216份次,图件1129幅次。

截至2004年12月,四川省国土资源资料馆馆藏地质资料共有14040种,其中,公益性地质资料720种,保护资料823种,保密资料345种,其余资料全为分开的地质资料。四川省国土资源资料馆为了强化馆藏功能和社会服务功能,2004年购置了50多万元的设备,新购微机12台,5P柜式空调2台,扫描仪3台。

【矿产资源开发利用】 1.矿山企业及经济状况。到2004年底,四川省有证矿山企业共计7203个,比2003年减少了299个。根据统计,2004年,开发利用的固体矿产达到百余种。7203个矿山企业中,大型矿山企业89个,中型矿山企业377个,小型矿山企业4663个,另有小矿山2074个。大、中、小型(包括小矿)矿山企业在矿山企业总数中所占的比例分别从2003年的0.45%、0.62%和98.93%变化为1.24%、5.23%和93.53%。从矿山数量来看,省内的小型矿山企业仍占有绝对优势(图7)。

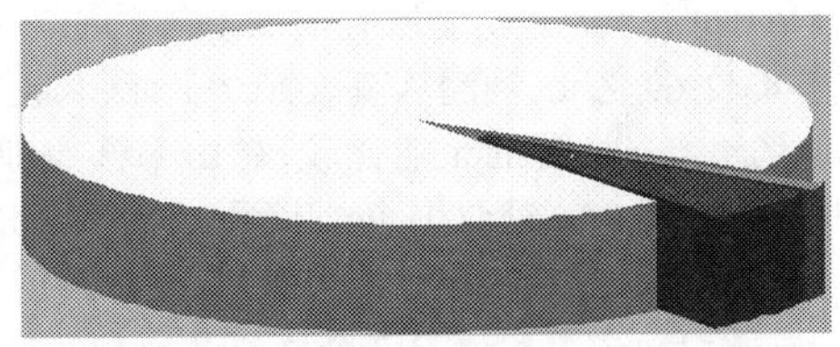

图7 2004年度四川不同规模矿山数比例比较

2004年全年矿业生产总产值除石油、天然、地热和矿产泉水以外,矿产的工业总产值就达到了146.73亿元,比2003年的118.47亿元增加了23.85%。矿产品消售收入2004年为151.70亿元,各类矿种工业总产值比较见图8。2004年年产矿石量为19149.02万吨,从业人员达到46.14万人,矿产资源的综合利用产值为10.52亿元,利润总额为16.76亿元。

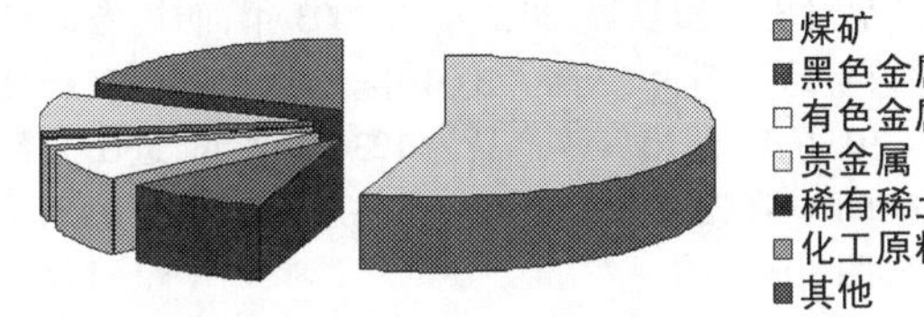

图8 2004年度各类矿种工业总产值比较

省内矿业从业人员2004年全省总计46.14万人,较2003年减少约近2万人。在各类矿产中就业人员情况见图9。

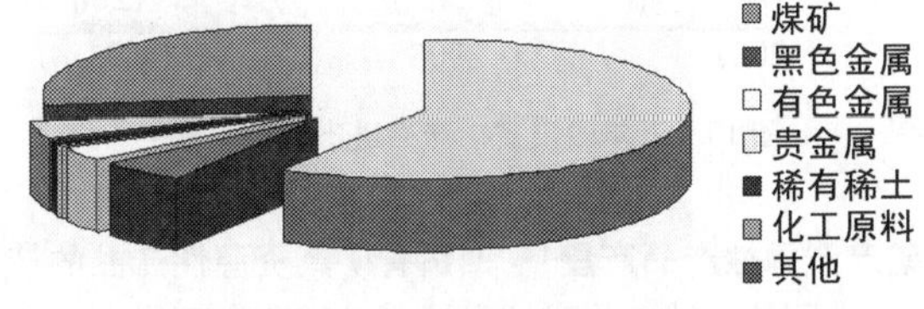

图9 2004年度各类矿产中从业人员数量比较

四川省天然气、原煤、磷矿、硫铁矿、岩盐、钙芒硝、石棉、花岗石、铅精矿、锌精矿及轻稀土矿的产量均名列全国前茅。铁矿、铜矿、水泥灰岩等矿产的开发在全省的工业生产中占有重要的地位。

经过近几年的发展,在四川省的矿业生产中,除国有矿山企业以外的其他性质的矿山企业逐渐占有较重要的地位。天然气、锌矿、熔剂用石灰岩、冶金用白云岩、金矿等等矿产在规模矿山企业中经济效益较好,又以天然气开采获利最多。小型的民营矿山主要以开采零星的煤炭资源,砖瓦用页岩、建筑用砂岩、砂砾石等矿产资源为主,其产生的经济效益超过了大、中型规模矿山。

据四川省统计局资料，2004年四川省全部国有及规模以上非国有工业企业总数共计6481家，其工业总产值4463.74亿元，工业增加值1588.06亿元，产品销售收入4542.69亿元，利润总额200.07亿元，利税总额474.09亿元。与全省的企业比较，矿山采选企业201家，占总数的3.1%，较2003年下降了3.8个百分点。其工业总产值为275.55亿元，占全省工业总产值总量的6.2%，较上一个下降了3.2个百分点。工业增加值为127.09亿元，占总量的8.0%，较2003年下降了3.2个百分点。产品销售收入为307.20亿元，占总量的6.8%，较2003年下降了3.2个百分点。

利润总额为19.87亿元，扭亏为盈，占总量的9.9%。利税总额为50.18亿元，占总量的10.58%，较2003年增加了7.58个百分点。可以看出，全省矿山企业在四川省经济发展中的比重正在下降，但利润和利税的比例却比2003年明显增高。

【矿产品进出口贸易】 2002年和2003年，四川省矿产品进口贸易比例为27倍。2004年，四川省进口矿产品为34391万美元，出口矿产品为1236万美元，进出总额也较2003年翻了一番多，但矿产品进出口比例达到了28倍(图10)。

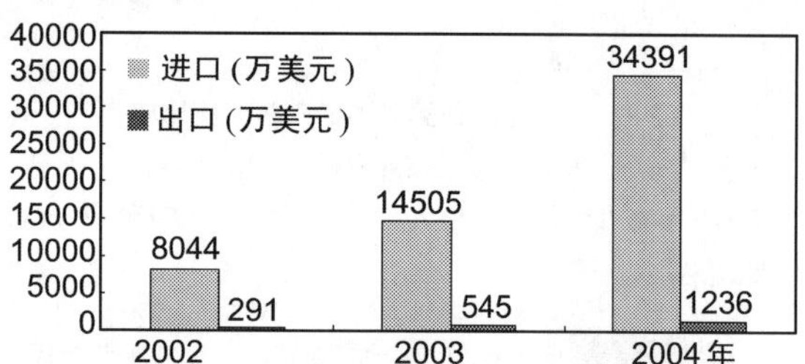

图10　近年四川省矿产品进出口贸易额

【矿产资源性产品产量】 四川省矿产资源性产品的产量可以间接反映四川矿业发展与矿产资源开发利用的情况，也可以间接地反映四川省矿产资源开发利用对四川省经济发展所做出的贡献。

表4　四川省部分矿产资源性产品日产量

	原盐(万吨)	原煤(万吨)	天然气(亿立方米)	生铁(万吨)	钢(万吨)	成品钢材(万吨)	水泥(万吨)
2003年日产量	0.8	8.59	0.29	2.21	2.30	2.19	10.25
2004年日产量	0.97	12.14	0.32	2.52	2.71	2.77	10.47

表4是部分重要矿产资源性产品每天的产量。图11是2004年度部分矿产资源性产品日产量与2003年度日产量的比较。

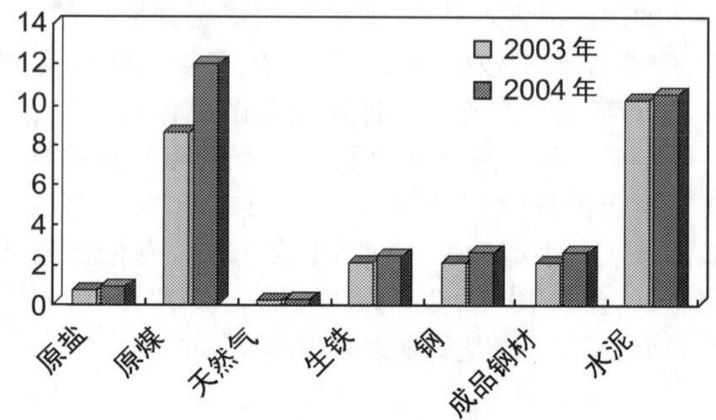

图11　部分主要矿产资源性产品日产量年度比较
(天然气:亿立方米;其余:万吨)

2004年，四川省部分主要矿产资源性产品的年产量及与以往年相比较，其增加情况见表5。图12是部分矿产资源性产品2004年度较2003度的量增加值。

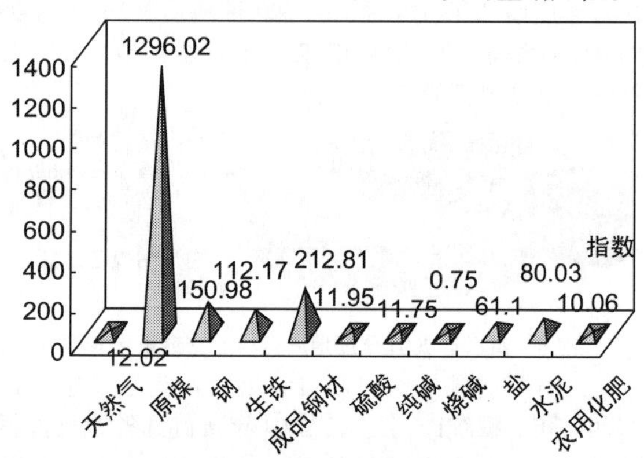

图12　2004年度四川省部分主要矿产资源性产品产量与2003对比增加值

表5　2004年度四川省部分主要矿产资源性产品产量及与以往年度产量的比较表

名　称	单　位	2002年	2003年	2004年	2004年比2003年增长
天然气	亿立方米	100.06	105.30	117.33	12.02
原煤	万　吨	2753.89	3133.88	4429.90	1296.02
钢	万　吨	754.84	838.27	989.25	150.98
生铁	万　吨	680.76	807.57	919.74	112.17
成品钢材	万　吨	725.83	799.16	1011.97	212.81
硫酸	万　吨	249.07	276.87	288.82	11.95
纯碱	万　吨	62.57	65.35	77.10	11.75
烧碱	万　吨	44.54	59.45	60.20	0.75
盐	万　吨	265.72	292.21	353.31	61.10
水泥	万　吨	3294.47	3739.88	3819.91	80.03
农用化肥	万　吨	328.41	400.01	410.07	10.06

【矿业权重要拍卖事件】 四川省国土资源管理部门2004年组织的的重要拍卖活动：

1. 四川省国土资源厅和甘孜州政府于2004年3月11日在康定组织了四川省甘孜州甲基卡锂辉石矿134#脉采矿权招标出让。四川省矿业有限公司以1398万元的最高投标价成为该采矿权的中标人。

2. 4月28日，凉山彝族自治州甘洛县一块标号为新915－Ⅱ铅锌矿探矿、采矿权以8950万的价格出让给四川宏达集团有限公司，高出起拍价800万元的11倍。

3. 5月12日，由四川省国土资源厅委托凉山州国土资源局组织，再次对甘洛新915－Ⅰ，老915－Ⅱ，老915－Ⅰ铅锌矿的三宗矿权的探矿权采矿权在西昌拍卖。8家省内外实力强盛的企业来参与竞买，竞争激烈。新915－Ⅰ铅锌矿矿区起拍价600万元，经过89轮竞争，最终四川宏达集团有限公司以3350万元竞得；老915－Ⅱ起拍价200万，被凉山索玛集团有限责任公司以1770万元竞得；老915－Ⅰ铅锌矿起拍价1000万，经过73轮竞价，最终3号河南豫光金铅集团有限责任公司以1.61亿元竞得，三宗铅锌矿探矿权采矿权成交价共计2.142亿元。

4. 9月7日，巴中市南江县国土资源局成功拍卖南江县寨坡乡姜家湾大理石矿采矿权，拍卖成交价14.6万元，由南江县天磊石材有限公司竞得。这是巴中市首宗市级颁证的采矿权拍卖。

5. 9月23日、24日，米易县采矿权挂牌出让、采矿权拍卖会成功举行，包括花岗石、石灰石等矿种在内的25宗采矿权被有偿出让成功，采矿权价款共计398.76万元。参加竞买者众多，竞争激烈，观音南厂村易家坪石灰石采矿权的拍卖，经过18轮应价，最终以90万元成交，达到出让底价的56倍。

6. 11月份，雅安市国土资源局受四川省国土资源厅的委托，组织拍卖汉源县海子顶铅锌矿等10宗探矿权。经过激烈竞价，最后10宗探矿权全部成交，成交总金额达451万元，比底价高出372万元，是底价的5.7倍。

7. 11月18日，攀枝花市白马矿区外围青杠坪矿段采矿权拍卖会经过近一小时的激烈角逐，两宗采矿权以1.42亿元的价格被成功拍卖。其中，仰天窝铁矿采矿权被四川德胜集团攀枝花煤化工有限公司以9500万元竞得，腾家梁子铁矿采矿权被厦门中禾实业有限公司以4700万元竞得。

8. 11月18日，受省国土资源厅委托，广安市国土资源局在广安市成功组织广安市邻水县龙泉寺井田(煤矿)探矿权和采矿权拍卖。来自省内外的14家企业、个人参加拍卖。经过198轮次的激烈角逐，最后以6800万元，高出起拍价5300万元的最高价拍卖成功。

9. 2004年11月26日，受四川省国土资源厅委托，绵阳市国土资源局组织了砂金矿矿业权拍卖会，共有来自黑龙江、湖南及绵阳本地的13位竞买者报名参加了竞买。平武响岩、古城、北川坝底、邓家及江油北城等五宗砂金矿采矿权经过多轮竞价，分别以1200万、900万、320万、130万、90万拍出，共获采矿权价款2640万元。

10. 12月16日，平昌县国土资源局首次成功拍卖河道砂石采矿权。该次拍卖的通巴河平昌县城段河道砂石采矿权的起拍价为148万元，最终以698万元拍卖成交，高出起拍价550万元。

(四川省矿业协会　曾令新)

贵 州 省

【矿产资源开发利用】 统计年报于2005年4月下旬审查汇总完毕。现将2004年度全省矿山企业矿产资源开发利用统计年报审查汇总情况通报如下：

矿山年报基础表交审情况：9个地州市都提交了年报统计数据。其中遵义市、黔南州、贵阳市、安顺市、黔东南州、毕节地区国土资源局提交的年报统计数据较全面，质量相对较高。希望黔西南州和铜仁地区国土资源局进一步重视和加强矿山年报统计工作。

2004年度全省矿山企业总数为5627个。矿山总数比2003年度减少68个；从业人数261426人，比2003年度增加50722人；开发利用矿种有72种，以煤矿、磷矿、铝土矿、锌矿、金矿、水泥用灰岩、建筑石料用灰岩、建筑用砂、重晶石、砖瓦用页岩等为主要开发利用矿种。

【矿山企业主要经济指标】 2004年全省矿山企业年产固体矿石量14601.41万吨，与2003年度的年产固体矿石量基本持平。

2004年度全省矿山企业总产值为1114464.21万元，比2003年度增加420211.94万元，其中煤矿因价格大幅上涨增幅最多。

2004年全省矿山企业矿产品销售收入9604548.36万元；利润总额248257.07万元。

【矿山企业主要数据分析】 1.2004年矿山数量减少的主要原因是2004年度黔东南州、黔西南州等地有部分砂石、粘土矿山企业漏报；二是一些地方在矿产资源管理秩序治理整顿中关闭了一批矿山；三是有些矿山企业未提交报表。

2. 从业人数增加的原因：一是矿产品销路好，大部分矿山企业都全员生产,二是新建了一批矿山,三是部分矿山技改扩能增人,四是2003年度有部分矿山企业漏报。

3. 工业总产值、矿产品销售收入、利润总额增加的原因:一是2003年下半年以来各种矿产品销售价格大幅提高,二是2003年度有部分矿山企业瞒报、未报。

表1　　2004年度贵州省矿产资源开发利用情况(按行政区分列)

行政区名称	矿山企业数(个)					从业人员(个)	年产矿量万吨	工业总产值(万元)	综合利用产值(万元)	矿产品销售收入(万元)	利润总额(万元)
	合计	大型	中型	小型	小矿						
总　计	5627	18	82	3491	2036	261426	14601.41	1114464.21	269660.24	9604548.36	248257.07
贵阳市	716	3	11	379	323	29871	1661.63	188372.03	30540.97	4138931.57	15895.37
六盘水市	530	5	11	481	33	64335	3100.11	331833.32	144724.13	386984.86	112679.19
遵义市	1244	1	9	652	582	36931	2672.37	102906.54	3772.96	95518.56	18281.49
安顺市	392	1	8	300	83	14918	846.06	57273.37	24.8	62485.49	7693.08
铜仁地区	319	3	17	185	114	8282	328.18	25967.04	198.1	25355.64	9393.78
黔西南布依族苗族自治州	281	0	2	179	100	18366	1329.95	90304.41	5810.58	90032.58	31142.89
毕节地区	996	4	8	577	407	54245	2960.23	203438.07	73669.6	4711873.12	31372.11
黔东南苗族侗族自治州	263	0	13	126	124	6891	381.97	22768.99	1231.5	22913.15	4509.47
黔南布依族苗族自治州	886	1	3	612	270	27587	1320.92	91600.44	9687.6	70453.4	17289.7

表2　　2004年度贵州省矿产资源开发利用情况(按矿种分列)

矿种	矿山企业数(个)					从业人员(个)	年产矿量万吨	工业总产值(万元)	综合利用产值(万元)	矿产品销售收入(万元)	利润总额(万元)
	合计	大型	中型	小型	小矿						
总　计	5627	18	82	3491	2036	261426	14601.41	1114464.21	269660.24	9604548.36	248257.07
煤炭	2245	7	11	2218	9	182873	8028.2	809553.16	233038.13	5392352.71	209439.06
铁矿	19	0	0	12	7	947	28.4	2538.82	775.4	4578.22	461.36
锰矿	44	3	8	18	15	3577	66.03	12627.57	0	9854.86	3562.5
铜矿	2	0	0	1	1	125	2.3	102.5	0	102.5	15.4
铅矿	18	0	0	3	15	851	5.11	1679.78	0	513.78	381.5
锌矿	95	0	0	18	77	3334	47.07	5165.38	345	5929.64	789.26
铝土矿	114	0	1	13	100	5181	185.37	13029.67	7122.07	10882.07	2433.15
镁矿	1	0	0	0	1	30	0	0	0	0	0
钼矿	1	0	0	0	1	28	0.3	68	0	0	40
汞矿	5	0	0	3	2	254	0.37	85.3	0	69.5	34.78
锑矿	6	0	0	4	2	1339	13.94	4842.7	0	1290.53	828.4
金矿	69	0	1	4	64	4158	170.6	27573.71	430	27580.55	10006.61
普通萤石	11	1	0	8	2	235	3.88	673.4	600	1270.9	98.38
熔剂用灰岩	2	0	0	1	1	10	0.6	24	0	34.5	2
冶金用白云岩	1	0	0	1	0	14	1	15	12	15	9

续表 2-1

矿种	矿山企业数(个)					从业人员(个)	年产矿量万吨	工业总产值(万元)	综合利用产值(万元)	矿产品销售收入(万元)	利润总额(万元)
	合计	大型	中型	小型	小矿						
冶金用石英岩	71	0	1	57	13	792	27.49	1050.4	4	1064.7	257
冶金用砂岩	3	0	0	3	0	45	2.52	91.48	0	86.98	23.3
冶金用脉石英	19	0	0	9	10	259	11.45	477.88	0	476.98	132.5
硫铁矿	40	0	0	9	31	1377	70.21	1328.45	793.45	1430.5	312.95
重晶石	69	1	13	33	22	1437	76.23	6306.16	281.7	2511.17	1096.37
电石用灰岩	6	0	0	1	5	133	3.7	85.5	0	83	-38.38
制碱用灰岩	5	0	0	0	5	2421	38.6	16936.4	0	16	601.97
化肥用灰岩	1	0	0	0	1	20	4.5	40	0	31.5	1
化工用白云岩	6	0	0	4	2	189	1.95	32.6	0	26.25	3.4
化肥用石英岩	2	0	0	2	0	11	0.5	16.3	0	0.25	1
化肥用砂岩	1	0	0	1	0	20	0.5	5	0	7.5	1
含钾砂页岩	1	0	0	1	0	5	0	5	0	0	5
泥炭	9	0	0	0	9	99	3.52	149.92	9.3	157.4	23.91
砷矿	1	0	0	1	0	3	0	0	0	0	0
磷矿	66	3	4	22	37	6040	737.48	113828.79	15908.4	4054320.25	3053.23
硅灰石	24	0	0	4	20	469	10.36	292.24	46	462.85	34.9
长石	1	0	0	1	0	0	0	0	0	0	0
氟石	1	0	0	1	0	5	0	0	0	0	0
石膏	1	0	0	0	1	16	0.5	25	0	25	1.2
方解石	16	0	0	2	14	204	4.75	289.2	80	807.2	29.38
玻璃用灰岩	1	0	0	0	1	24	1.6	19.2	0	19.2	6
水泥用灰岩	110	0	1	67	42	4059	1036.58	33439.88	1352	20928.59	4631.86
建筑石料用灰岩	1354	0	2	122	1230	17443	2249.54	18723.74	5293.94	24707.4	4274.67
饰面用灰岩	6	0	0	0	6	51	1.2	30	0	30	2.2
制灰用石灰岩	25	0	0	1	24	295	21.1	656.8	936	378.9	355.05
建筑用白云岩	153	0	1	77	75	2043	238.13	3265.35	102.9	3596.42	859.17
玻璃用石英岩	2	0	0	2	0	36	4.6	99	0	99	15.7
水泥配料用砂岩	2	0	0	1	1	6	1.6	20	8	63	2.9
砖瓦用砂岩	12	0	1	9	2	152	37.83	443.2	3.7	153.2	53
建筑用砂岩	4	0	0	3	1	159	6.4	74	0	74	186
建筑用砂	484	2	8	381	92	5823	637.24	7382.95	303.8	7311.34	1396.74
水泥配料用砂	2	0	0	1	1	2305	1.4	15878	1	15878	571
砖瓦用砂	8	0	0	4	4	131	4.5	80	1.1	34	22.5
水泥配料用脉石英	1	0	0	1	0	30	0.2	4.8	0	4.8	0.7
粉石英	1	0	0	0	1	12	0	-3	0	0	0

续表 2－2

矿种	矿山企业数(个)					从业人员(个)	年产矿量万吨	工业总产值(万元)	综合利用产值(万元)	矿产品销售收入(万元)	利润总额(万元)
	合计	大型	中型	小型	小矿						
砖瓦用页岩	352	1	20	302	29	9907	651.66	11825.93	1475.4	12334.6	1672.54
水泥配料用页岩	3	0	0	2	1	15	1.8	13.9	3.1	14.15	2.89
建筑用页岩	24	0	1	18	5	296	21.34	781	505.3	593	145.1
高岭土	11	0	0	11	0	185	3.2	244	0	279.6	77.6
陶瓷土	2	0	0	2	0	27	1	50	0	50	5.86
凹凸棒石粘土	1	0	0	0	1	1	0.3	9	0	4.5	1
膨润土	3	0	1	2	0	217	3	201	0	60	9.4
砖瓦用粘土	43	0	1	7	36	1033	84.12	1445.74	150	1175.99	180.86
陶粒用粘土	4	0	0	1	3	128	13.28	132	18	225	45
水泥配料用粘土	7	0	0	3	4	53	2.26	24.6	0	21.6	7.3
水泥配料用黄土	1	0	0	0	1	19	2	10	10	30	10
饰面用辉绿岩	1	0	0	1	0	2	0	0	0	0	0
建筑用凝灰岩	22	0	7	13	2	136	18.29	121.4	0	131.9	46
饰面用大理岩	1	0	0	1	0	60	0.13	80	0	30	－10
建筑用大理岩	2	0	0	1	1	50	0.3	105	0.55	8.5	6.2
饰面用板岩	2	0	0	2	0	32	1.5	18	0	18	5.7
矿泉水	1	0	0	1	0	15	0.19	14.4	0	14.4	2
其他矿产 1	6	0	0	0	6	180	7.7	335	50	297	31

表 3　　2004 年度贵州省矿产资源开发利用情况(按经济类型分列)

企业经济类型	矿山企业数(个)					从业人员(个)	年产矿量万吨	工业总产值(万元)	综合利用产值(万元)	矿产品销售收入(万元)	利润总额(万元)
	合计	大型	中型	小型	小矿						
总计	5627	18	82	3491	2036	261426	14601.41	1114464.21	269660.24	9604548.36	248257.07
一、内资企业	5619	18	81	3486	2034	260513	14560.32	1111533.81	269660.24	9601977.96	247056.87
国有企业	183	10	19	106	48	41390	2233.81	302121.23	15654.9	234426.64	22067.03
集体企业	344	0	4	218	122	16140	722.2	56580.49	18983.1	57399.15	19634.17
股份合作企业	59	1	8	33	17	6744	405.01	33930.95	8400	34143.81	4495
联营企业	108	0	3	77	28	3642	200.59	12287.21	2427.6	14999.44	3448.44
有限责任公司	79	1	2	30	46	3917	173.57	17015.93	1235	12963	2147.76
股份有限公司	104	2	7	53	42	8605	277.89	40158.83	2044.67	41502.64	13741.85
私营企业	4435	4	35	2790	1606	172688	10097.33	636096.25	219087.17	9193217.27	178756.3
其他企业	307	0	3	179	125	7387	449.92	13342.93	1827.8	13326.01	2766.32
二、港、澳台商投资企业	2	0	0	2	0	708	22.03	1856.2	0	1856.2	1100
三、外商投资企业	6	0	1	3	2	205	19.06	1074.2	0	714.2	100.2

【贵州印江电解锰项目引资】 由深圳环湘发展有限公司投资成立的贵州省印江环湘锰业发展有限公司，2004年在贵州省印江县开工建设国内最大的电解锰项目，3年后，年产电解锰3万吨。

该项目预计投资1亿元人民币，分三期进行建设，3年后，年产值将实现4.5亿元。其生产能力与中国在南非投资兴建的世界最大的电解锰项目相当。建成投产后，预计年利润将超过7000万元，每年可为当地提供2000万元的财政收入。

贵州锰矿资源丰富，目前已经探明储量9054万吨，保有储量7181万吨，居全国第3位，占全国总量的15%。全省有16个县市发现锰矿资源，其中以印江县所在的黔东地区以及遵义市最为集中，储量大。以丰富的锰矿资源为依托，贵州已经在遵义建成中国最大的锰系铁合金生产基地。

【都匀牛角塘发现独立镉矿床】 中国科学院地球化学研究所矿床地球化学开放实验室研究员刘铁庚、张乾等人在贵州都匀牛角塘镉锌矿中新发现原生硫镉矿，而且首次发现镉—锌硫化物完全类质同象系列。这一发现，不仅具有重要的矿物学和地球化学意义，而且在找矿上也有很大用途。

类质同象是自然界普遍存在的现象，运用这一规律，人们在动植物学方面，发现了很多新种、新属。但是，近20年来，全世界发现近百种新矿物，却未见有关发现完全类质同象系列的报道。

刘铁庚等人采取大量的样品经电子探针、扫描电镜和透射电镜多种方法的多次研究，发现贵州都匀牛角塘镉锌矿床中的闪锌矿与硫镉矿的锌、镉含量是连续变化的，锌与镉成负相关关系，相关系数在0.99以上，充分表明锌-镉硫化物形成了完全类质同象系列。

依据这一方法，人们可以根据闪锌矿的镉含量寻找或评价镉矿床，由于镉元素在地壳中含量很低，一般很难形成独立矿床；在贵州牛角塘不仅发现了独立镉矿床，而且具有一定规模(500吨以上储量)，在世界上也是首例。

【黔西县发现大型隐伏煤矿】 2004年黔西县首次发现一大型隐伏煤矿，在36平方公里范围内，已探明煤炭储量达2.5亿吨。该隐伏煤田埋藏深度400米左右，有二层稳定的可采煤层。目前，该煤田的精查工作正在进行中。其隐伏面积可能超过100平方公里。

贵州煤炭保有储量超过530亿吨，是南方煤炭资源最丰富的省份之一，而此前省内发现的大型煤田全部是露头煤田，通过地表工作就可以找到。此次储量丰富的隐性煤田被发现，为贵州煤炭勘察工作带来新的启示。

（中国矿业信息中心）

云南省

【矿产资源开采秩序专项整治】 2004年云南省针对非法私挖乱采活动有所抬头和部分地区矿产资源管理秩序混乱、矿山安全事故频发的情况，开展了矿产资源秩序专项治理整顿。

云南省在对重点矿区、重点矿产治理整顿中，继续将个旧锡矿区、马关都龙锡矿区、镇源金矿区、元阳大坪金矿区、兰坪铅锌矿区、会泽铅锌矿区、富民－武定钛砂矿区作为重点矿区进行深化整治，对彝良县毛坪铅锌矿区进行专项整治，对锡、铅锌、铁、磷、煤等重点矿种进行重点治理。

【个旧锡矿增储预测量】《个旧锡矿深部和外围成矿预测及矿山增储研究》项目近日通过中国工程院专家组的鉴定验收。这个项目为云南省个旧锡矿提交高品位的新增锡和铜金属工业储量16.2389万吨，所预测10个区域的锡、铜资源储量92.5万吨。新增和预测的资源量可延长矿山服务年限10年以上。

个旧以锡矿床规模巨大、储量丰富闻名于世。经过数十年的大规模开采，保有的可采储量逐渐减少。为此，2000年，由云锡集团、昆明理工大学和中科院地球化学研究所共同合作，承担《个旧锡矿深部及外围成矿预测及矿山增储研究》项目的研究，并被列入省院省校科技合作计划，获得云南省科技厅及合作各方20508.2万元的资助。经过3年的努力，这个项目突破了个旧矿区多年来形成的花岗岩成矿一元论，首次提出和论证了个旧锡矿三大成矿系列、多区多源成矿、“两楼一梯”矿床结构模型、“裂谷背景－火山沉积－喷流沉积成矿-花岗岩叠加改造成矿”的成矿模式新观点。

优选的找矿靶区经探矿工程验证，新增工业储量(C级以上)锡金属8.85万吨，铜金属7.39万吨，两项平均品位均为1.5%。这部分储量已通过云南省国土资源厅认证。通过研究及部分工程验证，提交了普查储量，并预测了10个区域，预计今后可探获锡金属42.5万吨，铜金属50万吨。

【有色金属真空冶金实验室通过认定】 由中国工程院院士戴永年负责组建的昆明理工大学有色金属真空冶金实验室2004年正式通过认定。这是中国首个有色金属真空冶金实验室。

矿冶工业是云南省支柱产业，但有色金属冶金技术水平和研发能力相对落后。传统的冶金过程是在大气环境下进行的,产量低、污染大。昆明理工大学的戴永年教授经过多年的努力,使冶金实现了在真空下操作,昆工的真空冶金及材料研究所也形成了有色金属真空冶金基础理论的研究、有色金属真空冶金对其他资源处理及其系统工程等5个特色研究方向。其中,该所研制成功的"内热式多级连续蒸馏真空炉"和"卧式真空炉"已有约60台/套在中国、巴西、玻利维亚等国内外40多个单位使用,不仅有效地减少了有色冶金对环境的污染,改造了传统冶金技术,而且可将很多冶金中间产品进行有效分离、变废为宝。

【锡、铜、铁等六大矿产资源整合】 2004年,云南省加大对锡、铜、铁、铅锌、磷和煤炭等六种重要矿产资源整合,努力实现资源的持续有序开发和科学合理利用,初步形成了"优势资源+优势企业"的资源高效利用联动模式,一批技术实力强、资源集中度高、效益好的优势企业正在"有色金属王国"迅速崛起。

1. 锡资源整合。以云锡公司为主体,突出集中开发的特点。对个旧市范围内的锡资源只颁发一个采矿证,使全市6矿2厂整体进入云锡公司;在多方努力下,当地14个非国有矿山也与云锡实现整合。至此,云锡控制了个旧矿区70%的锡矿资源。此外,云锡还参与马关都龙和德宏梁河锡矿资源开发,组建了云南华联锌铟股份有限公司,其精锡矿按市场价格全部供云锡公司进行冶炼和深加工。

2. 铅锌资源整合。重点地区是兰坪县和会泽县,兰坪铅锌矿引进四川宏达集团公司与云南冶金集团合资组建金鼎铅锌股份有限公司,结束了兰坪铅锌矿多年私挖滥采严重的局面,目前正在建设15万吨电锌项目。会泽以云南冶金集团为龙头整合,以驰宏锌锗股份公司为依托,在曲靖建设10万吨电锌、10万吨电铅项目,合理有序开发利用当地铅锌矿资源。

3. 铜资源整合。以云南铜业集团为主体,由云铜集团开发德钦羊拉、普朗大型铜矿,铜精矿以委托加工的方式,由云铜股份在昆明集中冶炼和深加工。目前,云铜集团正在抓紧进行矿山建设。

4. 铁资源整合。以昆钢集团、楚雄德钢公司为主,整合开发玉溪、保山等地的铁矿资源,在省内集中冶炼加工。同时,积极利用境外铁矿资源和市场。

5. 磷资源整合。突出优化配置特点,由技术装备在国内具有一流水平的云南石化集团、云天化集团、马龙产业集团及南磷集团对全省磷资源进行整合,共控制70%以上的资源量,实现磷矿有序开采、合理利用和加工升值,为建设国家磷复肥基地和发展磷化工打下坚实基础。

6. 煤炭资源整合。重点是曲靖、昭通等主要产煤区,将利用3年左右时间,对全省1850多个矿井(坑)分类实施整合,改造提高一批,整合一批,关闭一批,压缩矿井数量,提高单井产能;加快建设4个大型煤炭基地,组建20个年产100万吨的区域煤炭联合企业;建设一批重点煤电、煤化、煤焦项目,强化煤炭综合利用,延伸煤炭产业链。

【铟资源开发项目启动】 2004年云南省蒙自矿冶有限责任公司,已启动50吨/年电铟项目。这是全国最大的铟资源开发项目,其建设评估执行和环境评估报告已通过有关部门和专家的验收。铟是一种稀有金属矿,主要用于手机、电视等液晶屏幕。由于铟不独立成矿,全部伴生在铅、锌等其他金属矿中,因此选矿、冶炼都十分困难。目前,国际上铟的总产量在300吨左右,而世界年需求量是500吨。故铟的国际价格一路走高,每吨在500~1000万元人民币之间运行。预计铟在国际上的价格还会上升。云南是中国目前探明铟伴生矿资源储藏最丰富的地区。通过整合云南其他地区的铟资源,该公司年生产能力有望达到100吨左右。

【昆明市寻甸县发现"紫罗红"名贵石材矿】 昆明市寻甸县河口乡,2004发现珍贵的"紫罗红"天然石材。

经初步勘查,该乡储藏有丰富的天然石材资源,其中,以"紫罗红"天然石材最为珍贵。"紫罗红"天然石材在中国储量甚少,大部分依靠进口。优质的"紫罗红"天然石材每平方米进口价格已达到上千元。

根据现有资料估计,河口乡"紫罗红"天然石材的储藏量至少有几十万立方米,在云南省位居首位。

(中国矿业信息中心)

表1　**2004年度云南省矿产资源开发利用情况快报(按矿种分列)**

序号	矿　种	矿山企业数(个)					从业人员(个)	年产矿量(万吨)	工业总产值(万元)	矿产品销售收入(万元)	利润总额(万元)
		合计	大型	中型	小型	小矿					
1	总计	7059	9	35	2461	4554	321477	15932.46	1394176.04	1238428.4	168132
2	煤炭	1667	2	10	673	982	133959	4455.33	516566.92	473543.22	54732.99

续表 1－1

序号	矿　种	矿山企业数(个)					从业人员(个)	年产矿量(万吨)	工业总产值(万元)	矿产品销售收入(万元)	利润总额(万元)
		合计	大型	中型	小型	小矿					
3	铀矿	1	0	0	0	1	25	0	0	0	0
4	地下热水	640	0	0	53	11	1725	371.33	930.23	1448.45	－423.06
5	铁矿	193	0	0	46	147	7611	48621	51742.9	58098.22	5897.83
6	锰矿	61	0	2	12	47	4610	76.4	36413.41	31662.52	6195.92
7	钛矿	44	0	0	39	5	2045	23.82	6459.46	5633.54	854.15
8	铜矿	195	1	6	34	154	13384	559.09	98640	87682.74	3560.01
9	铅矿	172	0	0	18	154	7310	116.67	21776.66	79182.59	3315
10	锌矿	166	1	2	31	132	21636	374.82	179148.33	96169.06	32165.62
11	镍矿	6	0	0	3	3	868	16.92	8622.5	8474.5	3029.13
12	钴矿	2	0	0	0	2	30	0	0	0	0
13	钨矿	16	0	0	9	7	3332	39.76	6597.5	6510.94	2267.34
14	锡矿	133	1	4	29	99	30271	606.97	155879.94	78929.59	23887.03
15	钼矿	2	0	0	1	1	52	8.15	225	225	0.2
16	锑矿	9	0	0	5	4	1274	17.39	12126	12167	2050.5
17	铂矿	1	0	0	1	0	1	0	0	0	0
18	金矿	62	0	2	6	54	4259	321.17	36103.25	37132.05	7853.08
19	银矿	3	0	0	2	1	767	0	0	0	0
20	铌钽矿	5	0	0	1	4	14	1.2	0	0	0
21	钽矿	1	0	0	0	1	1	0	0	0	0
22	锶矿	1	0	0	0	1	30	1.2	100	136.7	20.8
23	重稀土矿	1	0	0	0	1	1	0	0	0	0
24	轻稀土矿	1	0	0	0	1	5	0	0	0	0
25	普通萤石	2	0	0	2	0	509	4.25	1220	1220	33.7
26	熔剂用灰岩	13	1	0	7	5	1014	187.4	12577.66	6575	766.55
27	冶金用白云岩	5	0	0	3	2	86	11.82	733.9	733.9	53.35
28	冶金用石英岩	48	0	0	31	17	698	41.33	5040.4	4829.1	494.2
29	冶金用脉石英	18	0	0	16	2	264	2.93	1170	881.4	104
30	耐火粘土	7	0	0	2	5	213	7.78	399.75	290.75	21.82
31	硫铁矿	12	0	0	3	9	270	11.58	210.81	194.11	27.36
32	重晶石	5	0	0	3	2	46	0.7	51.9	51.9	3
33	电石用灰岩	2	0	0	1	1	33	14	266	280	1

续表 1－2

序号	矿种	矿山企业数(个)					从业人员(个)	年产矿量(万吨)	工业总产值(万元)	矿产品销售收入(万元)	利润总额(万元)
		合计	大型	中型	小型	小矿					
34	化工用白云岩	2	0	0	0	2	50	0.4	6	6	2.8
35	化肥用石英岩	2	0	0	2	0	22	1.6	2.1	16	0
36	化肥用蛇纹岩	3	0	0	1	2	17	0.8	15.65	15.65	3.5
37	泥炭	2	0	0	0	2	30	0.66	9.9	9.9	0
38	盐矿	12	0	3	8	1	3256	131.56	11125.78	11436.17	1430.22
39	钾盐	2	0	0	2	0	405	1.11	781.65	551.2	－96
40	砷矿	1	0	0	1	0	17	0.06	20	10	0
41	磷矿	75	2	3	20	50	5600	850.63	52767.51	44102.12	4617.74
42	硅灰石	34	0	0	13	21	383	50.49	602.9	812.4	190.25
43	石棉	1	0	0	0	1	84	0.01	30	30	1
44	云母	2	0	0	0	2	27	0.02	36	36	5.8
45	长石	2	0	0	2	0	11	0.1	5	5	0
46	电气石	1	0	0	0	1	1	0	0	0	0
47	石膏	50	0	0	24	26	912	34.77	1633.15	1663.1	66.99
48	方解石	7	0	0	0	7	27	0.2	23.5	8.5	7.44
49	水泥用灰岩	128	1	2	78	47	8451	1113.39	77143.24	83626.13	4094.14
50	建筑石料用灰岩	1997	0	0	252	1745	23938	2947.18	36199.37	30619.91	5534.02
51	饰面用灰岩	18	0	0	1	17	214	14.01	807	664	155.7
52	制灰用石灰岩	6	0	0	0	6	155	7.35	616	121.9	17.4
53	泥灰岩	7	0	0	2	5	80	9.5	112.36	2052.46	10.01
54	玻璃用白云岩	1	0	0	0	1	9	1	15	9	3
55	建筑用白云岩	118	0	0	36	82	1461	276.68	2322.89	3066.12	474.22
56	玻璃用石英岩	10	0	0	0	10	58	4.24	41.46	41.46	13.9
57	水泥配料用砂岩	12	0	0	2	10	136	24.96	236.25	80.38	5.2
58	砖瓦用砂岩	43	0	0	17	26	1159	43.68	718.84	687.34	135.15
59	建筑用砂岩	134	0	0	71	63	1326	137.11	1133.21	1152.92	209.58
60	建筑用砂	449	0	0	331	118	5357	1063.32	12305.68	20815.38	1959.26
61	水泥配料用脉石英	1	0	0	1	0	10	7.9	276.5	276.5	0.5
62	粉石英	2	0	0	0	2	9	1.5	53.6	53.6	2
63	硅藻土	4	0	0	0	4	26	0.6	20.2	20.2	0.61
64	砖瓦用页岩	113	0	0	100	13	3620	164.01	5771.34	5148.66	157.74
65	水泥配料用页岩	3	0	0	3	0	29	0.93	8	70	0
66	建筑用页岩	1	0	0	0	1	25	0.5	3.75	0	0.1

续表 1－3

序号	矿　种	矿山企业数(个)					从业人员(个)	年产矿量(万吨)	工业总产值(万元)	矿产品销售收入(万元)	利润总额(万元)
		合计	大型	中型	小型	小矿					
67	高岭土	23	0	0	21	2	439	20.29	953.96	1024.8	7.66
68	陶瓷土	2	0	0	0	2	22	0.16	10.42	10.42	－2.45
69	凹凸棒石粘土	6	0	0	2	4	173	6.84	207.95	217.45	4.02
70	伊利石粘土	3	0	0	0	3	44	0.43	29.25	29.25	4.1
71	膨润土	19	0	0	18	1	798	32.01	882.9	847.73	87.67
72	砖瓦用粘土	544	0	0	239	305	20758	811.88	24385.25	23498.27	2515.45
73	陶粒用粘土	63	0	0	29	34	2264	83.49	2316.47	2472.79	236.41
74	水泥配料用粘土	7	0	0	3	4	208	13.7	1603.57	7021.07	75
75	水泥配料用红土	1	0	0	0	1	8	1	12	12	1
76	饰面用蛇纹岩	1	0	0	0	1	1	0	0	0	
77	饰面用玄武岩	4	0	0	3	1	71	6.17	20.55	20.55	7.3
78	水泥混合材玄武岩	1	0	0	1	0	20	4	24	24	0
79	建筑用玄武岩	7	0	0	6	1	67	6.39	49	49	1.8
80	建筑用角闪岩	1	0	0	1	0	40	15	93.01	32	0
81	饰面用辉绿岩	2	0	0	2	0	15	0.26	50	50	1
82	建筑用花岗岩	84	0	0	78	6	1036	86.9	1368.7	1060.44	5.6
83	饰面用花岗岩	5	0	0	2	3	90	0.97	55.7	138.7	9.6
84	建筑用凝灰岩	8	0	0	7	1	79	7.73	96.11	102.93	25.06
85	火山灰	4	0	0	0	4	47	8.58	129.99	39.99	48
86	饰面用大理岩	46	0	0	28	18	781	44.44	895.68	325.5	86.75
87	建筑用大理岩	7	0	0	4	3	137	8.01	298	169	－0.5
88	水泥用大理岩	1	0	0	1	0	6	0.8	9.6	9.6	2
89	饰面用板岩	18	0	1	6	11	310	2.98	632.68	597.08	93.71
90	片麻岩	19	0	0	0	19	238	16.34	287.6	277.94	31.04
91	矿泉水	18	0	0	12	6	546	102.06	1864.91	1101.21	－26.3
92	地下水	1	0	0	1	1	10	0.15	13	0	1.18
93	其他矿产 1	2	0	0	0	2	20	5.4	37.3	37.4	4
94	其他矿产 2	1	0	0	0	1	1	0	0	0	0

（云南省国土资源厅）

【矿产资源概况】 陕西省已开发利用的 89 种矿产中，煤、石油、天然气、地热、铁、锰、铅、锌、钼、汞、锑、金、银、萤石、磷、重晶石、石膏、花岗岩、大理石、石灰岩、石英岩、瓦板岩、建筑用砂及砖瓦粘土等为主要开发利用矿产，其中煤、石油、天然气、金、钼、铅、锌、汞、锑、水泥用灰岩、玻璃用石英岩等矿产为陕西省优势矿产。

【能源矿产】 陕西省2004年度开发利用的能源矿产有煤、油页岩、石油、天然气、地热、石煤6种矿产。全省共有能源矿山925个,从业人数144664人,2004年生产矿石量13429.37万吨(不含天然气),完成产值465.94亿元,实现销售收入411.49亿元,实现利税218.16亿元,后四项指标分别占全省总数的68.9%、86.9%、86.5%、87.19%,表明能源矿产开发占陕西省矿产资源开发的主导地位,其中以石油钻采、天然气及煤炭企业所占比例和增长幅度较大,这三种矿产的年产量、产值、利润、税金等主要经济指标均创历史新高。

1. *煤*:陕西省有各类煤炭矿山852个,较2003年增加了7家。全省煤炭矿山2004年度共生产原煤11983.09万吨,较2003年增加2065.73万吨,同比增长20.83%。其中国有煤矿102个,共生产原煤7487.53万吨,比上年增加826.53万吨,同比增长了12.4%;完成产值73.52亿元,比上年增加24.14亿元,同比增长48.89%;利润6.42亿元(盈亏相抵后),与2003年度基本持平。有集体和私营等其他经济类型煤矿750个,共生产原煤4495.56万吨,同比增长38.05%,完成产值29.85亿元,实现利润4.47亿元,同比上年度增长258.6%。

陕西省煤炭矿山主要分布在渭北、彬长和陕北地区。在全省852个煤炭矿山中,大、中型煤矿34个,仅占全省煤矿总数的4%,其余均为小型煤矿。

从经济效益方面分析,在陕西省102个国有煤矿中,仍有7个煤矿亏损,亏损面为6.86 %,同比下降了36.36%。总体上由于煤炭市场价格出现了前所未有的好形势,国有煤矿在2003年度首次扭亏为盈的基础上,2004年经营形势进一步好转,实现利润6.42亿元。

2. *石油、天然气*:陕西省石油、天然气集中分布在陕北延安、榆林两市,石油钻采企业有中国石油股份公司长庆分公司和陕西省延长石油管理局。2004年度全省共生产原油1307.91万吨,年产天然气64.42亿立方米。与2003年相比,陕西省石油产量增产323.89万吨,同比增长32.91%,天然气产量增产18.79亿立方米,同比增长41.18%;共完成产值362.19亿元,占全省矿业总产值的67.58%,实现销售收入312.52亿元,占全省销售收入的65.63%,上缴税金42.51亿元,实现利润154.23亿元,占全省税金、利润总额的73.17%、85.91%,为陕西省矿业经济的龙头产业。

3. *地热*:陕西省地热资源主要分布在西安、咸阳、宝鸡、渭南等市,目前开发利用主要集中在西安市区、临潼、长安、咸阳市区、兴平市、宝鸡市区、眉县、宝鸡县、渭南市区、蒲城县等地。2004年统计地热矿山19家,主要原因有的市地热矿山未统计。2004年全省地热开采量105.00万吨,完成产值1029.98万元,实现矿产品销售收入928万元。

【黑色金属矿产】 陕西省开发利用的黑色金属矿产有铁矿、锰矿、钛矿、钒矿,以铁矿、锰矿开采为主。黑色金属矿山2004年共生产矿石总量325.06万吨,完成产值53870万元,上缴税金2332.26万元,利润3442.15万元。主要是在铁矿产量减少的情况下,由于铁矿价格上扬,其产值、利税比上年度有较大增长。另外,钒矿比上年度增长较大,主要是在钒矿企业数量增加的情况下,钒矿价格亦处于高位,其产值、利润、销售收入增长约三成以上。

1. *铁矿*:陕西省有铁矿50个,其中国有铁矿山7个,集体和私营铁矿山29个,其他经济类型铁矿山14个,从业人数4690人。由于钢材价格上扬,铁矿石需求量增加,2004年铁矿石产量301.94万吨,产值46615.62万元,较2003年增加18058.52万元,同比增长63.24%;实现利税2332.26万元,较2003年增加144.69万元,同比增长6.6%。其中国有铁矿山年产铁矿石110.03万吨,占全省铁矿产量的36.44%,在产量减少的情况下,由于铁矿价格的上涨,产值、利税都较2003年翻了一番。铁矿占全省黑色金属矿山工业产值的86.53%。

2. *锰矿*:锰矿开采主要集中在汉中市的宁强、汉台、镇巴等县(区),安康、商洛地区也有少数矿山在开采,但开采规模很小。全省有锰矿山18个,年产矿石量19.52万吨,从业人员1678人,完成产值5485.47万元,占全省黑色金属矿产的10.18%。锰矿在矿石量略有增加的情况下,由于矿石价格上涨,产值等较2003年度增幅较大。

【有色及贵金属矿产】 陕西省主要开发利用的有色金属矿产有:铜矿、铅矿、锌矿、钼矿、汞矿和锑矿。2004年度全省有色金属矿山生产原矿产量1346.06万吨,与2003年原矿产量略有增长;完成产值34.05亿元,较2003年增加17.28亿元,同比增长103.04 %;实现利润114501.74万元,较2003年同比增长526.97%。2004年与2003年相比,有色金属矿石量增加115.54万吨,产值大幅度增长,利润较2003年度增加96239.04万元,主要原因是全省有色金属矿山企业在数量减少的同时,由于有色金属市场好转,有色金属价格上涨,有色金属矿山实现产值、利税都较2003年有大幅度增长。

1. *铜矿*:开采主要集中汉中、商洛、安康市,全省有铜矿山16个,其中目前正在生产的矿山11个,筹建矿山1个,其余因各种原因处于停产状态。全省铜矿均为小型矿山,采选规模最大的年产矿石6万吨,2004年共生产铜矿石16.98万吨,完成产值10902.92万吨,实现销售收入2542.92万元,同比2003年年产矿石量、产值、销售收入有较大幅度增长。

2. *铅锌矿*:陕西省铅、锌矿产主要分布在凤县－太白、山阳－柞水、镇安－旬阳及小秦岭地区。全省有铅锌矿山165个,其中国有矿山6个,年产矿石量64.46万吨,完成产值8606.83万元,分别占全省铅锌矿石总量、总产值的36.39%、22.15%;上缴税金839.6万元,实现利润572.30万元,分别占全省铅锌矿的21.39%、20.26%。

3. *钼矿*:陕西省钼矿资源主要集中分布在渭南市和商洛市的华县金堆城—洛南县黄龙铺地区。陕西省钼业在全国占有重要地位,拥有全国最大钼采、选、冶联合企业—金堆城钼业公司。全省有钼矿山企业18个,其中国有矿山2个;形成综合生产能力13541.00万吨,居全国第一位。2004年全省生产原矿1143.80万吨,其中金堆城钼业公司年产矿石量998.00万吨,完成产值267397.70万元,实现利税45987万元,由于国际市场钼价的稳定增长,经济效益较2003年明显提高;其余15家钼矿山均为小型矿山,主要分布在洛南黄龙埔钼矿区。

4. *汞、锑矿*:主要分布在安康和商洛市的旬阳公馆、青铜沟和镇安丁家山—马家沟矿区。全省有汞锑矿山企业11个,其中以陕西青铜沟汞锑矿业有限责任公司生产规模最大,2004年产矿石量7万吨,完成产值4064万元。

5. *金矿*:陕西省有黄金矿山89个,其中岩金矿山79个,砂金矿山10个。2004年生产原矿量478.25万吨,同比减少10.62%,完成产值89773.06万元,上缴税金4943万元,实现利润总额9356.45万元。其中岩金矿山生产原矿石426.23万吨,实现产值77321.56万元,利润总额8123.15万元,因资源短缺,各项经济指标较2003年有所下降;砂金矿山生产原矿石52.02万吨,较2003年减少169.65万吨,同比减少74.86%,上缴利税268.3万元。2004年全省年产黄金36.59万两。

6. *银矿*:全省有银矿山3个,其中以国有陕西银矿为主,其他矿山开采规模很小。陕西银矿2004年生产矿石量31.90万吨,完成产值6960万元,实现销售收入6638万元。

【冶金原料非金属矿产】 陕西省开发利用冶金原料非金属矿产有:红柱石、萤石(普通)、冶金用白云岩,冶金用石英岩,耐火粘土5种。全省冶金原料非金属矿产开采规模较小,现有矿山34个,均为小型矿山;年产矿石量、产值、利润均在全省矿业中所占比例最小。

【化工原料非金属矿产】 陕西省化工原料非金属矿产目前主要开发利用的有硫铁矿、芒销、重晶石,毒重石、电石用灰岩,制碱用灰岩、含钾岩石、泥炭、湖盐、磷矿、化肥用石灰岩11种,全省有矿山企业110个,其中中型矿山只有3个,其余为小型矿山,2004年产矿石量142.09万吨,较2003年度有所增加;2004年产矿石量、完成总产值仅占全省矿石总量、矿业总产值的0.73%和0.16%。陕西省电石用灰岩、制碱用灰岩保有储量居全国的前列,但目前开发利用程度较低,开采规模较小,未发挥优势矿产的作用。磷矿资源虽然比较丰富,但原矿石品位较低,共有磷矿山14个,采选配套的矿山只有一家,全省磷矿山经济效益普遍不佳,亏损298.50万元。

【建材及其他非金属矿产】 陕西省已探明和发现的建材及其他非金属矿产52种,已开发利用的矿产41种,主要有:石墨、长石、水泥用灰岩,建筑石料用灰岩、建筑用白云岩、玻璃用石英岩、建筑用砂、玻璃用脉石英、砖瓦用粘土、水泥用粘土、水泥配料用黄土、建筑用橄榄岩、饰面用蛇纹岩、建筑用花岗岩、饰面用花岗岩、饰面用大理石、建筑大理石、瓦板岩等矿产。全省有建材非金属矿山2009个,2004年度生产矿石量3060.44万吨,完成产值192038.3万元,分别占全省矿石总量、矿业总产值的15.7%、3.58%。在陕西省建材非金属矿产开发利用领域,一般性建材非金属矿产如水泥用灰岩、建筑用砂、建筑石料用灰岩、砖瓦用粘土等是陕西省开发利用最普遍的建材非金属矿产,而且在开发利用中所占的比例很大。在全省建材非金属矿山中,水泥灰岩、建筑用砂、建筑石料用灰岩、砖瓦用粘土矿山共有1414个,年产矿石量2725.9万吨,完成产值15.53亿元,分别占全省建材非金属矿山总数、矿石量和产值的70.38%、89.07%、80.89%,与上年度相比基本持平,但是,随着国家对土地利用开发的严格控制,砖瓦粘土矿的开发利用呈萎缩趋势,仅2003年减少600多个,产值减少约25316.447万元。其他建材非金属矿产开发利用程度较低。由于陕西省非金属采选、加工工业发展较慢,在非金属开发利用许多方面还落后于沿海发达省和其他省区,陕西省大多数非金属矿产未能得到充分开发利用,而且在开发利用中存在着开采规模小、技术装备水平较低,在矿产品深加工方面没有形成自己的特色,产业、产品结构单一,使陕西省建材非金属矿产优势未能转化为产业优势和经济优势。

【矿产资源开发利用】 2004年,陕西省共有3487个矿山企业(点)填报了矿产资源开发利用情况统计年报表,其中生产矿山2957个,筹建矿山137个,停产矿山393个。2004年度全省开发利用的矿产89种,其中能源矿产6种,黑色金属矿产4种,有色金属矿产8种,贵金属矿产3种,冶金辅助原料非金属矿产5种,化工原料非金属矿产11种,建材非金属及其他矿产42种。与2003年度相比增加了蓝晶石、溶剂用灰岩、冶金用脉石英、硅灰石、透灰石、建筑用用玄武岩、片石、片麻岩、千枚岩等10个矿种。

陕西省矿山企业形成年采矿设计生产能力2.9亿吨,年选矿设计生产能力3900万吨,全年生产矿石总量19380.87万吨(不含天然气)。

2004年度陕西省矿业完成工业总产值535.98亿元,占全省规模以上企业工业总产值2735.22亿元的19.6%;全省矿山企业全年实现销售收入476.43亿元,实现利税240.25亿元。全省2004年度矿业从业人数为250004人,较2003年度减少42973人,其中国有矿山企业从业人员123508人,非国有矿山企业从业人数126496人。

矿山企业按不同经济类型统计:国有、国有独资公司山企业266家,占矿山总数的7.63%;集体矿山企业994家,占矿山总数的27.07%;私营矿山企业1597家,占矿山总数的45.8%;股份合资、合作、联营、有限责任公司等现代企业制度矿山382家,占矿山总数的10.95%;中外合作、合资(港或澳、台资)经营矿山企业11个,占矿山总数的0.3%,其他矿山237个,占矿山总数的0.68%。在382家以现代企业制度运营的矿山企业中,股份有限公司157家,有限责任公司150家,股份合作企业56家。

【矿业人均产值】 陕西省2004年度矿业完成工业总产值568.83亿元,矿业从业人数250004人,全省矿业人均产值22.75万元。按不同行业统计:石油行业人均产值为最高161.56万元,依次是有色金属矿山21.47万元、煤炭矿山8.57万元、黑色金属矿山6.89万元、贵金属矿山6.88万元、建材及其他非金属矿山3.17万元、化工原料非金属矿山2.18万元、水气矿山1.74万元、冶金辅助原料矿山0.35万元。

全省矿山企业从年产石量、从业人员分析来看,煤炭矿山、建材非金属矿山行业位居前列,所占比重值均在20%以上,其次是有色金属;从产值、利润以及税金分析来看,能源矿山企业中石油钻采、天然气行业位居榜首,各项比重值占50%以上,其中利润比重高达87%,税金比重70%,其次是煤炭、建材行业、有色金属和贵金属行业都占居一定份额,其他行业所占比例不是很明显。

(陕西省矿业协会)

【陕北能源化工基地规划建设】 陕北是1998年国家批准的全国唯一一个国家级能源化工基地,主要包括陕西省的榆林、延安两市。这里煤炭、石油、天然气、岩盐等矿产资源十分丰富,其中煤炭探明储量1460亿吨,石油探明储量11.11亿吨、天然气5858亿立方米、岩盐8857亿吨。经过近20年的开发建设,目前已经形成年产6000万吨煤、48亿立方米天然气、700万吨原油的生产能力,成为中国“西煤东运”、“西气东输”的重要供给地。

陕西省对陕北能源化工基地的产业布局进行了全面规划,决定按照“三个转化”的思路,着力打造三大产业链:一是煤向电转化,进而发展载能工业,形成煤电载能工业产业链;二是煤、煤电、煤制油、煤化工产品一体化开发,形成煤电油化产业链;三是发挥多种矿藏并存、配置条件好的优势,实施煤油气盐化工产品综合开发,形成煤油气盐化工产业链。通过建设“三大产业链”,在陕北构建煤电及载能工业、煤制油、煤化工、煤油气盐化工产品综合开发、相互配套、相互支撑的产业集群。

按照初步规划,陕北将重点建设7个各具特色的工业区,分别是:

府谷火电工业区。利用丰富的黄河漫滩地下水和天桥岩溶水,结合陕北石炭二叠纪煤田开发,布局大型火电项目,利用煤电优势发展载能工业。规划建设府谷庙沟门、段寨“西电东送”大型煤电一体化项目。建设清水川电厂煤电一体化项目,满足基地用电需求。

榆神煤化学工业区。发挥榆神矿区优质煤炭资源优势,建设大型煤液化及后续加工项目,建设120万吨煤制甲醇项目,并将产业链向甲醇制丙烯方向延伸,同时建设配套煤矿项目。榆横煤化工及载能工业区。发挥榆神矿区和榆横矿区煤炭资源优势,规划建设240万吨煤制甲醇项目,向甲醇制烯烃方向延伸产业链。在榆神矿区和榆横矿区建设配套煤矿。

鱼米绥盐化工工业区。规划建设20万吨真空盐和30万吨聚氯乙烯等项目,在榆横矿区建设配套煤矿。

延安石油化工区。充分利用石油资源,依托延长石油工业集团公司,在延安洛川和永坪、靖边扩大采油和炼油规模,形成1000万吨原油和1000万吨炼油的生产能力。

靖定石油化工区。加快天然气资源开发,扩大净化能力,发展有市场潜力的天然气化工产品。

陕北商品煤产能区。继续扩大神府矿区神木北区和黄陵矿区生产规模,建设黄陵煤矿2号矿井和前石畔矿井等项目,形成1亿吨煤炭生产能力,增加“西煤东运”量。

(中国矿业信息中心)

青 海 省

【矿产资源概况】 1. 查明矿产种类及矿产地：① 矿产种类：青海是个资源大省，为中国矿产资源富省之一，矿产资源丰富，得天独厚，至2004年底，全省共发现各类矿产127种，其中查明资源储量的矿产107种。按矿产分类，可分为能源、黑色金属、有色金属、贵金属及稀有金属、分散元素、化工、建材、冶金辅助原料、水气及其他非金属矿产等10大类。其中盐湖矿产（锂、锶、钾盐、镁盐、芒硝、钠盐等）和石棉不仅具有较高知名度，而且在全国矿产资源分布格局中占有绝对优势，是青海乃至中国具有独占性资源。编入《青海省矿产资源储量简表》的矿产共有91种，其中能源矿产4种，金属矿产36种，非金属矿产48种，水气矿产3种（表1）。

表1　　青海省已发现矿产种类统计表

<table>
<tr><td colspan="2" rowspan="3">矿产类别</td><td rowspan="3">矿种合计</td><td colspan="2">已发现矿种</td><td></td></tr>
<tr><td colspan="2">查明有储量矿种</td><td rowspan="2">未查明资源量矿种</td></tr>
<tr><td>上矿产储量表矿种</td><td>未上表矿种</td></tr>
<tr><td colspan="2">能源矿产</td><td>4</td><td>煤、油页岩、石油、天然气</td><td></td><td></td></tr>
<tr><td rowspan="5">金属矿产</td><td>黑色金属矿产</td><td>5</td><td>铁、铬</td><td>锰、钒</td><td>钛</td></tr>
<tr><td>有色金属矿产</td><td>13</td><td>铜、铅、锌、镁、镍、钴、钨、锡、钼、汞、锑</td><td></td><td>铝、铋</td></tr>
<tr><td>贵金属矿产</td><td>8(6)</td><td>金、银、铂族（铂、钯、钌、锇、铱、铑）未分</td><td></td><td></td></tr>
<tr><td>稀有、稀土、分散元素矿产</td><td>20（14）</td><td>铌钽、锂、锶、铷、镓、铟、镉、硒、稀土（镧、铈、钕、钐、钇、镱）</td><td>铍、锗</td><td>碲、铯、锆</td></tr>
<tr><td>放射性矿产</td><td>2</td><td></td><td>铀、钍</td><td></td></tr>
<tr><td rowspan="3">非金属矿产</td><td>冶金辅助原料非金属矿产</td><td>10</td><td>菱镁矿、普通萤石、熔剂用灰岩、冶金用白云岩、冶金用石英岩</td><td>耐火粘土、型砂</td><td>耐火铝土质页岩、红柱石、蓝晶石</td></tr>
<tr><td>化工原料非金属矿产</td><td>20</td><td>自然硫、硫铁矿、芒硝、重晶石、天然碱、电石用灰岩、制碱用灰岩、化肥用蛇纹岩、泥炭、盐矿、钾盐、镁盐、碘、溴、砷、硼矿、磷矿</td><td>地蜡</td><td>含钾岩石、明矾石</td></tr>
<tr><td>建筑材料及其他非金属矿产</td><td>42</td><td>压电水晶、熔炼水晶、硅灰石、滑石、石棉、云母、长石、石膏、透辉石、水泥用灰岩、玻璃用石英岩、建筑用砂、砖瓦用粘土、水泥配料用粘土、水泥配料用黄土、水泥配料用泥岩、饰面用蛇纹岩、饰面用花岗岩、饰面用大理岩、铸石用玄武岩、岩棉用玄武岩、水泥用大理岩、玉石、水泥配料用板岩、陶粒用粘土*、陶瓷土*</td><td>冰洲石、石墨、脉石英、蛭石、透闪石、宝玉石、刚玉</td><td>辉绿岩、高岭土、叶蜡石、石榴石、建筑石料、膨润土、镁质粘土、氟石、珍珠岩</td></tr>
<tr><td colspan="2">水气矿产</td><td>3</td><td>地下水、矿泉水、地下热水</td><td></td><td></td></tr>
<tr><td colspan="2" rowspan="2">矿种总计</td><td>127（116）</td><td>91(80)</td><td>16</td><td rowspan="2">20</td></tr>
<tr><td></td><td colspan="2">107(96)</td></tr>
</table>

注：括号中是按元素组合统计列入《青海省矿产资源储量表》的矿种数，部分矿种查明有资源信息但未编入资源储量表的原因主要是其勘查工作程度低或未形成完整的地质资料等。*为2004年新发现并查明资源储量的矿种。

②矿产地分布情况：截止2004年底，全省编入《青海省矿产储量简表》的矿区（井田）共333处，各地区的分布：西宁市35处，占10.51%；海东地区42处，占12.61%；海北州67处，占20.12%；海西州131处，占39.34%；黄南州9处，占2.70%；海南州15处，占4.51%；果洛州11处，占3.30%；玉树州23处，占6.91%。矿山262个，开采矿种65种（含共伴生矿产）。已利用矿区195个（其中停采44个，闭坑3个，基建8个），未利用矿区134个。

按上表矿产地单矿种统计产地总数为664处。按矿床规模划分，小型矿床最多，为345处，中型188处，大型131处（表2）。

表 2　　2004 年度编入青海省矿产储量表的矿产及产地数统计表

矿产类别		矿产种类	单矿种产地数				备注
			合计	矿床规模			
				大型	中型	小型	
能源矿产	煤	1	77	12	6	59	
	石油	1	17	1	6	10	
	天然气	1	9	3	1	5	
	油页岩	1	1	—	—	1	
	小　计	4	104	16	13	75	
金属矿产	黑色金属矿产	2	28	—	7	21	
	有色金属矿产	15	93	7	17	74	
	贵金属矿产	5	55	2	18	35	
	稀有、稀土、分散元素矿产	9	32	10	11	11	
	小　计	31	213	19	53	141	
非金属矿产	冶金辅助原料非金属矿产	5	22	1	12	9	氯化镁和硫酸镁分别统计矿产地
	化工原料非金属矿产	20	193	66	56	74	
	建筑材料及其他非金属矿产	28	73	22	35	20	
	小　计	53	295	89	103	103	
水气矿产	矿泉水	1	20	1	2	17	
	地下水	1	27	6	16	5	
	地下热水	1	5	—	—	5	
	小　计	3	52	7	18	27	
总　计		91	664	131	188	345	

【青海省矿产资源储量及在全国地位】 1. 已查明的矿产资源保有储量在全国排序情况：根据 2003 年《全国矿产资源储量通报》统计，青海省有 54 种矿产保有储量排在全国前十位(表 3)。排在第一位的矿产中有：钾盐、镁盐、锂矿、芒硝、石棉等矿产在全国同类矿产保有资源储量中占有 60% 以上的绝对优势(表 4、图 1)。

表 3　　截止 2003 年底青海省保有资源储量在全国占前十位的矿种

位　次	矿　种　名　称	矿种数
第一位	锂矿、锶矿、电石用灰岩、化肥用蛇纹岩、冶金用石英岩、钾盐 *、镁矿、玻璃用石英岩 *、石棉 *、芒硝 *	10
第二位	盐矿 *、碘矿、溴矿、压电水晶、铸石用玄武岩	5
第三位	镁盐、铟矿、自然硫、硼矿 *、硅灰岩、滑石 *、水泥配料用板岩、饰面用蛇纹岩	8
第四位	伴生硫、天然碱 *、泥炭、长石、建筑用砂、透辉石、石膏 *	7
第五位	天然气 *、汞矿、铷矿、硒矿、制碱用灰岩、砖瓦用粘土	6
第六位	铬矿 *、熔炼水晶、玉石、岩棉用玄武岩、钴矿、水泥配料用黄土	6
第七位	镍矿 *、锡矿 *	2
第八位	稀土矿 *	1
第九位	铅矿 *、镉矿、磷矿 *、铂族金属 *、菱铁矿 *、云母(片云母)	6
第十位	镓矿、银矿、砷矿	3
合　计		54

* 为该矿种列入在国民经济建设中占主要地位的 45 种矿产之中。

表4　　青海省在全国排前10位的矿种查明资源储量占全国同类矿种已查明资源储量的比例

位次	矿种	矿区数	单位	查明资源储量	资源储量占全国比例(%)
第一位	锂矿	10	万吨	1805.71	85.38
	锶矿	4	万吨	2675.20	56.94
	电石用灰岩	3	万吨	138290.4	39.19
	化肥用蛇纹岩	7	万吨	820017.2	67.97
	冶金用石英岩	10	万吨	30495.8	30.97
	钾盐 *	31	万吨	70346.9	80.89
	玻璃用石英岩 *	5	万吨	164630	71.14
	石棉 *	7	万吨	5779.3	60.20
	芒硝 *	12	亿吨	89.32	75.16
	镁矿(炼镁用白云岩)	14	万吨	172214.9	96.69
第二位	盐矿 *	44	亿吨	3316.79	25.71
	碘矿	2	吨	14031	9.41
	溴矿	3	吨	288905	6.77
	压电水晶	1	千克	29382	16.35
	铸石用玄武岩	2	万吨	2081	7.26
第三位	镁盐	4	万吨	58247.5	12.33
	铟矿	3	吨	1024	8.44
	自然硫	6	万吨	92.0	0.29
	硼矿 *	14	万吨	1567.8	23.47
	硅灰石	1	万吨	1757.8	12.21
	滑石 *	2	万吨	4222.2	17.11
	水泥配料用板岩	1	万吨	764	6.88
	饰面用蛇纹岩	1	万立方米	549	21.16
第四位	伴生硫	13	万吨	2802.1	8.15
	天然碱 *	3	万吨	48.2	0.46
	泥炭	2	万吨	1768.2	6.61
	长石	1	万吨	5631.5	9.45
	建筑用砂	1	万立方米	1714	1.79
第五位	透辉石	1	万吨	401.7	1.08
	石膏 *	7	亿吨	30.56	4.74
	天然气 *		亿立方米	1260.15	5.65
	汞矿	4	吨	4376	5.32
	铷矿	1	吨	39989	5.18
	硒矿	2	吨	1255	7.99
	制碱用灰岩	1	万吨	17888.8	10.21
	砖瓦用粘土	2	万立方米	1721	8.47

续表 4

位次	矿种	矿区数	单位	查明资源储量	资源储量占全国比例(%)
第六位	铬矿 *	6	万吨	43.0	4.27
	熔炼水晶	1	吨	352	4.90
	玉石	2	吨	13381	0.67
	岩棉用玄武岩	1	万吨	110	1.02
	钴矿	3	万吨	3.40	5.28
	水泥配料用黄土	3	万吨	1850	5.30
第七位	镍矿 *	4	万吨	16.73	2.06
	锡矿 *	4	万吨	2.40	0.50
第八位	稀土矿 *	2	万吨	34.61	9.14
第九位	铅矿 *	25	万吨	191.49	5.10
	镉矿	6	吨	13587	3.60
	磷矿 *	2	万吨	51128	3.12
	铂族金属 *	4	千克	715	0.21
	菱镁矿 *	2	万吨	3079.9	0.90
	云母(片云母)	1	吨	1054	1.01
第十位	镓矿	3	吨	705	0.59
	银矿	12	吨	4016	3.40
	砷矿	4	吨	70317	2.54

* 该矿种列入在国民经济建设中占主要地位的 45 种主要矿产之中。

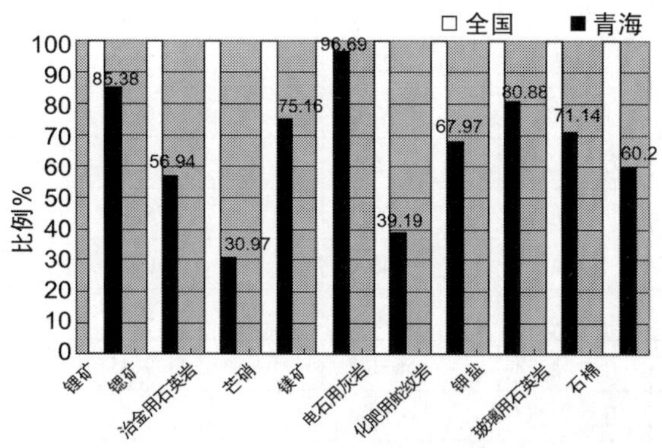

图 1　保有储量在中国第一位的备战矿产在中国的比重

2. *矿产资源储量变化情况*：截至 2004 年底，从青海省矿产资源储量统计汇总表(表 5)可以看出，铜、铅、锌、钴、钾盐、镁盐、盐及水泥配料用粘土、饰面用大理岩资源储量经勘查后略有增加，新增了陶粒用粘土、陶瓷土两个矿种的资源量。岩金矿因都兰县白金沟金矿多年民采破坏，经重新勘查对原上表资源进行了核销，对新提交资源储量重新上表。其他矿种均属正常开采消耗。

3. *新上表矿产(矿区、井田)情况*：2004 年新上表矿区 6 个，矿种为陶瓷土 1 处、水泥配料用粘土 1 处，陶粒用粘土 1 处，铜铅锌多金属矿 1 处，饰面大理岩 1 处，钾镁盐矿 1 处，铜钴矿 1 处。

表 5　　**截至 2004 年底青海省矿产资源储量统计汇总表**

序号	(亚)矿种名称	资源储量单位	矿区数	2004 年度资源储量变动情况					截至 2004 年底资源储量	
				矿区增减	采出量	损失量	勘查增减	重算增减	保有	累计查明
1	煤炭	千吨	77		2456	860			4826249	4987814
2	油页岩	千吨	1						16572	16572
3	铁矿	矿石 千吨	22		339	176			227742	229081
4	锰矿	矿石 千吨	0							

续表 5－1

序号	(亚)矿种名称	资源储量单位	矿区数	2004 年度资源储量变动情况					截至 2004 年底资源储量	
				矿区增减	采出量	损失量	勘查增减	重算增减	保有	累计查明
5	铬矿	矿石 千吨	6		3	1			426	620
6	铜矿	铜 吨	22	2	3834	790	21405		2010710	2146038
7	铅矿	铅 吨	26	1	66734	9094	2042		1841115	2668105
8	锌矿	锌 吨	25	1	71971	9820	1265		2344898	3229515
9	镁矿	矿石 千吨	4						35437	35437
10	镍矿	镍 吨	4		140	25			167151	180630
11	钴矿	钴 吨	1	1	15	2	310		34272	34614
12	钨矿	WO_3吨	3						2459	3570
13	锡矿	锡 吨	4						24023	24032
14	钼矿	钼 吨	1						75296	75296
15	汞矿	汞 吨	4						4376	4557
16	锑矿	锑 吨	1						173	713
17	铂族金属	金属 千克	1						114	129
18	铂矿	铂 千克	3						249	257
19	钯矿	钯 千克	1						352	352
20	金矿	金 千克	38		1684	164	370		119104	143660
21	银矿	银 吨	12		91	12			3913	4700
22	铌钽矿	$(Nb+Ta)_2O_5$吨	1						2145	2145
23	锂矿	LiCl 吨	10		78667	18940			18057087	18220565
24	锶矿	天青石 吨	4		90540	15977			26751463	26818254
25	铷矿	Rb_2O 吨	1						39989	39989
26	轻稀土矿	吨	2						346136	346136
27	镓矿	镓 吨	3						705	705
28	铟矿	铟 吨	3		31	4			989	1024
29	镉矿	镉 吨	6		337	46			13204	13587
30	硒矿	硒 吨	2						1255	1524
31	菱镁矿	矿石 千吨	1						1869	1869
32	普遍萤石	萤石或 CaF_2 千吨	3						336	352
33	熔剂用灰岩	矿石 千吨	2						31843	31843
34	冶金用白云岩	矿石 千吨	6						43443	43467
35	冶金用石英岩	矿石 千吨	10		34	4			304920	305255
36	自然硫	硫 千吨	6						259	640
37	硫铁矿	矿石 千吨	5						18441	19619
38	硫铁矿伴生	千吨	13		124	20			27877	30585
39	芒硝	Na_2SO_4千吨	12		2				8932258	8932860

续表 5－2

序号	(亚)矿种名称	资源储量单位	矿区数	2004年度资源储量变动情况					截至2004年底资源储量	
				矿区增减	采出量	损失量	勘查增减	重算增减	保有	累计查明
40	重晶石	矿石 千吨	2						1043	1052
41	天然碱	$Na_2CO_3+NaHCO_3$ 千吨	3						482	482
42	电石用灰岩	矿石 千吨	3						1382904	1382973
43	制碱用灰岩	矿石 千吨	1		125	6			178757	179874
44	化肥用蛇纹岩	矿石 千吨	7						8200172	8200172
45	泥炭	矿石 千吨	2						17682	17682
46	盐矿	NaCl 千吨	28	2	8840	2051	66700		3.3E+08	3.32E+08
47	镁盐	$MgSO_4$千吨	14	1	7	2	3313		1725478	1725664
48	镁盐	$MgCl_2$千吨	21	1	30153	10329	13868		4113834	4294682
49	钾盐	KCl 千吨	23	1	2482	761	2306		702532	715591
50	碘矿	碘 吨	2		126	43			13862	14617
51	溴矿	溴 吨	3		3255	1085			284565	305756
52	砷矿	砷 吨	4						70317	71264
53	硼矿	B_2O_3千吨	12		69	17			15592	16023
54	磷矿	矿石 千吨	2						511280	511280
55	压电水晶	单晶 千克	1						29382	29698
56	熔炼水晶	矿物 吨	1						352	357
57	硅灰石	矿石 千吨	1						17578	17578
58	滑石	矿石 千吨	2						42222	42222
59	石棉	石棉 千吨	7		52	4			57737	59786
60	云母	工业原料云母 吨	1						1054	1054
61	长石	矿石 千吨	1						56315	56315
62	透辉石	矿石 千吨	1						4017	4017
63	石膏	矿石 千吨	7		20	2			3055884	3058106
64	玉石	矿石 吨	2		63	5			13313	14088
65	水泥用灰岩	矿石 千吨	16		1163	74			1097983	1114320
66	建筑石料用灰岩	矿石 千立方米	0							
67	制灰用石灰岩	矿石 千吨	0							
68	建筑用白云岩	矿石 千立方米	0							
69	玻璃用石英岩	矿石 千吨	5		7				1646293	1646890
70	建筑用砂	矿石 千立方米	1						17140	17790
71	砖瓦用砂	矿石 千立方米	0							
72	陶瓷土	矿石 千吨	1	1			2146		2146	2146
73	砖瓦用粘土	矿石 千立方米	2		34	4			17172	17600

续表 5－3

序号	(亚)矿种名称	资源储量单位	矿区数	2004年度资源储量变动情况					截至2004年底资源储量	
				矿区增减	采出量	损失量	勘查增减	重算增减	保有	累计查明
74	陶粒用粘土	矿石 千吨	1	1			9433		9433	9433
75	水泥配料用粘土	矿石 千吨	9	1	19	2	1193		54322	54653
76	水泥配料用黄土	矿石 千吨	3		18	2			18480	19410
77	水泥配料用泥岩	矿石 千吨	2						4300	4660
78	饰面用蛇纹岩	矿石 千立方米	1						5490	5490
79	铸石用玄武岩	矿石 千吨	2						20810	20810
80	岩棉用玄武岩	矿石 千吨	1						1100	1160
81	建筑用玄武岩	矿石 千立方米	0							
82	建筑用辉长岩	矿石 千立方米	0							
83	建筑用花岗岩	矿石 千立方米	0							
84	饰面用花岗岩	矿石 千立方米	2						5880	5890
85	饰面用大理岩	矿石 千立方米	2	1			6474		24214	24264
86	水泥用大理岩	矿石 千吨	4		252	13			20875	22480
87	水泥配料用板岩	矿石 千吨	1						7640	7640

截至2004年底，青海省在已查明资源量的77个固体矿产中，与2003年相比，查明资源储量有所增加的矿种有10种(表6)，新发现陶粒用粘土和陶瓷土两新矿种。

表6　　2000～2004年新发现矿产地统计表

矿种	矿产地	资源/储量
岩金	都兰县红旗沟—深水潭金矿	计算金资源量8.25吨
	泽库县瓦勒根金矿	提交金资源量(333＋334)8吨
	曲麻莱县加给陇洼金矿	提交金资源量(333＋334)10吨
	都兰县果洛龙洼金矿	提交金资源量(333＋334)5吨
铅锌铜银	茫崖镇虎头崖地区多金属矿	概算铅金属储量3.36万吨，锌金属储量3.34万吨，银金属储量44.6吨
	祁连县赖都滩多金属矿	333资源量：矿石量28千克，铅金属量2042吨，锌金属量1265吨，铜金属量721吨
	祁连县辽班台铅锌银矿	铅金属储量2.9万吨，锌金属储量1.6万吨，银金属储量9.5万吨
铜	杂多县旦荣铜矿	估算铜资源量量(333＋334)约100万吨
铜钴	格尔木市驼路沟铜钴矿	估算钴资源量(333＋334)1.9万吨
	都兰县哈图-督冷沟铜钴矿	铜矿332矿石量390千吨、金属量7441吨，333矿石量706千吨、金属量13243吨。钴矿332矿石量390千吨、金属量93吨，333矿石量725千吨，金属量217吨
金钴铋	格尔木市肯德可克金钴铋矿	估算C＋D级储量钴340吨，铋1387.7吨，金2.25吨
稀有金属	乌兰县夏日达乌地区铌钽矿	估算Nb_2O_5资源量5025.51吨，Ta_2O_5资源量15～20吨，La_2O_3资源量8347.63吨，GeO_2资源量9250.88吨
	海晏县大板山地区长石及铌钽铷矿	提交Ra_2O_5资源量(333＋334)8500吨
	共和县石乃亥铌钽稀有金属矿	提交氧化钽925吨，氧分铌1115吨，氧化铷6552吨，氧化铍2117吨

续表 6

矿种	矿产地	资源/储量
粘土	大通县尔麻软质高岭土矿	计算粘土矿资源量(333)81 万吨,(334)118.07 万吨
大理岩	格尔木市纳赤台硅质大理岩石材矿	饰面用大理岩 333 资源量(矿石)6474 立方米,334 资源量(矿石)8391 千立方米
钾盐	大柴旦行委巴仑马海钾矿	钾盐(KCl)122b 基础储量 1950 千吨、2M22 基础储量 576 千吨,盐矿(KCl)122b 基础储量 4850 千吨、2M22 基础储量 1840 千吨,镁盐($MgCl_2$)122b 基础储量 12670 千吨、2M22 基础储量 1198 千吨,镁盐($MgSO_4$)122b 基础储量 1472 千吨、2M22 基础储量 1841 千吨
陶瓷土	大通县石山乡滴水滩矿区粘土矿	陶瓷土(地砖用粘土)332+333 资源量 2146 千吨;水泥配料用粘土 332+333 资源量 3339 千吨
陶粒用粘土(板岩)	互助县柏木峡陶粒板岩	矿陶粒用粘土(板岩)333 资源量 9433 千吨,334 资源量 31779 千吨

【矿产资源分布及找矿潜力】 1. 矿产资源分布:按照目前掌握的矿产赋存特点及分布规律显示,省域北部的北祁连地区以铜、铅、锌、铬、金、铂族、硫、石棉、煤炭等矿产为主;东部的湟水河地区以水泥灰岩、石英岩、磷、钙芒硝、建材、冶金辅助原料、非金属化工原料为主;西部的柴达木盆地及周缘地区是省内最大的配套性最好的矿产资源集中区,也是中国十大矿产集中区之一,它以柴达木盆地为中心,柴北缘、阿尔金、东昆仑成矿带内,分布有能源矿产(石油、天然气、煤)、盐湖矿产(钾、锂、镁、石盐、芒硝、锶、铷、溴、碘、硼)、金属矿产(铜、铅、锌、金、钴、铁)、稀有元素(铌、钽)、非金属矿产(石棉、石灰岩、宝玉石)、水气矿产(矿泉水)等 39 种,其产出特点是多数矿产资源储量往往集中赋存一个或几个大、中型矿产地中,分布相对比较集中;南部的"三江"成矿带北段地区以铜、钼、铅、锌、金、银等有色金属、贵金属为主。

2. 找矿潜力:青海省地域辽阔,矿产资源丰富,成矿条件优越,但因勘查程度较低,矿产资源的潜在价值未能得到很好发挥。省内自北而南分布有多个成矿区带,祁连山成矿带蕴藏着巨大的有色金属矿产,是重要的铜、铅、锌、钨等基地,该带东西两端已有数处产地;柴达木盆地成矿带,深部钾盐卤水资源巨大,展示出良好的找钾前景;东昆仑成矿带,不仅是铁、铅、锌的富集区,而且是钴、金、铜的主要产区;西倾山成矿带是寻找金矿的远景区;巴颜喀拉山成矿带是金矿的富集区,已在北部发现了大型特大型金矿;"三江"成矿带北段为有色金属矿产重要发展远景地区。

青海省保有煤炭储量约为 48.74 亿吨,主要分布在海西、海北地区,其煤炭总量 47.22 亿吨,约占全省总量的 96.88%。主要成煤区分布于祁连和柴达木北缘地区,成煤面积大,但工作程度较低,全省预测 380 亿吨的 76%分布于上述两区。

【地质矿产勘查】 1. 勘查工作简况:①地质勘查项目登记:2004 年共登记地勘项目为 219 个,其中新立 122 项,延期 62 项,保留 15 项,变更 20 项。按矿产种类分:能源矿产(不含石油、天然气)11 项,金属矿产 183 项,非金属矿产 21 项,水气矿产 4 项;按工作程度统计:预查项目 33 个,普查 175 个,详查 8 个,勘探 3 个。

2. 地质勘查单位:2004 年根据国土资源部《地质勘查资质注册登记管理办法》(国土资发[2003]218 号)和《青海省关于开展地质勘查资质注册登记试点工作的通知》,青海省确定 21 家具备地质勘查资质的地勘单位(表 7),分别隶属于青海省国土资源厅、青海省地质矿产勘查开发局、青海省有色地质勘查局、青海煤炭地质局、中国建材地质勘查中心青海总队、青海省核工业地质局等部门。目前在青海开展地质勘查工作的省内外地勘单位共有 61 家,分别属于地矿、冶金、煤炭、核工业、武警、矿山企业,科研院(所)等行业或机构。2004 年共完成地质勘查登记面积 7738 平方公里。

表 7 **2004 年已确定地质勘查资质注册登记单位一览表**

序号	法人名称	隶属关系	地址	法人	资质证号
1	青海省地质调查院	青海省地质矿产勘查开发局	青海省西宁市南川西路 107 号	杨站君	6320051110001
2	青海省柴达木综合地质勘查大队	青海省地质矿产勘查开发局	青海省格尔木市昆仑路 144 号	刘永宏	6320051110002

续表 7　　2004 年已确定地质勘查资质注册登记单位一览表

序号	法人名称	隶属关系	地址	法人	资质证号
3	青海省第一地质矿产勘查大队	青海省地质矿产勘查开发局	青海省平安县兰青路 611 号	陈智勇	6320051110003
4	青海省水文地质工程地质勘察院	青海省地质矿产勘查开发局	青海省西宁市城西区苏家河湾 4 号	龚西民	6320051110004
5	青海省地质矿产勘查院	青海省地质矿产勘查开发局	青海省西宁市城西区胜利路 22 号	张宁禹	6320051110005
6	青海省岩矿测试应用研究所	青海省地质矿产勘查开发局	青海省西宁市城西区盐湖巷 15 号	王存忠	6320051110006
7	青海省有色地勘局七队	青海省有色地质勘查局	青海省平安县化隆路 13 号	肖积图	6320051110007
8	青海省有色地勘局八队	青海省有色地质勘查局	青海省西宁市南川西路 84 号	马少武	6320051110008
9	青海省有色地勘局地质矿产勘查院	青海省有色地质勘查局	青海省西宁市建国路勤奋巷 51 号	孙占科	6320051110009
10	青海煤炭地质勘察院	青海省煤炭地质局	青海省西宁市商业巷 5 号	王青平	6320051110010
11	青海煤炭地质一零五勘探队	青海省煤炭地质局	青海省西宁市八一中路 47 号	蔡玉良	6320051110011
12	青海煤炭地质一三二勘探队	青海省煤炭地质局	青海省西宁市砖厂路 13 号	苗保生	6320051110012
13	青海煤炭地质物探测量队	青海省煤炭地质局	青海省西宁市八一中路 45 号	王嵩	6320051110013
14	中国建筑材料工业地质勘查中心青海总队	中国建筑材料工业地质勘查中心	青海省西宁市新宁路 11 号	冯金宁	6320051110014
15	青海省核工业地质局	青海省核工业局	青海省西宁市新宁路 2 号	赵世勇	6320051110015
16	青海省环境地质勘察局	青海省环境地质勘察局	青海省西宁市德令哈路 278 号	吴国禄	6320051110016
17	青海省环境地质监测总站	青海省国土资源厅	青海省西宁市五四西路 18 号	刘红星	6320051110017
18	青海岭田地球物理化学勘查股份合作公司	青海省有色地质勘查局	青海省西宁市建国路 5 号	曾广文	6320051110018
19	青海西部矿业地质勘查有限责任公司	省属企业	青海省西宁市五四大街 52 号	邓吉牛	6320051110019
20	青海杰森集团矿产资源勘探开发有限公司	省属企业	青海省西宁市城南新区工业园 A2	冯全忠	6320051110020
21	格尔木维正矿业有限责任公司	省属企业	青海省格尔木市中山北路林业工作站	朱维钧	6320051110021

表 8　2004 年共开展的各类地质勘查项目及资金投入

项目类型		项目数	投资资金(万元)
中央财政	国土资源大调查项目	29 个	3154
	国地资源补偿费项目	4 个	730
	中央财政出资项目	9 个	370
省财政	省计划项目	31 个	700
	省资源补偿费项目	6 个	405.3
	矿业权价款项目	49 个	2641.1
	地勘基数项目	39 个	2827
商业性地勘项目		56 个	5000
合　计		219 个	15827.4

3. 地质勘查工作资金投入:2004 年青海省实际勘查投入 1.583 亿元(不含油气勘查费用),比上年增长 12.05%(表 8)。其中,中央财政拨款为 4254 万元,省级财政各类资金(包括地方地勘基金、矿产资源补偿费、矿业权价款及使用费等)投入 6573.4 万元,商业性地勘投入 5000 万元。

【地质勘查工作进展及主要成果】 1. 地质勘查工作进展:2004 年勘查工作重点是以煤炭、铜、铅、锌、钴、锰、金、盐湖矿产为主,突出安排了经济发展急需的煤炭资源的普查、详查项目及 1/5 万矿产地质调查、物化探、遥感地质等基础性矿产调查项目。调查工作区域主要部署在东昆仑成矿带,北祁连成矿带,其次是

“三江”成矿带北段和青藏铁路沿线，兼顾鄂拉山、西倾山地区和青海东部地区金属和非金属的矿产勘查工作。截至 2004 年有重要进展的矿产勘查项目 15 项。

随着青海省勘查工作体制的建立和完善，地勘投资已进入多元化时期，一批资金雄厚、技术力量强的省内外企业、大公司已参与了青海省的矿产资源勘查开发工作(表 9)，活跃了勘查市场。

2. 取得主要成果：矿产地质勘查方面：2004 年共落实地质勘查项目 219 个，新发现和验证有资源储量的项目 8 个(表 10)。

表 9　　外企地勘投资一览表

投资企业	开发矿产
中信国安公司	投资 40 多亿元开发西台盐湖资源
内蒙庆华、浙江西旺集团、西部矿业有限公司	投资开发格尔木、都兰、乌兰铁矿资源、锡铁山铅锌矿、赛什塘铜矿
山东肥城矿业、上海宏筑、浙江圣雄、河南义马、中地矿公司、宁夏奥凯	投入资金勘查开发木里、江仓煤炭资源
加拿大阿富勘公司、英特赛特公司	勘查开发滩涧山金矿、大场金矿等

表 10　　2004 年取得重要成果的项目一览表

项目名称	矿　种	资源量
海晏县大坂山地区长石及铌钽铷等稀有金属矿预查	铌钽铷	初步估算，其长石资源量(333 + 334)109 万吨；Ta_2O_5 资源量(333 + 334)300 吨；Rb_2O 资源量(333 + 3334)8500 吨
泽库县瓦勒根金矿普查	金	估算(333 + 334)金资源量 9 吨
都兰县果洛龙洼金矿普查	金	金资源量(332 + 333 + 334)6 吨
曲麻莱县加给陇洼金矿普查	金	估算金资源量(334)10 吨
茫崖镇大浪滩矿田梁中浅部钾镁盐矿详查	钾镁盐	估算潜卤水和浅层承压卤水矿层的 KCl 储量为 3783 万吨；$MgSO_4$ 孔隙度储量约 1.15 亿吨，$MgCl_2$ 孔隙度储量为 9083 万吨。小梁山芒硝矿新提交 Na_2SO_4 储量约 7856 万吨
大柴旦行委鱼卡煤田尕秀西段煤炭详查	煤炭	初步估算 122b + 333 + 334 煤炭资源储量已达 5.2 亿吨，其中 122b + 333 约 2.7 亿吨，占西段详查区内总资源量的 52.3%
都兰县巴音山地区多金属矿普查	多金属矿	初步圈出铜锌矿(化)体 6 个，累计获得铜铅锌资源量 43.25 万吨
锡铁山铅锌矿深部找矿勘探	铅锌矿	新获矿石量 439.66 万吨，Pb + Zn 金属量 43.68 万吨，使锡铁山 3062 米中段以下探明 Pb + Zn 总资源储量达 266.68 万吨

初步统计，2004 年获新增主要矿产资源量为：煤炭(122b + 333 + 334)新增 1.56 亿吨、铜 + 锌资源量新增 13.6 万吨、铅 + 锌资源量新增 43.6 万吨、钾盐(KCl)资源量 1224 万吨、铁矿资源量(332 + 333)174 万吨、金资源量(333 + 334)新增 6.7 吨，长石资源量(333 + 334)109 万吨、Ta_2O_5(333 + 334)300 吨、Rb_2O_5(333 + 334)8500 吨。

水、工、环地质勘查成果；截至 2004 年已完成 14 个县市的地质灾害调查与区划，共查出地质灾害隐患 242 处，对地质灾害减灾防灾部署起到积极的作用。完成了鱼卡河水源地和塔塔棱河水源地的水文地质勘查工作，为青海西部煤炭资源开发利用提供了水资源保障。完成了西宁市城南新区地热勘查工作，为西宁市地热资源的进一步开发利用提供了新的依据(表 11)。

表 11　　水、工、环地质勘查成果统计表

序号	项目名称	工作内容	完成情况
1	县(市)地质灾害调查与区划	查明县城内地质灾害隐患，划出地质灾害易发区，建立地质灾害信息系统，协助县政府编制地质灾害防灾预案和地质灾害防治规划，开展地质灾害的野外调查、地质灾害群测群防网络建设和室内资料分析整理	已完成了 14 个地质灾害重点防治县地质灾害调查与区划，提出防灾预案，为防止和减轻地质灾害威胁提供了依据。还有 10 个县(市)地质灾害调查与区划正在进行中

续表 11 水、工、环地质勘查成果统计表

序号	项目名称	工作内容	完成情况
2	青海省柴达木盆地北缘生态环境调查	对柴达木盆地北缘生态环境进行调查,基本查明柴达木盆地北缘近代地质作用对生态环境的影响和主要环境影响因素,初步提出恢复生态环境的方案	基本查明了柴达木盆地北缘约2万平方公里生态环境状况,恢复了盆地自然环境演化过程,指出了地质作用对盆地演化的影响
3	青海省玉树县结古镇北山区泥石流灾害勘查	基本查明影响结古镇安全的泥石流灾害范围、规模和影响程度,提出灾害勘查报告	基本查明了影响结古镇安全的泥石流灾害范围、规模和影响程度,提交了灾害勘查报告,提出了泥石流灾害防治初步方案

国土资源综合调查成果:已完成7幅1/25万区域地质调查,15幅1/20万区域地球化学测量,5幅1/20万区域重力测量,22幅1/5万区域地质调查等工作(表12)。

表 12 区域地质调查成果统计表

序号	调查类别	完成图幅数	完成面积(平方公里)	调查地区	成果	备注
1	1:20万区域地质调查	7幅	104832	可可西里-布喀达坂峰;治多-杂多地区	基本查明工作地区基础地质情况,为部署矿产资源勘查提供基础资料	
2	1:5万区域地质调查	22幅	9152	共和,门源,乌兰,都兰,大柴旦,格尔木南山口等地区	基本查明工作地区基础地质情况,为部署矿产资源勘查提供依据	
3	1:20万区域地球化学测量	15幅	95113	北祁连,玉树州地区	为青海省三江北段重要成矿带矿产资源评价工作部署提供了翔实地球化学资料	
4	1:20万区域重力测量	5幅	33679	东昆仑地区	为青海省东昆仑地区地质研究和矿产勘查部署提供高质量的区域重力资料	
5	1:5万区域矿产地质调查	44幅	18920	北祁连,东昆仑,玉树州等地区	基本查明工作区成矿地质特征、区域成矿规律、控矿地质因素,提出可供进一步工作地段50~60处	正在进行中
6	1:5万区域地球化学普查	47幅	19790	北祁连,东昆仑,玉树州等地区	查明工作区地球化学特征,深化成矿规律知识,为进一步部署矿产资源勘查提供成矿地球化学依据。提出可进一步工作地段	
7	1:5万区域地面磁法普查	24幅	10320	东昆仑,玉树州等地区	查明工作区地球磁场特征,深化成矿与地球磁场规律的认识,为进一步部署矿产资源勘查提供成矿地磁异常依据。提出可进一步工作地段	正在进行中
8	1:5万遥感地质调查及成矿信息提取	约50幅	约32000	玉树治多,北祁连等地区	基本查明工作区遥感成矿蚀变信息,提供新的成矿信息,为进一步部署矿产勘查提供依据。提出可进一步工作地区15~20处	
9	东昆仑成矿带矿产资源综合调查		约8000	东昆仑成矿带	应用遥感地质调查等方法,系统分析以往地质资料,总结东昆仑成矿带矿产特征对成矿带内铜钴金银铅锌等矿产资源进行成矿预测,提交找矿靶区5—6处	

其他科研工作:通过基础性矿产综合研究和“三轮区划”、“地质勘查规划”等规划研究项目的实施,进一步提高了青海省地质勘查工作的研究水平,对勘查项目管理和部署矿产勘查工作将起到积极的推动作用。

3. *矿产资源勘查工作程度*:2004 年,青海省地质矿产勘查工作程度按工作性质划分,调查评价的占 29%,预查占 12%,普查占 43%,详查占 8%,勘探占 9%。

青海省矿产资源总体勘查程度不高,大、中型矿床和主要矿种达到详查程度的仅为 60%左右。

【矿产资源开发利用】 截止 2004 年底,青海省共有各类矿山企业 683 家,其中生产 542 家,筹建 58 家,停产 83 家,较 2003 年矿山减少 69 家。

1. *开发矿种*:至 2004 年底开发矿种为 51 种(表 13),在已开采利用矿产中,能源矿产占矿种总数的 5.88%,金属矿产占 23.53%,非金属矿产占 66.67%,水气矿产占 3.92%。

表 13　**2004 年度矿产资源开发利用情况分矿种统计表**

矿种		矿山企业数(个)					从业人数(个)	年产矿量		工业总产值(万元)	综合利用产值(万元)	矿产品销售收入(万元)	利润总额(万元)
		合计	大型	中型	小型	小矿		万吨	万立方米				
总计		683	18	19	268	378	47620	3313.92	179356	827377.04	39716.43	771660.51	256586.71
1	石油	1	1	0	0	0	5661	222.017		503773		403967	175077
2	天然气			0	0	0			179356			60890	30464
3	煤炭	43	0	2	38	3	8377	249.49	0	28072.12	0	23516.88	338.55
4	地下热水	1	1	0	0	0	10	24.66	0	36	0	34.51	1.3
5	铁矿	20	0	0	13	7	1447	41.16	0	3224.3	0	2788.24	343.5
6	锰矿	4	0	0	1	3	92	0.8	0	64.1	0	64.1	6.1
7	铬矿	1	0	0	0	1	24	0.3	0	140	0	150	0.5
8	铜矿	14	0	2	1	14	1175	34.34	0	6424.77	96.17	6424.77	738.5
9	铅矿	24	0	0	1	23	745	7.33	0	1972.69	170	1962.59	331
10	锌矿	4	1	0	1	2	1046	102.61	0	72039	39449.8	83939	36778.13
11	镍矿	3	0	0	0	3	179	0.31	0	122.6	0	332.1	12.51
12	钨矿	1	0	0	0	1	17	0	0	8	0	0	0.8
13	锑矿	1	0	0	0	1	38	0.01	0	24.15	0	24.19	20
14	金矿	16	0	2	0	14	994	2.06	0	716	0	716	35.4
15	锂矿	2	0	0	0	2	228	0	0	0	0	0	0
16	锶矿	2	0	1	1	0	96	7.05	0	560.46	0	560.46	21
17	冶金用石英岩	52	0	0	29	23	981	44.11	0	1047.3	0	1027.3	173.99
18	自然硫	1	0	0	0	1	11	0	0	0	0	0	0
19	芒硝	2	0	0	2	0	86	3.3	0	480	0	17	-57.4
20	重晶石	1	0	0	0	1	45	0	0	0	0	0	0
21	天然碱	1	0	0	0	1	5	0	0	0	0	0	0
22	制碱用灰岩	3	0	0	3	0	312	10	0	270	0	24.12	12.3
23	化工用白云岩	2	0	0	0	2	45	0	0	0	0	0	0
24	含钾岩石	1	0	0	0	1	45	0	0	0	0	0	0

续表 13

矿种		矿山企业数(个)					从业人数(个)	年产矿量		工业总产值(万元)	综合利用产值(万元)	矿产品销售收入(万元)	利润总额(万元)
		合计	大型	中型	小型	小矿		万吨	万立方米				
25	盐矿	16	3	2	1	7	2503	108.31	0	15085.73	0	4414.73	162.91
26	镁盐	4	0	0	4	0	128	40		1060	0	22.5	20
27	钾盐	8	1	3	4	0	6814	1710.7	0	156628.13	0.46	151618.14	10518.76
28	硼矿	2	1	0	1	0	442	10	0	5670	0	1526.4	-114
29	石墨	3	0	0	0	3	254	0	0	0	0	0	0
30	硅灰石	1	0	0	1	0	25	0	0	0	0	0	0
31	石棉	12	4	0	8	0	2984	153.94	0	16409.64	0	13623.98	320.4
32	云母	1	0	0	1	0	13	0	0	0	0	0	0
33	石膏	15	0	0	8	7	245	4.88	0	150.9	0	144.8	29.17
34	方解石	1	0	0	0	1	10	0	0	0	0	0	0
35	玉石	2	0	0	2	0	127	0.02	0	204.	20	181.82	-0.43
36	水泥用灰岩	36	0	1	8	27	887	158.02	0	1828.17	0	3160.67	303.6
37	建筑石料用灰岩	26	0	0	1	25	357	11.35	0	157.11	0	156.65	28
38	制灰用石灰岩	15	0	0	0	15	346	5.7	0	318.1	0	180.6	31.82
39	玻璃用白云岩	2	0	0	0	2	17	2	0	27	0	25	1.3
40	建筑用白云岩	8	0	0	0	8	106	5.75	0	77.22	0	77.22	3.9
41	建筑用砂	119	1	2	77	39	1707	124.43	0	2032.19	0	1992.71	308.29
42	砖瓦用砂	2	0	0	2	0	176	7.9	0	466	0	447	40
43	砖瓦用粘土	165	0	0	33	132	7755	161.07	0	7205.12	0	6621.18	663.03
44	水泥配料用粘土	8	0	0	2	6	158	6.64	0	47.76	0	47.76	4.8
45	饰面用蛇纹岩	3	0	0	1	2	43	0.07	0	14	0	9	-2
46	建筑用辉长岩	1	0	0	1	0	15	3	0	60	0	60	9
47	建筑用花岗岩	15	0	0	14	1	220	13.53	0	139.3	0	131.3	20.83
48	饰面用花岗岩	4	1	0	1	2	111	0.1	0	137	0	134	9.46
49	饰面用大理岩	4	0	1	2	1	56	4	0	80	0	80	10
50	水泥用大理岩	5	1	2	2	0	302	30.1	0	443.2	0	443	29.3
51	矿泉水	5	0	1	4	0	160	2.86	0	161.79	0	123.79	-68.61

2. 开发规模:矿产资源开发利用按规模分,大型企业 18 家,占矿山总数的 2.6%;中型企业 19 家,占总数的 2.8%;小型企业 268 家,占总数的 39.2%;小矿开采 378 家,占总数的 55.3%。

3. 开发的矿产类别:青海省按矿产类的划分,开发的矿山企业有:能源矿产 45 家,黑色金属矿产 25 家,有色金属矿产 47 家,贵金属矿产 16 家,稀土稀有金属 4 家,冶金辅助原料矿产 52 家,化工原料矿产 41 家,建材及其他非金属矿产 448 家,水气矿产 5 家。

4. 矿山企业性质及开发利用:在青海省 683 家矿山企业中(表 14),内资企业(国有、集体、个体、其他)679 家,工业总产值 827377.04 万元,综合利用平均产值39716.43万元,平均利润25686.71万元;港、澳、台商投资企业3家,工业总产值1290万元,利润250万元;外商投资企业1家,工业总产值3万元,利润1万元。

表14　2004年度矿产资源开发利用情况分经济类型统计表

企业经济类型	矿山企业数(个)					从业人员(个)	年产矿量		工业总产值	综合利用产值	矿产品销售收入	利润总额
	合计	大型	中型	小型	小矿		固液体矿产	气体矿产				
							万吨	万立方米	万元	万元	万元	万元
总　计	683	18	19	268	378	47620	3313.917	179356	827377.04	39716.43	771660.51	256586.71
一、内资企业	679	18	18	265	378	47310	3292.227	179356	826084.04	39716.43	770365.61	256448.3
国有企业	66	9	6	27	24	12577	738.867	179356	624961.84	39440	587579.44	243392.34
集体企业	134	0	0	52	82	5806	134.78	0	5723.98	189.17	5238.63	602.92
股份合作企业	14	0	0	8	6	452	22.43	0	949.4	0	785.5	90.9
联营企业	6	0	0	0	6	138	0.85	0	94.64	0	94.64	8
有限责任公司	61	2	5	34	20	3924	367.5	0	20042.72	0	12351.49	625.3
股份有限公司	29	7	2	8	12	9309	1734.39	0	165009.69	0.46	154838.9	10948.32
私营企业	313	0	5	117	191	8468	256.33	0	8416.66	78.8	8616.4	586.59
其他企业	56	0	0	19	37	975	37.08	0	885.12	8	860.62	81.34
二、港、澳、台商投资企业	3	0	0	3	0	282	21.5	0	1290	0	1290	250
三、外商投资企业	1	0	1	0	0	28	0.19	0	3	0	4.9	1

【矿山企业数量及从业人员】　截至2004年底,全省683家各类矿山企业中,生产542家,停产83家,筹建58家。矿山数分布最多的地区为西宁、海西州、海东地,分别为195家、159家、150家,分别占全省矿山总数的28.55%、23.28%、21.96%。其他依次为海北州、海南州、黄南州、玉树州、果洛州。

全省从事矿业开发的人员共有47620人,其中内资矿山企业47310人,港澳台投资矿山企业282人,外商投资矿山企业28人。

【矿产品产量及产值】　2004年度,青海省年产矿石总量为3456.83万吨,其中固体矿3064.38万吨,液体矿249.54万吨,气体矿179356万立方米折合142.91万吨。年产矿石量100万吨以上的,依次是钾盐、煤炭、石油、砖瓦用粘土、水泥用灰岩、石棉、天然气、建筑用砂、盐矿、铅锌矿。

青海省年产矿石量最多的地区是海西州,共产矿石量(固、液、气)2658.16万吨,占全省总量的76.90%。其他地区依次是西宁市、海东、海北、海南、黄南、果洛、玉树。

青海省实现矿业(采选业)总产值为82.74亿元,比2003年增加23.56亿元,增长率为39.81%。其中矿业总产值超过1000万元的矿产品有14种,依次是石油、钾盐、铅锌、天然气、煤炭、石棉、砖瓦用粘土、铜矿、硼矿、铁矿、建筑用砂、水泥用灰岩、镁盐、冶金用石英岩。

全省总产值最高的地区是海西州,年矿业总产值780366.19万元,占全省的94.32%。其他地区依次是西宁市、海北州、海东地区、海南州、黄南州、果洛州、玉树州。

2004年青海省矿业年人均产值为17.38万元/人。按地区年人均产值依次是海西州30.82万元/人,海南4.80万元/人、海北2.79万元/人,西宁1.90万元/人,果洛1.36万元/人,海东1.31万元/人,玉树1.1万元/人,黄南0.68万元/人。

【矿业经济】　2004年与矿产资源开发有关的大中型项目,基本建设投资283778万元,本年新增投资40868万元。矿产品采选业及其加工制造业的工业总产值分别为105.57亿元和145.01亿元,分别占青海省工业总产值的22.88%和31.43%,两项合计在全省工业总产值中的比重为54.31%;矿业增加值分别为52.37亿元和41.04亿元，分别占全省工业增加值的37.91%和29.70%，两项合计在全省工业增加值中的比重为67.61%，较上年增长12%；利税总额为46.66亿元，矿业增加值占全省GDP的20.06%。

利润总额50万元以上的矿产，依次是石油、天然气、铅锌、钾盐、砖瓦用粘土、铁矿、煤炭、石棉、建筑用砂、水泥用灰岩、石英岩、盐矿。

国有矿山在青海省矿业经济中的地位十分重要，2004年全省共有国有矿山66家，年产矿石量881.78万吨，矿业总产值624961.84万元，利润243392.34万元，分别占全省的9.66%、25.51%、75.54%和94.86%。反映出国有矿山在全省矿业经济运行中的地位比较突出，私营企业还较薄弱，外资企业很少。

【矿产资源管理】 1. *矿产资源规划管理*。本年度基本完善了青海省矿产资源规划体系建设，为统筹安排全省矿产资源调查评价和战略性矿产资源勘查、合理开发利用，发挥了重要作用。

2. *矿产资源储量管理*。矿产资源储量登记核实，2004年度完成14家矿山企业占用储量登记；完成新勘查探明储量登记7个矿区，储量登记达到100%。已有38家矿山对其占用矿产储量进行了检测或核实。

完成了本年度矿产储量评估师考核注册工作，建立了矿产储量评审备案管理制度，完成矿产储量评审备案17份。

在地质资料管理和利用方面认真贯彻落实了《地质资料管理条例》和实施办法，制定《青海省国土资源厅地质资料查阅借阅暂行规定》和《青海省地质资料汇交管理暂行规定》。至2004年底，完成勘查项目地质资料汇交64份，向部提交24份。完成数字化报告1451份，占馆藏成果地质资料的30%。

【地质勘查管理】 1. *勘查项目管理*：截止2004年底共受理探矿权申请348个(包括变更、延续、保留)，经审查批准，颁发勘查许可证216个，其中新立123个，延续62个，变更21个，保留10个；受理地质调查备案申请16个，颁发地质调查证15个。

2. *地质勘查监理*：按照《青海省地质监理规划》和《青海省委托监理合同》要求，及时开展了青海省地勘项目监理工作。共实施监理项目61个，收取监理费157.51万元。对海西、海北州重点项目开工，最低勘查投入，以采代探，越界勘查进行了检查。

3. *地质勘查单位资质管理*：地质勘查资质管理由原来的“核准”变为“注册登记”。现青海省具有地质勘查资质的单位共21家，其中国有地勘单位17家，有限公司3家，股份合作公司1家。注册登记的甲级地勘单位11家，占比例52%。

【矿产资源开发管理】 1. *采矿登记*。2004年青海省新办采矿许可证55件，批准登记面积341.15平方公里，收取采矿权使用费59.23万元。

2004年共办理各类审查登记手续144件，其中新登记17件，变更、延续登记93件，转让登记11件，划定矿区范围23件；组织审查开发利用方案39个；审查采矿权评估报告11份；2004年收取采矿权价款3171.88万元，采矿权使用费、登记费119.08万元。

青海省征收入库资源补偿费2291万元，超额完成了部、省下达的征收任务。

2. *矿山督察*。2004年共完成督察项目7项，发现各类问题58条，提出整改建议49条。完成矿产督察报告7份，督察备案表14份。

3. *矿山年检年报统计工作*：青海省应检矿山619家，已检602家，年检率97.25%，年检合格583家，合格率96.84%。其中省厅应检、实检53家，年检率、合格率均为100%。州、县年检566家，年检率、合格率分别为97.31%、98.21%。

通过年检工作，全省取缔了54个非法采矿点，没收矿石0.1054万吨，罚款9.4万元，注销采矿许可证47个；吊销采矿许可证5个；查处侵权越界3个。追缴矿产资料补偿费62.1万元，补缴采矿权使用费43.48万元。

4. *地质环境管理*：2004年青海省共发生崩塌、滑坡、泥石流灾害19起，造成4人死亡，1人受伤，直接经济损失571.31万元。其中自然因素造成9起，人为因素10起。

完成危险点巡查100处，编报地质灾害险情专报17份，调查报告16份。共查出地质灾害隐患点242处，威胁1040户，5590人、财产430.54万元。协助各地搬迁避让防灾总户数72户，计316人。

5. *矿山环境及地下水动态监测与保护*。采空区塌陷，主要是因采煤造成的地面沉陷，以大通、默勒煤矿最为严重，造成塌陷范围及房屋毁坏程度比2003年更加严重。

2004年国家财政投入600万元，对扎朵金矿、多卡吉卡金矿过采区进行了地质环境治理恢复。完成复坑、覆土、种草、网围栏面积124公顷。

对地下水重点开采区的西宁地区湟水流域、格尔木和青海湖地下水进行了监测，各水源地未出现超采现象。

【矿业权市场建设】 1. *探矿权市场建设*。通过探矿权、采矿权的招拍挂出让，争取和吸引各方面资金用于勘查和开发。2004年青海省有效勘查许可证240件，批准登记面积12330.14平方公里，收取探矿权使用费97.58万元。

青海省探矿权出让125宗，其中拍卖2宗、挂牌3宗，行政审批120宗。另外，共收到探矿权转让申请、办结11宗。

新上1/5万矿调和煤炭详查项目11个，投资大于50万元的项目，以招标方式确定了3个项目承担单位，总投资为1663.2万元。

2. *采矿权市场建设*。2004年青海省采矿权出让73宗，合同金额2031.9万元，其中行政审批49宗，拍卖6宗，挂牌18宗。另采矿权转让12宗。

2004年度对新出让的采矿权全面实行了有偿取得，对原无偿取得的采矿权，在采矿许可证到期延续时，对剩余储量进行了核定、评估等，按规定收取了采矿权价款等费用。

（青海省矿业协会　刘振庄）

【青海台南探明天然气储量】　2004年，国土资源部通过对青海油田台南气田天然气储量评审，新增天然气探明储量526亿立方米，柴达木盆地天然气探明储量累计达到3039亿立方米。

台南气田是地处柴达木盆地的青海油田三大主力气田之一，于1987年发现，1997年探明天然气地质储量为425.3亿立方米。近年来，青海油田加大柴达木盆地天然气勘探开发力度，依靠科技进步和精细管理，成果显著，取得了重大突破。

青海油田实施“油气并举”发展战略10年来，通过加快天然气勘探步伐，储量年年迈上新台阶。1996年新增天然气地质储量749.6亿立方米，累计探明加控制地质储量达到1500亿立方米，使柴达木盆地一举成为全国四大气区之一。

目前，青海油田已建成涩格、涩敦、仙花、涩宁兰4条输气管道，形成盆地外供气至西宁、兰州、格尔木、敦煌，盆地内东西部天然气连网互供的局面，具备33亿立方米的管输能力。2003年青海油田销售天然气超过10亿立方米，2004年计划生产天然气17.8亿立方米；2004年底将建成产能20亿立方米以上，日供气将达到700万立方米以上。　（中国矿业信息中心）

新疆维吾尔自治区

【矿产资源概况】　截至2004年底，全区发现矿种138种，查明有资源储量的矿种80种(亚种98种)。其中：能源矿产6种，金属矿产27种(亚种28种)，非金属矿产45种(亚种63种)水气矿产2种。查明资源储量的矿产地958处(不含石油、天然气、铀、水气矿产)，较2003年增加9处。2004年，有新增查明资源储量的矿种主要为：煤、石油、天然气、铁、铜、铅、锌、镍、金、盐、石灰岩。

截至2004年底，全区累计探明天然气地质储量1.06万亿立方米，居全国陆上天然气地质储量首位；累计探明石油地质储量31.01亿吨，居全国陆上石油地质储量第二位。

认真实施《地质资料管理条例》。2004年，全区地质勘查单位汇交各类地质报告140份，其中：区域地质调查报告7份，固体矿产勘查报告108份，水工环勘查报告4份，物探、化探勘查报告2份，地质科研报告3份，其他报告16份。

【矿产资源开发利用】　2004年，全区从事矿产资源开发的矿山企业2903个，从业人员16.8万人。开发利用的矿产90余种，实现矿业产值491.47亿元，较2003年增长34.3%，占全区工业总产值1756.18亿元的28%。其中：原油、天然气产值440.69亿元，较2003年增长35.6%，非油气矿业产值50.78亿元，较2003年增长25.9%。

2004年，全区原油产量2253.02万吨，较2003年增长5.2%，天然气产量57.48亿立方米，较2003年增长14.3%；固体矿石产量7477.68万吨，较2003年增长9.7%，其中煤矿2982.97万吨，较2003年增长5.4%；金矿石132.94万吨，较2003年增长62.3%，黄金产量16.96万两，较2003年增长9.6%。产值5000万元以上的12种非油气矿产的产值，占全区非油气矿产矿业总产值的95.2%。

2004年，全区矿产品进出口贸易总额3.45亿美元，较2003年增长90.6%，占全区进出口贸易总额的6.1%。全区与世界36个国家和地区保持有矿产品贸易往来，出口的主要为：煤、焦炭、沥青、膨润土、蛭石、红柱石、天然石墨、大理石、花岗岩、石灰岩、硅质土等非金属矿产品，出口总额1.06亿美元；进口的主要有：煤、原油、铁、锰、铜、铅、锌、锑等矿的矿砂或精矿，进口总额2.39亿美元。

【矿业权管理及矿业权市场】　2004年，全区批准非油气地质勘查许可证1293个，批准登记面积2.83万平方公里。其中：新发证791个，批准登记面积1.74万平方公里。按经济类型分：国有企事业单位774个，有限责任公司470个，股份有限公司5个，其他企业44个。2004年，全区共批准采矿许可证2624个，批准采矿登记面积2111平方公里。其中新发证425个，批准采矿登记面积370平方公里。采矿许可证按矿种分：能源矿产529个，黑色金属矿产141个，有色金属矿产89个，贵金属矿产107个，稀有、稀散、稀土矿产14个，非金属矿产1739个，水气矿产5个。

2004年，对2888个矿山企业进行了年检，取缔非法采矿矿山42个，注销采矿许可证43个，吊销采矿许可证17个，查处侵权越界矿山10个，追征矿产资源补偿费222.55万元，罚没款7.66万元，没有矿石367.2吨，刑事处罚1人。

2004年，全区出让探矿权42宗，出让价款4484.87万元，其中招拍挂出让8宗，出让价款1520万元，占出让总价款的33.9%。出让的主要矿种有：煤矿、铜矿、金矿；其中拜城县梅斯布拉克二、三井田探矿权拍卖价款1200万元。

2004年，全区出让采矿权651宗，出让价款2.81亿元，其中，招拍挂出让49宗，出让价款1.94亿元，占出让总价款的69.2%。出让的主要矿种有：煤、铁、铜、石灰岩、建筑用砂粘土；其中拍卖的拜城县梅斯布拉克一、二、三井田采矿权以1.72亿元成交，富蕴县索尔库都克铜矿以840万元成交。

2004年，全区转让探矿权5宗，转让价款1720万元，主要为煤矿转让，其中霍城县界梁子－惠远北地区煤矿详查作价500万元转让。

2004年，全区共征收入库矿产资源补偿费2.75亿元，超额完成国土资源部下达1.45亿元的征收任务。其中，自治区国土资源厅本级征收2.54亿元，地州(市)级、县(市)级国土资源管理部门征收2088万元。

【地质勘查工作及成果】 截至2004年，全区共有从事地质勘查的单位77家，从业人员2.39万人。主要分属于石油、地矿、有色、煤炭、核工业、建材、武警黄金、冶金等部门。其中从事非油气矿产地质勘查单位72家，从业人员1.17万人。

2004年，全区共投入国土资源调查和地质勘查的资金83.67亿元，较2003年增长23.3%。其中：石油天然气勘查投入(企业单位自筹)79.89亿元，较2003年增加近15亿元，增长23.0%；非油气矿产勘查投入3.87亿元，较2003年增加0.91亿元，增长30.7%。新发现石油天然气区块3个，天然气田1处。通过进一步工作，阿克苏地区轮古油田、羊塔5气田，吐鲁番地区鄯勒、红南等15个油田(井)，吐鲁番地区连木沁，疙瘩台、巴喀3个天然气田取得重大进展。

2004年，全区非油气地质勘查开展工作的矿种有30多个。主要有：煤、铀、铁、锰、铜、镍、铅、锌、金、银、红柱石、氟石、钾盐、建筑用花岗岩、地下水等。新发现有进一步工作价值的矿产地10处，其中：铜矿2处，铅锌矿1处，钨矿2处，金矿3处，膨润土矿1处，地下水源地1处。在若羌县发现的白干湖钨锡矿，预测钨资源量可达大型矿床。哈密市大南湖煤田一井田勘探、阿克陶县铁克里克铅锌矿普查、托里县哈西金矿普查等9个矿区取得较大进展。

截至2002年底，全区共完成1:5万区域地质调查图幅353个，面积12.42万平方公里，占全区国土面积的7.5%。到2005年，1:5万区域地质矿产调查累计完成面积可达20万平方公里。

2004年，全区开展同国外矿业公司的合作。国家305项目办公室与澳大利亚诚信及阿佩克矿业公司联合在自治区成立两家合作企业，引进风险勘查资金500万美元进行铜、金等金属矿产的勘探工作，新疆地质矿产勘查开发局引进加拿大环太平洋公司和英国玛嘉斯地克公司资金折合人民币300多万元，在萨瓦亚尔顿及昆贵地区进行金矿风险勘查；新疆有色地质勘查局与加拿大特拉维斯公司合作成立了新疆特新有限公司，引进外资200多万美元在托里县开展地质勘查工作。

自治区鼓励区内地勘单位开拓周边国家地质勘查市场，近两年来，相继投入资金在伊朗、摩洛哥等国开展风险地质勘查工作。2004年，为降低地勘单位的投资风险，由自治区财政拨款420万元，支持新疆有色地勘局在吉尔吉斯开展铁矿地质普查工作。

【矿山、地质环境保护与治理】 2004年，全疆共发生有一定规模的地质灾害98起，其中滑坡83起，崩塌4起、泥石流7起、地面塌陷4起，因灾死亡(或失踪)11人、受伤1人，造成直接经济损失609万元，是2000年以来地质灾害造成经济损失最少的一年。

2004年，地质灾害主要为气象因素(降雨)引发，其中伊犁谷地主要是在春冬季融雪或春季连续降雨的作用下引起的滑坡灾害。4月9日22时30分，巩留县莫乎尔乡大莫乎尔沟西侧山体北坡发生小型山体滑坡，造成房屋倒塌，8名哈萨克族牧民死亡，冲毁草场243亩，直接经济损失24万元。

《新疆维吾尔自治区地质灾害防治规划》实施以来，通过加强部门间的合作，推进了防灾减灾的社会化进程。2004年共制作地质灾害气象预报预警信息179期，通过新疆广播电台和新疆专业气象网站共发布地质灾害气象预报、预警128期(次)。4月9日对伊犁州国土资源局发布地质灾害预警特报1期，为地质灾害预报提供了可靠信息。

“矿山地质环境调查与评估”工作启动两年来，财政部、国土资源部投资1950万元，安排区内9个矿山地质环境恢复治理项目。其中:昌吉市硫磺沟煤矿塌陷区、哈巴河县赛都金矿废弃露天采矿区、富蕴县乔夏哈拉金铜矿重点露天采场等6个地质环境恢复治理项目已通过野外竣工验收,共平整土地面积145.7亩,其中增加农用地118亩(1市亩=0.0667公顷)。

2004年,首次在全疆范围内开展旅游地质遗迹资源调查工作。调查旅游地质遗迹点167处,其中:世界级12处,国家级50处,省级69处,县级36处,并初步建立了新疆旅游地质遗迹资源分类体系。该项工作的开展为制定自治区旅游地质遗迹保护与开发规划,提升自治区旅游地质遗迹资源品牌和自治区旅游业的发展提供了基础资料。同年,世界稀有的矿山地质遗迹-新疆富蕴县可可托海伟晶岩型稀有金属矿床地质遗迹保护项目启动。

2004年,全区地质环境监测主要对地下水水位、水质、水量、水温、气象、地温、水面蒸发、潜水蒸发、潜水入渗、中子水分仪、负压计、滑坡12个项目进行了监测,监测区涉及到22个县级行政区,控制面积1.32平方公里,获取数据5.64万组,提交水情通报、水情预报等各类简报15份。

中国—荷兰国际技术合作《中国地下水信息中心能力建设》项目中的新疆乌鲁木齐河流域示范区工作开展顺利。该项目的成果将为自治区制定地下水资源合理配置和生态环境保护方案提供理论依据。

(新疆矿业联合会　伟超　志敏　晴川)

【新疆新探明煤矿资源】 新疆国土资源厅2004年宣布,新疆勘察和探明煤矿资源量达85亿吨。其中拜城县梅斯布拉克地区炼焦煤资源量为7800万吨,为中国稀缺煤种;哈密大南湖地区探明煤炭资源量73亿吨,为新疆实施煤电转化战略提供了资源保障。

【新疆投资兴建红柱石生产基地】 全国最大的红柱石生产基地2004年在新疆正式动工兴建。

位于新疆巴音郭楞蒙古自治州的红柱石生产基地由益隆红柱石有限公司投资1.15亿元兴建。5万吨红柱石项目达产后可实现年销售收入1亿元。这家公司计划于2005年完成年产10万吨红柱石的技改扩建项目,2007年达到20万吨的年生产规模。公司将投资进行红柱石深加工产品项目,最终达到年产50万吨的生产规模,居国内第一,产品70%实行外销。

益隆红柱石有限公司开发的霍拉山红柱石矿现已探明储量891万吨,远景储量达2.31亿吨,是国内最大、世界罕见的超大型矿床。该矿具有储量大、品位高、含杂低、开采易等特点,开发前景十分广阔。

【塔河发现超亿吨级油气田】 中国石化2004年在塔里木盆地塔河油区南部新发现储量规模近5亿吨的石油新区带,经过8年勘探,塔里木盆地塔河油区储量规模预计将达到10亿吨以上。

【和布克赛尔蒙古自治县膨润土矿区探明储量突破】 新疆地矿部门经过长期勘查证实,和布克赛尔蒙古自治县境内的膨润土矿探明储量已突破23亿吨,是目前全国最大的膨润土矿区。

和布克赛尔蒙古自治县境内有7处膨润土矿床,其中有4处大型矿床(乌兰英格、日月雷、德仑山南和德仑山西南)。乌兰英格矿区详查储量5.728亿吨,其中表内C+D级膨润土矿储量22948万吨,表外D级储量248万吨,占全国同级膨润土总储量的13.74%。日月雷矿区已探明地质储量8亿吨,德仑山南膨润土矿及德仑山西南膨润土矿地质储量分别为2.1亿吨及0.8亿吨。乌兰英格地区的膨润土矿远景储量可望超过50亿吨。矿区的膨润土矿品质良好,仅次于美国怀俄明州的膨润土矿。

目前,膨润土广泛应用于铸造、土木基建、钻井泥浆、冶金、食品、农业、化工和医药等领域,国际市场膨润土交易活跃,价格呈增长趋势。全世界膨润土的年产量约为1亿吨,主要产于美国、希腊、德国等国。

【沙尔湖煤田煤层气资源开发】 中国石油吐哈油田公司地质钻探初步证实,新疆沙尔湖地区蕴藏丰富的煤层气资源,远景储量约为1900亿立方米,可望成为中国西部地区能源开发的新热点。

沙尔湖煤田位于新疆吐哈盆地南部,含煤面积1334平方公里,主力煤层厚度120多米,埋藏深度800米左右。2003年以来,吐哈油田公司对沙尔湖地区煤层气资源进行预探,到2004年7月相继打成4口探井,井下煤层气显示活跃,其中一口探井日产煤层气17立方米,展示出良好的勘探前景。

吐哈盆地面积5.35万平方公里,是新疆重要的煤炭、石油和天然气产区。最新油气资源评价结果表明,全盆地石油资源量为7.4亿吨,天然气资源量为2769.4亿立方米,煤层气资源量为6.2万亿立方米。

(中国矿业信息中心)

矿山安全与环保

矿山安全

【概况】 1. 事故伤亡情况：据调度统计，2004 年 1～11 月（以下同），全国共发生各类伤亡事故 737089 起，死亡 123683 人。与 2003 年同期相比，事故起数减少 144745 起，死亡人数减少 310 人，分别下降 16.4% 和 0.3%。其中煤矿事故 3413 起，死亡 5286 人，同比减少 253 起、451 人，分别下降 6.9%、7.9%。百万吨死亡率 2.998，同比下降 0.846。其中国有重点煤矿 0.973，同比下降 0.162；国有地方煤矿 2.606，同比下降 0.551；乡镇煤矿 5.862，同比下降 2.668，均创造了历史最好水平。

2. 特大事故情况：2004 年 1～11 月，全国共发生一次死亡 10～29 人特大事故 111 起，死亡 1609 人。同比事故起数持平，死亡人数减少 56 人，下降 3.4%。其中：煤矿 31 起，死亡 464 人，同比减少 11 起、191 人，分别下降 26.2%、29.2%；金属与非金属矿 3 起，死亡 36 人，同比起数持平，死亡人数减少 11 人，下降 23.4%。

3. 特别重大事故情况：2004 年 1～11 月，全国共发生一次死亡 30 人以上特别重大事故 13 起，死亡 827 人，同比增加 2 起、315 人，分别上升 18.2%、61.5%。其中：煤矿 6 起，死亡 453 人，同比起数减少 1 起、下降 14.3%，死亡人数增加 93 人，上升 25.8%；金属与非金属矿 1 起，死亡 70 人。2003 年同期没有发生特别重大事故。

2004 年以来，全国安全生产在总体上相对稳定的同时，部分行业和领域事故上升，重特大事故仍没有得到有效遏制。一季度道路交通特大事故多发；4 月中下旬和 5 月初化学品事故多发；三季度水上交通、矿山水灾事故多发；进入四季度后煤矿、金属与非金属矿、烟花爆竹等行业和领域特大事故多发。特别是 10 月、11 月，全国接连发生了 6 起特别重大事故，造成 509 人死亡，事故起数和死亡人数分别占 2004 年同类事故的 46%、62%。

其中煤矿、金属与非金属矿 4 起事故：10 月 20 日，河南郑州煤业集团大平矿发生瓦斯爆炸事故，死亡 148 人；11 月 11 日，河南平顶山市鲁山县新生煤矿发生瓦斯爆炸事故，死亡 33 人；11 月 20 日，河北邢台沙河市一铁矿发生火灾事故，死亡 70 人；11 月 28 日，陕西铜川矿务局陈家山煤矿发生瓦斯爆炸事故，死亡和失踪 166 人。

上述几起特别重大事故，使人民群众生命财产遭受了巨大损失，造成严重的社会影响。目前，上述事故有的已经完成前期调查工作，很快就要结案；有的正在进行救援善后工作，即将对事故原因进行调查。

4. 各地安全生产工作进展情况：2004 年以来，事故伤亡人数下降的 15 个省区市是：天津、山东、贵州、甘肃、西藏、广东、湖北、四川、河南、辽宁、河北、黑龙江、云南、北京和宁夏。事故伤亡人数上升幅度超过 10% 的是：海南、吉林、陕西和江苏。

1～11 月，没有发生一次死亡 10 人以上特大事故的 6 个省区市和单位是：天津、海南、青海、宁夏、新疆自治区和新疆建设兵团；工矿商贸企业没有发生特大事故的 11 个省区市和单位是：天津、上海、江苏、浙江、安徽、海南、西藏、青海、宁夏、新疆自治区和新疆建设兵团；特大事故同比下降的 12 个省区市是：广东，减少 5 起；黑龙江、云南，各减少 3 起；安徽、甘肃、福建和重庆，各减少 2 起；湖南、宁夏、青海、海南和浙江，各减少 1 起；特大事故同比上升的 12 个省区市分别是：四川、山西、北京、湖北、江西、山东、上海、河南、江苏、广西、贵州、陕西；发生 5 起以上特大事故的 12 个省区市是：贵州 13 起，山西和四川各 11 起，湖南 10 起，河南和山东各 7 起，河北 6 起，广西、浙江、江西、陕西、重庆各 5 起。

5. 安全生产控制指标完成情况：1～11 月，全国工矿商贸企业事故死亡 14596 人，占年度控制指标的 90.8%。全国 31 个省区市和新疆建设兵团中，有 23 个省区市和单位的工矿商贸企业事故死亡人数控制在进度目标以内。

全国煤矿事故死亡 5286 人，占年度控制指标的 85.6%。全国 27 个产煤省区市和新疆建设兵团中，有 23 个省区市和单位煤矿事故死亡人数，保持在控制指标以内；全国煤矿百万吨死亡率为 2.998，比控制指标的 3.7 减少 0.702。有 22 个产煤省区市和单位的煤矿百万吨死亡率，保持在控制指标以内。

【全国安全生产工作会议】 2004年1月17～18日，国务院在北京召开全国安全生产工作会议。这是新中国成立以来，第一次以国务院名义召开的全国安全生产工作会议，充分体现了党和政府对安全生产工作的高度重视。

会议主要内容：以邓小平理论和"三个代表"重要思想为指导，认真贯彻落实党的十六大和十六届三中全会及中央经济工作会议精神和《国务院关于进一步加强安全生产工作的决定》，总结2003年安全生产工作，分析形势，部署2004年全国安全生产工作，统一思想，把握全局，突出重点，努力推动全国安全生产状况的进一步好转，为我国国民经济和社会的全面、协调、可持续发展创造安全稳定的环境。

会议于1月17日上午在京开幕，开幕式由国务委员兼国务院秘书长、国务院安委会副主任华建敏主持，中共中央政治局常委、国务院副总理、国务院安委会主任黄菊到会并作了题为《以对党和人民高度负责的精神扎扎实实做好安全生产工作》的重要讲话。会上，国务院副秘书长、国务院安委会副主任尤权就《国务院关于进一步加强安全生产工作的决定》作了说明。

各省、自治区、直辖市人民政府和新疆生产建设兵团分管安全生产工作的负责人及公安、建设、交通、经贸、安全生产监管部门主要负责人，国家煤矿安全监察局设在各地的22个省级煤矿安全监察机构主要负责人，国务院安委会组成人员和国务院其他有关部门负责人，部分中央管理的国有重要骨干企业负责人，中央和国家机关各部门负责人参加了会议。

1月18日上午，国家安全生产监督管理局(国家煤矿安全监察局)还主持召开了出席全国安全生产工作会议的各省、自治区、直辖市及新疆生产建设兵团安全生产监管部门和各省级煤矿安全监察部门主要负责人会议，会上国家安全生产监督管理局(国家煤矿安全监察局)局长、国务院安委会副主任兼安委会办公室主任王显政作了重要讲话。国家安全生产监督管理局(国家煤矿安全监察局)副局长、国务院安委会办公室副主任王德学主持会议，国家安全生产监督管理局(国家煤矿安全监察局)副局长、国务院安委会办公室副主任孙华山，国家安全生产监督管理局(国家煤矿安全监察局)副局长、国务院安委会办公室副主任梁嘉琨出席了会议。

1月18日下午，全国安全生产工作会议召开大会，进行会议总结。会议由国务院副秘书长、国务院安委会副主任尤权主持。会上，黑龙江省人民政府副省长刘海生，山东省人民政府副省长王仁元，河南省人民政府副省长史济春和广东省人民政府副省长李荣根分别结合学习贯彻会议精神和本省安全生产的工作情况做了大会发言。国家安全生产监督管理局(国家煤矿安全监察局)局长、国务院安委会副主任兼安委会办公室主任王显政对《关于建立安全生产控制指标体系的意见》作了说明。最后，国务委员兼国务院秘书长、国务院安委会副主任华建敏在大会上作了总结讲话。

(国家安全生产监督管理局)

【国家建立安全生产指标控制体系】 2004年国家安全生产监督管理局人士表示，国家将建立安全生产指标控制体系。从2004年起，将向各地政府下达年度安全生产控制指标，并进行跟踪检查和监督考核。

国家安全生产监督管理局要求各地组织力量，对管辖范围内的煤矿安全生产情况，进行一次全面的分析排查。凡是不具备安全生产基本条件的小煤矿、"一通三防"隐患严重的国有煤矿、2003年4季度以来发生过死亡事故的煤矿，要立即采取措施进行整改，或者依法予以关闭取缔。

【企业安全费用提取制度在煤矿全面实行】 国家首次明确了企业安全费用提取、加大企业对伤亡事故的经济赔偿、企业安全生产风险抵押三项经济政策，以强化安全生产工作。其中，企业安全费用提取制度将首先在煤矿全面实行。

国家安全生产监督管理局局长王显政指出，近年来一些产煤地区的经验表明，建立煤矿强制性提取安全费用制度，有利于改变企业安全投入不足的状况。这一制度将首先在煤矿全面实行。条件成熟之后，再逐步推广到非煤矿山、交通运输、建筑施工、烟花爆竹和危险化学品等行业和领域的生产经营单位。

近年来，由于一些业主经济能力有限或有意逃避责任，常常在发生重特大事故后躲藏逃匿，把抢险救灾和事故善后全部推给地方政府。王显政说，为扭转"业主发财、政府发丧"现象，要建立企业安全生产风险抵押制度，提前向从事高危领域生产经营活动的业主征收一笔费用，出事故后用于抢险救灾和善后。

他表示，为使事故成本大于安全投入成本，形成业主自觉增加安全投入、自觉防范事故的机制，必须探索建立新的赔偿制度。企业不仅要执行工伤保险制度，而且在发生伤亡事故后，还必须依据责任划分，向死亡人员遗属或伤残人员支付相应的赔偿、抚恤金。伤亡者本人或遗属除了得到工伤保险赔偿金之外，还有权向企业提出赔偿要求，再拿到一笔数额较大的补偿费用。

【郑州建立煤炭行业准入制度】 郑州市煤炭管理局2004年建立煤炭行业准入制度，提高煤炭企业准入门槛，新上煤矿企业生产规模要控制在每年30万吨以上；淘汰不具备安全生产基本条件的煤矿；以产权为组带，引导煤炭企业走联合、重组道路，做大做强煤炭企业。自今年起，5年内全市将组建5～10个百万吨以上煤业集团；积极争取国债补助资金，搞好煤矿技术改造工作。同时开展“安全质量标准化年”活动，全面推进煤矿安全质量标准化工作。

2004年郑州市煤矿百万吨死亡率，国有煤矿要控制在3.0人以下，乡镇煤矿控制在6.0人以下。

【全国安全生产监管机构建设】 2004年全国有30个省级安监机构的设置已经明确：政府直属机构20个，经贸委或发展改革委管理的机构9个，省安委会常设办事机构1个；正厅级机构20个，副厅级机构10个。

国务院安全生产委员会向各省（自治区、直辖市）下达今年安全生产控制指标以后，多数省区市已将其分解落实到基层和企业。北京、上海、江西、陕西、青海、河北等地对下达的指标进行了充实，增加了道路交通万车死亡率、水上交通事故、火灾事故死亡人数、民爆产品千吨死亡率等指标。山东、江西、贵州、云南等省政府把综合指标分解下达到各个地市，将煤矿、道路交通、火灾、建筑等安全控制指标分别下达到煤炭、公安、交管、消防、建设等省直部门和单位，并分别签订了责任状。

各地还以建立控制指标体系为契机，进一步强化各级领导责任制。湖南省下发了安全生产目标管理考核办法，实行百分考核。年度考核不合格的，政府第一责任人和分管责任人不得评选先进、评奖和提拔，对重特大事故负有责任的另行追究。

【煤矿、非煤矿山安全生产专项整治】 2004年中国继续深化煤矿、非煤矿山安全生产专项整治工作，其中重要的一项就是对整治以后还达不到标准的企业，采取关闭措施。一季度，中国已关闭一定数量的煤矿和非煤矿山。

为了抓好安全生产工作，从2001年开始进行了连续三年的煤矿、非煤矿山、危险化学品以及道路交通、烟花爆竹、民爆器材等行业的安全生产专项整治工作。在专项整治活动中，要求对非法的非煤矿山、煤矿进行严格坚决的关闭措施。去年经过专项整治工作，中国关闭了将近2万个非法的或者是安全生产条件不具备的矿山企业。

【新疆对煤矿开采加强安全管理】 从2004年1月13日开始，新疆的煤炭企业必须持采矿许可证、生产许可证和安全生产许可证方能开采煤矿。目前，新疆维吾尔自治区煤矿安全监察局已开始发放安全生产许可证。

安全生产许可证的发放程序是：先由煤矿企业提出申请，颁证机关审查后，对合格的企业发放许可证；对不合格的企业责令整顿，整顿后仍达不到安全生产条件的，依法予以关闭。发证工作持续到2005年1月13日，在此之前仍未取得安全生产许可证的煤矿企业，将不能再从事生产活动。

【河南派出首批省级安全督查员常驻煤矿】 河南是全国第二大产煤省，针对全省煤矿多、专职煤矿安全管理人员少的现状，省煤炭工业局决定，从全省煤炭系统专业工程技术人员中聘任省级督查员，以进一步提高全省煤矿安全监管的覆盖面和管理水平。经基层单位推荐和省煤炭工业局考核，139名长年工作在煤矿战线、具有丰富专业知识和现场经验的人员，被聘为首批省级煤矿安全督查员。

按照出台的《河南省煤矿安全督查员管理办法》规定，督查员实行聘任制，每届三年，按地域分成9个组，实行分片管理，每月至少要开展2次专项督查；督查员每月至少要抽出4天时间，对所在单位和附近煤矿进行现场安全检查，随时掌握当地日常安全动态，一旦发现所检查煤矿有重大隐患和安全信息，要及时上报。督查员除对所在煤矿的安全管理进行监督外，还有权持督查证对全省行政区域内的所有各类煤矿进行安全监督检查。

【煤矿安全评价应用软件通过鉴定】 2004年国家安全生产监督管理局通信信息中心组织研究开发的煤矿安全现状综合评价系统应用软件，通过国家局规划科技司组织有关单位专家进行的科技成果鉴定。

该成果填补了煤炭行业安全评价软件的空白，达到了国内领先水平。该软件还可作为煤矿安全评价的辅助工具。

【山东煤矿安全生产情况】 2004年前三季度，山东省煤矿未发生5人以上的重大事故，安全生产水平位居全国同行业首位。

2004年前三季度，山东省生产原煤10461万吨，事故死亡人数比控制目标下降48%，百万吨死亡率降到0.42%，同比下降46.2%。

2004年以来，山东省对煤矿安全生产始终坚持行政处罚依法按上限处罚、存有重大隐患立即停产整顿、跟踪追查等三项制度。同时还注意盯住停产整顿或恢复生产的矿井、超层越界开采的矿井和已经关闭的矿井三个重点环节，进一步强化了煤矿安全生产的责任追究制度。仅前三个季度，山东省共监察各类矿井989次，查处事故隐患6500条，有效地控制了重大事故的发生。

【广西印发《重大安全生产事故隐患整治监督管理办法(试行)》】 2004年广西印发《重大安全生产事故隐患整治监督管理办法(试行)》，提出建立自治区、市、县(市、区)、乡(镇)、村五级重大安全生产事故隐患整治监督管理制度，加强对重大安全生产事故隐患的综合整治，防范重特大安全事故的发生，保障人民群众生命财产安全。

《办法》指出，重大安全生产事故隐患整治监督管理的原则：一是生产经营单位全面负责；二是各级政府属地管理，分级监管督办；三是逐年确定重点隐患，限期完成整治。

《办法》要求，自治区、市、县(市、区)、乡(镇)人民政府和村委会每半年都要根据行政区域内的安全生产状况，组织有关部门和生产经营单位按照职责分工，对本行政区域内可能发生重大安全生产事故的单位进行监督检查，确定一定数量的重大安全生产事故隐患作为重点监督整治对象。各级人民政府、村委会每半年重点监控整治、限期整改完成的重大安全生产事故隐患数目：自治区15个左右，市、县(市、区)各10个左右，乡镇5个左右，村委会3个左右。下级人民政府、村委会确定的隐患，应包括上级人民政府确定的隐患。各级人民政府对重点监控整治的重大安全生产事故隐患，要明确事故隐患整治内容、整治责任单位和责任人、监督单位和责任人及完成整治的时间。

《办法》要求，自治区人民政府每半年组织有关部门对自治区重点监督管理的重大安全生产事故隐患整治情况进行监督检查；地级市人民政府每季对本级重点监督管理的重大安全生产事故隐患整治情况进行监督检查；县(市、区)人民政府和乡(镇)人民政府及村委会每月对本级重点监督管理的重大安全生产事故隐患整治情况进行监督检查。

【河北省对国有重点煤矿进行安全改造】 2004年，国家发展改革委同意对峰峰集团等6个原国有重点煤炭企业的部分煤矿、唐山市毕各庄等12个地方国有煤矿进行安全改造，给予河北省煤矿安全改造项目国债补助资金9505万元。

这笔资金主要用于原国有重点煤矿健全和完善矿井水害防治系统，采用先进适用技术实施项板灾害防治。对煤矿"一通三防"安全设施配套进行改造，包括主要通风设备更新、瓦斯抽放、安全监测监控、矿井防尘灭火系统的改造和完善。

【煤矿安全问题】 *1. 事故总量过高，损失严重。*2003年世界煤炭产量约50亿吨，煤矿事故死亡总数约8000人。当年中国的煤炭产量约占全球的35%，事故死亡人数则占近八成。去年中国煤矿平均每人每年产煤321吨，全员效率仅为美国的2.2%、南非的8%；而百万吨死亡率则是美国的100倍、南非的30倍。2004年即使控制在三成以下，与世界上先进产煤国家相比，差距仍然不小。

*2. 重特大事故尚未得到有效遏制。*从2001年到2004年10月底，全国煤矿共发生一次死亡10人以上的特大事故188起，平均7.4天一起；其中一次死亡30人以上的特别重大事故28起，平均50天一起。最近一段时间，连续发生4起特大事故。特别是郑煤集团大平矿"10.20"瓦斯事故，死亡、失踪148人，给人民生命财产带来了巨大损失。

*3. 尘肺病危害严重，煤矿职业卫生形势严峻。*煤炭行业是职业危害最严重的行业。全国煤矿目前统计的尘肺病患者为60万人。2003年，国有重点煤矿新报告尘肺病1.2万例，约占当年井下工人总数的1.5%。估计全国煤矿每年新增加尘肺病患者超过7万人。此外，风湿、腰肌劳损等职业疾病，在煤矿也普遍存在。

(中国矿业信息中心)

矿山环境保护

【概况】 做好矿山环境保护工作，为经济可持续发展服务。人类社会的发展离不开矿产资源的开发利用，但是矿产资源在开发利用中，也产生了众多的环境问题。采矿占用大量土地，农作物减产甚至绝产；污染矿区周围地表水，破坏地下水均衡系统；引发地面塌陷、山体开裂、崩塌和滑坡等地质灾害；产生了大量"三废"；破坏了地貌景观等等。给矿山企业和当地人民带来极大的危害，严重影响着人们正常的生活秩序，矿山环境问题已成为社会关心的热点问题。两年来国家在矿山环境保护方面做了大量的工作。

【矿山环境保护立法工作】 在过去的几年里，围绕矿山环境保护立法，国土资源部与国家环境保护总局及有关部门进行了联系沟通，对立法中的难点问题进行调研，如矿山环境保证金制度、矿山地质环境影响评价制度等。全国许多省区率先开展了这方面的工作。江苏、浙江省在推进矿山环境恢复保证金制度上取得了实质性的进展。

【矿山环境调查工作】 截至2004年底，河北、河南、黑龙江、吉林、辽宁、云南、江西、浙江、湖南、山西、山东、四川等12个省完成了矿山地质环境现状调查验收工作，并部署了其他19个省（区、市）的矿山地质环境调查工作。通过对12个省的矿山地质环境调查，共调查矿山64242个，查明因矿山开采引发的环境问题造成的经济损失高达105亿元，开采占用、改变、破坏土地约548万公顷，尾矿及固体废物积存总量约149亿吨。为合理开发矿产资源、保护矿山地质环境、实施矿山地质环境监督管理提供了基础资料和依据。

【矿山环境治理】 在前两年做好矿山地质环境治理示范工程的基础上，在中央财政的支持下，2003、2004年通过中央财政共安排矿山地质环境治理项目189个，资金57790万元。各级地质环境保护部门也在多渠道筹集资金，实施治理工程。2004年中央和地方各级财政共投入资金203123万元，安排矿山环境治理项目2048个，共治理矿山环境破坏面积27435公顷。

【矿山环境保护规划制定】 2004年7月13日国务院召集发展改革委、财政部、国土资源部等有关部门，研究陕北神木生态环境治理问题并就矿山环境保护问题形成了专门的报告（国办秘函[2004]78号），根据国务院领导批示，明确要求国土资源部牵头开展起草《国务院关于煤炭矿山环境保护与治理意见》、牵头编制《矿山环境保护与治理规划》、抓紧制定《矿山环境保护条例》。之后相继开展了煤炭矿山环境专题调研，起草了《国务院关于加强煤炭矿山环境保护与治理的意见》（征求意见稿）。

【“国家矿山公园”申报活动】 建设矿山公园可以有效保护采矿遗址及采矿工具，促进矿山环境修复，改善矿区生态环境，支持矿区经济结构调整。2004年编制和下发了“国家矿山公园”申报建设系列文件标准，并举办了申报矿山公园材料编制培训班，申报工作正在全国各地紧张有序地展开。

（国土资源部地质环境司）

【新疆维吾尔自治区“绿色矿山”创建活动】 随着“绿色矿山”活动的逐步深入，新疆区内各矿山企业的地质环境已大大改观，有的甚至成了当地的一大景观。“绿色矿山”是指矿山开采对环境的破坏小于矿山的环境承载力，采矿后通过采取有效的预防或恢复治理工程措施，使矿山环境能够与周围的生态环境协调一致，满足社会长远发展和人们生产生活需要。

2004年，新疆国土资源厅按照国土资源部和新疆维吾尔自治区人民政府的部署和要求，及时制定了《自治区风景名胜区、铁路、公路沿线附近采矿活动和河道采砂专项治理整顿工作方案》、《自治区砂石开采专项治理整顿工作方案》和《自治区专项清理采矿权非法转让整顿方案》，把全区矿产资源秩序治理整顿的重点放在了对矿业活动中的违法行为，破坏环境的采砂场、采石厂、砖厂的治理整顿和创建“绿色矿山”活动上，按照“谁破坏谁治理，谁开发谁保护”的原则，通过有效治理和改善矿山地质环境，实现资源开发与环境保护的协调发展。

新疆全区已关闭矿石矿山116个，限期整改砂石矿山147个，依法查出非法转让矿山4个、非法承包矿山112个、矿山企业改制后未办理采矿权转让变更登记矿山62个。对巴州、吐鲁番、哈密、塔城、阿克苏、克拉玛依市及所辖20个县（市、区）主要道路和河道两侧直线距离300米范围内确定为禁采区，严禁采矿。鄯善县、托克逊县等将312国道两侧直线距离300米范围内，铁路、公路两侧200米范围内，坎尔其河、柯柯亚河河道确定为禁采区，严禁采矿，并统一恢复植被；哈密地区对新哈巴公路西侧的三道岭公路采砂石场和新哈巴公路30余公里处页岩矿，凡在被治理范围内的予以关闭，能平整栽树的统一植树，能恢复耕地的统一复垦。巴州于今年元月底前就对开都河和孔雀河内的7家无证开采矿山实行关闭。库尔勒市将东山绿化区、铁门关孔雀河、铁路、公路两侧200米内及石油管道、天然气管道和光缆两侧20米内划定为禁采区，到目前，已关闭禁采区内的24家砂石料场和片石矿。阿勒泰地区将喀纳斯风景旅游区、国道216线、217线、省道318线、县市域内公路、喀纳斯旅游路等两侧直线距离200米范围内列为专项整治重点，确定了禁采区、限采区标准，已关闭禁采区内12家矿山企业中的4家企业，统一恢复了旅游景点的原貌。乌鲁木齐市机场周边的12处砂场关闭后，回填复垦土地20多万平方米，乌拉泊片区砂场也回填造地10多万平方米。玛纳斯县政府还出资1000多万元，对玛纳斯古河床进行综合治理，平整出1000多亩的工业用地。

【《湖南省矿山地质环境治理备用金管理暂行办法》出台】 2004年出台的《湖南省矿山地质环境治理备用金管理暂行办法》规定，当年9月1日起，所有采矿权人都要缴纳地质环境治理备用金。

湖南省有证采矿权人共8000多个，因未及时进行地质环境治理，致使不少崩塌、滑坡、泥石流、地面塌陷、地裂缝等地质灾害发生。2003年，湖南省发生矿山地质灾害1900多起，占全省各类地质灾害的35%，直接经济损失逾13亿元。过去，湖南省虽然原则上规定“谁采矿、谁治理”，但治理措施往往难以落实。这次出台的《办法》规定，无论是新申请办理采矿许可证的采矿权申请人，还是已获得采矿许可证的采矿权人，9月1日起均要缴纳备用金。采矿权人需做出恢复治理矿山地质环境的书面承诺，在按照承诺切实履行了矿山地质环境治理义务，经验收合格后，备用金及利息从原来缴存的财政专户里领回。采矿权人如果中途转让了采矿权，这些备用金和利息也一并转让，受让人继续履行治理义务。

《办法》还规定了备用金的缴存方式，采矿许可证有效期在3年和3年以上的，应当一次性全额缴存备用金。采矿许可证有效期在3年以上且应缴数额较大，一次性缴存确有困难的，在采矿权人出具缴款计划和承诺书后，经主管部门批准，可分期缴存，但首期缴存额度不得低于应缴总额的50%。

【徐州采煤塌陷复垦区人居森林工程建设】 徐州市政府将在该市西北部采煤塌陷复垦区建设人居森林工程。工程将以改善生产条件和生态环境为重点，坚持经济效益与生态环境建设并重，把恢复农业基本生产条件和综合利用结合起来，高标准规划、高起点实施。

根据规划，徐州市将用其西北部采煤塌陷复垦区50%的土地建设大规模城市森林，形成绿色屏障，形成从农村到城市的自然绿色景观带。

（中国矿业信息中心）

地质环境保护

【概况】 2004年3月10日胡锦涛总书记在中央人口资源环境工作座谈会上指出："中国是一个地质环境脆弱、地质灾害多发的国家。地质灾害防治事关人民群众的生命财产安全，事关重大建设项目的成败。要在全面防治的基础上，重点组织实施三峡库区地质灾害防治三期规划，全面落实汛期地质灾害防治的各项制度和措施，进一步提高监测预报和应急反应能力，最大限度地减少人员伤亡和财产损失。"温家宝总理曾强调指出："对有重大地质灾害隐患威胁群众安全的地方，要特别重视加强调查和防治工作。这要作为地质部门的一项主要任务。两年来，中央领导对地质环境管理工作做出多次重要批示，其中对地质灾害防治工作的批示就达100多次。地质环境保护工作在国土资源部党组的领导下，在各省国土资源厅(局)领导的支持下，取得了可喜的成绩。地质灾害防治、地质遗迹保护、矿山环境治理取得了重要进展，地质环境监测网络和地质环境信息体系日趋完善，地质环境保护的各项工作已逐步展开。

【地质环境保护法规、规划建设】 地质环境保护工作曾一度由于缺少法规，使得工作进展缓慢，监督管理力度不够。近年来，在地质环境保护系统广大干部职工的共同努力下，在各有关部门的大力支持下，2004年3月1日，中国第一部有关地质灾害防治的行政法规《地质灾害防治条例》正式实施。部于2004年5月份颁布了《地质灾害防治工程单位资质管理办法》和《建设工程地质灾害危险性评估单位资质管理办法》，下发了《国土资源部关于加强地质灾害危险性评估工作的通知》。地方性地质环境法规建设也取得很大进展，全国已有广东、湖北、河北、四川、西藏、湖南、云南、山东、新疆、甘肃、青海、内蒙古等12个省(区)出台了地质环境保护(管理)条例；吉林、山西省已出台了地质灾害防治条例。在总结全国各地地质灾害应急防治工作经验的基础上，编制完成了《全国突发性地质灾害应急预案》，并由国务院应急预案工作小组通过该预案，不久将颁布实施。这些工作，使得地质环境保护和地质灾害防治工作有法可依，依法管理。

按照《地质灾害防治条例》的要求，环境司组织有关单位编制了《全国地质灾害防治规划》，现在正在征求意见并上报国务院。各省也积极编制省级地质灾害防治规划，截止目前，已经有广东、广西、重庆、浙江、河南、福建、宁夏、内蒙古、河北、湖北、海南、安徽、天津、北京、山西、云南、陕西近20个省(区、市)已经完成了省级地质灾害防治规划的编制，其他省的地质灾害防治规划也正在抓紧编制中。《全国地质遗迹保护规划》、《全国地热资源规划》和《全国地质环境监测规划》也在进一步修改中。规划的编制，促进了地质环境保护工作有序进行。

【地质灾害调查】 地质灾害调查是地质灾害防治各项工作的基础。截至2004年底，部在国土资源大调查计划中共安排并完成了545个县市的调查工作，加上各省自行安排的项目，目前全国已开展调查工作的县(市)超过了700个，累计完成调查面积约160万平方公里，占国土面积的17%，占山区丘陵面积的26%，基本完成了中国地质灾害多发区的调查工作。调查登记各类地质灾害点66982处，调查发现地质灾害隐患点78944处。由于各地高度重视这项工作，从各级地方财政安排资金，使当前地质灾害调查工作形成了多层次、多渠道筹集资金开展调查工作的良好局面。有些省，如浙江已经开始尝试进行调查精度更高、服务目的更加明确、服务对象更加多元化的第二轮地质灾害调查和区划工作。

【地质灾害应急救援工作】 中国是地质灾害多发的国

家,类型多,突发性强。为了提高应急反映能力,我们建立了“全国地质灾害防治应急指挥系统”;成立了“全国汛期地质灾害防治应急指挥部”和三峡库区、东北及华北、华东、华南、西北、西南等6个应急分队;明确了应急指挥部和应急分队的职责,规定了应急抢险的基本程序,对各省及市(地)级的应急指挥系统建设进行了具体部署。各省(自治区、直辖市)都成立了各自的应急指挥部和应急分队,初步建立了全国地质灾害应急体系。

2004年7月云南盈江特大滑坡泥石流灾害和12月贵州毕节的特大崩塌灾害,部系统防治人员均在灾害发生后第一时间赶到现场。据初步统计,各级指挥部2003、2004年汛期共派出应急分队1200多个(次),参与重要地质灾害险情调查处理1100多起。各级地质环境管理部门也积极协助地方政府采取应急措施,处理灾情,化解险情,把灾害损失降到最低程度,减少了群死群伤的发生,有效地保护了人民群众的生命财产和现代化建设成果。

【地质灾害气象预报预警工作】 中国江河众多,地形地貌复杂,降雨时空分布不均,由暴雨、持续性降雨诱发的山体滑坡、泥石流等地质灾害频繁发生,已成为直接影响国民经济发展和人民生命财产安全的重大灾害。根据降雨是滑坡的重要诱因这一特征,国土资源部与中国气象局签署协议,决定在每年汛期联合开展全国地质灾害气象预报预警工作。

两年来在中国地质环境监测院和中央气象台两单位的科技人员共同努力下,制定了预报预警产品的会商制度,优化了数据传输方式,预报预警自动化程度进一步提高。两年来通过中央电视台发布地质灾害预报预警信息125次。2004年,预报成功率达到40%。

在各地政府的重视、国土资源厅(局)和气象部门的努力及电视台的积极配合下,全国共有30个省(区、市)和一部分市、县开展了地质灾害气象预报预警业务。此项工作,受到地方政府和当地群众的欢迎,也为减轻地质灾害造成人员伤亡起到了重要的预防作用。

【地质灾害防治工作】 为了做好地质灾害防治工作,每年年初,下发通知,要求各省国土资源主管部门提前部署汛期的地质灾害防治工作,明确防灾预案、险情巡查、汛期值班、灾情速报、应急抢险等防灾制度。为了把工作做的更到位,根据每年汛期的特点,以召开汛期地质灾害防治电视电话会议和发文的方式,落实各项制度措施,加强重点时段和重点地段防范工作。

做好地质灾害防治工作,要依靠与有关部门配合和合作。为了有效防范在公路、铁路建设及旅游活动中,因工程措施不当和防范意识不强引起的因地质灾害造成的人员伤亡和经济财产损失,我们积极与有关部门沟通协商,先后与铁道部、交通部、国家安全生产监督管理局、国家旅游局共同下发了关于加强铁路、公路沿线及旅游区等地质灾害防治工作的通知。这种与部门间加强合作的工作,对动员全社会的力量共同搞好防灾工作起到了很好的效果。

【群测群防体系建设】 地质灾害防治的工作基础是在地方,这就要求既要发挥地质调查专业队伍的优势,又要把广大人民群众的积极性充分发挥出来,形成做好灾害防治工作的广泛群众基础。两年来各地狠抓群测群防体系建设,落实防灾责任制,明确任务和措施,不断提高广大干部群众的防灾避灾意识,有效地减少了灾害损失。例如2004年9月5日成功预报重庆市万州区铁峰乡吉安村滑坡,及时疏散转移了1250人;2004年9月5日成功预报四川省达州市宣汉县天台乡义和村滑坡灾害,及时疏散转移了1255人,避免直接经济损失2500万元,没有一人伤亡,创造了中国地质灾害“群测群防”史上的单次避免人员伤亡最多的纪录。为民办了实事,为各级政府分了忧。

【三峡库区地质灾害防治】 三峡库区地质灾害防治一直得到党中央、国务院的高度重视。三峡库区地质灾害防治工作一直也是我们工作的重点。经过各有关部门的共同努力,三峡库区二期地质灾害治理工程在2004年上半年基本实现竣工目标。二期地质灾害治理工程经受住了三峡水库一年蓄水的考验,已进行工程治理的主要灾害隐患点未发生问题,对三峡工程按期下闸蓄水发电、提高移民迁建区的地质安全程度发挥了重要保障作用。对库区的129处重大崩塌滑坡体实施了专业监测,初步建成了库区地质灾害全球卫星定位系统三级监测网。通过建立库区1:5万三维动态飞行平台,实现了库区地质灾害空间监控与数据检索。对地处农村的1216个崩塌滑坡建立了群测群防监测网,并提前启动了三期1939处崩塌滑坡群测群防监测点建设,同时组建了一支3900人的群测群防队伍。湖北省和重庆市发放防灾明白卡5万余份,避险明白卡10万余份。由湖北库区4区县地质环境监测站组成的局域网已建成,实现了全库区20个区县地质灾害监测数据网络化传输。空间基础地理数据库、地质灾害点数据库、基础工程地质和水文数据库等相继建成,三峡库区工程治理、搬迁避让、监测预警、地质安全评价等信息网络管理初步实现。三峡库区地质灾害防治工作信息网站顺利开通。目前三期地质灾害治理工程也已经全面开展。

【地质公园建设】 中国地域辽阔，地质地理条件复杂，漫长的地质作用形成了许多独特的并具重要价值的地质遗迹，它是中国自然遗产的重要组成部分。科学发展观要求我们把经济发展与包括地质环境在内的环境作为一个有机的整体来统筹考虑。从保护好地质遗迹，又开发利用好地质遗迹资源这一角度出发，我们建立了一批地质遗迹保护区和探索了地质公园的路子。实践证明建立地质公园是保护地质遗迹、普及地学知识、提高公众文化素质、促进地方经济发展的一种有效途径。近几年来中国的地质遗迹保护和地质公园事业蓬勃发展。

1. *加强基础建设，建立保护区*。国土资源部成立以来，地质遗迹保护工作取得很大进展，到目前为止，中国已建立地质遗迹自然保护区400处，其中国家级28处。保护区总面积达到334多万公顷，保护区建设总投资达61000多万元。同时我们进一步完善了地质遗迹保护信息系统，并在全国范围内推广了该系统。2004年在北京举办了两期中国地质遗迹保护信息管理系统培训班，来自各省地质环境管理部门、地质遗迹保护单位共计140余人参加了培训。

2. *地质公园健康发展*。2003、2004年组织了第三批国家地质公园的评审，新批准了41个国家地质公园。召开了第三批国家地质公园授匾大会并对参会人员进行了公园建设的培训。截至2005年全国85个国家地质公园中已有46个正式揭碑开园。已揭碑开园的国家地质公园，既有效地保护了地质遗迹，也促进了地方旅游业的发展，取得了显著的经济和社会效益。为加强管理，分别下发了《关于加强世界地质公园建设的通知》和《关于加强国家地质公园建设的通知》，进一步规范和加强了世界地质公园和国家地质公园的建设和管理。

地质公园的建立，在保护地质遗迹、促进社会可持续发展方面发挥了重要作用，已获得各级地方政府的高度重视和认可。截止目前，全国共建立地质公园141个(包括省、县级地质公园在内)。北京、河北、山西、内蒙古、吉林、江苏、浙江、安徽、山东、河南、湖北、湖南、广西、四川、甘肃等省(区、市)开展了省级地质公园建设工作。

各国家地质公园都积极准备申报世界地质公园。继2003年中国8家国家地质公园成为世界地质公园以后，2004年组织开展了第二批世界地质公园申报活动。

【第一届世界地质公园大会】 根据国土资源部和联合国教科文组织2003年10月在巴黎达成的协议，经过半年多时间的筹备，第一届世界地质公园大会于2004年6月27～29日在北京召开。大会的宗旨是地质遗迹保护与可持续发展，目的是交流各国地质遗产保护和地质公园建设的经验，推动世界地质公园健康发展，更好地保护地质遗产；促进地质遗产为科学普及服务，为地方经济的可持续发展服务；促进人地和谐，使人们更加珍爱人类生活的地球。来自40多个国家和地区的近500名代表参加了会议。国务院副总理曾培炎发来了贺信，联合国教科文组织、国际地质科学联合委员会、教育部、科技部、国家旅游局、中国科学技术协会的领导和国土资源部部党组全体成员出席了会议。

会上，教科文组织正式给被列入世界地质公园网络名录的25个世界地质公园授匾并颁发证书，其中有中国的安徽黄山、江西庐山、河南云台山、云南石林、广东丹霞山、湖南张家界、黑龙江五大连池和河南嵩山国家地质公园。大会组织了专题讨论，有中外50多名专家进行大会发言。形成了《大会章程》、《保护地质遗迹——北京宣言》两项重要成果。世界地质公园网络办公室举行了正式揭牌仪式。会议期间举行了地质公园展览、庐山杯地学知识竞赛、地质公园旅游推介会、地质公园旅游签约会、地质公园与经济发展演讲比赛等一系列活动。会后还组织了中外专家对中国的八家世界地质公园的进行了地质考察，考察期间中国的8个世界地质公园相继举行了揭碑开园。

作为联合国教科文组织自决定在全球推进世界地质公园网络建设以来的首次大会，其意义深远，这是世界地质科学界的一件盛事，也是地质公园发展史上的重要里程碑。

【地质环境监测工作】 2002年10月1日温家宝总理在孙文盛部长《关于长江三角洲地区地面沉降防治的调研报告》上批示："超采地下水造成地面沉降在许多地方呈加剧趋势，已给经济建设和人民生活带来大的损失和危害，并成为影响生态环境和可持续发展的一个重大问题，必须引起足够重视并采取综合措施加以解决"。为了落实温家宝总理的重要批示，2004年5月23～24日在上海市召开了"长江三角洲地区地面沉降防治工作座谈会"。会上签署了"建立长江三角洲地区地面沉降监测工作联席会议制度协议"和"长江三角洲地面沉降监测信息通报发布协议"，并形成会议纪要，印发有关省市和部门。此次会议交流了地面沉降防治工作的情况和经验，研究了进一步推进长江三角洲地区地面沉降防治工作的意见和措施，取得了很好的效果。

继续开展以长江三角洲和华北平原为重点的地面

沉降调查与监测。完成华北平原地面沉降调查面积31100平方千米，建成了GPS基准站1个、GPS观测点61个、基岩标3个、分层标3组。北京市地面沉降监测网站预警预报系统(一期)3个地面沉降监测站于2004年4月1日开始运行。天津市国土部门与防汛抗旱、气象、地震等部门合作，建设GPS基准站，实现共建共享，多目标服务。初步建成了长江三角洲地面沉降监测网络，并启动了三省(市)联席会议机制。上海市建立了四座全天候GPS基准站，苏锡常地区建成了四座分层岩标和GPS观测点。

上海市根据地下水动态监测资料，科学确定不同地区不同含水层的开采量以及人工回灌方案和回灌量，把地面沉降量由原来的每年110毫米控制到目前10毫米左右，有效地控制了地面沉降。

【矿泉水资源管理】 中国矿泉水资源丰富，据统计，到目前为止，中国曾经鉴定过的矿泉水水源地达4100多处，矿泉水开发企业1100多家。2004年全国矿泉水开采量约1100万吨，其中广东省位居全国第一，为365万吨，开采量较大的还有吉林、天津、山东、河北等省。

在国家级矿泉水技术鉴定作为行政审批项目被国务院取消之后，我们认真研究了后续监督管理工作，代部起草并印发了《关于开展矿泉水注册登记工作的通知》。会后，根据各省代表提出的问题，又下发了《关于做好矿泉水注册登记工作有关事宜的补充通知》，进一步明确了当前矿泉水资源保护管理工作中的有关问题。2004年各省矿泉水注册登记工作已全面展开，申报国家级矿泉水注册登记的水源135处，通过注册登记，进一步规范了矿泉水水源监督管理。

2004年积极参与中华人民共和国国家标准《饮用天然矿泉水》(GB8537-1995)的修订工作，重点提出了增加矿泉水水源保护条款的建议，为强化矿泉水水源保护管理提供依据。进一步修改、完善了《品牌矿泉水评审标准》。2005年4月，地质环境司和中国矿业联合会联合召开了“矿泉水专业委员会第五届会员代表大会暨矿泉水学术研讨会”，组成了新一届天然矿泉水专业委员会，为下一步开展中国矿泉水水源地及中国品牌矿泉水评审工作做好前期准备工作。

【地热资源管理】 中国地热资源丰富，地热资源总量约占全球的7.9%，可采储量相当于4626.5亿吨标准煤。在地热资源构成中主要以中、低温地热资源为主，主要应用于民用供暖、医疗保健、洗浴、家居热水供给和水产养殖等几个方面。全国地热程度开发利用程度比较高的省份有广东、天津、河北、陕西、北京、云南等，其中，地热水开采量最大的广东省2004年开采量达到3360万方。为了加强地热资源的保护，同时促进和规范地热资源的开发和管理，国土资源部地质环境司和中国矿业联合会继续组织开展了“温泉之乡”的建设工作，论证和起草了《温泉之乡》评选的标准、机构组成、工作制度等相关文件，广东恩平、黑龙江大庆林甸分别被授予“温泉之乡”称号。

（国土资源部地质环境司）

2004年矿山事故记事

1月4日 2003年12月23日重庆开县发生天然气井喷事故，截止1月4日，确定死亡人数为243人。

1月6日 大同市南郊区王家园村上河沟煤矿发生一起井下浮煤燃烧事故。事故造成6名矿工一氧化碳中毒，其中4人死亡。当时正在井下作业的其他30名矿工安然脱险。

中午12时许，上河沟煤矿有人发现副井口冒出滚滚黄烟，矿上随即组织力量下井抢险。当时井下共有36名矿工作业，经及时抢救全部撤出，其中6人一氧化碳中毒，被送到医院抢救，4人不幸死亡。

1月23日 22时15分，江苏大屯煤电公司135kW电厂主控室屋顶被存煤压塌，造成4人死亡，1人重伤，3人轻伤。

2月11日 11时35分，贵州六盘水市钟山区汪家寨镇尹家地煤矿(乡镇有证)井下发生瓦斯爆炸事故，当时井下有40人作业，8人安全出井，7人轻伤，25人死亡。

2月23日 据国家煤矿安全监察局调度中心报：06时10分，黑龙江省鸡西市梨树区鸡西煤业公司百兴煤矿(乡镇有证，评估等级为C级)井下发生瓦斯爆炸，37人下落不明。事故发生后，省煤矿安全监察局副局长李兴亚已率有关人员赶赴现场。

3月1日 23时20分，晋中市介休市连富镇金山坡煤矿发生瓦斯爆炸事故，当时井下有32人作业，4人脱险，1人死亡，27人被困。事故发生后，山西煤矿安全监察局局长巩安库带领有关人员赶赴现场。晋中市救护队已达事故现场开展事故抢救工作。接到晋中市介休市连富镇金山坡煤矿瓦斯爆炸事故报告后,国家安全生产监督管理局领导高度重视,立即组织有关司室研究,对事故的抢救和善后工作提出了意见。

3月7日 8时50分,新疆哈密矿务局二井W4105综放工作面发生顶板透水事故,当时井下有49人作业,其中25人安全脱险,还有24人被困。被困的24人中,15人有生还的可能,其余9人下落不明。

3月12日 8时17分,贵州毕节地区毕节县杨家湾镇华祥煤矿(自用煤无证矿井)发生瓦斯爆炸,当时井下有15人作业,14人死亡,1人生还。13日22时10分,救护队员发现第13名遇难者尸体,13日23时10分,最后一名遇难者尸体被找到。14日凌晨30分,抢险人员将最后一名(第14名)尸体搬运出井,至此,抢险工作结束。在抢险组的领导下,14日凌晨3时,善后工作处理结束。

3月14日 9时58分,中国石油天然气集团公司所属东方地球物理勘探有限责任公司哈萨克斯坦项目组报告:3月14日凌晨3时40分(当地时间1时40分)哈斯阿克斯坦阿拉木图小白桦疗养院所在地发生山体滑坡合并泥石流,造成中国石油天然气集团公司所属东方地球物理勘探公司9人被埋。目前被埋人员生死不明。简要经过:小白桦疗养院是中国石油天然气集团公司CNODC(中国石油天然气勘探开发公司)的建筑项目,由中国石油天然气集团公司所属东方地球物理勘探公司建筑工程承包总公司承建。山体滑坡后,当地一栋二层楼房被平移后,压在中国石油天然气集团公司建筑工人所居住的平房上(该房屋为永久性建筑),造成9人被埋。中国石油天然气集团公司已派人协助当地政府全力组织抢救。

3月18日 据国家局调度中心报:7时0分,山东枣庄市滕州市东大煤矿副井(基建井)井下发生一起提升过卷坠罐事故,井下11人作业,其中:7人死亡,1人重伤,3人轻伤。

3月20日 21时10分,江西上饶市万年县白马煤矿(国有地方)132水平采煤面溜煤眼堵塞后违章放糊炮引起瓦斯爆炸事故,造成7人死亡,1人受伤。

3月24日 据国家局调度中心报:9时15分,重庆云阳县鱼泉镇金垚煤矿(乡镇有证)发生瓦斯爆炸事故,2人死亡,4人重伤,4人轻伤。

3月29日 据国家局调度中心报:7时50分,吉林通化市二道江区五道江镇顺发煤矿二矿(乡镇有证)发生透水事故,7人下落不明。

3月29日 17:10左右,湖南省娄底市涟源市斗笠山镇斗笠山煤业公司香花台井(乡镇有证,安全评估为C级)-300米水平在安装水泵时发生瓦斯爆炸事故,目前已发现两人遇难,还有10人下落不明。此井-300米水平由于在2002年8月1日被水淹,一直停产排水。事故发生后,湖南煤矿安全检察局副局长严寅初带有关人员正赶赴事故现场。

4月2日 20时30分,山东淄博市淄川区昆仑镇昆仑煤矿(乡镇有证)掘进面发生透水事故,井下有23人遇险,经抢救,19人获救,4人下落不明。

4月11日 16时32分,河南郑煤集团超化煤矿21051上副巷掘进工作面发生透水事故,井下12人被困,经过五天全力抢险救灾,4月16日8时2分,井下12名被困人员已安全升井。井下巷道已清淤40米,救护队员穿过淤积巷道,侦察巷道840米,未发现遇险人员。事故发生后,河南煤矿安全监察局副局长宋光太带领有关人员赶往事故现场,指挥抢救。

4月14日 据福建省安全生产监督管理局报:22时左右,福建省龙岩市雁石镇大吉村林坑煤矿井下发生一起火灾事故,11人被困井下,生死不明。事故发生后,福建省安全生产监督管理局局长邓云贞带领有关人员赶往事故现场,指挥抢救。

4月25日 5时0分,黑龙江双鸭山矿务局东荣三矿井下发生透水事故,7人失踪,1人获救。4月25日5时0分,黑龙江双鸭山矿务局东荣三矿井下发生透水事故,当时有8人在井下作业,截止4月26日8时30分,已找到2名遇难者尸体,1人获救,还有5人下落不明。

4月27日 23时10分,湖南邵阳市隆回县长城集团隆回斜岭煤业有限公司(乡镇有证)井下发生煤与瓦斯突出事故,死亡7人。

4月30日 据山西省安全生产监督管理局信息调度中心报告,7时40分,临汾市隰县梁家河煤矿发生瓦斯爆炸事故,当时井下有矿工49人,已救出33人,全部送医院抢救,目前井下还有16人被困。该矿四证齐全,属国有煤矿,生产能力21万吨。山西省煤矿安全生产监察局副局长杜建荣已带领有关部门负责人及临汾煤矿安全监察办事处领导赶赴事故现场。

4月30日 据内蒙古煤矿安全监察局乌海煤矿安全监察办事处报告:10时,地处乌海市海南区鑫源煤矿(个体煤矿,证照齐全)发生一起透水事故,当时井下有32名工人作业,有17人安全升井,另有15名工人被困井下,现生死不明。事故发生后,神华海渤湾煤业集团公司救护大队、乌海市人民政府、内蒙古煤矿安全监察局乌海办事处、乌海市安全生产监督管理局、乌海市海南区人民政府、乌海市煤管局等有关部门的领导迅速赶到事故现场,组织抢险救灾。接到事故报告后,内蒙古煤矿安全监察局副局长曲来运带领有关处室负责人迅速赶往事故现场。

4月30日 据国家局调度中心最新消息，山西临汾市隰县梁家河煤矿7时40分发生的瓦斯爆炸事故，截止当日23时30分，找到1名遇难者，事故中共有35人死亡，1人下落不明。5月1日19:45分，最后1名遇难矿工遗体已经找到，遇难矿工人数升至36人。

5月13日 23时23分，黑龙江省七台河（精煤）集团公司新兴煤矿二区二采发生瓦斯爆炸事故，当时井下有50人作业，其中，38人生还，12人遇难。事故发生后，黑龙江煤矿安全监察局副局长李兴亚及有关人员赶赴事故现场调查处理。

5月18日 3时0分，山西朔州市平鲁区白堂乡潘家窑煤矿（乡镇有证，年生产能力45万吨）井下9号层903盘区变电室变压器发生着火事故，有14人被困井下。已发现4人死亡，有10人下落不明。事故发生后，山西煤矿安全监察局局长巩安库、副局长王晋中及有关人员赶赴事故现场。

5月18日 18时20分，山西省吕梁地区交口县双池镇蔡家沟煤矿（该矿属停产整顿待批矿）井下发生爆炸事故，截止5月19日10时左右，当时在井下作业的34人中，有1人生还，18人死亡，有15人被困井下。

5月23日 12时10分，甘肃省张掖地区山丹县平坡矿区吴涛煤矿（乡镇有证）发生一起透水事故，当时井下有29人作业，其中12人安全升井、17人被困井下。该矿为个体煤矿，1989年投产，斜井开拓，生产能力3万吨/年。事故发生后，甘肃煤矿安全监察局副局长祁伟率领有关处室和兰州煤矿安全监察办事处有关人员赶赴事故现场，组织事故抢救和调查处理工作。

6月2日 据河南煤矿安全监察局报：10时，郑州市荥阳市贾峪镇宏兴煤矿发生透水事故，8人被困井下。事故发生后，河南煤矿安全监察局和郑州市有关领导赶赴事故现场，全力组织抢救。

6月6日 12时40分，北京市京煤集团大安山煤矿920水平西一后槽采区东四石门一煤巷发生巷道坍塌，造成10名矿工被困井下。北京市安全生产监督管理局、北京煤矿安全监察办事处负责人已经赶赴现场组织指挥抢救工作。根据国家煤矿安全监察局局长王显政指示，副局长梁家琨率领有关人员赶赴现场，协助进行事故抢救工作。

6月9日 10时，贵州省六盘水市六枝特区落别乡永六煤矿（乡镇有证）发生瓦斯爆炸事故，当时井下有13人作业，其中，3人脱险，10人下落不明。事故发生后，贵州煤矿安全监察局副局长柏则智和水城办事处有关人员赶赴现场协助抢救和组织调查工作。

6月10日 2时40分，吉林省万宝煤矿红旗二井（国有地方）三采区－185米绞车道电缆放炮引起火灾事故，当时井下有39人作业，其中26人脱险，2人死亡，11人下落不明。事故发生后，吉林煤矿安全监察局副局长王国君率领有关人员已赶赴事故现场协助抢救和组织调查工作。

6月12日 22时50分，山西忻州地区原平市段家堡乡矾土坡煤矿（乡镇有证）发生透水事故，当时井下有15人作业，其中8人脱险，7人被困。

6月15日 16时50分左右，陕西省黄陵矿业公司一号煤矿300工作面回风巷发生瓦斯爆炸，当时井下有85人作业。事故发生后，救护队及时下井抢救，截止6月16日7时，事故共造成13人死亡，仍有7人下落不明，其余人员安全升井。在抢救过程中于6月16日晨6:30分有2名救护队员遇难，其原因正在分析，并组织研究新的抢救方案。事故发生后，陕西省煤矿安全监察局局长刘云涛、副局长于纪存赶往事故现场，组织事故抢救和现场处理工作。

6月15日 16时50分左右，陕西省黄陵矿业公司一号煤矿300工作面回风巷发生瓦斯爆炸，当时井下有85人作业。事故发生后，救护队及时下井抢救，截止6月22日15时，此事故共造成21人遇难，1人下落不明。

6月16日 据湖北省安全生产监督管理局报告：3时，湖北省咸宁市阳新县白沙镇鹏凌公司的一个铜矿，井下－195米中段发生透水事故（井下水量约3万立方米）。当时在井下－345米水平处有14人作业，其中3人逃出，另外11人下落不明。湖北省安全生产监督管理局局长詹才泳率有关人员在事故现场组织抢救工作。接到事故报告后，国家安全生产监督管理局领导立即要求湖北省安全监管局组织有关单位全力搜救失踪人员。同时，要求局有关司及矿山救护中心协助做好救援工作。

6月27日 18时40分，贵州省普定县化处镇普华煤矿（个体有证，2003年评估位C级）在煤层平行掘进中，发生一起煤与瓦斯突出事故，造成9人死亡。经初步了解，事故当班有14名工人入井作业，其中事故工作面有9人作业，因大量瓦斯涌出窒息死亡，约20米巷道充满了煤尘，另5名工人未受影响。事故发生后，安顺市、普定县政府和有关部门人员赶赴事故现场组织抢险，林东办事处接报后也已赶赴现场协助抢险。抢险工作中，召请了六枝公司救护队参加抢险。28日5时10分，9名遇难工人全部运出地面。

7月3日 9时10分，云南曲靖市富源县东源煤业集团兴云煤矿（国有地方）发生的火灾事故，经紧张救援，至7月5日19时30分，已掘通被困人员作业巷道（即9183回风巷），救护人员进入侦察后发现，7名被困人员已全部遇难身亡。

7月10日 22时30分，山西临汾地区临汾市翼城县王庄乡钢宝铁矿(个体)井下放炮后,有5人被困,矿方先后两次下井救援,致使事故扩大,截止7月12日11时,共造成11人死亡。

7月14日 20时40分,贵州省遵义市桐梓县茅石乡茅龙煤矿(个体有证),发生瓦斯爆炸事故,在井下作业的19人被困,生死不明。国家煤矿安全监察局副局长王德学7月14日对当日贵州省遵义市茅龙煤矿瓦斯爆炸事故做出批示,要求贵州煤矿安全监察局协助当地政府全力以赴组织抢救工作,把伤亡减小到最低限度,并制定科学的抢救方案,防止事故扩大。贵州省采取有力措施,保证煤矿安全生产。事故发生后,贵州煤矿安全监察局局长陈富庆副带领有关人员从贵阳赶赴事故现场。

7月19日 20时30分,山西省朔州市怀仁县芦子沟煤矿(国有地方)南五采区4806回采工作面发生局部瓦斯爆炸事故。当班17人作业,事故发生后12人被困,截止到20日12时20分,救护队已经在井下找到12名遇难者尸体。国家局接到事故报告后,有关领导迅速做出批示:请山西煤监局速派人协助抢救。并依法追咎事故责任人。近期,煤矿连续发生特大伤亡事故,需引起高度重视。事故发生后,山西省煤矿安全监察局领导王晋中带领有关部门负责人立即赶赴事故现场。

7月26日 17时10分,湖南省娄底市涟源市安平镇银广石煤矿(因安全整治不合格,未核发新证),发生一起煤与瓦斯突出事故。当班36人下井,20人生还,16人死亡。事故发生后,湖南省副省长许云昭率有关部门负责人赶赴事故现场,指挥抢救工作。接到事故报告后,国家煤矿安全监察局领导立即要求湖南局在协助地方政府全力抢救的同时,认真组织好事故调查工作,依法严肃查处非法生产的责任;并举一反三,结合安全生产许可证的发放,对辖区内不具备安全生产许可条件的矿井加大整治力度,及时下达执法指令,建议地方政府认真落实各项措施。

8月6日 山西运城地区河津市小弯沟煤矿(乡镇有证,评估等级为B类),井下发生瓦斯爆炸事故,经核实当时井下121人,其中95人安全出井,5人获救,10人死亡,11人下落不明。在抢救过程中又发生二次爆炸,当时井下有49人(救护队员28人,矿工21人),造成22名救护队员轻度烧伤。

8月17日 20时10分,江西新余市分宜县杨桥镇西坑煤矿(乡镇有证,C类矿井),发生一起透水事故,16人被困井下。截止8月18日9时,经过全力抢救,被困的16人全部生还。事故发生后,江西煤矿安全监察局局长贺爱民、副局长高世民带领有关人员已赶赴现场指挥抢救。

8月28日 9时30分,广东梅州市梅江区城北镇又一村煤矿(乡镇有证,评估为B类)井下电缆短路,发生火灾事故.当时井下有61人作业,经抢救56人生还,5人死亡。

9月4日 16时0分,贵州毕节地区金沙县城关镇安得胜煤矿(乡镇有证)井下发生一起瓦斯爆炸事故,当时造成1人死亡,1人重伤,1人轻伤,9人下落不明。事故现场正在组织进行全力抢救。截止9月8日16时,共找到6名遇难人员,还有4人下落不明。

9月5日 7时20分,贵州毕节地区赫章县妈姑镇六合煤矿(乡镇有证)发生一起透水事故,有10人被困井下。截止9月9日上午,找到7名遇难者,尸体已运到井上,仍有3人下落不明。

9月9日 13时40分,云南省曲靖市富源县竹园镇团结煤矿(乡镇有证)采煤工作面发生一起顶板事故,初步核实井下被困9人,至10日凌晨,经进一步核实,被困人员增至10人。事故发生后,云南省煤矿安全监察局有关领导及曲靖市和富源县政府有关部门领导赶赴事故现场,组织事故的抢救和处理工作。截止9月13日8时35分,找到8名遇难者,还有2人下落不明。

10月18日 11时40分左右,四川省雅安市宝兴县宇通石材公司大理石矿场(陇东大沟头)岩体垮塌。截止10月24日,造成14人死亡,2人重伤,7人轻伤。

10月20日 21时20分,重庆市松藻煤电公司逢春矿井下石门掘进工作面发生煤与瓦斯突出事故。当时井下有15人作业,其中2人生还,6人死亡,7人下落不明。事故发生后,市煤监局副局长田洪带领有关人员赶赴现场,组织事故抢救。

10月20日 6时,河北省武安德盛煤矿发生一起透水事故。当时井下有63人作业,其中24人升井,另有10人经抢救生还,29人下落不明。事故发生后,矿主只报6人被困,瞒报了23人。事故发生后,河北省副省长柳宝全带领河北煤矿安全监察局局长秦文昌等有关人员赶赴现场,组织事故抢救。

10月21日 据河南煤矿安全监察局7时30分报告:10月20日22时47分,河南省郑州煤电(集团)有限责任公司大平煤矿井下一掘进工作面发生瓦斯爆炸事故,初步核查当班井下有446人作业,已升井298人(其中21人受伤),被困井下的148人,已发现56人遇难,92人仍被困井下。郑煤集团已有6个救护小队在井下全力抢救。接到事故报告后,国家煤矿安全监察局领导立即召集有关司室负责人和工程技术人员研究应对措施。立即启动应急预案;向郑煤集团提出事故抢救意见;向全国煤炭系统和煤矿安全监察机构发出了事故通报。

10月22日 9时10分，贵州省黔西南州贞丰县挽澜联营煤矿（乡镇有证）发生一起瓦斯爆炸事故，当时井下有18人作业，截止10月23日4时10分，造成15人死亡，3人受伤。事故发生后，贵州盘江煤矿安全监察办事处及黔西南州安全生产监督管理局有关人员已赶赴现场，组织事故抢救。

10月30日 14时55分，辽宁抚顺矿业集团公司西露天矿坑下平峒采空区发生大面积垮落，造成大量有害气体涌入采煤工作面，致使在该处作业的15人中毒死亡。事故发生后，该公司救护队在20分钟内赶到事故现场展开抢救。接到事故报告后，辽宁煤矿安全监察局长王占洲、副局长贾斌、刘洪及铁法办事处的有关人员已先后赶到事故现场指导抢救。

11月5日 3时10分，山西省朔州市平鲁区石崖湾煤矿（乡镇有证，年生产能力9万吨）301盘区掘进工作面发生瓦斯爆炸事故，造成16人死亡。事故发生后，山西煤矿安全监察局副局长梁云祥带领有关人员赶赴事故现场，组织协调抢救工作。

11月11日 12时，河南省平顶山市鲁山县新生煤矿南店报废井区发生瓦斯爆炸事故，经抢救，6人受伤送往医院救治，33人遇难。事故发生后，矿主逃逸，下井人数、矿灯发放记录、井下图纸等无法提供。事故发生后，河南煤矿安全监察局副局长宋广太等有关人员赶赴事故现场，组织协调抢救工作。

11月13日 12时10分，四川省成都市彭州市白鹿镇宏盛煤矿（乡镇、四证齐全）发生瓦斯爆炸事故。当时井下有63人作业，经抢救有44人获救，其中有7人受伤。目前已有6人死亡，尚有13人下落不明。事故发生后，四川省副省长扬志文、成都市市长葛红林、四川煤矿安全监察局局长钟兆基率省、市及有关部门人员赶赴事故现场，组织抢救工作。

11月20日 据邢台市安监局报告：10时30分，沙河李文生所属的铁矿主井发生火灾。截止11月20日17时40分，邢台市安监局续报最新情况：经抢救，5人安全升井，井下其余70人的情况还不清楚，尚未发现人员死亡。

11月23日 10时，山西省太原市万柏林区王封乡王封村红花沟煤矿（村办有证），井下发生瓦斯爆炸事故，造成12人死亡。事故发生后，矿主故意隐瞒不报。当晚21时，我中心接到群众举报，并立即告知山西煤矿安全监察局。山西煤矿安全监察局立即责成西山煤矿安全监察分局进行调查。经调查核实该事故属实。山西煤矿安全监察局总工程师徐占成带领有关人员赶赴现场。

11月28日 7时10分，陕西省铜川矿务局陈家山煤矿发生瓦斯爆炸事故，当时井下有293人作业，目前116人安全升井，还有177人下落不明。事故发生后，陕西省政府副省长巩德顺、陕西煤矿安全监察局局长刘云涛及有关人员立即赶赴事故现场，组织协调事故抢救工作。铜川矿务局救护队展开事故抢救工作。

12月1日 1时30分，贵州省六盘水市盘县淤泥乡说么备煤矿（乡镇有证，评估为C级）发生瓦斯爆炸事故，初步判断井下有49人，33人安全升井，其中4人受伤。井下发现13名遇难者，有3人下落不明。事故发生后，贵州煤矿安全监察局副局长陈晓辉及有关人员赶赴事故现场，组织协调事故抢救工作。

12月9日 16时20分左右，山西省阳泉市盂县南娄镇大贤三坑（镇办煤矿，四证齐全），发生瓦斯爆炸事故，当班71人，43人自行出坑，28人遇难。后又有出坑的5名工人下井施救，结果5人全部遇难。此次事故共有33人遇难。事故发生后，山西省煤矿安全监察局局长巩安库、副局长杜建荣带领有关人员赶赴现场组织协调事故抢险工作。市、县矿山救护队下井开展抢救工作。

12月12日 12时30分左右，贵州省铜仁地区思南县天池煤矿（乡镇有证矿）井下发生透水事故，当班井下81人，事故发生后45人逃生，其余36人被困井下。接到事故报告后，国家煤矿安全监察局局长王显政、副局长赵铁锤赶到局调度室，召集有关司负责人研究处置措施。局长王显政与贵州省省长石秀诗就立即启动应急救援预案，组织调动排水设备、调动救护队伍和防治水专家全力以赴抢救被困人员，加强面上安全工作等，电话交换了意见。同时，派出局安全监察专员、矿山救援指挥中心负责人和防治水专家赶赴事故现场协助指导抢救工作。

12月13日 18时左右，湖南省湘潭市湘潭县谭家山镇新立煤矿（保留矿，有采矿许可证）-480米发生火灾事故，21人被困井下，截止14日7时30分，1人获救，4人遇难，16人下落不明。事故发生后，湘潭市和湘潭县的主要领导带领有关部门负责人以及长沙煤矿安全监察办事处迅速赶到事故现场组织抢救。湖南煤矿安全监察局副局长严寅初和省煤炭局副局长张八旬赶往事故现场，省长助理邹宜文和正在岳阳市检查安全生产工作的局长谢光祥赶往事故现场。参加现场救援的有谭家山煤矿救护队、湘潭市煤矿救护队、煤炭坝救护队。

12月19日 1时40分，四川省宜宾市兴文县银方矿业有限责任公司（乡镇有证，B级，年生产能力3万吨）发生煤与瓦斯突出事故。当时井下有17人作业，经抢救有9人升井，其中6人受重伤，8人死亡，到18时30分，受重伤的6人抢救无效相继死亡，至此，该事故共造成14人死亡。事故发生后，四川煤矿监察局局长林书成、副局长黄锦生带领有关部门人员赶赴现场。

12 月 22 日 15 时 50 分，山西省临汾市乡宁县南午沟煤矿(乡镇有证，能力 9 万吨/年)，井下发生有害气体窒息事故，当时井下有 14 人作业，经抢救 1 人生还，13 人死亡。事故发生后，山西煤矿安全监察局副局长元武昌带领有关部门人员赶赴现场。

(国家安全生产监督管理总局)

雅鲁藏布江成矿区矿产资源勘查工作研讨会在成都召开

为了进一步搞好西藏雅鲁藏布江成矿区矿产资源勘查工作，展示地质调查矿产资源评价工作的初步成果，交流和总结勘查经验，深化对区域矿产资源潜力和成矿规律的认识，促进战略性矿产资源勘查取得新的突破，为雅鲁藏布江成矿区的矿产资源开发以及为青藏铁路建成后提供货运支撑服务，为西藏的社会经济可持续发展做出贡献，中国地质调查局资源评价部和成都地质调查中心于 2004 年 6 月 25 ~ 26 日在四川成都共同主持召开了"雅鲁藏布江成矿区矿产资源勘查工作研讨会"。参与雅鲁藏布江成矿区矿产资源调查评价工作的西藏自治区地质调查院、四川省冶金地质勘查院、河南省地质调查院、江西省地质调查院、福建省地质调查院、广东省地质调查院、广西壮族自治区地质调查院、辽宁省地质调查院、成都地质矿产研究所、中国航空物探遥感中心、宜昌地质矿产研究所等单位的代表以及聘请的中国地质大学莫宣学教授、广东地勘局教授级高级工程师伍广宇、地科院矿产资源研究所研究员芮宗瑶等经验丰富的矿床地质学家共计 40 余人参加了研讨会。

中国地质调查局资源评价部处长薛迎喜、成都地质矿产研究所所长丁俊先后在会上作了重要讲话；各项目负责人较全面地介绍了近年来在雅鲁藏布江成矿区矿产资源评价工作取得的新进展及新成果，总结了勘查工作的经验，交流了对成矿作用、成矿规律、成矿远景、勘查技术方法的认识。与会代表踊跃发言，就所关心的问题展开了热烈的讨论，在诸多方面达成了共识。

会议主要成果：

1. 与会代表一致认为研讨会的召开很必要，也很有意义。在此之前，虽然很多单位都在雅鲁藏布江成矿区开展工作，但各自为战，彼此之间缺乏交流和了解。研讨会上通过计划项目的总体工作部署、综合研究、高精度航空磁测、不同区块和不同矿种评价成果的集中展示和交流，达到了相互了解，相互沟通，相互启发，共同提高的目的。

2. 通过短短几年的地质大调查工作，在雅鲁藏布江成矿区发现了尼木冲江、厅宫、白容、墨竹工卡驱龙、改则多不杂等斑岩型铜矿；措勤尼雄磁铁矿；当雄拉屋、昂张铅锌矿等大型矿产地，雅鲁藏布江成矿区初步展示出具有巨大的资源潜力，将其作为中国战略性矿产资源勘查和储备基地的地位不应动摇。

3. 明确了以斑岩 - 矽卡型铜矿、富铁矿、铅锌矿等作为主攻矿床类型。根据目前发现的矿床(点)的空间分布，从雅鲁藏布江向北依次出现矽卡岩型铜金矿→斑岩型铜钼矿→矽卡岩型磁铁矿、热液型铅锌银矿的空间分带性；冈底斯斑岩铜矿带在东西方向上的也存在一定的差异性，西段以铜金为主，东段则以铜钼为主。

4. 通过综合研究，统一了对冈底斯斑岩铜矿和矽卡岩成矿时代的认识。大规模的斑岩铜矿形成于喜马拉雅晚期，成矿时代距今约 18 ~ 12 百万年。以往对矿床成因的认识争议很大的甲马铜铅锌多金属矿床，经过精确的同位素定年研究，该矿床与邻近的驱龙斑岩铜矿的成矿时代基本一致，它们应属于统一的斑岩 - 矽卡岩成矿系统的产物，对成矿作用的认识取得了重要的突破。

5. 综合研究项目及时跟踪和收集整理勘查工作进展和成果，总结成矿规律，并及时指导勘查工作，科研与生产互动，取得了良好的效果，应继续坚持科研为生产服务的宗旨。

6. GPS 空间定位技术、GIS 信息处理技术和遥感技术等在雅鲁藏布江成矿区的矿产资源勘查中得到广泛运用，理论指导勘查工作，大大提高了勘查工作的效率和成功率。

(成都地质矿产研究所 所长办公室)

矿 业 科 技

【灰熔聚硫化床粉煤气化技术通过专家评审】 2004年，由中科院山西煤化所和晋城无烟煤矿业集团公司共同开发的灰熔聚硫化床粉煤气化技术在太原通过专家评审。灰熔聚硫化床粉煤气化技术是中科院山西煤化所历经20余年自主开发的先进煤气化技术，被原国家经贸委列入“用高新技术和先进适用技术改造提升传统产业”重点推广技术。晋城矿区优质无烟煤已近枯竭，国家限制开采和燃用的高硫无烟煤可采储量约占可采储量的40%。专家认为，国内外尚无硫化床无烟粉煤连续气化技术报道，该技术具有创新性，对占中国煤炭可采储量相当比例的高硫、高灰、高灰熔点煤有良好的适应性，为山西乃至全国“三高”煤资源洁净开发、利用提供一项经济合理的煤气化技术。

【氧化铝熟料窑低挥发份煤燃烧新技术】 中铝河南分公司氧化铝熟料窑低挥发份煤燃烧新技术，2004年获河南省科技进步二等奖。据河南省科学技术厅组织专家评审，此项技术在国内外属首创，填补了国内外的技术空白，处于国际领先水平，在国内外氧化铝、水泥等冶炼行业具有极高的推广应用价值。

氧化铝熟料窑以往采用单风道燃烧器，由于其仅适用于高挥发分煤作为燃料，使生产成本居高不下，不利于节能降耗。为此，中铝河南分公司针对低挥发分煤的燃烧特性和氧化铝熟料窑的工艺特点，开发了适用于燃烧低挥发分煤的四风道燃烧器，并对煤粉制备系统进行改造，成功解决熟料窑烧结温度范围窄、变化快、波动大、控制难等问题，同时解决低挥发分煤着火点高、燃尽时间长等难点。

此项技术在中铝河南分公司氧化铝熟料窑应用以来，不仅适用于低挥发分煤，而且也适用于烟煤和混烧挥发分不同的煤种，熟料窑煤粉燃烧系统升温过程加快，火焰形状调整灵活，热工制度稳定，提高了能源利用效率，使熟料窑的产能、运转率均有所提高，消耗明显降低，吨煤成本降低70~100元，年创经济效益1500万元以上。

【水煤浆燃烧发电首次获得成功】 高灰分低热值水煤浆燃烧项目，2004在平煤集团矸石电厂试验成功，国内第一个能够用水煤浆发电的电厂将正式投入运转。

水煤浆燃烧发电是平煤集团的重大科技攻关项目，2000年，平煤集团与中国矿业大学合作，以煤泥为原料成功开发出高灰分低热值水煤浆。2003年初，平煤集团又与浙江大学合作，对平煤矸石电厂的现有锅炉进行技术改造，试验水煤浆燃烧项目。从2003年5月至2004年3月，平煤矸石电厂已经试烧水煤浆15000吨，锅炉的各种参数稳定，经济效益可观。

【资源节约型采煤技术推广】 山西三荆沟煤矿2003年上马轻型综采放顶煤技术后，煤炭回采率由20%提高到75%，年生产能力增加到40万吨。山西着力推广新型采煤技术和方法，推动地方中小煤矿走资源节约型发展道路。

煤矿开采方式的落后，导致资源的惊人浪费。用传统掘煤办法，绝大多数的小煤矿煤炭回采率仅为15%左右。山西省每年中小煤矿产量约2亿吨，但动用矿产资源近20亿吨。而采用新型设备和采煤技术，则可以使煤炭的回采率提高2倍之多。山西省新出台的办法明确规定：为了最大程度地保护有限的煤炭资源，提高资源的利用率，地方中小煤矿必须使用资源节约型的采煤技术和设备，淘汰回采率低、不安全的落后采煤方法，对拒绝采用正规采煤方法且资源浪费严重或不具备安全生产条件的小煤矿，要坚决予以关闭；凡井田有300m×300m实体块段煤田的矿井，必须实现壁式开采。到2005年，山西省要淘汰生产能力小于9万吨/年以下的矿井，同时要严格总量控制，原则上不再审批生产能力小于30万吨/年新建矿井，实现正规布置，并全部实现工作面全负压通风，形成两个畅通的安全出口。采区回采率要求：厚煤层不低于75%；中厚煤层不低于80%；薄煤层不低于85%，促进矿井提升、运输、通风、排水、供电等生产系统及装备水平都有显著提高。

为加快中小煤矿技术改造，2003年山西省专门成立改革采煤方法领导组，抽调300多名技术骨干分赴全省11个市地，深入煤矿开展巡回技术指导。同时还通过财政补贴的办法，对率先改革采煤方法的煤矿实行倾斜，支持中小煤矿更新采煤设备。

【厚煤层综采放顶煤行进技术采用】 河南义煤集团公司耿村煤矿采用厚煤层综采放顶煤行进技术，使原煤产量6年内由180万吨增加到300万吨，增长66.7%。耿村煤矿年设计能力240万吨，从1997年开始使用放顶煤支架，并不断探索新技术在实际生产中的应用。近年来，该矿先后研究推广使用了"易燃煤层放顶煤灭火技术"、"易燃煤层放顶煤技术"等一系列新技术，还相继在高瓦斯煤层中应用了瓦斯抽放技术、综放拆除工作面制氮灭火技术等。其中"易燃煤层放顶煤技术"获得了全国煤炭工业科技进步三等奖。这些先进技术的运用，提高了全矿的煤产量，使该矿原煤产量由1997年的180万吨，增加到2002年的267万吨、2003年的300万吨，为迈入全国特大型矿井奠定坚实基础。

【新型钢管橡胶防腐技术研究和应用】 中石化集团公司第一条现代化橡胶硫化专业作业线，2004年在胜利油田油建公司管道预制厂正式投产启用，并成功预制出首批钢管。这标志着胜利油田在研究和应用新型钢管橡胶防腐技术方面获得重大突破。

钢质管道橡胶防腐技术是一种带有世界前沿性质的新型防腐工艺。它主要是利用胎面再生橡胶制成缠绕带，将管道抛丸除锈涂刷底漆后，把橡胶带缠绕在钢管上，通过蒸气硫化技术，在钢管外部形成一定厚度的橡胶层，从而达到防腐的目的。和传统的石油沥青及环氧煤沥青防腐技术相比，此项新技术不仅绝缘好、吸水少、粘结牢、工艺简单等，而且具有钢管外部防腐层成型美观、涂层牢固、生产成本低廉、有利环境保护等优点，代表了当今钢管外腐技术发展趋势，经济效益和社会效益显著。

【隐蔽油气藏勘探理论取得突破】 经过多年攻关，中国提出"陆相断陷盆地隐蔽油气藏勘探"理论，为提高勘探命中率提供重要"武器"。

中国主要油气田在经过几十年的勘探开发后，难度越来越大，以构造油藏为主的石油储(产)量呈现明显下降趋势。为从根本上扭转此局面，科技部针对常规技术手段难以发现的新的油气勘探领域——隐蔽油气藏，在"九五""十五"国家科技攻关重大项目中，持续安排陆相断陷盆地隐蔽油气藏形成机制与勘探的研究内容。经千余名科研人员多年攻关，取得世界陆相断陷盆地石油地质理论的前沿研究领域中新的理论突破，初步形成陆相断陷盆地隐蔽油气藏勘探的理论和技术体系，有效解决陆相断陷盆地隐蔽圈闭形成及预测这一重大技术难题，指明陆相断陷盆地演化过程中不同构造部位的油气优势通道，为复杂地质条件下油气钻探目标选择提供了理论指导。

这项成果受到国内外专家的高度评价。包括7名院士在内的鉴定委员会认为：这是继中国陆相生油理论和复式油气聚集带理论之后又一个里程碑式的理论创新，整体达到国际领先水平。此项成果引起国际地学界高度重视，在近期召开的第三届隐蔽油气藏国际学术研讨会上，与会专家一致认为：隐蔽油气藏已经成为全球21世纪油气勘探的主要对象，"陆相断陷盆地隐蔽油气藏勘探"理论必将引领全球隐蔽油气藏勘探向纵深发展。

从中国石油工业发展史可以看出，石油地质理论的突破，是石油勘探高潮来临的先声。陆相生油理论，发现了大庆、胜利等油田，使中国甩掉了"贫油"的帽子；复式油气聚集带理论，则铸就中国东部油区历史产量的最高峰。

在"陆相断陷盆地隐蔽油气藏勘探"理论指导下，隐蔽油气藏勘探实现质的飞跃。1996～2003年，胜利油田累计钻探隐蔽油气藏探井882口，占同期钻井总数75.1%，探井成功率达75%，比"九五"以前提高了近20个百分点；累计探明隐蔽油气藏石油地质储量66.4亿吨，占同期探明储量的65.5%以上。此成果的应用，使胜利油田等老油田从根本上扭转油气储(产)量下滑的趋势。

【稠油开采技术居世界领先水平】 辽河油田依靠科技进步，攻克一道道稠油开采技术和工艺难关，使油田一直保持在稳产状态。专家认为，辽河油田这些稠油开采技术已居世界领先水平。

辽河油田位于渤海湾畔的辽河盆地，地跨辽宁省和内蒙古自治区的13个市(地)、34个县(旗)，现已探明石油储量19.46亿吨，年石油开采量稳定在1300万吨，仅次于大庆和胜利油田，是中国第三大油田。

辽河油田是地质结构复杂、油藏品类丰富的复式断块油气田，稠油、高凝油蕴藏量尤为丰富，被称为"流不动的油田"。油田中大部分稠油、高凝油的含蜡高达50%，最高凝固点达67摄氏度，是目前世界公认的凝固点最高、开采难度最大的原油。

上世纪80年代初，辽河油田科技人员在引进、消化、吸收国外稠油热采技术的基础上，研究出适合中国稠油开采的蒸汽吞吐采油工艺技术。1982年首次利用这种工艺技术，在辽河高升油田试采成功，使流不动的油田"流"了起来。1985年起，又依靠自己的力量设计施工，建成中国第一个年产百万吨的稠油油田。

这种工艺技术只能用于开采普通稠油，不适合超稠油和特稠油的开采。科技人员又进行科技攻关,研究出越泵电加热技术、工频电加热技术、中频电加热技术、掺活性水替代电加热和掺稀油技术、非混相驱和蒸汽驱技术以及特稠油、超稠油蒸汽辅助重力泄油技术等世界领先技术,解决了超稠油和特稠油的开采难题。

辽河油田已建成欢喜岭、曙光、高升、沈阳等稠油、高凝油生产基地,年产稠油、高凝油达800万吨,占辽河油田原油产量的2/3,成为全国最大的特种石油生产基地。辽河油田稠油开采技术已扩展到新疆、胜利、河南等油田的10多个油藏区,使中国成为继美国、委内瑞拉、加拿大之后的世界又一稠油生产大国。

【整装开发技术及其应用】 2004年,由胜利油田地质院整装油田开发研究室为主承担完成的《胜利油田高含水复杂非均质油藏剩余油富集区研究》、《整装油田提高水驱采收率技术研究与应用》两项科研成果,顺利通过中石化集团公司的鉴定。专家认为,从整体上看,这两项研究成果分别达到了国际领先和国际先进水平,同时这也标志着胜利油田的整装开发技术及其应用水平已跻身世界前列。

胜利油田是中国第二大石油生产基地。据介绍,至1997年底,胜利油田开发的稳产难度日益增大,尤其是对原油产量贡献较大的整装油田,产量递减更大,含水更高,综合含水高达93.9%。“九五”中期,胜利石油管理局设立重大攻关项目《胜利油田高含水复杂非均质油藏剩余油富集区研究》,即针对胜利油区整装油田总体水淹程度高、剩余油富集区难以确定的状况,由地质、测井、地震、油藏工程等多学科科技人员相互协作,开展整装油田剩余油主控因素、剩余油富集区形成机理及描述技术研究。

经过5年的努力,地质科研人员建立了具有胜利油田特色的高含水复杂非均质油藏剩余油富集区研究的理论体系,形成高含水整装油田剩余油研究与计算机一体化、定量化、动态化的精细描述技术。

2001年,中国石油化工集团公司设立了攻关项目《整装油田提高水驱采收率技术研究与应用》。此课题针对胜利油区胜坨、孤东、孤岛等整装油田当前面临的开发矛盾,在全面总结中国地质科学院几十年来形成的较为成熟的整装油田开发技术的基础上,建立韵律层细分描述技术、正韵律厚油层顶部水平井挖潜技术以及多层砂岩油藏井网重组开发技术,为整装油田的高效开发、精细挖潜指明方向,提供技术支持。

上述两项研究成果在胜利油区推广应用后,取得良好效果。截至2003年底,“剩余油富集区研究成果”在胜利油田2.4亿吨整装油田地质储量推广应用,累计增产原油115万吨,增加可采储量552万吨,提高采收率2.3个百分点。与此同时,“提高水驱采收率技术研究成果”在整装油田应用于15个开发单元,动用地质储量1.5亿吨,增加可采储量318万吨,提高采收率2.14个百分点。

【首台3000米电驱动拖挂钻机通过鉴定】 2004年,由南阳二机石油机械装备(集团)有限公司研制生产的国内首台3000米电驱动拖挂钻机,通过中国石化集团公司科成果鉴定。3000米电驱动拖挂钻机主要适用于3000米以内的油、气、水井的钻探作业。该钻机采用电驱动形式,节能环保,自动化程度高;主机、钻台、钻杆滑道均为拖挂式,能够进行一体化运输,可有效节约拆装费用及时间;转盘驱动单独使用一台电机,该电机固定在钻台上,搬家时不用拆卸,同时因为减少传动环节,有效改善转盘性能;采用电磁涡流刹车,刹车力矩大,制动效果好;固控系统、发电机房、变频房等采用自背式,装卸快捷,节省费用;井架采用双节套装前倾式伸缩井架,高度为36米。

该钻机的研制成功,适应了当前国内外钻井工程的需求,为中国石油装备家族增添新成员,也将为中国石油钻采设备出口创汇增加份额。

【浅层稠油油藏开发】 近几年来,克拉玛依油田六区、九区蒸汽驱开发水平不断提高,取得显著效果,采油速度由1995年的1.2%提高到目前的1.85%。通过开发浅层稠油油藏,改善蒸汽驱开发效果,提高开采技术水平,实现了蒸汽驱连续9年稳产,使新疆油田稠油蒸汽驱开采技术处于全国领先水平。

克拉玛依油田有着十分丰富的浅层稠油资源,由于稠油粘度高、密度大,向油层注水难以将油采出。近年来,在引进、消化、吸收国外先进技术以及加快研究、不断完善的基础上,稠油注蒸汽热采工艺技术得到迅速发展,地质油藏工程、钻井完井工艺、井下注采工艺、地面集输工艺以及综合研究都已基本配套,形成了一套较为成熟的稠油开采技术。

克拉玛依油田主要分布在黑油山、六区、九区、乌尔禾风城、红浅等区块。目前,该油田共有稠油生产油井6700余口,其中吞吐井4500余口,汽驱井组550个,投入生产的供热站30座,稠油年产量达到360万吨,占新疆油田公司原油年产量的1/3。

六区、九区浅层稠油油藏是新疆油田最早投入注蒸汽开发的油田,也是新疆浅层稠油的主要产区。六区、九区浅层稠油油藏从1984年九区注蒸汽热采起至已陆续开发了10个层块,累计产油1428.7万吨,采出程度为20%,年产油能力达到150万吨。在吞吐开发取得成功的基础上,于1991年在全国率先大面积转入蒸汽驱开发。到2004年重油公司投入蒸汽驱面积14.6平方公里，累计产油709.3万吨，采出程度为16.2%，实现蒸汽驱持续稳产高效开发。

【冷轧TRIP钢开发成功】 TRIP钢即相变诱导塑性钢，由宝钢自行开发成功。宝钢开发成功的TRIP钢，强度级别为60公斤。因这种车板强度高，大致能使车身减薄10%～20%，从而减少车中和车身成本，亦降低了油耗，为打造减轻环境污染的“环境友好车”创造良好条件。

这种TRIP钢，与其他同级别的高强度钢相比，最大特点是兼具高强度和高延伸性能，可冲制较复杂的零件；具有高碰撞吸收性能，一旦遭遇碰撞，会通过自身形变来吸收能量，而不向外传递，常用作汽车的保险杠、汽车底盘等防撞部位。这种钢还因其优良的高速力学性能和抗疲劳性能，受到现代汽车制造上的青睐，主要用于汽车结构件及其加强件。

TRIP钢系列产品是个大家族，产品大类包括热轧、普冷、电镀和热镀锌。2004年，宝钢600兆帕级别的普冷和电镀锌TRIP钢已经可以批量生产，并成功用于国内某些轿车。

【微细粒级钛铁矿高技术产业化示范基地在攀枝花建成】 总投资近4000万元的攀枝花钢铁公司钛业分公司“前8系列微细粒级钛铁矿回收工程”2004年开始联动试车，标志着国家“十五”微细粒级钛铁矿高技术产业化示范基地全面建成。

攀钢生产钛精矿的原料来自铁矿选厂的尾矿，而选矿工序共有16台球磨机。以前选钛工序只能接收后8台球磨机系列的尾矿，另8台球磨机产生的尾矿被丢弃，造成钛资源的浪费。攀枝花钢铁公司为提高资源综合利用水平，于1996年开始对微细粒级钛铁矿的回收进行研究。2002年6月，攀钢建成一条年产4万吨微细粒级钛精矿的生产线，当年即达产达效。2003年，攀钢动工兴建前8系列微细粒级钛铁矿回收工程，设计年产微细粒级钛精矿6万吨，项目达产后，攀钢的微细粒级钛精矿年产将达到14万吨，从而使攀钢的钛资源综合利用率由目前的4.5%提高到15%。为攀钢做强、做大钛产业提供坚实的原料支撑。

【混铁炉整体浇注技术研制成功】 世界上第一个用于钢铁厂工业炉的内衬整体浇注工艺在河南省研制成功。2004年，由河南省耕生高温材料有限公司等单位完成的“混铁炉整体浇注工艺及所用耐火材料的研制与应用”项目通过了由国内权威专家组成的鉴定。

中国各钢铁企业现有500多台混铁炉，工作衬一般都用镁砖或高铝砖砌筑。但是这种砖砌结构的混铁炉使用寿命短（一般是一年）、维修费用高（大修一次费用为50万元），而且维修周期长，严重影响钢铁企业的生产效益。

由省耕生高温材料有限公司等5家单位的科技人员经过3年多的艰苦攻关，终于研制出了“混铁炉整体浇注技术”，同时解决了实际生产中的应用问题。有关专家指出，采用整体浇注工艺比起采用砖砌工艺，一代炉役可节约耐火材料成本218万元，采用新工艺还改善了工人的劳动强度，有效地保障了安全生产。

【抗菌不锈钢研制成功通过鉴定】 由中科院金属所杨柯研究员领导的课题组研制开发的一种兼具结构、耐蚀和抗菌功能于一体的新型材料——抗菌不锈钢，2004年通过了沈阳市科技局组织的科技成果鉴定。鉴定认为，该项成果填补了国内空白，达到同类材料国际先进水平。

该课题组已研制出铁素体和奥氏体两种类型抗菌不锈钢，并在大连特钢公司进行了扩大试验，试制出多种规格的抗菌不锈钢薄板、管材、铸件和焊接件。经权威单位检测，抗菌不锈钢对大肠杆菌、金黄色葡萄球菌的杀灭率均在99%以上，对其他细菌，如白念珠菌、枯黑菌等，也有显著的杀灭作用，显示优良的广谱抗菌性和抗菌持久性。国家药品和生物制品检验所的检测表明，抗菌不锈钢在毒性和人体安全性方面完全符合国家技术标准，在赋予不锈钢抗菌特性的同时，材料的力学、耐蚀、冷热加工、焊接等性能与原有不锈钢相当。抗菌不锈钢的研制成功，为抗菌制品发展提供了广阔空间。抗菌不锈钢产品的发展潜力巨大，市场前景极为广阔。已有国内多家厂商对抗菌不锈钢表示了浓厚兴趣，课题组正积极寻求支持进行中试，争取早日使该项成果转化为商品。

【转炉钢渣粒化处理工艺】 由包头钢铁研究设计总院发明的转炉钢渣粒化处理工艺，2004年在包钢薄板厂210吨转炉上成功热试车，该工艺在国内尚属首创，将给中国冶金行业带来巨大的经济效益。

工艺采用机械破碎与水淬相结合的办法，熔渣被高速旋转的粒化轮碎成小颗粒，然后被高压水冷却、水淬而成为产品。即使钢渣中含40%以上钢液，也不会爆炸，安全可靠。该工艺对渣中残钢回收率达98%以上，可回收残钢量为钢总量的3.43%～3.92%。包钢每年可由钢渣中回收粒子钢20万至23万吨。剩余的粒化渣可做钢渣硅酸盐道路水泥原料、烧结配料、硅肥材料，混凝土空心砌块砖和彩砖原料等。

【炼铁高炉炉前铁水光谱分析技术研制成功】 攀钢研

制成功的炼铁高炉炉前铁水光谱分析技术，2004年成功应用于攀钢钒钛磁铁矿的化检验生产，该项技术填补中国光谱分析炉前含钒生铁试样取样方式的空白。

攀钢炼铁因原料主要为高钛型钒钛磁铁矿，其产品钒钛生铁普遍存在铁水温度低、流动性差的特点，虽可以使用化学方法分析，但分析速度和精度无法满足现代高炉冶炼需要。攀钢用炼铁高炉炉前铁水光谱分析技术所取试样无裂纹、无杂质、无气孔、白口化好，取样合格率由不足70%达到96%以上，报告发出时间由以前平均约20分钟降低到12分钟左右，缩短了分析时间，极大地提高了攀钢炉前生铁试样分析的及时性和准确性，同时，试样精密度、分析准确度、层析情况等都已达到国家相关标准的要求。

【锂铍分选工业化试验获得成功】 具有较高难度的锂铍分选工业化试验，2004年在新疆有色集团稀有金属公司获得成功。这将使中国铍原料和铍铜合金供给市场得以改善，降低了对国外市场的依赖程度。

新疆有色集团稀有金属公司位于阿勒泰地区富蕴县可可托海镇，这里蕴藏着丰富的锂、铍等稀有金属矿物，其中“三号矿脉”的氧化铍探明储量达300万吨，约占中国氧化铍总探明储量的70%，其潜在价值高达80亿元。

可可托海正在建设大型铍金属冶炼厂，2004年上半年投入生产，其氧化铍和铍铜母合金产品年销售收入可达1亿元；铍铜材延伸项目也于2004年动工，投产后年销售收入可达10亿元。

【新型稀土化合物制备技术通过鉴定】 由包头市稀土研究院承担的国家科技部专项资金项目——特殊物化性状新型稀土化合物制备研究日前通过内蒙古自治区组织的鉴定。中国的特殊物化性稀土化合物大多采用实验室方法提取，为了实现此类稀土化合物的工业化生产，该课题研究人员采用共沉淀方法，研究了不同的沉淀剂、沉淀条件、干燥条件、焙烧条件对产物物化性能的影响，找到了制备特殊物化性状稀土化合物的最佳制备方法。新工艺操作简单、成本低，便于工业化，同时解决了粉体团聚的问题。

据介绍，大比表面积特殊物化性状的稀土化合物主要用作精密陶瓷的烧结助剂及制备陶瓷发动机、切削工具等，市场需求增长很快。低比表面积稀土化合物主要用作研磨材料、玻璃添加剂、固体燃料电池的电解质材料等。

作为稀土资源大国，中国每年都要向日、美及欧盟出口大量的低附加值的初级产品，但同时又要进口部分特殊物化性状稀土化合物。目前该项目已具备10吨/年的生产能力，可生产具有不同比表面积及粒径的稀土化合物，产品性能达到国外同类产品的技术指标，已部分替代进口产品。

【镁合金表面处理减废系统开发成功】 香港生产力促进局，2004年开发成功镁合金表面处理减废系统。专家指出，减废系统是镁合金表面处理工序中的关键环节，它的开发成功使该局研发的镁合金表面处理技术更趋完善。

当前镁合金应用越来越广泛，但由于镁合金非常活跃，很容易被腐蚀，制造商必须对其表面进行处理，以改善外观，提高防腐蚀能力。但压铸镁表面处理过程会释放铜、镍、清洁剂等有害物质。

率先引入镁合金表面处理减废系统的嘉瑞金属制品厂现在清除并循环使用80%的废料，余下20%由当地环保回收。

生产力促进局与香港压铸学会从2001年开始共同开发镁合金表面处理技术。开发项目包括转化镀层、阳极氧化和电镀3个部分。据介绍，转化镀层使业界实现无铬化加工，经磷化后的镁合金可通过24小时盐雾测试，加上表面油漆后，测试时间延至300小时以上。阳极氧化技术使镁合金表面附上细而耐磨的陶瓷氧化层，能够通过100小时的盐雾测试。电镀使镁合金表面具有金属感，导电性能和附着力好。

【贵金属生物提金技术通过鉴定】 2004年，辽宁天利生物氧化提金技术成果在北京通过鉴定。鉴定委员会认为，该项技术已达到国际先进水平。其中，生产使用菌种的氧化活性、温度适应范围已具有国际领先水平。

中国的难处理金矿资源广泛分布于西南和东北等地区。此类矿石采用常规选冶技术处理，金的回收率一般只有10%～60%，无法被工业利用。目前针对难处理金矿石主要有焙烧氧化、压热氧化和生物氧化三大预处理工艺，其中，生物氧化提金工艺以其投资少、成本低、操作简单、对环境污染轻等优点越来越受到人们的重视。从上世纪80年代到2004年为止，国际上已有10余座生物氧化提金厂相继建成投产，显示出良好的发展前景。

鉴定委员会认为，生物氧化提金技术具有独立的自主知识产权。不仅适于在国内难处理金矿提金工艺中应用，初步试验表明，在国际也将具有较强的竞争力，社会效益、经济效益、环境效益显著。

【首条国际先进水平的铝热连轧生产线投产】 该生产线年产30万吨高精铝及铝合金板带材，是西南铝“十五”规划中技改工作的重中之重。该生产线计划在

2005年7月以前建成投产。届时，将从根本上提高铝材产品质量、降低成本，大批量生产市场短缺的高精铝板带材，替代进口。热连轧生产线投产后，将创造巨大的社会效益和可观的经济效益：使西南铝的综合生产能力由现在的16万吨升至50万吨，年销售收入由现在的30亿元提高到100亿元，给企业带来产量、质量、品种和效益上的整体优化和质的飞跃，使西南铝跑在中国铝加工业现代化进程的最前列。将为中国航天航空、汽车制造、包装印刷、建筑装饰等行业的发展提供强有力的原材料支持，结束中国铝加工业产品结构不合理、高档铝板带箔材长期依赖进口的被动状况，增强整个有色金属行业的竞争能力，对中国铝加工产业的优化升级起到关键性作用，使中国铝加工业跨入世界先进行列。

【“硅钾肥研究开发”项目通过技术鉴定】 河南省科学院地理研究所承担的“硅钾肥研究开发”项目最近获得成功，完成了相关生产工艺及设备选型、产品中试和田间试验并通过了技术鉴定，专家认定该项目在硅钾肥研究开发上达到国内领先水平。

河南省科学院地理研究所自2001年承担河南省科技厅“硅钾肥研究开发”项目以来，以矿物结晶形态学、植物营养学等方面的理论为指导，在掌握和分析了大量试验数据的基础上，创造性地研制成功硅钾肥结构转化控制剂、硅钾肥颗粒化粘合剂两项关键技术，确定了各类物料的最佳配比，探索出其工业化生产所需的技术工艺要求，为中国在利用低品位非溶性钾矿资源生产钾肥，实现产业化提供了科学依据。

硅钾肥中的钾主要是从钾长石中提取，它属于铝硅酸盐。如果完全采用热能并加入配料去彻底破坏钾长石的矿物晶体结构，使钾元素溶离释放出来成为有效钾，能耗高，产品中有效钾的含量低，如果采用湿法提取钾综合利用，则工艺复杂，生产成本高。该项目根据矿物本身的特点，通过研究其结构状态和改变控制方法，采用加入少量碳酸钙作配料，加入作用类似于氨但不易挥发的物质以达到提高钾转化率和肥料中钾含量的目的，并在经济合理的条件下，使钾长石中的硅也适当地转化为有效硅而成为硅钾肥。

【碱法制浆造纸黑液治理技术研制成功】 中国以秸杆为原料的造纸厂可望实现黑液零排放。碱法制浆造纸黑液治理技术的问世，可使纸浆生产中排放的蒸煮黑液变成优质有机复合肥。

中国造纸行业每年利用秸杆约4.8亿吨，生产过程中会产生大量蒸煮黑液，由于过去仅是采用堆、埋等方法处置这些黑液，给生态环境造成严重污染。

碱法制浆造纸黑液治理技术可使蒸煮黑液变成两种有机肥料：一种是在造纸蒸煮罐中加入氢氧化钾和催化剂，把各种植物秸杆、茎、叶等粉碎后直接蒸煮，制成固体、液体腐植酸有机钾肥。另一种是把氢氧化钾作为造纸制浆用碱并加入催化剂进行制浆，将纸浆生产中排出的黑液转化成固体、液体腐植酸有机复合肥，使黑液实现零排放。

试生产表明，应用碱法制浆造纸黑液治理技术，不仅生产的纸浆质量合格，而且利用黑液生产的腐植酸有机复合肥质量优良。经中国农业科学院土壤肥料研究所测试证实，这种肥料拥有高含量的有机质、速效钾及其腐植酸和大量微量元素，能促进植物对磷的吸收增加7%～30%；对氮的吸收增加4%～15%。它能有效提高肥力，促进土中细菌活动，改良土壤结构。它内含的腐植酸能够刺激植物根系生长，促进作物呼吸，使种子萌芽增快，特别是禾谷类植物使用这种肥料后分蘖增多，果实饱满，并且能增强抗旱、抗寒能力。

试验证明，用该黑液生产的腐植酸有机钾肥，特别适合土壤中速效钾下降的一些省市使用。如山西省40%的耕地速效钾的下降幅度分别已达到11%～40%，使用这种肥料可使农作物产量和质量明显提高。它不仅可在农作物栽种上使用，还可用来改造和恢复自然环境和生态，如用它治理土地荒漠化，改造贫化土壤等。

据试用这项技术的有关企业测算，一个年产5万吨的造纸厂，应用碱法制浆造纸黑液治理技术，除了纸张的收入外，利用黑液生产的腐植酸有机复合肥还可增加收入3200万元。碱法制浆造纸黑液治理技术，由上海高新技术成果转化服务中心组织专家研制。这项技术工艺简单，使用方便，大小造纸厂均可应用。

【蒙皂石矿开发利用】 2004年，新疆一家民营科技企业——新疆托格玛胶体有限公司在蒙皂石矿开发利用上取得突破性进展，并进入工业化生产阶段。

蒙皂石矿有极高的开发价值。迄今为止，全世界探明蒙皂石矿的地区只有美国加利福尼亚州和中国新疆托克逊县，其稀有程度远远超过黄金矿。

蒙皂石是天然纳米材料，以其为原料制成的无机凝胶产品广泛应用于牙膏、化妆品、医药、日化、涂料、橡胶、石油钻探等许多领域，特别是在制药行业潜力巨大。无机凝胶用于药剂制造，对中国传统的制药工业将是一个巨大的突破。

近年来，新疆托格玛胶体有限公司针对托克逊县蒙皂石的特点，依靠自身力量，经过上千次实验，于2004年初在选矿提纯和高纯度无机凝胶的制备技术上取得工艺突破，拥有独立知识产权，并获得国家知识产权局颁发的国家专利三项，填补了国内无机凝胶生产的空白。

蒙皂石无机凝胶样品已经上海牙膏厂、北京日化三厂等国内知名企业试用，获得满意效果，其性能完全达到美国同类产品指标。

【中国超薄玻璃达世界先进水平】 国内最大的浮法玻璃基地河南洛玻集团公司新开发生产的1毫米浮法玻璃，2004年成功实现高质量规模化生产，一级品率达到95%，总成品率达到78%，比世界最先进的日本厂家高出9个百分点。

洛玻集团公司于2002年初建成国内唯一一条超薄浮法玻璃生产线，生产出1.3毫米浮法玻璃。针对与世界同类产品的差距，洛玻集团先后自行研制出拉薄控制等新工艺，解决了56项技术难题，产品质量显著提高。

洛玻集团公司这条生产线成功地生产出1毫米超薄浮法玻璃，其产品技术水平达到世界先进水平，结束了中国超薄浮法玻璃长期依赖进口的局面。

【城市污泥在建材领域应用研究通过鉴定】 2004年，北京市科委组织召开“北京城市污泥在建材领域的应用研究”专家论证会，专家们一致认为，该课题具有较好的创新性和潜在推广价值。

该课题是由中关村国际环保促进中心、中国建筑材料科学研究院、北京市奥利爱得公司三家组织实施的。项目是将城市污水处理后的污泥，经过减量化、无害化处理，形成可以生产水泥的原材料。这一科研成果，经过小型实验室和中型工业化实验后，提出了大规模工业应用的新课题。

“北京城市污泥在建材领域的应用研究”课题从城市污泥无害化、减量化和资源综合利用角度出发，提出解决城市污泥处理不当带来严重二次污染的有效途径，将污泥转化为可利用的资源。专家们认为该课题具有较好的创新性和潜在推广价值。此污泥无害化处理的工艺技术先进、实用，处理后的污泥渣的化学成分接近水泥原料石灰石的成分，为替代石灰石烧制水泥熟料提供了理论依据，技术方法基本可行。该课题还进行了环境与经济及相关方面的政策研究，对实施推广应用将起到良好促进作用。

2004年在北京市高碑店污水处理厂，成功地进行日处理污泥150吨连续性工业级运行试验。

【纳米水泥漆研发成功】 台湾地区“工研院”化工所，2004年联合石化工公司和庆祥光波公司，研发成功光波纳米环保室内水泥漆。

这种纳米水泥漆结合纳米光触媒和远红外线的研究成果，具有舒适、健康、抑菌、除臭、自洁等高附加效益，可改善空气质量，抑制细菌传播，适用于一般住宅室内墙面、天花板以及公共场所，如医院、学校、餐厅、工厂等。

【煤矸石制造瓷质砖新技术开发成功】 中国地质大学专家成功开发出利用煤矸石制造瓷质砖新技术。这项技术形成产业化后，占全国工业固体废弃物总量40%的煤矸石有望变废为宝。

煤矸石是与煤层伴生的一种含碳量低、比煤坚硬的黑灰色岩石，是煤工业的主要废弃物。中国现有煤矸石山1500多座，累计堆存30多亿吨。这些煤矸石侵占大量土地，且易坍塌形成人为的地质灾害，并污染水、土和大气环境，是一大公害。

为大量利用煤矸石，变废为宝、化害为益，2002年底，中国地质大学在国内率先对煤矸石制瓷质砖技术进行全面深入的研究。研究结果表明，利用煤矸石作为主要原料，可以制造出达到国家标准的瓷质砖。为此课题组选取山西右玉、河北峰峰、湖北黄石、黑龙江鹤岗等四地的煤矸石进行系统实验，并于2003年12月在广东佛山进行了中间性试验和烧成试验。经权威机构检测，产品质量完全符合国家标准，瓷质砖样品的电离辐射指标和天然本底指标接近，说明煤矸石瓷质砖不会对环境造成放射性污染。这为此项技术形成产业化提供了先决条件。瓷质砖，又被称作玻化砖，是上世纪80年代后期发展起来的建筑装饰材料，正逐渐成为天然石材装饰材料的替代产品。据了解，中国瓷质砖的应用范围不断拓展，消费量年递增15%左右，市场潜在需求量巨大，发展前景极为广阔。

【首条以煤矸石为原料的环保装饰砖生产线引进北京】

北京东方龙泉装饰砖有限公司于2002年12月从德国引进首条领先世界的“亚光烧结装饰砖”技术、设备和计算机控制系统，经过一年半的筹建、调试，于2004年6月试生产，截至11月，已生产研发出3大系列、8种颜色、上百种规格的装饰砖产品，这一技术的实现，填补了中国以煤矸石、页岩为原料生产高档彩色装饰砖的空白。

该生产线每年可消耗15万吨煤矸石，对减轻矿区污染做出了贡献，这种砖的重量虽比粘土实心砖轻1/4，强度却高出1倍。

【钾长石矿资源开发新技术通过鉴定】 2004年，河南省嵩县钾长石矿资源开发新技术可行性研究报告通过了国内专家的论证鉴定，这为嵩县储量丰富的钾长石矿资源开发提供有力的技术保障。

嵩县已经探明的钾长石储量超过 8000 万吨，以前由于生产工艺复杂、生产成本高、综合效益差等原因，使钾长石矿资源不能开发利用。为此，嵩县前河矿业有限责任公司委托中国地质大学材料学院，实验研究出一套工艺合理、“三废”零排放、钾长石完全资源化的新技术。经过有关专家鉴定论证，专家们认为该技术工艺新、资源综合利用率高，符合高效节能和清洁生产的要求，其潜在的经济效益、环境效益和社会效益十分明显，具有技术可行性。

【海水资源开发利用技术取得突破】 2004 年，“十五”国家重大科技攻关项目“低温多效海水淡化技术示范工程”——日产 3000 立方米海水淡化装置在山东黄岛电厂建成出水，从而标志中国海水资源开发利用技术取得新突破。

海水淡化目前已在辽宁、山东、浙江、河北、天津、甘肃等地得到应用，全国形成日产 3 万立方米的海水淡化规模，海水淡化的“吨水成本”从 20 世纪 90 年代的 7 元降至目前的 5 元左右。在海水冷却水方面，据国家海洋局统计，中国目前用量虽不及美、日等发达国家，也已达每年 216 亿立方米。万吨级工业海水循环冷却示范工程产业化研究工作已全面展开。

以冲厕用水为主要目标的“十五”国家重大科技攻关课题——20 万平方米示范工程正在青岛、舟山筹建。被水荒严重困扰的天津、厦门、大连、宁波、深圳、珠海、烟台等城市，有望早日利用海水冲厕，缓解淡水供求矛盾。

国家海洋局发布的《2003 年中国海洋经济统计公报》显示，海洋油气产业在中国发展较快，2003 年海洋原油产量已达 2437 万吨，海洋天然气产量 43.6 亿立方米。

有望在未来数十年内商业化的海底矿产，一直是中国科技人员勘查的重要目标。经过 8 年勘探，中国于 1999 年在太平洋“圈定”了 7.5 万平方公里的海底矿区，依法享有专属勘探权和优先商业开采权。据悉，在这块位于太平洋中部洋底的多金属结核富集区内，拥有干结核 4.2 亿吨，其中锰 1.1 亿吨、铜 406 万吨、镍 514 万吨、钴 98 万吨。

【深海矿产冶炼研究取得重要进展】 2004 年，承担中国“十五”大洋多金属结核冶炼加工中试项目的负责人表示，此项试验研究工作近期取得了重要进展，两个多月的连动试验证明，各项技术指标均超过合同要求。

多金属结核冶炼加工中间试验是大洋矿产资源研究开发“十五”计划的一个重点项目。研究人员利用自行研制的、国内第一套能够联动并连续运转的深海金属矿资源冶炼中试设备，在中试期间对中国东西两矿区的多金属结核进行冶炼对比试验。从 2004 年 6 月 7 日投料进行连续试验以来，两个多月中，共采集各种试验数据 2 万多个。目前设备运转正常，试验结果稳定。各项技术指标超过合同要求，镍铜浸出回收率分别达到 99%和 98%，钴浸出回收率达到 90%。而以往在陆地红土镍矿氨浸中，镍铜浸出回收率只能达到 75%左右，而钴浸出回收率还不到 50%。

多金属结核还原氨浸中试突破了氨浸溶液金属离子浓度低和钴浸出受钴离子浓度限制的难关，可显著减少后处理的溶液量。同时，将浸出液固比从原来的(5～10):1 降低到(0.8～1):1，这样在浸出过程中不必再向体系中补充铜离子。研究人员还研制成功一种用于铜、镍、钴分离的萃取剂，可替代进口产品。在分析总结所取得试验结果的基础上，研究人员大胆提出将结壳与结核合并氨浸的设想，可大幅度减少建设投资并降低冶炼成本。

【等离子点火装置通过国家鉴定】 中俄重大合作项目等离子点火装置，2004 年通过国家鉴定，该装置每年可为国家节约燃油费用 200 亿元。

该装置由洛阳高新区博耐特公司与俄罗斯科技工作者经过两年多的技术攻关，于 2003 年 11 月研制成功。经国家电力热工研究院及相关部门组成的鉴定专家现场实测，该装置点火热效率最高、寿命最长，属于目前世界上技术最先进的火电等离子点火装置。该装置的研制成功，不仅可替代传统的火力电厂点火装置，且运行费用仅为传统点火方式的 15%～20%，因此每年可为国家节省重油 1000 多万吨，节省燃油费用 200 亿元，尤其对新建火电厂可节省上千万元的设备投资，推广意义巨大。

（中国矿业信息中心）

矿业协会

中国矿业联合会

【概况】 2004年在国土资源部党组的正确领导下，在国土资源部有关司局的支持和会员单位的参与下，在朱训会长、郭振西常务副会长的带领下，在包括分支机构、直属单位在内的全体员工的共同努力下，中国矿业联合会各项工作迈上了一个新台阶。2004年全面加强了中国矿联能力建设，坚持抓大事不放，坚持办实事不忘，坚持讲求奉献，坚持党委保障，取得较大成绩，完成了三届五次会长会议批准的各项工作计划，2004年，获得民政部“全国先进民间组织”的荣誉称号。

【“四矿”问题研究】 朱训会长关于《中国矿业城市转型与可持续发展》的调研报告、《建设石油战略储备问题的几点建议》均得到温家宝、黄菊、吴仪、曾培炎等国家领导人的批示。中国矿联关于建立资源补偿机制和衰退产业援助机制等建议，在温家宝总理召开的振兴东北老工业基地座谈会讲话中给予充分肯定。

【第六届中国矿业城市发展(阜新)论坛】 2004年11月2~3日，在辽宁阜新，由中国矿业联合会、中国城市发展研究会、全国政协人口资源与环境委员会、辽宁省人民政府主办了第六届中国城市发展(阜新)论坛。会前朱训会长带队赴阜新进行实地调研，与会专家有针对性的发言，中国矿联帮助落实的5件实事以及市会、市校合作协议的签属，使本次论坛以务实著称，受到各方赞誉。中国地质大学校长吴淦国与阜新市市长姚志平签署了旨在促进阜新矿产资源深加工、人才培养的《中国地质大学与阜新市合作协议》，中国矿业联合会秘书长王燕国与阜新市市长姚志平签署了旨在加速阜新市经济转型步伐、促进转型重大课题项目推广的《中国矿联与阜新市合作协议》。

【第一届中国探矿者年会】 2004年6月16~18日，由国土资源部主办，中国矿业联合会承办的第一届中国探矿者年会在北京国际会议中心召开。年会以温家宝总理关于深化地勘工作改革的指示为宗旨，以商业性矿产勘查和探矿权市场建设为主题，经过精心策划与组织，有1850多人参加，成为建国以来中国地勘界首次行业盛会。国土资源部部长孙文盛致词，李元副部长做出批示，对中国矿联的工作给予高度评价。

【行业“矿法”研讨会】 根据李元副部长的指示，中国矿联专门召开了行业《矿法》研讨会；又分别在云南和黑龙江两省召开会员企业《矿法》修改工作座谈会。及时将情况报国土资源部“两法”修改办公室。一年来，由中国矿联承担的政府项目包括“国务院加强地质工作的决定”中矿山地质部分，“矿产与土地管理相关财税政策研究”等近10余项。

【矿产品供需形势研讨会】 2004年3月31日，召开矿产品供需形势研讨会。根据中国近年来矿产品供需矛盾突出的情况，组织矿业领域各工业协会的领导和专家就中国石油、钢铁、有色金属、煤炭、主要非金属等资源的供需态势进行宏观分析并提出报告，具体分析了矿产品紧缺的原因，并提出8条对策建议。

【矿业税赋的减免工作】 2004年，着重跟踪燃油税进展情况，并将进一步调研情况整理，向财政部提交了《关于开征燃油税对矿山企业的影响及有关政策的建议》。同时，对煤层气应减免增值税问题，以阜新为例向财政部提交了《关于阜矿集团煤层气公司减免增值税的请示》，均得到财政部的受理和认同。

【会员服务工作】 矿联通过各种渠道了解会员企业对协会所需，先后帮助协调了山西铝业公司有关矿山租地政策问题；华锡集团提出的国务院105号文件的法规时效问题；深圳市鹏茜大理岩地下采空区开发多功能旅游项目问题以及阜煤集团海州露天矿地质灾害治理等十余个项目，会员企业十分满意。

【矿城名牌战略实施】 2004年，先后推荐命名黑龙江省华甸市“温泉之乡”和与国际饮水组织共同授予吉林省长白市“国际矿泉城”称号。这是中国矿联实施矿城名牌战略的又一次成功实践，受到政府部门和社会各界的充分认可。

【参与和推进地勘行业改革】 朱训会长关心地勘行业的改革发展，要求中国矿联及其地勘分会多听取地勘单位意见，反映行业呼声。2004年，地勘分会围绕落实国办发(2003)76号文件精神，通过各种形式组织调研、考察，向部反馈行业意见和存在问题。

【新闻宣传与信息工作】 中国矿业报组织的行业论坛受到矿山企业和地勘单位的欢迎。中国矿业杂志、中国矿业年鉴都取得了比2003年更好的成绩。中国矿业网点击率达到年100万~150万次。中国矿业十大新闻评选活动已对行业和社会形成影响。大型活动的集中报道与网络直播更大范围地扩大了中国矿联的影响力。

【对外交流活动】 2004年，朱训会长与蒙古工商会签署了合作协议；郭振西常务副会长同蒙古矿业协会签署了合作备忘录；王燕国副会长访问南非矿业商会，双方就2005年合作召开中南矿业论坛达成共识。2004年共接待了9个国家矿业组织及公司20余次；还接待了台湾矿冶学会代表团以及完成大陆地热代表团赴台考察准备工作。协助工经联和国土资源部举办世界工商协会峰会和国际矿业研讨会。

【自身建设】 2004年不仅各项工作有了长足进步，而且经济规模也首次突破千万元。为单位购置了办公用房，为员工购买了养老保险。取得上述成绩的主要体会可归结为以下4点：坚持抓大事不放；坚持办实事不忘；坚持讲求奉献；坚持党委保障。在过去几年工作中和2004年年度涌现了一批先进个人、先进集体和模范标兵。

（中国矿业联合会）

中国煤炭工业协会

【概况】 煤炭行业仍然是粗放型生产方式的行业，用人多、效率低、效益差的问题没有得到根本解决。抓基础、抓管理仍然是煤炭行业在新形势下的一项重要管理工作。2004年以来，协会突出抓了4个方面的工作：

1. 制定下发了“煤炭工业高产高效矿井(露天)标准以及评审办法”。在总结12年以来全国开展高产高效矿井建设经验的基础上，根据煤炭工业走新型工业化道路的要求，制定下发了“煤炭工业高产高效矿井(露天)标准以及评审办法”，对机械化生产、安全生产、职工生活水平、环境治理等提出了更高的要求，这对于进一步提高企业经济增长，夯实管理基础，实现经济增长方式转变将起到积极的作用。

2. 推动产、学、研联合攻关，提高煤矿整体技术水平。协会与中国矿业大学联合召开校企技术合作交流会，仅一次会议就确定20多项合作项目。2004年年中，召开的全国煤矿薄煤层、大倾角煤层开采技术交流会，对提高煤炭资源回收率，解决大倾角煤层顶板管理的安全问题具有很大的作用。第四季度开展的科技评奖活动，按照公平、公正、公开的原则，评出的3项特等奖，10项一等奖，37项二等奖，55项三等奖。这些奖项都代表了煤炭工业技术水平，起到了排头兵的作用。

3. 全面开展了煤炭行业标准化建设工作。到2004年底，共修改制定煤炭行业标准1146项，其中国标228项，行标918项。为中国煤炭工业建立和完善标准化体系打下了基础，为入世后参与国际竞争提供了依据。

4. 针对煤炭行业人才短缺、职工素质低的实际，依托现代通讯信息技术，开通了煤炭现代远程教育培训网。目前已经有30家企业入网，近5000名学员在网上接受培训，为煤炭行业人才培养提供了平台。同时，将“对口单招”培养人才的政策扩大三所院校、十四个省，每年1000人的范围。

5. 开展全国煤炭工业“双十佳”煤矿、“双十佳”矿长和优秀矿长活动。经评审，评选出全国煤炭工业双十佳煤矿20个、全国煤炭工业双十佳矿长20人、全国煤炭工业优秀矿长96人。通过表彰活动，真正发挥激励作用，对企业进步、行业发展和造就一大批优秀企业家队伍起到了推动作用。

【全国煤炭工业改革与发展会议】 2003年12月19日，在北京召开了全国煤炭工业改革与发展会议。进一步明确了煤炭工业发展的目标、发展思路、战略重点和政策措施。会议得到了各方面的高度重视，中共中央政治局常委、国务院副总理黄菊会前作出了“煤炭是中国的基础能源，在国民经济中发挥了重要作用。进入新世纪，中国煤炭工业协会要为煤炭工业走新型工业化道路，为全面建设小康社会做出新的贡献。”的重要批示。中央政治局委员、全国政协副主席、全国总工会主席王兆国、九届全国政协副主席钱正英等国家领导出席了大会。

会议提出的《中国煤炭工业协会关于全面推进煤炭工业改革与发展的意见》，得到了国务院有关部委领导以及广大煤炭企业的认可和赞誉。

【全国煤炭工业经济运行座谈会】 2004年7月12日，在北京召开了全国煤炭工业经济运行座谈会。这是煤炭行业认真贯彻落实党中央、国务院宏观调控决策，协调产销关系，积极协助政府解决煤炭经济运行中出现的问题，缓解全国煤、电、油运供需紧张的又一次全国性会议。

为了进一步把握煤炭经济运行形势，会前，协会组织了6个调查组分赴16个省区57家企业和煤炭管理部门进行了调查研究，冷静地分析了全国经济形势和煤炭经济运行态势，研究和探索了解决煤炭经济运行中出现的新情况和新问题的思路和对策，对煤炭工业经济运行中的一些重大问题形成了共识。会议号召广大煤炭企业增强大局意识、自律意识，科学地组织好煤炭生产，努力提高煤炭供应能力和合同兑现率，为缓解全国煤、电、油运供需紧张做出努力。国家发改委领导对这次会议的作用和协会的工作给予高度的评价，肯定了协会对缓解下半年电煤供应起到的积极作用。中央电视台等多家新闻媒体进行了连续报道，引起了政府有关部门和全社会的高度关注。

【2004中国煤炭经济论坛会】 2004年11月25日，协会和山西省人民政府联合召开"2004中国煤炭经济论坛会"。第一副会长濮洪九作了题为《完善煤炭价格形成机制，促进煤炭工业可持续发展》的主题报告。对中国煤炭价格的现状，完善煤炭价格形成机制的重要性及基本思路进行了深入的分析，旗帜鲜明地提出煤炭成本核算不科学、煤炭价格形成机制不合理的问题。主题报告引起了行业内外的广泛关注，30多家媒体，1000多家网站进行了报道，新华社发了内参，影响颇大。会议邀请了中共中央政策研究室、国务院研究室、国家发改委、国资委、财政部、铁道部、国土资源部、国家统计局宏观经济研究专家和领导，中央党校、清华大学教授等高层权威人士共同探讨以煤炭价格为主题的煤炭可持续发展问题，这是近几年来，层次最高、范围最广的煤炭经济论坛会，受到与会人士的高度评价。

【重大课题研究】 按照科学发展观的要求，完成六项重大课题的研究。2004年以来，围绕煤炭工业改革与发展的热点、难点问题，主动接受政府有关部门的委托，完成了重大课题的研究，得到了国家发改委、财政部、国土资源部、中国工程院等部门的充分肯定。有的研究报告已经被政府采纳，正式作为国务院文件下达。

受中国工程院委托，完成了《2020年能源战略及"十一五"计划》、《中国可持续发展煤炭资源战略》研究报告。这两项研究，在对煤炭工业发展态势总体把握的前提下，提出了资源保障程度、煤炭高效洁净开发和利用、产业结构调整、科技发展、安全生产、人与自然和谐发展等方面的思路和加强煤炭行业宏观调控，创造公平竞争环境，坚持对外开放，改善安全生产条件，提高职工生活质量等政策建议，得到了有关方面的高度重视。中国工程院在向国务院汇报时，基本采用了协会对今后20年煤炭工业发展趋势的判断和对几个重大问题的看法和结论。国务院有关部门在研究能源中长期发展规划时也采纳了我们的意见。

受财政部的委托，与国家局完成了《建立煤矿安全生产设施投入长效机制》研究报告，完成了《中国煤炭工业发展战略》、《建立煤矿退出援助基金》、《中国煤炭进出口战略》以及三项重点课题研究报告。后三项已经代财政部向国务院起草了专报信息。《建立煤矿安全生产设施投入长效机制》研究报告得到了国务院领导的认可，并据此国家出台了提取煤炭生产安全费用和规范煤矿维简费管理的办法。从2004年5月份起，在全国煤矿实施，预计全国煤矿每年可增加提取煤矿安全费用100多亿元，为建立煤矿安全长效机制，夯实安全基础，提高矿井抗灾能力提供了资金保障。《建立煤矿退出援助基金报告》得到了财政部的高度重视。2004年8月，国务院在包头召开的"建设大型煤炭基地座谈会"上，财政部部长助理张少春表示，按照公共财政的原则，国家要抓紧研究建立煤矿退出援助基金问题。财政部正在组织深入研究这一问题。

【规划编制工作】 受国土资源部的委托，完成了《煤炭资源"十一五"开发利用规划》。全面收集煤炭资源勘查、开发和利用资料以及相关的经济数据，提出了"十一五"全国煤炭资源勘查开发规划以及相关的重点工程。规划突出煤炭资源开发利用和生态环境保护的关系，体现了规划的前瞻性、科学性和可操作性。

受国家科技部的委托，完成了《煤炭工业2004～2020年科技发展规划》。其中煤炭的经济、高效、清洁开发利用的7项关键技术纳入了国家中长期科学技术发展规划。

此外，协会还组织代管协会和经济研究单位完成了《2020年中国煤炭科学与技术发展重点领域研究》、《关于市场经济条件下煤炭行业人才培育机制的研究》和《煤矿群众文化运行机制课题研究报告》等12项重大课题研究，为推动煤炭工业可持续发展提供了决策依据。

【煤炭产销调控】 党中央、国务院十分关注全国煤电油运供需关系的紧张局面，在加大宏观调控力度的同时，多次召开专题会议研究解决突出问题，缓解供需关系紧张的矛盾，促进了国民经济的快速发展。针对煤电油运全面紧张的问题，协会始终以国家大局为重，贯彻中央宏观调控政策，努力协调各方面的关系，不断提出有利于解决供需矛盾的意见和建议。2004年以来，会同中国煤炭运销协会主动协调产运销关系，协助政府解决煤炭供应问题。

2004年4月4日，在广西召开了部分大型煤炭企业主要负责人会议。濮洪九代表中国煤炭工业协会提出了提高重点合同兑现率和煤炭质量，搞好价格自律的具体要求。4月9日和17日，分别在北京、秦皇岛召开电煤供应协调会，协调解决计划外电煤507万吨。5月12日，在北京召开部分企业参加的会议，落实国家发改委关于"严格执行重点电煤合同"的通知精神，动员企业顾全大局，保证煤炭供应。为提高煤炭质量，协会又下发了"关于进一步加强行业自律，强化煤炭质量管理的紧急通知"，要求煤炭企业采取有效措施，加强管理，努力提高煤炭质量。协会主要领导利用一切机会向国务院和国家发改委领导汇报行业发展和经济运行中的突出问题。2004年先后三次在参加的国务院常务会议上，都向国务院领导汇报了煤炭经济运行情况和解决煤电油运全面紧张的建议，得到国务院领导的高度重视。11月18日，又主动地向国家发改委负责价格的领导汇报了煤炭工业现状和煤炭价格问题，这对于发改委领导加深对煤炭行业困难的了解，客观认识电煤价格偏低的原因起到了很大的作用。

【统计与信息工作】 煤炭行业统计与信息工作，国务院有关部门有两个具体要求，一是受国家统计局和原国家经贸委的委托，中国煤炭工业协会负责全行业的统计管理工作，在行业统计上代行政府职能；二是受国家发改委和财政部的委托，负责报送行业经济运行过程中的热点、难点问题以及各种专题报告。协会和国家局调度中心、通讯信息中心合力完成了新的煤炭工业统计报表制度；对《中国煤炭工业网》进行了改版，大幅度增加了信息量，信息的时效性明显增强。同时，我们还及时向国家发改委、财政部报送了行业信息，2004年采用各类信息747多篇，总分连续12个月排名第一，得到了国务院有关部委的好评。从2003年开始，定期编发了《煤炭工业信息》内部月刊，为煤炭企业提供了一个信息量较大的内部交流平台。

【对外交流与合作】 中国煤炭工业协会与美国、澳大利亚、南非、加拿大、俄罗斯、德国、波兰、日本等国有关采矿协会、商会、能源开发机构建立了合作关系。协会主要领导带队先后出席了世界能源理事会第18次大会、国际煤炭研究委员会年会、第14届国际选煤会议等。2004年3月和10月，先后在上海召开的"2004中国国际煤炭大会"、"国际煤炭研究大会暨展览会"、"中国国际煤炭展览会"和"2004中国国际煤化工及煤转化高新技术研讨会"。这些活动，向世界展示改革开放以来，中国煤炭工业发展和日益增强的国际地位，扩大了协会在国际上的影响。

在2004年的国际活动中，积极开展煤炭行业的招商引资活动。在北京举办了"煤炭工业投资：展望2030年"研讨会向国外推出了44个煤炭行业招商引资项目推介会。

【煤炭代管协会工作】 2004年，协会严格按照国务院国有资产管理委员会委托的范围和要求，组织协会和代管协会人员学习贯彻四中全会和中央经济工作会议精神，完成了9个代管协会换届改选工作，全面开展了对代管协会的财务审计工作。协会在经费十分紧张的情况下，每年拿出150多万元，委托开展课题研究。近两年协会委托代管协会共完成了27项课题，形成了近100多万字的研究报告。

一年来，代管协会在参与行业管理、维护行业和企业利益等方面做了大量工作，取得新的成绩，为促进行业经济运行不断好转，推动煤炭工业全面协调可持续发展，做了大量工作，成效显著。

中国煤炭运销协会，在协调煤炭供需关系，研究煤炭价格机制，推动煤电联动的实施，保护煤炭企业合法权益，缓解煤电油运紧张的局面发挥了重要作用。

中国煤炭经济研究会，围绕煤炭工业改革发展中的重大问题积极开展课题研究，围绕煤炭产业经济政策和产权制度改革等提出了许多具有较高价值和较强针对性的对策、措施和建议。中国煤炭建设协会，从制定和修订工程建设标准、规程、规范，承办企业资质、执业资格、市场准入认证等入手，协助政府规范煤炭建筑市场管理，提高工程质量监督，促进了煤炭建筑业发展。

中国煤炭加工利用协会，围绕发展循环经济和煤矿环境保护，反映行业意见和要求，协助政府制定政策、标准、编制规划，协调解决煤炭企业在执行国家环境保护政策方面的困难和问题，促进了煤炭开发利用工作的发展。

中国煤炭机械工业协会，立足于提升以采掘工作面的技术和装备为重点的制造质量，通过"以市场换技术"的方式，协助企业积极引进工作面新技术、新工艺，提高了装备制造的质量和效益。

中国煤矿文化艺术联合会，发挥各专业分会的作用，坚持发展创新，突出主旋律，开展了基层文化活动，推动了煤炭行业精神文明建设和文化质量的提高。在全国文艺大赛中获得多枚金奖，丰富了职工文化生活，为行业赢得了荣誉。

中国煤炭职工思想政治工作研究会,以煤矿安全思想宣传教育为切入点,深入开展以人为本的煤矿精细管理模式的研究,全面推广企业文化,逐步把安全思想教育引向深入,提高了职工的安全生产意识和防范意识,为安全生产夯实了牢固的思想基础,增强了企业的活力和竞争力。

中国煤炭教育协会,围绕煤炭教育改革与发展的热点问题,开展教育科学研究,集中力量,积极协调,扩大"对口单招"范围,为煤炭企业人才队伍建设和培养找到了新的突破口。

中国煤矿体育协会,在全行业开展了"百万职工健身活动",举办和参加体育比赛,带动矿区全民健身活动的普及和提高,组织参加全国性比赛,展示了煤矿职工的精神风貌。

中国煤炭学会,围绕煤炭工业科技进步,技术创新,开展"1248品牌工程活动"和学术论坛,开展学科(专业)重大科技进展评估,组织"煤炭科技成果技术鉴定、评议",开展"2020年煤炭科学与技术发展重点领域研究"课题研究;评选推荐煤炭科技奖、第十三届能源大奖、青年科技奖等,推动了煤炭科技工作开展。成功地推进了院士推荐工作,张铁岗、谢克昌2人获得批准,为行业选拔科技精英做出了贡献。

【协会自身建设】 随着政府行业管理职能的不断转移,行业性社团组织的作用愈来愈显现。如何适应新形势发展的需要,逐步把协会建成"自立、自养、自主、自强"的社团组织已成为发展趋势。

1. 组建协会专家咨询委员会。在协会内设机构中设置了由长期工作在煤炭生产、经营、科研、制造等领域的资深专家组成的专家咨询委员会工作机构,主要负责企业发展战略研究、技术咨询、企业项目评价等。同时,为规范中国煤炭工业协会的咨询服务工作,提高工作质量,提供优质服务,制定了《中国煤炭工业协会咨询服务管理办法》。这项工作已正常开展,2004年已经完成17项咨询服务工作。

2. 完成协会分支机构的清理整顿工作。2004年对协会分支机构、代表机构进行了整顿清理,出台了《中国煤炭工业协会分支机构管理办法》,对分支机构的性质、业务管理、会费收取条件等作了明确规定,既要充分发挥各自的作用,又要在统一管理下有序开展工作。

3. 加强对地方行业协会的联系和交流。全国已有18省(自治区、市)、20余个地区(市)先后建立了行业协会,这对于推动煤炭行业发展有着重要的作用。协会一方面积极帮助各地方协会组织的筹建和工作的开展;另一方面,加强相互的工作联系,通报工作情况,交流经验。

4. 参加"全国行业协会成就汇报展览会"。这本次展览会由民政部、国家发改委和国资委共同主办,来自全国各地的行业协会共456家参加,展会围绕"展示、促进、发展、成就"主题,全面系统地展示改革开放以来中国行业协会的发展历程和经验成就。中国煤炭工业协会统一组织各代管协会参加展览,展示了煤炭行业的形象和协会在提高煤炭资源保障程度,推动煤炭工业可持续发展方面创出的新业绩,提高了协会的社会地位。

(中国煤炭工业协会　解宏绪)

中国冶金矿山企业协会

【概况】 2004年中国冶金矿山企业协会在新形势下,不断强化服务意识,认真履行职责,切实当好政府与企业之间的桥梁和纽带。通过不断努力,各项工作开展顺利,组织体制、运行机制与活动方式等方面有了新的变化;协会职能、工作领域有新的拓展,在行业内乃至社会上树立了良好的形象。

一年来,协会结合冶金矿山发展实际,围绕解决行业发展的突出矛盾,广泛深入地开展调查研究,完成了《关于加强商业性矿产资源勘查工作的意见》、《关于矿业用地管理制度的意见》等,向国家发改委、国土资源部等国家有关部门提出了意见和建议。正在组织"十一五"冶金矿产资源规划研究、"十一五"冶金矿产资源综合利用规划方案、"十一五"冶金矿山科学技术进步规划研究、加强矿山地质工作研究等工作。协会提出的政策建议,得到国家有关部门的重视,有的建议已经形成国家政策,有的建议有关部门正在抓紧研究,制订解决具体问题的政策措施。

【信息服务】 2004年以服务为宗旨,在提供信息、帮助会员单位排忧解难方面作了大量工作,得到广大会员单位的肯定和支持。为会员提供信息服务是协会行业服务的重要内容。通过《冶金矿山动态》、《冶金矿山统计年报》、《冶金矿山对标挖潜月报》等,向会员提供技术、经济、政策等方面的信息。通过编辑出版矿山技术进步、科学管理、生产经营、文化建设等方面的专题论文集、经验汇编,向会员单位提供国内外矿山生产、经营、管理、技术及企业文化建设等方面的经验和动态。这些信息技术,促进了行业整体素质的提升。

【冶金矿山技术交流】 2004年围绕冶金矿山重大技

术问题，广泛开展技术交流，组织冶金矿山科学技术奖的评奖活动，努力推动行业科技进步。科学技术是第一生产力，是先进生产力的集中体现，人才资源是重要的战略资源，是实现生产力的第一要素。解决冶金矿山改革和发展中的问题，全面推进可持续发展的冶金矿山，希望在科技，关键在人才。促进“科教兴矿”和“人才强矿”战略的实施是协会的一项重要工作。围绕冶金矿山热点难点技术问题，组织开展了各种技术交流活动多次，吸引和凝聚生产建设单位、科研设计院所、高等院校等国内外冶金矿山科技工作者的参加，发表论文数十篇。

【冶金矿山科学技术奖的评审】 根据冶金矿山行业科技进步的需要，经国家科学技术部批准设立了“冶金矿山科学技术奖”，旨在推动行业科技进步，鼓励自主创新，推进科技成果转化，促进科教兴矿和行业可持续发展。2004年受理申报52项，本着“公开、公平、公正”的原则，经评审委员会评审，共评出特等奖1项、一等奖3项、二等奖10项、三等奖18项，并将向国家科学技术部科学技术奖励办公室推荐申报国家级奖项。

【矿产资源相关法律法规的修改修订工作】 积极反映资源管理中存在的问题，参与矿产资源相关法律法规的修改修订工作。近年来，针对冶金矿产资源管理出现的问题，协会多次向国家有关部门反映，提交专题报告，提出加强资源保护建议，并多次陪同国土资源部领导深入企业、深入现场，进行调查研究，帮助企业解决资源问题。积极组织冶金矿山企业和行业专家参与了《矿产资源法》等法律法规的修改修订工作，反映了行业及会员的愿望和要求，提出了具体修改意见和建议，引起了各方面的关注，收到了一定的效果。

（中国冶金矿山企业协会　揭香萍）

中国钨业协会

【概况】 2004年，中国钨业协会以“三个代表”重要思想为指导，坚持“为企业服务、为政府服务、为振兴钨业服务”的宗旨，在国家部委以及中国有色金属工业协会的关心支持下，全体会员单位共同努力，做了大量的工作，取得了一定的成绩。

【钨行业现状调研】 鉴于中国钨行业中存在低水平重复建设的现状，国家发改委要求协会对钨行业现状进行调研，分析存在的问题，提出行业准入等相关政策建议。协会总会和各分会相互配合，完成了《中国钨工业现状调研报告》和《钨行业企业准入若干规定》的专题材料，经主席团、特邀专家教授、各分会秘书长联合审查后已报送国家发改委。

为摸清钨行业的家底，主席团要求开展钨产业的调研工作。协会召开了分会秘书长会议，进行了周密布置与安排。钨协总部、硬质合金分会、地矿分会等分会人员深入工厂、矿山进行调研，或者委托骨干企业对本地区的情况进行调研。协会秘书处在昆明市还召开了云南省钨矿山企业负责人座谈会，了解边远少数民族地区钨矿山企业的情况。经过大家的共同努力，编写了《中国钨产业现状与发展前景》的专题报告。

【钨废碎料进出口管理】 近年来，以混合料名义报关走私出口碳化钨粉的情况十分严重，引起欧盟反倾销。中国钨业协会根据会员单位反映的建议意见，向国务院税则办提出了对2005年关税实施方案调整时将混合料单独列为税则税目的报告。

为减少中国钨资源的消耗量，保护好有限的宝贵的钨资源，根据会员单位要求，协会向国家环保总局要求将钨废碎料列入限制进口类可用作原料的废料目录，并同时提出严格钨废碎料进口管理，限额特批，实行定点配额的建议。

根据国家发改委的要求，协会向国家发改委呈送了“关于《关于加强钨、锡、锑稀土行业管理的若干意见》的报告”。受商务部的委托，完成了对具有钨及钨制品出口供货资格企业的年审工作，经主席团审议后，已向商务部报送审核建议意见。

【中国钨工业发展战略论坛】 为树立全面、协调、可持续的科学发展观，推动钨企业体制创新与科技进步，加速产品结构调整，提高国际竞争力，促进中国钨工业全面健康发展，2004年10月，在湖南长沙成功地举办了“中国钨工业发展战略论坛”，有关国家部委、联合会、协会、湖南省政府的领导和院士以及钨业战线上的企事业、地质勘查、院校、科研和新闻媒体等120多个单位，200多名代表参加了会议。会议编印了《中国钨工业发展战略》论文集。论坛大会共有17位院士、专家、教授、企业家作了学术专题报告，会议代表分别参观了中南大学粉末冶金国家重点试验室和株洲硬质合金集团有限公司钻石工业园。论坛受到会议代表高度评价。

【主席团制度试行】 2004年是试行主席团制度的第一年，面对市场波折起伏的严峻形势和钨产业迅猛发展局面，协会主席团高度重视，召开了四次主席团会议，大家以科学发展观为理念，及时分析当前钨业面临的形势，研究如何正确应对剧烈变化着的市场，引导企业正确决策本企业的发展，避免低水平的重复建设，协调会员单位共同努力维护全行业的利益和国家民族的利益。每次主席团会议后，在报纸、网站、《中国钨业》期刊等媒体上发布会议纪要，为会员单位提供信息。这些会议的信息都引起国内外钨业界和新闻媒体的高度关注和较大反响。

【《中国钨业》期刊编辑出版】 《中国钨业》期刊、《钨业简讯》以及分会的《会刊》、《简报》等，是协会宣传国家政策、法律、法规和技术信息交流的主要窗口和工具，为此总会和分会做了大量工作。

《中国钨业》期刊共出版6期，发行6000多册，该期刊经过北京大学图书馆的定量筛选和专家定性评审，2004年列入《全国中文核心期刊》，被编入《中国核心期刊要目总览》，同时也被国家科技部收录为《中国科技核心期刊》、《中国科技论文统计源期刊》。印发《钨协简讯》4期，近2000份；编印完成《2004年中国钨工业年鉴》、《中国钨业协会工作手册》、《中国钨工业发展战略论坛》论文集。

【硬质合金分会统计分析工作】 硬质合金分会多年来坚持做好统计分析工作，为企业服务，坚持开展年度统计和经济活动分析，编印了《全国硬质合金行业2003年统计年鉴》和2004年上半年《统计汇总》，使企业及时了解和掌握行业内的生产经营情况。

硬质合金分会编辑、出版的《国外凿岩合金钻头材质剖析结果与探讨》一书及《硬质合金简报》，为会员单位提供大量的政策、经济、技术等信息，深受会员单位欢迎，加强和促进了行业间的技术交流。

地矿分会组建了"钨矿之家"信息平台，开通以后及时为钨矿企业提供有关信息，得到企业支持。

【分会工作开展情况】 分会工作是协会工作的重要组成部分，2004年协会分会工作有了新起色。为落实2004年协会工作计划，发挥分会的作用，协会在株洲召开分会会长、秘书长会议，会议布置落实了全年的工作，硬质合金分会介绍先进工作经验，促进了分会工作的开展。

硬质合金分会在江苏无锡召开了中国钨业协会硬质合金分会首次会员代表大会，讨论通过了《中国钨业协会硬质合金分会工作条例》，并总结、交流、布置、探讨了分会工作，进一步加强了行业之间的沟通和合作。另外，硬质合金分会在浙江温州召开了分会一届二次理事会，总结2003年工作，部署2004年任务；地矿分会分别召开了全国钨矿山企业负责人座谈会，达到了加强交流，增进了解的目的，并研究如何理性地应对钨市场的变化，促进全行业的共同发展。

各个分会还开展行业调研工作，走访企业，主动掌握分会企业情况和现状，收集大量第一手材料，各个分会提出行业准入资格条件建议，撰写了本产业的现状与发展战略专题报告。

【协会组织建设】 建立、健全和完善了"主席团工作制度"、"分会工作条例"、"秘书处工作条例"、"财务工作制度"、"人事工资工作条例"、"文秘工作与档案管理制度"等规章制度，经主席团审核后实施；做好发展新会员工作。随着协会的影响力和凝聚力的增强，要求入会的企事业单位较多，经审核，报理事会或主席团批准，又发展了一批新会员单位。

2004年10月，在湖南省长沙市召开了中国钨业协会四届二次理事会议，会议审议了《理事会工作报告》和《财务收支情况报告》，审议批准了中国钨业协会新的会员。

（中国钨业协会　陈辉萍）

中国非金属矿工业协会

【概况】 中国非金属矿工业协会成立于1987年，是中国非金属矿采、选、加工企业、科研设计、教学、信息、设备、贸易等单位及个人组成的全国性行业组织，是中国一级社团法人单位（中华人民共和国民政部[社证字第4195号]），旨在促进中国非金属矿工业现代化、为行业的共同利益服务。

协会共设16个专业委员会，3个工作部，并设秘书处和专家委员会，拥有团体及个人会员单位1200余个。协会的基本任务是行业管理、国际合作、信息交流、业务培训、咨询服务以及国家经贸委规定的其他各项任务。协会领导机构：理事长：李宝银；常务副理事长：张湛；秘书长：秦定惠；常设机构：秘书处、技术开发部、信息部、国际部、专家委员会；分支机构：石棉专业委员会、石墨专业委员会、石膏专业委员会、滑石专业委员会、云母专业委员会、长石专业委员会、萤石专业委员会、菱镁矿专业委员会、膨润土专业委员会、硅灰石专业委员会、碳酸钙专业委员会、硅藻土专业委员会、粘土矿物专业委员会、耐火粘土专业委员会、矿物加工利用技术专业委员会、硅质原料专业委员会。

根据国土资源部的有关文件，协会承担了"十五"矿产规划研究课题，并于10月份按时完成任务。完成建材数据库的工作，并完成了相关的财务审计和技术审查。

【第四届六次常务理事会扩大会议】 2004年2月28日,协会召开第四届六次常务理事会扩大会议。这次会议的目的除安排全年工作计划外,重要的是把协会引导到市场化的轨道上来,那就是要贯彻竞争的原则、利益协调的原则、法制解决矛盾的原则。围绕这些问题,协会历来有着不同表现的争论;如计划经济思维和市场理念的碰撞;对协会领域成员以经济实力为背景的竞争竞选;各企业之间利益的冲突,总会和专委会的关系等。这次会议,为解决这些问题,推动协会沿着市场化原则的道路上向前迈出了一步。四届六次常务理事会增补了8位民营企业领导人;会议成员增加了各矿种企业家20余位,初步做到了非金属矿精英大聚会;签订了总会法人代表与各专委会负责人的互动责任书。会议还就创建"非金属矿展览市场"及行业发展的长远大计,即"高起点、高技术、高投入、设备现代化、产业规模化、产品精细化"的战略方针,达成了共识。

四届六次常务理事会最后就换届人选进行初步的协调,基本统一了意见。

【2004非金属矿国际展览】 于2004年5月9日正式开展。由原中国非金属矿集团公司提出,中国建材科技中心承办。

展会有100余家参展,由于会前宣传和讲座准备的比较充分,加上会议几家参展商的重视和动态展示,使展会增加了不少亮点,并启动了"2004非金属矿年"活动,行业反映热烈。中国非金属矿工业协会将组织各方力量进行总结,以便决定非金属矿专业展今后举办的各项决策。

【非金属矿物材料"优先主题"地位论证工作】 2004年完成了科技部委托的非金属矿物材料在全国中长期科技发展规划中处于"优先主题"地位的论证材料及规划的八大示范基地材料。

这项工作的意义十分深远,我会全力以赴,并在短期内突击完成了上报材料,获得了科技部高新材料处的好评。我们相信:今后非金属矿行业,将因为中国科技发展战略这浓浓的一笔,而受益匪浅。

【温石棉行业维权活动】 石棉是一个特殊的矿种,温石棉与蓝石棉不同,后者对人类健康确有危害。中国非金属矿工业协会已于2001年报请国家经贸委把蓝石棉列入了"应取缔的落后生产力"清单。但是,温石棉(也称蛇纹石纤维)是完全可以安全使用的。某些国家和行业出于商业目的或片面认识,多年来对温石棉进行了不公正的宣传和攻击。2004年9月温石棉面临着鹿特丹公约PIC程序的最后审查,有可能在欧盟及澳大利亚等国的策划下,把温石棉和闪石类一齐列入危险化学品名单。为此,俄罗斯、哈萨克斯坦及加拿大等国石棉协会与中国非金属矿工业协会合作,组织国际上的温石棉行业联合反击行动。国际石棉协会、欧亚石棉协会都得到了上述各国政府的支持,协会也向国家环保总局等报送了大量的科学论证资料,并获得了政府和中国建材协会的支持。中国非金属矿工业协会为此次维权活动进行的各项工作,取得了满意的成果。

2004年6月,协会进入了行业维权活动的正式操作。首先,为了正式与角闪石石棉相区别,把原石棉专业委员会更名为"蛇纹石纤维专业委员会",并就有关内容在媒体进行了初步宣传,随后请国际顶尖吸入毒物学专家作了"温石棉可以安全使用"的专题报告等,邀请了40多位政府官员出席报告会,扩大了行业维权的影响,收到预期的效果。

【温石棉安全使用国际研讨会】 2004年8月底,由中国非金属矿工业协会举办。会后召开了有40余家媒体记者出席的新闻发布会,效果非常好,国际石棉协会主席对会议给予高度评价。在评估中国温石棉行业为声援国际同行所作的贡献时给予称赞。

中国出席日内瓦会议代表团(关于鹿特丹公约PIC程序政府级磋商)成员、石棉项目负责人、国家环保局臧处长对协会工作给予了高度评价。12月上旬,中国非金属矿工业协会接受国际石棉协会主席之约,出席在迪拜召开的国际石棉协会常务会议,与国际同行共商行业维权和发展大计。

【财务审计】 中国非金属矿工业协会完成了2001~2004年9月财务审计工作。为向中国建材工业协会移交财务管理做好了全部的准备,并将于11月份完成移交手续。审计结论明确指出:中国非金属矿工业协会发挥各分支机构的优势,"协"字当头,讲协商、讲协调、讲协作、讲协同,共谋发展。2004年1~9月你协会工作和活动主要取得了重大的国际性的社会效益。经审计,上述开展的工作和活动收入、支出,真实、公允的反映了贵协会的财务状况;经审计,中国非金属矿工业协会已走上了经费自立、工作自主、活动自律"三自"发展的健康轨道,营造了良好的发展环境。经审计,未发现有人侵占、私分和挪用公款的现象;经审计,协会无债权,债务也无呆滞账项,协会财务管理严格,领导重视,核算认真、数字准确,核算已按事业单位会计制度调整了科目,并按事业单位的会计制度、会计准则完善和改进了基础工作。

【第四届理事会换届工作】 准备2005年第四届理事

会换届工作。工作繁重,既要全面总结协会五年的工作成绩,又要找出与先进协会的差距,既要提出市场化改革的目标,又要凝聚全行业团结奋进的共识。在2004年内完成全部会议文件,并协调新的领导班子,使第五届非金属矿会员代表大会开成一个团结创新、改革奋进的大会。

(中国非金属矿工业协会)

河北省矿业协会

【概况】 2004年协会的工作体现在"为企业服务"、"为政府服务"、"为矿业服务"、"为消费者服务"的宗旨上,重点放在了调查研究、信息集散、交流培训、协助国土资源厅培育建立矿业权市场等方面。4月顺利完成了省民政厅对河北省矿业协会和宝石协会的年检工作。全年发展会员单位10个,调整办事处1个。宝石协会发展会员5个。

2004年协会积极工作、扎实服务受到了有关部门表彰。11月河北省工业经济联合会授予河北省矿业协会"全省先进行业协会"称号,颁发了奖牌。12月24日,省民政厅、河北省民间组织管理工作领导小组[冀民(2004)132号]文决定授予河北省矿业协会"河北省优秀社会团体"光荣称号并进行了表彰,颁发了奖牌和荣誉证书。

【信息集散工作】 《河北矿业参考》是河北省矿业协会对外宣传的主要窗口。2004年完成12期,12000余册的《河北矿业参考》编辑、发放、赠阅工作。在矿业方针政策的宣传、资源保护的宣传、矿业市场的预测和矿业权市场的培育宣传都起了较好的作用。通过内容的调整,进一步增进了协会与会员单位、协会与企业的沟通,增加了协会与政府间的沟通。

为了将政府政策、矿业信息尽快的传达到各会员单位,8月创刊了《河北矿业简报》,用短、平、快的方式进行宣传其内容涵盖了"行业分析、矿山环保、矿业权市场、矿产品市场行情"等等,目前对已发放的两期《河北矿业简报》进行信息反馈。

【调查研究】 受省厅委托的"河北省涉县含钾页岩开发利用研究"项目已经完成,基本达到立项时设计目的,等待省厅审查;全省主要类型金矿探采对比调研工作,拟订的金厂峪、峪耳崖、小营盘、东坪、石湖等5个金矿调研工作已经完毕,室内工作也已经完成。报告文字初稿、报告图件正在绘制、打印中;邯邢地区大水矿床开发利用调研工作,2004年的阶段性资料搜集也进入了尾声;2004年的阶段报告和2005年的工作计划已经开始策划;《河北省钢铁工业发展、铁煤矿产资源的对策研究》审稿已经完成,等待厅审查。部分调研数据有关部门已经提前使用;矿业协会与区调队合作的河北省重点地区化石资源调查研究已经立项,项目设计已经过审查,准备开展工作。

【筹办并参加"首届中国探矿者年会"】 河北省矿业协会协助省厅筹办并参加了国土资源部主办,中国矿业联合会承办的"首届中国探矿者年会"。分别参加了产品展示、学术交流、新闻发布等多项系列活动。协助省厅组织河北省矿业成就展,展出面积最后核定60余平方米,与全国各省比较展出规模较大,展出内容丰富多彩,受到国家领导、部领导的好评。该工作6月开始8月完成,历时两个月。

【参加"2004年中国国际矿业大会"】 2004年10月,河北省矿业协会配合省厅参加了国土资源部组织召开的"2004年中国国际矿业大会"。了解目前国际矿业的勘探、开采、管理水平、矿业开发融资情况;矿业勘探、开发过程中计算机软件的使用,激光设备的应用;国外矿业公司来中国进行矿业开发的情况和中国在国外矿业开发的情况及相关政策等。

【矿业权市场】 河北省矿业协会2004年10月,帮助邯郸市国土资源局对拟出让的"河北省武安市胡峪东南硬石膏矿Ⅰ矿层采矿权"的招标、挂牌工作进行策划,协助起草招标、挂牌文件以及出让的前期工作。

【唐山、石家庄珠宝经理座谈会】 2004年9月4日和9月6日河北省矿业协会宝石协会分别在唐山市和石家庄市召开两市的珠宝业商界经理座谈会,30多家商家分别在两地参加了会议。为贯彻落实《中国珠宝玉石首饰行业自律公约》,协会在会上提出五点要求:一是在全行业内认真学习"行业公约"、积极宣传"行业公约"组织落实"行业公约";二是要加大维护市场秩序的力度、规范企业(商业)行为、稳定市场价格、鼓励公平竞争;三是继续做好"放心示范店"的推荐工作;四是有影响且具有一定规模的商家要树雄心,争创"驰名品牌";五是全市珠宝玉石首饰行业要认真做好准备,在严格自查的基础上,迎接中国工商行政总局和中国宝玉石协会组成的专家组来河北省进行"质量抽查"工作,各商场(企业)要借助国家"质量抽查"的东风,把质量工作提升到一个新的水平。

珠宝商界的经理们在座谈会上对唐山、石家庄珠宝市场的建设提出许多好的建议:一是随着人们生活水平的逐步提高，珠宝玉石首饰行业迅速发展，协会、媒体和商家应共同行动起来，对广大市民普及珠宝知识，使人们对珠宝玉石的认识逐渐成熟起来，提高对珠宝的鉴定力和选购能力，让协会、商家和消费者共同培育和维护珠宝市场。二是在条件成熟时由协会牵头，在石家庄建立珠宝玉石首饰集约化的专业市场，使珠宝业增强抗外界干扰的能力，真正做到独立自主地经营。

会议上建议各商家应该学习国内外同仁的好经验、好做法，拿出70%的力量在售后服务上下工夫，如建立客户档案、定期回访客户、电话咨询征求客户意见等，以赢得消费者的信任，坚定消费者的信心，提高客户的回头率，逐步扩大市场占有率。

【"宝玉石放心示范店"的推选工作】 2004年河北省矿业协会宝石协会的一项工作是推荐优秀企业，经积极努力，8月"邯郸新世纪珠宝商场"经河北省宝协推荐被评为"中国宝玉石协会放心示范店"。

11月，河北省宝协推荐"曼都珊"珠宝参加中宝协组织的中国宝玉石首饰行业"驰名品牌"的评选。

【宝玉石专家咨询宣传活动】 2004年3月15日，河北省矿业协会宝石协会组织宝玉石专家赴邯郸参加了邯郸市"3·15"宝玉石咨询、宣传和免费鉴定活动。该活动的开展提高了邯郸市民欣赏珠宝的兴趣，增加了珠宝知识。

（河北省矿业协会）

江苏省矿业协会

【参加中国矿业联合会三届五次会长会议暨第十一届全国矿业协会会长、秘书长联席会议】 2004年初中国矿业联合会在北京召开了三届五次会长会议暨第十一届全国矿业协会会长、秘书长联席会议。省国土资源厅副厅长、省矿业协会常务副会长杨维兴，省国土资源厅矿管处处长、省矿业协会秘书长祖跃升等领导参加了会议。

【参加《第一届中国探矿者年会》】 由国土资源部主办，中国矿业联合会承办、各省国土资源厅协办的"第一届中国探矿者年会"于2004年6月在北京举行。为贯彻温家宝总理关于"地勘工作要适应发展社会主义市场经济的要求，实现新的战略性转变，建立与社会主义市场经济体制相适应的地勘工作体制，使地勘工作更加紧密地与经济建设和社会发展相结合，更好地为经济社会发展服务"的精神，由政府搭台、协会参与，组织地勘单位、矿产勘查公司、矿业中介机构、矿产勘查投资人和金融机构，建立商业性地勘工作的活动平台，促进矿业权流转，推进中国的矿产勘查的投资活动。

年会围绕推进商业性矿产勘查与探矿权市场建设这一主题，多角度、多层面，对中国商业性矿产勘查的现状、问题及建议进行了充分的论证。

此次年会为国内地勘行业的第一次，全国各地共有1800多人参加了年会。江苏省成立了以陶培荣厅长为组长的年会工作领导小组，组织了全省地质勘查、研究、有关国土资源部门共30多人由刘聪副厅长带队出席了会议。同时参与了与年会同时举办的以展示地质找矿、矿业开发成果和介绍探矿权、采矿权市场信息的展览会，安排有5个展台面积，省矿业协会积极参与，参会人员中有江苏省矿业协会的副会长、常务理事、理事多名。

【修改《矿产资源法》研讨班】 1986年由全国人大颁布实施的《矿产资源法》结束了中国矿产资源管理无法可依的历史，根据建立社会主义市场经济体制的要求和十年来的实践，1996年对《矿产资源法》作了修订。《矿产资源法》的颁布实施，促进了中国的矿业发展，基本保障了经济社会发展对矿产品的要求。但由于立法背景所限，《矿产资源法》仍存在着不适应社会主义市场经济需求，不符合国际惯例及过于原则笼统、不便于操作的缺陷。按照全国人大常委会的要求，将对《矿产资源法》进行全面修改。国土资源部"两法"修改办公室以各种形式广泛征询各方面的意见。为此江苏省矿业协会配合省厅法规处、矿管处举办《修改〈矿产资源法〉研讨班》，市、县国土资源管理人员、矿业企事业单位50多人出席了会议，协会名誉会长明晓寰、省国土资源厅副厅长、协会常委副会长杨维兴、副会长陈正宁出席会议并作了重要讲话。

省厅法规处缪晓山处长围绕矿产资源法修改的有关问题、进展情况和拟修改的主要内容作了主题发言。详尽地介绍了国土资源部"两法"修改工作领导小组办公室开展的《矿产资源法》修改调研情况。从7方面肯定了矿法实施的成效：

1. 矿产资源管理纳入了法制轨道以矿法为主体的矿业法律、法规体系初步形成；

2. 具体明确了矿产资源属国家所有和由国务院行使对矿产资源所有权的法律制度，逐步在全社会树立起矿产资源属于国家所有概念；

3. 在法律上确定了国家对矿产资源集中统一管理，在实践中逐步实现了国土资源主管部门对矿产资源勘查、开采的审批、登记和储量、资料等的相对集中统一管理；

4. 逐步建立起矿产资源有偿开采和探矿权、采矿权有偿取得相应的管理和税费制度，在一定程度上维护了矿产资源国家所有者利益和探矿权人、采矿权人的利益；

5. 明确了探矿权、采矿权可以依法经批准转让，为培育探矿权、采矿权市场提供了法律依据；

6. 建立了矿产资源的监督管理制度，规范了矿政管理者和相对人的法律责任；

7. 促进了中国矿业的发展，推动了矿业秩序的逐步好转，基本保障了经济社会发展对矿产品的需求。

缪晓山分析了当前矿业存在的主要问题：矿产资源供需形势严峻，矿产资源对经济社会发展的保证程度下降；矿业领域市场化改革的进展不适应新形势的要求；矿产资源勘查、开发秩序治理整顿任务艰巨；矿山生态环境破坏、污染等问题突出；政府对矿产资源管理的宏观调控能力亟待加强；矿产资源相关产业困难大，矛盾突出。

这些问题直接影响到矿业的健康发展和对经济社会可持续发展的保障能力。究其原因，既有历史遗留的问题，也有改革不到位和经济体制转轨中产生的问题；既有立法方面的问题，也有执法方面的问题。

缪晓山还对《矿产资源法》修改的意见和建议作了详尽的叙述，得到了与会代表们的普遍认同。会议代表针对《矿产资源法》的修改从不同的角度进行了认真的讨论。

【组织赴浙江交流考察】 修改《矿产资源法》研讨班在南京的会议结束后，会议组织以名誉会长明晓寰为首的与会代表，与浙江省矿业协会、宁波市国土资源局的领导进行了座谈，相互交流了各自地区矿产资源的基本情况、矿业开发管理及矿业协会的工作。浙江省矿产资源构成的特点是金属矿产和能源矿产短缺，非金属矿产比较丰富，目前已发现各类非金属矿产 60 多种，已探明储量的有 30 多种。价值较高的有称“十块石头三把土”，即萤石、明矾石、石灰石、花岗石、大理石、叶蜡石、硅灰石、沸石、珍珠岩、伊利石和硅藻土、澎润土、高岭土。浙江省非金属矿产资源的开发利用对全省经济发展产生重要影响。2002 年底全省矿山数 5627 个，矿山企业工业总产值 49.5 亿元，销售收入 38.5 亿元（江苏省 2002 年底矿山数 4205 个，工业总产值 121 亿元，销售收入 111.8 亿元 ）。浙江省矿业协会成立于 1996 年 9 月，现有专职工作人员 7 名，兼职 2 名。其中包括退下来的原一把手厅长（现任会长），有 3 人主要从事协会咨询服务部工作。下设天然矿泉水专业委员会、石（砂）矿专业委员会、非金属专业委员会和石灰石专业委员会，分别挂靠省厅地质环境处、科技处及有关企业。适应国土资源厅职能转移的需要，厅将有关规划、开发利用方案编制、评审、调研等工作交由矿业协会承担。如今年天然矿泉水专业委员会就受厅地质环境处委托，开展 2004 年全省矿泉水年鉴工作。浙江省矿业协会各项工作很有起色，为浙江省的经济和社会发展起到积极作用，组织不断扩大，服务领域进一步拓展，服务质量不断提高，在全省矿业的地位和声望也随之提高。通过交流，我们学习到不少有益的东西，对我们很有启发，其中最主要的一条是上级领导的关心和支持是当前矿业协会发展的最重要条件。今后将多安排些对口交流、互相学习等活动。

【石膏矿产开发利用调查研究工作】 由中国矿业大学和江苏省矿业协会共同承担的《江苏省石膏矿产开发利用调查研究》项目，主要工作在 2003 年完成，提交的调查研究报告，于 2004 年 2 月，由省国土资源厅对其进行了评审通过。

报告主要内容为：阐述了中国石膏矿产开发利用及保护概况，对江苏省石膏资源的赋存和开采条件、石膏资源储量、资源形势、共生及伴生资源状况等进行了调查和分析，对全省石膏资源开发利用情况进行了调查，对石膏资源开发利用水平进行了调查和比较分析，调查、分析和指出了在合理开发利用和保护石膏资源方面存在的主要问题，提出了建立矿业经济开发区、矿业结构调整和规模化、集团化的三大战略与对策建议。

调研报告为贯彻“在保护中开发，在开发中保护”的原则，推进江苏省石膏资源的利用由粗放型向集约型转变，合理和有效的开发利用、节约和保护石膏资源，有积极意义。

【“江苏省煤炭资源供需形势分析及对策研究”专题调研课题】 参加省国土资源厅资源处下达省地质资料馆承担的“江苏省煤炭资源供需形势分析及对策研究”专题调研课题，并提出了“缓解煤炭资源供需矛盾的对策和建议”。

资源是人类生活的物质基础。随着中国经济社会的发展，对资源特别是能源资源的消耗不断增加，能源产业规模和生产总量不断扩大，而能源生产和消费结构不合理，加剧了能源的供需矛盾。目前国际能源消费的比例为石油 36%，煤炭 24%，天然气 21%，可再生能源 13%，核能 6%。而中国能源消费比例为石油 23.4%，煤炭 66.1%，天然气 2.7%，水电 7.8%。中国是一个多煤少油的国家，在未来的几十年内煤炭仍是中国的主要能源和重要的战略物质。据专家预测，至 2010 年煤炭在中国一次性能源生产和消费中仍将占 60%左右，到 2050 年此比例也不会低于 50%，可见煤炭是中国安全、经济、可靠的能源。中国现已探明储量的煤炭资源占世界煤炭资源储量的 33.8%，煤炭资源储量远远超过石油和天然气的储量。由于石油价格高居不下,煤炭生产的成本优势更加明显,随着高新技术的推广和应用,煤炭生产成本将继续下降。当前,洁净煤技术已经取得重大突破,将使煤炭成为廉价、洁净、可靠的能源。但对煤炭资源的大量需求也带来了能源供应、环境保护和物质运输等方面的极大的压力。

江苏作为全国经济大省,对能源资源的需求量大,而江苏又是矿产资源的小省,以2003年为例,江苏消耗了1亿吨煤炭,而本省实际生产的原煤只有2500万吨,其余的3/4要靠国外、外省供应。不难看出,江苏煤炭的供需矛盾尤为突出。因此,逐步改善和调整优化能源产业结构,加大能源矿产资源勘查开发力度,应用新技术、新方法增加产能,提高效益,发展煤炭清洁技术,实行集约化规模开采等措施,应是解决煤炭资源供需矛盾的良策。

【矿产督察工作】 国务院办公厅秘书一局2003年底《专报信息》,报道了一则《江苏建议关注中国硅资源的保护和开发利用》消息,报道谈到江苏东海县硅材料工业获得较大发展,形成了一定规模优势,但从硅材料工业发展情况看,仍存在一些突出的问题。其中有关硅资源开发利用管理方面的问题:

1. 东海县分布在各乡镇的个体私营石英采矿场有上百家,乱开滥挖,多头出口,竞相压价;

2. 每年流失到国外的优质硅资源石英砂达30多万吨,日、韩、欧美等国和地区大量收购中国优质硅资源,并作为战略资源进行贮备,仅日本贮备的东海高品位硅资源足够使用20~30年;

3. 东海县与硅资源有关的各类企业有2000多家,硅资源加工企业500多家,技术研究力量薄弱,资源浪费严重等。

国务院和国土资源部有关领导关心江苏硅资源的保护和开发利用,并作了重要批示。省国土资源厅于2004年2月2日向部开发司报告了东海县硅资源开发利用和保护情况,并确定对硅资源开采、生产、加工的重点地区东海县派出专职的国家矿产督察员,加强日常监督检查。厅矿产督察员办公室制定的2004年矿产督察工作打算,将东海地区硅质矿产资源合理开发利用和保护作为2004年矿产督察工作的重点之一。省矿业协会中的国家矿产督察员两次赴东海县进行矿产督察,并提交了督察报告。

【组织赴台湾考察学习】 受《台湾矿业同业公会》的邀请,中国矿业联合会行文,由江苏省矿业协会组织赴祖国宝岛台湾进行考察学习。台湾省已发现矿产60余种,开发利用的有20多种。由于资源有限,经过多年的开发利用与加工,更由于较严格的环境保护法规,目前仅有少数矿产(石油、天然气、石灰石、高岭土、白云岩、砂石等)开采,所需的矿产资源绝大多数依赖进口。在江苏省就有台湾同胞投资参与的矿业勘查、开发活动,在这方面是有很多共同语言的。考察团在台期间,先后参观访问了花莲太鲁阁大峡谷及台湾东海岸地质地貌、石材加工厂等,了解了些台湾地质科技和矿业发展的情况,同时也使我们对祖国宝岛的生态环境、自然风光和风土人情有了新的认识。今后我们将充分发挥两岸民间组织的作用,争取多些机会进行沟通和交流,为江苏省和台湾两地在矿业开发上的进一步合作做些工作。

考察团在台期间,严格遵循中央对台政策的基本原则,利用各种机会,实事求是地宣传大陆的改革开放、经济建设的成就和中央关于"和平统一、一国两制"解决台湾问题的基本方针,受到台湾有关方面的重视和热情接待。

【组织对省内矿山企业的考察学习活动】 组织安排原江苏省矿业协会会长朱国承、名誉会长明晓寰等组成考察学习组赴台商独资"嘉新京阳水泥有限公司"和"江苏船山矿业股份有限公司"考察学习。该两矿山贯彻"在保护中开发、在开发中保护"的原则,依法办矿、科学开矿,各项工作均在江苏省矿山企业中名列前茅。他们的共同特点是:技术管理一流,发展势头强劲,资源利用合理,环境保护先进。今后将有针对性地组织协会人员对有关矿山企业学习、推广他们的先进经验。

【《中国矿业年鉴》编撰】 《中国矿业年鉴》是中国矿业联合会受国家经贸委和国土资源部委托编纂的,反映矿业界年度矿产资源的勘查、开发利用、管理、生产经营、建设和发展等情况的大型资料型工具书。省矿业协会根据中国矿业联合会的要求,向其提供了有关江苏省矿业基本情况、省矿业协会当年主要工作情况等资料。在出版的《中国矿业年鉴》的地方矿业、矿业企业、地方协会栏目中均有选用。2004年为省矿业协会会长、副会长每人订阅了一册,供他们阅读参考。

此外,江苏省矿业协会2004年3月被中国矿业联合会评为中矿联"优秀会员单位"。

(江苏省矿业协会)

河南省矿业协会

【概况】 河南省矿业协会成立于1993年11月,业务主管部门为河南省国土资源厅。2004年9月完成了第三次换届。第三届理事会会长王泽众、副会长张铁岗院士等31人,副会长兼秘书长孙志顺。现有单位会员334个、理事251名、个人会员1000余名。会员单位涵盖全省地矿、煤炭、石油、黄金、有色金属、核工业、盐业、化工、建材、非金属、地热矿泉水等矿山企事业单位以及矿业科研院校、矿业行业的行政管理单位和广大矿业工作者,是河南省较大的行业协会之一,也是中国矿业联合会、河南省工业经济联合会的团体会员。协会下设地热矿泉水、资源经济、非金属矿产、铝粘土矿产等专业委员会,在矿业较发达市(县)设有办事处。平顶山市、南阳市组建有独立法人的矿业协会,为省矿业协会的团体会员。河南省矿业协会成立十多年来,坚持"三个服务"宗旨,主动工作,开拓创新,围绕省政府中心工作和"四矿",想大事、办实事、做好事,取得了一定成绩,得到社会的认可和好评,连续被省经贸委、省工经联评为"河南省先进行业协会"。2003年11月被中国工业经济联合会评为"先进地方行业协会"。2005年11月,又被中国矿业联合会授予"全国先进省级矿业行业协会"荣誉称号。

【桐柏县被授予"中国天然碱之都"称号】 2005年9月1日,中国矿业联合会致函河南省矿业协会和桐柏县人民政府,决定授予桐柏县为"中国天然碱之都"的称号。中矿联决定指出:桐柏县人民政府向河南省矿业协会提交的《申报"中国天然碱之都——桐柏"的报告》[桐政文(2005)25号]文件及贵会向我会提交的《关于申报"中国天然碱之都"命名的推荐报告》文件,河南省矿业协会收悉后,组织有关专家于6月29~30日赴桐柏进行实地复核,形成《关于河南省桐柏县申报"中国天然碱之都"的调查核实报告》,现经《名牌矿业城市命名专家委员会》评审,认为符合"中国矿业联合会关于《名牌矿业城市命名》暂行规定"的要求。经河南省矿业协会研究,决定授予河南省桐柏县"中国天然碱之都"的称号。更好地发挥了省级行业协会的监督与管理作用,支持名牌矿业城市(县)对优势矿产资源的利用有序开发、合理利用与保护矿产资源,促进地方矿业经济与社会资源环境和谐发展。

【河南省民营矿山企业座谈会】 由河南省矿业协会主办、郑州市磴槽集团有限公司协办的"河南省民营矿山企业座谈会",2004年9月9~10日在登封市召开。60多名代表齐聚一堂,围绕民营矿山企业讲成绩、谈发展、摆问题、提建议,畅所欲言。原省人大副主任、省工业经济联合会会长钟力生、省人大环资委主任卫斌、国土资源部"两法"修改领导小组傅鸣柯局长、省国土资源厅副厅长李志民、登封市副市长王书军、著名经济学家杨承训出席会议并讲话,对座谈会的召开表示祝贺。省政协副主席张洪华、中国矿业联合会常务副会长郭振西作了书面发言。

会议由省矿协副会长兼秘书长孙志顺主持。省矿业协会会长王泽众首先致词,代表省矿协对出席会议的领导、专家和民营矿山企业家表示热烈的欢迎,并向大力支持这次会议召开的省国土资源厅、登封市委、市政府、登封市国土资源局和全力协助举办这次会议的郑州市磴槽集团有限公司表示衷心的感谢。

国土资源部"两法修改"领导小组成员傅鸣柯教授通报了"两法修改"的内容及进展情况。中国矿业联合会小型矿山委员会主任李佩基教授、国土资源部"两法修改"领导小组办公室吴姗就如何引导非公有制矿山企业可持续发展和矿业在工业中的地位等问题进行了论述。

郑州市磴槽集团有限责任公司董事长袁占国、河南超越企业集团、天瑞集团汝州水泥有限公司、栾川县九杨矿业有限公司、南阳市隐山蓝晶石开发有限公司、平顶山市石龙区五七煤矿、汝州市贾岭煤矿、莲花矿泉水厂等民营矿山企业的代表在会上发言。与会领导、专家和民营矿山企业家还参观考察了磴槽集团公司金岭煤矿的现场管理、瓦斯发电及生产情况。

会议肯定了河南省民营矿山企业对国民经济发展所作的贡献。同时,也提出了不少问题和许多很好的建议,指出了发展前景,坚定了民营矿山企业的信心。钟力生主任对民营矿业的要求和期望,王泽众会长对民营矿业企业要实施"八个转变"的建议,著名经济学家杨承训教授提出的对于民营矿山企业不能不发展、不能不监管、不能不提高、政府管理不能不改进的"四不"观点,得到与会代表的赞同。

(河南省矿业协会　孙志顺)

【南阳市矿业协会第三次会员代表大会】 于2005年3月24~25日在南阳市召开。大会回顾了第二次会员代表大会以来的工作,肯定了成绩,总结了经验,指出了存在的问题和不足,坚定了信心,修改了协会章程,选举产生了新一届理事会。

中共南阳市委副书记李天岑在会议期间看望了出席大会的原省国土资源厅纪检书记、正厅级巡视员、省宝玉石协会会长刘长秀和省矿协副会长兼秘书长孙志顺(市矿协名誉会长),对王保湘连任市矿协新一届会长表示祝贺,希望市矿协和全市地矿工作者为全市矿业经济持续健康发展和中原崛起做出新的贡献。

南阳市人民政府副市长张国伟(市矿协名誉会长)、市政府副秘书长刘海林(名誉会长)分别向大会发来了贺信,南阳市国土资源局局长李甲坤(名誉会长)向大会作了书面讲话。

(南阳市矿业协会　张树森)

湖北省矿业协会

【概况】 湖北省矿业联合会是覆盖全省矿业行业的社团组织，负责日常工作的常设机构为秘书处，内设办公室、会员部、调研部、对外经济部、宣传部；咨询服务中心、培训中心、信息中心、科技发展中心；根据矿联的工作和发展需要，在12个地级市(州)设立了12个办事处。通过近两年的工作，各办事处基本做到了组织健全，管理办法比较完善，工作业绩明显，使省联合会的服务功能更好地体现和落在实处。

2003～2004年，省矿联本部和各办事处为700多家矿山企业提供了技术服务，解决了企业困难。省矿联总结了兴发集团坚持科技领先，走资源循环经济发展的道路，开发高科技、高附加值矿产资源精加工产品的经验；宝源集团创新企业体制的经验；宜昌梓树坪柳树沟矿业公司规范办矿、科学办矿的经验；郧县政府加强河道采沙管理综合执行经验。

2003～2004年，组织近百人次出省学习，参加各种培训、组织出国，去港、澳、台地区考察人员有10多人次。2004年共接待矿山企业50多人次的上访投诉，同时做到对上访人员反映的问题在24小时内汇报到政府管理部门，基本都有结果。企业感到满意，也协助政府做了维护稳定的工作。

【《湖北省磷矿资源开发利用中的问题及对策》调研报告】 2003年8～10月，根据国土资源厅的要求，组织力量广泛收集国内外磷矿资源开发利用的现状及发展趋势等资料，深入磷矿产区、磷矿山企业、磷化工企业进行调查研究，编写了《湖北省磷矿资源开发利用中的问题及对策》调研报告，经国土资源厅领导审查后报送省委。省委书记俞正声对这份报告做了十分重要的批示；省长罗清泉、常务副省长周坚卫、副省长刘友凡、任世茂都分别作了批示。

【完成《湖北省磷资源开发利用研究》科研项目】 2003年底，省矿业联合会承担了《湖北省磷资源开发利用研究》省级科研课题，秘书处组织了精干的课题研究组，并邀请重点磷化工和磷矿山企业参加课题组的研究工作，课题组的人员在翔实占有材料的基础上，挑灯夜战，伏案撰写，精益求精，六易其稿，于2004年7月18日完成《湖北磷资源开发利用研究》科研课题。

【矿业权市场建设情况调查工作】 加快进行矿业权市场建设的步伐，大量的基础工作需要完善，特别是制定省级相应的规章制度显得十分紧迫。湖北省矿业联合会受省国土资源厅的委托，承担起对全省矿业权市场建设起步阶段发展情况的调研工作。省矿联在接到省厅的委托之后，秘书处进行了认真筹划，从组织人员、明确任务、确定重点、开展工作，下基层进矿山，了解情况，掌握了大量的第一手资料。这次调研形成的成果，为省政府办公厅和省国土资源厅制定的关于加快矿业权市场建设的文件，提供了翔实的可靠的基础性资料。

【矿业管理秩序治理工作】 2003～2004年，先后8次派人参加了省厅领导的治理整顿活动，提交了5份调查、检查报告。由于深入现场、深入崇山峻岭的险地、深入到每个非法开采的矿硐，情况摸得极为准确，每份报告写得清楚明白，提供的数据准确无误，为依法整治打下了基础，给政府部门当了得力助手，使湖北省矿业秩序管理比较混乱的几处“老大难”问题，得到了解决，为促进全省矿业秩序不断好转做出了应有的努力。

【矿产资源储量核查工作】 从2003年9月初开始，湖北省厅委托省矿联配合资源处搞好矿产资源储量核查试点工作，秘书处积极筹划、多方协调、督促检查，使试点于年底结束，为全省全面开展矿产资源储量核查工作取得了经验，锻炼了技术骨干队伍。

2004年，全省储量核查工作全面展开，省厅又委托省矿联协助资源处做好储量检查报告的评审组织以及相关的协调工作，在资源处和厅评审中心的大力支持下，组织精干的储量评审师队伍，认真评审每一份报告，协调管理部门、地勘队伍、矿山企业等方面与储量核查有关的问题。共受理评审报告132份(132个矿区)，涉及800多个矿山企业。

【矿产资源保护项目申报】 矿产资源保护项目的申报材料，财政部要求上报前要组织专家进行省级初审，省财政厅、国土资源厅委托省矿联组织申报项目的评审，此类项目的评审在湖北省是首次，没有现成的经验，没有评审的具体标准，在收到18个项目时，离上报时间已十分紧迫，而且这些项目涉及到金属矿产、非金属矿产、油气矿产、化工建材矿产；在工艺方面涉及到采矿、选矿等。省矿联迅速组织编写审查大纲，组织了由10位教授、8位设计专家共18人组成的专家组，圆满地完成审查工作，并对推荐上报项目提出完善的修改“包装”建议，为矿山企业在财政部争取矿产资源保护项目补助经费出谋划策，收到良好的效果。

【维护企业的合法权益】 2003～2004年，列入省矿联维护企业合法权益的案件有5件，涉及到几十个企业。典型案例有：郧县金砂公司合法采矿权侵害案。在省矿联成立的当天，大会上该公司总经理当选为省矿联理事，散会时他就向会长、秘书长递交了一份投诉件，反映金砂公司的合法权益受到侵害，国土资源部门的执法车辆被扣押，人员被殴打。这家公司有半年时间被非法采矿活动闹得全线停产，公司几乎到了垮台的境地。秘书处一方面向省厅、省政府反映，并先后6次派人到郧县进行调查并将调查情况与当地政府交换意见。经过一年多的努力，终于使金砂公司的合法权益得到了保障。后来，省矿联在十堰地区召开工作会议，郧县政府在大会上介绍了创新执法体制，治理整顿矿业管理秩序的经验，使金砂公司在这个长期被非法采矿活动困扰的企业甩掉了包袱，经济效益迅速上涨。武钢乌龙泉矿周围有30多家乱采滥挖的矿点，屡治屡犯，在省厅领导的指示下，省矿联先后三次派人调查，包括明查暗访后向省厅报告调查情况，经过省国土资源厅、武钢乌龙泉矿和矿联的多方面共同努力下，此事引起了省委、省政府和武汉市市委、市政府的重视，将33家非法采矿点一锅端掉，使多年来未解决的问题，终于得到了解决。又如阳新县的一个企业，他们的矿区受到非法侵害，造成公司巨大损失，该公司上诉到法院，法院判决他们胜诉，获得200万元的赔偿。但是，法院在收取执行费用后，长达2年时间未能兑现，该公司多方上诉，最后投诉到矿联，秘书处努力与阳新县政府和黄石市中级法院联系，经过半年多的努力使这一遗留问题得到解决。

【专业技术培训】 为推动和促进矿业企事业单位技术进步，湖北省矿业联合会精心准备，组织了全省《固体矿产勘查规范培训班》，94个单位派出160人参加培训，聘请了8位专家授课，有效地推动了全省矿产资源储量检查工作。

【《湖北矿业》编辑出版工作】 湖北省矿业联合会主办的《湖北矿业》创刊以来，推广了企业发展经验；宣传了矿业政策法规，矿业权有偿出让知识；发布矿产品市场信息等，受到省国土资源管理部门和广大矿山企业的好评。

（湖北省矿业联合会　陈千汉）

广西矿业协会

【概况】 2004年是广西矿业协会第三届理事会开展工作的第二年，在自治区国土资源厅、民政厅及上级有关部门的领导下，根据《2003～2007年广西在职干部全员培训计划》要求，结合工作实际，组织职工参加探矿权、采矿权市场建设培训、矿山矿产资源储量核实检测培训、地质灾害危险性评估工作培训、年度财会人员培训、党员干部教育培训等7项培训。

2004年协会顺利通过年检，重新整理会员档案，发展了部分新会员。会费收交和管理工作在单位会员支持下正常有序开展，添置大型打印机、复印机、彩色打印机、扫描仪、电脑等一批先进设备。实施送温暖工程，组织职工参与捐资助学，扶贫助困、防洪救灾等社会活动。2004年协会贯彻落实党的有关方针政策，坚持“三个服务”的宗旨和方向，围绕区政府和国土资源厅工作部署开展多种形式的服务工作。以强化服务手段为内容不断增强服务实力，在原有一般性技术服务的基础上，侧重科技含量的服务，较好地完成了各项任务。

【贺州市石材业现状调研】 为配合贺州地方产业发展政策的调整，按照协会会长、国土厅副厅长李彬关于要重视贺州市石材资源的保护和开发，配合贺州市把石材业做强做大的指示，协会会同广西国土资源厅矿管处组织专人开展工作。调研组于2004年3～5月前往贺州市，走访市、县、区有关部门和矿山企业，对贺州市石材业发展现状进行深入调查，在掌握大量第一手资料的基础上，调查组提交了《贺州石材业发展现状及对策建议》的调查报告，该报告从资源、技术、政策等方面对影响该市石材业发展因素进行分析，提出11条针对性强，可操作的合理意见和建议。这一研究成果得到政府有关部门的重视，得到业内人士的高度评价和矿山企业的赞同。

【矿业权市场调查】 2004年6～8月，协会对自治区矿业权市场建设进行专题调研。调查组走访了崇左等15个市、县国土资源局的主管领导及主办人员，走访了广西地质勘查开发局等8个地勘单位的院（队）长及总工程师，查阅有关材料，汇总调查数据和问卷材料，经过分析归纳完成了《培育矿业权市场亟待解决的问题和建议》。从10个方面分析了自治区培育矿业权市场中存在的问题，并提出了解决问题的建议。

【矿山维权活动】 广西最大的煤炭生产企业——合山矿务局二矿二号井于2003年5月遭打、砸、抢被迫封井。为了解事情始末，《中国矿业报》广西记者站、广西矿业协会于2003年底、2004年初派员赴合山矿务调查、采访。通过察看现场、查阅有关资料、调查访问有关领导以及有关专家，协会感到合山矿务局二矿二号井被打、砸、抢既是一个触目惊心的骇人听闻事件，又是一个貌似偶然实则必然发生的突发事件，原因是多方面的。同时也引起一些思索:这些年纠纷为何越来越多,事态也有越来越大的趋势,纠纷何时能解决,纠纷又应该如何解决;农民、矿山的权益应怎样维护;纠纷中发生的巨大损失究竟谁来负责,农矿纠纷的病症在哪里。在调研的基础上,写出了《合山矿务局的损失谁负责》的调查报告,向有关领导汇报,得到了有关领导的高度重视。

【矿泉水、天然泉水企业调查与指导】 近年来,广西饮用天然矿泉水、天然泉水市场高速发展。天然矿泉水、天然泉水生产厂家也从原来的十多家发展到现在的50多家。但在天然矿泉水、天然泉水高速发展的过程中,也出现了化验数据前后不一的不和谐现象。为此,矿泉水专业委员会配合广西饮用天然矿泉水、天然泉水鉴定审批领导小组对泉水勘探出现水质中阴、阳离子项目对比不平衡的原因进行分析并组织进行盲样取样、测试等调查研究,写出调查报告;同时配合该小组加强水源地的卫生防护,先后完成了津每健等7个矿泉水、天然泉水点的一级防护实施指导工作,在2004年8月全区桶装水卫生工作会议上得到表扬。

2004年,协会组织专人对全区矿泉水企业和天然泉水企业进行全面调查,调查组历时3个月,深入企业现场,查水源,看生产线,调研市场和资源管理情况,征求发展意见,在此基础上调查组写出了《广西矿泉水、天然泉水资源开发利用、保护和管理中的问题及建议》,该建议就矿泉水资源的保护合理开发和行业管理提出的意见极具建设性。

【矿业纠纷事件处理】 1.对恭城浦源箭竹山花岗岩矿(富川石场)申诉问题进行调查鉴定。2004年5月2日恭城浦源箭竹山花岗岩矿(富川石场)法人代表张德明因对矿区范围等有异议到区、市、县多处申诉,厅领导对此事十分重视,决定由区矿业纠纷调查鉴定专家委员会、厅执法局、矿管处、组成联合调查组对张德明所申诉问题进行调查。根据厅领导的指示,本着依法依规办事,承认历史、照顾现实和客观、独立、公正、科学的原则,调查组采取查阅历年采矿证办证原始材料,到矿山实地调查,向有关当事人询证等办法,对恭城浦源箭竹山花岗岩矿(富川石场)法人代表张德明所反映、申诉问题进行了调查,写出了《关于恭城浦源箭竹山花岗岩矿投诉问题的调查报告》,提出了处理建议,得到各方面的认可,平息了纠纷。

2.对凌云县那力水电站引水隧道开挖爆破施工对周边居民影响进行调查鉴定。凌云县邻站乡邻兴村坡帖屯黄汉章等15家户主于2004年元月30日联名签字,反映那力水电站引水隧洞开挖爆破造成其房屋的损坏,要求赔偿,而施工单位认为与其无关。为此,凌云县人民政府委托广西矿业纠纷调查鉴定专业委员会对此事进行调查鉴定。本委员会组织的专家组于2004年7月深入现场调查了解情况,写出《凌云县那力水电站引水隧道开挖爆破与邻兴村坡帖屯房屋损坏影响关系的调查鉴定》报告。该鉴定得到县、乡、村及村民各方的认可,为纠纷的解决打下基础,避免村民群体上访事件的发生,维护了为社会的稳定。

【《广西壮族自治区瓶装饮用天然泉水地方标准》发布、实施】 近年来,自治区饮用天然泉水一直处于无章可循,无标准可检的尴尬局面。为便于企业发展,为利于政府职能部门检验,提高产品质量,确保消费者能饮用放心的天然泉水,受广西国土资源厅委托,协会制定了《广西壮族自治区瓶装饮用天然泉水地方标准》,广西壮族自治区质量监督局于2004年1月9日批准正式发布、实施,该标准的实施,填补了我国瓶装饮用天然泉水无标准的空白,对自治区乃至全国饮用天然泉水的开发利用和规范管理起到积极作用。

【矿泉水企业利益维护】 2004年9月,某报不负责任的刊登了1篇名为《大桶装矿泉水合格率仅21.43%》的文章后,协会本着科学的、负责任的态度及时向相关报的领导反映该报道的不真实之处,要求其消除对企业的不利影响。并在9月17日紧急召开矿泉水专业委员会主任办公的会议,商讨对策,与会人员一致认为某报报道虽与实际情况有出入,但新闻舆论监督对协会也是促进。本次出现不合格产品企业为数虽少,但对整个行业影响极大,必须引起各企业领导重视。应自查自纠,练好内功,抓好各个环节,保证产品质量。产品不合格企业,应抓紧整改复检,达到合格要求。会议同时指出,全国水企业正在进行市场准入"QS"认证工作。广西矿泉水、天然泉水企业应抓紧作为认证前的各项工作,特别要在企业的厂房功能分区和设备硬件条件上下功夫。

【技术服务】 协会根据国家有关政策规定,申请了相关资质。2004年申办了"矿产资源开发利用方案的审查"、"矿业权评估及矿业权评估结果的审查"等资质;取得"中矿联发招标拍卖有限公司广西联络处"挂靠协会;协会利用各种资源和专家库,组织专家和技术人员为会员单位和矿业单位开展矿产地质调查、勘查技术咨询:技术服务等中介服务活动。如:储量核实、压矿评估;开发利用方案编写;审查矿产资源开发利用方案;矿业纠纷调查鉴定;饮用天然矿泉水、淡泉水、地热勘察评价等。并不断提高服务水平和质量,增强服务实力和效果。

【滑石工业管理】 龙胜县是我国重要的滑石工业生产基地,2003年4月成立龙胜各族自治县滑石工业企业管理协会。协会成立后针对全县滑石行业存在问题,制定了《滑石原料供应和产品销售统一协作经营奖罚实施细则》,加强和规范滑石工业管理,在保护节约资源、控制原料外流、遏制恶性竞争、促进招商等方面取得了明显成效。《广西矿业简报》2004年第四期以《发挥行业协会作用,加强滑石工业管理》为题,介绍了该县的经验,此后《中国矿业报于2004年10月28日》刊用。同时介绍了浦北铅锌矿节约资源、有效保护矿产资源的情况和横县国土局在实施河道采沙采矿权招标出让上的先进典型。

【《广西矿业简报》宣传报道工作】 2004年协会利用《广西矿业简报》宣传报道矿业法律、法规、规章制度、方针政策,联合《南方国土资源网站》、《中国矿业网》等先进媒体把《简报》的相关内容报道出去,介绍广西矿业经济,总结工作经验,反映全国和广西矿情,反映较好;发行量由原来的300册增加到500册。通过与兄弟省区行业协会及区内各大矿山企事业单位报刊杂志交换刊物,加强了兄弟行业协会之间的联系和交流。

同时完成了《中国矿业年鉴》广西矿业组稿、撰写任务;为宣传矿泉水与人体健康,编写了《饮水服务指南》;配合厅机关做好第35个"世界地球日"科普宣传等活动。

【对外交流与合作】 1. 组织全区矿山企业参加"第一届探矿者年会"、"中国矿业2004年国际研讨会""中国白山矿泉水发展战略国际论坛"等近20次的研讨、考察、培训等活动;此外还配合厅开展的干部大培训年活动组织本系统干部职工、部分矿山企业参加考察活动,借鉴和学习国外在矿产资源管理方面的先进经验。

2. 参加中矿联十一届全国矿业协会会长、秘书长会议、年会及相关工作座谈会等;

3. 接待了广东省矿协等几个考察团考察广西矿协;同时协会也组织内部员工到吉林省、辽宁省、湖北省等外省考察,学习同行的先进经验。

(广西矿业协会　梁　活)

重庆市地质矿业协会

【概况】 重庆市地质矿业协会成立于2004年3月18日。目前有单位会员64个。其中地质矿产勘查开发单位10个,矿山企业16个,行政管理单位8个;科研单位3个;其他单位27个。有个人会员353人,多为市内地勘单位、科研院所、大专院校、矿山企业的矿产勘查、水文地质、工程地质、环境地质勘查和矿业采、选等专业领域的专家、学者、教授、企业家以及管理人员。协会设有理事43名,常务理事15名。2005年8月,根据中共重庆市委办公厅、重庆市人民政府办公厅渝委办[2005]159号文《关于党政机关与行业协会脱钩改革的意见》,在重庆市国土房管局和重庆市民政局的指导下,实现了与党政机关在人员、资产、业务、办公住所和利益等方面的脱钩,今后,协会将独立进行中介服务、行业自律、规范市场等方面的工作。同时,接受行政部门的业务指导和监督管理。重庆市地质矿业协会现有理事34名,常务理事12名,胡涛为代理会长,副会长有陈更生、董瑞葆,秘书长任明华。

【环境地质专业委员会】 2004年12月22日,根据需要,成立了重庆市地质矿业协会环境地质专业委员会。经协商选举,委员会由33名委员组成。成员来自各地勘单位、科研院所、大专院校等,均为市内水文地质、工程地质、环境地质专业领域里的专家、学者和教授。

【技术咨询】 为适应矿业权市场的建立,政府职能转变和《行政许可法》的实施,受市国土房管局的委托,为矿山企业提供技术服务。协会组建了矿产资源开发工作专家库和储量工作专家库,并对入库的36名专家发放工作聘任书。组织专家对探矿权、采矿权审批前期的部分技术资料和技术报告进行审查,出具审查意见书,作为矿山企业申请探矿权和采矿权的依据。对小型矿山开发利用方案编制资格认定的资料审查。

【业务合作】 协会开展了与多个单位的技术协作和合作活动。与北京四方卓越咨询有限责任公司进行合作,在重庆市自己的矿业评估机构建立以前,为其协调关系,提供信息,开展矿业权评估业务,为矿业权市场的发展提供技术服务;与重庆长江地质工程研究院建立长期工作合作关系,双方在信息、技术、项目实施等方面加强交流与合作,做到优势互补,以促进双方的共同发展;与重庆市地勘局607地质队、重庆煤田地质研究所进行项目协作,完成了《重庆市北碚区岩口石膏矿床开发可行性研究报告》。与中国地质调查局发展研究中心开展《重庆市重要矿区矿产资源潜力评价》项目的合作。

【小型矿山矿业活动考察调研】 配合中国矿业联合会小型矿山专业委员会对重庆市小型矿山矿业活动进行

考察调研。2004年9月，中国矿业联合会顾问傅鸣珂一行四位专家学者，来到重庆对我市小型矿山现状和存在的问题进行专题调研。协会配合举办了小型矿山业主座谈会。来自我市梁平县、城口县、万盛区、渝北区的十名小型矿山业主和矿管部门负责人参加了会议。协会还与中矿联考察组一道深入到万盛区邱家湾煤矿、北碚区江北特种建材有限公司，与矿主们进行了座谈，倾听了矿主们的心声。考察调研活动收到了好的效果，达到了预期目的。

【专业培训】 配合中国矿业联合会和上级相关部门，组织了一系列专业培训活动，其中有"组织赴台参加矿山管理与资源利用考察"、"全国危机矿山接替资源找矿规划纲要及实施高级研讨班"、"矿产资源管理全面到位标准培训班"、"中国－蒙古矿业经济合作论坛"、"开发利用方案编制与审查培训班"、"城市环境地质调查、评价培训班"等，协会还组织了多次编制单位和编制人员业务培训。学习法律法规，传达业务主管部门的有关要求，分析报告编制工作中存在的主要问题，提出相应的解决措施。

【信息交流】 编制出版了反映协会成立的《会刊》。经过积极筹备，编辑了《重庆地质矿业》信息两期。组建了一支近20人的《重庆地质矿业》信息员队伍。现在，协会正在互联网上建立自己的网站，并申请筹办《重庆地质矿业》刊物，逐步开展地质矿业行业内的网络信息交流。

（重庆市地质矿业协会　郝祖梁）

新疆维吾尔自治区矿业联合会

【民营矿业经济发展工作座谈会】 2004年新疆维吾尔自治区矿业联合会成功举办了由新疆广汇石材、新疆罗布泊钾盐、新疆尉犁蛭石等26家矿业企业代表参加的民营矿业经济发展工作座谈会，认真听取并积极向有关部门反映来自民营企业的意愿和建议，为民营企业与政府之间搭建信息沟通平台。

【调研工作】 针对自治区黄金工业经过近20年的快速发展之后，一些深层次矛盾日益突出，严重制约自治区黄金工业持续、健康发展，联合会集中开展了调研工作。所提交的《新疆黄金开发及可持续发展战略研究》报告，为自治区黄金工业早日走出低谷提供了科学决策的依据。

借国家税务总局、自治区地税局对执行十多年的铁矿资源税等重新进行评估之机，开展了全区铁矿企业税费调研。《调研报告》对政府如何为企业减负提出了合理的税费改革建议。

自治区矿联与自治区专家顾问团矿能组、新疆地质学会联合举办了新疆固体矿产优选勘查靶区咨询研讨会，并编印出版了"文集"，其中多项研究成果对全疆深入开展地质找矿工作具有重要的参考价值。

【《矿法》和《矿产资源储量管理条例》修改座谈会】 2004年组织召开了由自治区相关管理部门、行业单位和有代表性的矿山企业负责人参加的《矿法》和《矿产资源储量管理条例》修改座谈会，广泛征求并及时反映了企业对《矿法》的修改意见和建议。

【对外学习交流活动】 开展对外学习交流活动：一是成功组织了由矿山企业、矿业管理部门专家和负责人参加的赴澳大利亚等国家和地区的矿业考察活动；二是组织全疆20多个矿业企事业单位60多名代表两次赴京参加由国土资源部主办的矿业博览会；三是2004年协助巴州国土资源局邀请中国矿联领导和知名矿业专家出席巴州政府在北京召开的矿业新闻发布会，取得了较好的宣传效果。

【企业咨询服务】 通过组织多专业的地质技术人员、矿业专家参与矿山企业技术改造等方面的咨询服务和技术指导，先后为20多家矿山企业编制了生产地质报告。2004年，省矿业联合会专门聘请企业保险顾问与自治区有实力的保险公司商谈，赢得了矿业联合会会员单位入保可享受不同险种28%～38%的优惠条件，使入保会员单位降低了企业生产成本。

【矿产资源规划编制工作】 2004年，受自治区国土资源厅委托组织开展的全区地、州、市级矿产资源规划的编制工作按计划全部完成。由自治区矿业联合会组织专家编写的5个地、州、市矿产资源规划中，乌鲁木齐市、阿克苏地区规划获得国土资源部一等奖；克拉玛依市、和田地区规划分别获得二、三等奖。自2004年开始，全区88县（市、区）的矿产资源规划编制工作在省矿业联合会的组织下全面铺开。已审批完成5个县（市）的矿产资源规划，这项工作正在继续之中。

【矿业权人矿产资源法律法规培训】 受自治区国土资源厅委托，开展了全区矿业权人矿产资源法律法规培训工作。2004年以来，已连续举办矿业权人矿产资源法律法规培训班9期，接受培训人数近1200人次。

（新疆维吾尔自治区矿业联合会）

政　策　法　规

关于印发《矿产资源补偿费矿产勘查工作五年计划纲要》的通知

国土资发(2004)54号

各省、自治区、直辖市国土资源厅(国土环境资源厅、国土资源和房屋管理局、房屋土地资源管理局、规划和国土资源局),中国地质调查局,各工业地勘部门(公司):

《矿产资源补偿费矿产勘查工作五年计划纲要》已经2004年第2次部务会议审议通过,现予印发,请贯彻执行。

附件:《矿产资源补偿费矿产勘查工作五年计划纲要》(2004~2008年)

国土资源部

2004年3月6日

附件:

矿产资源补偿费矿产勘查工作五年计划纲要(2004~2008年)

根据《矿产资源补偿费征收管理规定》、《矿产资源补偿费使用管理办法》以及《矿产资源补偿费勘查项目管理暂行办法》,矿产资源补偿费主要用于矿产资源勘查支出,重点安排战略性矿产资源勘查项目。

使用矿产资源补偿费开展的矿产资源勘查工作,是国家战略性矿产资源勘查工作的重要组成部分。为实现国家公益性地质调查和商业性矿产勘查的有机衔接,充分发挥矿产资源补偿费勘查支出对商业性矿产勘查工作的拉动作用,降低商业性矿产勘查风险,促进商业性地质工作的发展,确保资源补偿费勘查支出的科学合理使用,提高财政资金的使用效益,为经济社会可持续发展提供资源保证,根据《全国矿产资源规划》、《国土资源"十五"计划纲要》、《国土资源大调查"十五"规划》、《"十五"西部国土资源开发利用规划纲要》等规划的相关要求,更好地为国土资源规划、管理、保护和合理利用服务,制定矿产资源补偿费矿产勘查工作五年计划纲要(2004~2008年)。

一、我国矿产资源勘查工作现状

在经济全球化,特别是我国加入WTO的新形势下,我国矿产资源勘查工作面临新的机遇与挑战。

(一)矿产资源勘查开发为国民经济建设和社会发展作出了重要贡献

新中国成立以来。我国矿产资源的勘查开发取得了巨大成就,已建立起比较完善的矿业体系,基本满足了国民经济建设的需求。

我国矿产资源开发规模居世界重要地位,基本形成了能源与原材料矿产品的供应系统,有力地保障了国民经济的发展。2002年,我国煤炭、水泥、钢、磷、硫铁矿、十种有色金属及原油产量居世界第一位至第五位。

矿产品对外贸易快速发展,2002年全国矿产品及相关能源与原材料进出口贸易总额突破1100亿美元,约占全国进出口贸易总额的18%左右。其中全国矿产品进口总额已占全国进口贸易总额28%以上。

矿产资源开发有力地促进了区域经济特别是少数民族地区、边远地区经济的发展,推动了400多座以矿产资源开发利用为支柱产业的矿业城镇的兴起和发展,吸纳了2100万职工从事矿产品及其原材料的开发,促进了劳动就业与社会稳定。2002年全国矿业总产值预计达到5085亿元,为国民经济建设和社会发展作出了重要贡献。

(二)矿产资源勘查工作在改革中不断发展

1998年国土资源部成立后,1999年开始实施国土资源大调查,其中的矿产资源调查评价工作以铜、铀、优质锰矿等为主攻矿种,开展了东天山、西南三江、西藏一江两河、南岭地区等24个重要成矿带的矿产资源潜力评价工作,发现并初步评价了一批大型、特大型矿床,新发现了一大批重要找矿线索,对于缓解战略性矿产资源紧缺局面、保障我国经济安全,具有重要意义。

自1997年中央分成所得的矿产资源补偿费开始安排矿产资源勘查工作以来，至2003年共安排矿产资源勘查项目支出20.79亿元，安排矿产勘查项目共1325项，加大了重要成矿带中有远景矿产地勘查评价的力度，提交了一批可供详查的大中型矿产地，取得一批较好成果，对提高我国矿产资源对国民经济发展的保证程度起了积极的促进作用。

商业性地质工作迈出新步伐。国土资源部成立以来，颁发了一系列鼓励商业性地质勘查工作的法规和政策，为引导商业性勘查投资创造了有利条件。矿产勘查的投资主体开始逐步由国家财政为主转为国家、企业、社会、个体、外资等多渠道投资。目前全国拥有地质勘查资格的单位1690个左右，其中非国有地勘单位约占1/3；2002年固体矿产勘查投资19.8亿元，其中社会投资占57.4%。

（三）21世纪初矿产资源勘查工作形势十分严峻

一是矿产品供需矛盾进一步加剧。我国正处于继续推进工业化阶段，国民经济和社会发展对矿产资源的需求持续增长。仅1997～1999年，铁、铜、铝土矿和锌等大宗矿产国内资源消耗量分别增加了30%以上。国内矿产资源的保有储量总量降低，主要大宗支柱性矿产已利用储量在保有储量中所占比例高达50%。特别是需求量大的石油、铁、锰、铬、铜、钾盐等重要矿产的国内供需缺口进一步扩大。

二是多数重要矿产的已探明储量对经济建设保证程度不断下降。近十来，我国45种主要矿产中，大部分矿产的探明资源储量增长速度明显低于消费量的增长速度，铁、锰、铝土矿、钼在内的15种矿产探明资源储量出现了不同程度的负增长。大批矿山资源濒临枯竭。现有生产矿山（油田）产能消失严重，接替资源短缺，近年来已有110多座矿山关闭和破产，2/3的有色属矿山已进入中晚期，预计到2010年将有46%的有色金属矿山（335座）因资源枯竭被迫关闭，造成4955万吨产能消失，约占现有总产能的35%。资源危机导致矿业城市衰退的问题非常严重，矿业作为基础产业的地位正在被削弱，矿山资源接替问题已成为事关我国可持续发展的重大课题。

三是矿产资源勘查开发的国际竞争力尚差。与发达国家和跨国公司不断加强对全球矿产资源的控制相比，我国尚未形成立足全球的矿产资源可持续供应体系。全球矿产资源大部分由发达国家少数大矿业公司控制，我国企业"走出去"勘查开发矿产资源还处在起步阶段。参与国际竞争能力不强，开发利用国外资源形势严峻。

（四）商业性地质工作的发展对国家战略性矿产资源勘查提出新的要求

随着国家地质勘查管理体制改革的推进，商业性勘查工作所占比重和投资总量呈现出上升趋势。2002年山东、河南、新疆等7省区的商业性固体矿产勘查投资规模超过1亿元。西部有色、贵金属商业性勘查活动正在逐步升温。2002年底，西部地区有效探矿权总数占全国47%。但从总体上看，战略性矿产勘查工作程度偏低，探求的333+334资源量级别较低，商业性矿产勘查投资规模十分有限，商业性勘查开发的投资风险很大，勘查资本市场起步艰难，加之一大批主力矿山企业接替资源严重不足，有些矿山资源枯竭，面临关闭，在这种情况下，很难形成对矿产勘查的再投入，急待国家财政支持。

因此，为科学合理地用好矿产资源补偿费勘查支出，研究制定矿产资源补偿费用于矿产资源勘查工作的五年计划纲要（2004～2008年），对于明确近期战略性矿产资源勘查目标任务，保证适当的中央财政投资规模，促进商业性地质勘查工作的发展十分必要。

二、五年计划纲要的总体思路

（一）指导思想

以邓小平理论和"三个代表"的重要思想为指导，树立和落实科学发展观，认真贯彻落实党的十六大和中央人口资源环境座谈会精神，以提高矿产资源对实现全面建设小康社会奋斗目标及经济与社会可持续发展的保障能力为目标，以经济效益为中心，充分发挥市场配置资源的基础作用，依靠科技进步，运用新理论、新技术和新方法，大力加强战略性矿产资源勘查工作，提高国家投资的战略性矿产勘查工作程度，降低商业性勘查投资风险。逐步实现矿产勘查投资的多元化，促进矿产资源勘查开发、保护与合理利用可持续发展。按照中央提出的充分利用两种资源、两个市场的战略方针的要求，有针对性地开展境外矿产资源战略勘查试点，为我国企业境外勘查和开发矿产资源提供基础资料。实现我国矿产资源配置全球化，满足日趋增长的国内需求。

（二）基本原则

1. *提高战略性矿产勘查工作程度，促进商业性矿产勘查工作发展。*使用矿产资源补偿费开展矿产勘查工作的首要目标是提高国家战略性矿产勘查工作程度，降低商业性矿产勘查工作的投资风险，引导商业性矿产勘查投资，促进商业性矿产勘查工作的发展。

2. *国家矿产勘查目标与经济发展紧密结合。*紧密围绕我国国民经济和社会发展"十五"计划纲要，服务于可持续性发展战略和西部大开发战略。同时兼顾当前国家经济建设和发展地方区域经济之急需，包括列入省级以上矿产资源规划的勘查开发基地的勘查。优先安排西部开发潜力巨大的矿产地勘查，加强中部地区优势矿产资源和接替矿产资源勘查，推进东部地区高效益矿产勘查工作以及矿山后备资源勘查工作，力争发现一批可供矿山建设的后续资源接替基地。

3. *统筹规划，突出重点。*从国家经济结构调整和工业合理布局的大局出发，坚持经济效益、社会效益和环境效益统一的原则，统一规划，在重点勘查关系国计民生的大宗紧缺矿产，以及涉及国家经济安全和国防安全、影响国际竞争力和区域经济发展的矿产资源的同时，统筹兼顾优势矿产以及高效矿产的勘查工作。优先安排地质大调查矿产资源调查评价成果比较突出的结题项目的后续勘查工作，形成矿产勘查工作的良性循环，但已经纳入国土资源大调查计划及其他地质勘查工作计划的项目不得在资源补偿费矿产勘查计划中重复安排。

4. *优先安排国家急缺矿种。*优先安排优质煤、铀、富铁、优质锰、铜、富铅锌、优质铝土矿、钾盐等大宗紧缺矿种的勘查工作，以缓解重要矿种后备资源紧缺矛盾。

5. *优先安排成果效益好的项目，引导地方分成的矿产资源补偿费投入地质勘查工作。*矿产资源补偿费矿产勘查项目的安排与投入主要同项目成果投资效益挂钩，根据其成果优劣实行滚动管理；对于成果优良的项目，当年年度投资规模不够时，进入项目备选库，在下一年度优先安排。地区安排上要与地方留成安排勘查项目支出的比重挂钩，鼓励地方留成部分用于地质勘查投资。

6. *优先安排预期开发效益较好的项目。*重点安排已经前期勘查工作初步查明矿石品位较高、矿床规模前景较大、国家或区域经济建设急需尤其是对西部大开发有重要影响的项目，通过进一步的矿产勘查工作，提交333及少量级别更高的、具有开发价值的资源储量，以减少后续矿产勘查风险，促进商业性矿产勘查工作的发展。

7. *立足国内，开拓境外。*坚持利用"两种资源、两个市场"战略，在加强国内矿产资源勘查的同时，积极引导参与全球资源配置，鼓励开展我国紧缺矿产的境外前期勘查工作。

（三）主要目标和任务

1. 通过战略性矿产勘查，降低投资风险，引导商业性矿产勘查投资，逐步实现矿产勘查投资多元化。

2. 通过对大调查完成的矿产资源调查评价工作和以往矿产资源补偿费矿产勘查工作提交的可供普查的矿产地及少量可供详查的矿产地开展进一步勘查工作，提高矿产资源储量级别，提交一批后备矿产资源勘查开发基地，提高矿产资源对可持续发展的保障能力，努力满足我国国民经济发展对矿产资源的战略需求。

3. 在东部工业走廊带和矿业城市密集区开展接替资源勘查，适度开展具有市场需求和资源潜力的老矿山外围或新类型资源的找矿工作，提交一批后续接替资源基地。

4. 对优质煤、煤层气、铀等能源矿产的重点地区进行勘查，鼓励缺煤地区开展风险勘查，促进能源矿产勘查工作的发展和资源保证程度的提高。

5. 开展国外风险矿产勘查前期工作，提出境外矿产勘查战略选区。

（四）预期成果

1. 提交可供详查矿产地100处，其中大中型矿产地50处以上；提交煤层气开发靶区3~5处。

2. 以提高以往334资源储量级别为主要目标，提交333及少量级别更高的资源储量：优质煤30亿吨、铀10000吨、富铁矿3000万吨、优质锰矿石1000万吨、铜300万吨、铅锌1000万吨、铝土矿2000万吨。锡30万吨、钨10万吨、金200吨、银5000吨、磷矿石5000万吨、优质高岭土500万吨、大鳞片石墨20万吨。

3. 为一批重要商业性地质勘查活动集中区或重点区规划设置探矿权提供依据。

三、工作部署与安排

（一）矿种选择

使用矿产资源补偿费开展矿产勘查工作，要以经济效益为中心，矿种的选择以优质煤、铀、富铁、优质锰、铜、富铅锌、优质铝土矿、钾盐等为主攻矿种，兼顾钨、锡、金、银，铂族等金属以及磷、硫、硼、萤石、高纯硅、大鳞片石墨、优质高岭土、玻璃砂、新型工业矿物原料以及国防、军工、环保工业急需的非金属矿产资源。

（二）重点地区选择

西部地区按照《"十五"西部国土资源开发利用规划纲要》的要求，优先安排"十大矿产资源集中区"中开发潜力巨大的矿产地的勘查工作；兼顾生态脆弱地区煤炭资源勘查，支持西部的生态建设。

中东部地区主要围绕重要经济区或重要成矿区带，开展优势矿产和高效益非金属矿产大中型矿产地的勘查工作。同时开展重要矿产的老矿山外围接续资源勘查。

境外矿产风险勘查，以我国短缺的富铁、优质锰、铜、钾盐、铬、三水铝土矿等矿产为重点，兼顾其他矿产，优先考虑资源丰富的周边国家与发展中国家。

（三）工作重点

1. *能源矿产勘查：*① 优质煤炭资源勘查。择优开展鄂尔多斯盆地优质动力煤、山西河东煤田中南部优质炼焦煤、山西沁水煤田优质无烟煤等优质煤炭勘查，提高国家重点煤炭基地的勘查程度；加强对东部老矿区外围煤炭资源的勘查，以满足主要经济圈及重要工业区对煤炭的需求；大力开展洁净煤资源的勘查工作，重点是在南方特别是西南地区（如黔西川南低硫煤勘查区）开展低硫煤资源勘查，在青藏铁路沿线、西南三江源头、南疆等生态煤勘查区开展就地利用的煤炭资源综合普查工作，寻找生态煤资源，以确保“以煤代薪”、“保护天然林工程”的顺利实施。

② 主要产煤区煤层气资源勘查。重点选择资源条件较好的鄂尔多斯含煤盆地东缘、山西沁水盆地等“西气东输”管网附近的主要含气盆地以及辽中、滇东－黔西、两淮等煤田，通过对煤层气地质条件、含气性、储层物性、可采性以及下游市场条件综合分析，开展煤层气资源开发的可行性研究，基本查清资源赋存特征及其可采性，为商业性勘探开发提供3～5个有利靶区，为煤层气规模开发与产业发展提供资源和技术基础。

③ 经济型铀资源勘查。以可地浸砂岩型铀矿为经济型铀资源勘查的主攻目标，工作重点地区为新疆伊犁盆地、吐鲁番盆地及内蒙古鄂尔多斯盆地和二连盆地，以层间氧化带型铀矿为重点找矿类型，力争提交若干可进一步勘探的可地浸砂岩型铀矿床，尽快落实新的铀资源基地。同时，在硬岩型铀矿山外围开展接替资源勘查工作，以赣杭铀成矿带、粤北地区诸广岩体南部和贵东岩体东部为重点工作地区，通过勘查为危机矿山提供一批中型以上规模的经济可采矿床，为维持并提高天然铀产能提供资源保障。

2. *西部大型矿产地勘查*：① 新疆天山阿尔泰山地区铜富铁多金属矿勘查。重点对近年来发现并初步评价的东天山地区斑岩型铜矿床开展进一步普查评价，优选部分矿床的有利块段开展详查工作，适度提高勘查工作程度；加强矿石选冶性能的研究和矿床技术经济评价，为建设新的大型铜矿开发基地提供资源保障。同时，兼顾中大型金矿、铁矿的普查评价。开展阿尔泰地区富铁铜铅锌多金属矿勘查。

② 西藏雅鲁藏布江成矿区铜多金属勘查。重点对大调查新发现或评价的驱龙、厅宫、冲江等一批大型斑岩铜矿床、当雄拉屋铜铅锌多金属矿以及青藏铁路沿线富铁矿等开展进一步普查评价。加强矿床开发的可行性研究，为在“一江两河”地区建设大型铜矿开发基地提供资源基础。

③ 西藏盐湖锂硼钾盐资源综合勘查。重点开展以扎布耶湖、班戈湖为代表的藏北盐湖锂、硼、钾盐等资源综合勘查评价，提高盐湖勘查程度，力争获得一批可供勘查开发的大型盐湖资源基地，同时开展盐湖资源开发利用的可行性研究，为在青藏铁路开通后，国家大规模开发西藏盐湖锂、硼、钾盐综合资源提供资源基础。

④ 四川义敦岛弧带铅锌银多金属矿勘查。重点开展呷村、夏塞、嘎依穷等一批大型-特大型铅锌银多金属矿床的进一步普查，为引导企业商业开发降低风险。对砂西、夏隆、热郎泽等一批大型银多金属矿及热隆等锡矿开展普查评价，同时开展对区内多金属矿床开发的可行性与技术经济评价研究，为促进川西银铅锌多金属勘查开发和国家级基地的建设提供依据。

⑤ 云南三江南段铜铅锌多金属矿勘查。重点开展经近年来大调查初步控制的一批有色及贵金属矿床的普查工作。主要包括兰坪县白秧坪地区特大型银铅锌矿、中甸地区铜矿、南汀河地区大型铅锌多金属矿、云南腾冲-保山地区大型铅锌多金属矿、思茅大平掌-景谷民乐等一批大型铜多金属矿床以及元江流域的贵金属矿床，提交一批333及少量级别更高的资源量，降低开发风险，引导企业开发，提高云南有色金属基地的资源保障程度。

⑥ 川滇黔相邻地区铜铅锌多金属资源勘查。主要针对近年来发现和评价的会理-会东地区铜矿、四川盆地西缘铅锌矿、滇东北富铅锌矿及黔西北地区铅锌矿等矿产地，择优开展进一步普查评价工作，提交一批新的具有开发价值的大型矿床，并力争在攀西地区铂族金属的找矿工作取得新突破。

⑦ 陕甘川相邻区金矿勘查。优选川西北地区。甘南、陇南地区，陕西凤-太地区和勉-略-宁地区已发现的大中型金矿床，开展普查评价工作，提高勘查工作程度，提高陕甘川相邻区作为我国重要的黄金基地的资源保障程度。

⑧ 桂西地区铝土矿勘查。重点开展德保登贡、靖西大帮、那坡龙合等大型铝土矿的外围普查工作，确保大型铝土矿开发基地的资源供给。同时，开展平果-田阳-德保-靖西三水铝土矿普查评价，为在桂西地区建设新的大型铝土矿开发基地提供资源保障。同时加强滇东南地区铝土矿勘查。

⑨ 西部地区优质锰矿勘查。择优对已有较好工作基础的桂西南、滇西南、滇东南、川渝陕相邻区、湘渝黔相邻区等重要优质锰找矿远景区新发现的可供普查（少量详查）的矿产地，开展进一步评价工作，主攻海相沉积型锰矿和风化型氧化锰矿，形成一批大中型优质锰矿床，提交一批优质锰矿333及少量级别更高的优质锰矿资源量，缓解我国优质锰矿资源短缺局面。

⑩ 西南地区磷矿勘查。磷矿重点勘查地区为西南扬子准地台云贵川湘鄂五省，重点为贵州开阳、瓮昭磷矿，湖北保康、宜昌磷矿，云南东川、会泽，四川的马边、雷波等矿区。预期提交一批333及少量级别更高的原生富磷矿资源量和风化磷矿资源量，形成若干新的磷矿勘查开发基地。

3. *中东部优势矿产资源勘查*：① 豫西南银铅锌矿勘查。择优开展豫西南栾川-汝阳、朱阳关-湍源、平氏-竹沟一带以及桐柏地区银铅锌矿的普查,深化豫西南地区银铅锌资源潜力评价,提交大型富银铅锌矿产勘查开发基地和 333 及少量级别更高的资源量,为引导商业开发提供可靠的资源基础。

② 闽中地区铅锌矿勘查。重点优选近年来新发现和经初步评价的浦城-尤溪地区大型富铅锌银矿床进行进一步普查,为在闽中地区建立大型铅锌勘查开发基地、降低企业投资风险提供资源基础。

③ 广东罗定盆地周边银锰多金属矿勘查。重点开展罗定盆地新榕、连州等大中型银锰矿床的进一步普查,同时开展罗定盆地周缘及北侧怀集盆地金银多金属矿的普查评价工作,提交 333 及少量级别更高的资源量和大型富银矿勘查基地,为引导商业开发提供资源保证。

④ 东部地区高效益非金属矿勘查。重点开展东部地区硼、萤石、叶蜡石、高纯硅、大鳞片石墨、片状高岭土、钠基膨润土、金红石、凹凸棒石、优质硅藻土等高效益非金属矿产的勘查,提交一批可供开发利用的 333 资源量,引导和吸引商业性矿产勘查投资。同时,适度兼顾西部地区大型高效益非金属矿床的前期评价工作。

4. 中东部接替资源勘查:① 南岭钨锡铅锌有色金属资源勘查。针对我国面临的钨、锡、铅锌、锑等矿产资源的严峻形势,根据近年来南岭地区大调查成果显示的钨锡铅锌锑等有色金属矿产资源的巨大找矿潜力,重点做好大调查发现和初步评价的大中型锡铅锌多金属矿床的进一步普查评价,以确保我国在国际矿产品市场上的领先或垄断地位。

② 东北华北老工业基地外围接替资源勘查。以东北二密桓仁、华铜、天宝山、红透山等铜矿基地和青城子、八家子、柴河、西林等铅锌矿基地以及冀东地区铁矿等老矿山为重点,开展老矿山外围的接替资源勘查,延长矿山寿命。同时,加大大兴安岭地区矿产勘查力度,力争成为连接东北与华北老工业基地的一个重要的资源接替区。

③ 山西中条山铜矿接替资源勘查。在面临严重资源危机的中条山铜业基地的胡家峪、蓖子沟、铜矿峪等老矿山外围,开展新一轮普查找矿工作,力争有新发现、新突破,以延缓矿山的关闭。

④ 长江中下游地区铜铁矿接替资源勘查。以大冶铜基地的 5 座矿山(赤马山、新冶、铜录山、丰山洞和铜山口)、铜陵基地的 7 大矿山(铜官山、金口岭、狮子山、冬瓜山、凤凰山、铜山和安庆)和江苏的梅山铁矿、云台山硫铁矿、安基山铜矿等老矿山为重点,加强长江中下游地区铜铁矿的接替资源勘查工作,在开展矿山外围资源调查评价的基础上,择优开展普查工作,力争提交一批可供进一步勘查开发的接替资源。

四、保障措施

(一)建立和完善项目管理制度,确保勘查计划目标的实现

健全和落实以项目质量监督为核心的项目管理制度,加强项目立项和成果验收管理,鼓励有条件的省区和部门探索竞争性投标方式立项的制度,建立和完善监督机制,强化质量监控,确保资源补偿费勘查项目 2004~2008 年计划目标的全面实现。

(二)改善投资机制,逐步实现矿产勘查投资的多元化

充分发挥市场在资源配置中的基础性作用,进一步改善投资机制,鼓励和引导社会配套资金投入。依法保护使用矿产资源补偿费进行矿产勘查工作的探矿权人的权益,逐步实现矿产勘查投资的多元化。鼓励地方留成部分用于地质勘查投资。

(三)加强项目经费管理,提高项目经费的使用效益

在争取项目经费足额、及时到位的同时,强化项目经费管理,加强项目执行、经费使用的监督检查,及时开展项目投资效益评估,提高项目经费的使用效益。

(四)充分应用新理论新技术新方法,提高矿产勘查工作效率和水平

矿产资源补偿费矿产勘查项目在实施过程中,要强化现代成矿理论和新技术新方法的应用,特别是现代物探技术和矿床预测定位评价技术的应用,提高矿产勘查工作效率和水平。

中华人民共和国主席令

第 31 号

《中华人民共和国固体废物污染环境防治法》已由中华人民共和国第十届全国人民代表大会常务委员会第十三次会议于 2004 年 12 月 29 日修订通过,现将修订后的《中华人民共和国固体废物污染环境防治法》公布,自 2005 年 4 月 1 日起施行。

中华人民共和国主席　胡锦涛

2004 年 12 月 29 日

中华人民共和国固体废物污染环境防治法

（1995年10月30日第八届全国人民代表大会常务委员会第十六次会议通过2004年12月29日第十届全国人民代表大会常务委员会第十三次会议修订）

第一章　总　则

第一条　为了防治固体废物污染环境，保障人体健康，维护生态安全，促进经济社会可持续发展，制定本法。

第二条　本法适用于中华人民共和国境内固体废物污染环境的防治。固体废物污染海洋环境的防治和放射性固体废物污染环境的防治不适用本法。

第三条　国家对固体废物污染环境的防治，实行减少固体废物的产生量和危害性、充分合理利用固体废物和无害化处置固体废物的原则，促进清洁生产和循环经济发展。国家采取有利于固体废物综合利用活动的经济、技术政策和措施，对固体废物实行充分回收和合理利用。国家鼓励、支持采取有利于保护环境的集中处置固体废物的措施，促进固体废物污染环境防治产业发展。

第四条　县级以上人民政府应当将固体废物污染环境防治工作纳入国民经济和社会发展计划，并采取有利于固体废物污染环境防治的经济、技术政策和措施。国务院有关部门、县级以上地方人民政府及其有关部门组织编制城乡建设、土地利用、区域开发、产业发展等规划，应当统筹考虑减少固体废物的产生量和危害性、促进固体废物的综合利用和无害化处置。

第五条　国家对固体废物污染环境防治实行污染者依法负责的原则。产品的生产者、销售者、进口者、使用者对其产生的固体废物依法承担污染防治责任。

第六条　国家鼓励、支持固体废物污染环境防治的科学研究、技术开发、推广先进的防治技术和普及固体废物污染环境防治的科学知识。各级人民政府应当加强防治固体废物污染环境的宣传教育，倡导有利于环境保护的生产方式和生活方式。

第七条　国家鼓励单位和个人购买、使用再生产品和可重复利用产品。

第八条　各级人民政府对在固体废物污染环境防治工作以及相关的综合利用活动中作出显著成绩的单位和个人给予奖励。

第九条　任何单位和个人都有保护环境的义务，并有权对造成固体废物污染环境的单位和个人进行检举和控告。

第十条　国务院环境保护行政主管部门对全国固体废物污染环境的防治工作实施统一监督管理。国务院有关部门在各自的职责范围内负责固体废物污染环境防治的监督管理工作。县级以上地方人民政府环境保护行政主管部门对本行政区域内固体废物污染环境的防治工作实施统一监督管理。县级以上地方人民政府有关部门在各自的职责范围内负责固体废物污染环境防治的监督管理工作。国务院建设行政主管部门和县级以上地方人民政府环境卫生行政主管部门负责生活垃圾清扫、收集、贮存、运输和处置的监督管理工作。

第二章　固体废物污染环境防治的监督管理

第十一条　国务院环境保护行政主管部门会同国务院有关行政主管部门根据国家环境质量标准和国家经济、技术条件，制定国家固体废物污染环境防治技术标准。

第十二条　国务院环境保护行政主管部门建立固体废物污染环境监测制度，制定统一的监测规范，并会同有关部门组织监测网络。大、中城市人民政府环境保护行政主管部门应当定期发布固体废物的种类、产生量、处置状况等信息。

第十三条　建设产生固体废物的项目以及建设贮存、利用、处置固体废物的项目，必须依法进行环境影响评价，并遵守国家有关建设项目环境保护管理的规定。

第十四条　建设项目的环境影响评价文件确定需要配套建设的固体废物污染环境防治设施，必须与主体工程同时设计、同时施工、同时投入使用。固体废物污染环境防治设施必须经原审批环境影响评价文件的环境保护行政主管部门验收合格后，该建设项目方可投入生产或者使用。对固体废物污染环境防治设施的验收应当与对主体工程的验收同时进行。

第十五条　县级以上人民政府环境保护行政主管部门和其他固体废物污染环境防治工作的监督管理部门，有权依据各自的职责对管辖范围内与固体废物污染环境防治有关的单位进行现场检查。被检查的单位应当如实反映情况，提供必要的资料。检查机关应当为被检查的单位保守技术秘密和业务秘密。检查机关进行现场检查时，可以采取现场监测、采集样品、查阅或者复制与固体废物污染环境防治相关的资料等措施。检查人员进行现场检查，应当出示证件。

第三章 固体废物污染环境的防治

第一节 一般规定

第十六条 产生固体废物的单位和个人，应当采取措施，防止或者减少固体废物对环境的污染。

第十七条 收集、贮存、运输、利用、处置固体废物的单位和个人，必须采取防扬散、防流失、防渗漏或者其他防止污染环境的措施；不得擅自倾倒、堆放、丢弃、遗撒固体废物。禁止任何单位或者个人向江河、湖泊、运河、渠道、水库及其最高水位线以下的滩地和岸坡等法律、法规规定禁止倾倒、堆放废弃物的地点倾倒、堆放固体废物。

第十八条 产品和包装物的设计、制造，应当遵守国家有关清洁生产的规定。国务院标准化行政主管部门应当根据国家经济和技术条件、固体废物污染环境防治状况以及产品的技术要求，组织制定有关标准，防止过度包装造成环境污染。生产、销售、进口依法被列入强制回收目录的产品和包装物的企业，必须按照国家有关规定对该产品和包装物进行回收。

第十九条 国家鼓励科研、生产单位研究、生产易回收利用、易处置或者在环境中可降解的薄膜覆盖物和商品包装物。使用农用薄膜的单位和个人，应当采取回收利用等措施，防止或者减少农用薄膜对环境的污染。

第二十条 从事畜禽规模养殖应当按照国家有关规定收集、贮存、利用或者处置养殖过程中产生的畜禽粪便，防止污染环境。禁止在人口集中地区、机场周围、交通干线附近以及当地人民政府划定的区域露天焚烧秸秆。

第二十一条 对收集、贮存、运输、处置固体废物的设施、设备和场所，应当加强管理和维护，保证其正常运行和使用。

第二十二条 在国务院和国务院有关主管部门及省、自治区、直辖市人民政府划定的自然保护区、风景名胜区、饮用水水源保护区、基本农田保护区和其他需要特别保护的区域内，禁止建设工业固体废物集中贮存、处置的设施、场所和生活垃圾填埋场。

第二十三条 转移固体废物出省、自治区、直辖市行政区域贮存、处置的，应当向固体废物移出地的省、自治区、直辖市人民政府环境保护行政主管部门提出申请。移出地的省、自治区、直辖市人民政府环境保护行政主管部门应当商经接受地的省、自治区、直辖市人民政府环境保护行政主管部门同意后，方可批准转移该固体废物出省、自治区、直辖市行政区域。未经批准的，不得转移。

第二十四条 禁止中华人民共和国境外的固体废物进境倾倒、堆放、处置。

第二十五条 禁止进口不能用作原料或者不能以无害化方式利用的固体废物；对可以用作原料的固体废物实行限制进口和自动许可进口分类管理。国务院环境保护行政主管部门会同国务院对外贸易主管部门、国务院经济综合宏观调控部门、海关总署、国务院质量监督检验检疫部门制定、调整并公布禁止进口、限制进口和自动许可进口的固体废物目录。禁止进口列入禁止进口目录的固体废物。进口列入限制进口目录的固体废物，应当经国务院环境保护行政主管部门会同国务院对外贸易主管部门审查许可。进口列入自动许可进口目录的固体废物，应当依法办理自动许可手续。进口的固体废物必须符合国家环境保护标准，并经质量监督检验检疫部门检验合格。进口固体废物的具体管理办法，由国务院环境保护行政主管部门会同国务院对外贸易主管部门、国务院经济综合宏观调控部门、海关总署、国务院质量监督检验检疫部门制定。

第二十六条 进口者对海关将其所进口的货物纳入固体废物管理范围不服的，可以依法申请行政复议，也可以向人民法院提起行政诉讼。

第二节 工业固体废物污染环境的防治

第二十七条 国务院环境保护行政主管部门应当会同国务院经济综合宏观调控部门和其他有关部门对工业固体废物对环境的污染作出界定，制定防治工业固体废物污染环境的技术政策，组织推广先进的防治工业固体废物污染环境的生产工艺和设备。

第二十八条 国务院经济综合宏观调控部门应当会同国务院有关部门组织研究、开发和推广减少工业固体废物产生量和危害性的生产工艺和设备，公布限期淘汰产生严重污染环境的工业固体废物的落后生产工艺、落后设备的名录。生产者、销售者、进口者、使用者必须在国务院经济综合宏观调控部门会同国务院有关部门规定的期限内分别停止生产、销售、进口或者使用列入前款规定的名录中的设备。生产工艺的采用者必须在国务院经济综合宏观调控部门会同国务院有关部门规定的期限内停止采用列入前款规定的名录中的工艺。列入限期淘汰名录被淘汰的设备，不得转让给他人使用。

第二十九条 县级以上人民政府有关部门应当制定工业固体废物污染环境防治工作规划，推广能够减少工业固体废物产生量和危害性的先进生产工艺和设备，推动工业固体废物污染环境防治工作。

第三十条 产生工业固体废物的单位应当建立、健全污染环境防治责任制度，采取防治工业固体废物污染环境的措施。

第三十一条 企业事业单位应当合理选择和利用

原材料、能源和其他资源，采用先进的生产工艺和设备，减少工业固体废物产生量，降低工业固体废物的危害性。

第三十二条 国家实行工业固体废物申报登记制度。产生工业固体废物的单位必须按照国务院环境保护行政主管部门的规定，向所在地县级以上地方人民政府环境保护行政主管部门提供工业固体废物的种类、产生量、流向、贮存、处置等有关资料。前款规定的申报事项有重大改变的，应当及时申报。

第三十三条 企业事业单位应当根据经济、技术条件对其产生的工业固体废物加以利用；对暂时不利用或者不能利用的，必须按照国务院环境保护行政主管部门的规定建设贮存设施、场所，安全分类存放，或者采取无害化处置措施。建设工业固体废物贮存、处置的设施、场所，必须符合国家环境保护标准。

第三十四条 禁止擅自关闭、闲置或者拆除工业固体废物污染环境防治设施、场所；确有必要关闭、闲置或者拆除的，必须经所在地县级以上地方人民政府环境保护行政主管部门核准，并采取措施，防止污染环境。

第三十五条 产生工业固体废物的单位需要终止的，应当事先对工业固体废物的贮存、处置的设施、场所采取污染防治措施，并对未处置的工业固体废物作出妥善处置，防止污染环境。产生工业固体废物的单位发生变更的，变更后的单位应当按照国家有关环境保护的规定对未处置的工业固体废物及其贮存、处置的设施、场所进行安全处置或者采取措施保证该设施、场所安全运行。变更前当事人对工业固体废物及其贮存、处置的设施、场所的污染防治责任另有约定的，从其约定；但是，不得免除当事人的污染防治义务。对本法施行前已经终止的单位未处置的工业固体废物及其贮存、处置的设施、场所进行安全处置的费用，由有关人民政府承担；但是，该单位享有的土地使用权依法转让的，应当由土地使用权受让人承担处置费用。当事人另有约定的，从其约定；但是，不得免除当事人的污染防治义务。

第三十六条 矿山企业应当采取科学的开采方法和选矿工艺，减少尾矿、矸石、废石等矿业固体废物的产生量和贮存量。尾矿、矸石、废石等矿业固体废物贮存设施停止使用后，矿山企业应当按照国家有关环境保护规定进行封场，防止造成环境污染和生态破坏。

第三十七条 拆解、利用、处置废弃电器产品和废弃机动车船，应当遵守有关法律、法规的规定，采取措施，防止污染环境。

第三节　生活垃圾污染环境的防治

第三十八条 县级以上人民政府应当统筹安排建设城乡生活垃圾收集、运输、处置设施，提高生活垃圾的利用率和无害化处置率，促进生活垃圾收集、处置的产业化发展，逐步建立和完善生活垃圾污染环境防治的社会服务体系。

第三十九条 县级以上地方人民政府环境卫生行政主管部门应当组织对城市生活垃圾进行清扫、收集、运输和处置，可以通过招标等方式选择具备条件的单位从事生活垃圾的清扫、收集、运输和处置。

第四十条 对城市生活垃圾应当按照环境卫生行政主管部门的规定，在指定的地点放置，不得随意倾倒、抛撒或者堆放。

第四十一条 清扫、收集、运输、处置城市生活垃圾，应当遵守国家有关环境保护和环境卫生管理的规定，防止污染环境。

第四十二条 对城市生活垃圾应当及时清运，逐步做到分类收集和运输，并积极开展合理利用和实施无害化处置。

第四十三条 城市人民政府应当有计划地改进燃料结构，发展城市煤气、天然气、液化气和其他清洁能源。城市人民政府有关部门应当组织净菜进城，减少城市生活垃圾。城市人民政府有关部门应当统筹规划，合理安排收购网点，促进生活垃圾的回收利用工作。

第四十四条 建设生活垃圾处置的设施、场所，必须符合国务院环境保护行政主管部门和国务院建设行政主管部门规定的环境保护和环境卫生标准。禁止擅自关闭、闲置或者拆除生活垃圾处置的设施、场所；确有必要关闭、闲置或者拆除的，必须经所在地县级以上地方人民政府环境卫生行政主管部门和环境保护行政主管部门核准，并采取措施，防止污染环境。

第四十五条 从生活垃圾中回收的物质必须按照国家规定的用途或者标准使用，不得用于生产可能危害人体健康的产品。

第四十六条 工程施工单位应当及时清运工程施工过程中产生的固体废物，并按照环境卫生行政主管部门的规定进行利用或者处置。

第四十七条 从事公共交通运输的经营单位，应当按照国家有关规定，清扫、收集运输过程中产生的生活垃圾。

第四十八条 从事城市新区开发、旧区改建和住宅小区开发建设的单位，以及机场、码头、车站、公园、商店等公共设施、场所的经营管理单位，应当按照国家有关环境卫生的规定，配套建设生活垃圾收集设施。

第四十九条 农村生活垃圾污染环境防治的具体办法，由地方性法规规定。

第四章　危险废物污染环境防治的特别规定

第五十条　危险废物污染环境的防治，适用本章规定；本章未作规定的，适用本法其他有关规定。

第五十一条　国务院环境保护行政主管部门应当会同国务院有关部门制定国家危险废物名录，规定统一的危险废物鉴别标准、鉴别方法和识别标志。

第五十二条　对危险废物的容器和包装物以及收集、贮存、运输、处置危险废物的设施、场所，必须设置危险废物识别标志。

第五十三条　产生危险废物的单位，必须按照国家有关规定制定危险废物管理计划，并向所在地县级以上地方人民政府环境保护行政主管部门申报危险废物的种类、产生量、流向、贮存、处置等有关资料。前款所称危险废物管理计划应当包括减少危险废物产生量和危害性的措施以及危险废物贮存、利用、处置措施。危险废物管理计划应当报产生危险废物的单位所在地县级以上地方人民政府环境保护行政主管部门备案。本条规定的申报事项或者危险废物管理计划内容有重大改变的，应当及时申报。

第五十四条　国务院环境保护行政主管部门会同国务院经济综合宏观调控部门组织编制危险废物集中处置设施、场所的建设规划，报国务院批准后实施。县级以上地方人民政府应当依据危险废物集中处置设施、场所的建设规划组织建设危险废物集中处置设施、场所。

第五十五条　产生危险废物的单位，必须按照国家有关规定处置危险废物，不得擅自倾倒、堆放；不处置的，由所在地县级以上地方人民政府环境保护行政主管部门责令限期改正；逾期不处置或者处置不符合国家有关规定的，由所在地县级以上地方人民政府环境保护行政主管部门指定单位按照国家有关规定代为处置，处置费用由产生危险废物的单位承担。

第五十六条　以填埋方式处置危险废物不符合国务院环境保护行政主管部门规定的，应当缴纳危险废物排污费。危险废物排污费征收的具体办法由国务院规定。危险废物排污费用于污染环境的防治，不得挪作他用。

第五十七条　从事收集、贮存、处置危险废物经营活动的单位，必须向县级以上人民政府环境保护行政主管部门申请领取经营许可证；从事利用危险废物经营活动的单位，必须向国务院环境保护行政主管部门或者省、自治区、直辖市人民政府环境保护行政主管部门申请领取经营许可证。具体管理办法由国务院规定。禁止无经营许可证或者不按照经营许可证规定从事危险废物收集、贮存、利用、处置的经营活动。禁止将危险废物提供或者委托给无经营许可证的单位从事收集、贮存、利用、处置的经营活动。

第五十八条　收集、贮存危险废物，必须按照危险废物特性分类进行。禁止混合收集、贮存、运输、处置性质不相容而未经安全性处置的危险废物。贮存危险废物必须采取符合国家环境保护标准的防护措施，并不得超过一年；确需延长期限的，必须报经原批准经营许可证的环境保护行政主管部门批准；法律、行政法规另有规定的除外。禁止将危险废物混入非危险废物中贮存。

第五十九条　转移危险废物的，必须按照国家有关规定填写危险废物转移联单，并向危险废物移出地设区的市级以上地方人民政府环境保护行政主管部门提出申请。移出地设区的市级以上地方人民政府环境保护行政主管部门应当商经接受地设区的市级以上地方人民政府环境保护行政主管部门同意后，方可批准转移该危险废物。未经批准的，不得转移。

转移危险废物途经移出地、接受地以外行政区域的，危险废物移出地设区的市级以上地方人民政府环境保护行政主管部门应当及时通知沿途经过的设区的市级以上地方人民政府环境保护行政主管部门。

第六十条　运输危险废物，必须采取防止污染环境的措施，并遵守国家有关危险货物运输管理的规定。禁止将危险废物与旅客在同一运输工具上载运。

第六十一条　收集、贮存、运输、处置危险废物的场所、设施、设备和容器、包装物及其他物品转作他用时，必须经过消除污染的处理，方可使用。

第六十二条　产生、收集、贮存、运输、利用、处置危险废物的单位，应当制定意外事故的防范措施和应急预案，并向所在地县级以上地方人民政府环境保护行政主管部门备案；环境保护行政主管部门应当进行检查。

第六十三条　因发生事故或者其他突发性事件，造成危险废物严重污染环境的单位，必须立即采取措施消除或者减轻对环境的污染危害，及时通报可能受到污染危害的单位和居民，并向所在地县级以上地方人民政府环境保护行政主管部门和有关部门报告，接受调查处理。

第六十四条　在发生或者有证据证明可能发生危险废物严重污染环境、威胁居民生命财产安全时，县级以上地方人民政府环境保护行政主管部门或者其他固体废物污染环境防治工作的监督管理部门必须立即向本级人民政府和上一级人民政府有关行政主管部门报告，由人民政府采取防止或者减轻危害的有效措施。有关人民政府可以根据需要责令停止导致或者可能导致环境污染事故的作业。

第六十五条 重点危险废物集中处置设施、场所的退役费用应当预提，列入投资概算或者经营成本。具体提取和管理办法，由国务院财政部门、价格主管部门会同国务院环境保护行政主管部门规定。

第六十六条 禁止经中华人民共和国过境转移危险废物。

第五章 法律责任

第六十七条 县级以上人民政府环境保护行政主管部门或者其他固体废物污染环境防治工作的监督管理部门违反本法规定，有下列行为之一的，由本级人民政府或者上级人民政府有关行政主管部门责令改正，对负有责任的主管人员和其他直接责任人员依法给予行政处分；构成犯罪的，依法追究刑事责任：

（一）不依法作出行政许可或者办理批准文件的；

（二）发现违法行为或者接到对违法行为的举报后不予查处的；

（三）有不依法履行监督管理职责的其他行为的。

第六十八条 违反本法规定，有下列行为之一的，由县级以上人民政府环境保护行政主管部门责令停止违法行为，限期改正，处以罚款：

（一）不按照国家规定申报登记工业固体废物，或者在申报登记时弄虚作假的；

（二）对暂时不利用或者不能利用的工业固体废物未建设贮存的设施、场所安全分类存放，或者未采取无害化处置措施的；

（三）将列入限期淘汰名录被淘汰的设备转让给他人使用的；

（四）擅自关闭、闲置或者拆除工业固体废物污染环境防治设施、场所的；

（五）在自然保护区、风景名胜区、饮用水水源保护区、基本农田保护区和其他需要特别保护的区域内，建设工业固体废物集中贮存、处置的设施、场所和生活垃圾填埋场的；

（六）擅自转移固体废物出省、自治区、直辖市行政区域贮存、处置的；

（七）未采取相应防范措施，造成工业固体废物扬散、流失、渗漏或者造成其他环境污染的；

（八）在运输过程中沿途丢弃、遗撒工业固体废物的。

有前款第一项、第八项行为之一的，处五千元以上五万元以下的罚款；有前款第二项、第三项、第四项、第五项、第六项、第七项行为之一的，处一万元以上十万元以下的罚款。

第六十九条 违反本法规定，建设项目需要配套建设的固体废物污染环境防治设施未建成、未经验收或者验收不合格，主体工程即投入生产或者使用的，由审批该建设项目环境影响评价文件的环境保护行政主管部门责令停止生产或者使用，可以并处十万元以下的罚款。

第七十条 违反本法规定，拒绝县级以上人民政府环境保护行政主管部门或者其他固体废物污染环境防治工作的监督管理部门现场检查的，由执行现场检查的部门责令限期改正；拒不改正或者在检查时弄虚作假的，处二千元以上二万元以下的罚款。

第七十一条 从事畜禽规模养殖未按照国家有关规定收集、贮存、处置畜禽粪便，造成环境污染的，由县级以上地方人民政府环境保护行政主管部门责令限期改正，可以处五万元以下的罚款。

第七十二条 违反本法规定，生产、销售、进口或者使用淘汰的设备，或者采用淘汰的生产工艺的，由县级以上人民政府经济综合宏观调控部门责令改正；情节严重的，由县级以上人民政府经济综合宏观调控部门提出意见，报请同级人民政府按照国务院规定的权限决定停业或者关闭。

第七十三条 尾矿、矸石、废石等矿业固体废物贮存设施停止使用后，未按照国家有关环境保护规定进行封场的，由县级以上地方人民政府环境保护行政主管部门责令限期改正，可以处五万元以上二十万元以下的罚款。

第七十四条 违反本法有关城市生活垃圾污染环境防治的规定，有下列行为之一的，由县级以上地方人民政府环境卫生行政主管部门责令停止违法行为，限期改正，处以罚款：

（一）随意倾倒、抛撒或者堆放生活垃圾的；

（二）擅自关闭、闲置或者拆除生活垃圾处置设施、场所的；

（三）工程施工单位不及时清运施工过程中产生的固体废物，造成环境污染的；

（四）工程施工单位不按照环境卫生行政主管部门的规定对施工过程中产生的固体废物进行利用或者处置的；

（五）在运输过程中沿途丢弃、遗撒生活垃圾的。

单位有前款第一项、第三项、第五项行为之一的，处五千元以上五万元以下的罚款；有前款第二项、第四项行为之一的，处一万元以上十万元以下的罚款。个人有前款第一项、第五项行为之一的，处二百元以下的罚款。

第七十五条 违反本法有关危险废物污染环境防治的规定，有下列行为之一的，由县级以上人民政府环境保护行政主管部门责令停止违法行为，限期改正，处以罚款：

（一）不设置危险废物识别标志的；

（二）不按照国家规定申报登记危险废物，或者在申报登记时弄虚作假的；

（三）擅自关闭、闲置或者拆除危险废物集中处置设施、场所的；

（四）不按照国家规定缴纳危险废物排污费的；

（五）将危险废物提供或者委托给无经营许可证的单位从事经营活动的；

（六）不按照国家规定填写危险废物转移联单或者未经批准擅自转移危险废物的；

（七）将危险废物混入非危险废物中贮存的；

（八）未经安全性处置，混合收集、贮存、运输、处置具有不相容性质的危险废物的；

（九）将危险废物与旅客在同一运输工具上载运的；

（十）未经消除污染的处理将收集、贮存、运输、处置危险废物的场所、设施、设备和容器、包装物及其他物品转作他用的；

（十一）未采取相应防范措施，造成危险废物扬散、流失、渗漏或者造成其他环境污染的；

（十二）在运输过程中沿途丢弃、遗撒危险废物的；

（十三）未制定危险废物意外事故防范措施和应急预案的。

有前款第一项、第二项、第七项、第八项、第九项、第十项、第十一项、第十二项、第十三项行为之一的，处一万元以上十万元以下的罚款；有前款第三项、第五项、第六项行为之一的，处二万元以上二十万元以下的罚款；有前款第四项行为的，限期缴纳，逾期不缴纳的，处应缴纳危险废物排污费金额一倍以上三倍以下的罚款。

第七十六条　违反本法规定，危险废物产生者不处置其产生的危险废物又不承担依法应当承担的处置费用的，由县级以上地方人民政府环境保护行政主管部门责令限期改正，处代为处置费用一倍以上三倍以下的罚款。

第七十七条　无经营许可证或者不按照经营许可证规定从事收集、贮存、利用、处置危险废物经营活动的，由县级以上人民政府环境保护行政主管部门责令停止违法行为，没收违法所得，可以并处违法所得三倍以下的罚款。不按照经营许可证规定从事前款活动的，还可以由发证机关吊销经营许可证。

第七十八条　违反本法规定，将中华人民共和国境外的固体废物进境倾倒、堆放、处置的，进口属于禁止进口的固体废物或者未经许可擅自进口属于限制进口的固体废物用作原料的，由海关责令退运该固体废物，可以并处十万元以上一百万元以下的罚款；构成犯罪的，依法追究刑事责任。进口者不明的，由承运人承担退运该固体废物的责任，或者承担该固体废物的处置费用。逃避海关监管将中华人民共和国境外的固体废物运输进境，构成犯罪的，依法追究刑事责任。

第七十九条　违反本法规定，经中华人民共和国过境转移危险废物的，由海关责令退运该危险废物，可以并处五万元以上五十万元以下的罚款。

第八十条　对已经非法入境的固体废物，由省级以上人民政府环境保护行政主管部门依法向海关提出处理意见，海关应当依照本法第七十八条的规定作出处罚决定；已经造成环境污染的，由省级以上人民政府环境保护行政主管部门责令进口者消除污染。

第八十一条　违反本法规定，造成固体废物严重污染环境的，由县级以上人民政府环境保护行政主管部门按照国务院规定的权限决定限期治理；逾期未完成治理任务的，由本级人民政府决定停业或者关闭。

第八十二条　违反本法规定，造成固体废物污染环境事故的，由县级以上人民政府环境保护行政主管部门处二万元以上二十万元以下的罚款；造成重大损失的，按照直接损失的百分之三十计算罚款，但是最高不超过一百万元，对负有责任的主管人员和其他直接责任人员，依法给予行政处分；造成固体废物污染环境重大事故的，并由县级以上人民政府按照国务院规定的权限决定停业或者关闭。

第八十三条　违反本法规定，收集、贮存、利用、处置危险废物，造成重大环境污染事故，构成犯罪的，依法追究刑事责任。

第八十四条　受到固体废物污染损害的单位和个人，有权要求依法赔偿损失。赔偿责任和赔偿金额的纠纷，可以根据当事人的请求，由环境保护行政主管部门或者其他固体废物污染环境防治工作的监督管理部门调解处理；调解不成的，当事人可以向人民法院提起诉讼。当事人也可以直接向人民法院提起诉讼。国家鼓励法律服务机构对固体废物污染环境诉讼中的受害人提供法律援助。

第八十五条　造成固体废物污染环境的，应当排除危害，依法赔偿损失，并采取措施恢复环境原状。

第八十六条　因固体废物污染环境引起的损害赔偿诉讼，由加害人就法律规定的免责事由及其行为与损害结果之间不存在因果关系承担举证责任。

第八十七条　固体废物污染环境的损害赔偿责任和赔偿金额的纠纷，当事人可以委托环境监测机构提供监测数据。环境监测机构应当接受委托，如实提供有关监测数据。

第六章　附　则

第八十八条　本法下列用语的含义：

（一）固体废物，是指在生产、生活和其他活动中产生的丧失原有利用价值或者虽未丧失利用价值但被抛弃或者放弃的固态、半固态和置于容器中的气态的物品、物质以及法律、行政法规规定纳入固体废物管理的物品、物质。

（二）工业固体废物，是指在工业生产活动中产生的固体废物。

（三）生活垃圾，是指在日常生活中或者为日常生活提供服务的活动中产生的固体废物以及法律、行政法规规定视为生活垃圾的固体废物。

（四）危险废物，是指列入国家危险废物名录或者根据国家规定的危险废物鉴别标准和鉴别方法认定的具有危险特性的固体废物。

（五）贮存，是指将固体废物临时置于特定设施或者场所中的活动。

（六）处置，是指将固体废物焚烧和用其他改变固体废物的物理、化学、生物特性的方法，达到减少已产生的固体废物数量、缩小固体废物体积、减少或者消除其危险成份的活动，或者将固体废物最终置于符合环境保护规定要求的填埋场的活动。

（七）利用，是指从固体废物中提取物质作为原材料或者燃料的活动。

第八十九条 液态废物的污染防治，适用本法；但是，排入水体的废水的污染防治适用有关法律，不适用本法。

第九十条 中华人民共和国缔结或者参加的与固体废物污染环境防治有关的国际条约与本法有不同规定的，适用国际条约的规定；但是，中华人民共和国声明保留的条款除外。

第九十一条 本法自2005年4月1日起施行。

地质灾害防治条例

第一章 总 则

第一条 为了防治地质灾害，避免和减轻地质灾害造成的损失，维护人民生命和财产安全，促进经济和社会的可持续发展，制定本条例。

第二条 本条例所称地质灾害，包括自然因素或者人为活动引发的危害人民生命和财产安全的山体崩塌、滑坡、泥石流、地面塌陷、地裂缝、地面沉降等与地质作用有关的灾害。

第三条 地质灾害防治工作，应当坚持预防为主、避让与治理相结合和全面规划、突出重点的原则。

第四条 地质灾害按照人员伤亡、经济损失的大小，分为四个等级：

（一）特大型：因灾死亡30人以上或者直接经济损失1000万元以上的；

（二）大型：因灾死亡10人以上30人以下或者直接经济损失500万元以上1000万元以下的；

（三）中型：因灾死亡3人以上10人以下或者直接经济损失100万元以上500万元以下的；

（四）小型：因灾死亡3人以下或者直接经济损失100万元以下的。

第五条 地质灾害防治工作，应当纳入国民经济和社会发展计划。

因自然因素造成的地质灾害的防治经费，在划分中央和地方事权和财权的基础上，分别列入中央和地方有关人民政府的财政预算。具体办法由国务院财政部门会同国务院国土资源主管部门制定。

因工程建设等人为活动引发的地质灾害的治理费用，按照谁引发、谁治理的原则由责任单位承担。

第六条 县级以上人民政府应当加强对地质灾害防治工作的领导，组织有关部门采取措施，做好地质灾害防治工作。

县级以上人民政府应当组织有关部门开展地质灾害防治知识的宣传教育，增强公众的地质灾害防治意识和自救、互救能力。

第七条 国务院国土资源主管部门负责全国地质灾害防治的组织、协调、指导和监督工作。国务院其他有关部门按照各自的职责负责有关的地质灾害防治工作。

县级以上地方人民政府国土资源主管部门负责本行政区域内地质灾害防治的组织、协调、指导和监督工作。县级以上地方人民政府其他有关部门按照各自的职责负责有关的地质灾害防治工作。

第八条 国家鼓励和支持地质灾害防治科学技术研究，推广先进的地质灾害防治技术，普及地质灾害防治的科学知识。

第九条 任何单位和个人对地质灾害防治工作中的违法行为都有权检举和控告。

在地质灾害防治工作中做出突出贡献的单位和个人，由人民政府给予奖励。

第二章 地质灾害防治规划

第十条 国家实行地质灾害调查制度。

国务院国土资源主管部门会同国务院建设、水利、铁路、交通等部门结合地质环境状况组织开展全国的地质灾害调查。

县级以上地方人民政府国土资源主管部门会同同级建设、水利、交通等部门结合地质环境状况组织开展本行政区域的地质灾害调查。

第十一条 国务院国土资源主管部门会同国务院建设、水利、铁路、交通等部门,依据全国地质灾害调查结果,编制全国地质灾害防治规划,经专家论证后报国务院批准公布。

县级以上地方人民政府国土资源主管部门会同同级建设、水利、交通等部门,依据本行政区域的地质灾害调查结果和上一级地质灾害防治规划,编制本行政区域的地质灾害防治规划,经专家论证后报本级人民政府批准公布,并报上一级人民政府国土资源主管部门备案。

修改地质灾害防治规划,应当报经原批准机关批准。

第十二条 地质灾害防治规划包括以下内容:

(一) 地质灾害现状和发展趋势预测;

(二) 地质灾害的防治原则和目标;

(三) 地质灾害易发区、重点防治区;

(四) 地质灾害防治项目;

(五) 地质灾害防治措施等。

县级以上人民政府应当将城镇、人口集中居住区、风景名胜区、大中型工矿企业所在地和交通干线、重点水利电力工程等基础设施作为地质灾害重点防治区中的防护重点。

第十三条 编制和实施土地利用总体规划、矿产资源规划以及水利、铁路、交通、能源等重大建设工程项目规划,应当充分考虑地质灾害防治要求,避免和减轻地质灾害造成的损失。

编制城市总体规划、村庄和集镇规划,应当将地质灾害防治规划作为其组成部分。

第三章 地质灾害预防

第十四条 国家建立地质灾害监测网络和预警信息系统。

县级以上人民政府国土资源主管部门应当会同建设、水利、交通等部门加强对地质灾害险情的动态监测。

因工程建设可能引发地质灾害的,建设单位应当加强地质灾害监测。

第十五条 地质灾害易发区的县、乡、村应当加强地质灾害的群测群防工作。在地质灾害重点防范期内,乡镇人民政府、基层群众自治组织应当加强地质灾害险情的巡回检查,发现险情及时处理和报告。

国家鼓励单位和个人提供地质灾害前兆信息。

第十六条 国家保护地质灾害监测设施。任何单位和个人不得侵占、损毁、损坏地质灾害监测设施。

第十七条 国家实行地质灾害预报制度。预报内容主要包括地质灾害可能发生的时间、地点、成灾范围和影响程度等。

地质灾害预报由县级以上人民政府国土资源主管部门会同气象主管机构发布。

任何单位和个人不得擅自向社会发布地质灾害预报。

第十八条 县级以上地方人民政府国土资源主管部门会同同级建设、水利、交通等部门依据地质灾害防治规划,拟订年度地质灾害防治方案,报本级人民政府批准后公布。

年度地质灾害防治方案包括下列内容:

(一) 主要灾害点的分布;

(二) 地质灾害的威胁对象、范围;

(三) 重点防范期;

(四) 地质灾害防治措施;

(五) 地质灾害的监测、预防责任人。

第十九条 对出现地质灾害前兆、可能造成人员伤亡或者重大财产损失的区域和地段,县级人民政府应当及时划定为地质灾害危险区,予以公告,并在地质灾害危险区的边界设置明显警示标志。

在地质灾害危险区内,禁止爆破、削坡、进行工程建设以及从事其他可能引发地质灾害的活动。

县级以上人民政府应当组织有关部门及时采取工程治理或者搬迁避让措施,保证地质灾害危险区内居民的生命和财产安全。

第二十条 地质灾害险情已经消除或者得到有效控制的,县级人民政府应当及时撤销原划定的地质灾害危险区,并予以公告。

第二十一条 在地质灾害易发区内进行工程建设应当在可行性研究阶段进行地质灾害危险性评估,并将评估结果作为可行性研究报告的组成部分;可行性研究报告未包含地质灾害危险性评估结果的,不得批准其可行性研究报告。

编制地质灾害易发区内的城市总体规划、村庄和集镇规划时,应当对规划区进行地质灾害危险性评估。

第二十二条 国家对从事地质灾害危险性评估的单位实行资质管理制度。地质灾害危险性评估单位应当具备下列条件,经省级以上人民政府国土资源主管部门资质审查合格,取得国土资源主管部门颁发的相应等级的资质证书后,方可在资质等级许可的范围内从事地质灾害危险性评估业务:

(一) 有独立的法人资格;

(二) 有一定数量的工程地质、环境地质和岩土工程等相应专业的技术人员;

（三）有相应的技术装备。

地质灾害危险性评估单位进行评估时，应当对建设工程遭受地质灾害危害的可能性和该工程建设中、建成后引发地质灾害的可能性做出评价，提出具体的预防治理措施，并对评估结果负责。

第二十三条 禁止地质灾害危险性评估单位超越其资质等级许可的范围或者以其他地质灾害危险性评估单位的名义承揽地质灾害危险性评估业务。

禁止地质灾害危险性评估单位允许其他单位以本单位的名义承揽地质灾害危险性评估业务。

禁止任何单位和个人伪造、变造、买卖地质灾害危险性评估资质证书。

第二十四条 对经评估认为可能引发地质灾害或者可能遭受地质灾害危害的建设工程，应当配套建设地质灾害治理工程。地质灾害治理工程的设计、施工和验收应当与主体工程的设计、施工、验收同时进行。

配套的地质灾害治理工程未经验收或者经验收不合格的，主体工程不得投入生产或者使用。

第四章 地质灾害应急

第二十五条 国务院国土资源主管部门会同国务院建设、水利、铁路、交通等部门拟订全国突发性地质灾害应急预案，报国务院批准后公布。

县级以上地方人民政府国土资源主管部门会同同级建设、水利、交通等部门拟订本行政区域的突发性地质灾害应急预案，报本级人民政府批准后公布。

第二十六条 突发性地质灾害应急预案包括下列内容：

（一）应急机构和有关部门的职责分工；

（二）抢险救援人员的组织和应急、救助装备、资金、物资的准备；

（三）地质灾害的等级与影响分析准备；

（四）地质灾害调查、报告和处理程序；

（五）发生地质灾害时的预警信号、应急通信保障；

（六）人员财产撤离、转移路线、医疗救治、疾病控制等应急行动方案。

第二十七条 发生特大型或者大型地质灾害时，有关省、自治区、直辖市人民政府应当成立地质灾害抢险救灾指挥机构。必要时，国务院可以成立地质灾害抢险救灾指挥机构。

发生其他地质灾害或者出现地质灾害险情时，有关市、县人民政府可以根据地质灾害抢险救灾工作的需要，成立地质灾害抢险救灾指挥机构。

地质灾害抢险救灾指挥机构由政府领导负责、有关部门组成，在本级人民政府的领导下，统一指挥和组织地质灾害的抢险救灾工作。

第二十八条 发现地质灾害险情或者灾情的单位和个人，应当立即向当地人民政府或者国土资源主管部门报告。其他部门或者基层群众自治组织接到报告的，应当立即转报当地人民政府。

当地人民政府或者县级人民政府国土资源主管部门接到报告后，应当立即派人赶赴现场，进行现场调查，采取有效措施，防止灾害发生或者灾情扩大，并按照国务院国土资源主管部门关于地质灾害灾情分级报告的规定，向上级人民政府和国土资源主管部门报告。

第二十九条 接到地质灾害险情报告的当地人民政府、基层群众自治组织应当根据实际情况，及时动员受到地质灾害威胁的居民以及其他人员转移到安全地带；情况紧急时，可以强行组织避灾疏散。

第三十条 地质灾害发生后，县级以上人民政府应当启动并组织实施相应的突发性地质灾害应急预案。有关地方人民政府应当及时将灾情及其发展趋势等信息报告上级人民政府。

禁止隐瞒、谎报或者授意他人隐瞒、谎报地质灾害灾情。

第三十一条 县级以上人民政府有关部门应当按照突发性地质灾害应急预案的分工，做好相应的应急工作。

国土资源主管部门应当会同同级建设、水利、交通等部门尽快查明地质灾害发生原因、影响范围等情况，提出应急治理措施，减轻和控制地质灾害灾情。

民政、卫生、食品药品监督管理、商务、公安部门，应当及时设置避难场所和救济物资供应点，妥善安排灾民生活，做好医疗救护、卫生防疫、药品供应、社会治安工作；气象主管机构应当做好气象服务保障工作；通信、航空、铁路、交通部门应当保证地质灾害应急的通信畅通和救灾物资、设备、药物、食品的运送。

第三十二条 根据地质灾害应急处理的需要，县级以上人民政府应当紧急调集人员，调用物资、交通工具和相关的设施、设备；必要时，可以根据需要在抢险救灾区域范围内采取交通管制等措施。

因救灾需要，临时调用单位和个人的物资、设施、设备或者占用其房屋、土地的，事后应当及时归还；无法归还或者造成损失的，应当给予相应的补偿。

第三十三条 县级以上地方人民政府应当根据地质灾害灾情和地质灾害防治需要，统筹规划、安排受灾地区的重建工作。

第五章 地质灾害治理

第三十四条 因自然因素造成的特大型地质灾害，确需治理的，由国务院国土资源主管部门会同灾害发生地的省、自治区、直辖市人民政府组织治理。

因自然因素造成的其他地质灾害,确需治理的,在县级以上地方人民政府的领导下,由本级人民政府国土资源主管部门组织治理。

因自然因素造成的跨行政区域的地质灾害,确需治理的,由所跨行政区域的地方人民政府国土资源主管部门共同组织治理。

第三十五条 因工程建设等人为活动引发的地质灾害,由责任单位承担治理责任。

责任单位由地质灾害发生地的县级以上人民政府国土资源主管部门负责组织专家对地质灾害的成因进行分析论证后认定。

对地质灾害的治理责任认定结果有异议的,可以依法申请行政复议或者提起行政诉讼。

第三十六条 地质灾害治理工程的确定,应当与地质灾害形成的原因、规模以及对人民生命和财产安全的危害程度相适应。

承担专项地质灾害治理工程勘查、设计、施工和监理的单位,应当具备下列条件,经省级以上人民政府国土资源主管部门资质审查合格,取得国土资源主管部门颁发的相应等级的资质证书后,方可在资质等级许可的范围内从事地质灾害治理工程的勘查、设计、施工和监理活动,并承担相应的责任:

(一) 有独立的法人资格;

(二) 有一定数量的水文地质、环境地质、工程地质等相应专业的技术人员;

(三) 有相应的技术装备;

(四) 有完善的工程质量管理制度。

地质灾害治理工程的勘查、设计、施工和监理应当符合国家有关标准和技术规范。

第三十七条 禁止地质灾害治理工程勘查、设计、施工和监理单位超越其资质等级许可的范围或者以其他地质灾害治理工程勘查、设计、施工和监理单位的名义承揽地质灾害治理工程勘查、设计、施工和监理业务。

禁止地质灾害治理工程勘查、设计、施工和监理单位允许其他单位以本单位的名义承揽地质灾害治理工程勘查、设计、施工和监理业务。

禁止任何单位和个人伪造、变造、买卖地质灾害治理工程勘查、设计、施工和监理资质证书。

第三十八条 政府投资的地质灾害治理工程竣工后,由县级以上人民政府国土资源主管部门组织竣工验收。其他地质灾害治理工程竣工后,由责任单位组织竣工验收;竣工验收时,应当有国土资源主管部门参加。

第三十九条 政府投资的地质灾害治理工程经竣工验收合格后,由县级以上人民政府国土资源主管部门指定的单位负责管理和维护;其他地质灾害治理工程经竣工验收合格后,由负责治理的责任单位负责管理和维护。

任何单位和个人不得侵占、损毁、损坏地质灾害治理工程设施。

第六章 法律责任

第四十条 违反本条例规定,有关县级以上地方人民政府、国土资源主管部门和其他有关部门有下列行为之一的,对直接负责的主管人员和其他直接责任人员,依法给予降级或者撤职的行政处分;造成地质灾害导致人员伤亡和重大财产损失的,依法给予开除的行政处分;构成犯罪的,依法追究刑事责任:

(一) 未按照规定编制突发性地质灾害应急预案,或者未按照突发性地质灾害应急预案的要求采取有关措施、履行有关义务的;

(二) 在编制地质灾害易发区内的城市总体规划、村庄和集镇规划时,未按照规定对规划区进行地质灾害危险性评估的;

(三) 批准未包含地质灾害危险性评估结果的可行性研究报告的;

(四) 隐瞒、谎报或者授意他人隐瞒、谎报地质灾害灾情,或者擅自发布地质灾害预报的;

(五) 给不符合条件的单位颁发地质灾害危险性评估资质证书或者地质灾害治理工程勘查、设计、施工、监理资质证书的;

(六) 在地质灾害防治工作中有其他渎职行为的。

第四十一条 违反本条例规定,建设单位有下列行为之一的,由县级以上地方人民政府国土资源主管部门责令限期改正;逾期不改正的,责令停止生产、施工或者使用,处10万元以上50万元以下的罚款;构成犯罪的,依法追究刑事责任:

(一) 未按照规定对地质灾害易发区内的建设工程进行地质灾害危险性评估的;

(二) 配套的地质灾害治理工程未经验收或者经验收不合格,主体工程即投入生产或者使用的。

第四十二条 违反本条例规定,对工程建设等人为活动引发的地质灾害不予治理的,由县级以上人民政府国土资源主管部门责令限期治理;逾期不治理或者治理不符合要求的,由责令限期治理的国土资源主管部门组织治理,所需费用由责任单位承担,处10万元以上50万元以下的罚款;给他人造成损失的,依法承担赔偿责任。

第四十三条 违反本条例规定,在地质灾害危险区内爆破、削坡、进行工程建设以及从事其他可能引发地质灾害活动的,由县级以上地方人民政府国土资源主管部门责令停止违法行为,对单位处5万元以上20万元以下的罚款,对个人处1万元以上5万元以下的罚款；构成犯罪的，依法追究刑事责任；给他人造成损失的，依法承担赔偿责任。

第四十四条 违反本条例规定，有下列行为之一的，由县级以上人民政府国土资源主管部门或者其他部门依据职责责令停止违法行为，对地质灾害危险性评估单位、地质灾害治理工程勘查、设计或者监理单位处合同约定的评估费、勘查费、设计费或者监理酬金1倍以上2倍以下的罚款，对地质灾害治理工程施工单位处工程价款2%以上4%以下的罚款，并可以责令停业整顿，降低资质等级；有违法所得的，没收违法所得；情节严重的，吊销其资质证书；构成犯罪的，依法追究刑事责任；给他人造成损失的，依法承担赔偿责任：

（一）在地质灾害危险性评估中弄虚作假或者故意隐瞒地质灾害真实情况的；

（二）在地质灾害治理工程勘查、设计、施工以及监理活动中弄虚作假、降低工程质量的；

（三）无资质证书或者超越其资质等级许可的范围承揽地质灾害危险性评估、地质灾害治理工程勘查、设计、施工及监理业务的；

（四）以其他单位的名义或者允许其他单位以本单位的名义承揽地质灾害危险性评估、地质灾害治理工程勘查、设计、施工和监理业务的。

第四十五条 违反本条例规定，伪造、变造、买卖地质灾害危险性评估资质证书、地质灾害治理工程勘查、设计、施工和监理资质证书的，由省级以上人民政府国土资源主管部门收缴或者吊销其资质证书，没收违法所得，并处5万元以上10万元以下的罚款；构成犯罪的，依法追究刑事责任。

第四十六条 违反本条例规定，侵占、损毁、损坏地质灾害监测设施或者地质灾害治理工程设施的，由县级以上地方人民政府国土资源主管部门责令停止违法行为，限期恢复原状或者采取补救措施，可以处5万元以下的罚款；构成犯罪的，依法追究刑事责任。

第七章 附 则

第四十七条 在地质灾害防治工作中形成的地质资料，应当按照《地质资料管理条例》的规定汇交。

第四十八条 地震灾害的防御和减轻依照防震减灾的法律、行政法规的规定执行。

防洪法律、行政法规对洪水引发的崩塌、滑坡、泥石流的防治有规定的，从其规定。

第四十九条 本条例自2004年3月1日起施行。

国土资源部关于批准河南王屋山等41处国家地质公园的通知

国土资发(2004)16号

各省、自治区、直辖市国土资源厅(国土环境资源厅、国土资源和房屋管理局、房屋土地资源管理局、规划和国土资源局)：

为了有效保护、合理开发和永续利用地质遗迹资源，经国家地质遗迹(地质公园)评审委员会评审推荐，国家地质遗迹(地质公园)领导小组研究批准，同意建立河南王屋山、四川九寨沟等41处国家地质公园(名单见附件)。各地质公园要以科学发展观为指导，遵循“保护中开发，开发中保护”的原则，建设好国家地质公园。各级国土资源行政主管部门应加强地质遗迹保护和地质公园的监督管理，为促进该地区资源、环境、经济可持续发展做出贡献。

附件：第三批国家地质公园名单

国土资源部

2004年1月19日

附件：

第三批国家地质公园名单

河南王屋山国家地质公园
四川九寨沟国家地质公园
浙江雁荡山国家地质公园
四川黄龙国家地质公园
辽宁朝阳鸟化石国家地质公园
广西百色乐业大石围天坑群国家地质公园
河南西峡伏牛山国家地质公园
贵州关岭化石群国家地质公园
广西北海涠洲岛火山国家地质公园
河南嵖岈山国家地质公园
浙江新昌硅化木国家地质公园
云南禄丰恐龙国家地质公园
新疆布尔津喀纳斯湖国家地质公园
福建晋江深沪湾国家地质公园
云南玉龙黎明-老君山国家地质公园

安徽祁门牯牛降国家地质公园
甘肃景泰黄河石林国家地质公园
北京十渡国家地质公园
贵州兴义国家地质公园
四川兴文石海国家地质公园
重庆武隆岩溶国家地质公园
内蒙古阿尔山国家地质公园
福建福鼎太姥山国家地质公园
青海尖扎坎布拉国家地质公园
河北赞皇嶂石岩国家地质公园
河北涞水野三坡国家地质公园
甘肃平凉崆峒山国家地质公园
新疆奇台硅化木-恐龙国家地质公园
长江三峡国家地质公园(湖北、重庆)
海南海口石山火山群国家地质公园
江苏苏州太湖西山国家地质公园
宁夏西吉火石寨国家地质公园
吉林靖宇火山矿泉群国家地质公园
福建宁化天鹅洞群国家地质公园
山东东营黄河三角洲国家地质公园
贵州织金洞国家地质公园
广东佛山西樵山国家地质公园
贵州绥阳双河洞国家地质公园
黑龙江伊春花岗岩石林国家地质公园
重庆黔江小南海国家地质公园
广东阳春凌宵岩国家地质公园

中华人民共和国国土资源部令

第二十三号

《矿产资源登记统计管理办法》,已经2003年12月30日国土资源部第12次部务会议上通过,现予公布,自2004年3月1日起施行。

部长　孙文盛

2004年1月9日

矿产资源登记统计管理办法

第一章　总　则

第一条　为加强矿产资源登记统计管理,维护国家对矿产资源的所有权,根据《中华人民共和国矿产资源法》、《中华人民共和国统计法》及有关行政法规,制定本办法。

第二条　在中华人民共和国领域及管辖的其他海域从事矿产资源勘查、开采或者工程建设压覆重要矿产资源的,应当依照本办法的规定进行矿产资源登记统计。

第三条　本办法所称矿产资源登记统计,包括矿产资源储量登记和矿产资源统计。

本办法所称矿产资源储量登记,是指县级以上国土资源行政主管部门对查明、占用、残留、压覆矿产资源储量的类型、数量、质量特征、产地以及其他相关情况进行登记的活动。

本办法所称矿产资源统计,是指县级以上国土资源行政主管部门对矿产资源储量变化及开发利用情况进行统计的活动。

第四条　国土资源部负责全国矿产资源登记统计的管理工作。

县级以上地方国土资源行政主管部门负责本行政区域内矿产资源登记统计的管理工作,但石油、天然气、煤层气、放射性矿产除外。

第二章　矿产资源储量登记

第五条　有下列情形之一的,探矿权人、采矿权人或者建设单位应当依照本办法的规定办理矿产资源储量登记:

(一)探矿权人在不同勘查阶段查明矿产资源储量的;

(二)采矿权申请人申请占用矿产资源储量的;

(三)采矿权人因变更矿区范围等调整占用矿产资源储量的;

(四)停办或者关闭矿山后有残留或者剩余矿产资源储量的;

(五)工程建设压覆重要矿产资源储量的;

(六)省级以上人民政府国土资源行政主管部门规定的其他矿产资源储量。

采矿权人占用的矿产资源储量发生重大变化后新计算的矿产资源储量,由县级以上人民政府国土资源行政主管部门决定是否登记。

第六条　登记矿产资源储量时,应当向县级以上人民政府国土资源行政主管部门提交下列资料:

（一）矿产资源储量登记书；

（二）矿产资源储量评审（审查）意见书；

（三）矿产资源储量（评估）报告及主要附图、附表、附件。

除提交前款规定的资料外，探矿权人、采矿权人还应当同时提交勘查许可证或者采矿许可证复印件；压覆重要矿产资源的建设单位还应当同时提交国土资源部或者省级国土资源行政主管部门同意压覆重要矿产资源的批准文件。

第七条 矿产资源储量登记，按照下列规定办理：

（一）探矿权人查明的矿产资源储量，在矿产资源储量评审通过后15日内，由原发证的国土资源行政主管部门登记；

（二）采矿权申请人申请占用的矿产资源储量，由发证的国土资源行政主管部门在办理采矿许可证时同时办理；

（三）采矿权人因变更矿区范围等调整占用的矿产资源储量，由原发证的国土资源行政主管部门在办理采矿许可证变更登记手续时同时办理；

（四）采矿权人停办或者关闭矿山残留或者剩余的矿产资源储量，由原发证的国土资源行政主管部门在办理采矿许可证注销手续时同时办理；

（五）工程建设项目压覆的重要矿产资源储量，由批准建设用地的国土资源行政主管部门在办理建设用地审批手续时同时办理。

第八条 经登记的矿产资源储量，是矿产资源规划、管理、保护与合理利用的依据，未经法定程序，任何单位和个人不得擅自更改。

第九条 上级国土资源行政主管部门应当自完成矿产资源储量登记手续之日起10日内，将矿产资源储量登记情况通知矿区所在地的下级国土资源行政主管部门。

第三章 矿产资源统计

第十条 矿产资源统计调查计划，由国土资源部负责制定，报国务院统计行政主管部门批准后实施。

全国矿产资源统计信息，由国土资源部定期向社会发布。

第十一条 矿产资源统计，应当使用由国土资源部统一制订并经国务院统计行政主管部门批准的矿产资源统计基础表及其填报说明。

矿产资源统计基础表，包括采矿权人和矿山（油气田）基本情况、生产能力和实际产量、采选技术指标、矿产组分和质量指标、占用矿产资源储量变化情况、共伴生矿产综合利用情况等内容。

未列入矿产资源统计基础表的查明矿产资源储量、压覆矿产资源储量、残留矿产资源储量及其变化情况和占用矿产资源储量的相关情况，依据矿产资源储量登记书进行统计。

第十二条 开采矿产资源，以年度为统计周期，以采矿许可证划定的矿区范围为基本统计单元。但油气矿产以油田、气田为基本统计单元。

第十三条 采矿权人应当于每年1月底前，完成矿产资源统计基础表的填报工作，并将矿产资源统计基础表一式三份，报送矿区所在地的县级国土资源行政主管部门。统计单元跨行政区域的，报共同的上级国土资源行政主管部门指定的县级国土资源行政主管部门。

开采石油、天然气、煤层气和放射性矿产的，采矿权人应当于每年3月底前完成矿产资源统计基础表的填报工作，并将矿产资源统计基础表一式二份报送国土资源部。

第十四条 上级国土资源行政主管部门负责对下一级国土资源行政主管部门上报的统计资料和采矿权人直接报送的矿产资源统计基础表进行审查、现场抽查和汇总分析。

省级国土资源行政主管部门应当于每年3月底前将审查确定的统计资料上报国土资源部。

第十五条 县级国土资源行政主管部门履行下列统计职责：

（一）经上级国土资源行政主管部门登记后通知的和本级登记的矿产资源储量的录入、汇总；

（二）本行政区域内采矿权人的矿产资源统计基础表的组织填报、数据审查、录入、现场抽查；

（三）经登记的矿产资源储量和本行政区域内采矿权人占用的矿产资源储量变化情况的统计；

（四）本行政区域内采矿权人的开发利用情况的统计；

（五）向上一级国土资源行政主管部门报送本条第（三）项、第（四）项统计资料。

第十六条 填报矿产资源统计基础表，应当如实、准确、全面、及时，并符合统计核查、检测和计算等方面的规定，不得虚报、瞒报、迟报、拒报。

第四章 登记统计资料管理

第十七条 国土资源行政主管部门应当建立矿产资源登记统计资料档案管理制度，加强对本行政区域内矿产资源登记统计资料、统计台账及数据库的管理。

上报矿产资源登记统计资料应当附具统一要求的电子文本。

全国矿产资源登记统计数据库由国土资源部统一制定。

集团公司办公大楼

中国五矿集团公司

总裁：周中枢

中国五矿集团公司成立于1950年，是以金属、矿产品和机电产品的生产和经营为主，兼具金融、 房地产、货运、招标、承包工程和投资业务，实行跨国经营的大型企业集团。1992年，中国五矿集团公司被国务院确定为全国首批55家企业集团试点和7家国有资产授权经营单位之一。1999年，中国五矿集团公司被列入由中央管理的44家国有重要骨干企业。 2004年，集团公司的总经营额为150亿美元，在中国最大500家企业排名中列第11位。

中国五矿集团公司具有50余年的经营历史，曾长期发挥国家金属矿产品进出口主渠道作用，在海内外享有盛誉。改革开放以来，中国五矿集团公司顺应国家外经贸体制的变革，坚定地实施国际化发展战略，一业为主、多种经营，并在国内外进行广泛的实业投资，有效控制关键资源，经营规模和经济实力都大为提高，为企业的长远发展奠定了雄厚基础。

中国五矿集团公司与中国冶金建设集团公司联合中标巴西GERDAU ACO

中国五矿集团公司与牙买加国家发展部签署协议

周中枢总裁随同国务院副总理吴仪访问朝鲜，与朝方签订煤矿合资协议

查维斯会见周中枢总裁

卡斯特罗向周中枢总裁介绍古巴

中国五矿集团公司拥有全球化的营销网络，在国内20个省区建有168家全资或合资企业，控股和参股14家国内上市公司，控股香港“五矿资源”和“东方有色”两家红筹股上市公司，在世界主要国家和地区设有50家海外企业。

作为中国最大的五金矿产品贸易企业，中国五矿集团公司以服务为先导，努力向客户提供包括融资、报关、仓储、运输、加工和资讯在内的价值链服务，满足客户的要求和期待。

中国五矿集团公司与国内外各大商业银行保持密切的合作关系，从1996年开始，集团公司连续数年在美国成功发行和续发了共计6亿美元的商业票据，获国际权威信用评级机构好评；2001年，集团公司首获国际银团1亿美元3年期贷款。

中国五矿集团公司拥有一支高素质的员工队伍，他们知识全面、勤奋努力、富有朝气。

中国五矿集团公司以诚信为本，在平等互利、重合同、守信用的原则下，广泛开展“双赢”和“多赢”合作，在中国和世界各地的客户达8000家以上，其中绝大多数是长期稳定的贸易伙伴。

为了提高核心竞争力，中国五矿集团公司积极实施新的企业发展战略，按照钢铁、原材料、有色金属、综合贸易、金融、房地产及服务六大板块，运输、招标两大单元以及黑色冶金采选业务进行专业化经营，促进了各项业务的持续健康发展，实现了国有资产不断增值的目标。在新的世纪里，中国五矿集团公司以贸易为基础，集约多元，充分发展营销网络；以客户为中心，技术创新，积极提供增值服务；努力发展成为提供全球化优质服务的企业集团。

中国五矿集团公司

赣州虔东实业集团

国家质量监督检验总局党组成员、国家认证认可监督管理局局长王凤清一行来我公司视察

江西省省委书记孟建柱视察公司

萃取车间

赣州虔东实业集团总部位于江西省赣州市章贡区水东镇，创业于1988年3月，是我国稀土行业的骨干企业，主要从事稀土高科技产品深加工。集团公司现有员工1000多人，其中工程技术人员100多人，管理人员100多人，有赣州虔东实业（集团）有限公司、赣州科力稀土新材料有限公司、赣州东利高技术有限公司、赣州南方稀土矿冶有限责任公司、赣州科瑞精密磁材有限公司、江西明达功能材料有限公司、福建长汀虔东稀土有限公司、安远虔东水电有限公司、赣州力赛科新技术有限公司、赣县力凯稀土资源回收有限公司10家集团成员企业，其中3家中外合资企业。已形成从稀土分离到稀土深加工的稀土综合产业链，建立了完整的科研、试验、生产、检测体系和国内先进水平的稀土金属生产线，主要产品有稀土化合物、稀土金属、稀土合金、磁性材料、荧光粉等30余种产品；其中镨钕金属、镧铈金属和高纯度金属铽分别被列入1992、1996、2001年度国家级星火计划项目；镝铁合金被列入1999年度国家重点新产品，产品出口亚洲、欧洲、美洲等国家。2005年实现销售收入3.6亿元，利税4300万元，出口创汇2400万美元。

随着科技的发展，稀土新材料在航空、电子、医疗、农业等领域的应用将日益广泛，企业也迎来了一个新的发展机遇。虔东集团将进一步开发新产品，建成国内一流的现代化大型综合稀土材料生产基地，同时虔东集团诚邀各界人士在开发利用稀土资源为人类社会服务的进程中，共寻发展、共求进步、共筑成功！

地址：江西省赣州市章贡区水东镇七里

邮编：341001

电话：0797—8463854（总机）

传真：0797—8463123

厂区景

氧化物产品

金属钕

金属镨

中国石油青海油田公司

总经理、党委书记：黄立功

温家宝总理视察油田

青海油田公司是隶属于中国石油天然气股份有限公司的地区公司，公司初创于1999年，是青海油田经过重组改制后组建成立的，其主营业务包括石油天然气勘探、生产、销售；油气化工生产、销售；石油天然气管道运营；石油天然气勘查、研究、技术服务等。

公司的主要勘探领域在素有“聚宝盆”之称的柴达木盆地，为昆仑山、阿尔金山、祁连山所环抱，总面积达25万平方公里，沉积面积12万平方公里，平均海拔在2600～3000米，盆地石油总资源量达21.5亿吨，天然气总资源量25000亿立方米，经过50年的勘探，先后找到25个油气田，累计探明加控制石油地质储量4.0825亿吨，累计探明和控制天然气地质储量3663亿立方米，是全国陆上四大气区之一。

公司独立运行五年来，认真实践“三个代表”重要思想，坚持油气并举、勘探与开发并重、生产经营与企业文化并行的原则，紧紧围绕油气勘探开发主营业务，深化改革，开拓创新，使油田步入了加速发展的轨道，2000年，原油产量突破200万吨，2003年首次实现了利润加折旧大于年度勘探开发总投资，实现了从投入型企业向产出型企业的历史性转变。2004年油气年产量历史性地突破了400万吨，天然气累计探明储量突破3000亿立方米大关，青海油田第四大气区的地位更加稳固。油田先后建成了涩－宁－兰等四条输气管道，形成了盆地外部向西宁、兰州、格尔木、敦煌供气，盆地内部东西联网互供的格局。2003年油田公司在全国1588家大型工业企业中位于第229位、青海省第一位。先后被评为“全国520家‘重合同，守信用’企业”、“青海省经济运行先进单位”、“青海省文明单位标兵”、“思想政治工作优秀企业”，连续5年保持了青海省财政支柱企业龙头的地位。

党政领导班子

面对新形势，青海油田公司落实科学的发展观，提出了 实施“5355”三步走战略，到“十一五”末实现“年产油气一千万”的目标。第一步：谋求突破、夯实基础。力争在近两年找到1～2个5000万吨级以上规模的石油优质储量区，探明天然气地质储量1000亿立方米，实现柴达木盆地油气勘探上的大突破。第二步：提升加速，快速发展。通过勘探上的大突破，促进油气产量大幅度增长，“十一五”中期实现年产油气800万吨，为油田加快发展奠定物质基础。第三步：油气并举，实现跨越。“十一五”末，实现年产油气1000万吨，其中天然气70亿立方米，石油300万吨，跨入千万吨级大型油气田行列。为此，公司将大力实施“油气并举、质量效益、科技创新、持续发展、人才强企”五大战略，努力为集团公司和地方经济的发展做出积极贡献。

油田一角

中国黄金集团夹皮沟矿业有限公司

执行董事、总经理：邱玉林

中国黄金集团夹皮沟矿业有限公司地处松花江上游，长白山北麓金银壁岭下。采金历史悠久而神奇，开采史发轫于唐朝天宝（公元742～755年）年间，从清嘉庆25年（公元1820年）孙继高组织规模采金至今，企业已连续开采186年，是我国黄金产业的发源地，被中国黄金业界誉为“中国黄金第一矿”。经历了“韩边外”以金起家统治江东数百里的辉煌盛世、沙俄和日寇掠金的屈侮与伤痛，1945年矿山回到了人民的怀抱，是新中国接收的第一家有色金属企业。多年来，为我国的有色金属和黄金行业输送了大量的技术和管理人才，是中国有色金属行业和黄金行业的摇篮。

2003年以来，我们紧紧围绕“推进企业快速发展”这一中心工作，积极推进企业内部体制和机制的创新，成功地实现了内部经营机制的重大变革。

领导班子规划企业远景

企业重科技重人才的氛围越来越浓厚，对科技，对人才的渴望和需求也越来越迫切，实行了积极的鼓励人才政策，对关键工艺和设备设施实施了改造并提高了效率和先进性。选矿厂一期改造工程已经进入试生产阶段，二期工程已经破土动工，有望在2006年8月份施工到位。届时夹皮沟将拥有3000吨／日处理能力的先进的选矿工艺流程；企业拥有东北三省最大的黄金精炼厂；获得了上海黄金交易所可提供标准金锭的资质认证；选冶工艺流程已经通过ISO9001－2000质量管理体系认证；公司是上海黄金交易所108家会员单位之一。

先进的选矿工艺设备

夹皮沟公司开采历史悠久，形成并基奠了丰富的文化内涵。自2003年起，公司更加自觉地加强企业文化建设工作，总结、提炼了以“以人为本，追求更好”为核心的理念体系，制度建设日臻完善，形象化建设逐年加强，文化活动丰富多彩，全体员工由内而外地感受到公司快速发展，蒸蒸日上的氛围，企业的凝聚力、战斗力、竞争力日趋加强。

大金牛

金条

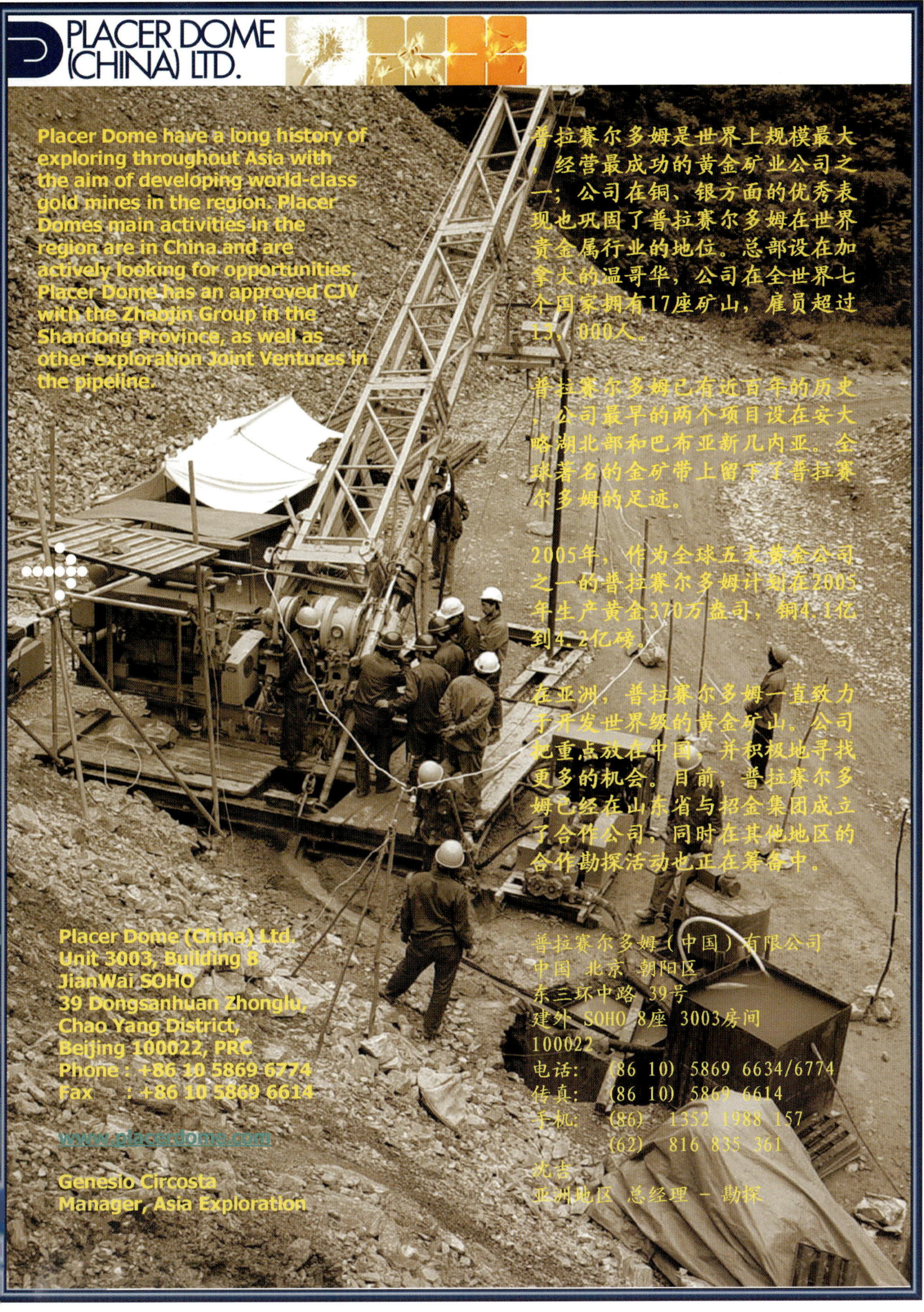
PLACER DOME
(CHINA) LTD.
Placer Dome have a long history of exploring throughout Asia with the aim of developing world-class gold mines in the region. Placer Domes main activities in the region are in China and are actively looking for opportunities. Placer Dome has an approved CJV with the Zhaojin Group in the Shandong Province, as well as other exploration Joint Ventures in the pipeline.
普拉赛尔多姆是世界上规模最大，经营最成功的黄金矿业公司之一；公司在铜、银方面的优秀表现也巩固了普拉赛尔多姆在世界贵金属行业的地位。总部设在加拿大的温哥华，公司在全世界七个国家拥有17座矿山，雇员超过13，000人。
普拉赛尔多姆已有近百年的历史，公司最早的两个项目设在安大略湖北部和巴布亚新几内亚。全球著名的金矿带上留下了普拉赛尔多姆的足迹。
2005年，作为全球五大黄金公司之一的普拉赛尔多姆计划在2005年生产黄金370万盎司，铜4.1亿到4.2亿磅。
在亚洲，普拉赛尔多姆一直致力于开发世界级的黄金矿山。公司把重点放在中国，并积极地寻找更多的机会。目前，普拉赛尔多姆已经在山东省与招金集团成立了合作公司，同时在其他地区的合作勘探活动也正在筹备中。
Placer Dome (China) Ltd.
Unit 3003, Building 8
JianWai SOHO
39 Dongsanhuan Zhonglu,
Chao Yang District,
Beijing 100022, PRC
Phone : +86 10 5869 6774
Fax : +86 10 5869 6614
www.placerdome.com
Genesio Circosta
Manager, Asia Exploration
普拉赛尔多姆（中国）有限公司
中国 北京 朝阳区
东三环中路 39号
建外 SOHO 8座 3003房间
100022
电话: (86 10) 5869 6634/6774
传真: (86 10) 5869 6614
手机: (86) 1352 1988 157
(62) 816 835 361
沈吉
亚洲地区 总经理 － 勘探

黑龙江乌拉嘎金矿

1200吨／日浮选厂

矿长：杨振兴

党委书记：张曙光

黑龙江乌拉嘎金矿位于嘉荫县境内，隶属于国资委中国黄金集团公司，是国内黄金行业最大的露天矿之一。集采、选、冶综合一体的中型现代化黄金企业。设计生产能力处理矿量1320吨／日，其中1200吨／日浮选厂一座，120吨／日炭浆厂一座。采矿有东、西露天两个采场，开采方式为公路开拓，总出入沟单一汽车运输方式。选矿方法浮选厂为浮选——金精矿氰化——锌粉置换工艺，炭浆厂为全泥氰化——炭浆工艺。冶炼方法为中频炉冶炼——酸分除杂工艺。年生产黄金1500千克以上。在册职工人数2525人。固定资产原值16678万元。自1949年建矿以来，累计生产黄金26462公斤，创造利税2.2亿元，特别是改革开放20多年来，矿山发展突飞猛进，黄金产量是前30年的3.7倍，为国家做出了突出贡献。曾被国家授予黄金工业发展做出贡献企业；曾多次被中国黄金集团公司、黑龙江省黄金公司授予先进企业；被省政府授予先进企业；1992年晋入市级文明单位；1994年晋入市文明单位标兵；1996年被省委、省政府命名为省级文明单位。

矿领导班子成员

多年来，黑龙江乌拉嘎金矿坚持以邓小平理论和“三个代表”重要思想为指导，坚持科学的发展观，把企业发展作为第一要务，以人为本，靠创新激发活力，全新打造了全国一流的现代化黄金矿山，创造了连续多年保持企业生产经营稳步健康发展的好成绩。2001年生产黄金1704千克，实现销售收入19.562万元，实现利润13.068万元。2002年生产黄金1593千克，实现销售收入12.943万元，实现利润1153万元。2003年生产黄金1550.43千克，实现销售收入14.808，实现利润1360万元。2004年生产黄金1456千克，实现销售收入15.719万元，实现利润2929万元。

采矿场生产现场

黄金产品（金锭）

宝钢集团上海梅山矿业有限公司

梅山公司总经理助理 矿业公司经理 贡锁国

矿业公司党委书记：王新元

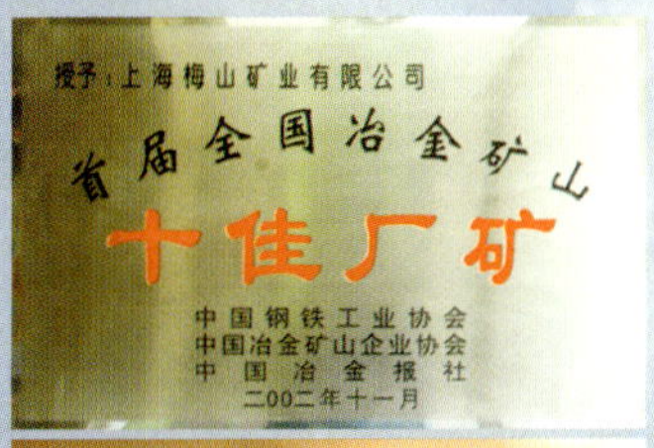

宝钢集团上海梅山矿业有限公司是上海宝钢集团梅山公司下属全资子公司，地处江苏省南京市雨花台区西善桥镇，距离南京市中心13公里，是国内距大城市最近的大型矿业企业。宁马高速公路、宁芜铁路，南京绕城公路环行周围，万里长江横亘于西，南京禄口机场高速公路也在不远处穿越，秦淮新河直穿矿区腹地注入长江，交通便利，区域位置优越。

梅山矿业公司是我国重点黑色金属矿山企业之一。前身梅山铁矿于1959年10月筹建，1995年8月，梅山铁矿实现了由“工厂制”向“公司制”的转变，成为中国冶金矿山中首家矿业子公司。经过40多年的建设，特别是改革开放和企业整体转制以来的加快发展，梅山矿业公司目前已成为具备年采选综合生产能力400万吨生产规模，非矿产业产值约占总产值四分之一的国有大型矿业企业。2004年实现工业总产值12.08亿元，其中非矿产业2.41亿元，全员劳动生产率达25.88万元／人年，多项经济技术指标进入国内先进行列。

公司坚持两翼齐飞的发展战略，不断推进非矿发展，形成了机电加工、码头运输、商贸绿化、硫酸化工等非矿产业项目，实现了矿产资源的综合利用。

公司坚持科技兴矿的战略方针，不断推进科技进步，获得了10多项国家以及省市级科技进步奖项，其中，“梅山无底柱分段崩落法加大结构参数研究”成果荣获2001年度国家科技进步二等奖；“梅山铁精矿选矿降磷工艺研究及应用”成果荣获2001年冶金科学技术二等奖；公司承担了十五国家科技攻关计划“大间距集中化无底柱采矿新工艺研究”课题，建立原始创新的、具有自主知识产权的大间距采矿理论。坚持走新型工业化之路，建立了ERP信息化平台。

公司坚持以人为本的发展理念，不断推进素质工程，努力创造人才成长的良好环境，建立了一支适应公司发展要求的员工队伍，其中教授级高工10人，博士研究生2人，硕士研究生11人，在读研究生100余人，高级职称人员66人，实现了员工和企业的共同发展。

公司在其发展过程中始终得到了党和政府的关心和支持，江泽民、朱镕基、吴邦国等多位领导同志都曾先后到梅山矿业公司视察指导工作，并对矿山的发展提出了殷切的希望。

在未来的发展中，梅山矿业公司坚持“矿产业内涵式发展、非矿产业外延式发展”的战略路径，建立和完善现代企业制度，充分发挥技术优势和管理优势，弘扬“诚信、执行、业绩、创新”为支撑要素的“零缺陷”文化，努力将公司建设成“国内一流、国际先进”的矿业企业。

办公楼

北京首钢铁矿

北京首钢铁矿系国家重点冶金矿山之一，也是北京市境内最大的冶金矿山。始建于1959年，1970年建成投产，是具有采矿、选矿、竖炉焙烧连续作业的中型冶金矿山企业。矿区占地面积3.62平方公里，矿石储量达1.4亿吨。企业主要产品为氧化球团矿。现有生产能力为铁矿石100万吨/年，氧化球团矿35万吨/年。北京首钢铁矿以“与时俱进、创新求实”为企业宗旨，以“质量第一、诚实守信”为经营理念，在市场经济大潮中不断发展壮大。历年来，企业曾获多项荣誉称号：铁精粉曾四次获得北京市优质产品和原冶金部优质产品称号；曾获首都绿化美化先进单位和花园式工厂等称号；1993年被冶金部评为“清洁工厂”；1995年被评为“全国环境保护先进企业”；1996年被北京市评为“八五”期间环境保护先进单位；2003、2004两年连续被北京市工商行政管理局评为守信企业。在努力抓好生产经营管理的同时，北京首钢铁矿按照“生态开发、科学利用、循环经济”的方针，制定并已开始实施矿山远景和战略规划。一是利用8～10年时间使生产能力翻一番，采矿从露天全部转入井下，矿山开采期限将延续50年以上；二是在现有基础上扩大对废石和尾矿的开发利用，建成一个年处理量300万吨规模的建筑砂石生产基地，实现无废化生产；三是加强绿化美化工作，与生产扩建同步，利用3～5年时间，建成一座全国一流的“冶金矿山主题公园”，建设开发以“钢铁源头”为主题的工业旅游景区。届时，北京首钢铁矿将建成一个年产铁矿石200万吨，氧化球70万吨，技术先进，管理一流，环境优美，具有完善的现代企业制度的大型冶金矿山。

职工文化活动中心

主题公园一角

铁矿大门口

矿办公大楼全景

齐大山铁矿

矿长：张兆元

矿党委书记：王向东

齐大山铁矿是鞍钢生产的重要原料基地之一，集采矿、选矿、发电为一体，是目前国内规模最大，现代化水平最高的铁矿山，总占地面积达11215.522平方公里。自2000年1月1日正式运行以来，齐大山铁矿把企业发展目标定位在建设绿色数字化矿山上，以事事追求零缺陷，时时塑造新形象为理念，坚持一手抓生产经营，一手抓绿化美化，矿山生产经营取得了跨越式发展，主要产品产量、利润实现历史最高水平，矿石、铁精矿、发电量在超设计水平上运行。矿区生态环境同步得到了根本的改善，已完成绿化面积221.2万平方公里，完成可绿化面积的33.17%，完成排岩复垦区域0.125万平方公里。被誉为鞍钢东方一道亮丽的风景线。被辽宁省确定为排岩复垦示范基地。

采场一角

选矿生产现场

矿用190吨电动轮汽车

厂区外景

集团电厂一角

振兴集团铝厂一角

振兴集团

总裁：史跃武

振兴集团地处秦晋豫黄河汾河交汇的金三角地带河津市，北靠河东煤田，南近侯西铁路，西邻209国道，东濒交通枢纽侯马市。地理位置优越，交通四通八达。集团历经25个春秋，以两万元起家，从小到大，从粗到细，从精到尖，充分发挥能源优势，不断调整产业结构，目前已形成占地3500余亩，总投资35亿元，从业人员4500人，年销售收入18亿元，利税4.5亿元的大型企业集团。

集团始终坚持以人为本，科技领先，和谐发展，诚信经营的新理念，使煤电铝产业链不断做强、做大、做优。形成了年产原煤120万吨，发电装机容量520MW，电解铝产能12万吨的生产规模。“跃胜”牌铝锭，质量合格率达100%，两次荣获国际金奖，被中国技术监督情报协会授予“中国质量过硬服务放心信誉品牌”最高荣誉，被西安飞机制造公司指定为免检产品，并于1999年通过了ISO9001质量体系认证。集团先后荣获“全国大型一档乡镇企业”、“全国最佳经济效益乡镇企业”、“全国乡镇企业管理先进单位”，并被金融系统授予“AAA”级信用度企业和“重合同守信誉企业”，并以雄厚的实力、良好的效益和一流的信誉跻身于全国民营企业500强。

振兴集团全貌

云南楚雄矿冶股份有限公司

云南楚雄矿冶股份有限公司是经云南省经贸委审核批准、于2001年2月26日在楚雄开发区组建的集采、选、湿法冶金为一体的股份有限公司。由云南铜业(集团)有限公司控股，注册资本金6500万元，现总资产23019万元，总负债10338万元，资产负债率44.9%，所有者权益12681万元。主产品为铜精矿和电解铜。

本公司拥有求实奉献、开拓创新的企业管理人才和专业技术队伍，拥有忠诚敬业、发奋图强的广大员工，拥有处于同行领先水平的“全面预算化管理”体系和公开、公平、公正、择优的选人用人激励机制。公司以“求实奉献，超越自我，敢为天下先，永远争第一”的企业精神，在目前年产铜25000吨、产值5亿元规模的基础上，力争到“十一五”末实现年产铜50000吨、产值10亿元的目标。

公司一如既往地实施“可持续发展”战略，以党委书记、董事长兼总经理张义忠为核心的公司领导班子带领下，继续“资源接替—战略重组—改制上市”的战略措施。通过“资源接替”，公司已拥有10年以上的资源储备，并在逐年增加；通过“战略重组”，老矿山的历史遗留问题已得到妥善解决，企业得以轻装上阵；通过“改制上市”，形成股权多元化、融资渠道多样化和效益最大化的格局，将使公司与国内、国际经济大环境更加融为一体。

云南楚雄矿冶股份有限公司沿着“坚持矿业为主，夯实矿山基础；扩大资源储备，增强发展后劲；加大结构调整，探索资本营运，努力做精做强，辐射滇中盆地”的未来发展规划阔步向前，必将迎来更加美好的明天！

① 公司党委书记、董事长兼总经理张义忠
② 公司领导班子中心学习小组学习十六届四中全会精神
③ 公司于2005年1月28日在楚雄雄宝酒店举行了隆重的五周年庆典大会
④ 公司的发展离不开年轻有为的技术队伍
⑤ 为扩大公司生产规模，加快发展速度，公司于2004年6月29日引进价值1000万元人民币的诺德伯HP-500细碎机
⑥ 公司主产品之一：电积铜
⑦ 巍峨的竖井提升架

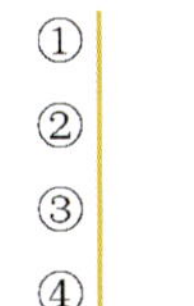

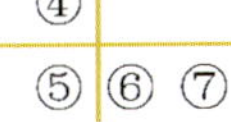

抚顺矿业集团有限责任公司

董事长兼总经理：尹亮

抚顺矿业集团有限责任公司是由原抚顺矿务局改制而成的国有独资公司，是辽宁省重点扶持企业之一。公司现有所属单位41个，在籍员工34932人，离退休员工48122人，资产总额68.89亿元。

公司主要生产气煤和长焰煤，分别为优质配焦煤和工业动力煤，生产油母页岩富矿，加工制造机械配件、专用设备，大修、新制电机车和准轨车辆，生产页岩原油、火工产品、木材和承揽大型工民建筑施工，还经营电铁运输、转供电、供暖、通讯等项目。

温家宝总理视察抚矿集团公司

抚顺矿业集团公司始采于1901年，是一个具有百年开采历史的特大型煤炭企业。建国初期，经过改扩建，生产能力在1000万吨以上，最高年产量达到1864万吨，曾被誉为中国的“煤都”。建国五十多年来，共生产煤炭5.9亿吨，上缴国家利税近百亿元。毛泽东、邓小平、江泽民、朱镕基、温家宝等多位党和国家领导人都莅临过抚顺煤矿，鼓舞和激励了一代又一代矿工自力更生，艰苦奋斗，创出了一个又一个新成绩。公司曾先后多次获得国家“重信用守合同企业”、“用户满意企业”、“全国五一奖状”、“辽宁省五一奖状”、辽宁省“思想政治工作先进企业”等荣誉称号。同时，为国家的经济建设输送了大批干部和技术骨干力量，为共和国经济建设和地方经济发展做出了突出贡献。

自2002年以来，抚矿集团公司在以董事长兼总经理尹亮同志为首的领导班子带领下，广大干部员工励精图治，艰苦创业，深化改革，精细管理，加快发展，不断打破计划经济思维定式，企业生产经营逐步走出低谷，而且年年都有新发展，年年都上新台阶。2004年，公司通过深入开展“经营管理年”和“安全质量最佳年”活动，经营管理水平进一步得到提高，经济运行质量明显改善，全年公司经营总收入同比增加6.7亿元，上缴利税2.94亿元，员工年人均收入同比提高3694元。

面对新世纪、新时期、新挑战，作为以煤炭为主导的抚矿集团公司，以稳定煤炭产量为依托，以调整产业结构、实施战略转移为主线，围绕油母页岩的综合利用，狠抓“一矿一厂”（东露天矿恢复工程、页岩炼油厂扩建工程）转产骨干项目的组织实施，逐步发展成以煤炭、油母页岩综合利用、煤层气、机加工、建筑建材五大产业为支柱综合性企业集团，届时，抚矿集团公司将以崭新的姿态展示在世人面前。

西露天矿

抚矿集团公司机关办公楼

改革发展中的

辽源矿务局

局长：张义

辽源矿务局是全国煤炭工业百强企业之一，吉林省煤炭工业的骨干企业，省精神文明建设先进单位。辽源煤田开采于1911年，至今已有90多年的开采历史。辽源矿务局始建于1947年6月，现为国有大型煤炭企业，有辽源、梅河、金宝屯、万宝、龙家堡五个煤田。矿区分布于吉林省辽源、通化、白城、长春市和内蒙古通辽市。全局有四个生产矿，一个在建矿，6个工厂及建筑施工、后勤服务等26个直属单位。全局现有职工28824人。煤炭地质储量3.6亿吨，可采储量2.35亿吨。主要生产气煤和长焰煤，应用于电力、冶金、汽车、建材、化工和其它工业及民用。建局58年来，累计生产原煤2.1亿吨，上缴税金15亿元（不含万宝煤矿和煤机厂）。

矿区工业广场

近年来，辽源矿务局广大职工坚持以邓小平理论和“三个代表”重要思想为指针，以实现改革发展奔小康为主线，以提高经济效益为中心，以建立现代企业制度为目标，不断深化改革，转换机制，调整结构，强化管理，加强安全文明生产，积极推进技术改造和技术创新，全局经济效益明显提高，煤炭生产经营步入良性发展轨道。全局煤炭产量逐年提高，由过去一直徘徊在300万吨左右提升到现在700万吨以上水平，今年经营收入将实现17.6亿元，职工年人均收入将超过1.5万元，上缴税金将超过1.5亿元，安全生产稳定发展。

综合机械化采煤生产线

在稳定扩大煤炭生产的同时，积极发展非煤产业，使辽源矿区各业得到长足的发展。全局非煤产业生产矿山机械、建材、化工等百余种产品，其中局属的煤机厂生产的采掘设备先进，水泵厂生产的乌龙牌高压耐磨节能水泵是国家金牌产品、煤花牌三环链是国家银奖产品，卓力化工有限责任公司生产的硝铵混合乳化炸药是部优产品，方大锻造有限责任公司生产的采煤机截齿等锻件产品是部和省优质产品，畅销东北内蒙四省区和全国其他地区。

当前，随着中央关于振兴东北老工业基地战略的实施，各地都进入了新一轮快速发展时期。面对这种新形势，全局广大职工以党的十六届五中全会精神为指导，坚持科学发展观，加快改革发展，加强安全生产，做强煤炭主业，做大非煤产业，提高自主创新发展能力，积极构建和谐矿区，使全局职工共享改革发展成果，为建立一个充满生机和活力、经济效益明显提高，职工生活明显改善的大型现代煤炭企业集团而努力奋斗！

青海西旺实业（集团）有限公司

董事长：池立群

2003年度
全省优秀外商投资企业
青海省对外贸易经济合作厅
二〇〇四年一月

二〇〇三年度
青海省经济运行
先进单位
青海省人民政府
二〇〇三年十二月

青海西旺实业（集团）有限公司是一个以有色、黑色、非金属矿产品的采、选及冶炼为主，集冶金材料、机电产品、化工产品销售及房地产开发为一体的跨地区、跨行业的集团化公司。

近年来青海西旺实业（集团）有限公司以其独有的、先进的经营理念，以符合青海实际的管理模式，经过多年艰苦卓绝的努力和奋斗，依靠企业自身的积累，造就了令人瞩目的业绩。截至目前，已累计在青海省投资2亿多元。拥有三个矿区、一个年处理70万吨原矿的选矿厂、一个年产15万吨生铁的冶炼厂及一个高新技术研发公司，并拥有铁矿资源5000余万吨。现已具备了年创产值3.5亿元、年创税收4500万元的生产经营能力。公司现有员工800人，其中拥有中高技术职称的人员150余人。

青海西旺实业（集团）有限公司及下属企业2002、2003、2004连续三年被青海省人民政府评为“青海省经济运行先进企业”、“青海省优秀外商投资企业”、“青海省先进民营企业”；2004年被国家工商总局授予“重合同、守信用”企业称号。成为东部优秀民营企业响应国家西部大开发号召，在西部投资取得良好经济效益和社会效益的成功典范。

建设中的昆仑钢铁

公司董事长池立群先生2004年被评为“青海省劳动模范”。

矿区一角

生产车间

云南重要的能源生产基地

云南省小龙潭矿务局

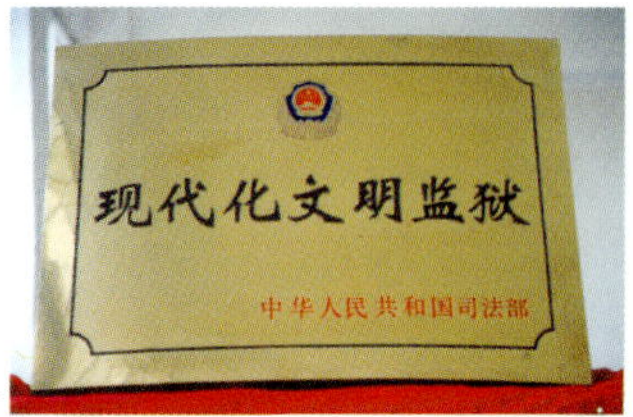

局长：王文忠

党委书记、政委：岳宗谦

云南省小龙潭矿务局属国有大型煤炭生产企业，是云南省重要的能源生产基地，主产品为褐煤，主要供滇南电力、化肥、建材等工业生产及昆河铁路沿线城镇市场用煤需要。

矿务局位于云南省红河哈尼族彝族自治州开远市北郊。矿区分为布沼坝露天矿与小龙潭露天矿。探明精查储量10.93亿吨，矿区含煤面积9.03平方公里，煤层平均厚度72米，最厚处223米，煤质较好，平均灰份18%，应用基发热量为3000～3400大卡／公斤。煤层厚而集中、剥采比小、覆盖层薄，适宜露天开采。矿区交通方便，南盘江及昆河铁路横穿矿区，矿区龙楷公路21公里处与昆河二级公路干线相接。矿务局经过四期扩建和三次技改，现已发展成为机械化程度较高的大型现代化露天煤炭生基地，生产能力现达到年产670万吨。2004年被云南省确定为五大重点矿区之一，全年生产煤炭671万吨，占全省原煤产量的15%。另外，还承担着滇南工农业生产、生活用煤的市场供应，在全省国民经济发展中占有重要地位。建矿50年来，累计生产销售煤炭1.26亿吨，实现利税13亿元，为云南省国民经济发展和社会稳定作出了自已应有的贡献。

根据云南省“十一五”规划和国家西电东送战略，小龙潭矿务局立足资源优势，走煤电联营的路子，将资源优势转化为经济优势，强化煤炭的支柱产业地位；坚持改造与开发相结合，用高新技术推动产业结构调整；抓住滇南中心城市建设的历史机遇，为国民经济发展作出更大贡献。

目前，为保证新建开远电厂、小龙潭电厂三期扩建、巡检司电厂改造工程的用煤需要，小龙潭矿务局正在筹建布沼坝露天矿五期扩建，建成后年产褐煤将达1500万吨。

矿区一瞥

采掘现场

树立和落实科学发展观　打造优势企业集团

四川华蓥山广能(集团)有限责任公司

四川华蓥山广能（集团）有限责任公司是一个集煤炭开采和洗选加工、发电、建材、机械制造等为一体的国有控股企业，现已形成年产原煤240万吨、发电1.2亿度、生产水泥30万吨的规模；设计生产能力120万吨的两对在建矿井将于2007年竣工投产。广能集团是四川省唯一的“采煤机械化矿务局”，大倾角、薄煤层综采技术国内领先，并达到国际先进水平。企业先后荣获全国煤炭工业100强、四川企业集团科技综合实力100强、四川企业集团资产规模100强、全国煤炭工业优秀企业等100多项荣誉称号。

总经理：刘万波

构建循环经济产业链，做强做大企业经济总量。广能集团坚持“以煤为主，多产业协调发展”的战略思路，构建了以煤炭、水泥、发电、机械加工为核心的循环经济产业链。2004年来，企业经济总量实现了20%以上的较快增长，创下历史最好水平。

发展先进科学技术，推进高产高效矿井建设。广能集团坚持科技兴企战略，大力实施科技创新，率先攻克了大倾角综采技术这一世界采煤史上的难题，使资源回采率达97%，万吨掘进率下降100米，人员减少50%，工效提高一倍。在此基础上，开展1.3米以下薄煤层综采技术攻关又获成功，使工作面最高月产达6.5万吨，年单产达65万吨以上。

实施安全技术改造，实现人与自然和谐发展。广能集团始终坚持“安全第一，预防为主”的方针，积极争取国债专项资金和自筹资金8000多万元，加大了矿井通风、防尘、防灭火灌浆、瓦斯监测监控、瓦斯抽放系统等15个安全技术改造项目。近几年来，矿井百万吨死亡率平均在1.5以下，低于全国和国有重点煤炭企业的平均水平。

以先进文化导向，构建和谐法治文明企业。广能集团逐步凝结、提炼并形成了“追求卓越，奉献光热”的企业精神，“竞争、诚信、务实、创新”的治企理念，“市场至上、效益至上、安全至上、发展至上”的经营宗旨，“对股东负责、对员工负责、对企业负责、对社会负责”的企业价值观和“广能靠我发展，我为广能自豪”的员工价值观等企业价值体系，并辅以“严细实新”的管理方针，赋予广能集团成为四川最大的动力煤基地，广安煤电建冶产业链龙头企业，广安区域经济示范窗口，把企业做强做大，实现可持续发展的企业使命。通过推行经营目标考核体系、全面预算管理、精细化管理等与规范建立现代企业制度相适应的管理与机制创新，企业资产总额连续5年保持了20%以上的快速增长，企业工业总产值、增加值、利税总额、工效等10多项主要经济指标均创下了历史同期最好水平。

壮志凌苍穹，精诚贯百虹。广能集团正大力实施“煤炭、电力、建材、机械加工、医疗和其他产业的“板块发展战略”，力争通过5～10年的努力，使煤炭产量达到1000万吨／年，电力装机达30万千瓦，机械制造产值达2亿元，其他产业产值达5亿元。力争2010年产值在2004年基础上翻两番，产值达到15亿元；2015年产值在2010年基础上再翻一番，产值达到30亿元，努力把广能集团建成四川最大的动力煤生产基地 。

支架

广能集团

节日时的总部

务实创新竞风流

——全国十佳矿长候选人、神火煤电公司

新庄煤矿矿长张敬军先进事迹

矿长：张敬军

张敬军，1989 年大学毕业后进入河南神火煤电公司新庄煤矿工作。入矿 15 年来，他热爱矿山，以煤为业，不怕吃苦，踏实工作，坚持创新，开拓进取，思想不断进步，管理水平不断提高，在煤炭企业的生产和经营管理中展示了自己的聪明才智，发挥了重要作用，从开始的基层区队技术员，到生产技术科副科长、科长、矿长助理，2000 年任矿总工程师，2001 年任生产副矿长兼总工程师，2002 年被神火煤电公司任命为新庄煤矿矿长。

新庄煤矿是一个设计年产 90 万吨的国有地方煤矿，1998 年底进行改扩建并达到了年产 180 万吨生产能力。2002 年初张敬军任矿长后，面对水平延深、生产环节增加，自然条件复杂、煤质变差等不利条件，团结矿领导班子，带领全矿 3600 余名职工务实创新，团结拼搏，克服诸多不利因素和重重困难，创造了新庄煤矿历史以来的最好水平，年产保持在 230 万吨左右。2004 年一年生产原煤 242 万吨，实现内部利润 4 亿元，管理水平再上新台阶，经济效益创一流，在全国同类型矿井当中名列前茅，取得了令人瞩目的成绩。新庄煤矿在保持部特级质量标准化矿井称号的基础上，安全管理和质量标准化工作在国家有关部门组织的专项评估中，定为双 A 级，同时被授予“河南省文明煤矿”、“全国文明煤矿”光荣称号。本人多次被评为集团公司劳动模范，还荣获“河南省优秀科技人才”、“河南省科技创新能手”等荣誉称号，2004 年被神火集团和河南省通风专业委员会聘为“科技专家”。

安全工作动真格。张敬军矿长常说：“安全是煤矿工作的基础，也是职工的最大福利。没有安全一切都无从谈起，作为一名煤矿工作者，在安全工作方面，我们每个人都应有如履薄冰、如临深渊之感，要把安全工作当作第一要务来抓。”在煤炭生产中，他和矿班子始终坚持安全第一的安全生产方针，提出新的、科学的安全生产理念和“安全为天”的安全观，确立了“任何时候都不能放松安全；任何地方都不能忽视安全；任何事情都不能冲击安全；任何人都有责任搞好安全”的安全生产行为准则；建立了党委管党、行政管长、工会管网、青年团管岗，专职安检员跟班现场监督，群监网员、青安岗员上岗、技术员零点行动，机关科室组成的安全督察小分队突击检查，一整套的安全生产监督管理网络；实行安全生产第一责任者和各级领导安全岗位责任制和管理部门业务保安制。

技术敢创新。张敬军矿长任过技术员、技术科长、总工程师。他不但懂技术，而且对技术工作重要性的认识比别人高，所以特别重视技术工作。他始终坚持科技兴矿方针，努力推进技术进步，在技术方面敢于大胆创新。

打造名牌。张敬军矿长十分重视产品质量，采取措施提高煤质，做到源头防杂、运输环节拣杂、安装除杂设备除杂、洗选过程清杂，层层把关，较好地解决了杂质清除问题，保障了煤炭质量，受到了用户的好评，同时产品还受到外商的睛睐，煤炭产品远销国外，打造了“永成”品牌，在国内和国际市场上赢得良好的信誉。2004 年以来，由于开采水平的延深，煤质变差，灰分增加，发热量降低。为了保证产品质量，他提出将煤质较差的三 2 煤与煤质好的二 2 煤合理搭配开采，提高了发热量，保障了产品质量，保住了企业信誉，保证了产品销售，并使吨煤售价比其他企业同类产品高出 20～30 元。

块煤创效。在块煤热销，效益又好的情况下，他瞄准市场需求，下大力抓块煤生产。在技术上进行攻关，实施水介质不耦合微差爆破，从源头上增加块煤量；想尽办法减少储运环节中的破碎，采取煤仓限位降低落差，发明螺旋煤仓防止块煤直落撞击导致的破碎。通过努力，块煤率由原来的 8%，上升到现在的 21.7%，块煤一项一年创收 2 亿元。

以人为本。坚持以人为本，努力搞好文明建设是他工作的又一特点。在搞好矿班子和基层班子建设的同时，他一方面注重提高员工素质，同时重视精神文明和政治文明建设，坚持全心全意依靠职工办企业的方针，尊重职工的民主权力，推行民主管理，认真搞好民主政治建设，努力建设具有新庄特色的企业文明。

成绩面前，张敬军同志没有止步。在新的一年即将开始之际，他正以崭新的风貌、饱满的热情、执着的精神，带领矿领导班子和全体职工，朝着新的目标，继往开来，开拓创新，努力创造新庄煤矿美好的明天！

河南超越企业集团

董事局主席兼首席执行官杨清合

河南超越企业集团成立于1988年。集团在党的十六届五中全会精神的鼓舞下，坚持以科学发展观为指导，以“发展循环经济，建设生态园区”为标志，以坚持以人为本，增强自主创新能力为动力，以构建投融资体系和管理机制建设为手段，以实现资产运营和资本运营有效结合为目标，按照“减量化、再利用、资源化”原则和“低消耗、低排放、高效率”的基本特征，建设“以房地产为基础，农业为支撑，文化为特色，工业为主体”的循环型企业、节约型生态园区、和谐型绿色城镇。通过五年或稍长一段时间的努力，把集团建成一个综合型、现代化、效益好、环境美的企业集团。

集团先后被授予全国“青年文明号”、“2005中国最具生命力民营企业”、省“私营百强企业”、“十佳诚信企业”和市“非公有制经济50强企业” 、“先进私营企业”等荣誉称号。

目前，集团按照循环经济的发展模式，以合资、合作的方式，正在构建工业经济体系、农业经济体系、生态经济体系，并具有产业代谢、共生耦合特点的循环经济生态园，已经筹建或规划的主要项目有：

1．九龙山煤矿30万吨／年技术改造；
2．王家岭煤矿30万吨／年技术改造；
3．新建45万吨／年王家岭新井；
4．新建180万吨／年的大型伦掌煤矿；
5．300万吨／年洗煤厂；
6．2×140MW煤矸石综合利用、热电联产电厂；
7．2×12MW生物质能（秸杆）热电厂；
8．矿井水综合利用处理厂；
9．煤层气（瓦斯）综合利用项目；
10．90万吨／年煤焦化项目；
11．10万吨／年甲醇项目；
12．10万吨／年煤焦油项目
13．4×6000万块／年粉煤灰、矿渣砌块砖厂。

全国青年安全生产示范岗

九龙山煤矿

目前，超越集团乘着党和国家大力发展、支持、鼓励民营企业的强劲东风，进入新的创业时期，正在持续、快速、协调、健康地发展。

超越集团董事局主席、首席执行官杨清合同志携全体员工感谢社会各界新老朋友的支持与厚爱！并诚邀海内外各界有识之士精诚合作，共谋多赢发展！

地　址：河南省安阳市紫薇大道17号　　电　话：0372-2519808
邮　编：455000　　传　真：0372-2519803
网　址：www.cyjt.com.cn　　E-mail：webmaster@cyjt.com.cn

云南地矿资源股份有限公司

云南省省委书记白恩培（右一）在省地矿局局长李晓明（前左二）的陪同下，视察公司承揽的老挝钾盐勘察项目。

云南省地矿局局长李晓明（中）在副局长兼公司总裁郭远生的陪同下检查矿山黄金生产工作

总裁郭远生与外资企业签订合作项目

云南地矿资源股份有限公司是以矿产资源勘查为先导，矿业开发、矿业权经营为主营业务，集勘查、开发、加工为一体的资源型矿业公司，注册资金6000万元。公司现有从业人员12000人，其中博士生26人、硕士60人，高级技术职称120人，中级技术职称288人，是一支专业技术配套、装备优良、研发能力强、敢打硬仗的科研型专业技术队伍。

公司矿山采场及堆场

2001年来，公司建立了规范的股份制公司框架和法人治理结构，下设21个分公司及参控股公司，辖黄金生产矿山6个，铅锌矿山2个，银矿1个。在继承了云南省地矿局技术、管理、信息优势的基础上，掌握着本省丰富的地质技术信息资料，形成了强大的核心竞争力。

公司矿山采场及堆场

公司矿山勘查

"立足云南、开拓西部、面向东南亚"是公司始终坚持的发展战略。省内拥有299个探矿权和20个采矿权，面积达8145平方公里，在与云南省内、国内多家公司建立战略伙伴的基础上，引进了加拿大、澳大利亚等投资主体；在新疆富蕴萨尔布拉克金矿建立了勘查开发基地；先后在越南、老挝、缅甸、泰国等周边国家承揽了多项矿产资源勘查开发项目。

按照"勘查先行、开发为主、适度延伸"的产业发展方式，在勘查方面引进了美国、瑞典产新型钻机，探明并控制金金属储量100吨，资源量200吨，银3000吨，铂钯45吨，铅锌100万吨，铜100万吨，铁15000万吨；在矿业开发方面，构建了"以贵金属为主，发展有色金属，兼顾其他优势矿种"的产业发展格局，建成了云南首座年产吨金矿山，其他几座年产吨金矿山也正在建设中，并建成了具世界先进水平的昆明黄金提纯加工中心；在上海黄金交易所取得了综合会员资格，并注册"滇金"品牌。

回顾过去，我们感到无比自豪；展望未来，我们充满必胜信心。公司规划2010年实现主业收入30亿元，2015年实现收入100亿元。将公司创建成西部地区乃至全国最具竞争力的资源型公司。

地址：中国云南昆明市东郊白沙河
邮编：650215
董事长：0871－3806855　3175102
总　裁：0871－3806869　3175641
电话：0871－3806532
传真：0871－3806862

江西省修水香炉山钨业有限责任公司

法人代表：张寿连　　　总经理：陈永生
地　　址：江西省修水县港口镇
电　　话：0792—7831038　　7263378　7831037
传　　真：0792—7831038　　7263389　7831398
邮政编码：332438
电子信箱：xianglushan@minetals.com

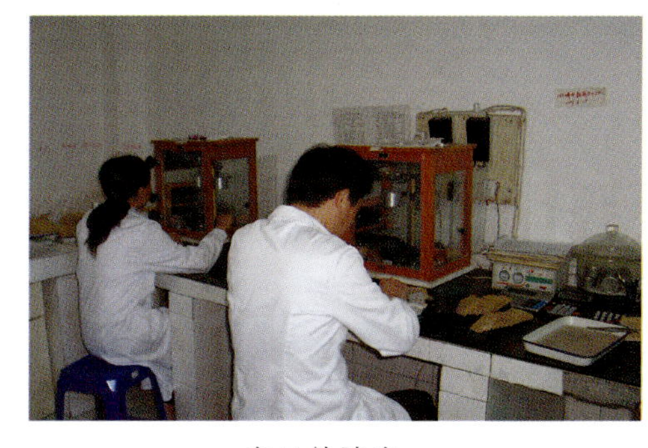

产品检验室

选矿车间一角

鸨精矿产品

江西省修水香炉山钨业有限责任公司是中国五矿有色金属股份有限公司控股的大型白钨生产企业，公司地处江西省修水县港口镇香炉山，具备日处理原矿2000吨生产规模。

公司资产总值已达3亿元人民币，资源储量17万吨，香炉山钨矿成为国内单一品种最大规模的钨矿。经地质勘察，香炉山地质储量在全国同类矿山中居第二位，矿石平均品位居第一位。

公司发展战略：通过三至五年的不懈努力，完成现有采矿、选矿的合理配置，将采、选环节优化；通过整合周边资源和实施积极的地质探矿，扩大资源量；通过现代化APT厂建成投产和九江港外贸口岸的合理开发，形成从资源勘察、采矿、选矿、冶炼到对外贸易的产业链。以资源为依托，以观念、技术、管理创新为动力；以股东利益最大化和区域社会经济可持续发展为目标；强化企业文化建设，培育和壮大企业核心竞争力和比较优势，力争把公司建成赣、鄂、湘钨资源交汇地，在中国钨业发展中有重要影响的资源综合开发型企业。

公司积极倡导“服务社会，创造美好生活”的核心价值理念，培养和提高全体员工的敬业精神和思想道德水平，使全体员工通过艰苦创业和辛勤劳动创造美好生活，以优质产品服务回报社会。

公司具有一支专业的矿山管理队伍，并充分发挥资源优势，努力挖潜，加快技术革新和基础设施改造，规范管理，滚动发展。

南阳市隐山蓝晶石开发有限公司

公司总部

南阳市隐山蓝晶石开发有限公司创建于1989年，是南阳市著名的民营企业。公司创建以来，立足资源优势，坚持以人为本，把握市场导向，用活国家政策，不断进行技术创新，经过16年的努力，企业由一个“小作坊”发展为地方企业中的“小巨人”，由资源型转化成加工建材型，成为国内蓝晶石综合开发利用行业中的一颗明星。公司现有固定资产3600万元，从业人员588人，年产值9800万元。公司的拳头产品“隐山”牌蓝晶石精矿粉在全国同行业中唯一通过ISO9001：2000国际质量管理体系认证。2005年6月获河南省质量技术监督局质量检验所“防伪真品、免检产品”称号。产品畅销全国耐材工业、陶瓷企业，部分产品出口日本、俄罗斯、韩国等国家。2004年年底已被72家企业视为免检产品，国内市场占有量达85%以上。近年来，公司先后被农业部命名为“质量管理达标企业”，被省乡镇企事业局命名为“一级企业”、省民营发展促进会、省银行协会命名为“最佳信用民营企业”。南阳市委、市政府命名为“重合同守信誉企业”、“先进民营企业”、“南阳市诚信守法企业”、“纳税先进单位”、“安全生产先进单位”等称号。公司董事长、总经理涂金合同志连年被市、区、乡评为“先进工作者”、“安全生产先进工作者”、“优秀民营企业家”、“劳动模范”、“致富带头人”、“优秀厂长经理”、“拔尖人才”、“优秀党支部书记”、“五一劳动奖章”获得者等荣誉称号。2003年被选为区人大代表，2004年被选为市政协委员、市工商联常委，南阳市矿业协会副会长。

蓝晶石矿是国内稀有的非金属矿，国内已探明的四大矿床中河南隐山矿区储量最大，C+D级蓝晶石矿产资源量达2300万吨，平均品位23.15%，居国内蓝晶石矿床之首。蓝晶石在耐火材料行业有着极高的工业地位，属新型高级耐火材料，在高温锻烧下可转化为莫来石。具有耐火度高，抗热冲击，抗化学腐蚀，电绝缘性强，热机械强度大，耐骤热骤冷变化等特性，目前已经被广泛应用于冶金耐火材料、陶瓷耐火材料、电器、无线电、化学瓷、高强瓷等工业生产中。用高铝蓝晶石类矿物原料生产的金属可用于制作超音速飞机和宇宙飞船的导向翼。美国曾一度把其作为战略物资加以控制，印度对高品位矿的出口还加以限制。

南阳市隐山蓝晶石开发有限公司拥有一流的设备，雄厚的技术力量，先进的采选技术，完善的检测手段，系统的质量保证体系。经过1994、1999、2004年的三次自我扩展，现已形成采矿、选矿、粉体加工、轻质莫来石耐火系列砖等集国内蓝晶石行业综合开发利用之大成的综合性企业。2005年，是公司发展史上具有里程碑纪念意义的一年。我们与佛山陶瓷研究所共同投资兴建的南阳市隐山高科绝热耐火材料有限公司正式建成投产了，所生产的隔热耐火材料产品轻质莫来石耐火系列砖因工艺先进、质量上乘，一上市便赢得了用户的青睐，已经满负荷生产了。这是公司坚持科学的发展观，坚持科学技术是第一生产力，采取技术入股的形式，不断吸收国内蓝晶石研究开发行业的技术精华的结果。

精装蓝晶石粉

南阳市隐山蓝晶石开发有限公司位于河南省南阳市东北郊24公里处，临豫01线8公里，许平南高速公路口8公里，312、207国道10公里，焦柳、宁西铁路南阳站22公里，南水北调中线河道0.5公里，南航南阳机场12公里，地理位置优越，环境优美，交通便利。公司视质量为生命，待用户为上帝，热诚欢迎国内外专家、学者和同仁光临指导、洽谈合作。

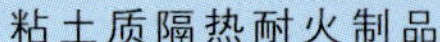

粘土质隔热耐火制品

厂房远景

生产一线

江苏锦屏矿业（集团）有限公司

公司董事长、总经理：李旺

江苏锦屏矿业（集团）有限公司的前身是连云港市锦屏磷矿。始创于1919年，是一个具有近百年历史的大型企业，1956年列入国家“一五”计划重点投资项目，被誉为“全国化学矿山的摇篮”。为适应市场变化，增强企业活力，2004年改制重组为江苏锦屏矿业（集团）有限公司。

公司座落于亚欧大陆桥东桥头堡——连云港市，境内山明水秀，风光旖旎，矿产资源丰富，人文景观、自然景观星罗棋布，气候宜人，交通便捷，距市中心仅14公里，港口35公里，机场25公里，距纵横市区的宁连、连徐高速公路仅3公里，拥有14.5公里铁路专用线与东陇海铁路接轨，发展环境得天独厚。

公司勘察设计院在连云港核电站工地进行前期勘探

公司在新浦闹市区实施海昌楼拆除定向爆破施工

公司下设矿业公司、化工公司、机电设备安装公司、土石方工程爆破公司、物流公司、地质勘察设计院、炸药厂等十余家子公司。主产品磷精矿粉、饲料级磷酸氢钙、硫酸畅销国内外。具有机电设备安装国家一级资质变，土石方爆破与拆除爆破国家一级施工资质，并通过ISO9002质量体系认证，地质勘察设计省乙级施工资质，近年来，施工足迹遍布祖国大江南北，优质工程、品牌工程不断。为确保国家资源得到充分利用，公司在老矿山坚持精采、细采的基础上，又取得了位于原锦屏磷矿东部的陶湾磷矿的采矿权，该矿原矿 P_2O_5 含量达22%，目前正着手进行开采。

新公司成立后，大力引进先进技术和人才，实施科技兴企、多元发展的发展战略，技术设备力量更加雄厚，产业结构更加合理，内部管理更加科学，公司2000余名员工正在努力打造一个集磷矿采选、化工生产、土石方施工、地质勘察设计、机电设备安装等多产业共同发展的新型企业。

奋进中的江苏锦屏矿业（集团）有限公司竭诚欢迎社会各届朋友携手合作，共创辉煌。

地址：江苏省连云港市海州区锦屏镇桃花涧1号　电话：0518-5300909
邮编：222021　传真：0518-5300454

加强营销工作，磷精矿粉源源不断地运往全国各地并出口

化工公司生产车间一角

山西省国土资源厅

由于山西省经济持续快速地发展，特别是“资源热”的出现，一定程度上讲，国土资源部门已经成了领导关心的重点、社会关注的焦点、监督检查的热点。为此，省国土资源厅从普遍关注的资源审批如何保证公正性、矿业发展如何保持稳定性、市场建设如何体现持续性等三个热点问题入手，通过政务公开以实现资源管理透明化、小矿整合以实现资源利用规模化、公开出让以实现资源配置市场化，积极推进全省资源管理与利用方式的根本性转变。

一、进一步深化和完善政务公开

1．确立了“统一要求，省厅先行”的工作思路

2005 年 3 月 31 日，省国土资源厅发布了《山西省国土资源系统关于政务公开的意见》，明确“除国家规定需要保密的以外，所有国土资源审批的事项及其它应当公开的事项，均应当向社会公开”；“除国家规定和经省政府批准的需要行政审批的采矿权、探矿权外，新设置的矿业权全部采取招标、拍卖、挂牌等方式公开出让。对矿业权出让计划、出让的矿区位置、矿产储量等情况全面公开。国有经营性用地采取招标、拍卖、挂牌等方式公开出让”。依照规定，协议出让国有土地使用权和划拨土地使用权的，要公开出让或划拨的范围、要件及其结果。

2．进一步完善了相关工作制度

⑴制订了《关于严格保护耕地、大力支持造地改田、加快重点建设项目用地审批的意见》、《关于推进矿产资源整合、集约开发、循环利用，为建设新型能源和工业基地优化配置资源的意见》两个规范性文件，省政府于 3 月底正式下发各地执行。

⑵建立了重点项目跟踪督办制度。对列入国家、省重点项目，厅机关相关处室在土地审批、资源配置上实行跟踪督办，以加快审查、报批速度。

⑶建立了国土资源政策与行政审批事项公示制度。

3．着力规范行政审批行为

我们要求各级国土资源部门都要按照权责一致原则，组建土地、矿产资源审批委员会，一般行政审批事项由审批委员会负责，重大事项由审批委员会提出基础性意见提交厅（局）务会议讨论决定；同时组建行政审批监督委员会，邀请人大代表、政协委员、有关专家和纪检、监察机关的同志参加，对行政审批事项的受理、审查、批准全过程实施监督。目前，厅机关新的行政审批与监督体制已经开始运行。

4．促进政务公开规范进行

二、正确处理改革、发展与稳定的关系，积极推进以煤炭为主的矿产资源整合

作为实施煤炭企业资源整合和有偿使用的主要职能部门，我厅按省政府意见，积极筹备召开全省煤炭资源整合工作会议。我们将广泛征求各方面的意见，努力制订好具体的实施方案，并力争在年底前完成所有重点产煤县资源整合方案的编制与审批工作。

三、大力推进土地使用权、矿业权公开出让

1．土地使用权公开出让。

2．矿业权公开出让。

目前，省国土资源厅正在着手第二次公开出让采矿权、探矿权的准备，以引导社会投资进入市场取得矿业权，推进有偿取得制度改革的全面深化。

全省土地开发整理现场会

西藏自治区国土资源厅

［矿产资源概况］ 西藏自治区位于青藏高原的主体，经过几十年的地质勘查工作，已发现矿产101种，矿产地2000余处，查明资源储量的矿产41种、矿产地107处。其中，资源储量居全国前10位的有17种。铬、铜、菱镁矿和硼的保有资源储量分别居全国的第一、二、三、四位，铜的保有资源储量有可能上升到第一位，铅锌矿、金矿、石油、铁、锂、钾盐等显示出良好的勘查前景。

［基础地质勘查］ 完成了全区1:100万区域地质调查，1:20万区域地质调查19.2万平方公里，1:5万区域地质调查0.45万平方公里；完成1:20万和1:50万区域化探75万平方公里，1:100万航空磁测约110万平方公里；完成1:100万区域水文地质调查，1:20万区域水文地质调查已开始进行，主要农区和重要城镇的地下水资源调查、重点城镇的地质环境监测、重要交通干线灾害地质调查等工作相继开展。

［矿产勘查与矿产研究］ 在已探明的玉龙铜矿、罗布萨铬铁矿、羊八井地热田、崩纳藏布砂金矿等矿床为代表的矿产地的基础上，找矿成果又有了新的突破。

［矿产开发利用现状］ 截止到目前，全区利用的矿产有54种（含藏药加工所需矿产）。根据自治区统计局2004年年底统计数字，采矿业产值达2.7亿元，占全区工业总产值的18%，成为西藏重点培育的特色产业和五大支柱产业之一，是西藏重要的经济增长点。

自治区领导视察

领导班子讨论工作

厅领导在阿里区调研

部专家为矿管人员授课

加强基层工作培训

［矿山企业生产］ 根据自治区2004年的统计数字，全区共有矿山企业219家，固体矿山企业188家；地热、矿泉水矿山企业5家；盐湖矿产企业16家；其他矿产企业10家。

［铜矿勘查成果喜人］ 发现并评价的玉龙铜矿，是目前中国保有储量最大的铜矿床，初步勘查铜资源量626万吨，远景储量达1000万吨以上。

［玉龙铜矿进入开发建设阶段］ 玉龙铜矿位于西藏昌都地区江达县青尼洞乡，是我国20世纪60年代发现的世界级特大型多种有色金属伴生矿，随着西藏能源和基础设施的改善，目前已进入开发建设阶段。

［探矿权管理］ 探矿权管理信息系统运行正常，保证了日常探矿权管理工作的科学运行。截止2004年12月底，经审查依法设立探矿权1220个，勘查面积35438.97 平方公里，协议出让灭失探矿权10宗。

［矿产开发管理］ 西藏矿产资源开发管理工作始于1984年，全区矿政管理机构于2002年基本形成。截止到2004年底，全区7个地（市）、61个县相继组建了国土资源管理机构。18年的开发管理工作，走过了同全国一样从粗放管理逐步向集约、科学、法制管理推进的历程。

［治理整顿］ 根据国办发〔2001〕85号文的精神，在前三年治理整顿工作的基础上，2004年在全区范围内继续开展声势浩大的矿产资源管理秩序治理整顿工作。

［矿山环境保护］ 按照谁破坏谁治理的原则，要求各矿山企业认真履行恢复环境义务，在审批采矿权过程中把环境恢复方案作为最重要的一项基本内容来加以审查。

［规划编制］ 截止到2004年年底，已发布实施《西藏自治区矿产资源总体规划》；正在编制《西藏自治区地质环境保护与利用规划》、《西藏自治区国土资源“十一五”规划纲要》、《西藏自治区矿产资源开发利用与保护规划》、《西藏自治区地质勘查工作规划》、《西藏自治区地质灾害防治规划》、《西藏自治区黄金产业中长期规划》等6个专项规划。各地(市)矿产资源规划正在编制中，大部分成果已通过审查。

黑龙江省国土资源厅

黑龙江省国土面积46万平方公里，蕴藏着丰富的矿产资源。已发现矿产资源132种，探明资源储量的达78种，已被开发利用的有65种。在78种矿产中，储量居全国第一位的有11种，居第二位的有3种，居第三位的有6种。能源矿产和非金属矿产的开发，在黑龙江省的矿产开发中，占有重要地位。

到2004年底，全省持证矿山4126个。其中开采甲类矿产资源的矿山1426个，开采乙类矿产资源（含开采零星分散矿产资源）的矿山2700个。开采只能用做普通建筑材料的砂石粘土的乙类矿产资源和开采零星分散矿产资源的矿山2700个。

地热资源是黑龙江省近年来勘查的重要矿产，已有8个矿产地。经过初步概算，全省地热资源为573×10^8兆瓦，相当于81.8×10^8吨标准煤。地热资源的开发，已成为黑龙江省矿产资源开发的战略项目。2004年，产地热的林甸县被中国矿业联合会誉为“中国温泉之乡”。该地地热已被用于洗浴、取暖、水产养殖、大棚种植、生活用水及用来生产矿泉水。全国政协常委、中国矿业联合会会长朱训同志于2004年亲自到林甸对地热进行了考察。

乌拉嘎金矿

国务院振兴老东北工业基地的政策出台以后，黑龙江省加快了矿业改革的步伐。推进矿产资源有偿使用、建立矿业权市场，发挥市场对资源配置的调节作用，已取得成效。2004年矿产资源有偿使用收入2.87亿元。国有矿山改革取得进展。鸡西、鹤岗、双鸭山、七台河几个主要矿山资产重组，成立了龙煤集团。

黑龙江省国土资源厅

内蒙古自治区国土资源厅

党组书记、厅长白盾深入锡林郭勒盟，就加快矿产资源勘查开发工作进行现场办公

内蒙古自治区副主席赵双连在国土资源厅、内蒙古地勘局领导陪同下，对地质勘查单位改革和发展情况进行调研

工程技术人员正在对煤质进行分析

经过50年的地质勘查工作，全区已发现各类矿产地4100余处，矿产134种，其中66种矿产保有储量居全国前10位，自治区矿产资源的潜在经济价值达13.4万亿，具备成为我国21世纪重要矿业基地和战略矿产资源储备基地的资源条件。

内蒙古矿产资源配套齐全，特色突出，与全国其他省区相比，具有明显的比较优势。一是能源矿产品种齐全，资源储量丰富。已探明和预测含煤盆地49个，面积10万平方公里，煤炭保有资源储量2234亿吨，预测资源量10000亿吨以上。含油气盆地12个，面积44万平方公里，其中6个盆地见工业油气流，累计探明石油地质储量3亿吨，预测资源量30~40亿吨；累计探明天然气地质储量7903亿立方米，预测资源量15000亿立方米以上。二是有色金属资源储量丰富，分布集中，具有规模开发条件。区内已查明铜、铅、锌、钨、锡、钼等10种有色金属矿产，总金属资源储量2139万吨。三是稀土资源得天独厚。区内已查明白云鄂博和“八〇一”两处稀土矿床，稀土氧化物保有资源储量8270.2万吨，预测资源总量1亿吨以上。四是非金属矿产分布广泛，优势明显。石膏、芒硝拥有世界级的特大型矿床，湖盐天然碱和优质高岭土储量丰富。

内蒙古地质调查院科技人员克服重重困难，深入兴安岭腹地，胜利完成全区1:20万区域地质调查空白区的地质调查工作

近年来针对我国矿产资源供需形势紧张的状况，为保障自治区和国家经济建设需要，促进自治区矿产资源勘查工作，确保建设21世纪国家矿产资源战略接续基地的目标顺利实现，自治区政府加大了对矿产资源勘查工作的支持力度。先后下发了《关于鼓励国内外地质勘查队伍在内蒙古开展地质勘查工作的通知》、《关于进一步加强矿产资源管理工作的意见》、《关于深化矿业权有偿使用制度改革，培育和规范矿业权市场的意见》、内蒙古国土资源厅组织编写了《内蒙古自治区煤炭资源勘查专项规划》、《矿产资源勘查与开发投资指南》，从2004年起自治区地质矿产勘查工作统一纳入了全区国民经济与社会发展计划。自治区每年将投入3亿元用于地质勘查工作。

赤峰市拜仁达坝银多金属矿区正在进行扩大含量勘探

草原深处的地质勘查

北京市国土资源局

刘淇书记到市国土资源局调研

北京市国土资源局是负责本市土地与矿产资源行政管理的市政府组成部门，下设4个地矿类业务处室，即矿产资源开发处、地质勘查储量处、地质环境处和地热处。

市国土资源局在地矿管理方面的主要职责是：①研究制订本市矿产资源发展战略，起草本市矿产资源管理方面的地方性法规、规章草案，并组织实施。②负责本市矿产资源和地质勘查的监督管理，研究制订矿产资源开发、利用和保护规划，并组织实施；负责矿产资源储量管理，组织矿产资源的登记、统计、分析；负责地质勘查成果登记和地质资料汇交的管理；依法负责矿产资源和地质勘查管理方面的行政性许可工作。③负责本市地质环境保护的监督管理；研究拟订地质灾害防治工作规划、计划及应急预案，并组织实施；负责地下水质环境检测站、网的管理；负责地热资源勘查、开发、保护的管理；组织协调重大地质灾害的整治工作；依法负责地质灾害管理方面的行政许可工作。④负责矿产资源执法监察工作，依法查处各种违法违章行为；依法调处各种探矿权属、采矿权属纠纷。⑤研究拟订本市矿产资源方面的科技发展规划，并组织实施；负责矿产资源管理系统建设及信息、档案、综合统计工作。

北京市委、市政府一直对矿产资源管理工作高度重视，《国务院关于全面整顿和规范矿产资源开发秩序的通知》(国发[2005]28号)下发后，北京市成立了以刘志华副市长任组长、由市国土局等11个部门组成的北京市整顿和规范矿产资源开发秩序工作领导小组，统一组织实施本市行政区域内整顿和规范矿产资源开发秩序工作。

2005年，为落实市委市政府制定的首都人口、资源、环境协调发展的总体要求，坚持全面、协调、可持续的科学发展观，市国土资源局提出依法对矿产资源开采实行严而又严的政策，在符合环境保护标准的前提下，有效保护、合理利用矿产资源。

市国土资源局副局长李燕飞（左一）在房山区检查非法煤矿关闭情况

哈尔滨市矿业协会

哈尔滨市国土资源局副局长：唐春发

哈尔滨市矿业协会受主管单位哈尔滨市国土资源局委托，经哈尔滨市民间组织管理局批准，于2005年4月20日成立，是跨地区、跨部门的全行业矿业单位结成的行业性社会团体，是政府联系矿山企事业单位和矿业工作者的纽带和桥梁。矿业协会会长由哈尔滨市国土资源局局长杨学春担任，副会长兼协会法人代表由市国土资源局副局长唐春发担任，单位地址在哈尔滨市南岗区轩辕路18号。

哈尔滨市矿业协会在邓小平理论和“三个代表”重要思想的指引下，坚持以科学的发展观和可持续发展为基本路线，围绕促进和振兴我市矿业，扩大矿业经济在国内国际合作为总目标，组织开展国内外矿产品供需形势、矿业发展战略与管理体制、矿业资源合理开发利用与保护、产品进出口政策、价格政策等进行调查研究；联系各单位进行技术经验交流，发现问题并提出建议，举办矿业技术经济、管理专业培训，培养矿业技术、管理人才；开展矿业技术经济咨询活动，解决矿业开发和技术管理中的问题；进一步扩大矿业国际合作，组织并参加国内、国际间有关矿业的各种交流活动，加强国内外矿业团体的联系，支持外商来哈尔滨投资勘察开发矿业资源，促进矿业的国际合作；参与矿业法规起草前调研工作，宣传政府的矿业政策。借着“振兴东北老工业基地”政策的春风，扎实作好政府与国内外矿山企事业单位的纽带和桥梁作用，更好地为矿业界服务。

浙江省地质勘查局

局长：张盛丰

浙江地质勘查队伍组建于50年代初，1999年5月14日，根据国办发[1999]37号文件精神，浙江省人民政府与国土资源部签署《关于地质勘查队伍属地化管理问题商谈纪要》，省地矿厅管辖的近10000人的地质勘查队伍实行属地化管理，由国土资源部划归浙江省人民政府管理。

2000年7月省级机构改革中，浙江省委、省政府决定，在原地矿部浙江地质矿产勘查开发局基础上组建成立新的浙江省地质勘查局。其主要职能是：研究制订全省地质勘查事业发展规划并组织实施；组织指导地质勘查及其他产业的经营活动，发展地质勘查和地质科技事业，为浙江经济建设和社会发展提供矿产资源和地质资料；负责地勘体制改革、结构调整和科技创新工作，推动地质勘查业的改革与发展；制定局国有资产管理规定，并进行统一监管和运作；管理局属地质勘查队伍。局机关设办公室、政治处、财务资产处、地质矿产处、经济发展处、质量安全处和局工会，编制40人，为正厅级事业局。目前局行政领导职数1正3副，另有专职党委副书记兼纪委书记1人。局机关依照公务员管理。

浙江地勘队伍较早地走向市场，并形成了一定的产业规模，早在1997年就成功地进行了三次大的队伍结构调整，重组了浙江省山水建设公司，省隧道工程公司和省工程勘察院（省水文地质大队），这次重组形成了浙江地勘局产业发展新的框架，三个公司主营的三项产业：地基与基础施工业，隧道施工业和工程勘察业，并且这三个产业得到迅猛发展。属地化以后，经过五年的努力浙江局目前已培育出五大主导产业：地质勘查业，工程勘察业，基础施工业，隧道施工业，市政施工业。四项特色产业：非金属矿产加工开发业、眼视光产业、珠宝业、房地产业。属地化后浙江地勘局经济发展出现快速增长的局面，这五年是浙江地勘队伍变化最大，发展最快的五年。

2001年末，全局总资产12亿元，其中净资产4.6亿元。按在职职工计算，人均净资产7.6万元，这在我们行业里是比较高的，但在浙江省来讲，我们的人均资产占有量只占省属企业的人均资产占有量的13%。在国土资源部、省委、省人民政府和国土资源厅的关心支持下，我局的经济状况发展比较好。2002年总收入16亿元，帐面利润3800万元，综合经济效益约7000万元，职工人均收入2.4万元，国有资产两年增加1.9亿元，比上年增加43%，相当于过去40年的增加值。2003年总收入23亿元，账面利润5100万元，比上年增加46%，综合经济效益约9000万元。国有资产增加8000万元，增加16%，为国家交纳税收8000万元左右，每人每年交纳10000多元，提供就业岗位6000多个，为就业作出了贡献。而到2004年底浙江地勘局实现总收入达26个亿，平均每年增长29%，实现利润1.2个亿（其中市场创收6500万元，地勘费节余转资本金5500万元），平均每年增长38%，上缴利税8500万元，平均每年增长39%，实现人均上缴税金1.5万元，2004年全局人均收入达30826元，平均每年增长25%，全局净资产由1999年的3.2亿元增长到7.3亿元，平均每年增长18%，为社会提供就业岗位达8000多人，实现了经济总量（产值收入）连续五年保持全国同行业第一，经济效益和缴纳税金居全国同行业首位；国有资产增值率和职工人均收入名列全国同行业前茅。

张盛丰局长与考察团交流工作

地址：浙江省杭州市体育场路498号　　电话：0571-85115076

网址：www.zjdk.gov.cn　　传真：0571-87059204

中国冶金建设集团公司

董事长、党委书记、法人代表：杨长恒

副董事长、党委副书记：马延利

董事、总经理：沈鹤庭

中国冶金建设集团公司（中文简称中冶集团，英文简称MCC）是国务院国资委监管的特大型企业集团，现有总资产约504亿元，拥有各类技术和管理人员45000多人。中冶集团拥有近70家全资和控股子公司。

中冶集团是集科研开发、咨询规划、勘察测绘、监理设计、建筑施工、设备安装、房地产综合开发、设备制造与成套、资源开发、工业生产、技术服务与进出口贸易于一体，多专业、跨行业、跨国经营，集科工贸为一体的综合性的特大型企业集团。作为中国冶金工业的开拓者和建设者，中冶集团承担了宝钢、鞍钢、武钢、攀钢等国家主要钢铁工业基地的主要建设任务，为中国冶金工业的发展立下了功勋。中冶集团也是国家基本建设战线上的主力军，在钢铁、市政、交通、电力、化工、矿山、轻工、环保、电子、有色、航天航空等多个领域，为国家基本建设和国民经济的快速发展做出了巨大贡献。作为国际知名承包商，中冶集团在海外各地开辟了广阔市场，足迹遍及五大洲，承建了一大批具有重要影响和良好经济效益的项目，受到了项目所在国的好评和欢迎。中冶集团曾获国家发明奖20多项，国家科技进步奖130多项，省部级科技进步奖700多项，国家优秀设计工程奖100多项，省部级优秀设计奖600多项，国家优秀工程奖30多项，建筑工程鲁班奖18项，中国詹天佑土木工程大奖1项，省部级优质工程380多项。自1998年以来，中冶集团得到了快速发展，经营规模每年以近20%的速度增长， 2004年集团营业收入达到537亿元，比1998年增长了335.5%。在由美国ENR杂志排出的2004年全球最大承包企业225强中，中冶集团排在第27位。在由中国企业联合会、中国企业家协会排出的2004年中国企业500强中，中冶集团排名第39位。在国家统计局公布的2004年大企业集团排名中，中冶集团排名第25位。中冶集团是全国企业文化建设先进单位，已成为中国企业文化建设示范基地。

作为国家特大型企业集团，中冶集团注重提升经营方式，大力拓宽主业，努力增添企业活力，企业的核心竞争能力和持续发展能力不断提高。为进一步做强做大，中冶集团提出了在2010年营业总收入达到1300亿元以上、进入世界企业500强的奋斗目标，并确立了支撑新发展的四大主业板块，即EPC工程总承包、资源开发、技术装备制造和房地产开发。中冶集团的资源开发板块近年来获得了长足发展，巴基斯坦山达克铜金矿、杜达铅锌矿和巴布亚新几内亚瑞木镍矿等项目的成功运作得到了中国和所在国政府的高度评价。中冶集团已经被列入国家重点支持“走出去”进行资源开发的企业集团之一。

项目鸟瞰图

中国冶金建设集团公司的总战略是：创新提升、做强做大、持续发展、长富久安，建设国内一流、世界驰名、跨国经营的现代化特大型企业集团。

巴基斯坦山达克铜金联合企业

蓝剑饮品集团

环境优美的蓝剑饮品集团办公大楼

总经理：郭一民

四川蓝剑饮品集团有限公司（简称：蓝剑饮品集团）系蓝剑（集团）有限责任公司饮品产业机构，下属6家公司3个原料（原酒）生产基地，主要从事植物蛋白饮料、矿泉水、低度酒的生产和销售，生产规模已突破60万吨。

植物蛋白饮品居西部第一，全国第三，瓶装水市场占有率居西南第一，并拥有全川绝佳的矿泉水资源。四川名牌“唯怡”植物蛋白饮品荣获2003年度成都十大最受尊重品牌，“蓝剑·冰川时代矿泉水”和“蓝剑富氧薄荷水”已成为中国西部最具竞争力的饮用水品牌。

蓝剑饮品集团本着“我们只销售健康”的经营理念，立足“整合、创新、突破 ”的发展战略，取得了长足发展，通过了“ISO9001:2000”国际质量体系认证，先后获得了“中国饮料企业500强”、“四川省经济效益显著企业”殊荣。

蓝剑饮品集团立足西部，拓展全国，致力于为消费者提供高品质的健康饮品，持续提升顾客满意度，以进入全国行业前三为奋斗目标。

蓝剑水世界户外展示图

洁净的自动化矿泉水生产设备

蓝剑冰川时代矿泉水深井保护区

四川华锋钻探工程有限责任公司

SICHUAN HUAFENG DRILLING & ENGINEERING CO.LTD.

四川华锋钻探工程有限责任公司是具有多种经济成分的独立的法人经济实体，是中国矿业联合会的理事单位。主要从事固体矿产勘探领域的岩芯钻探工程施工和钻探技术咨询服务。现拥有各类型的钻探设备净资产达2000余万元。公司完全按现代企业制度运作，在经营中始终坚持诚实守信、用户至上的宗旨。在管理上一惯奉行以人为本的原则，充分发挥员工的聪明才智和创造性，聚集和造就了一批优秀的中高级钻探技术专业人才和技术工人。公司在中外合资勘查的钻探施工中积累了与国外矿业公司合作施工的丰富经验，被国外同行专家誉为中国最好的钻探公司。

华锋钻探公司先后从加拿大和澳大利亚等国全套引进了具有当今国际先进水平的各型岩芯钻探设备十台套，以及各型国产岩芯钻探设备，并与国内外的技术服务商和原材料供应商建立了良好的合作关系，从而保证了施工项目的顺利完成。

高素质的钻探队伍是华锋钻探公司取得成功的关键。公司曾先后邀请加拿大、美国、澳大利亚、印度尼西亚等国的钻探技术专家到国内来与我们的钻工一起工作，使钻工的整体操作水平得以大幅度提升。同时，公司还把一些生产技术骨干送往国外学习世界上先进的钻探技术，从而造就了一支可以在任何施工条件下高质量完成施工任务的钻探队伍。

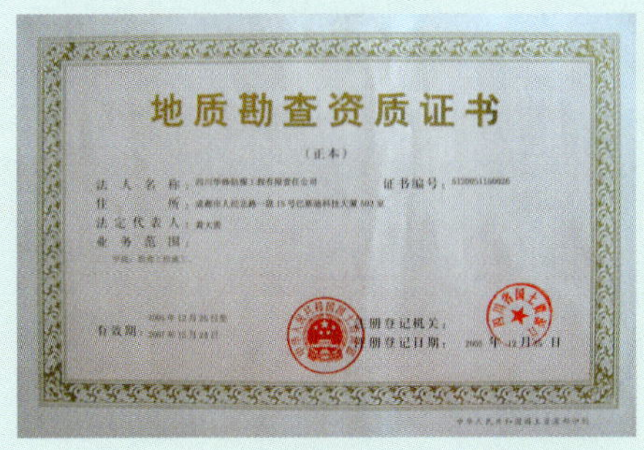

地质勘查资质证书

（正本）

法人名称：

证书编号：

住所：

法定代表人：

业务范围：

有效期：

注册登记机关：

注册登记日期：

资质证书

安全生产许可证

编号：（川）FM安许证字[0012]

单位名称：四川华锋钻探工程有限责任公司

主要负责人：

单位地址：成都市人民北路一段15号巴斯德科技大厦503室

经济类型：有限责任

许可范围：

有效期：2004年12月24日至2007年12月23日

发证机关：四川省安全生产监督管理局

2004年12月24日

安全生产许可证

华锋钻探公司始终坚持安全第一、质量为上，在施工作业中注意环境保护，取得了良好的业绩。自公司成立以来没有发生一例重大人身伤害事故。在最近两年完成的近十万米钻探进尺中，岩芯采取率平均高达97%以上，并取得了单机日进尺140米，单机月实际进尺2000米以上的好成绩。目前我公司可在任何复杂地层中施工任意角度的钻孔，岩矿芯采取率可达95%～100%。

鞍钢集团弓长岭矿业公司

弓长岭矿业公司是鞍钢集团的全资子公司，是集采、运、选、烧生产，设备加工制造，非矿产业开发等为一体的国内大型冶金矿山联合企业。年产铁矿石1000万吨、铁精（粉）矿500万吨、球团矿400万吨、石灰石100万吨。

近几年来，弓矿公司坚持“高起点、少投入、快产出、高效益”技改方针，全面实施“挑战世界一流水平，打造国内一流矿山”战略，完成了高效预选工艺改造，原矿混岩率由22.4%降低到9.87%，每年少入选岩石100万吨，年创效益5700万元。该工艺及所研制的设备为国内首创，达到国际领先水平；实施“提铁降硅”反浮选工艺改造，“在我国冶金矿山引发了一场提质风暴”，铁精矿品位由改造前的65.5%提高到68.8%，SiO_2含量由8%以上降低到4%以下，铁精矿质量跻身于世界一流水平，该项目2003年荣获全国冶金行业科技进步特等奖；从2002年到2004年分期建成了目前国内最大的两条200万吨链篦机-回转窑球团矿生产线，均已实现达产达标。TFe达到65.5%，SiO_2含量为5%，产品质量达到世界一流球团矿的技术标准，在国内创造了投资最少、建设期最短、达产期最快、投资回报期最高的“四个之最”。目前弓矿公司已成为国内生产规模最大、产品质量世界一流的球团矿生产基地；2005年7月，100万吨赤铁矿选矿厂建成投产，精矿品位达到65.5%，其关键技术装备达到国际一流水平。该项目使得弓矿充足的赤铁矿资源得以开发利用，进一步扩大了矿山产量规模，提高了资源利用率。

几年来，该公司坚持经济效益与职工生活水平同步发展，先后完成了30万平方米矿工房改造，建成了3个休闲广场，完善了生活区公路、照明等配套设施，矿山环境明显改善。

着眼未来，该公司为自身发展设计了更加宏伟的蓝图，规划“十一五”期间球团矿、铁精矿、铁矿石、石灰石年生产能力分别达到500万吨、700万吨、1880万吨、300万吨，比现有年生产能力分别增产25%、56%、88%、200%，届时该公司的经济总量、企业效益、产品质量、工艺装备水平等方面将会实现更大幅度的增长和提高，弓矿将实现更大的发展。

南京栖霞山锌阳矿业有限公司

总经理：王方汉

南京栖霞山锌阳矿业有限公司地处风景秀丽的金陵名胜－栖霞山下。

矿山创建于1957年，先后经过三次较大规模的扩建改造，目前已建成35万吨／年采选生产能力的矿业公司。年产铅、锌精矿金属量3.5万吨。采选生产工艺技术水平、装备水平均位于全国铅锌矿山前列。公司现拥有固定资产1.2亿人民币，员工800多人，其中各类工程技术人员150多人，占地面积200万平方公里。

公司治理结构完善，在企业管理方面，致力于采用现代化管理技术和模式，建成了公司内部管理计算机控制系统和生产调度控制系统。2004年在全国矿山率先通过ISO14001环境管理体系认证和ISO9001质量管理体系认证。

公司多年来坚持实施科技创新与可持续发展战略，坚定不移地推进企业技术进步，对地下有限的矿产资源，进行最大限度地利用和合理开采。在开发地下矿产资源的同时，保护好栖霞山的文化遗产和自然景观。使地下资源开发与矿区生态环境保护达到和谐统一。公司多年来与科研院所紧密合作，围绕提高铅锌资源利用率、彻底消除选矿废水与尾矿对环境的污染和降低采选能耗，运用电化学原理对铅锌硫化矿选别实行了电位调控浮选清洁生产技术，同时将尾水净化处理回用技术和尾矿地下充填技术有机结合，在选矿技术指标提高的同时，做到了废水和尾矿（废渣）的两个“零排放”，彻底消除了对环境的影响，实现了选矿过程的清洁生产，填补了国内空白，达到了国际先进水平。为此公司被国家金属矿山固体废物处理与处置工程技术研究中心授为“示范基地”，并通过了南京市经委、市环保局进行的南京市2004年度“清洁生产”审核验收。2005年10月，公司又成功地从尾矿中回收碳酸锰产品，进一步提高了矿产资源的综合利用率，取得了较好的经济和社会效益。公司将继续保持可持续发展，坚持依靠科学管理和技术进步，为建设全国一流的生态矿山而不懈努力。

公司地址：江苏省南京市栖霞街81号　　邮　编：210033
电　话：025-86958203　　传　真：025-86958896
网　址：www.pb-zn.com　　E-mail：minejs@pb-zn.com

四川省会东铅锌矿

冶炼厂一角

四川省会东铅锌矿位于四川省凉山州会东县铅锌镇，于1958年建矿，是集采、选、冶为一体的国有企业。2004年生产锌原矿26万吨，锌精矿5.3万吨，电锌4.3万吨，硫酸6.4万吨，年工业总产值4.5亿元。在露天采场将要闭坑的情况下，矿山二期基建工程即将完成，达产后将达到年产44.55万吨锌原矿的生产能力。为了企业的进一步发展，加大了综合回收及新产品开发力度，热镀锌合金、压铸锌合金、银精矿、锗精矿等产品已投入生产，并具有较强的市场竞争能力；锌镍合金开发成功，目前正在进行试生产，市场前景较好。

露天采场俯视图

企业一贯坚持“重质守信，合力创新，追求更优的管理成果”的质量方针。1996年7月通过质量体系认证；1997年通过产品方圆合格认证；2004年8月，获部级质量管理奖。

在今后的发展进程中，四川省会东铅锌矿将秉承可持续发展战略，综合利用矿产资源，为社会提供更多更优质的产品和服务。

地址：四川省会东县铅锌镇　　邮编：615205

电话：(0834) 5430302　　传真：(0834) 5431001

四川省金河磷矿

法人代表：吴毅

四川省金河磷矿于1959年筹建，1961年正式成立，是目前四川省最大的磷矿石生产基地，全国六大化学矿山之一，国家二级企业，全国重点化学矿山企业。

金河磷矿位于成都平原西部什邡市、绵竹市境内，山青水秀、植被茂盛，距成都100公里，铁路、水泥公路贯穿矿区，交通十分方便。

矿区

金河磷矿现有职工3700余人，各类专业人员468人，其中高级职称14人，中级职称118人，专业门类齐全，技术力量雄厚。通过40年的奋斗，拥有总资产2.2亿元，并建成集水电、磷化工、机加工、汽运汽修等综合生产能力的大型化工企业。主要产品年生产：磷矿石100万吨、磷矿粉5万吨、磷铵7万吨、普钙10万吨、硫酸5万吨，水电装机容量5400万千瓦时。

产品

我矿现保有“什邡式”磷矿石储量4500万吨，可供开采25年左右，现正在做马槽滩深部接替资源勘查工作，有望探明更多储量延长开采年限。商品矿石品位含$P_2O_5$27%以上，供应省内外100余家磷复肥企业。企业“金发牌”商标经国家工商局注册，系列产品连续数年保持100%合格率出厂，系国家免检产品，深受省内外用户好评。

企业本着以质量求生存，以信誉挤市场，以增产节约严格管理求效益，以改革改制求发展，不断发展和增进与新老朋友的合作与友谊。

硫酸车间一角

厂区

法人代表：吴毅　　地址：四川省什邡市红白镇　　邮编：618404

电话：0838-8808016　8808028　　传真：0838-8806481

彬县煤炭有限责任公司

公司办公大楼夜景

彬县煤炭有限责任公司属地方煤矿，股份合作制企业，资产总额6.02亿元，现有职工2014名，拥有下沟矿、百子沟五矿两对生产矿井，一座在建蒋家河煤矿，年设计生产能力321万吨。

近年来，公司以邓小平理论和“三个代表”重要思想为指导，以人为本、以发展为主题、以科技进步为动力、以经济效益为中心，深化改革、强化管理、艰苦创业，于1997年10月投资1.4亿元建成了一座年产45万吨的现代化矿井——下沟矿。2001年与煤科总院北京开采研究所进行经济技术合作，投资3319.4万元完成了下沟矿综合机械化放顶煤技术项目，使产量由45万吨提高到90万吨。该项目被评为煤炭工业科学技术一等奖。2002年4月与煤科总院上海分院合作改造了下沟矿主提升系统，改8吨箕斗为30度大倾角皮带提升，矿井生产能力提高到150万吨，该项目荣获中国煤炭工业科学技术二等奖。这种院企合作、改造传统产业的做法被全国第五次煤炭科技大会誉为“陕西彬县模式”在全国推广应用。

下沟矿300万吨洗煤厂

被列入第八批国债建设项目的下沟矿300万吨综合机械化技改工程，2003年7月开工建设，300万吨洗煤厂已于2004年5月竣工投产，洗选设备全部从美国进口。年设计生产能力210万吨的4401工作面2005年4月投产，矿井综采综掘、综合调度、提升运输、通风排水、供电通讯、安全监测监控均选用国内最先进的成套设备并实现自动化。公司经过技改，煤炭开采洗选技术达到国内先进水平，安全生产、经营管理工作迈上新台阶，原煤产量由2000年的89.9万吨提高到2004年的230万吨，销售收入从5880万元提高到2.68亿元，实现利税总额从487万元增加到6070万元，实现利润从不足100万元增长到3012万元，员工人均年收入从5200元提高到18866元。企业进入全国煤炭工业100强，公司获全国煤炭工业优秀企业、部特级质量标准化矿井、全国高产高效矿井、依法生产煤矿、省级十大科技成果奖、选进企业、文明单位等50多项荣誉称号。

下沟矿全貌

资源开发的最佳伙伴——内蒙古矿业开发总公司

矿业公司总经理：李铁军

内蒙古自治区矿业开发总公司（以下简称公司）是内蒙古地质矿产勘查开发局所属的矿业股份有限公司，主要从事经营性地质勘查和矿业开发工作。目前公司拥有自治区范围内各种矿产的地质勘查成果及多处具有找矿和开发前景地区的矿业权。公司专业技术人员齐全，可从事各类地质勘查和矿业开发工作。公司拥有雄厚的资金实力，通畅的矿产品贸易渠道。公司将继续坚持走勘查开发一体化路子，把自身优势融入内蒙古资源开发的战略中去，为西部大开发和振兴内蒙古经济做出更大的贡献。

杨永宽局长正在研究全局矿业开发规划

目前公司拥有自治区勘查开发信息数据库和矿产品数据库，囊括了自治区50年地质勘查成果和国内外矿产品供求信息及开发新技术、新工艺的市场动态。公司目前正与国外大型矿业公司开展多项矿业勘查及开发项目的合作和交流。

目前公司正在勘查的乌海市电石灰岩项目，估算电石灰岩储量在1.5亿吨以上，该项目将会成为公司的又一个经济增长点。

公司还拥有达拉特旗芒硝矿矿业权。芒硝矿矿石储量69亿吨，硫酸钠储量24亿吨，具有埋藏浅、质量好、储量大、开发成本低的优势。矿区北依黄河，地下水资源丰富；邻近东胜、准格尔两大煤田及天然气田，目前正在进行钻井出卤、冷冻结硝及元明粉生产线的建设。

公司热忱欢迎区内外、国内外同行加盟，互惠互利，共同发展。

副局长郑翻身在矿山考察

局长杨永宽在工地视察

榆林市榆神煤炭有限责任公司

国家重点建设项目——榆树湾煤矿

陕西省省长陈德铭视察榆树湾煤矿

五星级榆林国际大酒店开工奠基仪式

五星级榆林国际大酒店

榆林市榆神煤炭有限责任公司是直属于陕西省榆林市人民政府的国有股份制煤炭生产经营企业，主要负责榆神矿区大型骨干矿井-榆树湾煤矿(设计生产能力800万吨/年,总投资13.72亿元)的开发建设,经营经西包铁路南线外运的榆林地方煤矿优质环保型煤炭，公司注册资本金6000万元。

按照新企业、新机制、高起点、高效益要求和精简效能原则，公司所有员工实行招聘，公司下设综合管理部、计划财务部、运输销售部、生产发展部、政治工作部和榆树湾煤矿筹建处六个部门，共有员工98人。

2002年6月公司成立至2005年11月，累计销售煤炭800万吨，实现税利4亿元，名列2005全国煤炭工业百强企业58位。公司先后被榆林市政府命名“百强企业”、市级、省级“守合同重信用”企业、农行陕西省分行“AAA”级信用客户，2005年10月，中国企业信用评价管理中心授予公司陕西省诚信经营示范单位。

公司所属榆树湾煤矿为国家重点建设项目。煤矿井田面积88.9平方公里，一期生产规模800万吨/年。煤矿预计2006年底建成投产。

公司立足煤炭生产经营主业，同时不断开拓非煤产业。公司近期发展目标是：到2010年，煤炭储量达到25亿吨，年产量达到1500万吨，实现税利10亿元，逐步把榆神煤炭公司建设成为一个煤炭主业突出，非煤产业优势明显、竞争力强的大型企业集团。

神华集团金烽煤炭有限责任公司

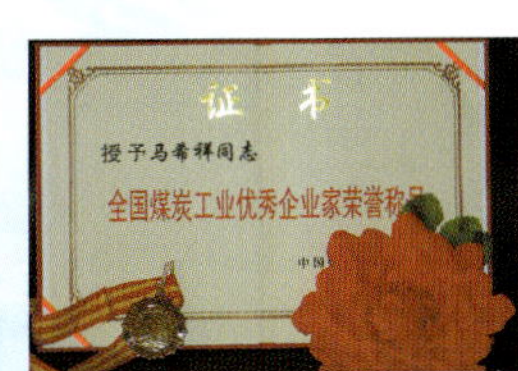

神华集团金烽煤炭有限责任公司（以下简称：神华集团金烽公司）是中国神华能源股份公司的分公司。组建于1989年6月，公司前身是北京军区后勤部呼和浩特企业管理局，属部队企业，1998年12月8日，遵照中共中央、中央军委关于军队、武警部队、政法机关不再从事经商活动的有关指示精神，整体移交神华集团公司。经过改制，于2000年5月在北京市国家工商总局重新注册，并更名为现用名称。公司所属煤矿主要分布在内蒙古鄂尔多斯境内，主要经营煤炭生产和销售等业务。2005年6月15日，随同中国神华能源股份公司一起上市，成为了中国神华能源股份公司的分公司，并形成了以生产为主，兼营销售的经营格局。

今日厂矿

公司组织机构设置本着精简效能和便于现场指挥的原则，公司机关分别设在北京、内蒙古鄂尔多斯市。现有六个煤矿分别建在内蒙古鄂尔多斯市伊金霍洛旗（寸草塔煤矿）、达拉特旗（唐公沟煤矿）、东胜区（东胜煤矿）境内。另有乌兰木伦、巴图塔、朝脑沟、台阁牧、包头五个集装站。

建矿初期

目前公司正在加大改扩建煤矿的力度，提高原煤的产量，努力开拓市场。充分利用国家和神华集团给予的优惠政策，继续发扬艰苦奋斗，勇于创新的精神，使企业生产规模不断扩大，经济效益成倍增长。

祁南煤矿

依靠科技发展生产力

祁南煤矿隶属于淮北矿业(集团)公司，座落在安徽省宿州市蕲县镇浍河南岸， 交通十分便捷，煤炭通过铁路、公路、水路直接运抵华东及全国各地。

祁南煤矿煤炭储量丰富，可采储量2亿多吨，煤的品种齐全，是优质的炼焦配煤、动力用煤和发电用煤。 矿井设计生产能力180万吨，服务年限132年，是一座现代化的大型矿井，也是淮北矿业（集团）公司主力矿井之一。

团结奋进的矿领导班子

按照企业跨越式大发展的要求， 祁南煤矿不断深化企业改革,矿新一届领导班子努力实践“三个代表”重要思想 ，从树立符合市场经济要求的思想观念入手，以建立适应市场经济需要的管理机制为重点，重心下移，面向群众，注重实效，继承创新，全心全意依靠职工办矿兴企，谱写了“两个文明花开并蒂、高产高效同步攀升”的壮美乐章！

矿容矿貌

投产四年多来，祁南矿原煤产量连年攀升，经济效益不断提高，职工收入稳步增长，三个文明建设同步发展。目前年产量已超过200万吨， 建成“双高”矿井，先后荣获淮北市文明建设标兵单位，煤炭科技进步双十佳矿井、煤炭系统文明矿井、国家发改委以法治企先进单位等荣誉称号。全矿干群决心在矿党政的领导下，发扬煤矿工人特别能战斗的精神，进取有为、求真务实、拼搏奉献，把祁南矿建设成活力强劲、环境优美、职工安居乐业的和谐家园。

优雅舒适的职工生活小区

法人代表、矿长：卜文学

四川省芙蓉煤矿

四川省芙蓉煤矿是国家统配煤矿，至2005年8月已建矿40年，伴随着新中国煤炭能源工业的发展，芙蓉煤矿走过了不平凡的历程。40年来，芙蓉煤矿坚持安全生产工作方针，努力提高煤矿安全保障能力，实现了安全生产制度由经验型向标准化的转变；生产现场管理由粗放型向规范化的转变；安全生产体系由单一型向多层次、全方位的转变；生产技术由落后向科技化的转变；安全生产观念由行政强制向以人为本转变。坚持以煤炭产业为主导的原则，提高和维持原煤生产能力，立足煤炭生产，调整产业结构，形成了以煤为主，多业并举，全面发展的格局，经济效益不断增强。自1970年煤矿投产以来，共计生产原煤2576.3万吨，掘进进尺 48.7万米，开拓巷道4.4万米，保证了原煤生产和供应任务；完成工业产值12.8亿元，上交国家税金7159万元，2004年工业产值突破亿元大关，利税突破1000万元，为地方经济的繁荣发展和国家建设作出了积极的贡献。现在芙蓉煤矿正以坚定执着的信念、开拓奋进的精神、求真务实的作风，不断提高安全管理水平，提高生产技术能力，加强生产安全技术创新，全面贯彻科学发展观，努力实现煤炭生产的全面协调发展、可持续发展。

黄陵矿业集团有限责任公司

总经理：高仰才

党委书记：闫勃

公司领导班子成员

黄陵矿业集团有限责任公司隶属陕西煤业集团有限责任公司，黄陵矿业集团公司经营的黄陵矿区是国家“八五”重点建设项目，20项兴陕工程之一，是国家能源投资体制和煤炭基本建设体制改革的试点单位，属国有独资企业，拥有总资产25亿元左右。

黄陵矿区煤炭储量丰富，煤质优良，市场前景广阔。煤田总面积1000平方公里，地质储量19.58亿吨，可开采储量13.75亿吨，地质构造简单，煤层平缓，便于开采。煤种为低磷、低灰、低硫、中挥发分、高发热量的一号肥气煤和二号弱粘煤，是国内少有的符合环保标准要求的优质动力煤、气化用煤和配焦煤。现已在国家工商部门注册了“黄灵一号”和“黄灵煤”两个品牌，产品畅销华东、华中、华南等地区，并出口日本、韩国及东南亚等地区，受到广大用户的好评，许多国内大型电厂将黄陵煤列为免检产品。2004年，黄陵矿业集团公司被国家消费者协会评选为质量、信誉双满意单位；2005年被中国资信评估学会、中国质量标准研究中心评为AAA企业；被陕西省国情调研中心、陕西诚信建设办公室评为陕西省十佳诚信经营示范单位。

一号煤矿调度指挥中心

丰富多采的职工文化生活

露天采场

通钢集团板石矿业公司

磨选厂房

通钢集团板石矿业公司座落在长白山脚下的吉林省白山市板石镇，矿区方圆10公里，占地5平方公里，由上青矿区、板石矿区、选矿厂三个自然区域组成。矿山始建于“大跃进”年代的1958年，经过40余年的发展建设，形成了年产200万吨铁矿石、74万吨铁精粉的综合生产能力。目前，矿山拥有固定资产净值5.52亿元，下设基层单位15个，机关部室10个，现有员工2503人。目前，矿山尚有地质储量9200万吨，按现有生产规模还可以服务45年以上。

板石矿业公司由三个矿区组成，矿床类型属太古界鞍山式磁铁矿床，共有15个矿组、136条矿体，分布在东西长8公里、宽3公里的范围内。采出矿石用24吨电力机车经东、西两条窄轨铁路运至选矿厂，铁精粉通过准轨专用线与浑江车站国铁相通。运至通钢集团公司冶炼区。选矿采用三段一闭路破碎工艺流程、二段磨矿、阶段选别、细筛自循环单一湿式磁选工艺流程，共4个“一对一”生产系列。

凿岩台车

近年来，矿山不断加大创新发展力度，以推进二次创业、建设美好矿山为目标，深化内部改革，引进市场竞争机制，促进了矿山内部管理工作和效益水平的整体提升。矿山始终注重人与企业、人与自然、人与社会和谐发展，大力推进CIS战略，加强企业文化建设，矿山先后获得省精神文明建设标兵单位、重合同守信用单位荣誉称号，并通过了全国精神文明建设先进单位的检查验收，2004年实现利润1.38亿元，矿山步入了一个崭新的历史时期。2005年9月，作为首批单位又通过了国家级矿山公园评审，获得国家矿山公园资格。

选矿生产区

甘肃建新实业集团有限公司

董事长：刘建民

甘肃建新实业集团有限公司是一家大型民营企业，成立于1992年8月，主要从事铅、锌、铜、铁等金属矿产的开采、浮选、冶炼，金属产品及矿产的进出口贸易，煤炭产品的生产销售，硫酸等化工产品的生产销售，高科技农林业开发以及房地产开发等。

公司现拥有总资产16亿元，固定资产7.07亿元，注册资金3.8亿元。集团公司下辖一个母公司，30个子公司，其中四个境外公司，一个专业进出口公司，现有从业人员4000余人（其中在册人员2200多人），年实现销售收入11.5亿多元，上缴税金1.3亿元，年出口创汇1260多万美元。

甘肃建新实业集团有限公司多次获得全国、省、地市的表彰奖励。1996年被甘肃省人民政府评为“全省50强私营企业”；连续三年被甘肃省陇南地区行署评为“重合同、守信用”企业；1998～2002年连续被中国农业银行甘肃省分行评为“AAA级信用企业”；连续两次被中国民营企业500强评委会评为“中国民营企业500强”；2002年被甘肃省委、省政府评为“全省发展非公有制经济先进企业”； 2002年11月被全国工商联和国家税务总局等三部局联合授予“诚信纳税会员企业”，并在工商联全国九次代表大会上给予表彰奖励；2003年12月被甘肃省银行业协会评为“诚信客户”；2005年7月被甘肃省经济委员会、省统计局、省财政厅、省地税局被评为“甘肃省最具竞争力中小企业”及“甘肃省百强工业企业”。

董事长刘建民多次获得殊荣，2001年被中国社会调查事务所等部门授予“中国经营模范”称号；2003年2月被甘肃省人民政府授予第六届甘肃省“乡镇企业家”称号；2003年3月被陇南地区行署授予第五届陇南地区“乡镇企业家”称号；2003年9月被甘肃省光彩事业促进会授予“非公有制经济人士先进个人”称号；2003年12月被中国改革人物征评活动组委会授予“新世纪中国改革人物”；2004年12月被国家农业部评为第五届全国“乡镇企业家”；2004年12月被中共中央统战部等五部委授予“优秀中国特色社会主义事业建设者”；2005年4月被甘肃省委、省政府评为“甘肃省劳动模范”。

公司地址：甘肃省兰州市雁滩工业城南二区六号　　邮　编：730010
联系电话：0931－4612006/7/8/9（总机）　　传　真：0931－4611238
公司网址：www.jianxinjt.com　　E-mail：jxjt@jianxinjt.com

灵宝市华宝产业（集团）有限责任公司

董事长兼总经理：陈治华

灵宝市华宝产业（集团）有限责任公司注册资本5111万元，目前已形成以黄金、有色金属的勘探、采选、冶炼为主导产业，以房地产开发及花木园林为培育性产业的两大发展链条，（集团）公司下设六个子公司：灵宝市鑫华铅业有限责任公司，注册资本1500万元，从事铅金属的选矿、冶炼，精深加工及铅业经营贸易业务；灵宝市华宝矿山工程施工有限责任公司，注册资本2168万元，经营范围：矿山工程施工，在灵宝市独家取得矿山工程总承包三级资质，可承揽8800万元以下的矿山工程施工；灵宝市鑫宝有色金属回收有限责任公司，注册资本50万元，专营废旧铅、铜回收及电瓶销售；灵宝市中宝房地产开发有限责任公司，注册资本1100万元，从事房地产开发，建筑工程施工；灵宝市三宝园林绿化工程有限责任公司，注册资本501万元，从事园林古建、园林绿化、设计施工、花卉租赁、植物组培、工厂化育苗等项业务，2004年度已获得国家园林绿化二级资质，并被中国农学会确定为园林科普示范基地，可承揽50公顷以上的园林工程项目；豫华职业安全科技有限责任公司，注册资本333万元，主要从事安全生产教育培训、安全评价、安全检测检验、安全设计、劳动防护用品的销售等项业务。（集团）公司还拥有鸵鸟养殖分公司和鑫华铅业陕西洛南分公司。现拥有员工892人，其中总经理1人，副总经理5人，有中共党员64人，有中级职称人员22人，有初级职称人员58人，有技术工人140多人。近年来公司先后被省、市评为“明星企业”、“优秀民营企业”、环保达标单位、安全先进单位及“AAA”级诚信企业，也是灵宝市重点保护企业。董事长兼总经理陈治华荣获河南省“百佳民营科技实业家”、“三门峡市劳动模范”、灵宝市“十佳企业家”三门峡市“光彩之星”等称号。（集团）公司2003年实现利税360万元，2004年创利税500万元以上。目前，（集团）公司正朝着科技含量高、经济效益好、能源消耗低、清洁生产、务实守信的新型（集团）公司迈进。

灵宝来阳镇境内的黑山矿区

贮量丰富的银家沟矿区铅矿石

公司办公区域

电能车间一角

银家沟区吨铅矿选厂

鑫华铅冶公司冶炼厂

地址：灵宝市函谷路中段　邮编：472500　电话：0398-8862568　传真：0398-8862568

远瞻烧结厂区

东鞍山烧结厂

东鞍山烧结厂位于辽宁省鞍山市千山区。始建于1958年，是我国自行设计、施工的第一个大型贫赤铁矿浮选、烧结联合生产企业。厂区占地465.3万平方米，职工2389人。现具备年处理铁矿石650万吨，生产铁精矿207万吨，烧结矿365万吨的生产能力。

近几年来，该厂本着“边生产、边改造、边见效”的方针，先后投资近5亿元，进行一系列技术改造工程，还成功破解了多年来困扰选矿界的贫赤铁矿选别难题，使产品生产能力和质量大幅度提升。2004年，共累计生产烧结矿347.3万吨，品位达到54.89%，产品合格率达到86.39%；生产铁精矿196万吨，铁精矿品位达到65%以上；实现企业千人负伤率为零的目标；加大技术创新步伐，对选矿系统不断进行完善，采取扩大再磨生产能力，将二次球磨改溢流型，应用新型浮选机和对烧结机提高设备气密性等举措，使产品综合质量进一步提升。在管理创新中，全面开展了岗位标杆管理活动，在生产关键岗位中按照生产、设备、基础管理、员工形象等五个方面标准进行季度评定，有效激发了职工“学习先进、勇于超越”精神，使岗位职工操作技能得到大幅度提升。与此同时，加大厂区内、外环境的整治力度，对厂、车间办公楼、职工休息室等硬件设施进行修饰和完善，为一线职工新建浴室和专业洗衣房，从而使企业整体形象和职工凝聚力得到明显提升。

360平烧结机生产现场

抚顺红透山铜矿

抚顺红透山铜矿位于辽宁省清原县红透山镇，共有职工12078人，是以生产铜精矿、锌精矿、硫精矿、粗铜、硫酸为主要产品的集采、选、冶、机械加工、工程建筑、交通运输、水泥建材等综合生产能力于一体的国家大二型有色金属独立矿山企业。

近年来，该矿坚持“以矿办厂、厂矿并举，以厂养矿”的三步走办矿方针，通过采取管理创新、制度创新、科技创新、机制创新、深化改革等一系列举措，促进了企业的改革、发展和稳定。

1.科学调整，精心组织，生产经营计划全面完成

2004年，主产品产量粗铜完成12501吨；硫酸完成55451吨；铜精矿完成8832吨；锌精矿完成9458吨；硫标量完成179569吨。工业总产值（现价）完成40526万元，创历史最好水平；工业销售值（现价）完成39841万元，创历史最好水平；工业增加值完成1.85亿元；上缴税金2504万元；实现利润333万元。

2.夯实基础，依法管理，安全生产取得优异成绩

2004年，全矿通过认真贯彻落实《安全生产法》、《安全生产许可证条例》、完善制度和深入开展安全生产规范达标活动，全矿取得了杜绝死亡事故、重大设备事故、重大火灾事故、千人负伤率1.83%的好成绩。

3.筹措资金，增加投入，技术改造取得长足进步

2004年，全矿用于安全、生产、供电、供水、供暖等基础设施改造累计投资2619万元，是近九年来投资数额最多的一年。其中铜浮选技术改造、供电、供水、供暖改造、充填系统管路延伸及维修等绝大多数项目是当年投资，当年收到实际效果，并达到了预期的技术改造目标。

4.用好政策，积极准备，分立破产项目取得实质性进展

2004年7月23日，全国企业兼并破产和职工再就业工作领导小组办公室联席审查会；原则通过清原金铜矿进入破产程序。10月28日，全国兼并破产和职工再就业工作领导小组办公室下发了《关于同意清原金铜矿等6户有色企业进入破产程序的通知》。该项目即将进入法律程序。

5.转换机制，创新制度，各项职能管理达到新水平

一是加强了各环节的矿产资源监督和管理，提高了资源的利用率和收益率。二是加强了资产价值形态和实物实态管理，使资产管理更加规范严格。三是全矿基本形成了以财务管理为中心的管理体系。四是物资采购、供应、产品销售、设备、能源、质量、计量、检验、劳动用工、工资、保险、内部审计、监察、督办等管理进一步加强，各项工作规范有序，工作效果显著。

6.凝聚力量，稳定发展，两个文明建设成果显著

2004年，抚顺红透山铜矿先后被评为“省十佳信誉知名企业”、“省安康杯优胜单位”、“市文明单位”、“市安全生产红旗单位”、“2003年—2004年抚顺最受尊敬企业”、“抚顺市纳税信誉A级单位”、“抚顺市免检企业”、“红旗党委”等荣誉称号。

云南木利锑有限公司

矿区一角

冶炼厂一角

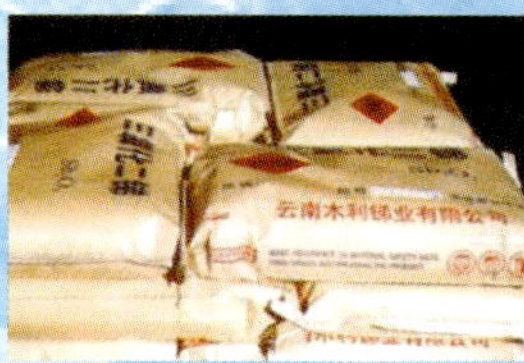

高纯三氧化二锑

云南木利锑有限公司是由创建于1958年的原文山州木利锑矿改制而成的股份制企业，属中国大型锑矿之一，是云南省最大的集采、选、冶、产品开发和贸易为一体的工贸企业。

公司一贯致力于锑品的开发和技术的创新，目前已形成年产高纯氧化锑7200吨，无尘氧化锑、精锑及其他锑制品4600吨。多年来产品商检合格率100%，产品出口量占总销量的80%，远销欧美、日本、韩国、中国的台湾和香港等国家和地区。产品以其优良、稳定的品质深受国内外客户的信赖。

公司经济实力和技术力量雄厚，技术装备和工艺水平位居国内先进行列。1999年通过ISO9002质量体系认证，2001年获国家经贸委和外经贸部核准的首批锑品出口供货企业资格，2003年获准进出口经营资格。

公司1987年成立质量管理部门，使公司的质量管理工作走上体系化，产品质量得到稳步提高。从1997年起"木利"牌锑品连续多年被评为云南省名牌产品。

以市场为导向、依托科技进步、不断提高产品质量和开发新产品是公司的立足点。公司先后开发出深受用户信赖的高纯三氧化二锑系列产品、锑锭系列产品、锑酸钠、阻燃母粒、无尘氧化锑等产品。经公司策划开发和完善的高纯三氧化二锑生产技术获国家有色金属工业局"科学技术进步奖"二等奖。

地址：云南省广南县莲城镇董那箐123号
电话：0876-5151858　　邮编：663300
网址：www.mulisb.com　　传真：0876-5155598

锑锭

中核北方铀业有限公司

离子交换车间

离子交换

黎明中的采矿工区竖井井口

中核北方铀业有限公司（以下简称北铀公司）是由中国核工业集团公司金原铀业有限责任公司出资的全资国有独资公司，公司总部注册在著名的海滨旅游城市——辽宁省葫芦岛市。

北铀公司是目前国家正式核准的负责国内及境外铀矿开发的八大公司之一，被授权负责东北三省及河北、内蒙古五省区境内的铀矿资源的采冶及相关境外资源的开发。

公司按照现代企业制度的要求，实行法人治理结构。公司的经营总体目标是：立足本行，纵向发展；堆地结合，中外并举；强化管理，科技兴核；不跨行业发展，不搞多元经营；争取堆浸技术经济指标国内领先，争做铀矿冶行业管理最好、效益最优的企业。

公司目前正在开发生产的矿冶工程有辽宁省本溪铀矿、河北省青龙铀矿和内蒙古赤峰红山子铀矿。

随着国家对核电发展的需求（2020年发电量达4000万千瓦），核工业的发展将迎来前所未有的机遇，必将带动铀矿冶全面快速发展。我公司的冀北基地已被列入国家"铀矿大基地"战略。"十一五"期间公司将加快基地内相关项目（河北沽源矿床、河北干沟矿床及松辽盆地地浸采铀工程）的开发。随着基地的逐步建成，北铀公司的综合实力将会进一步提升。

山西鑫岳石材开发有限公司

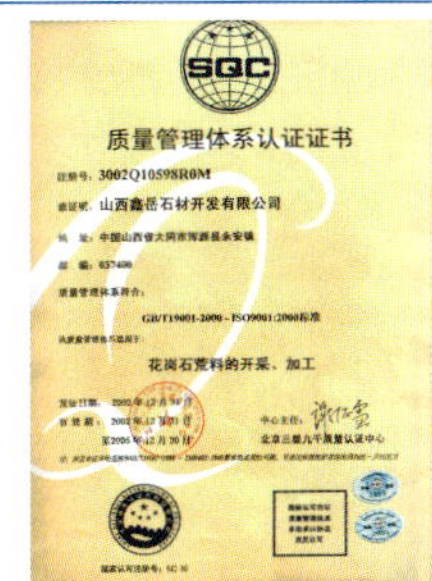

山西鑫岳石材开发有限公司是台湾石鑫国际开发集团（IGM GROUP）与山西省浑源县政府于1994年共同兴办的一家集矿山开发、加工、销售于一体的合资企业，主要经营“山西黑”（辉绿辉长岩）的矿山开采、加工和销售。

公司矿山年开采荒料5000立方米，石材加工厂两个，具有年加工原料1500立方米的生产能力。我公司生产的花岗岩“山西黑”属岩浆岩中的辉绿辉长岩呈黑绿色，纯黑发亮。矿山岩体完整，储量多，硬度强，光泽度高，品质稳定，适用于做高档墓碑，建筑材料、雕刻制品等，是一款高档石材品种。

公司所产荒料及制品除了一部分供应国内市场外，还直销欧洲、北美、日本、东南亚等国家，为“山西黑”跻身于国际市场起到了积极作用，在和国内外客户的业务发展中赢得了良好的信誉。我公司所用标识“IGM”经过多年来市场的锤炼，成为国际石材界产品信誉的象征。

公司于2002年12月通过了ISO9001国际质量认证，以“全员参与，科学管理；技术领先，品质一流；客户至上，持续改进”为质量方针。

公司为当地的经济发展做出了重要贡献，多次受到国土资源部及省、市、县各级土矿部门和环保部门的赞扬和上级有关部门的表彰，被列为“大同市重点台资企业”。

镇江韦岗铁有限公司

选矿

镇江韦岗铁有限公司是江苏省黑色金属矿山，位于镇江西郊。公司始建于1977年，占地面积1500亩，在册职工1200多人，专业技术人员140人，管理部门4个，下设采矿分公司、选矿分公司、化工工业分工司、运输分公司、机电分公司、温泉开发分公司、尾矿综合利用分公司及进口矿加工基地等分公司，主要生产铁精矿粉、硫酸、阴极铜、碳酸钴等产品。公司年自产铁精粉30万吨，加工进口矿粉50万吨，硫酸6万吨；主要产品铁精粉、硫酸已通过ISO9001–2000质量体系认证。企业先后荣获省级“文明单位”、“模范职工之家”、市级“经济建设先进单位”、“科技进步先进单位”、“诚信纳税先进单位”、“先进基层党组织”等荣誉称号，并被授予镇江市建市50年来唯一的安全工作二等功，企业环境行为蓝色单位，省级重合同守信用单位。近几年利用被中国矿业联合会地热专业委员会评价为“医疗热矿泉水”的井下热矿泉水开发的温泉，发展前景广阔。企业2005年销售收入4亿元，利税5000万元，正向江苏铁矿粉重要基地的目标迈进。

化工远景

温泉泳池

地　　址：江苏省镇江市润州区蒋乔镇韦岗
邮　　编：212113
电　　话：0511–5822819
传　　真：0511–5821385
电子信箱：wys2011 @ Sina.com

温泉一角

SILVERCORP METALS INC. 希尔威资源有限公司

公司简介：

Silvercorp MetalS Inc.(SVM)在加拿大多伦多证券所风险板上市，是一家致力于在中国从事贵金属和有色金属勘探与开发的企业。公司目前在中国的勘探与开发项目为：云南省北部的拖布卡金矿项目，河南省洛阳的银矿项目和四川省攀西裂谷带铜镍矿项目。公司拥有充足的资金及畅通的融资渠道。

项目位置图

云南省拖布卡金矿项目：

拖布卡项目的探矿权面积为24.62平方公里，与西南资源有限公司新发现的大型金矿播卡金矿紧邻。公司通过它在云南省注册的全资子公司，云南金长江矿业有限公司，拥有拖布卡项目100%的股份。拖布卡项目被看成是播卡金矿带的延续。2004年，公司已在该区进行了约4000米的钻探。除此之外，金长江还在云南省申请登记了约十多个贵金属和有色金属的探矿权。

河南银矿项目：

Silvercorp Metals Inc. 通过它全资拥有的子公司Victor矿业有限公司与河南有色地勘局的子公司联合开发该项目。其中公司通过投入和支付500万美元，可获得合作公司77.5%的股权。河南有色地勘局则投入5个总面积为52.4平方公里的探矿权，占22.5%的股权。该银矿项目位于河南省省会郑州市以南约300公里的地方，交通便利。

四川铜镍矿项目：

Silvercorp Metals Inc.(SVM)通过它全资拥有的子公司SVM铂钯矿业有限公司及SVM控股的上市公司“新太平洋金属有限公司”与四川省冶金地勘局的子公司成立中外合作公司，对冶金地勘局在攀西裂谷带内拥有的8个铜镍矿探矿权进行风险勘查与开发。目前，合作公司拟对几个铜镍矿靶区进行钻探和坑探。

公司董事长、总裁冯锐博士简介：

冯锐博士于1982年在中国地大获得学士学位，1985年在长春地院获硕士学位，1988年留学加拿大并于1992年获博士学位。1994年，他成功利用加拿大多伦多证券所风险板市场，对中国的风险勘查项目进行融资，开始了他对中国矿业投资的历程。过去10年，他先后成立了6家加拿大上市公司并担任过4家加拿大上市公司总裁，对中国和南美的贵金属和有色金属的勘探与开发项目进行投资。他曾在中国建立过几个盈利的有色金属生产矿山，在中加矿业界享有良好的信誉。

中国联系方法：

中国云南省昆明市青年路387号
华一广场14楼B座邮码：650021
电话：011-86-871-317-9128
传真：011-86-871-317-0726
冯锐手机：011-86-137-0067-2003

加拿大联系方法：

Suite 1588-609 Granville Street
Vancouver,BC
Canada V5M 2K2
电话：604-669-9397
传真：604-669-9387

网址：www. silvercorp. ca
info@www.silvercorp. ca

台湾马山矿业（山西）有限公司

地址：山西省大同市浑源县水利培训中心院内　　邮编：027400

总经理：王士邦

公司简介

矿山开采始于1980年代初，由于当时规模小，开采量有限，1981年代基本处于开发阶段，主要供应国内剪裁行业。

帝王黑矿地处中国山西省北部地区，该矿山自内蒙古自治区丰锁市经雁北山区至河北山区至河北省阜平县呈线形分布。总长近1000米，整体上是一长豆形岩体，其中雁北地区的矿山最长。

该矿属岩浆岩中的辉长辉绿岩，呈黑绿色，以斜长石和辉石为主，结晶质细粒结构，块状构造，岩体稳定，可采难度大、储量多、品位高、硬度强、光泽度高，是中国大陆花岗岩中的高级品种。

1990年代随着对日本石材贸易的扩大，越来越受到日本石材业的高度评价，而进入大量开采阶段。1992年经本公司投资开采，产量很大。目前总产量每月平均为800立方米，除供应国内市场，还大量出口到日本、中国台湾省及东南亚等海外各地。

用途说明

主要用于：

1. 墓石及相关制品。
2. 建筑用石材及相关制品。
3. 造园土木用石材关连制品。
4. 石雕制品。

四川省地矿局化探队

队长：陈志军

队部全貌

地址：四川省德阳市天山南路二段79号
邮编：618000
法人代表、队长：陈志军
联系电话：0838－2511708
传真：0838－2511708
E－mail：htdbgs@sina.com

四川省地矿局化探队是从事地质地球化学勘查的专业队伍，基地坐落在四川省德阳市，在职职工263人，拥有各类中高级专业技术人员135人。该队现拥有各类资产3000余万元。

（一）区域地球化学勘查评价：先后承担了川、甘、陕“金三角”和重庆地区的区域化探、区域地质调查和矿产普（详）查任务。

（二）矿产勘查：勘查评价了金、银、铜、铅、锌、钨、锡等矿产近30种。发现并为国家提交了马脑壳大型金矿床、银厂中型金矿床和夏塞超大型银多金属矿床，多次获部、省勘查优秀成果和科技进步奖，与美国、澳大利亚等外商合作风险找矿取得重大成果。

（三）矿业开发与矿权经营：拥有矿权38个，品种齐全，地域分布广；拥有生产矿山5处，产出黄金、锂辉石、钾长石、铅锌矿石等产品。

（四）环境地质、农业地质、水文地质和工程地质勘查：参与实施了对四川经济发展具有重大意义的《成都经济区生态地球化学调查》的工作。

（五）地质灾害勘查、设计、施工：具有地质灾害防治工程勘查、设计、施工、监理乙级单位资质。完成地质灾害勘查、设计9处，完成广元三官桥、广元红军园大型滑坡等灾害治理工程6处及完成了攀枝花市花山煤矿金沙江边矸石场矿山恢复治理工程。

（六）资源规划评价：完成了广元、达州、遂宁、自贡、德阳、宜宾、南充、内江等9个市28个县的矿产资源规划，受到地方好评。

（七）地形测绘、地籍测量、工程测量：具有国家乙级测绘资格，获得了质量管理体系认证证书，承担完成了上海浦东新区数字地籍测量及土详数据库的建立等工程。

（八）岩矿测试：具有省级计量认证资质，对社会提供公正检测数据。

（九）岩土工程勘察：持有国家乙级专业勘察证书，承担完成了成绵高速公路勘察、涪陵宇花苑31层高层勘察等工程。

西藏地热大队

队长：索加

西藏地勘局地热地质大队是全国唯一的一支从事地热高温勘探的专业队伍，自1976年建队以来，相继勘查了羊八井、羊易、拉多岗、那曲等5大热田，向国家提交发电潜力100800千瓦，占当时拉萨电网50%左右，其中羊八井地热井电站发电潜力从世界第12位跃居第9位。1993～1996年在羊八井热田北部施工ZK4001孔在国内乃至世界地热勘查领域引起极大关注。

加大调整产业结构，促进发展。从2002年开始，先后与日本东北地热能源公司签订了日本援助羊八井本部深部热储定向受控深井施工项目；与福建紫金矿业股份有限公司签订了联合开发西藏普兰县岩金矿合同，并取得了岩、砂金、铅锌等多金属矿找矿重大突破。地热队已从过去单一的地热地质专业队伍，逐步转变成为以固体矿产勘查开发为主，水工环地质灾害调查齐头并进，多种经营为补充，并能从事地热地质、生态、地质环境评价、物化探、测绘、化验测试及矿产开采、公路、桥涵、水利及房屋建筑、生产资料营销、修配、加工综合性多业支撑的产业格局。

建队以来，全队干部职工克服了野外工作环境等困难，用自己的智慧和汗水重塑了高原英雄钻井队的光辉形象。大队先后26次获得区、部级以上表彰，荣获“全国地质勘查功勋单位”、“全国民族团结进步模范集体”、“全国思想政治工作优秀企业”等光荣称号。1997年被原地矿部首批命名为“文明单位”，2000年荣获自治区“精神文明创建先进单位”，3人获“全国劳模”，4人获“全国五一劳动奖章”，2人获区、部“十大杰出青年”，2001年大队获“全国五一劳动奖状”。

地质工作者在野外开展工作

通过野外地质工作取得的地质成果
——含金褐铁矿

高耸的钻塔与羊八井融为一体

黑龙江省有色金属地质勘查局

黑龙江省有色金属地质勘查局是隶属于黑龙江省政府的正厅级事业单位。主要任务是根据国家和省经济发展规划、计划安排，组织实施国家和省基础性、公益性、战略性地质勘查工作，面向区域经济、面向市场，为社会提供勘查技术及相关服务。

自成立以来，先后找到了金、银、铜、铅、锌、铁、钨、锡、钼和非金属矿床800多处，累计探明矿产储量为岩金150多吨，砂金50多吨，银3000 吨，铁1.3亿吨。铅、锌、铜、钼、钨、锡等矿的工业储量和远景储量600多万吨，非金属矿产3亿吨，资源潜在价值达3000多亿元，其中，发现并评价了逊克县东安大型岩金矿床，仅其中的5号矿体就提交了金金属量24.3吨，银金属量208.4吨，潜在价值在24亿元以上，这一成果是黑龙江省近20年来岩金勘查的重大突破。查干银矿是我局在呼盟地区发现评价，并投资建设开发的大型银铅矿床。自创建以来，查干银矿紧紧抓住银矿石俏销的有利时机，坚持自力更生，自我发展，边扩建，边生产，生产规模逐步扩大。2003年完成了日处理矿石500吨的扩建工程，生产能力进一步提高，经济效益稳步增长，成为我局经济发展中的骨干型企业，为我局经济的发展起到了重要的支撑作用。

2004年，是我局各项工作突飞猛进，成果丰硕的一年。这一年，全局上下团结一心，扎实工作，各项工作都取得了较为显著的成果，登上了一个新台阶。

白山市国土资源局

局领导班子

中国·白山天然矿泉水国际论坛在白山隆重举行

国际饮水组织主席布朗·霍斯根在矿泉节上发表讲话

白山市市长周化辰主持矿泉节开幕式

白山市市长周化辰接受国际饮水组织对白山市的"中国·白山国际矿泉城的命名

白山市国土资源局是主管白山市土地、矿产等自然资源的监督管理、规划保护与合理开发利用的政府职能部门。自2001年10月组建以来，在市委、市政府的领导下，坚持资源保护与资产管理并重、依法行政与优化服务并举、业务工作与队伍建设齐抓的总体思路，求真务实，开拓奋进，各项工作取得了新的进展和明显成效。资源保护管理工作进一步加强，全市基本农田保护区面积达92958.98公顷，保护率达85%，实现了土地用途管制，连续三年实现耕地占补平衡；国土资源有偿使用制度得到进一步深化，成立了土地收储中心，出台了土地收购储备管理办法，经营性国有土地全部实现了有偿出让，土地收益逐年增加，矿业权市场建设逐步完善；落实动态巡查责任制、执法过错责任追究制度，国土资源管理秩序明显好转，建立了公开、公平、公正的市场环境；矿泉水资源优势逐步显化，成功举办了"中国白山国际矿泉节"，国际饮水组织命名白山为 "中国·白山国际矿泉城"；"吉林靖宇火山矿泉群国家级地质公园"，"吉林省长白十五道沟省级地质公园"相继通过评审；地质勘查、矿产开发工作取得新进展，形成了矿泉水、煤炭、硅藻土、铁矿石、黄金、页岩瓦、工业硅、金属镁等八大矿产基地。政务公开、依法行政工作上新台阶，集体会审、窗口办文等制度相继建立。

白山市国土资源局将在党的十六大精神的指引下，继续以保障白山市经济社会跨越式发展为中心，以优化国土资源配置为主线，深化土地使用制度改革，创新国土资源管理机制，不断开创国土资源管理工作新局面。

河南轩瑞产业股份有限公司

董事长：孟凡瑞

河南轩瑞产业股份有限公司公司（以下简称轩瑞公司）是一个以矿产品开发为支柱，以制药和生化为龙头、以酒店娱乐为窗口的跨行业的联合经济实体，是豫西地区规模最大和最具实力的民营股份公司，公司拥有总资产2亿元，年产值1.8亿元，年实现利税5000万元；公司有员工1068人，其中高级经济师5人，高级工程师8人，注册会计师3人，各类专业技术人员300余人。

轩瑞公司下辖灵宝市嘉百利酒业有限公司、灵宝市轩瑞矿产资源有限公司、灵宝市温泉水上乐园、灵宝市豫西药业有限公司、河南三宝股份有限公司、河南轩瑞产业股份有限公司忠曲金矿、轩瑞公司商洛分公司等。公司经营领域有矿产资源探、采、冶，中西药研制，生化，果酒制造，宾馆、娱乐等行业。形成的主导产品有黄金、铅、锌以及果酒系列、兽药系列、中西成药系列。其中：中国抗球王1994年获首届亿万农村消费者信得过产品；1995年马杜霉素铵在全国第二届农业博览会上获金奖，中国抗球王获银奖；21°报喜天时系列利口酒样品被“中国历史博物馆”收藏；连蒲双清片被国家确定为中药保护品种；太子金颗粒、胃安宁等8种产品获国家优质产品，畅销全国20多个省市；中国抗球王出口巴西、比利时和非洲国家，年出口创汇百万美元。

轩瑞公司的不断发展壮大得到社会各界的肯定，2004年以来，先后被国家农业部评为中型企业，被三门峡市中小企业信用评审委员会评为AAA级信用企业，被河南省消费者协会评为诚信单位。公司董事长孟凡瑞先生被当选为灵宝市政协常委，并多次被三门峡市委、市政府，灵宝市委、市政府授予“优秀企业家”称号。

云南天外天天然饮料有限责任公司

总经理：王忠

一、公司概况

云南天外天天然饮料有限责任公司是集开发、生产销售，完善的售后服务为一体的综合性新型企业，主要生产“石林天外天”饮用天然矿泉水系列产品。

公司拥有2000平方米的生产厂房及全国最长的全自动灌装生产线，生产区全空气净化（局部达到100级），洗瓶消毒时间为19分钟，是普通消毒时间的5倍，桶装水日产销量多达18000瓶，小瓶水日产销量5000件，年产总量12万吨。

二、公司荣誉

在上级主管部门及监督部门的监督下，自1995年起，天外天获得了如下荣誉：

1996年全国统检833家矿泉水中被评为9家优质矿泉水之一，并受到国家最高权威检测机构国家技术监督局的通报表彰。

1995～2004年连续九年在全省矿泉水水质年检名列榜首。

2000～2005年全省桶装饮用水监督抽查连续六年合格。

2001年11月被推荐为《全国矿泉水生产先进企业》。

2001年12月被认定为全国饮品企业环境质量管理合格单位。

2002年8月被评为国家免检产品。

2003年8月被授予“质量稳定、优秀企业”称号。

2003年8月被授予“诚信单位”称号。

2001年、2003年连续两届（四年）荣获消费者喜爱产品称号。

2003年10月通过了ISO9001:2000标准认证。

2003年“石林天外天”被评为云南省著名商标。

2003年石林天外天矿泉水被评为云南名牌产品。

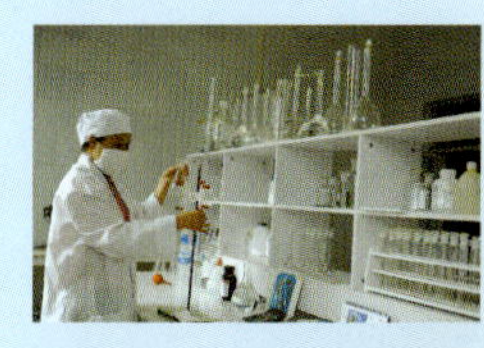

2004年7月获得第一批矿泉水生产市场安全准入证——“生产许可证”，许可证号：QS5300 0601 0536

2003年被评为桶装水A级生产企业。

探矿权人、采矿权人和建设单位应当建立矿产资源登记统计资料档案管理制度，妥善保管本单位的矿产资源登记统计资料、统计台账及其他相关资料，并接受县级以上国土资源行政主管部门的监督检查。

第十八条 国土资源行政主管部门审查和现场抽查矿产资源登记统计资料时，探矿权人、采矿权人和建设单位应当予以配合，并如实提供相关数据资料。

第十九条 探矿权人、采矿权人或者建设单位要求保密的矿产资源登记统计资料，国土资源行政主管部门应当依法予以保密。

县级以上国土资源行政主管部门发布本行政区矿产资源登记统计信息，提供有关信息服务时，应当遵守国家保密法律、法规的规定。

第二十条 县级以上国土资源行政主管部门应当确定具有相应专业知识的人员具体承担登记统计工作，定期对登记统计工作人员进行考评；对成绩显著、贡献突出的，应当给予表彰和奖励。

第五章 法律责任

第二十一条 采矿权人不依照本办法规定填报矿产资源统计基础表，虚报、瞒报、拒报、迟报矿产资源统计资料，拒绝接受检查、现场抽查或者弄虚作假的，依照《矿产资源开采登记管理办法》第十八条、《矿产资源补偿费征收管理规定》第十六条以及《中华人民共和国统计法》及其实施细则的有关规定进行处罚。

第二十二条 国土资源行政主管部门工作人员在矿产资源登记统计工作中玩忽职守、滥用职权、徇私舞弊的，依法给予行政处分；构成犯罪的，依法追究刑事责任。

第六章 附 则

第二十三条 本办法自2004年3月1日起施行。1995年1月3日原地质矿产部发布的《矿产储量登记统计管理暂行办法》同时废止。

关于进一步加强探矿权采矿权价款管理的通知

国土资发(2004)97号

各省、自治区、直辖市国土资源厅(局)(国土环境资源厅、国土资源和房屋管理局、规划和国土资源局)、计划单列市国土资源行政主管部门：

为加强探矿权采矿权价款的管理，财政部和国土资源部相继制定了一系列管理办法，对探矿权采矿权价款的征收、使用作出了明确规定。但是，《探矿权采矿权招标拍卖挂牌管理规定(试行)》(国土资发[2003]197号)试行以来，在探矿权采矿权价款收取、分配和使用等方面出现一些新问题。为进一步加强探矿权采矿权价款管理，推进探矿权采矿权市场建设，切实维护国家和探矿权人采矿权人的权益，现就有关问题通知如下：

一、价款是国家依法出让探矿权采矿权取得的收入，包括以行政审批方式出让探矿权采矿权取得的全部收入和以招标、拍卖、挂牌等方式出让探矿权采矿权并按照成交确认书或出让合同等取得的全部收入。各级国土资源行政主管部门要按照国务院《矿产资源勘查区块登记管理办法》(国务院第240号令)、《矿产资源开采登记管理办法》(国务院第241号令)的规定，及时、足额收取国家出资勘查形成的探矿权采矿权价款；要按照国土资源部国土资发[2003]197号文的要求，切实加强招标、拍卖、挂牌出让探矿权采矿权价款的收缴管理，不得随意减交、缓交或免交。

对于通过招标、拍卖、挂牌等出让方式取得探矿权采矿权的，各级国土资源行政主管部门要严格按照《矿产资源补偿费征收管理办法》(国务院第150号令)和国务院第240号、241号令的规定，及时足额收取矿产资源补偿费和探矿权采矿权使用费，不得以招标、拍卖、挂牌等出让探矿权采矿权价款抵顶。

二、严格按照财政部、国土资源部的有关规定和谁投资谁受益的原则，加强探矿权采矿权价款的征收管理。各级国土资源行政主管部门必须按照财政部、国土资源部《探矿权采矿权使用费和价款管理办法》(财综字[1999]74号)及《关于探矿权采矿权使用费和价款管理办法的补充通知》(财综字[1999]183号)的规定，加强招标、拍卖、挂牌出让探矿权采矿权价款的征收管理，及时将价款收入上缴财政部门。对于中央财政投资形成的探矿权采矿权价款，全额上缴中央财政；对于共同投资形成的探矿权采矿权价款按照投资比例享有权益；对于其他方式形成的价款，按照省级人民政府有关部门制定的办法管理。

要严格执行财政部、国土资源部《探矿权采矿权价款转增国家资本管理办法》(财建[2000]439号)的规定，加强探矿权采矿权价款转增国家资本的申报和审批工作，对于不符合转增国家资本要求的，不得申报和批准。对于已经批准转增国家资本的，要及时办理相关手续。

三、各级国土资源行政主管部门要严格按照规定的程序和要求,办理与探矿权采矿权价款有关的手续。凡是没有及时缴纳探矿权采矿权价款的,国土资源行政主管部门不得办理探矿权采矿权登记手续;凡是没有按照《探矿权采矿权转让管理办法》(国务院第242号令)第五条、第六条的规定,提交探矿权采矿权价款缴纳完结文件的,国土资源行政主管部门不得受理探矿权采矿权转让申请。

探矿权采矿权人未经批准擅自转让探矿权采矿权的,按照国务院第242号令第14条的规定处罚,其转让所得全部收缴财政,国土资源行政主管部门不得办理相关手续。

四、各级国土资源行政主管部门要加强与有关部门的联系与合作,认真执行收支两条线管理规定。要严格按照探矿权采矿权价款使用管理的有关规定,加强探矿权采矿权价款的使用管理。严格按照规定的用途和程序,及时编制和申报预算,凡是预算没有经过批准的,不得使用价款。预算一经批准,不得随意调整。

各级国土资源行政主管部门要会同有关部门,结合本地实际制定探矿权采矿权价款的具体管理办法,规范招标、拍卖、挂牌等出让探矿权采矿权过程中发生的场租、佣金、公告、评估、资料复制等成本支出管理,确定管理部门和中介机构费用的支出标准、程序、支出方式、预算编制和审批、支付等。

各级国土资源行政主管部门要不断完善探矿权采矿权价款管理办法,不断规范价款的收取、使用和监督管理,做到应收尽收,保证国家财产收益,维护矿权人的权益、推动探矿权采矿权市场建设和完善,促进矿产资源的合理开发、保护和利用。要加强探矿权采矿权价款收支的财务管理和监督,加强价款预算执行的监督检查。

本通知执行过程中的问题,请及时告部。

中华人民共和国国土资源部

2004年4月28日

关于加强国家规划矿区内矿权管理的通知

国土资发(2004)206号

各省、自治区、直辖市国土资源厅(国土环境资源厅、国土资源和房屋管理局、房屋土地资源管理局、规划和国土资源局):

为了进一步加强国家规划矿区内探矿权、采矿权的管理,促进矿产资源开采的合理布局、结构优化和规模开采,现就有关事项通知如下。

一、国家规划矿区是国家根据建设规划和矿产资源规划,为建设大、中型矿山划定的矿产资源分布区域。国家规划矿区内规划矿种的探矿权、采矿权的设立由国土资源部决定。

二、国家依法维护国家规划矿区内已有探矿权人、采矿权人的合法权益,在国家规划矿区内设立其他矿种的探矿权、采矿权时,应要求申请人提供不对国家规划矿区内规划矿种进行勘查开发的承诺,并严格进行监督管理。

三、国土资源部依据相关法律法规、国家宏观产业政策、矿产资源规划和相关产业发展规划组织编制国家规划矿区内探矿权、采矿权设置方案并作为探矿权、采矿权设立的依据。

四、勘查、开采国家规划矿区内矿产资源的探矿权、采矿权申请人必须符合规定的资质条件,矿产资源勘查、开发利用方案必须符合国家规划矿区探矿权、采矿权设置方案的要求。

五、对于国家规划矿区范围内已有的小型矿山和小矿,应当按照规划的整体布局逐渐进行整合。

(一)对不按批准的开发利用方案进行开采或不符合安全、环保部门要求,有关部门提出限期整改,整改仍不合格的矿山,要予以关闭。

(二)对资源已经枯竭的小型矿山和小矿,应依法关闭,注销采矿许可证。

(三)对开采规模低于规划规定的最低开采规模的小型矿山和小矿,采矿许可证到期后不得办理延续登记手续。

(四)对影响规划区整体规模开采布局的矿山,不得再行扩大生产规模。对不能纳入统一开发方案的,采矿许可证到期后不得办理延续登记手续。

(五)鼓励国家规划矿区内的小型矿山和小矿通过联合、改组、兼并等方式走规模化生产、集约化经营的道路。

六、各级国土资源管理部门要依法加强对国家规划矿区勘查开采的监督管理和资源的保护,对国家规划矿区要配置专职的矿产督察员,坚决依法取缔无证勘查开采、依法查处越界开采和非法转让行为。对在国家规划矿区内越权发证的行为,要及时彻底予以纠正,同时追究主要负责人及当事人的责任。

国土资源部

2004年9月27日

财政部　国土资源部关于印发《探矿权采矿权价款转增国家资本管理办法》的通知

财建(2004)262 号

中央有关单位,有关中央管理企业,各省、自治区、直辖市财政厅(局)、国土资源厅(局):

为了鼓励矿产资源勘查开采,促进矿业和地质勘查行业的发展,维护国有资产权益,根据《矿产资源勘查区块登记管理办法》(国务院令第 240 号)、《矿产资源开采登记管理办法》(国务院令第 241 号)、《探矿权采矿权转让管理办法》(国务院令第 242 号)及有关法律、法规的规定,我们对《探矿权采矿权价款转增国家资本管理办法》(财建[2000]439 号)重新进行了修订。现将修订后的《探矿权采矿权价款转增国家资本管理办法》印发给你们,请遵照执行。

附件:探矿权采矿权价款转增国家资本管理办法

财政部　国土资源部

2004 年 8 月 17 日

附件:

探矿权采矿权价款转增国家资本管理办法

第一条　为维护国有资产权益,鼓励矿产资源勘查和开采,促进矿业经济发展,根据《矿产资源勘查区块登记管理办法》(国务院令第 240 号)、《矿产资源开采登记管理办法》(国务院令第 241 号)、《探矿权采矿权转让管理办法》(国务院令第 242 号)及有关法律、法规的规定,制定本办法。

第二条　本办法适用于由中央财政出资勘查形成矿产地的探矿权采矿权价款转增国家资本的管理。

第三条　国有企业或国有控股企业(以下简称国有企业)以及国有地勘单位在申请出让或国有企业拟转让由国家出资勘查形成矿产地的探矿权采矿权时,有下列情况之一的,可以申请将应缴纳的探矿权采矿权价款部分或全部转增国家资本金(国家基金):

(一) 符合《当前国家重点鼓励发展的产业、产品和技术目录》中确定鼓励勘查、开采的矿产资源范围的;

(二) 在国家确定的贫困地区勘查、开采矿产资源的;

(三) 因国有企业合并、分立、与他人合资、合作经营或改制等,以探矿权或采矿权价款出资或入股的;

(四) 大中型矿山企业因资源枯竭,在矿区深部或外围勘查、开采接替资源的;

(五) 因自然灾害等不可抗力的原因,转让探矿权或采矿权的;

(六) 国家有明确规定允许探矿权采矿权价款转增国家资本的其他情况。

第四条　国有地勘单位拟转让由国家出资勘查形成矿产地的探矿权、采矿权时,在办理完转让审批手续并按本办法规定的程序报经批准后,可将转让收入中国家实际投入数转增国家资本金(国家基金),其余部分按照现行财务会计制度执行。

第五条　国有企业和地勘单位(以下简称“申请人”)申请转增国家资本金(国家基金)的探矿权采矿权价款,必须经由国土资源部会同财政部认定的评估机构进行评估,评估结果按有关规定进行确认、核准或备案。

第六条　探矿权采矿权价款转增国家资本金(国家基金),由申请人按隶属关系申请。中央单位直接向财政部和国土资源部申请;地方单位通过所在地省级财政部门和国土资源主管部门向财政部和国土资源部申请。

探矿权采矿权价款转增国家资本金(国家基金)的申请人,应在探矿权采矿权价款评估确认、核准或备案后的有效期内提出申请。

第七条　探矿权采矿权价款转增国家资本金(国家基金)的申报材料一式两份,主送财政部,抄送国土资源部。申报材料包括:

(一) 申请转增国家资本金(国家基金)的正式文件;

(二) 评估结果确认、核准或备案文件以及评估报告;

(三) 符合本办法第三条规定的证明材料;

(四) 其价款申请转增国家资本的探矿权采矿权所对应的探矿权采矿权人证明文件;

(五) 探矿权采矿权评估机构资质证明以及矿业权评估师资质证明;

(六) 经有资格的会计师事务所审计的企业上年度财务会计报表或经上级主管部门批复的事业单位上年度决算报表;

(七) 国有资产产权登记证(副本复印件);

(八) 申请人属于股份制企业和有限责任公司的,

还应提交有关批准文件,以及董事会或股东大会批准转增国家资本的决议文件;

(九) 其他有关材料。

第八条 对符合探矿权采矿权价款转增国家资本金(国家基金)有关规定的申请,由财政部、国土资源部自受理之日起45日内依据各自职责予以审核并联合批复。

对不符合探矿权采矿权价款转增国家资本金(国家基金)有关规定的申请,财政部、国土资源部将对申请人说明理由并以书面回复。

第九条 经批准将探矿权采矿权价款转增国家资本金(国家基金)的财务会计处理,按照现行有关规定执行。

第十条 财政部和国土资源部批准探矿权采矿权价款转增国家资本金(国家基金)后,探矿权采矿权申请人应自接到通知之日起45日内按规定及时办理探矿权采矿权价款转增国家资本金(国家基金)手续。在依法办理国有资产变更登记后,到探矿权采矿权登记管理机关进行探矿权采矿权登记。

第十一条 各级财政部门、国土资源主管部门要加强管理和监督检查,严格执行探矿权采矿权价款管理的有关规定。

第十二条 中央财政、地方财政共同出资勘查形成矿产地的探矿权采矿权价款转增国家资本金(国家基金),按照探矿权采矿权价款权属的规定报批。其中中央财政出资勘查形成矿产地的探矿权采矿权价款转增国家资本金(国家基金)的,按照本办法的规定报批。

第十三条 地方财政出资勘查形成矿产地的探矿权采矿权价款转增国家资本金(国家基金)参照本办法的规定执行,具体办法由省级财政部门、国土资源主管部门制定,并报财政部和国土资源部备案。

第十四条 本办法由财政部会同国土资源部负责解释。

第十五条 本办法自发布之日起施行。原《探矿权采矿权价款转增国家资本管理办法》(财建[2000]439号)同时废止。

关于调整部分矿种矿山生产建设规模标准的通知

国土资发(2004)208号

各省、自治区、直辖市国土资源厅(国土环境资源厅、房屋土地资源管理局、规划和国土资源局),计划单列市国土资源行政主管部门,解放军土地管理局、新疆生产建设兵团国土资源局:

为进一步搞好矿产资源的开发管理,设立科学合理的矿山企业生产建设规模标准,促进企业实行与资源储量规模相适应的开采规模,按照《矿产资源开采登记管理办法》的有关规定,决定对我国矿山建设生产规模分类进行调整。现将调整后的《矿山生产建设规模分类一览表》下发给你们,请在工作中遵照执行。

表中未列矿种的生产建设规模分类参照同行业相近用途的矿种划分。在此之前已办理采矿许可证的,在2004年的年检中按此规定统计,生产规模在小型矿山生产建设规模上限十分之一以下的,按小矿统计,采矿权人在原发证机关办理开采规模变更手续。

新建矿山应达到最低生产建设规模要求,最低生产建设规模与省级规划最低开采规模不一致的,可以按当地规划要求执行。

原地质矿产部《关于下发〈矿山建设规模分类一览表〉的通知》(地发[1998]47号)文废止。

附件:矿山生产建设规模分类一览表

2004年9月30日

附件

矿山生产建设规模分类一览表矿种类别

矿种类别	矿山生产建设规模级别				最低生产建设规模	备注
	计量单位/年	大型	中型	小型		
煤(地下开采)	原煤万吨	≥120	120~45	<45	注1	新调整
煤(露天开采)	原煤万吨	≥400	400~100	<100		新调整
石油	原油万吨	≥50	50~10	<10		
油页岩	矿石万吨	≥200	200~50	<50		
烃类天然气	亿立方米	≥5	5~1	<1		

续表

矿种类别	矿山生产建设规模级别				最低生产建设规模	备注
	计量单位/年	大型	中型	小型		
二氧化碳气	亿立方米	≥5	5~1	<1		
煤成(层)气	亿立方米	≥5	5~1	<1		
地热(热水)	万立方米	≥20	20~10	<10		
地热(热气)	万立方米	≥10	10~5	<5		
放射性矿产	矿石万吨	≥10	10~5	<5		
金(岩金)	矿石万吨	≥15	15~6	<6	1.5万吨/年	
金(砂金船采)	矿石万立方米	≥210	210~60	<60	10万立方米/年	
金(砂金机采)	矿石万立方米	≥80	80~20	<20	10万立方米/年	
银	矿石万吨	≥30	30~20	<20		
其他贵金属	矿石万吨	≥10	10~5	<5		
铁(地下开采)	矿石万吨	≥100	100~30	<30	3万吨/年	新调整
铁(露天开采)	矿石万吨	≥200	200~60	<60	5万吨/年	新调整
锰	矿石万吨	≥10	10~5	<5	2万吨/年	
铬、钛、钒	矿石万吨	≥10	10~5	<5		
铜	矿石万吨	≥100	100~30	<30	3万吨/年	
铅	矿石万吨	≥100	100~30	<30	3万吨/年	
锌	矿石万吨	≥100	100~30	<30	3万吨/年	
钨	矿石万吨	≥100	100~30	<30	3万吨/年	
锡	矿石万吨	≥100	100~30	<30	3万吨/年	
锑	矿石万吨	≥100	100~30	<30	3万吨/年	
铝土矿	矿石万吨	≥100	100~30	<30	6万吨/年	
钼	矿石万吨	≥100	100~30	<30	3万吨/年	
镍	矿石万吨	≥100	100~30	<30	3万吨/年	
钴	矿石万吨	≥100	100~30	<30		
镁	矿石万吨	≥100	100~30	<30		
铋	矿石万吨	≥100	100~30	<30		
汞	矿石万吨	≥100	100~30	<30		
稀土、稀有金属	矿石万吨	≥100	100~30	<30	6万吨/年	新调整
石灰岩	矿石万吨	≥100	100~50	<50		
硅石	矿石万吨	≥20	20~10	<10		
白云岩	矿石万吨	≥50	50~30	<30		
耐火粘土	矿石万吨	≥20	20~10	<10		
萤石	矿石万吨	≥10	10~5	<5		
硫铁矿	矿石万吨	≥50	50~20	<20	5万吨/年	
自然硫	矿石万吨	≥30	30~10	<10		

续表

矿种类别	矿山生产建设规模级别				最低生产建设规模	备注
	计量单位/年	大型	中型	小型		
磷矿	矿石万吨	≥100	100～30	<30	10万吨/年	新调整
蛇纹岩	矿石万吨	≥30	30～10	<10		
硼矿	矿石万吨	≥10	10～5	<5		
岩盐、井盐	矿石万吨	≥20	20～10	<10		
湖盐	矿石万吨	≥20	20～10	<10		
钾盐	矿石万吨	≥30	30～5	<5		新调整
芒硝	矿石万吨	≥50	50～10	<10		
碘	矿石万吨	按小型矿山归类				
砷、雌黄、雄黄、毒砂	矿石万吨	按小型矿山归类				
金刚石	万克拉	≥10	10～3	<3		
宝石	矿石吨	发证权限按中型划分、矿山生产建设规模按小型矿山归类				
云母	工业云母	按小型矿山归类				
石棉	石棉万吨	≥2	2～1	<1		新调整
重晶石	矿石万吨	≥10	10～5	<5		
石膏	矿石万吨	≥30	30～10	<10		
滑石	矿石万吨	≥10	10～5	<5		
长石	矿石万吨	≥20	20～10	<10		
高岭土、瓷土等	矿石万吨	≥10	10～5	<5		新调整
膨润土	矿石万吨	≥10	10～5	<5		
叶蜡石	矿石万吨	≥10	10～5	<5		
氟石	矿石万吨	≥30	30～10	<10		新调整
石墨	石墨万吨	≥1	1～0.3	<0.3		
玻璃用砂、砂岩	矿石万吨	≥30	30～10	<10		新调整
水泥用砂岩	矿石万吨	≥60	60～20	<20		新调整
建筑石料	万立方米	≥10	10～5	<5		
建筑用砂、砖瓦粘土	矿石万吨	≥30	30～6	<6		新调整
页岩	矿石万吨	≥30	30～6	<6		新增
矿泉水	万吨	≥10	10～5	<5		

注：富煤地区山西、内蒙古、陕西为15万吨/年；北京、河北、辽宁、吉林、黑龙江、山东、安徽、甘肃、青海、宁夏、新疆为9万吨/年；云南、贵州、四川为6万吨/年；湖北、湖南、浙江、广东、广西、福建、江西等南方缺煤地区为3万吨/年。

统 计 资 料

2004年全国省、市、县级国土资源管理机构数

表 1 计量单位：个

地 区	合 计	省 级	市(地)级	县(区)级
全 国	**3156**	**32**	**414**	**2710**
北 京	20	1	17	2
天 津	23	1	18	4
河 北	198	1	11	186
山 西	147	1	11	135
内蒙古	115	1	11	103
辽 宁	124	1	13	110
吉 林	83	1	12	70
黑龙江	92	1	13	78
上 海	20	1	18	1
江 苏	106	1	10	95
浙 江	98	1	12	85
安 徽	110	1	15	94
福 建	89	1	9	79
江 西	120	1	9	110
山 东	147	1	17	129
河 南	172	1	18	153
湖 北	124	1	13	110
湖 南	137	1	14	122
广 东	122	1	21	100
广 西	99	1	14	84
海 南	18	1	2	15
重 庆	45	1	18	26
四 川	202	1	22	179
贵 州	107	1	18	88
云 南	147	1	16	130
西 藏	74	1	7	66
陕 西	131	1	14	116
甘 肃	101	1	14	86
青 海	53	1	8	44
宁 夏	28	1	5	22
新 疆	104	2	14	88

2004年全国国土资源

表 2

地区	年末从业人员（人）					
		行政编制人员	研究生	大本及大专	高中及中专	初中及以下
总计	**184466**	**66305**	**2381**	**107639**	**64675**	**9771**
国土资源部机关	331	314	73	255	3	
北京	1634	1123	35	1225	323	51
天津	1010	817	55	758	166	31
河北	21516	3645	214	8958	10646	1698
山西	12741	2749	29	5982	5812	918
内蒙古	5323	1618	25	3288	1808	202
辽宁	3505	2173	169	2867	411	58
吉林	3953	1136	70	2581	1207	95
黑龙江	3721	2866	88	2914	692	27
上海	992	966	80	779	120	13
江苏	8275	2595	85	5008	2635	547
浙江	3555	1961	75	2311	993	176
安徽	5697	2150	43	3498	1799	357
福建	3142	1775	32	1777	1182	151
江西	5688	2447	61	3175	2046	406
山东	18494	3785	101	11569	6058	766
河南	16828	3934	88	8784	7164	792
湖北	6513	2939	114	4181	1944	274
湖南	10079	3232	47	5525	3938	569
广东	5894	4653	268	3916	1481	229
广西	3950	1867	64	2279	1434	173
海南	651	511	17	456	146	32
重庆	1827	1116	51	1343	295	138
四川	8601	3634	96	5350	2688	467
贵州	3158	1613	15	2309	710	124
云南	7055	4119	63	3963	2586	443
西藏	467	365	5	199	189	74
陕西	7649	2116	44	4556	2619	430
甘肃	4403	1682	138	2530	1444	291
青海	793	441	17	469	272	35
宁夏	620	349	4	463	133	20
新疆	6401	1614	115	4371	1731	184

管理机构、人员及经费情况(一)

平均从业人员(人)	收入总额(万元)			
	小计	中央财政拨款	地方财政拨款	其他收入
186333	**1779068.62**	**38247.13**	**1263861.86**	**476959.63**
331	8632.00	8425.00		207.00
1623	61116.64	4565.00	46146.85	10404.79
981	7496.63		4383.18	3113.45
21432	89254.60	1550.20	67079.65	20624.75
14605	51107.42	1.32	44837.45	6268.65
5363	37797.27	528.60	33739.39	3529.28
3445	167065.40	2527.00	151135.90	13402.50
3947	33342.37	2738.00	15037.85	15566.52
3956	79943.81	719.00	70342.44	8882.37
993	31094.44		18607.99	12486.45
8275	86059.83		32489.07	53570.76
3545	58008.68		29127.87	28880.81
5713	53453.29	641.20	37653.27	15158.82
3157	70369.48	414.00	64007.54	5947.94
5707	38382.23		22139.28	16242.95
18460	73332.11		50643.62	22688.49
16676	93165.35	618.00	72521.28	20026.07
6519	65037.43		26140.03	38897.40
10234	126098.66	615.59	63821.46	61661.61
5905	82362.28	1566.00	65817.33	14978.95
3952	104777.26		73582.95	31194.31
646	12492.16	64.00	11636.07	792.09
1798	41819.56		19202.06	22617.50
8407	56620.03		44901.30	11718.73
3154	24136.51		19816.83	4319.68
7036	62893.45	5131.35	46428.14	11333.96
458	6177.00	1340.00	4837.00	
7643	82991.18	1471.00	74853.97	6666.21
4400	12740.47	699.43	9228.74	2812.30
809	3765.98		3356.69	409.29
816	6996.59		6703.16	293.43
6347	50538.51	4632.44	33643.50	12262.57

2004年全国国土资源

续表 2

地区	直属单位		完成基本建设投资（万元）	
	单位数(个)	职工数（人）		国家资金
总　计	**12956**	**188177**	**61935.65**	**17202.52**
国土资源部机关	18	8954	8512.82	8052.52
北　京	183	5005	300.00	200.00
天　津	54	3202	100.00	100.00
河　北	361	5114	150.00	150.00
山　西	521	6877	300.00	300.00
内蒙古	342	14322	7084.00	540.00
辽　宁	446	8971	200.00	200.00
吉　林	401	6796	453.00	350.00
黑龙江	589	5975	400.00	400.00
上　海	238	5399	100.00	100.00
江　苏	649	5947	2180.00	280.00
浙　江	533	4555	1731.60	110.00
安　徽	615	7792	5321.00	490.00
福　建	438	4669	844.00	200.00
江　西	504	5822	4906.50	500.00
山　东	573	7860	2600.00	200.00
河　南	1050	21590	5141.22	300.00
湖　北	688	8721	2860.00	200.00
湖　南	715	7482	420.00	420.00
广　东	755	10141	1101.00	150.00
广　西	457	5172	4713.00	200.00
海　南	84	1208	100.00	100.00
重　庆	309	7076	935.00	150.00
四　川	780	4839	1470.56	400.00
贵　州	403	2706	867.00	450.00
云　南	165	1443	490.00	490.00
西　藏	18	142	320.00	320.00
陕　西	675	6360	4768.00	400.00
甘　肃	212	1744	2050.00	450.00
青　海	66	432	836.95	400.00
宁　夏	73	999	100.00	100.00
新　疆	41	862	580.00	500.00

管理机构、人员及经费情况(二)

乡级土地所(人)	乡级土地所人员(人)		
		专职	兼职
26064	**127522**	**118725**	**8797**
27	80	64	16
54	209	173	36
1180	5477	5168	309
733	3301	2936	365
749	2223	1914	309
674	2309	1968	341
777	1539	1533	6
507	1129	1067	62
102	802	785	17
643	5061	4934	127
641	4356	4327	29
1461	6659	6349	310
980	3623	3396	227
1268	5751	5694	57
1363	9439	8026	1413
1755	19925	18181	1744
1074	10677	10564	113
2297	9854	9789	65
1059	5476	4949	527
1318	5522	5459	63
127	355	251	104
960	3116	2746	370
2381	5484	4395	1089
795	4731	4678	53
1238	3536	3424	112
6	6		6
823	4170	4022	148
784	1832	1406	426
40	127	62	65
89	326	272	54
159	427	193	234

2004年省级国土资源

表 3

	年末从业人员（人）						平均从业人员（人）
		行政编制人员	研究生	大本及大专	高中及中专	初中及以下	
总　计	**3544**	**3254**	**361**	**2899**	**248**	**36**	**3554**
北京市国土资源局	106	106	10	96			131
天津市规划和国土资源局	179	177	34	144	1		174
河北省国土资源厅	99	99	9	87	3		99
山西省国土资源厅	120	120	5	110	5		120
内蒙古国土资源厅	90	90	3	81	6		90
辽宁省国土资源厅	81	75	25	50	4	2	81
吉林省国土资源厅	87	77	10	70	7		87
黑龙江省国土资源厅	133	133	10	107	16		133
上海市房屋土地资源管理局	227	227	29	184	12	2	227
江苏省国土资源厅	141	141	20	99	22		141
浙江省国土资源厅	116	94	12	73	31		116
安徽省国土资源厅	89	78	7	75	4	3	89
福建省国土资源厅	112	112	10	89	10	3	112
江西省国土资源厅	87	66	8	71	8		89
山东省国土资源厅	115	115	6	104	3	2	115
河南省国土资源厅	113	113	5	106	2		113
湖北省国土资源厅	91	91	20	69		2	91
湖南省国土资源厅	162	160	17	139	6		156
广东省国土资源厅	104	98	18	82	3	1	104
广西国土资源厅	114	68	11	92	6	5	116
海南省国土环境资源厅	90	82	10	75	5		89
重庆市国土资源和房屋管理局	130	126	14	105	9	2	127
四川省国土资源厅	110	110	15	81	14		110
贵州省国土资源厅	105	105	2	97	6		105
云南省国土资源厅	122	122	9	101	10	2	122
西藏自治区国土资源厅	50	49	4	37	8	1	50
陕西省国土资源厅	96	96	3	92	1		97
甘肃省国土资源厅	210	86	10	157	34	9	204
青海省国土资源厅	60	60	3	53	4		60
宁夏国土资源厅	57	57		56	1		57
新疆国土资源厅	127	100	18	100	7	2	128
新疆生产建设兵团国土资源局	21	21	4	17			21

管理机构、人员及经费情况

收入总额（万元）				直属单位	
小计	中央财政拨款	地方财政拨款	其他收入	单位个数	职工数（人）
426047.07	**17575.91**	**387622.32**	**20848.84**	**372**	**32221**
32757.09	4565.00	27569.87	622.22	9	314
2218.00		960.00	1258.00	13	2491
1120.10		1120.10		15	300
4983.00		4983.00		11	296
3324.38		3199.16	125.22	13	11283
128904.30		128486.60	417.70	11	1939
4712.00	2170.00	2156.00	386.00	9	232
34048.85	719.00	29956.55	3373.30	28	756
1825.12		1825.12		18	1561
7687.00		7060.00	627.00	17	519
4141.19		4128.57	12.62	11	459
10486.10	641.20	9235.50	609.40	7	706
39832.54	414.00	39248.54	170.00	9	124
2738.16		2731.16	7.00	7	325
1276.24		1276.24		14	1097
32045.55	618.00	31393.63	33.92	9	569
20007.00		10145.00	9862.00	9	121
4128.28		4047.66	80.62	16	1007
7869.84	1566.00	6303.84		14	1085
40633.00		39526.00	1107.00	9	517
5669.17	64.00	4900.81	704.36	5	98
848.00		848.00		35	4295
1655.25		1655.25		9	252
691.80		691.80		13	622
5701.00	321.00	5350.00	30.00	6	51
3403.78	1340.00	2063.78		5	76
3293.80		3273.43	20.37	10	150
3831.66	636.83	1957.21	1237.62	10	124
1299.69		1268.20	31.49	11	118
582.30		582.30		6	403
14215.00	4428.00	9654.00	133.00	11	325
117.88	92.88	25.00		2	6

2004年市、县级国土资源

表 4

	年末从业人员（人）						平均从业人员（人）
		行政编制人员	研究生	大本及大专	高中及中专	初中及以下	
总 计	**180591**	**62737**	**1947**	**104485**	**64424**	**9735**	**182448**
北 京	1528	1017	25	1129	323	51	1492
天 津	831	640	21	614	165	31	807
河 北	21417	3546	205	8871	10643	1698	21333
山 西	12621	2629	24	5872	5807	918	14485
内蒙古	5233	1528	22	3207	1802	202	5273
辽 宁	3424	2098	144	2817	407	56	3364
吉 林	3866	1059	60	2511	1200	95	3860
黑龙江	3588	2733	78	2807	676	27	3823
上 海	765	739	51	595	108	11	766
江 苏	8134	2454	65	4909	2613	547	8134
浙 江	3439	1867	63	2238	962	176	3429
安 徽	5608	2072	36	3423	1795	354	5624
福 建	3030	1663	22	1688	1172	148	3045
江 西	5601	2381	53	3104	2038	406	5618
山 东	18379	3670	95	11465	6055	764	18345
河 南	16715	3821	83	8678	7162	792	16563
湖 北	6422	2848	94	4112	1944	272	6428
湖 南	9917	3072	30	5386	3932	569	10078
广 东	5790	4555	250	3834	1478	228	5801
广 西	3836	1799	53	2187	1428	168	3836
海 南	561	429	7	381	141	32	557
重 庆	1697	990	37	1238	286	136	1671
四 川	8491	3524	81	5269	2674	467	8297
贵 州	3053	1508	13	2212	704	124	3049
云 南	6933	3997	54	3862	2576	441	6914
西 藏	417	316	1	162	181	73	408
陕 西	7553	2020	41	4464	2618	430	7546
甘 肃	4193	1596	128	2373	1410	282	4196
青 海	733	381	14	416	268	35	749
宁 夏	563	292	4	407	132	20	759
新 疆	6253	1493	93	4254	1724	182	6198

管理机构、人员经费情况

收入总额（万元）				直属单位	
小计	中央财政拨款	地方财政拨款	其他收入	单位个数	职工数（人）
1344389.55	**12246.22**	**876239.54**	**455903.79**	**12566**	**147002**
28359.55		18576.98	9782.57	174	4691
5278.63		3423.18	1855.45	41	711
88134.50	1550.20	65959.55	20624.75	346	4814
46124.42	1.32	39854.45	6268.65	510	6581
34472.89	528.60	30540.23	3404.06	329	3039
38161.10	2527.00	22649.30	12984.80	435	7032
28630.37	568.00	12881.85	15180.52	392	6564
45894.96		40385.89	5509.07	561	5219
29269.32		16782.87	12486.45	220	3838
78372.83		25429.07	52943.76	632	5428
53867.49		24999.30	28868.19	522	4096
42967.19		28417.77	14549.42	608	7086
30536.94		24759.00	5777.94	429	4545
35644.07		19408.12	16235.95	497	5497
72055.87		49367.38	22688.49	559	6763
61119.80		41127.65	19992.15	1041	21021
45030.43		15995.03	29035.40	679	8600
121970.38	615.59	59773.80	61580.99	699	6475
74492.44		59513.49	14978.95	741	9056
64144.26		34056.95	30087.31	448	4655
6822.99		6735.26	87.73	79	1110
40971.56		18354.06	22617.50	274	2781
54964.78		43246.05	11718.73	771	4587
23444.71		19125.03	4319.68	390	2084
57192.45	4810.35	41078.14	11303.96	159	1392
2773.22		2773.22		13	66
79697.38	1471.00	71580.54	6645.84	665	6210
8908.81	62.60	7271.53	1574.68	202	1620
2466.29		2088.49	377.80	55	314
6414.29		6120.86	293.43	67	596
36205.63	111.56	23964.50	12129.57	28	531

2004年新发现矿产地——按地区分列

表5 计量单位：处

	合计	属地化单位	冶金部门	武警黄金	石油天然气	海洋石油	石油化工	煤炭部门	核工业部门	化工部门	建材部门	有色部门
全国	**254**	**128**	**3**	**3**	**4**		**20**	**2**	**1**	**9**	**81**	**3**
北京	2	1									1	
天津	5	5										
河北	7	2									5	
山西	4										4	
内蒙古	7		1	1	1				1		3	
辽宁	13	11									2	
吉林	15	10					2				3	
黑龙江	3				1					1	1	
上海												
江苏	4						3			1		
浙江	6	5									1	
安徽	10	6									4	
福建	10	3	1							1	5	
江西	3										3	
山东	10	6					2				2	
河南	12	3					6			1	2	
湖北	7	2					1				4	
湖南	27	17		1						2	5	2
广东	10	3									7	
广西	12	4									8	
海南	5	5										
重庆	3	3										
四川	17	10			2		1				4	
贵州	4	3									1	
云南	17	9					1			2	5	
西藏	2	2										
陕西	9	4								1	4	
甘肃	2	1									1	
青海	12	4						2			6	
宁夏												
新疆	16	9	1	1			4					1

2004年新发现矿产地——按矿种分列(一)

表 6 计量单位：处

	合计	属地化单位	冶金部门	武警黄金	石油天然气	海洋石油	石油化工	煤炭部门	核工业部门	化工部门	建材部门	有色部门
总计	**254**	**128**	**3**	**3**	**4**		**20**	**2**	**1**	**9**	**81**	**3**
煤	19	15						2			2	
陆地石油	12				2		10					
天然气	12				2		10					
石煤	1	1										
铀矿	1								1			
地热	2	2										
铁矿	3	3										
锰矿	3	3										
钛矿	2	1								1		
铜矿	6	5										1
铅矿	1	1										
锌矿	3	3										
钴矿	1	1										
钨矿	4	3										1
锡矿	2	2										
钼矿	2	2										
铅锌矿	13	13										
多金属矿	1	1										
金矿	34	27	2	3						1		1
银矿	5	4	1									
锆矿	1	1										
铊矿	1	1										
萤石（普通）	4	3								1		
熔剂用石灰岩	1	1										
冶金用白云岩	1										1	
冶金用石英岩	1									1		
耐火粘土	1										1	
芒硝（含钙芒硝）	1	1										
制碱石灰岩	1	1										

2004年新发现矿产地——按矿种分列(二)

续表 6 计量单位：处

	合计	属地化单位	冶金部门	武警黄金	石油天然气	海洋石油	石油化工	煤炭部门	核工业部门	化工部门	建材部门	有色部门
硼矿	3	3										
磷矿	4	2								2		
石墨	2									1	1	
硅灰石	1										1	
滑石	1										1	
云母	1										1	
长石	1	1										
石榴子石	1										1	
叶蜡石	2										2	
水镁石	1	1										
石膏	5	3									2	
方解石	1	1										
水泥用灰岩	46	4								1	41	
建筑用白云岩	1	1										
玻璃用石英岩	3	1									2	
水泥配料用砂岩	9										9	
玻璃用砂	1	1										
硅藻土	1										1	
砖瓦用页岩	5	4									1	
高岭土	3	1								1	1	
膨润土	3	2									1	
水泥配料用粘土	5										5	
水泥配料用黄土	1										1	
蛇纹岩	1	1										
建筑用辉绿岩	1										1	
饰面用花岗岩	3	2									1	
霞石正长岩	2										2	
水泥用大理石	3	1									2	
矿泉水	1	1										
地下水	3	3										

2004年坑探工作量——按矿种和部门分列

表 7 计量单位：米

矿种	合计	属地化单位	冶金部门	有色部门	地质调查局	武警黄金	化工部门	建材部门
总计	**139974**	**122222**	**5948**	**1144**	**1261**	**5645**	**1467**	**2287**
煤	21961	21961						
煤层气	6	6						
铀矿	1357	1357						
铁矿	6355	6355						
锰矿	2169	1282	611				276	
钒矿	228	228						
铜矿	7963	7278	509	176				
铅矿	2480	2480						
锌矿	805	805						
铝土矿	2093	1937	156					
镍矿	180	180						
钴矿	250	250						
钨矿	1916	1539		377				
锡矿	273	273						
钼矿	2468	2468						
铅锌矿	12781	11197	680	400	504			
多金属矿	4223	3466			757			
铂矿	200	200						
金矿	44333	34329	3867	191		5645	301	
银矿	3722	3722						
铌钽矿	302	302						
菱镁矿	176	176						
萤石（普通）	1545	1491						54
冶金用石英岩	664	482					182	
耐火粘土	164	82					82	
硫铁矿	60	60						
湖盐	300	300						
硼矿	433	433						
磷矿	1080	810					270	
云母	1267	1267						
电气石	120							120
石榴子石	1988							1988
石膏	600	600						
玻璃用白云岩	23	23						
玻璃用石英岩	237	237						
硅藻土	6695	6695						
高岭土	712	356					356	
膨润土	125							125
不能分矿种	7720	7595	125					

2004年新查明矿产资源

表 8

矿种	计量单位	总计		
		基础储量		资源量
			储量	
煤	千吨	3922924	2569686	12764353
天然沥青	万吨			1390
铁矿	矿石万吨	312	114	8071
锰矿	矿石万吨	80		1634
钒矿	五氧化二钒吨			248500
铜矿	金属吨	3121		955158
铅矿	金属吨	147449	147449	875574
锌矿	金属吨	361381	296752	1666533
铝土矿	矿石吨	126351858		3021000
镍矿	金属吨	686	631	55988
钴矿	金属吨			3851
钨矿	三氧化钨万吨			6
锡矿	金属吨			206296
钼矿	金属吨	1164	990	1344
锑矿	金属吨	3		5
铅锌矿	金属吨	74600		1974130
金矿	金属千克	10365	2607	229130
银矿	金属千克	688000		1632708
铌钽矿	铌钽铁吨			1167
钽矿	五氧化二钽吨			300
锶矿	天青石吨			3464700
铷矿	氧化铷吨			8500
镓矿	金属吨			60
镉矿	金属吨			484
红柱石	矿物万吨			1941
萤石（普通）	矿石万吨	81		282
熔剂用石灰岩	矿石万吨			3964
冶金用白云岩	矿石万吨			734
冶金用石英岩	矿石万吨			326047
耐火粘土	矿石万吨			1897
自然硫	硫千吨			467
硫铁矿	矿石万吨			52
钡矿	矿石万吨			7200
重晶石	矿石万吨	44		1868
制碱石灰岩	矿石万吨	58		16850
水镁石	矿石万吨			40
岩盐	矿物万吨			15500

——按矿种分列(一)

属地化单位			地勘行业部门、地调局			
基础储量		资源量	基础储量		资源量	备注
	储量			储量		
2167823	2021595	9099833	1755101	548091	3664520	中煤地质总局
		1390				
312	114	8007			64	中化地质总局
80		1617			17	中化地质总局
		248500				
3121		925158			30000	中冶地勘总局
147449	147449	875574				
361381	296752	1666533				
126351858		3021000				
686	631	55988				
		3851				
		6				
		206296				
1164	990	1344				
3		5				
74600		1694130			280000	中国地调局
10009	2607	142668	356		86462	中化地质总局
688000		1490708			142000	中冶地勘总局
		1167				
		300				
		3464700				
		8500				
		60				
		484				
		1941				
67		67	14		215	中化地质总局
		3964				
		734				
					326047	中建地勘中心
		1410			487	中建地勘中心
		467				
		52				
		7200				
		1200	44		668	中化地质总局
58		16850				
		40				
		15500				

2004年新查明矿产资源

续表 8

矿种	计量单位	总计		
		基础储量		资源量
			储量	
钾盐	氧化钾万吨	87		785
磷矿	矿石千吨	47616		43502
石墨	矿物万吨			1383
硅灰石	矿物万吨	1		185
滑石	矿石万吨	294		453
石棉（温石棉）	矿物万吨			126
长石	矿石万吨	221		522
石榴子石	矿物吨			1210000
沸石	矿石万吨	14	9	671
石膏	矿石万吨	1993		23076
方解石	矿石万吨			256
水泥用灰岩	矿石万吨	91716	27810	573290
砖瓦用砂岩	矿石万吨			552
玻璃用石英岩	矿石万吨			198
玻璃用砂岩	矿石万吨			2628
水泥配料用砂岩	矿石万吨	2134		31650
玻璃用砂	矿石万吨	12069		1724
建筑用砂	矿石万吨			150
粉石英	矿石万吨			350
陶粒页岩	矿石万吨	1368	1119	3756
砖瓦用页岩	矿石万立方米			7920
水泥配料用页岩	矿石万吨			2408
高岭土	粘土量万吨	2608		15161
陶瓷土	矿石万吨			245
凹凸棒石粘土	矿石万吨			3298
膨润土	矿石万吨	310	239	13477
蛇纹岩	矿石万立方米			7
建筑用辉绿岩	矿石万立方米			558
花岗岩	矿石万立方米			1215
饰面用花岗岩	矿石万立方米			1299
霞石正长岩	矿石万吨			111350
饰面用大理石	矿石万立方米	335		558
水泥用大理石	矿石万吨	1642		20615
大理岩	矿石万吨	853		1117
饰面用板岩	矿石万吨	120		2694
矿泉水	方 / 日	250		500
地下水	方 / 日	3500	3500	82900

——按矿种分列(二)

属地化单位			地勘行业部门、地调局			
基础储量		资源量	基础储量		资源量	备注
	储量			储量		
87		785				
		17820	47616		25682	中化地质总局
					1383	中化地质总局
1					185	中建地勘中心
			294		453	中建地勘中心
					126	中建地勘中心
		109	221		413	中建地勘中心
					1210000	中建地勘中心
14	9				671	中建地勘中心
		10540	1993		12536	中建地勘中心
		256				
21887		173650	69829	27810	399640	中建地勘中心
					552	中建地勘中心
		198				
		2628				
			2134		31650	中建地勘中心
12069		1724				
					150	中建地勘中心
					350	中建地勘中心
1236	1119	2393	132		1363	中建地勘中心
					7920	中建地勘中心
					2408	中建地勘中心
2608		15161				
		245				
		3298				
310	239	2942			10535	中建地勘中心
		7				
					558	中建地勘中心
		1215				
		1116			183	中建地勘中心
		111350				
			335		558	中建地勘中心
		3681	1642		16934	中建地勘中心
			853		1117	中化地质总局
			120		2694	中化地质总局
250		500				
3500	3500	82900				

2004年新查明矿产资源

表 9

矿种／地 区	计量单位	总 计		
		基础储量		资源量
			储量	
煤	**千吨**	**3922924**	**2569686**	**12764353**
山西	千吨	1033000		3415920
内蒙古	千吨	33200		59910
吉林	千吨	89	66	5536
黑龙江	千吨			8900
安徽	千吨			366345
福建	千吨			57365
山东	千吨	35660	25810	433292
湖南	千吨	12225	6020	5071
广西	千吨	566	566	
重庆	千吨			27037
四川	千吨	117910	17910	13320
贵州	千吨			3166780
云南	千吨	5225	5225	
青海	千吨	683110	542300	188690
宁夏	千吨	42566	12416	16327
新疆	千吨	1959373	1959373	4999860
天然沥青	**万吨**			**1390**
新疆	万吨			1390
铁矿	**矿石万吨**	**312**	**114**	**8071**
辽宁	矿石万吨			813
吉林	矿石万吨	144	114	392
江西	矿石万吨			137
山东	矿石万吨			2060
河南	矿石万吨			64
广东	矿石万吨			3284
四川	矿石万吨			71
陕西	矿石万吨	168		344
甘肃	矿石万吨			12
新疆	矿石万吨			894
锰矿	**矿石万吨**	**80**		**1634**
广西	矿石万吨			1372
重庆	矿石万吨			245
四川	矿石万吨	80		
贵州	矿石万吨			17

——按矿种和地区分列(一)

属地化单位			地勘行业部门、地调局			
基础储量	储量	资源量	基础储量	储量	资源量	备注
2167823	**2021595**	**9099833**	**1755101**	**548091**	**3664520**	**中煤地质总局**
			1033000		3415920	中煤地质总局
			33200		59910	中建地勘中心
89	66	5536				
		8900				
		366345				
		57365				
35660	25810	433292				
12225	6020	5071				
			566	566		中煤地质总局
		27037				
117910	17910	13320				
		3166780				
			5225	5225		中煤地质总局
			683110	542300	188690	中煤地质总局
42566	12416	16327				
1959373	1959373	4999860				
		1390				
		1390				
312	**114**	**8007**			**64**	**中化地质总局**
		813				
144	114	392				
		137				
		2060				
					64	中化地质总局
		3284				
		71				
168		344				
		12				
		894				
80		**1617**			**17**	**中化地质总局**
		1372				
		245				
80						
					17	中化地质总局

2004年新查明矿产资源

续表 9

矿种／地区	计量单位	总计		
		基础储量		资源量
			储量	
钒矿	**五氧化二钒吨**			**248500**
新疆	五氧化二钒吨			248500
铜矿	**金属吨**	**3121**		**955158**
山西	金属吨			30000
江西	金属吨			104734
山东	金属吨			50000
广东	金属吨			18300
四川	金属吨			177207
陕西	金属吨	3121		2435
甘肃	金属吨			12230
宁夏	金属吨			1530
新疆	金属吨			558722
铅矿	**金属吨**	**147449**	**147449**	**875574**
安徽	金属吨			51000
江西	金属吨			176958
广东	金属吨			153700
广西	金属吨			21405
新疆	金属吨	147449	147449	472511
锌矿	**金属吨**	**361381**	**296752**	**1666533**
安徽	金属吨			45500
福建	金属吨			211200
江西	金属吨	64629		254754
广东	金属吨			140500
广西	金属吨			43706
新疆	金属吨	296752	296752	970873
铝土矿	**矿石吨**	**126351858**		**3021000**
河南	矿石吨			3021000
广西	矿石吨	126350000		
重庆	矿石吨	1858		
镍矿	**金属吨**	**686**	**631**	**55988**
吉林	金属吨	686	631	1487
新疆	金属吨			54501
钴矿	**金属吨**			**3851**
江西	金属吨			1310
新疆	金属吨			2541

——按矿种和地区分列(二)

属地化单位			地勘行业部门、地调局			
基础储量		资源量	基础储量		资源量	备注
	储量			储量		
		248500				
		248500				
3121		**925158**			**30000**	**中冶地勘总局**
					30000	中冶地勘总局
		104734				
		50000				
		18300				
		177207				
3121		2435				
		12230				
		1530				
		558722				
147449	**147449**	**875574**				
		51000				
		176958				
		153700				
		21405				
147449	147449	472511				
361381	**296752**	**1666533**				
		45500				
		211200				
64629		254754				
		140500				
		43706				
296752	296752	970873				
126351858		**3021000**				
		3021000				
126350000						
1858						
686	**631**	**55988**				
686	631	1487				
		54501				
		3851				
		1310				
		2541				

2004年新查明矿产资源

续表 9

矿种／地区	计量单位	总计		
		基础储量		资源量
			储量	
钨矿	**三氧化钨万吨**			**6**
江西	三氧化钨万吨			5
广西	三氧化钨万吨			1
锡矿	**金属吨**			**206296**
江西	金属吨			203604
广西	金属吨			2692
钼矿	**金属吨**	**1164**	**990**	**1344**
吉林	金属吨	1164	990	1344
锑矿	**金属吨**	**3**		**5**
青海	金属吨	3		5
铅锌矿	**金属吨**	**74600**		**1974130**
河北	金属吨			6230
福建	金属吨			575900
湖北	金属吨			130000
湖南	金属吨			97700
四川	金属吨	74600		934400
甘肃	金属吨			21900
新疆	金属吨			208000
金矿	**金属千克**	**10365**	**2607**	**229130**
内蒙古	金属千克			3848
辽宁	金属千克			1743
吉林	金属千克	2581	2194	8384
黑龙江	金属千克			6647
安徽	金属千克			2730
福建	金属千克			14034
江西	金属千克			16860
山东	金属千克			27068
河南	金属千克			11686
湖北	金属千克			2126
湖南	金属千克	2170		7759
广西	金属千克			3363
海南	金属千克	92		908
重庆	金属千克			1030
四川	金属千克			12135
贵州	金属千克			34000

——按矿种和地区分列(三)

属地化单位			地勘行业部门、地调局			
基础储量	储量	资源量	基础储量	储量	资源量	备注
		6				
		5				
		1				
		206296				
		203604				
		2692				
1164	**990**	**1344**				
1164	990	1344				
3		5				
3		5				
74600		**1694130**			**280000**	**中国地调局**
		6230				
		295900			280000	中国地调局
		130000				
		97700				
74600		934400				
		21900				
		208000				
10009	**2607**	**142668**	**356**		**86462**	**中化地质总局**
					3848	武警黄金
		500			1243	武警黄金
2581	2194	6305			2079	武警黄金
					6647	武警黄金
		2730				
		10483			3551	中冶地勘总局
		16860				
					27068	武警黄金
		11686				
					2126	武警黄金
1814		4197	356		3562	中化地质总局
		3363				
92		908				
		1030				
		12135				
		34000				

2004年新查明矿产资源

续表 9

矿种／地 区	计量单位	总 计		
		基础储量		资源量
			储量	
云南	金属千克			2475
陕西	金属千克	3015		2827
甘肃	金属千克	2057	413	41997
青海	金属千克	450		1395
新疆	金属千克			26115
银矿	**金属千克**	**688000**		**1632708**
内蒙古	金属千克			142000
安徽	金属千克			71380
福建	金属千克			433750
江西	金属千克	688000		659000
甘肃	金属千克			14218
新疆	金属千克			312360
铌钽矿	**铌钽铁吨**			**1167**
新疆	铌钽铁吨			1167
钽矿	**五氧化二钽吨**			**300**
青海	五氧化二钽吨			300
锶矿	**天青石吨**			**3464700**
青海	天青石吨			3464700
铷矿	**氧化铷吨**			**8500**
青海	氧化铷吨			8500
镓矿	**金属吨**			**60**
河南	金属吨			60
镉矿	**金属吨**			**484**
湖南	金属吨			484
红柱石	**矿物万吨**			**1941**
新疆	矿物万吨			1941
萤石(普通)	**矿石万吨**	**81**		**282**
浙江	矿石万吨	81		282
熔剂用石灰岩	**矿石万吨**			**3964**
辽宁	矿石万吨			2078
安徽	矿石万吨			1886
冶金用白云岩	**矿石万吨**			**734**
安徽	矿石万吨			734
冶金用石英岩	**矿石万吨**			**326047**
宁夏	矿石万吨			326047

——按矿种和地区分列(四)

属地化单位			地勘行业部门、地调局			
基础储量		资源量	基础储量		资源量	备注
	储量			储量		
					2475	武警黄金
3015		2827				
2057	413	11905			30092	武警黄金
450		1395				
		22344			3771	武警黄金
688000		**1490708**			**142000**	**中冶地勘总局**
					142000	中冶地勘总局
		71380				
		433750				
688000		659000				
		14218				
		312360				
		1167				
		1167				
		300				
		300				
		3464700				
		3464700				
		8500				
		8500				
		60				
		60				
		484				
		484				
		1941				
		1941				
67		**67**	**14**		**215**	**中化地质总局**
67		67	14		215	中化地质总局
		3964				
		2078				
		1886				
		734				
		734				
					326047	**中建地勘中心**
					326047	中建地勘中心

2004年新查明矿产资源

续表 9

矿种／地区	计量单位	总计		
		基础储量		资源量
			储量	
耐火粘土	**矿石万吨**			**1897**
辽宁	矿石万吨			487
河南	矿石万吨			895
湖南	矿石万吨			515
自然硫	**硫千吨**			**467**
江西	硫千吨			467
硫铁矿	**矿石万吨**			**52**
河南	矿石万吨			52
钡矿	**矿石万吨**			**7200**
重庆	矿石万吨			7200
重晶石	**矿石万吨**	**44**		**1868**
湖南	矿石万吨			1664
贵州	矿石万吨	44		204
制碱石灰岩	**矿石万吨**	**58**		**16850**
辽宁	矿石万吨			16600
海南	矿石万吨	58		250
水镁石	**矿石万吨**			**40**
辽宁	矿石万吨			40
岩盐	**矿物万吨**			**15500**
湖南	矿物万吨			15500
钾盐	**氧化钾万吨**	**87**		**785**
青海	氧化钾万吨	87		
新疆	氧化钾万吨			785
磷矿	**矿石千吨**	**47616**		**43502**
四川	矿石千吨			17820
云南	矿石千吨	47616		25682
石墨	**矿物万吨**			**1383**
河南	矿物万吨			1383
硅灰石	**矿物万吨**	**1**		**185**
辽宁	矿物万吨			57
湖南	矿物万吨	1		
广西	矿物万吨			128
滑石	**矿石万吨**	**294**		**453**
广西	矿石万吨	294		453
石棉(温石棉)	**矿物万吨**			**126**

——按矿种和地区分列(五)

属地化单位			地勘行业部门、地调局			
基础储量		资源量	基础储量		资源量	备注
	储量			储量		
		1410			**487**	**中建地勘中心**
					487	中建地勘中心
		895				
		515				
		467				
		467				
		52				
		52				
		7200				
		7200				
		1200	**44**		**668**	**中化地质总局**
		1200			464	中化地质总局
			44		204	中化地质总局
58		**16850**				
		16600				
58		250				
		40				
		40				
		15500				
		15500				
87		**785**				
87						
		785				
		17820	**47616**		**25682**	**中化地质总局**
		17820				
			47616		25682	中化地质总局
					1383	**中化地质总局**
					1383	中化地质总局
1					**185**	**中建地勘中心**
					57	中建地勘中心
1						
					128	中建地勘中心
			294		**453**	**中建地勘中心**
			294		453	中建地勘中心
					126	**中建地勘中心**

2004年新查明矿产资源

续表 9

矿种／地 区	计量单位	总　计		
		基础储量		资源量
			储量	
新疆	矿物万吨			126
长石	**矿石万吨**	**221**		**522**
青海	矿石万吨	221		522
石榴子石	**矿物吨**			**1210000**
山西	矿物吨			1210000
沸石	**矿石万吨**	**14**	**9**	**671**
吉林	矿石万吨	10	9	
湖南	矿石万吨	4		
新疆	矿石万吨			671
石膏	**矿石万吨**	**1993**		**23076**
山西	矿石万吨			1076
安徽	矿石万吨	1993		11460
山东	矿石万吨			10000
重庆	矿石万吨			540
方解石	**矿石万吨**			**256**
辽宁	矿石万吨			256
水泥用灰岩	**矿石万吨**	**91716**	**27810**	**573290**
河北	矿石万吨	12398		35420
山西	矿石万吨			20985
内蒙古	矿石万吨			4550
辽宁	矿石万吨			8530
江苏	矿石万吨	6270		5142
浙江	矿石万吨			62292
安徽	矿石万吨			66093
福建	矿石万吨			652
江西	矿石万吨	2006		44689
山东	矿石万吨			23780
河南	矿石万吨			58049
湖南	矿石万吨	29988		66834
广东	矿石万吨			97197
海南	矿石万吨	6893		23471
四川	矿石万吨			1394
云南	矿石万吨	1597		20502
陕西	矿石万吨	32564	27810	26045
甘肃	矿石万吨			4713

——按矿种和地区分列(六)

属地化单位			地勘行业部门、地调局			
基础储量		资源量	基础储量		资源量	备注
	储量			储量		
					126	中建地勘中心
		109	**221**		**413**	**中建地勘中心**
		109	221		413	中建地勘中心
					1210000	**中建地勘中心**
					1210000	中建地勘中心
14	**9**				**671**	**中建地勘中心**
10	9					
4						
					671	中建地勘中心
		10540	**1993**		**12536**	**中建地勘中心**
					1076	中建地勘中心
			1993		11460	中建地勘中心
		10000				
		540				
		256				
		256				
21887		**173650**	**69829**	**27810**	**399640**	**中建地勘中心**
			12398		35420	中建地勘中心
					20985	中建地勘中心
					4550	中建地勘中心
		8530				
			6270		5142	中建地勘中心
		17677			44615	中建地勘中心
		59736			6357	中建地勘中心
					652	中建地勘中心
			2006		44689	中建地勘中心
					23780	中建地勘中心
					58049	中建地勘中心
14994		33417	14994		33417	中建地勘中心
		28275			68922	中建地勘中心
6893		23471				
					1394	中建地勘中心
			1597		20502	中建地勘中心
			32564	27810	26045	中建地勘中心
					4713	中建地勘中心

2004年新查明矿产资源

续表 9

矿种／地 区	计量单位	总计		
		基础储量		资源量
			储量	
新疆	矿石万吨			2952
砖瓦用砂岩	**矿石万吨**			**552**
浙江	矿石万吨			552
玻璃用石英岩	**矿石万吨**			**198**
重庆	矿石万吨			198
玻璃用砂岩	**矿石万吨**			**2628**
福建	矿石万吨			2628
水泥配料用砂岩	**矿石万吨**	**2134**		**31650**
黑龙江	矿石万吨			9441
浙江	矿石万吨			8219
安徽	矿石万吨	556		11255
江西	矿石万吨	1578		462
广东	矿石万吨			1774
云南	矿石万吨			499
玻璃用砂	**矿石万吨**	**12069**		**1724**
福建				
海南	矿石万吨	12069		1724
建筑用砂	**矿石万吨**			**150**
福建	矿石万吨			150
粉石英	**矿石万吨**			**350**
湖南	矿石万吨			350
陶粒页岩	**矿石万吨**	**1368**	**1119**	**3756**
吉林	矿石万吨	1368	1119	2612
甘肃	矿石万吨			201
青海	矿石万吨			943
砖瓦用页岩	**矿石万立方米**			**7920**
北京	矿石万立方米			7920
水泥配料用页岩	**矿石万吨**			**2408**
浙江	矿石万吨			2408
高岭土	**粘土量万吨**	**2608**		**15161**
广西	粘土量万吨	2608		15161
陶瓷土	**矿石万吨**			**245**
吉林	矿石万吨			245
凹凸棒石粘土	**矿石万吨**			**3298**
甘肃	矿石万吨			3298

——按矿种和地区分列(七)

属地化单位			地勘行业部门、地调局			
基础储量		资源量	基础储量		资源量	备注
	储量			储量		
		2544			408	中建地勘中心
					552	**中建地勘中心**
					552	中建地勘中心
		198				
		198				
		2628				
		2628				
			2134		**31650**	**中建地勘中心**
					9441	中建地勘中心
					8219	中建地勘中心
			556		11255	中建地勘中心
			1578		462	中建地勘中心
					1774	中建地勘中心
					499	中建地勘中心
12069		**1724**				
12069		1724				
					150	**中建地勘中心**
					150	中建地勘中心
					350	**中建地勘中心**
					350	中建地勘中心
1236	**1119**	**2393**	**132**		**1363**	**中建地勘中心**
1236	1119	2192	132		420	中建地勘中心
		201				
					943	中建地勘中心
					7920	**中建地勘中心**
					7920	中建地勘中心
					2408	**中建地勘中心**
					2408	中建地勘中心
2608		**15161**				
2608		15161				
		245				
		245				
		3298				
		3298				

2004年新查明矿产资源

续表 9

矿种 / 地 区	计量单位	总 计		
		基础储量		资源量
			储量	
膨润土	**矿石万吨**	**310**	**239**	**13477**
辽宁	矿石万吨			473
黑龙江	矿石万吨			10190
江苏	矿石万吨			345
湖北	矿石万吨	310	239	472
新疆	矿石万吨			1997
蛇纹岩	**矿石万立方米**			**7**
广东	矿石万立方米			7
建筑用辉绿岩	**矿石万立方米**			**558**
湖南	矿石万立方米			558
花岗岩	**矿石万立方米**			**1215**
新疆	矿石万立方米			1215
饰面用花岗岩	**矿石万立方米**			**1299**
浙江	矿石万立方米			1116
新疆	矿石万立方米			183
霞石正长岩	**矿石万吨**			**111350**
新疆	矿石万吨			111350
饰面用大理石	**矿石万立方米**	**335**		**558**
新疆	矿石万立方米	335		558
水泥用大理石	**矿石万吨**	**1642**		**20615**
吉林	矿石万吨			17797
黑龙江	矿石万吨	1642		2818
大理岩	**矿石万吨**	**853**		**1117**
浙江	矿石万吨	853		1117
饰面用板岩	**矿石万吨**	**120**		**2694**
福建	矿石万吨	120		38
陕西	矿石万吨			2656
矿泉水	**方/日**	**250**		**500**
北京	方 / 日	250		
天津	方 / 日			500
地下水	**方/日**	**3500**	**3500**	**82900**
天津	方 / 日			50000
山东	方 / 日			30000
广东	方 / 日	3500	3500	2900

——按矿种和地区分列(八)

属地化单位			地勘行业部门、地调局			
基础储量		资源量	基础储量		资源量	备注
	储量			储量		
310	**239**	**2942**			**10535**	**中建地勘中心**
		473				
					10190	中建地勘中心
					345	中建地勘中心
310	239	472				
		1997				
		7				
		7				
					558	**中建地勘中心**
					558	中建地勘中心
		1215				
		1215				
		1116			**183**	**中建地勘中心**
		1116				
					183	中建地勘中心
		111350				
		111350				
			335		**558**	**中建地勘中心**
			335		558	中建地勘中心
		3681	**1642**		**16934**	**中建地勘中心**
		3681			14116	中建地勘中心
			1642		2818	中建地勘中心
			853		**1117**	**中化地质总局**
			853		1117	中化地质总局
			120		**2694**	**中化地质总局**
			120		38	中化地质总局
					2656	中化地质总局
250		**500**				
250						
		500				
3500	**3500**	**82900**				
		50000				
		30000				
3500	3500	2900				

2004年机械岩芯钻探工作量

表 10

地区	合计	属地化单位	冶金部门	有色部门	地质调查员	武警黄金	煤炭部门
总　计	**6368500**	**2218665**	**118936**	**4528**	**8075**	**41135**	**312265**
北　京	77563	8960			500		66654
天　津	194416	2781			865		
河　北	452386	58516	22844				84591
山　西	168301	129799	4739				
内蒙古	262840	94203	8019			3390	
辽　宁	339681	129299			1467	1066	
吉　林	327986	57702				2838	
黑龙江	463266	10896				6076	
上　海	16170						
江　苏	151347	3973		1619	2480		141520
浙　江	30028	17166	2038				
安　徽	489246	478698	400				
福　建	65493	55927	1633				
江　西	34212	30740					
山　东	120071	61669	42014			6767	
河　南	85410	78134				915	
湖　北	21184	7072	3258		1963		
湖　南	50329	37313	921	1209		4432	
广　东	93285	36924					
广　西	22693	14012					
海　南	3517	2494				1023	
重　庆	60776	13587					
四　川	127316	48995					
贵　州	230837	220824	7750				
云　南	209991	191557	3587			1640	
西　藏	20163	19464	699				
陕　西	720389	169041	2295		800		
甘　肃	483031	58189				9272	
青　海	135959	35880					19500
宁　夏	12061	1602					
新　疆	866276	143248	18739	1700		3716	
国　外	32277						

——按地区和部门分列

计量单位：米

石　油 天然气	海洋 石油	石油 化工	核工业 部　门	化工 部门	建材 部门	中　联 煤层气
3246369	**128676**	**10055**	**129169**	**36369**	**89297**	**24961**
					1449	
130421	60349					
281514				2439	2482	
10246					5510	18007
74973			74148	6014	1445	648
203270					3849	730
264478		823		323	1822	
441178					4290	826
	16170					
		304		126	1325	
				3219	7605	
					10148	
				5697	2236	
					3472	
		902		3514	5205	
		3870		660	1831	
		148		3911	4832	
		29		640	5785	
	52157				4204	
				469	8212	
47189						
72506		475	2996		2344	
				1133	1130	
		672		8224	2626	1685
532403			11021		1764	3065
410270					5300	
80579						
10459						
654606		2832	41004		431	
32277						

2004年机械岩芯钻探工作量

表 11

矿　种	合计	属地化单　位	冶金部门	有色部门	地　质调查局	武警黄金	煤炭部门
总　　计	**6368500**	**2218665**	**118936**	**4528**	**8075**	**41135**	**312265**
煤	1625770	1303073	7750				306591
油页岩	1400	1400					
陆地石油	3324998	68574					
海域石油	128676						
天然气	950	950					
煤层气	38999	9719					4319
铀矿	138452	9283					
地热	3892	3892					
铁矿	110731	67952	40957				
锰矿	15613	11098	3832				
钛矿	4313	4313					
铜矿	78475	68256	7564	700	500		
铅矿	26943	26832					
锌矿	7123	4153	2368				
铝土矿	15640	13756	1884				
钨矿	9700	9264		436			
锡矿	2357	2357					
钼矿	13794	13794					
锑矿	3715	3715					
铅锌矿	55424	45480	4501	1000	4443		
多金属矿	16627	15224	603		800		
金矿	288105	202775	39195	2392	2332	41135	
银矿	19649	19324	325				
锶矿	1506	1506					
金红石	410						
萤石（普通）	7602	5643					
熔剂用石灰岩	1420	1015					
冶金用白云岩	252	252					
冶金用石英岩	520	260					
硫铁矿	1837						
芒硝（含钙芒硝）	469						
重晶石	126						
电石石灰岩	865	865					
制碱石灰岩	780						
泥炭	11	11					
岩盐	1100	1100					
湖盐	300	300					
天然卤水	471	471					
钾盐	2580	2580					
硼矿	5730	5730					

——按矿种和部门分列(一)

计量单位：米

石　油 天然气	海洋 石油	石油 化工	核工业 部　门	化工 部门	建材 部门	中　联 煤层气
3246369	**128676**	**10055**	**129169**	**36369**	**89297**	**24961**
				5851	2505	
		10055				
3246369	128676					
						24961
			129169			
				299	1523	
				683		
				211	1244	
				111		
				602		
				276		
				410		
				1272	687	
				405		
				260		
				1837		
				469		
				126		
				780		

2004年机械岩芯钻探工作量

续表 11

矿　种	合计	属地化单　位	冶金部门	有色部门	地　质调查员	武警黄金	煤炭部门
磷矿	16909	4254					
金刚石	196	196					
石墨	2720						
刚玉	196	196					
滑石	1304						
长石	1250	1250					
石榴子石	572						
透辉石	189						
氟石	417						
石膏	11514	6902					
方解石	1967	1967					
水泥用灰岩	73694	15453	2625				
玻璃用白云岩	3919	3919					
建筑用白云岩	120		120				
砖瓦用砂岩	191						
玻璃用石英岩	714	714					
水泥配料用砂岩	10404	1256					
玻璃用脉石英	1258	1258					
硅藻土	2508	1754					
陶粒页岩	319	319					
砖瓦用页岩	1449						
水泥配料用页岩	260						
高岭土	1974	1694					
陶瓷土	2305	1000					
凹凸棒石粘土	635						
海泡石粘土	3000						
伊利石粘土	211						
膨润土	4222	1711					
水泥配料用粘土	461						
水泥配料用黄土	465						
建筑用花岗岩	1138						
饰面用花岗岩	315						
水泥用凝灰岩	626						
建筑用凝灰岩	155	155					
大理石	120	120					
水泥用大理石	4676						
水泥配料用板岩	437						
矿泉水	1080	1080					
地下水	50976	49544					1355
不能分矿种	206309	199006	7212				

——按矿种和部门分列(二)

计量单位：米

石油天然气	海洋石油	石油化工	核工业部门	化工部门	建材部门	中联煤层气
				12585	70	
				2487	233	
					1304	
					572	
					189	
					417	
					4612	
				4711	50905	
					191	
				201	8947	
					754	
					1449	
					260	
				280		
					1305	
					635	
					3000	
				211		
				1573	938	
					461	
					465	
					1138	
					315	
					626	
				561	4115	
					437	
				77		
				91		

2004年地质勘查投入情况

表 12

地区	地质勘查						
	合计	中央财政拨款		地方财政拨款		企事业投入	
			矿产资源补偿费		矿产资源补偿费		国内企事业
总计	**3129144.96**	**108114.56**	**40120.47**	**87010.68**	**19996.69**	**2917321.30**	**2758027.85**
北京	45607.05	6667.00	1100.00	80.00		38860.05	38860.05
天津	191105.71	724.00	494.00	1310.69	920.00	189071.02	85770.02
河北	109260.29	4371.43	1476.50	5210.49	2678.56	98108.94	98108.94
山西	25951.14	2551.74	821.12	1595.21	1486.00	21804.19	8211.73
内蒙古	40090.69	6561.79	1574.55	7523.64	1744.00	25576.08	24202.09
辽宁	91641.51	4219.65	1469.28	5084.38	2321.18	82149.19	82099.19
吉林	139681.27	6742.23	1589.00	858.60	450.00	132080.44	132080.44
黑龙江	282950.85	2528.08	1530.25	4909.77	2074.00	275513.00	275513.00
上海	32322.50	751.50	120.00	345.00		31226.00	22235.00
江苏	65158.33	1492.33	1168.18	2935.00	780.00	60510.00	60510.00
浙江	6581.62	1075.94	624.35	1310.83		3931.21	3931.21
安徽	39345.79	998.50	355.00	5363.40	993.70	31834.89	31727.30
福建	9446.52	2655.40	2147.40	2043.79	15.00	4747.33	4747.33
江西	6059.35	2016.53	854.10	1550.10	433.50	2392.72	1209.18
山东	252222.27	3177.45	694.66	2571.84	304.00	246472.98	246472.98
河南	154912.72	2282.53	1381.17	2950.50	90.00	145771.69	145771.69
湖北	33846.67	2181.97	1410.44	136.00	136.00	31528.70	31384.32
湖南	18422.07	5553.75	4099.80	171.80	146.00	11747.27	11602.97
广东	136503.00	9495.00	520.00	1285.00		125723.00	103615.00
广西	18734.77	2183.04	1139.99	2190.37		14361.36	14361.36
海南	624.00	523.00		26.00	26.00	75.00	75.00
重庆	68490.95	610.00	610.00	1458.35	258.35	66418.10	66418.10
四川	143492.86	4253.51	2978.10	8754.42	550.00	130245.17	130245.17
贵州	18950.04	2518.48	1024.70	774.51		11598.53	9313.93
云南	87667.40	1506.20	468.07	3519.28		81444.64	78180.94
西藏	8153.43	1626.50	1560.00	1186.41		5340.52	4842.52
陕西	142770.61	5285.03	3114.79	1031.41		135851.71	134966.12
甘肃	129298.02	5283.87	2280.00	7709.00	894.00	115995.84	115995.84
青海	69228.90	4323.50	1579.08	4533.49	253.00	60192.11	59140.81
宁夏	7306.90	149.70		236.00		6921.20	6921.20
新疆	717194.73	13064.91	1935.94	8355.40	3443.40	694445.42	694131.42
国外	36123.00	740.00				35383.00	35383.00

——按地区分列

费　（万 元）			机械岩芯探工作量（米）	坑探工作量（米）	勘查人员（人）			劳动报酬（万元）
		其他投入			年末从业人员		平均从业人员	
港澳台商	外商					技术人员		
571.00	**158722.45**	**16698.42**	**6368500**	**139974**	**224978**	**49661**	**221257**	**660542.32**
			77563		1079	634	1024	3864.30
	103301.00		194416	12	12943	3284	12762	59094.12
		1569.43	452386	7476	28718	6301	27436	86819.50
19.00	13573.46		168301	3568	1387	637	1335	2023.48
	1373.99	429.18	262840	1346	2126	928	2093	2524.51
	50.00	188.29	339681	2794	14967	2041	14552	40381.33
			327986	13458	10504	2190	10509	27480.50
			463266	3308	16137	1831	15241	51072.70
	8991.00		16170		1285	495	1292	6066.70
		221.00	151347	50	8024	1602	8084	23850.44
		263.64	30028	1720	594	293	578	1015.04
	107.59	1149.00	489246	476	2471	704	2447	5733.36
			65493	11515	1201	687	982	2393.84
	1183.54	100.00	34212	4586	1247	957	1209	2007.88
			120071	493	24912	2739	24778	86367.93
		3908.00	85410	4572	22813	3625	22706	58224.55
103.00	41.38		21184	2106	8159	1142	8170	19426.10
12.00	132.30	949.25	50329	12069	3400	1262	3300	5174.91
	22108.00		93285	324	3473	2584	3421	17828.00
			22693	1349	2438	1208	2422	4292.68
			3517	301	364	190	341	310.94
		4.50	60776	1055	998	230	868	1155.06
		239.76	127316	17553	19252	3437	18750	49539.62
123.00	2161.60	4058.52	230837	3470	1645	807	1530	3302.89
	3263.70	1197.28	209991	14360	3811	1235	4239	7498.89
	498.00		20163	3111	795	394	912	2188.90
	885.59	602.46	720389	12636	10606	2813	10300	26524.95
		309.31	483031	7266	3720	1215	3725	4795.13
	1051.30	179.80	135959	4913	2621	873	2636	8732.87
			12061		147	97	123	218.61
314.00		1329.00	866276	4087	13122	3209	13475	50578.59
			32277		19	17	17	54.00

2004年地质勘查投入情况

表 13

部　门	地质勘查						
	合计	中央财政拨款		地方财政拨款		企事业投入	
			矿产资源补偿费		矿产资源补偿费		国内企事业
总　计	**3129144.96**	**108114.56**	**40120.47**	**87010.68**	**19996.69**	**2917321.30**	**2758027.85**
属地化单位	316644.03	57265.02	27342.44	84798.00	18846.29	161894.83	155704.13
冶金部门	12554.99	6331.00	3000.00	173.00	133.00	3567.75	3567.75
有色部门	2275.50	1454.50	750.00	126.00		135.00	135.00
地质调查局	15934.00	14609.00	2980.00			1325.00	1325.00
武警黄金	6368.47	6368.47	1385.53				
煤炭部门	30719.00	3360.00	2450.00	492.00		26867.00	26867.00
石油天然气	1533284.00					1533284.00	1533284.00
海洋石油	313651.00	300.00	300.00			313351.00	178951.00
石油化工	852101.00					852101.00	852101.00
核工业地质	9357.70	8846.30	410.00	82.40	82.40	429.00	429.00
化工部门	7563.45	5898.25	750.14	298.28	186.00	1366.92	1366.92
建材部门	8537.00	2161.00	621.00	1041.00	749.00	4366.00	4244.00
中联煤层气	20154.82	1521.02	131.36			18633.80	53.05

——按部门分列

费　（万 元）			机械岩芯探工作量（米）	坑探工作量（米）	勘查人员（人）			劳动报酬（万元）
		其他投入			年末从业人员		平均从业人员	
港澳台商	外商					技术人员		
571.00	**158722.45**	**16698.42**	**6368500**	**139974**	**224978**	**49661**	**221257**	**660542.32**
449.00	5741.70	12686.18	2218665	122222	41532	20239	40563	69696.28
		2483.24	118936	5948	824	570	807	1645.08
		560.00	4528	1144	240	170	198	471.80
			8075	1261	980	762	915	3057.00
			41135	5645	3545	667	3764	
			312265		3414	709	3410	4586.00
			3246369		99063	11232	95743	324810.00
	134400.00		128676		6479	4781	6376	51055.00
			10055		63976	8065	64504	196680.00
			129169		1408	917	1413	3249.86
			36369	1467	1739	633	1782	2498.42
122.00		969.00	89297	2287	1720	865	1725	2636.00
	18580.75		24961		58	51	57	156.88

2004年地质勘查投入情况

表 14

矿 种	地质勘查费						
	合计	中央财政拨款		地方财政拨款		企事业投入	
			矿产资源补偿费		矿产资源补偿费		国内企事业
总 计	**3129144.96**	**108114.56**	**40120.47**	**87010.68**	**19996.69**	**2917321.30**	**2758027.85**
一、能源矿产	**2897020.48**	**37684.68**	**9470.86**	**18455.58**	**3524.85**	**2834671.69**	**2681082.94**
煤	142340.50	14006.30	8186.70	17410.73	3200.00	105099.65	105077.65
油页岩	579.20	579.20					
陆地石油	2387253.00					2387253.00	2387253.00
海域石油	314638.00	1287.00	307.00			313351.00	178951.00
天然气	11670.00	10337.00		8.00		1325.00	1325.00
煤层气	23041.06	1921.02	211.36	327.00	25.00	20593.04	1924.29
石煤	7.71	3.00					
铀矿	10333.04	9452.04	693.80	120.00		581.00	581.00
天然沥青	12.00	12.00					
地热	7145.97	87.12	72.00	589.85	299.85	6469.00	5971.00
二、金属矿产	**123318.50**	**54200.39**	**26049.44**	**33897.25**	**10127.20**	**30765.02**	**25232.32**
黑色金属矿产	**17453.47**	**6407.66**	**2337.20**	**3472.37**	**1941.00**	**6161.28**	**6161.28**
铁矿	14183.17	4337.04	1218.00	2901.37	1658.00	5777.58	5777.58
锰矿	2710.84	1776.16	1119.20	349.00	61.00	340.70	340.70
钛矿	404.46	174.46		222.00	222.00	8.00	8.00
钒矿	155.00	120.00				35.00	35.00
有色金属矿产	**52663.51**	**24070.78**	**12548.99**	**16587.20**	**4008.60**	**10222.40**	**9863.87**
铜矿	18949.95	8907.39	3972.00	6610.34	1986.50	3145.15	2909.62
铅矿	4068.90	1985.48	678.00	865.81	241.00	1117.61	1117.61
锌矿	1207.66	948.86	433.40	223.00	176.00	30.00	30.00
铝土矿	6566.51	834.00	574.00	2375.57	120.00	3081.94	2958.94
镍矿	239.42	113.00		78.46		47.96	47.96
钴矿	147.89	46.80	38.00	82.09		19.00	19.00
钨矿	1461.78	1132.76	480.00	254.00	95.00	75.02	75.02

——按矿种分列(一)

(万 元)			机械岩芯探工作量(米)	坑探工作量(米)	勘查人员(人)			劳动报酬(万元)
		其他投入			年末从业人员		平均从业人员	
港澳台商	外商					技术人员		
571.00	**158722.45**	**16698.42**	**6368500**	**139974**	**224978**	**49661**	**221257**	**660542.32**
12.00	**153576.75**	**6208.53**	**5263137**	**23324**	**190433**	**30348**	**186923**	**606500.93**
12.00	10.00	5823.82	1625770	21961	17196	4318	16484	25775.68
			1400		52	50	52	100.95
			3324998		163169	19315	160440	521872.00
	134400.00		128676		6541	4840	6438	51262.00
			950		527	394	528	2200.00
	18668.75	200.00	38999	6	554	190	619	695.90
		4.71			6	3	3	1.18
		180.00	138452	1357	1725	1131	1712	3748.66
					2	1	2	3.00
	498.00		3892		661	106	645	841.56
437.00	**5095.70**	**4455.84**	**669715**	**92741**	**19362**	**10377**	**19161**	**27938.54**
		1412.16	**130657**	**8752**	**2237**	**1291**	**2167**	**3753.60**
		1167.18	110731	6355	1723	1037	1725	2958.78
		244.98	15613	2169	379	181	308	601.23
			4313		125	67	124	171.39
				228	10	6	10	22.20
123.00	**235.53**	**1783.13**	**229798**	**35432**	**6897**	**4489**	**6676**	**12651.51**
	235.53	287.07	78475	7963	2242	1436	2228	4461.85
		100.00	26943	2480	595	369	631	1057.59
		5.80	7123	805	171	94	204	248.57
123.00		275.00	15640	2093	505	310	417	863.57
				180	26	15	25	45.48
				250	24	17	24	57.02
			9700	1916	225	152	210	441.51

2004年地质勘查投入情况

续表 14

矿种	地质勘查费						
	合计	中央财政拨款		地方财政拨款		企事业投入	
			矿产资源补偿费		矿产资源补偿费		国内企事业
锡矿	680.96			448.31		87.65	87.65
钼矿	1919.27	799.00	360.00	346.49	157.00	713.84	713.84
汞矿	24.80						
锑矿	663.14	406.80	180.00	40.00		166.74	166.74
铅锌矿	10710.49	6170.58	4464.59	2756.00	666.00	987.99	987.99
多金属矿	6022.74	2726.11	1369.00	2507.13	567.10	749.50	749.50
贵金属矿产	**52514.64**	**23492.95**	**10974.25**	**13459.88**	**3927.60**	**14301.26**	**9127.09**
铂矿	184.92	90.00	90.00	79.46		15.46	15.46
金矿	48634.95	21811.71	9758.81	11463.77	3640.60	14141.72	8967.55
银矿	3694.77	1591.24	1125.44	1916.65	287.00	144.08	144.08
稀有金属矿产	**333.88**	**126.00**	**110.00**	**127.80**		**80.08**	**80.08**
铌钽矿	223.88	16.00		127.80		80.08	80.08
锶矿	110.00	110.00	110.00				
稀土金属矿产	**353.00**	**103.00**	**79.00**	**250.00**	**250.00**		
重稀土矿	353.00	103.00	79.00	250.00	250.00		
三、非金属矿产	**22042.57**	**9047.35**	**3362.77**	**4600.21**	**2497.62**	**7002.12**	**6880.12**
冶金辅助材料	**2581.36**	**1635.24**	**736.32**	**800.54**	**291.00**	**139.78**	**139.78**
蓝晶石	80.00	80.00	80.00				
金红石	50.00			50.00	50.00		
红柱石	65.00	45.00	20.00			20.00	20.00
菱镁矿	207.00	18.00		189.00	189.00		
萤石（普通）	1332.10	1007.54	535.77	299.29		19.47	19.47
熔剂用石灰岩	236.23			220.00	32.00	16.23	16.23
冶金用白云岩	154.48	71.00	56.00	20.00	20.00	63.48	63.48
冶金用石英岩	220.40	177.55	44.55	22.25		20.60	20.60

——按矿种分列(二)

（万 元）			机械岩芯探工作量（米）	坑探工作量（米）	勘查人员（人）			劳动报酬（万元）
		其他投入			年末从业人员		平均从业人员	
港澳台商	外商					技术人员		
		145.00	2357	273	94	63	89	177.95
		59.94	13794	2468	326	218	320	549.61
		24.80			4	2	4	12.00
		49.60	3715		82	51	83	138.92
		795.92	55424	12781	1599	1067	1479	2832.79
		40.00	16627	4223	1004	695	962	1764.65
314.00	**4860.17**	**1260.55**	**307754**	**48255**	**10168**	**4547**	**10264**	**11445.87**
				200	21	14	20	49.50
314.00	4860.17	1217.75	288105	44333	9702	4281	9805	10461.72
		42.80	19649	3722	445	252	439	934.65
			1506	**302**	**46**	**37**	**41**	**58.56**
				302	25	21	26	42.10
			1506		21	16	15	16.46
					14	13	13	29.00
					14	13	13	29.00
122.00		**1392.89**	**177283**	**16189**	**4357**	**2173**	**4274**	**6556.01**
		5.80	**10204**	**2549**	**487**	**241**	**469**	**767.09**
					18	12	16	32.00
			410		8	8	8	23.84
					18	16	18	13.00
				176	14	11	17	28.80
		5.80	7602	1545	220	73	211	324.88
			1420		43	33	41	134.47
			252		27	25	25	32.11
			520	664	80	39	79	100.99

2004年地质勘查投入情况

续表 14

矿 种	地质勘查费						
	合计	中央财政拨款		地方财政拨款		企事业投入	
			矿产资源补偿费		矿产资源补偿费		国内企事业
冶金用脉石英	45.00	45.00					
耐火粘土	191.15	191.15					
化工原料矿产	**5197.69**	**3182.06**	**924.60**	**955.53**	**578.82**	**1010.44**	**1010.44**
硫铁矿	234.66	144.77	82.00	85.29		4.60	4.60
明矾石	15.00			15.00	15.00		
芒硝(含钙芒硝)	17.99	17.99	17.99				
重晶石	216.34	216.34					
天然碱	54.40					54.40	54.40
电石石灰岩	103.06			73.10			
制碱石灰岩	231.83	208.83		23.00	23.00		
含钾砂页岩	40.00			40.00	40.00		
泥炭	20.00					14.00	14.00
岩盐	42.70			42.70			
湖盐	50.00	50.00	50.00				
天然卤水	80.74			10.00	10.00	70.74	70.74
钾盐	802.92	686.92	200.00	57.00	57.00	59.00	59.00
硼矿	704.77	203.78	147.28	409.44	313.82	91.55	91.55
磷矿	2583.28	1653.43	427.33	200.00	120.00	716.15	716.15
建材及其他非金属	**14263.52**	**4230.05**	**1701.85**	**2844.14**	**1627.80**	**5851.90**	**5729.90**
金刚石	95.90	47.00	32.00	48.90			
石墨	739.10	708.10	328.17	30.00		1.00	1.00
刚玉	8.00			8.00			
硅灰石	78.60	58.00				2.70	2.70
滑石	58.00			20.00	20.00	33.00	33.00
石棉(温石棉)	2.00			2.00	2.00		
云母	204.00	79.00	38.00	125.00	12.00		
长石	218.49	130.00	130.00	56.10		32.39	32.39

——按矿种分列(三)

(万 元)			机械岩芯探工作量(米)	坑探工作量(米)	勘查人员(人)			劳动报酬(万元)
		其他投入			年末从业人员		平均从业人员	
港澳台商	外商					技术人员		
					23	10	18	25.00
				164	36	14	36	52.00
		49.66	**31178**	**1873**	**1188**	**492**	**1134**	**1493.05**
			1837	60	40	34	40	70.65
					5	5	5	4.25
			469		5	4	5	8.63
			126		45	19	56	61.10
					20	7	20	25.40
		29.96	865		4	4	4	8.00
			780		91	27	91	130.78
					24	24	26	26.00
		6.00	11		7	5	7	7.50
			1100		8	7	7	16.00
			300	300	7	3	12	22.01
			471		24	5	24	17.13
			2580		131	27	142	156.48
			5730	433	115	56	120	189.77
		13.70	16909	1080	662	265	575	749.35
122.00		**1337.43**	**135901**	**11767**	**2682**	**1440**	**2671**	**4295.87**
			196		16	16	16	31.00
			2720		203	88	195	361.36
			196		4	4	4	5.10
		17.90			23	11	23	26.20
		5.00	1304		28	20	28	47.00
					2	2	2	2.00
				1267	50	35	47	65.10
			1250		38	22	33	57.18

2004年地质勘查投入情况

续表 14

矿 种	地质勘查费						
	合计	中央财政拨款		地方财政拨款		企事业投入	
			矿产资源补偿费		矿产资源补偿费		国内企事业
电气石	30.00						
石榴子石	48.00	12.00				36.00	36.00
叶蜡石	21.00	21.00	6.00				
透辉石	92.00	79.00	79.00	8.00		5.00	5.00
蛭石	68.12	68.12					
氟石	93.94	74.00	24.00	10.00		9.94	9.94
透闪石	10.00	10.00	10.00				
石膏	1030.31	70.00	70.00	240.10	70.00	408.21	408.21
方解石	179.34	20.00		10.00		149.34	149.34
光学萤石	8.00	3.00					
玉石	53.00			53.00	45.00		
水泥用灰岩	5369.58	688.00		829.60	574.00	3527.78	3508.78
建筑石料用灰岩	5.00			5.00			
玻璃用白云岩	308.80			48.80	48.80		
建筑用白云岩	66.33					3.00	3.00
砖瓦用砂岩	10.00					10.00	10.00
玻璃用石英岩	190.00	70.00	70.00	58.00	8.00	32.00	32.00
水泥配料用砂岩	1083.24	104.00		241.00	241.00	510.24	487.24
玻璃用砂	10.00			10.00			
玻璃用脉石英	76.00			46.00	30.00	30.00	30.00
粉石英	30.00	30.00					
硅藻土	482.90	106.00	14.00	45.00	45.00	331.90	331.90
陶粒页岩	118.40	26.40		92.00			
砖瓦用页岩	40.00	40.00					
水泥配料用页岩	21.00					21.00	21.00
高岭土	495.44	320.00	240.00	108.44		67.00	67.00
陶瓷土	165.00			165.00	165.00		
凹凸棒石粘土	153.00	80.00	80.00			73.00	73.00
海泡石粘土	86.00	59.00	40.00	27.00	27.00		
伊利石粘土	40.00			40.00	40.00		
膨润土	880.39	665.43	123.68	138.00	56.00	61.96	61.96

——按矿种分列(四)

(万 元)			机械岩芯探工作量(米)	坑探工作量(米)	勘查人员(人)			劳动报酬(万元)
		其他投入			年末从业人员		平均从业人员	
港澳台商	外商					技术人员		
		30.00		120	12	10	10	20.00
			572	1988	6	6	6	15.00
					20	6	20	15.65
			189		23	14	21	38.80
					23	6	23	34.76
			417		44	29	68	42.43
					11	2	10	8.00
		312.00	11514	600	143	85	140	307.40
			1967		20	18	23	24.10
		5.00			3	3	3	4.42
					13	13	13	11.34
19.00		324.20	73694		864	409	868	1465.90
					1	1	1	1.50
		260.00	3919	23	12	10	12	17.70
		63.33	120		8	7	7	14.70
			191		12	3	12	3.00
		30.00	714	237	41	30	37	58.50
23.00		228.00	10404		182	98	191	333.73
					2	2	2	5.00
			1258		11	10	11	24.90
					4	4	4	12.00
			2508	6695	78	32	80	103.59
			319		44	34	37	41.20
			1449		16	8	16	9.00
			260		20	7	20	6.00
			1974	712	92	56	93	167.67
			2305		50	25	34	58.05
			635		22	16	50	86.01
			3000		12	9	10	18.38
			211		5	5	5	7.89
		15.00	4222	125	211	100	196	286.42

2004年地质勘查投入情况

续表 14

矿　种	地质勘查费						
	合计	中央财政拨款		地方财政拨款		企事业投入	
			矿产资源补偿费		矿产资源补偿费		国内企事业
砖瓦用粘土	48.60			12.00		36.60	36.60
水泥配料用粘土	167.00	51.00				116.00	36.00
水泥配料用黄土	30.00					30.00	30.00
蛇纹岩	80.00	80.00					
玄武岩	36.62			30.46		6.16	6.16
花岗岩	83.00			83.00	53.00		
建筑用花岗岩	46.00			6.00	6.00	40.00	40.00
饰面用花岗岩	149.68	24.00		62.00	20.00	16.68	16.68
麦饭石	10.00			10.00			
霞石正长岩	10.00	10.00					
凝灰岩	5.00					5.00	5.00
水泥用凝灰岩	28.00			28.00	28.00		
建筑用凝灰岩	16.00					16.00	16.00
大理石	27.74			27.74	20.00		
饰面用大理石	3.00			3.00			
水泥用大理石	751.00	497.00	417.00	117.00	117.00	137.00	137.00
水泥配料用板岩	103.00					103.00	103.00
四、水气矿产	**7841.92**	**173.00**		**518.03**	**281.30**	**6926.79**	**6926.79**
矿泉水	158.04			107.04	65.00	51.00	51.00
地下水	7656.98	173.00		410.99	216.30	6848.89	6848.89
氡气	26.90					26.90	26.90
五、不能分矿种	**78921.49**	**7009.14**	**1237.40**	**29539.61**	**3565.72**	**37955.68**	**37905.68**

——按矿种分列(五)

（万 元）			机械岩芯探工作量（米）	坑探工作量（米）	勘查人员（人）			劳动报酬（万元）
		其他投入			年末从业人员		平均从业人员	
港澳台商	外商					技术人员		
					17	15	16	39.34
80.00			461		34	18	33	37.00
			465		16	10	16	21.00
					10		10	30.00
					13	11	12	11.60
					12	6	12	25.50
			1138		11	3	12	24.00
		47.00	315		51	31	47	73.90
					3	3	3	5.80
					6	5	6	8.00
					6	6	1	0.90
			626		12	8	12	4.00
			155		2	2	2	6.00
			120		17	6	23	9.13
					4	2	2	2.00
			4676		76	46	70	134.72
			437		23	12	23	25.00
		224.10	**28468**		**989**	**333**	**1097**	**1351.45**
			1080		55	32	48	40.70
		224.10	27388		904	295	1019	1298.15
					30	6	30	12.60
	50.00	**4417.06**	**229897**	**7720**	**9837**	**6430**	**9802**	**18195.39**

2004年地质勘查费用

表 15

地　区	合计	属地化单位	冶金部门	有色部门	地质调查局	武警黄金	煤炭部门
总　计	**3129144.96**	**316644.03**	12554.99	**2275.50**	**15934.00**	**6368.47**	**30719.00**
北　京	45607.05	633.00			5159.00	64.40	4439.00
天　津	191105.71	1649.71			494.00		
河　北	109260.29	10273.96	1698.73		47.00	171.17	14869.00
山　西	25951.14	9023.24	728.70				
内蒙古	40090.69	10105.00	992.18	445.00		607.33	
辽　宁	91641.51	16471.24			549.00	111.51	
吉　林	139681.27	9715.14				207.38	
黑龙江	282950.85	6166.17				780.45	
上　海	32322.50	1096.50					
江　苏	65158.33	5220.00		295.00	303.00		7995.00
浙　江	6581.62	3386.59	169.56				
安　徽	39345.79	38229.20	120.00				
福　建	9446.52	8176.54	573.00				
江　西	6059.35	4236.31				24.50	
山　东	252222.27	21181.30	1762.52		987.00	567.63	
河　南	154912.72	8342.69		65.00	149.00	79.28	
湖　北	33846.67	980.90	1217.21		308.00	68.62	
湖　南	18422.07	6927.12	440.00	390.00		444.50	
广　东	136503.00	5846.00			7283.00		
广　西	18734.77	17003.63	540.10		12.00		431.00
海　南	624.00	501.00				123.00	
重　庆	68490.95	9290.95					
四　川	143492.86	15252.46			356.00	39.00	
贵　州	18950.04	17962.94	297.20				
云　南	87667.40	14913.93	572.77			341.60	
西　藏	8153.43	7770.63	334.80			48.00	
陕　西	142770.61	15017.97	1098.00		287.00	202.96	470.00
甘　肃	129298.02	12177.15				1309.87	
青　海	69228.90	9718.66		126.00		351.76	2515.00
宁　夏	7306.90	480.90					
新　疆	717194.73	28893.20	1510.22	714.50		825.51	
国　外	36123.00		500.00	240.00			

——按地区和部门分列

计量单位：万元

石油 天然气	海洋 石油	石油 化工	核工业 部门	化工 部门	建材 部门	中联 煤层气
1533284.00	**313651.00**	**852101.00**	**9357.70**	**7563.45**	**8537.00**	**20154.82**
33845.00			1343.60		70.00	53.05
21184.00	167778.00					
79051.00			1396.00	1319.43	434.00	
1365.00					319.00	14515.20
23417.00			2967.50	483.09	188.00	885.59
73806.00			341.30		243.00	119.46
113323.00		15528.00		373.75	534.00	
265294.00		10076.00		190.12	371.00	73.11
	22998.00	8228.00				
		50880.00		213.33	252.00	
2227.00				376.47	422.00	
					889.00	107.59
				529.98	167.00	
			301.00		314.00	1183.54
		226199.00		942.82	582.00	
		145425.00		559.75	292.00	
		30174.00		532.56	524.00	41.38
		9062.00	296.30	462.15	400.00	
	122875.00		239.00		260.00	
				261.04	487.00	
59200.00						
89915.00		37191.00	410.40		329.00	
				614.90	75.00	
		69067.00		521.26	260.00	1990.84
123525.00			568.30	41.32	375.00	1185.06
115739.00					72.00	
55957.00				141.48	419.00	
6804.00					22.00	
433249.00		250271.00	1494.30		237.00	
35383.00						

2004年地质勘查费用

续表 15

矿　种	合计	属地化单位	冶金部门	有色部门	地质调查员	武警黄金	煤炭部门
总　　计	**3129144.96**	**316644.03**	**12554.99**	**2275.50**	**15934.00**	**6368.47**	**30719.00**
煤	142340.50	116711.89	335.80				24624.00
油页岩	579.20	579.20					
陆地石油	2387253.00	1868.00					
海域石油	314638.00				987.00		
天然气	11670.00	8.00			11662.00		
煤层气	23041.06	2310.24					576.00
石煤	7.71	7.71					
铀矿	10333.04	1486.74					
天然沥青	12.00	12.00					
地热	7145.97	7145.97					
铁矿	14183.17	10496.17	3061.46				
锰矿	2710.84	1127.69	1308.10				
钛矿	404.46	230.00					
钒矿	155.00	155.00					
铜矿	18949.95	15798.64	1425.00	889.50	427.00		
铅矿	4068.90	3951.22					
锌矿	1207.66	744.20	250.00				
铝土矿	6566.51	6360.74	115.77	65.00			
镍矿	239.42	239.42					
钴矿	147.89	147.89					
钨矿	1461.78	1261.78		200.00			
锡矿	680.96	680.96					
钼矿	1919.27	1904.47	14.80				
汞矿	24.80	24.80					
锑矿	663.14	663.14					
铅锌矿	10710.49	8919.22	700.27	480.00	611.00		
多金属矿	6022.74	5610.74	125.00		287.00		
铂矿	184.92	184.92					
金矿	48634.95	37388.72	3310.47	485.00	1043.00	6144.67	

——按矿种和部门分列(一)

计量单位：万元

石油 天然气	海洋 石油	石油 化工	核工业 部门	化工 部门	建材 部门	中联 煤层气
1533284.00	**313651.00**	**852101.00**	**9357.70**	**7563.45**	**8537.00**	**20154.82**
				453.81	215.00	
1533284.00		852101.00				
	313651.00					
						20154.82
			8846.30			
				527.54	98.00	
				275.05		
				174.46		
				319.81	90.00	
				117.68		
				213.46		
					25.00	
			32.40	230.69		

2004年地质勘查费用

续表 15

矿 种	合计	属地化单位	冶金部门	有色部门	地质调查员	武警黄金	煤炭部门
银矿	3694.77	3547.77	6.00		141.00		
铌钽矿	223.88	223.88					
锶矿	110.00	110.00					
重稀土矿	353.00	262.00			91.00		
蓝晶石	80.00						
红柱石	65.00	65.00					
金红石	50.00						
菱镁矿	207.00	207.00					
萤石（普通）	1332.10	691.41					
熔剂用石灰岩	236.23	220.00					
冶金用白云岩	154.48	92.48					
冶金用石英岩	220.40	79.60					
冶金用脉石	45.00						
耐火粘土	191.15	14.00					
硫铁矿	234.66	23.10					
明矾石	15.00	15.00					
芒硝（含钙芒硝）	17.99						
重晶石	216.34	10.00					
天然碱	54.40	54.40					
电石石灰岩	103.06	103.06					
制碱石灰岩	231.83						
含钾砂页岩	40.00	40.00					
泥炭	20.00	14.00	6.00				
岩盐	42.70	42.70					
湖盐	50.00	50.00					
天然卤水	80.74	70.74	10.00				
钾盐	802.92	446.26					
硼矿	704.77	704.77					
磷矿	2583.28	751.20					
金刚石	95.90	95.90					

——按矿种和部门分列(二)

计量单位：万元

石油天然气	海洋石油	石油化工	核工业部门	化工部门	建材部门	中联煤层气
					80.00	
				50.00		
				540.69	100.00	
				16.23		
					62.00	
				133.80	7.00	
					45.00	
				177.15		
				211.56		
				17.99		
				206.34		
				231.83		
			50.00	306.66		
				1827.08	5.00	

2004年地质勘查费用

续表 15

矿　种	合计	属地化单位	冶金部门	有色部门	地质调查员	武警黄金	煤炭部门
石墨	739.10	31.00					
刚玉	8.00	8.00					
硅灰石	78.60	20.60					
滑石	58.00	20.00					
石棉（温石棉）	2.00						
云母	204.00	139.00					
长石	218.49	180.49	18.00				
电气石	30.00						
石榴子石	48.00						
叶蜡石	21.00						
透辉石	92.00	13.00					
蛭石	68.12						
氟石	93.94	29.94					
透闪石	10.00						
石膏	1030.31	610.31					
方解石	179.34	179.34					
光学萤石	8.00	5.00	3.00				
玉石	53.00	53.00					
水泥用灰岩	5369.58	932.60	99.00				
建筑石料用灰岩	5.00	5.00					
玻璃用白云岩	308.80	308.80					
建筑用白云岩	66.33	3.00	63.33				
砖瓦用砂岩	10.00						
玻璃用石英岩	190.00	152.00					
水泥配料用砂岩	1083.24	220.00					
玻璃用砂	10.00	10.00					
玻璃用脉石英	76.00	76.00					
粉石英	30.00						
硅藻土	482.90	346.90					
陶粒页岩	118.40	106.40					

——按矿种和部门分列(三)

计量单位：万元

石油天然气	海洋石油	石油化工	核工业部门	化工部门	建材部门	中联煤层气
				532.10	176.00	
					58.00	
					38.00	
					2.00	
				15.00	50.00	
				20.00		
					30.00	
					48.00	
				15.00	6.00	
					79.00	
				68.12		
					64.00	
					10.00	
					420.00	
				192.98	4145.00	
					10.00	
					38.00	
				11.24	852.00	
					30.00	
					136.00	
					12.00	

2004年地质勘查费用

续表 15

矿　种	合计	属地化单位	冶金部门	有色部门	地质调查员	武警黄金	煤炭部门
砖瓦用页岩	40.00						
水泥配料用页岩	21.00						
高岭土	495.44	328.44					
陶瓷土	165.00	100.00					
凹凸棒石粘土	153.00	80.00					
海泡石粘土	86.00	40.00					
伊利石粘土	40.00						
膨润土	880.39	359.96					
砖瓦用粘土	48.60	48.60					
水泥配料用粘土	167.00						
水泥配料用黄土	30.00						
蛇纹岩	80.00	80.00					
玄武岩	36.62	36.62					
花岗岩	83.00	83.00					
建筑用花岗岩	46.00	6.00					
饰面用花岗岩	149.68	13.68					
麦饭石	10.00	10.00					
霞石正长岩	10.00	10.00					
凝灰岩	5.00	5.00					
水泥用凝灰岩	28.00						
建筑用凝灰岩	16.00	16.00					
大理石	27.74	20.00					
饰面用大理石	3.00						
水泥用大理石	751.00	417.00					
水泥配料用板岩	103.00						
矿泉水	158.04	158.04					
地下水	12218.13	7631.13					4569.00
氡气	26.90	26.90					
不能分矿种	74360.34	69769.54	1702.99	156.00	685.00	223.80	950.00

——按矿种和部门分列(四)

计量单位：万元

石油天然气	海洋石油	石油化工	核工业部门	化工部门	建材部门	中联煤层气
					40.00	
					21.00	
				90.00	77.00	
					65.00	
					73.00	
					46.00	
				40.00		
				447.43	73.00	
					167.00	
					30.00	
					40.00	
				15.00	121.00	
					28.00	
				7.74		
					3.00	
				40.00	294.00	
					103.00	
				18.00		
			429.00	19.01	425.00	

2004年地质勘查年末从业人员

表 16

地　区	合计	属地化单位	冶金部门	有色部门	地质调查员	武警黄金	煤炭部门
总　计	**224978**	**41532**	**824**	**240**	**980**	**3545**	**3414**
北　京	1079	302			258	7	229
天　津	12943	288			67		
河　北	28718	2581	169		17	83	2103
山　西	1387	1187	108				
内蒙古	2126	1074	90	24		394	
辽　宁	14967	1807			42	115	
吉　林	10504	1884				218	
黑龙江	16137	935				532	
上　海	1285	55					
江　苏	8024	503		25	43		820
浙　江	594	374	12				
安　徽	2471	2373	12				
福　建	1201	1021	40				
江　西	1247	1040				37	
山　东	24912	1458	103		62	293	
河　南	22813	1607		12	24	92	
湖　北	8159	238	52		34	67	
湖　南	3400	1946	14	44		256	
广　东	3473	921			339		
广　西	2438	2135	42		2		106
海　南	364	242				122	
重　庆	998	998					
四　川	19252	2874			43	65	
贵　州	1645	1495	21				
云　南	3811	1498	34			304	
西　藏	795	759	15			21	
陕　西	10606	2691	72		49	78	15
甘　肃	3720	3095				505	
青　海	2621	893		40		114	141
宁　夏	147	142					
新　疆	13122	3116	32	84		242	
国　外	19		8	11			

——按地区和部门分列

计量单位：人

石油天然气	海洋石油	石油化工	核工业部门	化工部门	建材部门	中联煤层气
99063	**6479**	**63976**	**1408**	**1739**	**1720**	**58**
	178		82		20	3
9061	3527					
22640	513		131	403	78	
					58	34
			397	125	21	1
12885			56		59	3
8211				79	112	
14555				54	59	2
	155	1075				
		6559		42	32	
10				70	128	
					85	1
				80	60	
			105		64	1
		22731		190	75	
		20820		208	50	
		7583		61	123	1
		926	97	108	9	
	2106		77		30	
				66	87	
14068		2041	68		93	
				95	34	
		1792		103	76	4
7440			120	20	113	8
106					14	
1316				35	82	
					5	
8771		449	275		153	

2004年地质勘查年末从业人员

续表 16

矿　种	合计	属地化单位	冶金部门	有色部门	地质调查员	武警黄金	煤炭部门
总　计	**224978**	**41532**	**824**	**240**	**980**	**3545**	**3414**
煤	17196	14495	25				2617
油页岩	52	52					
陆地石油	163169	130					
海域石油	6541				62		
天然气	527	1			526		
煤层气	554	371					125
石煤	6	6					
铀矿	1725	358					
天然沥青	2	2					
地热	661	661					
铁矿	1723	1343	198				
锰矿	379	207	96				
钛矿	125	62					
钒矿	10	10					
铜矿	2242	1920	75	67	74		
铅矿	595	548					
锌矿	171	94	5				
铝土矿	505	459	24	12			
镍矿	26	26					
钴矿	24	24					
钨矿	225	201		24			
锡矿	94	94					
钼矿	326	321	5				
汞矿	4	4					
锑矿	82	82					
铅锌矿	1599	1395	64	63	77		
多金属矿	1004	939	16		49		
铂矿	21	21					
金矿	9702	5846	171	45	109	3460	
银矿	445	436	2		7		

——按矿种和部门分列(一)

计量单位：人

石油 天然气	海洋 石油	石油 化工	核工业 部门	化工 部门	建材 部门	中联 煤层气
99063	**6479**	**63976**	**1408**	**1739**	**1720**	**58**
				20	39	
99063		63976				
	6479					
						58
			1367			
				149	33	
				76		
				63		
				92	14	
				47		
				72		
					10	
			11	60		

2004年地质勘查年末从业人员

续表 16

矿　种	合计	属地化单位	冶金部门	有色部门	地质调查员	武警黄金	煤炭部门
铌钽矿	25	25					
锶矿	21	21					
重稀土矿	14	3			11		
蓝晶石	18						
红柱石	18	18					
金红石	8						
菱镁矿	14	14					
萤石（普通）	220	81					
熔剂用石灰岩	43	40					
冶金用白云岩	27	16					
冶金用石英岩	80	34					
冶金用脉石英	23						
耐火粘土	36	13					
硫铁矿	40	13					
明矾石	5	5					
芒硝（含钙芒硝）	5						
重晶石	45	9					
天然碱	20	20					
电石石灰岩	4	4					
制碱石灰岩	91						
含钾砂页岩	24	24					
泥炭	7	5	2				
岩盐	8	8					
湖盐	7	7					
天然卤水	24	22	2				
钾盐	131	58					
硼矿	115	115					
磷矿	662	267					
金刚石	16	16					
石墨	203	5					
刚玉	4	4					

——按矿种和部门分列(二)

计量单位：人

石油天然气	海洋石油	石油化工	核工业部门	化工部门	建材部门	中联煤层气
					18	
				8		
				129	10	
				3		
					11	
				45	1	
					23	
				23		
				27		
				5		
				36		
				91		
			8	65		
				385	10	
				153	45	

2004年地质勘查年末从业人员

续表 16

矿　种	合计	属地化单位	冶金部门	有色部门	地质调查员	武警黄金	煤炭部门
硅灰石	23	5					
滑石	28	8					
石棉（温石棉）	2						
云母	50	22					
长石	38	31	4				
电气石	12						
石榴子石	6						
叶蜡石	20						
透辉石	23	4					
蛭石	23						
氟石	44	22					
透闪石	11						
石膏	143	83					
方解石	20	20					
光学萤石	3	2	1				
玉石	13	13					
水泥用灰岩	864	209	5				
建筑石料用灰岩	1	1					
玻璃用白云岩	12	12					
建筑用白云岩	8	2	6				
砖瓦用砂岩	12						
玻璃用石英岩	41	18					
水泥配料用砂岩	182	19					
玻璃用砂	2	2					
玻璃用脉石英	11	11					
粉石英	4						
硅藻土	78	45					
陶粒页岩	44	30					
砖瓦用页岩	16						
水泥配料用页岩	20						

——按矿种和部门分列(三)

计量单位：人

石油天然气	海洋石油	石油化工	核工业部门	化工部门	建材部门	中联煤层气
					18	
					20	
					2	
				3	25	
				3		
					12	
					6	
				10	10	
					19	
				23		
					22	
					11	
					60	
				15	635	
					12	
					23	
				2	161	
					4	
					33	
					14	
					16	
					20	

2004年地质勘查年末从业人员

续表 16

矿　种	合计	属地化单位	冶金部门	有色部门	地质调查员	武警黄金	煤炭部门
高岭土	92	40					
陶瓷土	50	36					
凹凸棒石粘土	22	10					
海泡石粘土	12	3					
伊利石粘土	5						
膨润土	211	68					
砖瓦用粘土	17	17					
水泥配料用粘土	34						
水泥配料用黄土	16						
蛇纹岩	10	10					
玄武岩	13	13					
花岗岩	12	12					
建筑用花岗岩	11	1					
饰面用花岗岩	51	5					
麦饭石	3	3					
霞石正长岩	6	6					
凝灰岩	6	6					
水泥用凝灰岩	12						
建筑用凝灰岩	2	2					
大理石	17	16					
饰面用大理石	4						
水泥用大理石	76	16					
水泥配料用板岩	23						
矿泉水	55	55					
地下水	1426	905					516
氡气	30	30					
不能分矿种	9315	8764	123	29	65	85	156

——按矿种和部门分列(四)

计量单位：人

石油天然气	海洋石油	石油化工	核工业部门	化工部门	建材部门	中联煤层气
				18	34	
					14	
					12	
					9	
				5		
				92	51	
					34	
					16	
					10	
				2	44	
					12	
				1		
					4	
				6	54	
					23	
				5		
			22	5	66	

2004年地质勘查技术人员

表 17

地区	合计	属地化单位	冶金部门	有色部门	地质调查员	武警黄金	煤炭部门
总计	**49661**	**20239**	**570**	**170**	**762**	**667**	**709**
北京	634	54			230	7	75
天津	3284	244			36		
河北	6301	1323	131		17	19	364
山西	637	487	78				
内蒙古	928	495	77	24		89	
辽宁	2041	993			42	14	
吉林	2190	1385				34	
黑龙江	1831	496				44	
上海	495	41					
江苏	1602	452		14	38		159
浙江	293	221	11				
安徽	704	650	11				
福建	687	579	35				
江西	957	792				9	
山东	2739	410	55		59	49	
河南	3625	615		10	24	18	
湖北	1142	86	28		32	35	
湖南	1262	890	6	21		22	
广东	2584	496			213		
广西	1208	1116	16		2		35
海南	190	176				14	
重庆	230	230					
四川	3437	1568			43	15	
贵州	807	752	1				
云南	1235	860	28			80	
西藏	394	377	9			8	
陕西	2813	952	56		26	24	12
甘肃	1215	1082				100	
青海	873	588		36		33	64
宁夏	97	94					
新疆	3209	1735	20	56		53	
国外	17		8	9			

——按地区和部门分列

计量单位：人

石油天然气	海洋石油	石油化工	核工业部门	化工部门	建材部门	中联煤层气
11232	**4781**	**8065**	**917**	**633**	**865**	**51**
	178		77		12	1
739	2265					
3712	425		127	125	58	
					41	31
			143	86	13	1
902			56		32	2
683				20	68	
1246				6	37	2
	145	309				
		903		12	24	
10				17	34	
					42	1
				43	30	
			105		50	1
		2054		89	23	
		2868		70	20	
		883		13	64	1
		208	63	43	9	
	1768		77		30	
				10	29	
1217		519	49		26	
				42	12	
		202		32	29	4
1559			97	9	71	7
22					11	
110				16	26	
					3	
1032		119	123		71	

2004年地质勘查技术人员

续表 17

矿　种	合计	属地化单位	冶金部门	有色部门	地质调查员	武警黄金	煤炭部门
总　计	**49661**	**20239**	**570**	**170**	**762**	**667**	**709**
煤	4318	3768	5				521
油页岩	50	50					
陆地石油	19315	18					
海域石油	4840				59		
天然气	394	1			393		
煤层气	190	108					31
石煤	3	3					
铀矿	1131	249					
天然沥青	1	1					
地热	106	106					
铁矿	1037	796	124				
锰矿	181	119	47				
钛矿	67	62					
钒矿	6	6					
铜矿	1436	1226	62	57	56		
铅矿	369	358					
锌矿	94	73	5				
铝土矿	310	281	15	10			
镍矿	15	15					
钴矿	17	17					
钨矿	152	141		11			
锡矿	63	63					
钼矿	218	217	1				
汞矿	2	2					
锑矿	51	51					
铅锌矿	1067	903	52	42	70		
多金属矿	695	654	15		26		
铂矿	14	14					
金矿	4281	3392	127	24	78	628	

——按矿种和部门分列(一)

计量单位：人

石油天然气	海洋石油	石油化工	核工业部门	化工部门	建材部门	中联煤层气
11232	**4781**	**8065**	**917**	**633**	**865**	**51**
				10	14	
11232		8065				
	4781					
						51
			882			
				106	11	
				15		
				5		
				30	5	
				11		
				16		
					4	
			8	24		

2004年地质勘查技术人员

续表 17

矿 种	合计	属地化单位	冶金部门	有色部门	地质调查员	武警黄金	煤炭部门
银矿	252	243	2		7		
铌钽矿	21	21					
锶矿	16	16					
重稀土矿	13	2			11		
蓝晶石	12						
红柱石	16	16					
金红石	8						
菱镁矿	11	11					
萤石（普通）	73	44					
熔剂用石灰	33	30					
冶金用白云	25	16					
冶金用石英	39	23					
冶金用脉石	10						
耐火粘土	14	6					
硫铁矿	34	13					
明矾石	5	5					
芒硝（含钙芒硝）	4						
重晶石	19	8					
天然碱	7	7					
电石石灰岩	4	4					
制碱石灰岩	27						
含钾砂页岩	24	24					
泥炭	5	3	2				
岩盐	7	7					
湖盐	3	3					
天然卤水	5	3	2				
钾盐	27	14					
硼矿	56	56					
磷矿	265	113					
金刚石	16	16					

——按矿种和部门分列(二)

计量单位：人

石油天然气	海洋石油	石油化工	核工业部门	化工部门	建材部门	中联煤层气
					12	
				8		
				20	9	
				3		
					9	
				15	1	
					10	
				8		
				21		
				4		
				11		
				27		
			5	8		
				146	6	

2004年地质勘查技术人员

续表 17

矿　种	合计	属地化单位	冶金部门	有色部门	地质调查员	武警黄金	煤炭部门
石墨	88	3					
刚玉	4	4					
硅灰石	11	5					
滑石	20	8					
石棉（温石棉）	2						
云母	35	21					
长石	22	15	4				
电气石	10						
石榴子石	6						
叶蜡石	6						
透辉石	14	4					
蛭石	6						
氟石	29	21					
透闪石	2						
石膏	85	49					
方解石	18	18					
光学萤石	3	2	1				
玉石	13	13					
水泥用灰岩	409	102	2				
建筑石料用灰岩	1	1					
玻璃用白云岩	10	10					
建筑用白云岩	7	2	5				
砖瓦用砂岩	3						
玻璃用石英岩	30	16					
水泥配料用页岩	98	16					
玻璃用砂	2	2					
玻璃用脉石英	10	10					
粉石英	4						
硅藻土	32	20					

——按矿种和部门分列(三)

计量单位：人

石油天然气	海洋石油	石油化工	核工业部门	化工部门	建材部门	中联煤层气
				69	16	
					6	
					12	
					2	
				3	11	
				3		
					10	
					6	
				1	5	
					10	
				6		
					8	
					2	
					36	
				9	296	
					3	
					14	
					82	
					4	
					12	

2004年地质勘查技术人员

续表 17

矿　种	合计	属地化单位	冶金部门	有色部门	地质调查员	武警黄金	煤炭部门
陶粒页岩	34	26					
砖瓦用页岩	8						
水泥配料用页岩	7						
高岭土	56	25					
陶瓷土	25	18					
凹凸棒石粘土	16	6					
海泡石粘土	9	2					
伊利石粘土	5						
膨润土	100	49					
砖瓦用粘土	15	15					
水泥配料用粘土	18						
水泥配料用黄土	10						
玄武岩	11	11					
花岗岩	6	6					
建筑用花岗岩	3						
饰面用花岗岩	31	4					
麦饭石	3	3					
霞石正长岩	5	5					
凝灰岩	6	6					
水泥用凝灰岩	8						
建筑用凝灰岩	2	2					
大理石	6	6					
饰面用大理石	2						
水泥用大理石	46	9					
水泥配料用板岩	12						
矿泉水	32	32					
地下水	540	434					102
氡气	6	6					
不能分矿种	6185	5834	99	26	62	39	55

——按矿种和部门分列(四)

计量单位：人

石油天然气	海洋石油	石油化工	核工业部门	化工部门	建材部门	中联煤层气
					8	
					8	
					7	
				10	21	
					7	
					10	
					7	
				5		
				27	24	
					18	
					10	
					3	
				2	25	
					8	
					2	
				6	31	
					12	
				4		
			22		48	

2004年矿产资源勘查许可证及

表 18

地　区	批准登记							
	合计	能源矿产					黑色金属矿产	
			煤	煤气层	石油、天然气	地热		铁矿
总　计	**131422**	**24922**	**23368**	**42**	**362**	**801**	**7302**	**5536**
勘查许可证	**16673**	**1915**	**1141**	**42**	**324**	**284**	**3064**	**2363**
国土资源部机关	551	434	4	42	324	1	2	
北京市	82	51				51	2	2
天津市	5	2				2		
河北省	314	35	21			14	153	146
山西省	293	73	70			3	121	98
内蒙古	1947	164	154			2	538	461
辽宁省	299	8				8	107	104
吉林省	502	81	42			1	57	56
黑龙江	113	6	5			1	9	7
上海市	4	3				3		
江苏省	71	7				7	12	10
浙江省	123	2				2	1	1
安徽省	446	24	16			8	105	
福建省	589	51	51				143	104
江西省	311	11	1			10	20	18
山东省	1651	240	160			80	307	303
河南省	928	73	66			7	277	274
湖北省	264	11	10			1	90	84
湖南省	327	52	46			6	15	2
广东省	225	32	1			31	45	41
广　西	901	16	4			2	148	12
海南省	66						1	1
重庆市	44	16	3			13	6	
四川省	670	41	21			18	59	35
贵州省	533	174	174				67	30
云南省	1170	103	103				319	319
西　藏	1220	3	2			1	107	67
陕西省	527	65	61			1	64	43
甘肃省	889	27	17			10	58	
青海省	263	13	13				24	21
宁　夏	52	20	20				2	2
新　疆	1293	77	76			1	205	122

采矿许可证发证情况——按地区分列(一)

发证数（件）								批准登记面积（平方公里）	探矿权采矿权使用费（万元）
有色金属矿产	贵金属矿产		稀有、稀土、稀散元素矿产	非金属矿产			水气矿产		
		金矿			水泥灰岩	化工矿产			
7322	**7011**	**6149**	**238**	**83282**	**6256**	**2453**	**1345**	**1525569.44**	**75877.13**
4501	**5096**	**4393**	**107**	**1782**	**175**	**404**	**208**	**1463610.00**	**53686.64**
13	79	78		17			6	1168477.80	49488.90
	5	4		8	1	1	16	182.25	3.06
	1	1					2	412.43	3.83
27	65	56		33	7	4	1	1816.55	64.80
44	27	24	1	26			1	3985.15	76.10
542	472	361	6	211	14	11	14	44689.54	436.10
39	81	74	1	60		6	3	2794.73	43.47
63	186	185		99	2	7	16	15411.26	170.08
10	48			32			8	2105.29	61.15
							1	226.55	3.40
12	7	7		33	3	18		343.90	3.44
32	10	3		70	19	1	8	1090.82	9.10
166	84	75		65		4	2	3894.27	59.73
238	114	92	2	41	7	4		4126.75	47.75
140	103	96	3	27	3		7	2383.28	25.57
76	721	711	1	276	39	16	30	23476.13	338.42
255	201	180	2	105	7	62	15	9779.48	117.27
49	46	35	2	66	1	49		2226.60	222.64
125	104	102		28	5	5	3	2493.19	48.04
67	24	18		39	12	4	18	1690.17	16.94
278	396	382	5	54	5	16	4	12957.17	192.34
4	34	34	1	24	7		2	1284.53	18.81
4	4	4		10	4	6	4	865.29	8.67
222	254	228	18	66	7	17	10	8933.11	96.06
131	122	122		34		27	5	11135.57	112.64
493	201	190	12	42	1	24		26146.45	418.70
533	482	225	27	61	2	21	7	35412.38	371.64
176	188	174	3	29		7	2	14989.75	564.51
210	532	516	6	43		3	13	16894.57	211.17
95	92	81	8	26	3	16	5	13222.38	97.58
10	10	10		6		6	4	1816.87	58.48
447	403	325	9	151	26	69	1	28345.79	296.25

2004年矿产资源勘查许可证及

续表 18

地区	批准登记							
	合计	能源矿产					黑色金属矿产	
			煤	煤气层	石油、天然气	地热		铁矿
采矿许可证	**114749**	**23007**	**22227**		**38**	**517**	**4238**	**3173**
国土资源部机关	116	90	52		38			
北京市	753	215	211			4	23	20
天津市	199	23				23		
河北省	8601	1296	1136			160	1474	1459
山西省	4839	2703	2688			15	352	149
内蒙古	4566	1198	1189			3	188	185
辽宁省	5016	1113	1073			14	357	26
吉林省	3717	630	596			6	58	56
黑龙江	1155	688	687			1	5	5
上海市	129							
江苏省	1999	13	7			6	2	2
浙江省	4559	7	7				5	5
安徽省	4863	449	431			2	87	83
福建省	3047	361	344			17	81	66
江西省	4447	767	760			7	64	59
山东省	10208	385	334			31	137	136
河南省	5343	1658	1655			3	166	164
湖北省	4744	755	726			29	70	66
湖南省	5658	2164	2101			6	160	109
广东省	2459	389	320			61	103	65
广　西	5498	121	119			2	263	43
海南省	333	10	1			9	11	4
重庆市	3270	1190	1165			12	20	9
四川省	7317	2192	2172			20	149	137
贵州省	6852	2268	2267			1	139	94
云南省	5846	458	391			67	42	41
西　藏	219	1	1				30	2
陕西省	3798	923	864			10	78	51
甘肃省	1838	407	401			6	30	25
青海省	215	4	4				2	2
宁　夏	521						1	1
新　疆	2624	529	525			2	141	109

采矿许可证发证情况——按地区分列(二)

发证数（件）								批准登记面积（平方公里）	探矿权采矿权使用费（万元）
有色金属矿产	贵金属矿产		稀有、稀土、稀散元素矿产	非金属矿产			水气矿产		
		金矿			水泥灰岩	化工矿产			
2821	**1915**	**1756**	**131**	**81500**	**6081**	**2049**	**1137**	**61959.44**	**22190.49**
2	10	10	1	13		1		10349.70	796.56
3				453	109		59	240.75	55.20
				164	1		12	28.04	9.45
70	244	205		5503	874	181	14	3645.62	2696.51
53	28	26		1697	160	136	6	7141.52	2864.37
127	147	122	2	2838	300	220	66	2635.67	295.33
180	166	165		3110	122	65	90	2325.71	449.65
35	131	129	9	2786	33		68	664.46	195.58
1	8	8		428			25	384.68	79.19
				104			25	30.00	7.70
	1	1		1965	107	26	18	189.20	189.98
50	11	7		4430	179	7	56	308.89	155.09
100	40	39		4155	389	89	32	1871.67	1713.28
52	22	20	8	2453	358	31	70	1100.17	467.86
156	48	37	8	3371	77	69	33	1000.28	245.18
10	250	250	1	9272	386	3	153	3639.02	759.41
314	81	74		3096	86	16	28	2789.81	349.90
58	30	27	2	3808	133	264	21	1123.70	1351.77
301	149	143	6	2829	426	152	49	2292.37	1754.06
114	11		6	1712	226	21	124	489.36	144.11
188	50	44	1	4856	392	145	19	1040.29	501.29
6	7	7	36	239	11		24	243.30	37.50
3			13	2032	479	102	12	2480.00	727.73
172	42	34	24	4696	400	245	42	3351.31	587.45
355	125	122		3937	427	93	28	2737.64	3425.23
42	13	13		5266		5	25	2280.39	722.25
26	17			143	2	17	2	541.80	60.60
238	104	93		2433	142	75	22	3215.34	550.46
73	71	71		1249	39	15	8	733.57	152.86
3	2	2		204	18	28		341.15	59.23
				519	66	6	1	633.31	232.63
89	107	107	14	1739	139	37	5	2110.72	553.08

2004年矿产资源勘查许可证及

表 19

	批准登记							
	合计	能源矿产					黑色金属矿产	
			煤	煤层气	石油、天然气	地热		铁矿
总　计	**131422**	**24922**	**23368**	**42**	**362**	**801**	**7302**	**5536**
勘查许可证	**16673**	**1915**	**1141**	**42**	**324**	**284**	**3064**	**2363**
国有企业	8549	770	447	26	35	150	891	587
集体企业	680	73	60			13	139	108
股份合作企业	295	34	33			1	57	41
联营企业	89	25	23			2	22	18
有限责任公司	523	119	85	7		27	177	176
股份合作企业	4	1	1				1	1
有限责任公司	2793	250	191			56	646	494
股份有限公司	1146	408	92	8	289	15	140	114
私营企业	2005	190	172			14	821	670
其他企业	413	41	34			6	167	152
合资经营企业（港或澳、台资）	17	1	1				1	1
合作经营企业（港或澳、台资）	3							
港、澳、台商独资经营企业	11	1	1				1	
港、澳、台商投资股份有限公司	9							
中外合资经营企业	6	1	1					
中外合作经营企业	97	1		1				
外资企业	30						1	1
外商投资股份有限公司	3							
采矿许可证	**114749**	**23007**	**22227**		**38**	**517**	**4238**	**3173**
国有企业	6820	3055	2806		38	178	527	393
集体企业	27751	9185	9060			70	1133	784
股份合作企业	2911	944	939			4	45	27
联营企业	1255	209	209				23	14
有限责任公司	5373	1750	1674			71	384	272
股份有限公司	2367	534	516			15	103	80
私营企业	64213	7226	6962			140	1999	1588
其他企业	3731	55	39			12	18	10
合资经营企业（港或澳、台资）	48	3	2			1	2	2
合作经营企业（港或澳、台资）	6	1	1					
港、澳、台商独资经营企业	35	7	1			6	1	1
港、澳、台商投资股份有限公司	21	2	1			1	1	1
中外合资经营企业	115	16	9			7	1	1
中外合作经营企业	27	11	6			5		
外资企业	34	5				5		
外商投资股份有限公司	42	4	2			2	1	

采矿许可证发证情况——按经济类型分列

发证数（件）								批准登记面积（平方公里）	探矿权采矿权使用费（万元）
有色金属矿产	贵金属矿产		稀有、稀土、稀散元素矿产		非金属矿产		水气矿产		
		金矿			水泥灰岩	化工矿产			
7322	**7011**	**6149**	**238**	**83282**	**6256**	**2453**	**1345**	**1525569.44**	**75877.13**
4501	**5096**	**4393**	**107**	**1782**	**175**	**404**	**208**	**1463610.00**	**53686.64**
2450	3437	2929	74	848	95	197	79	305198.30	6498.25
151	233	223	3	66	13	15	15	4775.28	68.24
74	91	68	2	30	2	7	7	4044.48	63.95
11	21	21	1	9		5		1249.93	24.35
103	74	59	1	41	5	2	8	19032.86	268.93
	1	1		1				37.33	0.37
820	673	587	21	338	46	109	45	57046.78	643.09
273	216	190	2	94	7	20	13	1039791.13	45810.29
477	202	182	2	283	6	43	30	18112.40	225.33
98	50	38	1	52	1	6	4	3474.75	36.38
3	9	6		2			1	422.21	4.96
2	1	1						18.88	0.19
1				7			1	61.94	0.29
	9	9						247.20	0.50
	4	4					1	240.63	2.62
33	63	63						8867.56	34.65
4	11	11		11			3	948.44	3.06
1	1	1					1	39.90	1.19
2821	**1915**	**1756**	**131**	**81500**	**6081**	**2049**	**1137**	**61959.44**	**22190.49**
419	542	494	35	2026	394	177	216	22851.12	5227.87
837	584	527	32	15762	838	420	218	10200.86	4222.76
173	61	58		1660	78	100	28	1080.25	990.19
30	26	25	3	949	19	27	15	330.78	154.75
381	309	278	41	2196	216	191	312	8850.02	2436.86
179	91	84	12	1350	109	53	98	2946.93	1104.86
774	283	271	5	53740	4079	1060	186	15123.62	7715.21
13	2	2		3642	336	10	1	255.41	200.73
5	1	1	2	25	4		10	33.29	6.99
							5	1.03	0.30
			1	25	3	1	1	33.90	13.87
				18				5.19	1.24
8	9	9		53	2	3	28	150.01	40.68
	4	4		9		5	3	26.12	24.80
1	3	3		20	1	2	5	21.96	5.10
1				25	2		11	48.96	44.28

2004年矿产资源勘查许可证及

续表 19

	批准登记							
	合计	能源矿产					黑色金属矿产	
			煤	煤层气	石油、天然气	地热		铁矿
总　　计	**131422**	**24922**	**23368**	**42**	**362**	**801**	**7302**	**5536**
勘查许可证	16673	1915	1141	42	324	84	3064	2363
变更	1463	154	128			17	195	153
新设	7029	973	381	42	324	142	1754	1383
延续	3840	363	262			74	405	306
有效	4341	425	370			51	710	521
采矿许可证	**114749**	**23007**	**22227**		**38**	**517**	**4238**	**3173**
变更	7966	3563	3476			76	382	338
新设	14880	717	602		38	59	359	272
延续	33206	7091	6882			112	916	689
有效	58697	11636	11267			270	2581	1874

采矿许可证发证情况——按登记类别分列

发证数（件）								批准登记面积（平方公里）	探矿权采矿权使用费（万元）
有色金属矿产	贵金属矿产		稀有、稀土、稀散元素矿产	非金属矿产			水气矿产		
		金矿			水泥灰岩	化工矿产			
7322	**7011**	**6149**	**238**	**83282**	**6256**	**2453**	**1345**	**1525569.44**	**75877.13**
4501	5096	4393	107	1782	175	404	208	1463610.00	53686.64
453	523	469	10	120	20	22	8	24195.70	458.27
1588	1724	1399	21	867	82	171	102	1298102.29	50891.84
1051	1594	1399	34	358	33	75	35	55317.28	1130.67
1409	1255	1126	42	437	40	136	63	85994.73	1205.86
2821	**1915**	**1756**	**131**	**81500**	**6081**	**2049**	**1137**	**61959.44**	**22190.49**
317	241	220	8	3393	369	263	62	6382.11	3342.69
144	110	102	13	13434	1192	448	103	14662.33	3887.40
615	379	332	36	23873	1603	495	296	12645.60	4288.21
1745	1185	1102	74	40800	2917	843	676	28269.40	10672.19

2004年探矿权出让

表 20

地区	出让合计		申请审批	
	宗数	金额	宗数	金额
全国	**5234**	**149784.24**	**4786**	**84683.51**
国土资源部机关				
北京市	46	164.60	46	164.60
天津市	1	16.00		
河北省	155	3844.12	97	100.51
山西省	23	11870.00		
内蒙古省	130	23663.99	93	20815.19
辽宁省	47	5550.80		
吉林省	390	178.91	390	178.91
黑龙江省	38	3440.40		
上海市				
江苏省				
浙江省	79		79	
安徽省	30	43866.10	7	42395.00
福建省	532	2046.21	511	42.03
江西省				
山东省	9	6063.00		
河南省	655	10910.06	582	7395.64
湖北省	54	11430.62	53	5630.62
湖南省	17	368.40	1	22.00
广东省	1	810.00		
广西省	10	1446.66	1	1360.00
海南省	23	891.90	13	6.96
重庆市				
四川省	188	9260.15	152	350.95
贵州省	202	2665.00	189	
云南省	1170	544.69	1167	421.09
西　藏	856	255.74	856	255.74
陕西省	8	44.49		
甘肃省	287	1668.00	278	
青海省	241	4299.53	236	1379.40
宁　夏				
新　疆	42	4484.87	35	4164.87

情况——按地区分列

计量单位：宗、万元

招标		拍卖		挂牌	
宗数	合同金额	宗数	合同金额	宗数	合同金额
1	**158.00**	**108**	**28425.92**	**339**	**36516.81**
				1	16.00
				58	3743.61
		19	11789.00	4	81.00
		33	2786.80	4	62.00
				47	5550.80
		2	171.00	36	3269.40
		3	45.00	20	1426.10
		1	1165.00	20	839.18
1	158.00			8	5905.00
				73	3514.42
				1	5800.00
		2	249.00	14	97.40
				1	810.00
				9	86.66
				10	884.94
		31	8841.50	5	67.70
		10	385.00	3	2280.00
		2	13.60	1	110.00
				8	44.49
				9	1668.00
		2	2720.02	3	200.11
		3	260.00	4	60.00

2004年采矿权出让

表 21

地　区	出让合计		申请审批	
	宗数	金额	宗数	金额
全　国	**33170**	**814320.09**	**20286**	**395185.62**
国土资源部机关	9	30914.87	9	30914.87
北京市	28	202.25	28	202.25
天津市	2	104.00		
河北省	549	13463.50	333	3083.92
山西省	1064	3307.39	228	556.60
内蒙古省	804	24143.83	515	4107.31
辽宁省	1317	4906.46	894	2207.86
吉林省	1952	6557.40		
黑龙江省	1017	12347.00	807	4815.06
上海市				
江苏省	675	37734.71	178	4736.16
浙江省	2092	71221.42	1681	38037.54
安徽省	374	6405.62	278	885.83
福建省	1150	13503.41	908	7173.98
江西省	660	33386.31	407	28496.91
山东省	4235	246824.94	2404	172572.20
河南省	3074	37221.75	2159	34154.92
湖北省	1804	14646.47	1471	13050.13
湖南省	1928	79628.11	1547	15034.84
广东省	381	8992.36	206	2956.99
广西省	3041	6477.55	2398	4119.50
海南省	121	2563.62	13	2.85
重庆市	1217	3776.69	1116	3140.02
四川省	1459	100620.59	585	1255.24
贵州省	1145	13012.34	318	11319.89
云南省	900	2824.92	616	153.67
西　藏	194	51.45	194	51.45
陕西省	283	2807.46	122	1792.52
甘肃省	456	4872.66	110	30.05
青海省	289	2826.40	159	1675.98
宁　夏	299	870.55		
新　疆	651	28104.06	602	8657.08

情况——按地区分列

计量单位：宗、万元

招标		拍卖		挂牌	
宗数	合同金额	宗数	合同金额	宗数	合同金额
2400	**13572.07**	**898**	**268046.60**	**9586**	**137515.80**
				2	104.00
2	61.00	3	4171.00	211	6147.58
77	170.76	184	857.23	575	1722.80
54	362.00	34	4398.00	201	15276.52
231	680.93	1	24.00	191	1993.67
1804	6264.08	22	15.63	126	277.69
1	160.00	7	399.82	202	6972.12
2	733.00	25	7989.50	470	24276.05
103	2216.47	55	16232.90	253	14734.51
		16	619.60	80	4900.19
1	5.00	5	148.44	236	6175.99
6	1.48	13	1922.46	234	2965.46
35	256.00	167	53896.70	1629	20100.04
		25	39.41	890	3027.42
		14	611.88	319	984.46
12	17.13	48	59214.38	321	5361.76
1	280.00	1	14.00	173	5741.37
3	424.80	12	122.80	628	1810.45
		1	4.80	107	2555.97
		13	306.53	88	330.14
2	1398.50	150	92473.39	722	5493.46
42	3.12	38	294.00	747	1395.33
2	135.00	19	301.52	263	2234.73
1	6.00	3	744.78	157	264.16
		4	3513.00	342	1329.61
19	6.80	10	1085.80	101	57.82
1	30.00	1	160.00	297	680.55
1	360.00	27	18485.03	21	601.95

2004年探矿权、采矿权

表 22

	探矿权									
	小计		申请审批		招标		拍卖		挂牌	
	宗数	金额	宗数	金额	宗数	合同金额	宗数	合同金额	宗数	合同金额
总　计	**5234**	**149784.24**	**4786**	**84683.51**	**1**	**158.00**	**108**	**28425.92**	**339**	**36516.81**
煤	306	74721.41	278	67623.31	1	158.00	13	968.00	14	5972.10
油页岩	38	85.18	38	85.18						
煤层气										
石煤										
地热	62	226.41	55	188.41			1	3.00	6	35.00
铁矿	1115	44796.98	954	3373.51			38	20623.81	123	20799.66
锰矿	84	3191.02	71	389.87			3	442.00	10	2359.15
铬铁矿	29	10.61	29	10.61						
钛矿										
钒矿										
铜矿	529	1426.13	516	776.56			5	353.00	8	296.57
铅矿	277	1091.04	262	887.92			1	11.60	14	191.52
锌矿	165	62.63	164	52.63					1	10.00
铝土矿	67	2312.62	55	2181.62					12	131.00
镍矿	16	8.22	16	8.22						
钴矿	2	0.14	2	0.14						
钨矿	6	2.80	6	2.80						
锡矿	153	72.15	153	72.15						
钼矿	40	1378.11	38	118.11					2	1260.00
汞矿										
锑矿	32	14.74	30	11.14					2	3.60
铅锌矿	239	1874.57	222	384.47			9	1392.00	8	98.10
多金属矿	244	1525.42	232	1308.02					12	217.40
铂矿	8	4.70	8	4.70						
钯矿	5	1.42	5	1.42						
锇矿	1	0.87	1	0.87						
砂金	181	48.04	181	48.04						
金矿	950	4505.81	900	1262.69			5	2706.51	45	536.61
银矿	68	18.50	67	17.20					1	1.30
铌钽矿	3	0.35	3	0.35						
铌矿	2	0.26	2	0.26						

出让情况——按矿种分列(一)

计量单位：宗、万元

采矿权									
小计		申请审批		招标		拍卖		挂牌	
宗数	金额	宗数	金额	宗数	合同金额	宗数	合同金额	宗数	合同金额
33170	**814320.09**	**20286**	**395185.62**	**2400**	**13572.07**	**898**	**268046.60**	**9586**	**137515.80**
4382	142397.76	3968	102103.43	275	3219.99	19	32484.53	120	4589.81
43	124.66	42	14.68	1	109.98				
1	18.00			1	18.00				
82	292.74	37	161.98					45	130.76
19	439.84	16	416.81	1	9.47			2	13.56
326	157080.38	154	9957.69	14	895.91	57	112115.80	101	34110.98
133	1478.12	103	412.77			2	280.00	28	785.35
25	3.45	25	3.45						
54	2105.14	13	12.86					41	2092.28
2	28.72							2	28.72
78	29036.89	72	28007.93	1	6.96	2	974.00	3	48.00
26	190.73	25	158.73					1	32.00
5	109.27			1	13.47			4	95.80
21	621.56	10	33.61					11	587.95
3	3987.00	2	187.00			1	3800.00		
4	38.40	4	38.40						
6	1121.68	4	1097.96					2	23.72
18	3536.78	14	301.46	1	2021.32	1	208.00	2	1006.00
2	8.02	2	8.02						
3	0.30	3	0.30						
113	54325.43	92	578.30	2	4.63	12	53632.00	7	110.50
19	458.70	13	5.70			1	70.00	5	383.00
15	3.75	15	3.75						
93	6065.86	68	1021.12	4	66.61	10	4228.50	11	749.63
4	23.02	4	23.02						

2004年探矿权、采矿权

续表 22

	探矿权									
	小计		行政审批		招标		拍卖		挂牌	
	宗数	金额	宗数	金额	宗数	合同金额	宗数	合同金额	宗数	合同金额
铍矿	1	2.41	1	2.41						
锂矿	6	59.86	6	59.86						
锆矿										
锶矿										
重稀土矿	1		1							
蓝晶石										
硅线石										
红柱石										
萤石(普通)	24	319.20	20	62.20					4	257.00
熔剂用石灰岩										
冶金用白云岩	1	0.01	1	0.01						
冶金用石英岩	8	21.11	3	3.01			1	14.00	4	4.10
冶金用砂岩										
铸型用砂岩										
建筑用砂岩										
铸型用砂	1		1							
冶金用脉石英	1	0.03	1	0.03						
耐火粘土	10	38.21	4	1.81					6	36.40
铁矾土										
铸型用粘土										
熔剂用蛇纹岩										
硫铁矿	14	201.54	10	78.91					4	122.63
铅硫矿										
钠硝石										
明矾石										
芒硝(含钙芒硝)	1	115.32	1	115.32						
重晶石	11	38.33	11	38.33						
毒重石										
电石石灰岩										
制碱石灰岩										
化肥用石灰岩										

出让情况——按矿种分列(二)

计量单位：宗、万元

探矿权									
小计		行政审批		招标		拍卖		挂牌	
宗数	金额	宗数	金额	宗数	合同金额	宗数	合同金额	宗数	合同金额
2	1399.00	1	1.00	1	1398.00				
8	2.00	8	2.00						
11	262.32	11	262.32						
1	8.80							1	8.80
5	14.33							5	14.33
1	12.50	1	12.50						
215	2297.53	125	874.38	1	5.43	3	742.70	86	675.02
233	587.63	74	48.97					159	538.66
43	247.59	12	27.70	1	1.04			30	218.85
62	354.19	35	152.20			1	105.00	26	96.99
33	52.43	2	18.44			1	1.60	30	32.39
2	1.00	2	1.00						
83	3728.95	82	2678.95	1	1050.00				
18	285.90	7	14.43					11	271.47
58	218.74	36	24.88			2	5.43	20	188.43
231	1777.04	92	134.52	1	8.00	5	37.33	133	1597.19
6	16.70	6	16.70						
5	6.10			4	2.60			1	3.50
1	1.70							1	1.70
29	6920.77	12	18.50					17	6902.27
4	54.21	4	54.21						
2	22.00							2	22.00
1	6.40					1	6.40		
4	561.75	4	561.75						
38	68.57	31	49.90					7	18.67
3	2.00	3	2.00						
12	20.74	5	8.10					7	12.64
34	145.20	23	45.00			6	41.30	5	58.90
77	129.56	47	63.71			8	30.30	22	35.55

2004年探矿权、采矿权

续表 22

	探矿权									
	小计		行政审批		招标		拍卖		挂牌	
	宗数	金额	宗数	金额	宗数	合同金额	宗数	合同金额	宗数	合同金额
化肥用白云岩										
化肥用石英岩										
含钾岩石	2	10.00							2	10.00
含钾砂页岩	1	147.73	1	147.73						
化肥用橄榄岩	2	5.27	1	0.27					1	5.00
泥炭	3	0.10	3	0.10						
岩盐	1	323.75	1	323.75						
湖盐	16	6.02	16	6.02						
天然卤水										
砷	1	0.02	1	0.02						
硼矿	13	23.98	12	3.78					1	20.20
磷矿	43	1597.27	41	1439.27			2	158.00		
金刚石	1	0.50							1	0.50
石墨	5	0.21	5	0.21						
刚玉	1	0.46	1	0.46						
硅灰石	10	62.66	2	4.16					8	58.50
滑石	1	22.50							1	22.50
石棉(温石棉)										
云母										
长石	13	22.22	11	8.32					2	13.90
叶蜡石	8	42.65	6	0.57					2	42.08
透辉石	1	0.20	1	0.20						
蛭石										
氟石	3	0.09	3	0.09						
透闪石	1	2.10	1	2.10						
石膏	11	140.56	10	135.56					1	5.00
方解石	6	6.09	5	0.19					1	5.90
光学萤石										
宝石	2	0.07	2	0.07						
玉石	9	8.88	8	0.88					1	8.00
玻璃用灰岩										

出让情况——按矿种分列(三)

计量单位：宗、万元

探矿权									
小计		行政审批		招标		拍卖		挂牌	
宗数	金额	宗数	金额	宗数	合同金额	宗数	合同金额	宗数	合同金额
4	2.02	1	0.28					3	1.74
7	8.40	7	8.40						
8	19.96	1	0.65					7	19.31
2	1.20	2	1.20						
16	44.82	14	24.35	2	20.47				
1	14.40	1	14.40						
1	7.83	1	7.83						
11	29.40	11	29.40						
49	6823.38	47	6247.09			1	570.00	1	6.29
15	385.10	10	69.30					5	315.80
111	247.48	31	55.32	31	49.04			49	143.12
20	301.73	11	9.00					9	292.73
1	34.89							1	34.89
3	13.00	1	0.05					2	12.95
114	228.14	72	87.01	1	0.30	1	2.30	40	138.53
19	78.75	6	15.02			1	5.00	12	58.73
4	9.98	3	8.42					1	1.56
4	11.02			4	11.02				
10	18.41	4	1.63	1	3.48			5	13.30
2	4.56	2	4.56						
86	5205.49	32	89.08	1	84.92	3	42.20	50	4989.29
199	377.20	117	143.63	24	27.25	4	72.40	54	133.92
4	228.09	1	65.30					3	162.79
3	165.40					2	164.00	1	1.40
8	458.50	5	91.00					3	367.50

2004年探矿权、采矿权

续表 22

	探矿权									
	小计		行政审批		招标		拍卖		挂牌	
	宗数	金额	宗数	金额	宗数	合同金额	宗数	合同金额	宗数	合同金额
水泥用灰岩	71	2355.82	59	129.05			1	32.20	11	2194.57
建筑石料用灰岩	6	2971.77	4	2960.57					2	11.20
建筑用灰岩										
饰面用灰岩										
制灰用灰岩										
泥灰岩	1	0.01	1	0.01						
白垩										
玻璃用白云岩	1	0.05	1	0.05						
建筑用白云岩	13	79.62	12	24.62					1	55.00
建筑用硅化石英岩										
砖瓦用砂岩										
建筑用砂岩										
玻璃用石英岩	4	31.37	2	25.17					2	6.20
玻璃用砂岩										
水泥配料用砂岩	3		3							
陶瓷用砂岩										
砂岩										
玻璃用砂	1	0.21	1	0.21						
建筑用砂	56	1669.71	30	132.91			26	1536.80		
水泥配料用砂	28		28							
水泥标准砂										
砖瓦用砂										
海砂										
建筑石料用砂岩										
建筑用砂岩										
玻璃用脉石英	7	6.35	5	0.85					2	5.50
粉石英										
石英砂岩										
硅藻土	11	22.75	10	0.75					1	22.00
陶粒页岩	16	66.68	15	0.68			1	66.00		
砖瓦用页岩	1		1							

出让情况——按矿种分列(四)

计量单位：宗、万元

探矿权									
小计		行政审批		招标		拍卖		挂牌	
宗数	金额	宗数	金额	宗数	合同金额	宗数	合同金额	宗数	合同金额
1861	25005.35	809	11334.39	211	783.02	67	4595.11	774	8292.83
6245	37469.00	3466	11496.72	128	188.49	185	7214.22	2466	18569.57
5	0.15							5	0.15
132	604.27	92	492.60					40	111.67
260	2317.22	143	421.91	12	38.19	8	585.80	97	1271.32
89	705.15	29	418.22			36	83.41	24	203.52
3	7.98	3	7.98						
11	12.54	6	3.62					5	8.92
230	706.99	103	86.30			6	348.07	121	272.62
1	43.00	1	43.00						
204	881.63	102	110.69	16	294.15	2	15.60	84	461.19
47	20.07	47	20.07						
76	174.88	40	35.57	1	0.42	2	3.35	33	135.54
12	9.68	1	0.10					11	9.58
62	830.45	22	525.88			1	1.05	39	303.52
10	446.09	3	0.29			5	401.00	2	44.80
17	18.74	2	1.45					15	17.29
16	51.12	9	7.60					7	43.52
2961	23637.79	1281	3027.08	164	601.17	164	9857.66	1352	10151.88
115	113.07	47	18.71			2	10.30	66	84.06
13	91.00	5	2.00					8	89.00
236	747.27	150	104.00			20	46.80	66	596.47
1		1							
67	102.18	66	94.18					1	8.00
15	3.52	15	3.52						
37	187.18	15	19.69	1	2.02			21	165.47
25	35.56	16	22.53					9	13.03
3	4.75	3	4.75						
12	11.34	8	1.83	1	6.71			3	2.80
522	1779.78	344	324.76	8	18.39	26	964.83	144	471.80

2004年探矿权、采矿权

续表 22

	探矿权									
	小计		行政审批		招标		拍卖		挂牌	
	宗数	金额	宗数	金额	宗数	合同金额	宗数	合同金额	宗数	合同金额
水泥配料用页岩	4	0.04	4	0.04						
高岭土	28	248.11	25	78.92					3	169.19
陶瓷土										
伊利石粘土										
膨润土	7	10.39	7	10.39						
砖瓦用粘土	1		1							
陶粒用粘土	2	7.50							2	7.50
水泥配料用粘土	1	0.01	1	0.01						
水泥配料用泥岩										
保温材料用粘土										
橄榄岩	2	0.06	2	0.06						
蛇纹岩										
玄武岩	11	22.13	11	22.13						
铸石用玄武岩										
岩棉用玄武岩										
建设用玄武岩										
辉绿岩	1		1							
铸石用辉绿岩										
建筑用辉绿岩	1		1							
饰面用辉绿岩										
安山岩										
饰面用安山岩										
建筑用安山岩										
闪长岩										
建筑用闪长岩										
花岗岩	1	5.00	1	5.00						
建筑用花岗岩	1	0.22	1	0.22						
辉长岩	1	1.50							1	1.50
饰面用花岗岩	5	3.67	4	0.24					1	3.43
黑曜岩										
浮石										

出让情况——按矿种分列(五)

计量单位：宗、万元

探矿权									
小计		行政审批		招标		拍卖		挂牌	
宗数	金额	宗数	金额	宗数	合同金额	宗数	合同金额	宗数	合同金额
18	246.55	6	24.90	6	36.50	2	21.80	4	163.35
74	2325.93	36	180.36			4	1932.36	34	213.21
154	758.92	33	47.48			10	462.00	111	249.44
2	3.92	2	3.92						
32	467.10	26	85.90			5	365.20	1	16.00
5311	73634.32	3115	57645.35	710	468.20	42	8760.65	1444	6760.12
7	2.34	4	0.04					3	2.30
375	1326.17	127	445.19	176	471.35	24	215.00	48	194.63
17	1450.90	6	1054.30					11	396.60
1	5.50							1	5.50
1		1							
5	8.45	5	8.45						
169	1081.35	20	63.30	62	583.21	2	132.80	85	302.04
12	4.05			12	4.05				
1		1							
1	0.50			1	0.50				
15	45.77	10	25.91					5	19.86
1	0.50	1	0.50						
75	457.63	56	127.58			1	250.00	18	80.05
13	90.25	9	6.05			1	70.20	3	14.00
171	94.78	113	49.27	55	30.31			3	15.20
1	4.05	1	4.05						
184	9556.06	87	140.59	67	104.62	2	9221.00	28	89.85
17	4.88	4	1.55	12	2.64			1	0.69
174	1557.58	116	197.78	22	14.59	8	216.20	28	1129.01
513	2390.68	266	913.89	77	298.41	16	101.81	154	1076.57
2421	113540.10	1755	89538.45	143	281.17	17	6832.30	506	16888.18
552	39242.53	490	35317.43			11	2911.00	51	1014.10
2	433.25	1	0.18					1	433.07
6	13.11	5	5.61					1	7.50

2004年探矿权、采矿权

续表 22

	探矿权									
	小计		行政审批		招标		拍卖		挂牌	
	宗数	金额	宗数	金额	宗数	合同金额	宗数	合同金额	宗数	合同金额
水泥用粗面岩										
铸石用粗面岩										
霞石正长岩	2	22.40	2	22.40						
凝灰岩										
水泥用凝灰岩	1	150.00							1	150.00
建筑用凝灰岩	4		4							
煤矸石										
大理石	15	44.50	12				1	14.00	2	30.50
饰面用大理石	3	15.63	2	0.33					1	15.30
建筑用大理石										
水泥用大理石	6	569.16	3	0.16			1	105.00	2	464.00
玻璃用大理石										
板岩										
饰面用板岩	1	0.09	1	0.09						
水泥配料用板岩	1	0.01	1	0.01						
页岩										
片麻岩										
角闪岩										
含铁辉长岩										
东陵石										
矿泉水	40	851.85	31	2.15					9	849.70
地下水	15	21.64	14	14.14					1	7.50
二氧化碳气	6	6.51	6	6.51						

出让情况——按矿种分列(六)

计量单位：宗、万元

探矿权									
小计		行政审批		招标		拍卖		挂牌	
宗数	金额	宗数	金额	宗数	合同金额	宗数	合同金额	宗数	合同金额
3	30.40	2	0.40	1	30.00				
2	194.47	2	194.47						
106	751.69	56	580.74			46	131.00	4	39.95
235	683.39	172	375.02			3	108.00	60	200.37
1036	28522.85	862	22405.96	24	130.64	27	2137.69	123	3848.56
1	0.05	1	0.05						
271	759.64	129	180.67	20	74.25	5	130.30	117	374.42
20	270.50	9	3.65			1	254.80	10	12.05
267	251.17	75	60.59	90	53.13	1	16.50	101	120.95
7	26.02	3	8.00					4	18.02
17	54.62	13	13.12					4	41.50
9	10.96	6	9.66	1	0.10			2	1.20
24	195.05	3	6.00			2	30.00	19	159.05
36	117.79	33	22.32					3	95.47
2	0.68	2	0.68						
39	28.64	34	14.82					5	13.82
6	8.36	2	2.70					4	5.66
6	7.72	6	7.72						
1	0.45	1	0.45						
68	219.72	61	186.08	5	27.95			2	5.69

2004年探矿权、采矿权

表 23

地区	探矿权							
	小计		出售		作价出资		其他	
	宗数	价款	宗数	价款	宗数	价款	宗数	价款
全　国	**711**	**269107.92**	**568**	**228522.58**	**114**	**32441.83**	**29**	**8143.51**
国土资源部机关								
北京市								
天津市	1	0.01					1	0.01
河北省	26	2633.50	26	2633.50				
山西省								
内蒙古省	28	20315.90	11	14586.00	17	5729.90		
辽宁省	20	6908.50					20	6908.50
吉林省	14	3767.42	13	3693.62	1	73.80		
黑龙江省	2	3216.16			2	3216.16		
上海市								
江苏省	1	394.39			1	394.39		
浙江省	1	201.48	1	201.48				
安徽省	54	142365.08	51	137516.97	3	4848.11		
福建省	22	3608.13	22	3608.13				
江西省	2	212.00	2	212.00				
山东省	103	35256.54	93	34187.86	9	1053.68	1	15.00
河南省	70	4922.68	67	4922.68			3	
湖北省	8	2355.13	8	2355.13				
湖南省	1	50.00	1	50.00				
广东省	4	806.00	3	114.80	1	691.20		
广西省	8	815.00	8	815.00				
海南省	3	675.00	3	675.00				
重庆市								
四川省	56	7638.57	41	6288.47	15	1350.10		
贵州省								
云南省	253	16338.83	202	14092.34	51	2246.49		
西　藏	18	4339.60	16	2569.60	2	1770.00		
陕西省								
甘肃省	11	10568.00			11	10568.00		
青海省								
宁　夏								
新　疆	5	1720.00			1	500.00	4	1220.00

转让情况——按地区分列

计量单位：宗、万元

采矿权							
小计		出售		作价出资		其他	
宗数	价款	宗数	价款	宗数	价款	宗数	价款
1487	**406291.56**	**963**	**191068.60**	**99**	**200140.35**	**425**	**15082.61**
14	77557.09	14	77557.09				
35	1803.10	34	1699.10	1	104.00		
163	4579.03	32	2528.07	3	62.01	128	1988.95
108	1631.78	105	1630.56			3	1.22
8	1758.27	7	1678.27			1	80.00
138	1366.92	74	884.33	10	57.15	54	425.44
13	9068.84	9	4769.84	1	480.00	3	3819.00
5	1324.00	2	1070.00	3	254.00		
140	1701.49	102	1098.60	2	12.39	36	590.50
153	2237.59	76	1189.36	1	5.00	76	1043.23
22	1044.17			3	1030.98	19	13.19
51	165267.25	25	5625.89	26	159641.36		
63	2282.09	9	666.36			54	1615.73
16	10115.59	16	10115.59				
72	13018.21	62	12580.44			10	437.77
6	265.68	1	178.51	1	28.00	4	59.17
1	49.64	1	49.64				
2	45.00	2	45.00				
147	9222.90	146	9219.92			1	2.98
184	33205.35	165	33169.15	7	23.60	12	12.60
14	135.90	6	70.00			8	65.90
53	56157.78	38	19047.45	3	37100.00	12	10.33
24	371.00	1	10.00	22	352.00	1	9.00
2	139.53	2	139.53				
20	2241.49	19	2241.39			1	0.10
2	40.00	2	40.00				
31	9661.87	13	3764.51	16	989.86	2	4907.50

2004年探矿权、采矿权

续表 23

	探矿权							
	小计		出售		作价出资		其他	
	宗数	价款	宗数	价款	宗数	价款	宗数	价款
总　　计	**711**	**269107.92**	**568**	**228522.58**	**114**	**32441.83**	**29**	**8143.51**
煤	201	191019.65	138	178610.36	61	11449.29	2	960.00
油页岩								
石煤								
地热	9	2049.01	7	1949.00	1	100.00	1	0.01
铁矿	194	21009.29	178	16608.29	2	64.00	14	4337.00
锰矿	6	115.81	6	115.81				
钛矿								
铜矿	22	3732.92	15	2710.13	7	1022.79		
铅矿	11	1041.00	9	531.00	1	450.00	1	60.00
锌矿								
铝土矿	8	927.00	8	927.00				
钨矿								
钼矿	3	545.00	3	545.00				
锑矿	3	322.60	3	322.60				
铅锌矿	36	1788.34	34	1733.74	1	54.60	1	
多金属矿	10	1219.00	6	261.00	4	958.00		
铂矿	1	6.00	1	6.00				
砂金	5	1698.00	5	1698.00				
金矿	150	33518.29	111	13476.34	34	17601.95	5	2440.00
银矿	11	1859.56	10	1168.36	1	691.20		
锂矿	1	200.00	1	200.00				
菱镁矿								
萤石(普通)	2	110.50	1	98.00			1	12.50
熔剂用石灰岩								
冶金用石英岩								
冶金用砂岩								
耐火粘土	1						1	
硫铁矿								
芒硝(含钙芒硝)								
重晶石								
制碱石灰岩								
泥炭								
岩盐								
硼矿	1	318.00					1	318.00
磷矿	3	1929.17	3	1929.17				
石墨								
硅灰石	1	20.00	1	20.00				

转让情况——按矿种分列(一)

计量单位：宗、万元

采矿权							
小计		出售		作价出资		其他	
宗数	价款	宗数	价款	宗数	价款	宗数	价款
1487	**406291.56**	**963**	**191068.60**	**99**	**200140.35**	**425**	**15082.61**
797	249415.35	491	117110.02	42	124970.52	264	7334.81
1	1058.77	1	1058.77				
15	1.50					15	1.50
134	35038.49	114	25648.49	8	8333.92	12	1056.08
7	290.96	5	206.50			2	84.46
2	45.00	2	45.00				
8	2252.59	8	2252.59				
6	3.46					6	3.46
1	49.64	1	49.64				
5	696.43	3	285.00			2	411.43
5	905.92	3	87.72			2	818.20
1	41.67	1	41.67				
18	544.99	11	155.41	2	25.98	5	363.60
7	36448.32			1	36000.00	6	448.32
63	36450.04	40	7628.57	21	28821.47	2	
5	60.00	5	60.00				
7	110.59	6	107.59	1	3.00		
1	306.00	1	306.00				
1	10.00	1	10.00				
1	10.00	1	10.00				
9	72.53	9	72.53				
1	300.00	1	300.00				
1	9.00					1	9.00
4	6.00	4	6.00				
1	50.00	1	50.00				
6	24346.17	6	24346.17				
3	30.20	3	30.20				
14	4443.33	14	4443.33				
1	20.00	1	20.00				
1	0.50					1	0.50

2004年探矿权、采矿权

续表 23

	探矿权							
	小计		出售		作价出资		其他	
	宗数	价款	宗数	价款	宗数	价款	宗数	价款
滑石								
长石	2	211.95	1	203.95			1	8.00
透闪石	1	18.90	1	18.90				
石膏	6	2873.00	4	2823.00	2	50.00		
方解石	3	16.91	2	8.91			1	8.00
玉石								
水泥用灰岩	6	741.19	6	741.19				
建筑石料用灰岩								
制灰用灰岩								
建筑用白云岩	3	1307.23	3	1307.23				
玻璃用石英岩								
水泥配料用砂岩	1	158.00	1	158.00				
陶瓷用砂岩	1	5.00	1	5.00				
建筑用砂								
砖瓦用砂								
玻璃用脉石英	2	152.00	2	152.00				
粉石英								
雄黄								
砖瓦用页岩	1	20.60	1	20.60				
高岭土	1	51.00	1	51.00				
陶瓷土								
砖瓦用粘土								
水泥配料用泥岩	1	20.00	1	20.00				
玄武岩	2	52.00	2	52.00				
安山岩								
建筑用安山岩								
建筑用闪长岩								
花岗岩								
建筑用花岗岩								
饰面用花岗岩								
凝灰岩								
建筑用凝灰岩								
火山渣	1	40.00	1	40.00				
饰面用大理石								
建筑用大理石								
水泥用大理石								
板岩								
水泥配料用板岩								
矿泉水	1	11.00	1	11.00				

转让情况——按矿种分列(二)

计量单位：宗、万元

采矿权							
小计		出售		作价出资		其他	
宗数	价款	宗数	价款	宗数	价款	宗数	价款
2	24.00	2	24.00				
7	22.18	7	22.18				
7	927.45	6	925.45	1	2.00		
12	496.39			1	2.39	11	494.00
1	20.00	1	20.00				
6	4670.50	4	881.50			2	3789.00
80	3719.23	40	2073.56	3	1580.00	37	65.67
1	24.86	1	24.86				
6	56.35	6	56.35				
53	522.62	33	424.62	5	19.10	15	78.90
47	23.70	47	23.70				
1	118.00	1	118.00				
1	0.56	1	0.56				
1	11.70	1	11.70				
8	9.45			2	4.50	6	4.95
1	5.00	1	5.00				
4	9.15	4	9.15				
38	324.90	27	319.40			11	5.50
7	116.80	7	116.80				
1	16.00					1	16.00
1	3.50	1	3.50				
1	0.40					1	0.40
6	114.64	3	66.97	2	30.46	1	17.21
32	93.69	18	73.07	2	15.00	12	5.62
8	36.08	5	32.07	2	2.01	1	2.00
2	10.10	2	10.10				
3	1320.00	2	1070.00	1	250.00		
2	12.17	2	12.17				
1	8.84	1	8.84				
1	5.00	1	5.00				
3	33.00			3	33.00		
8	70.00					8	70.00
9	447.85	6	398.85	2	47.00	1	2.00

2004年全国矿产资源勘查、开采违法案件查处情况

表 24 计量单位：件

	合计	企事业单位		集体		个人
			外商		乡村	
上年未结案件	**696**	**55**	**2**	**70**	**10**	**571**
本年立案	**15498**	**788**	**8**	**1152**	**368**	**13558**
勘查	262	37		17	4	208
无证勘查	132	14		5	2	113
越界勘查	34	7		4	1	23
非法转让探矿权	15	3		1	1	11
其他	81	13		7		61
开采	14890	719	8	1103	355	13068
无证开采	11762	336	7	258	96	11168
越界开采	2097	240		648	197	1209
非法转让采矿权	342	57	1	116	28	169
破坏性开采	60	5		5	2	50
不按规定缴纳矿产资源补偿费	346	32		32	9	282
其他	629	81		76	32	472
本年结案	**14689**	**738**	**6**	**1056**	**323**	**12895**
处理上年未结案	422	36	1	50	6	336
勘查	226	28		17	4	181
无证勘查	113	10		5	2	98
越界勘查	27	6		4	1	17
非法转让探矿权	8	2		1	1	5
其他	78	10		7		61
开采	13721	647	5	963	305	12111
无证开采	10858	303	4	263	117	10292
越界开采	1894	215		520	136	1159
非法转让采矿权	317	53	1	109	26	155
破坏性开采	58	4		4	2	50
不按规定缴纳矿产资源补偿费	320	27		26	8	267
其他	594	72		67	24	455
本年未结案件	**1505**	**105**	**4**	**166**	**55**	**1234**

2004年矿产资源勘查、开采违法案件查处结果

表 25 计量单位：宗、万元

	吊销勘查许可证	吊销采矿许可证	罚　款
总　计	**6**	**441**	**22237.84**
北京市			122.65
天津市			1.60
河北省		42	979.25
山西省		76	7680.74
内蒙古省		1	423.10
辽宁省		12	1876.84
吉林省		2	89.83
黑龙江省			50.62
上海市			
江苏省		1	381.72
浙江省	1	1	386.03
安徽省		25	119.97
福建省		14	290.52
江西省		43	50.92
山东省	2	25	1735.38
河南省		24	965.05
湖北省		21	265.10
湖南省	1	26	1113.78
广东省		7	127.09
广西省		58	192.32
海南省			31.99
重庆市		4	232.91
四川省		35	367.43
贵州省		2	1756.44
云南省		6	352.66
西　藏			
陕西省	2	14	2282.01
甘肃省		2	47.58
青海省			53.46
宁　夏			80.20
新　疆			180.65

2004年矿产资源勘查、开采

表 26

	合计	北京	天津	河北	山西	内蒙古
上年未结案件	**696**	**13**	**5**	**20**	**83**	**131**
本年立案	**15498**	**123**	**5**	**760**	**1355**	**390**
勘查	262			4	74	23
无证勘查	132			1	56	20
越界勘查	34			3	16	
非法转让探矿权	15					
其他	81				2	3
开采	14890	123	3	733	1276	356
无证开采	11762	123	2	612	897	330
越界开采	2097			101	349	16
非法转让采矿权	342			5	14	8
破坏性开采	60			5	3	1
不按规定缴纳矿产资源补偿费	346		2	23	5	11
其他	629		1	10	13	1
本年结案	**14689**	**136**	**9**	**732**	**1217**	**378**
处理上年未结案	422		4	20	62	
勘查	226			4	55	20
无证勘查	113			1	42	18
越界勘查	27			3	11	
非法转让探矿权	8					
其他	78				2	2
开采	13721	136	3	685	1096	351
无证开采	10858	136	2	582	759	309
越界开采	1894			74	308	33
非法转让采矿权	317			5	14	8
破坏性开采	58			5	3	1
不按规定缴纳矿产资源补偿费	320		2	23	4	7
其他	594		1	19	12	
本年未结案件	**1505**		**1**	**48**	**221**	**143**

违法案件查处情况——按地区分列(一)

计量单位：件

辽宁	吉林	黑龙江	上海	江苏	浙江	安徽	福建	江西	山东
46	**6**	**1**		**12**	**4**	**10**	**19**	**3**	**8**
752	**104**	**84**		**120**	**236**	**203**	**579**	**222**	**1036**
15				1		2	2		13
				1			2		10
1									3
14						2			
733	104	82		114	236	188	570	221	1013
496	78	63		59	187	107	510	170	891
178	24	14		13	32	19	17	27	79
21		1		1	13	58	4	8	11
1		1		2					1
4		2		5		13	7	1	10
37	2	3		39	4	4	39	16	31
718	**107**	**81**		**90**	**232**	**188**	**545**	**218**	**918**
14	3	1		8	4	6	10	1	6
14				1			2		12
				1			2		9
1									3
13									
688	104	78		81	228	168	526	216	890
480	78	60		33	179	91	471	166	779
155	24	14		13	32	18	15	27	70
19		1		1	13	58	4	8	10
		1		2					1
2		2				14	7	1	10
34	2	2		32	4	1	36	15	30
80	**3**	**4**		**42**	**8**	**25**	**53**	**7**	**126**

2004年矿产资源勘查、开采

续表 26

	河南	湖北	湖南	广东	广西	海南
上年未结案件	**75**	**9**	**68**	**10**	**5**	
本年立案	**1033**	**501**	**1224**	**253**	**568**	**144**
勘查	34	3	2	12	35	
无证勘查	13		2	12		
越界勘查	3	1				
非法转让探矿权	5	1				
其他	13	1			35	
开采	959	478	1184	221	489	144
无证开采	641	366	701	205	389	141
越界开采	249	48	400		10	3
非法转让采矿权	28	8	49		4	
破坏性开采	2		17	4	4	
不按规定缴纳矿产资源补偿费	40	20	38	20	44	
其他	39	56	17	12	82	
本年结案	**1059**	**491**	**1096**	**244**	**541**	**80**
处理上年未结案	65	3	47	7	2	
勘查	34	3	1	12	35	
无证勘查	13		1	12		
越界勘查	3	1				
非法转让探矿权	5	1				
其他	13	1			35	
开采	922	465	1013	210	459	80
无证开采	618	360	621	195	361	77
越界开采	240	41	323		10	3
非法转让采矿权	27	8	35		3	
破坏性开采	2		17	4	3	
不按规定缴纳矿产资源补偿费	38	20	35	15	45	
其他	35	56	17	11	82	
本年未结案件	**49**	**19**	**196**	**19**	**32**	**64**

违法案件查处情况——按地区分列(二)

计量单位：件

重庆	四川	贵州	云南	西藏	陕西	甘肃	青海	宁夏	新疆
57	**9**	**85**	**5**		**9**				**3**
1718	**808**	**1822**	**705**	**23**	**302**	**286**	**18**	**57**	**67**
	8	11	6		10			6	1
	5	1			3			5	1
	2	1	1		2			1	
		3	5		1				
	1	6			4				
1686	770	1803	697	18	280	282	16	49	62
1574	536	1456	684	16	174	275	14	22	43
84	157	175	11	2	61	7	2	10	9
14	10	80			4				1
2	9	2			6				
32	30	8	2	5	12	4	2	2	4
12	58	90	2		35			17	9
1758	**773**	**1868**	**505**	**10**	**286**	**277**	**16**	**51**	**65**
57	8	82	3		7				2
	7	10	1		9			5	1
	5	1			3			4	1
	1	1	1		1			1	
		2							
	1	6			5				
1669	729	1768	499	8	258	273	15	45	58
1564	503	1436	490	7	163	266	13	18	41
79	150	169	7	1	61	7	2	10	8
13	10	75			4				1
2	9	2			6				
32	29	8	2	2	12	4	1	1	4
11	57	86	2		24			17	8
17	**44**	**39**	**205**	**13**	**25**	**9**	**2**	**6**	**5**

2004年地质

表 27

地　区	地质资料						
	合计			区域地质调查	固体矿产勘查	油气	海洋
		保密	保护				
全　国	**10335**	**1135**	**624**	**329**	**4262**	**533**	**28**
国土资源部	718					532	28
北京市	119		21	4	46	1	
天津市	28		10	4	1		
河北省	305	147	45	134	97		
山西省	457				313		
内蒙古省	47	44	3	18	18		
辽宁省	226			8	78		
吉林省	257		116	5	208		
黑龙江省	852	2	2	5	72		
上海市	80		5				
江苏省	111		110	4	54		
浙江省	631		1	6	183		
安徽省	328	111	124	2	287		
福建省	315			6	290		
江西省	32				21		
山东省	222				169		
河南省	249	155	30	11	89		
湖北省	83				65		
湖南省	783	676	87	2	742		
广东省	196		11	2	97		
广西省	158				136		
海南省	48			2	20		
重庆市	2202				12		
四川省	520		15	9	415		
贵州省	381			47	252		
云南省	271			3	160		
西　藏	93			4	67		
陕西省	196		3		86		
甘肃省	187		39	38	107		
青海省	64			8	40		
宁　夏	36				29		
新　疆	140		2	7	108		

资料汇交及利用情况

汇　交　（份）					地质资料利用	
水文工程	环　境	物探化探遥感	地质科研	其　他	查阅（人次）	查阅（份次）
229	**2521**	**464**	**414**	**1555**	**35163**	**106799**
	2	56	100		1570	8059
12	11	3	5	37	246	569
4			17	2	185	399
25	2	23	19	5	1100	2700
8	127			9	255	1308
3		6	2		3184	9834
1		15	8	116	3854	16330
8	8	7	10	11	2920	8312
9	8	20	16	722	640	3200
14	43		23		689	4204
27	16		10		858	3625
2	153	240	41	6	2042	7080
4	11	2	22		1062	2272
	7	7	4	1	3365	7945
	9		2		1188	2496
36	8	3	6		1125	4350
11	116	4	12	6	110	310
2	13		3		166	387
6	4	11	17	1	3861	4946
	39	36	2	20	614	2039
	10	11	1		270	228
	22	1	2	1	52	172
6	1698			486	136	
16	10		38	32	946	2116
				82		
4	78	10	16		872	3076
2	11	2	6	1	280	673
8	99		3		721	1194
10	8	1	23		1069	3186
2	6	4	3	1	992	3278
7					248	521
2	2	2	3	16	543	1990

2004年矿产资源储量

表 28

地区	合计	能源矿产			金属矿产		
			煤	油气		黑色	有色
全　　国	**2262**	**1636**	**1566**	**4**	**1055**	**488**	**347**
国土资源部							
北京市	19	5	5		8	8	
天津市	3						
河北省	165	16	5		83	40	5
山西省							
内蒙古省							
辽宁省		120	120		180	130	24
吉林省	175	88	84		54	33	7
黑龙江省		206	206		17	7	2
上海市							
江苏省							
浙江省							
安徽省		15	13		25	14	5
福建省	221	123	119	4	72	40	25
江西省	78	3	3		62	24	21
山东省		64	64		58	36	
河南省	526	277	274		230	67	149
湖北省	34	2	2		13	3	9
湖南省	66	26	26		28	11	15
广东省	79	10	10		32	5	15
广西省		29	29		62	22	23
海南省	21				9	8	
重庆市	504	407	407		8	6	
四川省	78	15	15		47	12	22
贵州省		46			8	3	4
云南省							
西　藏	1				1		1
陕西省	73	39	39		15	6	5
甘肃省	33	7	7		19	3	7
青海省	17	1	1		7	1	2
宁　夏	35	31	31				
新　疆	134	106	106		17	9	6

报告评审备案情况

单位：份

贵金属	非金属矿产			水气矿产	
		化工	建材		地下水
218	**347**	**71**	**234**	**169**	**69**
				4	
	1		1	2	1
38	14	5	9	52	9
26	40	4	36	20	2
14	33	9	18		
8	32	3	29	1	1
6	30	3	27	2	
7	24	2	22	2	2
17	11	1	10	2	2
22	21	6	15	30	4
14	15	2	9	4	4
1	15	11	4	2	2
2	5	3	2	6	3
12	18	8	10	19	19
17	8	1	7		
1	11		11	1	
	31	4	1	6	6
13	12	5	7	4	4
1					
4	7		6	2	1
9	5		5	2	2
4	8	4	4	1	1
	1		1	3	2
2	5			4	4

2004年全国矿产资源

表 29

地　区	矿山企业数（个）					从业人员（人）
		大型	中型	小型	小矿	
全　国	**124982**	**4147**	**4636**	**45357**	**70842**	**8110648**
北京市	738	2	7	463	266	35474
天津市	200	2	3	56	139	18860
河北省	7254	114	165	2110	4865	463179
山西省	6014	69	120	2806	3019	754360
内蒙古省	4020	101	161	2196	1562	207839
辽宁省	6287	82	206	2330	3669	431533
吉林省	3595	84	233	1183	2095	192476
黑龙江省	3899	132	174	1189	2404	446099
上海市	129	5	10	58	56	9928
江苏省	2954	122	154	1511	1167	290234
浙江省	4606	1093	520	1685	1308	134768
安徽省	6383	155	193	2492	3543	443030
福建省	3944	518	473	1708	1245	105997
江西省	6546	50	166	1802	4528	265703
山东省	8974	125	303	3365	5181	884498
河南省	5223	54	112	2513	2544	577763
湖北省	4678	83	123	1305	3167	241177
湖南省	6812	96	184	1556	4976	378396
广东省	3601	839	381	1355	1026	120028
广西省	5170	38	116	2096	2920	130865
海南省	272	41	16	131	84	13130
重庆市	3487	19	98	1088	2282	200619
四川省	7272	92	259	3563	3358	484756
贵州省	5376	14	87	1693	3582	262238
云南省	7060	57	109	2116	4778	322693
西　藏	66		9	40	17	5010
陕西省	3474	65	99	1149	2161	253570
甘肃省	2445	25	66	553	1801	168331
青海省	683	32	18	156	477	47620
宁　夏	913	5	23	331	554	54837
新　疆	2903	30	47	758	2068	164577
海洋石油天然气	4	3	1			1060

开发利用情况——按地区分列

年矿产量（原矿）		工业总产值（万元）	综合利用产值（万元）	矿产品销售收入（万元）	利润总额（万元）
固体矿产和液体矿产（万吨）	气体矿产（万立方米）				
734724.11	**400.98**	**81714104.16**	**5112808.99**	**84673465.66**	**20723382.81**
3483.44		295422.36	51280.65	262653.56	59756.98
1269.03	3.38	1000762.35	3786.49	804830.64	332396.26
39642.54	6.41	3995979.16	85611.59	3398534.36	1018460.29
53632.74		6641510.57	2738122.55	5566577.48	744813.41
25369.64		2012751.30	436087.27	1872193.26	198576.21
25645.36	10.03	4254569.81	76379.94	3871323.59	812334.71
8848.36	4.29	1644374.19	5471.14	1536699.42	390128.66
15284.54	20.29	11516505.24	40186.60	11734853.81	6965042.61
321.54		33495.56		31969.52	3101.86
20248.40	1.50	1823839.00	6566.12	1760423.76	233985.31
39315.60		725086.64	5026.25	694188.47	54127.40
28251.36		3060656.44	244318.45	2724870.36	369428.85
13823.15		793629.85	72947.22	768511.00	151722.58
23401.30		1181088.05	98514.35	1060114.28	85332.05
35151.51	9.45	10507279.99	126533.13	11902624.92	3092269.99
20873.64	19.51	5439288.10	87269.57	4875951.19	579253.53
103881.80	1.07	1034779.41	67687.65	965406.47	103130.48
16738.86		1409036.20	84442.54	1263886.20	167361.77
25777.58	1.29	829481.05	77061.53	774606.71	105827.31
12435.69		570588.10	14744.56	611507.52	59450.78
4463.52		124928.16	25285.88	116744.07	33446.95
9528.23		632148.64	79599.90	544338.62	27470.19
129055.83	116.87	2466840.87	105230.09	2484941.37	187112.70
14642.54		1073285.87	234500.16	9550517.30	246594.97
15935.36	1.01	1405084.04	252068.32	1158303.72	115166.00
964.43		17932.53		9514.91	2425.37
19709.40	74.46	4923716.49	18168.82	4586228.74	1426812.54
7429.71	0.20	799512.72	8327.59	765818.97	124578.81
3313.92	17.94	827387.41	39716.43	555846.11	256765.80
4103.31		319226.04	16993.80	284557.53	−6782.54
9710.88	57.22	5031157.60	10880.41	4634281.97	2033708.00
2470.90	56.06	5322760.42		3500635.83	749588.00

2004年全国矿产资源开发

表 30

企业经济类型	矿山企业数（个）					从业人员（人）
		大型	中型	小型	小矿	
总　计	**124982**	**4147**	**4636**	**45357**	**70842**	**8110648**
一、内资企业	**124512**	**4055**	**4584**	**45122**	**70751**	**8074342**
国有企业	5561	527	664	2845	1525	2449344
集体企业	32964	558	641	11471	20294	1681444
股份合作企业	2661	172	140	1041	1308	171105
联营企业	1107	29	42	571	465	53677
有限责任公司	4532	324	346	2240	1622	626725
股份有限公司	3079	277	235	1472	1095	1075630
私营企业	67277	2054	2291	23397	39535	1889686
其他企业	7331	114	225	2085	4907	126731
二、港澳台商投资企业	**199**	**40**	**19**	**99**	**41**	**15188**
三、外商投资企业	**271**	**52**	**33**	**136**	**50**	**21118**

利用情况——按企业经济类型分列

年矿产量（原矿）		工业总产值（万元）	综合利用产值（万元）	矿产品销售收入（万元）	利润总额（万元）
固体矿产和液体矿产（万吨）	气体矿产（万立方米）				
734724.11	**400.98**	**81714104.16**	**5112808.99**	**84673465.66**	**20723382.81**
725881.85	**400.98**	**81144163.64**	**5070402.81**	**84255455.15**	**20686055.75**
230997.44	1.00	19569768.36	1919670.48	18064976.00	1999950.40
95859.33		5537614.13	1255957.53	5279999.53	743198.18
12708.54		925700.90	189601.09	817151.16	120205.30
112816.31		302357.69	45884.57	297593.25	53451.85
44871.12	71.11	8101443.36	364617.44	6112559.09	662004.36
60627.95	328.87	40639488.60	726182.75	39393701.39	16300965.09
156465.09		5819984.72	548401.92	14059240.95	778749.98
11536.07		247805.89	20087.03	230233.76	27530.59
5419.24		**103324.67**	**33478.08**	**92787.35**	**9889.21**
3423.02		**466615.85**	**8928.10**	**325223.16**	**27437.85**

2004年全国矿产资源开发利用

表 31

矿　种	矿山企业数（个）					从业人员（人）
		大型	中型	小型	小矿	
总　计	**124982**	**4147**	**4636**	**45357**	**70842**	**8110648**
煤炭	26397	247	431	8863	16856	4097581
油页岩	30		1	7	22	1571
石油	40②	24	4	12		476662
天然气						
其中海域：石油	4	3	1			1060
天然气						
石煤	259			15	244	5697
天然沥青	3				3	120
地下热水	409	98	63	206	42	17452
铁矿	3763	49	107	1249	2358	322079
锰矿	569	27	32	419	91	41737
铬矿	24		3	14	7	1743
钛矿	135	23	6	84	22	4789
钒矿	31	2	5	20	4	2212
铜矿	691	11	32	198	450	96414
铅矿	914		4	140	770	45388
锌矿	908	3	17	279	609	85461
铝土矿	281	1	4	105	171	14771
镁矿	8	1		2	5	108
镍矿	42	2	2	19	19	13922
钴矿	4			2	2	80
钨矿	154		14	58	82	33949
锡矿	182	2	7	54	119	38447
铋矿	2				2	55
钼矿	176	2	9	47	118	29747
汞矿	15			5	10	688
锑矿	90		2	30	58	10978
铂矿	1			1		1

情况——按矿种分列(一)

年矿产量（原矿）	工业总产值（万元）	综合用产值（万元）	矿产品销售收入（万元）	利润总额（万元）
734724.11	**81714104.16**	**5112808.99**	**84673465.66**	**20723382.81**
400.98①				
176224.17	27047849.82	3685023.26	29326832.20	3263822.97
65.06	3535.01	258.00	3258.96	273.85
17503.60	37819662.16		36533947.48	15449187.03
399.98①				
2470.90	5322760.42		3500635.83	749588.00
56.06①				
640.67	12623.30	560.66	12279.40	1945.17
0.09	158.80		138.40	20.50
209589.76	51454.24		50093.97	3000.66
31082.37	3743976.06	258279.64	3271267.48	471652.27
718.53	261477.51	23087.66	151848.32	39162.46
19.59	15358.00		8038.62	2981.90
2022.54	16340.12	2898.85	15142.20	1684.02
17.71	4166.36		4161.15	508.21
9796.04	793973.33	141882.10	736317.66	88488.61
812.70	188479.19	36220.39	232614.02	22447.73
2190.83	695290.54	100840.71	598546.11	141236.70
576.42	74244.49	4186.57	30021.20	3861.43
1.97	109.16		76.16	3.50
617.58	193934.86	1411.00	221043.00	23776.60
764.11	181198.06	16473.94	98074.04	21467.49
945.42	262064.92	10199.50	182473.70	31793.24
2.80	1920.00		1920.00	207.00
2143.60	526622.24	26661.60	406926.22	175900.62
11.38	4437.31	1324.00	4483.50	806.78
169.80	86550.68	1469.20	75873.88	6728.81

2004年全国矿产资源开发利用

续表 31

矿　种	矿山企业数（个）					从业人员（人）
		大型	中型	小型	小矿	
金矿	1671	7	56	504	1104	183538
银矿	62	4	3	30	25	9659
铌钽矿	14		1	4	9	1515
钽矿	3			2	1	308
铍矿	3				3	37
锂矿	13			6	7	1591
锆矿	25	19	2	3	1	626
锶矿	28		2	4	22	1237
重稀土矿	21		1	19	1	1534
轻稀土矿	107		15	39	53	4753
锗矿	1				1	32
碲矿	1				1	15
蓝晶石	7	1	2	3	1	543
矽线石	5			4	1	119
红柱石	4	2		2		226
菱镁矿	161	6	11	127	17	12760
普通萤石	888	4	31	543	310	22433
熔剂用灰岩	323	12	16	147	148	21936
冶金用白云岩	345	6	8	172	159	9798
冶金用石英岩	621	3	10	375	233	7980
冶金用砂岩	144		4	114	26	927
铸型用砂岩	22		1	10	11	267
铸型用砂	113	1	12	73	27	3654
冶金用脉石英	313		6	160	147	3823
耐火粘土	328	3	1	221	103	9064
铁矾土	17			13	4	262
铸型用粘土	2			2		18
熔剂用蛇纹岩	4	3		1		547
自然硫	1				1	11
硫铁矿	391	2	7	203	179	24234
钠硝石	4	2		1	1	237

情况——按矿种分列(二)

年矿产量（原矿）	工业总产值（万元）	综合用产值（万元）	矿产品销售收入（万元）	利润总额（万元）
4973.62	1426137.98	142120.07	1353165.47	247551.66
209.95	51600.77	13207.16	39892.45	1208.94
83.68	5142.79	1576.76	5611.62	279.50
10.83	2298.00		2835.00	–523.20
0.45	22.50		6.50	2.50
188.49	7453.20	500.00	1254.20	35.00
1455.78	4889.37	558.16	4824.67	–140.34
44.97	9977.64	38.23	11512.70	1055.18
525.25	12499.85		12496.85	795.84
770.32	21376.17	142.10	21481.37	3082.86
1.00	119.00		119.00	42.40
2.46	1700.00		1604.61	109.60
2.40	190.00	34.00	230.00	29.00
42.00	792.30	2.00	641.90	1.75
666.00	67320.37	1101.70	48097.53	2056.42
483.72	59874.86	3061.00	59292.53	6516.02
3210.77	138040.40	4995.86	88977.34	–3305.39
969.08	46204.09	4549.74	23530.92	2642.29
353.99	18003.41	955.40	16892.33	2871.73
69.33	1339.38	10.00	1334.58	216.83
25.20	574.63	1.00	536.23	84.16
208.63	16771.99	3596.30	11784.77	1574.28
124.28	7825.47	1101.40	5344.85	894.90
259.59	18829.64	415.40	17226.67	1732.41
11.20	218.70		208.40	14.30
2.00	11.00		6.00	3.00
49.90	1322.90		1208.20	93.00
1158.27	111960.36	9704.37	51362.99	6192.86
27.00	1677.76		2090.63	

2004年全国矿产资源开发利用

续表 31

矿　种	矿山企业数（个）					从业人员（人）
		大　型	中　型	小　型	小　矿	
明矾石	18	2		14	2	3818
芒硝	73	10	24	21	18	10452
重晶石	311	6	31	195	79	5906
毒重石	10		2	5	3	502
天然碱	53	1	2	31	19	2121
电石用灰岩	79	2		21	56	6493
制碱用灰岩	193	2		57	134	4345
化肥用灰岩	12			11	1	311
化肥用白云岩	33			21	12	683
化肥用石英岩	10			8	2	83
化肥用砂岩	1			1		20
含钾砂页岩	3		2		1	21
含钾岩石	44		4	24	16	747
化肥用橄榄岩	1			1		29
化肥用蛇纹岩	23	1		20	2	879
泥炭	56			4	52	1026
盐矿	399	49	26	187	137	51698
镁盐	4	4				128
钾盐	15	6	4	5		8070
溴矿	12			9	3	841
砷矿	4			3	1	38
硼矿	76	4	9	25	38	4182
磷矿	420	9	26	291	94	37913
金刚石	2	2				673
石墨	158	58	67	31	2	10394
压电水晶	18				18	76
熔炼水晶	1			1		10
工艺水晶	3				3	14
硅灰石	234	2	4	126	102	5281
滑石	229	3	15	126	85	8608
石棉	64	13		48	3	9794

情况——按矿种分列(三)

年产矿量（万吨）	工　业总产值（万元）	综合利用产值（万元）	矿产品销售收入（万元）	利润总额（万元）
26.72	4285.00	590.00	3644.20	–1134.80
1204.97	121395.05	1299.20	112149.90	7740.91
346.63	25843.14	331.91	26511.37	2723.44
2.55	1748.00		1748.00	63.60
83.90	40766.00	1815.00	40558.00	4898.00
1012.76	10580.06	50.30	6075.49	661.57
1001.40	14986.90	352.00	15006.12	313.38
31.10	258.10		207.95	17.60
21.66	504.85	3.10	453.25	50.12
6.44	83.40		426.25	3.00
0.50	5.00		7.50	1.00
0.30	8.00		4.50	0.45
10.77	935.04	80.50	886.83	88.14
1.50	42.42		42.42	–74.90
37.05	2042.46	2.00	857.65	51.10
34.71	1887.90	191.70	1680.70	239.94
4136.46	442267.07	49511.44	389720.34	34766.91
40.00	1060.00		22.50	2.00
1641.61	187291.08	0.46	102174.68	11847.41
1.67	21642.00	12926.00	16702.80	3490.90
0.06	20.00		10.00	
95.79	15687.20	90.00	11788.62	1604.22
3176.45	292027.06	34911.72	4199122.18	13666.71
11.90	1026.00	1026.00	779.90	13.00
211.54	26978.03	330.00	23486.82	–1163.24
	10.16		10.00	0.20
0.10	10.50		10.50	
0.20	10.00	2.00	10.00	2.00
152.53	9570.67	434.30	9342.59	1039.34
187.00	33239.98	1664.20	29253.52	2649.25
552.11	30254.61	324.00	21401.16	1899.20

2004年全国矿产资源开发利用

续表 31

矿　种	矿山企业数（个）					从业人员（人）
		大　型	中　型	小　型	小　矿	
云母	33			15	18	456
长石	329		5	140	184	4761
电气石	1				1	1
石榴子石	23			22	1	238
叶蜡石	126	1	15	89	21	2504
透辉石	36		3	26	7	710
蛭石	11		1	6	4	475
氟石	141	1	9	78	53	3021
透闪石	8			5	3	57
石膏	656	27	124	393	112	45529
方解石	575	8	27	270	270	7603
光学萤石	2			2		58
宝石	20			17	3	292
玉石	51			12	39	1551
玛瑙	1				1	100
玻璃用灰岩	2				2	36
水泥用灰岩	4878	98	112	2627	2041	175440
建筑石料用灰岩	17896	24	64	4945	12863	286712
饰面用灰岩	158			47	111	4543
制灰用石灰岩	1490	3	2	352	1133	27357
泥灰岩	34			8	26	449
白垩	3			3		19
玻璃用白云岩	32	1		4	27	889
建筑用白云岩	1333	10	20	542	761	23946
玻璃用石英岩	412	10	47	258	97	8940
玻璃用砂岩	129		16	85	28	2237
水泥配料用砂岩	234	2	30	134	68	4091
砖瓦用砂岩	183		8	113	62	3864
陶瓷用砂岩	73		6	58	9	921
玻璃用砂	81	7	19	38	17	3660
建筑用砂	5902	96	263	1775	3768	78132

情况——按矿种分列(四)

年产矿量（万吨）	工　业总产值（万元）	综合利用产值（万元）	矿产品销售收入（万元）	利润总额（万元）
3.69	1219.76	9.00	1001.75	81.45
135.70	8443.70	846.16	8084.07	1037.60
78.00	2582.45	3.00	288.45	33.70
147.38	11383.57	259.80	7800.00	2057.37
81.74	5739.93	8.00	5612.41	705.99
5.57	916.32		727.80	33.80
181.48	4762.92	28.40	4402.72	618.34
0.40	19.50		9.50	0.10
2130.19	97190.18	3168.14	92258.00	7883.32
368.49	18913.73	979.58	15745.52	1778.40
4.60	326.62		326.62	49.70
4.80	269.80		174.00	19.00
7.89	3010.56	12.00	2698.88	–298.03
0.50	100.00	50.00	100.00	50.00
2.60	49.20	30.00	49.20	9.00
44500.99	1848199.42	224278.73	1609940.22	216713.53
45536.54	525129.07	31118.07	593233.47	57932.55
225.71	5466.11	76.00	4316.40	679.52
3298.87	60645.20	7696.22	65998.37	6782.62
60.54	754.36		2519.46	59.31
1.70	69.00		63.00	9.00
119.01	2161.35	63.00	2064.90	389.55
5775.15	67441.83	3314.42	68769.33	10917.39
806.35	37337.42	1555.75	34255.42	2723.39
240.57	11419.42	671.90	9386.92	991.65
1117.86	16777.42	195.75	16028.70	1067.06
250.43	3837.50	127.70	3998.15	574.13
41.60	1152.00	148.00	1082.31	45.63
384.16	20554.76	497.00	17699.70	1285.65
23855.50	246433.20	16099.77	286395.98	30644.11

2004年全国矿产资源开发利用

续表 31

矿　种	矿山企业数（个）					从业人员（人）
		大　型	中　型	小　型	小　矿	
水泥配料用砂	72	1	3	39	29	3371
水泥标准砂	5		2	1	2	512
砖瓦用砂	108		1	12	95	2619
玻璃用脉石英	178	1	3	84	90	2164
冶金用脉石英	22		2	15	5	367
粉石英	38	5	1	22	10	408
硅藻土	31			9	22	761
陶粒页岩	34	3	5	20	6	556
砖瓦用页岩	3414	9	270	2818	317	118128
水泥配料用页岩	141	5	26	94	16	2431
高岭土	491	46	49	328	68	13060
陶瓷土	532	28	110	322	72	7709
凹凸棒石粘土	36	3	5	27	1	3741
海泡石粘土	15		1	9	5	251
伊利石粘土	18	1		14	3	279
累托石粘土	38		2	34	2	735
膨润土	346	11	22	266	47	7200
砖瓦用粘土	23132	20	34	3125	19953	1095988
陶粒用粘土	355	18	23	285	29	11264
水泥配料用粘土	223	1	4	60	158	5395
水泥配料用红土	24		1	3	20	174
水泥配料用黄土	13			6	7	1430
水泥配料用泥岩	18			5	13	283
保温材料用粘土	4			2	2	359
水泥配料用粘土矿	2			1	1	116
建筑用橄榄岩	13	3		10		450
饰面用蛇纹岩	54			16	38	810
铸石用玄武岩	21	4	5	12		529
岩棉用玄武岩	12	8	2	2		356
角闪岩	19	3		12	4	317
水泥用辉绿岩	2	1		1		19

情况——按矿种分列(五)

年产矿量（万吨）	工业总产值（万元）	综合利用产值（万元）	矿产品销售收入（万元）	利润总额（万元）
347.09	5288.64	31.30	5017.49	259.17
29.87	4285.00	3000.00	4053.70	24.00
115.49	12457.13	570.00	2370.71	327.86
62.86	3366.09	176.50	3247.72	308.96
20.47	724.90	86.00	719.90	58.54
24.50	992.05	0.20	1443.60	77.72
15.03	13036.70	2.00	12842.30	45.31
26.52	697.96	2.50	593.06	44.76
6716.07	207937.60	32072.86	177047.19	13569.49
421.67	6775.32	471.60	5222.07	699.82
755.26	43513.80	13073.05	41751.28	5697.43
865.57	31480.39	6886.45	29315.18	2359.63
69.38	2716.91	341.65	2434.90	56.72
2.78	125.20	4.00	116.70	5.85
5.30	260.55	9.60	250.55	40.00
85.32	5075.76	1578.00	4617.50	594.82
317.22	26712.88	2972.60	25436.84	1737.06
44935.70	1622899.58	86125.47	1529874.44	125836.09
551.21	15562.74	836.10	13541.97	1743.20
609.56	39191.89	214.96	18533.35	3649.84
28.24	3102.50	425.30	2212.88	27.16
71.70	7522.26	10.00	389.15	37.68
78.02	928.93		736.93	77.60
5.06	361.00		361.00	25.00
11.02	726.00		475.00	52.30
11.02	726.00		475.00	52.30
57.51	1320.45	56.00	1269.85	277.09
66.77	829.50		790.50	83.30
17.50	525.01	32.00	525.00	24.00
104.99	1399.34	107.01	1308.93	–259.86
1.00	100.00		100.00	1.00

2004年全国矿产资源开发利用

续表 31

矿种	矿山企业数（个）					从业人员（人）
		大型	中型	小型	小矿	
铸石用辉绿岩	2			2		18
饰面用辉绿岩	384	3	6	98	277	4998
建筑用辉绿岩	210	24	33	125	28	3277
饰面用安山岩	3		1	1	1	34
建筑用安山岩	836	143	163	472	58	16270
建筑用闪长岩	356	35	45	246	30	5219
水泥混合材用闪长玢岩	1			1		18
建筑用花岗岩	6336	1308	768	3796	464	94492
饰面用花岗岩	2108	45	56	1359	648	35351
麦饭石	16	1		7	8	170
珍珠岩	74	6	3	51	14	2133
黑耀岩	2				2	34
浮石	7	3	1	2	1	274
铸石用粗面岩	4	4				186
霞石正长岩	5	1		3	1	175
玻璃用凝灰岩	1				1	2
水泥用凝灰岩	16		7	8	1	204
建筑用凝灰岩	2340	1061	490	725	64	40737
火山灰	17		3	11	3	194
火山渣	2		1	1		198
饰面用大理岩	525	19	18	183	305	8217
建筑用大理岩	721	30	148	441	102	8571
水泥用大理岩	272	48	32	171	21	5884
玻璃用大理岩	11		2	8	1	62
饰面用板岩	256	13	13	124	106	5902
水泥配料用板岩	7		1	6		103
片麻岩	254	1	68	132	53	3105
矿泉水	938	98	79	563	198	33573
地下水	10		1	5	4	265
二氧化碳气	1	1				200
其他矿产③	1677	103	207	1203	164	30032

注：① 数据表示气体矿产年产量，计量单位是亿立方米。

② 石油、天然气的矿山数为分公司数。

③ 其他矿产包括饰面用玄武岩、水泥混合材玄武岩、建筑用玄武岩等矿产。

情况——按矿种分列(六)

年产矿量（万吨）	工业总产值（万元）	综合利用产值（万元）	矿产品销售收入（万元）	利润总额（万元）
0.43	11.50		11.50	1.20
82.34	87808.76	7666.72	175741.10	1741.66
302.56	5666.69	88.06	5158.71	1006.59
6.65	11.00		81.50	1.60
3920.88	62518.61	4902.16	56705.23	4098.00
628.26	9895.26	427.22	9413.79	1165.51
2.00	30.00		30.00	
24887.71	266874.38	27601.27	244311.13	24116.95
1104.25	126051.29	12124.58	119692.83	18153.57
10.06	102.42		102.33	18.90
126.31	6616.87	914.90	6410.37	1512.21
0.14	17.00		8.00	2.80
7.64	1259.00		1202.00	252.55
102.00	2550.00		2520.00	290.00
2.55	285.00		215.00	2.50
22.09	243.22		167.22	34.71
21323.90	257719.53	909.91	240633.05	22268.78
46.11	562.99		372.94	90.20
1.00	6.00		6.00	-27.00
278.83	24564.01	731.63	20032.84	2998.55
1242.32	17181.64	921.35	16793.39	2113.27
783.13	23273.19	4351.85	18039.23	3237.10
3.58	138.00		136.00	30.75
557.75	11755.46	4047.40	11510.86	1757.26
10.48	160.80	10.00	159.80	7.00
503.15	5315.61	822.40	5138.36	623.55
3429.76	367269.00		179291.72	20415.91
18.25	1432.26		944.35	47.69
1.00①	4286.00		4286.00	308.00
3653.57	61996.07	2584.42	49499.82	3221.17

2004年中国主要矿产

表 32

矿产品名称	进口				
	国别（地区）	数量（吨）	占总量%	金额（美元）	占总值%
煤炭	**合计**	**19,051,579.80**	**100.00**	**903,234.41**	**100.00**
	越南	6,387,282.84	33.53	179,877.51	19.91
	澳大利亚	5,352,373.75	28.09	387,250.43	42.87
	加拿大	1,887,628.32	9.91	167,639.81	18.56
	蒙古	1,601,190.46	8.40	12,250.61	1.36
	朝鲜	1,571,347.82	8.25	49,212.11	5.45
	印度尼西亚	1,479,342.26	7.76	59,434.78	6.58
	俄罗斯联邦	607,251.80	3.19	34,114.38	3.78
	新西兰	118,598.40	0.62	9,105.04	1.01
	其他国家或地区	46,564.16	0.24	4,349.74	0.48
石油原油	**合计**	**122,723,840.32**	**100.00**	**33,912,467.96**	**100.00**
	沙特阿拉伯	17,243,549.60	14.05	4,634,104.88	13.66
	阿曼	16,345,276.83	13.32	4,271,270.02	12.59
	安哥拉	16,120,822.88	13.14	4,716,807.80	13.91
	伊朗	13,237,232.14	10.79	3,535,879.01	10.43
	俄罗斯联邦	10,773,689.80	8.78	2,936,463.87	8.66
	苏丹	5,770,341.67	4.70	1,658,066.56	4.89
	越南	5,351,458.49	4.36	1,546,965.68	4.56
	也门共和国	4,912,420.39	4.00	1,425,815.66	4.20
	刚果	4,773,279.08	3.89	1,338,835.04	3.95
	赤道几内亚	3,484,772.65	2.84	928,113.54	2.74
	印度尼西亚	3,427,693.49	2.79	958,873.45	2.83
	挪威	2,008,898.98	1.64	575,862.26	1.70
	马来西亚	1,691,344.37	1.38	530,226.78	1.56
	巴西	1,576,507.60	1.28	422,880.03	1.25
	澳大利亚	1,510,248.97	1.23	467,518.98	1.38
	尼日利亚	1,488,952.88	1.21	411,931.14	1.21
	阿拉伯联合酋长国	1,343,865.18	1.10	413,005.75	1.22
	利比亚	1,338,451.46	1.09	381,020.21	1.12
	伊拉克	1,306,510.61	1.06	312,552.12	0.92
	哈萨克斯坦	1,285,604.78	1.05	348,527.10	1.03
	其他国家或地区	6,478,938.28	5.28	1,792,292.09	5.29
铁矿砂及其精矿	**合计**	**207,990,713.94**	**100.00**	**12,703,632.06**	**100.00**
	澳大利亚	78,159,742.78	37.58	3,348,845.77	26.36
	印度	50,045,873.69	24.06	4,042,077.04	31.82
	巴西	46,028,880.23	22.13	2,869,767.97	22.59
	南非	11,098,597.22	5.34	677,118.62	5.33

品进出口情况(一)

出口				
国别（地区）	数量（吨）	占总量%	金额（美元）	占总值%
合计	**101,803,077.35**	**100.00**	**7,775,843.68**	**100.00**
日本	32,454,339.34	31.88	2,344,898.41	30.16
韩国	24,877,912.89	24.44	1,236,988.48	15.91
台湾省	20,005,643.43	19.65	706,332.25	9.08
印度	4,053,610.83	3.98	426,149.69	5.48
菲律宾	2,939,145.54	2.89	116,201.66	1.49
巴西	2,391,730.41	2.35	530,761.77	6.83
土耳其	2,027,169.58	1.99	112,369.84	1.45
美国	1,796,451.44	1.76	514,519.35	6.62
其他国家或地区	9,776,619.41	9.60	1,448,968.47	18.63
合计	**5,491,570.93**	**100.00**	**1,324,692.34**	**100.00**
日本	1,445,685.16	26.33	302,329.46	22.82
韩国	1,382,838.07	25.18	364,890.78	27.55
印度尼西亚	581,442.13	10.59	141,519.17	10.68
美国	531,784.67	9.68	139,326.15	10.52
朝鲜	498,267.59	9.07	121,254.99	9.15
澳大利亚	493,231.39	8.98	117,884.81	8.90
新加坡	444,231.87	8.09	109,402.88	8.26
马来西亚	59,347.12	1.08	13,368.43	1.01
其他国家或地区	54,739.50	1.00	14,710.44	1.11
	3.42		5.23	
合计	**4,628.54**	**100.00**	**229.5**	**100.00**
日本	4,060.50	87.73	116.36	50.70
韩国	420.42	9.08	74.79	32.59
阿塞拜疆	120.3	2.60	20.66	9.00
新加坡	10	0.22	5.88	2.56

2004年中国主要矿产

续表 32

矿产品名称	进口				
	国别（地区）	数量（吨）	占总量%	金额（美元）	占总值%
铁矿砂及其精矿	秘鲁	3,501,602.87	1.68	256,200.59	2.02
	加拿大	2,796,653.59	1.34	310,761.69	2.45
	委内瑞拉	2,394,869.56	1.15	187,034.58	1.47
	俄罗斯联邦	2,074,507.93	1.00	191,080.55	1.50
	智利	1,992,571.98	0.96	158,523.77	1.25
	越南	1,618,803.56	0.78	49,027.83	0.39
	伊朗	1,067,273.00	0.51	82,462.54	0.65
	哈萨克斯坦	1,012,147.41	0.49	62,812.35	0.49
	其他国家或地区	6,199,190.13	2.98	467,918.77	3.68
锰矿砂及其精矿	**合计**	**4,646,733.33**	**100.00**	**585,646.29**	**100.00**
	澳大利亚	1,573,618.44	33.87	226,520.36	38.68
	加蓬	575,262.65	12.38	90,368.59	15.43
	加纳	556,309.08	11.97	50,307.35	8.59
	南非	511,392.65	11.01	78,545.02	13.41
	巴西	338,546.83	7.29	45,607.62	7.79
	印度	279,399.60	6.01	24,127.90	4.12
	缅甸	198,192.85	4.27	5,815.12	0.99
	美国	194,373.24	4.18	32,444.47	5.54
	越南	102,385.96	2.20	4,081.04	0.70
	其他国家或地区	317,252.03	6.83	27,828.83	4.75
铜矿砂及其精矿	**合计**	**2,880,962.93**	**100.00**	**2,238,422.35**	**100.00**
	智利	973,072.45	33.78	803,201.10	35.88
	秘鲁	509,507.94	17.69	402,647.80	17.99
	蒙古	500,081.81	17.36	314,814.48	14.06
	澳大利亚	234,960.33	8.16	155,948.41	6.97
	墨西哥	163,693.44	5.68	129,118.42	5.77
	哈萨克斯坦	119,234.57	4.14	86,043.30	3.84
	加拿大	81,444.25	2.83	77,156.55	3.45
	伊朗	61,038.41	2.12	46,570.68	2.08
	印度尼西亚	54,106.10	1.88	56,389.05	2.52
	巴布亚新几内亚	49,926.03	1.73	47,714.39	2.13
	南非	40,458.63	1.40	26,773.36	1.20
	巴西	15,531.25	0.54	13,036.21	0.58
	坦桑尼亚	12,435.26	0.43	40,220.85	1.80
	保加利亚	11,119.80	0.39	6,735.20	0.30
	其他国家或地区	54,352.67	1.89	32,052.56	1.43
镍矿砂及其精矿	**合计**	**42,589.85**	**100.00**	**35,240.08**	**100.00**

品进出口情况(二)

出　　口				
国别(地区)	数量(吨)	占总量%	金额(美元)	占总值%
其他国家或地区	17.33	0.37	11.82	5.15
合计	**2,482.74**	**100.00**	**410.56**	**100.00**
日本	1,300.00	52.36	202.89	49.42
朝鲜	649.5	26.16	77.72	18.93
马来西亚	129	5.20	31.73	7.73
孟加拉国	125	5.03	25.95	6.32
其他国家或地区	279.24	11.25	72.28	17.61
合计	**14,430.82**	**100.00**	**437.3**	**100.00**
日本	5,922.62	41.04	179.29	41.00
巴拿马	2,990.23	20.72	90.6	20.72
塞浦路斯	1,584.08	10.98	48	10.98
其他国家或地区	3,933.89	27.26	119.41	27.31

2004年中国主要矿产

续表 32

矿产品名称	进口				
	国别（地区）	数量（吨）	占总量%	金额（美元）	占总值%
镍矿砂及其精矿	澳大利亚	28,277.49	66.39	28,229.77	80.11
	美国	12,447.90	29.23	2,483.80	7.05
	古巴	896.07	2.10	3,340.64	9.48
	日本	408.2	0.96	532.35	1.51
	南非	339.06	0.80	458.86	1.30
	其他国家或地区	221.14	0.52	194.65	0.55
钴矿砂及其精矿	**合计**	**143,593.55**	**100.00**	**241,884.14**	**100.00**
	刚果	62,882.25	43.79	94,649.44	39.13
	民主刚果	55,475.54	38.63	94,306.79	38.99
	南非	10,639.34	7.41	17,170.50	7.10
	古巴	6,756.00	4.70	27,846.61	11.51
	加拿大	1,457.27	1.01	333.29	0.14
	澳大利亚	1,455.53	1.01	1,171.54	0.48
	韩国	1,288.34	0.90	964.24	0.40
	比利时	1,247.81	0.87	999.29	0.41
	其他国家或地区	2,391.47	1.67	4,442.45	1.84
氧化铝	**合计**	**5,874,884.91**	**100.00**	**2,043,562.75**	**100.00**
	澳大利亚	3,270,426.27	55.67	1,103,301.51	53.99
	牙买加	752,145.70	12.80	268,488.65	13.14
	印度	733,779.24	12.49	236,671.05	11.58
	美国	532,247.21	9.06	217,418.92	10.64
	巴西	168,135.42	2.86	67,344.91	3.30
	委内瑞拉	136,211.93	2.32	37,319.04	1.83
	哈萨克斯坦	127,360.55	2.17	46,674.43	2.28
	其他国家或地区	154,578.60	2.63	66,344.24	3.25
铅矿砂及其精矿	**合计**	**830,560.11**	**100.00**	**437,046.27**	**100.00**
	秘鲁	187,386.72	22.56	121,754.30	27.86
	美国	177,144.78	21.33	79,892.92	18.28
	澳大利亚	160,730.47	19.35	114,989.70	26.31
	韩国	61,576.55	7.41	11,009.72	2.52
	伊朗	24,680.84	2.97	11,144.52	2.55
	南非	24,200.74	2.91	14,241.30	3.26
	纳米比亚	22,238.80	2.68	9,677.07	2.21
	德国	21,788.77	2.62	7,670.92	1.76
	印度	20,505.64	2.47	12,764.11	2.92
	越南	20,119.64	2.42	2,503.37	0.57
	其他国家或地区	110,187.16	13.27	51,398.35	11.76

品进出口情况(三)

国别(地区)	出口			
	数量(吨)	占总量%	金额(美元)	占总值%
合计	**22,587.50**	**100.00**	**11,009.99**	**100.00**
朝鲜	14,034.55	62.13	5,894.19	53.53
日本	3,736.63	16.54	1,558.02	14.15
韩国	2,595.09	11.49	1,528.91	13.89
其他国家或地区	2,221.24	9.83	2,028.87	18.43
合计	**20.2**	**100.00**	**6.07**	**100.00**
香港	20	99.01	5.13	84.51
新加坡	0.2	0.99	0.94	15.49

2004年中国主要矿产

续表 32

矿产品名称	进口				
	国别（地区）	数量（吨）	占总量%	金额（美元）	占总值%
锌矿砂及其精矿	**合计**	**616,074.03**	**100.00**	**171,130.10**	**100.00**
	澳大利亚	233,325.37	37.87	76,523.36	44.72
	秘鲁	138,232.11	22.44	46,226.20	27.01
	伊朗	62,751.90	10.19	6,175.91	3.61
	印度	61,942.30	10.05	12,173.48	7.11
	越南	27,879.67	4.53	8,118.81	4.74
	智利	27,508.90	4.47	2,455.31	1.43
	缅甸	19,336.13	3.14	6,549.31	3.83
	墨西哥	16,091.70	2.61	4,416.20	2.58
	俄罗斯联邦	15,841.63	2.57	5,779.13	3.38
	其他国家或地区	13,164.33	2.14	2,712.39	1.58
锡矿砂及其精矿	**合计**	**8,912.04**	**100.00**	**28,345.50**	**100.00**
	玻利维亚	6,253.04	70.16	26,116.01	92.13
	缅甸	1,785.41	20.03	1,825.06	6.44
	德国	716.35	8.04	226.8	0.80
	其他国家或地区	157.25	1.76	177.62	0.63
铬矿砂及其精矿	**合计**	**2,166,188.63**	**100.00**	**381,309.73**	**100.00**
	印度	761,487.46	35.15	165,728.09	43.46
	土耳其	275,566.01	12.72	50,188.69	13.16
	越南	195,488.74	9.02	15,670.23	4.11
	伊朗	182,890.67	8.44	28,366.99	7.44
	澳大利亚	181,389.26	8.37	25,058.93	6.57
	巴基斯坦	122,099.38	5.64	22,307.70	5.85
	南非	108,751.80	5.02	24,147.83	6.33
	美国	90,523.47	4.18	14,453.55	3.79
	菲律宾	70,001.36	3.23	8,296.87	2.18
	哈萨克斯坦	45,866.62	2.12	6,521.47	1.71
	阿尔巴尼亚	38,703.71	1.79	5,798.47	1.52
	马达加斯加	36,251.49	1.67	6,465.95	1.70
	阿曼	26,682.57	1.23	3,496.92	0.92
	苏丹	14,954.98	0.69	2,296.80	0.60
	其他国家或地区	15,531.12	0.72	2,511.26	0.66
钨矿砂及其精矿	**合计**	**2,876.82**	**100.00**	**5,721.27**	**100.00**
	俄罗斯联邦	835.55	29.04	2,418.28	42.27
	朝鲜	568.08	19.75	395.93	6.92
	日本	535.54	18.62	1,758.62	30.74
	加拿大	483.53	16.81	414.33	7.24

品进出口情况(四)

	出　　口			
国别（地区）	数量（吨）	占总量%	金额（美元）	占总值%
合计	**4,488.19**	**100.00**	**682.90**	**100.00**
朝鲜	749.70	16.70	44.98	6.59
日本	3,249.49	72.40	485.73	71.13
韩国	3.00	0.07	10.62	1.55
台湾省	436.00	9.71	135.58	19.85
尼日利亚	50.00	1.11	6.00	0.88

2004年中国主要矿产

续表 32

矿产品名称	进口				
	国别（地区）	数量（吨）	占总量%	金额（美元）	占总值%
钨矿砂及其精矿	缅甸	156.78	5.45	78.56	1.37
	尼日利亚	106.88	3.72	84.55	1.48
	其他国家或地区	190.47	6.62	571	9.98
钼矿砂及其精矿	**合计**	**20,541.12**	**100.00**	**117,038.89**	**100.00**
	俄罗斯联邦	3,679.15	17.91	50,945.62	43.53
	荷兰	3,374.46	16.43	1,863.84	1.59
	缅甸	3,010.00	14.65	65.46	0.06
	蒙古	2,302.46	11.21	26,958.90	23.03
	比利时	1,352.31	6.58	3,228.59	2.76
	秘鲁	1,037.08	5.05	17,815.10	15.22
	其他国家或地区	5,785.66	28.17	16,161.38	13.81
钛矿砂及其精矿	**合计**	**593,275.72**	**100.00**	**41,739.77**	**100.00**
	越南	368,517.40	62.12	18,805.87	45.06
	印度	111,399.34	18.78	8,417.07	20.17
	澳大利亚	76,760.01	12.94	7,450.06	17.85
	南非	19,973.00	3.37	3,395.41	8.13
	加拿大	4,439.95	0.75	1,470.16	3.52
	泰国	3,105.01	0.52	199.64	0.48
	斯里兰卡	2,723.00	0.46	421.54	1.01
	其他国家或地区	6,358.01	1.07	1,580.03	3.79
铌钽钒矿砂及其精矿	**合计**	**10,293.25**	**100.00**	**66,012.92**	**100.00**
	马来西亚	1,407.65	13.68	4,237.50	6.42
	卢旺达	1,319.32	12.82	15,992.87	24.23
	德国	1,055.06	10.25	906.63	1.37
	尼日利亚	755.83	7.34	4,354.47	6.60
	印度	748.41	7.27	2,055.60	3.11
	澳大利亚	666.99	6.48	13,150.74	19.92
	比利时	650.37	6.32	460.11	0.70
	巴西	591.81	5.75	3,713.51	5.63
	其他国家或地区	3,097.82	30.10	21,141.50	32.03
锑	**合计**	**18,006.18**	**100.00**	**14,328.56**	**100.00**
	俄罗斯联邦	9,323.91	51.78	9,350.08	65.25
	塔吉克斯坦	5,049.33	28.04	3,431.14	23.95
	哈萨克斯坦	1,580.47	8.78	607.65	4.24
	缅甸	1,175.95	6.53	235.03	1.64
	越南	249.96	1.39	68.8	0.48
	其他国家或地区	626.56	3.48	635.87	4.44

品进出口情况(五)

出口				
国别（地区）	数量（吨）	占总量%	金额（美元）	占总值%
合计	**29,463.79**	**100.00**	**544,488.11**	**100.00**
荷兰	14,585.65	49.50	279,229.92	51.28
韩国	6,456.59	21.91	112,048.30	20.58
日本	2,235.25	7.59	44,229.04	8.12
英国	1,849.00	6.28	27,641.95	5.08
印度	1,578.89	5.36	33,209.46	6.10
其他国家或地区	2,758.40	9.36	48,129.43	8.84
合计	**26,648.25**	**100.00**	**2,627.47**	**100.00**
台湾省	21,347.98	80.11	747.01	28.43
越南	2,088.31	7.84	511.72	19.48
韩国	910.96	3.42	305.57	11.63
土耳其	694	2.60	321.86	12.25
其他国家或地区	1,607.00	6.03	741.31	28.21
合计	**45**	**100.00**	**129.99**	**100.00**
香港	25	55.56	117.69	90.53
台湾省	20	44.44	12.3	9.46

2004年中国主要矿产

续表 32

矿产品名称	进口				
	国别（地区）	数量（吨）	占总量%	金额（美元）	占总值%
稀土金属矿	**合计**	**3,423.48**	**100.00**	**1,565.29**	**100.00**
	泰国	2,285.10	66.75	774.3	49.47
	马来西亚	922.31	26.94	344.85	22.03
	日本	71.51	2.09	70.03	4.47
	菲律宾	61.21	1.79	26.13	1.67
	爱沙尼亚	31.69	0.93	300.83	19.22
	法国	28.54	0.83	34.97	2.23
	其他国家或地区	23.12	0.68	14.19	0.91
稀土化合物及混合物	**合计**	**2,558.14**	**100.00**	**29,937.93**	**100.00**
	日本	1,265.86	49.48	18,554.71	61.98
	法国	610.52	23.87	3,674.54	12.27
	美国	210.3	8.22	2,251.22	7.52
	台湾省	194.18	7.59	1,204.14	4.02
	韩国	92.73	3.62	872.91	2.92
	英国	58.81	2.30	828.5	2.77
	俄罗斯联邦	44.53	1.74	494.5	1.65
	德国	17.28	0.68	1,333.15	4.45
	其他国家或地区	63.93	2.50	724.26	2.42
磷矿	**合计**	**242.13**	**100.00**	**43.9**	**100.00**
	印度尼西亚	240	99.12	33.79	76.97
	日本	2.1	0.87	2.02	4.61
	美国	0.03	0.01	8.09	18.42
磷肥	**合计**	**2,622,359.54**	**100.00**	**628,308.46**	**100.00**
	美国	2,081,114.13	79.36	527,044.49	83.88
	哈萨克斯坦	191,079.60	7.29	29,379.40	4.68

品进出口情况(六)

国别(地区)	出口 数量(吨)	占总量%	金额(美元)	占总值%
合计	**12,240.70**	**100.00**	**83,309.54**	**100.00**
日本	7,290.27	59.56	65,857.04	79.05
荷兰	1,502.73	12.28	4,391.66	5.27
美国	1,213.63	9.91	5,038.97	6.05
意大利	580	4.74	1,246.62	1.50
比利时	324	2.65	808.08	0.97
巴西	246	2.01	686.22	0.82
奥地利	204.04	1.67	575.4	0.69
阿根廷	192	1.57	464.63	0.56
印度	187.17	1.53	488.74	0.59
其他国家或地区	500.85	4.09	3,752.19	4.50
合计	**57,471.86**	**100.00**	**196,930.37**	**100.00**
日本	15,428.64	26.85	85,705.26	43.52
美国	15,163.68	26.38	29,316.65	14.89
法国	9,989.83	17.38	22,079.55	11.21
韩国	3,973.84	6.91	20,671.15	10.50
意大利	3,049.36	5.31	6,639.20	3.37
荷兰	2,184.88	3.80	7,536.07	3.83
台湾省	1,548.01	2.69	1,894.71	0.96
英国	1,519.31	2.64	5,057.82	2.57
德国	772.35	1.34	6,809.99	3.46
马来西亚	706.5	1.23	1,475.54	0.75
其他国家或地区	3,135.45	5.46	9,744.43	4.95
合计	**3,123,127.82**	**100.00**	**121,048.85**	**100.00**
韩国	990,423.66	31.71	38,299.21	31.64
菲律宾	417,387.32	13.36	14,134.70	11.68
印度	384,731.85	12.32	13,856.00	11.45
日本	382,191.36	12.24	18,506.47	15.29
印度尼西亚	344,072.20	11.02	12,869.52	10.63
澳大利亚	234,459.60	7.51	9,191.45	7.59
新西兰	221,947.09	7.11	8,516.40	7.04
马来西亚	113,226.88	3.63	4,412.32	3.65
孟加拉国	29,080.00	0.93	1,023.16	0.85
其他国家或地区	5,607.87	0.18	239.63	0.20
合计	**2,081,040.20**	**100.00**	**391,183.08**	**100.00**
越南	513,110.58	24.66	124,510.23	31.83
孟加拉国	371,024.80	17.83	55,724.39	14.25

2004年中国主要矿产

续表 32

矿产品名称	进口				
	国别（地区）	数量（吨）	占总量%	金额（美元）	占总值%
磷肥	俄罗斯联邦	136,110.35	5.19	21,919.47	3.49
	摩洛哥	106,170.00	4.05	24,786.24	3.94
	突尼斯	98,334.20	3.75	23,826.85	3.79
	乌兹别克斯坦	9,513.00	0.36	1,292.23	0.21
	其他国家或地区	38.26		59.78	0.01
钾肥	**合计**	**7,450,094.50**	**100.00**	**1,211,975.36**	**100.00**
	俄罗斯联邦	4,270,332.00	57.32	664,555.55	54.83
	加拿大	1,943,322.72	26.08	333,283.38	27.50
	以色列	550,767.35	7.39	91,997.09	7.59
	约旦	306,634.79	4.12	49,464.54	4.08
	白俄罗斯	161,615.28	2.17	25,903.59	2.14
	智利	85,096.34	1.14	21,140.28	1.74
	德国	81,970.96	1.10	15,455.41	1.28
	台湾省	38,444.82	0.52	6,814.52	0.56
	美国	11,554.73	0.16	2,762.24	0.23
	其他国家或地区	355.51		598.77	0.05
盐	**合计**	**2,156,363.99**	**100.00**	**72,221.24**	**100.00**
	澳大利亚	1,128,553.03	52.34	33,439.15	46.30
	印度	812,360.69	37.67	29,276.12	40.54
	墨西哥	83,171.00	3.86	2,757.27	3.82
	日本	5,300.91	0.25	874.53	1.21
	德国	1,376.42	0.06	171.71	0.24
	其他国家或地区	125,601.95	5.82	5,702.47	7.90
硫磺	**合计**	**6,769,211.11**	**100.00**	**611,555.99**	**100.00**
	加拿大	3,551,997.85	52.47	314,103.30	51.36
	日本	800,335.01	11.82	70,126.43	11.47
	阿拉伯联合酋长国	498,868.97	7.37	46,250.15	7.56
	美国	364,277.63	5.38	33,886.29	5.54
	伊朗	325,882.73	4.81	29,626.60	4.84
	哈萨克斯坦	277,845.11	4.10	18,789.77	3.07
	泰国	243,179.53	3.59	22,298.64	3.65
	台湾省	228,080.24	3.37	21,930.09	3.59

品进出口情况(七)

	出口			
国别(地区)	数量(吨)	占总量%	金额(美元)	占总值%
印度尼西亚	195,891.03	9.41	30,220.92	7.73
菲律宾	154,562.38	7.43	34,523.01	8.83
韩国	126,384.60	6.07	19,420.29	4.96
日本	125,899.80	6.05	17,662.97	4.52
泰国	123,766.65	5.95	30,349.39	7.76
澳大利亚	102,391.66	4.92	12,553.09	3.21
其他国家或地区	368,008.71	17.68	66,218.80	16.93
合计	**152,857.07**	**100.00**	**27,176.46**	**100.00**
越南	48,567.86	31.77	5,532.34	20.36
日本	41,379.27	27.07	9,346.38	34.39
印度尼西亚	40,412.40	26.44	6,527.70	24.02
马来西亚	8,062.08	5.27	1,524.17	5.61
澳大利亚	5,229.50	3.42	1,332.43	4.90
韩国	2,872.54	1.88	748.42	2.75
菲律宾	1,024.00	0.67	363.91	1.34
荷兰	1,000.00	0.65	362.49	1.33
其他国家或地区	4,309.42	2.82	1,438.64	5.29
合计	**812,084.01**	**100.00**	**34,586.29**	**100.00**
韩国	349,819.63	43.08	14,096.66	40.76
日本	266,763.61	32.85	11,563.74	33.43
香港	49,316.36	6.07	2,184.88	6.32
朝鲜	46,534.36	5.73	1,481.44	4.28
菲律宾	33,143.35	4.08	1,219.11	3.52
马来西亚	20,048.51	2.47	923.67	2.67
台湾省	13,089.63	1.61	670.85	1.94
蒙古	11,179.74	1.38	500.58	1.45
其他国家或地区	22,188.83	2.73	1,945.37	5.62
合计	**8,309.64**	**100.00**	**3,448.40**	**100.00**
朝鲜	3,836.20	46.17	588.54	17.07
日本	784	9.43	356.09	10.33
香港	533.41	6.42	475.19	13.78
澳大利亚	512	6.16	89.07	2.58
泰国	510	6.14	349.3	10.13
其他国家或地区	2,134.03	25.68	1,590.21	46.11

2004年中国主要矿产

续表 32

矿产品名称	进口				
	国别（地区）	数量（吨）	占总量%	金额（美元）	占总值%
硫磺	沙特阿拉伯	209,895.69	3.10	19,261.35	3.15
	科威特	152,447.40	2.25	14,058.27	2.30
	卡塔尔	97,896.88	1.45	9,095.86	1.49
	乌兹别克斯坦	10,572.80	0.16	591.35	0.10
	其他国家或地区	7,931.27	0.12	11,537.89	1.89
天然石墨	**合计**	**4,610.34**	**100.00**	**6,348.94**	**100.00**
	朝鲜	3,489.46	75.69	110.36	1.74
	斯里兰卡	220	4.77	235.41	3.71
	瑞士	193.01	4.19	654.74	10.31
	韩国	165.66	3.59	2781.39	43.81
	日本	146.92	3.19	1339.81	21.10
	德国	122.63	2.66	572.82	9.02
	其他国家或地区	160.59	3.48	326.78	5.15
高岭土	**合计**	**351,208.77**	**100.00**	**73,144.95**	**100.00**
	美国	216,609.70	61.68	44,317.84	60.59
	巴西	98,864.24	28.15	19,598.03	26.79
	日本	7,631.28	2.17	1,987.26	2.72
	澳大利亚	6,617.45	1.88	1,612.79	2.20
	英国	4,982.92	1.42	1,758.55	2.40
	马来西亚	4,605.13	1.31	354.15	0.48
	台湾省	3,449.49	0.98	1,032.96	1.41
	其他国家或地区	8,448.58	2.41	2,483.37	3.40
重晶石	**合计**	**1,020.88**	**100.00**	**452.44**	**100.00**
	韩国	342	33.50	115.89	25.62
	荷兰	225.6	22.10	86.35	19.09
	英国	160.71	15.74	56.94	12.58
	德国	120.68	11.82	82.6	18.26
	泰国	62	6.07	28.81	6.37
	美国	35.98	3.52	39.36	8.70
	印度尼西亚	24.7	2.42	7.31	1.61
	新加坡	20.4	2.00	9.59	2.12
	其他国家或地区	28.81	2.82	25.59	5.66

品进出口情况(八)

出口				
国别(地区)	数量(吨)	占总量%	金额(美元)	占总值%
合计	**451,735.40**	**100.00**	**67,041.46**	**100.00**
日本	253,548.03	56.13	26,772.85	39.93
韩国	38,365.94	8.49	6,181.88	9.22
荷兰	37,406.67	8.28	6,273.66	9.36
台湾省	21,811.74	4.83	2,763.19	4.12
马来西亚	10,666.60	2.36	766.08	1.14
其他国家或地区	89,936.43	19.91	24,283.80	36.22
合计	**1,064,100.59**	**100.00**	**39,917.92**	**100.00**
台湾省	334,843.78	31.47	5,942.59	14.89
香港	257,371.49	24.19	2,592.08	6.49
日本	126,012.66	11.84	8,860.94	22.20
韩国	63,942.26	6.01	3,621.66	9.07
菲律宾	51,806.37	4.87	1,464.42	3.67
泰国	50,324.24	4.73	2,667.46	6.68
越南	38,853.16	3.65	1,483.85	3.72
荷兰	28,896.10	2.72	2,680.93	6.72
印度尼西亚	18,837.94	1.77	1,634.58	4.09
阿拉伯联合酋长国	15,719.08	1.48	198.5	0.50
印度	12,528.73	1.18	1,788.61	4.48
马来西亚	11,197.87	1.05	1,184.32	2.97
其他国家或地区	53,766.93	5.05	5,798.00	14.52
合计	**2,394,397.92**	**100.00**	**77,817.75**	**100.00**
美国	1,820,780.82	76.04	51,202.67	65.80
荷兰	203,190.03	8.49	9,777.47	12.56
印度尼西亚	90,175.86	3.77	2,643.73	3.40
日本	47,870.25	2.00	2,680.88	3.45
马来西亚	46,500.28	1.94	1,294.02	1.66
墨西哥	44,647.02	1.86	1,127.76	1.45
西班牙	30,764.16	1.28	1,995.24	2.56
韩国	27,574.70	1.15	1,960.86	2.52
其他国家或地区	82,894.81	3.46	5,135.13	6.60

2004年中国主要矿产

续表 32

矿产品名称	进口				
	国别（地区）	数量（吨）	占总量%	金额（美元）	占总值%
大理石	**合计**	**2,174,431.16**	**100.00**	**349,782.76**	**100.00**
	埃及	616,498.69	28.35	86,214.76	24.65
	土耳其	462,625.37	21.28	72,162.36	20.63
	西班牙	257,707.54	11.85	43,821.74	12.53
	伊朗	225,825.68	10.39	39,648.15	11.34
	意大利	201,401.27	9.26	40,259.72	11.51
	其他国家或地区	410,372.62	18.87	67,676.03	19.35
花岗石	**合计**	**1,964,669.17**	**100.00**	**371,993.76**	**100.00**
	印度	1,000,136.86	50.91	166,869.77	44.86
	巴西	304,361.52	15.49	65,652.22	17.65
	芬兰	147,443.13	7.50	20,673.18	5.56
	挪威	99,663.86	5.07	25,593.05	6.88
	南非	95,571.26	4.86	18,843.41	5.07
	美国	66,828.65	3.40	16,463.69	4.43
	沙特阿拉伯	51,919.12	2.64	12,698.92	3.41
	西班牙	41,685.98	2.12	7,875.61	2.12
	日本	38,690.16	1.97	12,036.45	3.24
	加拿大	34,118.87	1.74	7,722.87	2.08
	其他国家或地区	84,249.78	4.29	17,564.58	4.72
菱镁矿	**合计**	**19,097.70**	**100.00**	**12,131.28**	**100.00**
	日本	5,371.28	28.13	4,916.24	40.53
	朝鲜	5,361.00	28.07	483.94	3.99
	奥地利	2,964.23	15.52	1,310.15	10.80
	美国	1,500.35	7.86	1,892.50	15.60
	韩国	1,329.37	6.96	756.84	6.24
	其他国家或地区	2,571.47	13.46	2,771.61	22.85
石膏	**合计**	**52,846.30**	**100.00**	**5,454.94**	**100.00**
	泰国	39,626.31	74.98	1,926.70	35.32
	俄罗斯联邦	3,433.92	6.50	96.15	1.76
	日本	2,291.57	4.34	597.28	10.95

品进出口情况(九)

出口				
国别（地区）	数量（吨）	占总量%	金额（美元）	占总值%
合计	**55,869.79**	**100.00**	**8,384.01**	**100.00**
香港	18,480.38	33.08	978.59	11.67
台湾省	14,600.06	26.13	846.1	10.09
韩国	7,697.51	13.78	1,841.70	21.97
美国	1,812.28	3.24	960.7	11.46
日本	1,697.01	3.04	670.1	7.99
其他国家或地区	11,582.56	20.73	3,086.82	36.82
合计	**1,254,802.91**	**100.00**	**40,375.53**	**100.00**
台湾省	437,549.43	34.87	6,088.83	15.08
荷兰	236,066.90	18.81	10,187.02	25.23
香港	234,383.00	18.68	2,983.21	7.39
日本	134,720.10	10.74	3,728.64	9.23
德国	58,551.11	4.67	3,720.47	9.21
意大利	46,836.42	3.73	2,686.21	6.65
瑞典	21,696.00	1.73	1,189.88	2.95
泰国	16,398.80	1.31	660.97	1.64
其他国家或地区	68,601.16	5.47	9,130.30	22.61
合计	**1,866,241.81**	**100.00**	**260,921.57**	**100.00**
美国	474,731.98	25.44	79,033.03	30.29
荷兰	379,219.42	20.32	65,545.33	25.12
日本	329,058.93	17.63	25,726.67	9.86
台湾省	157,049.07	8.42	7,107.63	2.72
韩国	89,209.33	4.78	5,573.59	2.14
俄罗斯联邦	84,602.75	4.53	21,926.63	8.40
马来西亚	41,726.26	2.24	2,174.06	0.83
南非	34,636.41	1.86	5,150.16	1.97
意大利	33,013.22	1.77	7,862.90	3.01
加拿大	28,846.64	1.55	2,890.57	1.11
伊朗	28,742.11	1.54	5,956.68	2.28
新西兰	21,485.90	1.15	1,348.76	0.52
其他国家或地区	163,919.79	8.78	30,625.55	11.74
合计	**269,520.59**	**100.00**	**7,468.97**	**100.00**
越南	179,384.60	66.56	2,042.89	27.35
韩国	48,067.66	17.83	2,499.86	33.47
刚果	8,710.69	3.23	240.40	3.22

2004年中国主要矿产

续表 32

矿产品名称	进口				
	国别（地区）	数量（吨）	占总量%	金额（美元）	占总值%
石膏	香港	1,721.98	3.26	96.65	1.77
	美国	1,309.66	2.48	941.82	17.27
	法国	1,133.04	2.14	374.04	6.86
	英国	1,080.27	2.04	439.2	8.05
	其他国家或地区	2,249.56	4.26	983.08	18.02
石棉	**合计**	**189,823.61**	**100.00**	**35,236.27**	**100.00**
	俄罗斯联邦	151,063.72	79.58	27,725.61	78.68
	哈萨克斯坦	21,289.75	11.22	3,055.22	8.67
	巴西	8,700.00	4.58	1,986.26	5.64
	其他国家或地区	8,770.15	4.62	2,469.18	7.01
水泥	**合计**	**2,669,362.30**	**100.00**	**77,495.63**	**100.00**
	日本	2,330,800.28	87.32	60,903.47	78.59
	台湾省	238,041.65	8.92	7,554.64	9.75
	巴拿马	27,082.00	1.01	866.99	1.12
	印度尼西亚	21,256.39	0.80	709.06	0.91
	香港	20,212.09	0.76	833.62	1.08
	澳门	8,801.64	0.33	361.89	0.47
	其他国家或地区	23,168.26	0.87	6,265.97	8.09
滑石	**合计**	**21,526.54**	**100.00**	**9,991.07**	**100.00**
	美国	7,908.48	36.74	2,735.81	27.38
	日本	2,635.81	12.24	2,497.35	25.00
	台湾省	2,199.76	10.22	1,125.49	11.26
	加拿大	2,008.93	9.33	530.67	5.31
	韩国	1,993.26	9.26	915.09	9.16
	澳大利亚	1,035.38	4.81	337.19	3.37
	其他国家或地区	3,744.92	17.40	1,849.49	18.51
萤石	**合计**	**5,154.65**	**100.00**	**485.49**	**100.00**
	蒙古	2,628.66	51.00	306.18	63.07
	日本	1,928.13	37.41	45.32	9.33
	朝鲜	290	5.63	18.85	3.88
	美国	240	4.66	92.4	19.03

品进出口情况(十)

出口				
国别(地区)	数量(吨)	占总量%	金额(美元)	占总值%
台湾省	8,086.69	3.00	624.25	8.36
澳门	5,325.46	1.98	134.3	1.80
日本	4,706.79	1.75	472.43	6.33
香港	4,635.20	1.72	555.71	7.44
哈萨克斯坦	2,747.02	1.02	177.26	2.37
朝鲜	2,657.86	0.99	72.51	0.97
菲律宾	1,005.72	0.37	93.22	1.25
其他国家或地区	4,192.91	1.56	556.15	7.45
合计	**3,575.79**	**100.00**	**636.31**	**100.00**
印度尼西亚	1,358.75	38.00	170.62	26.81
朝鲜	1,290.20	36.08	286.95	45.10
缅甸	263.44	7.37	13.79	2.17
其他国家或地区	663.4	18.55	164.96	25.92
合计	**7,044,299.33**	**100.00**	**230,393.56**	**100.00**
韩国	2,256,157.70	32.03	73,359.08	31.84
美国	1,960,081.64	27.83	63,189.54	27.43
台湾省	686,888.60	9.75	18,729.55	8.13
香港	592,968.07	8.42	20,830.88	9.04
阿拉伯联合酋长国	318,860.79	4.53	7,996.14	3.47
安哥拉	247,240.00	3.51	7,211.87	3.13
其他国家或地区	982,102.53	13.94	39,076.51	16.96
合计	**645,484.85**	**100.00**	**66,024.00**	**100.00**
日本	215,056.74	33.32	24,396.48	36.95
美国	158,223.73	24.51	12,916.12	19.56
泰国	63,793.22	9.88	8,256.31	12.51
意大利	46,235.37	7.16	3,293.08	4.99
荷兰	35,021.37	5.43	3,445.67	5.22
韩国	18,681.74	2.89	2,309.35	3.50
墨西哥	16,761.71	2.60	1,318.64	2.00
西班牙	10,147.70	1.57	1,172.80	1.78
其他国家或地区	81,563.27	12.64	8,915.55	13.50
合计	**834,180.53**	**100.00**	**119,163.61**	**100.00**
美国	358,138.88	42.93	51,464.22	43.19
日本	215,744.16	25.86	30,299.35	25.43
荷兰	121,098.48	14.52	17,058.44	14.32
加拿大	59,619.57	7.15	8,591.16	7.21

2004年中国主要矿产

续表 32

矿产品名称	进口				
	国别（地区）	数量（吨）	占总量%	金额（美元）	占总值%
萤石	其他国家或地区	67.87	1.32	22.74	4.68
天然硼砂及精矿	**合计**	**26,667.16**	**100.00**	**11,202.56**	**100.00**
	土耳其	18,785.00	70.44	7,732.83	69.03
	美国	7,185.58	26.95	3,127.80	27.92
	韩国	481.27	1.80	231.64	2.07
	俄罗斯联邦	200	0.75	95.05	0.85
	其他国家或地区	15.3	0.06	15.25	0.14
天然硼酸盐及硼酸	**合计**	**39,663.95**	**100.00**	**16,802.44**	**100.00**
	土耳其	33,298.40	83.95	13,927.32	82.89
	美国	3,096.62	7.81	1,425.93	8.49
	俄罗斯联邦	2,620.00	6.61	1,179.00	7.02
	韩国	601.3	1.52	249.65	1.49
	其他国家或地区	47.63	0.12	20.54	0.12

品进出口情况(十一)

出　口				
国别（地区）	数量（吨）	占总量%	金额（美元）	占总值%
意大利	42,353.81	5.08	6,278.11	5.27
印度	16,885.58	2.02	2,316.19	1.94
突尼斯	10,080.75	1.21	1,532.74	1.29
其他国家或地区	10,259.30	1.23	1,623.40	1.36
合计	**2,716.55**	**100.00**	**494.67**	**100.00**
韩国	1,871.50	68.89	280.28	56.66
日本	577	21.24	113.41	22.93
其他国家或地区	268.05	9.87	100.98	20.41
合计	**439**	**100.00**	**75.7**	**100.00**
日本	265	60.36	33.13	43.76
印度尼西亚	129	29.38	38.28	50.56
俄罗斯联邦	25	5.69	3	3.96
马达加斯加	20	4.56	1.3	1.72

国有重点煤矿煤炭调入量

表 33 单位：万吨

	2002 年			2003 年		
	净调出、调入	调出(+)	调入(-)	净调出、调入	调出(+)	调入(-)
全国总计	**7342.95**	**38248.04**	**30905.09**	**7874.16**	**42884.87**	**35010.71**
北京市	-604.77	449.36	1054.13	-534.88	497.77	1032.65
天津市	-1182.57	0.00	1182.57	-1694.27	0.00	1694.27
河北省	-2046.68	997.88	3044.56	-2649.51	849.41	3498.92
山西省	13356.93	13357.40	0.47	15145.70	15145.70	0.00
内蒙古治自区	3942.23	4079.30	137.07	6659.86	6816.84	156.98
辽宁省	-2613.32	80.99	2694.31	-2884.82	43.78	2928.60
吉林省	-968.41	288.05	1256.46	-1122.65	331.72	1454.37
黑龙江省	1162.18	1874.95	712.77	1220.31	2001.27	780.96
上海市	-2629.93	0.00	2629.93	-3069.11	0.00	3069.11
江苏省	-2626.24	917.76	3544.00	-3806.17	404.64	4210.81
浙江省	-2722.10	0.00	2722.10	-3245.10	0.00	3245.10
安徽省	1168.08	1836.02	667.94	1324.10	2071.75	747.65
福建省	-729.87	0.00	729.87	-869.28	0.00	869.28
江西省	-1166.45	108.19	1274.64	-872.80	105.24	978.04
山东省	1639.64	3825.27	2185.63	1422.81	3947.56	2524.75
河南省	2682.76	2972.22	289.46	2955.95	3406.40	450.45
湖北省	-1969.45	0.00	1969.45	-2290.08	0.00	2290.08
湖南省	-418.61	166.96	585.57	-632.44	184.91	817.35
广东省	-2364.45	0.00	2364.45	-2649.11	0.00	2649.11
广西治自区	-331.29	0.00	331.29	-461.01	0.00	461.01
海南省	-77.41	0.00	77.41	-32.92	0.00	32.92
四川省	-110.84	125.02	235.86	-151.21	106.16	257.37
重庆市	173.83	212.38	38.55	192.07	248.38	56.31
贵州省	560.15	560.76	0.61	686.96	690.79	3.83
云南省	-3.38	45.96	49.34	-31.00	33.36	64.36
西藏治自区	-0.55	0.00	0.55	-3.53	0.00	3.53
陕西省	4270.00	4847.81	577.81	4962.70	5055.47	92.77
甘肃省	492.09	853.07	360.98	-369.13	130.90	500.03
青海省	-104.34	0.00	104.34	-131.77	0.00	131.77
宁夏治自区	384.22	452.86	68.64	569.44	569.44	0.00
新疆治自区	181.50	195.83	14.33	235.05	243.38	8.33
其 他						
出 口						

附 录

2003～2004年世界矿产资源勘查开发和矿产品供需形势

一、世界矿业发展状况

2004年世界经济全面复苏，强劲增长，全年达到4.3%，其中发达国家的增长率为3.6%，发展中国家的增长率为6.6%。几个发达国家的经济增长分别为美国4.3%、日本4.4%、英国3.4%、德国1.4%、法国2.5%、欧元区2.2%；几个主要发展中国家和地区的经济增长率分别为：中国9.5%，印度6.7%、俄罗斯7.3%，中东欧5.5%、中南美4.6%、非洲4.5%。无论是发达国家还是发展中国家，2004年大多数国家的经济都实现了同步增长，世界经济呈现出共同繁荣的发展势头，是20世纪70年代以来30多年中经济增长最快的一年。

世界经济复苏，固定资产投资增加，能源、原材料需求强劲增长，矿产品供不应求，加之美元继续疲软，使得以美元结算的大多数矿产品价格普遍攀升，许多矿产品价格创多年来最高纪录是2004年世界矿业的一个明显特征。国际市场原油现货价格2004年较2003年上涨了30%，铁矿石上涨了18.6%。2004年末铜价较2003年同期上涨40%，铝价上涨20%，钼价上涨400%，铅价上涨30%，锌价上涨20%，锡价上涨23%，锑价上涨40%，铋价上涨26%，镉价上涨30%，钴价上涨26%，汞价上涨200%，钒价上涨400%。

在矿产品需求旺盛和全球矿产储量不断减少的情况下，世界各国的矿业公司普遍增加了矿产勘查投资。据Salmon Smith Barley第23个年度“油气勘探和开发投资调查报告”对投资范围遍及五大洲的全球183个大型和独立石油公司的统计（World Oil，Feb.，2005），2004年全球勘查和开发计划投资约为1636亿美元，较上年的1483亿美元增长10.3%。总投资中26%来自美国公司，11%来自加拿大，其余63%分布在全球各大油气区。加拿大金属经济集团（MEG）的统计数字显示，全球非燃料固体矿产（不包含铁）勘查费用自1997年连续5年下滑后，2003年大幅增长26%，达24亿美元；2004年又在此基础上以更大幅度增长，达38亿美元，增长近60%，是1993年以来增长幅度最高的一年。分析认为，这种增长的势头在今后一段时期内仍将持续下去。

矿产品供不应求，矿产品价格上涨，使得矿业公司盈利大幅上升，例如，必和必拓公司（BHP Billiton Ltd）2004年、2003年净利润分别为34亿美元、19亿美元，分别较上年增长91%、19%。全球矿业资本市场明显复苏，矿业公司市值也在上升。2003年初，英美集团等50家公司总市值约2400亿美元，2004年初约4200亿美元，2005年初则上升为4700亿美元，增长12%。矿业公司融资顺利，2004年全球矿业公司从股市上融资达70多亿美元，其中在多伦多股票市场就融资了40亿美元，较2003年的20亿美元增长了一倍。全球超过半数的石油天然气公司（超过400家）在多伦多股票交易所挂牌上市，总市值达3000亿美元，这些公司在2004年共筹集了81亿美元的股本。

能源和原材料价格的大幅攀升强烈刺激了矿业经济的复苏。以中国、印度等为代表的发展中国家工业化时代的到来为它赋予了新的活力，全球矿业形势正在周期性复苏。另一方面，过度上涨的能源原材料价格给正在复苏的全球经济带来了负面影响，一些发展中国家面临资源瓶颈的限制，不得不放慢经济增长的脚步。自然灾害、国际局势动荡、矿工罢工、公司虚报储量丑闻、恐怖袭击、环境污染导致的诉讼案件等种种因素对矿业本身的发展造成了一定的影响。矿业是经济发展的基础产业，而不是夕阳产业。进入新世纪，全球化和技术进步继续对全球矿业产生着重大影响。

（一）矿业全球化加快发展，资源争夺趋于白热化

矿业全球化的实质就是以跨国公司为载体，在全球范围内进行的结构调整和资源优化，以获取最佳的资源和最高的回报。主要表现为：矿业资金跨国流动，

矿产资源跨国勘查、开发、生产和销售，矿业公司跨国并购和跨国上市，大型矿产勘查和开发项目多国、多家公司联合投资，以及矿业信息、知识、技术和管理的国际共享等。其结果是：矿产资源在全球范围内再分配，跨国公司进一步在全球范围内寻找勘查和开发目标；发达国家和跨国矿业公司对世界矿业和矿产资源控制程度仍占绝对优势；矿业公司间竞争更加激烈。

网络通信和现代化交通工具也为矿业全球化提供了极大的便利。在现代信息技术的催化作用下，矿业全球化继续向纵深发展。矿业资本、技术、劳动力等生产要素和矿产品的流动和配置，以越来越大的规模在全球范围内展开，各个国家的矿业如同经济一样被越来越深地卷入统一的世界市场体系，国家与国家之间矿业和矿产品的依存关系达到了前所未有的广度和深度。

1. *以提高效益实现规模经营为目的的矿业公司并购热潮仍在延续*。近20多年来，以全球化、私有化、自由化和市场化为标志，以获取有竞争力矿地（矿床和矿山）、企业兼并、引入低成本先进生产技术和加强效益成本控制管理为手段，以增强国际竞争能力为核心，以提高经济效益为目的的国际矿业（包括矿产勘查开发）结构合理化调整不断向纵深发展。近几年的兼并和收购事件使大、中矿业公司数目越来越少和规模越来越大这种趋势日益明显。

1995～2004年，交易额在2500万美元以上的全球贱金属并购案合计达126件，交易额共计345.16亿美元；金的并购案达177个，交易额共计422.40亿美元，详见表1。在过去的10年中，平均每年并购额在77亿美元，其中贱金属占45%，金占55%。在126起贱金属并购事件中，平均每次并购案金额为2.74亿美元。同期177起金并购案平均金额2.39亿美元。

2003年矿业公司黄金和贱金属全年并购案件36起，并购金额达到了73.12亿美元，较2002年的50.54亿美元增长了44.68%。其中贱金属购并案6起，并购金额23.51亿美元。黄金并购案30起，并购金额49.62亿美元。

2004年矿业公司并购大战空前激烈，对资源的争夺趋于白热化。全年黄金和贱金属并购案件29起，并购金额65.92亿美元，较2003年的73.12亿美元下降了9.85%。其中贱金属购并案16起，并购金额22.44亿美元，较2003年略有下降。黄金并购案13起，并购金额43.48亿美元，较2003年下降了12.37%。

表1　　1995～2004年贱金属和金矿业并购金额　　单位：亿美元

年份	贱金属并购		金并购		金和贱金属并购合计	
	案件(个)	金额	案件(个)	金额	案件(个)	金额
1995	19	37.77	17	15.86	36	53.63
1996	14	74.00	26	49.75	40	123.75
1997	18	35.76	18	51.34	36	87.10
1998	13	13.04	14	31.89	27	44.93
1999	11	39.30	17	39.97	28	79.27
2000	13	28.37	13	18.45	26	46.82
2001	11	55.32	15	87.13	26	142.45
2002	5	15.65	14	34.91	19	50.54
2003	6	23.51	30	49.62	36	73.12
2004	16	22.44	13	43.48	29	65.92
合计	126	345.16	177	422.40	303	767.56

注：统计的个案交易值在2500万美元以上。

资料来源：Metal Economics Group Strategic Report，vol.18，No.2 2005。

2004年3月，俄罗斯诺里尔斯克镍业公司，耗资11.7亿美元，以每股11.79美元的价格从英美公司手中购买了9800万股南非金田矿业公司普通股票，约占总股本的20%，从而成为该公司最大的股东，也是截止到2004年底以前俄罗斯企业在海外的最大投资。诺里尔斯克收购金田公司，一方面希望将黄金产量从40吨到增加到177吨，另一方面通过注资南非金田公司而进入西方资本市场。

2004年3月底，加拿大亚姆公司（Iamgold Corp.）宣布以17亿美元收购惠顿河矿业公司（Wheaton River Minerals Ltd.），如果购并成功，新公司将年产黄金30吨，成为加拿大第四大、世界第十大黄金公司。没有想到，在以后的近一年时间里，这场很平常的公司间商业性行为会演变成一场公司之间的购并大战。除了上述两家公司外，相继有美国金星资源公司（Gold Star Resources Corp.）、科达伦矿业公司（Coeur D Alene Mines Corp.），南非金田黄金公司（Gold Fields Ltd.），加拿大哈默尼黄金矿业公司（Harmony Gold Mining Co Ltd.）、黄金集团公司（Goldcorp INC.）和格莱梅斯黄金公司（Glamis Gold Ltd.）卷入其中，往往是两家意欲合并的公司成为另外两家公司分别收购的对象。最终，黄金集团公司购并惠顿河矿业公司，新公司市值50亿美元。

2004年10月，澳大利亚的斯特拉塔集团公司（Xstrata PLC）宣布，通过旗下的斯特拉塔控股公司以55.19亿美元收购澳大利亚西部资源公司（WMC Resources Ltd），后者是一家包括铀、锡、铜等矿业开采在内的综合性矿业公司。但最终，西部资源公司还是被澳大利亚必和必拓公司（BHP Billiton）以69亿美元收购。

2003年由于缺少大石油公司之间的并购，全球石油上游工业合并交易额为457亿美元，较2002年的461亿美元略有下降。美国和加拿大仍然是并购活动较为频繁的地区。俄罗斯石油公司并购进一步加快，2003年并购事件4起，交易额达到176亿美元。2003～2004年全球石油上游工业并购统计详见表2。

2004年全球油气上游业务并购活动为自1998年以来首次出现大幅反弹，特别是在美国和加拿大，这种反弹趋势仍在延续。2004年全球油气上游领域企业和资产并购交易总额超过680亿美元，较2003年增加50%以上。2004年探明油气储量交易总量达到197亿桶当量油，其中石油约占70%，最大交易活动是俄罗斯尤科斯公司旗下主要产油子公司尤甘斯克公司拍卖交易以及加拿大油砂交易。俄罗斯本身石油产量也在不断增加，已经有鲁克、尤科斯、苏尔古特和秋明等俄罗斯石油公司排名进入前10位。

表2　　**2003～2004年全球石油上游工业并购交易**　　**单位：亿美元**

	2003年①		2004年②	
	并购案件（起）	交易总金额	并购案件（起）	交易总金额
美国	34	156	192*	277
加拿大	20	41		107
北海	5	9	7	62
其他	14	251	55	233
总计	73	457	254	680

注： * 包括整个北美地区。

资料来源：①中国并购报告，2004；②Oil & Gas Journal Aug.15，2005。

表3　　**2003～2004年世界石油公司间的重要并购事件**

时间	并（收）购公司和新公司名称	交易额及其他
2003年		
1月	美国Apache公司分别出资6.3亿美元和5.09亿美元，收购英国石油（BP）位于北海、墨西哥湾的石油和天然气资产	11.39亿美元
2月	英国石油（BP）宣布收购俄罗斯阿尔法石油集团（Alfa Group and Access－Renova）的部分资产，并建立合资企业，各占50%的股份 美国Chesapeake能源公司收购El Paso能源公司的天然气资源	67.5亿美元 5亿美元
4月	俄罗斯石油集团尤科斯（Yukos）宣布，通过私下协议方式出资收购西伯利亚石油公司（Sibneft）92%的股份。收购完成后新公司将更名为YukosSibneft石油公司	166.15亿美元
8月	加拿大Husky能源公司宣布收购马拉松（加拿大）公司的所有在外流通普通股股份和Western Canada资产	5.88亿美元

续表 3

时间	并(收)购公司和新公司名称	交易额及其他
2004 年		
4 月	Kerr-McGee Corp(KM)以换股的方式与美国从事石油天然气开采和生产的 Westport Resources Inc(WR)合并,KM 以 0.71 股普通股换一股 WR 股份,交易金额为 25.93 亿美元	25.93 亿美元
5 月	美国 XTO Energy 公司(XTO)公司收购雪佛龙德士古公司的石油和天然气资产,收购金额为 9.12 亿美元	9.12 亿美元
9 月	美国大陆菲利普斯公司通过竞买方式收购俄罗斯 Oao Lukoil Holdings(LO)油气公司 7.59%的股份,收购金额为 19.9 亿美元	19.9 亿美元

资料来源:中国并购报告,2004、2005。

2. *跨国矿业公司大规模扩张,进一步控制全球资源市场*。全球矿业企业的大规模联合和兼并,使得全球矿业产业的集中度进一步提高。特别是发达国家的跨国矿业公司凭借其雄厚的资金、先进的生产技术和管理经验在新一轮的并购潮中,扩大了规模,增强了实力,对市场的控制力和影响力进一步扩大。如美国铝业公司(Alcoa)在经过多年全球购并扩张以后,成为世界上最大的有色金属工业企业,其氧化铝、电解铝产量和铝材加工能力位居世界第一,年销售收入 200 多亿美元。澳大利亚 BHP 公司和英国比利顿公司联合后成为世界上最大的跨国矿业公司,是全球第三大铜生产商、第三大铁矿石生产商、最大的煤炭出口商。经过多年并购扩张后,BHP Billiton、Anglo American、Rio Tinto、Alcoa、CVRD 等矿业公司对铁矿、氧化铝、铝和海运煤的市场控制力均有明显增长。2004 年,俄罗斯、中国和印度等国家的矿业公司,也试图通过并购这种方式,走向国际资本市场和资源配置。例如,俄罗斯诺里尔斯克公司收购南非金田公司 20%股份,虽然中国五矿集团收购加拿大诺兰达公司最终未果,但毕竟这是中国金属矿业公司向国际资源市场迈出的重要一步。

据统计,目前参与世界矿业经营活动的公司 8000 家左右,但大部分矿山产量仅由少数几家公司控制。在全球 50 强大矿业公司排行榜上,最大的 25 家公司中,基本上被美、加、澳、英在内的发达国家和南非的矿业公司垄断,其控制产量占 25 家公司总产量的 78%。另外几家公司是巴西的 CVRD(淡水河谷)公司,智利的 Codelco 公司,墨西哥的 Grupo Mexico,摩洛哥的 OCP,博茨瓦纳的 Debswana,以及印度的国营公司 SAIL(铁矿)和 Hindustan 锌业公司,其合计占剩余的 22%产量。据瑞典原材料集团(RMG)估计,随着矿山产量逐渐向南半球转移,发展中国家矿业公司所占的比例有望增长。

随着跨国矿业公司的联合和规模的扩大,目前全球铁矿石出口市场主要由 CVRD、Rio Tinto 和 BHP Billiton 三大公司操纵着,CVRD 控制着欧洲市场,后两个主宰着亚洲市场,2004 年其合计占全球铁矿石贸易的份额已达到 80%。从矿业公司对金属控制的集中程度看,最大的矿业公司控制了西方国家 31.5%锡产量,23.2%的铁矿石产量,14.9%的铜矿产量,12.3%的金产量和 12.2%的锌产量。10 家公司控制了西方国家 70.2%的铁矿石,79.3%的锡矿产量,74.6%的铜矿产量,57.4%的金产量和 57.1%的锌产量。前 10 大公司占西方国家矿产值的比重为 26.7%。

在石油领域,尽管美国和欧洲的跨国石油公司在 70 年代以后已失去了对全球许多地区石油储量的控制权,但仍占除前苏联地区以外全世界石油产量的大约 40%。2003 年全球著名的埃克森-美孚公司,皇家荷兰/壳牌集团、BP 公司、雪佛龙德士古公司、法国道达尔菲纳埃尔夫公司,美国大陆菲利普斯,俄罗斯鲁克石油公司、尤科斯公司、苏尔古特油气公司和秋明石油公司等 10 大跨国石油公司原油产量占全球总产量的 24.4%,见表 4。

表 4　全球 10 大跨国矿业公司和石油公司

10 大矿业公司①		10 大石油公司②	
公司名称	市值(亿美元)	公司名称	石油产量(万吨)*
必和必拓(BHPB,澳大利亚/英国)	685	埃克森美孚公司	12580(3.7%)
英美集团(Anglo American,英国)	513	皇家荷兰/壳牌集团	11670(3.4%)

续表 4

10大矿业公司①		10大石油公司②	
公司名称	市值(亿美元)	公司名称	石油产量(万吨)
里奥廷托(Rio Tinto,英国/澳大利亚)	444	BP公司	10605(3.1%)
淡水河谷(CVRD,巴西)	288	雪佛龙德士古公司	9040(2.7%)
美国铝业公司(Alcoa)	263	道达尔菲纳埃尔夫公司	8305(2.4%)
纽蒙特(NewMont,美国)	187	俄罗斯鲁克石油公司	8110(2.4%)
加拿大铝业公司(Alcan)	172	俄罗斯尤科斯公司	8095(2.4%)
诺里尔斯克(Norilsk,俄罗斯)	138	美国大陆菲利普斯公司	6205(1.8%)
巴里克(Barrick,加拿大)	120	俄罗斯苏尔古特油气公司	5425(1.6%)
斯特拉塔(Xstrata,澳大利亚)	115	俄罗斯秋明石油公司	3190(0.9%)
合　计	2920	合　计	83225(24.4%)

注: * 括号中百分数为占世界总产量的比例。

资料来源: ①Mining Journal 2005,No.1,公司市值包括集团公司、有限公司和控股子公司;②《国际石油经济》2005.2。

3. *跨国矿业公司主导全球矿业融投资。*矿业全球化的迅速发展使得矿业公司勘查开发活动的地域范围更加广阔,得以站在全球的视点上角逐世界矿业市场。在油气勘查开发方面,大型跨国石油公司一直立足于全球油气资源,如壳牌石油公司在全球50多个国家从事石油勘探和生产活动,拥有最先进的技术,每天的石油产量超过240万桶,在35个国家拥有55个石油精炼厂的股权;埃克森-美孚实行全球化经营策略,其上游的勘探和开采业务遍及全世界四十多个国家,在陆地和海洋石油开采业务方面具有世界主导地位;雪佛龙德士古公司涉足20多个国家的油气勘探开发。上世纪90年代以来,美国、加拿大和欧洲的一些中小石油公司积极向海外拓展。

非燃料固体矿产勘查方面,1998年美国公司的75%的金矿勘查工作是在海外,而在1997年为71%,80年代中后期则不足30%,目前仅在内华达、爱达荷和阿拉斯加等州有少量勘查活动。1991年加拿大矿业和勘查公司在59个国家活动,1996年增加到95个国家,1999年则在100多个国家的3000多个矿权地进行活动,目前则可能有5000个矿权地。澳大利亚、南非、以及欧洲的老牌矿业国英国、法国等国的矿业公司向国外矿产勘查投资的数量和比重迅速增长。新兴工业化国家如韩国、马来西亚等和发展中国家如印度、巴西等,在国外的矿产勘查和开发项目也在增多。在矿产开发方面,近年每年全球的大型矿业开发项目中,矿业公司跨国开发的项目占三分之二左右。

4. *拉美发展中国家矿业政策收紧,蒙古等国家勘查活动升温。*上世纪90年代以来,矿业全球化、私有化以及矿业并购活跃,特别是1997年开始大多数发展中国家实行了矿业对外开放政策,促使全球固体矿产勘查开发的重心逐渐由发达国家向发展中国家转移,资源丰富的发展中国家占全球固体矿产勘查开发投资的比例逐年上升,由90年代初期的36%上升到1997年的最高峰56.4%,成为全球矿业勘查开发的热点地区。此后,由于受1997~1998年的亚洲金融危机和全球性经济不景气影响,世界矿业不景气,发达国家矿业公司在上述地区的勘查投资预算有所收缩,且投资大都用在已有项目的开发上。2004年拉美、非洲和亚太地区(不包括澳大利亚)占全球非燃料固体矿产勘查投资比例下降到42.3%,其中亚太地区由高峰期1997年的占10.9%下跌到4.4%,非洲由1998年占17.5%下降到16.1%,拉美比例也有所下降,但仍继续保持其优势地位,居全球第一位,占21.8%。初级矿业公司在俄罗斯、蒙古和中国的大量增加,其中蒙古首次跻身10大目标国行列,在中国的投资则增长了3.5倍。

在非燃料固体矿产开发投资方面,1998年的世界大型矿产开发(采选)项目485亿美元总投资预算中,发展中国家占四分之三,比1990年高出10个百分点。2004年1040亿美元(不包括延期项目)的矿山开发投资预算中,拉美、非洲和亚洲共占60%,三个地区占总投资的比例依次为31%、16%和13%，拉美居世界第一位，非洲居第三位，亚洲居第四位。由于加拿大勘查开发活动依然活跃，因此，北美勘查投资所占比例较上年有所上升。

在矿产生产，特别是原矿生产中，发展中国家具有较大的比重，在固体矿产生产中所占比例为：矿山产量占一半左右，精炼产量约占1/3左右，分别比80年代初各增长约15个百分点。目前，70%以上的黄金产于秘鲁、印尼等发展中国家。在石油生产中，发展中国家所占比例超过60%，比80年代初增长了约10个百分点。一些资源丰富的发展中国家，例如秘鲁等已经通过调整矿业政策，比如收取权利金，限制资源的过快消耗，确保矿业的可持续发展。

俄罗斯通过修订联邦地下资源法，限制外资介入的战略资源勘查开发，包括：铀、金刚石、石英和稀土等俄短缺的矿产资源、储量超过1.5亿吨的油田、储量超过1万亿立方米的天然气田和储量超过1000万吨的铜矿。此外，出于维护国防和国家安全利益，处于国防工业所辖区域内的矿藏也将被列入俄战略资源储藏区名单中。这些油田和矿区包括：季马诺－伯朝拉盆地两处油田（石油储量分别为5700万吨、8200万吨）、西伯利亚地区恰扬金斯克油气田（天然气储备超过1万亿立方米），占俄铜资源储量40%的乌多坎铜矿以及俄最大的苏霍伊洛格（Sukhoi Log）金矿。

南非通过调整矿业政策，一方面使黑人得到更多的权利和实惠，另一方面，通过限制原矿出口，提高矿物原料深加工的比例，使矿产资源为南非带来更多的财富。

（二）科技进步推动21世纪矿业可持续发展

不断依靠技术进步，大幅度降低生产成本，尽量减少环境污染，是21世纪矿业可持续发展的动力。几十年来，随着找矿难度的增大和可供开发的高品位、易开采、易选冶矿的减少，利用常规方法进行矿产勘查开发效果不断降低。为此，矿业界在科学技术研究和开发领域做出了不懈的努力，特别是发达国家的大型跨国公司把加大科技投入，通过技术创新掌握矿产勘查、开发核心技术作为其保持竞争优势的主要措施，这也是国外一些大矿业公司长期立于不败之地的重要原因。如埃克森公司运用新技术使它过去3年中每年新增探明油气储量都超过了它的油气产量。

反过来，先进的科学技术和仪器设备也对推进全球矿产资源勘查开发和利用效率发挥着越来越大的作用。技术进步在矿产勘查、开采、选冶和加工利用等各个环节发挥着巨大的功效。这样的例子不胜枚举。

技术进步使矿产勘查开发的地域范围更广、更深，成本更低。如在陆上，矿产勘查开发向寒冷的北极地区进发。在海上，近海区和深水区的石油勘查开发进展迅速，近10年世界20%的新增石油和6%的天然气探明储量来自于海上，海上石油储量和产量已分别占世界总储量和总产量的25%和36%。矿产勘查开发的深度也在进一步加大，如1997年5月巴西已在1709米（5607英尺）的海域产油，海上钻井的水深则达到了3000米，南非德兰士瓦省兰德金矿山开发深度达到5000多米。近年来，三维地震成像技术、水平井、斜井技术以及水下采油技术、计算机的广泛应用和人工智能等高新技术的应用为石油业提高效率创造效益做出了巨大贡献。如10年前，北海石油的开采成本还在每桶16美元以上，现在已降到平均每桶4美元；英国Wytch Farm油田是西欧最大的陆上油田，有一半的可采储量延伸至海上，1999年7月BP公司利用打大位移井（斯伦贝谢公司施工，水平跨幅达11278米，创历史记录）取代人工岛，节约开发费用1.5亿美元（原计划投资约2.6亿美元），成本下降一半，并将油田投产时间提前3年；美国利用超级计算机技术使地震资料的解释周期缩短了30%～40%，节约了大量时间和费用。未来，随着矿产勘查开发的科技进步和社会发展，隐伏矿、低品位矿、难选冶矿，以及开发条件差的矿产开发机会也将增多。

技术进步使可利用矿产资源的品位显著降低。许多以前难以利用的低品位、难选冶矿变的具有经济意义，从而使许多矿产的储量得到增加，金、铜尤为突出。生物－氧化作用和生物浸出技术的进一步发展，已使金矿石开采品位降到0.7克/吨，最低达0.257克/吨。美国纽蒙特公司研制的适用于低品位的细粒金矿石生物浸出工艺，使金的回收率从20%提高到60%。溶剂萃取电积法（Sx-Ew）炼铜技术进一步完善，铜矿石开采品位可降至0.2%～0.4%，最低达0.04%，用该法生产铜的产量迅速增大，在世界铜总产量中所占的比例由1991年的8.5%上升到2003年的22.83%。Xstrata公司在麦克阿瑟河（McArthur River）铅锌银矿山采用了MIM公司的Albion工艺，此种工艺将在未来10年中给锌矿等金属选冶带来一次新的革命。

新技术、新方法和替代产品的应用极大地提高了矿产资源的利用效率，延缓了矿产资源的耗竭速度。如在能源领域，日本、美国和欧盟等都把节能和提高能效纳入能源安全战略。近年来，节能技术、新能源和可再生能源技术取得突破性进展。美国1995年GDP比1973年增加72.8%，而能源消费量只增加17.5%。过去几十年中，为缓解对石油、天然气和煤炭等不可再生能源的需求，改善环境，许多国家和政府都十分重视开发和利用新能源和可再生能源，如太阳能、风能、地热能、生物质能及潮汐能等。日本已研制成功可以替代镍生产不锈钢的技术,这将改变不锈钢生产和镍工业格局。

采矿环境技术进步使矿业对环境的污染逐步得到控制。目前,矿业界正尽最大努力以实现矿山固体、液体和气体污染物的近零排放。如酸性废水排放是许多国家一个重大的矿山环境难题,最近在美国加利福尼亚州北部红山铜矿,用特殊的细菌 microbe 处理,显著降低了酸性废水的排放,可以使粉尘遏制和控制技术进步也使采矿更安全、对人体危害更小。澳大利亚矿物科学研究院,正在研制一种综合利用尾矿废渣废水的技术,可以大大降低废渣、水的排放量,从而使得尾矿大大减少,避免尾矿占用大量土地和减少污染。

总之,矿业全球化和科技进步使21世纪的世界矿业进入一个新的时代,那就是土地和资本作为竞争优势的地位逐渐弱化,矿业企业今后的成功将更多地依赖于管理、技术创新及其应用,即人才和技术。

二、世界矿产资源勘查和开发形势

(一)世界油气勘查开发投入稳中有升

受世界经济复苏、伊拉克战争和恐怖袭击等多种因素影响,2003年以来全球油气需求的日益高涨,油价的不断攀升,世界油气勘查开发活动回升。总体上看,新世纪油气勘查开发活动不断增强。

《油气杂志》(2003年和2004年)报道,据 Lehman Brothers 和 Salmon Smith Barney(SSB)等对2003~2005年石油公司勘查开发投资预算的调查。Lehman 对323家油气公司的统计表明,2003年全球勘查开发投资为1324亿美元,较上年增长了4.2%;2004年勘探开发投资约为1488亿美元,比2003年增长12.4%。Smith Barney 的调查表明,2004年全球勘探开发投资增长为10.3%。此外,SSB 对全球233家油气公司的调查表明,2003年全球勘查开发投资预算为1331.68亿美元,较2002年的1282.87亿美元增加了3.8%;FBR 对190家油气公司的调查结果为,2003年全球勘查开发投资预算较上年增长了4.8%。综合以上数据,可以认为2003年全球勘查开发投资较上年增长4%左右,2004年在10%以上(图1)。

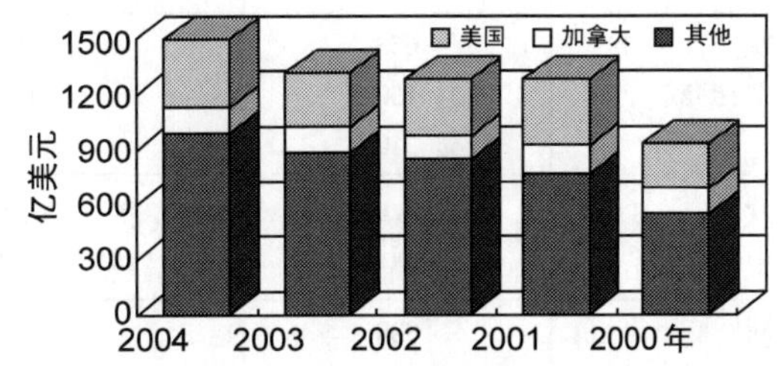

图1　2000~2004年世界石油勘查开发投资

从公司的勘探开发投资来看,2004年埃克森-美孚石油公司仍居全球第一(表5),为130亿美元,油气勘探开发投入最多的10家公司合计投入387亿美元,占世界油气勘查投资的26%。

表5　　全球勘探与开发投资最多的10家公司

排名	公　　司	勘探投资/百万美元
1	埃克森-美孚公司(ExxonMobile Corp)	12,859
2	大陆菲利普斯公司(ConocoPhillips)	6,169
3	雪佛龙德士古公司(Chevron Texaco Corp)	5,625
4	安纳达科石油公司(Anadarko Petroleum Corp)	2,772
5	德文能源公司(Devon Energy Corp)	2,587
6	伯灵顿资源公司(Burlington Resources Inc)	1,899
7	马拉松石油公司(Marathon Oil Corp)	1,892
8	美国加州联合公司(Unocal Corp)	1,718
9	西方石油公司(Occidental Petroleum Corp)	1,601
10	阿帕奇公司(Apache Corp)	1,595
合计		38,717

资料来源:Marilyn Radler and Laura Bell, 2004。

另据《世界石油》报道,2003年世界钻井数量也比2002年增长了3.6%(表6),与勘探开发经费的增加基本一致。

表6　　2003年世界主要国家或地区预计钻井数与2002年和2001年对比

地区和国家	2003年预计钻井数	2003年比2002年的增长率%	2002年估计的钻井数	2001年修正的钻井数
北美	48187	3.4	46604	51352
其中:加拿大	18018	4.9	17182	18017
美国	29519	2.0	28940	32850
南美	3123	4.5	2988	3764
其中:阿根廷	1358	20.0	1132	1407
巴西	522	1.8	513	589
委内瑞拉	699	-27.0	958	1278

续表 6

地区和国家	2003 年预计钻井数	2003 年比 2002 年的增长率	2002 年估计的钻井数	2001 年修正的钻井数
西欧	653	-4.9	687	819
其中:挪威	150	-16.2	179	214
英国	310	-4.6	325	385
东欧	5873	6.8	5500	6339
其中:俄罗斯	4700	10.3	4260	5160
非洲	939	-2.0	958	825
其中:阿尔及利亚	174	1.2	172	148
埃及	231	5.5	219	192
中东	1406	2.9	1367	1308
其中:伊朗	120	-11.1	135	142
科威特	55	-28.6	77	100
阿曼	425	6.3	400	345
卡特尔	75	-21.9	96	87
沙特	290	16.0	250	265
叙利亚	104	15.6	90	80
阿联酋	115	13.9	101	92
也门	115	4.5	110	84
远东	12136	3.2	11757	11666
其中:中国	10183	2.0	9983	9813
印度	375	3.6	362	355
印尼	905	20.2	753	915
马来西亚	206	7.3	192	179
泰国	205	-14.9	241	203
南太平洋	223	16.1	192	237
其中:澳大利亚	200	16.3	172	214
世界合计	72540	3.6	70053	76310

注:据《世界石油》,2001 年为修正数据;2002 年部分国家无数据;美国 2002 年的数据为《世界石油》的估计数,API 的统计数为 25266 个。

值得注意的是,近年来近海钻探非常活跃,并不断向深水方向发展。据《世界石油》杂志估计,全球近海钻井在 2004 年为 3046 口,同比增长 7.4%,而 2005 年预计将达 3228 口,同比增长 6.0%。

(二)世界非燃料固体矿产勘查投资走出低谷,开始回升

1.2003~2004 年世界固体矿产勘查强劲反弹,两年投资增长 100%。据加拿大金属经济小组(MEG)年度报告统计,1997 年世界非燃料固体矿产勘查达到最高峰的 52 亿美元后连续五年下降,其中 1998 年下降 29%,1999 年下降 24%,2000 年下降 7%, 2001 年下降 15%。2002 年大幅下降 14%,降至 10 年来的最低水平,为 19 亿美元。2003 年勘查投资为 24 亿美元,自 1997 年以来首次上升,增幅为 26%;2004 年勘查投资为 38 亿美元,增幅为 58%,两年增长 100%(表 7)。

表 7　近 10 年全球金属矿产(不包括铁)勘查投资变化

年　份	估计的总预算/亿美元	与上年变化/%	与上年变化/百万美元
1995	35	+21	600
1996	46	+31	1100
1997	52	+13	600
1998	37	-29	-1500
1999	28	-24	-900
2000	26	-7	-200
2001	22	-15	-400
2002	19	-14	-300
2003	24	+26	500
2004	38	+58	1400

资料来源:据 Metals Economics Group Strategic Report,2004。

2003～2004年勘查费用出现自1997年以来的首次增长，强劲反弹，这标志着矿产勘查终于到了转折关口。矿产勘查形势的好转主要受益于：全球经济开始复苏，全球矿产资源需求旺盛，原油、钢铁、有色金属、贵金属等矿产品价格大幅上扬，黄金美元价格的急剧攀升，中国等国对矿产资源旺盛的需求，等等。

2. *拉美、加拿大、非洲等矿产勘查活跃*。2004年，矿产勘查投资在地区都有所增长（图2）。增长最快的是“其他地区”，主要是俄罗斯、蒙古和中国的大量增加；其次为拉美，主要是秘鲁和墨西哥投资的增长；第三是加拿大。

拉美继续是勘查投资最受欢迎的目的地，勘查投资7.7亿美元，与排名第二的加拿大差距拉大。加拿大勘查投资7.0亿美元，非洲投资5.7亿美元，自2003年超过澳大利亚后，今年仍然保持在第三个地区。其他地区的大量增长，使得稍稍超过了澳大利亚的投资，居第四位，而澳大利亚下滑到第五位。在下滑之前，澳大利亚在1994～2001年一直占据着第二的位置。美国和太平洋/东南亚自2001年以来一直分别居第6和第7的位置。总勘查费用在区域上的分布状况见图2。

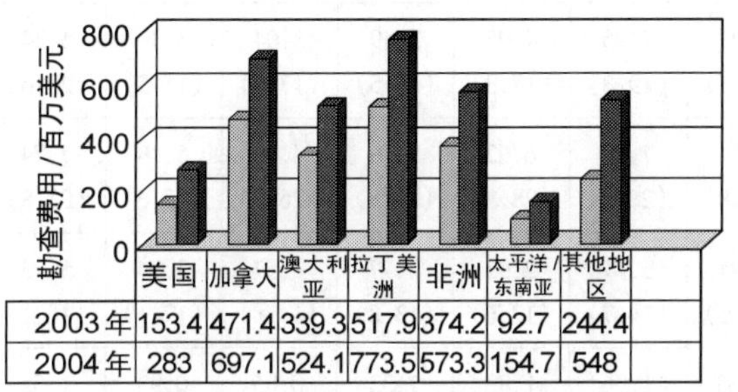

图2 2003～2004年世界固体矿产勘查费用区域分布

2003年各区域勘查投资普遍增加。其中增幅最多的是加拿大，较去年增加了1.54亿美元，增长了48.66%，占世界总勘查百分比从2002年的18.3%上升为21.5%。非洲增加了1.17亿美元，增长45.66%，所占比例从14.8%上升为17.1%。欧洲和独联体勘查投资也大幅增加，增长24.0%。美国增加0.28亿美元，增长22.52%，拉丁美洲增加0.70亿元，增长15.63%，澳大利亚增加0.35亿美元，增长11.47%，太平洋/东南亚地区增加0.08亿美元，增长9.19%。拉丁美洲仍然是全球最重要的勘查靶区。

2004年十大勘查投资目标国家，其投资经费合计为15.8亿美元，占世界总经费的72%。加拿大、澳大利亚和美国是传统的三大投资目标国。秘鲁从第六位恢复为第四，墨西哥和俄罗斯的排位提高，蒙古首次跻身前十（表8）。中国在2004年也很富有吸引力，投资增长350%，从2003年的1900万美元增长到2004年的8600万美元，排名升至第11位。

表8 2004年与2003年世界十大勘查投资目标国勘查经费及位次变化

国家	2004年			2003年		
	勘查投资/百万美元	位次	%	勘查投资/百万美元	位次	%
加拿大	697.1	1	27.5	471.4	1	29.9
澳大利亚	524.1	2	20.6	339.3	2	21.5
美国	283	3	11.2	153.4	3	9.7
秘鲁	195.7	4	7.7	111	6	7
南非	194.9	5	7.7	127.6	4	8.1
墨西哥	153.5	6	6	79.8	8	5.1
俄罗斯	150.8	7	5.9	53.3	9	3.4
巴西	131.3	8	5.2	112.6	5	7.2
智利	108.8	9	4.3	89.7	7	5.7
蒙古	99.4	10	3.9			

对于大型矿业公司而言，勘查投资的主要地区是拉美、加拿大和非洲。一般占其勘查投资的50%以上，甚至达90%以上（表9）。

表9 世界10大勘查投资公司及其主要投资地区

公司名称	2003年总预算（百万美元）	比2002年增加%	主要投资地区	占总预算的%	第二投资地区	占总预算的%
德比尔斯公司（De beers）	240.0	23	非洲	46	加拿大	44
巴里克黄金公司（Barrick gold）	110.0	6	拉美	45	其他	22
纽蒙特矿业公司（Newmont Mining）	85.7	-4	澳大利亚	32	拉美	30
淡水河谷公司（CVRD）	81.4	53	拉美	95	加拿大	2

续表 9

公司名称	2003 年总预算（百万美元）	比 2002 年增加%	主要投资地区	占总预算的%	第二投资地区	占总预算的%
里奥廷托（Rio Tinto）	73.1	-21	拉美	30	非洲	21
必和必拓公司（BHP Billiton）	67.5	-47	拉美	28	加拿大	26
安格鲁黄金公司（Anglogold）	61.3	21	拉美	30	非洲	24
普雷瑟多姆公司（Placer Dome）	60.0	15	澳大利亚	30	加拿大	26
英美集团（Anglo AMERICAN）	50.0	8	拉美	30	加拿大	19
英美集团铂族金属公司（Anglo AMERICANPLATINUM）	43.9	140	非洲	78	加拿大	11

表 10　　西方矿业公司和世界非燃料矿产勘查投资预算　　单位：亿美元

国家/地区	1995 年	1996 年	1997 年	1998 年	1999 年	2000 年	2001 年	2002 年	2003 年	2004 年
美　国	2.94 （11.9）	3.43 （9.7）	3.65 （9.1）	2.43 （8.6）	2.52 （9.8）	2.35 （10.0）	1.58 （7.9）	1.25 （7.2）	1.53 （7.0）	2.83 （11.2）
加拿大	3.28 （12.2）	4.61 （13.1）	4.36 （10.8）	3.08 （10.9）	3.10 （12.1）	3.48 （14.9）	3.33 （16.6）	3.17 （18.3）	4.71 （21.5）	6.97 （27.5）
澳大利亚	5.29 （19.6）	6.66 （18.9）	6.73 （16.7）	4.95 （17.5）	4.95 （19.3）	4.05 （17.3）	3.49 （17.5）	3.04 （17.6）	3.39 （15.5）	5.24 （20.6）
拉丁美洲	7.85 （29.1）	9.63 （27.3）	11.7 （29）	8.14 （28.8）	7.19 （28.1）	6.62 （28.3）	5.76 （28.8）	4.48 （26.0）	5.18 （23.6）	7.74 （21.8）
非　洲	3.20 （11.9）	4.18 （11.9）	6.63 （16.5）	4.94 （17.5）	3.77 （14.7）	2.93 （12.6）	2.77 （13.8）	2.57 （14.8）	3.74 （17.1）	5.73 （16.1）
太平洋/东南亚	2.57 （9.6）	4.15 （11.8）	4.40 （10.9）	2.66 （9.3）	1.96 （7.7）	1.99 （8.5）	1.33 （6.7）	0.85 （4.9）	0.93 （4.2）	1.55 （4.4）
其他地区	1.81 （6.7）	2.59 （7.3）	2.83 （7）	2.09 （7.4）	2.13 （8.3）	1.97 （8.4）	1.75 （8.7）	1.97 （11.4）	2.44 （11.1）	5.48 （15.4）
公司合计	26.9	35.2	40.3	28.3	25.6	23.4	20.0	17.3	21.9	35.5
世界总计	35.5	46.3	52.0	37.0	28.0	26.0	22.0	19.0	24.0	39.0
统计公司数（家）	154	223	275	182	670	656	679	724	917	1139
公司年投资规模（万美元）	>300	>300	>290	>290	>10	>10	>10	>10	>10	>10

注：西方矿业公司不包括小公司、地方性的私人公司和政府集团；括号内数字为占公司合计的百分数。

西方矿业公司在世界各地的勘查投资总计数占全球商业性金属勘查费用的90%左右。

资料来源：Metals Economics Group Strategic Report，1995~2004。

2003 年十大勘查投资目标国家与 2002 年相同，只是位次发生了变化，投资经费合计为 15.8 亿美元，占世界总经费的 72%。加拿大、澳大利亚和美国依然是传统的三大投资目标国。南非首次超过巴西跃居第四，巴西维持去年的第五，秘鲁由上年的第四下滑到第六，智利、墨西哥、俄罗斯和阿根廷分列七至十位。此外，加纳投资迅速增长达 3360 万美元，位居第十一；印度尼西亚勘查投资从 2002 年的 3180 万美元下降到

2003年的2850万美元，维持在第十二位，坦桑尼亚在连续四年位居第十一后下降到第十三位。

从世界主要国家和地区的勘探场地数量来看，2004年出现全球全面增长的势头(图3)。

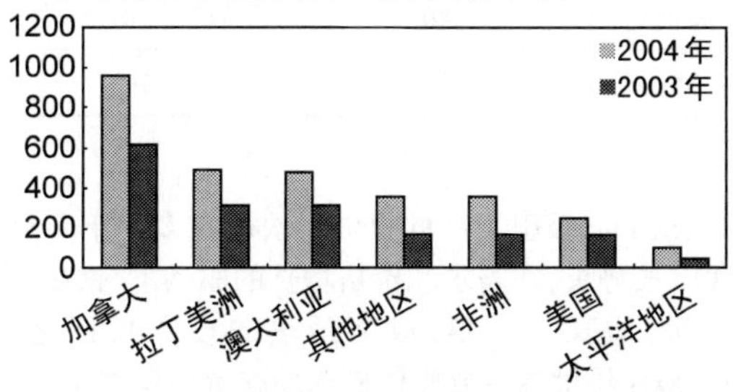

图3　美国地调局汇总的勘探场地数量

(据 D.R.Wilburn,2004)

3.*勘查矿种仍以金、铜为主，金刚石勘查活动不断加强*。金一直是最具吸引力的勘查矿种，在最近几年金矿勘查经费比例连续3年上升(表11)，已接近50%。2004年，实际金矿勘查投资17.7亿美元，占总投资的49.8%，比2003年增长了68.5%。最近几年来，全球地缘政治的不确定性、美元疲软、工业增长缓慢等促使金价的上扬，从而促进了与金相关勘查经费的增加。2004年金矿勘查经费增长迅速，预计在中短期内会保持这种势头。

表11　1995～2004年各类固体矿产勘查投资比例变化

年份	金矿(%)	贱金属矿产(%)	其他矿产(%)
1995	58.5	31.8(其中铜19.9)	9.7
1996	60.9	30.8(其中铜18.6)	8.3(其中金刚石6.3)
1997	64.9	27.1(其中铜17.1)	8.0(其中金刚石6.1)
1998	55.1	33.0(其中铜19.5)	11.9(其中金刚石9.4)
1999	51.9	34.7(其中铜19.5)	13.4(其中金刚石10.0)
2000	46.6	37.9(其中铜18.8)	15.5(其中金刚石9.6)
2001	42.5	38.9(其中铜20.6)	18.6(其中金刚石9.9)
2002	45.2	29.6(其中铜17.6)	25.2(其中金刚石13.5)
2003	48.1	26.6(其中铜15.5)	25.3(其中金刚石14.6)
2004	49.8	26.4(其中铜16.3)	23.9(其中金刚石13.3)

资料来源：Metals Economics Group Strategic Report,1995～2004。

2004年，贱金属勘查投资9.37亿美元，比2003年增长了60%。当然，贱金属勘查投资仍比1997年的高峰低了23%。其中，铜矿勘查投资5.77亿美元，占贱金属的61.5%，同比增长70%。本年度，有近300个公司开展铜矿勘查，比2003年从事贱金属勘查的公司还多；镍矿勘查投资2.59亿美元，占贱金属投资的27.7%，与2003年所占比例相同，但镍矿勘查投资已创历史新高，比1997年高峰还多3100万美元；锌矿勘查投资1.01亿美元，占贱金属的11%，比2003年增长35%，在贱金属中所占比例连续四年降低。值得注意的是，中国在2003年成为锌净进口国，世界锌市场仍然供过于求。主要原因是铜、镍和锌等金属价格的迅速增长。

2004年，金刚石勘查投资4.71亿美元，比2003年增长47%，增长速度低于62%的平均增速，但全球金刚石勘查仍然创造自1989年开始统计以来的最高峰。自从在加拿大西北部地区的发现Ekati金刚石筒状矿床，促进了从20世纪90年代初期至今的金刚石勘查热潮，加拿大越来越成为与南非竞争的世界最重要的金刚石勘查目的地。本年度，南非和加拿大的金刚石勘查分别为2.08亿美元和1.65亿美元，合计占世界金刚石勘查投资的79%。

2004年，铂族金属(PGM)勘查投资1.55亿美元，比2003年增长18%，增速放缓，而2003年增长54%，在总勘查经费中所占比重由2003年的6%下降到本年的4%。

2003年，从开发的矿种来看，5种主要金属矿产铜、金、镍、锌和金刚石所占的费用合计达到调查费用的91%，其中铜和金的开发费用占57%，反映这两个矿种仍然是全球非燃料固体矿产开发的投资重点。到2004年底全球矿业项目估计有1220亿美元，其中正在进行的项目有1040亿美元，延期或暂缓项目有170亿美元。2004年总投资比2003年增长92.6%。

表12　　2003年和2004年全球主要矿种的新矿业项目开发投资

矿种	矿业投资(亿美元)	所占的比例(%)	矿种	矿业投资(亿美元)	所占的比例(%)
铜	164	30	铜	310	30
金	144	27	金	260	25
镍	112	21	镍	180	17
铅/锌	42	8	铁矿石	140	13
金刚石	29	5	铅/锌	50	5
铁矿石	28	5	金刚石	30	3

续表 12

矿种	矿业投资(亿美元)	所占的比例(%)	矿种	矿业投资(亿美元)	所占的比例(%)
铂族金属	12	2	铂族金属	30	3
银	9	2	其他	40	4
总计	540	100	总计	1040	100

据 E & MJ, Jan/Feb. 2003 和 2004 年整理。

铜、金、镍、铁矿石等四种金属占据了全球投资的大部分。2004年,四种合计约占全球非燃料矿产总金额的85.6%,吸引了新的投资。铁矿在多年下降后呈迅猛增长势头,在需求和价格增长的驱动下,铁矿石增长最快,增长了4倍,成为最热的投资目标之一。2003、2004年世界主要固体矿产勘查费用见图4。

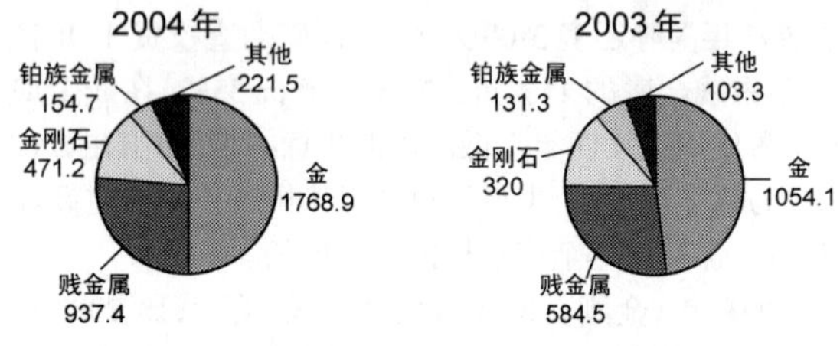

图4　2003～2004年世界主要矿种勘查费用(单位:百万美元)

2004年,草根勘查费用15.024亿美元,占总勘查费用的42.3%,仍居首位,比2003年增长了40.7%;用于后期—可行性研究阶段的费用预算总额为12.72亿美元,占总勘查费用的35.8%,比2003年增长了86.0%;用于矿场方面的勘查预算为7.793亿美元,占总勘查费用的21.9%,比上年增长了76.4%(表13)。

表13　固体矿产勘查各阶段投资比例的变化(%)

勘查阶段	1997年	1998年	1999年	2000年	2001年	2002年	2003年	2004年
草根勘查	49.5	46.5	50.5	48.0	52.1	46.9	48.7	42.3
后期－可行性研究	33.1	33.5	31.7	32.5	27.7	33.9	31.2	35.8
矿场勘查	17.4	20	17.8	19.5	20.2	19.2	20.1	21.9

资料来源: Metals Economics Group Strategic Report, 1997～2004。

(三)找矿勘查活动的开展,促进了矿产储量的增长

1.世界油气储量不断增长。由于世界油气勘查与开发活动的不断加强,最近10年(表14)世界石油和天然气的储量持续增长。10年来石油储量增长26.8%,天然气储量增长22.4%。从1995年1月到2005年1月份,石油和天然气的储量分别增长27.8%和21.3%,其中2005年初比2003年初分别增长了5.3%和9.8%。

表14　十年世界油气储量变化情况

时　间	世界石油(100bbl)	世界天然气(bcf)
2005	1277701992	6040208
2004	1265811583	6068302
2003	1212880852	5501424
2002	1031100681	5451332
2001	1028457585	5278484
2000	1016041221	5146207
1999	1034264678	5144753
1998	1019545664	5086469
1997	1018849.419	4945362
1996	1007474575	4933742
十年变化量	220227417	
十年变化率	21.9%	

据《油气杂志》全球生产报告,2004。

2.固体矿产找矿勘查不断取得进展。2004年,新的发现不断。D.R.Wilburn(2005)根据每个场地所拥有资源的价值,总结出本年度103个有重要进展或值得关注的勘查地区,其中加拿大和拉美分别有28个和21个,居前列,其次非洲20个。在这103个场地中,有72个金矿,9个铜矿,6个镍矿,4个银矿,3个金刚石,3个铂族金属,3个其他矿种。如果这些资源得到证实,将使世界资源储量增加3200吨(114 Moz)的金,11000吨(389 Moz)的银,35兆吨的铜,5.4兆吨的镍,423吨的铂族金属。

由于技术进步和坚持不懈的超前地质勘探工作,使得近十年来全球重要矿产资源的储量或储量基础大都有不同程度的增加。按照目前世界矿产开采水平,总的来说,证实储量可保证开采20～40年,某些矿种的保证年限还要长得多,如石油为40多年,天然气近60多年,煤200多年。如果加上预测资源量,保证年限还会大大增加。

表 15　　2004 年值得关注的勘查地区

国家或地区	类型	地点	矿种	公司	资源情况
非洲					
阿尔及利亚	P	Tirek-Amesmessa	Au	GMA Resources	1.3 Moz Au
布基纳法索	E	Essakan	Au	Orezone Resources	1.9 Moz Au
中非共和国	E	Bambair/Passendro	Au	Axmin Inc.	457000 oz Au
刚果	F	Lufua	Cu, Co	First Quantum Minerals	1 兆吨 Cu, 15000 吨 Co
刚果	E	Moto area	Au	Moto Goldmines	607000 oz Au
科特迪瓦	F	Bonikro	Au	Equigold	1 Moz Au
厄立特里亚	E	Bisha	Cu, Zn, Au, Ag	Nevsun Resources	265000 吨 Cu, 760000 吨 Zn, 1 Moz Au
加纳	P	Bogoso/Prestea	Au	GoldenStarResources	2.9 Moz Au
加纳	D	Chirano	Au	Red Back Mining	1.8 Moz Au
几内亚	F	Lero Area	Au	Guinor Gold	2.7 Moz Au
马达加斯加	F	Ambatovy	Ni, Co	Dynatec	2 Mt Ni, 190000 t Co
马里	D	Loulo	Au	Randgold Resources	4.2 Moz Au
南非	F	Burnstone	Au	Great Basin Gold	6.3 Moz Au
南非	E	Drenthe/Overysel	PGM, Au, Ni	Anooraq Resources	4.1 Moz 3 PGE + Au
南非	P	Messina/Dwaalkop	PGM, Au	SouthernEra Resources	9.1 Moz 5 PGE + Au
澳大利亚					
南澳大利亚州	E	Prominent Hill	Cu, Au	Oxiana	1.4 兆吨 Cu, 1.5 Moz Au
加拿大					
不列颠哥伦比亚省	E	Galore Creek	Au, Ag, Cu	NovaGold Resources	2.4 Moz Au, 32 Moz Ag
纽芬兰-拉布拉多	F	Beaver Brook	Sb	VVC Exploration	83900 吨 Sb
西北地区	E	Courageous Lake	Au	Seabridge Gold	3.27 Moz Au
西北地区	F	Gahcho Kue	Diamond	DeBeers	14 兆吨金伯利岩
奴瓦特省	F	Hope Bay	Au	Hope Bay Gold	2.1 Moz Au
奴瓦特省	F	Meadowbank	Au	Cumberland Resources	3.2 Moz Au
安大略省	P	Kirkland Lake	Au	Kirkland Lake Gold	1 Moz Au
安大略省	F	Nickel Rim South	Ni, Cu, Co, Au, Pt, Pd	Falconbridge	232000 吨 Ni, 493000 吨 Cu
安大略省	E	River Valley	PGE, Au	Pacific North West Capital	1.1 Moz 3 PGE + Cu
魁北克省	P	Casa Berardi	Au, Cu	Aurizon Mines	3.5 Moz Au
魁北克省	E	Lapa	Au	Breakwater Resources	1.2 Moz Au
拉丁美洲					
阿根廷	E	Calcatreu	Au, Ag	Aquiline Resources	602000 oz Au, 5.6 Moz Ag
阿根廷	E	Gualcamayo	Au	Viceroy Exploration	1.2 Moz Au

续表 15

国家或地区	类型	地点	矿种	公司	资源情况
阿根廷	E	Martha	Ag	Coeur d'Alene Mines	1.4 Moz Ag
巴西	F	Jacobina	Au	Desert Dun Mining	2.05 Moz Au
巴西	F	Sao Francisco	Au	Yamaha Resources	1.19 Moz Au
智利	P	Cerro Bayo	Ag，Au	Coeur d'Alene Mines	6.7 Moz Ag，95000 oz Au
智利	E	Regalito	Cu	Lumina Copper	2.7 兆吨 Cu
哥伦比亚	F	Angostura	Au，Ag	Greystar Resources	2.1 Moz Au，7.9 Moz Ag
厄瓜多尔	E	Rio Blanco/Alejandra	Au，Ag	Int'l. Minerals	592000oz Au，4.5 Moz Ag
墨西哥	P	El Cubo	Au	Mexgold Resources	2 Moz Au
墨西哥	E	Morelos Norte	Au	Teck Cominco	3.2 Moz Au
墨西哥	F	Ocampo	Au，Ag	Gammon Lake Resources	1.35 Moz Au，56 Moz Ag
秘鲁	F	Rio Blanco	Cu	Monterrico Metals	6.8 兆吨 Cu，325000 吨 Mo
委内瑞拉	F	Brisas	Au，Cu	Gold Reserve	9.2 Moz Au，538000 吨 Cu
委内瑞拉	F	Choco	Au	Bolivar Gold	1.3 Moz Au
太平洋地区(包括东南亚)					
印度尼西亚	P	Grasberg/Deep MLZ	Cu，Au	Freeport-McMoRan	1.8 兆吨 Cu，4.4 Moz Au
越南	F	Ban Phuc	Ni，Cu，Co	Asian Mineral Resources	64600 吨 Ni，10,200 吨 Cu
美国					
阿拉斯加州	E	Galore Creek	Au，Cu	NovaGold Resources	3.6Moz Au，1.8 兆吨 Cu
阿拉斯加州	F	Pebble	Au，Cu	Northern Dynasty Minerals	26.5 Moz Au，7.4 兆吨 Cu
内华达州	P	Cortez Hills	Au	Placer Dome	7.6 Moz Au
内华达州	P	Goldstrike	Au	Barrick Gold	4.7 Moz Au
内华达州	P	Jerritt Canyon	Au	Queenstake Resources	2.3 Moz Au
内华达州	P	Marigold/Millenium	Au	Glamis Gold	2.05 Moz Au
其他国家					
亚美尼亚	F	Zod	Au	Sterlite Gold	2.1 Moz Au
中国	F	金峰	Au	Sino Gold	2.1 MozAu
中国	E	猫岭	Au	Mundoro Mining	3 Moz Au
中国	P	滩涧山	Au	Afcan Mining	1 Moz Au
芬兰	F	Suurikuusikko	Au	Riddarthyttan Resources	1.6 Moz Au
蒙古	E	Turquoise Hill	Cu，Au	Ivanhoe Mines	5 Mt Cu，12 Moz Au
俄罗斯	F	Kupol	Au，Ag	Bema Gold	1.8 Moz Au，19 Moz Ag
俄罗斯	E	Veduga	Au	Trans-Siberian Gold	2.8 Moz Au
西班牙	F	Salave	Au	Rio Narcea Gold Mines	1.46 Moz Au
土耳其	F	Caldag	Ni，Co	Europeam Nickel	433000 吨 Ni，19000 吨 Co

注：①据 D.R.Wilburn，2005；②D —— 可供开发；E —— 勘查活跃；F —— 可行性工作正在进行或已完成；P —— 在生产矿区进行的勘查；3 PGE + Au —— 包括 Pd，Pt 和 Au；5 PGE + Au —— 包括 Pd，Pt，Rh，Ru 和 Au；③资源情况根据 2003 年各种来源的数据，数据未得到证实；④本表仅列出有具体资源情况的勘查地区，若是单纯的金矿则需资源量不低于 100 万盎司。

3.政府加大了对矿产资源勘查评价导向。为了促进矿产勘查,为国家的经济发展提供有力的矿产资源保障,世界主要矿业大国或资源丰富的国家,或者制定促进矿产勘查的政策,引领矿业的繁荣发展,或者开展了一些重大矿产勘查项目,加强了对矿产勘查评价的引导,并在重点上进行了调整。

澳大利亚政府在引导和促进矿产勘查方面,做了大量工作。2004年,澳大利亚政府(工业、旅游和资源部)发布了矿产勘查行动议程——《矿产勘查:发现之路》,研究解决制约资源勘查的措施,制定了促进矿产勘查的土地获得战略、财政战略、前期竞争的地学战略、人力和人才战略、执行战略等,其使命是通过政府部门与工业界的合作,建立具有国际竞争力的、高效的、环境友好的、对社会负责的可持续矿产勘查业。联邦科学与工业研究组织(CSIRO)开展"玻璃地球计划"(The Glass Earth),目的是研制在线技术方法,特别是三维可视化技术和地质模拟技术,使澳大利亚大陆表层一公里"像玻璃一样透明",使勘探人员能够结合各种数据库及模拟技术和分析技术,有效地发现新一代的巨型矿床,本计划将使澳大利亚拥有世界上最有效的勘探和采矿技术,确保澳大利亚矿业在未来国际市场上的竞争力。

加拿大政府把其15%不可归还的勘查投资税贷(ITCE)政策延续到2004年底,有效促进了矿产勘查投资。许多省、地区的政府还有进一步促进矿产勘查的措施,如大不列颠哥伦比亚、马尼托巴、安大略和萨斯喀彻温省等在联邦政府的ITCE框架内制定了其税贷政策。加拿大正在制定促进金刚石工业发展和管理的国家战略。2004年3月,西北地区和努瓦特政府、加拿大采矿协会、加拿大勘探者和开发者协会发布题为"国家金刚石战略:工业界的响应",勾画了政府和工业界引导金刚石工业发展的基本方向,成果之一是制定了金刚石勘探成果报告指南。从1989年发起全国勘查技术项目(EXTECH),迄今已实施了四个阶段,作为一个多学科、多部门、综合性的贱金属矿产地质调查项目。涉及的部门既有地调局的下属部门及省级地调机构,又有大学及企业。涉及的学科有地质学、矿床学、热水蚀变与热水沉积、第四纪地质、地球化学、冰川学、水地球化学及水文学、生物地球化学以及空中、地面、地下地球物理测量、GIS技术等。目的是促进加拿大矿产勘探新方法的发展。加拿大地调局矿产研究提供的地学创新和见识可以帮助矿产勘查业发现维持加拿大作为世界矿产和金属最大提供者的地位。这项开创性计划目的是改进在已建立矿区勘查中应用的概念和技术,这些概念和技术是通过研制区域性和矿床尺度的综合性模型及地球物理和地球化学方法和设备而确立的。

智利政府继续寻求立法制定采矿活动的税收政策。2004年12月15日已把立法草案提交智利国会,将对矿产品销售收入提取5%的税。中国政府控制的五矿有色金属股份有限公司与Codelco签署初步协议,计划在未来20年在智利矿业部门投资20亿美元,近期重点是Gaby铜矿项目。在中智签署的16个协议中,有多项涉及矿产勘查。

在巴西最新的工业规划(2004~2007)中,支持矿业和能源部门是其一个重要方向。现政府已经在矿业和能源部门投资3千万美元,并许诺解决地下矿产资源特许权(concession rights)的许多矛盾,以谋求出口的繁荣。此外,正在调整与矿业有关的主要政府机构,以求降低成本、提高效率。

矿产资源勘查评价发生了几个值得重视的变化,一是各国政府和国有矿业企业加大了对矿产勘查的力度,努力寻找新的资源,提高对矿产资源的占有率;二是加强了新能源和替代能源的寻找和勘查。煤层气和非常规天然气勘查评价活动加强,天然气水合物的探索研究加强,美国、加拿大、日本和印度等国家都开展了天然气水合物专项调查研究,希望在21世纪新能源的竞争中占据主导地位;三是加强了评价工作,并强调了对环境影响的研究,如美国的国家矿产资源调查计划;四是注重勘查技术的研制和综合。从加拿大的全国勘查技术项目,到澳大利亚的玻璃地球计划,研制新技术、发展新方法,成为人们在矿产勘查中取得成功所追求的目标。

表16　　世界主要矿产储量

矿产	单位	储量		储量基础		矿产	单位	储量		储量基础	
		1994年	2004年	1994年	2004年			1994年	2004年	1994年	2004年
煤	亿吨	10438.64	9437.22	–	–	银	万吨	28	27	42	57
石油	亿吨	1399.67	1750.00	–	–	铂族金属	吨	56000	71000	66000	80000
天然气	万亿立方米	140.94	172.07	–	–	稀土	万吨(REO)	1000	8800	11000	15000
铀*	万吨	264.5	245.82	–	–	镉	万吨	54	60	97	180

续表 16

矿产	单位	储　量		储量基础		矿产	单位	储　量		储量基础	
		1994 年	2004 年	1994 年	2004 年			1994 年	2004 年	1994 年	2004 年
铁矿石	亿吨	1500	1600	2300	3700	铯	万吨	10	7	11	11
锰矿石	亿吨	6.5	3.8	49	51	铊	吨	380	380	650	650
铬铁矿	亿吨	16	8.1	70	18	钍	万吨(ThO_2)	120	120	140	140
镍	万吨	4700	6200	11000	14000	锆	万吨(ZrO_2)	3200	3800	6200	7200
钴	万吨	400	700	880	1300	钇	万吨($Y2O_3$)	51	54	56	61
钨	万吨	220	290	330	620	石棉	万吨	110001	①	143001	①
钼	万吨	550	860	1200	1900	石墨	万吨	2100	8600	38000	29000
钒	万吨	1000	1300	2700	3800	萤石	万吨	21000	23000	31000	48000
铜	万吨	31000	47000	59000	94000	重晶石	万吨	17000	20000	45000	74000
铅	万吨	6300	6700	13000	14000	石膏	亿吨	24	①	①	①
锌	万吨	14000	22000	33000	46000	滑石	万吨	377001	①	1124001	①
铝土矿	亿吨	230	230	280	330	硅藻土	亿吨	8	9.2	①	①
菱镁矿	亿吨(Mg)	25	22	34	36	硅灰石	万吨	27315		44917.6	
金红石	万吨(TiO_2)	3000	5400	16000	13000	高岭土	亿吨(资源量)	197	①	–	①
钛铁矿	万吨(TiO_2)	27000	66000	43000	130000	珍珠岩	亿吨	7	7	20	77
钽	吨	22000	43000	35000	150000	天然碱	亿吨	240	240	400	400
铼	吨	2500	2400	10000	10000	金刚石	亿克拉	9.8	5.8	‘19	12.5
铌	万吨	350	440	420	520	硫	亿吨	14	①	35	①
锂	万吨	220	410	840	1100	磷酸盐岩	亿吨	113.8	180	338.3	500
锶	万吨	680	680	1200	1200	钾盐	亿吨(K_2O)	94	83	165	170
锡	万吨	700	610	1000	1100	硼矿	万吨(B_2O_3)	16100	17000	62800	41000
锑	万吨	420	180	470	390	蛭石	万吨	5000		20000	
汞	万吨(Hg)	13	12	24	24	铟	吨	2600	2500	5700	6000
铋	万吨	11	33	25	68	硒	万吨	7	8.2	13	17
金	吨	44000	42000	60000	90000	碲	吨	20000	21000	38000	47000

注：* 每公斤成本≤80 美元；①储量或储量基础丰富，无统计数据；1 为 1993 年数据。

资料来源：1. Mineral Commodity Summaries, 1995、2005； 2. Oil and Gas Journal, 2004. NO.52, 2003. NO.52； 3. BP Statistical Review of World Energy June 2005, www.coalportal.com； 4. WISE Uranium Project, 2004.7； 5. 国外矿产年评 1994。

三、世界矿产品供需形势

2004 年成为过去三十年来经济发展速度最快的一年，全球矿业也呈现出一派繁荣景象。在强劲需求的驱动下，国际市场矿产品贸易量大幅度增加，许多矿产品供不应求，而现有的生产能力又不足以弥补供应缺口，由此导致能源、贵金属和多种主要有色金属矿产品的价格普遍攀升甚至居高不下，许多矿产品价格创多年来最高纪录。持续走高和不断波动的石油价格威胁全球经济的增长，尤其威胁对石油依赖程度高的经济体和发展中国家的经济增长。

在国际矿产品贸易中，“中国因素”是最大亮点。自 20 世纪 80 年代以来，中国的 GDP 的年增长率在 7%～9%之间，平均每 8～10 年翻一番。目前中国的工业消费的原料愈来愈多，在全球矿产品贸易和其他国家的经济增长中起的作用也愈来愈大。

1. 2004 年世界一次能源消费量增长超过 10 年平均增长速度，原油价格急剧攀升。2004 年是全球能源市场持续高速增长的第二个年头。世界经济的强劲增长导致了全球一次能源消费出现了自 1984 年以来的最快增长。2004年,所有燃料的消费量增长速度均超过了10年以来的平均增长速度。能源消费的快速增长又推动了石油、天然气和煤的价格上涨到新的历史水平。

2004年世界一次能源消费量增长4.3%。其中亚洲太平洋地区增长最快,为8.9%,而北美增长率降到了1.6%的历史低水平。煤仍然是2004年增长最快的燃料,全球增长率为6.3%。石油消费增长率为3.4%,是自1986年以来的最高增长率。天然气消费量增长3.3%,水电和核电也出现了较大幅度增长,分别增长了5%和4.4%(见图5)。

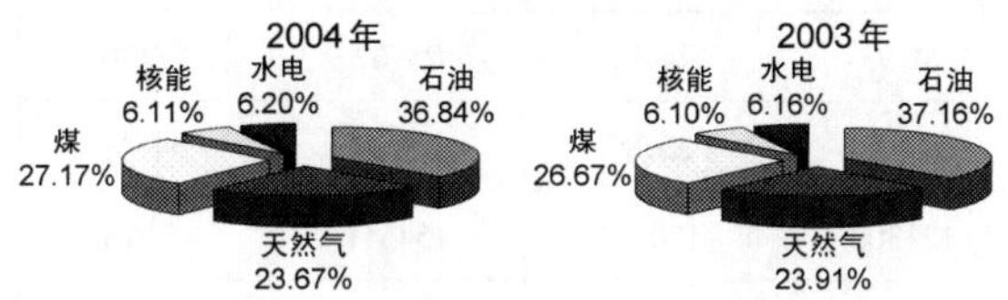

图5　2004年、2003年世界一次能源消费构成

2004年,中国能源需求总量比2003年增长了15.1%,中国能源消费目前已经占世界总量的13.6%,中国和亚太地区成为全球能源市场日趋重要的一个组成部分。

2004年全球石油产量达到了38.68亿吨,比2003年增长了4.5%(表17)。欧佩克总产量达到了15.88亿吨,比2003年增长了7.7%。伊拉克和委内瑞拉的产量有了较大幅度增加,但仍低于高峰期的产量。沙特阿拉伯的石油产量达到了历史纪录的5.06亿吨。非欧佩克的石油产量为17.21亿吨,比2003年略高。俄罗斯仍是非欧佩克的主要生产国家,尽管其年末增长速度放缓,但全年产量仍达到了4.59亿吨,比2003年增长了8.9%。安哥拉、乍得、厄瓜多尔、赤道几内亚和哈萨克斯坦等国的石油产量均有不同程度增长。2004年石油减产最多的仍为英国和美国,分别减产了1070万吨和860万吨。

表17　　世界主要矿产品产量

矿　产	单　位	1999年	2000年	2001年	2002年	2003年	2004年
钢	万吨		78770	85004	90375	96826	103549
铁矿石	亿吨	10.09	10.73	10.52	11.29	12.30	–
锰矿石和精矿	万吨,锰	1963.00	2139.69	2172.63	2285.58	2533.54	2700.25
铬矿石和精矿	万吨	1368.30	1410.87	1219.10	1402.11	1597.33	1628.65
镍(矿山产量)	万吨	106.08	114.12	121.24	121.51	125.78	127.79
镍(精炼)	万吨	103.94	110.70	115.46	118.55	122.73	127.47
钴	吨	33484	35620	38078	39475	42577	46311
钨(矿山产量)	吨	31248	35743	41121	53982	55795	61852
钼(矿山产量)	万吨	12.98	13.48	13.47	13.41	12.77	15.16
钒(矿山产量)	吨	51900	40986	44189	50822	43645	–
铜(矿山产量)	万吨	1274.93	1323.30	1373.84	1356.12	1368.65	1448.79
铜(精炼)	万吨	1446.52	1480.45	1568.32	1536.52	1524.49	1574.35
铅(矿山产量)	万吨	300.63	306.75	308.05	288.10	312.97	314.40
铅(精炼)	万吨	630.74	671.99	661.19	672.08	690.33	725.71
锌(矿山产量)	万吨	797.29	876.65	902.56	888.65	944.05	912.70
锌锭	万吨	842.08	906.39	921.29	968.80	991.35	1011.98
铝土矿	万吨	13015.82	13891.52	13904.39	14437.24	15316.66	15749.83

续表 17 - 1

矿　　产	单　位	1997 年	1998 年	1999 年	2000 年	2001 年	2002 年
原铝	万吨	2371.01	2441.81	2443.60	2607.60	2800.03	2982.11
镁	万吨	40.52	47.00	49.86	45.45	56.46	64.40
钛(矿山产量)	万吨 TiO_2	420.97	442.63	440.67	421.71	420.35	416.72
海绵钛	万吨	7.32	7.43	8.15	7.71	7.24	7.70
金红石精矿	万吨	34.8	38.7	37.7	40.9	37.4	–
钛铁矿精矿	万吨	415.0	507.0	522.0	557.0	591.0	–
锡(矿山产量)	万吨	21.91	24.46	24.93	24.91	25.62	28.70
锡(精炼)	万吨	24.66	26.36	27.02	26.85	27.84	34.48
锑(矿山产量)	吨	118457	130243	121300	150129	154541	154680
镉	吨	19528.7	19205.5	17547.0	16195.3	17061.8	17456.0
汞(矿山产量)	吨	1655.9	1417.1	1850.7	2176.7	2105.6	2003.2
铋(矿山产量)	吨	5126.3	4275.0	4672.7	3991.4	4550.4	4291.8
金(矿山产量)	吨	2432.6	2430.6	2407.0	2323.9	2338.1	2186.1
银(矿山产量)	吨	17031.5	18018.6	18815.0	19030.0	18571.1	18614.3
铂(矿山产量)	吨	148.0	163.4	181.6	186.8	195.7	208.4
稀土氧化物	吨	93150	96920	100210	103649	107550	–
硒	吨	2111.7	2223.8	2239.8	2184.4	2311.1	2139.0
碲	吨	282.0	312.9	286.8	243.0	265.9	284.4
硫	万吨	5850	5970	6040	6050	6180	6300
磷酸盐岩	万吨	13500	13200	12600	13500	13700	13800
钾(K_2O)	万吨	2690	2625	2620	2675	2840	3000
硼	万吨,矿石	446	460	473	455	480	460
纯碱(天然＋合成)	万吨	3340	3440	3560	3700	3800	3900
萤　石	万吨	429	445	459	444	475	493
重晶石	万吨	616	649	659	602	670	690
石　墨	万吨	69.2	85.7	80.30	76.30	74.20	75.60
石　膏	万吨	10800	11100	10300	10200	10400	10600
石　棉	万吨	177	211	204	205	215	228
膨润土	万吨	1000	1020	1020	1244	1192	–
滑石和叶蜡石	万吨	946	873	906	781	892	812
高岭土	万吨	2471	2532.5	2513.2	2515.0	2528.0	–

续表 17－2

矿　　产	单　位	1997 年	1998 年	1999 年	2000 年	2001 年	2002 年
硅藻土	万吨	199	193	192	195	196	195
金刚石(天然)	万克拉	11710	11700	11900	13400	15000	–
石　油	亿吨	34.77	36.14	35.98	35.75	37.03	38.68
天然气	万亿立方米	2.35	2.44	2.49	2.53	2.62	2.69
煤	亿吨	45.24	49.41	51.17	51.82	55.57	59.17
铀(矿山产量)	吨	31109	34911	36947	37334	34803	40326

资料来源：1. Mineral Commodity Summaries, 2003,2004, 2005; 2. World Metal Statistics, Yearbook 2005; 3. Minerals Yearbook,2002,2003; 4. Mining Annual Review,2003,2004; 5. E/MJ,2002; 2003;2004; 6. Industrial Mineral,2002,2003,2004; 7. Oil and Gas Journal,2002,2003,2004。

2004 年世界石油消费量为 37.67 亿吨，比 2003 年增长 3.4%(表 18)。从数量上看，2004 年石油消费量的增长是自 1976 年以来最高的，比近十年的平均增长率高出了一倍多。2004 年中国石油消费量为 3.09 亿吨，比 2003 年增长 15.8%。在世界经济快速增长的影响下，世界各地区的石油消费量均超过了近十年的平均增长率。

表 18　　世界部分矿产品消费量

矿　产	单　位	2000 年	2001 年	2002 年	2003 年	2004 年
镍(精炼)	万吨	117.20	115.95	122.17	127.67	131.48
原铝	万吨	2505.91	2372.15	2533.75	2735.24	2924.35
铜(精炼)	万吨	1519.19	1467.56	1505.25	1536.55	1635.54
铅(精炼)	万吨	641.50	655.12	685.89	699.83	712.46
锌锭	万吨	889.27	880.69	933.07	983.57	1016.94
锡(精炼)	万吨	27.59	28.06	28.02	30.55	34.29
镉	吨	20591.6	18062.1	19215.3	21180.8	1693.86
金(需求)	吨	4036	3920	3972	4142	–
银(需求)	吨	29121	27306	26839	27377	–
铂	万盎司	620.5	636.5	708.5	684.0	–
钯	万盎司	882.5	805.0	681.5	648.0	–
硫(需求)	万吨	5920	6000	6070	6350	–
磷(矿石)	万吨	14350	13850	11706	12256	–
钾(K_2O)	万吨	2300	2190	2314	2390	–
石油	亿吨	35.18	35.17	35.23	36.42	37.67
天然气	万亿立方米	2.44	2.47	2.54	2.61	2.69
煤	亿吨油当量	23.09	23.24	24.01	26.14	27.78

资料来源：1. Mineral Commodity Summaries,2003,2004,2005; 2. World Metal Statistics, Yearbook 2005; 3. E/MJ,2003,2004; 4. Mining Annual Review,2002,2003,2004; 5. Industrial Mineral,2003,2004; 6. Minerals Yearbook,2003; 7. BP Statistical Review of World Energy, June 2004。

由于世界石油生产和消费存在及为严重的区域不平衡性，因此世界石油贸易量很大，2003年为17.7亿吨（表19），接近世界石油产量的50%。目前世界最大的石油消费地主要集中在三个地区，即北美、欧洲和亚洲。北美既是石油的主要生产地，又是石油的主要消费地，但由于石油消费增长迅速，本地供给远远满足不了不断提高的需求水平，因此北美地区也是世界最大的石油进口地区。亚洲目前已超过欧洲成为第二大石油消费地，中国、日本分别是世界第二、第三大石油消费国。日本国内石油资源极少，几乎完全依赖于进口。中国近年来石油年进口依赖程度不断上升。欧洲是发达国家密集的地区，石油消费量很高，但只有俄罗斯、挪威和英国三个重要石油生产国，本地区石油产量无法满足本地区的石油需求，因此每年都要从其它地区进口大量石油，石油进口主要来自中东地区。

表19　　世界部分矿产品进出口量

矿　产	单　位	进　口			出　口		
		2002年	2003年	2004年	2002年	2003年	2004年
铁矿石	万吨	53136	58254	–	53141	58596	–
镍（东西方贸易）	万吨	17.93	21.88	21.66	2.67	3.42	5.13
铝	万吨	1564.28	1700.83	1850.63	1591.14	1668.59	1741.92
铜（精炼）	万吨	688.50	666.82	671.06	697.33	688.56	639.95
铅（精炼）	万吨	184.46	165.36	174.39	184.17	179.99	149.64
锌锭	万吨	339.86	349.67	352.88	372.23	393.04	341.85
锡（精炼）	万吨	19.14	17.73	20.43	24.35	24.89	30.47
磷酸盐岩	万吨	2868	2800	–	2868	2800	–
钾（K_2O）	万吨	2110	2320	–	2110	2320	–
石油（原油）	亿吨	16.67	17.70	18.55	16.67	17.70	18.55
天然气	亿立方米	5813.4	4548.7	5020.6	5813.4	4548.7	5020.6
煤	百万吨	641.04	713.68	–	637.72	693.90	–

资料来源：1. World Metal Statistics Yearbook 2005；2. Mining Annual Review, 2002, 2003, 2004；3. Coal Information, 2002, 2003, 2004；4. Mineral Commodity Summaries 2003, 2004, 2005；5. BP Amoco Statistical Review of World Energy, June 2003；June 2004。

2004年，世界经济强劲增长导致对原油需求量大幅增加，加上投机炒作、一些石油生产国政局动荡及地缘政治等因素的影响，世界石油价格大幅攀升并持续保持高位（表21），使全球通货膨胀压力增加。2004年布伦特石油平均价为38.27美元/桶。石油价格从2月开始上涨，之后整个夏季石油价格都在急速增长，8月布伦特石油平均价突破了40美元/桶，10月末最高价达到了最高52美元/桶，纽约市场原油期货价格一度曾突破55美元/桶。进入11月份后，油价又开始明显回落。12月10日纽约市场原油期货价格降至5个月来的最低点，收于每桶40.71美元，布伦特石油平均价也跌至40.32美元/桶。

造成2004年石油价格大幅增长的原因主要有以下几点：①全球经济增长带动的原油需求增加是导致油价上升的基本原因。2004年世界原油日均消费量为8075.7万桶，而2004年世界原油日均产量为8026.0万桶，日均产消缺口达50万桶。而在石油供应紧张的同时，各国需求不断攀升。当前世界经济面临深刻的结构性调整，发达国家经济增长迟缓，而发展中国家经济增长强劲，这导致发达国家诸多产业向广大发展中国家转移，进而推动这些国家对石油等自然资源的需求上升。2004年7月中旬，欧佩克的日剩余生产能力从原来的100多万桶减少到60多万桶，降至自20世纪70年代以来最低水平；世界产油国的日剩余生产能力也只有100万桶左右，约占全球原油日需求量的1%。欧佩克预测，要达到市场供求均衡，日剩余生产能力必须达到日需求量的4%左右。②地缘政治起了推波助澜的作用。伊拉克局势不稳定，石油设施不断遭到破坏。特别是美国再度占领伊拉克圣城纳杰夫，导致伊拉克武装分子对石油基础设施发动更多的袭击，进而影响伊拉克原油出口和全球石油供应；沙特阿拉伯不断发生的恐怖袭击使人担心其石油出口供应会受到干扰；俄罗斯的石油康采恩尤科斯事件对世界石油价格上涨起到了推动作用。尤科斯是俄罗斯最大的石油和天然气公司,石油产量占全球的2%。由于该公司向国家偿还高额税款的限期已过,有可能被解散而停产,这将首先给欧洲造成影响;西非地区最大的石油生产国尼日利亚罢工频发,绑架公司员工、非法切割输油管道、纵火等破坏活动也时有发生,导致一些公司被迫停止了石油开采。摩根士丹利前分析师比格斯认为,前一阶段上涨的油价中至少有12美元可以称为恐怖袭击等突发事件造成的“溢价”。③市场投机因素(主要是期货炒作)也对油价上涨起到重要作用。由于美元持续疲软,大量投机基金由资金和外汇市场转向石油期货市场。在全球原油需求增长而生产能力增长滞后的情况下,市场投机活动也更加活跃。对冲基金等机构投资者从前一阶段原油期价上涨中获利颇丰,导致一些最有影响的投资银行和金融咨询机构也纷纷增加在原油期货上的筹码。据有关专家估计,目前油价当中至少有三分之一为投机炒作成分。

2004年世界天然气消费量增长了3.3%,而近十年的平均消费增长率为2.3%。世界最大天然气市场——美国,受高价格和工业重组的影响,消费量未见增长。美国以外的世界天然气消费量增长了4%,其中俄罗斯、中国和中东地区天然气消费增长最为显著。天然气产量除北美地区外均出现增长,而只有美国的天然气产量继续下降。欧洲荷兰、俄罗斯和挪威的天然气产量的大幅度增加弥补了英国产量持续下降带来的缺口。2004年国际市场天然气贸易量增长了9%,其中管道发货量增长了10%以上,俄罗斯增长最多,但其他国家也有不同程度增长。液化天然气的发货量增长了5.4%,但仍低于2003年的增长率。阿尔及利亚液化天然气的出口受Skikda液化气厂事故的影响下降了8%,美国液化天然气进口量继续快速增长,增长幅度达29%,而日本由于2003年关闭的核电厂重新投产导致液化天然气进口量下降了3.5%。

2004年世界煤消费量增长了6.3%,其中中国占增加量的75%。除中国外,世界煤消费量的增长速度低于2003年。欧洲煤的消费量略有下降,而北美则基本与2003年持平;其他地区煤的消费量仍呈较强增长势头,特别是亚洲太平洋地区(不包括中国)增长达7.4%。2004年全球核电消费量增长了4.4%,其增长的50%来自日本。美国核电生产继2003年下降至后也有所恢复。2004年全球水电发电量在2003年下降之后增长了5%。其中中国增长最为显著,由于新电站的投产使发电量增幅达16.6%,欧洲和欧亚大陆增长了5.7%。

虽然目前国际能源形势依然紧张,但《BP世界能源统计2005》的数据表明,世界并未面临油气资源或者储量的短缺,已经探明的能源储量仍然可以满足世界近期的总体需求。以目前的开采速度计算,全球石油储量可供生产40多年,天然气和煤炭则分别可以供应67年和164年。

表20　　**2000~2004年国际市场主要原油现货平均价格**　　**单位:美元/桶**

年份	WTI	布伦特	迪拜	米纳斯	塔皮斯	辛塔	大庆	胜利
2000	30.50	28.63	26.36	28.97	29.95	28.29	28.97	28.88
2001	25.89	24.45	22.77	24.10	25.35	23.23	24.02	22.22
2002	26.10	25.01	23.73	25.68	25.72	24.67	25.50	23.78
2003	31.07	28.83	26.76	29.50	30.06	28.72	29.50	27.47
2004	41.49	38.27	33.64	36.69	40.90	35.72	36.58	32.19

资料来源:路透社电讯普氏报价。

*2.世界钢铁市场需求强劲,铁矿石及铁合金矿产品价格普遍上涨。*2004年世界粗钢产量达到10.5亿吨,比2003年的9.69亿吨增长8.36%。世界钢铁生产集中在62个国家,其钢铁总产占世界总产的98%。2004年,亚洲国家钢产量4.99亿吨,几乎占世界钢铁产量的一半,比2003年增长13.2%。其中中国钢产量2.73亿吨,比上年增长23.2%,占当年世界钢产量的25.8%,成为世界最大产钢国。其次是日本,钢产量1.13亿吨,位居世界第二。美国钢产量9850万吨,比2003年增长5.2%,排行世界第三。按大洲统计,2004年亚洲钢产量4.99亿吨,同比增长13.2%,成为世界最主要的钢产区。若不将中国计算在内,2004年亚洲钢产量增长3.0%,相反大洋洲则是2004年唯一出现产量衰退的地区,与2003年相比,钢产量降幅为1.4%。

2004年钢铁消费亦增长8.8%。达到9.35亿吨。据预测,2005年钢铁需求将增长至少5%。仅中国需求就将增长10%。目前世界钢铁生产能力达到11.8亿吨,生产能力利用率88%。

目前世界钢铁进出口大国主要有:中国、日本、韩国、美国、德国、加拿大和俄罗斯。这些国家的钢铁贸易在世界钢铁贸易中占有较大的份额。由于目前全球钢铁产能过剩，国际钢铁市场竞争激烈，钢铁国际市场占有率较高的国家是日本、德国和俄罗斯。

2004年世界海运铁矿石贸易量为5.83亿吨，全球铁矿石的海上贸易持续多年由澳大利亚、巴西以及印度、南非等国主宰。世界铁矿石总产量的50%左右用于出口，扣除长期合同和合资办矿的贸易量，每年国际铁矿的自由贸易量约为2.5亿吨。

虽然中国拥有很大的铁矿工业，但是其产量难于满足国内日益增长的需求，目前很大比例需要通过进口铁矿石来解决，从而造成近年中国铁矿石进口量持续大幅度增长。2004年中国大陆进口铁矿石2.08亿吨，约占世界海运铁矿石贸易量的34.6%，继续为世界最大铁矿石进口国。2005年中国实行国家调控，消费增长速度将有所下降，但仍新增需求6000万吨，预计2005年铁矿石进口量可达2.48亿吨，增长率为20%左右。可以预计，在中国这个巨大需求的拉动下，国际铁矿石贸易市场2005年仍将保持增长，年平均增长率将达到6%。

世界铁矿石的贸易主要受几个大矿业公司的控制，包括巴西淡水河谷矿业公司（Companhia Vale do Rio Doce）、里奥廷托矿业公司（Rio Tinto）和必和必拓矿业公司（BHP Billiton）——三家公司掌握全球铁矿石贸易供应量的70%。也是中国最主要的三大铁矿进口商。其中，澳大利亚铁矿对中国的出口量一直占我国铁矿进口总量的40%左右。受到中国经济增长的强烈拉动，全球最大的三个铁矿生产商已经投入巨额资金增产，以满足国际市场，特别是中国市场的需要。美国地质调查局认为，即使中国对铁矿的需求在未来几年内大幅下降，这几年的持续高消费对全球的铁矿产业的影响仍将长期存在。

2004年，由于全球钢铁产量持续创纪录增长，对钢铁原料的需求也创下新高，世界各钢铁公司经历了钢铁工业史上最严重的钢铁生产原料供应短缺局面。2004年全球粗钢产量达到了10.5亿吨，这就意味着2004年全球钢铁业将比2003年多消耗近6000万吨的铁矿石。在如此强烈的原料需求下，2004年世界铁矿石市场价格呈现全面上升的势头。趁此之机，世界主要铁矿生产公司在2004年度的价格谈判中提高了铁矿石价格，2月份国际铁矿石价格谈判慢慢落下帷幕，日本钢厂已先后与澳大利亚、巴西、印度、南非的供应商达成了新的铁矿石价格协议，铁矿石市场价格平均比2003年上涨18.6%。

同时，由于中国对铁矿石需求的强劲增长和铁矿石进口量的大幅度增加，给世界散货运输带来较大考验。由于运力吃紧，国际市场铁矿石的海运成本大幅上升，运费上涨进一步影响铁矿砂价格上升。巴西到我国的铁矿石运费，2003年1月份为13.5美元/吨，而2004年12月上涨到45.0美元/吨；澳大利亚到我国的铁矿石运费2003年1月份仅为6.5美元/吨，2004年12月为29.0美元/吨。2004年12月，我国进口巴西铁矿石平均到岸价为60.6美元/吨，进口澳大利亚铁矿石平均到岸价为44.7美元/吨，海运成本分别占到我国进口巴西、澳大利亚铁矿石到岸价的64.4%和64.8%，运费甚至超出船上矿石价格。

受世界粗钢增产和铁矿石贸易量大幅度增加的影响，尤其是中国钢铁工业的迅速发展，2004年世界铁合金金属的生产和消费与2003年相比均有了较大程度的增长，贸易量也大幅增加。从而带动世界钢铁工业对锰矿石和锰合金需求大幅增长，国际锰矿、锰合金市场在经历了数年的低迷之后，在2004年锰矿石、锰合金的价格均大幅上涨。2004年世界不锈钢产量比2003年增长了4.3%。世界不锈钢产量的持续增长带动了铬、镍、钒等合金金属生产和消费，从而导致世界铬铁矿、铬铁合金和镍及合金产量和消费量增长，国际市场矿产品和合金价格也有较大幅度上涨。国际市场钒铁合金的价格在2003年上涨的基础上，2004年继续大幅上涨。2004年底，美国市场钒铁合金价格达到了15.5美元/磅，欧洲市场钒铁合金价格达到了47.5美元/公斤。国际市场钒铁合金及五氧化二钒的价格在2003年、2004年连续大幅上涨，其主要原因是一方面是供应减少，一些澳大利亚、南非和俄罗斯钒产品企业停产或减产，另一方面是随着世界钢产量增长，对钒钢的需求稳步增长，从而造成国际市场钒铁合金和五氧化二钒供不应求。由于两年来国际钼市场供需失衡，钼价暴涨。2004年一季度钼价为7.00美元/磅～10.75美元/磅，二季度为13.00美元/磅～18.00美元/磅。军火是国际市场钴的最大消费领域，战争也将促使钴消费量增加，也会导致钴价上扬。2004年一季度为21.00美元/磅～31.00美元/磅，二季度为24.25美元/磅～27.5美元/磅。2004年前半年国际市场镍的价格也大幅上扬，元月的平均价格突破1991年以来历史上的最高价位。国际市场镍价的大幅上扬，引起生产者和消费者的高度关注。随着2004年世界不锈钢产量的增长，带动了对铬铁合金的需求增长，国际市场铬铁合金的价格大幅增长。2004年欧洲市场铬铁合金的价格为0.72美元/磅，比2003年提高20.0%；美国市场铬铁合金的价格为0.69美元/磅，比2003年提高40.8%，2004年国际市场铬铁合金的价格普遍大幅度上涨，国际市场铬铁矿及铬铁合金的供求关系发生重大变化。

3. 西方三大经济体经济强劲增长，供求失衡导致国际市场有色金属价格大幅上涨。据《World Metal Statistics》资料，2004年世界6种金属（铜、铝、铅、锌、锡、镍）总产量为6476.24万吨，比2003年增长5.18%，其中锡产量增长幅度最大，为23.85%，铝、铅产量次之，分别增长7.22%和5.13%。2004年上述6种有色金属消费量合计为6482.21万吨，比2003年增长6.10%，其中锡、铝增长速度最快，分别为12.24%和8.06%。镍、铜和锌供应存在缺口，铅、铝和锡有不同程度过剩（表21）。

表21　　2004年世界主要有色金属供求状况　　单位：万吨

项　目	铜	铝	铅	锌	锡	镍
世界产量	1574.35	3002.25	725.71	1011.98	34.48	127.47
世界消费量	1635.54	2951.5	712.46	1016.94	34.29	131.48
供求平衡	-61.19	50.75	13.25	-4.96	0.19	-4.01
库存量	51.85	303.28	27.58	99.89	2.80	9.88
年底库存消费比(周)	1.6	5.3	2.0	5.1	4.2	3.9
正常库存消费比(周)	5.5	5.5	4	5	5	5
消费与2003年相比(%)	6.44	8.06	1.83	3.39	12.24	2.98

资料来源：根据《World Metal Statistics》资料计算。

2004年随着世界经济的强劲增长和中国需求的大幅增加，世界有色金属市场需求激增，加之一些产品库存下降，价格不断上涨，许多有色金属矿产市场供应不足，价格出现大幅走高（表22）。有色金属价格的总体水平也升达9年来的新高，其中铜、铅创下16年高点；锡创下15年新高；锡价升至14年来的最高水平，铝、锌分别创下了9年及7年新高；而镍则在年初时创下了14年高点。在此形势的推动下，世界主要有色金属的产量和消费量均有了较大幅度增长，供求关系有了极大改善。

以铜为例，全球经济强劲增长带来了铜消费的高潮，但产量的低幅增长难以满足需求。2004年世界精炼铜产量增长3.3%，但世界精炼铜消费量增长6.4%。世界主要铜消费国中国、美国、日本、德国、韩国、意大利和墨西哥等的消费量均有不同程度增长。全球主要消费地区中，占据全球铜消费将近一半的亚洲地区，由于中国、韩国的快速增长，消费增长率达到5.9%；美洲也因美国的复苏而迎来春天，全年的消费增长率高达8.3%；而欧洲由于西欧地区的建筑业依然疲软以及欧元的坚挺，铜消费仍未见起色，不过东欧国家铜消费的崛起使得整个欧洲的铜需求增长避免了停滞，欧洲全年的增幅也达到6.2%，成为世界铜消费增长的主要支撑力量。但从整体来看，2004年中国和美国是拉动世界铜消费增长的主要动力。由于铜市场全年呈供不应求状态，因此2004年是铜价高位振荡的一年。2004年铜价平均价为2793美元/吨，约比2003年高出1000多美元。铜价强劲上扬的背后不仅仅是资金的推动，更重要的是10年来罕见的供求危机所导致的现货供应持续紧张和交易所库存持续下降。

再以铝为例，据《World Metal statistics》统计，2004年世界原铝消费量为2951.50万吨，比2003年增加8.1%，净增消费量220.17万吨，其中中国的原铝消费量净增了101.33万吨，约占世界原铝消费量增长的一半，同期西方世界的消费量只增长了96.14万吨。由此可以看出，2004年世界原铝的消费主要还是靠中国的增长来拉动。世界原铝消费的强劲增长一举扭转了连续三年的供大于求的局面，据估计，2004年全球原铝市场供求缺口在36万吨左右。这种供求关系的变化，很大程度上支持了2004年国际铝市场铝价上涨趋势。其显著标志是伦敦金属交易所（LME）铝期货价格在年内不断刷新最近9年的记录高点，铝价在第4季度突破了1700美元/吨的高点，打破了压制市场长达5年的价格上限，进入到历史上的高价区域。锡、镍、铅和锌等主要有色金属价格2004年均经历了与铝、铜类似的过程。2004年全球锡消费量大量增加，世界锡市场由长期的供应过剩转向短缺。2003年供应缺口曾一度扩大到1.43万吨。由此导致2004年LME锡价大幅上扬，年平均价达到8503.9美元/吨，与2003年相比分别上涨了73.8%。高涨的锡价刺激了生产，产量大幅增加，使得供应缺口年底减小到9000吨左右。期镍的价格在2004年底达到16年来的13764.61美元/吨的历史价，比2003年上涨了43.2%；锌和铅的价格也分别增长了26.2%和64.5%。

导致2004年世界有色金属市场价格全面大幅上涨的原因主要有以下几点:①西方三大经济体由复苏阶段进入强劲增长阶段,极大地拉动了金属的消费,改善了原有的供求关系,成为推动金属价格继续上涨的主要因素;导致世界制造业的重新活跃;②中国经济持续增长仍然是支持市场的积极因素,不过由于中国实施的宏观经济调控,有色金属市场的推动作用逐渐减弱;③美元对其他主要工业国家的货币持续贬值,对以美元标价的有色金属而言,具有重大的正面支持作用。美元贬值从成本和需求两方面促进了金属价格的上涨;④以基金为首的投机力量的介入。

表22 **2001~2004年主要金属现货价格** **单位:美元/吨**

品 种	2001年 年平均价	2002年 年平均价	2003年 年平均价	2004年 年平均价	2003年比 2002年增长%
铜	1578	1558	1780	2868	61.1
铝	1444	1349	1432	1717	19.9
镍	5948	6772	9640	13852	43.7
锡	4483	4062	4896	8513	73.9
铅	476	453	517	888	71.8
锌	886	779	828	1048	26.6
金(美元/盎司)	271.19	310.20	363.83	409.83	12.6
银(美元/盎司)	4.37	4.60	4.88	6.65	36.3

资料来源:伦敦金属交易所。

4. 美元持续疲软导致大多数贵金属价格上扬。2003年,在全球政治危机加重、美元疲软以及大量的投资者入场的影响下,金价彻底走出了长达八年的低迷态势,显现出了强劲的上涨势头,金价上半年大起大落,下半年稳步上涨,并在2003年底创下了417美元/盎司的14年高点。2003年,伦敦金属交易所金的年平均价达到了364美元/盎司,较2002年的年平均价高出了54美元。

2004年的金价连续第三年走高,创出456美元/盎司的16年高点,并创下自1988年以来最高的年平均价,达到了409.83美元/盎司,与2003年相比上涨了12.6%。

与2003年相比,2004年地缘政治对金价的影响有所减弱,而美元成为影响国际黄金市场价格的主要因素。美国庞大的双赤字使得美元一再贬值,欧元兑美元创下了1.36的历史高点。

2004年尽管黄金价格走高,但全球金的需求量仍持续增加,2004年全球黄金需求量比2003年增加了7%;全球首饰消费在连续三年大幅下滑之后,也比2003年增加6%。各主要交易所黄金交易总量稳定,终止了连续多年下滑的势头;同时供应方面,除了矿产金产量有所下降以外,官方售金、再生金供应均有所减少,这些因素为金价的稳定上升提供了强有力的支持。

导致2004年黄金市场金价上涨的主要因素有:

① 美元持续疲软是国际市场金价上涨的主要动力。国际黄金现货及期货都是以美元标价,美元贬值使黄金变得相对便宜,从而刺激购买增加,黄金价格上涨。金价2004年涨幅明显下滑的原因是年初美国经济形势好于预期,美元汇欧元即形成双头,并且形态的量度跌幅正好跌够,之后,美元汇欧元又进行了为期5个月的盘整,至2004年9月才开始新一轮的升势。

② 原油价格暴涨是导致金价上涨的重要因素。金价与油价之间也存在着较为密切联系:油价波动影响世界经济尤其是美国经济,因为美国经济总量和原油消费量均列世界第一;而美国经济发展的进退转而影响美国资产质量从而引起美元升跌;美元的升跌对金价的升跌发挥重要影响。据国际货币基金组织(IMF)估算,原油价格每桶每上涨5美元,将削减全球经济增长率约0.3个百分点,美国经济增长率则可能下降约0.4个百分点。因此油价已经成为全球经济的晴雨表,高油价意味着不确定性增加,经济将会走弱,美元将会下跌,金价也将随之上涨。通过对2004年金价与油价增长曲线的观察看出,金价与油价的波动趋势基本一致,从而进一步证明了金价与油价之间的密切关系。

③ 黄金产量增长幅度明显低于消费增长速度。2004年黄金产量增幅仅为0.6%,而黄金消费增长幅度为7%。

预计2005年,稳居高位的金价还将主要受控于美元。而就目前美国的经济、赤字状况来看,美元继续贬值的可能性很大，很多分析机构认为，欧元兑美元有可能升至1.4甚至1.5的高点。2005年金价可达到500美元/盎司的高位。但是由于金价过分依赖于美元，其风险性也很大。由于世界经济增长放慢和人们对全球国际收支不平衡及政治方面的担心，2005年全球首饰业对黄金的需求增长幅度将低于2004年，工业需求也会受到影响，但黄金投资的比重将加大。

2003年，随着美元贬值和黄金价格攀升，银价走势彻底反转。2004年初，在黄金及其他基本金属价格上升和投机基金的不断炒作下，国际市场白银价格屡创新高，4月份一度突破8.0美元/盎司，最高超过8.50美元/盎司，为16年最高。随着银价的走高，在2004年上半年，COMEX、LBMA白银交易成交量都达到5年来新高。2004年LBMA月平均价格达到6.6578美元/盎司，比2003年同期大涨36.47%。2004年中，白银价格上涨表现要比黄金出色，以伦敦市场为例，2004年白银月平均价格同比上涨36.47%；而同期黄金月平均价格为409.17美元/盎司，同比只上涨了12.62%。

2004年全球白银的需求同比下降1.7%，总需求量估计在844.6百万盎司；同期全球矿产白银产量同比递增1%，估计矿产银总产量达到602.6百万盎司；全球白银总供应估计达到887.0百万盎司，同比提高7%左右。在国际需求下降、产量稳步增加的情况下，2004年全年国际市场白银平均实际价格达到6.6578美元/盎司，比2003年同期大涨36.47%，白银价格的走势与市场供求状况确实有些脱离。对此，安泰科认为，当国际市场白银价格超过6.0美元/盎司时，直接左右市场的就不是供需关系，而是投机因素、汇率等因素。2004年的国际白银市场就说明了这个问题，目前的白银供需现状对市场产生的直接影响力很小。短期内经济形势、美元汇率变化、国际石油价格等仍然是决定银价的最主要因素。同时，由于白银主要为铜、铅、锌和黄金等矿产的伴生矿产，因此白银相关金属行情的好坏，也影响着白银市场表现。

2004年，有色金属的这一轮涨势达到一个峰值，多种金属的价格均创多年高点，伦敦市场铂价也达到了自1980年以来的最高。影响2004年铂市场的主要因素有市场供应短缺和投机。连续6年的供应短缺积极支持了价格的攀升，而投机活动的活跃更加剧了价格的波动；伦敦市场铂价因此在4月中旬攀上24年的高点937美元/盎司。美元持续走低对铂价的生长产生了重大影响，一方面表现为对投机者活动的激励；另一方面表现在美元兑兰特汇率的疲软对南非采矿业，即铂市场供应的影响。2004年伦敦市场铂的年均价达到845.31美元/盎司，为历史最高。

据英国JM公司的报告，2004年汽车工业中铂的消费在欧洲柴油机车销量增长的推动下继续增长，达到343万盎司的历史最高。但首饰业因中国消费下降20%，使铂的需求量减少到220万盎司，比2003年下降了10%；比1999年的历史峰值下降了24%。其他消费领域铂需求的增长为首饰业中需求的下降所抵消，结果，2004年铂市场总的需求达到647万盎司，仅比2003年增长1个百分点。供应方面，除俄罗斯发货量下降19%外，南非的供应增长7.6% 到498万盎司的历史最高，北美和其他地区的供应量也都有不同程度的增加。全球总供应量达到643万盎司，比前一年增长了3.7%。2004年铂市场的供应缺口为4万盎司，是六年来的最低，比2003年的22万盎司减少了18万盎司。

2004年全球钯市场的运行情况仍与大多数贵金属背道而驰，俄罗斯钯出口量的增加和南非钯的增产导致了全球钯市场的供应过剩。年初中国首饰用钯的需求量的增加钯价曾一度冲上330美元/盎司高点，之后由于缺乏市场支持，价格急剧下跌，年底曾一度跌破180美元/盎司的关键价位，返回16个月的低点。2004年，钯市场的最高价为4月8日的322美元/盎司，最低价为12月17日的178美元/盎司；全年平均价为229.37美元/盎司，比2003年的200.27美元/盎司上涨了14.5%。

2004年全球钯市场的总需求达到614万盎司，比2003年的541万盎司增长了13%。增长部分主要来自汽车工业和首饰业。2004年全球钯市场的总供应量为716万盎司，比2003年的646万盎司增长11% 。2004年钯市场的过剩量为102万盎司，比2003年的105万盎司略有下降。

总之，受世界经济增速放慢的影响，加上石油和其他一些商品的价格上涨可能会抑制生产和贸易的增长，预计2005年世界贸易增幅将比上年回落1.5～2个百分点，与20世纪90年代世界贸易平均增长速度大体一致。总体上看，2005年国际矿产品市场需求仍呈增加趋势，市场价格可能逐渐趋稳或出现一定回升。

表 23　　国外矿产品市场价格(伦敦市场金属、矿石和氧化物价格)

矿产品名称、规格及交货条件	单　位	价　　格		
		2002 年 12 月 7 日	2003 年 12 月 6 日	2004 年 12 月 10 日
锑金属:自由市场,到岸价	美元/吨	2300 ~ 2500	1950 ~ 2050	2800 ~ 2900
砷:鹿特丹,99%	美分/磅	0.35 ~ 0.45	0.35 ~ 0.40	0.35 ~ 0.40
铋金属:自由市场,到岸价	美分/磅	2.75 ~ 3.00	2.65 ~ 2.80	3.35 ~ 3.55
镉金属:(99.99%),到岸价,条	美分/磅	0.55 ~ 0.65	0.50 ~ 0.60	0.65 ~ 0.75
镉金属:(99.95%),到岸价,锭	美分/磅	045 ~ 0.55	0.40 ~ 0.50	0.55 ~ 0.65
钴金属:自由市场,99.8%,纯净	美元/磅	6.40	14.50	18.25
锗金属:	美元/公斤	420	295(GeO_2)	400(GeO_2)
金:	美元/金衡盎司	318.40	395.75	437.35
铟金属:	美元/公斤	70 ~ 80	265 ~ 285	810 ~ 860
铱金属:J. 马瑟基价	美元/金衡盎司	170	87	180
锰金属:99.7%	美元/吨	845	1213	1625
汞金属:自由市场,99.99%	美元/瓶	160 ~ 180	195 ~ 220	600 ~ 700
锇金属:自由市场	美元/金衡盎司	400 ~ 450	400 ~ 450	425
钯金属:J. 马瑟基价	美元/金衡盎司	257	197	192
铂金属:J. 马瑟基价	美元/金衡盎司	596	767	830
铑金属:J. 马瑟基价	美元/金衡盎司	675	510	1345
钌金属:J. 马瑟基价	美元/金衡盎司	50	37	73
硒:自由市场,到岸价	美分/磅	3.35 ~ 3.85	7.50 ~ 8.00	26 ~ 29
银:	美元/金衡盎司	4.58	5.28	6.86
碲:英国团块和粉末,99.95%,纯净	美元/磅	6.00 ~ 8.00	9.00 ~ 11.00	20 ~ 25
氧化铝:冶金级,现货离岸价	美元/吨	138 ~ 143	310.00 ~ 330.00	400
钛铁矿:54% TiO_2,离岸价	美元/吨	100 ~ 110	100 ~ 110	76
钼氧化物:55% ~ 57%	美元/磅	4.25	6.35	30.0
金红石:澳大利亚产,95% ~ 97% TiO_2,离岸价,散装	美元/吨	445 ~ 525	490 ~ 560	455
钽铁矿:钽氧化物 60%,北欧港口到岸价	美元/磅	40	40	40
钒氧化物:98% V_2O_5,到岸价	美元/磅	1.43	1.80	9.0
黑钨矿/白钨矿:65%	美元/吨度	32 ~ 45	42 ~ 50	68.5
锆砂:澳大利亚产,66% ~ 67% ZrO_2,标准级,离岸价,散装	美元/吨	390 ~ 440	430 ~ 480	525

资料来源: Mining Journal, 2002 ~ 2004。

续表 23－2　　（部分矿产品价格）

矿产品名称、规格及交货条件		单　位	价　格		
			2002 年 12 月	2003 年 12 月	2004 年 12 月
铝	氧化铝，煅烧，$Al_2O_3$98.5%～99.5%，袋装，20 吨批量，英国交货	英镑/吨	345～440	345～440	345～440
	氧化铝，煅烧，钠质含量中等，50 吨批量	英镑/吨	345～390	345～390	365～415（美元/吨）
铬	铬铁矿矿石：				
	（南非）德兰士瓦，化学级，46% Cr_2O_3，湿散装，离岸价	美元/吨	40～50	50～65	85～125
	德兰士瓦，铸件级，45% Cr_2O_3，湿散装，离岸价	美元/吨	50～70	80～90	130～150
	德兰士瓦，耐火级，46% Cr_2O_3，湿散装，离岸价	美元/吨	100～120	100～120	100～120
	（菲律宾）耐火级，精矿，离岸价	美元/吨	125～145	125～145	125～145
铁矿石	澳大利亚哈默斯利公司，日本市场，丹皮尔离岸价，块矿	美分/长吨度	36.83	39.35	45.93
	粉矿	美分/长吨度	26.63	30.83	35.99
	澳大利亚哈默斯利公司，欧美市场，鹿特丹到岸价，块矿	美分/吨度	40.75	40.75	40.75
	粉矿	美分/吨度	32.68	35.00	35.00
	巴西卡腊雅斯铁矿石，日本市场，马代拉角离岸价，粉矿	美分/长吨度	26.37	28.14	33.29
	巴西卡腊雅斯铁矿石，欧美市场，马代拉角离岸价，粉矿	美分/吨度	30.03	31.95	37.90
锂	透锂长石，4.2% Li_2O，大袋，德班离岸价	美元/吨	165～260	165～260	165～260
	锂辉石精矿，＞7.25% Li_2O，西弗吉尼亚离岸价，散装，离岸价	美元/短吨	330～350	330～350	330～350
	玻璃级锂辉石，5% Li_2O，西弗吉尼亚离岸价，散装，离岸价	美元/短吨	195～200	195～200	195～200
	碳酸锂，美国东海岸船边交货，大合同	美元/磅	0.90～1.20	0.90～1.20	0.95～1.40
钛	钛铁矿：澳大利亚产，散装，精矿，$TiO_2 \geq 54\%$，离岸价	美元/吨	85～100	80～100	72～90
	现货价	美元/吨	100～115	90～100	70～95
	金红石：澳大利亚产，散装，精矿，$TiO_2 \geq 95\%$				
	散装（大量，用于颜料）	美元/吨	430～470	415～445	430～480
	袋装（小包装，用于焊条等）	美元/吨	400～540	430～540	550～650
锆石	陶瓷用，散装，离岸价：澳大利亚	美元/吨	360～390	395～420	490～600
	陶瓷用，散装，离岸价：美国	美元/吨	375～400	395～420	460～550
	耐火材料用，散装，离岸价：澳大利亚	美元/吨	340～370	375～400	430～525
	耐火材料用，散装，离岸价：美国	美元/吨	350～390	350～390	450～550
	铸料砂用，散装，离岸价：澳大利亚	美元/吨	320～370	370～400	420～530
	铸料砂用，散装，离岸价：美国	美元/吨	350～390	350～390	450～550

续表 23－3

	矿产品名称、规格及交货条件	单 位	价 格		
			2002年12月	2003年12月	2004年12月
稀土	氟碳铈矿精矿，70%淋滤（价格单位为：美元/磅稀土氧化物）	美元/磅	2.25	2.25	2.25
	氧化钇，99.99% Y_2O_3	美元/公斤	13～16	13～16	9～12
膨润土	美国怀俄明，工厂交货，火车车厢批量：				
	原矿散装	美元/短吨	26～63	26～63	26～63
	铸件级，袋装（100Lb）	美元/短吨	50～76	50～76	50～76
	"美国石油协会"规格，袋装（100Lb）	美元/短吨	43～53	43～53	43～53
	欧洲主要港口到岸价，散装：				
	宠物垫圈级 1～5mm	英镑/吨	60～80	37～50（欧元）	30～50（欧元）
	铸件级，原矿，万吨船	美元/吨	55～60	55～60	55～60
	"美国石油协会"，Section6	美元/吨	52～57	52～57	52～57
高岭土	美国佐治亚，工厂交货：填料，散装	美元/短吨	80～100	80～100	80～100
	造纸涂料级	美元/短吨	85～185	85～185	85～185
	煅烧，散装	美元/短吨	320～375	320～375	320～375
	卫生器具级，袋装	美元/短吨	65～75	65～75	65～75
	餐具级，袋装	美元/短吨	125	125	125
硅藻土	美国煅烧过滤助剂用，英国交货	英镑/吨	370～410	370～410	370～410
	美国热碱处理硅藻土，过滤助剂用，英国交货	英镑/吨	380～420	380～420	380～420
碳酸钙	研磨碳酸钙，白垩，未包装，英国工厂交货	英镑/吨	30～52	30～52	30～52
	碳酸钙，白垩，包装，精制，英国工厂交货	英镑/吨	80～103	80～103	80～103
	沉淀碳酸钙，英国工厂交货：未包装	英镑/吨	300～390	300～390	300～390
	包装	英镑/吨	300～417	300～417	300～417
云母	印度：325目微粉，欧洲到岸价	美元/吨	300～540	300～545	300～545
	湿磨	美元/吨	400～1000	400～1000	500～1000
	印度离岸价：干磨	美元/吨	200～430	200～430	200～430
	美国工厂交货价：干磨	美元/吨	210～400	210～400	210～400
	湿磨	美元/吨	535～1300	535～1300	535～1300
	微粉级	美元/吨	535～930	535～930	535～930
	片状	美元/吨	250～480	250～480	250～480
滑石	挪威产，英国仓库交货：磨碎	英镑/吨	142～190	142～190	142～190
	微粉	英镑/吨	220～294	220～294	220～294
	中国产，英国仓库交货：标准级，200目	英镑/吨	220～225	208～233	208～233
	标准级，350目	英镑/吨	210～230	214～234	214～234
	美国，工厂交货：涂料级，200目	美元/短吨	120	120	126
	400目	美元/短吨	200	200	210
	陶瓷级，200目	美元/短吨	87	87	92
	325目	美元/短吨	110	110	115

续表 23－4

矿产品名称、规格及交货条件		单　位	价　格		
			2002 年 12 月	2003 年 12 月	2004 年 12 月
叶蜡石	韩国，离岸价：玻璃纤维级，耐火级，Al_2O_3，18%～21%	美元/吨	59～65	59～65	59～65
	陶瓷级，Al_2O_3，15%～19%	美元/吨	27～44	27～44	27～44
	粘土填料级，Al_2O_3，21%～27%	美元/吨	110～150	110～150	110～150
	澳大利亚，悉尼港口离岸价：填料级，300 目	美元/吨	342	342	342
重晶石	磨碎，白色，涂料级，至少 99%＜20μm，英国交货	英镑/吨	140～150	140～150	140～150
	钻井级，磨碎，"石油公司材料协会"规格，散装，阿伯丁交货	美元/吨	50～55	50～55	50～55
	块状，"美国石油协会"规格，美国海湾到岸价：中国	美元/吨	42～46	42～47	62.50～64.50
	印度	美元/吨	48～50	48～50	69～71
	摩洛哥	美元/吨	50～52	50～52	62～65
萤石	制酸级，滤饼：中国产，干滤饼，美国到岸价	美元/吨	128～135	165～170	195～205
	南非产，德班离岸价	美元/吨	105～125	105～125	128.5～145
	墨西哥产，坦皮科离岸价	美元/吨	105～125	105～125	168～178
	墨西哥离岸价，As＜5ppm	美元/吨	141～150	141～150	180～190
硅灰石	美国工厂交货价：针状，－200 目	美元/短吨	190	190	205
	针状，－325 目	美元/短吨	234	234	248
	针状，－400 目	美元/短吨	258	258	275
	针状（长径比为 15:1～20:1）	美元/短吨	318	318	345
蛭石	南非产，散装，鹿特丹离岸价	美元/吨	160～260	160～260	160～260
	原矿，散装，美国工厂交货	美元/短吨	130～200	130～200	170～250
石墨	欧洲港口到岸价：晶质，中片，90%C，＋100～800 目	美元/吨	370～410	370～410	370～410
	晶质，大片，90%C，＋80 目	美元/吨	480～550	480～550	480～550
	晶质，大片，94%～97%C，＋80 目	美元/吨	570～750	570～750	570～750

资料来源：1. Skillings' Mining Review，2002，2003，2004；2. Industrial Minerals，2002，2003，2004。

（刘树臣　闫卫东　奚甡）

世界油气资源供需形势和管理状况

一、世界油气资源状况

（一）油气资源分布

世界常规石油剩余探明储量主要分布于中东的沙特阿拉伯、伊朗、伊拉克、科威特、阿联酋等，独联体的俄罗斯、哈萨克斯坦等，南美的委内瑞拉以及非洲的利比亚、尼日利亚等国。天然气主要集中在俄罗斯、伊朗、卡塔尔、沙特阿拉伯、阿联酋、美国、阿尔及利亚、委内瑞拉、尼日利亚等国。

中东地区的石油探明剩余储量为 999 亿吨，约占世界 61.7% 左右。中东天然气剩余探明可采储量为 72.83 亿立方米，约占世界的 40.6% 左右。

世界油气资源分布总的特点是油气资源总量丰富、潜力巨大、但分布不均。随着人类对地下石油资源认识能力的提高，世界油气资源总量的评价结果不断升高。

（二）油气资源储量和产量

根据 BP 公司资料，截至 2004 年底，世界石油探明剩余可采储量 1619 亿吨，天然气剩余探明可采储量 179.5 亿立方米。2004 年世界原油产量 38.68 亿吨，天然气产量 2.69 万亿立方米，目前世界石油和天然气储采比分别约为 40.5 和 66.7（表 1 至表 4）。

表 1　　截至 2004 年底石油探明剩余储量及 2004 年产量

国　家	探明剩余储量(亿吨)	比例(%)	储采比	产量(亿吨)	产量比例(%)
北美	78.4	5.1	1.8	6.68	17.3
南美和中美	145.3	8.5	40.9	3.42	8.8
欧洲和欧亚大陆	190.8	11.7	21.6	8.51	22.0
中东	999.9	61.7	81.6	11.87	30.7
非洲	149.6	9.4	33.1	4.41	11.4
亚太	54.4	3.5	14.2	3.79	9.8

表 2　　按石油探明剩余储量排名前十位的国家(截止 2004 年底)

位　次	国　家	探明剩余储量(亿吨)	比例(%)	储采比	产量(亿吨)	产量比例(%)
1	沙特	361.0	22.1	67.8	5.06	13.1
2	伊朗	180.9	11.1	88.7	2.03	5.2
3	伊拉克	155.0	9.7	155.0	1.00	2.6
4	科威特	136.0	8.3	113.3	1.20	3.1
5	阿联酋	130.0	8.2	103.2	1.26	3.3
6	委内瑞拉	111.0	6.5	70.8	1.53	4.0
7	俄罗斯	100.4	6.1	21.3	4.59	11.9
8	哈萨克斯坦	54.0	3.3	83.6	0.61	1.6
9	利比亚	5.0	3.3	66.5	0.76	2.0
10	尼日利亚	48.0	3.0	38.4	1.22	3.2

表 3　　截至 2004 年底天然气探明剩余储量及 2004 年产量

国　家	探明剩余储量(亿立方米)	比例(%)	储采比	产量(亿立方米)	产量比例(%)
北美	7.32	4.1	9.6	7628	28.3
南美和中美	7.10	4.0	55.0	1291	4.8
欧洲和欧亚太陆	64.02	35.7	60.9	10515	39.1
中东	72.83	40.6		2799	10.4
非洲	14.06	7.8	96.9	1451	5.4
亚太	14.21	7.9	43.9	3232	12.0

表 4　　按天然气探明剩余储量排名前十位的国家(截至 2004 年底)

位　次	国　家	探明剩余储量(万亿立方米)	比例(%)	储采比	产量(亿吨)	产量比例(%)
1	俄罗斯	48.00	26.7	81.5	5891	21.9
2	伊朗	27.50	15.3		855	3.2
3	卡塔尔	25.78	14.4		392	1.5
4	沙特	6.75	3.8		640	2.4
5	阿联酋	6.06	3.4		458	1.7
6	美国	5.29	2.9	9.8	5429	20.2
7	尼日利亚	5.00	2.8		206	0.8
8	阿尔及利亚	4.55	2.5	55.4	820	3.0
9	委内瑞拉	4.22	2.4		281	1.0
10	伊拉克	3.17	2.8			0

（三）未来发展趋势

技术进步仍将是新增储量的主要因素。今后世界石油储量增长主要来自老油田挖潜和极地、深海等低探明区域。天然气以其资源丰富、清洁环保、经济方便等优点被公认为一次能源消费结构中的生力军。目前世界天然气剩余探明可采储量约为179.53亿立方米，其总量基本与石油相当。但是，由于天然气工业起步较晚，开发利用水平尚处于较低的水平。其资源探明程度和储采比都远远低于石油。未来石油、天然气的发现仍具有很大的潜力。

二、世界油气资源的供需形势

（一）油气需求

据美国能源情报署（EIA）预测，未来20年世界石油需求将以1.8%的年均增长率持续增长，到2020年达到53.88亿吨，其中发达国家27.79亿吨，年均增长率1.3%，发展中国家22.16亿吨，年均增长率为2.5%，前苏联和东欧3.93亿吨，年均增长率为2.1%；天然气需求达到4.35万亿立方米，年均增长率为2.8%，其中发达国家1.95万亿立方米，年均增长率为2.2%，发展中国家1.23万亿立方米，年均增长率为3.9%，前苏联和东欧1.17万亿立方米，年均增长率为2.9%。石油天然气需求稳步增长，天然气需求增长快于石油，发展中国家快于发达国家，但发达国家石油天然气消费量分别占世界消费量的51.6%和44.8%。

国际能源组织预测，未来世界能源需求的主要增长将基本产生在经济增势明显的亚太地区，尤其是亚洲地区。亚洲很可能将取代北美成为世界石油消费市场的中心。专家预测，21世纪前30年，世界经济发展热点在东北亚环日本海地区，该地区对能源的需求增长最快，可达8%～10%。

（二）供应潜力

2004年世界石油产量为38.68亿吨，消费量37.67亿吨，产量略大于消费量。主要产于中东、北美和前苏联地区，主要产油国是沙特、俄罗斯、美国和墨西哥等。

据美国能源情报署（EIA）预测，未来20年全球石油供应年均增长率为2.0%，到2020年供应量为55.65亿吨，能够满足消费需求。其中，发达国家年均增长率为-0.2%，发展中国家年均增长率为2.7%。天然气供应主要受基础设施建设和下游市场开发程度的限制，以销定产的局面短时间内难以改变。

上世纪90年代开始，拉美、西非、中东地区的非欧佩克国家以及中国的原油产量份额逐步增长。同时非欧佩克国家已探明的储量稳定增加，目前非洲特别是几内亚湾地区存在巨大的资源潜力。近年，美国等西方发达国家对非洲石油投资不断增加，非洲成为世界能源市场的又一个竞争高地，已引起世界广泛关注。非洲石油储量占世界总储量的9.4%。同时，非洲石油产量、出口量较前十年也有了大幅度上升。

目前，世界正处在天然气取代石油而成为世界首要能源的过渡时期，国际能源界普遍认为，今后世界天然气产量和消费量将会以较高的速度增长，2020年以后世界天然气产量将要超过煤炭和石油，成为世界最主要的能源，21世纪将是天然气的世纪。总之，今后20年世界石油天然气供给增长因素明显多于需求增长因素，总体上能够满足市场需求。

三、世界主要产油国的油气管理体制

（一）基本状况

世界主要产油国的油气管理体制，体现了政府对油气资源的权威性领导和市场经济规律运行指导的结合。逐步形成了一套比较完整的油气管理体系：议会（国会）制定法律法规，规范政府部门和石油企业的行为；政府部门制定政策和行业规范，约束和引导石油企业的经营活动；石油监管机构对石油企业的业务活动和市场秩序进行监督管理，确保国家的法律法规和政府各项政策的贯彻实施；石油中介组织作为政企之间的桥梁，在行业内部发挥规范和督促企业自律作用；石油企业则作为市场主体，在法律允许的范围内自主运营。

1. *政府石油主管部门*。主要负责制定石油工业的发展战略、国家石油安全战略、油气资源的开发和利用政策，制定石油市场规则，代表国家维护资源所有者权益；对油气资源勘探和开采实行区块招标，发放许可证；促进石油科技进步，推动和实现石油工业与健康、安全、环境协调发展。

2. *相对独立的石油工业监管机构*。政府对石油行业的管理实行制定政策与执行监管相对分离的管理体制。政府设立相对独立的监管机构。石油监管机构依照法律建立，独立行使法律授予的权利。石油监管机构有明确的组织法规、职责权限和工作程序，接受法律的约束和公众的监督。

3. *石油公司*。政府直接控制国家石油公司，支配整个国家的石油资源。石油企业则作为市场主体，在法律允许的范围内自主运营，具有完备的勘探、开发、加工和销售体系；部分国家为使外国石油公司能够更快捷、有效的与政府沟通和合作，还赋予国家石油公司部分政府权利。

4. *石油行业协会*。是企业层面上的自律、协作性的组织。一般分为两类，一类是制定技术操作标准的组织，另一类是促进成员商业利益的自律性组织。通过协会向议会、政府和社会反映成员企业的意见，影响政府政策的制定。

(二) 主要特点

1. *政府在油气管理中的地位突出。*各国政府担负着石油政策的制定、保证实施和监督执行的职责。通过财政、税收、法律等手段和措施,宏观操纵油气管理并对其进行适时、适当的调整,使各个油气公司在维护国家根本利益的前提下,保证国家石油供应和能源战略目标的实现。政府制定的管理体制是否合适,政府的监督、指导和保障作用是否有效,将影响国家油气安全和经济发展。世界各国政府都十分重视油气资源的管理,以最大限度地保障国民经济发展对油气资源的需求。

2. *多采取一个或有限几个石油公司相对集中的经营模式。*有关石油研究机构,曾对世界上55个主要石油生产国的石油工业体制进行过调查,结果表明其中的50个国家都只是有一家或少数几家国家石油公司(国家全资或国家控股公司),占调查总数的90.9%,大多数为发展中国家,这些国家出于国家经济安全的角度,对于本国油气资源都采取了较大的控制力度,以保障本国经济持续发展的能源供给。

3. *政企分开,市场化模式管理。*政府和企业作为两个独立的主体,政府不直接经营管理企业,政府负责油气资源的勘查开采登记和监督管理,石油公司则从事具体的生产经营活动。采用市场化模式进行管理,政府主管部门主要运用政策和法律手段协调与管理石油活动,保障国家的石油利益和经济安全,而不介入石油公司的生产经营活动。

(国土资源部油气资源战略研究中心
张应红　唐晓川　于春林　申延平　张新安)

国外矿业信息

【韩国采取措施确保原材料稳定供需】 自2003年下半年以来,全球钢铁基础原料供应紧张。除企业自身积极应对外,韩国政府采取了一些措施来确保这些原材料的稳定供需,在一定程度上发挥了国家实施宏观调控的及时性和有效性,对中国相关企业或行业的发展具有借鉴意义。

2004年1月,韩国产业资源部针对基础原材料供需不稳和价格上涨现象,进行紧急调查。

1. 铁矿石、焦炭和有色金属原材料和一些石化原料进口价格比2003年同期上涨10%~29%,主要因为中国大陆需求暴增及全球景气恢复。

2. 受中国大陆和东亚地区需求骤增、国际价格上升的影响,韩国国内废钢价格暴涨,废钢争夺战的激烈与废钢供货商惜售,更加深供需矛盾的严重性。以废钢为主要投入的钢筋、型钢等建材供需也受到波及。

针对此情形,韩国产业资源部于1月28日召开相关业界和团体紧急对策会议,拟定供需安定化推动方案:

1. 为了让韩国政府正确充分了解和掌握废钢供需的实际情况,相关团体与公司组成两个小组(共16人),从2月3日起到全国调查废钢的流通情况,杜绝废钢惜售现象。

2. 与主要废钢进口国的中国、土耳其等加强国际合作。

3. 韩国政府、钢铁业界、废钢业界等团体组成了“废钢供需协议会”,定期协商对策以稳定原材料供应。

4. 了解国外情况。乌克兰、俄罗斯、委内瑞拉等为了确保本国原料的稳定供应与避免战略资源低价出售,均采取了限制出口或课税措施;美国钢铁铸造协会、铝协等单位也建议该国政府限制美国自产废钢、废铝等原料的出口。但限制出口措施的国际法、国内法的正当性正在调查评估中。

韩国产业资源部与业界通力合作,希望早日稳定其国内废钢价格和供需。对于造船用厚板供应不足方面,已请POSCO协助;进口原物料价格涨幅大者,透过关税调降的方式,以期减少冲击,如镍锭进口税由3%降为0%、铝锭由1%降为0%。

【韩国调降石油进口关税】 据海外媒体报道,全球第四大石油进口国韩国今天宣布,为保护经济免受全球油价上涨的影响,将从4月30日起调降石油进口附加费及全部石油类进口关税。

韩国财政经济部在一份声明中说,原油进口关税将由3%调至1%,石油产品的进口关税将由7%调至5%。

【日本从海水中成功提取锂】 日本佐贺大学海洋能源研究中心在30天内从14万升海水中成功提取了约30克氯化锂。

据报道,从海水中提取锂的设施于去年夏天建设完成,由计算机控制。研究人员利用该设施从2004年2月下旬起使用伊万里湾的海水连续工作,成功提取了纯度约90%的高质量氯化锂。

锂的陆地储量约为1400万吨,而海水中却溶有

2300亿吨锂，只是浓度太低，不易提取。参加该项目的吉冢和治教授说，从海水中提取锂的实验很多，但以实用化为目标在世界上还是第一次。吉冢教授等计划利用锂浓度高的核电站排水、工厂排水和温泉水进一步提高提取锂的效率。

锂是照相机、手机和电脑充电电池常用的材料。目前日本主要依靠从中国、澳大利亚、南美进口的矿石为原料生产锂。吉冢教授认为，如果开发出成本低、效率高的提取系统，日本实现锂的自给不是遥远的梦。

【日本开发出下一代耐热结构材料】 日本东北大学多元科学技术研究所教授福田承生等人与宇部兴产公司共同研发出下一代耐热结构材料，可用于制作汽车和飞机等的耐热零部件，将有广泛的使用前景。

这种由氧化铝、钇铝石榴石和氧化锆3种材料构成的结晶体具有在1500摄氏度高温下也能承受1400兆帕压力的特点。据悉，作为耐热结构材料，迄今为止虽然利用钇铝石榴石与蓝宝石的结晶体，达到了在1500摄氏度高温下可以承受600兆帕的压力，但还没有开发出可以承受超过1000兆帕压力的耐热结构材料。

此次开发的耐热结构材料具有纳米规格的微细组织结构的特点。对氧化物晶体的多样化结构调查结果显示，在1500摄氏度的高温下，这种材料具有很高的耐压强度，而且采取了独立开发的结晶成长技术，还可以对圆状物变为板状进行控制。

研究小组今后还将进一步就其耐高压强度的机理进行研究，同时就批量化生产新材料进行可行性试验。

【日本建成其国内最大太阳能发电系统】 日本产业技术综合研究所展示新建的太阳能发电系统，它有足球场一般大，在日本居于首位。

这次建成的太阳能发电系统坐落在茨城县筑波市，耗资8亿日元，使用太阳能电池板5600块，总面积达6500平方米。太阳能电池板采用了单晶硅等四种材料，分别镶在研究所内建筑物、停车场棚顶和空地斜坡上。这一系统包括直流电变交流电装置21台，发电功率最高可达869千瓦，和已有设备合在一起，总发电功率超过1000千瓦，可供300户家庭使用。

太阳能发电可避免排出温室气体二氧化碳，和使用传统发电方式发出的电相比，这一太阳能发电系统每年可减少约300吨二氧化碳排放。

日本太阳能发电近年来有很大发展，从2000年起发电量一直位居世界首位，太阳能发电设备总功率约达64万千瓦，占世界一半。日本政府计划至2010年将其增加到482万千瓦，建设这一大型太阳能发电系统具有示范意义。

【日本金属冶炼厂寻求海外矿产勘探开发权】 由于全球经济持续增长导致对 矿产品需求上升，价格飞涨，日本金属公司欲借助便宜的资金成本，扩大在国际矿业市场上的份额。

资源贫乏的日本冶炼厂和贸易商行正寻求更多的勘探准许，以便从亚洲的竞争对手中夺取更多的原材料。同时也希望稳定国内供应。

在日本主要冶炼厂中，三井金属矿业公司表现最为积极，该公司是日本最大的镍生产商和第三大铜生产商，其目标是力争成为像必和必拓公司（BHP Billiton）和里奥廷托矿业公司（Rio Tinto）等并驾齐驱的矿业巨头。

【蒙古黄金开采量】 蒙古黄金开采量增加，最近4年蒙古的黄金开采企业共向蒙古中央银行出售了43.3吨纯净黄金，每年平均出售10.8吨。

2003年，蒙古黄金开采企业向蒙古银行出售的黄金总值达到1322亿图格里克（1170图格里克兑换1美元），比上年同期增加了129亿图格里克。这也与世界黄金市场价格上涨有一定关系。

2003年蒙古“蒙古东方黄金”公司、“希吉尔阿拉特”公司、“嘎楚尔特”公司等在出售黄金数量上名列前茅。

【越南对黄金进口减税】 越南财政部决定对金粉的进口税从1%减少到0.5%，金条进口税从3%减少为1%。目的是是为了发展其国内黄金市场并打击走私。

越南进口黄金主要是用于当地销售以及出口的首饰。越南国家银行2004年获准进口15吨黄金。2004年头两个月里进口了约两吨黄金。

在2003年，越南消费了58～60吨黄金，其中进口大约10吨。

【越南成为云南化肥出口最大市场】 云南省一季度出口的化肥5成多销往越南，数量达11万吨，价值1979万美元，同比数量增长1.3倍，金额增长1.7倍，化肥已成为越南从云南省进口的第一大商品。

近3年来，云南化肥出口总额的4成多销往越南，每年销往越南的化肥数量近30万吨，金额均在4000万美元以上。越南已成为云南省化肥的最大出口市场。销往越南的化肥主要品种是氮肥、磷肥以及氮磷复合肥。其中，过磷酸钙、磷酸氢二铵和尿素的出口数量名列前3位。

【越南煤炭出口】 越南2004年煤炭出口为1000万吨，

比2003年增加43%。

越南2004年煤炭产量预计为2000万吨，比2003年增加10%。越南煤炭主要的出口市场是中国、日本和欧盟。2003年，越南煤炭出口量为700万吨，出口额为1.75亿美元，分别比2003年增加16.5%和12.4%。

【越南主要矿产资源简况】 越南位于印支半岛东部，东南濒海，长山山脉纵贯南北。石油、天然气和矿产资源比较丰富。越矿藏资源分为能源类、金属类和非金属类三种。能源矿藏主要有煤、石油和天然气；金属矿主要有铁、铬、铝、铜、镍、铅、钛矿等；非金属矿藏主有磷灰石、硫化矿、高岭土等。主要矿藏储量及分布情况如下：

1.*能源矿藏*：① 煤。已探明煤炭储量约38亿吨，其中优质无烟煤约34亿吨，主要分布在广宁省境内，其余为褐煤和泥煤，主要分布在红河三角洲地区和湄公河三角洲地区。

② 石油、天然气。越南的石油、天然气探明储量石油为2.5亿吨，前景储量约5亿吨；天然气储量约3000亿立方米，前景储量约9100亿立方米，伴生气储量约1300亿立方米。已发现的石油、天然气主要分布在东南沿海和红河、湄公河三角洲地区。

2.*金属矿藏*：① 铁矿。已探明储量13亿吨，前景储量约23亿吨。现已发现三个铁矿区。一是西北地区的宝河、贵砂、娘娼、兴庆等地，其中贵砂铁矿储量为1.25亿吨，主要是褐铁矿，品位为43%~52%；二是北部地区太原、河江、北干、高平省境内，储量为5000万吨，主要是磁铁矿，品位60%以上；三是中部的顺化、义安、河静等地，已发现多种类型的铁矿，其中石溪矿床储量最大，约5亿吨。

② 铬矿。分布在清化省挪山区古定等地，储量约2000万吨，适合露天开采，精选后，三氧化二络含量可达46%以上。

③ 钛矿。越南目前经初步探明的钛矿储量约2000万吨，可开采量约1500万吨。主要分布在越南北部地区的太原和宣光（约600万吨，山矿，铬含量高）、中部沿海地区的河静省（约500万吨）、清化省（约400万吨）、平定和平顺两省（约300万吨），沿海地区均为砂矿，铬含量低。现阶段越南全国年钛矿产量约15万吨，其中，越矿产总公司年产量约4万吨，河静省产量约5万吨，其他地区产量约6万吨。产品全部出口，主要出口到泰国、日本和中国等。

④ 锆矿。锆矿储量约450万吨，主要分布在北干、太原省。

⑤ 铝土矿。主要分布在北部高平、谅山省和西原地区林同省（宝禄、新来）、多农省、多乐省以及嘉莱省和昆高省境内。已探明储量45亿吨，前景储量约60~70亿吨，精选后该类矿三氧化二铝的含量可达47.5%。

⑥ 铜、镍矿。探明铜矿储量为795万吨，前景储量为1000万吨；探明镍矿储量为152万吨，前景储量为500万吨。老街生权铜矿矿床储量为51.1万吨，混合金35吨，银25吨。镍矿主要分布在班福地区，镍铜储量为19.3万吨，其中镍12万吨。

3.*非金属矿藏*：① 磷灰石。已探明储量为178亿吨，前景储量为20亿吨，主要分布在西北老街省境内。

② 硫矿。已探明储量860万吨，估计储量为5.6亿吨，主要分布在河西省境内。

③ 高岭土矿。已探明储量2000万吨，估计储量约10亿吨，主要分布在林同省。

【越南煤炭工业发展情况】 越南的煤炭资源主要赋存在北方。1999年，越南产煤1100万吨，出口320万吨。越南煤炭65%的产量是露天开采，其余采用井工开采。预计，2010年后，井工矿和露天矿的产量将各占一半。2020年后，井工矿煤炭产量将占煤炭总产量的70%~80%。井工矿大多采用平峒，有些矿采用斜井和竖井。采用长壁开采，厚煤层和倾斜煤层，采用特殊技术，有些矿采用单体液压支柱。

20世纪90年代，越南经济稳步发展，国内利用和出口对煤炭的需求增加。发电业和水泥业是最主要的煤炭消费方。考虑到越南有7500万人口，越南对煤炭的需求还是很低的，每人每年煤炭供应量仅为80公斤至100公斤。自1989年起，煤炭出口量增加。1999年到2000年，煤炭出口达到320万吨，主要出口到日本、泰国等国家。

2000年、2010年和2020年越南国内煤炭需求分别为740万吨、1040万吨和1700万吨。其中发电业煤炭需求量分别为500万吨、880万吨和1340万吨。到2020年，如建设核电站，需要煤炭1700万吨，如不建设核电站，煤炭需求量将大约为3000万吨，那时，发电业需要煤炭1800万吨。

煤炭和天然气在越南能源中起到重要的作用。未来，煤炭工业将遇到许多挑战。越南政府已制定了适当的能源政策，以便提高煤矿的经济效益，以低代价确保国家能源需求，并且达到环保要求。

【越南南部沿海发现石油矿】 俄罗斯和越南石油合资公司Vietsovpetro称，该合资公司在越南南部沿海区域发现油矿。

2004年该公司预计在该地区勘测出9000万桶原油储备区域。合资公司正加强沿海区域石油探测工作。2003年发现了1440万吨的原油储备区。

越南国有油气公司(Petrovietnam)控制着合资公司50%的股份,自2003年起,合资公司计划2004年加大石油开采行动,2004年计划累计钻井深度超过15公里。

该合资公司的合作方俄罗斯石油公司(Zarubezhneft)计划在2007前在越南投资20亿美元,用于勘测、海上作业、船队、钻井平台设备更新、修复油井和陆地上基础建设。越南2004年上半年日产石油不足40万桶。

【越南开采原油天然气情况】 据越《人民报》报道,2004年上半年,越原油天然气开采量为1290万吨,完成年计划的55%,同比增加24.5%,其中原油产量为1000万吨,完成年计划的57%,同比增长13.8%;天然气产量为29亿立方米,同比增长84.7%。原油出口970万吨,同比增加12.5%,出口金额25亿美元,增加30%。

越南石油天然气总公司正在加紧吸引外资步伐,鼓励外商投资红河平原和大陆架石油天然气的勘探。

【越南南昆山天然气田供气情况】 综合越媒体报道,2004年以来,越南最大的外国投资项目—13亿美元的南昆山天然气田已供气约19.1亿立方米。预计2004年该气田的供气量将达24亿立方米。

经过两年建设,该气田已从建设阶段转向运行阶段。目前,该气田正向富美电力中心所属富美1、富美2.1、富美3与富美4等发电厂供应天然气。从2002年底开始,从南昆山所输出的天然气,使富美天然气发电小区总功率达到近4000MW,约占全国发电总量的一半。

据悉,南昆山气田的天然气储量约580亿立方米;可开发20年。目前,越南油气总公司与越南电力总公司合作,将南昆山天然气田日供应量提升到1140万立方米。2005年还将增加30%。

【缅甸发现大型天然气田】 韩国大宇国际合作公司最近在缅甸西部沿海发现一大型天然气田。该气田的勘探是大宇国际合作公司与缅甸石油天然气公司的一个合作项目。报道说,气田是于2003年12月26日在缅甸西部若开邦沿海的A－1区块发现的,初步估计的天然气储量为3962亿立方米。

缅甸陆地和近海有较为丰富的石油和天然气资源。自1998年底向外资开放以来,外国公司参与缅甸石油或天然气资源开发的项目已经达到56个,合同投资金额超过24亿美元。

【泰国建设亚太地区能源中心】 泰国PTT公司营销分析和风险管理部副总裁Suparb Harnkanitwatana女士表示,泰国欲借处在石油供需国之间的地理位置优势,建设区域性能源中心,为东盟与其他亚洲国家的能源合作提供一个平台。

据Suparb Harnkanitwatana女士介绍,泰国建设区域性能源中心的战略计划分为两个阶段,分别建设Sriracha石油交易中心和战略能源陆上桥梁(SELB)。

Sriracha石油交易中心将被作为泰国石油交易中心,连接能源市场与临近的国家,特别是越南、老挝、柬埔寨和中国南部。

亚太地区的人口超过世界人口总数的1/3。近年来该地区石油需求迅速增长,但与经合组织的成员相比,其人均石油和石化产品消费量仍较低。未来亚太地区仍将是一个世界主要的石油需求增长区域,预计该地区的日需求量将从2003年的2500万桶增加至2030年的5600万桶,平均每年增长3%,而世界石油需求年均增长率为1.8%。

在这种趋势下,亚太地区将继续成为世界上最具活力的石油市场之一。亚太地区国家特别是中国和东南亚国家的石油和石化产品进口量较大,贸易伙伴们可以利用泰国在地理位置上的优势进行交易。

泰国拥有开展石油和石化产品贸易活动的公共设施,如运输系统和油库,最重要的是产品供应具有多样性。泰国现有的石油管道系统将Sriracha的炼厂与曼谷及其附近地区以及泰国中部地区的油库连接起来,这一系统将被扩展至Mab Ta Phut的炼厂并与新的国际机场直接相连。泰国还计划修建一条延伸至北部和东北部的石油管道,并与中国西南部连接。泰国Sriracha码头能够进行VLCC的装船、卸货,其油库有能力存储并调节进口及出口产品,扩建存储能力的投资费用也较低。

泰国建设区域性能源中心战略计划的第二阶段是构建战略能源陆上桥梁(SELB)。连接泰国西部和东部沿海地区的石油管道将成为石油生产国和亚太地区石油消费国对石油运输通道的另一种选择,它能够加强石油供应安全并使日益拥挤的马六甲海峡交通得到调节。

从中东到亚太地区的原油是通过马六甲、苏门答腊、龙目岛海峡运输的。SELB将为海上运输提供另一个选择。泰国全长250千米的石油管道将能够接收来自中东和非洲30万至45万吨位的原油油轮,成为可供西方(中东和非洲)产油国与东方(如中国、韩国和日本)消费地区选择的运输通道之一。SELB是加强泰国石油石化交易中心实力,使其成为一个真正的区域性能源中心的重要因素之一。

据介绍,为简化石油交易过程,泰国政府已经建立了自由交易区域和一站式服务办公室,并出台了吸引外资到泰国开办贸易公司的优惠条件,如将公司收入所得税从30%调低至10%,免除石油/石化原料的进口税等。

在泰开办贸易公司,必须是一家有限公司或上市公司或在泰国开办分支机构的外资公司,注册资金不得少于1000万泰铢,营业收入不得少于20亿泰铢/年,营业支出不得少于500万泰铢/年。

【马来半岛发现新天然气田】 马来西亚国油探勘与马来西亚壳牌各占一半股权的联营公司,于2003年11月在马来半岛离 岸PM301区发现油田后,在该区又发现了新天然气田。据联营公司2004年发表的文告说,发现4个储量约2亿立方米的天然气田。

【印尼煤炭产量】 2004年印尼全国煤炭产量达到1.35亿吨,比2003年的1.12亿吨增加18.4%。

印尼能源和矿产部煤炭供应署署长鲁比斯表示,这是该部根据目前形势发展所做的预测。在预测时,也考虑到了中国因国内需求较强,可能减少对外出口的因素。印尼一直把中国看作是煤炭出口的主要竞争对手之一。

2003年,印尼煤炭出口8561万吨,超过了前一年的7417万吨。印尼政府估计,虽然国际市场上煤炭价格上涨,但由于海运价格也在上涨,印尼煤矿的赢利估计不会有大的变化。2004年2月12日,国际市场上煤炭价格为每吨43.35美元,创下了近7年来的最高。

【印度尼西亚煤炭工业现状】 印度尼西亚是世界上第九大煤炭生产国,是东南亚最大的煤炭生产、消费和出口国,是继澳大利亚和中国之后,世界第三大煤炭出口国。在过去的8年中,印尼煤炭产量翻了一番多。1996年煤炭产量为5000万吨,2003年达到1.16亿吨。产量增加,大部分是由于现有能力扩大,新增能力也做出了贡献,1998年以来印尼建设了10座新煤矿。

印尼从位于东加里曼丹、南加里曼丹和苏门答腊的35座以上的煤矿中生产烟煤和半烟煤。印尼煤炭几乎全部由露天矿生产,只有两三座小型的井工矿。

印尼大型煤矿有布米资源公司、阿达罗公司、基泰扩加瓦阿贡公司、班普公司和国营的国家煤炭公司。这5家公司的煤炭产量占印尼煤炭总产量的75%。

从1996年起,印尼煤炭出口量翻了一番多,从1996年的3600万吨增加到2002年的7400万吨。在过去3年中,印尼煤炭出口提高25%,原因是亚洲其他国家增加购买煤炭。日本和中国台湾是印尼两个最大的煤炭市场,占印尼出口的40%。韩国、菲律宾、中国香港特别行政区和马来西亚是其重要的煤炭市场。

印尼国内煤炭消费继续增长,2003年达到近3000万吨,较2002年提高大约3%。发电业是印尼最大的煤炭消费方,每年燃用约1900万吨煤炭,占国内煤炭消费的65%。

水泥是第二大煤炭消费方,每年为500万吨,占17%;其他工业占8%;非工业用煤,包括民用煤,为每年300万吨,占10%。

【菲律宾投资署促进矿业投资】 菲律宾投资署近日表示将大力促进矿业领域的投资,促进经济增长,特别是刺激农村社区经济的发展。

新上任的菲律宾贸易工业部长兼投资署署长普里西马表示,将在其任内采取措施,吸引矿业投资。他认为菲律宾的矿业具有全球竞争力,因为该国已被联合国的研究报告列为全球第五大矿业化国家。

【菲律宾招标勘探开发地热资源区】 2004年菲律宾能源部长佩雷斯宣布,菲政府计划招标勘探开发国内10个地热资源区,投标者必须在2004年6月底前递交标书。

这10个地热资源区分布在菲北部、中部和南部,共有30万千瓦至47万千瓦的潜在发电能力。已有6家公司有意投标,政府将于2004年9月宣布中标者。

上述10个待招标勘探开发的地热资源区是政府已确定的35个地热资源开发区的一部分。这35个地热资源开发区的潜在总发电能力约为413.7万千瓦。感兴趣的公司可到能源部的数据库查阅有关这些地热资源区的资料,但须交1000美元。

菲律宾有许多火山,地热资源丰富。目前,菲国内地热发电站的总发电能力为193.2万千瓦,仅次于美国。菲电力需求的约21%由地热发电站供应,这一比例居世界第一。

根据菲能源部上月公布的最新能源发展规划,从2004年至2013年的10年间,菲能源需求预计将年均增长3.9%,能源部门共需投资1.41万亿比索(目前约56比索兑1美元)。到2013年,菲政府计划新增120万千瓦的地热发电装机容量。

【巴基斯坦石油工业现状】 2003年巴基斯坦日均石油产量为61769桶/天,其中原油产量为60000桶/天;而同时石油产品消费量为36万桶/天。2003年巴基斯坦净进口石油达30.8万桶/天。巴基斯坦政府鼓励私人资本(包括外资)参与开发巴基斯坦国内油气资源。巴基斯坦国内的石油生产中心主要位于Punjab的Potwar高原和Sindh省。

国有油气开发公司(OGDCL)是巴基斯坦国内油气工业的主要公司之一,2003年该公司日均石油产量达到22334桶。该公司大约5%的股份已于2003年11月公开发行,募资达1.19亿美元。OGDCL是巴基斯坦第二大石油生产商,仅次于英国公司BP。此外,巴基斯坦政府还准备出售该国最大的勘探和开采公司—巴基斯坦石油有限公司(PPL)15%的股份,当前政府在该公司中所持有的股份高达93%,该公司在Balochistan拥有Sui油田,并且在22个区块中拥有勘探权。

在巴基斯坦最为著名的外资公司有两个,分别是BP和埃尼。BP在巴基斯坦有43个油田,2003年的日均石油产量达到25877桶。除了这两个公司外,其他的外资公司还包括澳大利亚的BHP Billiton、奥地利的OMV、马来西亚的Petronas和英国的Premier石油公司。

【印度优先出口铬矿】 由于印度出口铬矿比价供出口铬铁和炼铬更简单,而且可获得更好的利润,因此2004年印度仍优先出口铬矿。

2003年印度为中国提供铬矿超过100万吨,目前中国从印度进口 Cr_2O_3 50%铬精矿执行合同价格为FOB每吨125美元,同比增长约1倍。

【印度放宽黄金进口限制黄金消费】 不久前印度政府放宽了对黄金进口的限制措施,使得黄金消费创下了历史新高。

在此次放宽政策之前,印度政府一直对黄金进口实行国家专控制度,因而造成印度国内市场销售的黄金制品价格较国际市场偏高,在一定程度上制约了消费。实行新的黄金进口政策后,印度国内市场每盎司黄金的价格已回落到400美元以下。

印度是目前世界上最大的黄金消费国。巨大的国内市场需求也造就了印度黄金、珠宝饰物加工业具有较高的设计加工能力,专业人士认为,金价的回落将刺激印度的黄金饰品出口,提高印度饰品的国际竞争力。

据印度有关机构统计,印度每天的黄金进口量约为1.6吨,约占全国每天消费量的2/3。

【印度黄金需求放缓】 由于股市下跌和货币贬值,全球最大的黄金需求国印度2004年的黄金需求预计将放缓。2003年,印度的黄金需求达568吨,约占全球总需求的1/7。其中,479吨用于珠宝首饰。

【印度计划建立天然气战略储备】 2004年印度政府考虑建立天然气战略储备,并已经向一家法国公司咨询法国建立天然气战略储备的经验。

为了规避原油供应中断或者原油进口延期的风险,印度政府已经着手建立原油战略储备,石油储备量能够满足印度7至15天的需求。

【伊朗石油工业现状】 伊朗伊斯兰共和国位于西亚,南临波斯湾,是一个高原山地相间的国家。伊朗的石油和天然气资源非常丰富,是欧佩克组织第二大石油生产国,拥有全球探明石油储量的10%;同时还是仅次于俄罗斯的全球第二大天然气储量国。

伊朗的经济主要依赖于石油出口收入,石油出口收入约占伊朗出口收入总额的80%,占伊朗政府预算的40%~50%和GDP的10%~20%。由于油价的上升,2003年伊朗的GDP增长率达到约4.5%,而2004年预计稍有回落,但仍将达到4.4%。

截至2004年1月1日,伊朗拥有1258亿桶探明石油储量,约占全球总量的10%;而2003年伊朗的探明石油储量仅为900亿桶。(注:2004年7月,伊朗石油部长宣布,由于在Khuzestan省的Kushk和Hosseineih油田又有新的石油发现,伊朗的探明石油储量再次出现大幅增加,已达到1320亿桶。)伊朗大部分的石油储量均位于临近伊拉克边界Khuzestan地区西南部的一些巨大的陆上油田和波斯湾。伊朗当前共有32个生产油田,其中25个位于陆上,7个是海洋油田。主要的陆上油田包括:Ahwaz-Asmari油田(70万桶/天)、Bangestan油田(当前产量约为24.5万桶/天,目标产量为55万桶/天)、Marun油田(52万桶/天)、Gachsaran油田(56万桶/天)、Agha Jari油田(20万桶/天)、Karanj－Parsi油田(20万桶/天)、Rag－e－Safid油田(18万桶/天)、Bibi Hakimeh油田(13万桶/天)和Pazanan油田(7万桶/天);主要的海洋油田包括:Dorood油田(13万桶/天)、Salman油田(13万桶/天)、Abuzar油田(12.5万桶/天)、Sirri A&E油田(9.5万桶/天)和Soroush/Nowruz油田(6万桶/天)。伊朗生产的原油主要是中质含硫原油,API度为28~35度。

2004年前6个月伊朗的石油产量平均为410万桶/天,其中390万桶/天为原油;这比2003年的平均390万桶/天的水平增加了20万桶/天。伊朗当前可持续原油生产能力估计为390万桶/天,比伊朗最新的生产配额381.7万桶/天仅仅多出约10万桶/天。一些分析师认为伊朗的石油产能正处于下降中,并将进一步下降,除非有新的开发油田于近年内投产。伊朗现有油田的自然衰减率估计为20万桶至25万桶/天左右。

只要有充足的资金,伊朗的原油产能将显著提高。伊朗在1974年时的原油产能为600万桶/天,但自1978/1979年伊朗伊斯兰革命之后伊朗的原油产能从来没有超过390万桶/天的水平。

不过伊朗仍有极具野心的石油增产计划,伊朗计划到2009年将石油产量增至500万桶/天,到2024年将石油产量增至700万桶/天。为了实现这个远景目标,伊朗正在积极吸引外资的进入,但如果在吸引外资的政策上没有重大改变,这种吸引外资的努力将是事倍功半。至今为止,伊朗在油气领域已吸引了约150亿至200亿美元的外资(其中最大的投资要数埃尼公司在South Pars天然气田的投资)。

伊朗当前的石油出口量约为260万桶/天,其中主要出口至日本、中国、韩国、中国台湾和欧洲。伊朗主要的出口石油包括伊朗轻质油(API度34.6,含硫1.4%)、伊朗重质油(API度31,含硫1.7%)、Lavan混合油(API度34~35,含硫量1.8%~2%)和Foroozan混合油/Sirri(API度为29~31)。伊朗同时也是中东最大的重质燃料油出口国。

2003年伊朗国内石油消费量约为140万桶/天,比2002年有了快速地增长。伊朗每年对国内石油产品的消费补贴达30亿美元,这也促使伊朗国内在石油消费上存在大量的浪费和低效。在出口石油的同时,伊朗每年花费20亿美元以上的巨资进口石油产品,主要是汽油。2004年4月,为了减少汽油补贴的花费、汽油消费量和进口量,伊朗国会投票通过一项议案将国内汽油价格增加一倍升至95美分/加仑。就算如此,伊朗的汽油价格也是处于全世界最便宜的行列之中。

伊朗国家石油公司(NIOC)陆上油田开发工作主要集中在维持一些大型老油田的产量水平。因此,该公司当前正在一些油田实施增加石油回收率(EOR)计划,包括采用天然气注井技术。实施该计划的油田包括Marun、Karanj和Parsi油田。EOR计划需要大量的天然气、基础设施建设和财政支持。总而言之,伊朗的石油部门被认为是老化和低效的,需要进行彻底的改良、先进的技术和外国投资。

1999年10月,伊朗对外宣布已发现了近30年来最大的油田,位于Khuzestan省西南部的被命名为Azadegan的超级陆上大油田。据报道,该油田拥有探明石油储量260亿桶,但该油田的地质构造非常复杂,生产石油有较大的挑战而且成本也较高。2001年1月,伊朗议会同意采用"buyback"模式由外国投资者开发Azadegan油田。2004年2月,由Inpex为首的日本财团同伊朗政府签署了投资总额达20亿美元至28亿美元的最终开发Azadegan油田协议。不过由于迫于美国方面的压力,该财团中的一个日本伙伴Tomen公司已撤出了该项目,而另一伙伴Japex公司也正在考虑撤资。据悉,Azadegan油田的将于2007年投入生产,最初产量为5万桶/天,到2012年将提升至26万桶/天。将占据日本石油进口总量的6%。

自1995年以来,NIOC已发现了几个较大的油田,包括30亿桶至50亿桶的Darkhovin陆上油田,该油田位于阿巴丹岛附近。2001年6月底,意大利埃尼公司签署了投资达10亿美元,历时5年半的回购协议来开发Darkhovin油田。埃尼公司在该项目中占有60%的股权,而NIOC拥有剩余40%的股权。据估计,Darkhovin油田的产量最终将达到16万桶/天。

NIOC还计划开发在霍尔木兹海峡地区的5个油气田,包括Henjam A油田、临近Lavan岛的A油田、临近哈格岛的Esfandir油田和临近南Pars天然气田的两个气田。据NIOC估计,这5个油气田拥有4亿桶探明石油储量,石油潜在产量为8万桶/天。其他等待开发的伊朗油田还包括Doroud、Nosrat、Farzam和Salman。

在2001年2月,NIOC宣布发现一个命名为Dasht-e Abadan的特大型海洋油田,在靠近阿巴丹岛港口的浅水中。据NIOC高层官员称,Dasht-e Abadan油田的储藏同Azadegan不相上下。

【伊朗发现钼矿】 伊朗国家地质勘探局主管宣布,在亚兹德省巴夫格县阿赫马德阿巴德农村发现了一个钼矿,经鉴定,钼矿的品位在2%和3%之间,这将是伊朗的第一个钼矿。伊朗所需的钼金属一直是从萨尔切什曼铜矿中提取,每年产铜10万吨,产钼500~600吨,钼矿的进一步勘探还在进行中,半精探工作很快就要开始。

玻利维亚、中国、智利是目前世界上钼金属的主要生产国,伊朗即将生产钼金属,在经济上有重要意义。

【埃及三角洲西部地区发现新天然气资源】 2004年据埃石油部长法赫米讲,埃及三角洲西部的深水区发现了丰富的天然气资源,并已经开始试生产,生产目标为每天开采天然气7.5亿立方英尺。该项目共投资2亿美元,共开发了8口井。据悉,为满足国内发电厂对天然气不断上涨的需求,该地区预计每天可保证生产天然气5.33亿立方英尺。

【沙特阿拉伯石油工业现状】 由于拥有全球探明石油储量的1/4以及全球最低的石油生产成本,沙特阿拉伯将继续维持其全球最大的石油输出国地位。2003年沙特阿拉伯每天输出到美国的石油为170万桶,占据美国原油进口量的18%。

沙特阿拉伯石油输出收入约占出口总收入的90%~95%,占国家收入的70%~80%和国内生产总值(GDP)的40%。

当前,如沙特阿美公司(沙特石油开发的唯一公司并控制了98%的沙特石油储量)和萨比克公司(全球第11大石化生产商)等大型国有公司控制着沙特的经济。

截至2004年1月,沙特探明石油储量为2594亿桶(包括沙特-科威特中立区的25亿桶),占全球石油储量的四分之一。据称,沙特最终可开发的石油储量更是高达1万亿桶。沙特是全球领先的石油生产国和出口国,当前的原油产能为1000万~1050万桶/天,并宣称在不久的将来将原油产能增加到1500万桶/天的水平,并可以维持50年。沙特阿美公司称沙特油田的平均损耗率为28%,而其巨大的Ghawar油田已开采了探明石油储量的48%。阿美公司还认为当前沙特的石油储量是低估了而不是高估了。一些外界的分析师,特别是休斯敦Simmons国际公司的MatthewSimmons对沙特阿美公司对沙特石油储量和未来产量的乐观估计有不同见解,他认为沙特油田的损耗率和储量没有象沙特阿美公司宣称的那么好。美国能源信息署(EIA)预测沙特的石油产能到2020年可达到1820万桶/天,到2025年则将达到2250万桶/天。

2003年沙特阿拉伯的石油产量平均值为990万桶/天,其中包括原油、天然气液体和其他液体石油,以及沙特-科威特中立区61.4万桶/天石油产量的一半。这比2002年850万桶/天的石油产量有了大幅增加。

当前沙特有约80个油气田,超过1000个油气井;其石油探明储量的一半以上集中在8个主要油气田,其中包括Ghawar油田(全球最大的油田,拥有剩余储量约700亿桶)、Safaniya油田(全球最大的海洋油田,估计石油储量为350亿桶)。Ghawar油田的主要生产结构分布是,从北到南,依次为AinDar、Shedgum、Uthmaniyah、Farzan、Ghawar、AlUdayliyah、Hawiyah、Haradh子油田,Ghawar油田的总产能约占据沙特石油总产能的一半。

沙特阿拉伯的原油品种范围比较广,从超轻质原油到重质原油均有生产。在沙特总的石油产能中,有近65%~70%的产能是轻生产质原油,剩余的产能是中质和重质原油。沙特当前正在逐步减少重质原油的生产份额。沙特的较轻质原油生产主要来自于陆上油田,而中质和重质原油则来自于海上油田。Ghawar油田主要生产API度为34的阿拉伯轻质原油,而Abqaiq油田(拥有170亿桶石油探明储量的超级大油田)主要生产API度为37的阿拉伯特轻质原油。自1994年开始,HawtahTrend油田,包括Hawtah油田和一些小的卫星油田,就开始生产20万桶/天的API度为45~50、含硫量为0.06%的超轻质原油。据估计该油田拥有300亿桶油气储量。沙特的海洋石油生产主要包括来自Zuluf油田生产的50万桶/天和Marjan油田生产的27万桶/天的阿拉伯中质原油以及来自Safaniya油田的阿拉伯重质原油。大多数沙特石油属于含硫原油。

【哈萨克斯坦政府批准2004~2010年天然气领域发展纲要】 2004年哈萨克斯坦政府批准了哈20042010年天然气领域发展纲要。

纲要预计,到2010年哈天然气开采总量将达到600亿立方米(2003年哈开采140亿立方米天然气,2004年计划提高到160亿立方米)。按哈能源部的资料,现已探明和评估的94个天然气田总储量超过3万亿立方米。西哈萨克斯坦州卡拉恰干纳克油气田和里海大陆架将成为天然气开采量增长的主要保证。卡拉恰干纳克油气田储有13000亿立方米天然气,2002年开采了47.3亿立方米,2003年开采了55.1亿立方米,明年计划开采70亿立方米;卡沙干海上油田将于2007~2008年开始开采,将开采和加工50多亿立方米天然气。

为保证哈南部地区的天然气供应,江布尔州250亿立方米储量的阿曼盖尔达天然气田已投入运营。该气田将开采20年,一期计划每昼夜开采5070万立方米天然气,二期将达到每昼夜193万立方米。

纲要的实施将使哈萨克斯坦成为世界天然气大国,并成为独联体三个主要的天然气生产和出口国之一。

【哈萨克斯坦最大铁矿企业生产情况】 2004年1~9月,哈萨克斯坦铁矿产量最大的企业——哈萨克斯坦库斯塔奈州索科洛夫斯克-萨尔拜矿业生产联合体股份公司共生产商品矿石1135万吨,其中包括380万吨精矿石和700万吨球矿石。2003年同期,该企业生产商品矿石1080万吨。

2004年前9个月,该企业向本国、俄罗斯和中国冶金企业运送商品矿石1083.7万吨,较2003年同期增长4.6%。

【哈萨克斯坦能源工业】 哈萨克斯坦属里海沿岸国家之一,蕴藏着丰富的石油、天然气资源。据哈官方资料显示,哈已探明石油储量100亿吨,天然气储量为1.8万亿立方米。近年来,哈政府一直把石油工业列为国家长远的优先发展目标。在这方面,哈政府采取的措施包括:大量利用外资、外国先进技术和工艺发展本国能源工业;建立石油和天然气输出管道体系,防止依赖某个国家;加速本国基础设施建设,提高石油深加工能力,保证本国能源需要和提高能源出口产品的附加值。

独立以来,哈萨克斯坦石油增产速度远远高于国内生产总值的增速。2003年,哈国内生产总值比1993年增长了23.4%,而石油产量增长了120%。2002年石油产量达到4500万吨,2003年达到5200万吨,2004年上半年,石油产量已接近2900万吨。随着哈属北里海大陆架卡沙甘油田开采日期的临近,哈政府计划将年石油开采量提高到2010年的1亿吨,2015年将进一步提高到1.5亿吨。

哈石油产量的快速增长主要得益于两方面的因

素:第一,大量外国投资进入哈石油开采领域,截至2003年底,哈共吸引外资250亿美元,绝大多数进入该领域;第二,世界能源市场石油价格居高不下,刺激了哈石油生产。

近10年来,由于哈国内能源需求持续降低,哈生产的石油80%左右进入了国际市场,这一特点促使许多国家格外瞩目哈丰富的油气资源。美国、俄罗斯、英国、法国、意大利、加拿大等国的大石油公司不断加大对哈石油开发领域的投入,印度、韩国、挪威等国也积极谋求与哈在石油开发领域进行合作。

【俄罗斯专家建议从月球开发替代能源】 地球上的石油、天然气及铀等目前所用能源日益枯竭已成为科学界的共识。俄罗斯科学院院士加利莫夫日前发表评论说,目前人类应该着手开发月球上储量丰富的氦-3,作为人类的替代能源。

氦-3是氦的同位素,含有两个质子和一个中子,可以和氢的同位素氘发生核聚变反应,聚变过程中不产生中子,所以放射性小,而且反应过程易于控制,既环保又安全。但是地球上氦-3的储量总共不超过几百公斤,难以满足人类的使用。

由于氦-3大量存在于太阳喷射出来的高能粒子流——太阳风中,而月球几乎没有大气,太阳风可直接抵达月球表面,它里面的氦-3也就大量“沉积”在月球表面。加利莫夫介绍说,专家通过分析从月球带回的月壤样品得知,在上亿年时间里,太阳风为月球带来的大约5亿吨氦-3,如果供人类作为替代能源使用,足以使用上千年。

加利莫夫认为,每年人类只需发射2到3艘载重10吨的宇宙飞船,即可从月球上运回大量氦-3,供全人类作为替代能源使用1年,而它的运输费用只相当于目前核能发电的几十分之一。据加利莫夫介绍,如果人类目前就开始着手实施从月球开采氦-3的计划,大约30年到40年后人类将实现月球氦-3的实地开采并将其运回地面,该计划总的费用将在2500万美元到3000万美元之间。

【俄罗斯增加天然气出口量】 俄罗斯2004年计划增加70亿立方米的天然气出口,总出口量将达到1400亿立方米,所得收入将不少于2003年的1650亿美元。

俄罗斯天然气的进口国主要是西欧国家。俄2004年计划向西欧国家出口940亿立方米的天然气,其中1/3出口到德国,20%出口到意大利。另外俄2004年还向东欧国家出口460亿立方米的天然气。

俄罗斯与欧洲合作的“亚马尔-欧洲”天然气管道一期工程将于2005年完工。按照设计,该管道每年可以向欧洲输送330亿立方米的天然气。目前该项目位于俄罗斯、白俄罗斯、波兰和德国境内的管道已经铺设完毕,接下来需要建设几个压缩站。

【俄罗斯原子能领域产品和服务出口】 俄罗斯2004年在原子能领域的产品和服务出口将达到34亿美元。俄原子能领域的产品和服务出口主要包括浓缩铀、核燃料、放射性及非放射性同位素产品的出口和为外国建设核电站。据介绍,俄2002年原子能领域的产品和服务的出口收入为26亿美元,2003年达到30.1亿美元,比2002年增长14.6%。

【世界第二大矿业公司进军俄罗斯黄金业】 里奥廷托公司(Rio Tinto)周二与在伦敦上市的彼得·汉布罗矿业公司(Peter Hambro Mining Plc)签订协议,双方将成立一家合资公司共同在远东地区开发金矿。这标志着全球第二大矿业公司开始进入俄罗斯矿业行业进行投资。

双方将要开发的恰戈扬斯克金矿带(Chagoyansk)的储量非常丰富,矿石品位较高。

根据合资协议,里奥廷托公司将持有合资公司51%的股权,负责投入150万美元用于勘探。如果合作伙伴愿意,里奥廷托公司将可继续投入350万美元,届时其在合资公司的持股比例将提高至65%。

【俄罗斯采取措施稳定石油业发展】 能源业是俄罗斯经济的支柱,对俄经济发展具有重要的拉动作用,巩固能源产业特别是石油工业的增长态势,是俄政府面临的重要战略任务之一。近年俄罗斯石油工业持续增长,虽然这在很大程度上得益于国际市场油价高企,但俄为稳定石油业发展而采取的重要举措也功不可没。

为推动石油业发展,首先,俄政府制定了明确的石油发展战略,增加该行业发展的可预见性。2003年,俄政府重新制定《俄联邦至2020年能源发展战略》,这一战略计划比2000年的计划更为详尽、具体。新的战略强调大幅增加能源生产和出口,大力发展石油和天然气储运设施,改建和新建一批输送管道,以摆脱石油业运输能力落后于开采能力的瓶颈。

其次,俄政府大力开展能源外交,不断拓展能源市场,稳定能源价格。俄罗斯对欧洲的石油出口占其石油出口总量的85%,近年来,俄罗斯与欧盟签署了《能源战略伙伴关系协议》等文件,确定了双方能源合作的总体规划,强调俄“拥有进入欧洲能源市场的特殊权利”。在稳定传统能源市场的同时,俄还积极拓展美洲和亚太等地区的石油市场。俄与美国自2002年以来每年举行一次能源峰会,商讨能源合作的具体问题。俄还提出建立东北亚能源储备的设想,以此作为参与亚太合作、维护东北亚能源稳定的重要举措。

俄国还着力解决石油业发展中存在的诸多问题。一,加紧石油储量的地质勘探工作。尽管俄石油储量居世界第七位,但官方提供的报告显示,按照目前已探明的石油储量,到2010年俄就会出现石油开采短缺。因此,俄政府近来增加投入,加大了石油勘探力度。二,加大对石油业的投入,对现有石油企业进行技术改造和设备更新。俄石油业开采设备和加工设备的老化率分别高达60%和80%,俄政府一直鼓励企业研发新工艺和使用新设备,并提供贷款和税收等方面的优惠。三,通过控制油气管道实现国家对能源的直接控制。俄绝大部分石油管道被国营的俄罗斯石油运输公司控制。俄总理弗拉德科夫认为,干线管道是国家最具有优势的财富,国家应保持绝对控制权。专家认为,控制了干线管道即可实现国家对外汇收入、国内石油市场和出口的控制。四,严格石油开采许可证发放制度,反对野蛮开采。俄能源主管部门2003年在一次全国性的大检查中发现,一些石油公司在遇到出油率低的油层或油田时,要么中途放弃,要么根本不开采,这种有选择的开采方式,造成资源极大浪费。俄有关部门2003年吊销了违反规定的20多家石油公司的开采许可证。

此外,俄议会正在讨论修改《矿产资源法》。专家建议,各级权力机关在对石油等自然资源进行管理时应加强协调,新法应规范石油开采过程中各有关方面的权利、义务和责任。

俄总统普京说,石油等自然财富是俄天然的竞争优势,要合理利用这一优势,加速俄经济发展模式的转型。俄政府官员预计,今后几年俄石油出口将进一步增加,预计2004年出口量为2.2亿吨,2007年将达2.5亿至2.6亿吨。

【俄罗斯开发出新型选金机】 俄罗斯专家开发出一种新的选金机,其选金性能比目前广泛使用的选金机至少高出10%。

这种选金机由俄罗斯“格兰特”科学生产联合体研制而成。使用它筛选矿砂时,泥浆在选金机里面以类似DNA双螺旋结构的模式运动,选金机产生的离心力能够将泥浆中重量比金粒轻的废颗粒筛选出来。与此同时,选金机内的轴承可以产生每分钟1万次的振动,使得泥浆里较重的金粒聚集到一起,并将其筛选出来。

目前俄广泛使用的选金机大部分从西方进口,进口选金机一般采用小孔过滤原理选金,对用于“冲洗”矿砂的水要求非常严格,而且使用时间长了,小孔容易堵塞导致选金机损坏。而俄新开发出的选金机不用小孔过滤,可以长时间使用而不易损坏。

俄最大的选矿装置开发研究所进行的选金对比试验表明,新开发的选金机能够筛选出矿砂中80%到96%、直径为15微米到50微米的金粒,比进口选金机的选金性能至少高出10%。

【俄罗斯专家开发出吸附水中金属新型生物制剂】 俄罗斯科学家2004年开发出一种新型生物吸附剂,它不仅可以吸附水中铬、镉、钴等有色金属元素或重金属元素,还能吸附大部分放射性物质,对净化污水颇有奇效。

这种新型吸附剂是俄科学院专家利用农业废料开发出的。试验证明,这种生物吸附剂几乎可以将溶液中全部的放射性锶、三价铬、铅、镉吸附出来,并使溶液中锫浓度降低到原来的十分之一。此外,每克吸附剂还可吸附820毫克的钍。

专家说,这种吸附剂可用来吸附放射性废液中的铯、锶、镅、钚和铀等放射性物质,并吸附工业废液中的金属和砷等有害物质,防止这些物质破坏生态环境及危害人类和动物健康。

【国外企业投资俄罗斯石油业】 近年,随着俄国总的投资和经济环境的改善,外资重新对俄石油表现出浓厚的兴趣。

2003年,英国石油公司与俄秋明石油公司合资成立了俄首家大型合资石油公司——秋明-英国石油天然气控股公司,这也是俄罗斯第三大石油公司。据报道,继英国石油公司之后,英荷壳牌集团、法国埃尔夫公司、美国的埃克森-美孚公司和雪佛龙-德士古公司等,分别与西伯利亚石油公司、卢克石油公司等俄大型石油公司展开谈判,希望通过合资或并购等方式获取俄石油资源和市场。

俄石油行业目前面临的突出问题之一是企业工艺和设备的老化现象严重。目前,俄石油产量的2/3来自西西伯利亚地区的老油田。随着老油田储量逐渐下降,提高采收率、开发地质和开采条件恶劣的新油田具有重要意义,而这需要新工艺和新设备,同时需要大量投资。俄政府特别强调,今后10年国家将为吸引外国投资创造良好条件,并在法律上为新油田投资者提供优惠保证。

一些专家预测,随着俄有关外资的法规更加明确和完善,进入俄石油等能源行业的外资将进一步增加。

据统计,目前俄罗斯已探明的石油储量居世界第7位,2001年为67亿吨,占世界已探明储量的4.6%。2003年,俄原油产量达4.1亿吨,出口2.1亿吨,产量和出口量均仅次于沙特阿拉伯,居世界第二位。

【俄罗斯提高石油出口关税】 俄罗斯将2004年6月份起把现在的每吨石油出口关税从35.2美元提高到40美元。

从4月1日起俄石油出口关税已经从每吨33.9美元提高到35.2美元。据统计,2004年1至2月份俄罗斯石油在世界市场的平均价格为每桶28.3225美元。

【俄罗斯新西伯利亚锡业集团锡产量同比增长情况】 俄罗斯新西伯利亚锡业集团(Novosibirsk)2004年锡产量将同比增长15%。

2003年,新西伯利亚锡业集团锡产量总计为3,677吨,2002年产量为4,337吨。2003年产量下跌主要是由于锡精矿供给紧缺造成的。随着锡价逐步恢复,到2007年,集团锡产量将增长至6000吨。

【俄罗斯研究发现月球土壤多种新矿物成分】 2004年俄罗斯专家利用新方法对月球土壤样本进行研究后,新发现了多种矿物成分,这些超微量的月壤矿物成分多达20多种。

据俄《科学信息》杂志报道,这些月壤样本是20年前从月球带回地面的,至今保存完好。研究人员将其磨碎之后洒在很薄的碳质透明胶带上,然后利用分辨率达100纳米的扫描显微镜和分光计进行观察。

结果发现,月壤中存在天然的铁、金、银、铅等矿物颗粒、含有金和锌的铜矿颗粒、含有少量锡和铜杂质的锑矿颗粒和少量铼等矿物颗粒。这些都表明,科学家有关月球上广泛存在重金属的推测是正确的。

研究人员在月壤中还发现了纯的辉钼矿,这表明月球上本来就存在辉钼矿,而非以前认为的辉钼矿是由航天器结构材料及润滑油带到月球上的。俄研究人员首次在月壤中发现了由镉、锌、铁、锰和硫结合而成的硫镉矿。他们在月壤中还发现了含有铜杂质的硫化金和地球上所没有的碘化铑,但是他们在月壤中并未发现铂和钯。

俄研究人员猜测,月壤中存在含有金和锌的铜矿是在月球玄武岩形成的早期阶段产生,然后在月球火山喷发时被带到月球表面。月壤中的天然银以及包含在一起的金、铅、锡和锑等也是火山活动的产物,铼也是月球自身所有,而非陨星撞击月球带来的。月球上的辉钼矿和硫镉矿可能是在月球岩石缝中由气态低温沉积的结果。

【俄罗斯政府通过至2020年矿产资源发展纲要】 俄罗斯政府近日通过了至2020年矿产资源发展纲要。根据规划,俄政府将从预算中拿出2550亿卢布(约89亿美元)用于矿产资源的勘探。

俄矿产资源部门的发展对俄整个经济发展具有重要作用。矿产资源占俄出口的70%2003年俄政府预算收入的56%来自矿产资源部门。俄罗斯矿产资源丰富,在全世界已探明储量中,俄天然气占30%,石油占10%,镍占25%,锡占17%,金刚石占50%。

新通过的矿产资源发展纲要有助于维护资源开采与增长之间的平衡。要保证矿产资源部门的稳定增长,需要实现该领域的非垄断化。目前,俄许多矿产资源的开采被少数公司垄断,如俄9家公司的石油开采量占全国开采量的80%以上,金刚石的开采则基本被两家公司垄断。

【乌克兰取消对煤炭销售的国家补贴】 乌克兰燃料和能源部代部长亚先科近日表示,该部准备取消煤炭销售的国家补贴,从而提高按国家合同销售给重点能源企业的煤炭价格,并借此引导这些企业直接从国家煤炭批发市场购买煤炭。

在乌克兰政府2004年度财政预算里,煤炭销售的国家补贴总额为9.12亿格里夫纳(1美元约合5.32格里夫纳)。2003年上半年,乌克兰煤矿企业平均每吨煤炭的开采成本为165格里夫纳,而国家确定的批发价为134格里夫纳。国家为每吨煤炭补贴的金额为31格里夫纳。

【波兰降低煤炭产量削减幅度】 波兰政府原定2006年年底前削减煤炭产量1400万吨,但由于目前世界范围内煤炭市场行情看涨,波兰经济部打算放缓采矿业重组计划,修改波兰"2004~2006年采矿业重组及2007~2010年发展战略",放宽对采矿业产量的限制,将原定的煤炭开采削减量从1400万吨改为780万吨。

【德国发展风力发电】 2003年德国累计新安装风力发电设备1703个,总功率达2645兆瓦。截至2003年底,德国累计安装风力发电设备15387个,总功率高达14600兆瓦,比2002年增加了21.8%。

风能目前已经成为德国电力供应的一个重要组成部分。由风力发电设备所提供的电力约占德国全年总发电量的6%,每年因此减少二氧化碳排放量2260万吨。

【德国科学家研究海底甲烷释放取得进展】 作为潜在的巨大能源,海底蕴藏的甲烷水合物一直备受关注。德国科学家借助于他们绘制的三维海底模型,向人们解释了其主要成分甲烷从海底地层释放出来的过程,可能有助于今后人类有效利用这一能源。

来自德国不来梅的两名地球物理学家在最新一期

专业杂志《地质学》上介绍说，他们以加拿大西部海域为对象绘制了三维海底模型图。这一海域的海底上层一些区域分布着大量的甲烷，由于处于低温和高压下，甲烷和水结合成冰状的白色结晶固体，也就是常说的“可燃冰”或甲烷水合物。在“可燃冰”冰层下面，由于温度相对较高，甲烷以气体状态自由存在。科学家说，他们多次观察到甲烷气体从沉积物和固态气体中释放出来，穿过“可燃冰”层到达海面。

科学家说，他们借助声学原理对海底进行了大量测量，并利用获得的数据绘制了一个有关海底路坡以及表面火山口的详尽三维视图。这一视图首次清楚地展示了一种特殊的地理结构，由淤泥、水和甲烷组成的混合物在那里很高的水压下以一种爆炸式的破裂方式从海底地层释放出来。

据估计，世界各大洋中甲烷水合物的资源总量换算成甲烷气体约为1.8～2.1亿立方米，相当于全世界已知煤炭、石油和天然气等能源总储量的两倍。但科学家同时警告，甲烷是一种温室效应极强的气体，一旦水合物中甲烷大量释放，将会引起全球气候迅速变暖，威胁人类生存环境。

【德国建造世界最大风力发电机】　德国“新动力系统”公司正在建造世界上最大的风力发电机，其旋翼区直径为126米，面积相当于两个足球场。

该风力发电机建在易北河河口的布龙斯比特尔地区，土建工程已经开工。发电机塔身和发电机总重量为1100吨，发电机由3片旋翼推动，每片长61.5米，旋翼最高点离地面183米。发电机的输出功率为5兆瓦，可为6000户家庭提供用电。

德国是世界上利用风能方面走在前列的国家。2004年，风力发电预计占德国发电总量的5.3%。

最近，德国政府已批准在近海海面兴建大型风力发电场。“新动力系统”公司此次在布龙斯比特尔地区建造的风力发电机，就是准备在2006年建造的海上风力发电机的原型。

【德国石油工业现状】　德国是世界上最大的能源消费国之一，但由于本国的能源资源（除煤炭）非常有限，因此大部分能源都需要进口。

截至2004年1月，德国探明原油储量为4.42亿桶，比上年同期增长23%。德国的石油储量虽然少，但也是继英国、丹麦和意大利之后的欧盟第四大原油储量国。据德国天然气和石油生产商协会的统计数据表明，德国的大部分原油储量位于德国北部的易北河北部。

2003年德国总的石油产量（包括原油等其他资源）为15.87万桶/天，其中原油为7.2万桶/天。德国最大的生产油田Mittelplate油田位于Schleswig－Holstein．州西海岸Wattenmeer滩涂。由RWE Dea公司和Wintershall公司出资50:50的财团自1987年起开始开发Mittelplate油田，当前该油田的原油产量为4万桶/天，占德国原油总产量的一半以上。德国的陆上油田主要位于北部和东北部，大部分都已采竭只能生产非常小量的石油。

由于受国内原油产量的限制，德国必须进口大量的原油和石油产品。2003年德国进口原油量为250万桶/天，成为继美国和日本之后的全球第三大原油进口国。其主要的石油供应国是俄罗斯、挪威、英国和利比亚。

【英国石油公司将增加在华投资30亿美元】　全球最大的石油和石油化工集团公司之一英国石油（BP）中国公司总裁德克瑞近日说，英国石油在今后五年对华投资将再增加30亿美元。

自1973年在华拓展业务以来，英国石油在一系列商业项目中累计投资超过40亿美元，并参与了一系列重大项目建设。未来五年，英国石油计划在华投资增加30亿美元。

英国石油是中国第一家液化天然气的唯一外方合作伙伴、石化领域最大的外商投资企业、中国最大的液化石油气进口和营销企业、唯一参与航空燃油服务的外方合作伙伴。其在华设立的主要合资企业有：向海南和香港供气的崖城天然气田、英国石油广东液化天然气站线项目、蓝天航空燃油服务公司等。

2003年，英国石油在世界财富500强中排名第五位。

【英国科学家研究用模拟光合作用分解海水获得新能源】　英国科学家最近借鉴植物光合作用的原理在研究分解水方面取得进展，有望帮助人类在未来实现这一梦想。

植物的光合作用利用太阳光将水分解，将空气中的二氧化碳转变成有机物和氧。在此过程中有两组不同的蛋白质参与，其中一组含有能使水分解的特殊结构。来自英国帝国理工学院的科学家们通过X光结晶工艺，揭示了这组蛋白质在纳米尺度上的结构，发现该结构中含有以立体方式排列的锰、钙及氧原子，从而为掌握水的分解原理提供了很好的线索。

科学家指出，尽管现在人们已经能利用电解法等将水分解，但成本过高，因而必须找到相应的廉价方法。而新的发现则有望在未来帮助人类以大规模工业生产的方式分解海水，获得氢气这种高效环保能源。

【英国发展可再生能源】 面对本国石油和煤炭资源日趋减少、环保压力不断增加的局面，英国政府已决定将开发利用可再生能源作为英国能源战略的重要支点，以使经济实现长期可持续发展。

这是英国自1988年第一次进行重大能源结构调整以来的又一次重要动作。第一次调整之后，仅在英格兰和威尔士两个地区，煤电在英国电力中所占比例就从上世纪90年代初的60%以上降低到了当前的约35%，天然气发电则从10%以下提高到现在的35%。另外，目前核电约占全国发电量20%。

但分析家们认为，英国当前的能源结构仍难以长久维持。从经济角度来看，英国可开发的煤炭很可能会在10年内耗尽。现有的16个核电厂的运营寿命将在30年后终结，而继续发展核电又面临争论。事实上，英国自1987年以来没有再建造过新的核电厂。同时，随着本国石油资源逐渐减少，英国将面临成为能源净进口国的命运。预计到2006年，英国将成为天然气净进口国，2010年成为石油净进口国。到2020年，英国消费的能源的75%将依靠进口。这一前景使英国大力发展可再生能源的要求十分紧迫。

2003年初英国政府公布的《能源白皮书》确定了新能源战略。英国首相布莱尔称其为在英国长期能源需求与环境保护目标之间实现平衡的一个"里程碑"。这份《能源白皮书》提出，到2010年，英国的可再生能源发电量占英国发电总量的比重要从目前的3%提高到10%，到2020年达到20%。同时，白皮书还提出了一些减少能源浪费的措施。

在开发可再生能源方面，英国已做出了一定的努力。风能发电是英国绿色能源的主要组成部分。作为一个岛国，英国的风力资源十分丰富，风力发电潜力巨大。英国自1991年底建成第一个风能发电站之后，风能发电一直在不断发展，目前风能发电装机总量已达649.4兆瓦，可满足44.1万个家庭的电力需求。2003年《能源白皮书》公布之后，已有29家公司在70个地点投标建设风能发电厂，预计2010年全部竣工。另外，英国还重视并鼓励发展水力、潮汐和太阳能发电。

英国政府希望，绿色能源战略的实施将有助于确保能源供应的可靠性、提高劳动生产率和向家庭提供充足而廉价的能源，从而尽快使英国经济转变为有利于环境保护的"低碳"经济。

【法国告别采煤业】 2004年4月23日，随着最后一车煤从法国北部的摩泽尔煤矿运出矿井，法国境内煤矿从此全部关闭，法国彻底告别采煤业。

在过去两个多世纪里，煤这种黑色的财富见证了法国乃至欧洲的经济发展、科技进步、政治运动和社会变迁。

1720年，法国发现第一座可供开采的煤矿，此后法国煤矿四处开花，到20世纪初，近20万煤矿工人在地下劳作，每年开采出近4100万吨原煤，为法国工业提供了源源不断的燃料。

二战结束，百废待兴，法国煤炭工业进入一个黄金时期。1944年法国煤矿国有化，此后法国煤矿工人最多时曾达到36万，其中很多人是来自北非、意大利和波兰的移民。1951年4月18日，法国、德国、意大利、荷兰、比利时、卢森堡签定条约，于翌年7月25日建立了欧洲煤钢联营。当时，煤和钢都是战略物资，煤为上述六国提供了74%的能源。

欧洲煤钢联营在短期内取得了惊人的成功，它消除了成员国煤钢产品的关税和各种限制，如出口许可、配额、差别性运价或价格级差等。欧洲从此迈出了走向一体化的第一步。

然而，20世纪60年代，石油开始向煤炭工业发起了挑战。面对新能源的兴起和无情竞争，法国采煤业开始了漫长的产业转型过程。政府对矿区采取倾斜政策，提供巨额资金援助，逐步降低煤炭采掘量，同时为停产煤矿的职工解决再就业问题，保证煤矿关闭后地方经济实现转型。到1990年前后，法国各主要煤矿已基本停止开采。同一时期，荷兰、比利时、葡萄牙、奥地利等国也放弃了煤矿的开采，并且不再使用原煤作燃料。

如今，法国煤炭储量几近枯竭，况且进口原煤比法国自产原煤成本低，环保要求更使人们选择低污染的能源。核能已经成为法国能源的主力之一，全国54个核发电机组2003年所生产的电力已占法国总发电量的85%。充足的电力不仅满足了法国国内的需求，而且还有一部分出口欧洲邻国。

法国就这样告别了煤矿。摩泽尔煤矿在过去一个多世纪里出产了3000万吨原煤，如今关闭，从此成为历史遗迹供人们参观。在矿区新近布置的展厅里，陈列着不同年代的矿井模型、采掘机械、矿工装备及矿工生活景象。那是一个时代的缩影，也是在向煤矿工人致敬。

【罗马尼亚最大天然气井投产】 罗马尼亚目前最大的天然气气井——锡吉什瓦拉3号井从3月27日开始投产，每天可生产30万立方米天然气。

这是德国温特斯豪(WINTERSHAL)公司在罗马尼亚投资同罗马尼亚梅迪亚什天然气公司联合开发的项目。温特斯豪公司2002年在锡吉什瓦拉附近勘探，获储量70亿立方米的天然气气层带。

罗天然气产区主要集中在中部的特兰西瓦尼亚地

区，而位于该地区中心处的梅迪亚什市是罗天然气生产、开发和管理中心。锡吉什瓦拉位于梅迪亚什市以东50公里处。

1980年罗天然气产量为281.5亿立方米，是历史最高产量。之后逐年下降，2002年为125亿立方米。罗马尼亚计划在2010年使天然气产量达到220～240亿立方米。

【罗马尼亚开放天然气市场】 从2004年1月份开始，罗马尼亚开放了40%的天然气市场。从2005年1月1日开始，罗马尼亚天然气市场的开放程度将提高到50%。从2006年6月30日开始将提高到75%。罗马尼亚将从2007年1月1日开始全面开放非家庭用户的天然气和电力市场，从2007年7月1日开始开放所有消费者的市场。

【苏丹石油及炼制工业现状】 截至2004年1月，苏丹探明石油储量为5.63亿桶，比2001年估计值2.62亿桶增加了一倍多。截止6月份，2004年苏丹的平均原油产量为34.5万桶/天，比2003年的27万桶/天有较大幅度的增加。自1999年7月苏丹主要的出口石油管线完成后，苏丹的原油产量一直呈现稳步的增长。到2005年底，苏丹的原油产量有望超过50万桶/天。到2006年底，苏丹的原油产量有望达到75万桶/天。2001年8月，由于考虑到苏丹在石油出口方面有显著的提高，欧佩克组织授予苏丹观察国地位。

苏丹的石油勘探始于1960年代初，起初的勘探活动主要集中在红海。唯一比较显著的海洋油气发现是雪佛龙公司于1976在红海的Suakin天然气发现。雪佛龙公司在1960和1970年代的勘探活动在苏丹南部的Bentiu、Malakal和Muglad镇附近发现了几处油气储量。

Arakis能源公司于1996年开始在其特许权内开发Heglig和Unity油田（区块1，2和4），并开始少量生产石油（约2000桶/天）。这些石油就在苏丹当地进行炼制和消费。由于这些油田地处偏远，约距红海海岸930英里，这意味着运输石油至海港需要大量的投资。为了吸引投资和分散分险，Arakis公司于1996年12月与大尼罗河石油作业公司（GNPOC）组成财团。该财团包括中国石油公司（CNPC）占40%的股份，巴亚西亚国家石油公司Petronas占30%的股份，苏丹国有公司Sudapet占5%的股份，Arakis公司作为该区域的作业者拥有剩余25%的股份。从这些油田至临近苏丹港的出口终端的石油管线的建设始于1998年5月。该管线最初的设计能力为15万桶/天，最终将扩至45万桶/天。截止2004年初，GNPOC的石油产能大约为27万桶/天的尼罗河混和原油，到2004年底预计产量将达到35万桶/天。这些油田生产的石油大多为轻质甜原油，主要出口至中国和印度。Heglig和Unity油田的可开采储量大约在6.6亿桶至12亿桶之间。

除了Heglig和Unity油田外，在Muglad盆地的其他油田生产的石油API度位于33～42之间，而且硫含量仅为0.5%。2003年4月，瑞典Lundin公司将其在区块5A中40.375%的股份以1.425亿美元的价格出售给Petronas。当前Petronas、ONGC和Sudapet三家公司拥有该区块的股权，该区块包括在2001年3月发现的Thar Jath油田。当前Lundin公司仍拥有区块5B 24.5%的股权，该区块其他的投资者包括Petronas、Sudapet和ONGC公司。不过由于该区块所在地区存在着安全的隐患，因此该区块还没有进行作业。

2003年8月，Petronas在位于蓝色尼罗河盆地的区块8进行油气开采。而一家巴基斯坦公司Zafir将在区块9进行勘探，苏丹的Sudapet将成为这两个项目的少量持股者。Petronas当前在苏丹的8个区块：1，2，3，4，5A，5B，7和8拥有股权。

2004年6月，由CNPC（41%）、Petronas（40%）、Sudapet（8%）、Gulf Oil Petroleum（6%）和Al-Thani公司（5%）组成的Petrodar公司被苏丹政府批准在Melut盆地进行石油生产，该公司将一份价值2.39亿美元的合同授予马来西亚的Ranhill国际公司和苏丹的Petroneeds服务国际公司进行区块3和7的开发工作。这两个区块的面积达44700平方英里，包括日产原油5000桶的Adar Yeil油田。

在2000年6月，苏丹官方宣布开始在苏丹西北部、苏丹东南部的蓝色尼罗河盆地和在苏丹东部的红海区域勘探石油资源。而此前苏丹的石油勘探主要集中在中部和中南部地区。苏丹政府发言人说有日本、欧洲和中东公司对新的石油许可权招标活动感兴趣。在2004年6月初，苏丹能源部长宣布首次对苏丹北部进行石油勘探。

【西非继续成为跨国石油公司重点投资地区】 南非矿业和能源部高级官员桑戴尔·诺各辛纳9日说，西非几内亚湾附近区域是最近10年来世界上石油勘探和开采发展最迅猛的地区之一，预计今后5年内，跨国石油公司对西非石油天然气行业的投资每年都将超过100亿美元。

诺各辛纳还说，美国计划继续增加从非洲进口石油，并将采购量提高到占其进口总量的25%。

诺各辛纳认为，由于南非的西开普省等地区在工业技术水平、劳动力素质、基础设施等方面具有优势，而且距离西非主要石油产区也较近，因此有条件成为非洲石油勘探和开采的后勤保障中心，提供船舶修理、建造采油平台、安全保卫等多种服务，这将为南非企业带来巨大商机。

【南非煤炭资源及其国际贸易】 南非是世界煤炭资源大国，储量2057亿吨，约占全非洲煤炭总储量的三分之二，其中探明储量为587.5亿吨。南非煤炭资源大多赋存在德兰士瓦省东南部和纳塔尔省北部的卡罗系地层中，主要有维特班克和瓦特贝赫等煤田或煤产地。另外在奥兰治河流域和开普地区也发现了煤田。维特班克煤田位于南非行政首都比勒陀利亚市南面，煤田面积8000多平方公里，含煤岩系一般厚120～130米，最厚达520米，共含可采煤5层，总地质储量300亿吨至350亿吨，探明储量124亿吨。煤种主要为气煤，局部受火成岩影响变质为无烟煤或焦炭。该煤田发现很早，开采历史也有一个多世纪了。瓦特贝赫煤产地位于南非西北边界附近，沿林波波河分布，部分延伸到邻国博茨瓦那境内，含煤面积约3000平方公里，总地质储量约74亿吨，煤种为肥煤，可用于配煤。

南非年产硬煤约3亿吨，不仅位居非洲之首，而且在世界也是仅次于美国、中国、俄罗斯和澳大利亚的第五大产煤国。南非只有4124万人口，能源消费量远低于生产量，故所产煤炭大部分用于出口。由于南非原是殖民地国家，技术基础薄弱，各方面受外国控制，在煤炭的开采和贸易方面也不例外，从一开始就是在外商参与下进行的。因此，这里是名副其实的国际煤炭市场。现在从事该国煤炭开采的主要是美国和英国的两家大生产商。

由于大部分煤炭产品出口，致使南非成了仅次于澳大利亚的世界第二大煤炭出口国。出口的煤炭主要来自全国最大的维特班克煤田；而理查兹湾码头则是主要出口码头，几乎所有南非煤炭产品都是通过专用铁路运到这里出口的。其他如玛普托和渡班等码头，也承担部分煤炭出口任务。尽管如此，南非政府仍打算继续扩建一些码头，以满足生产商出口煤炭的需要。过去南非主要出口低灰煤(混合炼焦煤)，现在转向出口动力煤，并根据用户要求，尽量增加出口煤品种。为提高经济效益和市场竞争能力，南非还注意加强对煤和煤矸石的综合利用，以及改进对细粒煤和超细粒煤的洗选工艺。

长期大量的煤炭出口，造成南非高品质煤炭储量迅速减少，主要煤炭生产基地维特班克煤田服务寿命也不断缩短。为保持煤炭工业特别是煤炭出口业务可持续发展，南非政府组织大学、采矿企业和有关行政部门，研究制定了《煤炭技术2020规划》，主要目的是采用先进技术，延长维特班克等主要煤田的开采年限，并力争探明更多的高品质煤炭的储量。

南非的冶金用煤特别是炼焦煤储量偏少，天然气资源也不够丰富。因此，南非在大力发展煤炭出口的同时，还适当组织进口。如南非艾斯科公司，为维持和发展钢铁生产，除从国内某些煤炭公司争取供应外，还从国外进口了一些炼焦煤；而萨索尔公司则从邻国莫桑比克进口天然气。

现在，南非的煤炭资源开发和进出口贸易仍相当活跃，各国商家在这里竞争激烈。随着经济全球化进程加快和能源需求量不断增加，相信南非国际煤炭市场的兴旺局面及煤炭生产大国和出口大国的地位，还会继续保持下去。

【赞比亚精炼铜产量】 2004年赞比亚矿业部部长表示，铜价高涨带动对该行业投资和勘探活动增多，赞比亚政府希望在不久的将来，将该国精炼铜产量提高到三倍，即120万吨。

该部长表示，两座新的露天铜矿即将投产，同时现有矿山引进新的采矿技术后，产量也将得到提高。政府有信心在2007年之前，将铜产量从目前的40万吨增加到75万吨，同时也有可能进一步达到120万吨的产量目标。

【赤道几内亚的油气资源及其勘探开发】 赤道几内亚位于非洲中西部、赤道附近，面积2.8万多平方公里，人口约50万。其石油和天然气资源主要分布在海域范围内。海域北部属德尔雷河盆地，内有奥尔巴气田和扎菲罗油田。海域南部属木尼河盆地，已发现有塞巴油田。据初步调查，在奥尔巴气田，蕴藏着3万多亿立方米天然气，扎菲罗油田储藏着4亿多桶石油。而在塞巴油田，目前仅可供开发的储量就已达2000多万桶。

由于探采结合，这三大油气田尽管开始勘探不久，但均已投入开发生产。其中，奥尔巴气田2001年日产气量已达2亿多立方米；扎菲罗油田2001年日产油15.5万桶，日产气7000万立方米；塞巴油田2001年日产油4.8万桶，日产气2400万立方米。

目前对赤道几内亚的油气资源还在继续调查中，地震探测结果表明，在比奥科岛以南和西南方向海域，有许多可能储油构造。已投入开发的奥尔巴气田和扎菲罗油田，在开发中又不断发现新的油气藏。另外，在塞巴油田附近，不断有新的含油砂体或油气苗发现。这一切都说明，在赤道几内亚辽阔海域内，需要做的工作还很多，这里存在着巨大的油气勘探和开发潜力。

赤道几内亚是1968年才脱离西班牙统治而独立的发展中国家。赤道几内亚政府为发展本国经济，欢迎外商投资勘探开发。为此,他们将各含油气区块的勘探开发许可证,通过招标对外发放。授权政府矿产能源部组织招标,并负责与中标商家签订合同。与此同时,组建本国石油公司与外商合作。在赤道几内亚优惠政策的吸引下,许多外国商家,如西班牙海湾石油公司、澳大利亚 BHP 公司和美国沃尔特国际公司等纷至沓来,竞相参与油气勘探开发。

【加拿大一家公司投资开发萨德伯里南部镍矿】 2001 年加拿大福尔肯布里奇公司(Falconbridge Ltd)批准萨德伯里(Sudbury)地区南部镍矿带的开发计划。该开发将历时 5 年,投资额达 3.68 亿美元。完成后,公司将再投 1.85 亿美元使矿区投产。

该镍矿带镍储藏量达 1320 万吨,再加上在弗雷泽?摩根地区新近探明的储量,萨德伯里地区的镍资源足够开采 20 年。

该公司是仅次于诺里尔斯克镍业公司(MMC Norilsk Nickel)和加拿大国际镍业公司(Inco)之后的世界第三大镍生产商。

【加拿大太平洋矿业公司改名为金山金矿公司】 加拿大太平洋矿业公司的股东已经批准将公司的名称改为金山金矿公司,以便更好地在中国开展业务。

金山金矿公司侧重于在中国和蒙古进行金、铜、铂族金属的矿业勘探和开发业务。该公司在中国云南省有一个铂和钯矿业项目,在内蒙古有一个黄金项目。

【加拿大特加维斯特矿业公司投资开发新疆金矿】 加拿大特加维斯特矿业公司与新疆有色集团公司有色地勘局共同组建的新疆特新矿产勘探有限公司 2004 年 6 月 8 日正式成立,将为其母公司在新疆寻找金矿及其他金属矿产。

加拿大特加维斯特矿业公司为新成立的公司投入了 1200 万美元,使其成为全国非能源矿业引资项目中引人注目的企业。

双方前期勘察合作期为 5 年,发现有经济价值的矿产资源基地后,转入合作开发。合作的区域双方定在新疆境内包古图多金属矿带、西准噶尔哈图金矿带及哈密金窝子金矿带内。

加拿大特加维斯特矿业公司及其所属的“皇朝公司”拥有较强的融资能力和在国外投资的经验。2003 年,该公司为落实合作项目与新疆有色地勘局频繁接触,在 2003 年的乌洽会上双方正式签订了合作协议。

【加拿大泰伯伦公司开发越南钨矿】 加拿大泰伯伦矿业公司(Tiberon)总裁称,越南北部的炮山矿(Nui Phao)将每年生产三氧化钨 6000 吨。

该矿 2006 年开始生产,到 2007 年第三季度将达到全负荷运转。该矿的生产成本很低,这主要得益于越南廉价的劳动力、有利的市政设施以及高质量的矿产资源。在可行性研究报告之前计算出的运营成本为 13 美元/公吨度,而目前市场的成交价为 55 ~ 58 美元/公吨度。

公司和包括桑德维克集团(Sandvik)和西尔韦尼亚钨丝公司(Osram Sylvania Inc.)等在内的主要钨消费商磋商,希望能达成长期销售合约。

另外,公司每年还生产 5600 吨铜、5000 盎司金、80 万磅铋和 20 万吨氟石。

【2004 年美国铜需求提高】 受库存重建的支持,2004 年美国的铜用量将会提高 8% ~ 10%大约 250 万吨。

美国每年的铜需求占全球每年铜需求的 20%还要多。目前美国市场上铜供应缺口达到了大约每年 100 万吨,因此美国不得不依赖进口以满足铜供应的缺口。

【美国仲钨酸铵达 90 美元/吨】 纽约消息:由于中国供货持续短缺,美国自由市场仲钨酸铵价已高达 90 美元/吨。仲钨酸铵的成交价已从 2004 年初的 60 ~ 70 美元/吨涨至 85 ~ 90 美元/吨。

据业内人士介绍,中国的供给情况左右着钨的国际行情。随着中国国内需求量的增加,近来出口量大幅减少。另外,中国南方地区的干旱已使一些水力发电厂发电量减少,钨产量也受很大影响。

美国市场上消费的仲钨酸铵多是通过长期合约确定的,但由于持续的短缺,一些消费商开始到现货市场上购买。欧洲和亚洲市场的仲钨酸铵为 80 ~ 85 美元/吨,很可能会涨到 90 美元/吨甚至更高。

【美国战略石油储备防范供应短缺】 20 世纪 70 年代石油危机发生后,美国开始建立战略石油储备,1977 年第一批原油入库。此后,战略石油储备对美国稳定国内石油供应和调节石油产品价格发挥了重要作用。

美国的战略石油储备是“吃一堑长一智”的产物。1973 年 10 月第四次中东战争爆发,阿拉伯主要产油国对支持以色列的美国实行石油禁运。1973 年 12 月,石油输出国组织宣布收回原油标价权,并将它的基准原油价格从每桶 3 美元提高到 10.6 美元以上,油价猛然上涨两倍多。这次石油危机在西方世界造成极大恐慌,美国随后陷入了严重的经济衰退。痛定思痛,美国政府下决心建立战略石油储备,以便在今后石油市场发生剧烈动荡时保护国内市场。

美国的战略石油储备地点是经过精心选择的，石油储备几乎全部集中在得克萨斯和路易斯安那两个州的沿海地区，储油库则设在巨型盐矿山洞和地下矿洞里。选择这些地点的原因有三：一是运输方便，利于石油通过海上运输线迅速运抵美国本土并进入储备；二是加工方便，因为墨西哥湾一带是美国最重要的石油生产和加工基地，原油加工设施完备；三是安全性较高，不易遭受外来破坏。

美国的战略石油储备大约相当于美国两个月的消费需求。由于美国国内原油生产能力巨大，即使国外进口原油完全中断，国内自产原油加上战略石油储备和商业石油库存仍可使美国维持175天左右的基本石油产品供应。从现有能力上说，美国的战略石油储备最多每天可动用400多万桶，因此它对美国能源市场的稳定作用是不可低估的。

美国的战略石油储备建立之后，储备量迅速上升，1980年突破1亿桶，1981年迅速增加到2.3亿桶，1985年接近5亿桶。此后增长速度明显放慢，1990年升到5.86亿桶，1994年达到5.92亿桶。随后，由于克林顿政府几次动用石油储备压低油价，储备量开始下降，2000年降至5.41亿桶。不过，布什政府执政以来，尤其是在遭受“9·11”严重恐怖袭击之后，美国的战略石油储备再度增加，已经达到6.59亿桶，预计明年将可达到现有储备能力的极限7亿桶。

近20多年的事实表明，巨大的战略石油储备对美国应付世界石油市场动荡和调控国内油价起到了不可低估的作用，成为稳定美国国内能源市场的一个重要工具。值得指出的是，布什政府与此前的克林顿政府在战略石油储备政策上有着明显的不同。克林顿政府曾动用战略石油储备平抑油价，但尽管近年美国市场石油和石油产品价格不断攀升，呼吁政府动用战略石油储备的声音时有所闻，布什政府却一直不为所动。布什政府的政策是：战略石油储备不是调节石油市场的工具，除非出现石油供应中断的严重情况，否则决不动用这一储备。

【美国铝业公司在巴西投资】 美国铝业公司（Alcoa Inc）表示，未来5～7年内，美铝在巴西的投资将达到30亿美元。

未来三年是第一阶段，投资预算为16亿美元，主要用于冶炼厂、氧化铝以及铝矾土项目。

另外，美铝、加拿大铝业公司（Alcan）以及布罗肯希尔-比利顿公司还计划在将铝厂附近的一座氧化铝厂产能提高200万吨，增长至330万吨。美铝持有该氧化铝厂54%的股权，布罗肯希尔-比利顿公司与加铝分别持有36%与10%的股权。获批后可望在2006年年中完成。

美铝还计划在帕拉州开发一座铝矾土矿，2007年可建成投产，设计年产能为600万吨，建成后美铝还考虑在附近新建一座年产能为250万吨的氧化铝厂。

【美国石油市场概况】 1. *石油储量*。截至2004年1月1日，美国探明石油储量为227亿桶，在世界上排名第11位。全国80%以上的储量集中于美国的四个州：得克萨斯州（24%）、阿拉斯加州（22%）、路易斯安纳州（20%）和加利福尼亚州（19%）。其他产油州还包括新墨西哥州、俄克拉何马州、怀俄明州、堪萨斯州、密西西比州和北达科他州等。由于80年代末和90年代上半期的过度开采，石油储量下降较快，目前美国石油储量较1990年下降了约20%。

2. *美国是继沙特阿拉伯和俄罗斯联邦之后的世界第三大产油国*。2003年美国石油产量为790万桶/日，占世界石油总产量的9.2%。其中原油产量为570万桶/日，其余为天然气液（NGL）。目前产量为过去50年来的最低点，比1985年的1060万桶/日下降约25%。美国现有大约50万口产油井，但大多属于“边际”井，根据2003年统计，主要产油区域集中在墨西哥湾、得克萨斯州陆地油田、阿拉斯加州北坡、加利福尼亚州、路易斯安纳州陆地油田、俄克拉何马州和怀俄明州。2003年美国新钻探30151口油气井，其中油井为5694口，天然气井为20011口，干井为4446口。比2002年的钻井数量25536口上升18%。随着物探技术和钻探设备的进步和发展，墨西哥湾深水油田的产量迅速增长，目前深水油田产量已占美国墨西哥湾石油产量的三分之二。由于美国大部分的能源资源集中在联邦政府所属的领地内，而油气的勘探开采受到联邦政府的诸多限制，因此石油产量难以有大幅增长。由于能源投资的低回报，1980年以来石油工业投资大为缩减，导致美国现有的管道运输、炼厂加工等石油供应基础设施陈旧老化，产能严重不足，与此同时，国内生产成本高于国际水平，环保要求日益苛刻，受此影响，许多炼油厂被迫关闭，有关资料数据显示，80年代末期至90年代，美国没有新建一座炼油厂。美国的石油炼制加工行业主要集中于得克萨斯州、路易斯安纳州、加利福尼亚州、伊利诺伊州、宾西法尼亚州、新泽西州、华盛顿州、俄亥俄州和印第安纳州。根据英国石油公司（BP）统计，美国2002年石油炼制加工能力为1676万桶/日，占当年世界总炼油能力8390桶/日的20%左右。目前美国市场上占主导地位的油公司主要是埃克森美孚公司、飞利浦大陆石油公司、雪佛龙德士古公司、壳牌石油公司、Frontier Oil，Marathon Oil等公司。美国能源部在其发表的能源政策一文中预测，美国的石油生产在2020年时将从目前的580桶/日水平下降至510万桶/日，墨西哥湾今后将扮演重要角色，其在国内石油生产中占有的份额将从目前的27%增至2010年的40%。

3. 美国是世界第一大石油消费国。2003年消费量为2007.1万桶/日（相当于9.143亿吨），较上年增长1.9%，占世界石油消费总量的25.1%。在美国目前的能源消费构成中，石油占42%，煤占24%，天然气占20%，核能占8%，水能、太阳能及风能等占4%。根据英国石油公司（BP）统计，在美国2003年石油消费构成中，交通运输用油约占石油消费总量的67.5%，工业用油约占24.2%，民用油约占3.9%，电力用油约占2.4%，商业用油约占1.9%。美国在经历了70年代的石油危机后，开始注重提高能源利用率和节能，能源强度持续下降，90年代末生产每一美元所需能源较1970年下降了44%，年人均石油消费量从1978年的31桶减少至2000年的26桶，降幅为20%。从总体看，1973年以来，美国经济增长了126%，而能源消费仅增30%。

为提高能源利用率，联邦政府早在上世纪70年代就制定了能源之星计划，80年代后期又对有关行业，如汽车制造业、家用电器行业和建筑照明业等制定了厂家必须达到的节能标准。一些能源密集型生产单位，如木材加工和造纸、化工、石油化工炼厂、金属冶炼、食品加工和陶瓷、玻璃烧制等企业，或采用新型节能技术，或关停并转，在一定程度上降低了经济对能源的依赖度。另外，宏观经济结构的调整，非能源密集型行业，如通讯信息技术、微电子、金融服务行业的兴起在很大程度上也使美国的能源强度不断下降。

从另一方面看，由于美国交通运输业占其石油总消费的65%以上，1980－90年代低油价时期美国汽车行业快速发展，车型也越来越大，尤其是越野车和跑车等高耗油交通工具备受消费者青睐。因此以汽油为主体的石油产品需求有较大幅度的攀升，美国能源部预计，今后20年中，美国石油消费将增长33%，天然气消费增长50%，到2020年美国石油消费量将达到2600万至2700万桶/日。

4. 进口。美国自上世纪90年代起成为能源净进口国，1985年以后，对进口石油的依赖度明显加大，2003年进口量从80年代中期的430万桶/日增至1220万桶/日（相当于6.051亿吨），较上年增长7.9%，占其国内石油总需求的62%，占世界总进口量的26.8%。其中原油进口量为964.5万桶/日、油品260.9万桶/日。主要进口来源地为加拿大（210万桶/日）、沙特阿拉伯（180万桶/日）、墨西哥（160万桶/日）和委内瑞拉（140万桶/日）。在美国石油进口来源地中，超过五分之二的石油进口来自石油输出国组织成员国。1973年至2000年，美国国内市场对进口油的依赖度从35%增值52%，天然气从5%增至15%，能源进口在其总进口额中的比率已超过10%。为满足国内日益增加的石油需求和确保能源供应安全，美国在能源政策中制定了多方位的全球供应体系战略，实行油气进口来源多元化政策。除了将沙特阿拉伯和科威特等中东产油国作为主导供应来源地外，还充分利用北美自由贸易区的便利条件，巩固与加拿大和墨西哥之间已有的能源生产和合作，加大对委内瑞拉、特立尼达和多巴哥、玻利维亚、巴西、阿根廷、智利、巴拉圭、乌拉圭、哥伦比亚等拉丁美洲和中南美洲国家的陆上和海上油气田投资，确保美国在该地区的石油供应来源。并成立美俄油气工作组、美国-哈萨克斯坦油气和商业能源工作组，加大对爱琴海和非洲国家和地区的投资，还利用技术优势，在从加拿大到加勒比、巴西和西非之间的大西洋盆地开展深海油气勘探和生产。

在经受了70年代初中东阿拉伯产油国家实行的石油禁运打击后，1975年卡特总统签署能源政策和节能法，决定建立战略石油储备。1977年7月21日，大约41.2万桶沙特轻原油作为第一批战略库油存注入墨西哥湾岸边的盐洞中。根据有关法律，只有美国总统在国内能源供应或进口受阻，或由于石油禁运引起的油价大幅上涨，并有可能严重威胁到国家安全或经济运行时才有权决定并下令动用战略储备油。2001年11月13日，小布什总统宣布将战略石油储备量增加至7亿桶，目前美国的战略石油库存能力为7.27亿桶。国际能源机构要求美国的石油储备（战略库存和非战略库存）应达到90天的进口量，战略石油库存的最大提取量为430万桶/日，从提取库存到进入美国市场大约需要13天的时间。为建立战略石油库存，美国共投资了210亿美元，其中40亿美元用于购买储油设施，170亿美元购买储备油。储备油将来自20个国家，其中轻原油约占总储备油的1/3，2/3为重原油（含硫量在2%以上的原油）。截至2004年8月24日，美国存有战略储备油6.67亿桶，约相当于当时55天的进口量。其中轻原油2.7亿桶，重油3.97亿桶（1985年的战略库存油曾达到相当于当时118天的进口量）。主要储油地点为濒临墨西哥湾的美南有关州，如路易斯安纳州和得克萨斯州。美国的战略储备油在稳定国际油市方面起到了不可忽视的作用，自从建立战略石油储备后，只有在1991年初伊拉克进攻科威特，并导致国际石油市场价格大幅上升时，根据国际能源机构的分配额度，老布什总统在发起沙漠风暴行动时下令由能源部动用3375万桶原油，以平息石油市场的价格上涨。但最终美国只动用了1730万桶，就有效地使国际油价大幅回落。

美国石油学会资料显示，截至 2004 年 7 月底，美国商业库存原油为 2.98 亿桶，较上年同期增 4.6%，汽油库存为 2.12 亿桶，增 5.2%，其他油品库存为 1.58 亿桶。7 月底全国各种油品库存(不包括战略石油储备)为 9.596 亿桶，较一年前略增 0.2%。

【墨西哥可再生能源开发利用前景】 墨西哥不仅是一个石油生产大国，而且拥有丰富的风能、太阳能、地热能和生物能等可再生能源。这些能源的开发和利用既能促进本国能源多样化，节省石油和天然气资源，又能减少污染，改善环境质量，大有可为。

墨西哥地处北美洲南部，属亚热带地区，全国面积 5/6 左右为高原和山地，且东濒墨西哥湾和加勒比海，西临太平洋和加利福尼亚湾，日照充足，风力资源丰富，为其可再生能源的开发利用提供了不可多得的有利条件。

全国已经安装了 40 万平方米的太阳能集热板，主要用于向宾馆供应热水和为工业部门提供预热水。同时，现已开发的建材和太阳能电池一体型模板也陆续被应用在一些建筑上。在墨西哥农村，太阳能因其设备价格低廉，既清洁又经济，很受农民的欢迎。在有关技术部门的支持下，墨西哥全国节能委员会正在通过因特网销售体系在居民中推广太阳能技术。

墨西哥可再生能源开发利用的另一个重要方面是风力发电。目前，全国已有能源调节委员会批准建设的风力发电站 68 座，其中大部分已经投产，有的电站年发电量已达到 2.3 亿千瓦时。正在东南部瓦哈卡州建设的一个大型的风力电站预计将在 2005 年年底竣工投产。据估计，墨西哥风能的潜在年发电能力超过 50 亿千瓦时。风能的利用将对墨中部、北部和西北部地区的发展发挥积极作用。

除太阳能和风能外，墨西哥还蕴藏着地热资源。官方提供的统计显示，2003 年，墨西哥利用地热生产的电力为 8.55 亿千瓦时。今后几年，墨将投资 14.83 亿比索(相当于 1.3 亿美元)进一步开发地热资源，预计到 2010 年地热发电量有望达到 9.78 亿千瓦时。

墨西哥是仅次于巴西的拉美第二经济大国，人口在拉美国家中也居第二位，全国每天废弃大量的垃圾。据估算，如果将这些垃圾用来发电，所生产的电力每年可达 1.5 亿千瓦时。这样既可以为经济发展增添所需要的能源，又可以在一定程度上解决头痛的垃圾成山、污染环境的难题。

可再生能源的开发利用在经济上带来的好处是显而易见的。有研究材料表明，如果在首都墨西哥城推广使用太阳能，仅洗浴一项每年就可以使这个城市节约 70%的煤气。墨西哥能源部门指出，开发和利用可再生能源具有十分广阔的前景。

【墨西哥钢铁企业将向中国企业提供铁矿砂】 墨西哥第二大钢铁企业 Hylsamex，在今后 5 年里每年将向中国提供 250 万吨铁矿砂。为此，这家钢铁企业准备 2004 年投资 7000 万美元用于扩大炼钢原料的开采。

【墨西哥湾发现深海大油田】 墨西哥国营石油公司最近在墨西哥湾发现大储量海底石油，保守的估计为 540 亿桶，从而使这个国家的石油蕴藏量从目前的 480 亿桶增加到 1020 亿桶。这是继 1978 年在墨西哥东南部的恰帕斯州、坎佩切州和拓巴斯可科州的坎特雷利地区发现世界第六大油田以来的又一个大发现。

在墨西哥湾新发现的油田使墨西哥成为世界石油蕴藏量最大的国家之一；其原油日均产量将从目前的 400 万桶增加到 700 万桶，仅次于沙特阿拉伯和俄罗斯。

近三年来，墨西哥国营石油公司耗资 45.5 亿美元用于石油勘探，先后已探明 7 个油气板块，其中有的位于墨西哥湾的墨美共同边境地区。

【哥伦比亚石油工业现状】 哥伦比亚这个南美国家仍是重要的石油和煤炭生产国。哥伦比亚近来的目标是加强油气资源的勘探力度以防止其在不久的将来成为净石油进口国。

截至 2004 年 1 月，哥伦比亚估计的探明石油储量为 18.4 亿桶。石油是哥伦比亚主要合法的出口商品，2003 年哥伦比亚出口石油收入约占据该国出口总收入的 28%和政府收入的 10%。在过去的五年中，哥伦比亚的石油产量一直呈现稳步递减的态势，石油产量已从 1999 年高峰期的 83 万桶/天递减至 2003 年的 56.02 万桶/天。2004 年第一季度，哥伦比亚国有石油公司 Ecopetrol 公司宣布石油产量同 2003 年同期相比减少 6%降至 52 万桶/天。石油减产的主要原因是由于该国 Cusiana 油田、Cupiagua 油田和 Caño Limón 油田逐步耗竭和一些油田基础设施受到游击队破坏所致。2003 年，哥伦比亚每天向美国出口 26 万桶石油，比 2002 年的 25.6 万桶/天略有增长。哥伦比亚的石油市场前景仍然薄弱。最近 Ecopetrol 公司总裁 Uribe 宣布到 2010 年前该公司不可能发现和勘探新的石油储藏，这将使得这个拉美第五大石油生产商在不久的将来沦落为净的石油进口商。

哥伦比亚至今仍有大量未经勘探和潜在的富含油气资源的疆土，其中大多数地区的地质构造同其富含油气资源的邻国委内瑞拉的地质构造相同。特别是 Llanos 盆地和 Magdalena 盆地被认为有巨大的油气储藏潜力。哥伦比亚的大部分原油同其他主要拉美石油生产国生产的原油相比具有更轻和更甜的特性，其出口的三种原油（Cusiana原油、Cupiagua原油和Orito原油）的API度位于28～36度之间。

哥伦比亚最大的油田是位于安第斯山脉丘陵地带东部的Cusiana油田和Cupiagua油田，以及位于与委内瑞拉交界的Arauca省的Caño Limón油田。BP公司是Cusiana油田和Cupiagua油田的作业者；而美国的Occidental公司是Caño Limón油田的作业者。这些油田生产的大部分原油出口至美国海湾沿岸，其中90%是Cusiana和Cupiagua轻质甜原油。

Ecopetrol和哥伦比亚能源矿业部（MEM）官员们希望新的管理办法能促使哥伦比亚的油气勘探和开采活动趋于活跃，并能在2004年四年时间内将哥伦比亚的石油储量增加10亿桶。尽管已有一些公司与Ecopetrol，签署了勘探合同，但哥伦比亚仍需要更多的投资和勘探活动。要替换哥伦比亚的石油储藏，每年至少需要钻取50～70个勘探井。

【委内瑞拉铁矿砂出口】 委内瑞拉2003年铁矿砂出口达到740万吨，比上年度增长了10.7%；2004年，其铁矿砂出口量将增长到950万吨，其中欧洲市场可望吸收646万吨，日本和中国市场将吸收280万吨，另有部分铁矿砂出口到拉美其它国家。

【巴西多西河谷公司投资扩大铁矿石产能】 面对强劲的国际市场需求，巴西多西河谷公司（CVRD）的南北两大生产系统都计划扩大产能。

在南部生产系统中，该公司将在圣埃斯皮里图州的图巴朗球团厂投资1亿美元，到2005年使该厂年产能提高12%，达到2800万吨。

北部卡拉雅斯铁矿（Carajas）2003年完成了1400万吨的扩张计划，2004年初将实现7000万吨的年生产能力。多西河谷矿业公司目前正在酝酿再增加产能1500万吨，在2006年实现年产能8500万吨。随着扩张计划的实现，卡拉雅斯铁矿的产品结构为90%烧结矿和10%块矿。

巴西多西河谷公司预计，2004年世界海运铁矿石需求为5.5亿吨。公司的发货量将在国际铁矿石市场上占有一个稳定的比例，预计2004年出口1.5亿吨。中国2004年将从多西河谷矿业公司购买3500万吨铁矿石，2005年还会更多。

【巴西矿产行业吸引外国投资】 巴西矿业与能源部表示，未来几年内，巴西矿产行业将吸引20亿美元的外国资金，这些投资将主要集中在黄金、镍、铜以及钻石等行业。

矿业与能源部部长表示，2004年外国资本在巴西矿产行业的投资将增长至1.5亿至2亿美元，2003年为7000万美元。这些投资主要涉及资源勘探、项目开发以及升级改造工厂设备。

资料显示，许多外国矿业公司对投资巴西矿产项目表示了很大的兴趣。

【巴西发现稀有轻质原油油气田】 2004年巴西Petrobras石油公司在本国Sergipe州发现一处的油气田，其中藏有大约7600万桶该国罕有的轻质原油，并可完全开发。

该油气田位于Sergipe-Alagoas沉降带SEAL-10勘探区，储量为41～43度API轻质原油大约7600万桶，并可完全开发。该区域位于海平面以下1200～1600米之间。

轻质原油在巴西储量稀少。该国国内开采的原油大部分为重油。为提高原油精炼过程的效率，Petrobras公司不得不进口昂贵的轻质油以加入到重油之中。

【智利铜价持续攀升】 据智利铜业委员会公布的一份研究报告，在2004～2007年4年间，智利矿业投资将超过60亿美元。

在这些预测的投资中，智利国营铜公司一家就将占34.45亿美元，而私营矿业企业的投资在今后四年中将可望达到32.38亿美元。智利今后4年矿业投资集中在铜矿和金银矿，集中于智利北部的第二和第三大区。仅第三大区在2004年至2007年的金矿投资就高达18.93亿美元。

2004年以来，国际市场铜价不断攀升，已经达到了每吨2727美元的8年新高。

【智利国有铜矿公司产铜情况】 智利国有铜矿公司（Codelco）预计2004年将产铜175万吨，2003年的产量为156万吨。该公司20万吨库存中的一半已被售出，多数是以125～140美元/吨（CIF鹿特丹）的升水出售给中国消费商。

【智利铜公司向中国售铜30万吨】 智利铜公司已同中国订立2004年的供货合同，向中国售铜30万吨。

按合同价格计算，这30万吨铜约合7.5亿美元，占该公司计划全年销售额的16.67%，使中国成为该公司的第一大买主。2003年，中国向该公司购买的精铜占其销售总量的16%。

该公司2004年计划生产精铜175万吨，加上2003年的库存，全年将销售精铜近200万吨，销售额可望达到45亿美元。

【大型矿业公司将在智利投资】 受国际市场铜价的驱动,在智利经营的大型矿业公司今后4年内将在这个南美国家投资50多亿美元,用于铜矿扩建和新建项目。

在2004年至2007年之间大型矿业公司在智利的投资包括智利国营铜公司的26.8亿美元,此外还有在智利进行跨国经营的私营矿业公司的投资27.59亿美元。

用这些投资进行扩建和新建的铜矿项目包括开发埃斯孔迪达北区矿山,耗资4亿美元,预计将于2005年开始动工;建立一座脱硫厂,耗资5亿美元;开发卡萨雷德普拉塞尔多梅矿山,耗资约16亿美元;扩建位于安托法加斯塔大区的洛斯佩兰布雷斯铜矿,耗资约7.5亿美元;开发新的斯彭塞铜矿,耗资约8亿美元。

智利铜业委员会估计,2004年国际市场平均每磅铜价可达120美分,这一价格正在吸引矿业企业加快实施铜业投资计划。

【智利国有铜矿公司建设第一座生物冶金铜厂】 智利国有铜矿公司(Codelco)2005年将开始建设全球第一座应用生物冶金技术的铜厂。

2000年以来,智利国有铜矿公司与必和必拓公司(BHP Billiton)已向位于丘基卡马塔铜矿(Chuquicamata)附近的一座试验铜厂投资约6000万美元。这座试验工厂每年可生产2万吨铜。2003年11月,试验阶段完成,国有铜矿公司与必和必拓公司计划开始规模生产。

在试验阶段该公司已成功地将滤取工序周期从几周缩短至2~5天。根据计划,工厂将从2005年3月开始建设,预计2008年可竣工投产,目标年产量为10~20万吨。

铜矿行业是智利经济的支柱产业,但矿石资源日益枯竭,因此许多铜矿公司计划开采低品位矿石来弥补矿石供给不足。智利国有铜矿公司希望利用生物冶金技术,以较低的成本从低品位矿石中冶炼铜,从而在市场竞争中占优势。

【澳大利亚黄金产量、铁矿石出口显著增长】 随着新建金矿逐步投产,2004/05年度,澳大利亚黄金产量将显著增长。2003/04年度,澳大利亚黄金产量将增长至279吨,到2004/05年度将增长至293吨。但随着金价上涨行情结束,2003/04年度黄金出口收入将下跌3%,跌至51亿澳元(约39亿美元),2004/05年度将继续下跌,估计将跌至48亿澳元。2004年,黄金均价估计为每盎司410美元,2005年将跌至372美元。

随着全球钢铁行业逐步复苏,未来几年内澳大利亚铁矿石出口将大幅增长,中国市场需求强劲增长是带动全球钢铁行业复苏的主要动力。2003/04年度,澳大利亚铁矿石出口将增长2500万吨,达到2.06亿吨,估计为54亿美元。2004~2005年度将继续增长1600万吨,达到2.22亿吨。2004~2005年,澳大利亚铁矿石出口收入将为65亿澳元(约51亿美元)。铁矿石产量增长主要来自里奥廷托公司(Rio Tinto Ltd/Plc)以及布罗肯希尔-比利顿公司(BHP Billiton Ltd/Plc)扩产。

【特克-科明科公司和诺兰达公司开发澳大利亚铅锌项目】 加拿大特克-科明科公司和诺兰达公司已达成一项协议,联合开发澳大利亚西部的铅锌项目。

这一项目是由特克-科明科公司2003年10月份从西方金属公司购买的,位于澳大利亚珀斯东北2500公里的地方,其拥有的一座加工厂年生产能力为310万吨。截至2003年6月底,该矿生产了17.6万吨锌矿石和7万吨铅矿石。但由于锌市场行情低迷,西方金属公司于2003年11月底暂停了该矿的生产。

特克-科明科公司和诺兰达公司将在该项目中各拥有50%的权益,其中诺兰达公司将投资2600万澳大利亚元(1美元约合1.43澳大利亚元)。

【澳大利亚资源公司在老挝开发金矿】 澳大利亚资源公司(Australian Resources NL)表示在2005年投资开发老挝的普别金矿(Phu Bia)。

该矿位于老挝北部,投产后将采用成本较低的堆浸冶炼技术,最初两年内每年可生产5万盎司黄金,现金成本估计为每盎司200美元。

(中国矿业信息中心)